Georg Jochum
»Plus Ultra« oder die Erfindung der Moderne

Georg Jochum, geb. 1967, ist wissenschaftlicher Mitarbeiter am Lehrstuhl für Wissenschaftssoziologie an der TU München mit den Schwerpunkten Arbeitssoziologie, Umweltsoziologie, Globalisierungstheorie sowie Wissenschafts- und Techniksoziologie.

Georg Jochum

»Plus Ultra« oder die Erfindung der Moderne
Zur neuzeitlichen Entgrenzung der okzidentalen Welt

Bibliografische Information der Deutschen Nationalbibliothek
Die Deutsche Nationalbibliothek verzeichnet diese Publikation in der Deutschen Nationalbibliografie; detaillierte bibliografische Daten sind im Internet über http://dnb.d-nb.de abrufbar.

© 2017 transcript Verlag, Bielefeld

Die Verwertung der Texte und Bilder ist ohne Zustimmung des Verlages urheberrechtswidrig und strafbar. Das gilt auch für Vervielfältigungen, Übersetzungen, Mikroverfilmungen und für die Verarbeitung mit elektronischen Systemen.

Umschlaggestaltung: Kordula Röckenhaus, Bielefeld
Umschlagabbildung: Collage von Georg Jochum und Laura Voß unter Verwendung von Elementen des Titelbilds des »Regimento de navegación« von Garcia de Céspedes (1606) sowie einer Abbildung des Erdglobus von Martin Waldseemüller (1507).
Druck: Majuskel Medienproduktion GmbH, Wetzlar
Print-ISBN 978-3-8376-3697-0
PDF-ISBN 978-3-8394-3697-4

Gedruckt auf alterungsbeständigem Papier mit chlorfrei gebleichtem Zellstoff.
Besuchen Sie uns im Internet: *http://www.transcript-verlag.de*
Bitte fordern Sie unser Gesamtverzeichnis und andere Broschüren an unter:
info@transcript-verlag.de

Inhalt

Vorwort | 9

1. Einleitung | 13

2. Fragestellung und Thesen der Arbeit | 21
2.1 Die Entdeckung einer Neuen Welt als Beginn eines Epochenübergangs? | 21
2.2 Entgrenzung als Basisprinzip der Moderne? | 25
2.3 Zentrale Thesen der Arbeit | 29

3. Der okzidentale Sonderweg und die großen Transformationen | 31
3.1 Die Besonderheit des Okzidents bei Max Weber | 31
3.2 Zur aktuellen Debatte über den okzidentalen Sonderweg | 35
3.3 Zur Kritik des Okzidentalismus | 38

4. Die Erfindung Amerikas und die Genealogie des Projekts der Moderne | 43
4.1 Die Erfindung Amerikas und die Erfindung der Moderne | 43
4.2 Die langen Wellen des Okzidentalismus | 48
4.3 Argumentationsstruktur und Aufbau der Arbeit | 49

A. DIE GRENZEN DER ALTEN WELT

5. Non Plus Ultra | 57
5.1 Die Bedeutung der Säulen des Herakles im Mythos | 59
5.2 Die Bedeutung der Säulen in der klassischen Antike | 71
5.3 Der imaginierte atlantische Westen | 96
5.4 Zusammenfassung: Der begrenzte alte Westen | 100

6. Das geistige Erbe des alten Westens | 103
6.1 Das Problem der Theodizee und der Geist des Westens | 103
6.2 Die westlichen Erlösungsreligionen | 112
6.3 Das griechische Erbe des Westens | 122
6.4 Zusammenfassung: Die Suche nach Erlösung | 136

B. Die entgrenzte Welt der Moderne

7. Plus Ultra und die Erfindung Amerikas | 141
7.1 Die nautische Revolution und der Ursprung der okzidentalen Rationalität | 143
7.2 Die kosmographische Entgrenzung | 158
7.3 Die Erfindung Amerikas und die Geburt des neuen Westens | 181
7.4 Die anthropologische Revolution | 206
7.5 Die Transformation der okzidentalen Heilswege | 223
7.6 Die imperiale Entgrenzung: Kaiser Karl V. und die Säulen des Herakles | 248
7.7 Die Entgrenzung der Menschheitsökumene | 267
7.8 Die Kolonialität der Moderne | 290
7.9 Zusammenfassung: Die Konstitution des Projekts der Moderne | 308

8. Die technoszientifische Moderne | 315
8.1 Vom klassischen Humanismus zum technoszientifischen Humanismus | 316
8.2 Die Legitimität des Bergbaus und die Legitimität der Neuzeit | 320
8.3 Das Bacon-Projekt | 327
8.4 Vom gnostischen Erlösungsmythos zum Fortschrittsmythos | 350
8.5 Die Dialektik der technoszientifischen Kolonialität | 356
8.6 Der Triumph des Human Empire in der technoszientifischen Moderne | 368
8.7 Das Bacon-Projekt und Amerika | 374
8.8 Zusammenfassung: Die Kolonialität der technoszientifischen Moderne | 387

C. Die kybernetische Moderne zwischen Entgrenzung und Begrenzung

9. Ambivalenzen der kybernetischen Moderne | 397
9.1 Die Moderne zwischen Begrenzung und Entgrenzung | 398
9.2 Zur Genealogie der Moderne | 401
9.3 Das Zeitalter der Kybernetik | 408
9.4 Technoszientifische Kybernetik und die cybergnostische Utopie | 416
9.5 Die dunkle Seite der kybernetischen Moderne | 427
9.6 Die biologische Kybernetik und die Grenzen der Entgrenzung | 429

10. Jenseits des Okzidentalismus? | 439
10.1 Die dritte Welle des Okzidentalismus und die neuen Landnahmen | 440
10.2 Neue Widerständigkeiten | 444
10.3 Die Entokzidentalisierung Amerikas | 446
10.4 Seminales Denken und okzidentale Rationalität | 448
10.5 Vom Ursprungsmythos zum Fortschrittsmythos | 454
10.6 Die Dialektiken der Aufklärung | 466

11. Transformationen der Subjektivität | 473
11.1 Vom tragischen Heros zum Cyberheros | 473
11.2 Dialektiken der Mobilisierung des Subjekts | 475
11.3 Von der Kosmodizee zur Technodizee | 480
11.4 Die Transformationen des Humanismus | 484

12. Transformationen der okzidentalen Utopien | 487
12.1 Die utopisch-gnostischen Ursprünge der Moderne | 487
12.2 Ende oder Neuerfindung der Utopie? | 492

13. Die zweite Große Transformation | 501
13.1 Von der okzidentalen Sonderentwicklung zur nachhaltigen Entwicklung? | 501
13.2 Transformationen des Imperiums | 505
13.3 Das Zeitalter der Globalität | 509
13.4 Vom Plus Ultra zum Re Intra? | 512
13.5 Jenseits von Orientalismus und Okzidentalismus | 516
13.6 Vom Human Empire zum Postanthropozän? | 526
13.7 Die Wiedereinbettung des Marktes | 533
13.8 Die Neuerfindung des Politischen in der kybernetischen Moderne | 544

Literatur | 555

Vorwort

Am Beginn dieser Arbeit stand die Frage, weshalb die Weltgesellschaft, trotz zunehmender Einsicht in die Gefährdung der natürlichen Grundlagen, den Übergang zu einer nachhaltigen Entwicklung nur zögerlich vollzieht. Zwar ließen Gespräche mit Akteuren aus der Politik, der Wirtschaft und der Zivilgesellschaft, die ich im Rahmen meiner Tätigkeiten in verschiedenen Forschungsprojekten zum Diskurs über „sustainable development" durchführte, einen starken Willen zu einem Wandel erkennen und tatsächlich wurden viele konkrete Maßnahmen in Richtung einer ökologischen Modernisierung eingeleitet. Dennoch wurde auch deutlich, dass einer grundlegenden sozial-ökologischen Transformation hin zu einer nachhaltigen Gesellschaft, welche die Begrenztheit der natürlichen Ressourcen und der Belastungsfähigkeit der Natur berücksichtigt, viele Barrieren entgegenstehen.

Meine Vermutung war, dass diese Hindernisse nicht allein in der Starrheit der institutionellen Strukturen und der Unzulänglichkeiten der bestehenden Technologien begründet sind, sondern dass vielmehr eine tieferliegende und alle Bereiche der modernen Gesellschaft durchdringende Grundorientierung am Wirken ist, welche als Ursache für die Unfähigkeit zu einer Umkehr anzusehen sei. Bestehende Ansätze, die eine ausbleibende Neuorientierung z.B. auf die Prägung der modernen Kultur durch den biblischen Auftrag zur Unterwerfung der Erde zurückführten, sah ich als unzulänglich an. Mit der vorliegenden Arbeit komme ich zu folgender alternativen Erklärung:

Die frühneuzeitliche europäische Expansion und insbesondere die Entdeckung Amerikas waren konstitutiv für die Genealogie der Moderne. Sie führten zum Übergang der begrenzten antik-mittelalterlichen Welt zur entgrenzten Welt der Neuzeit. In einer Umdeutung der Säulen des Herakles, d.h. den einander gegenüberliegenden Bergen an der Straße von Gibraltar, die bis ins ausgehende Mittelalter als das westliche Ende der Welt angesehen und mit der limitierenden Devise *Non Plus Ultra* assoziiert wurden, fand dieser Wandel seinen paradigmatischen Ausdruck. Die neue, die Überschreitung dieser Schwelle feiernde, Devise des *Plus Ultra (Noch Weiter)*, die sich Kaiser Karl V. als Parole für seine globale Herrschaft erwählte, wurde zum entgrenzenden Leitmotiv der gesamten modernen okzidentalen Kultur. Sowohl die Emanzipation des Westens von bindenden Traditionen wie auch die problematische „Kolonialität" der Moderne lassen sich damit assoziieren. Unter dem Motto *Plus Ultra* erfolgte die Unterwerfung der außereuropäischen Welt wie auch die industriegesellschaftliche Beherrschung und Transformation der Natur.

Heute allerdings wird die latent fortbestehende Dominanz dieser Leitdevise zum Problem, sie verhindert eine Neuordnung der Beziehungen zwischen dem Westen und der außereuropäischen Welt und hemmt ebenso die Umstellung der Gesellschaft vom Prinzip der Entgrenzung zu einem Modus der reflexiven Selbstbegrenzung. Ein Übergang hin zu einer nachhaltigen Weltgesellschaft wird hierdurch erschwert.

Die vorliegende Arbeit wurde 2015 unter dem Titel „Plus Ultra oder die Erfindung der Moderne – Die Entdeckung Amerikas und ihre Bedeutung für die Genese der neuzeitlichen, okzidentalen Gesellschaft" an der Fakultät für Human- und Sozialwissenschaften der Technischen Universität Chemnitz als Dissertation eingereicht und erfolgreich verteidigt.

In die Phase der Aufbereitung für die vorliegende Publikation fielen zeitlich mehrere weitreichende politische Entscheidungen, welche die zeitdiagnostische Relevanz der hier vorgenommenen Überlegungen belegen und deshalb zur Verdeutlichung meiner alternativen Erklärung mit in die Überarbeitung eingeflossen sind:

Die im September 2015 von der UNO in der Resolution *Transforming Our World* beschlossenen *Sustainable Development Goals (UN 2015a)* verleihen der Debatte und den Bemühungen um eine Transformation hin zur Nachhaltigkeit aktuell wieder einen neuen Schub – deutlich wird allerdings auch, dass die seit über 30 Jahren gemachten Anstrengungen nur bedingt erfolgreich waren. Auch die Beschlüsse der Pariser Klimakonferenz 2015 zur Reduzierung des Ausstoßes an Treibhausgasen mit dem Ziel der Begrenzung des Temperaturanstiegs können als Meilenstein in der Geschichte der globalen Umweltpolitik angesehen werden – dieser Bruch mit der Entgrenzungslogik der Moderne deutet die Überschreitung einer neuen Epochenschwelle an.

Die Aufkündigung des Pariser Klimaschutzabkommens durch US-Präsident Donald Trump und die damit verbundene Weigerung, die gesetzten Ziele zur Begrenzung des CO_2-Ausstoßes umzusetzen, lässt allerdings auch erkennen, dass sich dieser Übergang nicht ohne Widerstände vollzieht. Diese Entscheidung, aber auch viele andere Beschlüsse der gegenwärtigen US-Regierung, machen die Relevanz und Aktualität der Erkenntnisse der vorliegenden Arbeit deutlich. Wie im Folgenden aufgezeigt wird, erfolgte in den USA eine Transformation des modernen Plus-Ultra-Projekts in den „Myth of the West", und in genau dieser Tradition kann die aktuelle Politik Trumps und dessen Motto „America First" klar verortet werden.

Hierdurch wird auf wenig erfreuliche Weise die Kernthese der Arbeit bestätigt, dass das latente Fortwirken der Plus-Ultra-Leitdevise der Moderne eine Transformation hin zu einer nachhaltigen Entwicklung verhindert. In der abschließenden Überarbeitung dieser Arbeit wurden zur Illustration der zeitdiagnostischen Relevanz der Ausführungen auch diese aktuellen Bezüge berücksichtigt. Des Weiteren wurden auch einige über die Dissertation hinausgehende Überlegungen hinsichtlich der Implikationen dieser Arbeit für eine sozial-ökologische Transformation in Richtung einer nachhaltigen Gesellschaft vorgenommen.

Dieses Buch ist das Produkt einer langandauernden Arbeit. Mein Dank gilt vor allem meinem Betreuer Prof. Dr. Gerd Günter Voß für seine Anregungen und sein Vertrauen in mich, dass ich dieses Werk zum Abschluss bringen würde. Auch meine Zweitgutachterin Prof. Dr. Teresa Pinheiro trug durch ihre Offenheit und ihre Kommentierungen wesentlich zum Gelingen bei.

Bedanken möchte ich mich des Weiteren insbesondere bei Fedor Pellmann, Peter Winkler, Anna Hoffmann und Isabel Eitzinger für ihre intensive Unterstützung bei der Fertigstellung, sowie Jana Heinz, Yolanda Lopez-Maldonado, Jobst Broelmann, Nico Döring, Ursula Stöger und Lisa Jütting für ihre Hilfe. Laura Voß hat mich konstruktiv bei der Kreation des Titelbildes unterstützt.

Anregungen fand ich auch im Deutschen Museum, in dem ich während der Verfassung der Arbeit tätig war und dessen Schifffahrtsabteilung mich zu geistigen „Ausfahrten" inspirierte. Ebenso wäre ohne den geistigen und zeitlichen Freiraum, der mir in den letzten Jahren an der TU München zunächst von Prof. Dr. Karl-Werner Brand und sodann von Prof. Dr. Sabine Maasen gewährt wurde, die Fertigstellung kaum möglich gewesen.

Ein besonderer Dank auch an Leonor Quinteros Ochoa für ihre Geduld bei der Fertigstellung dieses Buches.

München, Juni 2017

1. Einleitung

Mit der frühneuzeitlichen europäischen Expansion vollzog sich ein scheinbar unaufhaltsamer Aufstieg des Westens. Spätestens seit der industriellen Revolution wurde die westliche Welt politisch, ökonomisch, kulturell und technologisch dominierend, und die Kulturen der „Anderen" galten als unterentwickelt und zurückgeblieben. Die Begriffe Verwestlichung und Modernisierung konnten quasi als Synonyme verwendet werden. In der traditionellen Soziologie wurde dementsprechend das nachholende Beschreiten der okzidentalen Sonderentwicklung als Königsweg für eine erfolgreiche Modernisierung der nicht-westlichen Kulturen beschrieben.

Gegenwärtig scheint allerdings der Vorbildcharakter des Westens allmählich zu erodieren, wie anhand von Diagnosen einer „Krise des Westens" (Schwarz 2005) oder eines „Niedergang[s] des Westens" (Ferguson 2013) erkennbar wird. Geopolitisch und ökonomisch kann in den letzten Jahren eine schwindende Dominanz des Westens festgestellt werden. Infolge des Aufstiegs einiger Schwellenländer wurde deutlich, dass die Entwicklung eher in Richtung einer multipolaren Welt gehen wird. Spätestens seit den zunehmenden Meinungsunterschieden zwischen den USA und Europa in ökonomischen, umweltpolitischen und militärischen Fragen im Jahre 2017 kann von keiner Einheit des Westens mehr gesprochen werden.

Zugleich erfolgt aber im Zuge der Globalisierung eine weitere Ausbreitung der okzidentalen Lebensstile und Technologien, die als neue Stufe der Verwestlichung der Welt zu interpretieren ist. Auch wenn die Frage, in welchem Verhältnis Prozesse der Angleichung und der Differenzierung zueinander stehen, umstritten ist (vgl. Ritzer 1995; Watson 1997), so kann doch weiterhin von einer Leitfunktion des westlichen Konsum- und Produktionsmodells ausgegangen werden.

Dabei sind die Folgen dieser Veränderungen durchaus zwiespältig: Der „Aufstieg des Südens" (DGVN 2013) ist mit einer Wohlstandssteigerung von weiten Bevölkerungskreisen in vielen, einst unterentwickelten Ländern verknüpft. Allerdings ist hiermit auch eine Verbreitung westlicher Lebensstile verbunden, die aus ökologischen Gründen durchaus problematisch sind. Denn die okzidentale Kultur hat einen Sonderweg eingeschlagen, der in der aktuellen Form nicht auf die gesamte Welt übertragen werden kann, da „die Universalisierung des westlichen Lebensstandards nicht möglich [ist], ohne dass die Erde ökologisch vollständig kollabiert" (Hösle 1994: 25). Die Forderung nach einem Übergang zu einer nachhaltigen Entwicklung macht deutlich, dass der okzidentale Entwicklungsweg einer Neuorientierung bedarf.

Zugleich kehrt in den letzten Jahren der West-Ost-Konflikt in neuer und gleichzeitig alter, mittelalterlicher Gestalt wieder, indem der vermeintliche Gegensatz zwischen abendländischer Kultur und islamischer Welt wieder an Bedeutung gewonnen hat. Ein „Okzidentalismus" (Buruma 2005) im Sinne einer Kritik der westlichen Kultur findet in den nichtwestlichen Kulturen wieder verstärkt Verbreitung. Die Attentate islamistischer Extremisten haben dabei leidvoll deutlich gemacht, dass die Werte des Westens prinzipiell hinterfragt werden.

Allerdings kann die damit verbundene Herausforderung – so die hier vertretene Perspektive – nicht mit einer Reproduktion alter Stereotype und einem „Kampf der Kulturen" (Huntington 1997) bewältigt werden. Vielmehr erscheint eine grundlegende soziologisch-kulturhistorische Reflexion des Verhältnisses der westlichen Kultur zu den „Anderen" notwendig. Dabei ist die Thematik der Besonderheit des Westens durchaus bereits von den Klassikern der Soziologie bearbeitet worden. Die Frage nach den Ursachen und Spezifika der besonderen Entwicklung der okzidentalen Kultur gehört zu den Kernfragen der Soziologie und steht in enger Verbindung mit der Problematik der Genese und den Grundprinzipien der Moderne. Innerhalb der deutschen Soziologie war es vor allem Max Weber, der mit seiner „Fragestellung [...], welche Verkettung von Umständen [...] dazu geführt [hat], dass gerade auf dem Boden des Okzidents, und nur hier, Kulturerscheinungen auftraten, welche doch [...] in einer Entwicklungsrichtung von universeller Bedeutung und Gültigkeit lagen" (Weber 1920: 1) am Beginn dieser Debatte steht. Seine These einer konstitutiven Beeinflussung der okzidentalen Kultur der Neuzeit durch den „Geist der christlichen Askese" (ebd.: 201) wie auch seine Schriften über die „Stadt des Okzidents" (Weber 1925: 528 ff.) sollten das soziologische Denken stark beeinflussen. Auch neuere Arbeiten lehnen sich stark an Weber an. Die Frage nach der „Eigenart [...] des modernen okzidentalen Rationalismus" (Weber 1920: 12) wird unter Begriffen wie „okzidentale Sonderentwicklung" (Schluchter 1988) bzw. „der europäische Sonderweg" (Sieferle 2003) weiter diskutiert. In Winklers aktuell breit rezipierten „Geschichte des Westens" (2010) wird ebenfalls sehr klassisch in Anlehnung an Weber die Besonderheit des Westens hervorgehoben: „Nur im Westen hatte sich eine Tradition christlicher Selbstaufklärung herausgeformt [...]. Nur im Westen gab es einen Rationalisierungsschub. [...] Nur im Westen entstand ein städtisches Bürgertum [...]. Nur im Westen konnte sich der Geist des Individualismus entfalten." (Winkler 2010: 93) Die dunklen Seiten der Verwestlichung der Welt und insbesondere die Kolonisierung und Unterdrückung der außereuropäischen Kulturen werden hier nur am Rande thematisiert.

In den letzten Jahren wurde insbesondere von postkolonialen Autoren auch verstärkt Kritik an dieser Perspektive geübt. Die Ausführungen Webers und die seiner Nachfolger können aus dieser Sicht als das deutschsprachige Pendant zu den Schriften der angelsächsischen und französischen Orientalisten angesehen werden, die Said in seiner einflussreichen Arbeit zum „Orientalismus" (Said 1978) analysierte und kritisierte.[1] Im Gegensatz zur traditionellen historischen und soziologischen

---

1 Said weist in seiner Arbeit explizit darauf hin, „dass Webers Untersuchungen über den Protestantismus, das Judentum und den Buddhismus ihn [...] gerade auf jenes Gebiet trieben, das ursprünglich die Orientalisten für sich beansprucht hatten" und dieser in seinen Überlegungen „Ermutigung bei den zahlreichen Denkern des 19. Jahrhunderts [fand], die

Perspektive wird nun verstärkt die ideologische Funktion des Diskurses „Der Westen und der Rest" (Hall 1994) hinterfragt. Von Seiten lateinamerikanischer Autoren der „Grupo modernidad/colonialidad" (vgl. Mignolo 2012a: 43; Garbe 2013) erfolgte eine kritische Reflexion des „Okzidentalismus" (Mignolo 1995; Coronil 2002) – hier verstanden im Sinne einer Selbstüberhöhung des Westens – und eine Kritik der damit verbundenen „Kolonialität" (Quijano 1992) der Moderne. Es wurden die Forderungen nach Entwicklungsmodellen „jenseits des Okzidentalismus" (Coronil 2002) und nach einem „post-Occidentalism" (Mignolo 2000: 92) laut. Diese Debatten wurden in den letzten Jahren auch in der deutschen Soziologie rezipiert (Boatcă 2009; Dietze 2009a) und auch in der vorliegenden Arbeit wird hieran teilweise angeknüpft.

In der Mehrzahl der skizzierten politologischen, ökonomischen, kulturwissenschaftlichen, soziologischen und öffentlichen Debatten über die Besonderheit und Legitimität des okzidentalen Entwicklungswegs wird allerdings ein grundlegendes Problem erkennbar: Es ist keineswegs klar, was mit „dem Westen" bzw. den weitgehend synonym verwendeten Begriffen „Abendland" und „Okzident" gemeint ist. Dies gilt sowohl hinsichtlich der räumlichen als auch bezüglich der inhaltlichen Bestimmung. In einer alteuropäischen Lesart ist der Westen noch eng mit der europäischen Kultur verbunden. So hebt Römpp in „Der Geist des Westens" (2009) die Bedeutung des christlich-griechischen Erbes hervor. Auf der anderen Seite wird der Begriff des Westens häufig eng mit der US-amerikanischen Kultur und deren spezifischer Erfahrung der Aneignung des westlichen Raums verbunden, die zur Herausbildung eines „Myth of the West" (Bruce 1990; Schulte Nordholt 1995; ähnlich Smith 1950) führte. Schließlich konnte sich der Begriff durch die Universalisierung der westlichen Kultur vom Raum weitgehend lösen: Hall weist zu Recht darauf hin, „dass ‚der Westen' ein historisches und kein geografisches Konstrukt' ist" (Hall 1994: 138). Seine Keimzelle liegt zwar in Westeuropa und dort hat sich eine spezifische Gesellschaftsform herausgebildet, die „als entwickelt, industrialisiert, städtisch, kapitalistisch, säkularisiert und modern beschrieben" (ebd.) wird. Im Laufe der Zeit hat sich sein Bedeutungsgehalt jedoch immer weiter von diesem Ursprung gelöst. So wird Japan bereits seit längerer Zeit bezüglich seiner technisch-ökonomischen Entwicklungsstufe zum Westen gezählt, obschon es zweifelsohne kulturgeschichtlich dem fernen Osten angehört. Westlich zu sein bedeutet heute primär, dass hier eine spezifische Gesellschaftsform vorzufinden ist und der Begriff hat nur noch bedingt eine Beziehung zu geografischen Verortungen: „Heutzutage kann von jeder Gesellschaft […] gesagt werden, dass sie zum ‚Westen' gehört, wo immer sie auch auf der Landkarte liegt. Die Bedeutung dieses Ausdrucks ist demzufolge praktisch identisch mit der des Wortes ‚modern'." (Ebd.)

Diese Spannbreite macht deutlich, dass die Geschichte des Westens mit starken räumlichen und inhaltlichen Verschiebungen verbunden war, deren Verständnis zur Analyse der Beziehung des Okzidents zu den Anderen unabdingbar notwendig ist. Dabei lässt eine weit zurückreichende Betrachtung erkennen, dass die Idee des Westens geradezu eine Bedeutungsumkehr erfahren hat. Die ursprünglich etymologische Bedeutung des Begriffs des Westens verweist auf ein vorglobales mythisches Weltbild und geht zurück auf die idg. Wurzel *aue* mit der Bedeutung „von etwas

---

an eine Art ontologische Differenz zwischen der ökonomischen (und religiösen) ‚Mentalität' von Ost und West glaubten" (Said 2010: 298).

weg, fort" und bezeichnet somit den Ort, an dem Sonne fortgeht (Duden 2001: 568, 925). Das ursprüngliche westliche Selbstverständnis leitet sich somit vom Untergang der Sonne am Westhorizont ab, was ebenso am Begriff des Okzidents deutlich wird, der sich von der „untergehenden Sonne" (*occidens sol* bzw. *occasu solis*) ableitet, und dem der Osten als Ort der sich erhebenden, „aufgehenden Sonne" (*oriens sol*) gegenübersteht (vgl. Dudenverlag 2001: 571, 576). In den ältesten solarmythologischen Vorstellungen war der Okzident gegenüber dem lichtbringenden Orient eher negativ konnotiert und wurde auch mit der Endlichkeit des Lebens assoziiert: „Der Westen schließt traditionellerweise auch die Welt des Todes mit ein." (Assmann 2007a: 75 Fn. 14)

Dieses Bild vom Westen als räumlichem und im religiösen Denken auch zeitlichem Ende der Welt wurde in der Antike und im Mittelalter durch in besonderem Maße symbolträchtige geographische Punkte zum Ausdruck gebracht: Die sogenannten Säulen des Herakles, d.h. die bei der Straße von Gibraltar befindlichen eindrucksvollen Felsenberge, welche als Mahnmale der Begrenzung interpretiert wurden, waren das sprichwörtlich gewordene „Non Plus Ultra" des antiken Westens. Bereits Pindar (ca. 522–443 v. Chr) verband hiermit die Botschaft einer eindeutigen Limitierung: „Das Darüber-hinaus ist Weisen unzugänglich." (Pindarus 1992: 31) Als westlichstes Ende der antiken Ökumene waren die Säulen das paradigmatische Symbol für die Endlichkeit und Beschränktheit der humanen Existenz. Auch bei den Römern markierten die Säulen des Herakles als Ort des Sonnenuntergangs den äußersten Westen und waren Beginn und zugleich Ende des *Orbis terrarum* (Plinius Secundus 1973: 13). Dies Vorstellung war auch noch im Mittelalter vorherrschend. In der *Göttlichen Komödie* Dantes überschreitet der von Neugier getriebenen Odysseus zwar die mit dem Verbot „più oltre non si metta" (Dante 1966: Inf. 26 Vers 118 f.) versehenen okzidentalen Grenzmarken. Er wird jedoch für seine Hybris mit dem Tod und der Höllenqual bestraft.

Nichts kennzeichnet die Konstitution des modernen Westens mehr als die Umkehrung dieser Symbolik. Die – so Kolumbus in eigenen Worten – Öffnung der „Bande des Ozeanischen Meeres" (Kolumbus 1943: 214) und Beschreibung eines „okzidentalen Weges [camino de Occidente], von dem wir wissen, dass ihn bis heute niemand befahren hat" (Columbus 1992: 9), sowie die unerwartete Entdeckung einer Neuen Welt veränderten das Selbstbewusstsein des Westens grundlegend. Der „freie Westen" wird fortan der Raum sein, der dem Mythos abgerungen und erleuchtet wird. Er ist das aus der Finsternis befreite Neuland, das sich aus seiner negativen, antipodischen Beziehung zu dem vorgeblich lichteren Osten löst (*ex oriente lux*) und sich neue Horizonte eröffnet: „Der Westen, in der traditionellen mythischen Geographie dem Osten als Ort der Hervorbringung des Sonnenlichts diametral entgegengesetzt, wird nunmehr zum Fluchtpunkt der Suchbewegung." (Assmann 2007a: 75)

In der Neudeutung der Säulen des Herakles durch die Devise „Plus Ultra" bzw. „Noch Weiter", die sich Kaiser Karl V. zum Leitspruch erwählte, fand dieser Wandel, seinen signifikanten Ausdruck. Es gewann hierdurch der Okzident „aus einem Symbol der Begrenzung ein Symbol der Öffnung und der Entgrenzung" (Walter 1999: 128). Die veränderte Wahrnehmung der Säulen, infolge der „die Grenze zur Schwelle wird" (Stierle 2007: 392), markiert zugleich die Überschreitung der Epochenschwelle zwischen Mittelalter und Neuzeit.[2] An die Stelle eines Selbstverständnisses vom Westen als Ende der Welt tritt die Vorstellung eines weltoffenen Westens.

Mit dieser paradigmatischen Entgrenzung war zugleich ein Weltherrschaftsanspruch der okzidentalen Kultur verbunden. Im Zeichen des Plus Ultra kolonisierte Europa die außereuropäische Welt. Der spanischen Chronist Gomara deutete in diesem Sinne die Wahl des Symbols durch den Kaiser als Ankündigung eines imperialen Programms: „Ihr [Karl V.] habt euch als Devise Plus ultra gesetzt und damit zu verstehen gegeben, dass Ihr die Herrschaft über die Neue Welt anstrebt." (López de Gómara, zit. nach König 2002: 221). Unter der Devise Plus Ultra erfolgte auch die Expedition des Magellans, welche als Beginn der frühneuzeitlichen Globlisierung angesehen werden kann und infolge derer sich ein „Reich, in dem die Sonne niemals untergeht" (vgl. Parker 2003: 113) herausbildete.

Mit der Entgrenzung des alten, abendländischen Westens entstand so ein neuer Westen, der zum Ausgangspunkt der eurozentristischen Zusammenführung der globalen Welt wurde. Es bildete sich hierdurch, wie in dieser Arbeit aufgezeigt wird, ein neuzeitlicher „Mythos des Westens" heraus, der bis heute das Selbstverständnis und die Praktiken der Moderne bestimmt. Die Begriffe Verwestlichung, Globalisierung, Modernisierung, Entwicklung und Fortschritt sind daher weitgehend als Synonyme anzusehen. Die Einleitung der hiermit beschriebenen Prozesse kann auf das *die Moderne konstituierende Grundereignis der Entgrenzung der okzidentalen Welt* zurückgeführt werden.

Im Laufe der Zeit löste sich dabei der Entgrenzungsmythos der Moderne von seinem konkreten transatlantischen Kontext und wurde in den Fortschrittsmythos verwandelt. Insbesondere Francis Bacon vollzog diese Übertragung und Ausweitung des Paradigmas, indem er sich explizit gegen den tradierten Wissenschaftsbegriff der antiken Philosophen und der mittelalterlichen Theologie wandte: „Wie lange sollen wir ein paar anerkannte Autoren wie die Säulen des Herakles dastehen lassen, über die hinaus [ne plus ultra] es keine Erkundungsfahrt und keine Entdeckung in der Wissenschaft gibt?" (Bacon 2006: 88) Die Schiffe der Wissenschaft sollen – dies seine Botschaft – das Plus Ultra einer noch unbekannten Natur erkunden. Okzidentale Rationalität ist seither eng mit der Fähigkeit zur naturwissenschaftlich-technischen Naturbeherrschung verbunden – und der Westen begründete nicht zuletzt mit der angeblichen Überlegenheit seines naturwissenschaftlichen Weltbildes über die vorwissenschaftlichen Kosmologien der außereuropäischen Kulturen seinen Führungsanspruch.

Damit ging eine Lösung des Begriffs des Westens von seinem ursprünglichen geographischen Bedeutungsgehalt einher und die Verwestlichung wurde nahezu identisch mit dem Begriff der Modernisierung. Die Öffnung des Westens wurde so zu einem Paradigma, das in vielfältiger Weise konstitutiv für das Selbstverständnis

---

2 Zwar wurden bereits in der Antike Fahrten über die Säulen des Herakles hinaus unternommen und Reisen entlang der Atlantikküste waren im Mittelalter üblich. Dennoch galten, wie in dieser Arbeit deutlich wird, die herakleischen Grenzmahle im mittelalterlichen Weltbild als Sinnbilder der Limitiertheit des Erdkreises und erst die Erkundung der Weiten des Atlantiks und insbesondere die Entdeckung Amerikas sollten eine definitive Neudeutung einleiten.

der neuzeitlichen okzidentalen Kultur als weltöffnender und grenzüberschreitender Zivilisation wurde, wie auch Blumenberg betont:

„Die Überschreitung der Säulen des Herkules, die Durchbrechung des ‚Nec Plus Ultra' am Beginn der Neuzeit wollten einzig und einmalig die Grenzen zu einer noch unbekannten Wirklichkeit öffnen. [...] Es sollte sich herausstellen, dass das Unbekannte, Unerschlossene noch andere Orientierungssysteme und damit andere Möglichkeiten der Grenzüberschreitung zuließ. Der Anfang der Neuzeit erwies sich als wiederholbares, wenigstens imitierbares Paradigma." (Blumenberg 1973: 257)

Die Darlegung dieser Verallgemeinerung der Metaphern des „Plus Ultra" und der „Neuen Welt" zu Grundparadigmen der Modernität kann – so der Anspruch dieser Arbeit – ein tieferes Verständnis der Genealogie der Moderne ermöglichen. Die Durchbrechung der räumlichen Grenzen der mittelalterlichen Welt markiert zugleich die Überschreitung der frühneuzeitlichen Epochenschwelle und die Konstitution der entgrenzten Welt der Moderne. Auch viele Entwicklungsdynamiken der Gegenwart wie z.B. die aktuellen Prozesse einer ausgeweiteten ökonomischen Globalisierung und neue Formen der Naturbeherrschung, wie sie z.B. durch Gentechnologie und Nanotechnologie ermöglicht werden, können als Radikalisierung dieses Plus-Ultra-Programms der Moderne interpretiert werden.

Heute werden allerdings auch zunehmend die Schattenseiten und Ambivalenzen dieses okzidentalen Sonderweges diskutiert und es zeichnen sich angesichts vielfältiger ökologischer und sozialer Krisen Grenzen des modernen Expansionsprojekts ab. Infolge der Entgrenzung des antik-mittelalterlichen *Orbis terrarum* war der Planet als Objekt der imperialen Unterwerfung durch den Westen entdeckt und das Programm eines „enlarging of the bounds of Human Empire" (Bacon 1862: 398) durch eine ausgeweitete Naturbeherrschung formuliert worden. Zunehmend werden jedoch ökologische „planetary boundaries" (Rockström et al. 2009) erkennbar, welche zu einer Revision dieses Projekts führen. In diesem Sinne schreibt Albrow: „Die erstmalige Umrundung der Erde im sechzehnten Jahrhundert schien endlose Horizonte zu eröffnen. Der Globus der Moderne war ein goldener Ball, ein imperiale Vision. Uns erscheint die Welt nun als gefährdeter Planet." (Albrow 2007: 340) Zwar vollzieht sich dieser Übergang von einer expansiven Globalisierung hin zu einer integrativen „Globalität", die durch ein „Wissen um globale Zusammenhänge" (ebd.) gekennzeichnet ist, erst allmählich. Jedoch markiert z.B. das Inkrafttreten des Weltklimabkommens im November 2016 und die damit verbundene Formulierung des Ziels „to limit the temperature increase to 1.5 °C above pre-industrial levels" (UN 2015b: 2) einen Bruch mit der Entgrenzungsdynamik der industriegesellschaftlichen Moderne. Diese Setzung eines limitierenden Schwellenwerts veranschaulicht, dass das Spannungsverhältnis zwischen Begrenzung und Entgrenzung und damit zwischen Non Plus Ultra und Plus Ultra wieder eine unerwartete Aktualität gewinnt.

Es deutet sich die Überschreitung einer neuen Epochenschwelle an, die mit einer grundlegenden großen Transformation der okzidentalen Kultur einhergehen dürfte. Wie auch Latour in seinen Reflexionen zu den *planetary boundaries* argumentiert, geht damit das durch die Entdeckungsreisen eingeleitete Plus-Ultra-Projekt der Moderne seinem Ende entgegen und es beginnt der Übergang zu einer neuen Epoche, die durch ein *Plus Intra* gekennzeichnet ist:

„Wenn die Menschen des modernen Typus definiert werden können als diejenigen, die sich immerzu von den Zwängen der Vergangenheit emanzipieren, die immerzu auf dem Weg sind, die unüberwindbaren Säulen des Herkules hinter sich zu lassen, dann haben die ERDVER-BUNDENEN umgekehrt die Frage ihrer Grenzen zu lösen. Die MENSCHEN hatten die Devise ‚Plus ultra‘, die ERDVERBUNDENEN haben keine andere Devise als ‚Plus intra‘." (Latour 2017: 488; Herv. i. O.)

Die Grundmatrix der Moderne und ihre Basisprinzipien haben sich mit der Umstellung von dem begrenzenden Non Plus Ultra zum expansiven Plus Ultra und der Entdeckung einer Neuen Welt herausgebildet. Der sich nun andeutende Transformation hin zu einer Plus Intra-Weltgesellschaft wird zweifelsohne mit einer Rekonfiguration dieser Prinzipien einhergehen. Die Einleitung einer neuen Epoche, welche wieder durch eine Akzeptanz von Grenzen gekennzeichnet ist, macht dabei auch eine tieferes Verständnis der historischen Genese der Entgrenzungsdynamik der modernen okzidentalen Kultur notwendig.

Ziel der vorliegenden Arbeit ist es daher, die Genealogie des Projekts der Moderne und seine historischen Transformationen zu reflektieren, ohne dabei die okzidentale Kultur heroisch zu verklären oder sie zu verdammen. Vielmehr soll hier die Janusköpfigkeit der Entgrenzung und Okzidentalisierung der Welt zwischen kultivierender Humanisierung und grausamer und unterdrückerischer Kolonisierung von Natur und Menschen als zwei Seiten der einen Medaille des Projekts der Moderne bzw. des Mythos des Westens dargestellt werden. Nur so können die aktuellen Prozesse der Neubestimmung der Stellung des Westens und des Übergangs in ein neues Zeitalter der Globalität verstanden und gestaltet werden.

2. Fragestellung und Thesen der Arbeit

2.1 DIE ENTDECKUNG EINER NEUEN WELT ALS BEGINN EINES EPOCHENÜBERGANGS?

Die Entgrenzung der Welt infolge der europäischen Expansion und insbesondere die sogenannte Entdeckung Amerikas im Jahr 1492 sowie deren Folgewirkungen war, so die Grundannahme dieser Arbeit, konstitutiv für die Moderne. Die Öffnung des westlichen Ozeans welche in der Umkehr vom Non Plus Ultra zum Plus Ultra ihr signifikantes Symbol erhielt, wurde zum Paradigma für eine umfassende Horizonterweiterung. Die Befreiung des Abendlandes von der pessimistischen Selbstdeutung als Ende der Welt und die Herausbildung des neuzeitlichen Begriffs des freien Westens ist eng mit dieser Entgrenzung des Westhorizonts verbunden. Diese Emanzipation des okzidentalen Menschen aus alten Bindungen ging zugleich mit der Unterdrückung und Verdeckung eines kolonisierten „Anderen" als der dunklen Seite der Moderne einher.

Die Ausblendung dieses Ursprungs der Moderne durch die klassischen soziologischen Modernisierungstheorien kann als ein wesentliches Defizit angesehen werden. Denn die Fokussierung der traditionellen Soziologie auf die sogenannte „Hochmoderne" (Beck und Lau 2005: 109) der klassischen Industriegesellschaft erschwert – so die hier vertretene Perspektive – ein tieferes Verständnis der Moderne und damit auch aktueller Entwicklungen, da sowohl der Raum als auch die Zeit der Moderne zu eng gefasst sind. Wenn z.B. Jürgen Habermas von einem „Projekt der Moderne, das im 18. Jahrhundert von den Philosophen der Aufklärung formuliert worden ist" (Habermas 1990: 41), ausgeht, so wird die zentrale Bedeutung der Entdeckung und kolonialen Eroberung einer Neuen Welt für die Genese der Moderne ausgeblendet.

Ziel der vorliegenden Arbeit ist es, unter Bezug auf die Entdeckung der Neuen Welt die klassische soziologische Frage nach den Ursachen und der Entwicklungsdynamik des okzidentalen Sonderweges und der damit verbundenen Mythen bzw. Projekte der Moderne auf neue Weise zu beantworten. Wie gezeigt werden soll, sind *zentrale Basisprinzipien der Moderne wie Differenzierung, Individualisierung, Rationalisierung, Domestizierung und Säkularisierung in ihrer Genese eng mit der Entgrenzung des Ozeans und der Erfindung Amerikas verbunden*. Es wird darüber hinaus dargelegt, dass *Entgrenzung und Kolonialität* als weitere moderne Basisprinzipien zu identifizieren sind, die untrennbar mit der frühneuzeitlichen Öffnung der westlichen Welt verknüpft sind. Die Entgrenzung des Westhorizonts hatte so weit über die geographische Bedeutung hinausreichende umfassende Konsequenzen, die sich auf anthropologische, soziale, ökonomische, religiöse und politische Bereiche erstreckten.

Diese Hervorhebung der besonderen Bedeutung der Schwellenzeit um 1500 und insbesondere der Entdeckung und Eroberung Amerikas bedeutet allerdings nicht, dass hier die im 19. Jahrhundert verbreitete Erzählung von der epochalen Bedeutung der Ausfahrt des Kolumbus und einer Befreiung der modernen, okzidentalen Kultur aus mittelalterlichen Fesseln reproduziert wird.[1] Vielmehr dient der Rückblick und die Reflexion dieser Begründung der Moderne auch dazu, die aktuell immer deutlicher erkennbar werdenden Nebenfolgen, Dialektiken und Schattenseiten des modernen Entgrenzungsprojekts zu reflektieren.

Um die Defizite der traditionellen Sicht der Soziologie auf den Ursprung und die Basisprinzipien der Moderne zu beheben, wird im Folgenden eine interdisziplinäre Ausweitung vorgenommen und in starkem Maße auch auf Quellen zurückgegriffen, die weniger der Soziologie als vielmehr dem Bereich der Hispanistik, der Kulturwissenschaften, der Geschichte der frühen Neuzeit, der Geographiegeschichte, der Religionswissenschaften und vielen anderen Disziplinen entstammen.[2] Trotz dieser Überschreitung disziplinärer Grenzen liegt der vorliegenden Arbeit ein explizit modernisierungstheoretischer Anspruch zugrunde.

Der hier aufgestellten These einer epochalen Bedeutung der frühneuzeitlichen Entgrenzung könnte allerdings der Einwand entgegengebracht werden, dass hier nur eine, auch aus geschichtswissenschaftlicher Perspektive heraus, antiquierte Position vertreten wird. Denn die Annahme einer häufig eng mit der Entdeckung Amerikas verbundenen und um etwa 1500 anzusetzenden Epochengrenze, die das Mittelalter und die Neuzeit trennte, wurde bis zu Beginn des letzten Jahrhunderts von der Mehrzahl der Historiker vertreten (Skalweit 1982: 2). In den letzten Jahrzehnten mehrten sich aber Zweifel an der Sinnhaftigkeit dieser Grenzziehung. Es wurden in der Regel ein breiterer Zeitkorridor für den Übergang angesetzt. Verstärkt wurden zugleich die politischen, und ökonomisch-industriellen Umbrüche des frühen 18. Jh. als zentrale Schwelle angesehen, der gegenüber „die Epochenschwelle um 1500 in

---

1 Es wird hier auch nicht auf den im 19. Jh. entstandenen „Mythos von der mittelalterlichen Erdscheibentheorie" (Krüger 2007: 49) zurückgegriffen. Die Vorstellung von der Kugelform der Erde war im Mittelalter durchaus weit verbreitet (Russell 1991). Es wird in der vorliegenden Arbeit jedoch argumentiert, dass die Widerlegung des Mythos von der mittelalterlichen Erdscheibenvorstellung die Relevanz der zufälligen Entdeckung Amerikas in keiner Weise mindert. Zugleich erfolgte in Verbindung mit der Kolumbusfahrt ein fundamentaler Wandel der Vorstellung von der Beziehung von Erd- und Wassersphäre, der zur Herausbildung der neuzeitlichen Vorstellung vom Erd-Wasser-Globus führte (vgl. ausführlicher Kap. 7.2).

2 Die hierbei vorgenommene Analyse der Geschichte des Westens, von den mythischen Ursprüngen über den neuzeitlichen Umbruch vom Non Plus Ultra zum Plus Ultra bis hin zum Okzidentalismus der Gegenwart, basiert auf Originalliteratur und anderen Zeugnissen – so insbesondere Karten und Globen – der jeweiligen Epochen sowie ergänzenden historischen, kulturwissenschaftlichen und soziologischen Analysen. Es handelt sich aber explizit, trotz des historischen Bezugs, nicht um eine im klassischen Sinne geschichtswissenschaftliche Arbeit. Vielmehr sollen durch eine soziologische Fragestellung neue Erkenntnisse zur Genese der Moderne gewonnen werden.

den Schatten gerückt erschien" (ebd.: 4). Im Folgenden sollen diese Positionen kurz skizziert werden, um sodann zu begründen, weshalb hier dennoch die These von einem mit der Öffnung des atlantischen Raums verbundenen epochalen Umbruch, der konstitutiv für die Moderne war, aufgestellt wird.

In den Geschichtswissenschaften wurde in neueren Arbeiten die Ansetzung des Beginns der Neuzeit mit der Entdeckung Amerikas zumeist aufgegeben, die historischen Betrachtungen ausgeweitet und andere historische, ökonomische und geistesgeschichtliche Voraussetzungen für den Umbruch im späten Mittelalter stärker herausgearbeitet. Es bürgerte sich zur Bezeichnung dieser sich vom 13. bis zum 16. Jh. vollziehenden Prozesse auch der Terminus der „europäischen Expansion" ein (vgl. Schmitt et al. 1984; Reinhard 1983-90; Pietschmann 1994: 208), unter dem der gesamte Prozess der Europäisierung der Erde untersucht wird. Hierbei werden zum einen, im Gegensatz zu einer älteren, verklärenden Sicht auf die Entdeckung neuer Welten, ebenso die damit verbundenen kolonialen Herrschafts- und Ausbeutungsverhältnisse untersucht. Zum anderen werden eine Personalisierung des Umbruchs und eine Fokussierung auf ein exaktes Datum eher vermieden und anstelle dessen eine komplexere Darstellung des Epochenübergangs vorgenommen. Aus dieser Sicht ist eine Fokussierung auf Kolumbus als Gestalt, welche einen Epochenumbruch hervorrief, als verkürzt anzusehen (vgl. Mauro 1984, Schmitt et al. 1984; Reinhard 1983-90; Brückmann 1997).

Während die genannten Autoren damit die Perspektive ausweiten, dabei allerdings der frühneuzeitlichen europäischen Expansion durchaus eine zentrale Bedeutung für die Genese der Moderne zusprechen, wurde von anderen eine grundlegend verschiedene Periodisierung vorgeschlagen. Insbesondere Koselleck sollte mit seiner These, dass „das achtzehnte Jahrhundert als Beginn der Neuzeit" (Koselleck 1987) anzusehen sei, eine breite Rezeption erfahren.[3] Demnach kennzeichnet die „Erfahrung des Übergangs [...] das neue Epochenbewußtsein seit dem ausgehenden 18. Jahrhundert." (ebd.: 280). Dieses Bewußtsein sei durch eine zunehmende Wahrnehmung der Offenheit der Zukunft und die Herausbildung eines Fortschritts- und Entwicklungsdenken gekennzeichnet gewesen. Diese Positionen sprechen auf den ersten Blick gegen das Vorhaben, die besondere soziologisch-modernisierungstheoretische Bedeutung der Öffnung des atlantischen Ozeans und die Entdeckung Amerikas herauszuarbeiten.

Allerdings lassen sich auch heute noch viele Argumente für diese Perspektive anführen. So ist festzuhalten, dass trotz der Relativierung einer einzigartigen Bedeutung der Amerikafahrt des Kolumbus dennoch die Relevanz dieses Ereignisses in den Geschichtswissenschaften unumstritten ist. Gerade um das Jahr 1992 ist daher eine Vielzahl von Beiträgen erschienen, welche die Umstände und Folgen der

---

3 Zwar räumt Koselleck ein, dass die europäische Expansion und insbesondere die Entdeckung Amerikas und die damit verbundene Beginn der Herausbildung globaler Interdependenzen durchaus als Argument für eine Schwellenzeit um 1500 ihre Berechtigung besitzen. Angesichts des vermeintlichen Fehlens grundlegender strukturgeschichtlicher Veränderungen im ökonomischen und politischen Bereich wie auch des Fehlens eindeutiger ereignisgeschichtlicher Zäsuren kommt er jedoch zum Schluss, dass diese Datierung des Anfangs der Neuzeit letztlich zu verwerfen sei. Es sei daher der „Anfang der Moderne ins 18. und 19. Jahrhundert" zu verlagern (Koselleck 1987: 271).

Entdeckung der Neuen Welt in ihrer Komplexität analysierten, ohne der früher üblichen Verklärung zu verfallen – aber auch ohne nur die *leyenda negra* von der Zerstörung eines Paradieses zu erzählen (vgl. u.a. Bitterli 1992; Kohut 1991, Bernecker und Carmagnani 1994; Wawor 1995). Anhand dieser Literatur wird deutlich, dass 1492 ein entscheidender Einschnitt erfolgte und dementsprechend kann dieses Datum zu Recht als Bezugspunkt für eine Reflexion des Projekts der Moderne dienen. Dabei geht es in der Regel nicht mehr um eine simple Verherrlichung der Entdeckung Amerikas, vielmehr wird in kritischer Weise auf die Bedeutung von Repräsentationen, Projektionen, Imaginationen und Erfindungen bei der diskursiven und auch praktischen Aneignung der Neuen Welt und deren Menschen hingewiesen (vgl. Todorov 1985; Herlinhaus und Walter 1997; Pinheiro 2004). Durch die Thematisierung der Folgen der Konquista für die amerindische Urbevölkerung wird zugleich die Janusköpfigkeit des okzidentalen Projekts aufgezeigt. So schreibt Dussel, dass „1492 der Augenblick der ‚Geburt' der Moderne als Entwurf: der Ursprung eines ‚Mythos' von ganz besonderer Gewalt und zugleich ein Prozess der ‚Verdeckung' des Nicht-Europäischen" (Dussel 1993: 10) gewesen sei. Erkennbar wird so eine grundlegende Ambivalenz des mit der Entdeckung Amerikas sich konstituierenden Projekts der Moderne.

Als ein weiteres Argument ist anzuführen, dass der in der vorliegenden Arbeit im Zentrum stehende paradigmatische Wechsel vom vormodernen Grenztabu des Non Plus Ultra zur modernen Entgrenzungsdevise Plus Ultra bisher nur unzureichend reflektiert wurde. Im deutschsprachigen Raum hat vor allem Blumenberg mit seinen für den Begriff der „Epochenschwelle" (Blumenberg 1976: 20) wegweisenden Arbeiten die Relevanz der Wende vom Mittelalter zur frühen Neuzeit hervorgehoben.[4] Diese Transformation wird von ihm auch immer wieder am Beispiel der Säulen des Herakles dargelegt, deren Umdeutung vom limitierenden Non Plus Ultra zum entgrenzenden Plus Ultra als Signum der Überschreitung der frühneuzeitlichen Epochenschwelle gedeutet wird. Blumenberg kontrastiert insbesondere die Dantesche Deutung der Säulen als Mahnmale der Begrenzung zu ihrer neuzeitlichen Stilisierung zu Sinnbildern der Grenzüberschreitung (Blumenberg 1966: 334 ff.; 1973: 17 f.; 2001: 153 ff.). Auch von Blumenberg wurde allerdings dieser Übergang nur in Ansätzen dargelegt. Ähnliches gilt ebenso für das *Prinzip Hoffnung* von

---

4 Dabei hebt Blumenberg hervor, dass es „keine Zeugen von Epochenumbrüchen" gäbe, sondern vielmehr der historische Wandel nur sukzessive erfolgt. Im Rückblick könne dieser aber dennoch als Umbruch beschrieben werden: „Die Epochenwende ist ein unmerklicher Limes, an kein prägnantes Datum oder Ereignis evident gebunden. Aber in einer differentiellen Betrachtung markiert sich eine Schwelle, die als entweder noch nicht erreicht oder schon überschritten ermittelt werden kann. Deshalb bedarf es, wie es hier für die Epochenschwelle der Neuzeit geschehen soll, der Vernehmung [von] […] Zeugen." (Blumenberg 1976: 20) Blumenberg arbeitet den Wandel insbesondere durch die Kontrastierung des mittelalterlichen Denkers Nikolaus von Kues (1401-1464) zum neuzeitlichen Philosophen Giordano Bruno (1548-1600) heraus. Damit wird allerdings keine herausgehobene Bedeutung dieser beiden Autoren für den Umbruch des Denkens unterstellt. Vielmehr sind sie nur exemplarische Zeugen eines vielfältigen Wandel des Weltbildes in der frühen Neuzeit, den Blumenberg in seinem Werk auch am Beispiel des Bedeutungswandels der Säulen des Herakles diskutiert.

Bloch, in dem die Säulen und die Plus-Ultra-Devise an mehreren Stellen eine Erwähnung finden (1959a: 759 ff.; 1959 b: 875 ff.). In einigen neueren historischen und kulturwissenschaftlichen Arbeiten wurden zwar durchaus wichtige Aspekte dieses Umbruchs diskutiert (vgl. u.a. Walter 1999; Mieth 2002; Pagden 2002; Sloterdijk 2010). Dennoch ist eine systematische Aufarbeitung des geschichtlichen Wandels dieser Symbolik und der hierdurch zum Ausdruck gebrachten Veränderung der okzidentalen Kultur bis heute ein Desiderat geblieben.

Mit der vorliegenden Arbeit soll dieses Lücke geschlossen und eine umfassende Analyse der mit der Umdeutung der Säulen verbundenen Transformationen durchgeführt werden. Mit der detaillierten Aufarbeitung der Geschichte der Symbolik und dem damit verbundenen Wandel der Identität der Zivilisation des Westens will die vorliegende Arbeit zu einem tieferen Verständnis der Herausbildung der Moderne beitragen. Dabei wird nicht allein eine kulturhistorische Bedeutung des Sinnbildes unterstellt. Vielmehr wird hier davon ausgegangen, dass der mit der Veränderung der Symbolik verbundene Wandel des Weltbildes zur Konstitution eines Entgrenzungsmythos beitrug, der noch heute eine wirkmächtige große Erzählung der Moderne darstellt.

In der Umkehr der Symbolik der Säulen des Herakles vom Non Plus Ultra zum entgrenzenden und expansiven Plus Ultra erhielt die Moderne ihr signifikantes Basisparadigma, wie Bacon selbst deutlich machte, wenn er formulierte, „dass unsere gegenwärtigen Zeiten mit Recht als ihr Symbol […] jenes Plus Ultra – noch weiter – besitzen; statt wie die Antiken das Non Ultra – nicht weiter – zu gebrauchen." (Bacon 2006: 126) Die Bedeutung dieser exemplarischen Entgrenzung ist in ihren ökologischen, kulturellen, wirtschaftlichen und politischen Auswirkungen für die Genese der Welt der Moderne und zugleich ihrer Relevanz für die Erklärung der Gegenwartsgesellschaft bisher in der Soziologie noch unzureichend reflektiert worden.

2.2 Entgrenzung als Basisprinzip der Moderne?

Damit wird auch der modernisierungstheoretische und zeitdiagnostische Anspruch der vorliegenden Arbeit erkennbar. Phänomene der Entgrenzung sind in den letzten Jahren in der Soziologie breit diskutiert worden (vgl. Honegger, Hradil und Traxler 1999, Gottschall und Voß 2003). So wurde auf dem Soziologiekongress „Grenzenlose Gesellschaft" (Honegger, Hradil und Traxler 1999) diagnostiziert, es seien „nicht nur staatliche Grenzen, die derzeit verschwimmen, auch Grenzen der Kommunikation, der Individualität, der Ethik, der Arbeitsmärkte und viele andere verfließen immer mehr" (Hradil 1999: 23). Dabei wurden die zunehmenden Entgrenzungstendenzen teilweise als Bruch mit den Grundprinzipien der klassischen Moderne interpretiert. So wurde von Beck, Bonß und Lau postuliert, dass die „erste Moderne (…) auf einem System von Dualismen und Grenzziehungen" basiert habe (2004: 47). Hiervon würde sich die durch Entgrenzungen gekennzeichnete zweite Moderne klar unterscheiden. Es könne „im Übergang zu einer anderen, reflexiven Moderne" (Beck, Bonß und Lau 2004: 15) eine Auflösung klarer Unterscheidungen und Grenzziehungen in der Arbeits- und Lebenswelt diagnostiziert werden, die „mit Entgrenzungen im Bereich der Unternehmensorganisation, der zivilgesellschaftlichen Bewegungen, der nationalstaatlichen Rechtsräume und der kulturellen Identitäten" einhergehe (ebd.).

Die hier vorgenommene Ausweitung der Perspektive auf die europäische Expansion in der frühen Neuzeit lässt dahingegen eine andere Bewertung und Einordnung der aktuellen Entgrenzungsprozesse plausibel erscheinen. Demnach sind diese nicht als Bruch mit der klassischen Moderne zu interpretieren, sondern knüpfen vielmehr an die Entgrenzungsdynamik der Moderne an, welche durch die Öffnung der Welt im 15. Jh. eingeleitet wurden. Die *Moderne* ist, so die hier vertretene Position, durch das *Basisprinzip der Entgrenzung* gekennzeichnet und Schelkshorn spricht zutreffend von „Entgrenzungen als Signatur der Moderne" (Schelkshorn 2012).[5]

Dass in vielen soziologischen Theorien dieses Basisprinzip bisher vernachlässigt wurde und die hierzu entgegengesetzte Erzählung von einer begrenzenden klassischen Moderne formuliert wurde, liegt auch in einer begrifflichen und kategorialen Unschärfe der Analysen begründet. Durch eine unreflektierte und undifferenzierte Verwendung des Grenzbegriffs wurde ein Verständnis der Dialektik von Grenzziehung und Entgrenzung in der Moderne erschwert. Wie Makropoulos deutlich macht, wird häufig nicht berücksichtigt, dass der Begriff Grenze zwei Abschlußparadigmen mit klar unterschiedlichen Bedeutungen benennt: „Es bezeichnet sowohl die Trennlinie, die eine Sache von einer anderen scheidet, als auch die äußerste Ausdehnung einer Sache." (Makropoulos 1999: 388) Insofern kann der Begriff der Entgrenzung sowohl im Sinne einer Aufhebung einer Unterscheidung, wie auch als Ausweitung der Grenzlinien und damit als Expansionsbewegung interpretiert wird.

In letzterer Bedeutung deckt sich nun der Begriff der Grenze weitgehend mit dem des *Horizonts*, der sich vom griechischen Vokabel *horizein* mit der Bedeutung „begrenzen, abgrenzen" ableitet. Im ursprünglichen antiken Wortsinn war mit dem Begriff des Horizonts die Vorstellung des *horizon kyklos* assoziiert worden, der die Grenzlinie bzw. den Gesichtskreis bezeichnet, der durch die ferne, scheinbare Begrenzungslinie zwischen Himmel und Erde gebildet wird (Duden 2001: 345). Der Horizont galt in kosmologischen Sinne auch als mit den Grenzen des Erdkreises identisch und konnte nicht expandieren.[6]

Wie Makropoulos argumentiert, erfolgte in der Neuzeit ein „Strukturwandel des Raumes" der zum einen hinsichtlich der Binnengrenzen mit einer weitgehenden „Territorialisierung der Grenzvorstellung" (Makropoulos 1999: 391) einherging. Diese zunehmenden Grenzziehungen im politischen, militärischen wie auch lebens-

---

5   Rosa argumentiert zu Recht, dass in der bisherigen Modernisierungstheorie eine „Vernachlässigung des Beschleunigungsaspekts" (2012: 188) zu konstatieren ist. Er vollzieht eine „Neubestimmung der Moderne" (ebd.: 189) welche in der „Behauptung, Modernisierung sei Beschleunigung" (ebd.), kulminiert. Dieser Position ist zuzustimmen, aber es ist zu ergänzen, dass der Beschleunigung eine multiple Entgrenzung vorrausging, welche die sozialen, technologischen und kulturellen Mobilisierungen erst möglich machte.

6   Es war im antiken wie auch mittelalterlichen Verständnis mit diesem Begriff eine über die subjektive Wahrnehmung hinausgehende Bedeutung verbunden. Der Horizont galt nicht allein als die durch den Blick erfassbare Grenze zwischen Himmel und Erde, sondern markierte als *orbis finiens* auch die Begrenztheit der Welt an sich. Hinter dieser scheinbar ultimativen Grenze verbarg sich das *apeiron*, das Unbestimmte und Unbegrenzte, in das vordringen zu wollen als Hybris galt (Makropoulos 1999: 389).

weltlichen Bereich standen in der soziologischen Thematisierung der scheinbar durch Begrenzungen gekennzeichneten klassischen Moderne im Zentrum. Dabei wurde übersehen, dass zum anderen, bezogen auf die Außengrenzen, zugleich sich eine „Deterritorialisierung der Horizontvorstellung" (ebd.) vollzog, in deren Folge der Horizont als der „verschiebbare, veränderbare und am Ende offene Radius menschlicher Macht" (ebd.) und nicht mehr als ultimative Grenze angesehen wurde. Entscheidend für die Genese der moderner Gesellschaft war so die „zunehmende Inkongruenz von Grenze und Horizont" (ebd.: 387). Es ist seither „die Idee des Fortschritts [...] unauflöslich an die Entgrenzung des Möglichkeitshorizonts aus seinen Bindungen an Wirklichkeitsgrenzen gebunden" (ebd.: 393). Der Erfahrungsraum und der Erfahrungshorizont traten auseinander und es war nicht zuletzt die nautische Öffnung der Welt welche diese Entgrenzung und Mobilisierung des Horizonts einleitete (Makropoulos 1997: 11).[7] Wie in der vorliegenden Arbeit deutlich wird, hatte vor allem die Öffnung des Westhorizonts durch die Überschreitung der herakleischen Schwelle sowie die darauf folgende Entdeckung Amerikas eine zentrale und paradigmatische Bedeutung für diese Transformation der Horizontvorstellung. Dabei war die in den Säulen des Herakles symbolisierte Öffnung des Horizonts in der Neuzeit nicht allein auf den geistigen Aspekt beschränkt, sondern wurde zum Symbol einer Entgrenzung des okzidentalen Machtraums und führte zu einer Entgrenzung des individuellen Handlungshorizonts.

Fortan war die Moderne gekennzeichnet durch eine Dialektik von Entgrenzungen im Sinne fortschreitender Horizonterweiterungen nach Außen und damit einhergehender zunehmender Ziehung von Binnengrenzen, welche die Grundlage der wachsenden Ausdifferenzierungen und Vernetzungen innerhalb des expandierenden Systems waren. Viele der aktuellen Prozesse der Erodierung traditioneller Grenzen sind daher als neue Stufe und Radikalisierung des die Moderne kennzeichnenden Prozesses der Entgrenzung von Möglichkeits- und Handlungshorizonten zu interpretieren.

Nicht zuletzt die Globalisierung ist mit dem Ursprungsereignis der frühneuzeitlichen Sprengung der Grenzen der alten Welt eng verknüpft. In vielen soziologischen Ansätze wird nun diese frühe Phase der Globalisierung zwar thematisiert, aber als Protoglobalisierung dargestellt. So wurde in der Theorie der reflexiven Moderne auf der Grundlage der These einer Differenz zwischen der begrenzenden klassischen Moderne und der entgrenzten zweiten Moderne postuliert, dass aktuell eine radikal neue Stufe der Globalisierung erfolgen würde. Erst diese würde die Ordnung der nationalstaatlich organisierten traditionellen Moderne sprengen: „Ein territorial fixiertes Epochenbild [...] löst sich auf. Dem globalen Kapitalismus entspricht ein Prozess kultureller und politischer Globalisierung, welcher Territorialität als Ordnungsprinzip von Gesellschaft – und als Ordnungsprinzip des kulturellen Wissens, auf dem die vertrauten Selbst- und Weltbilder beruhen – aus den Fugen geraten lässt." (Beck 1998: 17)

---

7 In diesem Sinne hatte bereits Koselleck argumentiert, dass sich durch die Erweiterung des Wissens durch die Schifffahrt und später durch die Wissenschaften sich ein Umbruch in der okzidentalen Grenzvorstellung vollzogen hat: „Der Erfahrungsraum wurde seitdem nicht mehr durch den Erwartungshorizont umschlossen, die Grenzen des Erfahrungsraumes und der Horizont der Erwartung traten auseinander." (Koselleck 1989: 364)

Während Beck diese Dynamik als Besonderheit der Gegenwart ansieht, soll in dieser Arbeit die These zugrunde gelegt werden, dass eine Deterritorialisierung der Horizontvorstellung bereits mit der im Zeichen des Plus Ultra erfolgten Sprengung des antiken *Orbis Terrarum* und dem Übergang zum Erd-Wasser-Globus der Neuzeit eingeleitet wurde, welche die vormodernen territorialen Identitäten sprengte und vielfältige Globalisierungsprozesse zur Folge hatte. Diese Position deckt sich mit der Sicht vieler Historiker, die den „Beginn eines globalen Zusammenhangs" im 16. Jahrhundert ansetzen und insbesondere zur Entdeckung Amerikas in Beziehung bringen (Conrad 2013: 151). So argumentieren Osterhammel und Peterson in ihrer *Geschichte der Globalisierung* (2003), dass es bereits in der älteren Menschheitsgeschichte Ansätze einer Globalisierung gab, die aber wieder abbrachen und daher als „Vorgeschichte der Globalisierung" (ebd.: 25) zu betrachten seien. Als entscheidend anzusehen ist „der neuerliche Globalisierungsanlauf, der mit dem Aufbau der portugiesischen und spanischen Kolonialreiche seit der Zeit um 1500 begann" und der den „Anfang einer im Prinzip irreversiblen weltweiten Vernetzung" markiert (ebd.). Die Annahme einer Neuheit der unter dem Begriff der Globalisierung gefassten Entwicklungen resultiert vor allem aus einem nationalstaatlich verengten Blick auf die industriegesellschaftliche Hochmoderne, welche das die Moderne begleitende Spannungsverhältnis zwischen nationalstaatlicher Abgrenzung und militärischer und/oder ökonomischer Entgrenzung verkennt. Seit der Konstitution des modernen Weltsystems im 16. Jh. lassen sich mehrere Zyklen einer zeitweisen Zunahme globaler Interdepedenzen konstatieren, denen dann wieder Epochen der Stabilisierung und Desintegration folgten (vgl. Altvater 2007: 49-57)

Dieser Perspektive soll hier gefolgt und dargelegt werden, dass die frühneuzeitlichen Entgrenzung der Welt als der für die Genese der Moderne zentrale Beginn der Globalisierung angesehen werden kann. Zwar wurden diese Prozesse in der Vergangenheit nicht unter dem Begriff der Globalisierung diskutiert, sondern es waren anderen Bezeichnungen wie Universalgeschichte und Weltgeschichte gebräuchlich, die teilweise mit anderen Perspektiven verbunden waren (vgl. Middell 2005). Auch ist zu berücksichtigen, dass der Grad der globalen Vernetzung und des ökonomischen Austausches in den letzten Jahren zweifelsohne zugenommen hat (Altvater 2007: 54). Positionen, die von einer Zäsur ausgehen,und daher ein gegenwärtigen „Zeitalter der Globalisierung" von vorausgehenden Epochen der Moderne unterscheiden, haben damit durchaus eine gewisse Berechtigung.

Es wäre dennoch verkürzt, hinsichtlich der frühen Neuzeit nur von einer „Protoglobalisierung" (Fäßler 2007: 60) zu sprechen, die dann infolge der nachfolgenden technologischen und ökonomischen Dynamik der industriegesellschaftlichen Moderne in Phasen der echten Globalisierung überging (ebd.: 74 f.). Vielmehr war mit Entgrenzung der westlichen Grenze der Alten Welt und der Erschließung des globalen Raumes ein fundamentaler Umbruch der Praktiken wie auch des Selbstverständnisses des Westens verbunden war. Es wird daher in dieser Arbeit von der Annahme ausgegangen, dass bereits in der frühen Neuzeit der Wechsel vom „Ökumenische[n] Zeitalter" (Voegelin 2004a, 2004b), zum „Zeitalter der Globalisierung" erfolgte. Dieser Übergang war mit einem „Globalisierungsschock" verbunden, der das Koordinatensystem des Westens grundlegend neu bestimmte und als Epochenübergang hin zur entgrenzten Welt der Moderne gedeutet werden kann. Seither sind Prozesse der Modernisierung und der Globalisierung eng miteinander verbunden.

Wie am Ende dieser Arbeit deutlich wird, können wir zum einen aktuell eine Radikalisierung des die Moderne kennzeichnenden Prozesses einer anthropo-, euro-, und technozentrischen Globalsierung konstatieren. Zugleich deutet sich aber eine grundlegender Bruch mit dieser Logik und die Überschreitung einer Epochenschwelle hin zu einem neuen, begrenzenden „Zeitalter der Globalität".

2.3 ZENTRALE THESEN DER ARBEIT

Man kann damit *Entgrenzung als konstitutives Basisprinzip der* Moderne bestimmen und von einer *Geburt der Moderne aus dem Geist des Plus Ultra* sprechen. Diese Motto war seit der frühen Neuzeit die bestimmende Leitdevise der okzidentalen Welt und prägt untergründig bis heute das Projekt der Moderne. Folgende zentrale Thesen hinsichtlich dieser historischen Entwicklungsdynamik liegen der Arbeit zugrunde:

1. Die paradigmatische Öffnung des Ozeans, *welche zur Umkehr des antiken Non Plus Ultra zum modernen Plus Ultra führte*, sowie die darauffolgende *Entdeckung der sogenannten Neuen Welt* trugen wesentlich zur Genese der Projekt der Moderne bei. Mit der Überschreitung der räumlichen Grenze war das Überschreiten einer Epochenschwelle verbunden, da hiermit eine Vielzahl anderer Transformationen auf subjektiver, politischer und kultureller Ebene verknüpft waren. Mit dieser Entgrenzung einer ging insbesondere auch der Beginn der Eroberung der außereuropäischen Welt und damit die Konstitution der *„Kolonialität" der Moderne*.

2. Die ozeanische Entgrenzung leitete zugleich die neuzeitliche *Verweltlichung der außerweltlichen Hoffnungen* auf eine bessere Welt, die von den vormodernen Kulturen noch in das himmlische Jenseits projiziert worden waren, ein. Die Grenze zwischen Immanenz und Transzendenz erodierte und wurde in ein Spannungsverhältnis zwischen alter und neuer Welt verwandelt. Der Prozess der *„Erfindung Amerikas"* ist daher das „missing link" zur Erklärung des Prozesses der *Säkularisierung der außerweltlichen Heilswege und ihrer Umwandlung in innerweltliche Utopien*.

3. Mit der *Umdeutung der Plus-Ultra-Symbolik* durch Francis Bacons wurde die *technoszientifische Moderne* begründet. Das in der Utopie *Nova Atlantis* formulierte Ziel eines „enlarging of the bounds of Human Empire" (Bacon 1862: 398) durch technowissenschaftliche Naturbeherrschung war für die klassische Moderne konstitutiv, die daher ebenso als Zeitalter des „Triumph of Human Empire" (Williams 2013) interpretiert werden kann. Die Ideen Bacons wurden in den USA zu einem wesentlichen Bestandteil des „Myth of the West" (Bruce 1990; Schulte Nordholt 1995), der die Plus-Ultra-Logik der frühneuzeitlichen Moderne aufgriff und radikalisierte.

4. In der Gegenwart ist die *Plus-Ultra-Devise* implizit *weiterhin bestimmend*. Die Mehrzahl der aktuellen Neuformierungen der Projekts der Moderne sind, wie auch Sloterdijk betont, nur als eine weitere „Phase in der Geschichte des euro-

amerikanischen Plus-Ultra" (Sloterdijk 2010: 9) zu interpretieren und es wird kein grundlegender Bruch mit der damit verbundenen Entgrenzungs- und Wachstumslogik vollzogen. Insbesondere die einflussreichen posthumanistischen und cybergnostischen Utopien sind als *Fortführung des Entgrenzungsmythos* der Moderne zu deuten.

5. Zugleich werden vor dem Hintergrund zunehmender sozialer und ökologischer Krisen aber ebenso Gegentendenzen erkennbar, die auf eine *Revision der Entgrenzungslogik der Moderne* hindeuten. Wie abschließend aufgezeigt wird, kehrt aktuell der Gegensatz zwischen den vormodernen Begrenzungs- und Ursprungsmythen und den Entgrenzungs- und Fortschrittsmythen des Okzidents auf neuer Stufe wieder und es deutet sich eine grundlegende Neubestimmung des Projekts der Moderne an. War der Übergang über die frühneuzeitliche Epochenschwelle mit einer Transformation von limitierenden Grenzen zu überschreitbaren Schwellen verbunden gewesen, so deutet sich jetzt eine sozialökologische Transformation hin zu einer Gesellschaft an, in der wieder Grenzen an Bedeutung gewinnen. Dem Plus-Ultra-Imperativ der Moderne wird *ein reflexives Non Plus Ultra* entgegengesetzt.

Die Entgrenzung der Welt und insbesondere die Öffnung des Westhorizonts hat, so zusammenfassend die Grundannahme dieser Arbeit, zu einer grundlegenden Transformation der abendländischen Kultur geführt hat. Eine Erklärung der Herausbildung des okzidentalen Sonderweges und eine Reflexion der damit verbundenen problematischen Nebenfolgen und Schattenseiten, wie sie aktuell erkennbar werden, ist ohne ein Verständnis dieser Transformationen nicht möglich.

3. Der okzidentale Sonderweg und die großen Transformationen

Zur modernisierungstheoretischen Problemstellung

Die Frage nach den Ursachen der okzidentalen Sonderentwicklung gehört seit Weber zu den Kernfragen der Soziologie und ist ein zentraler Bestandteil traditioneller modernisierungstheoretischer Ansätze. Sie gewinnt aktuell wieder an Bedeutung, da vor dem Hintergrund der Transformationen, welche zur Herausbildung des westlichen Sonderwegs führten, auch die gegenwärtigen Transformationsprozesse besser verstanden werden können. Auch die vorliegende Arbeit will, wie dargelegt, einen Beitrag zur Diskussion leisten und dabei mit der Fokussierung auf die frühneuzeitliche Entgrenzung der Welt einen – zumindest in der Soziologie – nur wenig berücksichtigten Aspekt ins Zentrum der Betrachtung rücken. Im Folgenden werden daher verschiedene Ansätze zur Beantwortung dieser Fragestellung diskutiert und dabei zunächst die Thematisierung des okzidentalen Sonderweges bei Weber und den an ihn anknüpfenden Autoren dargestellt. Zugleich wird aber ebenso die Kritik am Weberschen Erklärungsansatz rezipiert, in der eine unzureichende Berücksichtigung der Bedeutung der europäischen Expansion und der damit einhergehenden Herausbildung kolonialer Herrschaftsstrukturen reklamiert wurde (vgl. Hall 1994: 175, Mignolo 2000: 4; Quijano 2010: 37). Schließlich wird im nachfolgenden Kapitel die hier angestrebte Synthese zwischen einer ideen- und kulturgeschichtlichen Herleitung der Sonderstellung des Westens und einer Kritik des Okzidentalismus skizziert.

3.1 Die Besonderheit des Okzidents bei Max Weber

Innerhalb des soziologischen Diskurses können Webers Überlegungen über einen spezifischen Sonderweg des Westens als exemplarisch für eine okzidentalistische Modernisierungstheorie angesehen werden. In der Vorbemerkung zu den Aufsätzen zur Religionssoziologie wird die These der Einzigartigkeit und zugleich das Postulat einer universellen Gültigkeit der Entwicklung der abendländischen Zivilisation formuliert:

„Universalgeschichtliche Probleme wird der Sohn der modernen europäischen Kulturwelt unvermeidlicher- und berechtigterweise unter der Fragestellung behandeln: welche Verkettung von Umständen hat dazu geführt, dass gerade auf dem Boden des Okzidents, und nur hier,

Kulturerscheinungen auftraten, welche doch – wie wenigstens wir uns gern vorstellen – in einer Entwicklungsrichtung von universeller Bedeutung und Gültigkeit lagen?" (Weber 1920: 1)

Weber benennt in seinen Ausführungen unterschiedlichste gesellschaftliche Bereiche, in denen der Okzident eine Entwicklungsstufe erreicht habe, welche in dieser Weise in den außerokzidentalen Kulturen nicht auffindbar seien. So sieht Weber die Herausbildung der modernen Wissenschaft als ein auf die westliche Welt beschränktes Phänomen an: „Nur im Okzident gibt es ‚Wissenschaft' in diesem Entwicklungsstadium, welches wir heute als ‚gültig' anerkennen." (Weber 1920: 1) Zwar seien bestimmte Vorformen auch in anderen Kulturen verbreitet gewesen, doch allein im Westen sei eine weitergehende Entwicklung und ein besonderes Maß der Rationalisierung erreicht worden. Erst die Griechen hätten zu einer „mathematischen Fundierung" und zur Entwicklung des „rationalen Beweis[es]" beigetragen und schließlich sei in der frühen Neuzeit das „rationale Experiment" hinzugetreten, das ebenso wie „eine rationale Chemie [...] allen Kulturgebieten außer dem Okzident" fehle (ebd.). Gleiches gelte für die Rechtslehre, die Entwicklung der harmonischen Musik, eine spezialisierte Wissenschaftlichkeit und ebenso einer modernen Bürokratenschicht: „Dies alles gab es nur im Okzident." (Ebd.: 2) Und schließlich – und in dieser Thematik kulminieren die Überlegungen Webers – sei die Besonderheit des okzidentalen Kapitalismus hervorzuheben: „Der Okzident kennt in der Neuzeit [...] eine ganz andere und nirgends sonst auf der Erde entwickelte Art des Kapitalismus: die rational-kapitalistische Organisation von [formell] freier Arbeit." (Ebd.: 7) Hierbei sei auch eine enge Verknüpfung zwischen der Entwicklung des Kapitalismus und der naturwissenschaftlich technischen Rationalisierung und ihrer Ausrichtung auf Verwertbarkeit festzustellen. Damit rückt die Herausbildung einer Rationalität, die auf die „Berechenbarkeit der technisch entscheidenden Faktoren" (ebd.: 10) ausgerichtet ist, ins Zentrum seiner Beschreibung des okzidentalen Sonderweges.

Seine Diagnose einer spezifisch okzidentalen Entwicklung mündet in dem Versuch der Erklärung dieser Besonderheit des westlichen Denkens. Die zentrale Antwort Webers auf die Frage nach den Ursachen für den „spezifisch gearteten ‚Rationalismus' der okzidentalen Kultur" (ebd.: 11) und damit des okzidentalen Sonderweges ist bekannt: „Einer der konstitutiven Bestandteile des modernen kapitalistischen Geistes, und nicht nur dieses, sondern der modernen Kultur: die rationale Lebensführung auf Grundlage der Berufsidee, ist (...) geboren aus dem Geist der christlichen Askese." (Ebd.: 201) Damit begründete er die These einer Transformation eines ursprünglich religiösen Strebens nach einer Befreiung aus einer als defizitär erachteten Welt in die kapitalistische Wirtschaftsethik.

Zugrunde liegt dabei – so Weber in „Wirtschaft und Gesellschaft" (Weber 1925) – das „Problem der Theodizee" (ebd.: 296 ff.). Demnach habe die Auseinandersetzung mit der „Unvollkommenheit der Welt" (ebd.: 296) in allen Erlösungsreligionen – im Gegensatz zur Akzeptanz und Sinngebung des Leidens im Mythos – zu einer Suche nach Heilswegen der Erlösung von der Welt des Leidens geführt. Und es ist, wie Weber im Kapitel „Die Erlösungswege und ihr Einfluss auf die Lebensführung" (ebd.: 303 ff.) darlegt, der „historisch entscheidende Unterschied, der vorwiegend morgenländischen und asiatischen, gegenüber den vorwiegend okzidentalen Arten der Erlösungsreligiosität" ebd.: 316), der schließlich dazu beigetragen habe, dass sich im Westen eine asketische Haltung herausbilden konnte, welche die Basis für eine innerweltliche Umgestaltung der Wirklichkeit werden konnte. Hierbei spielt eine besondere „Entwicklung der Heilsmethodik im Okzident" (ebd.: 318) eine Rolle, die durch den Einfluss der mönchischen Ethik dazu beigetragen habe, dass „gerade im Okzident als hygienisch-asketisches Mittel die Arbeit hervor[tritt]" (ebd.).

Diese neue Form der Askese überwindet die den Erlösungsreligionen eigene Weltfeindlichkeit und führt zur „rational beherrschte[n] Lebensführung" und der „Berufsmensch" wird der typische Repräsentant eines neuen versachlichten Weltbezugs als „die spezifische Folge der okzidentalen innerweltlichen Askese" (ebd.: 319). Während insbesondere in den asiatischen Religionen aufgrund einer noch mythisch beeinflussten Verzauberung der Welt wie auch einer klar außerweltlichen Orientierung der kontemplativen Erlösungswege „keine Brücke zum praktischen Alltagshandeln innerhalb der Welt" (Weber 1920: 261) gangbar gemacht wurde, ist in umgekehrter Weise im *Okzident ein Heilsweg eröffnet* worden, der den *okzidentalen Sonderweg* begründete: „Voll erreicht wurde beides: Entzauberung der Welt und Verlegung des Weges zum Heil von der kontemplativen ‚Weltflucht' hinweg in die aktiv asketische ‚Weltbearbeitung' [...] nur in den großen Kirchen- und Sektenbildungen des asketischen Protestantismus im Okzident." (Ebd.: 263)

Der *Geist der Moderne* speist sich demnach aus dem Geist der religiösen Erlösungswege und dem damit verbundenen Streben nach der Befreiung aus dem mythischen Kreislauf der ewigen Wiederkehr des Lebens und des Todes. Allerdings löst der Okzident das Problem der Theodizee nicht mehr mit der Erschließung von Wegen der Weltflucht, sondern indem er, vor allem im Protestantismus, den Weg der innerweltlichen Transformation der Welt durch Arbeit eröffnet.

Mit dieser vielbeachteten These hat Weber bekanntermaßen eine einflussreiche Erklärung für die Herausbildung der Besonderheit der okzidentalen Rationalität und der Moderne insgesamt geliefert. Es haben diese Überlegungen nicht zuletzt durch Rezeption und Weiterentwicklung durch Parsons stark die klassischen Modernisierungstheorien beeinflusst (vgl. Parsons 1975; Brock 2011: 77). Mit seinen vergleichenden religionssoziologischen Studien öffnete er den Blick über den abendländischen Horizont hinaus und betrachtete gleichermaßen die Eigenarten insbesondere der asiatischen Welt – wenn auch unter Bewahrung einer okzidentalistischen Abwertung der orientalischen Kulturen. Eisenstadt knüpfte mit seiner Theorie zu den Kulturen der Achsenzeit an diese Tradition an und überwand manche okzidentalistischen Engführungen (Eisenstadt 1987). Man kann Weber mit seiner „Erklärung der okzidentalen Sonderentwicklung" durch die Herausarbeitung von „drei großen Transformationen" (Schluchter 1988: 25) als einen der Ahnväter einer differenzierten, die Verengung der Betrachtung des Modernisierungsprozesses auf die industrielle Moderne überwindende Transformationstheorie ansehen. Im Anschluss hieran wird in der vorliegenden Arbeit die Thematik der Herausbildung des westlichen Sonderwegs zur Frage nach den großen Transformationen, welche in die Moderne führten, in Beziehung gesetzt.

Allerdings wird hierbei auch die Kritik an spezifischen Engführungen der Weberschen Argumentation eine Berücksichtigung finden. Zu Recht wurde auf die Einseitigkeit seiner idealistischen Erklärung verwiesen und u.a. eine stärkere Berücksichtigung der spezifischen mit der europäischen Expansion zusammenhängenden ökonomisch-politischen Rahmenbedingungen, welche zur Sonderentwicklung Europas beigetragen haben, hingewiesen (vgl. u.a. Wallerstein 1986: 213 ff.).

In der vorliegenden Arbeit werden daher alternative Wege zur Erklärung und Beschreibung der okzidentalen Sonderentwicklung beschritten werden. Zwei zentrale Defizite des in abgewandelter Form bis heute in der Soziologie einflussreichen Weberschen Erklärungsansatzes sollen hierdurch überwunden werden:

a) Weber hat zurecht auf die Bedeutung spezifischer abendländischer Erlösungsvorstellungen für die Herausbildung der okzidentalen Rationalität hingewiesen. Allerdings war seine Fokussierung auf die protestantische Askese als zentrales Element der Herausbildung eines europäischen Sonderweges verkürzt, weil die fundamentale geistesgeschichtliche Bedeutung der Sprengung der ozeanischen Grenzen des antik-mittelalterlichen Okzidents und der Entdeckung Amerikas für die Herausbildung des modernen Okzidents vernachlässigt wurde. Es wird in dieser Arbeit dargelegt, dass der Übergang vom Non Plus Ultra zum Plus Ultra zu einer über die geographische Ebene weit hinausgehenden grundlegenden Transformation des okzidentalen Selbstverständnisses führte. Die von Weber gestellte Frage nach dem Ursprung der Besonderheiten der okzidentalen Rationalität und des okzidentalen Kapitalismus kann, so die hier vertretene These, ohne die Berücksichtigung der durch das Beschreiten des „camino de Occidente" (Columbus 1992) durch Kolumbus eingeleiteten Dynamik nicht erklärt werden. Sowohl die Herausbildung neuer erweiterter kolonialer Handelswege und –beziehungen, als auch die Verweltlichung der okzidentalen Heilswege durch die Übertragung von Erlösungshoffnungen auf die Neue Welt sollte die Genese der Moderne wesentlich beeinflussen. Hierdurch entstand der Mythos der Moderne, d.h. die große Erzählung von der Überwindung der Grenzen alter Welten und der Erschaffung der neuen Welt des Westens.

b) Webers Analyse der okzidentalen Kultur ist als deutsche Version eines „Okzidentalismus" (Coronil 2002) anzusehen, welche den Westen erhöht und die „Anderen" abwertet. Auch Webers Darstellung des Okzidents war implizit stark normativ aufgeladen und lieferte die Basis für eine Überhöhung des okzidentalen Sonderweges zum modernen Heilsweg, die bis heute in vielen soziologischen Modernisierungstheorien weitertradiert wird. Wie Mignolo argumentiert, reproduzierte Weber mit seinen Schriften eine koloniale Epistemologie, die es heute kritisch zu reflektieren gilt: „Weber never mentioned colonialism, was unaware of the colonial difference and did not reflect on the fact that he was providing such a celebratory picture at the highest moment of European expansion and capital accumulation in the history of the modern/ colonial world system." (Mignolo 2000: 4) Für Mignolo und andere Vertreter der *Gruppe Modernität/Kolonialität* wurde daher eine Dekolonisierung der Epistemologie von der herrschenden okzidentalen Rationalität und eine Kritik des aus ihrer Sicht mit der Eroberung Amerikas beginnenden „Okzidentalismus" (Coronil 2002) zum Ziel und ein „Post-Occidentalism" (Mignolo 2000: 92) gerade auch in den Sozialwissenschaften wurde eingefordert. Dieses Bemühen um eine Dekolonisierung der sozialwissenschaftlichen Epistemologie erfordert insbesondere im deutschen Kontext zugleich eine kritische Auseinandersetzung mit Weber. Dessen Überhöhung des Okzidents gilt es heute eine „Okzidentalismuskritik" (Dietze 2009) entgegenzusetzen, welche insbesondere die Postulierung hierarchischer Differenzen zwischen dem Okzident und dem Rest der Welt hinterfragt.

Um diese beiden Kritikpunkte näher zu erläutern, wird im Folgenden zunächst auf andere, an Weber anknüpfende Arbeiten zur Erklärung des okzidentalen Sonderweges näher eingegangen. Im Anschluss daran werden verschiedene Ansätze der Okzidentalismuskritik skizziert. Darauf aufbauend wird der besondere Zugang der vorliegenden Untersuchung erläutert, die an Stelle einer Verklärung des Okzidents eine kritische Reflexion der Ursachen und Folgen der westlichen Sonderentwicklung setzt.

3.2 Zur aktuellen Debatte über den okzidentalen Sonderweg

Die von Weber aufgeworfene Frage, wie „die besondere Eigenart des okzidentalen und, innerhalb desselben, des modernen okzidentalen, Rationalismus zu erkennen und in ihrer Entstehung zu erklären" (Weber 1920: 12) sei, wird bis heute unter Begriffen wie dem der „okzidentalen Sonderentwicklung" (Schluchter 1988) bzw. des „europäische[n] Sonderweg[s]" (Sieferle 2003) kontrovers diskutiert.

Als exemplarisch für die in vielen Modernisierungstheorien verbreitete Auseinandersetzung mit der Problematik des okzidentalen Sonderwegs kann das Werk *Modernisierung* (1992) der niederländischen Autoren von der Loo und van Reijen angesehen werden. Diese diskutieren hierin die Frage, wie es „Europa und insbesondere Westeuropa [gelang], eine Reihe von Bewegungen in Gang zu setzen, die schließlich zur modernen Gesellschaft geführt haben. [...] Und warum [...] diese Bedingungen in Kulturen [fehlten], die den Rubikon der modernen Gesellschaften nie überschritten?" (Ebd.: 48). Demnach sind die Ausweitung des Handels, die Genese autonomer Städte, sowie der Prozess der Staatenbildung als wesentliche strukturelle Rahmenbedingungen für die europäische Sonderentwicklung zu nennen (ebd.: 50 f.). Damit ging auf der Ebene der Persönlichkeit eine zunehmende Affektbeherrschung einher und hinsichtlich des gesellschaftlichen Naturverhältnisses wird eine neue Stufe der Domestizierung postuliert (ebd.: 68; 75). In Anlehnung an Jan Romeins Analyse der „europäischen Geschichte als Abweichung vom allgemeinen menschlichen Muster [Europese geschiedenis als afwijking van het algemeen menselijk patroon]" (Romein 1987) wird ein grundlegender Wandel der Positionierung des Menschen in der Welt, der zu einem Ausbruch aus dem mythischen Denken führte, als Ursprung des okzidentalen Sonderwegs angesehen. Der Mensch, der dem allgemeinen menschlichen Muster folgte, habe sich noch als Teil der Natur gefühlt und seine bildhafte mythische Vorstellungswelt sei in zirkulären Vorstellungen gefangen gewesen (van der Loo und van Reijen 1992: 58). Dahingegen sei der von diesem Muster abweichende Mensch der Moderne dazu übergegangen, die Welt zunehmend wissenschaftlicher und auf Grundlage von empirischer Erfahrung zu erkennen und umzugestalten. Insgesamt betrachtet steht die Darstellung der beiden niederländischen Autoren in starkem Maße in der Tradition klassischer soziologischer Modernisierungstheorien. Sie weist sowohl die Stärken, aber auch die Schwächen dieser Ansätze auf und es sind okzidentalistische Denkmuster erkennbar. Wenn die Autoren als „Modernisierung [...] die Kombination von Differenzierung, Rationalisierung, Individualisierung und Domestizierung" (van der Loo und van Reijen 1992: 30) benennen, so ist hierin implizit die Aussage enthalten, dass die nichtmodernen Kulturen durch das Fehlen eben dieser Wesenszüge gekennzeichnet seien.

Im Gegensatz zu dieser Position ist zu betonen, dass jede Kultur durch ein Mindestmaß an Differenzierung gekennzeichnet ist, ihre je eigene Rationalität aufweist, trotz aller Kollektivität auch Individualität zulässt und die innere und äußere Natur domestiziert. Bei van der Loo und van Reijen werden graduelle Unterschiede in der Ausprägung dieser Dimension hypostasiert und zu alleinigen Kennzeichen der Moderne stilisiert. Problematisch ist insbesondere, dass ihre Darstellung der Besonderheit des Westens stark mit impliziten normativen Wertungen versehen ist. Die Andersartigkeit der außereuropäischen Kulturen wird in der Regel durch „Behinderungen, die [...] dem Durchbruch der Modernisierung im Wege standen" (ebd.: 48) erklärt. Der Gedanke, die von anderen Kulturen vorgenommenen Grenzziehungen seien nicht nur als irrationale Behinderungen, sondern auch als zivilisatorische Errungenschaften zu deuten, wird nicht ins Auge gefasst. Wie bereits bei Weber wird so die okzidentale Rationalität als eine überlegene, zur gesteigerten Weltbeherrschung und Weltbearbeitung befähigende Vernunft beschrieben.

Zu kritisieren ist des Weiteren, dass zwar „Paradoxe der Modernisierung" (ebd.: 31 ff.) thematisiert werden, dabei aber nur auf die ambivalenten Folgen für den modernen Menschen selbst verwiesen wird. Die Bedeutung der kolonialen europäischen Expansion für die Moderne wird nur am Rande angesprochen, die iberische Eroberung neuer Welten ganz ausgeblendet und allein auf den niederländischen und britischen Handelskapitalismus verwiesen, und schließlich Schattenseiten dieses Prozesses nicht thematisiert (ebd.: 54). Die Nebenfolgen der Modernisierung für die außereuropäische Welt bleiben ebenso wie die Probleme der neuzeitlichen Naturverhältnisse weitgehend unberücksichtigt. Damit trägt die Analyse von van der Loo und van Reijen wenig dazu bei, die aktuelle ökologische Krise wie auch die gegenwärtigen Krisen im Weltsystem vor dem Hintergrund einer kritischen Reflexion der Ursprünge der Moderne besser zu verstehen.

Eine hinsichtlich des Naturbezugs der okzidentalen Kultur weiterführende Erklärung zur Herausbildung der okzidentalen Sonderentwicklung liefert Sieferle, der in *Der europäische Sonderweg* (2003) die besondere Bedeutung der Nutzung von fossilen Brennstoffen betont. Diese hätten einen grundlegenden Wandel der westlichen Kultur und den Übergang von einer Agrargesellschaft zur modernen Energiegesellschaft eingeleitet: „Unsere Grundthese lautet, dass die Nutzung fossiler Energieträger eine notwendige physische Vorbedingung für den Transformationsprozess war. [...] Ohne Nutzung der neuen Energiequellen wären die europäischen Gesellschaften des 18. und 19. Jahrhunderts Agrargesellschaften geblieben." (Sieferle 2003: 30) Zwar werden andere politische und kulturelle Faktoren durchaus benannt, doch diese gegenüber dem als entscheidend angesehenen Durchbruch zur Nutzung der nichterneuerbaren Energien in der industriegesellschaftlichen Moderne als zweitrangig angesehen.

Im ähnlicher Weise argumentiert auch Osterhammel, der als eine der wesentlichen Ursachen für die *Verwandlung der Welt* (2009a) bzw. *The Transformation of the World* (2014) – so der Titel der englischen Ausgabe – im 19. Jahrhundert u.a. die Herausbildung eines neuen „Energieregimes" infolge der verstärkten Nutzung der Kohle benennt (Osterhammel 2009a: 928).[1] Sieferle und Osterhammel liefern damit

---

1 An anderer Stelle macht Osterhammel allerdings auch deutlich, dass die „Ursachen der okzidentalen Ausnahmeentwicklung" (Osterhammel 2001: 59) vielfältig sind, und dass

eine Erklärung für die Sonderentwicklung der okzidentalen Kultur, auf die ebenso in dem aktuell breit rezipierten Gutachten des Wissenschaftlichen Beirats Globale Umweltveränderungen *Welt im Wandel: Gesellschaftsvertrag für eine Große Transformation* (WBGU 2011) zurückgegriffen wird. Demnach ist „die Energietransformation im 19. Jahrhundert als Grundlage der Industriellen Revolution" (ebd.: 92) anzusehen. Diese hatte eine umfassende „Große Transformation" (ebd.: 1; 87 ff.) zur Folge, die nicht nur ökonomische und technische Bereiche betraf, sondern mit einem umfassenden sozialen und politischen Wandel verbunden war. Vor diesem Hintergrund wird vom WBGU die aktuelle ökologische Krise der Moderne vor allem als Krise des fossilen Entwicklungspfades beschrieben und dementsprechend für eine erneute große Transformation hin zu einer nachhaltigen Entwicklung ein Ausstieg aus dem „fossilnuklearen Metabolismus der Industriegesellschaft" (WBGU 2011: 27) als notwendig erachtet.

Diese Perspektive ist durchaus fruchtbar, um zentrale Aspekte jener Transformation, die zur Genese der modernen Welt beitrugen, zu beleuchten und zugleich ein Verständnis für die aktuellen Krisen des okzidentalen Entwicklungsmodells zu ermöglichen. Allerdings blendet die Fokussierung auf die energetisch-industrielle Ebene wichtige andere Aspekte aus. So hat Polanyi, der die Begrifflichkeit der „Großen Transformation" (Polanyi 1978 [1944]) prägte, die Durchsetzung der Idee eines selbstregulierenden Marktsystems und die damit verbundene „Transformation der natürlichen und menschlichen Substanz der Gesellschaft in Waren" (Polanyi 1978: 70), sowie die gesellschaftlichen Reaktionen hierauf, als zentrales Moment des Transformationsprozesses benannt.

Darüber hinaus wird vernachlässigt, dass die große Transformation, welche zu einer Sonderstellung des Westens führte, als mehrstufiger Prozess zu analysieren ist. Wie in dieser Arbeit argumentiert wird, etablierten sich infolge der europäischen Expansion bereits in der frühen Neuzeit Dependenzverhältnisse im Weltsystem, die heute vor dem Hintergrund der Forderung nach einer anderen, nachhaltigeren Entwicklung zum Problem werden. Auch war die Entdeckung und Eroberung der Neuen Welt von Beginn an mit Auswirkungen auf die Umwelt verknüpft. Wie Crosby in *The Columbian Exchange* (1972) darstellt, vollzog sich eine Austausch von Pflanzen und Tieren mit weitreichenden ökologischen und sozialen Konsequenzen. Wie die Plantagenwirtschaft verdeutlicht, kann das kapitalistische Weltsystem von Beginn an als ein „weltökologisches System" (Moore 2003) beschrieben werden. Zugleich wurde die europäische Expansion bei Bacon zum Paradigma für die Kolonisierung der Natur.

Als paradigmatischer Beginn der großen Transformation, welche die Beschreitung des okzidentalen Sonderwegs einleitete, ist somit die europäische Kolonisierung der außereuropäischen Welt anzusehen.[2] Die durch diesen Übergang zur Plus-Ultra-

---

daher der Beginn des „differentiellen Aufstiegs des Westens" (ebd.) historisch sehr unterschiedlich angesetzt werden kann.

2 Dabei wird bewußt eine Fokussierung vorgenommen und andere zentrale Aspekte werden nicht behandelt. So verweist Mitterauer zu Recht auch auf die „mittelalterlichen Grundlagen der europäischen Sonderentwicklung" (Mitterauer 2004: 9) und nennt u.a. die „Agrarrevolution des Frühmittelalters" (ebd.: 17 f.) sowie „Predigt und Buchdruck" (ebd.: 235 f.) als Voraussetzungen für die besondere Dynamik des Abendlandes. Die in der vorliegenden

Welt eingeleiteten vielfältigen Transformationen werden im Folgenden im Detail analysiert. Der durch die verstärkte Nutzung der fossilen Brennstoffe ermöglichte Triumph des industriegesellschaftlichen Projekts der Naturbeherrschung ist aus dieser Perspektive nur als Klimax eines mehrdimensionalen Prozesses anzusehen, dessen Ursprünge weit früher anzusetzen sind. Dies impliziert, dass es verkürzt ist, primär den Wandel der energetischen Grundlagen des Gesellschaftsmodells ins Zentrum zu rücken, um eine Analyse und Bewältigung der aktuellen Krisen des modernen Entwicklungspfades zu ermöglichen. Vielmehr setzt eine neue große Transformation hin zu einer nachhaltigen Entwicklung eine Reflexion sowohl der okzidentalen Kolonisierung der Welt als auch der ideengeschichtlichen Grundlagen des Projekts der Kolonisierung der Natur voraus. Zu dieser dekolonialen Reflexion kann nun die Kritik des Okzidentalismus beitragen.

3.3 ZUR KRITIK DES OKZIDENTALISMUS

Postkoloniale Ansätze gewinnen in den letzten Jahren auch in Deutschland an Bedeutung (vgl. Reuter 2010). Verstärkt wird aus dieser Perspektive der Eurozentrismus von Weber und anderer soziologischer Klassiker kritisiert. So schreibt Reuter: „Auch wenn die klassischen Vertreter der Soziologie das harte Wort der ‚Barbaren' oder ‚Wilden' vermeiden, so erscheinen ihnen diese vormodernen, vorindustriellen Gesellschaften doch als ‚unzivilisiert' [Elias], ‚irrational' [Weber] oder ‚einfach' [Durkheim]." (Reuter 2012: 298; Erg. i. Orig.) Wie Hall deutlich macht, wurde das Denken Webers „durch den Diskurs des ‚Westens und des Rests' beeinflusst" (Hall 1994: 17 vgl. auch Turner 1974) und damit ein im abendländischen Denken verbreitetes Modell der Selbsterhöhung der westlichen Kultur durch die Abgrenzung von den anderen reproduziert. Der Gegensatz zwischen dem Westen und den Anderen wurde so „zu einem der Fundamente der modernen Soziologie" (Costa 2005: 225 f.). Auch viele an die Klassiker anknüpfende neuere Modernisierungstheorien, wie z.B. der Ansatz von Van der Loo und van der Reijen, reproduzieren demnach, wie Reuter argumentiert, okzidentalistische Stereotype der Soziologie (Reuter 2012: 298).

Im Gegensatz hierzu versuchen nun die postkolonialen soziologischen Ansätze diese binäre Entgegensetzung zu hinterfragen und als Produkt und Instrument kolonialer Herrschaft zu dekonstruieren: „Es geht ihnen in erster Linie darum zu zeigen, dass die Polarität West/Rest ein irreversibel asymmetrisches Verhältnis zwischen dem Westen und seinem Anderen diskursiv konstruiert und politisch legitimiert." (Costa 2005: 227) Die von den Klassikern wie gleichermaßen in vielen neueren soziologischen Theorien weitgehend ausgeblendete Thematik der Folgen der europäischen Expansion rückt damit ins Zentrum der Betrachtung. Boatcă und Costa rekurrieren dabei in ihrem Entwurf einer „postkoloniale[n] Soziologie" (Boatcă und Costa 2010) insbesondere auch auf die Arbeiten der „Gruppe Moderne/Kolonialität"

Arbeit vorgenommene Konzentration auf die europäische Expansion und insbesondere die Entdeckung Amerikas ist zweifelsohne verkürzt. Dennoch wird hier ein heuristischer Wert dieser Engführung unterstellt, da hierdurch die vielfältigen Implikationen der Entgrenzung der Welt bewußt gemacht werden können.

(Grupo modernidad/colonialidad im Original; vgl. Mignolo 2012a: 43) und deren Problematisierung der „Kolonialität" (Quijano 1992).³ Die mit der modernen okzidentalen Kultur verbundene Herausbildung von Herrschafts- und Unterdrückungsverhältnissen im globalen Raum rückt bei diesen Autoren in den Mittelpunkt der Betrachtung und es wird die „Kolonialität [als] die finstere Seite der Moderne" (Mignolo 2012a: 97) beschrieben. Vor allem die auf ethnisch-rassischen Differenzierungen aufbauenden Herrschafts- und Ungleichheitsordnungen, die sich in Verbindung mit dem frühen Kolonialismus etablierten, waren demnach zentral für die Herausbildung des modernen kapitalistischen Weltsystems: „Raza wurde […] zum ersten Hauptkriterium für die Einteilung der Weltbevölkerung in Rangstufen, Stellungen und Rollen in der Machtstruktur der neuen Gesellschaft. Sie wurde zum grundlegenden Modus der universellen gesellschaftlichen Klassifizierung der Weltbevölkerung." (Quijano 2016: 29)

In der vorliegenden Arbeit wird ebenfalls an diese Variante des De- und Postkolonialismus angeknüpft, da die Folgen der frühneuzeitlichen Öffnung des Westhorizonts und die koloniale Aneignung Amerikas eine besondere Berücksichtigung finden. Während die Postkolonialismus-Studien im angelsächsische Sprachraum, wie sie u.a. durch die Arbeiten von Said (1978), Spivak (1988) und Bhabba (1997) angeregt wurden, primär die Kolonisierungsprozesse des 18. Jh. und ihre Folgewirkungen berücksichtigten, gehen die lateinamerikanischen Autoren zurück zu den Anfängen der europäischen Expansion und sehen in der Westfahrt des Kolumbus den ambivalenten Beginn der Moderne. Es ist demnach, wie es Dussel formuliert, „1492 der Augenblick der ‚Geburt' der Moderne" (Dussel 1993: 10), die sich infolge der Etablierung kolonialer Herrschaftsmuster konstituiert (vgl. Dussel 2013: 15). Auch Quijano und Wallerstein betonen die zentrale Rolle der Entdeckung Amerikas für die Genese der modernen Welt. Aus dieser Perspektive sind damit Amerikanität (*Americanity*), Modernität und Kolonialität untrennbar miteinander verbunden, da mit der Entdeckung der Neuen Welt die Herausbildung des modernen kapitalistischen Weltsystems im neu erschlossenen atlantischen Raum verbunden war: „Americanity has always been, and remains to this day, an essential element in what we mean by ‚modernity'. [...] As the centuries went by, the New World became the pattern, the model of the entire world-system." (Quijano und Wallerstein 1992: 549) Aus Quijanos Sicht ist daher der okzidentale Sonderweg und die Besonderheit der

---

3   Die Thematisierung der Kolonialität der Moderne ist im Kontext der kritischen Auseinandersetzung mit der 500 Jahrfeier der sogenannten Entdeckung Amerikas 1492 zu verorten (vgl. Kap. 10.3). Diese Debatten mündeten in der Folgezeit in einen Diskurs über das Fortwirken kolonialer Muster in der Moderne ein. In dem auch als „Projekt Modernität/Kolonialität" (Proyecto Modernidad/Colonialidad im Original, vgl. Garbe 2013) bezeichneten Kreis fanden sich seit 1998 mit Anibal Quijano, Enrique Dussel, Catherine Walsh, Maldonado-Torres, Fernando Coronil, Edgardo Lander, Arturo Escobar, Walter Mignolo u.a.m. verschiedene prominente lateinamerikanische Denker zusammen und formulierten ein Programm einer dekolonialen und posteurozentristischen Sozialwissenschaft (vgl. auch Lander und Castro-Gómez 2000). Es vereinten sich hierdurch verschiedene lateinamerikanische Diskussionsstränge aus dem Bereich der Dependenz- und Weltsystemtheorien, der Befreiungsphilosophie und des Postdevelopment-Ansatzes (vgl. Lander 2008).

Moderne nicht durch die Herausbildung der in den traditionellen Modernisierungstheorien genannten Prinzipien von Neuheit, Fortschritt, Rationalität, Säkularität usw. zu erklären, da sich diese auch in anderen Kulturen finden lassen (Quijano 2016: 48). Entscheidend sei vielmehr die Herausbildung eines globalen Herrschaftssystems gewesen: „Das aktuelle Weltsystem, das sich in Amerika auszuformen begann, [hat] drei zentrale Komponenten [...]: die Kolonialität der Macht, den Kapitalismus und den Eurozentrismus." (Ebd.: 54) Es sei daher die Moderne als „eurozentrierte koloniale Moderne" (Quijano 2010: 35) zu beschreiben, in der die seit 1492 herausgebildeten kolonialen Beziehungen durch eine „weltweite Verbreitung des in Amerika geschaffenen Herrschaftsmusters" universalisiert wurden und deren Analyse auch zu einem Verständnis der „gegenwärtige(n) Herrschaftskrise" notwendig sind." (Quijano 2010: 34 f.)

Mit dieser Kritik der Kolonialität der Moderne verknüpft ist eine Kritik der sogenannten Okzidentalismus, wie sie vor allem in dem einflussreichen Aufsatz *Jenseits des Okzidentalismus* (Coronil 2002) des kubanischen Anthropologen Fernando Coronil entwickelt wurde. Hierin gab Coronil der postkolonialen Debatte, die bis dato insbesondere im englischsprachigen Raum stärker auf den asiatisch-afrikanischen Raum und die Kritik des „Orientalismus" (Said 2010)[4] bezogen war, eine entscheidende Wende. Demzufolge ist, wie Coronil in Auseinandersetzung mit der These Saids argumentiert, die Konstitution und Konstruktion eines spezifisch okzidentalistischen Selbstverständnisses der euro-amerikanischen Kultur dem Orientalismus vorausgegangen: „Wir [sollten] unsere Aufmerksamkeit verschieben und uns von der Problematik des ‚Orientalismus', [...] abwenden; statt dessen sollten wir uns der Problematik des ‚Okzidentalismus' zuwenden, die sich auf jene Konzeptionen des Westens bezieht, die diesen Repräsentationen zugrundeliegen." (Coronil 2002: 184) Der Okzidentalismus trägt demnach zu einer Untergliederung der Welt entlang einer Matrix kultureller Differenzen bei und legitimiert eine Herrschaftsordnung, die dem Westen eine raum-zeitlich privilegierte Position zuweist:

„Mit ‚Okzidentalismus' bezeichne ich all jene Praktiken der Repräsentation, die an der Produktion von Konzeptionen der Welt beteiligt sind, welche (1) die Komponenten der Welt in abgegrenzte Einheiten unterteilen; (2) ihre relationalen Geschichten voneinander trennen (3) Differenz in Hierarchie verwandeln; (4) diese Repräsentationen naturalisieren; und so (5) an der Reproduktion existierender asymmetrischer Machtbeziehungen [...] beteiligt sind." (Coronil 2002: 186)

---

4   Mit dem Begriff des Orientalismus hatte bekanntlich der palästinensische Autor Edward Said die besondere Art der Wahrnehmung des Orients durch den Westen bezeichnet: Er definiert als „Orientalismus [...] jene Denkweise, sie sich auf eine ontologische und epistemologische Unterscheidung zwischen ‚dem Orient' und [...] ‚dem Okzident' stützt." (Said 2010: 10) Dabei sei in der Regel die Differenzierung mit der Postulierung einer Superiorität des Okzidents verknüpft: „Die Strategie des Orientalismus fußt fast durchgängig auf einer so flexibel angelegten Position der Überlegenheit, dass sie es dem Westen erlaubt, in allen möglichen Beziehungen zum Orient stets die Oberhand zu behalten." (ebd.: 16)

Coronil skizziert verschiedene Formen der „okzidentalen Repräsentationsmodalitäten" (ebd.: 187) und analysiert die verschiedenen Konzeptionen des westlichen Selbst und seiner Beziehung zu den „Anderen". Er unterscheidet hierbei zwischen der „Auflösung des Anderen durch das Selbst", womit die nichtwestlichen Völker vollständig in den siegreichen Westen integriert werden, der „Einverleibung des Anderen in das Selbst", in der die Rolle der nichtwestlichen Völker in der Herausbildung der modernen Welt negiert wird, und schließlich der „Destabilisierung des Selbst durch den Anderen", in der die Wahrnehmung der „Anderen" auch zur Hinterfragung der westlichen Kultur führt (Coronil 2002: 187 ff.).

Im deutschsprachigen Raum setzte in den letzten Jahren eine allmähliche Rezeption des Okzidentalismusbegriffs und der damit verbundenen Konzepte ein.[5] So knüpft Dietze mit ihrer „Okzidentalismuskritik" (Dietze 2009b) hieran an, thematisiert allerdings – ähnlich wie die Mehrzahl der anderen AutorInnen des Sammelbandes *Kritik des Okzidentalismus* (Dietze 2009a) – primär das Spannungsverhältnis zwischen altweltlichem Orient und dem europäischen Westen und steht stark in der Tradition der Orientalismuskritik Saids. Die neuzeitliche Verwestlichung des Westens durch die Eröffnung des atlantischen Raums ist hingegen nicht Gegenstand der Reflexion.[6] Im Gegensatz hierzu wird in der vorliegenden Arbeit von der zentralen Bedeutung der Entgrenzung des westlichen Horizonts und der Entdeckung einer neuen Welt für die Konstitution des Okzidentalismus ausgegangen.

---

5 Zu verweisen ist hier auch auf andere Stränge der Okzidentalismusdebatte, in welcher der Begriff des Okzidentalismus mit geradezu konträren Bedeutungen verbunden wird. In der Literatur wird zwischen einem „negative Occidentalim" (Gill 2004: 55), bei dem der Westen kritisiert und abgewertet wird, und einem „positive Occidentalism" (ebd.), welcher eine Überlegenheit des Westens über anderen Kulturen postuliert, unterschieden. Buruma und Margalit bezeichnen in ersterem Sinne das „entmenschlichende Bild des Westens, das seine Feinde gezeichnet haben" (Buruma und Margalit 2005: 13) ebenfalls als Okzidentalismus. Dabei steht die Kritik der materialistischen Kultur des Westens durch den islamischen „religiösen Okzidentalismus" (ebd.: 116) im Zentrum der Analyse. Diese Form des Okzidentalismus kann man mit Carrier auch als „ethno-Occidentalism, [the] essentialist renderings of the West by members of alien societies" (Carrier 1992: 198, vgl. auch Ning 1997) bezeichnen. Sie steht der Selbsterhöhung des Westens, d.h. dem „Occidentalism, the essentialistic rendering of the West by Westerners" (Carrier 1992: 199) konträr entgegen, da sie auf einer Kritik des Westens durch die „Anderen" basiert.

6 Untersucht wird primär, wie „Okzidentalität zu einer neuen Leitdifferenz in europäischen, insbesondere deutschen, Einwanderungsgesellschaften [...] geworden ist" (Dietze 2009b: 24). Die auf der Annahme einer kulturellen, geschlechterpolitischen und untergründig auch rassischen Überlegenheit des Westens beruhende Abwertung der Anderen und insbesondere des islamischen Orients wird zum Thema gemacht: „Okzidentalismuskritik versteht sich in diesem Zusammenhang als systematische Aufmerksamkeit gegenüber identitätsstiftenden Neo-Rassismen, die sich über eine Rhetorik der ‚Emanzipation' und Aufklärung definieren." (ebd.)

4. Die Erfindung Amerikas und die Genealogie des Projekts der Moderne

Die Entdeckung, Erfindung und Eroberung Amerikas steht, so die These dieser Arbeit, am Beginn der Herausbildung des okzidentalen Sonderweges und des neuzeitlichen Okzidentalismus. Diese Bedeutung dieses Umbruchs hebt auch Mignolo mit folgenden Worten hervor:

„The very idea of a West – Occidentalism – and the ideology of Western expansion since 1500 also began with the identification and invention of America. From that moment on, the Indias Occidentales defined the confines of the West and, as its periphery, were part of the West nonetheless. [...] Thus the idea of 'West' as 'center' became dominant [...] in the process by which Europe was conquering the world and classifying the world being conquered." (Mignolo 2005: 35)

Die zentralen Stufen dieser Konstitution der Idee des Westens bzw. der Ideologie der Verwestlichung werden in der vorliegenden Arbeit aufgezeigt. Dabei wird von der These ausgegangen, dass die Entdeckung der Neuen Welt und die damit verbundene Erfindung Amerikas als ein erweiterter Westen eine paradigmatische Bedeutung für die Genealogie der Moderne hatte. Denn mit der Erfindung Amerikas ist nicht nur die die Erfindung einer neuen Vorstellung vom Westen verknüpft, sondern zugleich die Erfindung der Moderne als Projekt der permanenten Erneuerung der Welt verbunden.

4.1 Die Erfindung Amerikas und die Erfindung der Moderne

Mit der Verwendung der Paraphrase der „Erfindung Amerikas" wird hierbei insbesondere auf Edmundo O'Gormans einflussreiches Werk *La invención de América* (O'Gorman 1958/1976) rekurriert. Der mexikanischen Historiker argumentiert hierin, dass die sogenannten Entdeckung Amerikas durch Kolumbus nur ein erster Schritt im Prozess der Realisierung der Existenz des bisher unbekannten Kontinents war. Amerika trat erst allmählich infolge der Briefe des Americo Vespucci, sowie der Repräsentation und Benennung im kosmographischen Werk von Waldseemüller und Ringmann als eigenständige Entität in Erscheinung (vgl. Kap.

7.3). Darüber hinaus erfolgte hiermit eine Interpretation der „Bedeutung" der Neuen Welt, welche auch die reale Aneignung Amerikas prägte. O'Gorman stellt diesen Perspektivenwechsel mit folgenden Worten dar: „Our purpose [is] [...] finally abandoning the idea that America was the object of a ‚discovery', we shall seek a new concept by which the facts may be explained more adequately. This new concept, if we may anticipate, is that of America not discovered but invented." (O'Gorman 1972: 47)

Dieser Prozess der Erfindung Amerikas ist eng mit der Thematik des Okzidentalismus verbunden. Es wird von O'Gorman das Erscheinung Amerikas als Resultat einer Erfindung durch das okzidentale Denken analysiert und danach gefragt, „how the idea of America arose in the consciousness Western culture" (ebd.: 46). Dies impliziert, dass Amerika nicht als gegebene objektive, physikalische Wirklichkeit entdeckt wurde, sondern vielmehr die Deutungsmuster und Visionen der okzidentalen Welt wesentlich in die Konstruktion der amerikanischen Wirklichkeit mit einflossen: „Not only was America invented and not discovered [...] but it was invented in the image of its inventor." (O'Gorman 1972: 140) Dabei stand am Ende dieses Prozesses O'Gorman zufolge eine Erfindung Amerikas als neues Europa und erweiterter Westen: „America was no more than a potentiality, which could be realized only by receiving and fulfilling the values and ideals of European culture. America, in fact, could acquire historical significance only by becoming another Europe. Such was the spiritual or historical being that was invented for America." (Ebd.: 139)

Die Erfindung Amerikas trug so zu einem Wandel des Selbstverständnisses der abendländischen Welt bei, die im neu gewonnen Westen einen Raum der Expansion erfand und sich damit auch – so der Untertitel der spanischen Originalausgabe – der „El universalismo de la cultura de occidente [Der Universalismus der okzidentalen Kultur]" (O'Gorman 1958) konstituierte. In zwei Stufen erfolgte demnach durch die spanische und später die angelsächsische Aneignung Amerikas ein Ausbruch aus dem alten okzidentalen Grenzbewusstsein:

„Durch diese beiden Beiträge [...] befreite sich der Mensch des Okzidents aus dem alten Gefängnis seiner insularen Welt und der moralischen Abhängigkeit von einem auf alten Hierarchien [...] beruhenden Eurozentrismus. In diesen beiden Befreiungen von allerhöchster historischer Bedeutung ist die Größe der Erfindung Amerikas begründet, der doppelte, entscheidende und unumkehrbare Weg der Erfüllung des ökumenischen Programms der Kultur des Okzidents." (O'Gorman 1993: 159; Übers. d. Verf.)

Man kann daher die kognitive Erfindung und die daraufolgende praktische Aneignung Amerikas als entscheidend für die Konstitution eines veränderten Selbstverständnisses des Okzidents ansehen. Dabei kann die konstruktivistische Analyse O'Gormans in zweifacher Hinsicht gelesen und damit auch in verschiedener Weise an sie angeknüpft werden.

Der mexikanische Historiker beschreibt in seiner Analyse den Ausbruch des europäischen Denkens aus den Grenzen, welche den Menschen in der mittelalterlichen Kosmologie umschlossen, als heroischen Akt der Emanzipation: „This historical process which we have called the invention of America [...] implies modern man's contempt for and his rebellion against the fetters which he himself had forged under pressure of archaic religious fears." (Ebd.: 1972: 130) Seiner Interpretation liegt letztlich ein „ontologischer Eurozentrismus" (Dussel 1993: 35, Fn. 45) zugrunde, der die aus dieser okzidentalistischen Erfindung resultierenden Aneignungsformen nicht prinzipiell problematisiert. Die präkolumbianischen Völker, die zu Opfern der Entdeckung und Erfindung wurden, und die alternativen Vorstellungen von ihrer Heimat finden keine Berücksichtigung.

Dennoch wies O'Gorman mit seiner Deutung auch einen anderen, kritischeren Weg der Thematisierung der Folgen der Erfindung. Denn mit seiner Analyse machte er implizit deutlich, dass prinzipiell ebenso andere Formen der Konzipierung des Seins und des Sinns Amerikas möglich waren und sind. Diese gleichsam heterodoxe Interpretation der Formel von der Erfindung Amerikas wurde nun von verschiedenen okzidentalismuskritischen lateinamerikanischen Autoren vollzogen. So rezipiert Mignolo O'Gormans Studie als frühen Beitrag zur lateinamerikanischen postkolonialen Kritik:

„O'Gorman's ‚invention of America' theory was a turning point that put on the table a perspective that was absent and not recognized from the existing European and imperial narratives. Let's agree that O'Gorman made visible a dimension of history that was excluded by the partial ‚discovery' narratives, and let's also agree that it is an example of how things may look from the varied experiences of coloniality." (Mignolo 2005: 6)

Erkennbar werden Mignolio zufolge durch diese Perspektive die ideologischen Komponenten der okzidentalen Aneignung der Neuen Welt: „O' Gorman's thesis on the ‚invention of America' and ‚the universalism of Western culture' revealed [...] that the idea of discovery is an imperial interpretation." (Ebd.: 34) Es bildet sich zugleich eine neues Selbstverständnis des Westen heraus, der sich als privilegierter Ort der Benennung und Ordnung der Welt erfindet: „‚Occidentalism' as O'Gorman's thesis on the ‚universalism of Western culture' suggests, has two interrelated dimensions: First, it served to locate the geohistorical space of Western culture.[...] It also fixed the privileged locus of enunciation. It is from the West that the rest of the world is described." (Mignolo 2005: 34) Die für den Okzidentalismus kennzeichnende Selbsterhöhung des Westens als universale und überlegene Kultur ist damit eng mit der Erfindung Amerikas verknüpft.

Der Rekurs auf *La invención de América* bildet so auch einen Ansatzpunkt für eine post-okzidentalistische Kritik, welche die Erfindung Amerikas problematisiert und nach alternativen Formen der nicht okzidentalistischen Konzipierung des Seins des amerikanischen Kontinents fragt. Diese Lesart war allerdings in dem Ansatz von O'Gorman nur angelegt und wurde erst später insbesondere im Zuge der um 1992 geführten kritischen Debatte um die sog. „Entdeckung Amerikas" entfaltet.

So argumentiert der Philosoph Leopoldo Zea in seinem Artikel *Der 12 Oktober 1492 – Entdeckung oder Verdeckung (12 de Octubre de 1492¿descubrimiento o encubrimiento)* (1989b) in Anlehnung an O´Gorman, dass die europäische Kultur die Neue Welt nach dem Vorbild der Alten Welt erfand. Doch während O´Gorman bei dieser Feststellung stehenblieb, und tendenziell zugleich unterstellte, dass eine echte Begegnung kultureller Welten per se nicht möglich gewesen wäre, da die indigene Bevölkerung keine der okzidentalen Welt vergleichbare Kultur besessen hätte, thematisiert Zea die Unterdrückung eben dieser Kultur:

„Es wird dieses Datum [1492] als die Entdeckung Amerikas gefeiert. [...] O'Gorman bezeichnete dieses Ereignis als Erfindung. Europa erfand Amerika indem es suchte und fand was es finden wollte. Die Augen der vorgeblichen Entdecker sahen nichts außer dem was sie sehen wollten [...] – Die wahre authentische Realität dieser Region und ihrer Menschen blieb verdeckt [encubierta] durch die Vorurteile, welche die Entdecker mit sich brachten." (Zea 1989b: 196; Übers. d. Verf.)

Aus Sicht von Zea sei es nun nach 500 Jahren okzidentalistischer Erfindung Amerikas, die zur Verdeckung des präkolumbianischen Erbes führte, an der Zeit, das Verdrängte wiederzuentdecken. In ähnlicher Weise fordert Dussel in *Von der Erfindung Amerikas zur Entdeckung des Anderen* (1993) den Übergang zu einer anderen Moderne, welche die okzidentalistische Engführungen der „eurozentrischen Moderne" (ebd.: 196) und ihren Erfindungen überwindet: „Diesen Entwurf werden wir ‚Trans-Moderne' oder den Einschluß der geleugneten Alterität nennen: die Behauptung der Würde und Identität der anderen Kulturen, des Anderen, der zuvor verdeckt wurde." (Ebd.: 81)

Im Anschluss an die hier skizzierten Perspektiven wird in der vorliegenden Arbeit der Prozess der Erfindung Amerikas und seine Auswirkungen auf die Herausbildung eines neuen okzidentalen Selbstverständnisses und die Genese der Moderne untersucht werden. Dabei wird zum einen die „okzidentalistische" Perspektive O'Gormans durchaus übernommen und nach dem Wandel des okzidentalen Weltbildes infolge der Befreiung aus der begrenzten alten Welt und der Entdeckung der neuen Welt gefragt. In vielfältiger Form induzierte die Erfindung der Neuen Welt als ein neuer, erweiterter Westen eine Neubestimmung der okzidentalen Identität und beförderte die Genealogie des Projekts bzw. des Mythos der Moderne als Programm der Erneuerung der Welt. Diese Perspektive impliziert auch, dass der Okzidentalismus im Folgenden nicht nur als Konstrukt mit rein legitimatorischen Funktionen für koloniale Praktiken analysiert wird. Ebensowenig wird eine Position geteilt, die den Okzidentalismus nur als illusionäre Selbstbeschreibung der Moderne dekonstruiert.[1]

Im Folgenden wird daher zum einen aufgezeigt, dass mit der westlichen Öffnung des alten Abendlandes ein Prozess der Entgrenzung eingeleitet wurde, der zu einem fundamentalen Wandel des Weltverständnisses des okzidentalen Menschen führte. Damit wurde die Welt nicht nur in räumlichem, und später auch zeitlichem Sinne geöffnet und hiermit die Entdeckung neuer Welten ermöglicht. Ebenso öffnete sich der Mensch und erschloss neue Potentiale des Denkens und des Handelns. Neuzeitliche Weltnahme und Selbstnahme ergänzten sich und wurden zur Grundlage für einen Prozess, der nicht nur die Erschließung des neuen Westens der Welt, sondern ebenso eine Entdeckung und Erschließung des Menschen mit sich brachte. Diese tiefere, mit der Formel „Plus Ultra und die Erfindung Amerikas" (vgl. Kap. 7) hier zum Aus-

---

1 Diese Perspektive vertritt z.B. Latour in *Existenzweisen* (2014), worin er für eine Anthropologie plädiert, die „dem Okzidentalismus widerstehen kann, jenem Exotismus der Nähe, der darin besteht das zu glauben, was der Okzident, der Westen, über sich sagt, sei es lobend, sei es kritisierend" (ebd.: 66). Diese dekonstruktivisitische Perspektive erschwert nicht nur Verständnis des okzidentalen Sonderwegs, sondern sie erschwert auch eine Kritik der damit verbundenen dunklen Seiten, die in dieser Arbeit durchaus ebenfalls zum Thema wird.

druck gebrachte Bedeutung des offenen Westens, wurde später auch unter den letztlich synonymen Begriffen Modernisierung, Fortschritt und Entwicklung diskutiert. Die Verbindung mit der Westöffnung besteht aber nach wie vor fort, was die bis heute übliche Verwendung der Begrifflichkeiten „freier Westen", „westliche Welt" und „Verwestlichung" als Synonyme für Moderne, moderne Welt und Modernisierung zum Ausdruck bringt. In der vorliegenden Arbeit wird somit ein über dekolonialen Perspektiven hinausgehendes Konzept des Okzidentalismus entwickelt, das auch die emanzipativen Potentiale der Öffnung der Welt mit berücksichtigt.

Was nun allerdings von den postkolonialen Denkern zu Recht problematisiert wird, ist die Verdrängung der dunklen Seiten des Okzidentalismus, der in den heroischen Erzählungen der klassischen Geschichtsschreibung und auch der traditionellen soziologischen Modernisierungstheorien nicht thematisiert wird. Denn der Prozess der Verwestlichung bedeutet nicht allein die Erschließung eines offenen, freien Landes für eine sich neu erfindende westliche Kultur, wie es der Mythos vom freien Westen insbesondere in den USA propagieren sollte. Die Eröffnung des Westhorizonts war auch stets mit dem Vorrücken der Westfront verbunden. Es impliziert Verwestlichung daher auch die Unterwerfung, Kolonisierung, Versklavung und häufig auch vollständigen Eliminierung der Anderen, die zum Opfer und Objekt des okzidentalen Fortschrittsprojekts wurden.

Das dieser Arbeit zugrunde gelegte *Verständnis von Okzidentalismus verbindet damit die de- und postkoloniale Okzidentalismuskritik mit den klassischen soziologischen Arbeiten zur Genese des okzidentalen Sonderweges.*

Der Sonderweg des vormodernen Okzidents soll hier nicht zu einem Weg des Fortschritts von älteren, rückschrittlichen Kulturstufen stilisiert werden, den die anderen, außerokzidentalen Kulturen ebenso einzuschlagen haben. Ebenso wenig wird allerdings auch der okzidentale Sonderweg als bloße Verlustgeschichte und Irrweg dargestellt.

Diese Arbeit folgt damit der Argumentation von Sieferle, der hervorhebt, dass eine Reflexion der Besonderheit der westlichen Entwicklungsdynamik keineswegs mit der Annahme einer Superiorität einhergehen muss: „Mit der Bezeichnung ‚europäischer Sonderweg' soll keineswegs eine inhärente qualitative Überlegenheit Europas postuliert werden. [...] Der europäische Sonderweg soll weder vergöttert noch verteufelt werden. Es kommt vielmehr darauf an, ihn zu begreifen." (Sieferle 2003: 7) In diesem Sinne werden in der folgenden Arbeit die „Absonderlichkeiten" des Okzidents analysiert und die Ambivalenzen und Widersprüche des Okzidentalismus thematisiert.

Diese Reflexion erscheint notwendig, da die Entwicklungsdynamik des okzidentalen Sonderweges heute an Grenzen stößt und dessen Nebenfolgen die Errungenschaften der Moderne zu untergraben droht. Es deutet sich – so die Annahme – ein Ende des Zeitalters des Okzidentalismus an, das mit dem Zeitalter der Globalisierung als Epoche der Ausdehnung der Herrschaft der okzidentalen Kultur über die außereuropäischen Kulturen und der Ausweitung der technischen Herrschaft über die Natur untrennbar verbunden ist. Um einen Übergang in ein anderes Zeitalter der Globalität jenseits von Okzidentalismus und Orientalismus zu ermöglichen, ist ein Rückblick auf die Genese und die Transformationen des Okzidentalismus notwendig.

Auf der Grundlage dieser historischen Analyse wird am Ende der Arbeit die Frage gestellt, inwiefern nicht aktuell eine Neuerfindung Amerikas notwendig ist, welche die okzidentalistischen Engführungen der bisherigen Erfindungen Amerikas überwindet. Es gilt sowohl die iberische, wie auch die – von O'Gorman teils verklärte – US-amerikanische Form der Aneignung Amerikas kritisch zu reflektieren. Es könnte nun sowohl vor dem Hintergrund der Einsicht in ökologische Grenzen wie auch der Aufarbeitung der Folgen der kolonialen Landnahme ein grundlegend verändertes Projekt der Erfindung Amerikas ins Blickfeld geraten, in dem die verdrängte, alte präkolumbianischen Welt wieder eine Berücksichtigung erfährt.

4.2 Die langen Wellen des Okzidentalismus

Ziel der vorliegenden Arbeit ist nicht allein eine Rekonstruktion der mit der Erfindung Amerikas einhergehenden Konstitution des Okzidentalismus und des Projekts bzw. Mythos der Moderne. Darüber hinaus sollen auch das Fortwirken und die Transformationen dieser Ideen bis zur Gegenwart rekonstruiert werden, um die aktuellen Entwicklungen besser verstehen zu können.

Angeknüpft wird dabei an Boatcă, die zwischen mehreren sich ablösenden „lange[n] Wellen des Okzidentalismus" (Boatcă 2009) in der Geschichte der Moderne unterscheidet. Ergänzend zu den in der Literatur bereits ausführlich diskutierten verschiedenen Phasen und Verschiebungen der ökonomisch-politischen Macht im kapitalistischen Weltsystem können demzufolge auch „ideologische ‚lange Wellen' des modernen Welt-Systems" (Boatcă 2009: 234) beschrieben werden.[2] Diese Repräsentationssysteme bezeichnet Boatcă unter Referenz auf Coronil und Mignolo als Okzidentalismus und postuliert, dass sich im Verlauf der kolonialen Moderne drei Stufen eines „globalen Designs des Okzidentalismus" (ebd.: 246) herausgebildet haben, die mit je unterschiedlichen Konstruktionen kolonialer Differenz verbunden gewesen sind. In der vorliegenden Arbeit wird an diese Differenzierung angeknüpft, dabei werden allerdings auch Ergänzungen und Modifikationen vorgenommen.

Boatcă zufolge stand in der ersten, iberisch geprägten Phase (16. – 17. Jh.) das Ziel der „christlichen Missionierung" der Bewohner der neu entdeckten Welten im Zentrum der okzidentalistischen Legitimationsdiskurse (Boatcă 2009: 242; 343 f.). Neben dem Christentum spielte, wie hier noch ergänzend aufgezeigt wird, auch die durch den abendländischen Humanismus beeinflusste Unterstellung einer Superiorität der „humaneren" Europäer über die vermeintlich „inhumanen" Indios eine zentrale Rolle im kolonialen Diskurs (vgl. Kap. 7.7).

In der Aufklärungszeit wurde diese koloniale Differenzierung unter Bezug auf evolutionistische Vorstellungen temporalisiert. Es fand eine „Akzentverschiebung statt, die weg von der Vorstellung einer räumlichen Grenze zwischen Christen […] und Barbaren […] und hin zu einer zeitlichen Differenz zwischen der modernen

---

2 Die ökonomisch-politische Dominanz des Okzidents wurde bekanntermaßen von Braudel, Wallerstein u.a. in verschiedene Zyklen bzw. lange Wellen der politisch-ökonomischen Vorherrschaft bestimmter Zentren untergliedert. Aus ökonomischer Perspektive kann dabei für das 16. Jahrhundert eine zentrale Rolle Antwerpens konstatiert werden, das dann von Amsterdam, London und schließlich England abgelöst wird (vgl. Braudel 1986: 78).

Zivilisation und der primitiven Kolonialwelt führte" (ebd.). Die Idee eines „Zivilisationsauftrags" (ebd.) der westlichen Kultur ging in dieser zweiten Welle des Okzidentalismus (18. – 19. Jahrhundert) mit der Konstruktion von rassisch-ethnischen Differenzen einher, welche die Abgrenzungen im Weltsystem legitimierten. Der Übergang zur zweiten Phase war, Mignolo zufolge, auch mit der Emanzipation der Universitäten von der Macht der Kirche und des Staates verbunden: „Philosophy and science reigned over theology. That was part of the transformation of theology into egology." (Mignolo 2005: 121) Damit einher ging, wie im Laufe dieser Arbeit deutlich wird, auch eine Transformation des klassischen Humanismus in einen technisch-wissenschaftlichen Humanismus, der nun auch zur Grundlage der Legitimation des kolonialen Projekts wurde.

In der Nachkriegszeit wurden, trotz der politischen Dekolonisation, die alten Muster kolonialer Differenz nicht überwunden, sondern nur transformiert. Boatcă unterscheidet zwischen zwei Phasen dieses dritten Musters: Nach dem Zweiten Weltkrieg war vor allem der Entwicklungsdiskurs dominierend, in dem eine nachholende Entwicklung der dritten Welt eingefordert wurden (Boatcă 2009: 245). In den letzten Jahren sei im Zuge der Globalisierung dieser Diskurs durch die Einforderung einer Neoliberalisierung und Demokratisierung nach westlichem Vorbild und einem Zwang zur Anpassung der nationalen Ökonomien an den globalen Markt ergänzt worden (ebd.: 245). In Hinblick auf diesen gegenwärtigen Okzidentalismus wird in der vorliegenden Arbeit eine entscheidende Erweiterung und Veränderung der Perspektive vorgenommen. Im Anschluss an Mignolo wird argumentiert, dass seit dem zweiten Weltkrieg auch die „Kybernetik [...], als Erkenntnis der Organisation und als Organisation der Erkenntnis " (Mignolo 2012a: 84 Fn. 39) eine wachsende Bedeutung im okzidentalistischen Diskurs gewinnt. Die Utopien der sogenannten Trans- und Posthumanisten (Moravec 1990; Tipler 1994; Kurzweil 2005) werden dabei zu einer tragenden Ideologie. In Ergänzung zu Boatcă wird damit der abendländische Humanismus als zentrales Element des Okzidentalismus beschrieben und seine Transformationen vom klassischen Renaissancehumanismus zum technischen Humanismus der industriegesellschaftlichen Moderne bis hin zum technoszientifischen Posthumanismus der Gegenwart analysiert.

4.3 Argumentationsstruktur und Aufbau der Arbeit

Thema der vorliegenden Arbeit ist somit der durch die Öffnung des Ozeans und die Erfindung Amerikas eingeleitete Wandel der okzidentalen Kultur und die bis heute reichenden Folgen dieses den Okzidentalismus und das Projekt der Moderne begründenden epochalen Umbruchs. Als Zentralsymbol der Öffnung der westlichen Welt wird die sich verändernde Symbolik der Säulen des Herakles vom archaischen Mythos bis hin zur Umdeutung des alten Grenzsymbols zu einer Metapher der technoszientifischen Ausfahrt der Moderne analysiert. Zugleich werden die durch die Erfindung und praktische Aneignung Amerikas hervorgerufenen Veränderungen des Weltbildes, der Anthropologie und der Praktiken der westlichen Welt herausgearbeitet.

Ausgangspunkt ist eine Diskussion der zentralen kosmologischen, anthropologischen und religiös-philosophischen Vorstellungen der antik-mittelalterlichen Kultur des Okzidents (Teil A). Es wird insbesondere deutlich gemacht, dass die vielfältigen Limitierungen der Welt der Antike in den Säulen des Herakles ihr signifikantes Symbol gefunden hatten (Kap. 6). Bereits im mythischen Weltbild wurden die Säulen *als paradigmatische Grenzen angesehen* und der ozeanische Westen mit dem Übergang in das Reich des Todes assoziiert. Im klassischen Griechenland erfolgte eine Assoziation der Säulen mit dem Gebot des Non Plus Ultra als Warnung vor den Gefahren der Hybris des Menschen. Zugleich galten sie als Sinnbild der Abgeschlossenheit der antiken Ökumene. Allerdings erfolgte in Fabeln und Mythen eine erste Öffnung, welche dem Atlantik einen utopischen Reiz verliehen.

Zugleich erfolgte in den sogenannten „Kulturen der Achsenzeit" (Eisenstadt 1987) mit dem Ausbruch aus dem Mythos in die Transzendenz bereits eine spirituelle Grenzüberschreitung, welche auch den „Geist des Westens" wesentlich prägte. Gegen die fatalistische Akzeptanz des Leidens und der Inhumanität der Welt im Mythos wird die Suche nach Erlösungs- und Heilswegen gesetzt (vgl. Kap. 6). In der Neuzeit wurden – so die These der Arbeit – nach der Eröffnung des Weges in eine Neue Welt diese Erlösungswege in die innerweltlichen Sonder- und Fortschrittswege des Okzidents transformiert.

Im Zentrum der Arbeit steht die Analyse des Übergangs von der begrenzten Welt der Antike zur offenen Welt der Neuzeit und die damit verbundene Konstitution des Mythos bzw. des Projekts der Moderne (Teil B.).

Es werden zunächst die verschiedenen Revolutionen und Entgrenzungen behandelt, die mit der *Umkehr vom Non Plus Ultra zum Plus Ultra sowie der Erfindung Amerikas* verbunden waren (Kap. 7). Die in der Soziologie in vielfältiger Weise diskutierte Frage nach der Herausbildung der Besonderheiten des Okzidents kann – so die These – ohne Berücksichtigung dieses Umbruchs nicht beantwortet werden kann.

Die *nautische Revolution*, die diesen Durchbruch erst ermöglichte, wird zunächst in ihren Ursachen und Auswirkungen dargestellt und deutlich gemacht, dass hierin auch ein zentrales Paradigma für die Herausbildung der wissenschaftlichen Rationalität der Moderne zu sehen ist (Kap. 7.1).

Der mit der Erfindung Amerikas einhergehende Wandel des Weltbildes lässt sich anhand eines Druckwerks aufzeigen, das in Europa zur Bewusstwerdung des neuen Westens beitrug: In der „Cosmographiae introductio" (Ringmann und Waldseemüller 1507/2010), der Kosmographen Martin Waldseemüller (ca. 1473-1520) und Mathias Ringmann (1482-1511) wurde nicht allein die Neue Welt nach dem Namen ihres „Erfinders" als America benannt. Darüber hinaus wurde auf einer eindrucksvollen Weltkarte und einem Globus das neuzeitliche Bild von der Erde erstmals einem breiteren Publikum präsentiert. Hiermit war *eine grundlegende kosmographische Revolution* verbunden. Die mittelalterliche Vorstellung von einer Trennung zwischen Erdsphäre und Wassersphäre wurde durch die neuzeitliche Konzeption eines Erd-Wasser-Globus abgelöst (Kap. 7.2). In der „Cosmographiae Introductio" wurde auch erstmals eine eindeutige kartographische Darstellung der Neuen Welt als eigenständige Entität vollzogen. Mit diesem Einbezug der Neuen Welt in das Weltbild war eine paradigmatische „*Querelle des Anciens et des Modernes*" verbunden (Kap. 7.3).

Die Entgrenzung des Raums hatte schließlich auch eine *Transformation der okzidentalen Anthropologie* zur Folge. War in der Antike die ozeanische Grenze auch Sinnbild für die Begrenztheit des humanen Horizonts, wurde von nun an die *Weltoffenheit des Menschen* bejaht bzw. geradezu eingefordert. Die neu entstehenden innerweltlichen „Mythen des Transzendierens" (Assmann 2007a: 65) wurden ein zentrales Element des „Mythos der Moderne" (Assmann 1994: 103) (Kap. 7.4).

Als Konsequenz der räumlichen Entgrenzung erodierte die antike spirituelle Überhöhung der alten Ökumene und ein neues Raumverständnis bildete sich heraus. Bereits bei Kolumbus, aber auch bei den franziskanischen Mönchen, zeichnet sich eine spirituelle Aufladung der Neuen Welt ab, welche die eschatologisch-gnostisch-utopischen Hoffnungen der Kulturen der Achsenzeit aufnahm. Insbesondere die *Genese des utopischen Denkens* der Moderne ist so untrennbar mit der Erfindung Amerikas verbunden. Der Entdeckung der Neuen Welt kommt daher eine bisher in der Soziologie unzureichend wahrgenommene Bedeutung im *Prozess der Verweltlichung außerweltlicher Heilsziele* zu. Das Heil wurde nun nicht mehr im himmlischen Jenseits, sondern im verheißungsvollen transatlantischen Westen gesucht (Kap. 7.5).

Mit der Erweiterung der Ökumene war zugleich eine Neubestimmung des imperialen Raums verbunden. Es war kennzeichnenderweise Karl V., der als Herrscher des ersten globalen Imperiums die Umkehr vom Non Plus Ultra zum Plus Ultra vollzog. Die Devise war hierdurch von Beginn an über ihre unmittelbare räumliche Bedeutung hinaus mit einem Programm der *Expansion der imperialen Macht* verbunden (Kap. 7.6). In der vorliegenden Arbeit wird daher die Devise Plus Ultra nicht nur als Signum einer heroischen Weltöffnung gedeutet, sondern zugleich auch als ein Symbol der Expansion der okzidentalen Herrschaft interpretiert.

Schließlich war mit der Erfindung Amerikas auch eine ökumenische *Entgrenzung* verbunden. Im christlichen Denken war die durch die drei Kontinente Asien, Europa und Afrika gebildete Ökumene der heilsgeschichtliche Raum eines durch Christus vereinten Menschengeschlechts. Die Entdeckung der bisher unbekannten Bewohner der neuen Welt sprengte diese Konzeption und es wurde die Frage bedeutsam, inwiefern die Indios in eine ausgeweitete Ökumene aufzunehmen seien. Auch im humanistischen Diskurs waren verschiedene Formen der Wahrnehmung erkennbar, die zwischen Verklärung und Bestialisierung schwankten. Deutlich wird die *Ambivalenz des okzidentalen Humanismus*, der sowohl die gewaltsame Unterwerfung und Subordination als auch partiell den Schutz und die Integration der Bewohner der Neuen Welt rechtfertigte. Diese Problematik lässt sich paradigmatisch anhand des sogenannten Disput von Valladolid, einer Kontroverse über die Legitimität der Konquista, aufzeigen (Kap. 7.7).

Die koloniale Gesellschaftsstruktur, die sich in Amerika letztlich herausbildete, war durch auf rassischen Prinzipien beruhende Hierarchien gekennzeichnet. Auch der *okzidentale Kapitalismus* wurde in seinen Grundzügen wesentlich durch die koloniale Aneignung der neuen Welt geprägt. Sowohl als Handelsgebiet, als Quelle von Silber und auch als Raum der frühkapitalistischen Sklaven- und Plantagenökonomie sollte Amerika wesentlich zur Herausbildung und Verfestigung kapitalistischer Strukturen beitragen. Die Erfindung Amerikas ist daher untrennbar mit der Herausbildung der *Kolonialität der Moderne* verbunden (Kap. 7.8).

Insgesamt bilden sich so *in der ersten Phase des Okzidentalismus* bereits die zentralen Dimensionen von Modernität heraus, die in der traditionellen Soziologie eher erst mit späteren Phasen der Neuzeit in Verbindung gebracht werden. Ausgehend vom Jahre 1492 und der darauffolgenden Erfindung einer Neuen Welt im Jahre 1507 wurde der Prozess einer kosmographischen, spirituellen, ökumenischen und anthropologischen Revolution eingeleitet. Der Mythos der Moderne bzw. Mythos des Westens, der schließlich auch zum Paradigma für die späteren technisch-industriellen und politischen Revolutionen der Moderne wurde, kristallisierte sich in seinen Grundzügen heraus. Angesichts der Zentralität der kolonialen Strukturen für die Herausbildung der Moderne wird diese vom Durchbruch zum Plus Ultra eingeleitete Epoche in dieser Arbeit in Anlehnung an postkoloniale Ansätze auch als *koloniale Moderne* bezeichnet (Cooper 2010: 158; Scott 1999: 101; 165; Quijano 2010: 34). Aufgrund der engen und ambivalenten Verbindung mit dem abendländischen Humanismus kann dabei auch von einer *humanistisch-kolonialen Moderne* gesprochen werden. Dabei wird auch die von den Autoren der Gruppe Modernität/Kolonialität vertreten Position übernommen, dass die „koloniale Matrix der Macht" (Mignolo 2012a: 49). der Moderne bis heute erhalten blieb wie auch Quijano argumentiert: „Wir leben in einer kolonialen Moderne, wir sind mit einer Kolonialmodernität konfrontiert." (Quijano 2010: 34)

Dabei wurden die Inhalte und Programme dieser Matrix in den nachfolgenden Phasen des Okzidentalismus neu konfiguriert, wie im nachfolgenden Teil der Arbeit dargelegt wird. In der *zweiten Phase des Okzidentalismus* erfolgte eine grundlegende Tranformation des imperialen Programms und es konstituierte sich das Projekt der technoszientifischen Moderne (Kap. 8).

Es bildete sich ein technowissenschaftlicher Humanismus heraus, der die weltöffnende Potenz von Arbeit und Technik bejahte (Kap. 8.1.). Dies lässt sich in paradigmatischer Weise bereits am Bergbau in Deutschland zeigen. Die alten Vorbehalte gegenüber dem *Vorstoß in die Tiefe* werden überwunden und es vollzieht sich eine zur Öffnung des Ozeans vergleichbare Entgrenzung (Kap. 8.2).

Francis Bacon deutete schließlich im Sinne dieses technischen Humanismus die Plus-Ultra-Metaphorik neu. In Verbindung hiermit lässt sich klar die *paradigmatische Rolle der ozeanischen Entgrenzung und der Ausweitung des spanischen Imperiums für das Bacon-Projekt* erkennen. Die imperiale Logik wird mit der Forderung, „die Grenzen der menschlichen Macht soweit wie möglich zu erweitern" (Bacon 1959: 89) reproduziert (Kap. 8.3). Zugleich wurde mit der Utopie „Nova Atlantis" eine Verschiebung des utopischen Denkens vollzogen und die technische Utopie religiös aufgeladen (Kap. 8.4).

Dabei waren auch die Schattenseiten des modernen Projekts der Naturbeherrschung bei Bacon bereits angelegt. Der von der Gruppe Modernität/Kolonialität hervorgehobene Zusammenhang zwischen Moderne und Kolonialität wird in der vorliegenden Arbeit auf das gesellschaftliche Naturverhältnis der Moderne und die „Kolonisierung von Natur" (Fischer-Kowalski et al. 1997) übertragen und deutlich gemacht, dass das Human Empire durch eine *technoszientifische Kolonialität* und eine damit verbundene *technoszientifische Epistemologie* gekennzeichnet war (Kap. 8.5).

Die industriegesellschaftliche Moderne kann als Verwirklichung des Baconschen Fortschrittsprojekts interpretiert werden (Kap. 8.6). Insbesondere der Einfluss des Baconschen Denkens auf die Erfindung Amerikas in den USA ist hervorzuheben.

Der technische Humanismus trug dabei auch zur Legitimierung der Eroberung und Vernichtung der indigenen Kulturen bei. Es bildete sich in den USA eine neue Form des „Myth of the West" (Schulte Nordholt 1995) heraus, in der sich die Motive des Baconschen Projekts mit religiösen Motiven und den realen Kolonisierungserfahrungen zu einer neuen Form des Okzidentalismus verbanden (Kap. 8.7).

Im Teil C werden zentrale Ergebnisse der Arbeit zusammenfassend dargestellt und zugleich die zeitdiagnostische Relevanz des historischen Rückblicks diskutiert. Es wird deutlich gemacht, dass die verbreitete These eines Gegensatzes zwischen einer von Grenzen geprägten klassischen Moderne und der entgrenzten Gegenwartsgesellschaft hinterfragt werden muss. Vielmehr wird auf der Grundlage der Ergebnisse der Arbeit argumentiert, dass bereits die klassische Moderne durch das Basisprinzip der Entgrenzung geprägt war. Aktuell kann ein wachsender Antagonismus zwischen einer Steigerung der modernen Entgrenzungsdynamik und der Suche nach neuen Begrenzungen diagnostiziert werden.

Zum einen hat sich in den letzten Jahrzehnten ein Übergang von der klassischen technoszientifischen zu einer kybernetischen Moderne vollzogen hat. Die kybernetischen Technologien und die hiermit verbundenen kybernetischen Epistemologie tragen zum einen zu einer Radikalisierung des Baconschen Projekts bei (Kap. 9). Insbesondere in den aktuellen posthumanistischen Utopien der „Cybergnosis" (Wertheim 2002: 309 f.; Böhme 1996a: 259) mit ihrer Verkündung des „ewigen Fortschritts" (Tipler 1994: 271) wird das utopisch-gnostische Erbe Bacons klar erkennbar (Kap. 9.1-9.3).

Zum anderen tragen aber ökosystemare Ausdeutungen des kybernetischen Paradigmas zu einer grundlegenden Infragestellung dieses Projekts und der Forderung nach Berücksichtigung von Grenzen und damit gleichsam der Setzung eines Non Plus Ultra bei. Das Bemühen um eine *nachhaltige Entwicklung* kann als ein Versuch der Revision des okzidentalen Sonder- und Fortschrittsweges interpretiert werden und deutet das Überschreiten einer neuen Epochenschwelle an (Kap. 9.4-9.5)

Ähnliche Gegensätze lassen sich auch bezüglich des Verhältnisses zwischen dem Westen und der außereuropäischen Welt beobachten. Zwar bestehen die Ausbeutungs- und Herrschaftsverhältnisse, die sich infolge der Entdeckung der Neuen Welt herausgebildet haben, in gewandelter Form weiterhin fort. Auch gegenwärtig kann, dies verdeutlichen Phänomene wie das sogenannte Land Grabbing, von einer „Kolonialität der Moderne" gesprochen werden (Kap. 10.1). Zugleich lassen sich aber auch neue Widerständigkeiten gegen diese Kolonialität erkennen. Infolge der kritische Debatte im Umfeld des 500. Jahrestags der sog. Entdeckung Amerikas wurden auch verstärkt die hiermit verbundenen „Verdeckungen" reflektiert und eine „epistemische Dekolonisierung" (descolonización epistemológica) (Quijano 1992: 447) eingefordert. Zugleich erstarkten indigene Bewegungen und es erfolgte eine Rückbesinnung auf traditionelle Weltbilder. Diese Entwicklungen sind als ein Bruch mit der okzidentalistischen Plus-Ultra-Logik der Moderne zu interpretieren (Kap. 10.2). Wie unter Fokussierung auf das Verhältnis zum Tode dargelegt wird, kehrt damit der Gegensatz zwischen dem traditionellen mythischen Denken und dem modernen Fortschrittsmythos auf neuer Stufe wieder (Kap. 10.2-10.5).

Im Hinblick auf die Transformationen der modernen Subjektivität lassen sich ähnliche widersprüchliche Tendenzen konstatieren. Das weltoffene Subjekt der

Moderne, das sich durch die paradigmatische Grenzüberschreitung in der frühen Neuzeit konstituierte, wird infolge vielfältiger Entgrenzungsprozesse aktuell auf neuer Stufe mobilisiert. Erkennbar werden aber ebenso zunehmend problematische Nebenfolgen dieser Dynamik, die zu den Bemühungen um neue Begrenzungen beiträgt (Kap. 11).

Angesichts dieser Entwicklungen stellt sich die Frage nach der Ausrichtung des utopischen Projekts der Moderne neu. Wie vor dem Hintergrund einer zusammenfassenden Darstellung des Übergangs vom außerweltlich orientierten vormodernen Denken zu den innerweltlichen Utopien der Moderne dargelegt wird, weist das Erlösungsprojekt der Moderne tendenziell totalitäre Züge auf und führt heute zu ökologischen und sozialen Krisen. Zugleich zeichnen sich aktuell aber auch Tendenzen einer Neuerfindung der Utopie ab (Kap. 12).

Notwendig erscheint eine große Transformation des Plus-Ultra-Projekts der Moderne, welche deren Errungenschaften bewahrt und zugleich deren problematischen Nebenfolgen korrigiert. Im abschließenden Kapitel des Buches wird daher skizziert welche Implikationen sich aus den Ergebnissen dieser Arbeit für einen Transformation von einer zunehmend sozial und ökologisch krisenhaften okzidentale Sonderentwicklung hin zu einer nachhaltigen Entwicklung ergeben. Skizziert wird die Utopie einer durch die Setzung eines neuen, reflexiven Non Plus Ultra gekennzeichneten und von der Devise „Plus intra" (Latour 2017: 488). bzw. – wie hier vorgeschlagen wird – vom Motto *Re Intra* geleiteten und durch das Bewusstsein von Globalität gekennzeichneten nachhaltigen Weltgesellschaft (Kap.13).

A. Die Grenzen der Alten Welt

Abbildung 1: Denkmal mit den Säulen des Herakles auf der Halbinsel von Gibraltar. Auf der dem Mittelmeer zugewandten Seite des Denkmals ist die Alte Welt dargestellt. In der Antike waren die Säulen das Signum einer begrenzten Welt.

Quelle: Fotographie des Verfassers.

5. Non Plus Ultra
Die Säulen des Herakles als Symbole einer begrenzten Welt

Der Begriff des Westens und das Selbstverständnis des okzidentalen Menschen veränderten sich im Lauf der Geschichte grundlegend. War der europäische Westen einst als das Ende der alten Welt angesehen worden, so wurde er in der Neuzeit zum Beginn eines Aufbruchs in eine Neue Welt und damit einer Erweiterung des Westens. Dieser Wandel des Verständnisses vom Okzident fand seinen paradigmatischen Ausdruck in der Umdeutung der Säulen des Herakles.

Abbildung 2: Der Felsen von Gibraltar – die europäische Säule des Herakles.

Quelle: Fotographie des Verfassers.

Die ganze Antike und auch das Mittelalter hindurch wurde das Bewusstsein eines begrenzten humanen Möglichkeitshorizonts durch diesen signifikanten geographischen Punkt zum Ausdruck gebracht. Die Säulen, d.h. die bei der Straße von Gibraltar sich befindlichen markanten Erhebungen des *Felsen von Gibraltar* (lat.:

Calpe) auf der europäischen und des Berges *Jebel Musa*[1] (lat.: Mons Abila) auf der afrikanischen Seite, kennzeichneten den Übergang zwischen dem vertrauten Mittelmeer und dem ungeheuren atlantischen Ozean (vgl. Abbildung 2).

Sie waren „am Ende des abendländischen Kosmos" (Frank 1979: 12) angesiedelt und waren damit das später sprichwörtlich gewordene *Non Plus Ultra* der Alten Welt. Hier wurde scheinbar klar eine Grenze zwischen dem Mittelmeer, das durch die nautischen Techniken erschließbar war und das als *Mare Nostrum* integrierter Bestandteil der antiken Welt war, sowie einem äußeren Meer, das zu befahren als Hybris galt, markiert: „[Es] sind diese ‚columnaes fatales' [...] als Abgrenzungssymbole mit dem Index eines Tabus versehen. Sie bezeichnen die Grenzen des erlaubten Wagemuts in eins mit den Schwellen der bekannten Welt und dem Geltungsbereich der machthabenden Götter." (Ebd.: 12)

Eine der ersten und einflussreichsten Zeugnisse über die Säulen des Herakles, in dem deren Grenzcharakter deutlich wird, stellt eine Ode des griechischen Dichters Pindar (ca. 522-443 v. Chr.) dar. Hierin heißt es:

„Er [...] kann nicht vorwärts [...] stoßen ins weglose Meer,
noch über die Säulen des Herakles.
Die setzte der göttliche Heros hinaus,
Zeugen der Schiffahrt am Rand des Meers, weithin bekannte.
Er zwang die wilden gewaltigsten Ungeheuer der See
Und spürte für sich die Strömungen aus,
wo der Ozean leicht ist, wo er das Ende des Segelns fand,
und setzte der Erde die Grenze." (Pindarus 1923: 144)

Als westlichstes Ende der Ökumene bzw. des *Orbis Terrarum* (Erdkreis) waren die Säulen das Symbol par excellence für die Endlichkeit und Beschränktheit der humanen Existenz. Weit verbreitet war in der Antike die Sage von der vom Heros Herkules vollzogenen Errichtung zweier Säulen auf den beiden gegenüberliegenden Seiten der Meerenge von Gibraltar. Vor dem Hintergrund eines hohen Bekanntheitsgrades der Grenzsymbolik ist auch die metaphorische Verwendung in Pindars Werk erklärbar.

Diese Setzung einer Grenze der äußersten Meeresfahrt ist nicht allein als Ausdruck für ein Bewusstsein limitierter nautischer Möglichkeiten zu deuten. Im Hintergrund stand auch das mythische Bild von einem Übergang zwischen der Welt der Lebenden zur Welt der Toten, der häufig als identisch mit dem westlichen Untergangspunkt der Sonne angesehen wurde. Herakles markiert mit den Säulen den Eingang in eine für den normal Sterblichen zu Lebzeiten tabuisierte Zone.

In der klassischen griechischen und römischen Antike fand zwar ein teilweiser Prozess der Entmythologisierung statt, doch verlor das Diktum einer durch die Säulen markierten Begrenztheit der Erde und der Unschiffbarkeit des Ozeans nie zur Gänze seine Gültigkeit. Noch im Mittelalter ließ Dante (1265-1321) in seiner *Divina Commedia* den von Neugier und Abenteuerlust getriebenen Odysseus über diese Schwelle „wo Herkules seine Zielsäulen bezeichnet hatte, dass der Mensch sich nicht weiter hinaus (im Original: più oltre non) begebe" (Dante 1997: Inf. 26. Vers 118)

---

1 Andere sehen auch in dem Monte Hacho (lat.: Mons Abila) die afrikanische Säule.

sich hinauswagen – und als Strafe für seine hybride Neugier und den Verstoß gegen das Gebot eines *Non Plus Ultra* an der Küste des „neuen Landes (nuova terra)" (ebd.) untergehen.

Erst mit den Entdeckungsfahrten der Portugiesen, insbesondere aber durch die Ausfahrt des Kolumbus in den westlichen Ozean und die zufällige Entdeckung einer Neuen Welt wurde dieser antike Mythos durchbrochen, der Westen geöffnet und damit die Erschließung der globalen Welt eingeleitet. Kaiser Karl V. sollte in Umkehrung der alten Symbolik der Säulen des Herakles das *Plus Ultra* bzw. das *Immer Weiter* zur Leitdevise seiner imperialen Herrschaft erwählen. Und dieses Motto wurde zugleich zur Grundmetapher für das neuzeitliche Selbstverständnis und für die Legitimität der humanen Selbstbehauptung: „Das Selbstbewusstsein der Neuzeit fand im Bild der Säulen des Herkules [...] das Symbol ihres neuen Anfangs." (Blumenberg 1966: 335) Das *Plus Ultra* wurde zur konstitutiven Hauptdevise der frühneuzeitlichen Moderne. Und die mit der Überschreitung der ozeanischen Grenze einhergehende „Erfindung Amerikas" (O´Gorman 1958) wurde für den Menschen zum Paradigma der Öffnung für das Neue.

Um diesen zentralen, die Moderne konstituierenden Umbruch zu verstehen, wird in der vorliegenden Arbeit zunächst ausführlich auf das begrenzende Weltbild des Mythos und der Antike und die zentrale Bedeutung der Säulen des Herakles als Symbol für die Begrenztheit und Geschlossenheit der Welt eingegangen. Dabei wird deutlich werden, dass neben der unmittelbar geographisch-nautischen Relevanz eine Vielzahl anderer Sinngehalte mit den Säulen assoziiert wurden: Als signifikante Symbole einer Grenze zwischen vertrautem Erdkreis und dem ungeheuren Ozean wurden die Säulen mit mythologischen, anthropologischen und kosmologischen Sinngehalten aufgeladen, welche insgesamt eine zentrale Bedeutung in der antiken Legitimation der Begrenzung des humanen Handlungshorizontes erhielten. Vor diesem Hintergrund wird im Hauptteil dieses Buches deutlich gemacht, dass die Öffnung des Ozeans im Zeichen des Plus Ultras zu einer vielfältigen Entgrenzung des Horizonts des okzidentalen Menschen beitrug. Die Nebenfolgen dieser Entgrenzungen werden nun heute, wie abschließend argumentiert wird, zunehmend zum Problem und so wird eine erneute reflexive Selbstbegrenzung erforderlich, die allerdings keine Rückkehr zu den alten Grenzen, sondern vielmehr eine Schließung auf der Ebene der globalen Welt impliziert.

5.1 Die Bedeutung der Säulen des Herakles im Mythos

5.1.1 Ozean und Erde im mythischen Denken

Die Säulen des Herakles hatten bereits im archaischen Mythos ihre ursprüngliche Bedeutung als Signum einer exemplarischen Grenze erhalten. Diese Symbolik wird vor dem Hintergrund der Beziehung zwischen Land und Meer in der „mythischen Geographie" (Verlinden und Schmitt 1986: 1), in der mythische und religiöse Themen mit jenen der Geographie untrennbar verbunden waren, verständlich. Grundlegend für das mythische Weltbild war eine klare Trennung zwischen dem

Kosmos, als dem vom Menschen besiedelten und geordneten Raum, und dem hiervon geschiedenen unwirtlichen, chaotischen Raum der nicht gebändigten Natur.

Die Frage nach dem Ursprung beantwortet das mythische Denken mit der Setzung eines Ungestalteten, das den Status des festen Seienden noch nicht erreicht hat, und daher mehr als Abgrund und Untergrund angesehen wird. Das Chaos als klaffender Raum, als „Instanz des Gestaltlosen und Leeren" (Angehrn 1996: 112) steht am Anfang und ist zugleich die Voraussetzung für die entstehende Erde, die sich als „Trägerin der Bestimmtheit" (ebd.) als Gegenpotenz hierzu konstituiert.

Aus diesem Ungeformten müssen sich die Formen des Wirklichen und die Ordnung des Kosmos erst herausbilden. Diese Grenzziehung fand im Gegensatz von festem Land und dem Ozean als Meer des Umkreises und Sinnbild des Unbestimmten in den meisten Mythen seine klarste Ausprägung. In der ägyptischen Kosmogonie stellt der Urozean *Nun* den Beginn dar, der bereits alle Keime der Schöpfung in sich birgt (Angehrn 1996: 119). Mit dem Auftauchen eines Urhügels aus dem Wasser setzt die Schöpfung und damit auch die Geschichte des Lebens ein: „Aus dem Unbestimmt-Unbegrenzten muß zuerst ein Stück festen Bodens auftauchen, damit Geschöpfe entstehen können." (Ebd.: 121) Diese Zentralität der Scheidung zwischen Land und Wasser wird ebenso in der biblischen Genesis deutlich. Der *Abyssus*, d.h. die finstere abgründige Urflut, wird erst durch Gottes Wille erleuchtet und aus ihm steigt in der Schöpfungsgeschichte das Land empor: „Am Anfang schuf Gott Himmel und Erde. Und die Erde war wüst und leer, und es war finster auf der Tiefe [Abyssus]; und der Geist Gottes schwebte auf dem Wasser. [...] Und Gott sprach: es werde eine Feste zwischen den Wassern." (Genesis 1. 1-6)[2]

Hieran wird ein grundlegender Zug des mythischen Denkens klar erkennbar, in dem nur durch Abgrenzung sich Ordnung konstituieren kann: „Dass Festigkeit und Sicherheit – der stabile Grund, die Erde als ‚sicherer Sitz von allem' – wesentlich mit dem Ziehen und Fixieren von Grenzen zu tun hat, ist der mythischen Anschauung selbstverständlich. Es gibt keinen festen Halt an sich, keinen sicheren Grund." (Angehrn 1996: 173) Mit der Entgegensetzung zwischen formlosem Chaos und der stabilen Erde beginnt auch die Kosmogenese in der Theogonie des Hesiod: „Wahrlich, zu allererst entstand das Chaos und dann die Erde [Gaia] mit ihrer breiten Brust, für alle Zeiten sicherer Sitz von allem." (Hesiodus 1999: V 116 f.) Allgemein war im mythischen Weltverständnis die Unterscheidung zwischen *Ökumene* (d.h. der besiedelten Erde) und dem Ozean ein zentrales Element einer kompakten Welterfahrung, wie Voegelin hervorhebt:

„In der kosmologischen Erfahrung hat der Wohnsitz des Menschen auf Erden einen Horizont, und hinter diesem Horizont liegt das Mysterium des Todes und der Götter. Diese Grunderfahrung menschlicher Existenz im Horizont des Mysteriums kommt in der integralen Symbolik oikumene – okeanos zum Ausdruck." (Voegelin 2004b: 140)

---

2 Ähnliche Aussagen finden sich in der Bibel auch in Psalm 74, 15-17, in Psalm 104 5-9, und in Job 8-11. Eine hierzu in vielen Aspekten verwandte Erzählung findet sich auch im Popol Puh, dem – völlig unabhängig von den Mythologien des Nahen Ostens entstandenen – heiligen Buch der Mayas: „Möge das Wasser weichen und Raum geben! Möge die Erde emporsteigen und sich ausbreiten. [...] Nur durch ihr Wort kam sie zum Vorschein." (Rohark Bartusch 2007: 26)

Die Horizontvorstellung des Mythos ist damit der oben skizzierten neuzeitlichen Konzeption eines verschiebbaren Horizonts diametral entgegenstehend. Insbesondere der maritime Horizont, die Grenzlinie zwischen Ozean und Himmel, markiert eine ultimative Grenze. Die hieraus resultierende einfache kosmologische Vorstellung von der Erde als Insel, die vom Meer umrandet und begrenzt ist, wird auf der ältesten erhaltenen Weltkarte aus Babylon, einer auf eine Tontafel aus dem 600 Jh. v. Chr. eingeritzten schematischen Darstellung der Welt, ersichtlich. Die Griechen übernahmen zunächst diese Vorstellungen bzw. entwickelten ein ähnliches Weltbild. Bereits bei Homer findet sich diese Vorstellung von der Ökumene als einer flachen Scheibe, die vom Ozean umgeben ist, die Randles daher als „Homeric representation of the earth" (Randles 1994: 7) bezeichnet und der die spätere römische Vorstellung vom *Orbis terrarum* letztlich entspricht.

Dem westlichen Ende der Ökumene und dem dort sichtbar werdenden Horizont kam hierbei eine besondere Bedeutung zu. Dieser markierte als Ort des Untergangs der Sonne eine Grenze, jenseits der das Reich des Todes, der Nacht und des Chaos begann. Das Bewusstsein von einer klar bestimmbaren Scheidung zwischen der humanen Welt und dem Chaos fand für die antiken Griechen in der Vorstellung einer definitiven Westgrenze an den zwischen Erdkreis und abgründigem Atlantik gelegenen Säulen des Herakles seinen signifikanten Ausdruck.

Dieses Weltbild hatte auch Auswirkungen auf die Schifffahrt. Zwar entwickelte sich bereits bei den Ägyptern, Kretern, Phöniziern und frühen Griechen die besegelte Schifffahrt und insbesondere der Mittelmeerraum wurde erschlossen. Selbst Afrika wurde von den Phöniziern umrundet und Berichte zeugen von Fahrten bis nach England, um das begehrte Zinn zu erhalten (vgl. Afflerbach 2003). Die Phönizier gründeten auch Städte wie Cádiz jenseits der Säulen des Herakles (vgl. Winchester 2014: 84). Insgesamt war jedoch aufgrund des mythischen Weltbildes eine Furcht vor der Ausfahrt in das als Meer des Todes angesehene atlantische Westmeer kennzeichnend.

5.1.2 Der mythische Westen

Der besondere Charakter, der den Säulen des Herakles in der Antike zukam, lag auch darin begründet, dass eine Verbindung zum Mythos vom Untergang der Sonne in die ozeanische Unterwelt hergestellt werden konnte. Zugrunde lagen archetypische solarmythologische Vorstellungen, die auch die Begriffe für die westlichen Länder der Erde prägten. Die etymologischen Ursprünge der Begriffe Morgenland und Abendland, Asien und Europa, Osten und Westen verweisen auf eine alte, durch die scheinbare Bewegung der Sonne vorgegebene Unterteilung der Welt. Der Name *Europa* leitet sich vermutlich vom nordsemitischen Wort *ereb* ab, das „Dunkel" und „Abend" bedeutet – von Vorderasien aus betrachtet war „Europa in der Tat der ‚dunkle Erdteil' [...] über dem die Sonne unterging" (Urmes 2003: 81). Einen ähnlichen Bedeutungsgehalt besitzt ebenso das griechische Wort *érebos*, das mit „dunkel" und „Reich des Todes" übersetzt wird (ebd.: 82). Dahingegen ist Asien aus dem assyrischen *acu*, das man mit „Aufgang der Sonne" wiedergeben kann, abgeleitet (ebd.: 83). Ebenso folgen unsere Himmelsrichtungen Westen und Osten etymologisch dieser Logik des solaren Mythos. *Osten* geht wie gleicherweise das englische *east* auf die indogermanische Wurzel „aues" (leuchten, hell werden) zurück, die auch im griechischen „eos" bzw. lateinischen „aurora" (Morgenröte) enthalten ist. Osten ist somit die Himmelsrichtung der aufgehenden, den Morgen erleuchtenden Sonne (vgl. Dudenverlag 2001: 577). Im Gegensatz hierzu ist *Westen* vermutlich verwandt zu griechisch „hesperos" bzw. lateinische „vesper" mit der Bedeutung „Abend" und bezeichnet so „den Ort [oder die Zeit], wo die Sonne fort- und untergeht" (ebd.: 925).

Entsprechend war der Westen eher negativ konnotiert: „Im Westen, wo die Sonne untergeht, wohnt der Tod. Dort ist die Unterwelt, ist das heidnische Golgatha, endet der Sonnengott." (Bloch 1959b: 885) Im babylonischen Mythos gilt das westliche Meer als „Nachtmeergefängnis der Sonne" (ebd.). Dieses scheinbare Sterben der Sonne wurde nun in vielen Kulturen zugleich mit dem Schicksal des Menschen nach dem Tode in Verbindung gebracht: „Fast weltweit verbreitet sind Weltbild-Vorstellungen, denen zufolge die Wohnstätten der Toten im Westen liegen (vor allem in westlichen Meeren), wo allabendlich die Sonne versinkt, und dass unser Tagesgestirn dann den Abgeschiedenen leuchtet und sie erwärmt." (Verlinden und Schmitt 1986: 2) Auch die Ägypter verorteten die Gefilde der Seligen, die sogenannten Jarusfelder, im Westen (ebd.). Ebenso wird bei Homer (ca. 850 v. Chr.) deutlich, dass sich das Reich des Hades bzw. Aides im fernsten ozeanischen Westen befindet (Cancik 1998: 1015; vgl. Homerus 1954: 10. Gesang, Vers 490-493; 11. Gesang, Vers 10 f.). In gleicher Weise bezeichneten die griechischen *Gärten der Hesperiden* im Mythos nicht nur eine Welt des Glücks, sondern waren zugleich mit der Unterwelt verbunden. Ebenso war bei den keltischen Bewohnern der atlantischen Westküsten die Vorstellung von mythischen Inseln im Atlantik verbreitet, die als „Wohnstätten der Totenseelen" (Verlinden und Schmitt 1986: 2) galten.

So dürfte das „Westgrauen" (Bloch 1959b: 885), d.h. die Furcht vor dem Atlantik, auch in einer archetypischen mythischen Angst des Menschen vor einem dunklen Hades der Scheibenwelt, in welche die Sonne absteigen muss, begründet gewesen sein. In der Symbolik der Säulen des Herakles bündelte sich diese Furcht: „Die Säulen des Herakles bezeichnen den Punkt wo die Sonne ins Meer sinkt." (Jung 1995: 389) Die Säulen des Herakles waren daher ein zentrales Symbol in der mythischen Geographie. An dieses westliche Ende der Erde zu gelangen hieß, die absolute Peripherie zu erreichen und sich dem Tode anzunähern – über das Mahnmal des Non Plus Ultras hinaus in das offene Meer hinauszustoßen galt so als hybride Missachtung der Todesdrohung.

5.1.3 Die Nachtmeerfahrt der mythischen Heroen

Der westliche Ozean war somit im mythischen Weltbild für den Menschen tabuisiert. Nur Heroen, wie z.B. Gilgamesch, Herakles und Odysseus konnten mit ihren Schiffen nach dem Vorbild der sterbenden und wiederauferstehenden Sonne die Fahrt in die tödliche Unterwelt wagen. Dieser Einstieg eines göttlichen Heros in die Unterwelt am westlichen Ende der Welt und die darauffolgende Unterweltfahrt ist ein zentrales Motiv in den Mythen vieler Kulturen. Wie dargelegt, stellt hierbei der Kreislauf der Sonne das zentrale Paradigma für diese Vorstellung dar. Zugleich wird in der Regel eine Parallelisierung dieses Vorgangs mit dem Kreislauf des Lebens, d.h. dem Eintauchen des Samens in eine weibliche „Unterwelt" (der Unterleib der

Frau bzw. die Finsternis der fruchtbaren Erde) vollzogen. Der Untergang wird dabei zugleich als Voraussetzung für die Wiedergeburt der Sonne bzw. des Lebens gedeutet.

Leo Frobenius illustriert dies in Das *Zeitalter des Sonnengottes* (Frobenius 1904) anhand des sogenannten Walfischmythos sibirischer Naturvölker. In diesem Mythos, der sich in verwandter Form in der biblischen Erzählung von Jonas und dem Wal wiederfindet, wird der Heros im Westen von einem großen Fisch verschlungen, der durch das Nachtmeer nach Osten schwimmt und zur Morgendämmerung den solaren Helden wieder zum Vorschein bringt. Da sich phänomenologisch eine Analogie zwischen dem solaren Zyklus und der biologischen Reproduktion herstellen lässt, wird die Erneuerung der Sonne gleichsam als Akt der Schwangerschaft und Geburt gedeutet: „Es bildet sich demnach die Konsequenzmythe, da das Weib ‚Meer' vordem die Sonne verschluckt hat und jetzt eine neue Sonne zur Welt bringt." (Ebd.: 30)[3]

Dieses archetypische Grundmotiv findet sich nun auch in den bedeutendsten orientalischen und griechischen Heroengeschichten wieder, wobei allerdings der Walfisch durch ein Schiff ersetzt wird: „Die Vorstellung vom Sonnenboot oder Becher gehört in ein Weltbild, das Sonne und Gestirne über die Gewässer des Himmels und das Meer der Tiefe fahren ließ." (Hölscher 1990: 150) Insbesondere in der ägyptischen Religion besitzt die Idee einer nächtlichen Schiffsreise des Sonnengotts Ra eine zentrale Bedeutung. Nahezu identische Erzählungen finden sich gleichermaßen in den mexikanischen Mythen von Quetzalcoatl und der Unterweltsreise des göttlichen Mais- und Sonnenheros im *Popol Puh*, dem heiligen Buch der Mayas (Cordan 1993; vgl. auch Grube und Gaida 2006: 49). So wird insgesamt eine die Kontinente übergreifende Verbreitung des Bildes von der Fahrt der Sonne bzw. des Sonnenheros mit einem Schiff in die Wasser der Unterwelt erkennbar.

Zugrunde liegt diesem Weltbild der feste Glaube an die Macht der Gesetze der mythischen Zeit. Der Kosmos wird durch vorgegebene Zyklen beherrscht. Dem ewigen Kreislauf von Untergang, Zerstörung und Wiederaufgang kann der einzelne Mensch ebenso wenig entkommen wie die göttlichen Heroen. So wird denn auch das Sonnenschiff nicht durch einen freien Willen gesteuert, sondern kreist auf vorgegebenen Bahnen des „Mythos der ewigen Wiederkehr" (Eliade 1966).

5.1.4 Das Reich des Todes jenseits der Säulen des Herakles

Auch den Sagen über die Arbeiten des Herakles liegt das archetypische Motiv der Reise des Sonnenheros zugrunde. Die Errichtung der Säulen der Herakles ist im

---

3   Aufgrund der Doppelbedeutung des (weiblich konnotierten) Meeres als Ort des Untergangs und des Todes des Heros auf der einen Seite sowie als Raum der biologischen Reproduktion und Erneuerung auf der anderen Seite, birgt die Nachtmeerfahrt eine grundlegende Ambivalenz in sich. Diese wird im Mythos jedoch nicht zum religiösen Problem, sondern als zu den Polaritäten des Lebens unabdingbar zugehörig angesehen: „Jene schwarzen Wasser des Todes sind Wasser des Lebens, der Tod mit seiner kalten Umarmung ist der Mutterschoß, wie das Meer die Sonne zwar verschlingt, aber aus mütterlichem Schoß wieder gebiert. Das Leben kennt keinen Tod." (Jung 1995: 277)

Kontext des Mythos von der ewigen Wiederkehr zu interpretieren und markiert dort einen bedeutungsvollen Punkt: Es ist der Eingang in das Reich des Todes.

Zum Verständnis dieser Bedeutung der Säulen soll kurz der mythologische Hintergrund skizziert werden: Als zehnte Arbeit sollte Herakles das Vieh des Geryons, des Königs von Tartessos in Spanien, der als der stärkste Mann der Welt galt, von der im westlichen Ozean gelegenen Insel Erytheia entführen. Wie Zindel anmerkt „handelt es sich auch hier ursprünglich um eine Jenseitsfahrt" (Zindel 1998: 189). Um auf die Insel zu segeln, erhielt Herakles vom Sonnengott Helios dessen goldenen Pokal (vgl. Abbildung 3).

Abbildung 3: Herakles in dem Sonnenbecher. Innenseite einer attischen Kyklix-Trinkschale; ca. 480 v. Chr. aus Vulci. Vatikanisches Museum.

Quelle: https://www.flickr.com/photos/sebastiagiralt/5402516830.

Manche berichten auch von einer bronzenen Urne und der Verwendung des Löwenfells des Herakles als Segel. Auf Erytheia angelegt, tötete der Heros den Hirten des Geryons sowie dessen Hund, und schließlich den König selbst. Sodann kehrte er auf seinem Gefährt zusammen mit den Rindern nach Tartessos zurück (Graves 1989: 457). Im Zusammenhang mit dieser Arbeit wird in der Regel auch von der Errichtung der Säulen des Herakles, den späteren Sinnbilder für das westliche Ende der Welt, berichtet:

„Als Denkzeichen seines Zuges errichtete er [Herakles] auf den Grenzen Europas und Libyens zwei sich gegenüberstehende Säulen. Als ihn auf seiner Reise Helios [der Sonnengott] sehr brannte, spannte er den Bogen gegen den Gott. Dieser, seinen Muth bewundernd, lieh ihm einen goldenen Kahn, in welchem er über den Ozean fuhr." (Apollodorus 1828: b 2)

Zwar wird zwischen der Aufstellung der Säulen und der Fahrt auf dem Kahn über den Ozean nach Erytheia keine unmittelbare kausale Verbindung hergestellt, doch ist von einem tieferen Zusammenhang auszugehen: In vielen antiken Erzählungen ist von einem Eingang in die Hölle die Rede. So fleht in Homers Illias die Seele des unbegrabenen Patrokolos den Achilles an: „Auf, begrabe mich schnell, dass Aides' Tor' ich durchwandle" (Homer 1954 XXIII, 70-74). In ähnlicher Weise werden in vielen anderen Mythen die Säulen häufig als Symbole für den Ort des Todes des Heros und als Eingang in die Unterwelt gedeutet (vgl. Robertson 1910: 113 f.). Man kann damit ebenso die Säulen des Herakles als Tor interpretieren, das Herakles mit seinem goldenen Kahn durchsegelt. Er markiert mit der Errichtung der Säulen den Ort des Transits von der bewohnten Ökumene in die Unterwelt. In einer syrischen Variante der Heraklessaga erfährt der Heros dort auch selbst den Tod (vgl. Bloch 1959b: 875).

Abbildung 4: Taucher von Paestum. Darstellung auf einer Grabplatte aus dem 5. Jh. v. Chr. Der Verstorbene springt von den Säulen des Herakles ins ozeanische Jenseits. Archäologisches Museum Paestum/Italien.

Quelle: https://commons.wikimedia.org/%20wiki/Category:Tomb_of_the_diver_in_Paestum_Cover.

Dass die Säulen den Übergang vom Reich des Lebens in das Reich des Todes kennzeichneten, macht auch eine Darstellung im sogenannten „Grab des Tauchers" deutlich, in der vermutlich der Verstorbene abgebildet ist, der über die Säulen des Herakles hinweg ins ozeanische Jenseits eintaucht (vgl. Abbildung 4). Pellegrino kommentiert das Bild mit folgenden Worten: „Das Grab des Tauchers aus Paestum ist eine der schönsten Darstellungen der Säulen des Herakles. Die anmutige kleine Figur springt nicht von einem Sprungbrett, sondern von ebenjenen Säulen, die zum Symbol für die irdischen und materiellen Grenzen werden. [...] Die Welt hinter den Säulen ist das Jenseits." (Pellegrino 2007: 339) In der antiken Alltagsvorstellung wurden somit die Säulen des Herkules als Schwelle angesehen, deren Überschreitung in die Transzendenz der Totenwelt führt.

5.1.5 Das Westmeer und die ewige Wiederkehr des Lebens

Die Reise, die Herakles mit dem Schiff bzw. Becher des Helios in die Regionen jenseits der Säulen des Herakles antritt, ist damit die Reise ins Totenreich, welche auch die Heroen anderer Mythen vollziehen. Dort vollzieht Herakles zugleich jene Aufgabe, die auf den tiefsten Kern aller mythischen Unterweltsfahrten verweist: Er fährt zu den „Hesperiden, die jenseits des ruhmvollen Ringstroms (des Ozeans) goldene Äpfel und Bäume, von Früchten prangend, bewachen" (Hesiodus 1999: V 215 f.). Den Garten der Hesperiden hatte Hera als Hochzeitsgabe von der Erdgöttin Gaia erhalten. Die drei Hesperiden Hespere, Auglus und Erytheis behüten zusammen mit der Schlange Ladon die Früchte des Lebensbaums, die Herakles zu erringen beauftragt ist.

In der klassischen antiken Erzählung gelingt es Herakles mit Hilfe von Atlas, der in den Garten eindringt, an die Früchte zu gelangen (Pauly und Wissowa 1913: 1245). Älteren Versionen des Mythos zufolge raubt Herakles selbst die Früchte (ebd.). Herakles, dessen Name „Ruhm der Hera" (Jepesen 1192: 77) bedeutet und den man als den „prototypischen Heros par excellence" (ebd.: 98) ansieht, war ursprünglich wohl ein Fruchtbarkeitsheros, der sich der Göttin Hera im fernsten Westen hingab. Zugrunde liegt die Vorstellung, dass die westliche Unterwelt nicht nur Ort des Todes, sondern zugleich der Rekreation und der Fruchtbarkeit und damit der Unsterblichkeit des Lebens im Kreislauf der organischen Erneuerung ist. Es war daher die Unterweltfahrt mit dem Tod des Heros gleichgesetzt worden: „Der Heros war ein heiliger König, der der Hera geopfert worden war." (Graves 1960: 43) Diese Symbolik des Untergangs des heiligen Königs bzw. Heros steht in Verbindung zum zyklisch-biomorphen Weltbild des ursprünglichen Mythos. Sie stellt das Pendant zu einem zentralen Element aller Fruchtbarkeitsmythen dar: Die „Heilige Hochzeit" (*Hieros Gamos*) steht im Mittelpunkt des „kosmogonischen Mythos" (Eliade 1966: 26) und ist in vielfältigen Riten bei nahezu allen Kulturen der Erde vorfindbar. Sie ist nicht allein das göttliche Vorbild jeglicher irdischen Hochzeit, sondern symbolisiert zugleich jeden kreativen Akt. In den großen Mythen stellen diese heilige Hochzeit und der damit verbundene Akt der Befruchtung das eigentliche Zentrum der Erzählungen dar. Die Aufgaben, welche der Heros zuvor auf seiner Abenteuerfahrt zu bewältigen hat, dienen dazu, die Gunst der Göttin zu erlangen und damit an deren reproduktiven Potenzen teilzuhaben.[4]

Das mythische Denken projiziert nun die biologische Reproduktion zugleich in den geographisch-kosmischen Raum. Daher erscheint auch der als Tod verstandene Untergang der männlich konnotierten Sonne im Westenmeer als Akt des Eindringens in die als weiblich gedachte Erde bzw. maritime Unterwelt. Die Reise des Heros

---

4   Göttner-Abendroth zufolge sind auch „Herakles' berühmte zwölf Taten […] letzten Endes Heiratsaufgaben, die ihm die Göttin als Vorbedingung für Königswürde und Heilige Hochzeit stellt" (Göttner-Abendroth 1993: 46). Auf der rituellen Ebene sind sie als symbolische Kämpfe Teil des Krönungsrituals, die der Heilige König vollbrachte, um die Göttin in Gestalt der Priesterin/Königin für ein mythisches Jahr zu erwerben (ebd.).

bzw. heiligen Königs ist mit der Zeit der Schwangerschaft vergleichbar, welche die Regeneration des Lebens einleitet. Die in den maritim-unterirdischen Raum versetzten Inseln, in denen sich die Regeneration häufig vollzieht, sind daher furchterregende Todesinseln wie auch verheißungsvolle Orte der Fruchtbarkeit. Der Sonnenaufgang im Osten bzw. das Keimen einer Pflanze und die Geburt eines Kindes werden entsprechend im Mythos mit der Wiedergeburt assoziiert. Der Opfertod des männlichen Fruchtbarkeitsheros ist als Jenseitsreise anzusehen. Der König kehrt dem mythischen Verständnis nach verjüngt und weiser wieder (Göttner-Abendroth 1993: 16).[5]

Dabei waren es nicht allein die Beobachtung solarer Zyklen und von Kreisläufen der Natur, sondern insbesondere auch die eigene Teilhabe des Menschen an der Erfahrung der zyklischen Struktur des Lebendigen, aus denen diese Mythen abgeleitet wurden, wie Nietzsche in seiner Preisung der antiken dionysischen Mysterien deutlich macht:

„Was verbürgt sich der Hellene mit diesen Mysterien? Das ewige Leben, die ewige Wiederkehr des Lebens; die Zukunft in der Vergangenheit verheißen und geweiht; das triumphierende Ja zum Leben über Tod und Wandel hinaus; das wahre Leben als das Gesamt-Fortleben durch die Zeugung, durch die Mysterien der Geschlechtlichkeit." (Nietzsche 1954: 1031)

Der göttliche Heros, den Nietzsche in der „Geburt der Tragödie" als einen „tragische(n) Held" (Nietzsche 1993: 65) bezeichnet, ist in ähnlicher Form unter anderen Namen in den Mythen der Welt zu finden ist – es ist „der Heros in tausend Gestalten" (Campbell 1953), der durch seinen tragischen Opfertod und seine Wiederauferstehung Garant für die Regeneration des Lebens ist. Dieses mythische Weltbild beinhaltete aufgrund dieser Sinngebung des Todes zugleich eine „Kosmodizee" (Nietzsche 1973: 319), d.h. die Legitimierung und Bejahung des irdischen Kosmos trotz der Wiederkehr von Leid und Tod.

Im *Ouroboros* (gr.: der Selbstverzehrer; wörtlich: Schwanzverzehrer [vgl. Käppel 2002: Sp. 1053]), der sich selbst in den Schwanz beißenden Schlange, fand diese Vorstellung ihre bildhafte Darstellung (vgl. Abbildung 5). Diese ist das Symbol der ewigen Wiederkehr und der kosmischen Einheit, wie auch die griechische Inschrift *he to pan* (Eins ist das All) verdeutlicht (vgl. Rudolph 1990: 78). Daher waren die Mythen von Tod und Regeneration häufig mit dem Bild der Schlange assoziiert. Die Fruchtbarkeitsgöttin war zugleich eine Todesgöttin, und das Erlangen der Wiedergeburt war nur durch die Hingabe an die Schlangen-Erdgöttin möglich. Insbesondere das westliche Meer wurde in dieser mythischen Kosmographie mit der Regeneration verbunden. Deshalb war auch der paradiesische Garten auf den Inseln der Hesperiden, zu dem Herakles aufbricht, um die Äpfel der Fruchtbarkeit zu erlangen, von der

---

5 Das Leiden und der Tod des Heros ist ein unabdingbarer Bestandteil der kosmischen Gesetzlichkeit, die nach dem Vorbild der wiederkehrenden Metamorphosen des Lebens eine klare raumzeitliche Ordnung aufwies: „Im rituellen Bereich vollzogen die Hohepriesterin oder sakrale Königin und der sakrale König [Fruchtbarkeitsheros] die typischen Jahreszeitfeste, die mit den Zyklen der Vegetation übereinstimmten." (Göttner-Abendroth 1993: 23; Erg. i. Orig.)

Schlange Ladon bewacht. Der Fruchtbarkeitsheros wird durch das Erlangen der Früchte der Göttin – d.h. ihre reproduktiven Fähigkeiten – zu neuem Leben erweckt.

Abbildung 5: Ouroboros (gr.: der Selbstverzehrer). Darstellung aus der sog. „Chrysopoeia der Kleopatra"; ca. 11 Jh. nach Chr.

Quelle: Codex Marcianus graecus; 299 fol. 188v; https://commons.wikimedia.org/wiki/File: Chryso-poea_of_Cleopatra_1.png.

Die als Wiedergeburt gedeutete Wiederkehr des Schiffes des Heros ans Licht der Welt bzw. des lichtbringenden Sonnenschiffes im fernsten Osten ist die tröstende Botschaft, die der biomorphe Mythos dem Schrecken der unabänderlichen Notwendigkeit des Sterbens im Westen entgegenhält. Der Raum des fernsten ozeanischen Westens war daher zugleich mit einer Verheißung verbunden, die allerdings noch wenig gemein hatte mit den Westutopien der Neuzeit: Es war ein mythisch verborgener, dem sterblichen Menschen während seiner irdischen Existenz nicht zugänglicher magischer Raum, in dem sich die Prozesse der Regeneration des Lebens wie auch des Kosmos insgesamt vollziehen.

5.1.6 Die Säulen des Herakles und das mythische Begrenzungswissen

An der mythischen Bedeutung der Säulen des Herakles wird insgesamt betrachtet eine zentrale Funktion des Mythos erkennbar: Das mythische Wissen liefert dem Menschen eine Erklärung bezüglich der Grenzen der Welt und der eigenen Existenz. Wie dargelegt, war im mythischen Denken häufig der Gang in das westliche Nachtmeer mit dem Tode assoziiert worden. Die Vorstellung einer Fahrt des *tragischen Heros* mit dem nächtlichen Sonnenschiff in das Jenseits der Unterwelt ist geradezu als Kernelement des mythischen Denkens anzusehen. Häufig wird dabei der Einstieg in die Unterwelt mit einer Fahrt in westliche Gewässer, und damit über die Säulen des Herakles hinaus, gleichgesetzt. Die Fahrt in die Unterwelt ist eine

Rückkehr in das uranfängliche, ursprüngliche Chaos und zugleich die Voraussetzung für eine neue Schöpfung.

Im Gegensatz zur Moderne, in der die Überschreitung der herakleischen Grenze Sinnbild für den Vorstoß in das Neue ist, begegnete in der klassischen Unterweltsfahrt dem Helden im ozeanischen Westen vor allem „in handgreiflichster Konkretion die Realität des Todes" (Assmann 1994: 112). In den biomorphen Mythen nimmt diese Konfrontation mit dem Gegensatz des Lebens unterschiedliche Gestalten an. In den ursprünglichsten Mythen erfährt der „tragische Held" (Nietzsche 1993: 65) selbst den Tod, der zugleich die Voraussetzung für die Erneuerung des Lebens darstellt. Die verschlingenden Göttinnen der Unterwelt repräsentieren zugleich die reproduktiven Potenzen, welche die ewige Wiederkehr des Lebens, des Heros und der Menschen insgesamt gewährleisten. Gerade auch die Fahrt von Herakles, dem „prototypischen Heros par excellence" (Jepesen 1992: 98), in die ozeanische Welt jenseits der vom ihm gesetzten Säulen stellt in der ursprünglichen Form eine Unterweltsfahrt dar.

In den späteren Ausformulierungen des Herosmythos weicht der tragische Mythos den Erzählungen von den Abenteuern, welche der Heros zu bestehen hat. Wie Campell in seinem Werk „Der Heros in tausend Gestalten" (1985) darlegt, liegen nahezu allen Kulturen der Menschheit ähnliche Erzählungen zugrunde. Der Held lässt die profane Welt hinter sich und dringt durch – dem Normalsterblichen verschlossene – Tore in eine magische Welt ein. Dort ringt er mit fabelhaften Mächten und trägt schließlich den Sieg davon, um mit Segnungen versehen zu den Menschen zurückzukehren. *Stets aber ist die Rückkehr das Ziel.*

In den bereits aufgeklärteren Mythen wie dem Gilgameschepos ist Aleida Assmann zufolge das Resultat der „Seelenfahrt" (Assmann 1994: 112) und der Begegnung mit den Bewohnern des Totenreiches letztlich die Gewinnung eines tieferen Wissens über das eigene Selbst. Denn die vertikale Grenzüberschreitung in die Unterwelt geht mit der Einsicht in die unüberwindbare „Realität des Todes" (Assmann 1994: 112) einher, welche der Held nun auch als das eigene Schicksal akzeptiert. Er erkennt die Grenzen der humanen Existenz: „Diese Selbsterkenntnis beschränkt sein Handeln, sie schränkt es nicht ein. Je mehr der Held von sich selbst weiß, desto geringer ist die Gefahr, dass er zum Subjekt einer unendlichen Fahrt wird. Denn dieses Wissen dient ihm als Orientierung bei den Suchbewegungen seiner Lebensreise." (Ebd.: 112) Wie Jan Assmann dargelegt hat, fungierte in vielen Kulturen „der Tod als Kulturgenerator" (Assmann 2001: 2 f.), der wesentlich zur Herausbildung eines „Begrenzungswissen[s]" (ebd.: 3) beiträgt. Dabei waren, wie aufgezeigt, die Säulen des Herakles paradigmatische Grenzen, die diesen Übergang in das Reich des Todes und die damit verbundenen Einsicht in die mythische Wahrheit der ewigen Wiederkehr und der räumlichen und zeitlichen Grenzen der humanen Existenz symbolisierten.

Dieses Wissen kann als Gegenpol zu dem Herrschafts- und Weltöffnungswissen, das aus der „Freiheit zur Welt- und Selbstmodellierung" (ebd.: 3) resultiert, angesehen werden. In der Neuzeit sollte sich die zweite Form des Wissens als das entscheidende Wissen etablieren und das alte „Selbstbegrenzungswissen" (ebd.) an Bedeutung verlieren. Es wird später noch deutlich werden, dass für Herausbildung dieses *neuzeitlichen Entgrenzungswissens* die nautische Durchbrechung der herakleischen Grenzen und die Erschließung des atlantischen Ozeans eine paradigmatische Bedeutung gewinnen sollte.

5.1.7 Die Odyssee zwischen Mythos und Aufklärung

Letztlich basiert auch die Homerische Odyssee auf diesen alten mythischen Vorstellungen von der Reise des Sonnenheros in das Reich des Todes und der Regeneration. Als Odysseus nach seinem Aufenthalt bei Kirke sich zur Heimkehr anschickt, weist diese ihn an, noch eine Fahrt „Hin zu Aïdes' Reich und der strengen Persephoneia" durchzuführen, um die Seele des weißen Sehers Teiresias zu befragen (Homerus 1954: 10. Gesang, Vers 490-493). Der Heros folgt dieser Weisung entsprechend dem Lauf der untergehenden Sonne und gelangt an das westliche ozeanische Ende der Welt und in das dunkle Reich der Kimmerer: „Und wir durchschifften den Tag mit vollem Segel die Wasser, und die Sonne sank und Dunkel umhüllte die Pfade. Jetzo erreichten wir des tiefen Ozeans Ende." (Ebd.: 11. Gesang, Vers 10 f.) Odysseus tritt nun als einer der wenigen Sterblichen noch zu seiner Lebenszeit die Reise in die Unterwelt an.[6] Dort begegnet er verschiedenen Gestalten der Vergangenheit, darunter Herakles, der zu ihm spricht: „Erfindungsreicher, Armer. Ruht auch auf dir ein trauervolles Verhängnis, wie ich weiland ertrug [...] [als] ich brachte den Hund empor aus Aides Wohnung." (Ebd.: 11. Gesang: 617 f.) Dies verdeutlicht, dass Odysseus dem Vorbild des archetypischen Heros nachfolgt und sich ebenfalls jenseits der Säulen des Herakles befindet. Und es sind nicht zuletzt weibliche „Seelen, gesandt von der furchtbaren Persephoneia, alle Gemahlinnen einst und Töchter der edelsten Helden" (ebd.: 11. Gesang, Vers 225), denen er begegnet. Jedoch bleibt er distanziert und verliert sich nicht an die Mächte der Unterwelt. Nach seinem Aufenthalt in der Unterwelt kehrt er am nächsten Tage am anderen, östlichen Ende der Erde wieder aus dem Ozean auf: „Als wir jetzo die Flut des Ozeanstromes durchsegelt, fuhren wir über die Woge des weithinwogenden Meeres zur aiaiischen Insel, allwo der dämmernden Frühe Wohnung und Tänze sind und Helios' leuchtender Aufgang." (Ebd.: 12. Gesang, Vers 1-5)

Diese „Rückkunft aus dem Reiche der Nacht" (ebd.) macht die solarmythologische Bedeutung der Unterweltsfahrt des Odysseus klar deutlich: „Die nächtliche Fahrt über den Ringstrom, beginnend mit Sonnenuntergang und endend bei Sonnenaufgang, wiederholt in anderer Weise den Überschritt, den Herakles im Sonnenkahn vollbracht hat [...]. Odysseus ist in der jenseitigen Welt des Todes gewesen." (Hölscher 1990: 155) Diese Botschaft stellt – jenseits der Verarbeitung geographischer und ethnologischer Kenntnisse sowie historischer Erfahrungen, die sicherlich auch in die Erarbeitung des Epos eingeflossen sind – den tiefsten mythologischen Kern der Erzählung dar.

Zugleich aber vollzieht Odysseus mit seiner Fahrt in die Unterwelt des Westmeeres einen ersten Versuch der Befreiung aus diesem Weltbild. Er erwehrt sich der Herrschaft der Kräfte des Todes und begegnet deren Mächten kontrolliert und distanziert. Anders als die archaischen Fruchtbarkeitsheroen, die durch ihren

---

6   Die Vorstellung der Fahrt des Fährmanns Charon über den Unterweltsfluss Styx stellt eine Variante dieser Vorstellung dar. Bei Homer markiert der Styx den Übergang zwischen Erde und Ozean: „Nun wohlan, beschwör' es bei Styx' wehdrohenden Wassern, rührend mit einer Hand die nahrungssprossende Erde, und mit der andern das schimmernde Meer." (Homerus 1959: 14, 270) In der *Aeneis* von Vergil wird das Motiv wieder aufgegriffen (Vergilius 1857: VI 300 f.).

Opfertod wiedergeboren werden, verweigert sich Odysseus dem Opfer. Die verschiedenen weiblichen Gestalten wie Kirke oder die Sirenen, denen Odysseus während seiner maritimen Irrfahrt auf den mythischen Inseln und in der Unterwelt begegnet und welche die alte matriarchale Fruchtbarkeits- und Unterweltsgöttin repräsentieren, werden entmachtet und gefügig gemacht. Odysseus wird ihnen im wahrsten Sinne des Wortes Herr. Horkheimer und Adorno argumentieren daher in der „Dialektik der Aufklärung" (2001) zu Recht:

„Das Totenreich, wo die depotenzierten Mythen sich versammeln, ist der Heimat am fernsten. [...] Folgt man [...] der Annahme, dass der Besuch des Odysseus in der Unterwelt zur ältesten, eigentlich sagenhaften Schicht des Epos gehört, so ist es diese älteste Schicht zugleich, in welcher ein Zug – so wie in der Überlieferung von den Unterweltsfahrten des Orpheus und des Herakles – über den Mythos am entschiedensten hinausgeht, wie denn das Motiv der Sprengung der Höllentore, der Abschaffung des Todes die innerste Zelle jeglichen antimythologischen Gedenkens ausmacht." (Horkheimer und Adorno 2001: 84)

Hier beginnt die Emanzipation des okzidentalen Subjekts von der mythischen Vernunft. Es kündigt sich die Heraufkunft des neuzeitlichen Subjekts an, das sich als selbstständiges Ego konstituiert und dabei zugleich die Rückbindung an die kreatürliche Subjektivität der inneren Natur verringert oder gar zerschneidet.[7] Die Gestalt des schifffahrenden Odysseus und seine Widerständigkeit gegen die Macht der Mythen wurde daher bei Horkheimer und Adorno auch als Sinnbild für den modernen Menschen eingeführt und seine Irrfahrt als „Urgeschichte der Subjektivität" (ebd.: 62) gedeutet. Der Mensch wird nicht mehr von der inneren und äußeren Natur gesteuert, sondern er beherrscht die Natur und er steuert als autonomes Selbst sein Schicksal, verliert aber hierdurch potentiell die Bindung an die Natur, die im Mythos noch gewahrt wird.

5.2 DIE BEDEUTUNG DER SÄULEN IN DER KLASSISCHEN ANTIKE

5.2.1 Die Errichtung der Säulen des Herakles und ihre Verortung

Der ursprüngliche mythische Sinn der Säulen als Grenze zwischen Leben und Tod wurde dem antiken Denken mit dem in der Odyssee sich andeutenden Übergang vom Mythos zum aufgeklärten Logos bereits fremd. In den Schriften der klassischen Antike besitzen die Säulen des Herakles weiterhin eine zentrale Bedeutung, doch sind sie nicht mehr klar mit den Todes-, Fruchtbarkeits- und Heldenmythen verbun-

---

7   Hierin liegt die tiefe Dialektik der Aufklärung begründet: Indem der Heros mit der Todeslogik des mythischen Zyklus bricht, zerstört er zugleich die Bindung an die Fruchtbarkeitsverheißung, die im mythischen Denken untrennbar mit dem Tod verbunden war. Insofern schlägt der Kampf gegen das Opfer, das der biozentrische Mythos einforderte, in ein Opfer der eigenen Natur um, weil die Befreiung „mit der Verleugnung der Natur im Menschen bezahlt ward." (Horkheimer und Adorno 2001: 62)

den. So finden sich in vielen antiken Schriften erste Versuche einer Rationalisierung und einer entmythologisierten Beschäftigung mit den Säulen des Herakles.

Über die Gründe für die Aufstellung der Säulen durch Herakles gibt es in der antiken Literatur unterschiedliche Meinungen. In der Beschreibung der Heldentaten des Herakles in der sogenannten *Bibliothek des Apollodor* (ca. 1. Jh. n. Chr.) wird die Errichtung der Säulen mit folgenden Worten erwähnt: „Als Denkzeichen seines Zuges errichtete er [Herakles] auf den Grenzen Europas und Libyens zwei sich gegenüberstehende Säulen." (Apollodorus und Moser 1828) Manche Autoren behaupteten, Herakles habe die Klippen voneinander getrennt, um einen Durchgang zwischen Mittelmeer und Atlantik zu schaffen, andere wiederum meinten, er habe die Pforte verkleinert, um den Durchzug von Walfischen und Seeungeheuern zu verhindern (vgl. Graves 1989: 457). In Melas *Geographie des Erdteiles* (ca. 44 n. Chr.) heißt es:

„Es [ist] der Atlantische Ozean [...], der die Länder im Westen berührt. Begeben wir uns von hier aus in Unser Meer, dann liegt links Spanien, rechts Mauretanien, jenes das erste Land Europas, dieses Afrikas. [Bei] Tanger [...] [befindet sich] ein sehr hoher Berg, der dem Spaniens auf der Gegenseite [...] gegenüber liegt: dieser heißt Abila, jener Calpe, beide zusammen Säulen des Herakles. Die Sage fügt die Entstehungsgeschichte dieses Namens hinzu: Hercules selbst habe die einst durch einen fortlaufenden Gebirgskamm verbundenen Felsen getrennt und dadurch den vorher durch die massigen Berge ausgeschlossenen Ozean zu den Teilen Zutritt gewährt, die er noch heute überflutet." (Mela 1912: 1, 25)[8]

Bei Diodor (1. Jh. v. Chr.) findet sich hingegen die gegenteilige Version, wonach der Durchgang von Herakles verkleinert wurde, um die Menschen vor den Ungeheuern des Meeres zu schützen (Diodor 1964: IV 18,5).

Die Mehrzahl der antiken Autoren nennt, ähnlich wie Mela, die Berge Kalpe in Europa und Abyle in Afrika als Bezugspunkt für die Rede von den Säulen des Herakles (vgl. Graves 1989: 466). Teilweise werden auch die Städte Ceuta und Gibraltar mit den Säulen identifiziert (ebd.). Andere sehen in einem Tempel des Melkars/Herakles bei Cádiz den Ursprung der Saga (vgl. Schulten 1927: 174 f.). Schulten vermutet in diesem Sinne mit Verweis auf einen Bericht Strabos (ca. 63 v.- 23 n. Chr.), dass der Ursprung der Bezeichnung „Säulen" sich von den phönizischen Tyrern herleitet, die die Stadt Cádiz/Gades etwa 1200 v. Chr. gegründet haben (ebd.: 176). Nach dem Cadizer Stadt- und Koloniengott Melkart wurden die Säulen ursprünglich „Säulen des Melkart" genannt (Jessen 1927: 176). Wie Herodot berichtet, war auch der Melkartempel von Tyrus, dem im heutigen Libanon gelegenen einst mächtigen Handelszentrum, mit zwei Säulen ausgestattet gewesen (Walter

---

8   In ähnlicher Weise argumentiert Plinius (23-79 n. Chr.): „An den Schmalstellen der Meerenge aber versperren an beiden Seiten hohe Berge den Zugang, die Abila in Afrika, in Europa die Kalpe, die Grenzen der Taten des Herakles (laborum Herculismetea); deshalb nennen die Einheimischen sie Säulen dieses Gottes und glauben, dass deren Durchstich den vorher ausgeschlossenen Meeren den Zugang verschafft und das Antlitz der Natur verändert hat." (Plinius Secundus 1973: III 4)

1999: 120).⁹ Elemente der Mythen über den Gott Melkar beeinflussten wiederum die Erzählungen von den Heldentaten des Herakles. So wäre es also möglich, dass die Rede von den Säulen des Melkars/Herakles sich ursprünglich auf einen Tempel bezogen, und erst später mit den Bergen Calpe und Kabila identifiziert wurde. Strabo, der den Tempel besucht hat, verwirft in seinem Bericht allerdings diese These der Herkunft des Bildes von den Säulen des Herkules aus dem sakralen Bereich. Wahrscheinlicher ist es, dass auch bei den Phöniziern die beiden Berge bereits als sog Himmelstützen gedeutet wurden (vgl. Dornseiff 1956: 171). Möglich erscheint ebenso eine Dopplung und Überlagerung des Sinnbildes, so dass sowohl die realen Berge als auch die Tempelsäulen als Säulen des Melkart bzw. des Herakles bezeichnet wurden.¹⁰

5.2.2 Die geographisch-nautische Bedeutung der Säulen des Herakles

Wie bereits anhand der zitierten Gedichte Pindars erkennbar wurde, deutete man die Säulen des Herakles primär als Signum für eine Grenze der nautischen Befahrbarkeit des Meeres. Das *Mare Mediterraneum*, das inmitten des bekannten *Orbis terrarum* bzw. der *Ökumene* angesiedelt war, barg zwar durchaus auch Gefahren. Die nautischen und kybernetischen Technologien der Antike waren jedoch ausreichend, um diese Herausforderungen zu meistern. Der weitaus größere, unerschlossene und den Erdkreis umgebende atlantische Ozean erschien dahingegen als weitaus gefährlicher (vgl. Freiesleben 1978). Zwar wurden bereits sehr früh Reisen auf dem atlantischen Meer durchgeführt und insbesondere die bronzezeitlichen Reisen zu den britannischen Zinninseln können bereits als Beginn eines frühen „Welthandels" angesehen werden. Einige Autoren argumentierten daher, dass das Grenztabu erst nach einer Phase der heroischen Durchbrechung wieder an Bedeutung gewann¹¹. Wie Walter

---

9   Derartige sakrale Säulen sind im gesamten phönizischen und auch jüdischen Raum verbreitet gewesen. Zum Bau des Tempels zu Jerusalem ließ König Salomon einen Baumeister aus Tyros kommen. Dieser „machte zwei eherne Säulen [...] und er richtete die Säulen auf vor der Halle des Tempels. Und die er zur rechten Hand setzte, hieß er Jachin, und die er zur linken Hand setzte, hieß er Boas" (Altes Testament: 1Könige 15-21).

10 Für die Griechen war die Übernahme der Bezeichnung einfach, da „sie den Melkart mit ihrem Herkules identifizierten und gleichfalls Berge als ‚Säulen' bezeichneten" (Schulten und Tovar 1974: 400).

11 Einigen Deutungen zufolge ist die für die Antike kennzeichnende düstere Darstellung des Meeres und die Interpretation der Säulen als Signum einer unüberschreitbaren Grenze erst im 5. Jh. v. Chr. entstanden und möglicherweise ein bewusstes Täuschungsmanöver der Phönizier gewesen, um die Griechen abzuschrecken. Sie habe eine frühere, heroischere Deutung abgelöst. So heißt es bei Schulten: „Die Griechen glaubten, Herakles habe die Säulen aufgestellt als Denkmal für seine Erschließung des Ozeans." (Schulten und Tovar 1974: 401) Erst später, als seit der karthageneischen Seesperre die Säulen das Ende der griechischen Seefahrt waren, erhielten sie die resignierte Bedeutung des Non Plus Ultra, die zuerst bei Pindar begegnet." (Schulten 1927: 198) Auch Dornseiff zufolge seien die Säulen ursprünglich „als triumphierende Siegeszeichen zur Erinnerung an die glorreiche Westfahrt des Gottesmenschen" interpretiert worden (Dornseiff 1956: 172).

bezüglich dieser Thesen allerdings kritisch anmerkt, können für beide Haltungen zwar in der Antike Belege gefunden werden, doch lassen sie sich nicht eindeutig historischen Epochen zuordnen. Vielmehr können die unterschiedlichen Deutungen als Ausdruck einer für die Antike spezifischen ambivalenten Haltung gegenüber dem Möglichkeitshorizont und den technischen Möglichkeiten des Menschen angesehen werden (Walter 1999: 122).

Insgesamt ist festzuhalten, dass in der Antike die Säulen des Herakles primär mit der Vorstellung einer Geschlossenheit der Welt verbunden wurden und die Annahme einer grundlegenden Differenz zwischen dem zum humanen Kosmos gehörigen Mittelmeer und dem ‚inhumanen' Atlantik verbreitet war. Fahrten sowohl entlang der afrikanischen als auch der europäischen Atlantikküste waren durchaus üblich – tabuisiert war aber, und hierauf bezog sich das Überschreitungsverbot der Säulen des Herakles, die Fahrt in den offenen Ozean. Die Straße von Gibraltar wurde daher von den Griechen als zentraler Grenzpunkt wahrgenommen: „In der griechischen Überlieferung bezeichnen die Säulen den äußersten Punkt des Herakles-Zuges, die westliche Grenze der Seefahrt und das Ende der bewohnten Welt." (Walter 1999: 25)

Man kann es als geographischen Zufall ansehen, dass der Übergang zwischen dem furchtbesetzten atlantischen Ozean und dem Mittelmeer durch die Straße von Gibraltar und die markanten Erhebungen relativ klar als Schwelle gekennzeichnet wurde und diese zugleich am westlichen Ende der antiken Welt angesiedelt war. Für den antiken Menschen, der in einer von Göttern gelenkten Welt lebte, erschien dies nicht als Zufall, sondern wurde als Signum gedeutet, dass eine Überschreitung von den göttlichen Mächten sanktioniert würde. Berichte der Phönizier trugen ebenfalls dazu bei, dass das atlantische Meer jenseits der Säulen des Herakles als unschiffbar galt. Einprägsam ist eine Darstellung Aviens (400 n. Chr.), die dieser auf Berichte des Phöniziers Himilco (ca. 500 v. Chr.) zurückführt:

„Westlich von diesen Säulen sei das Wasser übrigens unbegrenzt; weithin breitet sich das Meer aus, dehnt sich die See, wie Himilco berichtet. Niemand besuche diese Meere, niemand steure seine Schiffe nach jenen Gewässern, weil der hohen See dort treibende Winde fehlten und kein Hauch des Himmels dem Schiff vorwärts helfe, sodann weil Dunstmassen den Himmel wie mit einem Mantel bedeckten, immerdar Nebel das Meer einhülle […]. Dieses Meer ist der Ozean, der fern von uns den weit gestreckten Erdkreis umtost, dies ist das große Meer. [...] Häufig ragt auch Tang über die Wasserfläche, und selbst das Fortschreiten der Flut wird durch Gewächse gehemmt. Eine Menge Riesenfische schwimmt überall im Meer umher, und häufig erfüllt Angst vor den Untiefen die Wogen." (Avienus 1968: § 35, Verse 380-410)

Die Säulen des Herakles waren aufgrund derartiger Berichte von den Griechen nicht als Tor in die Ferne angesehen, sondern mit einem „Tabu der Abschreckung" (Bloch 1957b: 887) assoziiert und somit als Grenze verstanden worden, deren Überschreiten verboten war. Vielfältig waren die Bedrohungen, die den Tabubrecher erwarteten. Bloch vermutet, phönizische Händler hätten den „Atlantikschreck" dazu benutzt, um fremde Kaufleute von der Fahrt zu den englischen Zinnminen abzuhalten (ebd.: 885). Bei den Griechen und Römern blieben diese Erzählungen trotz teilweise unternommener Reisen in den Atlantik wirkmächtig und die Legende vom „Schlamm- und Dunkelmeer" (ebd.: 885) wurde immer wieder neu reproduziert: Pindar und Ephoris nennen Ungeheuer und Untiere, Euktemon und Aristoteles Untiefen und Schlamm, welche im Atlantik verbreitet seien (Schulten und Tovar 1974: 391). Und auch Iorandes berichtet in diesem Sinne:

„Die unüberwindlichen äußeren Grenzen des Ozeans [Oceani vero intransmeabilis ulterios fines] aber hat nicht nur niemand zu beschreiben gewagt, sondern es war auch niemand möglich, sie zu durchschiffen, denn man ist der Meinung, sie seien undurchdringlich, weil Schilf hindere und jeder Windhauch ruhe." (Iorandes zit. n. Humboldt 2009b: 33, Fn. 48)

Entsprechend wurde der atlantische Ozean insgesamt, im Gegensatz zum *Mare Nostrum*, negativ konnotiert und benannt. Im Buch der Jubiläen (um 100 v. Chr.) ist die Rede vom „Meer Ma' uk, welches das Meer ist, wo jeder, der es befährt, umkommt." (Jubiläen zit. n. Schulten und Tovar 1974: 391) Die Bezeichnungen „mare mortuum [Meer des Todes]", „mare pigrum (das düstere Meer)", „mare cronium (das Meer des Kronos)", „nekre thalassaa (das tote Meer)" (Humboldt 2009: 33, Fn 48) sowie „mare coagulatum [das geronnene Meer]" (Bloch 1959b: 884) verdeutlichen eindrucksvoll, dass der atlantische Ozean als gefährliches und todbringendes Meer angesehen wurde. Immer wieder wurde in der Antike diese Vorstellung reproduziert. Und noch im 11. Jh. berichtet der arabische Autor Esidris vom atlantischen Ozean als dem „finsteren Meer (mare tenebrosum)", das so heißt „weil man nämlich nicht weiß, was sich jenseits von ihm befindet. [...]. Kein Seemann würde es wagen, es zu durchschiffen oder auf die hohe See hinauszufahren" (Esidris zit. n. Humboldt 2009: 93).

Das Einbrechen des atlantischen Ozeans bei der Straße von Gibraltar wurde als Angriff auf die weltlichen Regionen des Erdkreises und das vertraute Mittelmeer empfunde, wie bei Plinius deutlich wird: „Der Ozean, der von der angegebenen Stelle das Atlantische Meer hereinströmen lässt und die Länder, die vor seiner Annäherung furchtsam zurückweichen, mit gieriger Strömung versenkt, bespült auch die Widerstand leistenden Gebiete längs der gewundenen Linie ihrer Küsten." (Plinius Secundus 1973: III 5)[12]

Der furchterregende Ozean war die eigentliche Ursache dafür, dass die Säulen des Herakles als das Ende der Welt angesehen wurden. Eine Öffnung des Tors, die zu einer absolut prometheischen Deutung der Säulen geführt hätte, erfolgte in der Antike nicht. Auch wenn die Seefahrt über die Säulen hinausging, so war sie doch auf die Atlantikküste Afrikas und Europas beschränkt. Dass es Siedlungen an der ozeanischen Küste gab, die mit Schiffen erreicht wurde, war wohlbekannt – ungeheuer aber war für den antiken Menschen das offene Meer.

---

12 Die Wahrnehmung, dass hier gleichsam in bedrohlicher Weise der Orbis Terrarum gespalten wird, klingt auch bei Rufus Festus Avienus an, wenn er von den „Tiefen des sich spaltendenden Erdkreises von dem tartessischen Sunde und den Fluten des Atlantischen Ozeans" schreibt (Avienus 1968b: 18). Dieses Gefühl der Bedrohung wird teilweise auch an der Bezeichnung der Straße von Gibraltar deutlich. Bei den Römern wurde die Meerenge u.a. nach Herkules als *Columnae Herculis* bzw. *fretum* (Meerenge) Herculeum benannt. Ebenso findet sich aber auch die Bezeichnung *fauces Oceani* (Schlund des Ozeans) (vgl. Schulten 1927: 191). Letztere Begrifflichkeit liegt die Vorstellung zugrunde, „dass der Ozean sein Wasser durch die Meerenge wie durch einen Mund in das Mittelmeer ergieße" (ebd.: 191).

5.2.3 Die anthropologische Bedeutung der Säulen des Herakles

Durch ihre Bedeutung als paradigmatisches Ende der Welt erhielten die Säulen des Herakles in der Antike eine weit über die geographische Ebene hinausreichende Relevanz. Als exemplarische Grenzsymbole wurden die Säulen immer wieder in metaphorischer Weise als Sinnbild der *Conditio humana* gedeutet. Mit ihnen war in der Antike eine Anthropologie verknüpft, welche die Leib- und Umweltgebundenheit des Menschen hervorhob und den Gedanken einer absoluten Handlungs- und Weltoffenheit als Hybris ablehnte.

Insbesondere bei Pindar, dessen Dichtungen uns die frühesten erhaltenen literarischen Zeugnisse über die Säulen vermitteln, stehen die Textstellen in einem Kontext, der mit der konkreten Schifffahrt wenig zu tun hat. Es geht zumeist um die sportlichen Leistungen der Olympioniken, die „Pindar, der erste professionelle Sportjournalist" (Miller und Linden 2016: 42) in seinen Oden preist. Dass hierbei immer wieder Herakles auch Bezug genommen wird ist kein Zufall, da dieser von Pindar als Begründer der Olympischen Spiele bezeichnet wird und dementsprechend das Vorbild aller Sportler ist (Pindarus 1992: 17).

So ist die oben zitierte Passage über die Setzung der herakleischen Grenzsäulen Teil eines Gedichts, in dem die Leistungen des Knaben Aristoklides im Allkampf gepriesen werden. Damit wird zugleich die Botschaft verbunden, dass der Wettkämpfer sich in die seinem Wesen und seinen körperlichen Fähigkeiten gemäßen Grenzen zu fügen habe und nicht das Übermaß anzustreben solle:

„Auf die höchsten Stufen männlichen Tuns stieg der Sohn des Aristophanes [Aristoklides; Anm. G.J.] nicht ist es leicht, weiter das ungangbare Meer zu durchqueren über die Säulen des Herakles hinaus, die der Heros, der Gott, gesetzt hat als ruhmvolle Zeugen äußerster Meeresfahrt." (Pindarus 1992: 233)

Hier erfolgt zusammen mit der Würdigung der Leistung zugleich die Setzung einer Grenze des Machbaren. Das Erreichen des Non Plus Ultra des heldenhaften Tuns bezieht sich sowohl auf den Sportler als auch auf Herakles: Gerühmt wird es, nach dem Vorbild des göttlichen Heros bis an die Grenzen des Möglichen zu gehen und die eigenen Potentiale zu entfalten. Gemahnt wird aber zugleich daran, die Grenzen des Möglichen nicht zu überschreiten und den limitierten Raum, der von dem göttlichen Heros durch seine Taten umspannt und umzirkelt wurde, zu achten. In ähnlicher Weise wird ebenso Theron aus Akragas, der Sieger mit dem Wagen wurde, gewürdigt:

„Wenn am besten Wasser ist und von Besitztümern Gold am ehrwürdigsten, so gelangt jetzt zur äußersten Grenze Theron durch seine Leistungen – er rührt vom Hause an die Säulen des Herakles. Das Darüberhinaus ist Weisen unzugänglich [...]. Ich will dem nicht nachgehen; eitel wär' ich." (Pindarus 1992: 31)

Theron hat das Höchste erreicht was in dieser olympischen Disziplin erreichbar ist, ein „Darüber-Hinaus" kann es nicht geben. Es ist das Non Plus Ultra des Machbaren, und damit ist der Gang zum Limit, der durch den Vergleich mit den Säulen des

Herakles assoziiert werden soll, durchaus als Würdigung zu verstehen. Ähnlich ist auch die Aussage in der vierten Isthmischen Ode über die olympischen Sieger aus Theben:

„Sie nun werden in Theben ehrenreich von Anfang an genannt, Gastfreunde der Umwohner und frei von tönerner Überhebung [hybrios]; soviel den Menschen zugeweht wird an Bezeugungen unermesslichen Ansehend vergangener und lebender Männer, haben sie erreicht bis ganz ans Ziel; mit äußersten Mannigfaltigkeit rühren sie von zuhause an die Säulen des Herakles; und nicht mehr nach weiterem Erfolg streben." (Pindarus 1992: 315)

Die Freiheit vom hybriden Drang zur Überschreitung der eigenen Möglichkeiten wird hier unmittelbar mit der Akzeptanz der durch die Säulen des Herakles gesetzten Grenzen verknüpft.

In all diesen zitierten Textstellen findet ein olympischer Geist seinen Ausdruck, der eine spezifische Weltsicht und eine Anthropologie vermittelt, die sich von dem Denken der Moderne grundlegend unterscheidet. Zwar wird durchaus eine heroische Leistungsbereitschaft eingefordert, aber zugleich die Hybris der Grenzenlosigkeit verdammt. Es wird deutlich, dass somit bereits in der Antike die Säulen des Herakles eine metaphorische und paradigmatische Bedeutung hatten. Sie kennzeichneten nicht nur eine geographische Grenze, sondern galten als Sinnbild für den Umgang des Menschen mit Grenzen insgesamt.

Dabei wurden nicht allein die begrenzten körperlichen Fähigkeiten des Menschen mit den Säulen assoziiert, sondern darüber hinaus ebenso Grenzen des Wissens hiermit verbunden, wie McKnight darlegt: „In the ancient world the Pillars of Hercules marked the boundaries between the known, familiar world and the forbidden and treacherous ocean (okeanos) beyond man's knowledge or grasp." (McKnight 1992: 111) Dem Menschen wurde damit ein klar bestimmter Ort im Kosmos zugewiesen und echtes Wissen war daher auch nicht dadurch gekennzeichnet, dass es die Grenzen des Wissens und der Macht über die Welt erweitert, sondern dass es vielmehr den Menschen zur Integration in die ihm zugewiesene Welt befähigt: „Knowledge in this conception depended on the discovery of the boundaries of man's nature [...]. Knowledge is knowledge of ones's place in the hierarchy of things, and exceeding such limits is symptomatic of ignorance, error, or sin." (McKnight 1992: 127) Die Säulen des Herakles symbolisieren damit für den antiken und mittelalterlichen Menschen einen Wissensbegriff, der Wissen vor allem als „Selbstbegrenzungswissen" (Assmann 1994: 115) fasst.

Es finden in dieser antiken Deutung der Säulen Reflexionen über den dem Menschen zugewiesenen Horizont des Handelns und des Wissens sowie die Gefahren von Grenzüberschreitungen ihren exemplarischen Ausdruck:

„Als Ursache für die Vorstellung, dass Herakles mit seinen Säulen die Grenzen für die menschliche Schifffahrt bezeichnet habe, [ist] die Denkweise des 5. Jahrhunderts [v. Chr.] anzusehen. Die Griechen dieser Zeit [...] reden von nichts in der Welt so viel wie von der Gefahr, in die den Menschen die Hybris bringt: der Mensch soll sich nicht überheben [...]. Er soll nicht trachten, Gott zu werden wie Tantalos, er soll nicht zu hoch hinauf streben [...] und er soll auch nicht in das äußerste Weltmeer fahren wollen, wo nicht mehr der Bereich des Menschen ist." (Dornseiff 1956: 174)

Dabei ist die Deutung der Säulen als Grenzsymbol auch als eine Art Gegenreaktion gegen den zu dieser Zeit ebenfalls aufkeimenden Geist prometheischer Grenzüberschreitungen zu interpretieren. Wie Walter argumentiert, wird in dem Widerstreit zwischen einer „prometheische(n) Auffassung der Säulen" (Walter 1999: 122) und der bei Pindar deutlich werdenden „resignierten Deutung" (ebd.) eine für die griechische Antike kennzeichnende ambivalente Haltung hinsichtlich der menschlichen Potentiale deutlich, wie im folgenden auch am zwiespältigen Verhältnis zur Schifffahrt erkennbar wird.

5.2.4 Die Grenzen der nautischen Technik

Für den Menschen der Antike war das *Mare Nostrum* Teil der menschlichen Welt und die Schifffahrt besaß im Mittelmeerraum eine zentrale ökonomische Bedeutung. Es blieb aber weiterhin das mythische Gefühl der Bedrohlichkeit des Meeres bestehen und es wurden Grenzen der Schiffbarkeit des Ozeans und damit auch Grenzen des humanen Möglichkeitshorizontes gesehen.

Neben Stimmen, welche die Seefahrt und den durch sie erbrachten Nutzen preisen, finden sich immer wieder Autoren, welche vor den mit ihr verbundenen Gefahren warnen oder gar der Seefahrt insgesamt kritisch gegenüberstanden. Heydenreich konstatiert eine „ambivalente Seefahrtsbewertung in der Antike" (Heydenreich 1970: 11). Diese Haltung resultiert dabei nicht allein aus einer rationalen Abwägung möglicher Risiken der Befahrung des Meeres, sondern ist auch von einer religiös begründeten Sakralisierung und Tabuisierung des Meeres beeinflusst: „Schiffe, die sich auf das Meer hinauswagten, liefen Gefahr, Heiliges zu entweihen." (Ebd.: 14) Dieses Tabu der Grenzüberschreitung und die Vorstellung von einer „nautischen Erbsünde" (ebd.: 30) speiste sich aus einer grundlegenden Angst vor dem Verlassen der Erde als dem scheinbar klar umzäunten Bereich des menschlichen Wirkens.[13] Oder wie es Blumenberg ausdrückt: „dass hier, an der Grenze vom festen Land zum Meer, zwar nicht der Sündenfall, aber doch der Verfehlungsschritt ins Ungemäße und Maßlose zuerst getan wurde, ist von der Anschaulichkeit, die dauerhaft Topoi trägt." (Blumenberg 1979: 11)

Die von Natur aus durch das Wasser geschiedenen Regionen der Erde soll demnach der Mensch durch Schifffahrt nicht verbinden. Diese Vorstellung findet sich insbesondere in den Gesängen des Horaz (65-8 v. Chr.), wo es – kritisch gerichtet gegen die praktizierte Schifffahrt – heißt: „Fruchtlos spaltete Land von Land ein vorsorgender Gott durch des Oceanus Scheidung, wenn den verbot'nen Sprung doch das frevelnde Schiff über das Meer sich wagt. Tollkühn, aller Gefahr zum Trotz, rennt das Menschengeschlecht Gräuel und Sünd' hindurch." (Horaz 1769: I 3, Vers 21) Mit seinen nautischen Techniken durchbricht somit der Mensch frevelhaft die

---

13 Die Befahrung der See wurde zusammen mit anderen kulturellen Techniken als Signum des Verlusts einer ursprünglichen Einheit mit der Natur. Das verklärte goldene Zeitalter der Vergangenheit war in dieser Vorstellung dementsprechend durch „Seefremdheit" (ebd.: 15) geprägt. Kulthandlungen und Opferriten der antiken Seefahrer, welche das Meer milde stimmen sollten, verweisen auf die Vorstellung, „dass möglicherweise das Meer eine dem Menschen prinzipiell gesetzte und daher unüberwindbare definitive ‚Grenze' sei, die zu überspringen ‚Hybris' [...] bedeute" (Wachsmuth 1967: 226).

von der Natur und den Göttern vorgegebenen Grenzen. Von besonderer Bedeutung ist, dass Horaz in der genannten Stelle nicht nur die Schifffahrt verurteilt, sondern im Anschluss daran jegliche Grenzüberschreitung, durch die der Mensch die ihm angemessene Sphäre verlässt: Prometheus habe durch seinen Feuerraub Leid und Tod über die Menschen gebracht (ebd.: Vers.28). In die Luft wagte sich Daedalus mit dem Menschen nicht gegebene Flügeln (ebd.: Vers. 35). Und schließlich erzwang Herkules mit seinem Gang in den Bereich jenseits der Säulen des Herakles den Weg zur Unterwelt (ebd.: Vers. 36). Diese Hybris erweckte jedoch den Zorn Jupiters (ebd.: Vers 36). Horaz Botschaft in diesen Strophen ist als ein „Bekenntnis der Selbstbescheidung" (Heydenreich 1970: 36) und ein Aufruf zur Selbstbegrenzung zu lesen. Die zentrale Botschaft dieser Passage ist, dass „das feste Land als der angemessene Aufenthalt des Menschen [anzusehen ist]" (Blumenberg 1979: 14).

Aus dieser Perspektive wird das Befahren des Meeres – wie alle anderen Vorstöße in tabuisierte und geheiligte Sphären – als Grenzüberschreitung angesehen, durch die der zum Festlandbewohner geborene Mensch wider die Gesetze der Natur verstößt.[14] Schiffbruch, Absturz und Tod erscheinen so als legitime Strafe für das Sakrileg der Hybris. Erkennbar wird bei Horaz und auch bei vielen anderen römischen Autoren eine deutliche Kritik der Technik. Die Legitimierung der prometheisch-technischen Potenzen, wie sie in der griechischen Aufklärung teilweise erfolgte, wird hier wieder tendenziell zurückgenommen. Basis vieler dieser antiken Formen der Fortschrittskritik war ein Rekurs auf Hesiods Lehre von der Abfolge der Weltzeitalter.[15] Das *Goldene Zeitalter* war dadurch gekennzeichnet, dass die Schifffahrt das Meerestabu noch nicht durchbrochen hatte, wie ebenso bei Ovid (43 v.-17 n. Chr.) deutlich wird:

„Es entstand die erste, die goldene Zeit: [...] Fichten fällte man nicht, um die Stämme hernieder von ihren Höhn in die Meere zu rollen, nach fremden Ländern zu fahren. [...] Selbst die Erde, vom Dienst befreit, nicht berührt von der Hacke, unverwundet vom Pflug, so gewährte sie jegliche Gabe. Und die Menschen, zufrieden mit zwanglos wachsenden Speisen, sammelten Früchte. [...] Ewiger Frühling herrschte." (Ovidius Naso 1980: 11)

Man erkennt hier eine fortschrittskritische Verklärung einer scheinbar gütigen, gebenden Natur. Die Forderung eines „Zurück zur Natur", wie es auch in gegenmodernen Bewegungen der Neuzeit eingefordert wurde, hat nicht zuletzt hier seinen Ursprung.

---

14 Diese Vorstellung von der trockenen Erde als dem naturgegebenen Ort des Menschen findet sich auch bei Columella (1. Jh. n. Chr.), der den „Kampf auf dem gefahrvollen Meer" als „mißachtend die Gesetze der Natur" bezeichnet und dem eine erdgebundene Anthropologie vom Menschen als „terrestre animal homo" (Columella 1976: 46) entgegenstellt.

15 So heißt es bei Tibullus (55-19 v. Chr.): „Ach, wie lebte man gut, solange Saturn noch regierte, Eh' sich die Erde erschloss und in die Ferne man zog! Noch hatte nicht der Kiel die bläulichen Wogen mißachtet und den Winden zum Spiel schwellende Segel gewährt, Noch auch, bedacht auf Gewinn, in der Fremde schweifend, der Kaufmann Waren gehäuft in dem Schiff, die er von weither geholt." (Tibullus 1968: 3 Elegie S. 35 f.)

Von Ovid und vielen anderen römischen Autoren wurde so das Ende der Geschlossenheit und Genügsamkeit des Goldenen Zeitalters, in welchem „über die Küste hinaus führte für Menschen kein Weg" (Ovidius Naso 1999: III 8, V. 33f.), klar als Verlust gedeutet.[16] Es wird hier eine Anthropologie erkennbar, die für eine Beschränkung des Möglichkeitshorizonts des Menschen plädiert. Dominierend ist eine kritische Haltung hinsichtlich der Legitimität des Unterfangens, durch Technik in neue Sphären vorzustoßen. Die Hybris der Grenzüberschreitung geht aus dieser Perspektive zu Recht mit der Gefahr des Orientierungsverlusts und des Untergangs einher. Und dabei galt, wie gezeigt, insbesondere die nautische Überschreitung der Säulen des Herakles als vermessene Überschreitung gottgegebener Grenzen.

Allerdings war diese fortschrittskritische Position nicht repräsentativ für das antike Denken insgesamt. Es finden sich zugleich viele Stimmen, die ein „Lob der Seefahrt" (Heydenreich 1970: 48) verkünden und eine „gottgewollte Seefahrt" (ebd.) postulieren. Im römischen Denken lässt sich dieses Spannungsverhältnis ebenfalls erkennen. Anders als bei Horaz und Ovid gilt bei Manilius (1. Jahrhundert n. Chr.) das Meer nicht als gottgewollte Grenze, sondern wird als ein Hindernis angesehen, das in legitimer Weise durch Technik überwunden werden kann.[17] Hier wird eine Bejahung des technischen Fortschritts erkennbar, die in vielen Punkten bereits den Geist des modernen Technikoptimismus vorwegnimmt.

Auch bei Seneca (1-65 n. Chr.) findet sich eine komplexe Reflexion über Nutzen und Risiken der besegelten Schifffahrt und gleichsam die Begründung einer Ethik der Technik. Zum einen habe „der Wind [...] den Warenaustausch zwischen allen Nationen möglich gemacht und durch ihre geographische Lage weit getrennte Völker in engste Beziehung zueinander gebracht" (Seneca 1995: 4). Allerdings sei ebenso die Möglichkeit des Missbrauchs der Schifffahrt für militärische Zwecke mit angelegt (ebd.: 8). Der Mensch müsse, um den einfachen Naturzustand zu überwinden, die Kräfte der Natur nutzen. Es läge dann aber in der eigenen Verantwortung des Menschen, ob er diese Potentiale in positiver oder negativer Weise nutze (ebd.: 13 f.).[18] Die Schifffahrt und die damit verbundene technische Nutzung der Naturkräfte

---

16 Den ursprünglichen, primitiven, aber zugleich glücklichen Zustand verlässt Ovid zufolge der Mensch, indem er in tabuisierte Sphären vorstieß: „Menschennatur, geschickt warst du gegen dich selber und hattest allzu großes Talent zu deinem eignen Verderb. [...] Was soll das Meer dir? Du hättest mit dem Lande zufrieden sein müssen. [...] Auch nach dem Himmel greifst du [...]. Statt des Getreides wühlt man gediegenes Gold aus der Erde." (Ovidius Naso 1999: III 8: V. 45-53) Es ist also nicht allein der Vorstoß in das Meer, sondern ebenso der Drang zum Himmel wie auch die Erschließung der Schätze des Erdinnern, die hier kritisiert werden.

17 Im primitiven Urzustand hatte der Mensch „noch [...] keine Geschicklichkeit pfiffiger Künste erfunden" und „unbefahren hatte das Meer fremde Länder entzogen" und der Mensch nicht gewagt „sein Leben dem Meer noch sein Hoffen dem Winde zu vertrauen" (Manilius 1990: I V.: 72-77). Allmählich sei es dem Menschen gelungen sich aus der eigenen Unwissenheit zu befreien und im Zuge dieses geistig-technischen Fortschritts „drang in das undurchdringliche Meer der unstete Schiffer, und schuf das Schifflein Handelsverkehr zwischen wildfremden Ländern" (ebd.: I 78-89).

18 Seneca schreibt: „Dennoch dürfen wir uns, wie gesagt, nicht bei Gott, unserem Schöpfer beschweren, weil wir selbst es sind, die seine Wohltaten mißbrauchen und in das Gegenteil

sind damit nicht per se als Hybris des Menschen anzusehen, wie es in der Verklärung eines schifflosen goldenen Zeitalters bei anderen antiken Autoren anklingt, sondern nur der verantwortungslose Umgang damit. Heydenreich fasst Senecas Haltung folgendermaßen zusammen: „Das ethisch neutrale Mittel der Seefahrt verdient erst Ablehnung, wenn es der Mensch zu niedrigen Zwecken mißbraucht." (Heydenreich 1970: 53)

Seine eindrucksvollste Ausformulierung fand dieses Schwanken zwischen einer Kritik und einer Bejahung der weltöffnenden Kraft der Seefahrt in Senecas *Medea*. Die friedvollen alten Zeiten, in denen jeder „sesshaft an seinen eignen Gestaden" lebte und die „Satzungen einer zu ihrem Heil getrennten Welt [bene dissaepti foedera mundi]" achtete, wurden durch die Schifffahrt zerstört, hierdurch aber auch die Welt entgrenzt und die entferntesten Regionen zusammengeführt (Seneca 1961: 261 f.). In einer Beschreibung des Welthandels im römischen Reich, die an Darstellungen der Globalisierung im 21. Jh. erinnert, macht Seneca die Folgen der Entgrenzungen innerhalb des Erdkreises deutlich: „Nun hat sich das Meer ergeben und duldet alle Gesetze, [...] jeder beliebige Kahn durchirrt die hohe See; alle Grenzsteine sind entfernt. [...] Nichts ließ am Ort, wo es gewesen, der den Schiffen nun überall zugängliche Erdkreis." (Ebd.: 265 f.) Hier findet sich nun im Anschluss eine Prophezeiung, die in Fortschreibung dieser Entwicklungen auch die Überwindung der Grenzen des antiken Erdkreises und die Entdeckung neuer Erdkreise verkündet:

„Kommen werden in späteren Zeiten Jahrhunderte, in welchen Oceanus die Fesseln der Elemente lockern und ein ungeheueres Land sich ausbreiten und Tethys neue Erdkreise bloßlegen [novos detegat orbes] und unter den Ländern nicht mehr Thule das äußerste sein wird [nec sit terris ultima Thule]." (Ebd.: 266 f.)

Mit dieser die Säulen des Herakles und die Randregionen des Erdkreises überschreitenden Vision öffnete Seneca bereits den raumzeitlichen Horizont der Antike und antizipierte die neuzeitliche Öffnung des Ozeans. Kolumbus sollte 1500 Jahre später unter explizitem Bezug auf diese Weissagung jenen neuen Erdkreis entdecken, den der Römer verkündet hatte. Dies verdeutlich, dass der Atlantik nicht vollständig versperrt war. Jedoch blieben für die Mehrzahl der antiken Autoren die Säulen des Herakles ein Sinnbild für die Grenzen des ethisch legitimierten Raums der Seefahrt wie auch, wie im Folgenden deutlich wird, der technischen Potentiale des Menschen insgesamt.

5.2.5 Die Säulen des Herakles als Grenzen von Kultur und Technik

Die herakleischen Grenzsymbole waren immer auch mit einer Anthropologie der technologischen Fähigkeiten des Menschen verknüpft. Wie bei der Darstellung der mythischen Bedeutung der Säulen bereits angeführt, wurden sie als eine gleichsam natürliche Grenze zwischen dem menschlichen Kosmos und dem außermenschlichem, ozeanischem Chaos gedeutet. Dies impliziert, dass sie zugleich Sinnbild für

---

verwandeln. [...] Der Mensch wäre ein primitives Wesen [imperitum animal] geblieben ohne große Kenntnis seiner Möglichkeiten, wenn er nur auf den Bereich seiner eignen Heimat beschränkt geblieben wäre." (Seneca 1995: 14)

die Unterscheidung zwischen dem durch Arbeit kultivierbaren bzw. dem technisch erschließbaren Raum und der nicht domestizierbaren natürlichen Um- und Außenwelt waren. Denn es war insbesondere „der paradigmatische Kulturheros überhaupt, Herakles" (Böhme 2001b: 242), der in der Antike durch seinen Kampf gegen die Ungeheuer den Sieg der Kultur über die Natur versinnbildlichte. Die Arbeiten, die er zu erledigen hat, wie den Kampf gegen den nemeischen Löwen oder die Überwindung der neunköpfigen Hydra, sind alle als Akt der Domestikation der Natur zu deuten.[19]

Als Heros der Kultur markiert Herakles mit seinen Taten somit in exemplarischer Weise den Raum der Kultur und der Arbeit. Der Setzung der Säulen des Herakles kommt in diesem Zusammenhang nun eine besondere Bedeutung zu.[20] Wie die Beschreibung der Berge Abil und Kalpe als „die Grenzen der Taten des Herakles (laborum Herculis metea)" bei Plinius (Plinius Secundus 1973: III 4) verdeutlicht, war im antiken Denken mit den Säulen des Herakles in gewisser Weise das Ende des durch seine Arbeiten erschlossenen Reichs der Kultur und der Arbeit bestimmt worden. Im mythischen Denken war hiermit zugleich die Vorstellung verbunden, dass damit auch dem Menschen eine ultimative Grenze für die Erschließung der Welt durch Technik und Arbeit gesetzt worden ist.

Für das klassische antike Griechenland war dieses mythische Denken allerdings nur noch bedingt von Bedeutung. Wie im Folgenden dargelegt wird, kam es in der Antike durchaus zu einer partiellen Öffnung des Handlungs- und Welthorizonts des Menschen. Diese Öffnung fand insbesondere in der Gestalt des „Prometheus [...] [als] einem Heros der Technai, des technischen Könnens" (Hägermann und Schneider 1991: 164) seine signifikante Darstellung. Man kann hierin die Widerspiegelung der Herausbildung der von Weber als okzidentaler Rationalismus bezeichneten wissenschaftlich-instrumentellen Vernunft sehen. Allerdings ist für das antike Denken noch eine typische Ambivalenz hinsichtlich der Möglichkeiten und der Legitimität von Arbeit und Technik kennzeichnend gewesen. Erst in der Neuzeit sollte mit der Neudeutung der Säulen des Herakles als Sinnbild der Überschreitung alter Grenzen des Wissens und der Technik durch Francis Bacon eine absolute Bejahung und Entfesselung der technischen Potentiale des Menschen erfolgen. Da diese Befreiung des prometheischen Geistes als ein zentrales Element für die Beschreibung des okzidentalen Sonderweges anzusehen ist, wird im Folgenden der erste paradigmatische Ausbruch aus einer mythischen Deutung von Technik und

---

19 Insbesondere das Motiv des Kampfes gegen die Schlange bzw. den Drachen kehrt im Heraklesmythos immer wieder. Die auch für viele andere Mythen typische „häufige und tödliche Begegnung zwischen Drache und Kulturheros" ist als eine „mythische Kulturentstehungs-Theorie" zu interpretieren, denn „Kultur kann sich erst dort entfalten, wo der ‚Drache' - das Vorzivilisatorische und Barbarische - besiegt ist" (Böhme 2001b: 242). Dabei steht die „Gestalt des Drachens [...] für die Unbändigkeit der nicht beherrschten Natur" (Angehrn 1996: 147).

20 Zwar geht Herakles zur Erfüllung seiner Aufgaben mit dem Raub der Äpfel der Hesperiden und der Entführung des Höllenhunds Kerberos auch über die Säulen des Herakles hinaus und dringt in die Unterwelt vor. Allerdings ist sein Aufenthalt dort nur von kurzer Dauer. Und der Raub der Äpfel der Hesperiden ist eher dem Bereich der biologischen Reproduktion und weniger der Domestikation der Natur zuzurechnen (vgl. Kap. 5.1.4).

Natur näher dargelegt und sodann die partielle Begrenzung dieser neuen technischen Vernunft aufgezeigt.[21]

Die Besonderheit der okzidentalen Rationalität wird insbesondere im Kontrast zum Weltbild des Mythos und dem damit verbundenen Verständnis von Arbeit, Technik und Natur erkennbar, das daher hier als Ausgangspunkt für die Reflexion der Genese des Okzidentalismus dienen soll. Die Welt des Mythos und der hier im Zentrum stehende „Mythos der ewigen Wiederkehr" (Eliade 1966) ist eng mit der ackerbäuerlichen Welt verbunden. Kennzeichnend für den Mythos ist die Deutung der Welt und der Existenz des Menschen unter Verwendung biologischer Paradigmata. Das eigene wie auch das außermenschliche Leben mit seinem Wechsel von Zeugung, Wachstum und Tod ist die Grundlage von „biomorphen Modellvorstellungen" (Topitsch 1958: 9). Den Nukleus der heute fremdartig erscheinenden Weltbilder der mythischen Kulturen stellt dabei die praktische Auseinandersetzung mit der Erde und den domestizierten Pflanzen dar (vgl. Eliade 1978: 47 f.). Die Abfolge von Saat, Wachstum, Ernte und Absterben im jahreszeitlichen Zyklus, sowie die Eigenproduktivität der Pflanzen, mit denen der Mensch durch seine Arbeit kooperiert, erzeugte ein Verständnis von Arbeit und Natur, welches sich von der neuzeitlichen Konzeption, die von der handwerklichen oder industriellen Transformation des anorganischen Stoffes geprägt ist, grundlegend unterscheidet. Die oben dargestellten Vorstellung von der Fahrt des Sonnenheros in die im Westen gelegene ozeanische Unterwelt basiert neben solarmythologischen Vorstellungen auf diesem Paradigma. Sie spiegelt den Kreislauf des Samens wieder, der mit der gebärenden Mutter Erde interagiert und in sie hinabsteigt. Auch die Arbeit der Ackerbauern war in diese mythisch gedeutete Welt integriert, diente der Unterstützung der kreativen Kräfte des lebendigen Arbeitsgegenstandes, und wurde als Kooperation mit dieser subjektivierten, vergöttlichten und verzauberten Natur verstanden.[22]

Die Begriffe der „Physik" und der „Materie" verweisen in ihrem etymologischen Ursprung noch auf diese biomorphe und biozentrische Vorstellung vom Kosmos, welche sich von dem modernen physikalischen Weltbild grundlegend unterscheidet. Der Begriff „Materie" ist eine Bildung zu lat. „*materia*" (Bauholz, Nutzholz, Stoff), bezeichnet aber ursprünglich nicht einen passiven, toten Stoff, sondern wahrscheinlich den von „*mater*" (Mutter) abgeleiteten „hervorbringenden und nährenden Teil des Baumes" (Dudenverlag 2001: 513). Ebenso ist Physik, eine Ableitung vom griechischen „*physis*" (Natur, natürliche Beschaffenheit) und auf „*phýein*" (hervorbringen, entstehen) sowie „*phýestai*" (werden, entstehen, wachsen) zurückzuführen

---

21 Die folgenden Ausführungen wurden in ähnlicher Form bereits in dem Artikel *Zur historischen Entwicklung des Verständnisses von Arbeit* (Jochum 2010) veröffentlicht.

22 Das mythische Weltbild und das damit verbundene Arbeits- und Naturverständnis war auch Gegenstand verschiedener soziologischer Arbeiten (vgl. u.a. Dux 1982: 282). Häufig wird hierin das mythische Denken als irrational abgewertet, wie insbesondere bei Habermas erkennbar ist. Weil die Menschen in einer „mythisch gedeuteten Welt bestimmte Differenzierungen [...] nicht oder nicht hinreichend präzise vornehmen können" (Habermas 1995: 79), komme es zu einer „Konfusion von Natur und Kultur" (ebd.). Die Konzeption Habermas kann als exemplarisch für die okzidentalistische Überhöhung der westlichen Vernunft angesehen werden.

(ebd.: 607). Die materielle Natur ist in dieser Vorstellung ein aktives, produktives und belebtes Subjekt.

Gegen diesen zyklisch geschlossenen Kosmos rebellierte der antike Mensch. In Griechenland vollzog sich der Ausbruch vom kosmozentrischen Weltbild des Mythos zum anthropo- und technozentrischen Weltverständnis der abendländischen Ratio im Kontext der griechischen Aufklärung. Dieser Wandel des Weltbildes und der damit verbundene Wandel des Verständnisses und der Bewertung der Arbeit ist im Zusammenhang mit Fortschritten in den gewerblichen Techniken zu sehen (Löbl 2003: 4 f.). Damit ist zugleich ein Wandel der Vorstellungen vom im Arbeitsakt konstituierten Naturverhältnis verbunden: „Die analytische Differenz von Arbeit als interaktiver Umgang mit Natur und Arbeit als instrumenteller Umgang mit Natur [...] ist im klassischen Griechenland als Differenz von ‚prattein', die Arbeit der Bauern, [...] und ‚poiein', die Arbeit des Handwerkers, [...] benannt worden." (Eder 1997: 718) Mit dieser neuen Form der Arbeit etabliert sich auch der Begriff der *technē* als Bezeichnung für eine neue *technoszientifische Epistemologie*. Die sich neu entwickelnden Berufe wurden in der Regel als „*technai*" (Handwerk, Kunst, Kunstfertigkeit, Wissenschaft) bezeichnet (ebd.: 7). Die *technē* war eine Fertigkeit des tätigen Subjekts, d.h. „eine auf Vernunftbegabung ruhende, stets auf praktische Umsetzung ausgerichtete Form der Erkenntnis und des Wissens, die vorwiegend, aber nicht immer, in der Hervorbringung materieller Objekte wahrnehmbare Gestalt gewinnt" (Löbl 2003: 271). So heißt es bei Aristoteles: „Das Herstellungswissen [techne] ist also [...] eine bestimmte mit wahrer Überlegung verbundene Disposition des Herstellens [poiesis]." (Aristoteles 2006: 1140 a). Zunächst ist dabei für das klassische Griechenland durchaus eine Aufwertung des technisch geleiteten Arbeitens und eine Freisetzung und Bejahung der prometheischen Potentiale des Menschen festzustellen. Die verbreitete Rede von einer allgemeinen „antiken Verachtung der Arbeit" (Walther 1990: 8) ist daher zu relativieren.

Diese Aufwertung der technisierten Arbeit hatte dabei auch weiterreichende Auswirkungen auf andere Lebensbereiche. Im antiken Athen führte die „Ausweitung der Bildung zu einer erweiterten Anwendung des Techne-Begriffes auf fast alle Beschäftigungen und zu einer – im griechischen Sinne – Technisierung der Lebenswelt" (Ritter 1998: 941). Seine Widerspiegelung fand dieser Prozess in dem Wandel der Darstellungen der mythischen Gestalt des Prometheus, der sich vom frevelhaften Räuber des Feuers bei Hesiod (Hesiodus 1999: V 45 f.) zum gefeierten Heros der Technik bei Aischylos wandelt, der die „Leiden der Erdwesen" (Aischylos 1986: 32) überwand, indem er „jede irdische Kunst [techne]" erfand (ebd.). Diese Gestalt markiert den Übergang vom agrarischen Mythos der ewigen Wiederkehr zum neuen utopischen technoszientifischen Fortschrittsmythos des Okzidents: „Technoscience [...] is an techno-utopia relying on the mythical figure of the unbounded Prometheus." (Bensaude-Vincent 2009: 9)

In der vorliegenden Arbeit wird von der Annahme ausgegangen, dass in diesem Übergang bereits ein wesentlicher Ursprung der spezifischen okzidentalen Rationalität zu sehen ist. Es beginnt ein Wandel von einer Form der Aneignung und Kolonisierung von Natur, welche primär durch kultivierende Eingriffe in die belebte Natur gekennzeichnet ist – wie sie auch noch im Zentrum der Arbeiten des Herakles standen – zu einer Form der Arbeit an der Natur, die vor allem auf der Transformation der toten Materie basiert. Diese neue Form soll im Folgenden als „*technoszienti-*

fische Kolonialität" bezeichnet werden und von der vorausgehenden „kultivierenden" Kolonialität der Agrarkulturen unterschieden werden. Damit verbunden ist ein Wandel der Weltdeutung, die nicht etwa – wie es die okzidentale Selbstbeschreibung unterstellt – als Zunahme von Rationalität zu deuten ist, sondern schlicht als Wandel der zugrundeliegenden, aus der Naturaneignung abgeleiteten, Paradigmata.

Die Besonderheit der okzidentalen Rationalität liegt somit insbesondere darin begründet, dass bereits in der Antike ein Prozess der Ablösung von den im mythischen Denken dominierenden „biomorphen Modellen" (Topitsch 1972: 127) der Weltdeutung durch eine „technomorphe Leitvorstellung" (ebd.: 176) einsetzte. Nicht mehr die interaktive Arbeit des Ackerbauers mit der lebendigen Natur, sondern die Tätigkeit des Handwerkers, der aus dem passiven Werkstoff (gr. „hyle", lat. „materia") durch seine Aktivität eine Form (gr. „eidos" bzw. „morphe", lat. „forma") verleiht, wird zum Paradigma der metaphysischen Interpretation der Wirklichkeit. Es kommt zur Trennung zwischen einer Welt des Geistes und der Subjekte und einer materiellen Welt der verobjektivierten Physis (Natur) (Aristoteles 1967). Dieses „Techne-Modell" (Wolfgang Kullmann 1988: 258, 288 f.), welches dem aristotelischen Denken zugrunde liegt und das mythisch-agrarische „Bios-Modell" ablöst, begründete ein spezifisch okzidentales Naturverständnis. Dieses war auch die Grundlage für ein die westliche Zivilisation kennzeichnendes gesellschaftliches Naturverhältnis, in dem zunehmend die Natur zum Objekt der artefaktisch-technischen Umgestaltung wurde.

Allerdings wurde von Aristoteles noch von einem grundlegenden Unterschied zwischen der autopoietischen Natur und den technischen Schöpfungen des Menschen mit ihrer allopoietischen Herstellungsweise ausgegangen:

„Unter den vorhandenen Dingen sind die einen von Natur [physis] aus [...]. Von diesen hat nämlich ein jedes in sich selbst [auton arche] einen Anfang von Veränderung und Bestand. [...] Ein kunstmäßig [techne] hergestelltes Ding [...] [hat] keinerlei innewohnenden Drang zur Veränderung in sich. [...] Keines von diesen Dingen enthält ja in sich [auton] den Anfangsgrund seiner Herstellung [poiesis], sondern [...] in Anderen [allos]" (Aristoteles 1967: 192 a).

Hieraus ergab sich eine ambivalente Haltung gegenüber der artifiziellen Produktion. Die Technik ahmt in diesem Denken die Natur eher nach oder vollendet sie (vgl. Ruoff 2002: 17). Eine Höherwertigkeit der technischen Produktion wird nicht postuliert.

Zugleich erfolgte bei den antiken Philosophen eine tendenzielle Abwertung des technischen Könnens. Aristoteles unterscheidet „zwischen den Tätigkeiten, die den Charakter des Freien bzw. Unfreien besitzen" und benennt als „banausisch" (Aristoteles 2007: 1337b 6 f.) die Ausübung jener *technai*, die den freien Menschen an der Entwicklung seiner Tugenden hindern, „denn sie berauben den Geist der Muße und machen ihn gemein" (ebd.). So werden auch den *banausoi technai*, d.h. den auf Spezialwissen basierenden handwerklichen Künsten – d.h. im eigentlichen Wortsinne den mit dem Feuer der Brenn- und Schmelzöfen (von gr. „bausos": »Ofen«) verbundenen Arbeitstechniken (vgl. Schulz e.a. 1997: 71) – die Lehrinhalte einer als höherwertig erachteten Allgemeinbildung entgegengestellt, die später als *enkyklios padeia*, (d.h. der Kreis der einem freien Menschen angemessenen Bildungfächer) benannt und teilweise ebenfalls unter dem Begriff der *logikai technai* (geistige Künste) zusammengefasst werden (vgl. Fuchs 1960: 366 f.).

Damit verbunden ist die insbesondere in der *Nikomachischen Ethik* ausgeführte Unterscheidung zwischen Handeln (praxis) und Arbeiten/Herstellen (poiesis) und damit zugleich eine Differenzierung der Tätigkeits- und Wissensformen. Während die technē nur auf das Herstellen bezogen sei, und einem externen Zweck diene, sei die *phronēsis* (Klugheit) eine „mit Überlegung verbundene wahre Disposition des Handelns" (Aristoteles 2006: 1140b), und dieses Handeln finde seine Erfüllung in sich selbst. Noch höher ist das sich selbst genügende Denken angesiedelt, das auf Wissenschaft (episteme), philosophische Weisheit (sophia) und Vernunft (nous) ausgerichtet ist (ebd.: 1140b17-1141a).

Diese Trennung zwischen den einfacheren, im engeren Sinne prometheischen Techniken und Arbeiten und den höherwertigeren politischen Handlungen sowie dem philosophischen Denken wird auch im von Platon dem Protagoras zugeschriebenen Prometheusmythos erkennbar (Platon 1980: 321 A). Von Prometheus erhalten demnach die Menschen die zum Überleben notwendigen Techniken, doch fehlen ihnen die höheren sozialen und politischen Künste, die von Zeus verliehen werden:

„Wenn sie aber zusammengekommen waren, taten sie einander unrecht, da sie die Staatskunst [politike techne] noch nicht besaßen […]. Da geriet Zeus in Sorge […] und entsandte den Hermes, der zu den Menschen die heilige Scheu und das Recht bringen sollte, damit es Städteordnungen gäbe und Freundschaft begründende Bande." (Platon 1980: 321c)

So werden von den Philosophen die prometheischen Techniken zwar in ihrer Bedeutung durchaus gewürdigt, aber letztlich gegenüber anderen Handlungsformen abgewertet. Noch über der dem politischen Leben gewidmeten Existenz steht dabei das durch die Muße (gr.: schole, lat: otium) ermöglichte theoretische Leben, der „bios theoretikos" (ebd.: 1095b, 1178b), und damit die philosophische Schau der Philosophen.

Damit etabliert sich bei den Philosophen eine zu der oben diskutierten Aufwertung des technischen Wissens entgegengesetzte Trennung zwischen dem auf artifizieller Produktion ausgerichteten technischen Wissen und dem als höherwertig angesehenen politisch und theoretisch orientierten Wissen, die das abendländische Denken bis in das späte Mittelalter prägen sollte. Diese Abwertung begrenzte die Entfaltung der prometheischen Fähigkeiten und kann als Ausdruck für die ambivalente Haltung gegenüber den technischen Potentialen des Menschen angesehen werden, die, wie gezeigt, nicht zuletzt in der Wahrnehmung der Säulen des Herakles als Sinnbild eines limitierten Handlungshorizonts des Menschen ihren Ausdruck gefunden hatte.

Es ist kennzeichnend, dass in der Neuzeit Francis Bacon in seinem Werk in Wort und Bild die Überschreitung der durch die Säulen des Herakles gesetzten Grenzen als Sinnbild für die Überwindung der antiken Trennung zwischen wissenschaftlicher Epistemologie und philosophischem Weisheitsdrang auf der einen und dem technischen Herstellungswissen auf der anderen Seite verwendet. Wie er z.B. in *The Advancement of Learning* schreibt, ist das Wissenschaftsverständnis der „few received authors [who] stand up like Hercules' columns, beyond which there should be no sailing or discovering" (Bacon 1640: Lib. II, I 2) – gemeint sind die antiken

Philosophen und ihre Anhänger – aufzugeben und eine neue anwendungsorientierte Wissenschaft anzustreben, die ein Plus Ultra der Naturbeherrschung verspricht. Auf diesen für den Wandel der okzidentalen Rationalität zentralen Übergang von einem begrenzenden gesellschaftlich und theoretisch orientierten Wissenschaftsverständnis zu den neuzeitlichen Technowissenschaften wird später noch im Detail eingegangen (vgl. Kap. 8).

5.2.6 Die ökumenische Bedeutung der Säulen des Herakles

Über ihren Charakter als Grenze der westlichen Seefahrt hinaus gewannen die Säulen des Herakles so eine vielfältige Bedeutung für das Selbst- und Weltbewußtsein des antiken Menschen. Sie wurden, wie aufgezeigt, bei den Griechen häufig auch als Sinnbild für die Grenzen der Ökumene und damit der Welt des Menschen insgesamt angesehen. Und bei den Römern markierten die Säulen des Herakles ebenfalls den Beginn und zugleich Ende des *Orbis terrarum*, wie bei Plinius deutlich wird:

„Der gesamte Erdkreis [Terrarum orbis universus] wird in drei Teile geteilt: Europa, Asien und Afrika. Der Anfang befindet sich im Westen [origio ab occasu soli] und an der Meerenge von Gades, wo der Atlantische Ozean hereinströmt und sich in die inneren Meere ergießt. [...] An den Schmalstellen der Meerenge aber versperren an beiden Seiten hohe Berge den Zugang, die Abila in Afrika, in Europa die Kalpe, die Grenzen der Taten des Herakles; deshalb nennen die Einheimischen sie die Säulen dieses Gottes." (Plinius Secundus 1973: 13)

Auch an anderere Stelle werden die Säulen als Ende der Ökumene benannt: „Der von uns bewohnte Teil der Erde [...] der [...] auf dem ihn umfließenden Ozean gleichsam schwimmt, hat seine größte Ausdehnung von Osten nach Westen, das heißt von Indien bis zu den Säulen des Herkules, die diesem zu Gades geweiht sind." (Plinius Secundus 1973: II § 242)

Diese Bedeutung der Säulen als einer der exemplarischen Grenzen des Erdkreises hatte eine über die unmittelbar geographische Ebene weit hinausreichende Relevanz. Denn die Begriffe der *Ökumene* bzw. des *orbis terrarum* bezeichneten nicht allein einen geographischen Raum, sondern wurden im Laufe des sogenannten „Ökumenischen Zeitalters" (Voegelin 2004a, 2004b) mit vielfältigen kosmologischen, politischen, spirituellen und anthropologischen Bedeutungsgehalten aufgeladen. Entsprechend wurden auch die herakleischen Säulen mit diesen Konnotationen assoziiert. Um diese verschiedenen Sinngehalte zu verstehen, muss zwischen den verschiedenen Bedeutungen des Ökumenebegriffs differenziert werden.

Dabei kann man zwischen dem humangeographischen, dem politischen, und dem philosophisch-theologischen Verständnis unterscheiden: Dem Begriff der Ökumene zugrunde liegt das griechische Verb „*okein*" »bewohnen«, das sich von „*oikos*" »Haus, Hauswesen, Wirtschaft« ableitet. Dieses wurde im geographischen Zusammenhang als Adjektiv zu *gé* (Gäe = Erde) verwendet und im Sinne von „die Besiedelte, die Bewohnte (Erde)" substantiviert (vgl. Dudenverlag 2001: 571). Der Begriff der Ökumene bzw. die lat. Übersetzung *orbis terrrarum* wurden später darüber hinaus auch auf das die gesamte Welt umspannende römische Imperium bezogen (Brockhaus 2006: 288). Schließlich wurde der Ausdruck infolge der Verbreitung der christlichen Religion im römischen Reich zunehmend gleichgesetzt mit dem

Ausdehnungsbereich der Kirche (ebd.). Diese Bedeutungsverschiebung ist nicht als zufällig anzusehen, sondern spiegelt unterschiedliche Stufen der gesellschaftlichen Aneignung des ökumenischen Raumes wider. Infolge der Zunahme der Interdependenzen zwischen den Menschen in diesem Raum verwandelte sich im „ökumenische[n] Zeitalter" (Voegelin 2004a, 2004b) der Sinngehalt von Ökumene. Hier werden deutliche Ähnlichkeiten zu dem vieldeutigen und sich verändernden Gebrauch der Begriffe „Global" und „Globalisierung" im neuzeitlichen globalen Zeitalter erkennbar, bei dem sich ebenfalls geographische, politische, ökonomische und kulturelle Bedeutungsgehalte überlagern. Im Folgenden werden diese verschiedenen Ebenen des antiken Ökumeneverständnisses und die damit assoziierte Bedeutung der Säulen des Herakles näher dargelegt. Erst vor dem Hintergrund dieser vielfältigen Bedeutung der herakleischen Grenzsymbole wird verständlich, welch grundlegender Mentalitätswandel mit der Bedeutungsumkehr der Säulen in der Neuzeit einherging.

Während der Begriff des „Kosmos" in der Antike die Gesamtheit des Universums bezeichnete, war die Ökumene als der Siedlungsraum des Menschen klar begrenzt und insbesondere vom umspannenden Ozean getrennt, der den limitierenden Horizont bildete, wie Voegelin deutlich macht: „Oikoumenê und ôkeanos gehören zusammen als integraler Bestandteil einer Symbolik, die als Ganzes eine kompakte Erfahrung der Existenz des Menschen im Kosmos ausdrückt [...]. Die oikumenê im wörtlichen Sinn ist der Wohnsitz der Menschen im Kosmos." (Voegelin 2004b: 54). Zwar wurden von einigen antike Kosmographen über die Möglichkeit der Existenz anderer Ökumenen spekuliert und mit wachsendem Wissen über fernere Regionen die einfache kosmographische Vorstellung infrage gestellt wurde. Auch die Vorstellung von der Kugelform der Erde verbreitete sich zumindest in gebildeten Kreisen. Eratosthenes (275-194 v. Chr.), der auch den Erdumfang relativ genau berechnete, hielt bereits eine Westfahrt von Europa nach Asien für möglich (Afflerbach 2003: 44 f.). Ebenso vertrat Aristoteles in *De Caelo* (1987: Buch II 298 a) diese Position (vgl. auch Kap. 7.2.3). Für die Mehrzahl der antiken Menschen war aber dennoch die Vorstellung eines Gegensatzes zwischen der Ökumene und dem Ozean weiterhin zentral. Insbesondere der Atlantikschrecken war auch nach der Überwindung der Furcht vor dem Abgrund nicht überwunden. Als die Heimat des Menschen galt die als Insel der Erde angesehene Ökumene. Deren Umfang war durch klare Grenzen bestimmt und hierbei besaßen die Säulen eine herausgehobene Bedeutung. So spricht Livius zufolge Hannibal vor seinen Soldaten in Italien folgende Worte: „So seid ihr doch von den Säulen des Herkules, vom Ozean und den äußersten Grenzen der Erde [ab Herculis columnis, ab Oceano terminisque ultimis terrarum] [...] bis hierher gelangt." (Livius 1991: 43). Die herakleischen Säulen waren somit nicht irgendein beliebiger Grenzpunkt des Erdkreises, sondern das äußerste Ende, dem eine für die Bestimmung der *humangeographischen Ökumene* paradigmatische Bedeutung zukam.

Darüber hinaus sollte dem Begriff der Ökumene im Laufe der Zeit zunehmend ein imperialer Bedeutungsgehalt zugeschrieben werden, indem er zugleich den durch Eroberung vereinten Erdkreis bezeichnete. Dieser *Übergang von der geographischen zur imperialen Ökumene* war insbesondere mit dem Aufstieg des römischen Reiches zur beherrschenden Macht im mediterranen Raum verbunden. Bei dem griechischen Historiker Polybios lässt sich in seiner Beschreibung der römischen Expansion erstmals diese neue Kontextualisierung des Begriffs Ökumene finden, wenn er berichtet, dass die Römer „beinahe den ganzen Erdkreis (oikoumene)" ihrer Herrschaft unterworfen hätten (Polybios I, 1,5; zitiert nach Voegelin 2004a: 162). Infolge dieser Entwicklung erfuhr der Begriff eine vom geographischen ins politische transformierte Bedeutung: „Im [...] Verlauf des Ökumenischen Zeitalters veränderte das Wort oikumene seine Bedeutung. [Es] [...] wird die kosmologische oikumene im Wortsinn zu jener oikumene deformiert, die ein potentielles Objekt imperialer Eroberung ist." (Voegelin 2004b: 139) In der römischen Reichideologie wird der Anspruch, die Herrschaft über den gesamten Erdkreis auszuüben, zu einem zentralen Bestandteil. Der Begriff *Imperium* wird so zunehmend mit dem *Orbis terrarum* verbunden. Für die Römer werden Stadt und Welt, römischer Herrschaftsraum und Erdkreis identisch: „Romanae spatium est urbis et orbis idem." (Ovid 1960: 2,683)

Für diese imperiale Deutung der Ökumene hatten wiederum die Säulen des Herakles eine besondere Bedeutung. Die Vipsanius Agrippa zugeschriebene Handschrift *Divison Orbis Terrarum* (Einteilung des Erdkreises) beginnt mit den Worten:

„Der Erdkreis wird nach drei Namen eingeteilt: Europa, Asien und Libyen. Dies hat der vergöttlichte Augustus als allererst in einer Chorographie gezeigt. Der Anfang von allem also soll dieMeerenge Europas sein; diesen Ort nennen die Griechen ‚Säulen des Herakles'." (Agrippa zit. n. Brodersen 1996: 343)

Mit dem Verweis auf Augustus wird dabei nicht allein auf dessen vermeintliche kartographische Leistung verwiesen – mitzudenken war, dass Augustus diesen Raum auch beherrschte und vereinte.[23] Infolge der *Pax Augusta* vollzog sich zugleich eine spirituelle Erhöhung der Herrschaft über den ökumenischen Raum: „Der Herrscher wird als Folge zur Schutzgottheit des Reiches in seiner Kapazität als ‚agathos daimon tes oikoumenes', als gute Gottheit der Ökumene." (Voegelin 2004a: 173)

Mit dem Begriff des Imperiums war fortan die Ökumene ebenfalls assoziiert und dies schloss den Anspruch einer Ausdehnung bis zu den Säulen des Herakles mit ein. Noch im 5. Jh. n. Chr. wurde die Macht des obersten Imperators Justinian, der nach Epochen der Wirren die Reichseinheit für kurze Zeit wiederhergestellt hatte, dadurch hervorgehoben, dass nun die Menschen wieder bis an das westliche Ende der Welt reisen konnten. Im Kaiser Justinian preisenden *Kyklos des Agathias* heißt es:

„Nun ist kein Ort mehr versperrt. [...] Pilgre auch, ohne zu bangen, zum dunklen Auge des Abends, ziehe zu Herakles' Säulen und habe Vertrauen im Busen, ruhst du die Schritte dir aus in Iberiens Dünengelände, wo ob der strömenden Pracht am Rande des Meeres die Spitzen beider Erdkontinente einander begegnen und alle Hoffnung, noch weiter zu kommen, im Herzen der Menschen ersticken." (Agathias zit. n. Beckby 1957: 251)

---

23 Julius Cäsar gab bei Marcus Vipsanius Agrippa, dem späteren Schwiegersohn von Kaiser Augustus, eine Vermessung der Welt Auftrag, die erst nach dem Tod von Agrippa unter der Aufsicht von Augustus vollendet wurde (Harwood 2007: 23). Die Karte sollte Harwood zufolge als „Propagandainstrument" für die „Vorstellung eines wohlwollenden Römischen Reiches" dienen (ebd.).

Die Größe des römischen Imperiums des antiken Herrschers bemaß sich somit daran, dass es bis zu den herakleischen Säulen reichte – eine weitere Expansion war zugleich undenkbar.

Die bereits bei Augustus erkennbare spirituelle Überhöhung der Ökumene verstärkte sich im Zuge der Ausbreitung des Christentums und es bildete sich jener Bedeutungsgehalt heraus, der heute noch am geläufigsten ist. Der Begriff der *Ökumene* wurde im christlichen Sprachgebrauch die „Bezeichnung für die Gesamtheit der christlichen Kirchen und für ihr Bestreben, auf der Grundlage des gemeinsamen christlichen Glaubens zusammenzuarbeiten, um in dieser Zusammenarbeit die eine weltweite ‚ökumenische' christliche Gemeinschaft sichtbar und erfahrbar werden zu lassen" (Brockhaus 2006: 288).

Für Voegelin stellt diese spirituelle Ökumenisierung, die in ähnlicher Form auch in anderen Imperien erfolgte, das Pendant zur imperialen Ökumenisierung dar: „Die spirituellen Gemeinschaften dieses Typs werden wir mit dem Begriff ökumenische Religionen bezeichnen, parallel zu dem Begriff der ökumenischen Reiche." (Voegelin 2004a.: 178).[24] Die pragmatisch-imperiale Erweiterung der ökumenischen Reiche erfordert demnach eine hierzu korrespondierende Erweiterung in spiritueller Hinsicht, um das Weltreich zu integrieren.

Dieser Übergang vom imperialen zum religiösen Ökumeneverständnis lässt sich ebenso in der Bibel erkennen. Zum einen wird mit dem Begriff die Gesamtheit der unter römischer Herrschaft stehenden Welt bezeichnet und er ist aus christlicher Perspektive zunächst negativ konnotiert.[25] In der Offenbarung des Johannes ist z.B. die Rede von „Satanas, der die ganze Ökumene verführt" (12,9). Zugleich erscheint aber die Ökumene auch als der Bereich der Verkündung der eschatologischen messianischen Heilsbotschaft: „Und es wird gepredigt werden das Evangelium vom Reich [basileia] in der Ökumene, zu seinem Zeugnis über alle Völker, und dann wird das Ende kommen." (Matt. 24, 12) Mit der apostolischen Programmatik der Verbreitung des Christentums deutet sich so ein Bedeutungswandel des Begriffs und das Aufkommen eines „ökumenischen Spiritualismus" (Voegelin 2004a: 69) an. Von den Predigten ist demnach „in alle Lande ausgegangen ihr Schall und in alle Ökumene ihre Worte" (Röm. 10,18). Von Paulus und Silas wird ebenso berichtet, dass ihre Worte „die ganze Ökumene erregen" (Apostelgeschichte 17,6).[26]

---

24 Wenn Voegelin von „ökumenischer Religion" spricht, bezieht er sich allerdings nicht allein auf das Christentum, sondern glaubt ähnliche Tendenzen zur „Ökumenizität" (Voegelin 2004a: 178), d.h. zur Herausbildung von die Ökumene übergreifenden spirituellen Ordnungen, auch in anderen Reichen feststellen zu können.

25 Die folgenden Textstellen sind der deutschen Bibelübersetzung Luthers in der Fassung von 1912 (Luther 1912) entnommen. Allerdings wurde anstelle der von Luther gewählten deutschen Entsprechungen für Ökumene (Welt, Weltkreis, Kreis der Erde, Erdboden) wieder der ursprüngliche Begriff eingesetzt. Dabei wurde auf das „Novum Testamentum Graece" von Nestle-Aland (1979) zurückgegriffen, in dem soweit möglich eine originalgetreue Wiedergabe der ursprünglich in Griechisch abgefassten Neutestamentarischen Texte versucht wurde.

26 Angekündigt wird schließlich auch das Kommen der „zukünftigen Ökumene, davon wir reden" (Hebr. 2,5) unter der Herrschaft des Messias, und es wird damit die Ökumene

In dem Maße, in dem sich die christliche Mission erfolgreich des Erdkreises bemächtigte, wurde die Oppositionsstellung zur weltlichen Ökumene zunehmend aufgegeben. Mit dem ersten ökumenischen Konzil in Nicäa (325 n. Chr.) verband sich die weltumspannende imperiale Macht mit der neuen ökumenischen Religion. Im Jahre 391 n. Chr. wurde das Christentum endgültig zur verbindlichen Staatsreligion erklärt und eine Verbindung zwischen geographischer, pragmatischer Ökumene und spiritueller Ökumene vollzogen. Es bezeichnete fortan „der Ökumene-Begriff vornehmlich den staatlich-kirchlichen Rechtsbereich." (Brockhaus 2006: 288) Die heutige Verwendung des Begriffs der *Ökumene* im christlichen Kontext verweist letztlich auf diese Idee der Einheit des Menschengeschlechts unter einer die gesamte Ökumene umspannenden Religion.

5.2.7 Die Säulen des Herakles als das Ende der sakralisierten Ökumene

Mit der christlichen Spiritualisierung und Sakralisierung der Ökumene war auch ein Wandel ihrer bildlichen Repräsentation und kosmologischen Interpretation verbunden. Zwar wurde an antike Traditionen der Darstellung des Erdkreises angeknüpft, aber es erfolgte eine symbolisch-spirituelle Überhöhung des ökumenischen Raumes. Mit den sogenannten *Ökumenekarten* setzte sich ein stark abstrahiertes Weltbild durch, das weniger der räumlichen als mehr der spirituellen Orientierung diente.

Das allgemeine Strukturschema der antiken Kosmographen basierte auf geometrischen Messungen und mathematischen Konstruktionen. Den geographischen Fakten wurde keine tiefere spirituelle Bedeutung zugeschrieben (Kugler 2004: 40). Dies veränderte sich im Kontext der christlichen Spiritualisierung der Welt grundlegend, wie Kugler deutlich macht: „Die mittelalterlichen Mappa Mundi wurden als Zeichensysteme eines raumzeitlichen Erwartungshorizonts konzipiert. Das Studium der geographischen Gegebenheiten sollte, so gut wie das der historischen, den Vollzug der christlichen Welterlösung begreiflich machen." (Ebd.) Der geographische Raum wurde nun im Kontext der christlichen Heilsgeschichte interpretiert und daher auch neu auf Weltkarten repräsentiert. Eine qualitativ-religiöse Deutung des Raumes löste die antike Vermessung und Geometrisierung der Welt ab: „Das Kriterium der Meßbarkeit [...] trat zurück hinter das einer bestimmten Qualität, nämlich hinter den Demonstrationswert der christlichen Heilstatsachen." (Ebd.)

Als die drei zentralen Strukturierungsmerkmale, welche mittelalterliche *Mappae Mundi* kennzeichnen, nennt Kugler a) die Unterteilung der Ökumene nach dem sogenannten TO-Schema, b) die Positionierung des irdischen Paradieses im Osten sowie c) die Verortung von Jerusalem im Zentrum der Welt (ebd.: 41). Es wird im Folgenden diese Einteilung übernommen, dabei allerdings die Betrachtung um ein weiteres wichtiges Element ergänzt: d) Die Verortung der Säulen des Herakles am unteren, westlichen Rand der *Mappae Mundi*, die durch die christliche Sakralisierung der Ökumene damit zum raum-zeitlichen Ende der nun religiös gedeuteten Welt werden.

„eschatologisch verstanden, [als] der Raum des endgültigen Sieges Jesu Christi nach dem Abschluss der Mission" (Brockhaus 2006: 288).

Abbildung 6: TO-Karte nach Isidor von Sevillas „Etymologiae". Handschrift ca. 625; Abbildung nach dem Augsburger Erstdruck (Isidorus 1472).

Quelle: https://commons.wikimedia.org/ wiki/File:T_and_O_map_Guntherus_Ziner_1472.jpg.

Von herausragender Bedeutung für die christliche Weltsicht war das von Isidor von Sevilla (ca. 560 bis 636) in seiner *Etymologiae* geprägte *TO-Schema*, in welchem dem O-förmigen Erdkreis (Orbis terrarum) ein umgebender Ozean seine Grenzen setzte. Dieser Erdkreis war wiederum durch ein T, das durch die Flüsse Don und Nil sowie das Mittelmeer gebildet wurde, in Asien, Europa und Afrika unterteilt (vgl. Abbildung 6).

Die Buchstaben T-O stellten dabei zum einen eine Abkürzung für den orbis terrarum dar (Schneider 2004: 28). Zum anderen wurde das O aber ebenso als Symbol für den *Okeanos* angesehen (Harwood 2007: 33). Eine besondere spirituelle Bedeutung gewann das T, da es durch Isidor von Sevilla als Sinnbild für das Kreuz und damit Christus gedeutet wurde: „T figuram demonstans Dominicae crucis" (Isidorus 1472/1971: I, 3,9). Aus der Identifizierung der Erdteilung mit dem T des Kruzifix ergab sich zum einen die Konsequenz, dass „damit die ‚Orientierung' des Erdbildes stark gefördert [wurde], weil die Ausrichtung nach Osten mit der Aufrichtung des Kreuzes gleichgerichtet erschien" (Kugler 200: 42). Noch heute ist in unserem Begriff der „Orientierung" diese Grundausrichtung der mittelalterlichen Weltkarten – wie auch der Kirchen – in Richtung Orient enthalten. Im Mittelalter hatte diese Ausrichtung der Karten zur Folge, dass der Westen und damit die Säulen des Herakles an das untere Ende des Orbis-Terrarums rückten.

Die positive Konnotierung des Ostens war auch durch die Vorstellung bedingt, dass das irdische Paradies an einem den Menschen verschlossenen Ort im fernsten

Osten angesiedelt sei.[27] Das Paradies war auf vielen Mappa Mundi eingezeichnet. Das Paradies im Osten symbolisiert nicht nur den räumlichen, sondern ebenso den zeitlichen Beginn der Welt, da mit der Vertreibung aus dem Paradies aus christlicher Sicht die Menschheitsgeschichte eingeleitet worden war. Dabei verbanden sich solarmythologische Motive mit heilsgeschichtlichen Vorstellungen: „Vom Osten kam wie das Licht die Sonne auch Christus. Das ‚Licht der Welt': der Norden war Sitz der Finsternis und des Bösen. Der Süden die Zone des Heiligen Geistes, der Westen lag beim Sonnenuntergang und damit dem End- und Wendepunkt der Heilsgeschichte, die sich von Ost nach West über den Orbis terrarum sozusagen ‚abwickelte'." (Kugler 2004: 44) Daher kam dem Westen eine zum Osten komplementäre Rolle zu.

Abbildung 7: Weltkarte von Ranulf Higden (11. Jh.). Jerusalem ist das sakrale Zentrum. Am unteren westlichen Rand der Karte sind auf einer Insel die Säulen des Herakles abgebildet.

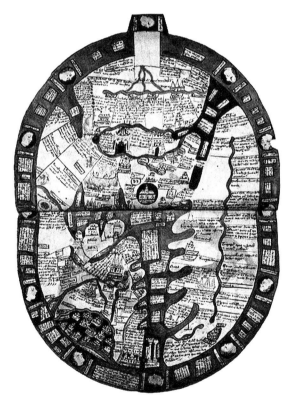

Quelle: Original in der British Library/London; https://commons.wikimedia.org/wiki/File:World_map_ranulf_higden.jpg.

---

27 Bei Isidor von Sevilla heißt es: „Das Paradies ist ein Ort, der in den östlichen Ländern gelegen ist [...], es gibt keine Kälte und keine Hitze, sondern immer ein gemäßigtes Klima [...]. Der Eingang zu diesem Ost wurde nach dem Fall des Menschen verschlossen." (Isidor 1983: 4, 3,2)

Eine exponierte Stellung in den Weltdarstellungen besaß das sakralisierte Zentrum. Bereits die babylonische Weltkarte war nach einem Prinzip strukturiert, das in den Kosmologien vieler Kulturen verbreitet ist. Die kreisrunde Erde ist auf ein im Mittelpunkt befindliches heiliges Zentrum ausgerichtet: „Der Mittelpunkt ist also die Heilige Zone par excellence, das Gebiet der absoluten Wirklichkeit." (Eliade 1966: 21) Diese Vorstellung findet sich auch auf vielen christlichen Karten wieder, in denen nun Jerusalem zum sakralen Mittelpunkt avanciert, wie an der Weltkarte von Ranulf Higden (11. Jh.) (vgl. Abbildung 7) und an der Ebstorfer Weltkarte (ca. 1300) erkennbar wird.[28]

Bei der Darstellung der Stadt Jerusalem wird zugleich die eschatologische Relevanz des Ortes betont: „Jerusalem als Zentrum der Christenheit ist der Referenzpunkt der Karte und des Betrachters, der Teil des ‚Menschengeschlechts' und der Heilsgeschichte ist." (Schneider 2004: 28)[29] Die Orientierung, welche die Darstellung der heiligen Stadt dem Menschen vermittelt, ist weniger eine geographische, denn eine spirituelle. Die im Mittelpunkt dargestellte Gestalt des Auferstandenen verweist auf die christliche Botschaft von der endzeitlichen Erlösung vom irdischen Leiden.

Diese periphere Lage des Westens wird in den Weltkarten klar deutlich gemacht. Durch die Orientierung der Karten in Richtung Orient erschien der Okzident am unteren Ende der Ökumenekarten. Auf vielen TO-Karten finden sich dabei auch die Säulen des Herakles als ultimatives Ende der Welt abgebildet (vgl. Van Duzer 2011: 260 f.). In einem Manuskript von Lucans Pharsalia aus dem vierzehnten Jahrhundert sind kennzeichnenderweise am unteren Rande die Säulen des Herkules als das einzige geographische Detail angegeben, was deren große Relevanz verdeutlicht (vgl. Abbildung 8). Die beiden Säulen sind auch mit den Namen „Calpe" und „Abyle" kenntlich gemacht. Die Straße von Gibraltar (Cades Fretum) wird als schmale Wasserstraße bereits außerhalb des Erdkreises sichtbar.

---

28 Eine detaillierte Reproduktion der Karte findet sich auf der Webseite der Universität Lüneburg (http://www.uni-lueneburg.de/hyperimage/EbsKart/start.html.) Hieraus wurden auch die mittelalterlichen Kommentierungen zu den Darstellungen entnommen, auf die in den folgenden Seiten Bezug genommen wird.

29 Wie Schneider deutlich macht, ist Jerusalem nicht allein als das profane, irdische Jerusalem anzusehen, sondern die Darstellung verweist zugleich auf die heilsgeschichtliche Bedeutung der heiligen Stadt als Ort der eschatologischen Vollendung der Geschichte: „Bei Jerusalem dachten die Menschen [...] nicht nur an die reale Stadt [...], sondern auch an das ‚neue', himmlische Jerusalem, wie es die Offenbarung des Johannes beschreibt." (Schneider 2004: 28).

Abbildung 8: Mappamundi aus dem Manuskript von Lucans Pharsalia (14. Jh.)mit den Säulen des Herakles am unteren Ende.

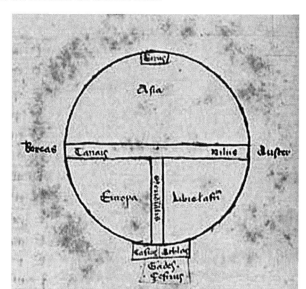

Quelle: Farsalia de Lucano del siglo; New York, Columbia University, Lodge MS 4, f. 114r; (entnommen aus Van Duzer 2011: 261).

Auch auf vielen elaborierteren mittelalterlichen Karten sind diese Grenzsymbole eingezeichnet. Sie sind in dreifacher Ausführung auf der Weltkarte von Ranulf Higden aus dem 11. Jh. erkennbar (vgl. Abbildung 7). Die Säulen finden sich ebenso auf der sogenannten „Cottoniana-Karte" aus dem 11. Jh. und der „Herefordkarte" aus dem 13. Jh. abgebildet und werden auf der Mehrzahl der mittelalterlichen Weltdarstellungen zumindest namentlich erwähnt (vgl. Van Duzer 2011: 263 f.).

Noch 1480 wurde auf der Weltkarte von Hans Rüst die alte Vorstellung von einem kreisrunden Orbis Terrarum mit Jerusalem als sakralem Zentrum und den Säulen des Herakles als Grenzsymbole wiedergegeben (vgl. Kap. 7.3). Und sie markieren auch auf der berühmten Ebstorfer Weltkarte das Ende der Welt. Zwar sind dort die Säulen des Herakles nicht eingezeichnet, in den Kommentaren auf der Karte wird aber klar darauf Bezug genommen. Ein unmittelbares Überschreitungsverbot im Sinne eines Non Plus Ultras findet sich auf der Karte nicht. Jedoch verdeutlichen die graphische Gestaltung wie auch die eingefügten Texte den Charakter der Endlichkeit, der mit diesem Ort verbunden wird. In dem Kommentar auf der Karte heißt es:

„Indem der westliche Ozean in das Mittelmeer einbricht, bewirkt er eine Unterbrechung des Erdkreises folgendermaßen. Von Sonnenuntergang her durch eine Öffnung eindringend überschreitet er die Schwelle zu der Meeresfläche, die in die mediterranen Meeresbuchten übergeht, und stößt nach Osten vor. Auf der linken Seite streift er Europa, auf der rechten Afrika, nachdem er die Berge Colpe und Avenna gespalten hat, die sogenannten Säulen des Herkules, zwischen den Mauren und Spaniern."[30]

---

30 Vgl. http://www.uni-lueneburg.de/hyperimage/EbsKart/start.html.

Dass sich hier die Füße des die Welt umspannenden Christus finden, macht die zeitlich-eschatologische Dimension der Darstellung deutlich: „Den Füßen ist, wie dem Haupt, eine Anspielung auf den Engel der Apokalypse mitgegeben, freilich eine nonverbale. Sie sind [...] zweifellos ein Verweis auf den Engel der Apokalypse, der am Ende der Zeiten kommen und einen Fuß aufs Wasser, einen anderen aufs Land setzen wird." (Kugler et al. 2007: 22) Am linken Fuß findet sich dementsprechend auch die Kommentierung: „Usque ad finem fortiter [Bis zum Ende voll Kraft]".

Das Erreichen des alten räumlichen Endes der Welt an den Säulen des Herakles wird hier in der spirituellen Geografie zu dem heilsgeschichtlichen Beginn der Endzeit in Beziehung gesetzt. Damit war zwar auch die positive Verheißung einer Erlösung der Welt verknüpft, zugleich aber auch die Drohung der nahen Apokalypse verbunden. Hierdurch war insgesamt das okzidentale Selbstbewusstsein im Mittelalter von einer pessimistischen Grundstimmung geprägt: Der Mensch des Westens war fern dem lichten Osten, vom sakralen Zentrum getrennt und am räumlichen und auch zeitlichen Ende der Welt beheimatet. Auch wenn andere religiöse Vorstellungen zugrunde lagen als im mythischen Denken, so wurde doch der äußerste Westen ähnlich wie im Mythos als Endpunkt gedeutet. Allerdings war die Schließung des Horizonts nicht absolut, vielmehr wirkten, wie bereits anhand Senecas Verheißung der Entdeckung neuer Erdkreise deutlich wurde, einige Überlieferungen auch dem Grenztabu entgegen.

5.3 Der imaginierte atlantische Westen

Obwohl in der Antike die Säulen des Herakles als die ultimative Grenze des humanen Horizonts galten, so erfolgte doch keine vollständige Schließung der Welt. Denn es finden sich bei einigen Autoren auch Erzählungen und Mythen, welche die negative Konnotierung des Atlantiks zumindest relativierten und positivere Konnotationen in sich bargen. So konnte der atlantische Raum auch mit utopischen Hoffnungen aufgeladen werden. Diese Hoffnungen sollten später mit zum Wagnis der Westfahrt anregen und schließlich auch bei der Deutung der Neuen Welt eine Rolle spielen.

5.3.1 Die Inseln der Glückseligen

Bereits in der Antike waren Vorstellungen verbreitet, die der Idee vom Atlantik als Meer des Todes und Ort der Unterwelt entgegenwirkten. Denn in den antiken Texten schwankte die Bewertung des atlantischen Ozeans zwischen Todesgrauen und Heilserwartung. So war bei Homer nicht nur vom unglückseligen Totenreich, das Odysseus im westlichen Ozean aufsucht, die Rede. Es wurde zugleich an anderer Stelle dem Helden Menelaos nach seinem Tode der Einzug „an die Enden der Erde, in die elysische Flur, wo [...] ruhiges Leben die Menschen immer beseligt" (Homerus 1954: IV 561- 68) in Aussicht gestellt. Diese glücklichen Inseln wurden im westlichen Meer verortet. So bekam bereits bei Homer das ozeanische Jenseits eine ambivalente, widersprüchliche Konnotation, weil hier sowohl ein furchterregendes Totenreich, als auch ein Ort der Glückseligkeit angesiedelt wurden (vgl. Zindel 1998: 185). Für das Denken des abendländischen Menschen war somit neben dem Tabu des

Non Plus Ultras auch eine hierzu gegensätzliche Verlockung mit dem atlantischen Ozean verbunden. Homers Bericht von den elysischen Gefilden findet sich in ähnlicher Form auch bei Hesiod wieder, der davon berichtet, dass Zeus einige der in den Schlachten gefallenen griechischen Heroen an einen Ort „am Rande der Erde" gelangen ließ: „Und da wohnten sie nun und haben das Herz ohne Kummer auf den Seligeninseln, wo tief der Okeanos wirbelt, hochbeglückte Heroen, weil süße Früchte wie Honig, strotzende, dreimal im Jahr ihnen trägt der spendende Acker." (Hesiodus 1990: Verse 156-172)

Auch wenn die Begrifflichkeit nicht identisch ist, wird doch davon ausgegangen, dass Hesiods *Insel der Seligen* dem *Elyisum* Homers entspricht (Cancik 1997: 1004). Im Laufe der Zeit wurde die Beschränkung auf die im Kampf gefallenen Helden aufgehoben und die *Insulae Fortunatae*, d.h. die Inseln der Glückseligen, entwickelten sich zu einem allgemein ersehnten Orten des Heils: „Die Inseln der Seligen wie auch das Elysium wurden [...] zu einem Paradies für die Rechtschaffenen, zu einem Ort, zu dem auch gewöhnliche Tote, wenn sie gerecht und gut gelebt hatten, kamen." (Ebd.)

Diese Vorstellung findet sich insbesondere in Platons *Gorgias* bzw. wurde durch diese Schrift geprägt. Dort heißt es: „Welcher Mensch sein Leben gerecht und fromm geführt hat, der gelangt nach seinem Tod in die Inseln der Seligen und lebt dort sonder Übel in vollkommener Glückseligkeit; wer aber ungerecht und gottlos, der kommt in das zur Zucht und Strafe bestimmte Gefängnis, welches sie Tartaris nennen." (Platon: 1974: Gorgias § 523) Das christliche jüngste Gericht ist hier mit der Entgegensetzung von Höllenqualen versus paradiesischen Freuden bereits vorweggenommen. Das Nebeneinander von elysischen Freuden und Höllenqualen bei Homer, welches möglicherweise auf die Einheit von leidvoller Auflösung und lustvoller Regeneration im mythischen Wiedergeburtsglauben zurückgeführt werden kann, wurde nun in einen moralisch konnotierten Antagonismus transformiert. Wie Grabinschriften aus der nachklassischen Zeit deutlich machen, setzte sich allmählich der Glaube durch, „dass der hier Bestattete nicht gestorben, sondern auf die Inseln der Seligen gegangen sei und im Elysion wohne." (Neue Pauly 1997: 1004). Wie oben deutlich gemacht wurde, war dies mit der Vorstellung einer Überschreitung der Säulen des Herakles durch die Verstorbenen verbunden.

Die römischen Unterwelts- und Jenseitsvorstellungen griffen im Wesentlichen auf die griechischen Vorbilder zurück. Von Vergil stammt die Schilderung vom *Elysium* bzw. dem *locus amoenus*, dem lieblichen Ort der Seligen. Dieser befindet sich zwar auch im Jenseits, unterscheidet sich aber von der grausamen Welt des Tartaros grundlegend. Hier greift Vergil auf ein Motiv zurück, das sich bereits bei Homers Erzählung von den Inseln der Glückseligen angedeutet findet.[31] Während dabei in der mythischen Geographie Homers und Hesiods die Westlage der Inseln

---

31 Der wichtigste Text hierzu ist das sechste Kapitel der *Aeneis* von Vergil. Geführt von der Prophetin Sibylle begibt sich Aeneas in die Unterwelt. Mit dem Fährmann Charon gelangen sie über den Fluss Styx – hier kann eine Reminiszenz an die mythische Jenseitsfahrt gesehen werden – und schließlich zum Elysium: „[Hier] treten sie ein in das heitre Gebiet, in des glücklichen Haines [devenere locos laetos et amoena vireta]. Anmutsvolles Gehege und der Seligen frohe Behausung [fortunatorum nemorum sedesque beatas]." (Vergilius 1857: V. 638-41)

unbestimmt blieb und wohl nur allgemein mit der Richtung des Untergangs der Sonne im Meer gleichgesetzt wurde, glaubten einige spätere Geographen eine eindeutige Lokalisierung vornehmen zu können. So schreibt Strabo über Homer: „Sodann schildert er die Glückseligkeit der Bewohner des Westens und die Milde der umgebenden Atmosphäre. [...] Hier setzt der Dichter auch das Elysische Gefilde an." (Strabo 2002: 1. 4.). Und kurz darauf fügt er an: „Auch die Inseln der Seligen liegen vor den äußersten Theilen Mauretaniens gegen Westen, in welcher Gegend sowohl Iberiens als Mauretaniens Ende zusammenlaufen." (Ebd.: 1.1.5)

Horaz (64-8 v. Chr.) hat schließlich in seinen „*Epoden*" (Horaz 1893: Kap. 16) auf diesen in die ozeanischen Weiten verlegten Inseln der Glückseligen auch explizit das Goldene Zeitalter fortleben lassen. Dort heißt es: „Unser harrt der Umströmer Oceanus Felder, o suchet die Segensfelder und des Heils Eilande dort." (Horaz 1893: Kap. 16) Ähnliche Spekulationen stellte auch Plutarch (45-125 n. Chr.) an, der über die Atlantischen Inseln schreibt: „Es sind deren zwei, durch eine ganz schmale Meerenge voneinander getrennt, zehntausend Stadien von Afrika entfernt; sie heißen die Inseln der Seligen." (Plutarchus 1980: Kap. 8) Zu vermuten ist, dass sich hier Berichte über die Kanaren und Madeira, die in römischer Zeit zweifelsohne bekannt waren, mit den mythischen Jenseitsvorstellungen vermischten.[32]

So führte die Identifikation der glückseligen Inseln mit dem paradiesischen Goldenen Zeitalter zur Verstärkung der Schaffung eines Bildes von einem imaginären Atlantik, welcher bereits in der Antike die utopischen Sehnsüchte auf sich ziehen konnte und die innerweltliche Erlangung paradiesischer Zustände möglich erscheinen ließ: „Gelang es nun einem Sterblichen, diese Inseln der Seligen zu finden, so würde [...] ihm ein [...] von Sorge, Not, Krankheit und Todesangst befreites, langes Leben beschieden sein. Damit war die [...] Wunschzeit des Goldenen Zeitalters [...] aus vorzeitlicher Ferne in die Gegenwart gerückt." (Gewecke 1992: 67) Der atlantische Raum hatte somit eine utopische Aufladung erhalten, der im Gegensatz zu der verbreiteten Furcht vor dem Meer des Todes jenseits der Säulen des Herakles stand. In einem satirisch gemeinten Bericht über die transatlantischen Welten des Glücks bündelt Lukian (ca. 120-180 n. Chr.) diese Vorstellungen, und liefert damit zugleich eine der ersten Berichte über eine imaginäre Reise in die Neue Welt:

„Ich stach also einmal von den Säulen des Herakles aus in See nach dem westlichen Ozean und fuhr weiter bei günstigem Wind. Die Veranlassung zu meiner Reise und ihr Gegenstand war mein Vorwitz und das Verlangen, Neues zu sehen sowie die Absicht zu erfahren, wo der Ozean endet und wie es mit den jenseits wohnenden Menschen steht." (Lucianus Samosatensis 1990: I 5, 330)

Er gelangt schließlich zu den Inseln der Seligen und den Elysischen Gefilden, einem Schlaraffenland, in dem sich die Becher stets neu mit Wein füllen (ebd.: II 11). Auch Platons Idealstaat erscheint in vereinfachter Form verwirklich und „die Frauen sind

---

32 So berichtet Plutarch in *Von dem Gesicht im Monde* von Inseln „abendwärts von Britannien [...] am weitesten hinaus gegen den Sonnenuntergang" (Plutarchus 1860: 279). Die Inseln werden als paradiesisch geschildert: „Die Meisten ziehen es vor dort zu bleiben [...] weil sie ohne Mühe und Arbeit alles im Überfluss haben [...]. Denn die Natur der Insel und die Milde der sie umgebenen Luft ist wunderbar." (ebd.: 2792)

allen gemeinsam und keiner neidet sie seinem Nächsten." (ebd.: II 19). Obschon Lukians Text als Parodie auf die älteren Berichte konzipiert war, sollte er wirkungsgeschichtlich zu einer Verstärkung der Hoffnung auf eine bessere Neue Welt im Atlantik beitragen.

Infolge dieser Verbindung von Mythen und Fabeln mit geographischen Spekulationen kam es so in römischer Zeit zu einer mentalen Öffnung des Westhorizonts: „Durch die damit vorgeblich gelungene Identifizierung der Inseln der Seligen mit wirklich existierenden Inseln im Atlantischen Ozean wurde der Westen – als Raum und als Idee – zum Brennpunkt menschlicher Sehnsucht nach einem glücklichen, von Mühsal und Leid befreiten Dasein." (Gewecke 1992: 73) Der Tabuisierung des Raumes jenseits der Säulen des Herakles wurde so bereits lange vor der Entdeckung Amerikas eine Hoffnung auf eine bessere Welt im Westmeer entgegengesetzt.

Unter dem Einfluss des Christentums verloren diese Spekulationen jedoch wieder an Bedeutung, da das irdische Paradies im Osten angesiedelt wurde (vgl. Kap.5.2.6). Allerdings kehrte im Laufe der Zeit auch die Vorstellung von den glückseligen Inseln im Westen in christianisierter Form wieder. Einflussreich waren unter anderem die Berichte von den Reisen des irischen Heiligen Brendan (ca. 484 – 577), durch dessen Legenden „der antike Mythos von den Inseln der Seligen als Ort der Heiligen für den christlichen Menschen gewissermaßen zurückgewonnen worden war" (Gewecke 1992: 80). Im christlichen Denken wurde so mit dem Atlantik durchaus auch eine Verheißung assoziiert, der dem begrenzenden Gebot der Säulen des Herakles entgegenwirkte: „So erst kam ins Dunkelmeer dialektische Beziehung, es kam vor allem ein Reiz, der Sperre und Bildsäule brach." (Bloch 1959b: 888)

Vor allem mit dem Aufkommen der Konzeption des Erd-Wasser-Globus erodierte die heilsgeschichtliche Kosmologie, welche in den mittelalterlichen Mappa-Mundi noch eine eindeutige Verortung von paradiesischem Osten, sakralem Zentrum und westlichem Weltenende beinhaltet hatte. Auch in der Kosmographie *Imago Mundi* des Pierre D`Ailly (1350-1420) hieß es, das Paradies sei „die lieblichste Gegend weit im Osten, durch Meere und Länder von unseren bewohnten Gegenden abgetrennt, so hoch, dass sie bis zum Mond reicht, wo die Wasser der Sintflut nicht hingelangten." (Pierre d`Ailly zit. n. Grimm 1995: 85). Legte man die Kugelgestalt zugrunde, so bedeutete die Verortung des Paradieses im fernsten Osten, dass es zugleich durch die Westfahrt zu erreichen sei. Es kam so zu einer Vermischung der Heilsorte: „Die Westtradition samt dem dialektischen Atlantikschreck, wurde mit einem Ost-Jerusalem vermischt, besonders nach Entdeckung der Kugelgestalt der Erde, und so unter die Ost-Utopie gebeugt." (Bloch 1959b: 890) Diese Idee sollte, wie später noch deutlich wird, insbesondere für Kolumbus bedeutsam werden.

5.3.2 Die Lockerung des Non Plus Ultras

Die durch diese Erzählungen antizipierte Existenz einer Welt jenseits der Säulen des Herakles sollte bereits vor der Fahrt des Kolumbus infolge der Entdeckung der atlantischen Inseln gleichsam empirisch bestätigt werden. Dies trug zu einer veränderten Wahrnehmung der Säulen des Herakles bei. Die von ihnen symbolisierte Grenze wurde nach außen verschoben und es vollzog sich eine sukzessive Umdeutung.

Schon im Mittelalter wurden teilweise die Säulen auf eine imaginäre mythische Insel Antilia in den Atlantik versetzt (vgl. Randles 2000: II 5). Vermutlich als Weiterentwicklung des alten Diktums vom *Non Plus Ultra* brachten die Araber die Fabel von einer Statue auf einer Insel im Atlantik hervor, welche als Warnung ihren rechten Arm erhob. An ihrem Sockel stand angeblich geschrieben: „Hinter mir gibt es keine Länder mehr, in die man eindringen kann." (Bloch 1959b: 886) Damit wurde mit den Säulen weiterhin ein klares Grenzgebot zum Ausdruck gebracht.

Im Zuge der Erschließung des Atlantiks vollzog sich eine Verschiebung der Säulen nach Westen, die eine allmähliche Entgrenzung des okzidentalen Horizonts verdeutlicht (Van Duzer 2011: 278 f.). Auf einer maritimen Karte aus dem Jahre 1413 sind die Säulen südlich der kanarischen Inseln verortet (ebd.: 280). Auf der sogenannten „katalanischen Weltkarte" (1450) wurden Cadiz und die Säulen des Herakles in die Nähe der kurz zuvor von dem Portugiesen Antonio Fernandes umfahrene Insel Kap Verde verschoben, wie auf der Legende vermerkt wird: „Illa de Cades asi posa ercules duas colunas [Insel von Cadiz, wo Hercules setzte zwei Säulen]" (zit. nach Randles 2000: II 5). Dementsprechend sind die Säulen auch auf dem berühmten Globus des Martin Behaim aus dem Jahre 1492 bei Kap Verde lokalisiert.[33]

Und 1483 errichtete der portugiesische Seefahrer Diogo Cão eine Marmorsäule mit einem Kreuz an der Mündung des Kongos, um seinen Vorstoß nach Süden zu markieren. Dies war die erste von einer Reihe von Pfeilern, welche die Portugiesen aufstellten, um die Ausdehnung der Grenzen der bekannten Welt infolge ihrer Erkundung des Seewegs nach Indien zu kennzeichen und damit an die Stelle der alten, bei Gibraltar verorteten Säulen des Herkules zu setzen (Wootton 2015: 79). Ihre limitierende Bedeutung verloren hierbei die herakleischen Grenzmale zunehmend, wodurch die nach der Entdeckung der Neuen Welt vollzogene radikale Umdeutung der Säulen zu einem Signum der Entgrenzung vorbereitet wurde.[34]

5.4 Zusammenfassung: Der begrenzte alte Westen

Im Gesamten betrachtet setzte das antike Denken die Existenz von letzten Grenzen des humanen Wirkungsraums voraus und dieses Denken spiegelte sich nicht zuletzt in der Vorstellung von einer klaren raumzeitlichen Grenze des Erdkreises wider, welche in den Säulen des Herakles ihr paradigmatisches Symbol gefunden hatte. Dieses Grenzbewusstsein bezog sich nicht allein auf die geographische Limitierung

---

33 Auf dem Globus heißt es: „Es ist zu wissen daz meer genant Oceanus alhier zwischen den Inseln Cabo Verde und diesem Landt fast gerad under sich gegen Mittag schnelliglich widerlaufft als hercules mit sienem schiffen hierher gerunnen wass und allhier den abfahl dess möers sah kert er wider undsetzt die seul welche durch schrifft beweist, dass man merck dass hercules nit ferrer sey gekommen." (Behaim zit. n. Ravenstein 1908)

34 Die alte Erzählung von den Säulen auf einer atlantischen Insel lebte fortan nur noch in verfremdeter Form fort. So erzählt eine Legende, dass auf der Azoreninsel Corvo einst „eine geheimnisvolle Reiterstatue aus Bronze gestanden, die angeblich nach Westen gedeutet und dadurch sogar den Kolumbus angeregt haben soll, im Westen nach Land zu suchen." (Bloch 1959a: 337)

der Ökumene bzw. des Orbis Terrarums und die Abgrenzung zum umgebenden Ozean. Vielmehr war damit eine Vielzahl kosmologischer und anthropologischer Bedeutungen verknüpft.

Im mythischen Denken war damit eine Abgrenzung der Ökumene, d.h. dem Wirkungsraum des Menschen, vom jenseitigen Reich des Todes verbunden. Dabei wurde insbesondere der ozeanische Westen jenseits der Säulen des Herakles mit der Unterwelt gleichgesetzt: „Das Land der Toten dachte man sich nicht nur unter der Erde, sondern es war auch mit dem Westen verbunden." (Grant und Hazel 1976: 167) Der mythische Westen der abendländischen Welt war damit eine dem Menschen verschlossene und tabuisierte Welt. Allein die mythischen Heroen konnten die Reise in diese Unterwelt unternehmen und dort auch das Mysterium der biologischen Regeneration des Lebens und der Erneuerung des Kosmos erfahren. Zugrunde lagen hier biomorphe Deutungsmuster, die von ackerbäuerlich-solaren Kreisläufen wie auch der Selbsterfahrung des Menschen als biologischem Wesen von einer zyklischen Struktur des Kosmos ausgingen. Insbesondere die ewige Wiederkehr des Lebens wurde zur Grundlage des kosmologischen Mythos von der ewigen Wiederkehr. Damit war auch eine Kosmodizee im Sinne einer Legitimierung der leidvollen Aspekte der irdischen Existenz des Menschen verbunden. In dieser räumlich wie auch zeitlich geschlossenen Welt kam dem Westen eine paradigmatische Rolle zu, weil er den Ort des Untergangs markierte. Gerade auch die Geschichte der Setzung der Säulen des Herakles als Mahnmal äußerster westlicher Meeresfahrt ist in diesem mythischen Kontext zu interpretieren als Ausdruck einer umfassenden *räumlich-zeitlichen Begrenzung*.

Mit dem Ausbruch aus dem Mythos und dem Übergang zu den philosophischen und theologischen Weltbildern der Antike veränderte sich zwar die Deutung der Welt und es erfolgte eine Öffnung für eine himmlische Transzendenz. Dennoch wurde die mythische Schließung des Westens nicht überwunden. Die Säulen wurden weiterhin als paradigmatischer Schwellenübergang interpretiert, welche den Wirkungsraum des Menschen von einem als bedrohlich-chaotisch angesehenen Außen schieden. In literarischen Quellen wie auch geographischen Weltbeschreibungen markieren die herakleischen Grenzmarken das westliche Ende der Ökumene bzw. des Orbis terrarum.

Darüber hinaus waren die Säulen auch Ausdruck einer *anthropologischen Begrenzung*, welche vor der Hybris warnte und eine Limitierung der humanen Fähigkeiten postulierte. Dies bezog sich zum einen auf die rein körperlichen Fähigkeiten bei den Olympioniken. Zum anderen konnte man darin aber auch ein Sinnbild für die ambivalente Haltung der Antike zu den prometheisch-technischen Potenzen des Menschen insgesamt sehen. Wie an der Schiffahrtskunst als exemplarischer antiker Technik deutlich wurde, war ein Schwanken zwischen der Akzeptanz und einem Willen zur Durchbrechung der ozeanischen Grenzen vorherrschend. Dies wurde nicht zuletzt anhand der Säulen des Herakles deutlich, deren Grenzcharakter letztlich anerkannt wurde. Anders als in der Moderne, in der sich ein Fortschrittsmythos als Hoffnung auf eine Erlösung der Menschheit durch Technik herausbilden sollte, gingen in der Regel selbst die antiken Befürworter der Technik von limitierten technischen Möglichkeiten des Menschen aus. Zwar hatte sich mit dem Übergang vom Mythos zum Logos und zur griechischen Aufklärung eine frühe Form einer optimistischen Anthropo- und Technodizee durchgesetzt. Mit der philosophischen

Hierarchisierung der *technē* war aber zugleich eine Abwertung der praktischen Techniken und so eine technologische Begrenzung erfolgt.

Schließlich wurden, ähnlich wie im mythischen Denken, auch im ökumenischen Zeitalter die herakleischen Grenzsymbole der Säulen des Herakles mit kosmologischem Bedeutungsgehalt aufgeladen. Sie waren Beginn und Ende der Ökumene, der von Menschen besiedelten Erde, Sinnbild des begrenzten Wirkungsraums des Menschen im Kosmos. Ihr Erreichen markierte im römischen Kaiserreich auch das ‚Non Plus Ultra' möglicher politischer Macht. Sie waren damit *Symbole der Imperialität*, die aber zugleich auf die *Limitiertheit des Machtraums* verwiesen. Insbesondere im spätantiken Christentum war damit auch die Vorstellung der Begrenztheit wie auch der Einheit einer unter einem Imperium und einer Religion verbundenen Welt verknüpft. In der spirituell gedeuteten Geographie verwiesen die Säulen zugleich auf das *Ende der Heilsgeschichte*.

Zwar gab es in antiken Mythen auch eine gewisse Öffnung des ozeanischen Westens, diese blieben aber zunächst noch wirkungslos. Erst im späten Mittelalter deutete sich eine erste Öffnung an. Ein innerweltliche Entgrenzung der Welt wurde daher als unmöglich angesehen. Ein Ausbruch in eine bessere Welt wurde daher, wie im Folgenden deutlich wird, im okzidentalen Denken nur als Überschreitung einer Grenze in eine außerweltliche, transzendente Welt für möglich erachtet.

6. Das geistige Erbe des alten Westens

Die abendländische Kultur ist durch einen spezifischen „Geist des Westens" (Römpp 2009) gekennzeichnet. Dieser Geist wurde in erheblichem Maße durch die verschiedenen „Kulturen der Achsenzeit" (Eisenstadt 1987) und ihrem Ausbruch in die Transzendenz geprägt. Die griechische Philosophie und ihre Utopien, die jüdisch-christliche Eschatologie, wie auch der gnostische Erlösungswille stellen unterschiedliche Formen der abendländischen Erlösungssehnsüchte dar und beinhalteten unterschiedliche Heilswege. Webers „Geist der christlichen Askese" (Weber 1920: 201) ist als eine Variante und Bündelung dieser verschiedenen Traditionslinien anzusehen. Die These der Verwandlung und Verweltlichung dieses Geistes in den Geist des Kapitalismus und der Moderne durch den Einfluss der protestantischen Ethik ist bekannt. Allerdings übersah Weber – und mit ihm bis heute die Soziologie – den entscheidenden Faktor, der zur Verweltlichung der außerweltlichen Visionen der Kulturen der Achsenzeit beigetragen hat: Die Entdeckung der Neuen Welt, durch welche der Geist des Westens im transatlantischen Westen – so die hier vertretene These – einen Raum zur Verweltlichung der transzendentalen Visionen erhielt. Mit der Eröffnung des „camino de Occidente" (Columbus 1992) und der unerwarteten Erfindung Amerikas konnte erst der okzidentale Sonderweg als ein innerweltlicher Heilsweg eröffnet werden. In dieser Arbeit wird anhand einer historischen Rekonstruktion dieses Säkularisierungsprozesses die Plausibilität dieser These näher begründet werden. Um diese These verständlich zu machen, werden im Folgenden zunächst die Erlösungsvisionen der Kulturen der Achsenzeit dargestellt und die Besonderheiten der okzidentalen Heilswege skizziert. Dabei wird zugleich erkennbar, dass mit diesen Visionen teilweise auch die geistigen Voraussetzungen für den Ausbruch aus der Geschlossenheit der alten Welt geschaffen wurden.

6.1 Das Problem der Theodizee und der Geist des Westens

Die Kulturen der Achsenzeit und deren verschiedenen Wege der Erlösung aus einer Welt des Leidens sind, wie im Anschluss an Weber argumentiert werden kann, durch eine spezifische Auseinandersetzung mit dem „Problem der Theodizee" (Weber 1925: 296 f.) geprägt worden. Auch die verschiedenen religiösen und philosophischen Traditionen des Okzidents haben unterschiedliche Erklärungsansätze und Heilswege entwickelt, um eine Lösung für dieses Problem der Existenz einer unvollkommenen Welt zu finden. Im Folgenden wird die Theodizeeproblematik kurz skizziert, um die späteren Ausführungen verstehbar zu machen.

In die Soziologie wurde der ursprünglich von Leibnitz geprägte Begriff der Theodizee[1] vor allem durch Max Weber eingeführt. Die Theodizee steht demnach am Beginn aller verschieden gearteten Erlösungswege in den Weltreligionen: „Das Problem der Theodizee ist verschieden gelöst worden, und diese Lösungen stehen im intimsten Zusammenhang mit der Gestaltung der Gotteskonzeption und auch der Art der Prägung der Sünden- und Erlösungsideen." (Ebd.: 297) Wie Weber betont, hat dabei insbesondere „das rationale Bedürfnis nach der Theodizee des Leidens – und: des Sterbens – [...] außerordentlich stark gewirkt." (Weber 1920: 247).[2] Das Verständnis der verschiedenen Wege der Bewältigung des Problems der Theodizee steht im Zentrum der religionssoziologischen Schriften Webers.

Bei Weber wird hierbei der Begriff der Theodizee nicht in der eigentlichen Wortbedeutung als Bezeichnung für die Rechtfertigung Gottes verwendet, sondern allgemeiner auf alle Versuche bezogen, das Leiden auf Erden zu erklären und Wege der Erlösung zu weisen.[3] Es geht um eine Begründung der Irrationalität und Inhumanität der Wirklichkeit, welche in den klassischen Theodizeen auf religiösem Wege erfolgen, wie Berger betont: „Die anomischen Phänomene müssen nicht nur ertragen, sondern auch erklärt werden – d.h. erklärt werden im Sinne des jeweils gültigen Nomos. Ihre Erklärung durch religiöse Legitimationen [...] ist eine Theodizee." (Berger 1973: 53) Es ist in diesem Zusammenhang insbesondere die Problematik der *Theodizee des Todes*, die nach Berger zu den Kernproblemen jeder Theodizee in allen Zeiten gehört: „Jede Theodizee ist der Versuch, einen Pakt mit dem Tode zu

---

1 Der Begriff der „Theodizee" geht auf die von Leibnitz 1710 veröffentlichte Schrift *Essais De Théodicée Sur La Bonté De Dieu, La Liberté De L'Homme Et L'Origine Du Mal* (Leibniz 1710) zurück. Der Begriff wurde aus den griechischen Wörtern *theos* (Gott) und der Silbe *dike* (Gerechtigkeit) gebildet. Wie der deutsche Titel *Die Theodizee von der Güte Gottes, der Freiheit des Menschen und dem Ursprung des Übels* (Leibniz 1985) verdeutlicht, war das Ziel die Darlegung der Gerechtigkeit Gottes trotz der Übel und des Bösen, das sich in seiner Schöpfung vorfindet. Am bekanntesten ist Kants Definition: „Unter der Theodizee versteht man die Vertheidigung der höchsten Weisheit des Welturheber gegen die Anklage, welche die Vernunft aus dem Zweckwidrigen in der Welt gegen jene erhebt. - Man nennt dieses, die Sache Gottes verfechten." (Kant 1964: 105)

2 Bei Weber findet sich der Begriff an wenigen, dafür aber an zentralen Stellen. So ist von einer „Theodizee der Vergeltung und Rache" (Weber 1925: 283) und einer „Theodizee des persönlichen Einzelschicksals" (ebd.: 284) die Rede. Wie er betont, ist „die Theodizee der negativ Privilegierten Bestandteil jeder Erlösungsreligiosität" (ebd.). Und in *Der Beruf zur Politik* heißt es: „Das uralte Problem der Theodizee ist ja die Frage: Wie kommt es, dass eine Macht, die als zugleich allmächtig und gütig hingestellt wird, eine derartig irrationale Welt des unverdienten Leidens, des ungestraften Unrechts und der unverbesserlichen Dummheit hat erschaffen können." (Weber 1956: 177).

3 Webers Auseinandersetzung unterscheidet sich damit von der theologischen Deutung der Problematik, wie Gärtner in ihren Darlegungen zur Aktualität der Werberschen Beschäftigung mit dem Theodizeeproblem hervorhebt: „Weber [bindet] den Theodizeebegriff nicht an einen überweltlichen Schöpfergott, sondern an die Notwendigkeit, das Leiden irgendwie sinnvoll zu deuten." (Gärtner 1994: 272)

schließen. Was auch das Schicksal historischer Religionen und der Religion überhaupt sein mag, die Notwendigkeit dieses Versuches bleibt bestehen, solange Menschen sterben und ihrem Tod Sinn verleihen müssen." (Berger 1973: 78) Die unterschiedliche Art der Beantwortung der Frage der „Thanatodizee" (Höhn 2004), d.h. die Frage der Rechtfertigung des Todes, ist entscheidend für die Differenz verschiedener Weltbilder.

Dabei ist die Auseinandersetzung mit der Theodizeethematik und deren Bewältigung nicht an Religionen gebunden. Denn das Problem der scheinbaren Irrationalität der Welt angesichts des Leidens besteht auch in der modernen Welt fort. Es „legt die Verknüpfung des Theodizeeproblems mit der Sinnfrage die Annahme nahe, dass auch säkulare Lebensformen der Theodizee nicht entgehen, weil auch sie [...] Antworten angesichts der Inkongruenz von Schicksal und Verdienst brauchen." (Gärtner 2011: 274) Mit dem Begriff der Theodizee in dem im Anschluss an Weber verwendeten Sinne ist damit keine Rechtfertigung eines Gottes zu assoziieren. Vielmehr geht es allgemeiner um eine Stellungnahme zu einer Welt, in der es Böses (Malum), Leid und Übel gibt. Daher kann in Anlehnung an Hausemer allgemeiner von dem „Dizeeproblem" (Hausemer 1994: 31) gesprochen werden, das sich auch dann stellt, wenn kein allmächtiger Schöpfergott vorausgesetzt wird.[4] In dem hier skizzierten Sinne wird im Folgenden die Dizeeproblematik somit als ein noch in der Moderne aktuelles und für sie konstitutives Problem diskutiert.

Es geht also um die Frage, inwieweit die Übel, welche der Mensch aufgrund der Ungüte der Natur und/oder anderer Menschen erleidet, gerechtfertigt sind – und falls diese Frage verneint wird, welche Wege und Mittel möglich und legitim sind, um sich vom ‚Bösen' zu befreien. Dizeen stellen damit nicht allein Formen der Legitimation des Übels in der Welt dar, sondern können auch Projekte beinhalten, durch die der Mensch versucht, sich von den Übeln der Welt zu befreien. Daher sind Begriffe wie Theodizee, Anthropodizee und Technodizee nicht nur im Sinne einer Legitimierung der jeweils thematisierten Entität zu deuten. Sie können in einem positiven Sinne ebenso dahingehend interpretiert werden, dass Wege zur Überwindung der Übel durch die Macht Gottes, des Menschen, der Technik usw. eröffnet werden.

In eben diesem Sinne hat auch Weber das Problem der Theodizee in Verbindung mit den verschiedenen Erlösungswegen diskutiert (Weber 1925: 296 f.). In der vorliegenden Arbeit wird an diese Argumentation angeknüpft, hierbei aber die von Weber nicht berücksichtigte Bedeutung der Entdeckung Amerikas für diese Wandel der Heilswege herausgearbeitet: Mit der Erfindung einer neuen westlichen Welt wurde der „Geist des Westens" grundlegend transformiert und verweltlicht und es entstanden neue Formen der utopischen Dizee, in denen eine aktive Selbsterlösung des Menschen ins Zentrum rückte. Die Neuzeit versuchte den Übeln in der Welt nicht mehr durch weltflüchtige Askese zu entkommen, sondern indem sie den

---

4 Denn es kommt durch die Negierung der Existenz eines Gottes keineswegs zur Beantwortung der Frage nach der Ursache und dem Sinn des Leidens, sondern nur zu einer Verschiebung der Rechtfertigungsprobleme: „Letztlich gibt alles, woran Menschen glauben, was ihnen wert und wichtig ist, wofür sie sich einsetzen, Anlass zu einer Dizee. [...] Der Gott der Religion wurde ersetzt durch [...] andere höchste Instanzen und Werte. [...] Das Problem des Übels aber ist geblieben [...]. Deshalb verschiebt sich die Frage nach dem Ursprung der Dizeeprobleme zur Frage nach dem Grund des Übels." (Hausemer 1994: 34)

innerweltlichen Heilsweg der Überwindung des Bösen durch gesellschaftliche Reformen oder technische Weltbearbeitung wählte. Dies Projekt der aktiven Weltveränderung stellte die spezifisch okzidentale Antwort auf die Theodizeeproblematik dar.

Man kann den modernen Geist des Westens und damit den neuzeitlichen Okzidentalismus nur in Verbindung mit dieser spezifischen Umdeutung des Problems von Gut und Böse verstehen. Römpp bestimmt die „Identität der westlichen Kultur" als ein „dynamisches Geschehen", in dem „der Geist des Westens [...] durch ein darstellendes Denken beschrieben werden [kann], in dessen Zentrum die Entwicklungslinie und die Geltungsgeschichte des Denkens über Gut und Böse stehen" (Römpp 2009: 219). Römpp bezieht sich dabei allerdings vor allem auf die in der christlich-griechischen Tradition stehenden moralischen Diskurse, überhöht den Geist des Westens und lässt die Ambivalenzen dieser Setzungen unberücksichtigt. In Anknüpfung wie auch in Absetzung hierzu wird in dieser Arbeit davon ausgegangen, dass der Geist des Westens tatsächlich durch einen spezifischen Umgang mit dem Problem des Gegensatzes von Gut und Böse, welches das klassische Thema aller Theodizee war, geprägt ist. Was dabei den Westen kennzeichnet ist aber nicht die Thematisierung dieser Spannung als solche – dies erfolgte ebenso in anderen Kulturen der Achsenzeit – sondern der Übergang zu einer aktiven innerweltlichen Überwindung des „Bösen".

Der neuzeitliche Geist des Okzidentalismus ist damit durch eine sich von anderen Kulturen unterscheidende Form des Umgangs mit der Dizeeproblematik gekennzeichnet. Im Übergang von der Theodizee zur modernen „Anthropodizee" (Blumenberg 1966: 96) und ihren Ablegern, der „Ratiodizee" (Reis 2012: 173), der „Technodizee" (Poser 2011; Virilio 2008) und der „Oikodizee" (Vogel 2012: 29), wird das Problem des Malums zwar nicht mehr im Sinne einer Auseinandersetzung mit einem gleichsam personifizierten Bösen (nämlich dem Teufel bzw. dem Demiurg) diskutiert. Jedoch kehrt der Teufel in tausendfacher Gestalt in den von der Moderne problematisierten und bekämpften Übeln der menschlichen Wirklichkeit wieder: In der Unberechenbarkeit und begrenzten Nutzbarkeit der äußern Natur, der scheinbaren Irrationalität der inneren Natur sowie der Ungerechtigkeit der Welt. Gerade das Scheitern der traditionellen Theodizeen legitimierten den Aktivismus der Moderne, die nun in ihrer Anthropodizee die bisherige fatalistische Akzeptanz des Malum verneint und die Übel durch Wissenschaft, Arbeit und Technik bekämpft, und damit insgesamt eine „Malitätsbonisierung" (Marquard 1986: 21) vollzieht.

In Verbindung mit den politischen, wie auch den wissenschaftlich-technischen Revolutionen der Neuzeit entstehen so, wie in dieser Arbeit dargelegt wird, die großen Erzählungen von der Emanzipation des Menschen durch technischen Fortschritt, die als moderne Formen der Hoffnung auf eine Erlösung vom Bösen gedeutet werden können. Damit einher geht aber zugleich – und dies ist die dunkle Seite dieses Programms der Moderne – die Bonitätsmalifizierung all dessen, was diesem Erlösungswillen entgegensteht: Die Zwänge und Begrenzungen der inneren und äußeren Natur ebenso wie alle traditionellen Bestände der eigenen Kultur werden nun negativ bewertet. Und vor allem die nicht-westlichen Kulturen, die mit ihren Kosmodizeen und der Sinngebung des Leidens in der Welt der modernen Anthropo- und Technodizee entgegenstehen, werden als das zu überwindende ‚Andere' der Moderne angesehen. Diese Entwicklung führt aktuell in den postbiologischen und posthumanen Utopien der Cybergnosis zu einer Abwertung und Malisierung des unvollkommenen Lebens und des leibhaftigen Menschen.

Man kann, so die hier vertretene These, damit den Übergang vom Mythos zum Logos und schließlich zur Moderne und ihrer aktuellen Übersteigerung im Posthumanismus letztlich nur im Zusammenhang mit der Theodizeeproblematik verstehen. Im Folgenden wird daher zunächst die Herausbildung des Geistes des Westens in der Antike infolge der Absetzung verschiedener religiöser und philosophischer Theodizeen vom mythischen Denken skizziert. Im Hauptteil der Arbeit wird sodann dargelegt, wie diese kulturellen Traditionen des Westens infolge der Entdeckung der Neuen Welt verweltlicht wurden.

6.1.1 Die mythische Kosmodizee

Die für die Erlösungsreligionen so zentrale Problematik der Theodizee des Leidens und des Sterbens, d.h. die Frage nach dem Sinn und der Legitimität des Übels in der Welt, wurde im mythischen Welt- und Zeitverständnis noch einfach beantwortet: Das Leiden und der Tod war ein notwendiger Bestandteil der Regeneration des Lebens und der Schöpfung.

So kennt das mythische Denken zwar durchaus eine grundlegende Polarität in der Welt. Doch gelangt der mythische Mensch zu keinem grundlegenden ethischen Dualismus, zu keiner Aufspaltung des Kosmos in Gut und Böse: „Der mythische Dualismus führt nicht über den Umweg des Daseins hinaus. Die vom Mana durchherrschte Welt und noch die des indischen und griechischen Mythos sind ausweglos und ewig gleich. Alle Geburt wird mit dem Tod bezahlt, jedes Glück mit Unglück." (Horkheimer und Adorno 2001: 22) Das mythische Weltbild beinhaltet damit im Kern eine „Kosmodizee" (Nietzsche 1973: 319), eine Legitimierung und Bejahung des irdischen Kosmos trotz der Existenz von Leiden und Tod. Der Gedanke der Einheit der polaren Gegensätze und insbesondere der Einheit von Leben und Tod in individueller, sowie von Kosmos und Chaos in kosmologischer Hinsicht war konstitutiv für den Mythos. In Ergänzung zu Schluchters Annahme eines „Übergang von der Theodizee zur Anthropodizee" (Schluchter 1979: 74) kann daher postuliert werden, dass das Weltbild des Mythos, das der achsenzeitlichen Theodizee und der modernen Anthropodizee vorrausgeht, eine biozentrische Kosmodizee beinhaltet.

Mit der biozentrischen Bejahung des ewigen Zyklus vom Werden und Vergehen, dem der göttliche Heros bzw. das Lebendige insgesamt unterworfen ist, ist eine ganze Kette von weiteren Rechtfertigungen und Dizeen verbunden: Die mythische Kosmodizee verlieh, wie gezeigt, auch den leidvollen Aspekten der Welt einen Sinn. Die „dionysische Rechtfertigung des Lebens im Sinns einer Algodizee" (Sloterdijk 1986: 159) bejahte und rechtfertigte die Schmerzen (gr.: algo) als notwendigen Bestandteil des Kreislaufes des Lebens. Die Bejahung des Lebens und der Geburt schließt nicht nur eine „Pathodizee" (Frankl 1950) als Rechtfertigung des Sinns des Leidens, sondern insbesondere auch eine „Thanatodizee" (Höhn 2004) als die Rechtfertigung des Sinns des Todes mit ein, da Leben, Tod und Wiedergeburt als unabdingbar im Kreislauf des Lebens miteinander verbunden angesehen wurden.[5]

---

5 Man kann diese biologistische Logik, welcher das Paradigma des organischen Kreislaufes der Ackerpflanzen zugrunde liegt, auch als „Biodizee", als die „Rechtfertigung des leidbe-

Die mit der mythischen Kosmodizee verbundene Akzeptanz des leiderfüllten und raum-zeitlich geschlossenen Kosmos ist das für den Menschen des Logos und der Aufklärung zutiefst irritierende am mythischen Denken. Im Bocksgesang (gr.: tragodia) des Chors dieses „tragische[n] Mythos" (Nietzsche 1993: 6) spiegelt sich der fatalistische Glaube an die Unabwendbarkeit des Schicksals und damit an die Vergeblichkeit der Auflehnung gegen das Leiden wieder. Im mythischen Denken wird so die Begrenztheit der Welt des Glücks akzeptiert und zugleich aufgrund des zyklischen Denkens ein Ausbruch in eine andere, vollkommenere Welt für unmöglich erachtet.

Die Kulturen der Achsenzeit suchten einen Weg, um diesem tragischen Kreislauf zu entkommen. Mit dem „achsenzeitlichen Durchbruch" (Jaspers 1949: 33) vom Mythos in die Transzendenz erfolgte eine grundlegende Neupositionierung des Menschen in der Welt. Der Mensch hinterfragt nun die „Ruhe der Polaritäten", die im mythischen Denken noch als Einheit angesehen wurde, und geht über „zur Unruhe der Gegensätze und Antinomien" und damit einem Dualismus, der dem Diesseits die Sehnsucht nach einer besseren Welt gegenüberstellt (Jaspers 1949: 21). Jaspers nennt hierin eine Vielzahl von Denkern und Religionsgründern, die seiner Ansicht nach in verschiedenen Regionen der alten Welt zwischen 800 und 200 v. Chr. den Übergang zu den neuen ethischen Weltbildern der Achsenzeit eingeleitet hätten: Konfuzius, Laotse in China, der Gut und Böse setzende Zarathustra im Iran, Buddha in Indien, die alttestamentarischen Propheten Israels, sowie die Schriftsteller und Philosophen des griechischen Raums (vgl. Jaspers 1949: 20). Diese hätten angesichts der Krisen und Umbrüche der Zeit neue Ideen entwickelt, welche die Situation des Menschen neu reflektierten und in ein religiöses oder philosophisches Weltbild integrierten. Diese tendenziell dualistischen Religionen und Philosophien bilden den geistigen Nukleus der von Eisenstadt in Anlehnung an Jaspers als „Kulturen der Achsenzeit" (Eisenstadt 1987) bezeichneten Zivilisationen, die sich während der tausend Jahre vor Christus bis zum ersten nachchristlichen Jahrhundert herauskristallisierten. Jaspers nennt folgende entscheidenden Umbrüche, welche die Achsenzeit insgesamt kennzeichnet:

„Das Neue dieses Zeitalters ist [...], dass der Mensch sich des Seins im Ganzen, seiner selbst und seiner Grenzen bewusst wird. Er erfährt die Furchtbarkeit der Welt und die eigene Ohnmacht. Er stellt die radikalen Fragen, drängt vor dem Abgrund auf Befreiung und Erlösung. Indem er mit Bewusstsein seine Grenzen erfasst, steckt er sich die höchsten Ziele. Er erfährt die Unbedingtheit in der Tiefe des Selbstseins und in der Klarheit der Transzendenz. Das mythische Zeitalter war in seiner Ruhe und Selbstverständlichkeit zu Ende [...]. Es begann der Kampf gegen den Mythos von Seiten der Rationalität und [...] der Kampf um die Transzendenz des Einen Gottes gegen die Dämonen." (Jaspers 1949: 20 f.)

Die Inhumanität der Welt wird nicht mehr hingenommen und gerechtfertigt wie im Mythos, sondern eine Befreiung hieraus gesucht. Eben dieses Ziel steht, wie Weber betont, im Zentrum der „Erlösungs-Religionen, [...] welche ihren Anhängern die

---

haftet en gebürtigen Lebens" (Lütkehaus 2008: 32) bezeichnen. Und damit wird ebenso eine mythische „Physiodizee" (Hafner 1996) als Rechtfertigung der Zwecke der Natur und der irdisch-natürlichen Welt geleistet.

Befreiung vom Leiden in Aussicht stellten." (Weber 1920: 540). Die Absetzung vom Mythos ist bei Weber und im Anschluss daran bei Schluchter (1979), wie auch bei Jaspers (1949) und Eisenstadt (1987), zentral für das Verständnis der Heils- und Erlösungswege.[6]

6.1.2 Von der Kosmodizee zur Anthropodizee

Der unvollkommenen Welt des Leidens wird von den Kulturen der Achsenzeit die Vision einer besseren Welt entgegengesetzt. Jaspers beschreibt diese Bewegung mit dem Begriff der Transzendenz, der sich aus lat. *transcendere* »hinübersteigen, übersteigen, überschreiten« ableitet (Dudenverlag 2001: 861). Es beruht dieser „Kampf um die Transzendenz" (Jaspers 1949: 20) auf dem Glauben, dass ein Ausbruch aus der Welt der ewigen Wiederkehr möglich ist. Es lässt sich Alles was eine "Grenze übersteigt, als transzendent bezeichnet" (Coreth 1960: 629) und in Bezug auf diese Begriffsbestimmung kann man davon sprechen, dass in den Kulturen der Achsenzeit eine spirituelle Grenzüberschreitung vollzogen wurde.[7] Diese wurde, wie später noch deutlich wird, in der Moderne im Zeichen des Plus Ultras infolge der räumlichen Entgrenzung auf die innerweltliche Transzendenz der Neuen Welten projiziert und hierdurch gleichsam säkularisiert. Die Sehnsucht nach der Transzendenz ging infolge dieser weitreichenden Transformation der Heilserwartungen in das Projekt der aktiven Umgestaltung der Wirklichkeit über.

Den transzendentalen Impetus der Kulturen der Achsenzeit hebt auch Eisenstadt, der den Ansatz von Jaspers weiterverfolgt hat und für die gegenwärtige Soziologie fruchtbar machte, als den eigentlichen Kern hervor:

„Von welcher Art sind also diese Revolutionen der Achsenzeit? [...] Wenn [...] irgendein gemeinsamer Impuls allen diesen ‚Achsenbewegungen´ zugrunde liegt, könnte man ihn als den Trieb zur Transzendenz bezeichnen. [...] Eine Art kritisches, nachdenkliches Erforschen der aktuellen und neuen Vision dessen, was jenseits liegt." (Eisenstadt 1987: 11)

Eisenstadt betont dabei als ein wesentliches Charakteristikum der Kulturen der Achsenzeit die Herausbildung von „utopische[n] Visionen von einer anderen kulturelle[n] und soziale[n] Ordnung jenseits von Raum und Zeit" (ebd.: 22). Der Mensch wird sich darin der Unzulänglichkeit des gegenwärtigen Daseins bewusst, und erkennt zugleich die Fähigkeit seines Geistes, sich eine andere Welt zu ersinnen

---

6 Eine wichtige Differenz ist allerdings darin zu sehen, dass Weber bei seiner Betrachtung der Erlösungsreligionen im stärkeren Maße an den Unterschieden interessiert war, um die Besonderheit der okzidentalen Heilswege herauszuarbeiten, während Jaspers und Eisenstadt mehr die Ähnlichkeiten zwischen den verschiedenen Kulturen hervorhoben (vgl. Tyrell 2011: 52, Fn. 22).

7 Der Begriff der Transzendenz wird im religiösen und philosophischen Verständnis in der Regel als Grenzüberschreitung bzw. den durch diesen Akt erreichten jenseitigen Raum bestimmt: „Was sich innerhalb einer Grenze befindet, wird als immanent, und was diese Grenze übersteigt, als transzendent bezeichnet. Der inhaltliche Sinn beider Begriffe ergibt sich aus der jeweils bestimmten Grenze, auf die sie bezogen werden, und aus dem Wesen dessen, was durch diese Grenze beschränkt ist oder sie überschreitet." (Coreth 1960: 629)

und zu ersehen; und er wird sich der Möglichkeit bewusst, durch seine Tat und seinen Geist eine neue Welt zu erschließen: „Der Mensch ist nicht mehr in sich geschlossen. Er ist sich selber ungewiss, damit aufgeschlossen für neue, grenzenlose Möglichkeiten. Er kann hören und verstehen, was bis dahin niemand gefragt und niemand gekündet hatte" (Jaspers 1949: 21). Diese Eröffnung des Möglichkeitshorizonts durch „Vergeistigung", d.h. durch die Entdeckung der Fähigkeiten seines Geistes, eine andere Welt sich vorzustellen und anzustreben, ist zugleich eine Rebellion gegen die Welt, wie sie ist.

Hierdurch entsteht zugleich das Problem der Herausbildung einer „grundlegenden Spannung zwischen transzendenten und weltlichen Ordnungen" (Eisenstadt 1998: 8). Es war für die achsenzeitlichen Systeme kennzeichnend, dass die diesseitige Welt nach den Vorgaben der jenseitigen Ordnung umgeformt wird. Doch war diese Transformation nie vollständig, sondern es blieb ein Zwiespalt zwischen ideeller und realer Wirklichkeit bestehen. Für diese Spannungen gab es unterschiedliche Lösungen. In den orthodoxen Systemen wurde in der Regel eine unmittelbare Auflösung der Gegensätze abgelehnt. So war noch im Christentum des Mittelalters insbesondere die „von Augustin vertretene Ansicht, die den Bruch zwischen der ‚Stadt Gottes' und der ‚Stadt der Menschen' betonte, [...] für lange Zeit vorherrschend" (Eisenstadt 1998: 29). Zwar drängten immer wieder heterodoxe Bewegungen auf eine Auflösung dieser großen Trennung durch eine Verwirklichung der außerweltlichen Ideale in der Welt, doch waren diese Bestrebungen letztlich nicht erfolgreich. Erst durch die politischen Revolutionen der Moderne wurden, wie Eisenstadt im Anschluss an Voegelin argumentiert – diese geistigen Strömungen wirksam:

„Diese Revolutionen können als Kulminationspunkte der heterodoxen Potentiale betrachtet werden, die die Kulturen der Achsenzeit hervorgebracht haben. [...] Eine solche Umwandlung schloss [...] die Umkehrung der Hegemonie der augustinischen Orientierung und als Begleiterscheinung den Versuch mit ein, heterodoxe, ‚gnostische' Visionen durchzusetzen. Es sind diese Wurzeln der großen Revolutionen, die zur Erklärung der historischen Züge dieser Revolutionen und des kulturellen Projekts der Moderne beitragen können." (Ebd.: 43)

Die Moderne ist – so die Deutung Voegelins und Eisenstadts – durch die heterodoxe Rebellion gegen den achsenzeitlichen Dualismus und den Versuch der Auflösung der damit verbundenen Spannungen gekennzeichnet. Die Unvollkommenheit der Welt, die im Zentrum der Theodizeeproblematik steht, soll durch die innerweltliche Transformation der Wirklichkeit überwunden werden.

Diese historische Entwicklungslinie lässt sich zur Darstellung der Theodizeeproblematik bei Schluchter in Beziehung setzen. Schluchter unterscheidet zwischen a) den soziozentrischen Denkgebäuden der vorhochkulturellen Zeit mit ihren legitimierenden Mythen, b) dem kosmo- und theozentrischen Weltbild der klassischen Hochkulturen, in dem Theodizeen im eigentlichen Sinne vorherrschend waren, und c) dem anthropozentrischen Weltbild der Moderne, in dem Anthropodizeen bestimmend sind (Schluchter 1979: 203). Mit dem Ausbruch aus dem Mythos kam es demnach zu einem neuen Umgang mit den Polaritäten der Welt:

„An die Stelle des Mythos tritt die Theodizee. Jener sichert die Einheit der Welt [...] dieser sichert den Dualismus der Welt über die Differenzierung der Kausalität- und Zeitschemas. [...]

[Es] lässt sich die Vorstellung von der Kompensation zwischen Diesseits- und Jenseitsschicksal konzipieren. Wer im Diesseits besonders viel leidet, dem gehört in dem Jenseits die Seligkeit." (Schluchter 1979: 74)

Die Frage nach den Ursachen des Übels und den Möglichkeiten ihrer Überwindung beantworten demnach diese kulturellen Systeme mit Dizeen, die je verschiedene Rechtfertigungsformen beinhalten und unterschiedliche Möglichkeiten des Ausgleichs und der Erlösung anbieten. Während im mythischen Denken noch eine naturalistische Erklärung der Weltordnung vorherrschte und das menschliche Schicksal als alternativlos angesehen und trotz seiner Mängel akzeptiert wurde, wird in jenen Kulturen, die eine dualistische Theodizee entwickeln, der irdischen Realität eine transzendentale Welt des Heils entgegengesetzt. In der okzidentalen Kultur vollzieht sich nun eine entscheidende Wende. Schluchter knüpft hier an Webers Ausführungen zu den okzidentalen Heilswegen wie auch an Blumenbergs These, dass die Neuzeit „ihre Anthropodizee auf die Rücksichtslosigkeit der Welt gegenüber dem Menschen, auf ihre inhumane Unordnung begründete" (Blumenberg 1966: 96), an. Das Ziel der Überwindung der Welt des Leidens wird demnach mit dem Übergang zu neuzeitlichen Anthropodizeen auf innerweltlichem Wege zu realisieren versucht:

„Mit dem Umbau solcher zur Idee der Befreiung und der Selbstverwirklichung, zur Idee der Emanzipation, aber ist auch der Übergang von der Theodizee zur Anthropodizee verbunden. Auch Anthropodizeen versuchen ‚Antworten' auf das ‚Bedürfnis nach Ausgleich der Unzulänglichkeit des Diesseitsschicksals'. Nur können sie den Ort der Kompensation, des Ausgleichs, jetzt nicht mehr in einem Jenseits, sondern nur noch in einem zukünftigen Diesseits sehen." (Schluchter 1979: 74)

Sowohl für Weber und Schluchter wie ebenso in der Argumentation Eisenstadts ist damit die Verweltlichung des Gedankenguts der Erlösungsreligionen bzw. der Kulturen der Achsenzeit in der Neuzeit entscheidend für die Genese der Moderne.
  Es wird in der vorliegenden Arbeit an diese Argumentation in ihren Grundzügen angeknüpft. Zugleich wird aber in zentralen Punkten eine neue Perspektive eröffnet werden: Zum einen wird im Gegensatz zu Eisenstadt deutlich gemacht, dass es *nicht allein die politischen Revolutionen der Moderne waren, die die heterodoxen, gnostische Visionen der Kulturen der Achsenzeit verweltlichten, sondern ebenso die wissenschaftlich-technischen Revolutionen* mit ihrem Versprechen einer Überwindung der unvollkommenen Welt durch Naturbeherrschung. Zum anderen wird aufgezeigt, dass ein bisher in der Soziologie völlig unberücksichtigter Faktor für die Verweltlichungstendenzen die *Entdeckung der neuen Welt war, durch die der achsenzeitliche 2-Welten Gegensatz zwischen Innenwelt und himmlischer Außenwelt in das innerweltliche Spannungsverhältnis zwischen Alter und Neuer Welt umgedeutet werden konnte.*
  Um diesen Prozess verständlich zu machen, werden im Folgenden zunächst das eschatologisch-gnostische Denken der jüdisch-christlichen Tradition dargestellt und im Anschluss daran zentrale Elemente des utopischen und humanistischen Denkens der griechischen Philosophie diskutiert.

6.2 Die westlichen Erlösungsreligionen

Max Weber betonte in seiner Auseinandersetzung mit dem Problem der Theodizee die „Verschiedenheit asiatischer und okzidentaler Mystik" (Weber 1925: 303) und der damit verbundenen Erlösungsreligiosität. Es ist auf die Problematik der okzidentalistischen Überhöhung des Westens bereits eingegangen worden. Als zutreffend an seiner Analyse kann allerdings angesehen werden, dass in den asiatischen Religionen eine eher kontemplative, außerweltliche Orientierung festzustellen ist, welche sich von dem abendländischen Wege tendenziell unterscheidet. Allerdings ist auch auf Gemeinsamkeiten hinzuweisen. Das Problem aller Erlösungsreligionen ist der Versuch eines Ausbruchs aus dem geschlossenen Kreislauf des Lebens und Leidens, der im Mythos noch bejaht wurde.

So werden im Buddhismus alle Rechtfertigungen, die mit der mythischen Kosmodizee verbunden sind, verworfen, und durch die Umkehrung der mythischen Logik ein Weg der Erlösung entworfen. Das Leiden und der Tod entwertet das Dasein im Samsara (wörtlich: beständiges Wandern) im Zyklus der ewigen Wiederkehr und damit ebenso die Geburt: „Dies ist die Ursache von Alter und Tod, nämlich die Geburt." heißt es in den Reden Buddhas (zit. nach Frauwallner 1994: 33). Das „Rad des Lebens" (Bstan-'dzin-rgya-mtsho et al. 1996: 24) wird als kausale Abfolge der Bindungen des Menschen an das Irdische gesehen, das schließlich das Leiden hervorruft. Als Mittel der Erlösung wird jener „mittlere Weg" zwischen Hingabe an die Welt und Selbstkasteiung angepriesen, der „zur Einsicht, zur Erleuchtung, zum Erlöschen [nirvanam] führt" (Buddha zit. n. Frauwallner 1994: 14). Im Buddhismus resultiert aus der Ablehnung des Kreislaufes des Werdens vor allem ein Versuch der Emanzipation vom Lebenswillen, wie Weber klar deutlich gemacht hat:

„Alle Handlungen aber sind ihrerseits Produkte [...] des ‚Lebensdurstes' [...] der, als unausrottbare Grundlage der Individuation, immer erneut Leben und Wiedergeburt schafft, solange er besteht. Eine ‚Sünde' gibt es streng genommen nicht, nur Verstöße gegen das wohlverstandene eigene Interesse daran, aus diesem endlosen ‚Rade' zu entrinnen oder wenigstens sich nicht einer Wiedergeburt zu noch peinvollerem Leben auszusetzen." (Weber 1925: 301)

In der vorderasiatischen und abendländischen Welt lassen sich nun Geistesbewegungen finden, die in der Radikalität ihrer Weltflucht durchaus den asiatischen Religionen ähneln. Nichtsdestotrotz waren ihnen auch Wesenszüge eigen, die in ihrer langfristigen Konsequenz einen völlig anderen Heilsweg in Richtung einer innerweltlichen Erlösung eröffneten. Diese geistigen Traditionen des Okzidents, die in der Neuzeit säkularisiert wurden, werden im Folgenden näher dargelegt.

6.2.1 Die abendländische Eschatologie

Auch im Okzident sollte ein Ausbruch aus dem mythischen Kreislauf der ewigen Wiederkehr erfolgen, der aber in eine andere Richtung wies und schließlich in das Projekt der Moderne und damit eine andere Antwort auf die Dizeeproblematik einmündete. Eisenstadt zufolge ist eine „zentrale Idee, die aus den Achsenkulturen stammt [...] die utopisch-eschatologische, die Suche oder das Streben nach einer idealen sozialen Ordnung." (Eisenstadt: 2000: 21)

Am Beginn der „abendländische[n] Eschatologie" (Taubes 1991) steht die erste erhaltene Apokalypse (Enthüllung, Offenbarung), die Prophetie Daniels. Hier wird erstmals die Hoffnung auf eine endzeitliche Erlösung gesetzt: „In der Prophetie Israels meldet sich ein neues Prinzip an: der Geist der Apokalyptik. Dieser neue Kanon spricht sich in den apokalyptischen Visionen und den gnostischen Systemen aus." (Ebd.: 21) Entscheidend an dem Denken der jüdischen Prophetie ist, dass hier ein Ausbruch aus dem „mythischen Lebenskreis" mit seinem „Gesetz des Kreislaufs von Geburt und Tod" erfolgt (ebd.: 11). Das eschatologische Denken greift das mythische Denken auf, wandelt es aber um, und setzt an die Stelle der ewigen Wiederkehr die Hoffnung des Ausbruchs aus der Welt und das Kommen einer eschatologischen letzten Welt des Heils. Dabei ist „im eschatologischen Mythos vom ‚erlösten Erlöser' die Mitte des apokalyptisch-gnostischen Prinzips" zu sehen" (ebd.: 22). Die Geschichte wird letztlich als Unheilsgeschichte begriffen, die aber am Ende nach einer Zeit des Unheils mit der Apokalypse (gr.: „Enthüllung") der letzten göttlichen Wahrheit und mit der Erlösung der Außerwählten verbunden ist. Das Problem der Theodizee wird somit durch das Versprechen einer besseren Welt gelöst – und nicht durch die individuelle Erlösung mit dem Ausbruch aus dem Kreislauf des Leidens, wie im Buddhismus.

Einen wesentlichen Einfluss auf das eschatologische Denken bis in die Neuzeit hinein hatte eine Prophezeiung Daniels. Dieser deutete einen Traum des babylonischen Königs Nebukadnezar als eine Abfolge von goldenem, silbernem, tönernem und eisernem Zeitalter. Diese seien durch eine Zunahme des Leids für das jüdische Volk gekennzeichnet. Am Ende der Zeiten würde jedoch die Apokalypse erfolgen und schließlich das göttliche Königreich errichtet werden:

„Zur Zeit solcher Königreiche wird der Gott des Himmels ein Königreich aufrichten, das nimmermehr zerstört wird; und sein Königreich wird auf kein ander Volk kommen. Es wird alle diese Königreiche zermalmen und zerstören; aber es selbst wird ewiglich bleiben." (Dan. 2, 44)

Diese eschatologische Konzeption der Geschichte, in der das Kommen des Gottesreichs am Ende der Geschichte verkündet wurde, sollte das abendländische Geschichtsdenken grundlegend prägen. Daniel als eine der zentralen Gestalten des achsenzeitlichen Durchbruchs im jüdischen Raum brach mit den fundierenden archaischen Mythen, welche die Wiederkehr des Immergleichen legitimierten (Assmann 2007b: 80). Im Buch Daniel wird nach einer Zeit des Leidens das Kommen des fünften, ewigen, eschatologischen Reiches und die damit verbundene Öffnung eines versiegelten Buches, in welchem die zur Errettung Erwählten verzeichnet sind, versprochen:

„Dann kommt eine Zeit der Not, wie noch keine da war, seit es Völker gibt, bis zu jener Zeit. Doch dein Volk wird in jener Zeit gerettet, jeder, der im Buch verzeichnet ist. [...] Die Verständigen werden strahlen, wie der Himmel strahlt; und die Männer, die viele zum rechten Tun geführt haben, werden immer und ewig wie die Sterne leuchten. *Du, Daniel, halte diese Worte geheim und versiegle das Buch bis zur Zeit des Endes! Viele werden nachforschen und die Erkenntnis wird groß sein.*" (Dan. 12; 4; Hervorh. d. Verf.)

Dabei wurde ursprünglich ein baldiges Eintreten der eschatologisch-apokalyptischen Endzeit erwartet. Nach dem Ausbleiben der Apokalypse wurde seit dem ersten Jahrhundert nach Chr. in vielen jüdischen und christlichen Schriften angenommen, „dass die von Daniel geweissagte letzte Großmacht vor dem Weltende auf das zeitgenössische römische Kaiserreich deute" (Koch 2003: 21). Später wurde diese eschatologische Erwartung immer wieder neu gedeutet. In der Neuzeit sollte sie sich schließlich, wie noch gezeigt wird, infolge der Entdeckung Amerikas die Idee einer innerweltlichen Realisierung der Eschatologie verbreiten (vgl. Kap. 7.5 und 8.5).

Einen wichtigen Einfluss auf die eschatologischen Erwartungen hatte auch das vom Propheten Jesaja und im neuen Testament von Johannes verkündete Kommen eines neuen Himmels und eines neuen Jerusalems:

„Denn siehe, ich will einen neuen Himmel und eine neue Erde schaffen, dass man der vorigen nicht mehr gedenken wird noch sie zu Herzen nehmen; sondern sie werden sich ewiglich freuen und fröhlich sein über dem, was ich schaffe. Denn siehe, ich will Jerusalem schaffen zur Wonne und ihr Volk zur Freude, und ich will fröhlich sein über Jerusalem und mich freuen über mein Volk und soll nicht mehr darin gehört werden die Stimme des Weinens noch die Stimme des Klagens." (Jesaja 65 ; 17-19; siehe auch Offenbarung 21,1)

Von Jesaja entstammte darüber hinaus die Vision des Erscheinens eines Friedenskönigs, der ein Reich des Heils und des paradiesischen Friedens errichtet (Jesaja 11, 1). Als dieser messianische Friedenskönig wurde Jesus von den frühen Christen gedeutet. Im neuen Testament wurde an die eschatologische Vision vor allem in der Apokalypse des Johannes angeknüpft und darin das Kommen eines neuen, himmlischen Jerusalems verkündet:

„Und ich sah einen neuen Himmel und eine neue Erde; denn der erste Himmel und die erste Erde verging, und das Meer ist nicht mehr. Und ich, Johannes, sah die heilige Stadt, das neue Jerusalem, von Gott aus dem Himmel herabfahren, bereitet als eine geschmückte Braut ihrem Mann." (Offenbarung 21,1)

Damit war die christliche Variante einer utopischen und eschatologischen Idealstadt geboren. Der Auszug aus dem Paradies, die Vertreibung vom Baum des Lebens sowie der Exodus der Juden bzw. der gesamten Menschheit finden demnach am Ende der Zeit mit dem Erscheinen des Messias und des neuen Jerusalem ihren Abschluss (Offenbarung 22, 13 f.). Diese Prophezeiungen sollten im Christentum insbesondere den Millenarismus (von lat. „Millenium": »Jahrtausend«) bzw. den Chiliasmus (von gr. „Chilia": »Tausend«), d.h. der Erwartung eines tausendjährigen Friedensreich durch die Wiederkunft Christi, beeinflussen und den westlichen Erlösungshoffnungen eine besondere Dynamik verleihen (Ratzinger 1990: 174).

Insgesamt ist für das Christentum ein Schwanken zwischen einer orthodoxen Deutung der Eschatologie, welche diese in eine unbestimmte Zukunft verlagert, und einer heterodoxen, stärker auf innerweltliche Einlösung der Hoffnungen ausgerichtete Strömung zu erkennen (vgl. Eisenstadt 2000: 22). Dieses eschatologische Denken des Christentums hat nun in einem zentralen Symbol sein signifikantes Sinnbild erhalten: *Das Schiff der Kirche, das durch das Meer der Welt fährt und am eschatologischen Ende im Hafen des himmlischen Jerusalems anlandet.* Dessen Reise in die

Transzendenz des Neuen Himmels nimmt die Reise der Schiffe der Neuzeit in die transatlantische Neue Welt gleichsam vorweg.

Seit der späten Antike verbreitete sich in christlichen Schriften als Sinnbild für die Heilsgeschichte das Bild vom Schiff der Kirche, das durch die Wirrnisse der diesseitigen Welt fährt, um schließlich zum Ort der jenseitigen Erlösung zu gelangen. Bei Hippolyt heißt es: „Die Kirche [...] fährt noch dahin durch diese Welt wie durch ein Meer. Aber sie hat ihre eigene Hoffnung hinter sich am Gestade zurückgelassen, denn sie hat das Leben schon verankert in den Himmeln." (Hippolyt zit. n. Rahner 1964: 564) Ein einflussreiches Symbol für diese Konzeption findet sich im Gottesstaat des Augustinus, wo die Kirche als Schiff durch das Meer der sündigen Welt pilgert, so wie einst die Arche Noah durch die Sintflut getrieben sei: „So ist diese Arche ohne Zweifel ein Vorbild für den hienieden in der Fremde pilgernden Gottesstaat, d.h. für die Kirche, die gerettet wird durch das Holz, an dem der Mittler zwischen Gott und den Menschen hing, der Mensch Christus Jesus." (Augustinus 1914: XV 26)

Noe wird zum Paradigma des Menschen, der sich an den Gottesstaat rückbindet. Das Schiff aus Holz mit seinem Erbauer zu einem Urbild des durch den Tod am Holz des Kreuzes die Menschheit rettenden Messias. Und so wie Noe mit seiner Arche Noah die Sintflut überlebt habe, und das Ausbleiben der Taube die heile Anlandung am Berge Ararat andeuten würde, so wird, wie Augustinus in *Contra Faustum* ausführt, auch das kirchliche Schiff des Heils schließlich am Ende der Zeiten in den Hafen des Heils, in das himmlische Jerusalem, in die Stadt Gottes, einfahren:

„Dass die Taube nach wiederum sieben Tagen von Noe entlassen wurde und nicht wiederkehrte, versinnbildlicht das Ende der Welt, wenn für die Heiligen die Ruhe kommt, [...] in eigentlichen Vollendung des ewigen Heiles, wenn das Königreich Gott dem Vater übergeben wird, wo wir in der leuchtenden Schau der wandellosen Wahrheit keiner leiblich fassbaren Mysterien mehr bedürfen." (Augustinus zit. n. Rahner 1964: 547)

Bei Augustinus – wie ebenso in ähnlicher Form bei anderen Kirchenvätern – dient das Bild vom Schiff der Kirche damit als Sinnbild für den Heilsweg durch die Gefahren der Weltzeit und der Apokalypse, um schließlich am Ende der Zeiten heil im himmlischen Staat anzukommen: „Das Grundkonzept dieser eschatologischen Kirchenlehre sieht in der Sintflut das Vorbild des am Ende der Zeiten kommenden Gerichts im Feuer, aber der Tod und die Auferstehung des Herrn sind die Vorwegnahme. [...] Diese Heilsentwicklung vollzieht sich durch die Arche, das ist in der Kirche." (Rahner 1964: 524)

Dabei wurde von den christlichen Schriftstellern auf das in der Antike verbreitete Bild vom Staatsschiff zurückgegriffen (vgl. Schäfer 1972). Der wesentliche Unterschied zwischen heidnischer und christlicher Verwendung der Symbolik bestand darin, dass die Kirche die tendenziell innerweltliche Heilsfahrt der Antike in eine außerweltlich ausgerichtete Fahrt transformierte. Die Welt und Gesellschaft, wie sie existieren, werden zurückgelassen und das Ziel ist die Ankunft im Hafen des himmlischen Jerusalems. Und in den Makariushomilien wird Christus zu dem Steuermann, der die Menschen vor der sündigen Welt errettet:

„Wehe einem Schiff, das keinen Steuermann hat, es wird von den Wogen und Wellen des Meeres geschleudert und geht unter. Wehe einer Seele, die den wahren Steuermann Christus nicht in sich hat, sie wird auf dem bitteren Meere der Finsternis von den Wogen der Leidenschaften umhergetrieben und von den bösen Geistern bedrängt, Untergang ist ihr Los." (Makariushomilien zit. n. Rahner 1964: 329)

Im Mittelalter manifestierten sich diese Vorstellungen in architektonischer Gestalt im Kirchenschiff. Zugleich werden weiterhin nautische Bilder zur Darstellung der christlichen Botschaft gewählt. Auch Bischof Otto von Freising verwendet im 12. Jahrhundert die maritime Symbolik:

„Meinst du nicht auch, dass die Welt diejenigen, die an ihr hängen, durch die stürmischen Zeiten, vergleichbar den von Stürmen aufgewühlten Wogen, mit dem Untergang bedroht wie das Meer? [...]. Die Bürger Christi aber [...] müssen sich vielmehr auf ihrer Fahrt dem Schiff, das heißt dem Holze des Kreuzes, gläubig anvertrauen und ihre Hände im Diesseits in Liebeswerken üben, um auf dem Wege durch das Erdenleben sicher zum Hafen des Vaterlandes gelangen zu können." (Otto Frisingensis 1961: 431)

Und noch im Jahre 2011 schreibt Papst Benedikt in seinem Jesusbuch in ungebrochener Anknüpfung an die alte Metaphorik: „Das Schiff der Kirche fährt auch heute im Gegenwind der Geschichte durch den aufgewühlten Ozean der Zeit. Oft sieht es aus, als ob es untergehen müsse. Aber der Herr ist da und kommt zur rechten Zeit." (Ratzinger 2011: 310) Diese christliche Schifffahrt war und ist stets auf eine außerweltliches, transzendentales Heilsziel ausgerichtet, und richtet den Blick vertikal nach oben in den „Neuen Himmel und die Neue Erde" (Jesaja 65; 17-19; Offenbarung 21, 1-2) des himmlischen Jerusalems. Ein realer innerweltlicher Ausbruch in neuen Welten wurde hingegen nicht angestrebt bzw. das Streben danach wurde im christlichen Denken als sündiges weltliches Begehren verdammt. Nichtsdestotrotz barg die christliche Steuermannskunst immer auch die Möglichkeit in sich, als Vorahnung einer innerweltlichen Fahrt des Heils ausgedeutet zu werden. Es wird später deutlich werden, wie durch die Entdeckung der Neuen Welt die außerweltliche Schifffahrt in das himmlische Jerusalem allmählich in die Fahrt in eine weltimmanente, transmaritime Utopistik transformiert wird. Hierzu musste allerdings das geduldige Warten auf die Erlösung durch Gott, wie sie Augustinus gepredigt hatte, einer neuen Ungeduld weichen, die stärker durch die Heterodoxie der gnostischen Ausdeutung der Eschatologie geprägt war.

6.2.2 Der gnostische Ausbruch aus dem antiken Kosmos

Die Moderne wurde wesentlich durch die Verweltlichung der heterodoxen Bewegungen der Kulturen der Achsenzeit geprägt. Autoren wie Löwith, Taube, Voegelin, Ratzinger und Eisenstadt hoben insbesondere die Bedeutung der antiken geistigen Bewegung der *Gnosis* hervor. So wurde von Voegelin „die Modernität als das Wachsen des Gnostizismus definiert" (1965: 186). In dieser Arbeit wird an diese Überlegungen angeknüpft, dabei aber die ergänzende These vertreten, dass die „Immanentisierung" (Voegelin 1965: 182) der Gnosis wesentlich durch die von Voegelin und Eisenstadt unberücksichtigte frühneuzeitliche Entgrenzung des Ozeans sowie die mit diesem Ausbruch in das Plus Ultra verbundene „Verweltlichung" der bisher außerweltlichen Neuen Welt forciert worden ist. Hierdurch wurde der Übergang in die innerweltliche Gnosis der Moderne eingeleitet, die zu einer grundlegenden Transformation der gnostischen Dualismen in die Dualismen, Antinomien und großen Trennungen der Moderne beitrug. Es wird aufgezeigt, dass es weniger das von Voegelin und Eisenstadt primär analysierte utopische Ziel der Veränderung der politisch-sozialen Verhältnisse war, das im Zentrum dieser Immanentisierung der Gnosis stand. Weit entscheidender für die Genese der Moderne war die Transformation des gnostischen „Antikosmismus" (Lahe 2012: 48) bzw. der „gnostischen Naturverachtung" (Jonas 2008: 397) in das Projekt der Naturerkenntnis und -beherrschung. Um diese Transformation verstehen zu können, soll im Folgenden das gnostische Weltbild unter besonderer Berücksichtigung des Verhältnisses der Gnostiker zur äußeren und leiblichen Natur näher betrachtet werden.

Alle Lehren der Gnosis sind – trotz ihrer Verschiedenheit[8] – dadurch gekennzeichnet, dass sie „ein Stück des erlösenden Wissens" (Rudolph 1990: 63) beinhalten. Der Begriff der Gnosis (von gr. „gnōsis": »Erkenntnis«) verweist auf diese zentrale Bedeutung des Wissens. Hierbei ist die vermittelte Kenntnis im Übergang vom Glauben zur Wissenschaft angesiedelt: „Der Begriff Gnosis ist auch deswegen schillernd und umstritten, weil er als ‚Wissen um göttliche Geheimnisse' mehr in Richtung Philosophie und Wissenschaft als zum Glauben [...] tendiert." (Di Blasi 2002: 29) Der Begriff der Gnosis wurde daher im Lateinischen auch häufig mit *sciencia* wiedergegeben (ebd.: 29). Die Gnosis zielte allerdings nicht auf innerweltliche Erkenntnisse ab, sondern war mit dem Ziel der außerweltlichen Erlösung von der Welt verbunden: „Gnosis als heilswirksames Wissen [...] sollte der Seele nach dem Tode zum Entrinnen aus dem Weltenbann und zur Erreichung des Jenseits verhelfen. [...] Dies praktische Wissen mit der jenseitigen Abzweckung ist Gnosis, ‚Kenntnis des Weges'." (Jonas 1954: 20)

Im Zentrum des gnostischen Mythos steht – so die Bestimmung der für die wissenschaftliche Debatte bedeutsamen Konferenz von Messina 1966 – „die Vorstellung von der Gegenwart eines göttlichen Funkens im Menschen, welcher aus der göttlichen Welt hervorgegangen und in diese Welt des Schicksals, der Geburt und des Todes gefallen ist und der durch das göttliche Gegenstück seiner selbst wiedererweckt werden muß, um endgültig wiederhergestellt zu sein" (Konferenz von

---

8 Auf die Vielfalt der Einflussfaktoren auf die Genese der Gnosis, ihre zeitliche Einordnung, ihre regionale Verbreitung und die Kontroversen um ihr Verhältnis zur jüdisch-christlichen Tradition kann hier nicht näher eingegangen werden. Es sei hier nur angemerkt, dass die Gnosis keine einheitliche und konsistente Religion darstellt. Amalgamiert wurde Gedankengut aus dem griechischen, jüdischen, ägyptischen, iranischen und möglicherweise auch indischen und fernöstlichen Raum und damit eine Verbindung aus persisch-zarathustrischer Religion, griechischer Philosophie, jüdisch-christlichem Denken und weiteren Religionen geschaffen. Von besonderer Bedeutung wurden die gnostischen Systeme der jüdisch-christlichen Heterodoxie, doch gab es auch heidnische Ausprägungen der Gnosis. Die Gnosis ist so als ein „Produkt des hellenischen Synkretismus" (Rudolph 1990: 59) zu verstehen. Die Gnosis übernimmt dabei ältere Mythen und Systeme und deutet sie neu bzw. kehrt teilweise ihre Wertungen in revolutionärer Weise um. Als „Gnostizismus" im engeren Sinne werden vor allem die gnostischen Systeme des 2. und 3. Jahrhunderts bezeichnet.

Messina zit. n. Rudolph 1990: 65). Ziel war es, den als *pneuma* (g.: Geist) bezeichneten, in die Welt geworfenen göttlichen Funken wieder aus der Welt zu befreien.

Damit wird bereits die radikale Weltfremdheit der Gnostiker deutlich, die auf der *Setzung eines strengen Dualismus* beruht: „Der Dualismus beherrscht die gesamte gnostische Kosmologie." (Rudolph 1990: 72)[9] Das Kernproblem der Theodizee, die Frage, wie ein allmächtiger Gott die Existenz des Übels und des Leidens auf Erden zulassen kann, lösen die gnostischen Systeme durch eine radikale Trennung. Gott erschien nun nicht mehr als allmächtig und die Welt nicht mehr als seine Schöpfung, sondern als das Werk des ihm entgegenstehenden Demiurgos als „subalternen Weltschöpfers" (Jonas 1954: 11). Der irdische Kosmos wird als ein Reich der Finsternis verstanden, das nicht von dem transzendenten, außerweltlichen guten Gott des Lichts geschaffen wurde, vielmehr das Produkt eines hierzu in Opposition hierzu stehenden Schöpfers, des Demiurgen bzw. des als Jaldabaoth bezeichneten jüdischen Gottes ist (ebd.). Das Problem der Existenz des „Malumphysicum", des Unheilvollen in der Natur, wurde insbesondere in der manichäischen Gnosis mit einem „spiritualistischen Dualismus" (Weber 1925: 301) und der „Zerspaltung alles Geschehens in Licht und Finsternis, klaren und reinen Geist und finstere und befleckende Materie" (ebd.) beantwortet. Daher schreibt Blumenberg zu Recht: „Die Gnosis bedarf keiner Theodizee, denn der gute Gott hat sich auf die Welt nicht eingelassen." (Blumenberg 1966: 80) Dies impliziert allerdings zugleich, dass die Funktion jeder Theodizee, die Einheit der Welt trotz ihrer Widersprüche zu erklären, und mit der Verteidigung Gottes auch eine Kosmodizee zu liefern, von der Gnosis nicht erfüllt wird. *Das gnostische Denken verweigert die Kosmodizee* und stellt sich damit in eine radikale Opposition zum Mythos, wie gleichermaßen zum klassischen griechischen Denken.

Die gnostische Erlösungslehre beinhaltete dabei neben dem Versprechen einer individuellen Befreiung von der irdischen Welt auch die Vorstellung einer heilsgeschichtlichen Überwindung des Kosmos: „Der gnostische Mythos ist [...] eschatologisch." (Jonas 1964: 261) Insbesondere in den gnostisch beeinflussten Strömungen des Christentums kam es zu einer Verzeitlichung der Erlösungserwartung. So wird bei Marcion (ca. 85-160 n. Chr.) unter Referenz auf das Neue Testament eine *Verkündung des Neuen* erkennbar. „Kein Stichwort scheint in den Antithesen häufiger gewesen zu sein als ‚neu'" merkt Harnacks zu Marcions Schriften an (Harnack 1924: 87). Die Rede ist vom „neuen Gott" (Novus Deus), dem neuen Reich „regnum novum" und der „novae doctrinae novi Christi" (ebd.). Indem die Gnosis die eschatologische Hoffnung auf eine Erneuerung der Welt beinhaltet, wird in ihr ein anderer Erlösungsweg gewiesen als in den asiatischen Religionen. Mit dieser heilsgeschichtlichen Vorstellung einer Überwindung der Unvollkommenheit der Welt, die schließlich innerweltlich gewendet wurde, sollte untergründig – so

---

9   Dieser Dualismus hat seine Wurzeln sowohl in dem ethischen Dualismus, wie er in Persien von Zarathustra mit seinem „forderndenWeltbild des Kampfes zwischen Gut und Böse" (Jaspers 1949: 20) entwickelt wurde, in den Dualismen der griechischen Philosophie, wie auch in syrisch-ägyptischen Konzepten und jüdischem Gedankengut (Rudolph 1990: 72). Er knüpft somit an die Dualismen der Kulturen der Achsenzeit an, radikalisiert diesen jedoch: „Der gnostische Dualismus [...] [ist] ‚antikosmisch' [...], d.h., zu seinem Konzept gehört eine eindeutig negative Bewertung der sichtbaren Welt einschließlich ihres Urhebers; sie gilt als das Reich des Bösen und der Finsternis." (ebd.: 68)

zumindest die Argumentation von Voegelin und Eisenstadt – die Gnosis die Moderne grundlegend prägen. Voegelin zufolge ist „die Wahrheit des Gnostizismus [...] mit dem Defekt der Immanentisierung des christlichen Eschaton behaftet." (Voegelin 1965: 229) und in der Neuzeit sei dieses Erbe infolge einer „radikalen Immanentisierung" (ebd.: 242) in revolutionären Bewegungen wirkmächtig geworden.

Diese revolutionäre Verweltlichung erfolgte allerdings, wie später noch ausgeführt wird (vgl. Kap. 8.5), nicht allein hinsichtlich der sozialutopischen Heilserwartungen, wie Voegelin unterstellt, sondern ebenso in Bezug auf ein anderes zentrales Element des Geists der Gnosis: Der *Wille zur Überwindung der unvollkommenen Natur*. Denn die Entstehung der Welt wird dabei in der Gnosis als Unheilsgeschichte verstanden. Ein irdischer Gegengott wird als Schöpfer des Kosmos gesehen, den er mit seinen Begleitern, den Archonten, beherrscht: „Das ganze Weltsystem des Kosmos ist also für den Gnostiker ein Zwangssystem, das er daher mit ‚Finsternis', ‚Tod', ‚Trug', ‚Schlechtigkeit' umschreiben kann." (Rudolph 1990: 68) Damit kommt es zu einer radikalen Umwertung des antiken Kosmosverständnisses. Das gnostische Denken führt zu einer prinzipiellen Infragestellung des Kosmos und ist in seiner „Grundbefindlichkeit nach als Weltangst, seiner Grundtendenz nach als Entweltlichungstendenz" (Jonas 1954: 11) zu deuten. Damit wird die in den Kulturen der Achsenzeit begonnene Trennung zwischen Immanenz und Transzendenz in einen Dualismus überführt, der die bis dahin in der Antike verbreitete optimistische Sicht auf den Kosmos revolutioniert.

Denn der Begriff des Kosmos war im griechischen Denken etymologisch und konzeptionell untrennbar mit der Vorstellung einer göttlichen Ordnung verbunden: „Kosmos bedeutet Ordnung im Allgemeinen." (Jonas 2008: 287) In den verschiedensten mythischen wie auch philosophischen Systemen war der Kosmos der Bezugspunkt, an dem sich das individuelle und ebenso das soziale Leben ausrichten. Der Begriff des Kosmos war dabei zugleich ein Synonym für die Welt als einer sinnvoll geordneten, mit dem Menschen harmonisierenden Natur und kennzeichnet damit ein spezifisch antikes Naturverständnis.

Das gnostische Denken der Antike griff nun das griechischen Kosmosverständnis auf, vollzog aber eine grundlegende Neuinterpretation. Alle Gesetzmäßigkeit der Natur verweist nicht mehr auf eine verehrungswürdige Ordnung, sondern auf den Zwangscharakter der Wirklichkeit: „Das kosmische Gesetz [...] wird nunmehr lediglich unter dem Aspekt des Zwangs betrachtet, der die Freiheit des Menschen durchkreuzt." (Jonas 2008: 301) Diese Umdeutung wird nicht zuletzt auch in der gewandelten Deutung der als *Ouroboros* (gr.: der Selbstverzehrer) bzw. *Leviathan* (hebr.: der sich Windende) bezeichneten Weltenschlange erkennbar. Dieses alte mythische Symbol der ewigen Wiederkehr und der Einheit des Kosmos (vgl. Kap. 5.1.3) wird nun als Sinnbild des den geistigen Menschen in Gefangenschaft haltenden Demiurgen gedeutet und zum Symbol des „Zwangscharakter der irdischen Welt" (Rudolph 1990: 77). Hiermit erfährt nicht allein der stoische Kosmosbegriff, sondern vor allem die mythische Kosmodizee mit ihrer Apologie des Zyklus von Leben und Tod eine radikale Ablehnung. Das gnostische Wissen dient dazu, den Zwangscharakter der Welt zu erkennen und den Weg zur Befreiung hin zum außerweltlichen Reich des echten Gottes beschreiten zu können. So entsteht in der gnostischen Konzeption der Wirklichkeit ein Spalt, der das antike Weltvertrauen zerstört: „Gott und Welt,

Gott und Natur, Geist und Natur werden voneinander getrennt, einander fremd, ja sogar Widersacher." (Jonas 2008: 298)

Dieser *radikale Dualismus* steht mit am Beginn der großen abendländischen *Trennung zwischen Natur und Kultur*. Für die antiken Gnostiker war die Überwindung der Natur durch den Sieg des lichten Gottes das Ziel: „Die Natur geht zugrunde und ihre Gedanken trennen sich von ihr, um ins Licht einzugehen." (Rudolph 1990: 94) Was in der Moderne als innerweltlicher Gegensatz zwischen einem Reich des freien Menschen und einem von deterministischen Gesetzen bestimmten Reich der Natur ausformuliert wurde, hat seinen Ursprung vor allem in der gnostischen großen Trennung zwischen dem irdischen Kosmos und dem transzendenten Reich des wahren Gottes. In diesem Sinne verweist auch Jonas darauf, dass der moderne „Wandel im Bilde der Natur, das heißt der kosmischen Umwelt des Menschen" infolge des Entstehens eines „anthropologische[n] Akosmismus" bereits in der „gnostischen Bewegung ihren Vorläufer gefunden" hat (Jonas 2008: 397). Diese Ähnlichkeiten sind nicht nur als zufällige Verwandtschaften zu interpretieren. Vielmehr wurde das gesellschaftliche Naturverhältnis der Moderne durch eine Tradierung gnostischen Gedankenguts und der damit verbundenen Abwertung und Ablehnung des Kosmos geprägt. Die Gnosis der Moderne knüpft mit ihrem Projekt der Überwindung der Natur durch ihre technoszientifische Umgestaltung daran an (vgl. Kap. 8.5).

Die dualistische Kosmologie der Gnosis fand ihre Widerspiegelung in der *gnostischen Anthropologie* und dem *Verhältnis zur inneren Natur des Menschen*: „Das beschriebene dualistische Weltbild bestimmt auch die gnostische Auffassung vom Menschen, ja bekommt in ihr eine zentrale Ausdrucksmöglichkeit [...]. Das Verdikt über die irdisch-sichtbare Welt schließt auf anthropologischer Ebene die negative Bewertung des gesamten körperlich-psychischen Seins ein." (Rudolph 1990: 97) Diese Anthropologie war mit dem Versuch des Menschen verbunden, sich von der leiblich-sexuellen Gebundenheit zu befreien – das Ziel der Überwindung der äußeren Natur ging mit der Sehnsucht nach der Erlösung von der körperlichen Natur einher. Zugrunde lag eine dualistische Trennung zwischen den höheren geistig-göttlichen Anteilen und den minderwertigen animalischen Anteilen des Menschen: „Alle Gnostizismen postulieren die strikte Trennung von Geist [...] und Materie. Das Unsterbliche, ‚Wesenhafte' am Menschen ist sein geistiger, pneumatischer Teil; die Geschlechtlichkeit hingegen verkörpert das Materielle, Fleischliche und damit den niederen Teil des Menschen." (Maasen 1998: 135) Die Auflösung der Spannung wird durch eine absolute Ablösung vom Leiblichen erhofft. Der Gedanke einer Vermittlung zwischen Leib und Geist hat keine Bedeutung, weil „die Mischung von Geist und Materie für den Gnostiker das größte Unglück darstellt" (Horn 1966: 93). Das Wissen der Gnosis erlöst daher den Menschen nicht nur vom irdischen Kosmos im Allgemeinen, sondern insbesondere auch von seiner genetisch-sexuellen Gebundenheit: „Gerade durch die ‚Gnosis' wird das Geschlechtliche überwunden und der Mensch ein pneumatischer, geistiger Mensch." (Horn 1966: 28)[10] Es ist daher für den

---

10 Es hierbei anzumerken, dass diese asketischen Werte nicht allein bei den Gnostikern, sondern ebenso beim Mehrheitschristentum und bei den Platonikern verbreitet waren (Lahe 2012: 47). In der Gnosis sind allerdings der Impetus der Erlösungssehnsucht und die Ablehnung des Kosmos und der Leiblichkeit radikalisiert.

Gnostiker das Ziel, die Gebundenheit an die irdische Welt durch absolute sexuelle Askese zu überwinden.[11] Zwischen gesellschaftlich regulierter Sexualität und freier Lust bestand deshalb für den Gnostiker kein wesentlicher Unterschied, weil beides den Menschen durch die Fortzeugung an das Diesseits band.

Die Ablehnung des irdischen Menschen in der gnostischen Anthropologie geht nun zugleich einher mit einer radikalen Erhöhung des geistigen Menschen. Dies wird vor allem erkennbar in der Lehre vom „Gott-Mensch", die auch unter dem Begriff „Urmensch-Mythos" oder „Anthropos-Mythos" diskutiert wird (Rudolph 1990: 100). Der von anderen Religionen verehrte Schöpfer wird zum minderwertigen Demiurgen, der nur einen unvollkommenen Kosmos erschuf. Die Gnosis setzt dem die Konzeption eines göttlichen Menschen entgegen, der mit der existierenden Welt nichts gemein hat. Damit vollzieht die Gnosis eine Neubewertung der Stellung des Menschen: „Hinter dieser Vorstellung vom göttlichen ‚Menschen', der sowohl über als auch in der Welt weilt, steckt eine ganz neue Konzeption der Anthropologie. Dies wird vor allem in der Höherbewertung des Menschen gegenüber dem Weltschöpfer sichtbar." (Ebd.)

Dieser „revolutionäre Geist der Gnosis" (Rudolph 1990: 101) kommt auch in der Umdeutung der biblischen Paradieserzählung zum Ausdruck. Die Gnostiker lesen insgesamt die jüdisch-christliche Überlieferung neu und deuten häufig ihre Aussagen in diametral entgegengesetzter Weise: „The gnostics tend to read every story in reverse." (Lanfer 2012: 57) Dies gilt ebenso für die Sündenfallerzählung: Anders als im orthodoxen Christentum wird hier der Griff nach der Frucht des Baums der Erkenntnis nicht als Sünde angesehen. Vielmehr werden Adam und seine Rebellion gegen den alttestamentarischen Gott – für den Gnostiker identisch mit dem bösen Demiurgen des Kosmos – positiv gedeutet. Das biblische Gebot „Der Baum der Erkenntnis [gnosis] aber, hütet euch, eßt nicht von ihm. Solltet ihr davon essen, werdet ihr sterben" (Altes Testament 1 Mose 2, 9; mit Einfügung zit. nach Rudolph 1990: 115) wird nun als Täuschung des neidischen Demiurgen interpretiert, der dem Menschen die zu seiner Befreiung aus der irdischen Welt notwendige Gnosis verwehren will.[12] Mit der Überschreitung des Gebots und dem Essen vom Baum der Gnosis gewinnt der Mensch zugleich den Keim jener Gnosis, der ihn schließlich aus dem Gefängnis des irdischen Kosmos herausführt. So erfolgt eine radikale Neudeutung der Sündenfallerzählung, welche den Menschen von der Schuld befreit und die gewonnene Erkenntnis aufwertet: „The tree of the knowledge of good and evil – the bringer of death in the Eden narrative – is the tree that brings light and freedom. It is

---

11 Den Kern der gnostischen Sexualitätsfeindlichkeit bildete nicht die Ablehnung der Lust, sondern im Zentrum stand das Ziel, dem ewigen Kreislauf der biologischen Wiedergeburten zu entkommen. Nicht der Eros, sondern sein Werk, die irdisch-genetische Nachkommenschaft, verhinderte den Ausbruch aus dem irdischen Kosmos: „Der Mensch wurde dem Tier ähnlich, als er zur Begattung schritt" (Horn 1966: 16). Während daher in der christlichen Laienethik die Fortpflanzung in der Ehe durchaus legitim war, war für den Gnostiker auch dies letztlich ein Irrweg.

12 Die Schlange als die Verkörperung des positiv zu sehenden „Unterweisers" (Rudolph 1990: 113) klärt den Menschen über die trügerischen Absichten des bösen Schöpfers auf. Ebenso ist der „berühmte ‚Apfelbaum', der Eva zum Verhängnis wird, […] für die Gnostiker ein Symbol des guten höchsten Gottes." (ebd.)

called the tree of understanding or gnosis." (Lanfer 2012: 58) Mit dieser heterodoxen Deutung der Sündenfallgeschichte wird eine Interpretation vorweggenommen, die erst in der Neuzeit u.a. bei Kant wieder an Bedeutung gewinnen sollte.[13] Die Anthropodizee der Moderne ist in der gnostischen Idee eines außerweltlichen Menschengott bereits vorgezeichnet.

6.3 Das griechische Erbe des Westens

Der Ausbruch in die himmlische Transzendenz im jüdisch-christlichen Denken und die Weltflucht der Gnostiker stellt nur eine Traditionslinie des Geistes des Westens dar, die in der Neuzeit verweltlicht wurde. Ebenso bedeutsam war das griechische Erbe der sophistischen Aufklärung und der klassischen Philosophie. Auch hier erfolgt die für die Kulturen der Achsenzeit kennzeichnende Trennung zwischen einer immanenten irdischen Welt und einer metaphysischen, transzendenten Welt des Geistes. Dieser Dualismus hatte in zweifacher Hinsicht eine Auswirkung auf den Geist des Westens. Zum einen sind insbesondere bei Platon Vorstellungen von einer idealen Gesellschaft jenseits der gegebenen Wirklichkeit erkennbar und es wird damit das utopische Denken konstituiert. Zum anderen führte der Dualismus zur Herausbildung einer spezifischen abendländischen Anthropologie. An beide Traditionslinien wurde, wie später aufgezeigt wird, infolge der Entdeckung der Neuen Welt wieder angeknüpft.

6.3.1 Die Utopie vom idealen Staat

Zu den großen Gestalten des achsenzeitlichen Übergangs zählt Jaspers den Philosophen Platon (vgl. Jaspers 1949: 20). Platons Denken kulminiert in der *Politeia* (Platon 2000), der „ersten und berühmtesten, wenn auch kühlsten Utopie" (Bloch 1959a: 554). In dieser Vision einer vollkommenen Gesellschaft, die Platon seinem Lehrer Sokrates in den Mund legt, verbindet sich ein hierarchischer Humanismus, der von einer naturrechtlich begründeten Differenz der Menschen ausgeht, mit kommunistisch-sozialistischen Idealen.

Zum einen entwirft Platon das Ideal einer Gesellschaft, in der jeder Mensch eine durch seine Fähigkeiten definierte klare Position einzunehmen hat: „Wenn der Erwerbsmann, der Gehilfe und der Wächter, jeder das Seine im Staat macht, dann ist das Gegenteil davon die Gerechtigkeit und macht den Staat gerecht." (Platon 2000: 434c)

Diese Bestimmung von Gerechtigkeit, wonach ein *jeder das Seine* zu tun habe, das *suum cuique*, wie es ins Lateinische übersetzt wurde, begründete einen zentralen

---

13 Denn in ähnlicher Weise wie die antike Gnosis interpretierte Kant in seiner Schrift *Mutmaßlicher Anfang der Menschengeschichte* die biblische Erzählung als Darstellung des Widerstreits zwischen den instinkthaften und den kognitiven Potentialen des Menschen: „[Es] ergibt sich: dass der Ausgang des Menschen aus dem [...] Paradiese nicht anders, als der Übergang [...] aus dem Gängelwagen des Instinkts zur Leitung der Vernunft, mit einem Worte: aus der Vormundschaft der Natur in den Stand der Freiheit gewesen sei." (Kant 1977: 92)

Strang der Rezeptionsgeschichte der Politeia. Popper kritisierte unter Bezug auf diese Konzeption Platons Staatsmodell als rückwärtsgewandten Entwurf einer „natürlichen Klassenherrschaft der weisen wenigen über die unwissenden vielen" (Popper 1980: 126) und sah hierin den Ursprung totalitären Denkens. Und zweifelsohne liegt Platons Utopie eine elitäre Vorstellung von der Superiorität der Philosophen zugrunde, die allein befähigt seien, den Staat gut zu regieren.[14]

Die damit formulierte naturrechtliche Begründung der Herrschaft der Weisen verband sich nun allerdings mit einer radikalen Vision, welche einen Machtmissbrauch der Herrschenden verhindern sollte: Jeglicher Besitz an Gütern, Frauen und Kinder würde den obersten Wächtern des Staates verboten sein, so dass sie sich nicht mehr egoistisch um das Eigenwohl, sondern nur mehr für das Gemeinwohl Sorge tragen würden. Durch die Gemeinschaft in allen Dingen würde die vollkommene Gesellschaft ermöglicht:

„Als Ursache dieses höchsten Gutes für den Staat ergab sich uns der gemeinsame Besitz der Frauen und Kinder für die Helfer [...]. Wir sagten doch, sie dürften keine eigenen Häuser haben noch Land oder anderen Besitz, sondern sie erhalten von den andern die Nahrung als Sold für die Wache und verzehren ihn gemeinsam, wenn sie wirklich Wächter bleiben sollen [...]. Und Streitigkeiten und Vorwürfe werden aus ihrem Kreise sozusagen verschwunden sein, *da sie alles außer ihrem Leib gemeinsam haben*! Sie werden also alle die Zwistigkeiten nicht kennen, die die Menschen um den Besitz von Geld oder Kindern und Verwandten haben." (Platon 2000: 464b; Hervorh. d. Verf.)

Dass die Wächter alles gemein haben sollen, eine Forderung, die im lateinischen als *Omnia sunt communia* wiedergegeben wurde, sollte den anderen Strang der Rezeptionsgeschichte der *Politeia* eröffnen. Nicht die Idee der naturhaften Differenz, das *Suum cuique* des hierarchischen Naturrechts wird hier gesetzt, sondern der „linke" Platon kommt hier zu Wort. Es macht ihn so zum Ahnvater des Sozialismus: „[Es] hat Platons ‚Politeia' in der Folge nicht aufgehört, wie eine sozialistische, ja kommunistische Schrift zu wirken. Sie galt insbesondere in der Renaissance als eine Art Anweisung zum Sozialismus [...] und zwar im Sinn des Omnia sunt communia, nicht im Sinn des Suum cuique." (Bloch 1959a: 566) Und in eben dieser Weise wurde auch nach der Entdeckung Amerikas in der *Utopia* des Thomas Morus (1516) wieder an Platon angeknüpft und dessen Idealstaat in den transatlantischen Raum projiziert und damit verweltlicht (vgl. Kap. 7.5.3). In der *Politeia* hingegen war die Vision „im Geiste allerdings nur, da er auf Erden [...] nirgendwo ist [...], im Himmel aufgestellt als ein Beispiel für den, der ihn sehen will und danach sein eigenes Ich ordnet" (Platon 2000: 592 a). Der achsenzeitliche Durchbruch fand in Griechenland so einen Höhepunkt in der platonischen Vision vom vollkommenen Staat der „im Geiste allerdings nur" existiert, aber dennoch zum ethischen Bezugspunkt einer „utopi-

---

14 So heißt es bei Platon: „Wenn nicht die Philosophen in den Staaten Könige werden oder die Könige, wie sie heute heißen, und Herrscher echte und gute Philosophen und wenn nicht in eine Hand zusammenfallen politische Macht und Philosophie, und wenn nicht die Vielzahl derer, die sich heute auf Grund ihrer Anlage nur der einen der zwei Aufgaben widmen, mit Gewalt davon ferngehalten wird, gibt es [...] kein Ende des Unglücks in den Staaten, ja nicht einmal im ganzen Menschengeschlecht." (Platon 2000: 377)

schen" Vergesellschaftung wird. Der Geist des Westens wurde durch diese Utopie in ähnlicher Weise geprägt wie durch die biblische Prophezeiung vom „neuen Himmel und einer neuen Erde" (Jesaja 65; 17-19; Offenbarung 21,1).

In der *Politeia* finden sich allerdings auch Passagen, die verdeutlichen, dass eine innerweltliche „Überfahrt" in eine bessere Welt nicht ausgeschlossen wurde. Berühmt ist jene Passage, in der Platon die astronomische Navigation der kybernetisch ausgebildeten Steuermänner mit den sich am himmlischen Kosmos orientierenden philosophischen Politikern vergleicht (Platon 2000: 488b).[15] Die Staatsutopie mit ihren nautischen Metaphern findet in den folgenden Werken Platons eine wirkmächtige Entsprechung: Die Erzählung von der untergegangenen Insel Atlantis.

6.3.2 Der Mythos von Atlantis

In den Dialogen *Timaios* und *Kritias* berichtete Platon von der einst jenseits der Säulen des Herakles angesiedelten Insel Atlantis, die aufgrund der Hybris ihrer mächtigen Bewohner im Meer versunken sei. Er erschuf damit einen Mythos, der das utopische Denken anregen sollte und der schließlich später auch dazu beitrug, dass Amerika gleichsam als neues Atlantis entworfen wurde. Im Timaios überliefert Platon eine Erzählung Solons, die dieser angeblich von ägyptischen Priestern erfahren hatte:

„Unsere Bücher erzählen nämlich, wie eine gewaltige Kriegsmacht einst euer Staat gebrochen hat, als sie übermütig gegen ganz Europa und Asien zugleich vom atlantischen Meere heranzog. Damals nämlich war das Meer dort fahrbar, denn vor der Mündung, welche ihr in eurer Sprache die Säulen des Herakles heißt, hatte es eine Insel, welche größer war als Asien und Libyen zusammen, und von ihr konnte man damals nach den übrigen Inseln hinübersetzen, und von den Inseln auf das ganze gegenüberliegende Festland, welches jenes recht eigentlich so zu nennende Meer umschließt. Denn alles das, was sich innerhalb der eben genannten Mündung befindet, erscheint wie eine [bloße] Bucht mit einem engen Eingange. [...] Auf dieser Insel Atlantis nun bestand eine große und bewundernswürdige Königsherrschaft, welche nicht bloß die ganze Insel, sondern auch viele andere Inseln und Teile des Festlands unter ihrer Gewalt hatte." (Platon 1856: 25a, b)

Hier wird eindeutig der mythische Umkreis der antiken Ökumene durchbrochen und dem Diktum widersprochen, dass die Welt der Menschen durch die herakleischen Grenzzeichen und durch das die Erdinsel umschlingende ozeanische Band begrenzt sei. Das *Mare Nostrum* wird hier zur kleinen Bucht reduziert. Der Raum wird geöffnet für andere Dimensionen und die Verheißung einer anderen, jenseitigen Welt. Sogar die Existenz eines Kontinents am anderen Ufer des Atlantiks wird postuliert und damit gleichsam die Existenz Amerikas antizipiert. Trotz dieses scheinbaren Wirklichkeitsgehalt der platonischen Erzählung ist davon auszugehen,

---

15 Die Philosophen werden den orientierungslosen Schiffern, die glauben, „die Kunst [des Steuerns] sei nicht lehrbar" (Platon 2000: 488b) gegenübergestellt: "Wenn du aber die heutigen Herren im Staate mit den Schiffern vergleichst, wie wir sie eben schilderten, und dazu die von jenen Leuten als unbrauchbare Wolkengucker bezeichneten [die Philosophen] mit den wahren Steuermännern [kybernetes], dann wirst du nicht fehlgehen" (ebd.: 488e).

dass „Atlantis [...] offensichtlich eine Erfindung, eine Fiktion Platons ist" (Nesselrath 2002: 24). Allen Spekulationen über die Realität des Mythos und die historische Verortung der Insel in Raum und Zeit soll hier daher keine Bedeutung zukommen.

Auch ist festzuhalten, dass Atlantis von Platon zunächst nicht als Utopie konzipiert wurde, sondern als negatives Gegenbild zum idealen Ur-Athen fungierte, das von den Atlantern angegriffen wurde. Platon will, wie ebenso im *Kritias* erkennbar wird, keine ideale Gesellschaft entwerfen, sondern vielmehr die Gefahren einer imperialen Hybris, die zum Untergang in der Katastrophe führt, verdeutlichen:

„Es [ist] im Ganzen neuntausend Jahre her [...], seitdem, wie angegeben worden, der Krieg zwischen denen, welche jenseits der Säulen des Herakles und allen denen, welche innerhalb derselben wohnten, entstand [...]. Nun wurde schon angeführt, dass an der Spitze der Letzteren unsere Stadt stand und den ganzen Krieg zu Ende führte, während über die Ersteren die Könige der Insel Atlantis herrschten, welche [...] jetzt aber durch Erderschütterungen untergegangen ist und dabei einen undurchdringlichen Schlamm zurückgelassen hat, welcher sich denen, die in das jenseitige Meer hinausschiffen wollen, als Hindernis ihres weiteren Vordringens entgegenstellt." (Platon 1857: 109a)

Die positive Rolle in dem Atlantismythos nimmt nicht etwa das Inselreich ein, sondern vielmehr das tapfere Ur-Athen, das sich den Expansionsbestrebungen der Atlanter erfolgreich widersetzte.[16] Nun ist aber zugleich hinzuzufügen, dass die später positive Konnotierung von Atlantis nicht nur als eine Missdeutung der platonischen Konzeption anzusehen ist. Vielmehr wird in der platonischen Darstellung selbst eine starke Ambivalenz deutlich. Denn das atlantische Imperium wird nicht per se als negativ geschildert, sondern erst die Abkehr von zunächst durchaus positiven Herrschaftsformen führt zum Untergang.[17] Damit entspricht das Atlantis sehr wohl dem platonischen Ideal von der guten Regierung, wie er sie in der *Politeia* skizziert hatte. Erst nach dem Eintreten der Dekadenz der Könige ging bei Platon die gute Herrschaft der Atlanter in eine gewinn- und machtsüchtige Zwangsherrschaft über, die schließlich zum Untergang der Insel im Meer führte.[18] Es verlieh Platon auch mit Atlantis seiner Vorstellung vom Idealstaat einen bildhaften Ausdruck:

---

16 Wie Vidal-Naquet argumentiert, übt Platon mit seiner Schilderung von Atlantis damit letztlich eine Kritik an Entwicklungstendenzen seiner eigenen Stadt und ihren Großmachtvisionen: „Die Schilderung des Krieges von Athen gegen Atlantis ist aus meiner Sicht der Konflikt zwischen dem Athen, wie Platon es sich gewünscht hätte, dem so genannten Ur-Athen, und dem imperialistischen Athen." (Vidal-Naquet 2006: 26)

17 Ursprünglich waren Platon zufolge die Atlanter durchaus tugendhaft. So heißt es über die Herrscher von Atlantis: „Viele Geschlechter hindurch, so lange noch irgend die Natur des Gottes in ihnen wirksam war, waren sie den Gesetzen gehorsam und zeigten ein befreundetes Verhalten gegen das ihnen verwandte Göttliche." (Platon 1857: 121a)

18 Wie Voegelin argumentiert, ist so zwar durchaus das ursprüngliche Athen von Platon als Ideal konzipiert, jedoch kommt auch Atlantis eine positive Bedeutung zu, da hier die Gesetzlichkeit des Werdens und Vergehens illustriert wird (Voegelin 2002: 247). Diese Dynamisierung der Herrschaft im atlantischen „Reich des Werdens" (ebd.: 250) lässt dabei durchaus den Gedanken zu, dass Atlantis nach dem Untergang auch wiederauftauchen kann und dabei in seiner ursprünglichen idealen Gestalt wiedererscheint.

„Platon fingierte, es habe die erwünschte Zukunft schon einmal gegeben: auch wenn das altverdiente Vorbild später vergessen worden sei, könne an seiner Realitätsmächtigkeit somit kein Zweifel bestehen: utopische Vergangenheit." (Brentjes 1994: 37) Der Philosoph erschuf so – möglicherweise gegen seine Intention – die Vorstellung von einer jenseits der Säulen des Herakles gelegenen utopischen Insel.

Dass Platon hierbei Atlantis jenseits der Säulen des Herakles ansiedelte, mag durch mehrere Gründe motiviert gewesen sein. Zum einen war, wie gezeigt, in der mythischen Geographie immer schon der Raum jenseits der herakleischen Grenzmarken mit Inseln der Alterität, die vom vertrauten Selbst- und Welthorizont abwichen, besiedelt worden: „Die Säulen des Herakles markieren die Grenze zwischen dem Selbst und dem Anderen." (Vidal-Naquet 2006: 52) Hier konnte der Philosoph also an bestehende Denkmodelle anknüpfen. Zum anderen standen aber auch die Säulen für die Tugend der Begrenzung und der Meidung der Hybris. Im Gegensatz dazu war Jenseits hiervon das – aus Sicht der antiken Griechen gefahrvolle – Unbegrenzte und Unendliche angesiedelt. Gerade das war aber das Merkmal des Atlantischen Inselreichs: „Der Reichtum der Insel ist märchenhaft: eine physis, die sich in ihren schier unendlichen Möglichkeiten entfaltet. [...] Jetzt befinden wir uns im Bereich des apeiron, des Unbegrenzten." (Vidal-Naquet 2006: 24) Platon wollte mit dem Entwurf also gerade eine Kritik an der hybriden Maßlosigkeit und der Unfähigkeit zur reflexiven Begrenzung üben und knüpft damit durchaus an die gängige Bedeutung der Säulen des Herakles an. Doch sollte die Fehldeutung des Textes zu einer hierzu gegensätzlichen Interpretation führen: „Dieser Überfluß erklärt, wieso Atlantis, diese negative Utopie par excellence, im Laufe der Jahrhunderte in eine positive Utopie verwandelt wurde, in eine Art irdisches Paradies." (Ebd.: 25)

Der Atlantik wird hierdurch vom Meer des Grauens zum Meer der Verheißung, wo das Elysium der Menschheit erhofft wird. Das „Jenseits der Säulen des Herakles" im Text Platons verbindet geographische Transatlantizität mit eschatologisch-utopischer Transzendenz. Die Erben des antiken Philosophen, die Renaissancehumanisten, sollten denn auch die Überwindung der Begrenzung der Säulen des Herakles zugleich als Signum für die Befreiung der Potentiale des Menschen deuten.

Trotz der oben dargelegten Ambivalenz des platonischen Atlantismythos ist dieser daher von herausragender geistesgeschichtlichen Relevanz für die Umdeutung des Westozeans: War der Raum jenseits der Säulen des Herakles zuvor der mythische Raum des Todes und der Fruchtbarkeit, so wurde er nun zum Raum utopischer Hoffnung, in welchen der Mensch sein Sehnen nach einer besseren Gesellschaft projizieren konnte. Die mythische Logik des ewigen Kreislaufes von Tod und Wiedergeburt, welche mit dem atlantischen Ozean zuvor verbunden worden war, wurde so transformiert. Nicht die ewige Wiederkehr, sondern die Hoffnung auf einen Ausbruch aus dem mythischen Kreislauf des Lebens und Leidens wird nun mit dem Atlantik assoziiert. Hierdurch entstand ein Mythos, der die Wahrnehmung Amerikas später prägen sollte und die kolumbianische Öffnung der Welt bereits antizipierte. Unabhängig davon, dass Platons eigentliche Absicht darin bestand, mit Atlantis eine Antiutopie zu schaffen, regte er mit seiner Erzählung doch die Phantasie der Mensch der alten Welt an und bestärkte die Sehnsüchte nach einer neuen Welt, so dass man German Arciniegas zustimmen kann, wenn er schreibt: „The most striking thing about Plato's book is not the invention of Atlantis but the divination of another continent, of another world, of another ocean." (Arciniegas 1986: 12) Wie Miliopoulos richtigerweise anmerkt, hat man zwar „Atlantis als reinen Mythos" anzusehen, dem wohl keine reale historische Realität zukommt, doch dies „mindert [...] keineswegs die Bedeutung der platonischen ‚Entdeckung Amerikas vor der Entdeckung'" (2007: 151). Wirkungsgeschichtlich entscheidend ist, dass die realen Entdeckungsreisen wie auch das utopische Denken durch die geistige Öffnung des atlantischen Raums mit angeregt wurden. Hatte der alte Mythos den Westozean für den Menschen eher beschränkt, so nahm dieser neue Mythos die moderne Entgrenzung vorweg.

Platon trug mit seiner Erzählung von der untergegangenen Insel Atlantis jenseits der Säulen von Gibraltar und einem dahinterliegenden Kontinent wesentlich zu dem Glauben bei, dass es jenseits der Grenzen der alten Welt eine neue Welt geben könnte. Auch wenn die Geschichte nur erfunden sein sollte, um seinem ideellen, jenseitigen Projekt vom idealen Staat eine scheinhistorische Fundierung zu geben – er setzte damit die Vorstellung einer diesseitigen Transzendenz in die Welt. Die Renaissance gab schließlich den Europäern die Legende um Atlantis zurück. Die Gelehrten lasen die alten Manuskripte aufs Neue und besonders in Italien wurde Platon zum Bildungsgut der Zeit. Marilio Ficino (1433-99), der Leiter der platonischen Akademie in Florenz, glaubte an die Realität der Atlantislegende. Vermutlich wurde Kolumbus direkt durch die Rezeption der platonischen Erzählung in der Renaissance beeinflusst (vgl. Brentjes 1994: 8 f.). Bartolomé de las Casas (1474-1566) schrieb später mit Bezug auf Atlantis: „Kolumbus konnte vernünftigerweise glauben und hoffen, dass, obgleich jene große Insel verloren und versunken war, andere zurückgeblieben sein würden oder wenigstens das Festland und dass, wenn man sie suchte, man sie finden würde." (Las Casas zit. n. Brentjes 1994: 67)

Damit hatte die alte platonische utopische Vision wohl auch unmittelbar mit dazu beigetragen, Kolumbus zu seinem Wagnis zu veranlassen. Als der Visionär Kolumbus nun nicht allein die Erde rund machte, sondern einen neuen Kontinent entdeckte, bedurfte es einer Interpretationsfolie für die Deutung dieser Welt – auch hier diente wiederum das alte Atlantis als Muster. Viele Autoren der Renaissance setzen Amerika mit Atlantis gleich und „so stieg denn Atlantis im 15. Jhd. aus dem Ozean des Vergessens wieder empor." (Brentjes 1994: 67) Dass Thomas Morus in seinem bei Amerika angesiedelten Utopia wesentliche Elemente der Politeia Platons übernahm, kann als Fernwirkung der platonischen Imagination angesehen werden – und schließlich entstand mit der 1627 erstmals in neulateinischer Sprache publizierten Baconschen Vision vom *New Atlantis* (Bacon 1862) ein Mythos der Moderne, der im US-amerikanischen Raum seine stärkste Wirkmächtigkeit entfalten sollte (vgl. Kap. 8.4).

6.3.3 Der abendländische Humanismus

Der Humanismus ist ein weiteres Erbe, welches die Moderne aus der Antike übernahm und der als zentraler „Wesenszug der abendländischen Kultur überhaupt" (Graf 1998: 11) gilt. Als Humanismus wird – so die traditionelle Bestimmung – „diejenige Form der Bildung und Erziehung [verstanden], die das Schrifttum der griechischen und römischen Antike als Quelle benutzt und als vollendete Ausprägung des geistigen, sittlichen und ästhetischen Menschen verehrt" (Graf 1998: 11).

Der Begriff Humanismus wurde von der Bezeichnung *studia humanitas* für den Kanon der sogenannten *artes liberales*, d.h. der freien Künste, abgeleitet (Spitz 1979: 640). Dieser wurde wiederum in Anlehnung an das griechische Bildungsprogramm der *enkyklios padeia*, d.h. des Kreises (gr.: „kyklos") der einem freien Menschen angemessenen Bildungsfächer, konzipiert (vgl. Fuchs 1960: 366 f.).[19] Die Übernahme in das Lateinische erfolgte durch Cicero, der insbesondere in dem Redner oder Dichter den geeigneten Lehrer der humanistischen Studien, der *humaniora*, sah (Spitz 1979: 640). Der Begriff der Humanität wurde damit von Cicero der griechischen Tradition folgend als eine Vervollkommnung des Menschen durch die Bildung (doctrina) in den *studia humanitas* bestimmt (Cic. Arch. 4, 15; Cic. de orat. 3,58; vgl. Cancik 1998: 753).[20] Das klassische humanistische Bildungsprogramm war mit einer Abgrenzung zu den Wissensgebieten der *artes sordidi*, den ‚schmutzigen Künsten', d.h. den mit handwerklicher Tätigkeiten verbundenen Fertigkeiten und Kenntnissen verbunden (vgl. z.B. Cicero 1994, De officiis I, 42, 150).

Damit kam dem Begriff des „Humanismus" von Beginn an auch ein elitärer Bedeutungsgehalt zu, der tendenziell zu einer hierarchischen Differenzierung zwischen jenen Menschen führte, welche zur Ausbildung ihrer *Humanitas* befähigt und willens sind, und jenen, die dieses Ziel nicht verwirklichten und mindere Arbeiten verrichteten. Insbesondere von Aristoteles wurde postuliert, dass ein Großteil der Menschen „von Natur Sklaven" (Aristoteles 1991: 1254b) seien und nicht die Fähigkeit zur Ausbildung echter Menschlichkeit besäßen und daher von den als Idealbild des Menschentums angesehenen Griechen zurecht unterworfen und beherrscht werden sollten. Somit trug der Humanismus im Laufe der Geschichte immer wieder zur Legitimierung von Herrschaft bei und es besteht ein enger Zusammenhang zwischen „Humanismus und Unterdrückung" (Raith 1985).

Allerdings ist anzumerken, dass mit dem Begriff der *Humanitas* immer auch andere Bedeutungsnuancen verbunden waren, die diesen elitären Charakter relativierten. So findet sich eine Nähe zum griechischen Begriff der Philanthropie, der Menschenliebe und dem Gedanken einer Gemeinschaftlichkeit aller Menschen (Cancik 1998: 752 f.). Insbesondere durch das Christentum sollte ein Humanitätsbegriff sich entwickeln, der die Einheit des Menschengeschlechts postulierte und nicht das Ausbildungsprogramm der griechische-römischen Eliten übernahm bzw. diesem sogar konträr gegenüberstand. Damit weist der abendländische Humanismus von Beginn an eine Mehrdeutigkeit auf. Diese Differenz zwischen populärem und „eigentlichem" Humanitasbegriff machte bereits der Schriftsteller Aulus Gellius (ca. 130-180 n. Chr.) deutlich:

---

19 Damit war ursprünglich die höhere Allgemeinbildung, wie sie von den Sophisten für die griechische Jugend entwickelt worden war, gemeint. Seit ca. dem 1. Jh. v. Chr. verfestigte sich dies zum Programm der sieben Einzeldisziplinen Grammatik, Dialektik, Rhetorik, Musik, Arithmetik, Geometrie und Astronomie (Illmer 1979: 157).

20 Entsprechend war ein Student der humanistischen Wissensgebiete der freien Künste in der Sprache des 5. - 15. Jh. ein *humanista*. Mit dem Renaissancehumanismus verbreitete sich der Begriff „Humanist" in Italien zunächst als Bezeichnung für einen Lehrer der klassischen Literatur, erhielt sodann aber eine weitere Bedeutung im Sinne eines in den antiken Schriften gebildeten Menschen (Spitz 1979: 640).

"Diejenigen, welche die lateinischen Wörter gemacht und sie richtig verwendet haben, gaben humanitas nicht die Bedeutung, die ihm das Volk zuschreibt – die auf Griechisch Philanthrophia [menschenliebend, Menschlichkeit] heißt und ein Entgegenkommen und Wohlwollen allen Menschen gegenüber ohne Unterschied bedeutet -, sondern humanitas nannten sie etwa das, was die Griechen als paideia bezeichnen, wir aber als Bildung und Unterweisung in den schönen Künsten: wer diese Künste aufrichtig anstrebt und begehrt, der ist wirklich menschlich. Denn die Bemühung um dieses Wissen und die Unterweisung in ihm ist von allen Lebewesen allein dem Menschen gegeben – deswegen heißt sie humanitas." (Aulus Gellius zit. n. Graf 1998: 17 f.)

Das Streben nach echtem Wissen machte demnach einen Menschen erst zum wahren Menschen. Auch in der späteren humanistischen Bewegung der Renaissance sollte im Wesentlichen auf dieses elitäre Verständnis von Humanitas Bezug genommen werden. Idealtypisch kann man somit zwischen zwei Typen des Humanismus unterscheiden:

a) Humanismus verstanden als ‚Mitmenschlichkeit' bezeichnet eine Bewegung, welche die Einheit der Gattung Mensch jenseits von Rasse, Kultur, Bildung usw. betont und für die Wahrung und Achtung der Würde aller Menschen kämpft. Dieser Begriff der Humanität ist integrativ, da er von Natur aus alle Menschen als gleich anerkennt.

b) Humanismus als Bildungsprogramm hat die Entwicklung der „Potentiale" des Menschen zum Ziel. Im Gegensatz zum obigen Humanismus ist man nicht einfach Mensch, sondern man muss sich durch „Arbeit" an der eigenen Natur zum Menschen machen. Mit dieser Idee verbunden war in der Regel der Gedanke, dass manche Menschen mehr als andere zu dieser Bildungsarbeit befähigt sind.

Die ganze abendländische Geschichte war durch dieses Spannungsverhältnis zwischen einem „hierarchischer Humanismus" und einem „egalitären Humanismus" geprägt (vgl. Jochum 2004). Im Folgenden werden zunächst die zentralen Ideen des klassischen hierarchischen Humanismus dargestellt, um sodann im nächsten Kapitel die hierzu kontrastierenden ökumenisch-kosmopolitische Vorstellung von der Einheit des Menschengeschlechts zu skizzieren.

Die Genese des griechischen Humanismus ist eng mit der griechischen Aufklärung des 5. Jh. v. Chr. und ihrem Ausbruch aus dem mythisch-biozentrischen Denken verbunden. Damit einher ging eine spezifische anthropo- und logozentrische Deutung der Stellung des Menschen im Kosmos. Protagoras wird der sogenannte *Homo-Mensura Satz* zugeschrieben: „Der Mensch ist das Maß aller Dinge, der seienden, dass sie sind, der nichtseienden, dass sie nicht sind." (Protagoras zit. n. Diels und Kranz 1975: 80 B1)

Von Sokrates werden, laut der Überlieferung des Xenophanes, die Fähigkeiten zum aufrechten Gang, zur Arbeit mit den Händen sowie zur Sprache als besondere Kennzeichen des Menschen angesehen, die diesen über die anderen Kreaturen erheben:

„Diese aufrechte Haltung befähigt ihn, weiter vorwärts zu sehen [...]. Während sie [die Götter] den übrigen Kreaturen nur Füße zum Gehen gaben, haben sie dem Menschen auch Hände verliehen, welche die meisten Dinge hervorbringen, dank derer wir glücklicher sind als die Tiere. Der Zunge, die doch alle Lebewesen besitzen, haben sie allein beim Menschen die

Fähigkeit gegeben [...] artikulierte Laute hervorzubringen. [...] Ist es dir nicht sonnenklar, dass die Menschen im Vergleich zu den übrigen Geschöpfen wie Götter leben, dass sie ihnen ihrer Natur nach an Leib und Seele weit überlegen sind." (Xenophanes zit. nach Müller 1970: 167)

Diese Annahme einer positiv zu bewertenden Sonderstellung des Menschen wurde für das philosophische Menschenbild der griechischen und römischen Antike bestimmend.

Der Anthropozentrismus war seit der griechischen Antike untrennbar mit einem „Logozentrismus" (Klages 1954: 121; Kozlarek 2000)[21] verbunden. Vor allem bei Aristoteles wurde die These einer Sonderstellung des durch Sprache und Urteilsvermögen sich über die anderen Lebewesen erhebenden Menschen formuliert: „Nun hat der Mensch [anthrophos] als einziges Lebewesen [zoon] Sprache [logos], [...] die Sprache dient aber dazu, das Nützliche und Schädliche, und daher auch das Gerechte und Ungerechte, darzulegen. Denn dies ist den Menschen gegenüber den anderen Lebewesen eigentümlich." (Aristoteles 1991: § 1252) Bei Aristoteles verband sich mit diesem Logozentrismus die Annahme einer Superiorität der zum Denken und zur Sprache befähigenden Anteile des Menschen über die animalischen Anteile im Menschen (ebd.).

An diese Konzeption, die sich in ähnlicher Form bereits bei Platon in seiner Seelenlehre findet (Platon 2000: 440c-441c), wurde in der Renaissance wieder angeknüpft. Der Anthropozentrismus und der Logozentrismus des klassischen Humanismus können als zentrales Erbe des antiken Okzidents angesehen werden, das von der Moderne übernommen wurde. Eine einflussreiche Adaption der anthropo- und logozentrischen Idee einer Superiorität des rationalen Menschen über die innere und äußere Natur erfolgte in dem 1487 verfassten Traktat *De dignitate hominis* (Von der Würde des Menschen) des Renaissancehumanisten Giovanni Pico della Mirandola (1463-1494). Hierin wird eine Stufenleiter der Entwicklung der Humanität des Menschen durch die Überwindung der „niederen" Triebe postuliert:

„Wenn du nämlich einen Menschen siehst, der seinem Bauch ergeben auf dem Boden kriecht, dann ist das ein Strauch, den du siehst, kein Mensch; wenn einen, der blind in den nichtigen Gaukeleien der Phantasie, wie denen der Kalypso, verfangen, durch verführerische Verlockung betört und seinen Sinnen verfallen ist, so ist das ein Tier, das du siehst, kein Mensch. [...] Wenn du aber einen reinen Betrachter siehst, der von seinem Körper nichts weiß, ins Innere seines Geistes zurückgezogen, so ist der kein irdisches, kein himmlisches Lebewesen; er ist ein erhabeneres, mit menschlichem Fleisch umhülltes göttliches Wesen" (Pico della Mirandola 1990: 9).

---

21 Der Begriff des Logozentrismus wird hier in Anlehnung an Klages zur Kennzeichnung des Gegensatzes zum Biozentrismus verwendet, ohne dabei seine Verdammung des Logos zu übernehmen. Bei Klages heißt es: „Die Objekte sind entfremdete Subjekte, und das Sein überhaupt ist entfremdeter Geist. Darnach wäre Erkenntnis das Ergebnis einer logozentrischen Umdeutung des Wirklichen und, falls nur die Menschheit dem Logos zur Stätte dient, auch ein anthropozentrischer." (Klages 1954: 121) Auf die eher irreführende Verwendung des Begriffs bei Derrida wird hier nicht Bezug genommen (Derrida 1974: 11f.). Wie Kozlarek zu Recht anmerkt, ist Derridas Gleichsetzung des Logozentrismus mit einem Phonozentrismus verkürzt (Kozlarek 2000: 159 f.).

Eine doppelte exklusive Logik des Humanismus lässt sich hier erkennbar. Zum einen erfolgt eine anthropozentrische Distanzierung vom kreatürlich-tierischen Dasein, das nur als inferiore Vorform des Menschlichen gesehen wird und das es zu sublimieren und zu überwinden gilt. Damit wird zugleich eine logozentrische Differenzierung erkennbar zwischen jenen Menschen, die den Tieren näher sind, und dem „wahrhaften" Menschen, der durch die Vernunft geleitet wird. Die Menschlichkeit eines Menschen zeigt sich somit nicht an seinem sozialen Verhalten gegenüber anderen Menschen, sondern vielmehr an der Fähigkeit, das kreatürliche und animalische der eigenen Natur zu domestizieren und damit sich erst vom Naturwesen zum echten Kulturwesen auszubilden. Graf drückt dies, Mirandola kommentierend, folgendermaßen aus: „Der Mensch wird Mensch dann, wenn er seinen grundsätzlichen Unterschied zum Tier realisiert – das schließt letztlich an das antike Kulturdenken an, wo eben Menschsein, humanitas, Folge einer historischen Abtrennung vom Tierähnlichen ist." (Graf 1998: 26)

Abbildung 9: Leonardo da Vinci: Der vitruvianische Mensch (ca. 1500; Galleria dell' Accademia, Venedig).

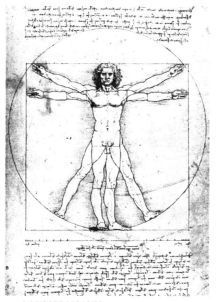

Quelle: http://www.zeno.org/nid/20004131959.

Der auf die Antike zurückgehende Anthropozentrismus des Renaissancehumanismus fand in der Darstellung des sogenannten „vitruvianischen Menschen" durch Leonardo da Vinci seine exemplarische und weit verbreitete bildhafte Darstellung (vgl. Abbildung 9): „Dieses ikonische Bild ist das Symbol des Humanismus als einer Lehre, in der sich die biologische, diskursive und moralische Entwicklung menschlicher Fähigkeiten mit der teleologischen Idee eines rationalen Fortschritts verbindet."

(Braidotti 2014: 19) [22] Mit dieser für den abendländischen Humanismus zentralen Vorstellung einer Zentralität des Menschen und seiner superioren Stellung über die anderen Geschöpfe war häufig auch ein Eurozentrismus verbunden. Die abendländische Zivilisation erschien als vollendete Form der Entwicklung der humanen Potentiale. Der Humanismus diente so der Selbsterhöhung des Okzidents und der Rechtfertigung der Unterwerfung der außereuropäischen Welt:

„Der Humanismus entwickelte sich zu einem Zivilisationsmodell, von dem eine bestimmte Idee Europas als dem Inbegriff der universalisierenden Kräfte selbstreflexiver Vernunft geprägt wird. [...] Der Eurozentrismus wird damit zu mehr als nur einer besonderen Einstellung: Er ist ein Grundelement unserer kulturellen Praxis, die sowohl theoretisch als auch gesellschaftlich und pädagogisch begründet ist." (Braidotti 2014: 19)

Auf die zentrale und zutiefst ambivalente Rolle des Humanismus als „Zivilisatonsideal" (ebd.) bei der Legitimierung der imperialen Bestrebungen des Westens bis in die Gegenwart wird später noch näher eingegangen. An dieser Stelle sollen primär die historischen Ursprünge dieses Denkens herausgearbeitet werden.

Insbesondere von Aristoteles wurde bereits in der Antike der humanistische Anthropo- und Logozentrismus in einer Weise interpretiert, welche die Mehrzahl der Menschen zu Untermenschen abwertete. Denn aus Sicht des Philosophen existierten Menschen, die von Natur aus nicht in vollem Masse mit einer Verstandesseele ausgestattet sind, und die daher der Herrschaft bedürften: „Der Sklave besitzt die Fähigkeit zur praktischen Vernunft überhaupt nicht, die Frau besitzt sie zwar, aber nicht vollwirksam, auch das Kind besitzt sie, jedoch noch nicht vollentwickelt." (Aristoteles 1991: 1252)

Damit wurde zum einen ein „Andropozentrismus" (Werlhof 1991: 202) im Sinne einer von Natur aus gegebenen Überlegenheit des Mannes über die Frau begründet. Mit dem Logozentrismus verband sich zugleich die Idee, dass der Mensch seine sozialen und rationalen Potentiale erst in der städtischen Gemeinschaft zur vollen Entfaltung bringen kann. Man kann deshalb von einem mit dem Logozentrismus einhergehenden „Polis-zentrismus" sprechen (Arnopoulos 1971). Die aristotelische Definition, dass der Mensch „von Natur aus gesellschaftliches Lebewesen [andropos physei politicon zoon]" (Aristoteles 1991: § 1253 a) sei, ist somit nicht nur als anthropologische Bestimmung des Menschen als ein soziales Wesen zu verstehen. Zugleich war Aristoteles davon überzeugt, dass nur in der Polis, die in Griechenland ihre höchste Form erreicht habe, der Menschen die vollkommene Form der Sozialität verwirklichen könne. Aus dieser Vorstellung leitete sich auch unter Bezug auf den lateinischen Begriff der *civitas* das humanistische Ideal der Zivilisiertheit ab, das ebenfalls als wesentlicher Bestandteil der okzidentalistischen Ideologie angesehen werden kann.

Auf dieser Grundlage postuliert Aristoteles zugleich eine von Natur aus gegebene Überlegenheit der Griechen über andere Völker, die in geringerem Masse zum Logos und zur Staatenbildung befähigt seien und die allesamt als „Barbaren" angesehen

---

22 Der sogenannte vitruvianische Mensch wurde von da Vinci in Anlehnung an die vom antiken Architekten Vitruvius aufgestellten geometrischen Prinzipien einer idealen Proportion des menschlichen Körpers gezeichnet (vgl. Zöllner 1987).

wurden, und die daher von Natur aus zur Sklaverei bestimmt seien: „Es ist wohlbegründet, dass Hellenen über Barbaren herrschen, da Barbar und Sklave von Natur aus dasselbe ist." (Aristoteles 1991: § 1252) Mit dieser Lehre wurde nicht nur die soziale Ungleichheit innerhalb Griechenlands gerechtfertigt, sondern sie diente vor allem auch dazu „der Versklavung fremder Völker bei der Entfaltung des makedonischen Imperiums durch die Eroberungszüge seines Zöglings Alexanders des Großen eine quasi metaphysische Weihe zu verleihen." (Eichler 1992: 865) Dieser hellenistische Ethnozentrismus wurde in der Neuzeit auch die Grundlage für den modernen Eurozentrismus.

Ein immer wiederkehrender Topos im abendländischen Diskurs war die Vorstellung, dass die Europäer von Natur aus ein Mehr an Menschlichkeit in ihrer Kultur erreicht hätten, und deshalb zur Unterwerfung der außereuropäischen Ethnien und Kulturen legitimiert seien. Wie Mignolo argumentiert, stellte die Differenzierung zwischen dem einfachen, unausgebildeten Menschen (*Anthropos*) und dem durch die *Humanitas* vollendeten Menschen eine zentrale Argumentationsfigur im kolonialen Diskurs der Moderne dar.[23] Die Universalisierung des okzidentalen Humanismus infolge der frühneuzeitlichen Entgrenzung der Welt ging so auch mit einer Globalisierung des Gedankens der natürlichen Ungleichheit zwischen den Menschen einher (vgl. Kap. 7.7 und 7.8). Es können daher die „Begründungsverfahren von Universalität in der Moderne […] [durch] Eurozentrismus und Logozentrismus" auf den Begriff gebracht werden (Kozlarek 2000: 19). In der Moderne gewinnt dabei zunehmend auch die Vorstellung der Überlegenheit der technoszientifischen Zivilisation des Westens über andere Kulturen eine zentrale Bedeutung für die Legitimierung der imperialen Landnahme (vgl. Kap. 8.8).

Es kann so insgesamt von einer spezifischen, mit dem Humanismus eng verbundenen okzidentalen „Ideologie" gesprochen werden, die durch die Verbindung von Euro-, Anthropo-, Polis-, Andro-, Logo-, und Technozentrismus gekennzeichnet ist. Dieses Lehrgebäude diente nicht allein dazu, eine Erhabenheit des vernunftbegabten, zivilisierten, europäischen Menschen über andere Menschen und die nichtmenschliche Natur zu unterstellen, sondern wurde immer wieder auch mit expliziten Herrschaftsprojekten verbunden. In der Neuzeit entwickelten sich so der abendländische Humanismus zur ideologischen Basis für ein umfassendes koloniales Projekt der Transformation der Welt. Sowohl die anthropozentrische Umgestaltung der Natur, die eurozentrische Kolonisierung und Zivilisierung der außereuropäischen Welt, wie ebenso die logozentrische Unterwerfung der inneren Natur wurde unter Rekurs auf humanistische Ideale gerechtfertigt.

Doch wäre es verkürzt, die Bedeutung des okzidentalen Humanismus auf eine die Herrschaft, Ungleichheit und Ausbeutung legitimierende Funktion zu reduzieren. Zugleich gab es auch stets Gegenbewegungen, die den Humanismus in integrativer

---

23 Die okzidentale Vernunft reklamierte die Humanitas für sich und auf dieser Grundlage wurden die inhumanen Anderen abgewertet und ausgegrenzt: „Since humanitas is defined through the epistemic privilege of hegemonic knowledge, anthropos was stated as the difference-more specifically, the epistemic colonial difference. In other words, the idea was that humans and humanity were all 'human beings' minus the anthropos." (Mignolo 2011: 85)

und egalitärer Weise ausdeuteten. Und diese Bewegungen haben ebenfalls ihre Vorläufer in geistigen Strömungen der Antike und des Mittelalters.

6.3.4 Die kosmopolitische Utopie

In der griechischen Antike verbreitete sich im Zeitalter des Hellenismus ein egalitärer Humanismus, der dem Gedanken einer hierarchischen Differenzierung der Menschheit entgegenwirkte. Der zyprische Philosoph Zenon von Kition (333-261 v. Chr.), der Begründer der Schule der Stoa, formulierte in diesem Geist eine „kosmopolitische Utopie" (Bloch 1959a: 571). In seiner nur in Fragmenten überlieferten Schrift *Politeia* entwickelte er die Idee der Einheit des Menschen in einer *Polis*, die den gesamten von Menschen bewohnten *Kosmos* umfasst:

„Wir sollten nicht in Staaten und Bevölkerungen getrennt leben, die je ihr besonderes Recht haben, sondern glauben, dass alle Menschen unsere Volksgenossen seien; es sollte nur Eine Lebensform und nur Eine Staatsordnung geben, gleichwie eine zusammenweidende Herde nach gemeinsamem Gesetz aufgezogen wird." (Zenon zit. n. Nestle 1923: 2)

Damit vollzog er zwei entscheidende Erweiterungen und Veränderungen gegenüber den beiden vorrausgehenden Schriften zum politischen Gemeinwesen von Platon und Aristoteles. Bei Platon war der Idealstaat als autarke, gerechte und gut regierte Stadt konzipiert worden. Aristoteles hatte in seiner *Politeia* auf der Basis des hierarchischen Naturrechts das Projekt einer kolonialen Unterwerfung der ‚Barbaren' entworfen, das von einer Differenz der Menschheit ausging. Alexander verwarf jedoch nach seinen erfolgreichen Feldzügen die Ideen seines Lehrmeisters – Aristoteles unterrichtete zeitweise Alexander – und leitete mit der Massenhochzeit von Susa zwischen Hellenen und Persern gezielt einen Prozess der Vermischung der Völker ein: „Das Weltreich Alexanders [...] erhebt Kosmopolitismus gleichsam zum realpolitischen Prinzip." (Horstmann 1976: 1156) Im folgenden Zeitalter des Hellenismus verbanden sich die Kulturen des Okzidents und des Orients und es wurde so die universalistische und kosmopolitische Philosophie der Stoa dominant, die den ethnozentrischen Humanismus des Aristoteles ablehnte, und eine Einheit und Gleichheit der Menschheit jenseits nationaler Verschiedenheiten postulierte: „Fortan gehört es zu den Eigenarten der hellenistischen Kultur, dass sie die Besonderheit der Nationalitäten ignoriert [...]. Repräsentiert wird diese Tendenz des Hellenismus vor allem durch die Stoa." (Ebd.: 1156)

Zwar ist festzuhalten, dass die kosmopolitische Utopie der Stoa auch zur Legitimation der hellenischen Expansion mit dem Ziel der Befriedung der eroberten Gebiete gedient hatte. Zweifelsohne wurde hierdurch aber ebenso die Grundlage für eine Ausweitung des bisher partikularen humanistischen Menschheitsbegriffs der klassischen griechischen Philosophen geschaffen und die „letztlich entscheidende geistige Vorbedingung auf dem Wege der Entfaltung und Proklamation moderner Menschenrechtsideen" (Kühnhardt 1987: 43) gesetzt. Es liegt so „die Bedeutung der stoischen Utopie [...] im Programm des Weltbürgertums, das bedeutet hier: der Einheit des Menschengeschlechts" (Bloch 1959a: 572).

Die Idee der Kosmopolis ging dabei, Toulmin zufolge, sogar über die Idee einer weltumspannenden Einheit der Menschheit hinaus und beinhaltete die Idee einer umfassenden Einheit von Natur und Gesellschaft:

„Das alte griechische Wort für [...] Ordnung hieß kosmos. [...] Auf der anderen Seite gibt es die Ordnung der Gesellschaft. [...] Das griechische Wort für diese zweite Art der Ordnung hieß polis. [...] Die Stoiker verbanden die natürliche und die gesellschaftliche Ordnung zu einer einzigen. […] Gesellschaftliche und natürliche Regelhaftigkeiten sind beide nur Seiten der umfassenden Kosmos-polis oder Kosmopolis." (Toulmin 1991: 117)

Die Einordnung in den Kosmos bedeutete, sich als Teil in ein größeres Ganzes einzufügen und damit dem Dasein einen Sinn zu verleihen: „Bürger des Universums – ein kosmopolites – zu sein wurde jetzt als Ziel betrachtet" (Jonas 2008: 295).

Die Idee der Kosmopolis sollte fortan in verschiedener Gestalt und unter verschiedenen Namen die abendländische Zivilisation begleiten. Bei den römischen Stoikern war sie teilweise „dienstfertige Ideologie [für] [...] die Pax romana, das kosmopolitische Imperium Roms, halb – mit abstrakter Utopie – ein Menschheits-Bruderbund weise gewordener Individuen" (Bloch 1959a: 305). Der ebenfalls von den Stoikern geprägte Begriff der Ökumene wurde schließlich vom Christentum aufgenommen und beeinflusste universalistische Erweiterung der christlichen Botschaft: „Begeisternd wirkte vor allem der stoische Utopiebegriff Ökumene. […] Das Weltbürgertum, das Paulus im Gegensatz zu Petrus vertrat, [ist] durch stoische Einflüsse erzeugt, mindestens verstärkt worden." (Bloch 1959a: 575) Die bereits diskutierte Aufladung und sakrale Überhöhung der Ökumene als dem Raum der unter dem Christentum vereinten Menschheit hat hier ihren Ursprung (vgl. Kap. 5.2.6). Mit den Gedanken einer „universalis civilitatis humani generis", einer universalen Bürgerschaft des Menschengeschlechts unter der „*Monarchia universalis*" wurde von Dante die kosmopolitische Vision weitergetragen (Dante 1316/1998: Kap. II; Kap. X) und später im Herrschaftskonzept von Karl V. imperial ausgedeutet (vgl. Bosbach 1988: 33 f.; Kohler 1999: 98; vgl. Kap. 7.6). Viele christlichen Mönchen stritten in der Neuen Welt auch unter Berufung auf ökumenisch-kosmopolitische Gedankengut gegen die Gewalttaten der Konquistatoren und für die Wahrung des Gedankens der Einheit des Menschengeschlechts (vgl. Kap. 7.7).

Und schließlich werden aktuell wieder mit der „Kosmopolis [...] die unerkannten Aufgaben der Moderne" (Toulmin 1991) assoziiert. Insbesondere Ulrich Beck plädiert für einen „kosmopolitische(n) Blick" (Beck 2004) und sieht im „kosmopolitische(n) Staat [...] eine realistische Utopie" (Beck 2001). Und die Aktivitäten der UNO und insbesondere die Vision einer nachhaltigen Entwicklung, die sowohl vom Geist der Einheit zwischen den Menschen als auch der Verbindung von Gesellschaft und Natur getragen ist, steht ebenfalls in dieser kosmopolitischen Tradition. Es ist dies die andere Seite des geistigen Erbes des Westens, die im Kontrast zu der im vorrausgehenden Kapitel dargestellten hierarchischen Komponente des abendländischen Humanismus steht. Es wird am Ende dieser Arbeit noch diskutieren werden, wie diese unterschiedlichen Traditionen des Westens und die damit verbundenen Kontroversen heute angesichts der Herausforderungen der Globalisierung wieder eine zentrale Bedeutung gewinnen.

6.4 ZUSAMMENFASSUNG: DIE SUCHE NACH ERLÖSUNG

Der Geist des Westens speist sich aus verschiedenen Strömungen der Kulturen der Achsenzeit, die in je unterschiedlicher Weise Antworten auf das Problem der Theodizee gaben. Im Gegensatz zu der mythischen Bejahung des leidvollen Kosmos wurden nun in der Regel außerweltlich orientierte Heilswege einer Erlösung aus der Welt des Leidens gesucht. In der jüdisch-christlichen Eschatologie keimte die Hoffnung auf das Kommen eines Neuen Himmels und die Erlösung durch einen Messias. Es entstand die Idee einer Heilsgeschichte und der Überwindung der unvollkommenen Welt am Ende der Zeiten. Die Gnosis radikalisierte das weltflüchtige Streben, was zu starker Leibfeindlichkeit und einer Weltverachtung beitrug.

Ähnliche Bewegungen entwickelten sich auch im griechischen Raum. Durch Platon wurde die utopische Vision eines idealen Staates entwickelt. Die Erzählung von der Insel Atlantis jenseits der Säulen der Herakles sollte – obwohl nicht unmittelbar als Illustration der Utopie konzipiert – später mit dieser Vision verbunden werden. Auch der antike Humanismus kann als Resultat des achsenzeitlichen Durchbruchs angesehen werden. In seiner hierarchischen Ausdeutung beinhaltete er die Botschaft einer Herrschaft des zum „Logos" befähigten okzidentalen Menschen über die Natur und die inferioren Menschen. Zugleich entstand aber die kosmopolitische Utopie einer Einheit des Menschengeschlechts.

Welche Bedeutung haben nun die Kulturen der Achsenzeit für das Verständnis der modernen Gesellschaft? Wie Eisenstadt im Anschluss an Voegelin argumentiert, haben heterodoxe, von der Gnosis beeinflusste Strömungen im Christentum die gemäßigte, zeitlich nicht klar bestimmte eschatologische Heilserwartung des orthodoxen Christentums, wie sie insbesondere bei Augustinus erkennbar war, in die radikalere Botschaft von der Überwindung und Transformation der unvollkommenen Wirklichkeit durch aktives Handeln umgewandelt: „Es ist Eric Voegelins große Erkenntnis [...], dass das moderne politische Programm tiefe Wurzeln in den heterodoxen gnostischen Traditionen des mittelalterlichen Europas hat. In den Revolutionen kam das heterodoxe Potential der Sekten zu seiner stärksten Wirkung." (Eisenstadt: 2000: 22) An die Stelle der Hoffnung auf den Triumph des Gottesstaates am Ende der Zeiten setzt demnach die Moderne, als Erbin der heterodoxen Bewegungen, das Programm der innerweltlichen Verwirklichung der heilsgeschichtlichen Hoffnungen. In den großen politischen Revolutionen der Moderne sei dieses Streben in eine innerweltliche Programmatik überführt worden. Es wird im Folgenden an diese Argumentation angeknüpft, und zugleich in entscheidender Weise modifiziert: Übernommen wird der Gedanke, dass der Geist des Westens, wie er sich in den Kulturen der Achsenzeit herausgebildet hat, in der Neuzeit durch verschiedene Revolutionen verweltlicht wurde. Allerdings wird zum einen deutlich werden, dass es nicht nur die politischen Revolutionen waren, durch welche dieser Geist wirksam wurde. Ebenso bedeutsam war die Verweltlichung dieses Erbes in der wissenschaftlich-technischen Revolution und die damit verbundene *Revolutionierung der gesellschaftlichen Naturverhältnisse*.

Zum anderen wird im Folgenden dargelegt, dass es die von Eisenstadt und Voegelin nicht berücksichtigte *nautisch-kosmographische Revolution der frühen Neuzeit* und die damit verbundene *Entgrenzung der Alten Welt und Entdeckung einer Neuen Welt* war, die wesentlich zu der *Verweltlichung des Geistes des Westens* beigetragen hat. Der achsenzeitliche 2-Welten-Dualismus von irdischer Immanenz und himmlischer Transzendenz wurde in das Spannungsverhältnis zwischen Alter und Neuer Welt transformiert und die Grenzüberschreitung in die außerweltliche Transzendenz durch eine innerweltliche Grenzüberschreitung abgelöst. Die für diesen Umbruch entscheidende *Entgrenzung des Raums im Zeichen des Plus Ultra* wurde zu einem *Paradigma der Entgrenzung humaner Wirkungsmacht* insgesamt. Erst hierdurch erfuhren die verschiedenen Strömungen der westlichen Kulturen der Achsenzeit ihre Transformation zu säkularen Erlösungs- und Emanzipationsbewegungen.

B. Die entgrenzte Welt der Moderne

Abbildung 10: Denkmal mit den Säulen des Herakles auf der Halbinsel von Gibraltar: Die Eröffnung des Atlantiks und die Entdeckung der Neuen Welt wird hier mit der Genese der Welt der Moderne gleichgesetzt.

Quelle: Fotographie des Verfassers.

7. Plus Ultra und die Erfindung Amerikas
Die Eröffnung des okzidentalen Sonderwegs

Die Westfahrt des Kolumbus sprengte die Grenzen der Alten Welt, hatte die unbeabsichtigten Entdeckung einer Neuen Welt zur Folge und trug so zu einem grundlegenden Wandel der Grundorientierungen der westlichen Kultur bei. Bereits die Einleitung des Bordbuches, das Kolumbus nach seiner Rückkehr aus Amerika dem spanischen Herrscherpaar überreichte, läßt die Bedeutung dieses Umbruchs erkennen. Es erfolgte eine Neubestimmung der Beziehung zum Orient, der nun auf einem westlichen Sonderweg angesteuert wurde:

„Im gegenwärtigen Jahre 1492, nachdem Eure Hoheiten dem Kriege gegen die Mauren, die noch in Europa herrschten, in der gewaltigen Stadt Granada ein Ende bereitet hatten [...] erwogen Eure Hoheiten, in Ihrer Eigenschaft als katholische Christen [...] mich, Christoph Kolumbus, nach den vorgenannten Gegenden Indiens zu entsenden. [...] Ihr befahlt, dass ich mich nicht über den Landweg in den Orient aufmache [no fuese por tierra al Oriente], wie es bisher üblich war zu reisen, sondern über den okzidentalen Weg [camino de Occidente], von dem wir wissen, dass ihn bis Heute niemand befahren hat." (Colombo 1981: 9)[1]

Durch die Abweichung des Kolumbus vom gängigen terranen Verbindungsweg zwischen Orient und Okzident erfolgt eine Neupositionierung des Westens in der Welt, der nun von einer peripheren Randlage ins Zentrum der Erschließung des Globus rückt. Der arabische „Andere" wird mit der Reconquista ausgegrenzt, und zugleich mit der Neuen Welt ein neuer Westen erschlossen und erobert.

Dabei ist allerdings hervorzuheben, dass dieser Prozess zwar von Kolumbus eingeleitet, aber ihm selbst nur partiell bewusst war, da er von dem „asiatischen Sein" (Dussel 1993: 27) der von ihm entdeckten Länder bis zu seinem Tode überzeugt blieb. Mit der Veröffentlichung des Berichtes des Florentiners Amerigo Vespucci über seine Reise entlang der Küste Südamerikas unter dem Titel *Mundus Novus* (Neue Welt) (1502/03) setzte sich allmählich die Erkenntnis durch, dass eine bisher unbekannte Welt existieren könnte. Doch erst im April des Jahres 1507 fand der Prozess der „Erfindung Amerikas" – so die von dem mexikanischen Historiker Edmundo O'Gorman gewählte Bezeichnung (1958/1972) – seinen Abschluss: Mit

---

1 Wiedergabe des deutschen Textes mit Ergänzungen durch das spanische Original (Columbus 1992: 9) und einer leicht abgewandelten Übersetzung.

der Publikation einer Weltkarte und einer Globussegmentkarte, auf denen erstmals der Name „America" erscheint, sowie eines einführenden und erläuternden Textes, der *Cosmographiae Introductio* (Ringmann und Waldseemüller 1507/2010), durch die deutschen Kartographen Ringmann, Waldseemüller und ihre Mitarbeiter wurde nicht nur eine Bezeichnung für die Neue Welt gefunden. Darüber hinaus wurde in diesem „Meilenstein frühneuzeitlicher Kartographie" (Lehmann 2010) erstmals unzweifelhaft in Bild und Wort Amerika als ein von den bekannten drei Teilen der alten Welt unabhängiger vierter Erdteil dargestellt. Und zugleich wurde die Neue Welt in eine vom Erdkreis zur Erdkugel ausgeweitete globale Ökumene integriert. Mit dieser kosmographischen Revolution fand der durch die italienischen und iberischen Seefahrer eingeleitete Prozess der Öffnung und Vergrößerung der Welt seine Widerspiegelung im europäischen Weltbild: Das globale Zeitalter hatte endgültig begonnen.

Mit der Überschreitung des alten Gebots des Non Plus Ultras und der Erfindung der Neuen Welt als Folge der Fahrt von Kolumbus sollte sich auch die geographische und anthropologische Bedeutung der Säulen des Herakles grundlegend verändern. Kaiser Karl V. kehrt zuerst die alte, resignative Symbolik der Säulen des Herakles als Mahnmal eines *più oltre non* in ihr Gegenteil um und erwählt *Plus Oultre* („Noch Weiter" bzw. „Plus Ultra") zur hoffnungsvollen Leitdevise seines globalen Imperiums. Mit dieser Umkehrung begründete die Moderne die Legitimität ihres Drangs zum Neuen und fand so ihr zentrales Signum. Zu Recht zählt Walter die Säulen des Herakles „zu den erfolgreichsten Symbolen, die die Menschheit hervorgebracht hat" (Walter 1999: 119). Die Umkehr der Bedeutung der Säulen des Herakles symbolisiert die Entstehung des neuzeitlichen Okzidentalismus.

Es konnte so der nautische Übergang zum Plus Ultra zum Paradigma für die neuzeitlich-moderne Öffnung von Raum und Zeit werden, wie auch Anthony Pagden in einem Artikel mit dem aussagekräftigen Titel *Plus Ultra – America and the Changing European Notions of Time and Space in Early Modern History* (2002) darlegt: „Die Entdeckung Amerikas markiert den Beginn der Moderne [...]. Sie veränderte die Art und Weise, in der die Menschen – d.h. letztlich die Europäer – die Beziehung zwischen Zeit und Raum verstanden." (Ebd.: 272; Übers. d. Verf.) Durch die Öffnung der ozeanischen Grenzen und die damit verbundene Verschiebung des Horizonts nach Westen wurde eine prinzipielle Öffnung des Möglichkeitshorizonts in den westlichen Kulturen induziert. Die Überschreitung der exemplarischen Grenze und das Erscheinen einer Neuen Welt werden zu Sinnbildern der Weltoffenheit des Menschen und zu einem basalen Musterbeispiel.

Aufgrund dieser paradigmatischen Bedeutung kommt den Säulen des Herakles eine weit über ihren historischen Stellenwert hinausgehende zentrale Bedeutung für das Verständnis der Moderne zu. Denn sie wurden, wie im Folgenden im Detail dargelegt wird, zu einem zentralen Element im sich konstituierenden Mythos des Westens. Diese, durch die Entgrenzung der ozeanischen Grenzen der antiken Ökumene eingeleitete Revolution des okzidentalen Welt- und Selbstverständnisses, soll im Folgenden näher dargestellt werden.

Dabei wird zunächst auf die *nautische Revolution* eingegangen, die diesen Prozess ermöglicht hat. Es wird deutlich werden, dass sich bereits Grundmuster der *okzidentalen Rationalität* herausbilden. Sodann wird auf die kosmographische

Revolution eingegangen, die sich in der neuen Weltdarstellung Waldseemüllers und Ringmanns bündelte. Es entsteht eine neues, globales Weltbild.

Diese war nicht nur mit einer *geographischen Revolution* verbunden, sondern leitete einen umfassenden Mentalitätswandel ein, der eine prinzipielle *Öffnung für das Neue* legitimierte. Damit sind die ersten *Querelle des Anciens et des Modernes* der Neuzeit verbunden. Hiermit einher ging eine *anthropologische Revolution*, welche ein neues Selbstverständnis des okzidentalen Subjekts im Sinne einer *Weltoffenheit des westlichen Menschen beförderte.*

Der okzidentale Mensch überwand auch zugleich Grenze zwischen Immanenz und Transzendenz, indem er transzendentale Visionen innerweltlich realisierte. Damit resultierte aus dieser Westöffnung weit mehr als nur eine räumliche Öffnung. Vielmehr wurde hierdurch zugleich eine *Säkularisierung* der bisher außerweltlich orientierten eschatologisch-utopischen Heilshoffnungen des Westens eingeleitet. Utopien wie die namensgebende *Utopia* von Morus (1516) wurden in eine imaginierte Neue Welt projiziert.

War zuvor der Westen die Peripherie der alten Welt, so verwandelte er sich zum Zentrum der neuen globalen Welt und Ausgangspunkt der Eroberung neuer Welten im Zeichen jenes „Plus Ultra", das sich Karl V. zum Signum der neuen kolonial-imperialen Weltherrschaft erwählte. Damit wird auch die Ambivalenz der Symbolik deutlich: in ihr findet auch die *Kolonialität der Moderne* ihren Ausdruck.

Dies wird auch an der Problematik der *Ausweitung der Ökumene* und der damit verbundenen Frage zur Zugehörigkeit der „Indios' zur Menschheit erkennbar. Hier steht die Position eines hierarchischen Humanismus, welcher unter der Annahme einer Superiorität des okzidentalen Menschen die gewaltsame Konquista rechtfertigt einer Position gegenüber, welche für eine Ausweitung des Gedankens der Einheit des Menschengeschlechts plädiert. Schließlich wird klar, dass ebenso der *okzidentale Kapitalismus* durch diese Entgrenzung wesentlich geprägt wurde und hierbei die mit dem Plus Ultra verbundene Expansionsdynamik in den kapitalistischen Wachstumszwang übergeht.

Insgesamt wird deutlich, dass diese mit der ozeanischen Entgrenzung und der Erfindung Amerikas verbundenen Transformationen des okzidentalen Welt- und Selbstverständnisses sich gleichsam zu einem „Mythos des Westens" bündeln, der dann in gewandelter Form auch den weiteren Verlauf der Moderne bestimmt.

7.1 DIE NAUTISCHE REVOLUTION UND DER URSPRUNG DER OKZIDENTALEN RATIONALITÄT

Die Voraussetzungen für die europäische Expansion waren vielfältig und es lassen sich die Ursachen sicherlich nicht nur auf Innovationen im nautischen Bereich reduzieren, diese waren vielmehr in einen breiteren Kontext eingebettet. Pietschmann nennt Entwicklungen wie das Wachstum der Bevölkerung, das Aufkommen des Bürgertums in den Städten, die damit verbundene Ausweitung des Handels und des Geldwesens, eine Festigung der politischen Mächte, neue Bewegungen innerhalb des Christentums und eine verstärkte Rezeption der aristotelischen Schriften als strukturelle, politische und mentale Rahmenbedingungen für den Aufbruch (Pietschmann 1994: 211). Auch Sagen und Mythen von Herrschern und Ländern jenseits der

Grenzen der bekannten Welt sollten anregend wirken (ebd.). Die osmanische Eroberung Konstantinopels und das Vordringen der Türken nach Europa kann ebenfalls als Ursache genannt werden. Es mussten neue Wege zu den Gewürzen Asiens gefunden werden und nach der Versperrung des Landwegs nach Osten war die Erkundung der afrikanischen Küste und des einst tabuisierten Westens ein möglicher Ausweg.

In diesem Zusammenhang waren nun die technologischen Innovationen in der Schifffahrt von zentraler Bedeutung. Insbesondere die Neuerungen in der Navigationskunst sollten, wie im Folgenden aufgezeigt wird, zum Paradigma für die Herausbildung einer neuen Rationalität werden, die auf dem Glauben einer Berechenbarkeit der Welt gründete. Diese Vermessung der Welt und die darauf beruhende Erschließung unbekannter Meere und Länder wurde allerdings anfänglich noch, wie am Beispiel des Narrenschiffs von Sebastian Brant dargelegt wird, als närrisches Tun verdammt. Dem wurde das positiv bewertete außerweltlich orientierte Heilswissen entgegengestellt, das die Grenzen der irdischen Existenz akzeptiert. Jedoch sollten diese Vorbehalte gegen die nautische Entgrenzung und Vermessung der Welt durch die Erfolge der iberischen Entdecker an Bedeutung verlieren. Eingeleitet wurde hierdurch eine epochale Transformation, infolge derer das antik-mittelalterliche Begrenzungswissen durch ein neuzeitliches Entgrenzungswissen und damit eine auf wissenschaftlich angeleitete Weltbeherrschung abzielende okzidentale Rationalität abgelöst wurde.

7.1.1 Die nautische Öffnung der Welt

Noch im Mittelalter waren der technische Entwicklungsstand der Schiffe wie auch die nautischen Instrumente und die zugehörigen Kenntnisse der Piloten nur bedingt für eine systematische Erkundung der Ozeane geeignet. Daher kann die Setzung eines Non Plus Ultra nicht nur als Ausdruck einer mythischen Angst, sondern ebenso als durchaus realistische Einschätzung des humanen Möglichkeitshorizonts angesehen werden. Erst technische und navigatorische Neuerungen in der Schifffahrt ermöglichten den Ausbruch aus dieser Welt. Es war somit „das Schiff [...] ohne Zweifel und durchaus im wörtlichen Sinne der elementare Träger der europäischen Expansion der frühen Neuzeit" (Marboe 2009: 8).

Der Expansion in neue Welten voraus ging zunächst die sukzessive Öffnung des Atlantiks im späten Mittelalter.[2] Mit der Landung genuesischer Schiffe in Brügge

---

2 Die iberische Reconquista hatte auch zu einer Gewinnung von Stützpunkten in der Nähe der Straße von Gibraltar beigetragen und damit konnte „die maritime Vorherrschaft arabischer Seeräuber am Ausgang des Mittelmeers gebrochen werden" (Pietschmann 1994: 212). Die Reconquista der europäischen Seite durch die Spanier - Gibraltar wurde 1462 zurückerobert - sowie die Eroberung von Ceuta auf der afrikanischen Seite durch die Portugiesen (1415) trugen mit zur Umkehr des Non Plus Ultras zum Plus Ultra bei. Die Aktivitäten der italienischen Seemächte Venedig und insbesondere Genua, die zunächst auf den östlichen Mittelmeerraum konzentriert waren, begannen sich nach Westen zu verlagern und seit dem Ende des 13. Jh. sollte der lange durch die arabische Herrschaft unterbundene Handel zwischen dem Mittelmeerraum und dem Nordseeraum an Bedeutung gewinnen (Pietschmann 1994: 211 f.).

1277 war die durch die arabische Okkupation der Straße von Gibraltar lange Zeit erschwerte Verbindung zwischen dem mediterranen und dem atlantischen Raum wiederbelebt worden (vgl. Braudel 1986: 149; 153).[3] Hierdurch kam es nicht nur zu einer Ausweitung der ökonomischen Aktivitäten und der Verbindung von unterschiedlichen Wirtschaftsräumen, sondern auch zu einem technologischen Austausch zwischen den unterschiedlichen Schiffsbautraditionen durch eine „wechselseitige Befruchtung von Nord und Süd" (Marboe 2009: 15).

Beginnend bei der Schifffahrtsnation Venedig, aber dann an anderen Orten weitergeführt, vollzog sich eine „nautical revolution" (Lane 1973: 119), welche sowohl den Bau der Schiffe, die Segeltechniken als auch die Navigation betraf. Zu nennen sind zum einen Fortschritte im Schiffsbau, wie das bei der Hanse erstmals verwendete Heckruder sowie die Verbreitung der Kraweelbauweise, wodurch der Rumpf eine glatte Oberfläche erhielt (vgl. Afflerbach 2003: 100 f.). Von besonderer Bedeutung waren zugleich Fortschritte in der Segeltechnik. Die Möglichkeiten der Nutzung der Windkraft wurden durch die Verbreitung der Lateinersegel gesteigert.[4] Hinzu kam infolge der Entdeckung und Besiedelung der kanarischen Inseln, Madeiras und der Azoren sowie der Erkundungsfahrten der Portugiesen entlang der afrikanischen Küste, eine zunehmende Kenntnis der Winde auf dem Atlantik (ebd.). Die Europäer konnten hierdurch im Bereich der Schifffahrt allmählich einen technologischen Vorsprung gegenüber den anderen maritimen Mächten der alten Welt gewinnen.[5] Für

---

3   In Brügge sollte das Gasthaus *Ter Buerse*, in dem die italienischen, hanseatischen und iberischen Kaufleute häufig ihre Unterkunft hatten, zum namensgebenden Ursprung der Börse werden, was auch auf die Bedeutung dieses frühen Seehandels für die Genese des modernen Kapitalismus verweist (Schneider 1981: 243 f.).

4   Dieses verbreitete sich vermutlich vom arabischen Raum aus. Lange Zeit war dabei noch die Konkurrenz „Ruder gegen Segelschiff" feststellbar (Marboe 2009: 12). Insbesondere im militärischen Bereich wurden dabei seit der Antike bis zur Schlacht von Lepanto (1571) im Mittelmeerraum die geruderte Galeere bevorzugt, weil sie eine größere Schnelligkeit, eine höhere Präzision in der Steuerung und bessere Wendigkeit aufwies. Als ein großer Nachteil erwies sich allerdings, dass wenig Raum für Transportgüter und damit auch für Proviant für die großen Ruderbesatzungen vorhanden war. Für Erkundungs- und Handelsfahrten in ferne Gebiete waren daher die Galeeren weniger geeignet. Mit dem Lateinersegel verband sich der Vorteil, dass im Gegensatz zum klassischen Rahsegel das Segeln „hoch am Wind" und damit das Nutzen seitlicher Winde und das Kreuzen möglich wurde (ebd.: 17). Damit wurde ein Verzicht auf die Ruderbesatzung möglich.

5   Damit soll nicht unterstellt werden, dass die hier genannten Entwicklungen absolut einzigartig sind, als Errungenschaften der okzidentalen Welt zu würdigen seien und in anderen Kulturen keine vergleichbaren Entwicklungen erfolgt wären. Vielmehr ist durchaus zu betonen, dass z.B. die Entwicklung der chinesischen Schifffahrt zur Zeit der Entdeckungen in vielen Punkten durchaus gleichwertig war und die erste Verwendung eines einfachen Kompasses in China erfolgte. Den Entwicklungsstand der chinesischen Schifffahrt machen insbesondere die Reisen des Admirals Zhèng Hé deutlich, die bis nach Mogadishu führten. Allerdings sollte deren Bedeutung auch nicht überbewertet werden, da die Reisen auf weitgehend bekannten Routen erfolgten. Auch sind Erzählungen von einem gigantischen Ausmaß der Schiffe zu relativieren (vgl. Wake 2004). Letztlich führten aber politische und nicht technologische Gründe zur Beendigung der chinesischen Expansion.

die europäische Erkundung der Meere und auch deren militärische Kontrolle waren diese Innovationen eine unabdingbare Voraussetzung.[6]

Entwickelt wurden die neuen Technologien des Schiffsbaus und des Segelns im Übergang zur Neuzeit vor allem an der Atlantikküste, wohingegen man im Mittelmeerraum eher die alten Traditionen beibehielt. Wegweisend waren die Portugiesen, deren „Karavelle für lange Zeit das Entdeckerschiff schlechthin" (Marboe 2009: 17) wurde. Neben ihren Segeleigenschaften machte es der geringe Tiefgang dieses Schiffstyps möglich, in Küstennähe und in Flussmündungen zu operieren, was gerade für die Erkundungsfahrten der Portugiesen entlang der afrikanischen Küste von Vorteil war (ebd.).

Mit der Zunahme der Mobilität verband sich auch die Notwendigkeit der Erschließung neuer Navigationstechniken. Als ein wesentlicher Fortschritt kann dabei die Nutzung des Schiffskompasses ab etwa dem 13. Jh. angesehen werden (vgl. Wolfschmidt 2008: 41). Mit dieser Erfindung ging eine Neuausrichtung der Darstellung der Welt einher, die nun genordet wurde und nicht mehr nach dem Orient orientiert war. Damit verband sich zugleich die Herausbildung einer neuen Kartographie, welche die alte, terrazentrische und sakralisierte Darstellung der Welt durch neue, dem praktischen Zwecke der Seeleute dienende Seekarten, die sogenannten *Portolane*, ablöste (ebd.: 36 f.).

Jedoch waren diese neuen Formen der nautischen Orientierung allein nicht ausreichend. Erst die Lösung der Problematik einer genaueren Positionsbestimmung auf hoher See und an unbekannten Küsten machte die systematische Erschließung und Erweiterung des ozeanischen Raumes möglich. Am Beginn dieses Prozesses stand die exaktere Bestimmung des Breitengrades durch die Weiterentwicklung der astronomischen Navigation (Wolfschmidt 2008: 65 f.). Dies wurde insbesondere bei den Entdeckungsfahrten der Portugiesen nach Süden zur Erkundung einer Afrikaroute nach Indien notwendig. Häufig wird dabei die Seefahrerschule Heinrich des Seefahrers in Sagres als Beginn der nautischen Revolution angeführt. Heute wird der eigentliche Durchbruch etwas später angesetzt, aber es ist festzuhalten, dass „Heinrich [...] jene Persönlichkeit (war), die in der Seefahrt erste Momente von Wissenschaftlichkeit einführte" (Marboe 2009: 29). Solange die Portugiesen noch auf der Nordhalbkugel fuhren, war die Bestimmung des Breitengrades durch die Messung

---

Auch die Araber waren in den astronomischen und mathematischen Kenntnissen lange Zeit führend und ohne ihren Einfluss wäre die Entwicklung der Mathematik und ihre Nutzung in der europäischen Astronomie wohl nicht denkbar gewesen (vgl. u.a. Huff 2003; Honson 2004; Al-Khalili 2011). Allerdings verbanden die iberischen Seefahrer diese Kenntnisse in neuer Weise und stellten sie explizit in den Dienst einer innerweltlich orientierten Vermessung und Eroberung der Welt. Diese Wende wurde in dieser Radikalität in den anderen genannten Kulturen nicht vollzogen.

6   Zusammen mit der Entwicklung der Kanonentechnik und deren Einsatz auf Schiffen kam es so zu einer nautischen wie auch militärischen Revolution, welche die Grundlage für die maritime Vorherrschaft der Europäer wurde: „Ruderer durch Segel, und Armbrustschützen durch Kanonen zu ersetzen, bedeutet im Wesentlichen die Verwendung von Wind und chemisch-physikalischer statt menschlicher Energie. [...] Von diesem Zeitpunkt an verbreiteten die europäischen Segelschiffe auf allen Weltmeeren Angst und Schrecken." (Cipolla 1999: 89)

der Höhe des Polarsterns möglich. Im Jahre 1471 wurde nach der Überschreitung des Äquators jedoch die komplexere Methode der Berechnung der Breiten unter Zuhilfenahme der Sonnenhöhe erforderlich (vgl. Bensaúde 1914: 3). Die Einführung von neuen, immer exakteren Beobachtungsinstrumenten – zu Beginn Astrolabium und Quadrant, später auch die Sextanten (vgl. Wolfschmidt 2008: 68 f.) – ermöglichten in Verbindung mit der Nutzung von astronomischen Tabellen über die Stellung der Sonne eine neue Form der Bestimmung der Position des Schiffes. Neben dem *Almanach* des sephardischen Gelehrten Zacatus von Salamanca (Avraham ben Shemu'el Zakut et al. 1498) sollten dabei insbesondere die *Ephemeriden* (Regiomontanus 1474) des deutschen Mathematikers und Astronomen Regiomontanus eine zentrale Bedeutung in Portugal gewinnen. Sie enthielten genaue Angaben zur Höhe des Sonnenstandes und wurden vermutlich durch den Nürnberger Kaufmannssohn Martin Behaim an den Hof des portugiesischen Königs gebracht (Mett 1996: 157). In Verbindung mit verbesserten Messinstrumenten wurde es nun möglich, eine exaktere Bestimmung der Position auf hoher See vorzunehmen, während zuvor noch das Land dem schwankenden Schiffsboden vorgezogen wurde (ebd.: 159 f.). Diese Angaben wurden in den im iberischen Raum als *Regimentos* bezeichneten nautischen Büchern abgedruckt und waren eine zentrale Basis für eine „Verwissenschaftlichung" der Navigation.

Zum Symbol dieser neuen Bedeutung des astronomischen Wissens für die Schifffahrt avancierte in Portugal die Armillarsphäre, eine Darstellung der Himmelssphäre, die teilweise auch als Winkelmessinstrument Verwendung fand. Sie wurde bereits in der Antike entwickelt und auch im islamischen Raum verwendet, aber erst durch Regiomontanus wieder im Westen bekannt gemacht (vgl. Abbildung 11). Die Armillarsphäre avancierte zum Symbol der Fortschritte in den Navigationstechniken und der darauf gründenden maritimen Expansion der Portugiesen. Bis heute ziert es die Flagge des Landes.

Abbildung 11: Ausgabe des Almagest von Ptolemäus (unten links sitzend) von Regiomontanus (rechts sitzend) mit Armillarsphäre (Regiomontanus et al. 1496).

Quelle: Bildnachweis: https://commons.wikimedia.org/ wiki/File:Ptolemy_Muller.jpg?use lang=de.

Zwar sollte es noch lange Zeit dauern, bis im 17. Jahrhundert mit Hilfe des Chronometers auch das Problem der Bestimmung des Längengrades gelöst wurde (vgl. Sobel 2011). Mit der Berechnung des Breitengrades durch die neuen Formen der astronomischen Navigation war jedoch der erste und wohl entscheidende Schritt vollzogen worden, der es dem Menschen ermöglichte, den bisher als zu unsicher und zu riskant erachteten Vorstoß in die ozeanische Sphäre der atlantischen Welt zu wagen. Mit anderen Worten: Die Absicherung durch die Orientierung am himmlischen Kosmos machte das Wagnis kalkulierbar.

Damit einher ging auch ein Wandel des Berufes des Steuermannes. Die Navigatoren mussten sich nun in zunehmendem Maße astronomische Kenntnisse aneignen, um die durch die Himmelsbeobachtungen gewonnenen Erkenntnisse richtig nutzen zu können. Die als *Pilotos* (von gr. „Pedon": »Steuerruder«) bezeichneten Navigatoren gehörten zu den zentralen Protagonisten der frühneuzeitlichen Entdeckungsfahrten. Auf der iberischen Halbinsel wurde der Ausbildung dieser Pilotos eine hohe Bedeutung beigemessen (vgl. Lamb 1995: 677 f.).

So wurde in Sevilla die Stellung des sogenannten *Piloto Mayor*, des obersten Piloten, geschaffen, der als Ausbilder und Prüfer für die Piloten diente, die Instrumente normierte und das durch die Entdeckungsfahrten gesammelte Wissen bündelte (ebd.: 677). Zum ersten Piloto Mayor des spanischen Imperiums wurde bezeichnenderweise Amerigo Vespucci berufen. In dessen Ernennungsurkunde wurde die Notwendigkeit der neuen Stellung mit folgenden Worten begründet:

„Die Erfahrung zeigt uns, dass die Seeleute nicht die zur Führung ihrer Schiffe erforderlichen Kenntnisse besitzen; sie haben nicht das zur Bestimmung der Höhe mit Hülfe des Quadranten und des Astrolabiums und zur Berechnung der Breiten nötige Wissen; infolgedessen machen sie zahlreiche Fehler, die schwere Nachteile zur Folge haben. Zu ihrer Vermeidung beauftragen wir Euch, dafür zu sorgen, dass von nun an alle Piloten des Reiches im Gebrauche des Quadranten und des Astrolabiums hinlänglich unterrichtet werden, um auf ihren Fahrten *theoretische und praktische Kenntnisse vereinen und anwenden zu können.*" (Fernández de Navarrete 1971: 299; (Übers. u. Herv. G.J.)

Hier wird die Herausbildung einer neuen modernen wissenschaftlichen Rationalität erkennbar. Die Astronomie löst sich von ihrer Einbindung in eine transzendental orientierte Erkundung der höheren Sphären und ihrer astrologischen Verwendung. Die im königlichen Brief eingeforderte Verknüpfung von Theorie und Praxis sollte paradigmatisch für die Neudefinierung des Verhältnisses von abstraktem Wissen und tätiger Erkundung und Aneignung der Welt werden. Zu Recht schreibt daher Sloterdijk: „Das experimentum maris lieferte das Kriterium des neuen Welterfahrungsbegriffs. Auf den Meeren wurde zuerst deutlich, wie sich die Neuzeit das Zusammenspiel von Theorie und Praxis vorstellen sollte." (Sloterdijk 1999: 851)

Damit verbindet sich zugleich ein neues Verhältnis zum okzidentalen Meer. Die astronomische Navigation und die später folgenden technischen Navigationssysteme entzauberten den Mythos von der Nichtbefahrbarkeit des Atlantiks. Gegen die Gefahr des Orientierungsverlustes und des Abdriftens im großen Ozean setzten die Piloten ihre neuen Navigationstechnologien, welche dem Chaos eine mathematische Ordnung entgegenstellten und damit die Wahrung des Kurses und die Erreichung der Ziele ermöglichten: „Auch wenn der Steuermann nicht wusste, wo er war, so konnte er doch jetzt seine geographische Position feststellen. Alle Fortschritte der nautischen Astronomie bezogen sich nun auf diesen einen Punkt ‚Messung'." (Köberer 1982: 184) An die Stelle der alten, eher auf Erfahrungswissen basierenden Methoden der Navigation, die in Küstennähe noch ausreichend waren, trat nun eine abstrakte, mathematisierte Form der Messung und Berechnung.

Die neuen Navigationsmethoden und die Verwendung des Koordinatensystems von Längen und Breitengraden zur Orientierung auf hoher See hatten somit einen grundlegenden Wandel des Weltbildes zur Folge: „Ein neues geographisches Weltbild ist damit entstanden. Jeder Punkt in diesem Raum ist sozusagen gereinigt und entmythologisiert. [...] Eine soziale Konsequenz dieser Entwicklung heißt: Der Handlungsspielraum der Europäer ist mit dem irdischen Raum deckungsgleich geworden." (Granzow 1989: 36) Max Weber zufolge lässt sich die „zunehmende Intellektualisierung und Rationalisierung" in der okzidentalen Kultur auf eine einfache Formel bringen: „Dass man [...] alle Dinge – im Prinzip – durch Berechnen beherrschen kann [...] bedeutet: die Entzauberung der Welt." (Weber 1994: 9) Es waren zuallererst die Piloten der frühen Neuzeit, die diesen Prozess eingeleitet haben. Das Kernziel der neuen navigatorischen Praxis war eindeutig: „Das Leitmotiv heißt Berechenbarkeit." (Granzow 1986: 291) Die hiermit verbundenen technischen und wissenschaftlichen Neuerungen haben zu einer grundlegend „neuen Beurteilung der beiden Kategorien Raum und Zeit beigetragen" (ebd.: 269).

Dabei dienten die Messungen der Piloten nicht allein der Bestimmung des eigenen Standortes und des Kurses. Bereits Heinrich der Seefahrer hatte seine Kapitäne beauftragt, über ihre Fahrten täglich Aufzeichnungen zu machen und diese im Bordbuch, dem sogenannten *Diario*, zu verzeichnen. Sowohl Beobachtungen über Strömungs- und Windverhältnisse sowie Küstenverläufe einschließlich trigonometrischer Vermessungen als auch Kontakte mit Eingeborenen sollten eingetragen werden. Damit waren die Entdeckerschiffe gleichsam Forschungsschiffe und die hierdurch gewonnenen Kenntnisse waren „für die Zukunft der europäischen Expansion unerlässlich" (Marboe 2009: 29). Dieser Forschungsprozess sollte in der Folgezeit weitergeführt und systematisiert werden. Damit wurde die erste systematische, wenn auch noch nicht in die ozeanische Tiefe gehende, Meeresforschung begründet. Die Ergebnisse der Vermessung und Erkundung der neu entdeckten Meere und Regionen durch die Piloten wurden von Zentralbüros in den Heimatländern – der portugiesischen *Casa da Mina e da India* und der spanischen *Casa de Contratación* – gesammelt, verglichen und in den als *Regimentos* bzw. als *livros de marear* bezeichneten Segelhandbüchern zusammengefasst (vgl. Hertel 1990: 240). Diese enthielten neben den Anleitungen zur Bestimmung der Position mittels astronomischer Navigation zunehmend auch Angaben zu Kursen, Distanzen, Strömungen und Winden. Wertvollstes Ergebnis der Erkundungen war die permanente, durch Kumulierung der Erkenntniszuwächse ermöglichte Verbesserung des *padrón real*, der von den iberischen Mächten geheimgehaltenen Weltkarte – das Wissen über die Welt und die Macht über diese waren untrennbar miteinander verbunden.

Die Forschungen der Casa de Contratación in Sevilla können dabei geradezu als das erste wissenschaftliche Großprojekt der Neuzeit angesehen werden. Der hier erfolgte Wechselprozess zwischen Empirie und wissenschaftlicher Bündelung des Wissens wurde paradigmatisch für die sich in den folgenden Jahrhunderten erfolgende Herausbildung der neuzeitlichen Wissenschaften:

„In response to demands for improving the nautical link with the New World, the first public lay institution in Europe for science and technology came into being in Seville. Its success made a routine of adventure. [...] [It] constitute[s] a most obvious 'blunted impact' on European scientific thoughts by the naval link of the Iberian empires." (Lamb 1995: 683)

Die Casa de Contratación etablierte sich als wegweisende „chamber of knowledge" (Barrera-Osirio 2006: 29), die zum Vorbild für das später von Francis Bacon formulierte wissenschaftliche Programm und die darauf aufbauenden Forschungsaktivitäten der Royal Society wurde (ebd.: 31). Ein signifikantes Beispiel hierfür stellt das von Garcia de Céspedes (1560-1611), dem obersten Kartographen der Casa de Contratación, verfasste Navigationshandbuch *Regimiento de navegación* (Madrid 1606) dar, dessen Titelblatt ein Schiff ziert, das durch die Säulen des Herakles fährt (Abbildung 12).

Abbildung 12: Frontispiz des „Regimento de navegación" von Garcia de Céspedes (1606).

Quelle: Abbildung aus der Ausgabe der Bayerischen Staatsbibliothek München.

Dieses Handbuch wurde, wie später noch näher dargelegt wird, zu einem wichtigen Vorbild für ein Gründungsdokument der neuzeitlichen Wissenschaft: Dem *Novum Organum* (1990/1620) von Francis Bacon, dessen Titelblatt und gesamter Aufbau eine unverkennbare Nachahmung des spanischen *Regimiento* darstellt (siehe Kap.8.4). Die Pilotos schufen so durch die Vermessung des Standortes ihres Schiffes wie auch der neu entdeckten Gebiete nicht nur die Basis für die Eroberung der Welt durch die iberischen Mächte. Die nautische Vermessungskunst lieferte darüber hinaus das Grundparadigma für die Herausbildung der neuzeitlichen anwendungsorientierten, auf Weltbeherrschung ausgerichteten, okzidentalen Rationalität.

7.1.2 Vom Narrenschiff zum Vernunftschiff

Der durch die nautisch-navigatorische Revolution eingeleitete Prozess der Erkundung der Welt stieß nicht nur auf Zustimmung. Als aussagekräftiges Dokument zur ambivalenten Haltung der Zeitgenossen gegenüber der nautischen Erkundung und Vermessung der Welt und zur Darlegung des Übergangs vom mittelalterlichen Non Plus Ultra zum neuzeitlichen Plus Ultra ist eine 1494 in Basel erstmals gedruckte berühmte Schrift anzusehen: Das von Sebastian Brant verfasste und von Albrecht Dürer illustrierte *Narrenschiff* (Brant 1494/1964).

Abbildung 13: Illustration der Vorrede zum Narrenschiff von Sebastian Brant (Brant 1494: Kap. 1).

Quelle: http://gutenberg.spiegel.de/buch/das-narrenschiff-2985/1.

Das Motiv des Narrenschiffs ist insbesondere aufgrund der Thematisierung in Foucaults *Wahnsinn und Gesellschaft* (1996) bekannt, worin der französische Denker folgende Frage stellt: „Woher taucht so schlagartig die Silhouette des Narrenschiffes und seiner geisteskranken Mannschaft auf, um die vertrautesten Landschaften zu besetzen? Warum entsteht aus der alten Verbindung von Wasser und Wahnsinn eines Tages und gerade zu dieser Zeit dieses Schiff?" (Ebd.: 31) Foucault verweist in seiner Beantwortung auf eine allgemeine Situation der Verunsicherung und Neuinterpretation der *Conditio humana*: „Weil es eine große Unruhe symbolisiert, die plötzlich, gegen Ende des Mittelalters am Horizont der europäischen Kultur aufsteigt. Der Wahnsinn und der Wahnsinnige werden bedeutendere Gestalten in ihrer Doppeldeutigkeit: Drohung und Verlachen." (Foucault 1996: 31) So erhellend Foucaults Analyse zum Verständnis des Umgangs mit dem Wahnsinn in der Moderne ist, so ist sie in vielen Punkten jedoch auch verkürzt, da wesentliche Elemente in der Analyse des Auftauchens des Narrenschiffs und des Schicksals seiner Besatzung übersehen werden.

Zum einen ist anzumerken, dass das Schiffsmotiv keineswegs aus dem Nichts auftaucht. Vielmehr hat es seine Vorläufer im Schiff der unkundigen Steuermänner bei Platon, dem sinkenden Staatsschiff der Griechen und Römer, den Totenschiffen des Mythos, den ohne transzendente Orientierung dem Unheil anheimgegebenen Schiffen in der christlichen Symbolik, und andere mehr (vgl. Kap. 6.2.2). Entscheidend aber für wachsende Thematisierung des Motivs ist zum anderen die nautische Mobilisierung, welche der Mensch der Renaissance unmittelbar erfuhr. Ausgeklammert wird von Foucault somit vor allem jener Umbruch im Übergang zur Neuzeit, der dem Meer und dem Schiff eine neue Bedeutung geben sollte: Die Entdeckung neuer Welten durch die Schiffe der Eroberer. Und es ist, wie am *Narrenschiff* von Brant deutlich wird, eben dieser Umbruch, der dem Geist des Mittelalters noch als Irrsinn erscheint, und daher als Hybris denunziert wird. Die Wahl des Schiffsmotivs im Titel und auf den Abbildungen (vgl. Abbildung 13) dürfte auch durch diese maritime Öffnung inspiriert worden sein. Die sich erst konstituierende moderne Fortschrittserzählung von der erfolgreichen Ausfahrt des Schiffs der Moderne in eine bessere Welt im Diesseits wird noch begleitet von kritischen Kommentierungen, die dieses Unterfangen als Unsinn tadeln.

Dies wird eindrucksvoll an einem Kapitel im *Narrenschiff* mit dem Titel „Aller Länder erforschen wollen" (Brant 1494: Kap. 67) deutlich, in dem das moderne Unterfangen, die Welt entdecken, entgrenzen und erforschen zu wollen, kritisiert und dem mittelalterlichen Weisheitswissen eines durch den Tod begrenzten Lebens entgegengestellt wird. In der dem Text beigefügten Graphik ist ein Narr abgebildet, der die Welt vermisst (vgl. Abbildung 14). Hier erkennen wir eine verfremdete Darstellung der Pilotos und Kartographen wieder, die durch ihre Vermessungskunst die Grundlage für die Erkundung der Welt legten, und deren Handeln kritisiert wird: „Die Opposition, die im beigefügten Text aufgemacht wird, ist klar und deutlich. Text und Bild prangern die ‚Vermessenheit' wissenschaftlichen Tuns an." (Michalsky 2011: 93) Der säkulare Wissensdrang, der in der Moderne zur Tugend erklärt wird, gilt im ausgehenden Mittelalter noch als Laster.

Abbildung 14: Illustration zum Kapitel „Aller Länder erforschen wollen" (Brant 1494: Kap. 67). Der „närrische" Kartograph vermisst die Welt. Die Erdkugel ist in der Darstellung noch von der größeren Wassersphäre umgeben.

Quelle: http://gutenberg.spiegel.de/buch/das-narrenschiff-2985/67.

Die Zeilen, mit denen Brand beginnt, beziehen sich ebenfalls unmittelbar auf die Forschungen und Spekulationen der frühneuzeitlichen Kartographen:

„Ich halt' auch den nicht für ganz weis,
Der allen Sinn braucht, allen Fleiß,
Wie er erkunde Städt' und Land,
Und nimmt den Zirkel in die Hand,
Dass er dadurch berichtet werde,
Wie breit, wie lang, wie weit die Erde,
Wie tief und fern sich zieh' das Meer,
Was festhalte die letzte Sphär'
Wie sich das Meer am End' der Welt
Hält, dass es nicht zu Tal abfällt;
Ob um die Welt man fahren kann;
Welch Volk man treffe gradweis an;
Ob's unter unsern Füßen gebe
Auch Leut', ob dorten nichts mehr lebe,
Und wie sie sich dort halten fest." (Brant 1964: Kap. 64)

An dieser zentralen Passage des *Narrenschiffs* wird deutlich, dass Foucaults Frage, „woher [...] die Silhouette des Narrenschiffes" (Foucault 1996: 31) auftaucht, auf andere Weise beantwortet werden kann als in dem Werk des französischen Philosophen: Es ist der neuzeitliche „Irrsinn" der die Welt erforschenden Seefahrer, der die geschlossene Welt des christlichen Abendlandes durchbrach. Wenn das Narrenschiff „eine große Unruhe symbolisiert, die plötzlich, gegen Ende des Mittelalters am Horizont der europäischen Kultur aufsteigt" (ebd.), so ist es vor allem die Beunruhigung, welche das abendländische Subjekt durch die nautische Eröffnung des Ozeans und die damit verbundene beginnende „kosmographische Revolution" (Vogel 1995) erfahren hatte. Mit den Fahrten der Portugiesen zur Erkundung des Seeweges nach Indien um die afrikanische Küste hatte des Zeitalter der neuzeitlichen Erkundung und Vermessung der Welt begonnen. 1493 wurde ebenfalls in Basel die lateinische Ausgabe des berühmten Kolumbusbriefes gedruckt (Columbus 1493). Es wird vermutet, dass Sebastian Brant dessen Herstellung betreute und für einen Druck des Briefes aus dem Jahre 1494 ist seine Mitwirkung gesichert (Briesemeister 1991). Es besteht daher kein Zweifel, dass Brants im gleichen Jahr und in der gleichen Stadt gedrucktes „Narrenschiff" von diesem Bericht beeinflusst wurde. Auch die Aussage in dem Kapitel „Aller Länder erforschen wollen", dass man „von Portugal und von Hispanien überall Goldinseln gefunden (hat) und nackte Leut, von denen gewußt man keinen Deut" (Brant 1964: Kap. 64), macht dies klar deutlich. Es ist „die erste ‚literarische' Erwähnung der Neuen Welt, die bereits den Grundzug des Vorstellungstypus von Amerika festschreibt: Goldland und Nacktheit der Einwohner" (Briesemeister 1991: 247).

Das „Meer am End' der Welt" (Brant 1964: Kap. 64) war von Kolumbus eröffnet und der Frage der Existenz eines „Volks [...] unter unsern Füßen" (ebd.), d.h. der berühmten Antipoden (Gegenfüssler) durch die Entdeckung neuer Menschen zum Thema gemacht gemacht worden – von Brant werden diese Erkenntnisse allerdings noch als unwesentliches Wissen beschrieben. Der Drang zum Erkunden und Vermessen des Unbekannten, der später im modernen Denken als Streben nach Weisheit gelten sollte, erscheint als närrisches und vermessenes Verlangen. Die Welt bis an ihr Ende, bis an die Säulen des Herakles oder gar darüber hinaus, in das Plus Ultra einer innerweltlichen Transzendenz hinein, zu erkunden, steht im klaren Gegensatz zur weisen Einsicht in die zeitliche Endlichkeit der irdischen Existenz:

„Es zeuge von Verständnis nicht,
Wolle man die Größe der Welt verstehn
Und drüber hinaus vorzeitig gehn
Und rechnen weit bis hinters Meer.
Denn Menschengeist irrt darin sehr,
Dass er solches berechnet alle Zeit
Und weiß mit eignem Maß nicht Bescheid
Und meint, die Dinge zu verstehn,
Welche die Welt nie in sich gesehn.
Herkules soll haben ins Meer
Gesetzt zwei eherne Säulen schwer,
Die eine, wo Afrika begann,
Die andre fängt Europa an;
Er hatte wohl acht auf das Ende der Er',
Und wusst' nicht, was ihm für ein Ende beschert." (Brant 1964: Kap. 64; Herv d. Verf.)

Das Wissen um die Begrenztheit des diesseitigen Daseins gilt angesichts des Todes als die primär erstrebenswerte Erkenntnis, der gegenüber alles weltliche Wissen und alle Künste als wertlos erscheinen und eine Abkehr vom eigentlichen Heilsziel, dem ewigen Reich im himmlischen Jerusalem, implizieren. Das Streben nach der nautischen und kognitiven Vermessung und Entgrenzung der Welt ist nichtig angesichts der Grenzen, welche dem Menschen durch den Tod gesetzt sind.

Diese Thematisierung des Todes im Narrenschiff Brants ist kein Zufall. Das Bild des Narrenschiffs löst Foucault zufolge in dieser Zeit das spätmittelalterliche Motiv des Totentanzes ab, das zuvor die Nichtigkeit des Diesseits versinnbildlichte: „Der Spott des Wahnsinns tritt an die Stelle des Todes und seiner Feierlichkeit." (Foucault 1996: 35) Eckhardt kommt in seiner Arbeit *Totentanz im Narrenschiff* (1995) zum Schluss, dass man in Brants Narrenschiff klar eine Rezeption des älteren Genres erkennen könne und demnach seien Albrecht Dürer – der vermutlich viele der Illustrationen lieferte – und Brant als „Autoren eines echten spätmittelalterlichen Totentanzes festzumachen" (ebd.: 424). Es wird hier eine Parallelisierung von Grenzerfahrungen vollzogen: Im ausgehenden Mittelalter zeigte die Allgegenwart des Todes dem Menschen mit aller Macht die Grenzen seines diesseitigen Lebens auf. In diesem Rahmen erschienen die Unternehmungen der Entdecker und Eroberer, welche die Grenzen der bekannten Welt auszuweiten versuchten, noch als irrwitziges Unterfangen. In der Thematisierung des Motivs des Narrenschiffs findet die Kritik am aufkeimenden innerweltlichen Geist der Renaissancemoderne ihren Ausdruck.

Auch wenn Brand das Erkunden neuer Welten nicht gänzlich tadelt, so ist bei ihm doch noch klar die mittelalterliche Vorstellung von einer tendenziellen Sündigkeit des innerweltlichen Strebens und der weltlichen *curiositas*, die in Opposition zum transzendenten Weg zu Gott steht, erkennbar:

„Das Irdische macht Narren blind,
Die suchen Freud' und Lust darin,
Zum Schaden mehr als zum Gewinn. [...]
Denn wer den Sinn aufs Reisen stellt,
Dient nicht nur Gott – dient auch der Welt." (Brant 1964: Kap. 64)

Wie Rupp in Bezug auf dieses Zitat verdeutlicht, ist bei Brant noch ganz der Geist des Mittelalters mit seiner Bevorzugung des außerweltlich orientierten Wissens erkennbar: „Am besten bleibt es also, sich nicht von neuen Eindrücken ablenken zu lassen und in der vita contemplativa [...] sich um das Heil seiner Seele zu kümmern, gänzlich Gott zu dienen. [...] Wer nach mehr Wissen strebt, ist also nicht unbedingt per se ein Narr, doch ist er von der Narrheit bedroht." (Rupp 2002: 15)

Laut Foucault ist die aufkommende Thematisierung des Narrenschiffs auch als der Beginn einer zunehmenden Verdrängung, Einsperrung und Kontrolle des Wahnsinns in der Moderne zu deuten. Das Narrenschiff verwandelt sich schließlich in die Narrenhäuser: „Gut verankert liegt es jetzt zwischen den Dingen und den Menschen, zurückgehalten und aufrechterhalten, nicht länger als Schiff, sondern als Hospital." (Foucault 1996: 8) Wie die Analyse des Kapitels „Aller Länder erforschen wollen" deutlich gemacht hat, verkennt diese Interpretation jedoch den epochalen Wandel des Weltbildes infolge der allmählichen Öffnung der ozeanischen Grenzen und der zunehmenden Vermessung der Welt, der den historischen Kontexts des

Motives des Narrenschiffs darstellt. Denn im weiteren Verlauf der Moderne wird die Narrheit keineswegs ausgegrenzt, vielmehr werden die von Brant noch als Irrsinn denunzierten Strebungen zu Tugenden umgedeutet. Die Verwandlung des Narrenschiffs zum Schiff der Wissenschaft kennzeichnet den neuen Geist der Moderne: „Die Flotte des Kolumbus und seiner Nachfolger besteht aus Narrenschiffen, die zu Vernunftschiffen umgerüstet sind." (Sloterdijk 1999: 88)

Vergeblich wendet sich in den Schriften zum Narrenschiff noch der Geist des Mittelalters gegen die Emanzipation der expansiven Vernunft der Moderne aus dem Gefängnis, in das das außerweltlich orientierte Denken des christlichen Mittelalters den Menschen noch gesperrt hatte. Die Moderne lässt zum sinnvollen Unterfangen werden, was im Mittelalter noch als Wahnsinn galt. Sie sperrt den Wahnsinn nicht etwa aus oder ein, sondern aktiviert vielmehr die in ihm schlummernden Möglichkeiten und macht sie zum Treibstoff für das innerweltliche Fortschrittsprojekt der Neuzeit. Sie entdeckt, dass die vermeintliche Narrheit als neue Vernünftigkeit zu sehen sei.

Der Irrsinn, der gerade auch in der Irrfahrt des Odysseus von alters her ein signifikantes Sinnbild erhalten hatte, wird nun neu bewertet: In der sich den Irrungen und Wirrungen aussetzenden Fahrt in das Unbekannte sah der Mensch des Mittelalters noch ein hybrides Unterfangen, das zu Recht mit dem Tode und der Hölle bestraft wurde. Für den Menschen der Neuzeit wird nun aus dieser Ausfahrt eine riskantes Unterfangen, das zwar Scheitern kann, das aber ebenso mit dem Lohne des Findens von neuen Reichtümern und neuen Welten belohnt wird. Damit überwand der abendländische Mensch seine Furcht vor dem Tode, die ihn im ausgehenden Mittelalter noch in Bann gehalten hatte. Das mittelalterliche Erlösungsprojekt des ewigen Lebens im Jenseits wurde so vom innerweltlichen Fortschrittsprojekt abgelöst. In der 20 Jahre nach Brants Narrenschiff veröffentlichten Schrift *Utopia* von Thomas Morus (1516) kam dieser Wandel in paradigmatischer Weise zum Ausdruck. An die Stelle des negativen Bildes von der Irrfahrt des Narrenschiffs trat das optimistische Bild des utopischen Schiffes, das in eine neue, bessere Welt hinausfährt (vgl. Kap. 7.5).

Mit Bacons Schiff der Wissenschaft und Technik, das durch die Säulen des Herakles hinaus in die unerforschte Natur fährt, um diese durch Vermessen zu beherrschen, sollte jenes wissenschaftliche Erforschen, das Brant noch als Narrheit erschien, endgültig zum Sinnbild für die moderne Vernunft werden (vgl. Kap. 8.4). Die Moderne konnte gerade durch die Entfaltung dieser närrischen Hinwendung zur Welt ihre produktive Kraft gewinnen. Der Wahnsinn wurde so keineswegs nur von Bord des Narrenschiffs in das Narrenhaus überführt. Es lud dort nur jene Anteile ab, die auch der neuzeitlichen Vernunft als unsinnig erschienen, und setzte seine Reise als Schiff des technoszientifischen Fortschritts fort. Und es landete an in den neuen Zentren der Sammlung weltlichen Wissens, in der *Casa de Contratación* in Sevilla sowie der im Geiste Bacons gegründeten Royal Society und den vielen anderen nachfolgenden Forschungseinrichtungen der Moderne.

7.1.3 Zusammenfassung: Die Vermessung der Welt

Die nautische Entgrenzung des Ozeans basierte, wie gezeigt, auf einer Vielzahl technologischer Neuerungen in der Schifffahrt. Als entscheidend kann dabei die

Weiterentwicklung der Navigationskunst angesehen werden, welche die Ortung und Positionierung im offenen Meer ermöglichte und hiermit erst den atlantischen Ozean auch jenseits der bekannten Gebiete und Küsten zugänglich machte. Es konnte dadurch das ozeanische Chaos durch Berechnen und Vermessen beherrschbar gemacht werden. Damit bildeten sich bereits wesentliche Grundzüge der von Weber als okzidentale Rationalität bezeichneten Vernunft heraus.

Wie dargelegt, war im mythischen Denken und ebenso noch im antik-mittelalterlichen Weltbild der ozeanische Raum jenseits der Säulen des Herakles tabuisiert worden und mit der Welt des Todes und des Chaos assoziiert worden. Die Säulen mahnten den Menschen zur Einsicht in die Grenzen des humanen Möglichkeitshorizonts und nicht zuletzt in die zeitliche Begrenztheit des Lebens und sie stehen daher im Zusammenhang mit einem Wissensideal, das als „Begrenzungswissen" (Assmann 2001: 3) bezeichnet werden kann (vgl. Kap. 5.2). Noch im ausgehenden Mittelalter wurde der innerweltliche Forscherdrang im mittelalterlichen Denken angesichts des Todes als Narrheit abgewertet, wie am Beispiel des *Narrenschiffs* von Brant (1494) deutlich wurde.

Die nautische Öffnung der Welt leitete eine grundlegende Transformation des Wissensideals ein. Alles Jenseitssehnen und kontemplative Denken, das einst im Mittelalter noch als Ausweis von Weisheit erschienen war, wurde dem Menschen der Moderne nun zum Sinnbild der größten Narrheit. Zugleich wurde die Vermessung der Welt nicht mehr als vermessenes Streben, sondern als Paradigma einer neuen Rationalität angesehen. Waren zuvor Grenzen des Wissbaren gesetzt und das Wissens um die ultimativen Grenzen als Weisheit angesehen worden, so wird nun die Ausdehnung des Wissens durch die Vermessung der Welt und die darauf beruhende Entgrenzung der Macht über die Welt zum Ziel. Mit der Eröffnung des ozeanischen Westens konstituiert sich damit eine spezifische okzidentale Rationalität, die sich von den vormodernen Wissenssystemen wie auch der Mehrzahl der außereuropäischen Rationalitäten deutlich unterscheidet. Diese Transformation sollte später in das Baconsche Projekt einer Ausweitung der Macht über die Natur durch die Mehrung des naturwissenschaftlichen Wissens und damit die Konstitution einer technowissenschaftlichen Rationalität einmünden (vgl. Kap. 8.4). Wie deutlich gemacht wurde, ist diese Entwicklung aber bereits durch die frühneuzeitliche *nautische Revolution* und die hiermit verbundene Entgrenzung und Vermessung der Welt eingeleitet worden.

7.2 DIE KOSMOGRAPHISCHE ENTGRENZUNG

Die iberischen Seefahrer vollzogen mit der Erschließung eines neuen Weges nach Asien durch die Umfahrung Afrikas und die Entdeckung Amerikas eine nautische Öffnung des Ozeans und eine Vermessung neuer Regionen. Dabei beruhten Fahrten der Portugiesen auf ungesicherten Vermutungen hinsichtlich der Befahrbarkeit der äquatorialen Regionen sowie das Wagnis der Westfahrt nach Asien durch Kolumbus auf umstrittenen kosmographischen Annahmen. Schließlich trug die unerwartete Entdeckung der Neuen Welt zu einer endgültigen Erodierung alter Konzeptionen bei. Die neuen geographischen Kenntnisse wurden, trotz dem Versuch der Geheimhaltung des Wissens, nicht allein in den Zentren der europäischen Expansion in Spanien und Portugal gesammelt und gebündelt, sondern von den Gelehrten in ganz Europa rezipiert und diskutiert. Es vollzog sich infolge dessen sukzessive eine „kosmographische Revolution" (Vogel 1995) und damit eine Transformation der Weltvorstellung.

Dieser eng mit der „Erfindung Amerikas" (O'Gorman 1958/1972) verbundene Wandel des Weltbildes kulminierte in wissenschaftlicher Hinsicht in dem Werk des Gelehrtenzirkels Gymnasium Vosagense in Saint-Dié (Vogesen) um die Kosmographen Waldseemüller und Ringmann, die in ihrer „Cosmographiae Introductio" (Ringmann und Waldseemüller 1507/2010) den Namen Amerika kreierten sowie erstmals auf einer Weltkarte und einem Globus den neuen Kontinent als eigenständige Welt darstellten. Hierdurch wurde die alte Welt explizit durch eine neue, westliche Hemisphäre ergänzt und endgültig eine Ablösung der mittelalterlichen Sphärenkonzeptionen, in denen zumeist die Erdkugel von der Wassersphäre geschieden wurde, durch die neuzeitliche Vorstellung von einer „einfachen Erd-Wasser-Sphäre" (Vogel 1995: 7) vollzogen und damit gleichsam die geographische Globalisierung eingeleitet. Im Folgenden wird dieser Umbruch des Weltbildes in der frühen Neuzeit näher analysiert und die komplexe Auseinandersetzung um das Verhältnis der Wassersphäre zur Erdkugel, die auch eine zentrale Bedeutung in der Debatte um die Praktikabilität einer Westfahrt nach Asien hatte, diskutiert.

Die zugrundeliegende Kontroverse wurde früher irrtümlicherweise als Widerstreit zwischen den Vertretern einer Erdscheibenvorstellung und den Anhängern der Idee einer Erdkugel dargestellt sowie die Durchsetzung der letzteren Konzeption unzutreffend zu einem Epochenbruch zwischen Mittelalter und Neuzeit stilisiert (vgl. u.a. Irving 1828). In den letzten Jahren wurde dieser Erzählung das Gegennarrativ einer klaren Kontinuität der Erdkugelvorstellung entgegengestellt, das auch die Bedeutung der Fahrt des Kolumbus stark relativiert (vgl. Russell 1991; Krüger 2000). Beide Darstellungen sind jedoch irreführend, da durch die frühneuzeitliche kosmographische Revolution zwar keine mittelalterliche Scheibenvorstellung, sehr wohl aber der mittelalterliche Sphärenkosmos verabschiedet wurde – und damit eine Vorstellung, die in ihrer Konsequenz ähnlich wie das Scheibenmodell von einer insbesondere durch die Säulen des Herakles abgeschlossenen Welt ausging. Im Zeichen des Plus Ultra erfolgte so eine für die Genese der Moderne fundamentale Entgrenzung des Raums, die den Übergang von der antik-mittelalterlichen Ökumene zur neuzeitlichen globalen Welt einleitete.

7.2.1 Mittelalterliche Erdscheibe oder Kontinuität der Globusvorstellung?

Lange Zeit wurde die Ausfahrt des Kolumbus zu einer heroischen Tat stilisiert, weil dieser damit angeblich die naive mittelalterliche Vorstellung von einer Scheibenwelt überwunden und die neuzeitliche Vorstellung von der Erde als Kugel durchgesetzt habe. Wie mehrere neuere Untersuchungen aufzeigen, ist die Erzählung von einem in Furcht vor dem Sturz über den Rand der Erdscheibe erstarrten Mittelalter jedoch als Fehlinterpretation anzusehen. Die verbreitete Darstellung eines scheibenförmigen Erdkreises in den mittelalterlichen TO-Karten spiegelte keine Vorstellung von einer flachen Erde wieder, sondern repräsentierte nur schematisch die Ökumene. Wie Russell in seiner einflussreichen Arbeit *Inventing the Flat Earth. Kolumbus and modern historians* (1991) aufzeigt, setzte sich die These von der mittelalterlichen

Erdscheibenvorstellung erst im 19. Jahrhundert durch und wurde auch durch die Absicht motiviert, das katholisch-christliche Mittelalter als primitiv und wissenschaftsfeindlich darzustellen. In ähnlicher Weise widerlegt Krüger den im 19. Jh. entstandenen „Mythos von der mittelalterlichen Erdscheibentheorie" (Krüger 2007: 49) und kritisiert die „Mythen der Moderne, welche dem Mittelalter gerne die Unkenntnis in geographischen und kosmologischen Sachverhalten attestiert" (ebd.: 34).[7] In Wirklichkeit sei das Wagnis des Kolumbus nicht als revolutionäre Tat anzusehen, sondern baue auf im Mittelalter bereits verbreiteten Theorien von der Kugelgestalt der Erde auf. Die unerwartete Erscheinung Amerikas habe daher auch keine Bedeutung als herausragendes Schwellen-Ereignis und sei in keiner Weise als Beginn der Globalisierung und der Moderne anzusehen:

„Globalisierung [...] wird üblicherweise mit dem ‚Schwellen-Jahr' 1492 angesetzt, dem Jahr der Landung des Kolumbus in Amerika. [...] Dies ist jedoch eine Vorstellung, die man so ohne weiteres nicht teilen kann. Das Wissen von der Kugelgestalt der Erde, das Handeln vor dem Hintergrund dieses Modells ist eine kultur- und mentalitätsgeschichtliche Konstante seit der Antike." (Krüger 2007: 33)

Weder das Weltbild noch der Handlungshorizont des okzidentalen Menschen erfahren demnach mit dem Erfolg des kolumbianischen Wagnisses einen Wandel. Der Globus, der durch Kolumbus und seine Nachfolger empirisch erschlossen wird, war durch die antik-mittelalterliche Konzeption bereits antizipiert worden und daher hat Krüger zufolge auch keine Revolution des Weltbildes stattgefunden. Auch die Kontroverse um die von Kolumbus propagierte Möglichkeit eines westlichen Weges nach Asien lässt sich aus Sicht der Vertreter einer Kontinuität der Globusvorstellung auf die Problematik der Ausdehnung des Meeres zwischen Spanien und China reduzieren und letztlich hätten die Gegner des Kolumbus mit ihrer Annahme einer großen Distanz faktisch recht behalten – und nur der Zufall des Erscheinens einer Neuen Welt habe die Fahrt des Kolumbus trotz irriger Annahmen zu einer historisch relevanten Tat avancieren lassen (vgl. Milhou 1994: 274). So postuliert Simek, dass die kosmographischen Grundlagen für das Wagnis der Ausfahrt in den Westozean bereits lange vorher Konsens waren: „Die Voraussetzung dieses Plans, also die Kugelgestalt der Erde und die freien Wasserflächen zwischen Europa und Indien [...] waren rein theoretisch weder zu Ende des 15. Jahrhunderts noch im ganzen Hochmittelalter ein Problem." (Simek 1992: 37)

Diese um 1992 stark rezipierte neue Sicht auf die Relevanz der Fahrt des Kolumbus hatte nun auch eine erhebliche Auswirkung auf die kultur- und humanwissenschaftlichen Diskussion im Kontext der 500-Jahrfeier der sogenannten Entdeckung Amerikas. Neben der kritischen Reflexion der Folgen der Konquista für die präkolumbianischen Kulturen dürfte gerade auch diese Dekonstruktion des Erdscheibenmythos mit dazu beigetragen haben, dass die früher verbreitete Annahme einer

---

7 So hat der amerikanische Schriftsteller Washington Irving in seiner einflussreichen *History of the Life and Voyages of Christopher Kolumbus* (1828) viele mittelalterliche Autoren, die zweifelsohne Anhänger eines Sphärenkonzeption der Erde waren, zu Vertretern einer Erdscheibentheorie erklärt, und ebenso den spanischen Seeleuten des Kolumbus eine Furcht vor einem Sturz von der Erdscheibe unterstellt (Krüger 2007: 49).

besonderen weltgeschichtlichen Relevanz der Fahrt des Genuesen für die Herausbildung eines spezifisch neuzeitlichen globalen Weltbewusstseins nun häufig verworfen wurde.

Allerdings erweist sich die These von einer Kontinuität der Erdkugelvorstellung bei näherer Betrachtung als simplifizierend, wie im Folgenden in Anlehnung an die Ausführungen von Randles (1990, 1994), Vogel (1995) und Wootton (2015) argumentiert wird. Sie verkennt, dass es sehr wohl am Ende des Mittelalters zu einem Wandel des Weltbildes kam. Dieser bestand allerdings nicht in der Überwindung einer Erdscheibenvorstellung, sondern in der Ersetzung der Vorstellung von einer partiellen Scheidung von Erdsphäre und Wassersphäre durch die Vorstellung von einer „einfachen Erd-Wasser-Sphäre" (Vogel 1995: 7) bzw. einem einheitlichen „terraqueous globe" (Randles 1994: 74). In der im Mittelalter dominierenden Erdkugelkonzeption wurde der Erdapfel noch klar von der Wassersphäre geschieden. Nur ein Teil der Erde erhob sich aus der umfassenden Wasserkugel. Diese Konzeption unterschied sich grundlegend von dem zusammenhängenden Erd-Wasser-Globus der Moderne. Durch die mittelalterliche Sphärenkonzeption wurde daher in keiner Weise der seit der Antike überlieferte Grenzcharakter der Säulen des Herakles infrage gestellt, sondern vielmehr bestätigt. Erst durch die Entdeckungsreisen der frühen Neuzeit erodierte die Vorstellung einer fundamentalen Grenze zwischen Erd- und Wassersphäre. Die These eines revolutionären Wandels des Weltbildes ist deshalb keineswegs vollständig zu verwerfen sei.

Wie Vogel in Anknüpfungen an die Schriften des Historikers Randles (1990, 1994) in seiner Arbeit *Sphaera terrae – das mittelalterliche Bild der Erde und die kosmographische Revolution* (Vogel 1995) detailliert aufzeigt, kann die Fahrt des Kolumbus daher sehr wohl als riskantes Wagnis angesehen werden, da sie auf einer zu seiner Zeit keineswegs geteilten Vorstellung vom Erdglobus beruhte: „Das Projekt einer Westfahrt [...] setzte statt der komplizierteren sphärischen Konzeptionen eine einfache Erd-Wasser-Sphäre voraus. Ein derart einfaches Modell der Erdgestalt war jedoch im Jahre 1492 nicht selbstverständlich." (Ebd.: 7) Die Ausfahrt des Genuesen ist daher durchaus als eine paradigmatische Entgrenzung anzusehen, die zur Durchsetzung der Vorstellung von einem Erde und Wasser vereinenden Erdglobus und damit einem grundlegenden Wandel des Weltbildes beitrug:

„Die asymmetrische, von der alten Ökumene dominierte Perspektive auf die Welt wurde abgelöst vom symmetrischen Bild des modernen Globus. [...] Dieser Erfahrungs- und Erkenntnisprozess kulminierte in den Jahren um 1500. Seiner grundlegenden Bedeutung wegen soll er als ‚kosmographische Revolution' bezeichnet werden." (Vogel 1995: 457)

Folgt man der Argumentation von Randles und Vogel, so können also die Westfahrt des Kolumbus und die hierdurch in den folgenden Jahren evozierte kosmographische Revolution sehr wohl als Schwellenereignisse gedeutet werden, welche Mittelalter und Neuzeit trennen.

Auf diese Annahme gründet die dieser Arbeit zugrundeliegende These, dass die Revolutionierung des Weltbildes eine Vielzahl weiterer Umbrüche induzierte, welche prägend für die Konstitution des Projekts der Moderne war. Die Entgrenzung des Westens sollte das Selbstverständnis der okzidentalen Welt grundlegend verändern. Denn es war bis zur Fahrt des Kolumbus ein Bewusstsein einer im Westen begrenzten Welt dominierend. Erst mit der Entgrenzung des Westens konnte sich ein gewandeltes Selbstverständnis der okzidentalen Kultur herausbilden. In der Umdeutung des Non Plus Ultras in das Plus Ultra sollte dieser Wandel, der den Eintritt in die Moderne markiert, sein paradigmatisches und über Jahrhunderte verbreitetes Symbol finden. Dieser Übergang wird im Folgenden im Detail nachgezeichnet.

7.2.2 Der antik-mittelalterliche Sphärenkosmos

Bereits in der Antike war von einigen Autoren der einfachen Erdscheibenkonzeption die Vorstellung von einer sphärenförmigen Erde entgegengestellt worden. In Platons *Timaios* wurde die These vertreten, dass der Kosmos die Form einer Sphäre (von gr. „Sfaira": »Hülle, Ball«) habe. Hierdurch wurde in der Antike eine „metaphysische Globalisierung" (Sloterdijk 1999: 388) eingeleitet.[8] Aristoteles legte in der Schrift *Vom Himmel* sodann die Grundlage für ein geozentrisches Sphärenmodell, das vor allem im Mittelalter die Konzeption vom Kosmos und der Stellung des Menschen in ihm bestimmen sollte. Demnach befindet sich die kugelförmige Erde im Zentrum des Kosmos und wird von den ebenfalls sphärisch angeordneten leichteren Elementen umgeben, so dass „das Wasser um die Erde herum ist, die Luft aber um das Wasser herum, das Feuer aber um die Luft herum" (Aristoteles 1987: 287b). Die mittelalterlichen Rezipienten der aristotelischen Schriften entwickelten auf dieser Grundlage eine komplexe, theologisch überhöhte Sphärentheorie, die auch eine Erklärung der Elementenanordnung bot (Perler 1994: XLV). Es wurde eine zunehmende Geometrisierung des Sphärenmodells vollzogen, die in Verbindung mit christlichem Gedankengut im späten Mittelalter schließlich zu einem universalen Gebäude eines „Sphärenkosmos" mit je unterschiedlichen Qualitäten der einzelnen Sphären führte.

Eingebettet waren nun die – von den späteren mittelalterlichen Rezipienten in theologischem Sinne als inferior erachteten – irdischen Sphären in die höheren himmlischen Sphären. In diesem kosmologischen Modell war eindeutig die innere Erdkugel von der Wasserkugel geschieden und die Mehrzahl der mittelalterlichen Darstellungen machen dies klar erkennbar, wie auch noch in der Schedelschen Weltchronik aus dem Jahre 1493 deutlich wird (vgl. Abbildung 15).

---

8   Pythagoras war vermutlich der erste, der die sphärische Form der Erde postulierte. Neben der Beobachtung des kreisförmigen Schattens der Erde während der Eklipse lagen auch mathematisch-ästhetische Überlegungen zugrunde. Da die Kugel als die schönste aller festen geometrischen Figuren angesehen wurde, wurde diese Form für den gesamten Kosmos und auch für die Erde postuliert (vgl. Randles 1994: 8). Im *Timaiosdialog* ist in Anknüpfung an pythagoreische Vorstellungen von der „runde[n] Gestalt des Weltganzen" die Rede (Platon 1856: 44b).

Abbildung 15: Aristotelischer Sphärenkosmos (Schedelsche Weltchronik 1493): Die im Innersten des Kosmos gelegene Erdkugel (terra) ist deutlich erkennbar von der umgebenden Wasserkugel (spera aque) getrennt.

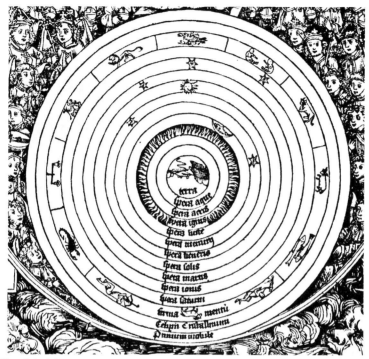

Quelle: Schedel (1493); Blatt VI. Bildnachweis: https://upload.wikimedia.org/wikipedia/commons/b/bf/Schedelsche_Weltchronik_d_006.

Hier stellte sich nun die Frage, wie es zu erklären sei, dass sich entgegen der Vorstellung von harmonisch ineinander gefügten Sphären – was eine völlige Umschließung der Erde durch das Wasser zur Folge gehabt hätte – ein Teil der Erdkugel aus der umgebenden Wasserkugel erhebt und somit der trockene Erdkreis als Lebensraum der Menschen entstehen konnte. Damit war zugleich unklar – auch dies war wichtig für die Problematik der Praktikabilität einer Fahrt über den Ozean im Zusammenhang mit der Westfahrt des Kolumbus – in welcher Relation die Erde zu der größeren Wassersphäre stehen würde (Vogel 1995: 373).

Bereits in den aristotelischen Schriften war dieser Widerspruch zwischen einem idealisierten harmonischen Sphärenkosmos und der Erfahrung einer aus dem Wasser ragenden Erdscheibe angelegt gewesen. Aber erst im 13. Jahrhundert begann die Frage des Widerspruchs zwischen der alltäglichen Erfahrung und der aristotelischen Sphärenlehre in den wissenschaftlich-philosophischen Diskursen an Bedeutung zu gewinnen. Denn diese Unregelmäßigkeit stellte die in der mittelalterlichen Theologie bedeutsame These von der Vollkommenheit der kosmischen Ordnung in Frage. Wenn es möglich war, dass die Erde über das Wasser hinausragte und damit seinen natürlichen Mittelpunkt verließ, schien auch das gesamte Sphärensystem störungsanfällig zu sein (vgl. Perler 1994: XLVII).

Vereinfacht kann zwischen zwei Lösungsmöglichkeiten der Problematik unterschieden werden:

a) Es wurde davon ausgegangen, dass die Elemente eine sphärische Gestalt besitzen, diese aber nicht konzentrisch angeordnet sind. Vielmehr habe die Erdkugel einen anderen Mittelpunkt als die größere Wassersphäre, und durch diese *exzentrische Lage der Erdkugel* sei es möglich, dass sich ein Teil der Erde als kleine Insel aus den Wassermassen erhebe bzw. wie ein Apfel auf dem Wasser schwimmt. Der gesamte Erdglobus teilte sich dieser Konzeption zufolge in eine obere, trockene Erdhemisphäre, und eine untere, durch die Wassersphäre bedeckte Hälfte.

b) An der Vorstellung einer konzentrischen Anordnung der Sphären wurde festgehalten. Nun musste aber für die Erhebung der Erde an einer bestimmten Stelle eine alternative Ursache gefunden werden (vgl. Perler 1994: XLIX). Entwickelt wurden *finalistisch-teleologische Erklärungsansätze*, die primär auf theologischen Argumentationen basierten.

Auf die letztgenannten Ansätze wird im Folgenden näher eingegangen. So begründete Johannes Sacrobosco (ca. 1195-1256) in seinem Tractatus de sphaera (ca. 1220) die Anomalität eines von Wasser unbedeckten Teiles der Erdkugel damit, dass hierdurch das Leben der Tiere geschützt würde:

„Dabei ist die Erde wie das Zentrum im Mittelpunkt von allen gelegen, um sie herum ist Wasser, um das Wasser herum die Luft, und die Luft herum das Feuer. [...] Denn so hat es der ruhmreiche und erhabene Gott verfügt. [...] Jedes dieser drei Elemente umgibt die Erde von allen Seiten kreisförmig, außer insoweit, als die Trockenheit der Erde der Feuchtigkeit des Wassers widersteht, um das Leben der Lebewesen zu bewahren." (Sacrobosco zit. n. Vogel 1995: 155 f.)

Das Modell fand weite Verbreitung und wurde noch nach der Erfindung des Buchdrucks häufig wiedergegeben (Sacrobosco 1490). Auch in der Darstellung des närrischen Kartographen im *Narrenschiff* von Sebastian Brant findet sich diese Konzeption abgebildet (vgl. Abbildung 14; Kap. 7.1.2).

Eine ähnliche finalistische Argumentation findet sich ebenso in der Dantes Alighieris (1265-1321) Schrift *Abhandlung über das Wasser und die Erde* (Dante 1994). Er ging von der Existenz eines einheitlichen Mittelpunkts von Erd- und Wassersphäre aus und stand so vor der Problematik, „dass die Erde überall umströmt und bedeckt wäre" (ebd.: 19), wenn allein die physikalischen Prinzipien des Sphärenmodells Gültigkeit hätten, was im Widerspruch zur Erfahrung stand. Dante postulierte nun teleologische Naturprinzipien sowie die Anziehungskraft des Sternenhimmels, welche dazu führen würden, dass die „Erde aufgrund einer Ausbuchtung [...] emporragt" (ebd.: 27). Dabei war für ihn klar, dass nur an einer bestimmten Stelle sich ein halbmondförmiger trockener Teil der Erdkugel erhebt (vgl. Abbildung 16).

Abbildung 16: Darstellung aus Dantes „Questio de aqua et terra" (1350; Erstdruck 1508): Der Kreis des Himmels (A), die Wasserkugel (B) und die Erdkugel (C), von der sich oben ein Teil aus dem Wasser erhebt. Erd- und Wasserkugel bilden getrennte Sphären.

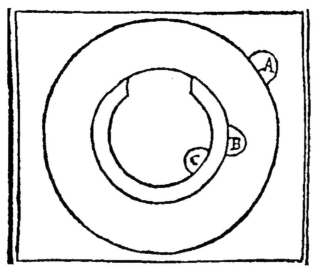

Quelle: Dante (1994); Abhandlung über das Wasser und die Erde; S. 24.

Diese partielle Erhebung war auch für Dante identisch mit dem letztlich scheibenförmigen Erdkreis, wie er seit der Antike als einziger Siedlungsraum des Menschen angesehen wurde: „Dieser bewohnbare Erdteil erstreckt sich der Länge nach von den Gaden, die über die westlichen, von Herkules bestimmten Grenzen festgelegt wurden, bis zum Ganges-Delta." (Dante 1994: 27) Die Vorstellung von der Erdkugel hatte damit die Konsequenz, dass die Ökumene weiterhin als von den Säulen des Herakles begrenzt angesehen wurde und in Relation zur Wasserfläche von geringer Ausdehnung erschien.

In ihren Konsequenzen identisch, jedoch naturwissenschaftlich elaborierter, war die *These der exzentrischen Mittelpunkte von Erdsphäre und Wassersphäre*. Dieser Ansatz sollte insbesondere im 14. und 15. Jahrhundert zum dominierenden wissenschaftlichen Erklärungsmodell werden. Es war letztlich diese Theorie – und nicht etwa die einfache homerische Präsentation von der Scheibenwelt – die im Gegensatz zur These von einer einfachen Erd-Wasser-Sphäre stand, welche dem kolumbianischen Abenteuer zugrunde lag. Erste Ansätze der Theorie einer exzentrischen Lage von Erd- und Wassersphäre finden sich bereits in der arabischen kosmographischen Tradition. Al-Idrisi (ca. 1100-1166) entwarf das Bild von der Erdkugel als einem Ei das in der Wassersphäre schwimmt.[9] Pierre Abaelard (1079-1142) griff diese

---

9   In seiner „Geographie" heißt es: „Der Ozean umgibt die Hälfte der Erdkugel ohne Unterbrechung wie eine kreisförmige Zone, so dass von ihr nur die Hälfte herausschaut wie bei einem Ei, das in Wasser getaucht ist, welches sich in einer Schale befindet: auf diese Weise ist die Hälfte der Erde in Meer eingetaucht." (Al-Idrisi 1836: 3; Übers. nach Vogel 1995: 146)

Eivorstellungen auf und erklärte das Hervortretens eines trockenen Erdteils durch eine Verbindung aus theologischen und naturphilosophischen Argumenten:

„Indem das Wasser in einen Teil der Erde zurückwich, wurde der andere Teil auserwählt, wie geschrieben steht: ‚Der die Erde über den Wassern gründete'. Denn ebenso wie eine Kugel so ins Wasser gesetzt wird, dass ein Teil von ihr herausragt, so liegt jene Erdkugel derart im Wasser, dass das Meer sie auf einer Seite benetzt und durch ihre Adern einströmt, so dass für uns Quellen oder Flüsse entstehen." (Abaelard zit. n. Vogel 1995: 146)

Die Konsequenz dieser Überlegungen war die Vorstellung von einer in die Wassersphäre getauchten Erdkugel, von der nur ein kleiner trockener Teil herausragte, was „der seit der Antike selbstverständlichen Wahrnehmung der Begrenzung der Ökumene durch den Ozean" entsprach (Vogel 1995: 149). Abealard sollte mit seiner Konzeption auch nachfolgende Philosophen beeinflussen. Vor allem bei den Pariser Naturphilosophen verbreitete sich die komplexe Theorie einer exzentrischen Lage von Wasser- und Erdsphäre. Es wurde angenommen, dass die Erdkugel einen anderen Mittelpunkt habe als der größere Wasserglobus, wodurch erst ermöglicht würde, dass sich ein Teil der Erdkugel als trockene, kleine Insel der Erde aus den Wassermassen erhebt.

Der scholastische Philosoph Johannes Buridan (ca.1300-1358/60) entwickelte die Theorie von der exzentrischen Erdsphäre zu einem komplexen, von theologischen Begründungen weitgehend freien, mechanistischen Erklärungsmodell weiter (Buridan 1996). Damit prägte er die Diskussion über das Verhältnis von Erd- und Wassersphäre in der Folgezeit. In seinen Ausführungen zu Aristoteles setzt sich Buridan mit der Position auseinander, dass auf allen Teilen der Erdoberfläche bewohnbare Regionen zu finden seien. Dieser These widerspricht er u.a. mit folgendem Argument:

„Sämtliches Meer, welches von jemandem überquert werden kann, und alles bewohnbare Land, das gefunden werden konnte, [ist] in diesem Viertel der Erde enthalten [...], welches wir innehaben. Und einige haben versucht über das Meer durch Schiffahrt in andere Viertel zu gelangen, und es ist nie gelungen in eine andere bewohnbare Erde [terram habitabilem] zu gelangen; Und daher wird gesagt, dass Herkules an den Grenzen unseres Viertels Säulen gesetzt hat, als Zeichen, dass *über diese hinaus* [*ultra eas non*] es kein bewohnbares Land [terra habitabilis] und kein schiffbares Meer [mare permeabile] gibt." (Buridan 1996: Liber II Questio 7: 158; Übersetzung nach Vogel 1995: 206)

Buridan führt hier ein empirisches Argument gegen die These vom Land jenseits der alten Ökumene an. Bisherige Versuche, dieses zu erreichen, seien erfolglos gewesen und dies verifiziert Buridan kennzeichnenderweise mit der antiken Botschaft vom Grenzcharakter der Säulen des Herakles, die ein *Ultra eas non* signalisieren. Für Buridan bestätigten die begrenzenden Säulen die These von der Singularität der Ökumene. Auch wenn Buridans Überlegungen im Vergleich zur simplen homerischen Präsentation von der Scheibenwelt die Vorstellung einer Erdkugel zugrunde lagen, so blieben doch die Implikationen die gleichen: Der Gegensatz zwischen Ozeanos und Ökumene wird nun als Gegensatz zwischen Wassersphäre und Erdsphäre dargestellt. Für Buridan gelten daher die Säulen des Herakles ebenfalls als paradigmatische Symbole der Unüberschreitbarkeit der Sphärengrenze. Das antike Grenztabu hatte trotz gewandelter Vorstellungen vom Aufbau des Kosmos weiterhin Gültigkeit. Dieses Modell wurde noch im 15. Jh. von der Mehrzahl der Gelehrten vertreten.[10]

Kolumbus ging hingegen mit seinem Projekt der Westfahrt nach Asien von der heterodoxen These der Identität beider Sphären aus. Denn erst auf Grundlage der Annahme der Einheit von Land und Meer konnte jenes Projekt als praktikabel erscheinen, das sich in einer Marginalie des Kolumbus zu Pierre d' Ailly in aller Kürze formuliert findet: „Da alle Meere und Länder der Welt eine Kugel bilden, und also die Erde rund ist, muß es möglich sein, von Osten nach Westen zu fahren." (Kolumbus, nach zit. Faber 1992: 40) Der Genuese musste daher vor seiner Fahrt erhebliche Vorbehalte gegen sein Vorhaben überwinden. Die wohl größte Bedeutung beim Widerstand gegen das Kolumbus-Projekt in den Debatten von Lissabon (1483-84), Salamanca (1486-87) und Santa Fé bei Granada (1491) kam dabei den Vertretern der Position von Paul von Burgos (ca.1350-1435) zu (Randles 1994: 44).[11] In einer Ausgabe der von Burgos im Jahre 1429 verfassten Ergänzung zur *Postilla* von Nicolas de Lyra, die in der Regel zusammen gedruckt wurden, findet sich eine Darstellung und Erläuterung seiner Konzeption (vgl. Abbildung 17).

---

10 Nicht nur Buridan, der an der Pariser Universität unterrichtete, sondern auch seine jüngeren Kollegen Albert von Sachsen (ca. 1318-1390) und Nicole Oresme (1330-1382) vertraten das Konzept der exzentrischen Erdsphäre und verbreiteten dieses in der europäischen Gelehrtenwelt (vgl. Vogel 1995: 452). Albert von Sachsen wies in seinen Quaestiones zu Aristoteles De Caelo ausgehend von der Theorie der exzentrischen Sphären auch die Annahme einer weiteren Ökumene zurück und benutzt als Beleg für seine Argumentation u.a. die Säulen des Herakles (vgl. Randles 1994: 33).

11 Das Konzept des spanischen Theologen stellte eine Synthese der neuen Theorien von der exzentrischen Erdatmosphäre mit den älteren theologischen Ansätzen zur Begründung des Erscheinens von trockenem Land dar. Anders als bei den Pariser Naturphilosophen waren es nicht physikalische Ursachen, welche zu einer verschobenen Stellung der Sphären zueinander führten, sondern das Eingreifen Gottes. Auch war in seinem Ansatz nicht die Erdsphäre, sondern die Wassersphäre exzentrisch verschoben (Randles 1994: 44).

Abbildung 17: Konzept der exzentrischen Sphären nach Paul von Burgos: Infolge der Verschiebung des Zentrums der Wassersphäre von A nach F erhebt sich ein Teil der Erde (Halbmond E-B-D) aus dem Wasser.

Quelle: „Postilliae" von Nicolai de Lyra (1481).Entnommen aus Randles (1990); S. 52.

Burgos zufolge hatte Gott zunächst die aristotelischen Elemente in vollkommener konzentrischer Ordnung angeordnet, und die Erde (Mittelpunkt A; Kreis EBDG) war vollkommen von Wassersphäre (Mittelpunkt A; Kreis MNO) bedeckt. Am dritten Tag ließ aber Gott das Wasser an einem Ort sich sammeln, und trockenes Land erschien. Um dies zu bewerkstelligen, versetzte er die Wassersphäre (Kreis CED), die nun den exzentrischen Mittelpunkt F erhielt. Hierdurch ragte ein halbmondförmiger Teil der Erde (EBD) aus dem Wasser (Nicolaus de Lyra 1481; Randles 1990: I 45). Dies implizierte zugleich, wie die Graphik verdeutlicht, dass dem kleinen Bereich der trockenen Hemisphäre der Erde eine unermessliche große Wassersphäre gegenüberstand. Die Ökumene konnte maximal die Hälfte des Umfangs des Wasserglobus einnehmen, war aber – insbesondere, wenn man ein zehnfaches Volumen der Wassersphäre annahm – als weitaus kleiner anzusehen: „Since Paul de Burgos' representation made it clear that only a small extent of the oikumene emerged above the water, the Atlantic was likely to be very great in extent and impossible to cross." (Randles 1994: 46; vgl. auch Randles 1990: 51) Es war diese Position, welche bei der ersten Disputation über die Praktikabilität einer Westreise 1486-87 in Salamanca zur Ablehnung des Kolumbianischen Projekts in Spanien führte (Randles 1994: 45).

Über die Existenz eines einheitlichen Erd-Wasser-Globus bestand somit kein Konsens, vielmehr waren „die prinzipiellen Fragen nach der Erdgestalt, also nach dem räumlichen Verhältnis von Erd- und Wassersphäre, nach dem Grad der Bedeckung der Erde durch das nächstfolgende Element und nach der Bewohnbarkeit der Erde Ausgangs- und Angelpunkt der Diskussionen über das Projekt des Kolumbus" (Vogel 1995: 373). Zwar war den alten Vorstellungen zufolge der atlantische Ozean zumindest im küstennahen Bereich nicht prinzipiell verschlossen. Dennoch wurde der Raum der Ökumene weiterhin vom umgebenden Wasserglobus geschieden. Kolumbus musste so zwar keine Vorstellung von der Erdscheibe überwinden, sehr wohl aber eine kosmographische Trennung zwischen Erde und Wasser. Seine Idee des Befahrens des „camino de Occidente" (Columbus 1992: 9) war deshalb weder eine Selbstverständlichkeit noch beruhte sie allein auf irrigen Annahmen über den geringen Abstand zwischen Spanien und Asien. Vielmehr lag eine von dem mittelalterlichen Weltbild abweichende Konzeption des Erdglobus zugrunde.

7.2.3 Die Konzeption eines einheitlichen Erd-Wasser-Globus

Kolumbus war allerdings kein heroischer Einzelkämpfer, dessen Annahmen absolut neu waren. Vielmehr war die These ebenso alt wie die aristotelisch-scholastische Sphärentheorie und fand auch im Mittelalter ihre Anhänger, wurde aber durch die zunehmende Dominanz der Theorie der exzentrischen Mittelpunkte an den Rand gedrängt. Erst in der Renaissance konnte sie im Zusammenhang mit der Wiederentdeckung der ptolemäischen Schriften wieder an Bedeutung gewinnen. Kolumbus wurde durch die Schriften der Vertreter dieser Position beeinflusst bzw. versuchte sein Unternehmen mit ihnen zu legitimieren. Es waren vor allem zwei Quellen, die Kolumbus zu seinem Projekt inspirierten: Zum einen die Anmerkung von Aristoteles in *De Caelo* (1987: Buch II 298 a), wonach der Abstand zwischen Spanien und Indien gering sei, und zum anderen die ptolemäische Definition einer kontinuierlichen, Wasser und Land verbindenden Erdoberfläche.[12] Auch bei Plinius (23-79 n. Chr.) ist die Annahme eines einheitlichen Erd-Wasser-Globus klar erkennbar.[13] Durch die Autorität des Plinius wurde Kolumbus in seinem Vorhaben bestärkt. In einem Brief an die Spanischen Könige, in dem er seine Idee von der Kugelgestalt der Erde darstellt, heißt es: „Plinius schreibt, dass Meer und Erde zusammen eine Sphäre bilden." (Colombo 1992: 130.)

Im Anschluss an diese antiken Autoren sollten bereits im Mittelalter verschiedene Autoren wie Roger Bacon und Albertus Magnus ebenfalls die Idee eines einheitlichen Erd-Wasser-Globus und eines geringen Abstandes zwischen Spanien und Asien verfechten (Vogel 1995: 172 f.). Auch die Vorstellung von einer Umrundbarkeit der Erde wird bereits explizit erwähnt und in der *Image du monde* von Walter von Metz (1246) in vereinfachter Form abgebildet (vgl. Simek 1992: 49). Diese Positionen standen aber im Gegensatz zu den verbreiteten Konzepten, die auf der Grundlage der These der exzentrischen Sphären von einer großen Wasserfläche ausgingen.

---

12 Bei Aristoteles heißt es: „Ferner ist an der Erscheinung der Gestirne nicht nur sichtbar, dass die Erde rund, sondern auch, dass ihre Größe nicht bedeutend ist. [...] Darum scheint es, dass die Hypothese nicht allzu unwahrscheinlich ist, die die Gegend um die Säulen des Herakles mit derjenigen um Indien in Verbindung bringt und dort ein einziges Meer annimmt." (Aristoteles 1987: Buch II, 29)

13 Dies verdeutlicht folgende Bemerkung: „Die Absicht des Schöpfers der Natur muß es gewesen sein, die Erde, die für sich genommen dürr und trocken ist und ohne Feuchtigkeit nicht bestehen könnte, und das Wasser, das ohne Unterstützung der Erde nicht bestehen könnte, in gegenseitiger Verflechtung zu verbinden." (Plinius Secundus 1973: Buch 2, LXVI)

Erst mit der Wiederentdeckung der *Geographia* des Ptolemäus im 15. Jh. fand die Konzeption des Erd-Wasser-Globus eine größere Verbreitung. In dieser Schrift, die erst 1406 in Florenz ins Lateinische übersetzt wurde und 1475 noch ohne Karten im Druck erschien, heißt es unmissverständlich: „The continuos surface of the earth and the seas forms one sphere." (Ptolemäus zit. n. Randles 1994: 16) Durch die Kenntnisnahme der ptolemäischen Geographie in der Renaissance wurde so der Gegensatz zur aristotelisch-scholastischen Sphärentheorie allmählich virulent (Randles 1994: 35). Auch der italienische Wissenschaftler Paolo dal Pozzo Toscanelli sollte u.a. auf der Grundlage des ptolemäischen Modells von einem geringen Abstand zwischen dem westlichen Europa und Asien ausgehen und verzeichnete dies auf einer Karte. Kolumbus korrespondierte mit Toscanelli und erhielt 1474 eine Kopie der Karte.[14] Insgesamt ist jedoch zu konstatieren, dass diese Vorstellungen weiterhin nicht dem Mainstream der philosophisch-teleologischen Lehrmeinungen entsprachen. Aus wissenschaftsgeschichtlicher Perspektive kann daher die kolumbianische Ausfahrt auch als ein „riskantes Experiment" (Vogel 1995: 7) angesehen werden, das zur Klärung einer wissenschaftlichen Kontroverse beitrug.

Die derzeit verbreitete Darstellung, wonach sich der Streit um die Möglichkeit der Westfahrt allein auf unterschiedliche „Vorstellungen über den Erdumfang und damit über die im Rahmen der späteren Entdeckungsreisen zurückgelegten Entfernungen" (Pietschmann 1994: 212; vgl. ähnlich Milhaud 1994: 274) reduzieren lässt, ist zumindest als verkürzt anzusehen. Denn es stand die Theorie der exzentrischen Sphären dem kolumbianischen Vorhaben klar entgegen, wie Vogel deutlich macht: „Die exzentrischen Konzeptionen schlossen aus prinzipiellen physikalischen Gründen eine Westfahrt praktisch aus. Kolumbus musste gegenüber seinen astronomisch und physikalisch hochgelehrten Zeitgenossen den Globus als Abbild einer Erd-Wasser-Sphäre erst einmal plausibel machen." (Vogel 1995: 368) Das ptolemäische Modell von einem einheitlichen Erd-Wasser-Globus wurde noch keineswegs konsensual akzeptiert. Vielmehr gingen die Gegner des Kolumbus noch weitgehend von dem scholastischen Sphärenmodell und damit von einer potentiell riesigen Wassersphäre aus.[15]

---

14 Kolumbus übernahm dabei möglicherweise auch die letztlich falsche Annahme einer mit 3000 Seemeilen gegenüber dem realen Abstand zu gering angesetzten Distanz zwischen den kanarischen Inseln und Japan. Er reduzierte die Distanz sogar auf 2400 Meilen – der reale Abstand beträgt 10.000 Seemeilen. Der Fehler basierte u.a. auf der Annahme einer größeren Ausdehnung Asiens nach Osten, wie sie bereits bei Ptolemäus zu finden ist, bestärkte aber Kolumbus in seinem Glauben an die Praktikabilität des Vorhabens (vgl. Bitterli 1992: 49 f.).

15 Der erste offenkundige „clash between the physics of the Aristoteles scholastics and the mathematical geography of Ptolemy" (Randles 1994: 41) wurde Randles zufolge 1484 in einer Arbeit des Spaniers Jacob Perez de Valencia erkennbar. Dort heißt es: „Manche glauben, dass […] der Ozean viel größer ist als die ganze Erde […] und dass die Erde wie ein leichter Ball oder wie eine Apfel in einem Wasserbecken ist, von denen nur der obere Teil über dem Wasser erscheint. […] Aber diese Position ist offenkundig irrational. […] Und daher muss gesagt werden, dass die Ptolemäische Position […] viel rationaler ist." (Perez de Valencia zit. nach Randles 1994: 41)

Der berühmte Erdapfel von Martin Behaim aus dem Jahre 1492 verdeutlicht allerdings, dass zum Zeitpunkt der Westreise von Kolumbus die These von dem Erd-Wasser-Globus keine absolute Revolution des Weltbildes mehr implizierte.[16] Zumindest in den gebildeten Kreisen war die Vorstellung durchaus bekannt war bzw. wurde nicht als abwegig angesehen.[17] Die These jedoch, dass „Behaim [...] also keineswegs ein veraltetes Weltbild durch ein neues ersetzt, sondern einem seit langem existierenden Weltbild augenfällig Gestalt verliehen [hat]." (Braunlein 1992: 79) ist auch zu vereinfachend. Zwar verweist Braunlein zu Recht darauf, dass Behaim zu seiner Bezeichnung Erdapfel vermutlich durch den sogenannten Reichsapfel inspiriert wurde. Dieser war dem Nürnberger Kaufmannssohn wohlvertraut, da die Reichskleinodien in Nürnberg aufbewahrt und dort auch dem Volk präsentiert wurden (ebd.: 74 f.).[18] Dies impliziert aber keineswegs, dass dieser Reichsapfel ein konkretes Modell von einem kugelförmigen Erd-Wasser-Globus darstellte und Behaim so mit seinem Erdapfel nur ein weithin bekanntes Modell aufgegriffen und mit detailliertem Inhalt gefüllt hat. Vielmehr ist hervorzuheben, dass beim Reichsapfel der Modellcharakter hinter die Relevanz als Herrschaftssymbol zurücktritt bzw. sich unterschiedliche Sinngehalte und Repräsentationsformen der Welt erkennen lassen.[19] Der schematisierte und mit sakraler Symbolik aufgeladene Reichsapfel unterscheidet sich daher grundlegend von dem detaillierten und entsakralisierten Erdapfel Behaims, der bereits die ökonomisch-kapitalistische Aneignung des Globus antizipierte und auf der Vorstellung vom einheitlichen Erd-Wasser-Globus beruhte. Die These vom Erd-Wasser-Globus, die Behaim 1492 visualisierte und die Kolumbus im gleichen Jahr zur Westfahrt ermunterte, wich somit klar von dem verbreiteten Modell einer Trennung von Wassersphäre und Erdsphäre ab. Noch nach der Entdeckung Amerikas hielten viele am alten Modell fest, das insbesondere durch Ausgaben des Werkes von Sacrobosco popularisiert worden war (vgl. Vogel 1995: 425).

---

16 Bereits 15 Jahre vorher hatte vermutlich der Kosmologe Nicolaus Germanus im Auftrag des Papstes einen Erdglobus angefertigt, der allerdings verschollen ist (Braunlein 1992: 73).

17 Die Auftraggeber und Finanziers Behaims, drei Nürnberger Ratsherren, hatten mit der Herstellung des Globus keinen Umsturz der Vorstellung von der Erde im Sinn, sondern waren vermutlich an den in den fernen Ländern erwartbaren Reichtümern interessiert. Entsprechend verweisen die Beschriftungen auf dem Globus häufig auf die dort befindlichen Güter (vgl. Braunlein 1992: 80). So fände man auf der Insel Neucuran „Muscatt, Zimeth, Negel [...] Wädt von Sandelholz und von allerlei Spezerei" (ebd.: 80).

18 Die Symbolik des Reichsapfels geht auf die antike Tradition der Verwendung des Globus, insbesondere bei den römischen Kaisern als „Sinnbild der Weltherrschaft" (Schramm 1958:12), zurück und macht somit die weit zurückreichende Verbreitung der Sphärenvorstellung deutlich. Im Mittelalter wurde diese Symbolik von den Kaisern des Heiligen Reiches und auch von Herrschern in anderen Ländern als Herrschaftszeichen übernommen (ebd.: 55 f.).

19 Teils werden sowohl Himmel, Erde und Wasser dargestellt oder auch nur zwischen einer unteren irdischen und einer oberen himmlischen Hälfte unterschieden. In manchen Darstellungen ist der gesamte Sphärenkosmos gemeint und häufig findet sich auch die aus den TO-Karten übernommene Dreiteilung der runden Erdkarte, die auf den Orbis-Terrarum und die sakralisierte christliche Ökumene verweist (Schramm 1958: 182).

Erst allmählich sollte die einst dominierende Vorstellung von den getrennten Sphären durch die konkurrierende Vorstellung vom einfachen Erd-Wasser-Globus ersetzt werden. Damit wurde das westliche Ende der alten Welt zum Beginn einer neuen, vor allem nach Westen geöffneten globalen Welt.

Die Durchbrechung der ozeanischen Grenze durch die portugiesischen und spanischen Seefahrer hatte so zwar nicht das Ende einer bereits seit langem fragwürdig gewordenen Erdscheibentheorie zur Folge, brachte aber sehr wohl die Verabschiedung der Theorie der exzentrischen Erdsphäre, aus der ebenfalls eine Tabuisierung des Ozeans resultierte, mit sich. Die Positionen der scholastischen Naturphilosophen wurden nach den Entdeckungsreisen fragwürdig, wie u.a. folgender Kommentar des italienischen Naturphilosophen Galateus aus dem Jahre 1501 über Albert von Sachsen deutlich macht: „Er [A. v. Sachsen] fügt auch einen gewissen lächerlichen Satz hinzu, dass von Herkules Säulen aufgestellt worden seien, damit niemand das Meer befahre, das er selbst undurchdringlich nennt. Ich weiß nicht, was er will. [...] Denn täglich hören wir, dass die Spanier über viele tausend Stadien [...] segeln." (Galateus 1558: 59; Übers. n. Vogel 1995: 441)

Die empirischen Erfolge der iberischen Seefahrer hatten das Weltbild verändert. Die Welt war nach ihrer Öffnung durch die iberischen Seefahrer eine andere geworden, das alte Weltwissen hatte seine Bedeutung verloren: „Die Wahrnehmung der Alten, für die das feste Land an den Säulen des Herakles geendet hatte [...] konnte nun als Weltfremdheit verspottet werden. Für den Autor hatte eine neue Zeit begonnen." (Vogel 1995: 442) Allmählich vollzog sich so durch die Erweiterung der Erfahrungsräume infolge der Entdeckungsreisen sowie deren theoretischen Reflexion eine „kosmographische Revolution" (Vogel 1995). Es setzte sich die neuzeitliche Vorstellung von einem einheitlichen Erd-Wasser-Globus durch. Vogel führt dabei die zitierte Schrift *Die Lage der Elemente* des Galateus (1558) auch als Beleg für diesen Wandel an. In dieser heißt es: "Die Kugel aber, die aus Erde und der Masse des Wassers besteht, wird von der ringsherumfließenden Luft umgeben; auf diese Weise besitzen Wasser und Erde vermischte und zusammengelegene Regionen." (Ebd.: 13; Übers. n. Vogel 427) Allerdings ist dieses Werk erst im Jahre 1558 gedruckt erschienen, so dass man Galateus nicht als Protagonisten und sicherlich nicht als Popularisierer der Revolution des Weltbilds bezeichnen kann. Eine wichtigere Bedeutung für die Durchsetzung einer neuen Vorstellung von der Erde sollte der Reisebericht *Mundus Novus* (1502/03) von Vespucci erlangen, durch den die Existenz einer großen Landfläche in der Wassersphäre belegt wurde. Jedoch ordnete Vespucci seine Empirie nicht in die kosmographischen Spekulationen über das Verhältnis von Erd- und Wassersphäre ein. So kann man dem im Folgenden diskutierten Werk der Kosmographen von Saint Dié und der hiermit beschriebenen und präsentierten Konzeption von einem einheitlichen Erd-Wasser-Globus eine besondere Bedeutung in der kosmographischen Revolution einräumen.

7.2.4 Die „Cosmographiae Introductio" und die Durchsetzung des Konzepts der Erd-Wasser-Sphäre

Der mit der Entgrenzung des Ozeans und der Erfindung Amerikas einhergehende Wandel des Weltbildes wird einprägsam an einem Druckwerk erkennbar, das zu einer grundlegenderen wissenschaftlichen Reflexion und einer weiteren Verbreitung der neuen kosmographischen Erkenntnisse beitrug: In der vor allem von Mathias Ringmann (1482-1511) und Martin Waldseemüller (ca. 1473-1520) erarbeiteten *Cosmographiae Introductio* (1507/2010) wurde die Neue Welt nach ihrem „Erfinder" Amerigo Vespucci als America benannt. Dieser Name wurde auch auf der zugehörigen großen Weltkarte und einem Globus verwendet und zugleich wurde in Wort und Bild das neuzeitliche Konzept des einfachen Erd-Wasser-Globus erstmals einem breiteren Publikum präsentiert.

Die Herausgabe dieses „Medienpakets" (Obhof 2006: 46) am 25. April des Jahres 1507 war der Höhepunkt des Wirkens des humanistischen Gelehrtenzirkel *Gymnasium Vosagense*. Diese Gruppe von Wissenschaftlern hatte sich, gefördert von Herzog Rene II. von Lothringen (1473-1508) und unter der Leitung von dessen Sekretär Walter Ludd, in der lothringischen Bischofsstadt Saint Dié versammelt. Ein besonderer Schwerpunkt dieses Kreises war die Erstellung und Veröffentlichung von geographischen Abhandlungen und Kartenwerken.

Die Schrift *Cosmographiae Introductio* (Ringmann/Waldseemüller 1507/2010), d.h. die „Einführung in die Weltbeschreibung" im engeren Sinne, wurde weitgehend von Matthias Ringmann (1482-1511) bzw. Philesius Vogesigena – so sein Humanistenname – verfasst (vgl. Schmitt 1982: 14). Von Ringmann als der „treibende(n) Kraft für das geplante Kartographieprojekt" (Lehmann 2010: 51) stammt vermutlich auch die Idee der Benennung der Neuen Welt als America (Laubenbacher 1959; Lehmann 2010: 51). Ein Einfluss Waldseemüllers auf die Schrift und die Namensgebung kann aber nicht gänzlich ausgeschlossen werden.[20]

Dem Text beigefügt waren die Briefe des Amerigo Vespucci über seine vier Reisen in die Neue Welt, die vom Italienischen ins Lateinische übersetzt wurden. Diese Briefe können als der eigentliche Anlass für die Erstellung und Veröffentlichung des Werkes der Wissenschaftler von Saint-Dié angesehen werden, die sich zum Ziel gesetzt hatten, die von Vespucci erbrachte Veränderung der Kenntnis über die Welt kosmographisch zu verarbeiten. Globus und Weltkarte, die bekanntesten Bestandteile des Medienpakets, waren schließlich das Werk des vermutlich in Freiburg im Breisgau geborenen Martin Waldseemüller (ca. 1470-1520), der auch den gräzisierten Humanistennamen Martin Ilacomilius führte.

Die für damalige Verhältnisse große Auflage von 1000 Stück sollte zum Wandel des Weltbildes in der frühen Neuzeit beitragen.[21] Zwar kann die Transformation des

---

20 Alexander von Humboldt hatte vor allem Waldseemüller als Autor der *Cosmographiae Introductio* und Namensgeber der Neuen Welt gewürdigt (Humboldt 1836: 310). Auch Edmundo O'Gorman, auf dessen „La invención de América" (1958) in dieser Arbeit häufig Bezug genommen wird, folgt dieser Linie. Im Gegensatz hierzu hat Franz Laubenberger in *Ringmann oder Waldseemüller? Eine kritische Untersuchung über den Urheber des Namens Amerika* (1959) überzeugend argumentiert, dass „Ringmann sowohl als Verfasser der ‚Einführung' wie auch als de[r] Urheber des Namens Amerika nachzuweisen" (ebd.: 176) sei. Allerdings ist in einigen Ausgaben der *Cosmographiae Introductio* Waldseemüller mit erwähnt. Auch wird in der Mehrzahl der Bibliotheksangaben Waldseemüller als Autor genannt. Um Missverständnisse zu vermeiden, werden im Folgenden beide Autoren bei Verweisen auf die einführende Schrift genannt.

21 Ob tatsächlich 1000 Exemplare gedruckt wurden, wie von Waldseemüler angegeben wurde, ist allerdings unsicher. Da die Druckerei in St. Dié relativ klein war und nur ein

Weltverständnisses zweifelsohne nicht primär und allein auf die Leistung dieser Kartographen zurückgeführt werden, vielmehr erfolgte eine stille, allmähliche karthographische Revolution. Sehr wohl aber bündelte dieser „Meilenstein frühneuzeitlicher Kartographie" (Lehmann 2010) den durch die Entdeckungsreisen gewonnen Erkenntniszuwachs. Es kann dieses Werk daher als Sinnbild für den Übergang von der begrenzten Welt der Antike zum modernen, globalen Zeitalter angesehen werden.

Dass dessen Relevanz bis heute weitgehend verkannt wird, liegt auch darin begründet, dass sowohl die Karte als auch die Globusegmente lange Zeit verschollen waren. Die genauen Umstände der Namensgebung Amerikas blieben unbekannt und erst Alexander von Humboldt sollte die Namensgebung wieder rekonstruieren. In seinen *Kritische[n] Untersuchungen über die historische Entwicklung der geographischen Kenntnisse von der Neuen Welt* (Humboldt 1836) schreibt er: „Ich bin so glücklich gewesen, ganz neuerdings den Namen und die literarischen Verbindungen jenes geheimnisvollen Mannes aufzufinden, welcher zuerst (im Jahre 1507) den Namen Amerika zur Bezeichnung des Neuen Kontinentes vorschlug und sich selbst unter dem gräcisirten Namen Hylacomylus verbarg." (Humboldt 1836: 310) Die Wiederentdeckung der Weltkarte 1901 leitete dann wieder eine verstärkte Beachtung des Werkes ein.[22] Seither wurden die näheren Umstände des Zustandekommens dieses Werkes und seine Relevanz unter den Geographiehistorikern verstärkt diskutiert. In Verbindung mit der 500-Jahresfeier der Erstellung des Medienpackets war auch eine stärkere öffentliche und wissenschaftliche Beachtung des Werkes zu verzeichnen. In der verdienstvollen Arbeit von Lehmann (2010) wurde erstmals die Cosmographiae Introductio ins Deutsche übersetzt und kommentiert, wobei allerdings die revolutionäre Bedeutung dieses Werkes nur in Ansätzen thematisiert wurde. Dahingegen wird von Hessler und Van Duzer in *Seeing the world anew* (2012), einer Darstellung des Kartenwerks von Waldseemüller, auf den besondere Stellenwert dieser Arbeiten im Prozess der Herausbildung des modernen Weltbildes verwiesen:

„It is these revolutions and the story of how humanists, geographers and scientists such as Waldseemüller [...] make maps like the 1507 World Map and the 1516 Carta marina so compelling, and their story so relevant for us today. For as their world changed, from one of medieval isolation to the more open and progressive ideas of the Renaissance, our modern world came into being, with science and geography slowly evolving into the forms we are so familiar with in our daily lives. Waldseemüller's maps are nothing short of a visual expression of the coming of the modern age." (Hessler und Van Duzer 2012: 3)

Allerdings wird diese Diskussion bisher kaum außerhalb der Expertenkreise rezipiert und es erfolgte keine Reflexion hinsichtlich der Implikationen für die Wissenschafts-

---

Exemplar der Karte erhalten blieb, gehen einige Experten davon aus, dass eine geringere Stückzahl hergestellt wurde (vgl. Hessler und Van Duzer 2012: 11).

22 Im Jahre 1901 entdeckte ein Jesuitenpater in der Schlossbibliothek des Fürsten Johannes zu Waldburg-Wolfegg ein Exemplar der Karte wieder, wobei auch dieses Unikat vermutlich nicht der Erstausgabe entstammt, sondern wohl ein späterer Probedruck war (vgl. Wolff 1992: 113).

geschichte und der Bedeutung für die Begründung der Moderne insgesamt. In der vorliegenden Arbeit soll der mit dem Werk verbundene Wandel der Weltwahrnehmung unter Berücksichtigung von anthropologischen, kosmologischen und spirituellen Dimensionen näher dargelegt werden.

Das Werk der Kosmographen von St. Dié ist insbesondere als zentraler Schritt im Prozess der Verschmelzung der mittelalterlichen Erd- und Wassersphäre zu dem neuzeitlichen Erd-Wasser-Globus und damit der Herausbildung der neuzeitlichen Vorstellung von Globalität anzusehen. Denn im Jahre 1507 wurde von Martin Waldseemüller der erste die neue amerikanische Welt mit einbeziehende Weltglobus geschaffen. Der kleine Erdglobus mit ca. 11 cm Durchmesser war der *Cosmographiae Introductio* und der Weltkarte in Form einer im Holzschnittverfahren gedruckten Segmentkarte mit 12 Segmenten beigefügt (vgl. Abbildung 18).[23]

Abbildung 18: Aus der Globensegmentkarte Waldseemüller (1507) gefertigter Erdglobus mit als Amerika benanntem südlichen Teil der Neuen Welt.

Quelle: Fotographie der Reproduktion im Deutschen Museum vom Verfasser.

Die Weltkugel Waldseemüllers ist im Gegensatz zu dem größeren Behaim-Globus von 1492, auf dem Amerika noch fehlte, in der Öffentlichkeit wenig bekannt. Der

---

23 Vier Exemplare der Segmentkarten waren bisher bekannt. 2012 wurde in der Münchner Universitätsbibliothek ein weiterer, leicht veränderter Druck gefunden (vgl. Jochum 2012a). Ein aus den originalen Segmentkarten gefertigter Globus blieb nicht erhalten.

Bedeutung des Erdglobus wird diese Einschätzung nicht gerecht. Denn der Globus Behaims ist noch als Darstellung einer Hypothese anzusehen, die einer wissenschaftlichen Außenseiterposition visuelle Plausibilität verleihen sollte. Dahingegen zeigt Waldseemüller nun erstmals jenes neue, Amerika einschließende, Bild vom Erdglobus, das nach den Entdeckungsreisen der iberischen und italienischen Seefahrer als weitgehend bewiesen erschien, wenn auch erst durch die Magellansche Weltumsegelung von 1522 die Kugelform sowie die Verwobenheit von Erd- und Wassersphäre endgültig empirisch bestätigt wurden.

Dabei hatten die Kosmographen von Saint-Dié die mittelalterliche Vorstellung einer von der Wassersphäre getrennten Erdkugel noch klar vor Augen. In der Kathedrale von Saint-Dié, in deren Nähe sich ihre Arbeitsstätten befanden, war auf einem eindrucksvollen Wandgemälde Kaiser Heinrich VI zu sehen, der den die Erdkugel repräsentierenden Reichsapfel in Händen hielt (vgl. Abbildung 19). Die Darstellung der Erde war entsprechend der verbreiteten mittelalterlichen Tradition nach Osten orientiert und Asien nahm wie in den TO-Karten die obere Hälfte ein, während die beiden anderen Kontinente unten angesiedelt waren. Die Wassersphäre war klar erkennbar nicht Teil dieser Konzeption der Erdkugel.

Abbildung 19: Kaiser Heinrich der VI. mit dem Reichsapfel auf einem Wandgemälde in der Kathedrale von Saint-Dié-des-Vosges (Kopie des 1944 zerstörten Originals).

Quelle: Fotographie des Verfassers.

Von dieser Vorstellung sollte sich die neuzeitliche Repräsentation der Erde im Werk der Kosmographen von St. Dié grundlegend unterscheiden. Mit Waldseemüllers Erd-Wasser-Globus und dessen Beschreibung in der *Cosmographiae Introductio* wurde ein entscheidender Schritt im Prozess der Herausbildung der neuzeitlichen Erdkugelvorstellung vollzogen, wie auch Wootton hervorhebt:

„The first people really to come to grips with this were Martin Waldseemüller and Mathias Ringmann [...]. Struggling to think through the implications of Vespucci's claim they needed a way of referring to what we call the Earth, or the world – the single globe formed of land and sea. They called it omnem terrae ambitum, the whole circumference of the Earth [Herv. i.O.]." (Wootton 2015: 124)

Die Theorie vom einfachen Erd-Wasser-Globus, die im Mittelalter nur von wenigen Wissenschaftlern verfochten wurde, sollte sich fortan als die plausibelste Konzeption von der Gestalt der Erde durchsetzen.

Dieser mit dem neuen Erdglobus einhergehende Umbruch des Weltbildes wird auch an einer Begleitschrift zum Globus aus dem Jahre 1509 deutlich, die einer lateinischen Fassung mit dem Titel *Globus Mundi* (Waldseemüller 1509b) sowie in einer deutschen Übersetzung unter der Bezeichnung *Der Welt Kugel* (Waldseemüller 1509a) herausgegeben wurde. Insbesondere in der deutschen Ausgabe, die nicht nur an den Adel und die des Lateinischen mächtigen Wissenschaftsgemeinde gerichtet war, sondern für das Volk bzw. insbesondere die aufstrebende bürgerliche Kaufmannsschicht bestimmt war, wird das Werk auf der Titelseite in populärer Sprache angepriesen:

„Der Weltkugel – Beschreibung der Welt und des ganzen Erdreichs hier dargestellt und verglichen mit einer runden Kugel, die eigens hier zugehörig gemacht wurde, worin der Kaufmann und ein jeder sehen und merken kann, wie die Menschen unterhalb uns gegenüber wohnen und wie die Sonne umgeht, hierin beschrieben mit vielen seltsamen Dingen." (Waldseemüller 1509a; Angleichung an das moderne Deutsch d. Verf.)

Die Erwähnung der „unterhalb uns" wohnenden Menschen verweist auf die Existenz der von Menschen auf dem amerikanischen Kontinent. Mit der zugehörigen Kugel ist aller Wahrscheinlichkeit nach eine Segmentkarte des Erdglobus gemeint. Damit wurde dem Leser das kugelförmige Weltmodell auch plastisch vor Augen geführt. Der Bruch mit der alten Vorstellung wird dabei klar kenntlich gemacht und das alte Modell der exzentrischen Sphären endgültig verabschiedet:

„So merke, dass als erstes die Erde ist gleich einem Pünktchen in einem Zirkel gegen die Größe des Umkreises aller Himmel und dies ist das erste Element und am festesten und härtesten zu greifende [...], das andere Element ist das Wasser [...] und die zwei sind also ineinander vermischt von Gott und liegen aufeinander so dass keines ohne das andere sein mag; und es mag das Wasser die Erde nicht bedecken noch mehr überlaufen als sie Flüsse faßt. Dass es aber auch rund und simpel ist, wissen alle Schiffspatrone und Leute des Meeres wohl, die es es reglich besuchen und auf und ab fahren. Auch siehst du es in dieser Kugel vor deinen Augen. Wiewohl Nycolaus von Lira anders von ihre redet und will, dass das Erdreich in dem Wasser schwimmt wie ein Apfel – das laß ich ihn verantworten." (Waldseemüller 1509a; Angleichung an das moderne Deutsch d. Verf.)

Die auch von Nicolaus de Lira vertreten Theorie der exzentrischen Sphären, d.h. hier bildhaft ausgedrückt die These vom im Wasser schwimmenden Erdapfel, wird noch als Gegenmeinung genannt. Sie ist aber keiner Widerlegung mehr wert. Das runde und einfache Modell des Erd-Wasser-Globus wird dem Leser durch die Weltkugel überzeugend vor Augen geführt. Mit dieser Sphärenrevolution überwand die Neuzeit die Furcht vor der Wassersphäre und überführte den Sphärendualismus in die Vorstellung von der einfachen Erdkugel. Im lateinischen *Globus Mundi* wird der Erdglobus dementsprechend als ausgeweiteter orbis terrarum beschrieben:

„Darstellung und Beschreibung der Welt und des ganzen Erdkreises [orbis terrarum]. Verglichen mit einer runden Kugel [globulo rotundo] und einer festen Sphäre [spera solida]. [...] Die Sonne beleuchtet jeden Ort der Erde, die in einem Luftvacuum sich zu befinden scheint, unterstützt allein durch Gottes Wille. Zusammen mit dem vierten Teil der Erde [quarta orbis terrarum parte] der kürzlich von Americus entdeckt wurde." (Waldseemüller 1509b; Übers. d. Verf.)

Der Erdkreis, wird hier nun definitiv mit dem gesamten Erd-Wasser-Globus gleichgesetzt und nicht mehr nur als der trockene, sich aus dem Wasser erhebende Teil des Erdapfels bestimmt – und damit das moderne Verständnis von Globalität festgeschrieben

Die Entgrenzung von Erd- und Wassersphäre befreite den Menschen aus der antiken Ökumene. Der westliche atlantische Ozean wurde damit zum Teil der menschlichen Welt, ein Prozess der, wie im Folgenden noch deutlich wird, durch die Einbeziehung der neuen amerikanischen Welt noch verstärkt wird. Die Ökumene der Antike, d.h. der sich aus dem Wasser erhebende Teil der Erdsphäre, verwandelte sich in die Alte Welt und die östliche Hemisphäre. Die Wassersphäre wurde zur westlichen Hemispäre, die den atlantischen Ozean und Amerika einschloss. Beide Sphären wurden zum neuzeitlichen Globus vereint und damit in einem kosmographischen Sinne die Globalisierung eingeleitet. Der Erdglobus von Waldseemüller kann so als ein Signum der Durchsetzung des neuzeitlichen globalen Weltbewusstseins angesehen werden.

Die mittelalterliche, auf aristotelisch-scholastischen Grundannahmen beruhende Konzeption von den getrennten Sphären sollte allerdings auch nach 1507 von vielen Wissenschaftler vertreten werden. Erhebliche Widerstände mussten überwunden werden, bis es zu einer endgültige Revision der wissenschaftlichen Axiomatik und einem „final collapse of the pseudo-Aristotelian doctrine of the two spheres of the water and of the earth [...] and the emergence of the concept of the terraqueous globe" (Randles 1994: 64) kam. Auch nach der Heimkehr der Überlebenden der Magellanexpedition im Jahre 1522 war es im wissenschaftlichen Diskurs teilweise noch erforderlich, die Annahme eines integrierten Erd-Wasser-Globus zu begründen.

So hielt es Kopernikus in seiner 1509 begonnenen, aber erst 1543 veröffentlichten Schrift *De revolutionibus orbium coelestium* noch für angebracht, die Theorie der Einheit von Wassersphäre und Landsphäre darzulegen. Um die Theorie von den exzentrischen Sphären zu widerlegen argumentiert er, es sei „weit gefehlt, dass die Wassermenge gar zehnmal größer sein sollte" (Kopernikus 2006: 91), und betont, es bestehe „auch kein Unterschied [...] zwischen dem Schweremittelpunkt der Erde und dem Ausdehnungsmittelpunkt" (ebd.: 91). Als ein entscheidendes empirisches Argument, das die Theorie von den exzentrischen Sphären endgültig widerlegt, nennt er dabei die Entdeckung Amerikas:

„Eben im Falle Amerikas zwingt geometrische Verhältnisbestimmung dazu, es auf Grund seiner Lage dem Gangesdurchflossenen Indien genau gegenüber anzunehmen. Aus alledem endlich halte ich es für erwiesen, dass Erde und Wasser sich auf einem Schwermittelpunkt abstützen und dass es einen anderen Größen-Mittelpunkt von Erde, nicht gibt. [...] Also [...] ist die Erde [...] eine vollendete Rundung." (Kopernikus 2006: 93)

In seiner Beschreibung der Lage Amerikas rekurriert er auf die Ausführungen in der *Cosmographiae introductio* von Waldseemüller und Ringmann, die ihn zweifelsohne stark in seinen Überlegungen beeinflussten. Wie Hessler und Van Duzer argumentieren, ist die Publikation des Werks der Kosmographen von St. Dié demnach als wichtiges Ereignis zwischen den beiden großen Revolutionen der frühen Neuzeit, der Ausfahrt des Kolumbus und der kopernikanischen Wende, zu verorten (vgl. Hessler und Van Duzer 2012: 2). Man kann noch einen Schritt weitergehen und formulieren, dass infolge dieses Werkes die Fahrten von Kolumbus und Vespucci in eine wissenschaftliche Revolution einmündeten, welche die unabdingbare Voraussetzung für die kopernikanische Wende war. In diesem Sinne argumentiert auch Wootton: „The geographical discoveries of Amerigo Vespucci and the maps and commentaries of Waldseemüller and Ringmann will have been crucial for him [Copernicus] in developing his heliocentric theory, for they provides a definitive solution to the problem of the Earth´s shape." (Wooton 2015: 142)

Erst nachdem Erdkugel und Wasserkugel zu einem einzigen Globus zusammengefügt wurden, konnte der neue Planet im neuen heliozentrischen Sphärensystem seinen Umlauf um die Sonne antreten. Auch Randles hebt diesen Zusammenhang klar hervor: „The [...] proof of the water and the earth making up a single globe with a common centre of magnitude and of gravity enabled Copernicus to present the earth as a planet in his system." (Randles 1994: 70) Die kosmographische Revolution, die mit dem Übergang von der mittelalterlichen Vorstellung von einer Trennung zwischen Erdsphäre und Wassersphäre zum neuzeitlichen Konzept des einheitlichen Erd-Wasser-Globus vollzogen wurde, steht somit am Beginn der „Allraumrevolution" (Miliopoulos 2007: 165) der Moderne. Sie ging der kopernikanischen Revolution voraus und ist daher als der entscheidende Schritt in der Herausbildung des neuzeitlichen Weltbildes anzusehen.

7.2.5 Zusammenfassung: Die Entstehung der neuzeitlichen Erd-Wasser-Globus

Wie anhand der vorrausgehenden Darstellungen deutlich wurde, bestand die eigentliche Kontroverse um die Westfahrt des Kolumbus nicht im Gegensatz zwischen der Vorstellung von der Erde als Scheibe und einer Edkugelkonzeption. Im Zentrum stand vielmehr die Frage, ob „die Welt simpel ist", wie es auf dem ersten bekannten Erdglobus von Martin Behaim heißt, d.h., dass sich Wasser und Land auf einer einzigen Erdkugel befinden, wie es einige Außenseiter annahmen, oder ob die Erdkugel wie ein Ball auf einer großen Wasserkugel schwimmen würde, wie es dominierende Vorstellung der scientific community dieser Zeit war.

Aufgrund von physikalischen Überlegungen über das Gewicht der Elemente war der herrschenden Lehrmeinung zufolge von einem sphärenförmigen Aufbau des Kosmos auszugehen, in dessen Innersten die von der Wassersphäre umhüllte Erdsphäre angesiedelt war. Die Existenz einer aus dem Wasser sich teilweise erhebenden Erdsphäre war daher erklärungsbedürftig. Dieses Problem fand mit der *Theorie der exzentrisch verschobenen Mittelpunkte von Erd- und Wasserkugel* eine Lösung. Der gesamte Erdglobus teilte sich der zweiten Konzeption zufolge in eine obere, trockene Erdhemisphäre, und eine untere, durch die Wassersphäre bedeckte Hälfte. Nur aufgrund eines exzentrischen Mittelpunkts und dem Willen Gottes wurde die Erde nicht vom Wasser verschlungen. Es konnte in diesem Modell kein Herabstürzen von einem ozeanischen Rand der Erdscheibe geben, wie es im 19. Jh. fälschlicherweise dem mittelalterlichen Weltbild unterstellt wurde, denn die riesige Wassersphäre hatte keinen Rand. Jedoch blieb die Vorstellung von einer klaren Trennung zwischen Ökumene und Ozean und damit auch die Grenzsymbolik der Säulen des Herakles weiterhin erhalten. Waren sie im antiken Denken Symbol der Grenzziehung zwischen vertrauter Ökumene und dem bedrohlichen Ozeanos, hatten sie sich bei Vertretern der Theorie der exzentrischen Sphären zu einem Signum der Grenze zwischen dem trockenen Teil der Erdsphäre und dem Wasserglobus gewandelt. Das Verlassen des Bereichs der dem Menschen zugewiesenen Ökumene bzw. der Orbis terrarum und die Ausfahrt über die Säulen des Herakles ins offenen Meer wurden weiterhin als eine hybrides Unterfangen angesehen. Zwar war eine Umfahrung der Wassersphäre nicht prinzipiell auszuschließen, doch erschien dieses Vorhaben angesichts ihrer außerordentlichen, letztlich nicht kalkulierbaren Größe, der technischen Möglichkeiten und der vorgeblichen Unschiffbarkeit des Meers als nicht praktikabel.

Gegen diese vorherrschende Theorie waren die Vertreter der *These einer einheitlichen Erd-Wasser-Sphäre* und einer geringen Größe der Wasserfläche in der Minderheit. Es spiegelte daher der Erdapfel von Martin Behaim von 1492 keineswegs das gängige und anerkannte Weltbild wider, sondern er beruhte auf einem theoretischen Modell, das der verbreiteten Lehrmeinung widersprach. Kolumbus' Idee von der Möglichkeit einer Westfahrt stand somit keine Scheibentheorie entgegen, sehr wohl aber grundsätzliche Vorbehalte hinsichtlich der Schiffbarkeit des zwischen Europa und Asiens gelegenen Meeres, die in der Konzeption der exzentrischen Sphären ihre Grundlage hatten. Der Erfolg der Reise des Kolumbus und vor allem auch die unerwartete Entdeckung einer Neuen Welt, deren Existenz der These der getrennten Wassersphäre widersprach, leiteten damit einen grundlegenden Wandel des Weltbildes ein.

Durch den Übergang von der mittelalterlicheren Sphärentheorie zur neuzeitlichen Globusvorstellung wurde eine *kosmographische Revolution* vollzogen. Diese fundamentale *Transformation der Weltvorstellung* fand ihren eindrucksvollen Ausdruck in dem Werk der Kosmographen von St. Dié, in dem auf der Weltkarte und dem Globus das neue Weltbild präsentiert und zugleich in der *Cosmographiae Introductio* (Ringmann/Waldseemüller 1507/2010) wissenschaftlich beschrieben wurde. Die Veröffentlichung dieses Werks ist als zentraler Schritt im Prozess der Verschmelzung von Erdsphäre und Wassersphäre zu einem einfachen Erd-Wasser-Globus und damit der Herausbildung der modernen Vorstellung von Globalität anzusehen.

Damit erweist sich auch die Postulierung einer Kontinuität zwischen mittelalterlicher und neuzeitlicher Globusvorstellungen als falsch. So kritisiert Krüger zwar zu Recht den „Mythos von der mittelalterlichen Erdscheibentheorie" (2007: 49). Die von ihm und anderen Anhängern der Kontinuitätsannahme vertretene These, dass „in der Zeit von der Spätantike bis zur Kolumbusfahrt [...] insbesondere die Bewegung auf der Erde [...] vor dem Hintergrund des Globusmodells gedacht und modelliert wird" (Krüger 2007: 33) ist jedoch zu hinterfragen. Es wurde anhand der Darstellung des Übergangs vom mittelalterlichen 2-Sphären-Modell zum neuzeitlichen Erd-Wasser-Globus erkennbar, dass zweifelsohne die Kolumbusfahrt sowie die hierdurch eingeleitete kosmographische Revolution, wie sie insbesondere im Werk von Waldseemüller vollzogen wurde, als Ereignisse anzusehen sind, die das okzidentale Weltbild grundlegend veränderten. Mit der Sprengung der „Bande des Ozeanischen Meeres, die mit so festen Ketten geschlossen waren" (Kolumbus 1943: 214) wandelte sich der Begriff des Westens bzw. des Okzidents. Die alte etymologische Bedeutung als Ort des Sonnenuntergangs verlor endgültig seine Bedeutung. Der europäische Westen konnte sich von nun als Beginn einer Ausfahrt in neue Welten definieren. *Durch die Überwindung der Grenze der Säulen des Herakles und der darauf erfolgenden Eröffnung des Erdglobus und neuer Welten sollte die Moderne ihre paradigmatische Entgrenzung erfahren.* Damit war nicht allein eine kosmographische Revolution verbunden. Vielmehr erfolgte, wie im Folgenden noch deutlicher wird, eine Neubestimmung der Stellung des Menschen im Kosmos, die eine tiefgreifende, alle Ebenen der westlichen Kultur verändernde Bedeutung gewinnen sollte. Diese *räumliche Entgrenzung und Schwellenübertretung* symbolisiert damit zugleich das *Überschreiten einer Epochenschwelle.*

Seither war nicht mehr die begrenzte antike Ökumene die Heimat des abendländische bzw. altweltlichen Menschen, sondern der auch die Ozeane und neue Welten einschließende Globus. Begonnen hatte das *globale Zeitalter* und damit die vielfältigen Prozesse der ökonomischen, imperialen, kulturellen und ökologischen Globalisierung, die nun seit 500 Jahren die moderne Welt prägt. Es wurde der Globus dabei primär zum Objekt der okzidentalen Weltbeherrschung und erst heute deutet sich ein Übergang von einer expansiven Globalisierung zu einer neuen, integrativen und wieder begrenzenden Globalität an, wie am Ende dieser Arbeit noch diskutiert wird.

Daher erscheint es legitim, mit den durch die Kolumbusfahrt 1492 eingeleiteten Ereignissen den „Augenblick der ‚Geburt' der Moderne" (Dussel 1993: 10) zu sehen, in dem die schöpferischen wie auch die destruktiven Potentiale der Moderne im Keim bereits angelegt sind. Entscheidend für die weitreichende Bedeutung dieser Fahrt war das von Kolumbus nicht intendierte und nicht realisierte Auftauchen jener neuen Welt, welche durch das Werk Waldseemüllers und Ringmanns ihren „Taufschein" erhielt.

7.3 DIE ERFINDUNG AMERIKAS UND DIE GEBURT DES NEUEN WESTENS

Kolumbus hatte auf der Suche nach einem neuen Weg nach Asien unfreiwillig unbekannte Regionen entdeckt. Mit seinem bereits wenige Wochen nach seiner Rückkehr veröffentlichten sogenannten „Kolumbus–Brief" (Columbus 1493) verbreitete sich erstmals in der Alten Welt die Kenntnis von neuen Ländern und neuen Menschen. Doch ging Kolumbus bis zu seinem Tode davon aus, in der Nähe Asiens gelandet zu sein, woraus die im spanischen noch lange gebräuchliche Bezeichnung *Las Indias* für die Neue Welt und *Indios* für deren Bewohner resultierte. Kolumbus vollzog so eine paradigmatische Entgrenzung – er war sich aber einer Entdeckung einer Neuen Welt nur in Ansätzen bewusst.

Erst in dem unter dem Titel *Mundus Novus* (Die Neue Welt) (Vespucci 1503) veröffentlichten Bericht des Amerigo Vespucci über seine dritte Amerikareise in den Jahren 1501/02 wurde explizit mit dem bisherigen Weltbild gebrochen.[24] Hierin schrieb er:

„In den letzten Tagen habe ich Euch ausführlich von meiner Rückreise aus jenen Regionen berichtet, die wir mit der Flotte, auf Kosten und im Auftrag des durchlauchtigsten Königs von Portugal [...] erkundeten und entdeckten, und die man als eine neue Welt [novum mundum] bezeichnen könnte, wo doch die Alten von diesen Gebieten keine Kenntnis besaßen und deren Existenz allen, die davon hören, völlig neu ist [novissima res]. [...] Ich [werde] in aller Kürze die Hauptpunkte der Ereignisse und alle berichtenswerte Dinge, die ich in dieser neuen Welt [novo mundo] gesehen oder gehört habe, zu Papier bringen." (Vespucci 2014: 107; lateinische Ergänzung d. Verf.)

Das Erscheinen des *Mundus Novus* und die Botschaft von der Existenz einer „Neuen Welt" war für die Menschen der frühen Neuzeit eine heute kaum noch nachvollziehbare Sensation gewesen. Der Titel *Mundus Novus* findet sich erstmals in der Florentiner Ausgabe (1502/03) und unter dieser und ähnlich lautenden Bezeichnungen fand der Bericht bis 1555 in etwa 60 Ausgaben eine weite Verbreitung und prägte in erheblichem Maße die Vorstellungen von der amerikanischen Welt und ihren Ureinwohnern.

Die von Vespucci vermittelte Einsicht in die Neuartigkeit der Länder und Menschen jenseits des Atlantiks war es vermutlich, welche die deutschen Kartographen Waldseemüller und Ringmann veranlassen sollte, dem Kontinent seinen Namen zu verleihen.[25] Sie waren es auch, die O'Gorman zufolge mit ihrer Darstellung und Benennung der neuen Welt als eigenständigem Kontinent auf der Weltkarte sowie der Einordnung in ein neues Weltbild in der *Cosmographiae Introductio* – die er zu den „most important documents in the whole history of geographical science" zählt – die Erfindung Amerikas abschlossen (O'Gorman 1972: 122).

---

24 Americo Vespucci hatte in seiner Funktion als Navigator auf vier Seereisen die Ostküste Südamerikas erkundet und darüber in mehreren Briefen an seinen Förderer und Auftraggeber Lorenzo de Medici berichtet. Der „Mundus Novus" fand die weiteste Verbreitung. Alle vier Briefe wurden erstmals in der *Cosmographiae Introductio* (1507) von Waldseemüller und Ringmann publiziert. Lange Zeit war umstritten, ob Vespucci tatsächlich vier Reisen unternahm. Jüngere Forschungen deuten aber auf den Wahrheitsgehalt der Briefe hin (vgl. Wallisch 2002; Schwaz 2014: 61 f.).

25 Dabei war ihnen durchaus auch bekannt, dass es Christoph Kolumbus war, der zuvor für die spanische Krone die westindischen Inseln entdeckt hatte. Dies ist auch auf der Weltkarte vermerkt, wo es heißt, dass die neuen Gebiete im Westen „durch Kolumbus, einem Kapitän des Königs von Kastilien, und Américo Vespucci – einem Mann von außergewöhnlicher - Größe erfunden [inventa] worden" seien.

Dieser Prozess soll im Folgenden näher nachgezeichnet werden. Dabei wird deutlich werden, dass diese Erfindung einer neuen Welt eine weit über die kosmographische Dimension hinausreichende Bedeutung gewinnen sollte. Hierdurch kam es zu einer Erodierung der alten kosmologisch-spirituellen Bedeutungsaufladung der alten Welt. Es wurde die westliche Welt nach Westen erweitert, wodurch die zuvor an der Peripherie gelegene abendländische Welt in das Zentrum rückte und eine Expansion des Raumes erfolgte. Es ist kein Zufall, dass auch Latour in seinen *Gifford Lectures* zu *Facing Gaia* das frühneuzeitliche „Age of Discovery" mit der Weltkarte Waldseemüllers illustriert und die Devise „Plus Ultra" sowie den Text „Spatial extension: A New World added to the Old World" hinzufügt (Latour 2013: 143). Die Karte macht wie kaum eine anderes Dokument den Übergang zur expansiven Plus-Ultra-Welt der Moderne erkennbar.

Die in der Karte vollzogen Inklusion einer Neuen Welt in das okzidentale Weltbild kann daher auch als erste und paradigmatische *Querelle des Anciens et des Modernes* gedeutet werden. Dieser Wandel des Weltbildes besitzt eine zentrale, auch soziologisch relevante Bedeutung für die Genese der Moderne, weil sich hierdurch ein *Mythos des Neuen* konstituierte. Um die Bedeutung dieses Erscheinens einer Neuen Welt und ihrer Integration in die neue globale Welt der Moderne zu ermessen, wird im Folgenden auf die antiken und mittelalterlichen Debatten über die Möglichkeit der Existenz einer anderen, neuen Welt eingegangen.

7.3.1 Antike Vorahnungen der Neuen Welt

Seit der Antike war die Ansicht vorherrschend gewesen, dass es jenseits des *Orbis terrarum*, der als weitgehend identisch mit dem Raum der *Ökumene* angesehen wurde, kein Land und keine Menschen gebe. Allerdings existierten durchaus Mythen, Berichte und Theorien, welche als Vorahnung der Existenz einer neuen Welt angesehen werden können. Dabei handelte es sich zum einen um mythologische Berichte über jenseitige Regionen des Todes als auch des paradiesischen Heils und der utopischen Hoffnung (vgl. Kap. 5). Zum anderen kam es in der Antike aufgrund von geographisch-physikalischen Überlegungen bei einigen Autoren auch zur Aufstellung der These der Existenz von Ländern und Welten jenseits der bekannten, durch Asien, Europa und Afrika gebildeten Ökumene.

So hatte Pomponius Mela angenommen, dass Sri Lanka der nördlichste Teil eines bisher unbekannten Südkontinents sei, den er als „andere Welt [orbis alterius]" bezeichnete (Mela 1969: § 79). Auch in der *Medea* des Seneca war eine Zeit verkündet worden, in der „Oceanus die Fesseln der Elemente lockern und ein ungeheueres Land sich ausbreiten und Tethys neue Erdkreise bloßlegen [novos detegat orbes]" werde (Seneca 1961: 266 f.). Aufgrund von pythagoreischen Annahmen über die symmetrische Aufteilung der Erdoberfläche hatten einige Denker die Existenz von vier Ökumenen auf der Erdkugel postuliert: Die eigene Ökumene, die Welt der Antiöken auf der anderen Seite der Nordhalbkugel, die der Periöken auf der Südhalbkugel, und die der Antipoden, auf der entgegengesetzten Länge und Breite (vgl. Afflerbach 2003: 49). Spekuliert wurde insbesondere über die Existenz einer dem bekannten Erdkreis entgegengesetzten Welt der Antipoden (Gegenfüßler) deren Füße in Opposition zu unseren eigenen stehen würden. Im Werk des spätrömischen Schriftstellers Macrobius (ca. 350 n. Chr.) findet sich die Beschreibung eines der vertrauten Erdinsel entgegengesetzten, durch ein Meer getrennten Kontinents der Antipoden auf der Südhalbkugel. Damit war die Idee einer südwestlichen Welt jenseits der Säulen des Herakles im antiken Denken nicht als völlig abwegig angesehen worden: „So war die Neue Welt, wenn auch nur als Produkt wissenschaftlicher bzw. pseudowissenschaftlicher Spekulation, bereits zu Beginn unserer Zeitrechnung für die alte Welt in scheinbar greifbare Nähe gerückt." (Gewecke 1992: 73)

Allerdings blieben diese Thesen von der Existenz anderer Ökumenen Außenseiterpositionen. Insbesondere im christlichen Mittelalter sollte die Position des Augustinus bestimmend sein, der in seinem Hauptwerk *Vom Gottesstaat* schrieb:

„Wenn aber von Antipoden gefaselt wird, das heißt von Menschen auf dem entgegengesetzten Teil der Erde, wo die Sonne aufgeht, wenn sie bei uns untergeht, die also auf dem unseren Füßen abgewendeten Boden wandeln, so gibt es keine Begründung dafür, dass man es glauben soll. [...] Obwohl die Kugelgestalt der Erde nicht bestritten wird oder sich zumindest begründen lässt, übersieht man, dass anzunehmen ist, dass die Erde in diesem Teil von Wassermassen bedeckt sein dürfte. Und selbst wenn das nicht der Fall sein sollte, ist damit noch nicht gesagt, dass dieser Teil bevölkert sein muss. Da die Heilige Schrift ja auf keinen Fall lügt [...] ist es völlig abwegig, wenn behauptet wird, es hätten Menschen aus unseren Breiten den ungeheuren Ozean überquert, [...] so dass sich auch dort [...] ein Menschengeschlecht gebildet hätte." (Augustinus 1914: XVI)

Eine Welt der Antipoden schien auf der Grundlage der biblischen Überlieferung ausgeschlossen zu sein. An diesem Zitat wird zugleich deutlich, dass dabei nicht die Kugelform der Erde bezweifelt wurde, sehr wohl aber von einer ausgedehnten und nicht zugänglichen Wasserwelt im Westen ausgegangen wurde. Außerhalb der wissenschaftlich gebildeten Kreise blieb bei den Römern das vereinfachte Bild von dem mit dem römischen Reich nahezu identischen Orbis terrarum vorherrschend. Die Spekulationen der griechischen Kosmographen und ihrer Nachfolger verloren an Bedeutung.

Im christlichen Mittelalter vollzog sich schließlich, wie dargelegt, eine noch weitergehende Vereinfachung des Weltbildes (vgl. Kap. 5.2.7). Mit den *Ökumenekarten* bzw. den *Mappae mundi* und insbesondere dem von Isidor von Sevilla geprägten TO-Schema setzt sich ein schematisiertes Weltbild durch, in welchem der O-förmigen Ökumene ein umgebender Ozean die Grenzen setzte. Der Erdkreis war wiederum durch ein T in die drei Kontinente Asien, Europa und Afrika untergliedert. Dabei konnte die Unterteilung der Erde auch auf die biblische Erklärung der Trennung der Menschheit bezogen werden, der zufolge die drei Söhne Noahs die drei Erdteile besiedelt hatten. Sem stand für Asien, Japhet für Europa und Cham für Afrika. In vielen *Mappae Mundi*, wie z.B. der Karte von Jean Mansel, werden daher diese in Wort und auch Bild mit gezeigt (vgl. Schneider 2004: S 28). Für einen weiteren Zweig des Menschengeschlechts in einer noch unbekannten Welt war in diesem durch einen quasi mythischen Kreis geschlossenen Weltbild kein Raum.

7.3.2 Die Öffnung für eine Neue Welt

Im Kontrast zu dieser traditionellen Weltsicht muss die Revolution gesehen werden, die mit den Berichten der Seefahrer der frühen Neuzeit und insbesondere dem

Mundus Novus Vespuccis verbunden war. Marco Polo und die Reisen der portugiesischen Entdeckungsreisenden hatten die Kenntnis der Welt erweitert, jedoch noch nicht den Rahmen des traditionellen Weltbildes vollständig gesprengt. Kolumbus hatte hingegen auf der Suche nach einem neuen Weg nach Asien unfreiwillig unbekannte Regionen entdeckt. Seine Selbststilisierung als „Boten des neuen Himmels und der Erde" (Kolumbus 1943: 176) macht erkennbar, dass Kolumbus durchaus ahnte, dass er einen neuen Kontinent entdeckt hatte. Jedoch war Kolumbus in seinen Interpretationen und Bezeichnungen uneindeutig und er ging auch nach seiner vierten Reise davon aus, in der Nähe Asiens angelandet zu sein. So waren es die Berichte des florentinischen Kaufmannes und Navigator Amerigo Vespucci (1451-1512), die erstmals einer breiteren Öffentlichkeit in Europa die Existenz einer Neuen Welt und eines bisher unbekannten Teils der Menschheit vermitteln sollte. In seinem oben zitierten Brief an Lorenzo de Medici fährt Vespucci mit folgenden Worten fort:

„Denn in der Tat übersteigt dies [die Entdeckung einer Neuen Welt; G.J.] die Vorstellung der Menschen unserer Antike bei weitem, insofern der Großteil von ihnen meinte, es gäbe überhaupt kein Festland südlich des Äquators […] und selbst wenn einige wenige behaupteten, dass dort Festland läge, so erklärten sie doch mit vielen Argumenten, dass dieses Land nicht bewohnbar wäre. Dass aber diese ihre Vorstellung falsch ist […] hat diese meine letzte Seefahrt bewiesen, da ich in jenen südlichen Breiten einen Kontinent fand, der mit Völkern und Tieren dichter besiedelt ist als unser Europa oder Asien und Afrika, und darüber hinaus ein Klima, das gemäßigter und angenehmer ist als in irgendeiner anderen uns bekannten Weltgegend." (Vespucci 2014: 107; lateinische Ergänzung d. Verf.)

Hier deutet sich bereits klar an, dass das traditionelle Weltbild, wie es insbesondere von Augustinus geprägt worden war, obsolet geworden ist: Es existierte eine Welt jenseits des alten Erdkreises mit seinen bekannten Erdteilen, und diese war, entgegen der auf den Annahmen der Bibel gründenden Erwartung, von vielen Menschen bewohnt. Das alte Bild von der Ökumene musste somit revidiert und diese um eine neue Ökumene ergänzt bzw. ausgeweitet werden, um die neuen Menschen einzuschließen. Zugleich evoziert Vespucci bei dem Leser die Vorstellung, dass diese Neue Welt nicht nur bisher unbekannt war, sondern dass sie sich auch grundlegend von der alten Welt unterscheidet. Und dabei schildert er die Neue Welt in einer Weise, die sie als besser und höherwertiger als die Kontinente der alten Ökumene erscheinen lässt: Sie ist dichter besiedelt und weist ein besseres Klima auf.

Damit begründet Vespucci bereits auf der ersten Seite seines Briefes die verschiedenen Assoziationen, die seither häufig mit dem Begriff der Neuen Welt bzw. später mit dem Synonym Amerika verbunden werden: Der Begriff der „Neuen Welt" verweist nicht allein auf ein bisher nicht Gewußtes, sondern auch auf eine grundlegende Verschiedenheit. Und diese Alterität des anderen Erdkreises wird wiederum zu einer Superiorität der Neuen über die Alte Welt stilisiert. In obigen Zitat erscheint die äußere Natur als harmonische, gleichsam paradiesische Welt, wie Vespucci einige Seiten später noch verdeutlicht: „Und sollte es tatsächlich in irgendeinem Teil der Erde das irdische Paradies geben, so glaube ich, dass es sicher nicht weit von jenen Regionen entfernt ist." (Wallisch, 2002: 25) Auch das Dasein der Menschen der Neuen Welt wird – wenn auch Kritik nicht völlig fehlt – als glücklicher Naturzustand geschildert: „Sie leben nach der Natur und sind eher als Epikureer denn als Stoiker zu bezeichnen." (Vespucci 2014: 117)

Hierdurch konnte, wie später noch deutlicher wird, die Neue Welt zum Ort werden, in den die Hoffnungen auf eine Befreiung von der Mühsal und den Leiden der Alten Welt projiziert wurden. Sie wurde zum Ort der Utopie, in dem die Aufhebung der Entfremdung zwischen Mensch und Natur möglich schien: „Der zeitlose Wunsch nach Glück, der seit alten Zeiten existiert, wurde in Amerika als paradiesischer Ort ‚Wirklichkeit'." (Montiel 2005: 49, Übers. d. Verf.) Das Erscheinen der neuen amerikanischen Welt wurde als Beweis dafür angesehen, dass eine Verwirklichung der Visionen und Utopien des Okzidents möglich ist (ebd.). Über das unmittelbare Ereignis einer Begegnung zwischen Europa und Amerika hinaus hatte die Entdeckung und Erfindung Amerikas eine stimulierende Wirkung für ein gewandeltes Verhältnis der okzidentalen Kultur zum Neuen und damit die Konstitution des Projekts der Moderne als Projekt der permanenten Erneuerung.

Dabei ließ Vespuccis Bezeichnung Raum für verschiedene Ausdeutungen. Was die „Neue Welt" Vespuccis von den Überlegungen des Kolumbus unterscheidet, ist auch die Befreiung von antiken Deutungsmustern. Vespucci eröffnet damit den Weg, die neuen Länder auch jenseits der vorgegebenen Theorien einzuordnen. Die Empirie des Entdeckers wird über die alten Weltbilder gestellt (O'Gorman 1972: 117). Wie die später veröffentlichen Briefe Vespuccis zeigen, wird die emphatische Gewissheit des ‚Mundus Novus'-Briefs allerdings wieder etwas zurückgenommen. Vespucci bleibt in seinen Äußerungen letztlich unbestimmt, welchen Charakter die Neue Welt besitzt und wie diese in Beziehung zur alten Welt zu setzen ist, und so fehlte noch ein letzter Schritt zu Erfindung Amerikas: „It is necessary to give a meaning of it`s own to that new geography entity which now claims recognition. Vespucci did not fulfill that need. When it has been filled America have been invented." (O'Gorman 1972: 122) Seinen eigentlichen Abschluss fand dieser Erkenntnisakt O'Gorman zufolge erst mit dem Werk der Gelehrten von Saint Dié, welche erstmals den neuen Kontinent in ein neues umfassendes Weltbild integrierten.

7.3.3 Die Geburt und Taufe Amerikas

In der *Cosmographiae Introductio* (Ringmann und Waldseemüller 1507) wurde Amerika erstmals eindeutig als eigene Welt dargestellt, getauft und zugleich in ein erweitertes Weltbild integriert. Im Kapitel IX „Einige Anfangsgründe der Kosmographie" wurde zunächst noch die traditionelle Weltsicht präsentiert: Demnach ist von der Erde „ungefähr der vierte Teil, nämlich der, welcher Ptolemäus bekannt war, von uns beseelten Geschöpfen bewohnt. Bisher ist dieses Gebiet in drei Teile [partes] eingeteilt worden: Europa, Afrika und Asien" (ebd.: 20). Im Anschluss daran präsentieren die Autoren jene neue Konzeption von der Erde, welche die alte Dreiteilung überwinden sollte: „So ist die Erde in dieser Weise schon als in vier Erdteile unterteilt bekannt, und es sind die ersten drei Erdteile Kontinente, der vierte ist eine Insel, weil man gesehen hat, dass er überall von Meer umgeben ist." (ebd.)

Der von Kolumbus eingeleitete Prozess der Weltöffnung hatte nicht nur zur Erodierung der alten Globuskonzeption geführt, sondern durch die unbeabsichtigte Entdeckung Amerikas auch eine Krise der Vorstellung von dem Erdkreis eingeleitet. Im Werk der Kosmographen von Saint-Dié wurde nun dieses Weltbild endgültig verabschiedet und ein neues Konzept vorgestellt, das O'Gorman zufolge die Stellung des okzidentalen Menschen im Kosmos veränderte:

„It is clear, then, that in the thesis of the Cosmographiae Introductio the crisis which ever since Columbus' third voyage had threatened the ancient concept of the world reached its final climax. The moment that the Orbis Terrarum was conceived as transcending its ancient insular bounds, the archaic notion of the world as a limited space in the universe assigned to man by God wherein he might gratefully dwell lost its raison d'etre." (O'Gorman 1972: 128)

Indem Amerika zur Erde gezählt wurde, obwohl es durch das Meer von den anderen Teilen getrennt war, wurde nun zugleich der bisher von der Erde eindeutige getrennte Ozean zum Bestandteil des Erdkreises. Damit waren die Grenzen der antiken Insel der Erde gesprengt und die Welt geöffnet worden, um das Neue aufzunehmen. Der Orbis terrarum war um einen weiteren Erdteil erweitert worden, um den „vierten Teil des Erdkreises, welchen, weil ihn Americus erfand, Amerigen, d.h. quasi Erde des Americus, oder America zu nennen erlaubt scheint (quarta orbis pars quam quia Americus inveuit Amerigen/quasi Americi terra/siue America nun cupare licet)" (Ringmann und Waldseemüller 1507: 25/2010: 354).

Abbildung 20: Ausschnitt aus der Weltkarte Waldseemüllers: Der südliche Teil der Neuen Welt wird erstmals nach dem Entdecker Amerigo Vespucci als America benannt.

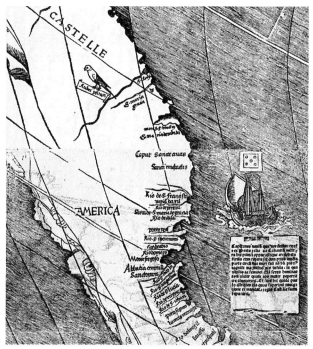

Quelle: https://de.wikipedia.org/ wiki/Martin_Waldseem%C3%BCller#/media/File: Waldseemuller_map_2.jpg.

Er umfasste von nun an den ganzen Globus.²⁶ Mit der Taufe dieses Neuen Erdteils verliehen die Kosmographen der Neuen Welt eine den anderen Kontinenten vergleichbare Dignität. Sie verzeichneten den Namen *America* sowohl auf dem Erdglobus als auch der Weltkarte (vgl. Abbildungen 18 und 20).²⁷

Die Abwandlung des Namens des Amerigo in America ist als humanistisches Sprachspiel zu verstehen. Damit wird zum einen eine Lesart als Ameri-ge (von gr. „Gäa": „Land, Erde"), d.h. als Land des Americus ermöglicht. Diese Begründung der Benennung der Neuen Welt wird an späterer Stelle noch mit folgenden Worten präzisiert bzw. abgewandelt begründet:

„Nun sind aber die Erdteile umfassender erforscht und ein anderer vierter Erdteil ist durch Americus Vesputius [...] erfunden worden [inventa est]. Ich wüßte nicht, warum jemand mit Recht etwas dagegen einwenden könnte, diesen Erdteil nach seinem Erfinder [inventore] Americus, einem Mann von Einfallsreichtum und klugen Verstand, Amerige, nämlich Land des Americus, oder America zu nennen, denn auch Europa und Asien haben ihren Namen nach Frauen genommen." (Ringmann und Waldseemüller 1507: 30/2010: 361)

Abbildung 21: Darstellung der „Erfindung" Amerikas in den „Nova Reperta" (Neue Erfindungen) von Jan van der Straet (Straet 1580).

Quelle: Deutsches Museum Bibliothek.

---

26 Lehmann hat 2010 eine deutsche Übersetzung der *Cosmographiae Introductio* vorgelegt. Die von mir vollzogene eigene Übersetzung zentraler Passagen wurde hiermit verglichen und teilweise angeglichen.

27 Waldseemüller zweifelte später allerdings an der Sinnhaftigkeit der Wahl des Namens America. Auf seiner *Carta Marina Navigationes* von 1516 erscheint nur mehr die Bezeichnung *Terra Nova*. Allerdings hatte sich durch die weite Verbreitung des Werkes von 1507 der Name America schon durchgesetzt. Bereits auf dem zwischen 1513 und 1515 geschaffenen sogenannten *Globe vert* findet erstmals der Name Amerika auch für den nördlichen Kontinent Verwendung (vgl. Wolff 1992: 113).

Die Transformation in America impliziert hier eine Feminisierung und zugleich eine Mythologisierung, weil nun eine Verwandtschaft zu den sagenhaften Namensgeberinnen der Kontinente der alten Welt suggeriert wurde. Diese Feminisierung war durchaus erfolgreich, wie die Darstellung der Begegnung von Amerigo mit America in den *Nova Reperta* von Jan van der Straet zeigt (vgl. Abbildung 21). Hier kommt zugleich der gesamte eurozentristische und patriarchale Gehalt der sogenannten Entdeckung der Neuen Welt zum Ausdruck, wie auch der Untertitel der Abbildung verdeutlicht: „Siehe, es ward die America von Amerigo gefunden – einmal durch Anruf geweckt bleibt sie für immer nun wach." Erst das okzidentale, männliche Subjekt erweckt das die bisher scheinbar passive, nur als schlummernde Potenz vorhandene amerikanische Welt.Zugleich kann die Wahl des Namens des Amerigo für den Neuen Kontinent als Ausdruck der Hinwendung zum Individuum in der Renaissance, dem sogenannten Zeitalter der „Entdeckung der Welt und des Menschen" (Burckhardt 1922: 207 f.) gesehen werden. Die Welt wird nicht mehr wie im Mittelalter als Schöpfung Gottes, sondern als Kreation des Menschen gesehen, und entsprechend bekommt die Neue Welt den Namen ihres Entdeckers bzw. Erfinders.

Inwieweit hierbei die Entdeckung des neuen Kontinents Vespucci fälschlicherweise zugeschrieben wird ist umstritten. Wie O'Gorman argumentiert, ist die in obigem Zitat verwendete Vokabel „inventa" (erfinden) zu Unrecht als Synonym für „entdecken" angesehen worden. Seiner Deutung zufolge wollten Waldseemüller und Ringmann vielmehr zum Ausdruck bringen, dass es zuerst Amerigo war, dem die Eigenständigkeit des neuen Kontinentes bewusstgeworden war. Daher trage die Neue Welt zu Recht nicht den Namen ihres Entdeckers Kolumbus, sondern ihres „Erfinders" Amerigo (O' Gorman 1972: 9; 120 f.). In diesem Sinne argumentiert auch Montiel: „Was machte Americo Vespucci, dass dieser Kontinent seinen Namen trug? Während Kolumbus es für Europa entdeckte, beschrieb es Vespucci. Die Kraft des Logos und der Metapher hat sich stets als stärker und einflussreicher erwiesen als der reine Nachweis." (Montiel 2005:50, Übers. d. Verf.)

Die Entdeckung Amerikas durch Kolumbus war damit nur ein erster Schritt im Prozess der Realisierung der Existenz des bisher unbekannten Kontinents. Die Neue Welt wurde nicht unmittelbar durch die sogenannte Entdeckung in ihrer Substanz offenbart, sondern wie bei jeder anderen Entität musste eine bestimmte Vorstellung von ihrem Wesen und ihrer Bedeutung für das erkennende Subjekt erfunden werden. Es war Amerigo, der erstmals eine neue Konzeption von einer Neuen Welt entwickelte.

Als jenes Sein, als das wir heute Amerika kennen, wurde die neue Welt jedoch erst im Text der „Cosmographiae Introductio" gefasst, in den beigefügten Karten dargestellt und damit die Erfindung Amerikas vollendet:

„With the new thesis of the Cosmographiae Introductio, the process we are studying has finally reached its logical climax. The independence of the new lands is fully recognized; they are conceived as a distinct entity, separate from the Island of the Earth. Moreover, a specific being has been attributed to that entity and a proper name has been given to it to distinguish it from other similar entities. [...] That name was America, which, at long last, was thus invented as it became visible." (O'Gorman 1972: 123)

Erst durch die Darstellung auf der Weltkarte und dem Globus sowie der Namensgebung trat Amerika endgültig in den Horizont der okzidentalen Kultur. Damit wurde ein neuer Westen erfunden, der zu einem neuen, erweiterten Verständnis von der okzidentalen Welt führte. Dabei war durch den gleichzeitigen Einbezug Amerikas in den Erdkreis auch klar bestimmt worden, dass die Neue Welt keine fundamental von der Alten Welt geschiedene Wesenheit sei, sondern beide zusammen zu einer vergrößerten, globalen Welt gehörten. Hierdurch begründete sich der „universalismo de la cultura de occidente" (O'Gorman 1958). Die geschlossene Welt des Mittelalters wurde durch die offene Welt der Neuzeit abgelöst. So kann man davon sprechen, dass mit der Erfindung Amerikas zugleich der Beginn der Moderne (von lat. „modernus": »neu, neuzeitlich«) angesetzt werden kann.

Auf zwei für die Konstitution der neuzeitlichen okzidentalen Weltsicht zentrale Momente dieses Wandels, wie er im Werk der Kosmographen von Saint Dié in paradigmatischer Weise deutlich wurde, soll im Folgenden näher eingegangen werden: Zum einen wurde damit endgültig das sakralisierte Verständnis von Raum und Zeit, wie es in den mittelalterlichen Darstellungen der Alten Welt erkennbar war (vgl. Kap. 5.2.7), abgelöst durch eine neue wissenschaftliche, säkularisierte Weltsicht, die zugleich eine neue westliche Hemisphäre beinhaltet, wie an einer näheren Auseinandersetzung mit der Weltkarte Waldseemüller deutlich gemacht werden kann. Zum anderen wurde damit die Ergänzung des alten Wissens durch neues Wissen insgesamt legitimiert und damit ein entscheidender Schritt in Richtung der Moderne beschritten.

7.3.4 Die Weltkarte von Martin Waldseemüller und die Integration einer neuen, westlichen Hemisphäre

Die Säulen des Herakles markierten, wie dargestellt, in der Antike und im Mittelalter das Ende einer abgeschlossenen und zugleich bergenden ökumenischen Welt. Teilweise erfolgte eine spirituelle Überhöhung dieses Raums und in den mittelalterlichen *Mappae Mundi* war insgesamt ein sakralisierendes Weltbild verbreitet. Noch kurz vor der Entdeckungsfahrt des Kolumbus sollte auf der Weltkarte von Hans Rüst die alte Vorstellung von einem kreisrunden *Orbis Terrarum* mit Jerusalem als sakralem Zentrum und den Säulen des Herakles als Grenzsymbole wiedergegeben werden (vgl. Abbildung 22).

Abbildung 22: Die Weltkarte von Hans Rüst (Inkunablenkarte ca. 1480). Diese kurz vor der Reise des Kolumbus gedruckte Karte gibt noch das traditionelle Weltbild des Mittelalters wieder.

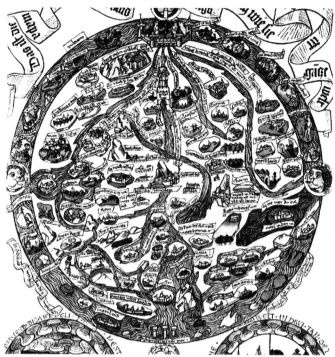

Quelle: Deutsches Museum Archiv.

Allerdings hatte bereits vor der Ausfahrt des Kolumbus ein Prozess begonnen, der eine derartige Weltsicht zunehmend obsolet erscheinen ließ. Infolge der nautischen und kosmographischen Revolution kam es sukzessive zu einem grundlegenden Umsturz dieser Vorstellungen. Mit der Einführung des Kompasses und der Ausweitung der Schifffahrt waren schon im 13. Jh. neue Formen der Repräsentation der Wirklichkeit entstanden. Die sogenannten Portolankarten (von lat. „portus": »Hafen«) wiesen geographisch genaue Darstellungen der Küstenlinien und Seehäfen auf und waren mit einem Liniennetz versehen, welche der Kursbestimmung mittels Kompass dienten. Nicht sakrale, sondern nautische Zwecke standen hier im Zentrum (vgl. Schneider 2004: 26). Zugleich kam es zu einer Renaissance der antiken Geographie mit ihrer stärkeren wissenschaftlichen Ausrichtung. Vor allem die Wiederentdeckung der „Geographie" des Ptolemäus Anfang des 15. Jh. unter Verwendung von Längen- und Breitengraden trug zu einer eher geographisch-wissenschaftlichen Darstellung der Erde bei (vgl. Milhou 1994: 274). Die Darstellung der ptolemäischen Vorstellungen auf einer 1482 in Ulm gedruckten Karte fand eine weite Verbreitung und Nachahmungen (vgl. Meine 1982). Fortan „bildeten die nach seinen Angaben konstruierten Weltkarten die Basis für ein geographisches Referenzsystem, dessen Grundlagen seitdem Bestand haben." (Schneider 2004: 14)

Es erfolgte dabei ein Prozess der *Entsakralisierung der Weltdarstellung*. Nicht mehr die religiöse Deutung, sondern die topographische Vermessung der Welt rückte ins Zentrum: „Topographische Karten [...] beschränken sich [...] zunehmend auf eine Darstellung des Raumes und topographischer Merkmale. [...] Voraussetzung dafür war eine neue Perspektive auf die Welt und ihre Geschichte." (Ebd.: 33) War mit dem Übergang von der heidnischen Antike zum Christentum eine Veränderung der Weltdarstellung durch einen Bedeutungsverlust des „Kriterium[s] der Meßbarkeit" und eine Fokussierung auf die „christlichen Heilstatsachen" (Kugler 1994: 40) verbunden gewesen, so erfolgte mit dem Übergang zur Neuzeit wieder eine Renaissance der antiken, stärker pragmatisch ausgerichteten Weltvermessung. Infolge der Entgrenzung der Alten Welt wurde von Kolumbus auch „die Ankunft einer von dem mediterranen Jerusalem dezentrierten Modernität" (Milhou 1983: 475) eingeleitet. Mit der Darstellung des neuen Erd-Wasser-Globus und schließlich der Erdumrundung durch Juan Sebastian Elcano, der die Expedition Magellans zum Abschluss brachte, war die alte Ökumene gesprengt und durch die globale Welt ersetzt worden. Damit verlor die antikmittelalterliche Ökumene auch jene spirituelle Aufladung, welche ihr zuvor zugeschrieben war und wie sie in den *Mappae Mundi* dargestellt wurde: „In nur 50 Jahren hatten die Europäer die Erdkugel abgemessen, und seitdem war sie entheiligt: Jerusalem lag nicht mehr im Mittelpunkt der Welt." (Milhou 1994: 274)

In verschiedenen Kartenwerken nahm nach 1492 ein neues Weltbild Gestalt an. Auf der Planisphäre des Cantino aus dem Jahre 1502 sind bereits die karibischen Inseln sowie einige Küstenlinien Nord- und Südamerikas verzeichnet. Aber erst auf der Weltkarte von Waldseemüller aus dem Jahre 1507 (vgl. Abbildung 23) wurde die Neue Welt klar als eigenständiger Kontinent dargestellt und als Amerika benannt.

Abbildung 23: Weltkarte von Martin Waldseemüller (1507): Auf der Karte wird erstmals die Neue Welt als eigenständige, von der alten Welt klar geschiedener Kontinent dargestellt.

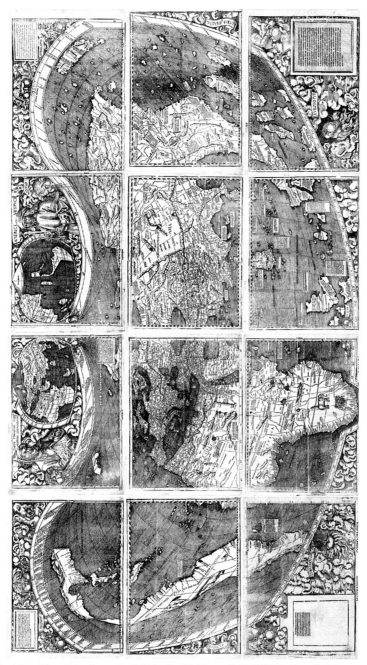

Quelle: https://de.wikipedia.org/ wiki/Martin_Waldseem%C3%BCller#/media/File: Waldseemuller_map_2.jpg.

Die Karte wurde von zwölf im Holzschnittverfahren hergestellten Stöcken gedruckt und umfasste nahezu drei Quadratmeter (228 x 125 cm). Sie gilt als „Herzstück" des kosmographischen Werks (Lehmann 2010: 17). Ursprünglich waren vermutlich – wie bei den anderen Bestandteilen des Medienpakets auch – 1000 Exemplare gedruckt worden. Doch im Laufe der Zeit gingen diese verloren und ein einziges Exemplar wurde 1901 wiederentdeckt (vgl. Wolff und Colin 1992: 113). Vor einigen Jahren wurde diese in die USA verkauft ist seit 2007 in der Kongressbibliothek in Washington ausgestellt.[28] In den USA wird der Weltkarte heute aufgrund der Namensgebung – und trotz der Tatsache, dass die Bezeichnung America sich zunächst nur auf Südamerika bezog – eine hohe Bedeutung zugeschrieben, weil sie „jenseits des Atlantiks auch gerne als Geburtsurkunde oder Taufschein für den amerikanischen und insbesondere den nordamerikanischen Kontinent gesehen wird" (Lehmann 2010: 21).

Der Titel der Karte *Universalis cosmographiae Secundum Ptholemaei Traditionem Et Americi Vespucii Aliorumque Lustrationes* verweist auf die Programmatik: Ausgangspunkt war die Weltbeschreibung des Ptolemäus, die durch die Erkenntnisse Vespuccis ergänzt wurde. Im Gegensatz zur kopernikanischen Revolution, die einen Bruch mit dem antiken ptolemäischen Weltbild darstellte, werden hier die Arbeiten des antiken Geographen als Voraussetzung für die eigenen Erweiterungen gewürdigt. Dies verdeutlicht auch die im oberen Teil der Weltkarte in Nebenkarten vollzogene Gegenüberstellung von Ptolemäus als geistigem Vater der Darstellung der Alten Welt und von Vespucci als Kosmographen der westlichen Hemisphäre (vgl. Abbildung 23).

Wie Lehmann anmerkt, kommt der Anordnung der beiden Globenhälften und ihrer Kartographen, deren Blicke aufeinander gerichtet sind, möglicherweise eine tiefere Bedeutung zu. Trotz der 1350 Jahre, welche Ptolemäus und Vespucci trennen, scheint ihr Werk als zusammengehörig angesehen zu werden (Lehmann 2010: 62). Dies findet eine Entsprechung in der Begleitschrift von Ringmann, in der ebenfalls nur auf Autoren aus der Antike bezuggenommen wird und kein Autor nach Ptolemäus Erwähnung findet. Lehmann bietet im Folgenden eine interessante Interpretation der Darstellungsform und des Texts an:

„[Es] liegt die Vermutung nicht fern, dass Ringmann und Waldseemüller Ptolemäus als den letzten Gewährsmann für die Kugelgestalt der Erde zu präsentieren beabsichtigen. Der große zeitliche Sprung zu Vespucci [...] wäre dann der Notwendigkeit geschuldet, dass das kosmologischen Wissen der Antike bereits im frühen Mittelalter nicht mehr zur Verfügung stand und daraus resultierend das Wissen um die Kugelgestalt der Erde erst wieder durch die Entdeckungsfahrten zu Beginn des sechzehnten Jahrhunderts wiederbelebt werden konnte." (Lehmann 2010: 64)

---

28 Die Kongressbibliothek in Washington hatte sich über viele Jahre bemüht, in den Besitz des einzigen erhaltenen Exemplars zu gelangen. Es wurde schließlich 2001 zu einem Kaufpreis von 10 Millionen Dollar erworben. Vorausgegangen waren lange Verhandlungen und notwendig war eine Sondergenehmigung von Kanzler Schröder um – trotz der Kritik des Deutschen Museumsbundes – die Karte aus der Liste der besonders geschützten Kulturgüter zu streichen und für den Export freizugeben. Die Karte wurde 2005 von der UNESCO 2005 zum Weltdokumentenerbe erklärte.

Lehmann selbst verwirft allerdings in Anlehnung an die Debatte um die Kontinuität der Kugelvorstellung und die „Erfindung der Erdscheibe" (ebd.: 98) im Folgenden diese These. Wie in der vorliegenden Arbeit dargelegt wurde, ist jedoch auch diese Annahme zu relativieren, da die dominierende mittelalterliche Erdkugelkonzeption sich sich klar von der neuzeitlichen Vorstellung unterschied (vgl. Kap. 7.2). Waldseemüller und Ringmann führten dem Rezipienten ihres Werkes daher eine kosmographische Revolution vor Augen. Infolge der Ergänzung des in den Jahrzehnten zuvor wiederentdeckten Werks des Ptolemäus durch die Berichte des Vespucci setzte sich die alternative Vorstellung vom einheitlichen Erd-Wasser-Globus durch. Insofern ist die von Lehmann selbst verworfene These, wonach das Werk der Kosmographen von Saint-Dié ein „Weltbild repräsentierte, das über tausend Jahre lang nicht mehr zur Verfügung gestanden" (ebd.: 64), durchaus zu bejahen.

Im Werk Waldseemüllers wurde zugleich der endgültige „Abschied vom alten T-O Schema" (Schneider 2004: 34) vollzogen, was implizierte, dass dessen heilsgeschichtliche Aufladung in sich zusammenbrach. Es erfolgte eine endgültige Ablösung des antik-mittelalterlichen durch das moderne Weltbild und mit dieser Karte wurde so „eine Darstellungsform erreicht, die sich nicht mehr grundlegend wandeln sollte. Ihre Basis stellt bis heute der Raum dar, der lediglich exakter vermessen und somit detaillierter abgebildet werden konnte" (ebd.: 35). Im Gegensatz zu den sakral überhöhten Weltkarten des Mittelalters prägt fortan die rein profane und wissenschaftliche Darstellungsform der Welt, wie sie im Werke Waldseemüllers von 1507 paradigmatisch vorgeführt wurde, das abendländische Weltverständnis. Ein entscheidender Schritt in dem Prozess der Entzauberung der Welt war vollzogen worden.

Die Welt wird hierbei nicht nur neu gezeichnet, durch die Benennung erfolgt auch eine kognitive Aneignung, die die spätere praktische Unterwerfung vorwegnimmt: „Das Beispiel Amerikas ist sicherlich das prominenteste für die Benennungsmacht europäischer Kartographen, die mit den Namen Herrschaft und Herrschaftsbeziehungen zum Ausdruck brachten." (Ebd.: 34) Die Benennung tilgt die präkolumbianischen Bezeichnungen für die neue Welt und ist damit auch als imperialer Akt zu deuten, wie Mignolo argumentiert: „Die verschiedenartigen pueblos originarios [...] lebten in Gebieten, die andere Namen trugen [...]. Es gab kein Amerika bis [...] Martin Waldseemüllers Landkarte und Schrift erschienen [...]. In diesem Sinne ist Amerika eine [...] Erfindung der imperialen europäischen Diaspora, die die indigenen Namen auslöschte." (Mignolo 2012b: 76) Indem die neue amerikanische Welt erfunden wird, werden so zugleich andere Benennungen und damit auch Vorstellungswelten verdeckt.

In Bild und Wort findet damit im Werk der Kosmographen von Saint Dié ein neues okzidentales Selbstbewusstsein seinen Ausdruck, das sich als Subjekt einer Weltaneignung konstituiert. Dieser Akt kann als exemplarisch für die Neuzeit angesehen werden. Heidegger schreibt in dem Aufsatz *Zeit des Weltbildes* (1952) über den die Neuzeit kennzeichnenden Wandel der Einstellung des Menschen zur Welt:

„Jene Art des Menschseins beginnt, die den Bereich der menschlichen Vermögen als den Maß- und Vollzugsraum für die Bewältigung des Seienden im Ganzen besetzt. Das Zeitalter, das sich aus diesem Geschehnis bestimmt, ist nicht nur für die rückschauende Betrachtung ein neues gegenüber den vorausgegangenen, sondern es setzt sich selbst und eigens als das neue. Neu zu sein gehört zur Welt, die zum Bild geworden." (Heidegger 1952: 92)

Er rekurriert hierbei vor allem auf die cartesianische Neubestimmung der Stellung des Menschen in der räumlichen Welt. Doch erscheint es legitim, diese Überlegungen zuallererst auf die Darstellung der Neuen Welt auf der Weltkarte und dem Globus Waldseemüllers sowie ihrer Beschreibungs in der *Cosmographiae Introductio* zu beziehen.

7.3.5 Die Legitimierung des Neuen

Die besondere Bedeutung der Öffnung des Atlantiks und der Erfindung Amerikas lag vor allem darin begründet, dass die räumliche Öffnung nach Westen die Öffnung für das Neue insgesamt legitimierte und so zu einem Basisexempel für das Projekt der Moderne werden konnte. Auch diese Transformation der Einstellung zum Neuen wird bereits in dem Werk der Kosmographen von Saint Dié erkennbar. In dem Untertitel der *Cosmographiae Introductio* wird die Einfügung des Neuen als zentrale Leistung der Weltbeschreibung hervorgehoben:

„Universalis Cosmografia descriptio tam in solido & plano/eis etiam infertis que Ptholomeo ignota a nuperis reperta sunt [Universale Beschreibung der Kosmographie sowohl auf einem Globus wie auch als flache Karte, welche auch das einschließt, was Ptolemäus unbekannt war und das neulich erfunden wurde]" (Ringmann und Waldseemüller 1507: 1/2010: 263; Über. D. Verf.)

Im weiteren Text wird ebenfalls darauf verwiesen, dass man in der Weltdarstellung Ptolemäus folgen, aber um jene Erkenntnisse, welche durch Vespucci über die neuen Länder gewonnen worden seien, erweitern würde (Ringmann und Waldseemüller 1507: 38/2010: 369).[29] An anderer Stelle wird eine klare Erhebung über das unvollständige Wissen der alten Zeiten und damit eine frühe Form der *Querelle des Anciens et des Modernes* erkennbar. In einer Legende der Weltkarte Waldseemüllers heißt es:

„Mögen die meisten der alten Autoren auch ein großes Interesse an der Beschreibung des Erdkreises gehabt haben, so blieb doch gerade diesen nicht weniges verborgen, so wie im Westen Amerika, dessen Namen von seinem Entdecker [inventore] stammt und das für den vierten Kontinent gehalten werden muss. Ebenso verhält es sich mit dem südlichen Teil Afrikas [...]. Dies alles haben wir den früheren Karten hinzugefügt, damit die Liebhaber derartiger Neuigkeiten [...] diese mit eigenen Augen betrachten [...] können." (Waldseemüller zit nach Lehmann 2010: 170)

---

29 Die Hinzufügung des Neuen wird noch dadurch legitimiert, dass Ptolemäus selbst auf die Unvollständigkeit seines Werkes verwiesen hat: „Denn mit Absicht sind wir hier Ptolemaios und anderswo den Seekarten gefolgt, weil auch Ptolemaios selbst [...] sagt, dass ihm infolge der enormen Ausdehnung des Kontinents nicht alle Teile desselben bekannt gewesen seien." (Ringmann und Waldseemüller 1507: 37/2010: 321)

Hier wird eine Legitimierung der über das antik-mittelalterliche Wissen hinausgehenden Erkundung des Neuen erkennbar. Zweifelsohne wird damit auch eine implizite Absetzung vom Mittelalter und dessen Diskreditierung der Neugier, die bei Dante und auch noch im Narrenschiff von Brant erkennbar war, vollzogen. Wie Blumenberg darlegt, führte die Entdeckung der Neuen Welt zu einer Rechtfertigung des im Mittelalter noch als *curiositas* verfehmten Wissensdrangs. War für den Menschen der alten Erlösungsreligionen allein das Begehren nach Heilswissen legitim, so konnte nun eine Umbewertung erfolgten:

„Der Anfangserfolg der theoretischen Neugierde in der Neuzeit wäre nicht denkbar gewesen ohne den Übergang von der ‚naiven Neugierde' zur ‚selbstbewußten', die [...] die Resultate des zunächst angemaßten Blicks hinter den Schöpfungsprospekt als Bestätigung ihres Verdachtes wie ihres Rechtes auf das Vorenthalten in die Energie des Plus Ultra umzusetzen vermochte." (Blumenberg 1973: 17)

Nun gibt es sicherlich eine Vielzahl von Dokumenten im Gefolge der Kolumbusfahrt, die zu dieser Veränderung der Einstellung zur Wissbegier beitrugen. Allerdings ist festzuhalten, dass Waldseemüller und Ringmann mit die ersten sind, welche die erkundeten Neuheiten explizit in einem wissenschaftlichen Werk deuten. Die kumulative Ausdehnung des Wissens wird klar gerechtfertigt und damit die Basis für die Genese der Idee eines wissenschaftlichen Fortschritts gelegt. Diese Bejahung des Drangs zum Neuen wird auch in der Einleitung der vier Vespuccibriefe in der Cosmographiae durch Ringmann erkennbar, welche mit folgenden Worten schließt: „Welche Neues, erfreut erhalten die Gerüchte hier bestätigt. Welche sich erfrischen wollen, hier Leser findest du Neues. [Cum nova delectant fama testante loquaci. Que recreare queunt hic nova lector habes]." (Ringmann und Waldseemüller 1507: 41; Über. d. Verf.)

Nicht nur der Titel des *Mundus Novus*, sondern ebenso die Inhalte seiner vier Briefe lassen somit für Ringmann Vespucci zum Boten des Neuen werden. Diese Begrüßung des Neuen ist exemplarisch für ein neues Verhältnis zum Neuen in der Neuzeit. Dieses wird nun bejaht und nicht mehr, wie insbesondere im archaischen Mythos, als Bedrohung der ewigen Ordnung abgewehrt. Dass die Kosmographen von St. Dié-des-Vosges die Neue Welt nach dem italienischen Entdecker benannten, ist damit nicht allein als Ausdruck dafür zu verstehen, dass sie seine Leistungen als Entdecker unbekannter Regionen würdigen wollten. Mit der Wahl des Namens Amerika haben die Kosmographen vielmehr gleichsam ein Synonym für die Offenheit der okzidentalen Kultur für das Neue in der Welt geschaffen und den Kontinent semantisch mit dem Neuen assoziert.

Marquard spricht von einer „Mythologie des Neuen" (Marquard 2000: 231), als dem modernen „Monomythos der Fortschrittsgeschichte" (ebd.: 232), welcher die alten Mythen des Ursprungs und der ewigen Wiederkehr ablöst. Assmann setzt dabei richtigerweise die Konstitution des „Mythos der Moderne" (Assmann 1994) zur Umkehr des alten Danteschen Grenztabus der Säulen des Herakles und der Genese eines neuen Gebots der Grenzüberschreitung und Wissbegier in Beziehung. Durch die vorherigen Ausführungen ist deutlich geworden, dass es diese *Grenzüberschreitung sowie die nachfolgende Erfindung der Neuen Welt* und deren Benennung als

Amerika waren, welche *zentrale Paradigmata* für die Konstitution des *Mythos der Moderne als Mythos des Neuen* wurden.

7.3.6 Die neue Zentralität des europäischen Westens und der verheißungsvolle neue Westen

Die neue Anordnung der Kontinente auf der Weltkarte Waldseemüllers verdeutlicht zugleich eine Neupositionierung des Okzidents in der Welt. In den nach Osten orientierten *Mappae Mundi* des Mittelalters war der Westen Europas das untere, periphere Ende der Welt. Anstelle dessen tritt in Waldseemüllers Werk die bereits in den Portonalkarten vollzogene Nordung der Weltdarstellung. Europa bleibt Teil der westlichen Welt, rückt nun aber infolge der transatlantischen Erweiterung des Westens in Richtung Mitte und kehrt damit seine bisherige Position um. Damit spiegelt sich auch auf kartographischer Ebene die Neubestimmung der Machtverhältnisse wieder, die durch die Fahrt des Kolumbus eingeleitet worden war, und von Dussel mit folgenden Worten beschrieben wurde: „Westeuropa war nicht das Zentrum und seine Geschichte war niemals das Zentrum der Geschichte gewesen. Es musste auf das Jahr 1492 gewartet werden, damit seine empirische Zentralität die anderen Zivilisationen an seiner ‚Peripherie' konstituierte." (Dussel 1993: 118) Diese Neupositionierung hatte eine grundlegende Bedeutung für die mehrdeutige Aufwertung des Westens in der Weltgeschichte: der alte Westen, das Abendland, rückte von der Peripherie ins Zentrum, der Gang in den Westen wurde zum Paradigma der Grenzüberschreitung, und der neue, ferne, amerikanische Westen zur Welt der Verheißung. Die über die geographische Ebene hinausgehende Relevanz dieser Positionsveränderung machte der Spanier Fernán Pérez de Oliva (ca. 1492-1531) mit Bezug auf Karl V. mit triumphalen Worten deutlich:

„Früher lagen wir am Ende der Welt, nun aber sind wir in deren Mitte. Niemals vorher in der Geschichte gab es eine so glückliche Umkehrung des Schicksals. Als Herakles die Welt ermessen wollte, bezeichnete er die Straße von Gibraltar als deren Ende [Non Plus Ultra]; [...] heute aber zieren seine Säulen das Wappen unseres Fürsten [mit der Inschrift: Plus Ultra] [...] [Wir haben] zahllose Völker und Länder [entdeckt], die von uns die Religion, die Sprache und die Gesetze übernehmen werden [...] So liegt also das Gewicht der Welt und die Verantwortung für die Bekehrung dieser Völker in den Händen Spaniens." (Perez de Oliva; mit Anmerkungen zitiert nach Delgado 2003: 255)

Die neue Zentralität Europas ist, dies macht das Zitat auch deutlich, dabei nicht im Sinne eines mythisch-theologisch sakralen Zentrums eines abgeschlossenen Kosmos zu verstehen. Vielmehr wird nun die Zentralität mit einem in die Zukunft gerichteten Zivilisierungs-, Eroberungs- und Missionsauftrages verbunden.

Diese hierdurch entstehende eurozentrische Perspektive auf die Welt findet eine ihrer ersten eindeutigen Widerspiegelungen in der Weltkarte Waldseemüllers und wird möglicherweise auch durch sie forciert. Der alte Weltkreis, wie er durch Ptolemäus dargestellt wurde, rückt dort nach Osten, und wird nach Westen durch den Atlantik und die Neue Welt ergänzt bzw. die alte unverrückbare Westgrenze des Orbis Terrarum wird nun in Richtung Westen ausgedehnt. Die Karte kann dabei durchaus als kartographische Innovation angesehen werden. Durch die hemisphärischen Konstruktionen auf der Weltkarte wird es möglich, den neuen ausgedehnten Westen in das veränderte, globale Weltbild zu integrieren: „Neben der Abbildung der Neuen Welt ist die Karte Waldseemüllers für die [...] Öffnung des Raumes nach Westen ein eindrucksvolles Beispiel. Die Herzform der Karte stellte erstmalig den Versuch dar, die beiden Hemisphären, eine westliche und eine östliche, auf eine Fläche zu projizieren." (Schneider 2004: 35)

Die neue Darstellung war mit weit über die Kartographie hinausreichenden Implikationen verbunden. Der fernste Osten wurde nicht mehr als Region des Heils dargestellt und zugleich konnte der ferne Westen eine neue Bedeutung gewinnen. Mit der Zentrierung Europas geht damit ein Des-Orientierung und eine Okzidentalisierung im Sinne einer Neuausrichtung der abendländischen Kultur einher, wie auch Sloterdijk hervorhebt:

„Mit seiner Option für den Westkurs hatte er [Kolumbus, Anm. G.J.] die Emanzipation des ‚Abendlandes´ von seiner unvordenklichen solarmythologischen Ausrichtung nach Osten auf den Weg gebracht, ja, mit der Entdeckung eines Westkontinents war es ihm gelungen, den mythisch-metaphysischen Vorrang des Orients zu dementieren. Wir gehen seither nicht mehr auf den ‚Ursprung´ oder den Sonnenaufgangspunkt zurück, sondern laufen fortschrittlich und ohne Heimweh mit der Sonne." (Sloterdijk 1999: 833)

Die Identität Europas war immer schon durch das mit der Bahn der Sonne verbundene polare Spannungsfeld zum Orient bestimmt gewesen, wie auch die Etymologie der Begriffe Abendland, Westen, Okzident und Europa verdeutlicht (vgl. Kap. 5.1.2). Diese Polarität verändert sich mit der Erschließung eines erweiterten Westens grundlegend. Der Osten verliert an Relevanz und wird vom einst verheißungsvollen Beginn jedes neuen Tages und darüber hinaus der Erneuerung der Welt insgesamt nun zum Sinnbild des Veralteten – und der Westen wird vom Ort des Endes zum Ort des Aufbruchs. Die Entgrenzung des ozeanischen Westhorizonts war damit untrennbar mit einer „revolutionäre[n] Entostung" verbunden und dies hatte zur Folge „dass seit einem halben Jahrtausend die Prozesse der Globalisierung ihrem kulturellem und topologischem Sinn nach auch immer ‚Westung' und Verwestlichung bedeuten." (Sloterdijk 1999: 833)

Die Neubestimmung des Westens war dabei insbesondere auch mit einer grundlegend veränderten kulturellen und ökonomischen Bedeutung des Atlantiks verbunden. Bereits die Umschiffung des Kaps der guten Hoffnung durch die Portugiesen hatte zur Erschließung des Atlantiks beigetragen und die Stellung Europas im Weltsystem verändert. Allerdings lag, wie Afflerbach argumentiert, „Europa [...] nach wie vor als eine periphere Halbinsel am westlichen Rand des Welthandelssystems." (Afflerbach 2003: 157) Als entscheidender „zweiter Schritt hin zur globalen Verschmelzung" (ebd.) ist die Erschließung des Atlantiks als Brücke zwischen alter und neuer Welt anzusehen: „Amerika wurde entdeckt, und Europa rückte vom Rand des bestehenden ins Zentrum eines sich völlig neu entwickelnden Welthandels. Das System selbst revolutionierte sich und bildete sich völlig neu aus. Und in seiner Mitte lag der Atlantik." (Afflerbach 2003: 157)

Damit verwandelte sich der atlantische Ozean vom Meer des Todes (vgl. Kap. 5.1.4) zum *Mare Nostrum* der neu entstehenden „atlantische[n] Zivilisation" (Schabert 1989; Miliopoulos 2007) Es bildet sich ein erweiterter Westen heraus, der den alten europäischen Westen, das atlantischen Westmeer und den neuen amerikanischen Westen vereint. Die Entgrenzung des Westhorizonts im Zeichen des Plus Ultra ist so konstitutiv für ein gewandeltes okzidentales Selbstverständnis. Sie geht mit einer Neubestimmung des Verhältnisses zu Grenzen in der westlichen Kultur insgesamt einher, wie Schabert in seinem Artikel *Die Atlantische Zivilisation. Über die Entstehung der einen Welt des Westens* (1989) zutreffend ausführt: „Jetzt aber scheint [...] jenes wahrhaft weltenrevolutionäres Projekt begonnen zu haben, aus dem den Menschen die Möglichkeit erwuchs, die Grenzen der Welt und ihrer Macht [...] immer weiter zu verschieben und mehr und noch mehr auszudehnen [...]. Der Aufbruch Europas in die Moderne fand in Amerika sein Ziel." (Ebd.: 47)

Waldseemüllers Darstellung der westlichen Hemisphäre kann zwar sicherlich nicht als Ursache für diese Entgrenzung und Neubestimmung angesehen werden, spiegelt aber die Genese dieses neuen Selbstverständnisses des Okzidents dennoch eindrucksvoll wider. Geographisch vorgezeichnet wird jener Prozess, der auch im politischen, ökonomischen und kulturellen Sinne für die Moderne kennzeichnend werden sollte, und der in den Begriffen der „Verwestlichung" bzw. der „Okzidentalisierung" seinen Ausdruck fand. Die Expansion der Ökumene in Richtung Westen implizierte, dass sich der Westen fortan nicht mehr statisch als klar definierte westliche Region im geschlossenen Erdkreis, sondern als Zentrum einer vor allem nach Westen gerichteten Ausweitung des Erdkreises durch kolonisierende See- und Landnahme definierte. Im Laufe der Zeit transformierte sich diese für die westliche Kultur konstitutive Grunderfahrung und löste sich von dem räumlichen Bezug. Die Entgrenzung und Ausweitung des räumlichen Westens ging über in die Vorstellung einer auch kulturell, ökonomisch und technologisch permanent sich fortentwickelnden, fortschreitenden und modernisierenden westlichen Zivilisation. Das Fehlen der Grunderfahrung der okzidentalen Entgrenzung bei den sogenannten nichtwestlichen Kulturen wurde fortan nur mehr als Defizit angesehen und Begriffe der nachholenden Entwicklung und Modernisierung zu Synonymen von Verwestlichung. Erst heute stellt sich, wie am Ende dieser Arbeit diskutiert wird, die Frage, ob nicht angesichts immer deutlicher erkennbar werdender ökologischer Grenzen das Projekt der Verwestlichung und Okzidentalisierung auf Grenzen stößt und einer grundlegenden Revision bedarf.

7.3.7 Die Frage um den Beginn der Moderne: Die „Querelle des Anciens et des Modernes"

Durch die unerwartete Entdeckung einer Neuen Welt kam es damit – so das Resultat der bisherigen Darlegungen – zu einem Einbruch des Neuen in die Welt. Infolge der Öffnung und Entgrenzung des Westens verändert sich das abendländische Selbstverständnis grundlegend. Europa konstituierte sich als Zentrum der neuen, globalen Welt und löste sich von der Ausrichtung nach Osten. Diese Des-orientierung führte zu einer Aufwertung des neuen, erweiterten Westens. Der Mensch der Renaissance distanzierte sich zugleich zunehmend von dem antik-mittelalterlichen Wissen und legitimierte infolge der Entdeckung und Beschreibung neuer Welten seinen Drang nach Neuem. Diese Transformationen führten, zusammen mit dem Übergang von der mittelalterlichen Ökumene, zum neuzeitlichen Erd-Wasser-Globus und zu einem paradigmatischen Bruch mit dem Mittelalter, der konstitutiv für die Genese der Moderne war.

Damit wird hier eine Position vertreten, die durchaus konträr zu einigen historischen Arbeiten der Renaissanceforschung und auch der postkolonialen Studien der letzten Jahre steht. Sie erscheint auf den ersten Blick als eine Adaption des verklärenden Bildes der Renaissance, wie es insbesondere Burckhardt in seinem berühmten Werk *Die Renaissance in Italien* (1922) gezeichnet hatte. Dieser hatte mit dem Renaissancehumanismus den Beginn der Individualität und Subjektivität des modernen Menschen verbunden. In einem Brief schreibt er zur Intention seines Werks: „Die Renaissance sollte dargestellt werden, insofern sie Mutter und Heimat des modernen Menschen geworden ist." (Burckhardt zit. n. Buck 1987: 30) Hier sei ein Prozess der „Entdeckung der Welt und des Menschen" (Burckhardt 1922: 207 f.) eingeleitet worden, der den Menschen aus der begrenzten mittelalterlichen Welt herausgeführt habe.

Der von Burckhardt im 19. Jahrhundert gezeichnete klare Bruch zwischen einem finsteren Mittelalter und einer die Moderne einleitenden Renaissance wird von vielen gegenwärtigen Historikern eher hinterfragt. So argumentiert Burke: „Dieses Bild der Renaissance ist ein Mythos!" (Burke 1990: 8) Neuere Arbeiten der Geschichtswissenschaften machen demnach viele, die Moderne vorbereitenden Neuerungen im Mittelalter erkennbar. Auch wird das Fortwirken mittelalterlicher Einstellungen in der Neuzeit sichtbar (vgl. Kristeller 1974). Zwar haben sich die Gelehrten der Renaissance ebenfalls „des Bildes der Erneuerung bedient, um ihr Lebensgefühl in einem neuen Zeitalter zu beschreiben" (Burke 1990: 9). Allerdings wurde diese Erneuerung insbesondere bei den italienischen Humanisten noch weitgehend als eine Erneuerung durch eine Wiederkehr der lichten Epoche der römischen Antike konzipiert. Daher war die letztlich noch mythische Vorstellung von einer zyklischen Struktur der Geschichte weiterhin vorherrschend (ebd.: 33). Aufgrund dieser Zentralität des Bezugs zur Vergangenheit lehnt Burke die These Burckhardts vom Eintritt in die Moderne in der Renaissance ab. Aus seiner Sicht vollzieht sich erst im Zuge der „Auflösung der Renaissance" (ebd.: 81) ein Übergang in das moderne Denken. Als entscheidend anzusehen sei der wissenschaftlich-technische Fortschritt im frühen 17. Jh., der zu einer Überwindung des bei den Renaissancehumanisten noch verbreiteten Glaubens an einen unbezweifelten Vorbildcharakter der Antike geführt habe. Deshalb sei „heute Jacob Burckhardts These von der Renaissance als dem Anbruch der ‚Moderne' für unannehmbar" anzusehen (ebd.: 97). Burke kehrt damit zu jener Ansetzung des Beginns der Moderne mit der naturwissenschaftlich-technischen Revolution des 17. Jh. zurück, wie sie insbesondere im angelsächsischen Raum verbreitet ist.

In ähnlicher Weise wird auch, wie an anderer Stelle in dieser Arbeit bereits diskutiert wurde (vgl. Kap 2.1), im deutschsprachigen Raum die These einer um 1500 anzusiedelnden Epochenschwelle heute weitgehend abgelehnt. Es wird eher von einer im 18. und 19. Jh. anzusiedelnden Sattelzeit bzw. Schwellenzeit ausgegangen, in der die für den Eintritt in die Moderne entscheidenden politischen, geistesgeschichtlichen und gesellschaftlichen Umbrüche erfolgt seien und sich ein neuzeitliches „Epochenbewußtsein" herausgebildet habe (Koselleck 1987: 280).

Modernitätskritische und postkoloniale Autoren wie Bhambra argumentieren ebenfalls, dass die verklärende Darstellung der Renaissance durch Burckhardt und die hieran anknüpfenden Autoren sowie die hiermit verbundenen alten Abgrenzungen als Mythen zu verwerfen seien:

„It can be seen that the dominant discourse that sets up the period of the Renaissance as the birth of the modern as well as the birth of Europe has been increasingly challenged. [...] It has been demonstrated that the dominant understandings of the Renaissance, upon which the majority of social theorists base their theoretical and conceptual understandings of the world are, at best, inadequate, partial representations of the historical period in question." (Bhambra 2007: 103)

Die Postulierung einer grundlegenden Differenz zwischen der europäischen Kultur und den außereuropäischen Kulturen wird aus dieser postkolonialen Perspektive als „Myths of European Cultural Integrity" (Bhambra 2007: 83) kritisiert. Der Beginn des okzidentalen Sonderwegs in die Moderne wird damit nicht im 18. Jahrhundert angesetzt, wie bei den im vorherigen Abschnitt genannten Autoren, sondern die These einer Besonderheit des Westens zur Gänze verworfen. Gemein ist beiden Positionen allerdings, dass die Relevanz der frühneuzeitlichen Öffnung der Welt relativiert wird.

Nun konnte allerdings durch die Darstellung der Bedeutung der Erfindung Amerikas sowie der Durchsetzung der Konzeption der Erd-Wasser-Globus deutlich gemacht werden, dass auch die Dekonstruktion der Vorstellung von einer Besonderheit der Öffnungsbewegungen der Renaissance zu hinterfragen ist. So übersah die auf der Widerlegung der Erdscheibentheorie aufbauende Hinterfragung des „Kolumbusmythos" (Bernhard 2013: 41) den eigentlichen Streitpunkt in der Frage um die Möglichkeit der Befahrbarkeit eines okzidentalen Sonderweges nach Asien, nämlich den Gegensatz zwischen Erdapfelkonzeption und Erd-Wasser-Globus. Zugleich bildete sich, wie ebenfalls am Beispiel des Werks von Ringmann und Waldseemüller gezeigt wurde, bereits in der Renaissance ein Bewusstsein für einen epochalen Bruch mit der Antike und dem Mittelalter infolge des Wissens über neue Welten heraus. Dieses Exempel ist nicht als Ausnahme anzusehen.

Die veränderte Einstellung zum Wissen der Antike wird z.B. auch an der von Gonzalo Fernández de Oviedo (1478-1557) verfassten *Historia General y Natural de las Indias* (1992, zuerst 1535), dem ersten universalen Werk über die Natur und die Geschichte Amerikas, erkennbar. Angesicht der neuen Erkenntnisse über die Neue Welt scheut er sich nicht, den Rekurs auf die antiken Autoren für unnötig zu erachten: „Warum sollte ich die antiken Autoritäten heranziehen hinsichtlich der Dinge die ich gesehen habe, die die Natur uns zeigt?" (de Oviedo zit. n. Kohut 1987: 78). Kohut zufolge spricht hier „das Selbstbewusstsein des erkennenden Ich, das sich seiner selbst und seiner Erfahrung der Welt sicher geworden ist." (Kohut 1987: 78) Ein neues Selbstverständnis des okzidentalen Subjekts beginnt sich zu konstituieren. Der Anblick der Neuen Welt sowie die historischen Leistungen der Entdecker lassen bei Oviedos ein gegenüber der mittelalterlichen Weltsicht verändertes Bewusstsein entstehen: „In der Auseinandersetzung um die Alten und die Modernen [...] gehörte Fernández de Oviedo zu den entschiedenen Modernen." (Ebd.: 79)

Es lassen sich somit, wie im Folgenden näher ausgeführt wird, durchaus weitere Belege für eine grundlegende Transformation des okzidentalen Selbst- und Weltverständnisses in der Renaissance anführen. In diesem Sinne betont auch der deutsche

Renaissanceforscher Buck, dass nach dem aktuellen Stand der Forschung weiterhin „die Modernität der Renaissance – und damit Burckhardts These – [...] bestätigt [wird] durch das epochale Selbstverständnis, welche die Renaissancehumanisten bei der Bewertung ihrer eigenen Zeit erkennen ließen" (Buck 1987: 21). Die These einer besonderen Bedeutung der Schwellenzeit um 1500 für das Verständnis der Moderne ist damit keineswegs als obsolet anzusehen, sondern weiterhin umstritten.

Diese Kontroverse ist mit jener Thematik verknüpft, die in der soziologischen und historischen Literatur häufig im Zusammenhang mit den sogenannten *Querelle des Anciens et des Modernes,* d.h. dem Streit zwischen den Alten und den Neuen, diskutiert wird (vgl. u.a. Jauß 1984; Habermas 1985: 17). Es geht hierbei um das Problem, wann sich die Idee einer Dignität und Superiorität der Moderne gegenüber der Antike herausgebildet hat und damit die Moderne als Zeitalter der Bejahung des Neuen beginnt. Von vielen wurde diese Konstitution eines modernen Fortschrittsbewusstseins mit der französischen Frühaufklärung im 17. Jh. angesetzt, die einen Bruch mit der rückwärtsgewandten Haltung des Renaissancehumanismus vollzogen habe (vgl. Krauss 1966). In den namensgebenden französischen *Querelles*[30] waren dabei die Verweise auf die Fortschritte in der Wissenschaft von herausragender Bedeutung: „Die [...] Partei der ‚modernes' hatte – im Bewusstsein der Fortschrittlichkeit der von Kopernikus und Descartes geprägten neuzeitlichen Wissenschaft und Philosophie – den Glauben an eine überzeitliche Vorbildlichkeit der Antike in Frage gestellt." (Roloff 1989: 1) Auch Habermas setzt, unter Fokussierung auf die ästhetischen Aspekte der Querelles, hier eine paradigmatische „Begründung der Moderne aus sich selbst" an (Habermas 1985: 16).

Im Gegensatz zu dieser Datierung macht allerdings Buck deutlich, dass von einer „bereits während der Renaissance einsetzenden ‚Querelle des Anciens et des Modernes'" auszugehen sei und dort [...] auch die neuen wissenschaftlich-technischen Erkenntnisse als Signum eines Fortschritts gegenüber der Antike angeführt wurden (Buck 1987: 32, vgl. auch Buck 1973). Ähnlich argumentiert Boruchoff (2012), der darlegt, dass bereits im 15. Jh. ein grundlegendes Bewusstsein für einen Zuwachs an Wissen und technischen Erfindungen bestanden hatte und damit ein Gefühl für einen Fortschritt gegenüber der Antike aufkeimte. Dabei waren es insbesondere die Erfindung des Buchdrucks, des Schießpulvers und des Kompass gewesen, die als exemplarisch für diese Neuerung angesehen wurde. Boruchoff kommt zum Schluss, dass die gängige Datierung eines mit den französischen Querelles einsetzenden Bewusstseins des technisch-wissenschaftlichen Fortschritts verfehlt ist und weitaus früher einsetzt: „This revolution, which had such significance in the transformation of Western thought and culture, began far earlier than is commonly supposed, indeed nearly two centuries before [...] the so-called Querelle

---

30 Namensgebend für diese Auseinandersetzung zwischen den Verteidigern des Alten und den Apologeten des Neuen war ein Literaturstreit in Frankreich zwischen dem Schriftsteller Charles Perrault, der das Zeitalter Ludwigs XIV über die Antike stellte, und dem Autor Nicolas Boileau, der die Vorbildhaftigkeit der Antike verteidigte (vgl. Perrault 1693, Jauß 1984). Dies löste eine Kontroverse aus, an welcher auch viele andere Autoren beteiligt waren. Wie Jauß darlegt, ist allerdings diese Kontroverse nicht neu, sondern wurde in ähnlicher Weise bereits in der Antike geführt und ist in verschiedenen Variationen in der abendländischen Geschichte immer wieder gekehrt (Jauß 1984: 410).

des Anciens et des Modernes." (Ebd.: 158) Dabei macht er deutlich, dass im Zusammenhang mit diesem Bewusstsein einer Absetzung von der Antike immer wieder auch die Durchbrechung der Grenzen der alten Welt und die Entdeckung der Neuen Welt zentral waren (ebd.).

Die Plausibilität dieser Annahme wird insbesondere auch an der berühmten Darstellung von Jan van der Straet ersichtlich, in der neben der Kanone, der Druckerpresse und der Kompassrose insbesondere die Entdeckung der Neuen Welt als paradigmatische neue Erfindungen abgebildet ist (vgl. Abbildung 24). Bezeichnenderweise erfolgt die Nennung der „Erfindung" Amerikas an erster Stelle und der das Neue symbolisierende Jüngling weist mit dem Stab auf die Neue Welt hin. Dahingegen verschwindet am rechten Rand ein alter Mann als Repräsentant für das Alte, d.h. das Mittelalter und die Antike, aus dem Bild.

Abbildung 24: Darstellung der wichtigsten Erfindungen in den „Nova Reperta" (Neue Erfindungen) von Jan van der Straet (Straet 1580).

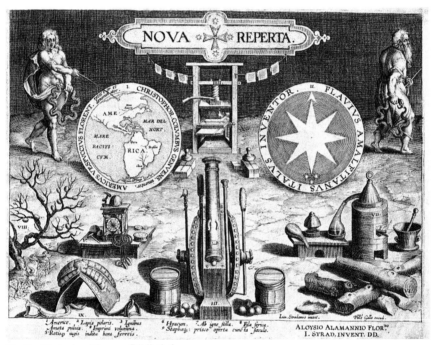

Quelle: Deutsches Museum Bibliothek.

Kennzeichnend ist hier die Verbindung der Erfindung der Neuen Welt mit anderen Erfindungen der Zeit. Der Erscheinung Amerikas wird so eine zentrale Rolle zugewiesen und damit die paradigmatische Rolle der geographischen Öffnung der Welt für die Formulierung einer technischen Fortschrittsidee deutlich. Grafton kommentiert die Darstellung in diesem Sinne: „This is a celebration of discoveries both geographical and technological. [...] Such devices and the discoveries were considered by many as evidence of progress and the superiority of the contemporary European civilization to that of the ancients." (Grafton 1992: 203)

So wird klar erkennbar, dass die für die Konstitution eines modernen Selbstbewusstseins entscheidende Absetzung von dem Wissen und den Kenntnissen der Antike schon lange vor den französischen *Querelles* erfolgt ist und untrennbar mit der Erfindung der Neuen Welt verbunden war, die mehr als alle anderen technischen Erfindungen zu einem Umbruch des okzidentalen Selbst- und Weltbildes beitrug. Exemplarisch hierfür sind auch die triumphierenden Worte des florentinischen Kapitäns Giovanni da Verazzona, der Anfang 1524 eine See-Expedition entlang der Küste zwischen Florida und Neufundland durchführte:

„[Es wird deutlich], dass die Meinung aller antiker Autoren derjenigen der Modernen entgegensteht [opinione di tutti li antichi e molto contraria al moderni] und sich nachweislich als falsch erwiesen hat: Weil nämlich jene eine den antiken Autoren unbekannte Erde entdeckt haben, eine – im Hinblick auf das, was ihnen bekannt war – andere Welt." (da Verazzona zit. n. Wolfzettel 1995: 46)

Das Selbstbewusstsein der Modernen konstituiert sich durch die Distanzierung zu dem Wissen der Alten. Man kann daher davon sprechen, dass mit der Erfindung Amerikas zugleich die *Modern Times* als das Zeitalter des Neuen begonnen hatten. Auch wenn vorher und nachher immer wieder bestimmte Ereignisse zu einer Unterscheidung zwischen alten und neuen Menschen und altem und neuem Wissen führen sollte, so war doch kein Ereignis so konstitutiv für die Moderne wie die Hinzufügung der Neuen Welt zur Alten Welt.

7.3.8 Zusammenfassung: Die Erfindung Amerikas

Mit der Westfahrt des Kolumbus wurde in der retroperspektivischen Betrachtung Amerika entdeckt, doch war dies dem Genuesen und seinen Zeitgenossen noch nicht bewusst. Erst infolge des Erscheinens des *Mundus Novus* (1503) von Americo Vespucci verbreitete sich die Ahnung, dass eine bisher unbekannte Neue Welt existiert. Der Prozess der Erfindung Amerikas wurde aber erst mit dem Werk der Kosmographen von St. Dié-des-Vosges abgeschlossen. Diese benannten in ihrer *Cosmographiae Introductio* (1507) den neuen Kontinent und integrierten diesen auf ihrer Karte und dem Globus in eine neue, erweiterte Welt. Damit wird der Weg bereitet für die Erfindung Amerikas als neuem Westen – eine neue westliche Hemisphäre entstand.

Die Bedeutung der hier sich kumulierenden kosmographischen Revolution geht dabei weit über die Genese einer neuen Sicht auf die Erde hinaus. Durch die Öffnung der Welt nach Westen wird eine weitreichende Umdeutung der Stellung des Menschen im Kosmos eingeleitet, der nun endgültig von der geschlossenen antik-mittelalterlichen Welt in die offene neuzeitliche Welt übergeht. Das Werk der Kosmographen von St. Dié stellt damit ein zum Verständnis der Genealogie der Moderne notwendiges, aber bisher vernachlässigtes Missing Link dar.

Die Weltkarte von Waldseemüller zeigt eine im Vergleich zu den mittelalterlichen, sakralisierten *Mappa mundi* grundlegend veränderte Weltsicht. Es erscheint eine neue westliche Hemisphäre und zugleich rückt Europa in der Weltkarte von der westlichen Peripherie der alten Ökumene in das Zentrum der neuen, globalen Ökumene, wobei das alten sakrale Zentrum Jerusalem seine Bedeutung verliert. Hier spiegelt sich eine grundlegende Des-orientierung im Sinne eines Bedeutungsverlusts der kartographischen und mentalen Ausrichtung nach Osten wieder. Gleichsam vorgezeichnet wird die mit der neuzeitlichen Okzidentalisierung verbundene wachsende politische, ökonomische und kulturelle Dominanz des Westens. Europa wird zum profanen Zentrum einer durch Ökonomie und Macht zusammengehaltenen Welt.

Die Wiedergeburt des antiken Weltwissens, mit der die Renaissance begann, geht bei Waldseemüller und Ringmann über in die Konstitution eines Wissens um neue Welten. Die Genese des Bewusstseins eines Bruches mit dem Mittelalter und eine explizite Öffnung für das Neue lassen sich erkennen. Die Eröffnung einer Neuen Welt und ihre Repräsentation im okzidentalen Bewusstsein ist auch für die Soziologie von zentraler Relevanz. Denn in der traditionellen soziologischen Sichtweise wird der Beginn der Moderne mit dem wissenschaftlich-technischen Fortschritt bzw. der ästhetisch-philosophischen Distanzierung vom „Alten" im 17. und 18. Jahrhundert in Nordwesteuropa in Verbindung angesetzt. Im Gegensatz hierzu wurde in dieser Arbeit aufgezeigt, dass die paradigmatische Absetzung der Moderne von der antik-mittelalterlichen Welt mit der Entdeckung einer Neuen Welt und der Verarbeitung dieses Ereignisses durch die Renaissancehumanisten verbunden war (vgl. auch Maravall 1986, Buck 1968). Es läßt sich hier der Beginn der ersten und paradigmatischen *Querelle des Anciens et des Modernes* ansetzten. Dieser Umbruch ging, wie im Folgenden dargelegt wird, auch mit einer anthropologischen Revolution einher.

7.4 Die anthropologische Revolution

Die Entgrenzung der alten Welt und die Erfindung Amerikas trugen, wie gezeigt, nicht allein zu einer kosmographischen Revolution bei, sondern führten zu einer prinzipiellen Offenheit für das Neue in der Welt. Dazu korrespondierend erfolgte nun auf der Ebene des Subjekts eine grundlegende Transformation des Selbstverständnisses des abendländischen Menschen und damit eine anthropologische Revolution. Durch die Veröffentlichung der Reiseberichte Vespuccis und die Widerspiegelung des veränderten Weltbilds in der *Cosmographiae Introductio* Waldseemüllers und Ringmanns (1507) wurde dem okzidentalen Menschen – d.h. zunächst den humanistischen Rezipienten des Werks – bewusst, dass der Mensch nicht von der Gnade Gottes abhängig ist, sondern durch sein eigenes aktives Tun befähigt ist, seine Welt umzugestalten. Dieser Wandel ist O'Gorman zufolge weit bedeutsamer als die später häufig verklärte kopernikanische Revolution:

„This formidable ideological revolution, so quietly brought about in the Cosmographiae Introductio, soon found its better known expression in the new astronomical ideas [Gemeint ist die kopernikanische Revolution; Anm. G.J.]. But this revolution went even deeper; the world having ceased to be considered as a sort of cosmic jail, man was able to picture himself as a free agent in the deep and radical sense of possessing unlimited possibilities in his own being, and as living in a world made by him in his own image and to his own measure. Such is the profound meaning of this historical process which we have called he invention of America." (O'Gorman 1972: 129)

Es befreite sich hierdurch, wie O'Gorman im spanischen Original ergänzt, „der Mensch der okzidentalen Kultur von den tausendjährigen Banden an die er sich selbst geschmiedet hatte [El hombre de la Cultura de Occidente desechó las cadenas milenarias que el mismo se habia forjado]" (O'Gorman 1993: 141).

Die Erfindung Amerikas brachte somit nicht allein die Neue Welt zum Vorschein, sondern ermutigte den okzidentalen Menschen, die Welt insgesamt als offen und als Produkt seines Tuns und als Entfaltung seiner innovativen Fähigkeiten wahrzunehmen. Die Westöffnung der Welt induziert eine Neuerfindung des westlichen Menschen, weil sie, wie im Folgenden dargelegt wird, zur Herausbildung einer okzidentalen Anthropologie beitrug, in der die Offenheit und Freiheit des Menschen bejaht wurde – und zugleich, wie kritisch anzumerken ist, natürliche Bindungen negiert und tradierte kulturelle Rückbindungen abgewertet wurden.

Dieser Wandel fand nun auch gerade in einer Neudeutung der Säulen des Herakles seinen Ausdruck, deren altes Signum eines Non Plus Ultra verworfen und durch die inverse neue Devise Plus Ultra ersetzt wurde. Es wird später näher die konkrete Bedeutungsumkehr durch Karl V. dargestellt, durch welche die Säulen zum imperialen Symbol einer Ausdehnung der Herrschaft des Kaisers wurden (vgl. Kap. 7.6). An dieser Stelle soll vorab auf die Vorgeschichte dieser Neuinterpretation eingegangen werden, da hieran bereits die fundamentale Transformation der okzidentalen Anthropologie ihren Ausdruck findet.

7.4.1 Dantes Odysseus und die riskante Grenzüberschreitung

Wie dargelegt, ist in der Antike das Bewusstsein klarer geographischer Grenzen der Welt durch einen im besonderem Maße symbolträchtigen geographischen Punkt zum Ausdruck gebracht worden: Die Säulen des Herakles. Dem Grenztabu wurde auch im Mittelalter nicht widersprochen. Huldebert von Lavardin (1056- 1133) zufolge begibt sich jeder, der die „*infelix transmigratio*", d.h. eine unglückbringende Überschreitung wagt, sich in das „ferne Land der Unähnlichkeit mit Gott" (von Lavardin zit. n. Böhme 2001a: 123) und damit in das Reich des Teufels. Dabei waren die Säulen nicht allein in einem geographischen Sinne als Grenzsymbole interpretiert worden, sondern sie galten als Signum der Begrenztheit der humanen Möglichkeiten insgesamt und mahnten den Menschen vor den Gefahren der Hybris. Diese anthropologische und ethische Bedeutung sollte auch im mittelalterlichen Denken weiter tradiert werden.

Insbesondere bei Dante findet sich in seiner *Göttlichen Komödie* in literarischer Form eine entsprechende Tabuisierung der Ausfahrt in die Region jenseits der Säulen des Herakles im Zusammengang mit einer Neudeutung des Odysseusmotivs. Denn der antike Held Odysseus kehrt bei Dante nicht nach Ithaka heim, sondern stößt durch die „Glut des Strebens [...] die ganze Welt zu kennen" (Dante 1974: Inf. 26 Vers 97) geund damit von Neugier getrieben in das Unbekannte vor. Er verwirft hochmütig die Mahnung des Non Plus Ultra und wagt sich, der Sonne auf ihrem Wege folgend, über die heraklischen Grenzmarken hinaus in den verbotenen atlantischen Ozean:

„Nicht Sohneshuld, [...] nicht der Liebe Pflicht,
Dran sich Penelope getrösten sollte,

All das bezwang die Glut des Strebens nicht,
Das in mir war, die ganze Welt zu kennen,
Und was, so Gut und Böse, da geschicht.
So gings aufs offne, hohe Meer das Rennen
[...] Ich war und die Gefährten müd und alt,
Als uns zum engen Schlund der Kiel getragen,
Wo noch, von Herkules gesetzt, der Halt
Dem Schiffer dort gebot, die Male ragen." (Dante 1974: Inf. 26 Vers 94 – 118; Herv. d. Verf.)

Im italienischen Original lauten die letzten beiden Verse „dov'Ercule segnò li suoi riguardi, acciò che l'uom *più oltre non si metta.*" (Dante 1966: Inf. 26 Vers 118 f.; Herv. d. Verf.) In der Übersetzung von Landmann werden sie wortgetreu mit „wo Herkules seine Zielsäulen bezeichnet hatte, dass der Mensch sich nicht weiter hinaus begebe" wiedergegeben (Dante 1979: Inf. 26). Rosenthal zufolge lassen sich hier vermutlich erstmals jene Worte finden, von denen später behauptet wird, sie seien als Inschrift auf den Säulen des Herakles angebracht gewesen: „It is quite likely that Dante was the first to make use of the three ‚keywords' *più oltre non*, the Italien equivalent of *Ne Plus Ultra.*" (Rosenthal 1973: 212; Herv. d. Verf.)

Odysseus widersetzt sich dem alten Überschreitungsverbot und damit dem Gebot der Schließung der Welt, das nicht nur im geographischen Sinne, sondern auch in einem umfassenden anthropologischen und kosmologischen Sinne für den Mythos und letztlich ebenso für das antik-mittelalterliche Weltbild kennzeichnend war. Während Homer noch einen nach Heimkehr sich sehnenden Odysseus entwarf, schildert ihn Dante somit im 14. Jahrhundert als einen „Meer-Faust" (Bloch 1959b: 1201) und Abenteurer, „den nichts mehr umtreibt, als die maßlose Sehnsucht nach der unbekannten Ferne, und der damit sozusagen die Möglichkeiten der Scheler'schen Weltoffenheit rigoros auf die Spitze treibt" (Voß 2010a: 124) – was Dante aufgrund des oben skizzierten kosmographischen Weltbildes jedoch noch als Verstoß gegen die göttliche Weltordnung brandmarkt.

Wie Frank darlegt, deutet sich in Dantes Commedia dennoch der „Epochenbruch zwischen der antik-mittelalterlichen Heilsökonomie und ihrer neuzeitlichen Sprengung an der Gestalt des Odysseus" (Frank 1979: 49) bereits an, den dann Kolumbus und seine neuzeitlichen Erben vollziehen sollten: „Odysseus Angriff richtet sich frontal gegen die Grenzen der mythischen Weltansicht, wenn er ‚zum offnen meere' steuert und die Durchfahrt in den Atlantik erzwingt." (ebd.: 52) Denn der Odysseus Dantes lässt sich aufgrund seines Verlangens, die Welt zu erkunden, von der alten Mahnung nicht zurückhalten. Eine innere Glut, ein Eros des Abenteurers treibt ihn hinaus – ein Trieb, der aus christlicher Sicht allerdings als mit der Sünde des Hochmutes verbunden gilt: „Die Glut im Herzen ist eine Umschreibung für den Trieb, dem sich Ulysses gänzlich ausliefert. Er verfehlt die christliche conditio humana, weil er diesem inneren Trieb und nicht dem göttlichen Gebot folgt [...]. Dieser Trieb trägt in der christlichen Ethik den Namen superbia und wird als schwerstes Vergehen bewertet." (Assmann 1994: 106) Für diese Missachtung des Gebots des „Nicht Weiter hinaus" wird Odysseus allerdings nicht nur unmittelbar mit dem Untergang seines Schiffs bestraft, sondern er muss später auch noch in Dantes Hölle schmoren, weil er seinem Erkenntnisdrang folgte. In einer aus mittelalterlicher Sicht lasterhaften Hybris sprach Odysseus folgende Worte zu seinen Begleitern:

„Ihr Brüder! sprach ich, ‚habt des Westens Strand
Erreicht mit vielen tausend Leibsgefahen:
Wollt ihr nicht nützen, was am Grabesrand
Den wachen Sinnen noch verbleibt an Jahren,
Der Sonne nach, auf Kundschaft nun bedacht,
Vom Land, das ohne Menschen, auszufahren?
Seht eure Abkunft an! Seid nicht gemacht,
Hienieden wie das blöde Vieh zu leben:
Auf Mannheit und auf Wissen habet acht!" (Dante 1974: Inf. 26 Vers 119 – 127)

In Dantes Interpretation der Odysseusgestalt deutet sich der Wandel des Weltbildes und der Neuverortung des Menschen im Kosmos, welches sich im Übergang zur Neuzeit vollzieht, implizit bereits an: „Dantes Ulysses ist das Gegenteil des homerischen Odysseus. Heimat, Familie und lokale Herrschaft gelten ihm nichts, er ist zum obsessiven Abenteurer geworden, der von einer unerklärlichen Macht gezwungen wird, den Kreis des Bekannten und Vertrauten zu überschreiten und aufzubrechen ins Ungewisse." (Assmann 1994: 106) Eine neuzeitlich-humanistische Legitimierung der Neugier und des Drangs nach Neuem wird erkennbar. Wie Stierle argumentiert setzt „Dantes Commedia [...] jenen ereignishaften Moment an der Schwelle zwischen antiker und neuzeitlicher Welterfahrung ins Werk [...], wo die Grenze zur Schwelle wird." (Stierle 2007: 392) Hier zeichnet sich Beginn der Überschreitung einer Epochenschwelle ab. Bei Dante scheitert Odysseus jedoch noch aufgrund dieses Wissensdursts. Er lässt Odysseus an der Küste des „neuen Landes" im Angesicht eines riesigen Berges untergehen:

„Da taucht´im fahlen Dunst der Ferne auf
Ein Berghaubt; noch keines sah ich ragen.
In solcher Höh zum Himmel schier hinauf.
Wir jauchzten; rasch verkehrten sich's in Klagen!
Vom neuen Lande [‚nuova terra' im Original; G.J.] kam ein Wehn und Wallen
Und hat des Schiffes Schnabel hart angeschlagen:
Dreimal im Wirbel mit den Wassern allen
Kreist´s um sich selbst; dann stieg das Heck, der Bug
Taucht´in die Flut, wie´s droben dem gefallen,
Bis über uns das Meer zusammenschlug." (Dante 1974: Inf. 26 Vers 137-142)

Das imaginierte neue Land, das jenseits der Säulen des Herakles erscheint, und dessen Realitätsgehalt 200 Jahrhunderte später durch Vespucci in seinem Brief über die Neue Welt als Verheißung ins Bewusstsein der Menschen der alten Welt treten sollte, erscheint hier noch als unheilvolle Gefahr.

Wenn Dante in seiner *Commedia* somit einen gleichsam neuzeitlichen Menschen entwirft, dann nicht, um ihn zu preisen, sondern um vor einer neuen innerweltlichen Vernunft zu warnen, deren Herausbildung sich in seiner Zeit erstmals andeutete.[31]

---

31 Vorbild für Dantes Erzählung war wahrscheinlich die Expedition der beiden genuesischen Entdecker Ugolono und Guido de Vivaldi, die auf der Suche nach einem Seeweg nach Indien 1291 über die Säulen des Herakles hinaus und die Küste Afrikas entlangfuhren. Die

Falkenhausen deutet diese misslungene Weltöffnung als Mahnung vor einem zweiten Sündenfall: „Missbrauch der Vernunft aber [ist der] [...] nur auf die eigene Befriedigung gerichtete Wissensdurst, der schon im Paradies als Begier nach der Frucht vom Baum der Erkenntnis Adams Fall verschuldet. [...] Verkörperung dieses sündenhaften Erkenntnisdranges [...] ist für Dante der listenreiche Held der Odysee." (Falkenhausen 1974: 520) Aufgrund seiner hybriden Grenzüberschreitung und seiner in Troja angewendeten Listen wird der Heros Odysseus schließlich in die Hölle verbannt: „Odysseus aber für seinen Teil büßt noch die Sucht, alles zu wissen, auch das, was Gott den Menschen verborgen hat. Wie die Verdammnis dankt er dieser Vermessenheit auch seinen Tod." (Ebd.: 521)

Blumenberg hat in diesem Sinne in *Die Legitimität der Neuzeit* (1966) Dantes Odysseus als Gestalt interpretiert, an der vor allem das mittelalterliche Verhältnis zur Neugier zum Ausdruck gebracht wird. Im Kapitel „Der Prozess der theoretischen Neugier" macht er deutlich, wie die Neugier als ‚curiositas' im Mittelalter insbesondere durch den Einfluss von Augustinus diskriminiert und „in die Skala der menschlichen Kardinallaster eingereiht" wurde (ebd.: 209). Auch bei Dante findet sich diese Ablehnung einer auf die weltlichen Dinge ausgerichteten Neugier wieder. Und in Dantes Inferno ist es vor allem die Gestalt des Odysseus, die am „ehesten der Vorstellung der curiositas zugeordnet werden kann" (ebd.: 333). Gerade in Absetzung zu dessen Wissbegier wird deutlich gemacht, dass allein der auf die jenseitigen Welten ausgerichtete Wissensdurst gerechtfertigt ist: „Die eigene Neugier auf die Reiche des Jenseits hat Dante sorgfältig abgehoben von der gescheiterten eigenmächtigen Grenzüberschreitung des Odysseus. [...] Noch also bedarf die Neugierde der transzendenten, der mehr als theoretisch gerichteten Legitimation." (Blumenberg 1966: 334) Der rein innerweltliche Erkenntnisdrang des Odysseus wird hingegen als Sünde gefasst und daher mit dem Tode und der Bannung in die Hölle bestraft.

So wie auch in der Antike war damit unter Bezug auf die limitierenden Säulen des Herakles eine Anthropologie gesetzt, welche den Menschen in eine geschlossene Welt bannte und nur in dem Streben nach einer himmlischen Transzendenz einen Ausweg sah.

7.4.2 Die weltöffnenden Heroen der Moderne

Nach der Durchbrechung der herakleischen Schranken durch die iberischen Seefahrer und die Ankunft in einer neuen Welt sollte es zu einer grundlegenden Neudeutung der Grenzüberschreitung kommen. Dantes Odysseus war noch mit seiner „Forschungstat, [...] in eine Welt, wo keine Menschen wohnen" (Dante 1952: Inf. 26 Vers 122) zu fahren, an der Küste der „neuen Landes" (ebd.) zerschellt. Vespucci machte

---

Spur ihrer Expedition verliert sich ab dem Kap Nur und sie bezahlten das Wagnis vermutlich mit dem Tod (Pietschmann 1994: 212). Ihre Ausfahrt markiert das Aufkeimen eines neuzeitlichen Unternehmer-und Entdeckergeistes, der die Enge der mittelalterlichen Welt durchbrechen will. Doch war angesichts der Unzulänglichkeiten der Schiffsbau und der Navigationskunst dieser Zeit das Unterfangen noch zum Scheitern verurteilt. Für Dante könnte dies der Grund gewesen sein, in seiner ca. 1307 begonnenen *Divina Commedia* gerade an der Überschreitung der Säulen der Herakles seine Kritik an der weltlichen Neugier zu verdeutlichen.

mit seinen Briefen deutlich, dass die alten Vorstellungen von der ozeanischen Welt und die Tabuisierung der Ausfahrt durch Dante obsolet waren. In den *Quadro Navigationes*, die der *Cosmographiae Introductio* beigefügt waren, heißt es über seine erste Fahrt:

„Auf dieser Fahrt sind wir 18 Monate ausgewesen und fanden viel festes Land und unzählige Inseln, die fast alle bewohnt waren, was unsere Alten nicht gedacht haben. Darum glauben wir auch, sie haben nichts davon gewusst. Und trügt mich nicht mein Sinn, so habe ich gelesen, dass sie im Glauben gewesen waren, das Meer sei gar leer und ohne Menschen. Dieser Meinung ist auch der Poet Dante gewesen, als er im achtzehnten Kapitel von der Hölle schreibt und Ulysses Tod gedenkt." (Vespucci 2014: 137)

Die eigene Fahrt hatte – dies die Botschaft Vespuccis – aufgezeigt, dass die Meinung der Antike falsch war und die Dantesche Erzählung zu revidieren sei. Auch hier deutet sich bereits ein modernes Selbstbewusstsein an, das sich von dem Wissen der „Alten" absetzt. Damit war der Weg für eine Neudeutung der Ausfahrt des Danteschen Odysseus bereitet. Es sollte sich daher in der Folgezeit eine Abkehr von der resignativen und die Herausbildung einer heroisch-prometheischen Deutung der Säulen des Herakles durchsetzen.

Mit dem Gelingen der – gleichsam an die Ausfahrt des Danteschen Odysseus anknüpfenden – Fahrten von Kolumbus und Vespucci über die Säulen des Herakles hinaus wandelte sich das abendländische Selbst- und Weltbewusstsein grundlegend. Wie Günther in *Die Amerikanische Apokalypse* (Günther 2000) darlegt, war mit der veränderten Wahrnehmung des einst mit Furcht besetzten atlantischen Ozeans ein grundlegender Wandel der okzidentalen Anthropo- und Kosmologie verknüpft, der sich in verschiedenen mythischen und historischen Gestalten widerspiegelt:

„Das historische Verhältnis der Alten Welt zu der Neuen wird durch die drei Gestalten Herkules, Odysseus und Kolumbus symbolisiert. In Herkules repräsentiert sich die Epoche, in der [...] der Mensch nicht wagt, in den diesen Kontinentalkomplex umzirkelnden Ozean hinauszuschiffen. Odysseus verkörpert die Epoche der verfrühten und deshalb zum Scheitern verurteilten Versuche, diesen metaphysisch-geographischen Ozean zu brechen. Kolumbus schließlich ist die Figur, die am Beginn des Zeitalters steht, in der die menschliche Geschichte sich wieder in planetarische Dimensionen auszudehnen beginnt." (Günther 2000: 28)

Die Gestalt des Kolumbus bzw. die iberischen Seefahrer insgesamt – die *Heróis do Mar*, wie sie in der portugiesischen Nationalhymne verklärt werden – lösen damit die alten mythischen Heroen ab. Es vollzieht sich dabei gleichsam eine Vermenschlichung des Heroischen. Gleichzeitig wird das ozeanische Grenztabu überwunden und in seiner Bedeutung umgekehrt. Wie Ochs anhand der italienischen Literatur darlegt, wird hierdurch „Kolumbus [...] [zum] moderne[n] Heros der Neuen Welt, der die Helden der Antike übertrifft" (Ochs 1999: 170). Dieser „Mythos von Christoph Kolumbus" (ebd.) wurde in ähnlicher Form in anderen europäischen Ländern formuliert und man kann hierin einen der wirkmächtigsten Mythen der Moderne sehen. Dies wird unter anderem im Werk *Befreites Jerusalem* (erstmals 1574) von Torquato Tasso (1544-1595) erkennbar. Dort heißt es mit Referenz auf Dantes Odysseus:

„Wie Herkules die Ungeheuer erschlagen [...] und alle Land, allein durch seinen Arm besiegt, danieder lagen, wagt er sich nicht ins offne Meer hinein. [...] Allein die Grenzen, die er vorgeschrieben, verschmäht Ulyß von Wissendurst getrieben. Er überschritt der Säulen Ziel und strebte ins offne Meer mit kühnen Ruderschwang, doch half ihm nicht, was er zur See erlebte, weil ihn die Gier des Ozeans verschlang." (Tasso 1963: 291)

Doch wird – so die Prophezeiung in Tassos Roman – schließlich auch diese Gier des Ozeans, die nun anstelle der Neugier des Odysseus zur Ursache des Scheiterns wird, überwunden werden:

„Es kommt der Tag, da werden Herkuls Zeichen kunstfertigen Schiffern ein verhöhnter Tand; von unbenannten Meeren, dunklen Reichen, dringt dann der Ruhm auch bis in euer Land. [...] Ein Mann von Genua wird sich ohne Grausen zuerst vertraun der unbekannten Flut [...] nichts hält zurück in Calpes engen Schranken den kühnsten Geist, den Helden sonder Wanken." (Ebd.: 292)

Kolumbus wird als Odysseus der Neuzeit zum paradigmatischen und gefeierten Grenzüberschreiter und zum Symbol für den neuzeitlichen Forscherdrang. Blumenberg schreibt in diesem Sinne: „Im 16. Jhd. konnte Torquato Tasso [...] die Überschreitung der Säulen des Herkules neu sehen und werten, weil Kolumbus die nuova terra inzwischen erreicht und betreten hatte. Die Selbstbestätigung der menschlichen Neugierde ist zur Form ihrer Legitimation geworden." (Blumenberg 1966: 335) Waren bei Dante noch der Tod und die Hölle die Strafe für die hybride Neugier, so wird nun das Wagnis belohnt. Das Risiko der neugierigen Ausfahrt erfährt durch die Entdeckung der Neuen Welt seine Bestätigung. Die Neuzeit als Zeit, die sich gegen die Begrenzungen der antiken Zeit und ihrer geschlossenen Welt auflehnt, erfährt hierdurch eine zentrale Legitimation und der Entgrenzungsmythos der Moderne seine Fundierung.

Damit war eine grundlegende Neupositionierung des Menschen in der Welt verbunden. Wie Blumenberg in die *Legitimität der Neuzeit* (1966) an anderer Stelle argumentierte, hat die Moderne die alten Kosmo- und Theodizeen verworfen und ihre „Anthropodizee" (ebd.: 96) dagegen gesetzt. Dabei sei es zu einer neuzeitlichen Akzeptanz der humanen Selbstbehauptung und Aufwertung der menschlichen Neugier gekommen. Die Legitimität der Neuzeit basiert damit wesentlich auf einer Legitimierung der menschlichen Neugier infolge des Gelingens der riskanten Grenzüberschreitung. Auch wenn Blumenberg dies nicht explizit formuliert, so wird doch anhand seiner Ausführungen zu den Säulen des Herakles deutlich, dass die moderne Anthropodizee nicht zuletzt durch die nautische Durchbrechung der einst paradigmatischen Grenzen der Alten Welt und die Erfindung einer Neuen Welt durch die modernen Heroen induziert wurde.

Dabei findet sich in der Literatur nicht allein eine Ablösung der antiken Helden durch die modernen Grenzüberschreiter, sondern auch ein Wandel der Darstellung des Odysseus. Dies zeigt Aleida Assmann in *Odysseus und der Mythos der Moderne* (1994) an der radikalen Umdeutung des Heros-Motivs in dem Gedicht *Ulysses* von Alfred Lord Tennyson aus dem 19 Jh. auf. Das alte Selbstbegrenzungswissen hat hier keine Bedeutung mehr. Erkennbar wird nun vielmehr das „expansive heroische Selbstbehauptungswissen, das den Siegeszug von Technik und Wissenschaft ermöglicht hat" (ebd.: 115). Diese Neudeutung erfolgte allerdings, wie in der vorliegenden Arbeit dargelegt wurde, nicht erst im 19. Jahrhundert, sondern bereits im 15. Jahrhundert infolge der Überschreitung der alten herakleischen Grenzen und die darauffolgende Entdeckung Amerikas durch die iberischen Seefahrer als Erben des Odysseus. Dies geht mit einer grundlegenden Verschiebung des Koordinatensystems und der Werte, an denen sich der abendländische Mensch orientiert, einher. Ähnlich wie Blumenberg verweist Assmann hier auf die Legitimierung der Neugier, betont aber zugleich, dass die damit verbundene Emanzipation des Menschen selbst wieder gleichsam zum mythischen Zwang wird:

„Was man im Mittelalter als Frevel perhorresziert hatte, erstrahlt in der Renaissance in der Aura des Heroischen. [...] Mit der Wende zur Neuzeit verwandelt sich grundsätzlich die Bewertung des Erkenntnisdrangs von einem theologischen Verbot zu einem anthropologischen Gebot. [...] Derselbe Ulysses, den Dante über die Säulen des Herkules hatte hinwegsegeln lassen, wurde zur Identifikationsfigur des neuzeitlichen Menschen, der rastlos auf der Suche nach Neuem ist." (Assmann 1994: 107)

Das Durchbrechen der Grenzsäulen des Herakles durch den paradigmatischen Aus- und Irrfahrer Odysseus war bei Dante noch als Symbol für die Sünde der Neugier gewählt und „als Wiederholung des Sündenfalls dargestellt [worden]" (Assmann 1994: 105). Man kann die Aufforderung des Odysseus, die Grenzen der Säulen des Herakles zu überschreiten, als zweite gnostische Versuchung interpretieren. Mit der Umkehr der Bedeutung der Säulen vollzieht sich damit zugleich eine Neuinterpretation des Sündenfalls. Man kann von einer *Legitimierung und Bejahung des menschlichen Erkenntnisdranges* sprechen. Dadurch wird, wie im Folgenden auf der Grundlage einer kritischen Rezeption der philosophischen Anthropologie ausgeführt wird, die *Genese einer neuzeitlichen Anthropologie des Menschen als weltoffenes Wesen* induziert.

7.4.3 Der Mensch zwischen Umweltgebundenheit und Weltoffenheit

Makropoulos zufolge führte die „Öffnung des Horizonts in der Neuzeit" (Makropoulos 1999: 391) zu einer veränderten Anthropologie, welche den Horizont in Bewegung setzte, einen potentiell „grenzenlosen Möglichkeitshorizont" (ebd.: 392) erschloss und damit die Stellung des Menschen im Kosmos grundlegend veränderte. Wie dargelegt, war es dabei die nautische Öffnung der alten Grenzen des antiken *Orbis Terrarum*, die hierfür paradigmatisch wurde. Es hat damit – so die hier vertretene Position – die Durchbrechung der Säulen des Herakles eine spezifisch okzidentale Anthropologie bestärkt, welche die Weltoffenheit des Menschen in den Vordergrund stellte und zu einer allgemeinen Öffnung und Entgrenzung des Handlungshorizonts des Menschen beitrug. In diesem Sinne heißt es noch utopisch aufgeladen bei Ernst Bloch: „Derart ist das bisher Wirkliche sowohl vom ständigen Plus-ultra essentieller Möglichkeiten durchzogen wie an seinem vorderen Rand – der ‚Front'- von ihr umleuchtet." (Bloch 1959a: 274) Die Grenze des Horizonts erscheint dem Menschen nicht als ultimatives Ende, sondern als ausdehnbare Grenze, welche eine Vorder- und Außenseite besitzt, die in das Unbekannte und Unerschlossene weist. Damit wird hier auch deutlich, dass die mit dem Plus Ultra verbundene

Wahrnehmung eines offenen Möglichkeitshorizonts eine große Nähe zu den philosophischen Reflexionen aufweist, wie sie insbesondere im letzten Jahrhundert vollzogen wurden. Gerade die Konzeptionen der philosophischen Anthropologie können hierzu in Beziehung gesetzt werden.

Im Folgenden soll unter Bezug auf diese anthropologische Tradition ein Interpretationsrahmen entwickelt werden, der es erlaubt, die mit dem Übergang zum Plus Ultra verbundene Frage von Begrenzungen, Grenzüberschreitungen und Entgrenzungen von ihrem rein räumlichen Kontext zu lösen, und auf die allgemeinere Ebene der Reflexion von Grenzen des humanen Wirklichkeits- und Werkraums zu heben. Um die hiermit unterstellte anthropologische als auch kulturgeschichtliche Bedeutung des Plus Ultra näher belegen zu können, wird zunächst auf die anthropologischen Grundannahmen dieser Arbeit näher eingegangen. Dabei wird allerdings nicht die einfache Entgegensetzung zwischen tierischer Geschlossenheit und humaner Weltoffenheit reproduziert, sondern in kritischer Anlehnung und Weiterentwicklung der philosophischen Anthropologie soll die „Verschränkung zwischen Umweltgebundenheit und Weltoffenheit beim Menschen" (Plessner et al. 1983: 81) als anthropologische Grundlegung der Arbeit dienen.

Für die philosophische Anthropologie und ebenso die Existenzphilosophie der 1920er und 1930er Jahre war die Subjekt- und Umweltlehre des Biologen Jakob von Uexküll ein Bezugs- wie auch Absetzungspunkt, an dem die Besonderheit des Menschen im Gegensatz zum Tiere deutlich gemacht wurde. Grundlage für Uexkülls Biologie war seine Konzeption vom Lebendigen als Subjekt. Es sei das Subjekt in zweifacher Hinsicht mit seiner Umwelt verbunden: Zum einen durch die Merkmale, welche die sinnliche Wahrnehmung umfassen, zum anderen die Wirkmale, welche das Einwirken auf die Welt beschreiben: „Wirkwelt und Merkwelt bilden [...] ein sich zusammenhängendes Ganzes, das ich als Umwelt bezeichne." (Uexküll 1928: 100) Kennzeichnend für die Subjekt-Umweltbeziehung der Tiere sei dabei ein vorgegebener Wechselwirkungszusammenhang bzw. „ein in sich geschlossener Kreislauf, den man den Funktionskreis des Tieres nennen kann" (ebd.). Das Tier besitzt so eine vorgegebene, artspezifische Umwelt und damit einen festen, klar umrissenen Horizont. Die Geschlossenheit dieses Kreises ist eine unabdingbare Notwendigkeit: „Wird dieser Kreis an irgendeiner Stelle unterbrochen, so ist dadurch das Dasein des Tieres gefährdet." (Ebd.) In seinem Werk betont Uexküll immer wieder diese Zentriertheit des Lebenssubjekts und die Abgeschlossenheit seiner partikularen Welt, in dem „alle Objekte [...] in den kleinen subjektiven Raum eingeschlossen [sind]" (ebd.: 220). Diese Perspektive impliziert für Uexküll nicht nur eine räumliche Begrenzung des Umweltraumes, der die Tiere „wie ein festes, aber unsichtbares Glashaus umschließt" (ebd.: 28), sondern ebenso eine „zeitliche Umgrenzung der Umwelten" (Uexküll 1973: 108). Diese Begrenztheit der Umwelt war dabei insgesamt bei Uexküll durchaus positiv konnotiert und wurde nicht nur als einschließender, sondern auch als bergender Horizont verstanden.

Die Auseinandersetzung mit Uexkülls Lehre beeinflusste die philosophische Anthropologie in erheblichem Maße. In der Regel wurde eine klare Trennungslinie zwischen den geschlossenen Umwelten der Tiere und einer hiervon eindeutig zu unterscheidenden offenen Welt des Menschen gezogen. Als ein zentrales Element ist dabei die Öffnung des Funktionskreises zu nennen. Dieser verwandelt sich von einem geschlossenen Kreislauf mit festen Grenzen zu einem offenen Wahrnehmungs- und Handlungskreis, der letztlich unbegrenzt ist und hierdurch die Weltoffenheit des Menschen ermöglicht.

So hat insbesondere Max Scheler den Begriff der Weltoffenheit in Opposition zum Uexküllschen Umweltbegriff entwickelt. Der Ausbruch aus dem animalischen Funktionskreis macht aus dieser Sicht ein zentrales Moment der *Conditio humana* aus. Max Scheler glaubte in *Die Stellung des Menschen im Kosmos* (Scheler 1928) daher eine „Sonderstellung" (ebd.: 37) des Menschen diagnostizieren zu können, die durch ein „dem Leben im Menschen entgegengesetztes Prinzip" der „Vernunft" bzw. durch den „Geist" gekennzeichnet sei (ebd.). Es wird so das Bild einer zur vorgegebenen, begrenzten Umwelt des Tiersubjekts diametral entgegengesetzten, unbegrenzten Welt des Menschen entwickelt: „Ein ‚geistiges' Wesen ist also nicht mehr trieb- und umweltgebunden, sondern ‚umweltfrei' und wie wir es nennen wollen, ‚weltoffen': Ein solches Wesen hat ‚Welt'." (Ebd.: 36) Von Scheler wird so eine prinzipielle Erhebung des Menschen über das Tier und damit ein grundlegender Hiatus zwischen Umwelt und Welt postuliert: „Der Mensch ist das X, das sich in unbegrenztem Maße ‚weltoffen' verhalten kann. Menschwerdung ist Erhebung zur Weltoffenheit Kraft des Geistes." (Ebd.: 37)

In ähnlicher Weise wird auch von Plessner in Auseinandersetzung mit Uexküll eine idealistische, transbiologische Konzeption der *Conditio humana* entwickelt. Zwar wird von Plessner zum einen „Uexküll, [als] der unvergessene große Meister der vergleichenden biologischen Forschung" (Plessner et al. 1983: 58) gewürdigt, zum anderen aber dessen Ausdehnung des Umweltbegriffs auf den Menschen verworfen, da dieser Ansatz die „Sonderstellung des Menschen in der Natur hinfällig" (ebd.) machen würde. Durch die Entbindung von der instinktiv-genetischen Steuerung des Weltbezugs wird demnach ein Ausbruch aus dem engen animalischen Umweltkreis und damit einem fixierten Lebenshorizont möglich. Die Seinsweise des Menschen unterscheidet sich so klar von der den anderen Lebewesen eigenen Existenzweise: „Er ist in sein Leben gestellt, er steht ‚dahinter', ‚darüber' und bildet daher die aus dem Kreisfeld ausgegliederte Mitte der Umwelt. [...] Ein Horizont von Möglichkeiten des auch anders sein Könnens hat sich aufgetan." (Plessner 1965: 342) Damit verbunden ist bei Plessner die Idee der „natürlichen Künstlichkeit" und der „exzentrischen Positionierung" (Plessner 1965: 316) des Menschen, zu der dieser als ein aus dem ursprünglichen Zentrum vertriebenes Wesen gezwungen sei.

Allerdings wird von Plessner kein absoluter Ausbruch aus dem Tierreich postuliert. Vielmehr geht er davon aus, dass der Mensch immer sowohl ein leibliches Naturwesen ist und damit „körperlich Tier bleiben muss" (ebd.: 293), wie auch eine hiervon geschiedene exzentrische Seinsform besitzt und damit „ein unaufhebbarer Doppelaspekt der Existenz" (ebd.: 292) zu konstatieren sei. Wie Plessner in seinen späteren Schriften noch klarer deutlich gemacht hat, hebt sich der Mensch somit durch seine Weltoffenheit keineswegs eindeutig vom umweltgebundenen Tier ab: „Die heute übliche Zuordnung geschlossener Umweltbindung zum Tier und der Weltoffenheit zum Menschen macht sich die Sache zu einfach, weil sie der Zweideutigkeit der menschlichen ‚Natur' damit nicht gerecht wird." (Plessner et al. 1983: 182) Für Plessner besteht trotz der Öffnung der Welt die Umweltbindung fort, weil „der Status der Weltoffenheit selber eine dem Menschen spezifische Form seiner Umweltbindung ist" (ebd.). Dies kann dahingehend interpretiert werden, dass der Mensch sich zwar durch seine geistigen und praktischen Fähigkeiten von einer festen

Anpassung an eine Umwelt, wie sie dem Tier eigen ist, emanzipieren kann, in dieser Offenheit aber immer noch an seine natürliche Grundkonstitution rückgebunden ist. Damit entsteht ein für den Menschen typisches Spannungsverhältnis, welches auch als Basis des Dualismus von Natur und Kultur anzusehen ist – eines Dualismus, der nicht etwa in einer Entgegensetzung zwischen einer offenen humanen Natur und einer determinierten tierischen Natur zu suchen , sondern vielmehr in der Zweideutigkeit der menschlichen Natur und dem dadurch gegebenen doppelten Weltverhältnis begründet ist, weil „Umweltgebundenheit und Weltoffenheit kollidieren und nur im Verhältnis einer nicht zum Ausgleich zu bringenden gegenseitigen Verschränkung gelten" (ebd.). Dies bedeutet auch, dass der Mensch im Spannungsfeld zwischen einer biologischen Zentriertheit als leiblich-biologischem Wesen und einem ‚exzentrischen' Gegenzentrum als geistig-technischem Wesen, das sich seine Welt selbst erschafft, verortet werden muss. Der Mensch ist keineswegs vollständig den natürlich-biologischen Bindungen enthoben: „Weltoffenheit ohne Einschränkung kann ihm nicht zukommen. Sie wäre nur einem Subjekt möglich, das – wie Engel [...] – leiblos wäre oder einen pneumatischen Leib besäße. [...] Unsere Offenheit ist durch Barrieren begrenzt." (Ebd.: 188) So mag der Mensch zwar im Geiste viele Horizonte überschreiten können – in seiner irdischen Existenz sind ihm zumindest partiell Schranken gesetzt. In der vorliegenden Arbeit wird an diese Überlegungen Plessners angeknüpft und von einer „Verschränkung zwischen Umweltgebundenheit und Weltoffenheit" (Plessner et al. 1983: 81) ausgegangen.[32]

Dabei kann in Anlehnung an Popitz noch eine Ergänzung vorgenommen werden. Popitz bezieht aus evolutionärer Perspektive den Begriff der Weltoffenheit, den Scheler primär auf die Fähigkeit zur kognitiven Öffnung des geistigen Horizontes bezogen hatte, auf die praktische Fähigkeit, durch technisches Handeln die Welt durch Arbeit und Technik umzugestalten:

„Unmittelbar einsichtig ist aber wohl der Zusammenhang technischer Handlungsfähigkeit mit dem Vermögen, das Max Scheler und Arnold Gehlen die ‚Weltoffenheit' des Menschen genannt haben, seine relative Ungebundenheit an bestimmte Umweltbedingungen. Der Mensch ist weltoffen, weil er durch technisches Handeln sich die Welt öffnen kann. [...] Die umgestaltende Kraft ist zugleich die weltöffnende Kraft der Hände." (Popitz 1989: 69 f.)

Durch die bei Popitz klarer als bei den Vertretern der traditionellen philosophischen Anthropologie durchgeführten Beziehung der Weltoffenheit auf das technische Handeln wird deutlich, dass Weltoffenheit nicht nur Ausdruck der geistigen Offenheit des Menschen, sondern vor allem der humanen „Handlungsoffenheit" ist (Popitz 2000: 114). Ergänzend zu den Überlegungen von Plessner zur Verschränkung von Umweltgebundenheit und Weltoffenheit ist hier somit hinzuzufügen, dass der

---

32 Damit wird an eine Interpretation von Plessner angeknüpft, die nicht etwa die Idee einer Sonderstellung des Menschen, der sich von den anderen Lebewesen absetzt, sondern vielmehr die Zweideutigkeit des Menschen in den Mittelpunkt rückt (vgl. Bek 2011: 12). Plessner sucht den metaphysischen Dualismus der durch Aristoteles und Descartes geprägten abendländischen Philosophie zu überwinden, ohne in einen simplen Monismus zu verfallen. Er „rekonstruiert den Menschen alternativ gegenüber einem metaphysischen Dualismus als konstitutiv Zweideutigen" (ebd.: 116).

Mensch im Spannungsfeld zwischen technischer Handlungsoffenheit und Leibgebundenheit zu verorten ist.

Die Welt- und Handlungsoffenheit des Menschen beinhaltet nun allerdings nicht nur Freiheitsräume, sondern impliziert auch eine Unbestimmtheit, welche Scheler als „Weltkontingenz" (1928: 83) beschrieben hat. Aus Sicht von Plessner resultiert nun aus diesem „bedrohlichen" Aspekt des offenen Möglichkeitshorizonts die Notwendigkeit, den Horizont auf kulturelle Weise wieder partiell zu begrenzen:

„Unter dem Zwang, sich der offenen Wirklichkeit zu stellen und ihrer Unvorhersehbarkeit Herr zu werden, ergibt sich überall eine künstliche Horizontverengung, die wie eine Umwelt das Ganze menschliche Leben einschließt, aber gerade nicht abschließt. Die künstliche Horizontverengung ist vielmehr die Art und Weise vermittelnder Unmittelbarkeit, welche das ganze menschliche Verhalten charakterisiert." (Plessner et al. 1983: 189)

Dies bedeutet zwar keineswegs, dass den Menschen faktisch wieder die Determiniertheit der Kreatur zukommt, relativiert aber die Offenheit. Es ist daher der Mensch „zwischen Tier und Engel gestellt, ein Zwitterwesen" (ebd.). In diesem Spannungsverhältnis zwischen natürlich und künstlich beschränktem Horizont auf der einen, und Welt- und Handlungsoffenheit und Freiheit auf der anderen Seite, führt der Mensch sein Leben.

7.4.4 Die okzidentale Anthropologie zwischen Non Plus Ultra und Plus Ultra

Aus kulturvergleichender Perspektive kann festgestellt werden, dass die verschiedenen kulturellen Systeme den Menschen in unterschiedlicher Weise in diesem Spannungsfeld zwischen Weltoffenheit und Begrenzung des Horizonts verorten. Im Abendland lässt sich nun ein entscheidender Umbruch in dieser Positionierung des Menschen in Verbindung mit der Neudeutung der Säulen des Herakles feststellen.

Wie in den Ausführungen zur Bedeutung der *Säulen der Herakles in der Antike* deutlich wurde, waren diese über ihre rein geographische Symbolik hinaus mit einer Vielzahl von *anthropologischen Bedeutungen* assoziiert worden (vgl. Kap. 5). Im mythischen Denken markierten sie den Übergang in das Totenreich und erinnerten damit an die Begrenztheit des Lebens. Sie waren auch das Sinnbild für die Grenzen der körperlichen Leistungsfähigkeit der Menschen, wie insbesondere bei Pindars Verwendung deutlich wurde, der die Säulen des Herakles mit den sportlichen Höchstleistungen der Olympioniken assoziierte. Und sie waren ebenso eine Mahnung an den Menschen vor der Hybris einer durch Technik ermöglichten Überschreitung des ihm „von Natur aus" zugewiesenen Lebensraums. *Als Grenzmarken* zwischen der menschlichen Ökumene und dem unbeherrschbaren Ozean *symbolisierten sie den klar umrissenen und festgelegten Horizont des Menschen* und – in den Begriffen der oben skizzierten Anthropologie – erinnerten sie an die *Leib- und Umweltgebundenheit des Menschen*.

Dabei kann die Verwendung der Symbolik der Säulen des Herakles in zweifacher Hinsicht gedeutet werden. Zum einen kommt in der antiken Setzung eines Non Plus Ultra das Bewusstsein zum Ausdruck, dass ein *Überschreiten des Horizonts per se nicht möglich* ist, weil die Vorgaben der inneren und äußeren Natur eine klare

Limitierung setzen. Zum anderen ist aber diese Setzung auch als eine *künstliche Horizontverengung* im Sinne Plessners zu interpretieren. Denn die Säulen sollten, wie gezeigt, auch vor der Hybris warnen, so dass die Möglichkeit einer Grenzüberschreitung zwar durchaus gesehen, durch die Mahnung aber gebannt werden sollte (vgl. Kap. 5.2.3). Die Gefahr des Einbruchs des Neuen und Unbekannten war für das geschlossene Weltbild des Mythos das Grauen und eine Bedrohung für den Kreislauf der ewigen Wiederkehr im Wechsel von Leben und Tod. Auch wenn die Antike mit den Kulturen der Achsenzeit aus dem Mythos ausbrach, so sollte im weltlichen Sinne doch noch an dem Glauben an eine Begrenztheit der irdischen Existenz festgehalten werden – nur in Richtung der himmlischen Transzendenz war ein Ausbruch möglich. So war denn auch noch in den mittelalterlichen Weltkarten die sakralisierte Ökumene nicht nur die inferiore irdische Welt, sondern ebenso die für den Menschen bestimmte Insel der Erde und somit eine bergende Heimat, der das inhumane ozeanische Außen entgegenstand. Ähnliche Vorstellungen finden sich gleichfalls in den Weltbildern vieler anderer Kulturen der alten und neuen Welt. Insgesamt waren damit die *Säulen des Herakles Sinnbilder einer Anthropologie der Begrenzung.* Der Handlungshorizont des Menschen schien durch die Macht der Natur limitiert und zugleich wurden durch die kulturellen Werte und Normen ein Ethos der Selbstbegrenzung gesetzt.

Bezeichnenderweise waren die Säulen des Herakles als Ende der Seefahrt eng mit jenem Verständnis von Grenze verknüpft, das mit dem griechischen Begriff des Horizonts assoziiert war. Der Horizont ist, wie oben dargelegt, nicht allein der Gesichtskreis – so der eigentliche Wortsinn – des durch den Blick Erfassbaren, sondern markiert die Wirklichkeit an sich. Dahinter verbirgt sich das *apeiron* als das Unbestimmte und damit der Raum des nur Möglichen (vgl. Makropoulos 1999: 389). Per se wurde daher schon die Eroberung des Meeres ambivalent bewertet, weil sie als riskante Horizonterweiterung galt, wie Makropoulos deutlich macht:

„Die Meerfahrt war die Überschreitung der Grenze zum ganz und gar Orientierungswidrigen. Denn der Horizont war nach antiker Auffassung zwar auch die ebenso sichtbare wie imaginäre Linie, an der sich Himmel und Erde treffen; vor allem war der Horizont aber der Gesichtskreis, der den Blick begrenzt, und der als *horizon kyklos* wie als *orbis finiens* überhaupt erst Orientierung ermöglicht." (Makropoulos 2007: 240)

Der Horizont war daher gleichsam synonym mit den Grenzen des Erdkreises und umschloss damit die Heimat des antiken Menschen. Ihr markantes Symbol fand, wie gezeigt, diese Setzung eines ultimativen Horizonts des Orbis terrarum in dem Grenzzeichen der Säulen des Herakles.

Es lässt sich nun in umgekehrter Weise davon sprechen, dass mit der heroischen Öffnung des okzidentalen Sonderwegs durch die Seefahrer der frühen Neuzeit und dem Übergang zum Plus Ultra eine Anthropologie entstehen konnte, welche die Offenheit des Horizonts bzw. die Öffnung des Horizonts als legitim ansah. Wie Makropoulos ohne Bezug auf die herakleischen Säulen argumentiert, vollzog sich in der Neuzeit ein grundlegender Wandel des Verhältnisses zum Horizont: „In der Ablösung von den Grenzen und Grenzüberschreitungen der antiken Kosmologie und der theologischen Weltsicht des Mittelalters wurde der Horizont nunmehr zur immanent generierten und deshalb prinzipiell veränderbaren Orientierungsmarke des

Denkens und Handelns." (Makropoulos 1999: 392) Der reale „Erfahrungsraum", der durchaus noch begrenzt sein konnte, löste sich von dem offenen „Erwartungshorizont" und die damit verbundene Erschließung eines potentiell „grenzenlosen Möglichkeitshorizonts" (ebd.: 392) veränderte die Stellung des Menschen im Kosmos grundlegend (vgl. Kap 2.1). Es war dabei nicht zuletzt die nautische Öffnung der alten Grenzen des Orbis terrarums, welche beispielhaft für diesen Umbruch wurde: „Und Seefahrt hatte damit nicht nur die Ausweitung des Raumes menschlicher Unternehmungen in der Neuzeit zur Folge, sondern auch seine Entgrenzung aus dem Horizont des bis dahin Möglichen." (Makropoulos 1997: 11)

Es ist in dieser Arbeit deutlich geworden, dass diese *nautische Öffnung des Horizonts nach Westen in der frühen Neuzeit ihr paradigmatisches Symbol in den Säulen des Herakles bekommen hat*. Wenn nun Makropolos eine Verbindung zwischen ozeanischer Öffnung und allgemeiner Öffnung des humanen Möglichkeitshorizonts unterstellt, so kann man hinzufügen, dass die Symbolik der Säulen eine zentrale Bedeutung in diesem Prozess der Übertragung und Verallgemeinerung der nautischen Entgrenzung hatte. Ihre Umdeutung führte damit auch nicht allein zu einer geographischen Öffnung, sondern war darüber hinaus *mit einer neuen okzidentalen Anthropologie verbunden, welche die Entgrenzung des gesamten Handlungshorizonts miteinschloss*.

Der Horizont, der im Mythos einst die unüberschreitbare Grenze der Welt markierte, wird mit dem Übergang zum Plus Ultra zum „negative[n] Horizont" (Virilo 1989), einer ständig und in beschleunigter Weise fortschreitenden Grenze, deren Erreichen unmöglich ist und die das Subjekt daher zu ständiger Leistungssteigerung und zu einem endlosen *Immer Weiter* und *Immer Schneller* aufruft. Es ist sicherlich kein Zufall, dass auch noch im 20. Jahrhundert anthropologische Spekulationen auf die alte Devise des Plus Ultra zurückgreifen. So schreibt Husserl in seinen Reflexionen über die Potentialität des Menschen:

„Das Feld weist über sich hinaus, es ist bewusst sozusagen als wahrnehmungsmäßiger Ausschnitt aus der Welt, er hat einen ‚Horizont' des Plus Ultra [...] einen Außenhorizont. Zu diesem Horizont gehört, roh gesprochen, ein mehrfaches evidentes ‚Ich kann in ihn eindringen in Richtung der Vergangenheit oder in Richtung der Zukunft, oder ich kann in die Mit-Gegenwart eindringen', von der Orientierungsstruktur innerhalb der Wahrnehmungsgegenwart geleitet [...] in das Plus Ultra eindringen." (Husserl 2006: 26)

Dabei war die in den Säulen des Herakles symbolisierte Öffnung des Horizonts in der Neuzeit nicht allein auf den geistigen Aspekt beschränkt. Vielmehr wurde diese Öffnung auch Sinnbild für die technische Handlungsoffenheit des Menschen im Sinne von Popitz. Dies wird anhand der Adaption der Säulensymbolik bei Francis Bacon noch klarer deutlich werden (vgl. Kap. 8).

7.4.5 Zusammenfassung: Die Erfindung des weltoffenen Subjekts

Die Säulen des Herakles waren in der Antike und im Mittelalter mit einer Anthropologie der Leib- und Umweltgebundenheit verbunden gewesen. Mit dem Übergang zum Plus Ultra entsteht eine neue Anthropologie, welche den Horizont des Menschen als offen ansieht und damit einer Naturalisierung der menschlichen Grenzen eine

Absage erteilt. Dies bedeutet zum einen, dass der Mensch in sich und in der Welt einen Möglichkeitshorizont wahrnimmt, der vorher ausgeblendet wurde. Dies impliziert aber zum anderen auch, dass jeder kulturell-künstlichen Horizontverengung, welche letztlich mit dem alten Non Plus Ultra verbunden war, eine Absage erteilt wurde. Es konnte bereits der Ausbruch des antiken Odysseus aus dem Mythos als „Urgeschichte der Subjektivität" (Horkheimer und Adorno 2001: 62) gedeutet werden. In gleicher Weise lässt sich auch die Umdeutung des Odysseusmotivs und der Plus-Ultra-Devise in der frühen Neuzeit als Urgeschichte moderner Subjektivität und Individualität deuten. Hier wird eine Anthropologie der Gebundenheit des Menschen durch eine neue Idee der Weltoffenheit des Menschen abgelöst.

Diese Umkehr führt nun auch zu einer radikalen Abwertung der bisher gültigen Werte und deren Verfechter, wie auch Böhme deutlich macht: „Grenzüberschreitung löst nicht mehr [...] den Mechanismus der sich selbst strafenden Schuld aus; sondern sie ist Horizonterweiterung. [...] Umgekehrt sind es gerade die Verfolger der curiositas, die Grenzwächter des Nec Plus Ultra, die als Mächte der Finsternis und der Fortschrittshemmung erscheinen." (Böhme 2001a: 125)

Hierdurch wird jene spezifisch okzidentale Subjektivität und Individualität begründet, deren Entfaltung einen zentralen Bestandteil des modernen Humanismus darstellt. Denn indem sich der Mensch als welt- und handlungsoffen erfindet, darf und muss er nun auch in sich selbst neue Potentiale entdecken, welche er in der Interaktion mit der Welt entfaltet. Er ist nicht mehr in den tradierten Vorgaben traditioneller Rollenmuster gefangen, sondern kann seinen Lebensweg als selbstständig gesteuerte Fahrt in das Offene entwerfen.

Zwar wird die berühmte Formel Burckhardts von der „Entdeckung der Welt und des Menschen" (Burckhardt 1922: 207) heute als Mythos hinterfragt (vgl. Burke 1990: 8), eine Wechselwirkung zwischen geographischer und individueller Weltöffnung kann aber durchaus konstatiert werden. Denn der frühe, „präkolumbianische" Renaissancehumanismus war noch stärker außerweltlich orientiert. So wird von Giovanni Pico della Mirandola (1463-1494) bereits in emphatischen Worten die Unbestimmtheit des Menschen verkündet und scheinbar das moderne Programm einer Umgestaltung der Welt nach dem Willen und der Vorstellung des Menschen formuliert. Mirandola lässt in *De hominis dignitate* (1990; zuerst 1496) Gott folgende Worte zum Menschen sprechen:

„Die Natur der übrigen Geschöpfe ist fest bestimmt und wird innerhalb von uns vorgeschriebener Gesetze begrenzt. Du sollst dir deine ohne jede Einschränkung und Enge, nach deinem Ermessen, dem ich dich anvertraut habe, selber bestimmen. Ich habe dich in die Mitte der Welt gestellt, damit du dich von dort aus bequemer umsehen kannst, was es auf der Welt gibt." (Pico della Mirandola 1990: 5f.)

Der italienische Humanist vollzieht in seiner Schrift so eine „Entgrenzung der menschlichen Natur durch die Idee der Selbstkreation" (Schelkshorn 2009: 164). Die Idee der philosophischen Anthropologie von einer „Sonderstellung" (Scheler 1928: 37) des Menschen wird hier bereits vorgezeichnet. Die Aufwertung der schöpferischen Freiheit des Menschen mündet jedoch bei Pico nicht in eine Verherrlichung des *homo faber*, der die Welt seinem Machtwillen unterwirft. Das erhoffte Heil ist noch außerweltlich verortet: „Laßt uns das Irdische verschmähen, das Himmlische verachten, und indem wir alles zur Welt Gehörige schließlich hinter uns lassen, dem außerweltlichen Hof zu eilen, der der erhabenen Gottheit am nächsten ist." (Pico della Mirandola 1990: 9) Eine Anthropologie, welche den Menschen als primär technisches Wesen entwirft, war Mirandola noch fremd.

Hierzu musste erst eine Umdeutung des Humanismus und des Anthropozentrismus erfolgen, in der die Zentralität des Menschen nicht mehr in seiner Fähigkeit zur theoretischen Anschauung, sondern zur praktischen Erkundung und Aneignung der Welt gesehen wird. Zu diesem Wandel des Menschenbildes trug die nautische Öffnung der Welt bei, womit sich die Idee einer innerweltlichen Weltoffenheit des Menschen herausbildete. Insbesondere die unerwartete Entdeckung Amerikas legitimierte die innerweltliche Grenzüberschreitung und Weltöffnung und leitete einen Wandel des abendländischen Weltbildes und der okzidentalen Subjektkonzeptionen ein.

Mit dem Überschreiten der herakleischen Schwellen wird nicht nur deshalb eine Epochenschwelle überschritten, weil der Raum geöffnet und das antike ökumenische Weltbild durch das globale Weltbild abgelöst wird. Auch hinsichtlich der Subjektivität lässt sich spiegelbildlich gleiches konstatieren und von einer für die Herausbildung der modernen Subjektivität zentralen Transformation der kulturell dominierenden und als legitim erachteten Subjektform in der okzidentalen Kultur sprechen. In der mittelalterliche Subjektkultur wurde die Fähigkeit zur Selbstbegrenzung und Einordnung in die traditionell vorgegebenen Bindungen als positiv bewertet. In der Neuzeit bildet sich dahingegen eine neue Subjektkultur heraus, die nach dem Vorbild der Pilotos und Entdecker ein zur Selbststeuerung und zur Selbstentgrenzung befähigtes Individuum einfordert. Dieses segelt gleichsam über die selbst- und fremdgesetzten Grenzen der Säulen des Herakles hinaus und erschließt neue Potentiale in sich. In diesem Sinne schreibt auch Sloterdijk:

„Plus Ultra lautete das Motto des habsburgerischen Kaisers Karl V. [...] von dem man behaupten darf, es sei das maßgebliche Europäerwort der Neuzeit. Nur wer dem inneren modus operandi seines Lebens nach an diesem Immer-Weiter Anteil hat, ist im präzisen Sinn des Wortes ein moderner Europäer. Erst nach der Einnistung des Steigerungsmotivs in den Pilot-Individuen der Neuzeitspirale wird Subjektivität modernen Typs im eigentlichen Sinne möglich und wirklich." (Sloterdijk 2010: 7)

Die „Transformationsgeschichte moderner Subjektivität" (Reckwitz 2008: 13) hat somit bereits im 15. Jhr. ihren Ursprung und nicht erst im 18. Jh., wie von Reckwitz angenommen wird. Hier ist der Beginn der Herausbildung einer *neuen Gouvernementalität des Subjekts* anzusetzen, die von Foucault in seinen Analysen zur Geschichte der Gouvernementalität übersehen wurde.[33]

---

33 Zwar thematisiert Foucault in Bezug auf die Antike die Bedeutung der Steuermannskunst als zentrales Paradigma: „Drei Techniktypen werden regelmäßig mit diesem Modell der Steuerkunst in Zusammenhang gebracht: erstens die Heilkunst, zweitens die Regierung der Polis, drittens die Leitung und Regierung seiner selbst." (Foucault 2004: 310) So vollzog Platon eine Parallelisierung der Steuerkunst (*kybernetike techne*) mit der Fähigkeit zum Regieren *(archein)* des Selbst und des Staates (Platon 2000: 408a). Die Übertragung dieser Begrifflichkeit und Metaphorik durch Cicero stellt den Ursprung der ebenfalls vom Steuern

Diese Transformation der Subjektformen leitet damit zweifelsohne ein Bruch zwischen der modernen okzidentalen Kultur und den vormodernen wie auch den außereuropäischen Kulturen ein. Man kann so davon sprechen, dass in der frühen Neuzeit ein Mythos der Weltoffenheit des Menschen entstanden ist, der als eine große Erzählung der Moderne eine reale Wirkmächtigkeit entfaltet hat.

Heute wird allerdings zunehmend deutlich, dass im Gegensatz zur früher verbreiteten Verklärung dieses Umbruchs zunehmend ebenso die Schattenseiten dieser Öffnung erkennbar werden. Wie dargelegt findet Assmann zufolge in der Öffnung des Horizonts des modernen Menschen, wie sie auch an der Umdeutung der Odysseusgestalt erkennbar wird, der „Mythos der Moderne" (Assmann 1994) seinen signifikanten Ausdruck. Sie verweist dabei auf die Ambivalenzen dieser Öffnung, weil sich damit sowohl die Unrast des modernen Subjekts wie auch der neuzeitliche „Drang zur Expansion, der den modernen mythischen Helden auszeichnet" (ebd.: 112 f.), verbindet. Hier werden zwei dunkle Seiten der neuzeitlichen Entgrenzung erkennbar:

Zum einen ist mit dieser Erfindung einer neuzeitlichen Subjektivität und der damit verbundenen zunehmenden Individualisierung auch die Problematik eines potentiellen Scheiterns am Zwang zur Grenzüberschreitung und Öffnung verbunden. Beck hat diese Ambivalenzen in seiner „Risikogesellschaft" (Beck 1987) hinsichtlich des Individualisierungsschubs der 80er Jahre des letzten Jahrhunderts thematisiert. Zweifelsohne beginnt aber diese Zwiespältigkeit der modernen Öffnung zwischen Freisetzung und Verlust von Sicherheiten bereits mit der paradigmatischen Entgrenzung am Beginn der Moderne. Es ist symbolträchtig, dass sich der Begriff „Risiko" aus der Schifffahrt und der Gefahr des Scheiterns an Klippen (von lat. „resecum" »Felsklippe«) ableitet (Bonß 1995: 9). Es war die Verheißung der Moderne, dass die riskante Ausfahrt in das Offene nicht mehr, wie noch beim mittelalterlichen Odysseus Dantes, zwangsläufig zum Scheitern führt. Vielmehr wird nun die Hoffnung auf eine Ankunft in neue, bessere Welten geweckt. Die Umdeutung der Figur des Odysseus und der Übergang vom Non Plus Ultra zum Plus Ultra markiert somit gerade auch den Übergang von der geschlossenen mittelalterlichen Ständegesellschaft zur neuzeitlichen Risikogesellschaft. Ebenfalls wurden neue Formen der Absicherung, neue Wege der Orientierung und damit eine neue „Navigationskunst des mobilen Subjekts" (Jochum und Voß 2013) entwickelt. Doch war die Gefahr am Zerschellen an den Klippen der modernen Risikogesellschaft nie zur Gänze gebannt. Vor allem aber drohte die Ausfahrt zur „unendliche[n] Fahrt" (Frank 1979) und zur Irrfahrt zu werden, die keinen Abschluss mehr findet.

Es wird hierdurch auch die Kolonialität des modernen okzidentalen Subjekts begründet, das nicht nur seine eigene Welt öffnet, sondern zugleich gewaltsam in andere Welten eindringt. Dussel spricht von der Begründung der neuzeitlichen

---

sich ableiteten Vokabel *gubernare* dar, aus der sich auch der Begriff der Gouvernementalität ableitet (Cicero 1987: 2,51). Foucault thematisiert diese Verbindung allerdings nicht, geht von einem Bedeutungsverlust der Steuermannsmetapher im 16. Jh. aus (Foucault 2004: 310) und stellt keine Bezug zur modernen Gouvernementalität her. Im Gegensatz hierzu wird hier davon ausgegangen, dass auch die moderne Gouvernementalität von den paradigmatischen Veränderungen der nautischen Steuerungs- und Navigationstechniken beeinflusst wurde (vgl. auch Jochum 2012b).

Subjektivität durch das „ego conquiro" (Dussel 2012: 141), dem erobernden Subjekt, das sich insbesondere mit der Konquista der neuen Welt konstruiert. Auf diese andere Seite der Weltöffnung wird noch einzugehen sein. Dabei wird deutlich werden, dass hinsichtlich der zweiten Ebene der modernen Entgrenzung, nämlich des Vorstoßes in die bisher verborgene Natur durch die Entgrenzung des Umweltraumes, heute Schattenseiten erkennbar werden.

Am Ende dieser Arbeit werden diese Dialektiken der Ausfahrt des okzidentalen Individuums noch näher diskutiert. Ziel der vorliegenden Arbeit ist es somit keineswegs, den Entgrenzungsmythos der frühen Neuzeit nur zu reproduzieren. Vielmehr soll durch eine Herausarbeitung der Genealogie und der paradigmatischen Bedeutung dieses zentralen okzidentalistischen Gründungsmythos ein Bewusstsein für eine wirkmächtige, heute unter anderen Begriffen wie Fortschritt und Modernisierung weitertradierte, große Erzählungen der Moderne geweckt werden. Erst auf Grundlage dieser Genealogie des Plus-Ultra- und Entgrenzungsmythos der Moderne ist – so die Annahme – die wieder aktuell werdende Aufgabe einer reflexiven Selbstbegrenzung zu bewältigen.

7.5 DIE TRANSFORMATION DER OKZIDENTALEN HEILSWEGE

Die Transformation der außerweltlich orientierten Heilswege der abendländischen Erlösungsreligionen zum okzidentalen Sonderweg wurde, so die hier vertretene These, wesentlich durch die Entdeckung der Neuen Welt beeinflusst. Es war somit nicht primär, wie es Weber postulierte, die „Verlegung des Weges zum Heil von der kontemplativen ,Weltflucht' hinweg in die aktiv asketische ,Weltbearbeitung'" (Weber 1920: 263) zentral für die westliche Sonderentwicklung. Wie in dieser Arbeit dargelegt wird, hat vielmehr der zur Erfindung Amerikas führende Versuch des Kolumbus', den Osten über den „camino de Occidente" (Columbus 1992: 9) zu erreichen, eine wesentliche Bedeutung für die Beschreitung des okzidentalen Sonderwegs besessen. Durch die von dem Genuesen nicht intendierte Entdeckung einer neuen Welt kam es zum Übergang von der christlichen Eschatologie zur transatlantischen Utopie und der Einleitung der Verweltlichung der außerweltlich ausgerichteten Heilserwartungen. Diese Transformation der Eschatologie war entscheidend für den neuzeitlichen Prozess der Säkularisierung. Die Überfahrt von der Alten Welt in die Neue Welt wurde zum Paradigma dafür, dass ein innerweltlicher Heilsweg in eine bessere Welt praktikabel ist. Kennzeichnend hierfür ist die Verlagerung der zentralen Utopien der Neuzeit in den transatlantischen Raum. Es erfolgte ein Übergang von der spirituellen Grenzüberschreitung in die himmlische Transzendenz zur innerweltlichen Grenzüberschreitung in imaginierte, aber als realisierbar erachtete, neue utopische Welten. Die Hoffnung, dass es einen Ausweg aus der Welt sowie dem Kreislauf des Lebens und des Leidens gibt, wurde in neue Bahnen gelenkt. Nicht mehr die kontemplative Distanzierung von der Welt, sondern die aktive Beschreitung eines diesseitigen Weges der Verwirklichung von Heilshoffnungen setzte sich als Mittel der Erlösung durch.

Damit wird hier Webers Ansatz einer Erklärung der Moderne durch die Verweltlichung religiöser Heilswege aufgegriffen, aber völlig neu kontextualisiert und der

Begriff des okzidentalen Sonderwegs im Sinne eines „spatial turn" (Döring und Thielmann 2008) zur realen Neustrukturierung des okzidental-atlantischen Raums in der frühen Neuzeit in Beziehung gesetzt. Es wird aufgezeigt, wie diese okzidentale Öffnung sich später als Paradigma für eine allgemeine Entwicklung und Öffnung etabliert und so der Begriff der Verwestlichung als Synonym für alle Prozesse der Modernisierung und des Fortschritts Verwendung findet. Im Folgenden werden zunächst die klassischen Positionen zum Problem der Säkularisierung der außerweltlichen Heilswege und gnostischer Lehren dargestellt, um vor diesem Hintergrund die hier vertretene These einer besonderen Bedeutung der Entdeckung der Neuen Welt für den neuzeitlichen Prozess der Verweltlichung darzulegen.

7.5.1 Von der Achsenzeit zur Neuzeit

In der Soziologie bekannt und verbreitet ist die von Weber und im Anschluss daran durch Löwith, Voegelin und Eisenstadt weiterentwickelte These einer Verweltlichung der außerweltlichen Erlösungsprogrammatik des Christentums in der innerweltlichen Weltbearbeitung der Moderne. Vor allem Voegelin hatte dabei in den radikalen heterodoxen gnostisch-eschatologischen Strömungen des frühen Christentums einen Ursprung des modernen Geschichtsdenkens gesehen und postuliert, dass „im ‚Gnostizismus [...] das Wesen der Modernität' zu sehen sei (Voegelin 1959: 153). Eisenstadt knüpfte in seinen Schriften zu den Kulturen der Achsenzeit stark an dieses Gedankengut an. Demnach sei es in der Neuzeit zur Verweltlichung des gnostisch-eschatologischen und des utopischen Gedankenguts der heterodoxen Strömungen der Kulturen der Achsenzeit gekommen (vgl. Eisenstadt 1998: 29 f.; 59 f.).

Weniger rezipiert wurde in der Soziologie bisher der Einspruch, den Hans Blumenberg gegen die Argumentation Voegelins vorgebracht hatte: Demnach kann die Neuzeit als die „zweite Überwindung der Gnosis" (Blumenberg 1966: 78) interpretiert werden, die an die Stelle der unvollkommenen Überwindung im Mittelalter tritt.[34] So sei die „Legitimitätsproblematik des Ursprungs der Neuzeit" (ebd.: 96) dadurch zu lösen, dass man die Moderne als eine neue Form der Antwort auf die gnostische Fragestellung deutet:

„Die Gnosis hatte das Problem der Qualität der Welt für den Menschen akut gemacht und in den Widerspruch, den Patristik und Mittelalter ihr entgegensetzen sollten, die Bedingung der Kosmodizee als Theodizee eingebracht; die Neuzeit versuchte diese Bedingung auszuschlagen, indem sie ihre Anthropodizee auf die Rücksichtslosigkeit der Welt gegenüber dem Menschen, auf ihre inhumane Unordnung begründete." (ebd.: 96)

---

34 Augustinus ersetzte demnach die gnostische These von der verfehlten Schöpfung als Werk als eines bösen Demiurgen durch die These eines Ursprungs der Übels als Folge der biblischen Erbsünde, wodurch er nun dem Menschen die „Verantwortung für den Weltzustand auferlegte" (Blumenberg 1966: 89). So mündete die christliche Theo- und Kosmodizee letztlich in eine Anklage des Menschen. In der Neuzeit befreit sich der Mensch von diesem Schuldgefühl und dies macht den Weg frei für „den Fortschritt [...] als Minderung der Übel in der Welt" (ebd.: 37).

Dabei sei es zu einer neuzeitlichen Akzeptanz der humanen Selbstbehauptung und Aufwertung der menschlichen Neugier gekommen.

Man kann die hier skizzierte Kontroverse um die Bedeutung der Gnosis für die Konstitution des Projekts der Moderne auch als Auseinandersetzung über die Frage des Fortwirkens des gnostischen Dualismus interpretieren: Voegelin beschreibt die Moderne quasi als Radikalisierung des gnostischen Dualismus. Das gnostische Ziel eines Sieges des Guten über das Böse am Ende der Zeiten wird in das innerweltliche Programm der Überwindung der Unvollkommenheit des Irdischen transformiert. Für Blumenberg erscheint hingegen die Moderne als Überwindung des gnostischen Dualismus, weil sie die weltflüchtige Haltung der Gnosis sowie die damit verbundene Idee zweier entgegengesetzten Mächte und Welten aufgibt und ein Programm der innerweltliche Selbstbehauptung entwickelt.

Diese Kontroverse ist bis heute ungelöst (vgl. Hollweck 2003 8 f.). Sie gewinnt derzeit wieder eine unerwartete Aktualität, da angesichts der aktuell wirkmächtigen postbiologischen und posthumanistischen Lehren der sogenannten „Cybergnosis" (Wertheim 2002; Böhme 1996a) sich die Frage der Beeinflussung der Moderne durch die Gnosis bzw. das eschatologisch utopische Erbe des Westens wieder neu stellt. Hierbei können die in den aktuellen Debatten weitgehend vernachlässigten Auseinandersetzungen der 50er und 60 Jahr des letzten Jahrhunderts wichtige Einsichten in die gegenwärtigen Auseinandersetzungen vermitteln.

In der vorliegenden Arbeit wird nun eine Position vertreten, die den scheinbaren Gegensatz zwischen den Positionen von Voegelin und Blumenberg auflöst: Das Projekt der Moderne wurde demnach wesentlich durch die Transformation des außerweltlichen gnostischen Dualismus der Antike in den innerweltlichen Dualismus der Moderne konstituiert. Der Gegensatz zwischen irdischer, gefallener Welt und göttlich-himmlischer Welt wurde dabei in den Gegensatz zwischen der Welt der Natur und Welt der Kultur transformiert. Die gnostische Hoffnung auf eine Überwindung der irdischen Natur am Ende der Zeiten wurde umgewandelt in das Ziel der fortschreitenden technisch-gesellschaftlichen Transformation der Natur. Wesentlich zu dieser neuzeitlichen Transformation der antiken Zwei-Weltenlehre beigetragen hat – so die These – die Erfindung der Neuen Welt als Paradigma einer neuen, entgrenzten Weltoffenheit des Menschen.

Wie Voegelin darlegt, ist für den gnostischen Menschen das „Werk der Erlösung" (Voegelin 1959: 18) zentral: „Es geht um die Vernichtung der alten und den Übergang in die neue Welt. Das Instrument der Erlösung ist die Gnosis selbst, das Wissen." (Ebd.) Die von Voegelin hier nur im metaphorischen Sinne als Kennzeichnung des gnostischen Wunsches nach dem Übergang in die Transzendenz formulierte Entgegensetzung zwischen alter und neuer Welt findet, wie noch dargelegt wird, in der frühen Neuzeit eine entscheidende Umbesetzung durch die Erfindung Amerikas, welche eine innerweltliche Transzendenz erschloss. Der Mensch glaubt nun an die Möglichkeit und Rechtmäßigkeit einer säkularen Verbesserung des eigenen Schicksals, wie auch Blumenberg in *Die Legitimität der Neuzeit* (1966) mit Bezug auf die herakleischen Säulen argumentiert: „Das Selbstbewusstsein der Neuzeit fand im Bild der Säulen des Herkules und ihrer Weisung ‚Nec Plus Ultra' die der Odysseus Dantes noch so verstanden [und missachtet] hatte, dass der Mensch sich hier nicht weiterwagen dürfe, das Symbol ihres neuen Anfangs und gegen das bisher Gültige gerichteten Anspruches." (Ebd.: 335)

Durch die nautische Öffnung der Grenzen der alten Welt und die Entdeckung Amerikas konnte der antik-mittelalterliche Gegensatz zwischen alter, irdischer und himmlischer „neuer" Welt von der Vertikale in die Horizontale kippen. Die geschlossene alte Welt wurde durch eine Ausweitung der humanen Macht in das Plus Ultra des bisher unerschlossenen westlichen Raums hinein geöffnet für das Erscheinen, Erfinden und Erschaffen von Neuen Welten, welche die christliche und gnostische Hoffnung auf eine Erneuerung der Welt in die Immanenz verlagerte.

Wie dargelegt, war insbesondere im Christentum das Bild der Schiffsreise in einem metaphorischen Sinne gebraucht worden, um die Überfahrt in das himmlische Jerusalem darzustellen. Es lässt sich der Prozess der Säkularisierung auch als Neuorientierung dieses traditionellen okzidentalen Heilsweges interpretieren. Es vollzog sich ein Übergang von der außerweltlichen theologischen Seefahrt in eine himmlische Transzendenz zur innerweltlichen Seefahrt in eine irdische Transatlantizität. Das himmlische Jerusalem fand seinen neuen irdischen Ort in Amerika. An diese Stelle des außerweltlichen, jenseitigen Hafens der heiligen Stadt traten die Häfen des realen Amerikas wie auch des imaginären Utopia.

Die Seefahrer der frühen Neuzeit durchbrachen mit ihren Fahrten in Neue Welten somit nicht nur den Mythos von der Undurchdringlichkeit des realen atlantischen Ozeans – sie verweltlichten auch die außerweltlichen Ziele der theologischen Seefahrt des Christentums bzw. Platons Ausfahrt in die atlantische Utopie. Mit der Entgrenzung der mythisch geschlossenen alten Ökumene einher ging somit zugleich eine Entgrenzung der alten Grenze zwischen Immanenz und Transzendenz. Dies wird im Folgenden zum einen anhand der spirituellen Dimension der Fahrt des Kolumbus dargestellt werden, zum anderen an der Herausbildung der neuzeitlichen Utopie.

7.5.2 Kolumbus und die Verweltlichung der Eschatologie

Kolumbus und das irdische Paradies

Die Ausfahrt des Kolumbus und die Entdeckung Amerikas leiten den Übergang in die Neuzeit ein. Allerdings vollzog Kolumbus nicht selbst den entscheidenden Schritt, da er die Existenz einer Neuen Welt noch nicht erkennt. Zwar keimten in ihm aufgrund der Andersartigkeit der von ihm entdeckten Regionen kurz Zweifel an dem ‚asiatischen Sein' der neuen Welt. Er interpretiert diese Welt zunächst mit Hilfe eines vertrauten Deutungsmusters, nämlich der Vorstellung vom irdischen Paradies. Als Kolumbus auf seiner dritten Amerikafahrt in das Mündungsgebiet des Orinoko gelangte, glaubt er das Vorhandensein einer solch großen Masse an Süßwasser nur als Folge des Ergießens eines Paradiesstromes erklären zu können:

> „Zu dem Fluß habe ich zu sagen, dass er aus einem ungeheuren Land im Süden kommen muß, wenn er nicht aus dem irdischen Paradies fließt. Ich bin aber in der Seele überzeugt, dass dort, wo ich sagte, das irdische Paradies befindet, und ich stützte mich dabei auf die angeführten Gründe und die angerufenen Autoritäten." (Kolumbus 1943: 158)

Die erste Ahnung der Existenz einer eigenständigen Welt führt somit bei Kolumbus zur Aktivierung des mittelalterlichen Interpretationsmusters. So waren bereits in seinem Bericht über die erste Reise die Ureinwohner gleichsam wie Menschen vor dem Sündenfall dargestellt worden.

Für Kolumbus ist die Neue Welt noch nicht das gänzlich Neue, das dem Weltbild der Alten widerspricht, sondern erscheint als das Älteste, Ursprünglichste, aus dem der Mensch durch den biblischen Sündenfall vertrieben wurde: „Bei Kolumbus ist mit Händen zu greifen, dass das unbekannte Neue als Wiederentdeckung und Rückfindung von etwas bereits Bekanntem, aber Verlorenem, noch nicht Wiedergefundenem interpretiert wird." (Grimm 1995: 103) Die Erfindung Amerikas wird von Kolumbus als Wieder-Findung vollzogen, die Entdeckung erscheint als Verheißung einer Heimkehr zum menschheitsgeschichtlichen Ursprung. Trotz seiner Rückwärtsgewandtheit sollte Kolumbus damit den Ausbruch in die Moderne antizipieren. Denn nun wurde die Neue Welt zum Stimulus für ein innerweltliches Projekt der (Wieder-)Herstellung eines goldenen, paradiesischen Zeitalters, welches die als unzulänglich erfahrene Realität der alten Welt transzendieren sollte: „Als Gegenentwurf zur eigenen [...] Wirklichkeit stimulierte das einmal geprägte Bild der neuerfundenen ‚inßlen mit onzalber volks wonhafftig' die Kräfte des gesellschaftlichen und kulturellen Umbruchs an der Schwelle zur Neuzeit." (Mesenhöller 1992: 9) Als in der Folgezeit von anderen Entdeckern das südamerikanische Festland näher erkundet wurde, sollte zwar das biblische Interpretationsmuster revidiert werden, doch bleibt der Topos des „Paradieses auf Erden" auch weiterhin bestehen: „An die Stelle der geographischen Vorstellung eines irdischen Paradieses tritt das Paradiesische als abgeschwächte, aber immer noch utopische Beschreibungskategorie." (Grimm 1992: 103)

Kolumbus und seine messianische Mentalität

Kolumbus vollzog in seinen Schriften aber nicht nur eine Verweltlichung des Paradiesischen, sondern darüber hinaus eine Säkularisierung der christlichen Eschatologie. Dieser „utopisch-religiöse Träumer" (Bloch 1959b: 905) ist als eine jener Gestalten anzusehen, die das moderne Projekt der innerweltlichen Verwirklichung der im orthodoxen Christentum enthaltenen außerweltlichen Heilsversprechen einleiteten.[35]

Wie im Folgenden mit Referenz auf die Schriften des Kolumbus und auf neuere Arbeiten zur religiösen Dimension des kolumbianischen Unternehmens argumentiert wird, ist seine Ausfahrt auch durch heterodoxe religiöse Strömungen im mittelalterlichen Christentum beeinflusst worden. Kolumbus verstand sich als eine Art Messias, der den Übergang zu einer neuen Stufe in der Heilsgeschichte einleitete (vgl. Milhou 1983). Man kann daher bei Kolumbus auch von einer Erfindung Amerikas aus dem

---

35 Dem scheint zu widersprechen, dass Kolumbus im Wesentlichen von dem Streben nach Ruhm und Reichtum zu seiner Fahrt motiviert wurde und er durchaus an den Gewaltexzessen der frühen Konquista nicht unbeteiligt und unschuldig war. Doch ist neben diesen zweifelsohne problematischen Aspekten seiner Person und seiner Taten auch zu berücksichtigen, dass er ebenso sehr von einem religiös-utopischen Impetus angeleitet wurde, ohne den sein Unternehmen nicht verstanden werden kann. Beide Komponenten spielen bei ihm eine gleich wichtige Rolle, wie auch Ernst Bloch betonte: „Eldorado in Eden, Eden in Eldorado, traf hier einzigartig zusammen, wie weder vorher noch nachher. [...] Die Ahnungen aus dem Altertum von einem anderen Kontinent wären ohne neues ökonomisches Motiv, aber auch ohne Eden als Antrieb Literatur geblieben wie so lange vorher." (Bloch 1959b: 905)

Geist der christlich-eschatologischen Utopie sprechen. Dies heißt zum einen, dass ihn ein eschatologischer Geist zu seiner Fahrt motivierte und damit zur – wenn auch nicht intendierten – Auffindung der neuen Welt beitrug. Und es bedeutet zum zweiten, dass in dem Maße, in dem Kolumbus ahnt, dass er nicht Indien erreicht hat, sondern eine bisher unbekannte Welt, diese im Geiste der christlichen Eschatologie interpretiert und erfindet. Indem er schließlich für sich in Anspruch nimmt, das Erscheinung des von Jesaja und Johannes in der Bibel verheißenen „neuen Himmel und einer neuen Erde" (Jesaja 65 ; 17-19; Off 21, 1-2) in geographischem Sinne realisiert zu haben, antizipiert er eine fundamentale Revolution, die über einen Wandel des geographischen Weltbildes hinausgeht und eine religiös-metaphysische Revolution mit impliziert: Die christlich-mittelalterliche Trennung zwischen einer immanenten Welt und einer transzendentalen Welt des Heils wird aufgehoben. Das Heilsgeschehen wird verdiesseitigt und damit verweltlicht. Wie im Folgenden im Detail dargelegt wird, verschiebt sich hierdurch nicht nur das Koordinatensystem der geographischen, sondern auch der religiösen Kosmographie, grundlegend. Die Entdeckung der Neuen Welt hatte damit eine zentrale Bedeutung für den Prozess der Säkularisierung und den damit verbundenen Übergang von der Außer- zur Innerweltlichkeit. Insbesondere Eisenstadts Überlegungen zu den „Kulturen der Achsenzeit" (Eisenstadt 1987) und ihrer Bedeutung für die Moderne (vgl. Kap. 6.1.) sind demnach durch eine bisher in der Soziologie kaum diskutierte Komponente zu erweitern.

Der Einfluss der joachimitischen Franziskaner auf Kolumbus

Die Moderne wurde, wie Eisenstadt im Anschluss an Löwith und Voegelin argumentiert, durch heterodoxe Strömungen der Kulturen der Achsenzeit wesentlich geprägt (vgl. Eisenstadt: 2000: 21; vgl. Kap. 6). Löwith hatte die These aufgestellt, „dass die moderne Geschichtsphilosophie dem biblischen Glauben an eine Erfüllung entspringt und dass sie mit der Säkularisierung ihres eschatologischen Vorbildes endet" (Löwith 1967: 12). Die Geschichte der Moderne erscheint als Ausfluss der eschatologischen Heilserwartung des Mittelalters, der Geist der Moderne somit als verweltlichter Geist der transzendentalen Eschatologie. Löwith verweist dabei insbesondere auf die Bedeutung des kalabrischen Mönchs Joachim von Fiore (ca. 1131 – 1202), der durch seine Lehren wesentlich zu einer Neuinterpretation der biblischen Schriften und insbesondere der Offenbarung des Johannes beitrug, und damit die Säkularisierung vorbereitete. Dabei sind Löwith und andere ähnlich argumentierende Autoren wie Voegelin und Taube vor allem auf die mitteleuropäische Geistesgeschichte eingegangen und haben wichtige wirkungsgeschichtliche Traditionslinien in anderen Gebieten vernachlässigt.

Bezieht man hingegen auch die iberische Adaption des joachimitischen Denkens mit in die Betrachtung ein, so wird deutlich, dass das Unternehmen des Kolumbus in diesem geistigen Kontext verortet werden kann: „Kolumbus war begeistert von den Idealen des Zisterzienserabtes Joachim von Fiore, dessen Gedankengut auch viele Franziskaner jener Zeit anhingen." (Bey 1993: 22) Er wurde wesentlich von joachimitischen Franziskanern zu seiner Ausfahrt angeregt und seine Deutung der eigenen Entdeckungen durch den Geist von Fiore beeinflusst. Um die spirituelle Dimension der Erfindung Amerikas und die damit verbundene Verweltlichung der außerweltlichen Visionen der Achsenzeit in der Neuen Welt verstehen zu können, ist es notwendig, auf diesen italienischen Mönch und seine Bedeutung näher einzugehen.

Der orthodoxen christlichen Lehre zufolge war die Geschichte unterteilt in die Zeit vor dem Erscheinen Christi und der Zeit nach Christi, mit der römisch-katholischen Kirche als Verkörperung Gottes auf Erden. Deren Einfluss bürgte für die Wahrung des Heilsgedankens, ohne aber die Verderbtheit der Welt wirklich überwinden zu können. Erst nach dem jüngsten Gericht sollte das endgültige Heilsgeschehen anbrechen. Der italienische Zisterzienserabt Joachim von Fiore vollzog nun eine radikale Neubewertung, indem er vor dem endgültigen Weltenende noch eine dritte Phase, das Kommen eines diesseitigen neuen Zeitalters des Geistes, prophezeite. Damit wurde die eschatologische Erwartung des orthodoxen Christentums, welches nur ein außerweltliches Heilsgut kannte, verdiesseitigt: „Joachims eschatologisches Schema besteht […] in einem zwiefachen eschaton: einer geschichtlichen Endphase des Heilsgeschehens, die dem transzendenten Eschaton des neuen, durch die Wiederkehr Christi eingeleiteten Äon vorausgeht. Das Reich des Geistes ist die letzte Offenbarung von Gottes Willen auf Erden und in der Zeit." (Löwith 1967: 141) Damit trug Fiore wesentlich zu einer Transformation des Millenarismus bzw. des Chiliasmus, d.h. der Erwartung eines tausendjährigen Friedensreichs durch die Wiederkunft Christi, bei. Ratzinger zufolge hat daher „Fiore [...] die folgenschwere Verbindung zwischen mönchischer Utopie und Chiliasmus hergestellt" (Ratzinger 1987: 223).

Der historische Prozess war als „Heilgeschehen in der Weltgeschichte" (Löwith 1967: 138) nach Joachim bereits in der Bibel dargestellt, und musste nur richtig gedeutet werden. Vieles wies für ihn darauf hin, dass das Chaos der eigenen Zeit das baldige Kommen des dritten Reiches auf Erden anzeigt. Während Joachim selbst sich nur als Interpret der Schrift sah, glaubten viele seiner Anhänger und Nachfolger berufen zu sein, „die Gesetze Gottes im gegenwärtigen saeculum zu erfüllen" (Löwith 1967: 142). Zwar brach die Bewegung der Joachimiten bald zusammen, doch lebte das Gedankengut insbesondere bei Teilen des Franziskanischen Ordens, den sogenannten „Franziskanischen Spiritualen", fort, welche in Joachim einen neuen Täufer Johannes und in Franziskus einen „novus dux" sahen (Löwith 1967: 142). Joachim wurde so zum Wegbereiter der neuzeitlichen Säkularisierung des transzendentalen Gedankenguts, das schließlich in das Geschichtsverständnis der Moderne einmündete.[36] In ähnlicher Weise argumentierte auch Voegelin, der mit dieser These Eisenstadt beeinflusst hat. Wie Voegelin in *Die Neue Wissenschaft der Politik* (Voegelin 1965) insbesondere im programmatischen Kapitel „Der Gnostizismus – das Wesen der Modernität" (ebd.: 153 f.) ausführt, „schuf Joachim das Aggregat der Symbole, die bis zum heutigen Tag die Selbstinterpretation der modernen politischen Gesellschaft beherrschen" (Voegelin 1965: 158 f.).

---

36 Löwith zufolge sind vor allem philosophische und soziologisch-utopische Denker des 18. und 19. Jh. wie Hegel, Comte und Marx als späte Erben der joachimitischen Lehre anzusehen: „Die innerhalb der Grenzen eines eschatologischen Glaubens und im Hinblick auf ein vollkommenes, klösterliches Leben verkündete Umwälzung wurde fünf Jahrhunderte später von einer philosophischen Priesterschaft aufgegriffen, die den Prozess der Säkularisierung als eine ‚geistige' Verwirklichung des reiches Gottes auf Erden deutete." (Löwith 1967: 146)

Dabei fiel allerdings Voegelins historische Begründung für die Umdeutung der Gnosis zur Geschichtsphilosophie angesichts der behaupteten Relevanz für die Moderne erstaunlich knapp aus. Die in dieser Arbeit vertretene These ist, dass die Entdeckung einer Neuen Welt zu einer Transformation des gnostischen Dualismus zwischen verachtetem irdischem Kosmos und transzendenter Welt des Lichts führen – sie öffnete den Weg in eine innerweltliche Transzendenz.

Wie Ratzinger darlegt, kam insbesondere den franziskanischen Mönchen eine besondere Bedeutung für die Transformation des joachimitischen Gedankenguts zu: „Die Hoffnung Joachims wurde zunächst von einem Teil der Franziskaner aufgegriffen, dann aber immer mehr säkularisiert und so zur politischen Utopie umgestaltet." (Ratzinger 1990: 26) Hierbei ist hervorzuheben, dass franziskanische Mönche wesentlich an dem Prozess der Entdeckung Amerikas beteiligt waren und durch sie der utopisch-eschatologische Geist auch in die Neue Welt getragen wurde. Diese Tradition wirkt bis heute in der Befreiungstheologie fort – eine Tradition, die von Kardinal Ratzinger klar abgelehnt wurde und die aktuell mit dem amerikanischen Papst Franziskus ihre Rehabilitierung erfährt.[37]

Einen entscheidenden Einfluss auf das Unternehmen von Kolumbus hatten nun die joachimitischen Franziskaner des Klosters *La Rabida* bei Palos de Frontera, von wo Kolumbus auf seine erste Reise in den Westozean aufbrach. In ihnen fand er Unterstützer und Fürsprecher vor den katholischen Königen.[38] Und von diesen Mönchen wurde Kolumbus auch in die Ideenwelt Fiores eingewiesen: „Kolumbus selbst sprach in La Rabida offen mit den Franziskanern über die millenaristischen Ideen eines aufkommenden ‚tausendjährigen Reiches', eines Zeitalters des Heiligen Geistes, wie es Joachim von Fiore verkündete." (Bey 1993: 22)

In vielfältiger Weise wird dieses eschatologische Gedankengut bei Kolumbus erkennbar. Nach seiner dritten Reise verfasste Kolumbus eine für die spanischen Könige bestimmte Schrift, die später unter dem Namen *Buch der Prophezeiungen* bekannt wurde. In diesem Buch interpretierte er seine eigenen Reisen vor allem als Erfüllung biblischer Verheißungen, und reduzierte die Bedeutung des eigenen Unternehmergeistes und der wissenschaftlichen Überlegungen, wie an folgender Passage in einem an die Könige gerichteten Schreiben deutlich wird: „Ich habe gesagt, dass für diese Reise nach den Indischen Inseln weder Intelligenz noch

---

37 Die Differenz zwischen joachimitisch geprägtem Franziskanertum, das in die innerweltliche Utopien der Moderne führt, und klassischem augustinischem Denken wird in den Schriften Ratzingers besonders deutlich gemacht. Von Ratzinger bzw. Papst Benedikt wurde dementsprechend diese franziskanische Tradition wie auch die hier anknüpfende lateinamerikanischen Befreiungstheologie – welcher der gegenwärtige Papst Franziskus nahesteht – klar abgelehnt. Hierdurch sei die Eschatologie in die Idee der innerweltlichen Befreiung verwandelt worden: „Das neue Programm also hieß, Christentum als Weltveränderung vom Maßstab der Hoffnung her zu praktizieren. Die Fackel, die so den Tatsachen vorangetragen wurde, zündete schnell. Sie wurde zu Politischer Theologie, zu Theologie der Revolution, zu Theologie der Befreiung, zu schwarzer Theologie." (Ratzinger 1990: 58)

38 In dem Buch *La Rabida, Portico del Nuevo Mundo* (Garcia 1992) heißt es: „Kein spanischer Ort kann die Bedeutung übertreffen oder ihr gleichkommen, welche La Rabida als Portal und Beginn einer Neuen Welt besitzt" (ebd.: 139; Übers. d. Verf.)

Mathematik noch Weltkarten in irgendeiner Weise nützlich für mich waren; es war die Erfüllung der Prophezeiungen Isaiahs." (Colombo 1997: 75)

Kolumbus ordnete seine Entdeckung des neuen Weges und der neuen Welt in den heilsgeschichtlichen Prozess ein, der von den Propheten des alten und des neuen Testaments sowie den Kirchenvätern und anderen Theologen prophezeit worden war. Dabei wurde er auch stark von dem Gedankengut Joachims beeinflusst, das ihm über die Vermittlung von Franziskanern, denen er eng verbunden war, sowie vor allem durch die Schriften des französischen Kardinals Pierre d´Ailly (1350-1420) bekannt war (Berg und Averkorn 1995: 144) Neben rein finanziellen Interessen waren es so vor allem ein theologisch-eschatologisches Sendungsbewusstsein, das Kolumbus zu seinen Entdeckungsreisen anregte bzw. mit denen er diese später begründete. So sollte das Auffinden des westlichen Seeweges nach Asien dazu beitragen, die Kreuzzugsidee zu vollenden und Jerusalem wieder zu erobern sowie die Heidenmission voranzutreiben. Sich selbst interpretierte er als zentrale Gestalt im Prozess der Erfüllung dieser Prophezeiungen.[39] Kolumbus steht somit teilweise in der Tradition der christlichen Heterodoxie: „Als Erbe der franziskanischen, messianischen und millenaristischen Traditionen [...] kann Kolumbus von der Heterodoxie hergeleitet werden. Er sieht sich selbst als einen joachimitischen Messias, als Eröffner des Millenniums des Geistes." (Milhou 1983: 472; Übers. d. Verf.)

Seine eigene Tat erscheint ihm daher als Teil der heilsgeschichtlichen Verwirklichung der biblischen Prophezeiungen eines „neuen Himmel[s] und einer neuen Erde" (Jesaja 65; 17-19; Off 21, 1-2) (vgl. Kap. 6.3.). Diese Textstellen zitierte Kolumbus und deutete sie damit als Vorankündigungen seines Unternehmens. Er beschreibt sich selbst explizit als einen von Gott erwählten Boten, der dazu berufen gewesen sei, den neuen Weg zu der in den eschatologischen Prophezeiungen der Bibel verkündeten Welt des Heils zu eröffnen: „Gott machte mich zum Boten des neuen Himmels und der Erde [nuevo cielo e tierra], die Er geschaffen, wie der heilige Johannes in der Offenbarung schrieb, nach dem, was Er sagte durch den Mund des Jesaias, und zeigte mir den Weg." (Kolumbus 1943: 176) Und wenige Zeilen später beschreibt er seine dritte Amerikafahrt als „eine neue Reise zum neuen Himmel und zu der Welt die bis dahin im Dunkeln geblieben war." (Kolumbus 1943: 177)

Kolumbus weist sich und seiner Tat damit eine zentrale Rolle in der Heilsgeschichte zu, und interpretiert sie zugleich neu. Der Weg nach Indien sollte ihm nicht nur Ruhm und Reichtum eröffnen, sondern auch zur Befreiung des alten Jerusalems beitragen. Indem ihm aber allmählich die Eigenständigkeit der von ihm entdeckten Länder bewusst wird, transformiert sich seine heilsgeschichtliche Erwartung, und er transferiert die Sehnsüchte auf eine neue Erde und auf das neue Jerusalem in den Westen: „[Es] begann der Admiral ohne Zweifel der Neuen Welt die Würde der versprochenen Erde der Kreuzzüge und der millenaristischen Hoffnungen zu verleihen. Mit ihm wurde der ‚neue Himmel und Erde' [...] in Amerika verortet." (Milhou 1983: 475; Übers. d. Verf.) Der Genuese trug so zur Verlagerung der

---

39 Mit diesem Sendungsbewusstsein war Kolumbus keineswegs allein, sondern er nahm auf im Spanien seiner Zeit gängige Glaubensvorstellungen Bezug: „Kolumbus [...] griff bewusst eschatologisches Gedankengut auf, das in dieser Zeit und vor allem an den Höfen der Katholischen Könige Spaniens verbreitet war, um diese für eine umfassende Begründung seiner Fahrten zu verwenden." (Berg und Averkorn 1995: 145)

eschatologischen Heilserwartungen in den transatlantischen Raum bei, weil er die Neue Welt zum Ort der Heilsgeschichte stilisierte: „Kolumbus [...] verlieh den Einzelheiten dieser Welt denselben Aufschlusswert wie dem Wort der Schrift. [...] Nur unter dieser Voraussetzung konnte er der Topologie der Erlösung eine Geographie des Heils entnehmen. Die Welt macht gleichsam auch horizontal Sinn." (Werle 1995: 197)

Die vertikale Achse des Heils der orthodoxen Religion, welche auf der Vorstellung eines Gegensatzes zwischen sündiger irdischer Welt und himmlischer Heilswelt basierte, wurde in die geographische Horizontale verlagert. Indem Kolumbus durch sein Unternehmen den begrenzenden Horizont der diesseitigen Welt durchbrach und in einen Möglichkeitshorizont verwandelte, wurde zugleich die Ankunft des Eschaton im räumlich-zeitlichen Diesseits und damit eine Innerweltlichkeit der Transzendenz möglich. Transzendenz und Immanenz, die im klassischen Verständnis der Orthodoxien der Achsenzeit durch eine nur spirituell überschreitbare Grenze voneinander getrennt sind, werden nun in einen einzigen immanenten Weltinnenraum vereint, wie auch Werle hervorhebt: „Das räumliche Kontinuum, das Kolumbus herstellt, überwindet gleichsam die Verworfenheit der Welt und schafft eine sinnbildliche Gewähr für einen innerweltlichen Zusammenhang [...]. Wird hier der ‚Entdeckungsprophet' nicht an die Schwelle eines neuen Weltverständnisses der Immanenz geführt?" (Werle 1995: 197)

Kolumbus leitete damit nicht allein eine kosmographische Revolution ein, indem er die Grenzen der alten Ökumene durchbrach, unfreiwillig einen neuen Kontinent entdeckte und den Weg für die Durchsetzung des neuzeitlichen Modells des Erd-Wasser-Globus bereitete. Mit ihm begann ebenso eine *religiöse Revolution*. Zum einen verliert die religiöse Orientierung der alten westlichen Welt nach Osten und nach Jerusalem als spirituellem Zentrum der Welt ihre Bedeutungen. Zum anderen vollzieht Kolumbus eine *spirituelle Entgrenzung*, weil er jene Grenze transformiert, die im orthodoxen Christentum zwischen diesseitiger, immanenter und transzendenter, jenseitiger Welt gezogen worden war. Die Gralshüter des traditionellen Christentums hatten dem Menschen nur die Möglichkeit der Gewinnung des außerweltlichen Heils nach dem Tod als Lohn für ein tugendhaftes Leben ermöglicht. Kolumbus verweltlicht nun die Transzendenz, wohl ohne sich der theologischen Konsequenzen seiner Interpretationen zur Gänze bewusst zu sein. Das Plus Ultra, das an die Stelle des Non Plus Ultra tritt, impliziert nicht allein eine räumliche Öffnung, sondern zugleich den Einbezug des Jenseits als metaphysischem Plus Ultra in das Diesseits. War im Denken der Kulturen der Achsenzeit die Schwellenüberschreitung in die Transzendenz primär als geistige Bewegung hin zu einer himmlischen Transzendenz konzipiert worden, so wird mit der Überschreitung der herakleischen-atlantischen Schwelle nun eine neue Transzendenz am westlichen Horizont erschlossen. Hierdurch wurde der *Westen heilsgeschichtlich aufgeladen*. Das erhoffte neue Jerusalem sowie der neue Himmel und die neue Erde konnten in einer realen, irdischen Welt in Amerika ihren Ort finden. Dieser Prozess der Säkularisierung der Eschatologie infolge der Entdeckung der Neuen Welt wird nicht nur bei Kolumbus, sondern auch den ihm nachfolgenden franziskanischen Mönchen erkennbar.

Die franziskanische Utopie

Die „spiritual conquest" (Ricard 1966) hatte nicht nur die Verbreitung des in der Alten Welt praktizierten Christentums zum Ziel. Vielmehr erschien vielen Mitgliedern der Mönchsorden die Neue Welt als prädestinierter Ort für die Realisierung eines utopischen Christentums. Diese Mönche waren stark beeinflusst von chiliastisch-millenaristischem Gedankengut und insbesondere „die ersten Franziskaner auf amerikanischem Boden [...] waren [...] durchdrungen von den Spiritualen und von joachimitischen Strömungen." (Cayota 1993: 77) In den amerikanischen Ureinwohnern glaubten sie eine Menschheit gefunden zu haben, die mehr als die Christenheit der alten Welt dazu geeignet sei, die „Utopie des Franz von Assisi" (Rotzetter, Morwschel und Bey 1993: 267) zu verwirklichen: „Als die Franziskaner den Boden des amerikanischen Kontinents betraten, wurde der Traum des heiligen Franz wieder lebendig. [...] Ihr Ziel war eine indianische Kirche nach dem Modell der Urkirche." (Ebd.: 268)

Damit begann auf der Grundlage der „franziskanischen Vision vom Indianer" (Mires 1991: 285) der vom eschatologischem Gedankengut beeinflusste Versuch, die ideale Gesellschaft, die in der katholischen Orthodoxie nur als außerweltlich realisierbar angesehen wurde, nun in der neuen Welt innerweltlich zu realisieren. Es ging den Franziskanern nicht um eine bloße Ausbreitung des Christentums, sondern um die Verwirklichung der heterodoxen Utopien und den „Aufbau einer neuen Kirche und auch einer neuen Gesellschaft" (Delgado 1996: 92). Mit Delgado kann man davon sprechen, „dass die Franziskaner sich uns im 16. Jahrhundert als die chiliastischen Bannerträger in der Neuen Welt darbieten" (ebd.: 203). Angesichts dieser Erwartungshaltungen und Hoffnungen, mit denen die Franziskaner in die Neue Welt kamen, war es verständlich, dass sie sich ein positives Bild von den Ureinwohnern machten, das diesen Hoffnungen entgegenkam. Diese wurden als „das engelgleiche Geschlecht, das genus angelicum zu sein, das die Erde kurz vor dem erwarteten Ende der Welt bewohnen sollte" (ebd.: 206) wahrgenommen und daher als einfacher, reiner, und weniger habgierig als die Menschen der alten Welt angesehen. Sie schienen dafür geeignet, unter der Anleitung der franziskanischen Brüder die christlichen eschatologisch-utopischen Ideale Wirklichkeit werden zu lassen. Ziel der „franziskanischen Utopie" (Bey 2003) war somit nicht einfach eine Übertragung des europäischen Kirchenmodells auf die Neue Welt, sondern ein Versuch der Wiedererneuerung der „ursprünglichen Kirche" der frühen Christen: „Die Ordensbrüder waren der Überzeugung, dass in der christlichen Gemeinde in Amerika die Gemeinschaft von Jerusalem wiederersteht." (Cayota 1993: 75)

In einer Vielzahl von Missionsgründungen wurden diese Ideale verwirklicht und damit eine im Vergleich zur Praxis der Konquistadoren in der Regel humanere, jedoch zweifelsohne paternalistische Form der Kolonisierung realisiert. Pinheiro macht auf der Grundlage ihrer Untersuchung von Texten brasilianischer Missionare deutlich, dass die häufig verklärende Wahrnehmung der Indios mit dem Ziel ihrer Einbindung in das Projekt der Christianisierung zwar in Opposition zu den Praktiken der Konquistadoren steht, aber dennoch als Bestandteil der Kolonisierung anzusehen ist: „Der religiöse Diskurs ist somit ein Gegendiskurs zu dem der wirtschaftlichen Aneignung, nicht jedoch ein Gegendiskurs zur kolonialen Aneignung überhaupt." (Pinheiro 2004: 170)

Allerdings ist anzufügen, dass die Konsequenzen für die Indios durchaus unterschiedlich waren, da die paternalistische Behandlung zumindest die schlimmsten Gewaltexzesse der Konquistadoren verhinderte. Exemplarisch für diese Bestrebungen waren die Gründungen des Juristen und Franziskanermönchs Vasco de Quiroga (1470-1565), der unter Bezug auf die Schrift *Utopia* von Thomas Morus in Mexiko Schutzsiedlungen gründete, welche die Indianer vor der Hab- und Herrschsucht der Konquistadoren schützen sollten (Delgado 1996: 220 f.; vgl. auch Kap. 7.5.3). Später initiierten auch andere Orden ähnliche Projekte. Am bekanntesten ist der Jesuitenstaat in Paraguay. Alle Projekte können als Versuch einer innerweltlichen Realisierung christlicher Heilsgüter interpretiert werden.

Von der Eschatologie zur Geographie des Heils

Es wird so deutlich, dass die von Löwith, Voegelin, Eisenstadt und Ratzinger als zentral für das Verständnis der Moderne hervorgehobene Verweltlichung christlicher Eschatologie, wie sie durch Joachim von Fiore eingeleitet wurde, auch eine zentrale Rolle für das Projekt des Kolumbus spielte. Die Ausfahrt in den Westozean wurde hierdurch mit motiviert und zugleich erfolgte die kognitive Aneignung und Erfindung der Neuen Welt unter Bezug auf dieses Gedankengut. Schließlich wurde auch die spirituelle Konquista, d.h. die Missionierung der amerikanischen Ureinwohner, durch eschatologisches Gedankengut beeinflusst. Die Erfindung Amerikas ist damit als ein für den Prozess der Säkularisierung zentrales, in der Soziologie bisher übersehenes, Element zu sehen.

Sicherlich war Kolumbus kein heterodoxer religiöser Revolutionär und kein Reformator wie Luther, der durch sein Wort die Welt veränderte. Die zitierten Schriften des Kolumbus wurden zu seiner Zeit nicht veröffentlicht. Seine Gedanken waren nur am Hof der spanischen Könige und im näheren Umfeld von Kolumbus bekannt. Inwieweit seine Interpretationen über den Charakter Amerikas wirkungsgeschichtlich auch zu einer Transformation des spirituellen Weltbildes beigetragen haben, bleibt ungewiss. Zweifelsohne aber sind seine Deutungen symptomatisch für den Prozess einer verweltlichten Neudeutung der Heilsgeschichte angesichts des Faktums einer Neuen Welt. Und in diesem Sinne erscheint es legitim, Kolumbus als eine bedeutende Schwellengestalt im Übergang zur Moderne zu bezeichnen.

Kolumbus ist dabei noch zwischen mittelalterlicher und moderner Welt zu verorten, weil seine „Geographie des Heils" (Werle 1995: 197) weitgehend in der Tradition der klassischen Heilsgeschichte stand. Auch in religiöser Hinsicht hatte seine Fahrt von ihm nicht intendierte Konsequenzen. Kolumbus Erfolg transformierte und untergrub die eigenen geistesgeschichtlichen Grundlagen: „Nach der Entdeckung Amerikas war die Welt unwiderruflich anders. [...] Der erste Leidtragende war Kolumbus selbst. [...] Er [wurde] zu einem tragischen Wendepunkt in der langen Dissoziationsgeschichte von transzendentem und immanentem Weltverstehen." (Werle 1995: 158) Erst seine Nachfolger vollzogen allerdings, wie im Folgenden deutlich wird, die endgültige Transformation der eschatologischen Kosmologie in eine innerweltliche, auf die Neue Welt bezogene utopische Geographie. Sie leiteten damit die Säkularisierung der eschatologischen Heilsgeschichte zur vom Menschen vorangetriebenen Fortschrittsgeschichte ein.

7.5.3 Die utopische Revolution und das imaginäre Amerika

Thomas Morus und das utopische Amerika

Mit der Schrift Utopia (More 1516) von Thomas Morus beginnt der utopischen Diskurs der Moderne. Der englische Humanist und Staatsmann entwirft hierin eine von den sozialen Missständen der alten Welt freien Gesellschaft, die er auf einer imaginierten Insel in der Nähe der Neuen Welt ansiedelt. Morus knüpfte dabei unmittelbar an die Berichte Vespuccis an. Amerika wurde so endgültig zu einem Ort, von dem der okzidentale Mensch glaubte, hier die bisher auf die Transzendenz ausgerichteten Hoffnungen auf Erlösung auf Erden realisieren zu können.

Diese Erfindung Amerikas als Ort der Utopie war bereits in den verheißungsvollen Berichten Vespuccis angelegt. Im *Mundus Novus* (zuerst 1503) schilderte Vespucci die Sitten und Gebräuche des brasilianischen Stammes der Tupi folgendermaßen:

„Sie haben keine Tuche, weder aus Wolle noch aus Leinen noch aus Baumwolle [...] und sie besitzen keine persönlichen Güter, sondern alles gehört der Gemeinschaft [sed omnia communia sunt]. Sie leben ohne König zusammen, ohne Staat, und jeder ist sein eigener Herr. Sie nehmen so viele Frauen, wie sie wollen. [...] Sie lösen die Ehe, sooft sie wollen, und beachten in diesen Dingen keine Regel. Außerdem haben sie kein Gotteshaus und halten sich an keine Religion. Dennoch sind sie keine Götzendiener. Was kann ich mehr sagen? Sie leben nach der Natur [Vivunt secundum naturam] und sind eher als Epikureer denn als Stoiker zu bezeichnen. Es gibt unter ihnen weder Kaufleute noch irgendeinen Handel." (Vespucci 2014: 117; lat. Einf. d. Verf.)

Wie Wallisch in seinem Kommentar zu dieser Stelle deutlich macht, zeichnet dabei der humanistisch gebildete Vespucci ein den antiken Idealvorstellungen vom Goldenen Zeitalter entsprechendes Bild: „Vespucci schildert eine nahezu ovidisch anmutende Aetas Aurea im brasilianischen Regenwald, indem er von dieser Stelle an folgende Elemente aneinanderreiht: Urkommunismus [...], Anarchie, Selbstbestimmtheit, naturgemäßes Leben, Fehlen von Handel und Geschäft." (Wallisch 2002: 71) Dabei bleibt offen, inwieweit Vespucci bewusst die Schilderung der Antipoden gezielt auf den Geschmack des humanistischen Lesepublikums hin komponierte, oder ob es seiner eigenen Wahrnehmung entsprach. Eine ähnliche Anknüpfung an Motive der antiken Erzählungen über paradiesischen Orten war bereits in dem Brief des Portugiesen Pêro Vaz de Caminha über die Entdeckung Brasilien zu finden gewesen (vgl. Pinheiro 2004: 60 f.). Allerdings sollte dieser Brief eine geringe Verbreitung finden. So war es Vespucci, der „für sein Renaissance-Publikum das perfekte anarchistische Utopia der Neuen Welt" entwarf (Fuentes 1992: 128).

Es war dabei kein Zufall, dass Vespucci seine Berichte von dem realen Amerika mit paradiesischen Bildern auflud. Die den antiken Vorstellungen vom Goldenen Zeitalter entsprechende Wahrnehmung Amerikas und seiner Bewohner war durch die verbreitete Identifikation der Insel der Glückseligen mit dem Goldenen Zeitalter bereits vorstrukturiert. Wie oben darlegt, war mit dem Atlantik immer neben dem Westgrauen auch die Hoffnung auf ein irdisches Paradies und einer Welt ohne Leid verbunden gewesen. In der Antike waren das *Elysiums*, die Inseln der Glückseligen, der *locus amoenus* und *Atlantis* dort angesiedelt und damit die Neue Welt gleichsam utopisch antizipiert worden (vgl. Kap. 6.3). In der Renaissance erfolgte in den humanistischen Kreisen wieder eine verstärkte Rezeption dieser alten Überlieferungen.

Als nun im Atlantik ein neuer Kontinent erschien, prägten die überlieferten Deutungsmuster und damit verbundenen Sehnsüchte die Interpretation der unbekannten Welt entscheidend (vgl. Gewecke 1992: 12; 67 f.). Wie Montiel deutlich macht, überlagerten sich so bei der Erfindung der Neuen Welt so zwei Entdeckungen, die schließlich zur Geburt der Utopie beitrugen: „Was ist der ‚Ursprung des utopischen Diskurses'? Insgeheim ereignete sich während der europäischen Renaissance eine doppelte Entdeckung: die der griechisch-römischen Antike und die von Amerika." (Montiel 2005: 51; Übers. d. Verf.)

Es waren diese Imaginationen Amerikas und seiner Bewohner nach dem Vorbild der antiken Vision eines Goldenen Zeitalters, welche zunächst prägend für die utopische Aufladung der Neuen Welt waren.[40] Die Neue Welt wurde unter dem Einfluss des Geistes der Renaissance, der auch eine Wiedergeburt der verschiedenen skizzierten Stränge des Geistes des Westens darstellte (vgl. Kap. 6), erfunden – zugleich wurde hierdurch aber auch dieser Geist verändert und eine stärker innerweltliche Orientierung eingeleitet. Mit der Darstellung der scheinbar besseren amerikanischen Welt konnte eine Kritik an den in Europa bestehenden gesellschaftlichen Verhältnissen zum Ausdruck gebracht werden. Hoffnungen auf die Realisierbarkeit einer besseren Gesellschaft wurden hierdurch genährt und es sollten so „die utopischen Visionen im Europa der Renaissance bestätigt werden durch die Entdeckung in Amerika" (Fuentes 1992: 128).

Ein zentraler Grund für die utopische Aufladung der Neuen Welt war zweifelsohne auch die Abgetrenntheit durch das Meer. Inseln waren bereits vor der Entdeckung Amerikas in der Literatur mit utopischen Phantasien verknüpft worden. Inseln sind Orte, die sich durch ihre abgetrennte Lage von der alltäglichen, normalen Welt herausheben. Mit der Überfahrt über trennende Wasser überschreitet der Mensch in der Imagination häufig nicht nur eine räumliche, sondern ebenso eine zeitliche Schwelle. Inseln waren daher immer schon Orte (gr. „tópoi"), auf welche die Sehnsüchte und Hoffnungen, aber auch die Ängste und Schreckensszenarien der Menschheit projiziert wurden. Räumliche Utopien sind dabei Teil einer imaginären Topographie, in der das, was zeitlich kommen könnte, in den Raum übertragen wird.[41] Bereits in der Antike wurde utopisches Denken auf Inseln projiziert, wie an

---

40 Die Wiederentdeckung der Antike trug damit wesentlich zur kognitiven Erfindung Amerikas bei. So schildert z.B. auch Peter Martyr von Anghiera in seinen *Dekaden über die Neue* Welt (Anghiera 1972) das Leben der Bewohner Haitis den antiken Vorstellungen von dem *Aetas Aureas* entsprechend: „Sie gehen nackt einher, kennen weder Maße und Gewichte noch das verderbenbringende Gold; kurz, sie leben in einem Goldenen Zeitalter." (ebd.: 42)

41 Beide Ebenen sind aufeinander bezogen wie auch Glaser in *Utopische Inseln* (1996) verdeutlicht: „Der Utopie gleicht die U-chronie. Wie die Utopie ein Land außerhalb des bekannten Raums fingiert, so die Uchronie ein Land außerhalb unserer Zeitrechnung." (Glaser 1996: 14)

Platons *Atlantis* oder auch der Inselutopie *Der Sonnenstaat* von Jambulos (3. Jh. v. Chr.) deutlich wird.[42]

Thomas Morus wurde bei der Verfassung seiner namensgebenden Schrift *Utopia* vermutlich ebenfalls von dem antiken Autor beeinflusst (Bloch 1959a: 568 f.). Zentraler Bezugspunkt ist allerdings neben den Berichten Vespuccis die *Politeia* Platons, deren utopischen Verheißungen er aufgreift. Die Erzählung von der idealen Insel *Utopia* in der Neuen Welt wird dem imaginären Seefahrer Hythlodeus in den Mund gelegt. Diesen trifft Morus angeblich während einer Reise zur Schlichtung politischer Differenzen in Antwerpen (Morus 1990: 10). Die Ansiedlung der Rahmenhandlung an diesem Knotenpunkt des frühneuzeitlichen Welthandels ist kein Zufall. Antwerpen war zentral für die Verbindung zwischen den Augsburger Herren des Silbers und den iberischen Hafenstädten (Braudel 1992: 21). Die atlantischen Hafenstädte wurden infolge der frühneuzeitlichen Expansion nicht nur zu Drehscheiben für Waren, sondern verstärkten zugleich den Austausch von Informationen und auch die Weiterentwicklung neuer Ideen infolge der Berichte über neue Welten.

In der Gestalt des Hythlodeus spiegelt sich dieser Wandel wieder, den die humanistischen Ideen infolge der Entdeckung Amerikas erfahren. Er wird als eine Art Wiedergeburt von Odysseus wie auch von Platon geschildert und als Gelehrter dargestellt, der sich anfänglich den antiken Schriften widmete (Morus 1990: 11). Doch lässt Morus seinen Protagonisten die Welt der Bücher verlassen, mit Vespucci in die Neue Welt ziehen, und dort angeblich in der Realität jene ideale Gesellschaft finden, die sich die Humanisten zuvor im Geiste ersehnt hatten.

„Nachdem er sein häusliches Erbteil seinen Brüdern überlassen hatte, schloß er sich [...] voller Begierde, die Welt zu sehen, Amerigo Vespucci an, und war auf den drei letzten von jenen vier Seereisen, *über die bereits überall zu lesen ist*, dessen ständiger Begleiter. Von der letzten Fahrt kehrte er jedoch nicht mit ihm zurück. Er sorgte vielmehr dafür, ja trotzte es Amerigo geradezu ab, dass er zu jenen vierundzwanzig Männern gehörte, die gegen Ende der letzten Seereise im Kastell zurückgelassen wurden." (Ebd.: 11; Herv. d. Verf.)

Mit jenen vier Seereisen „über die bereits überall zu lesen ist" sind die der *Cosmographiae Introductio* von Waldseemüller und Ringmann (1507) beigefügten Briefe Vespuccis gemeint – die Bemerkung verdeutlicht, welche Verbreitung das Werk der Kosmographen von Saint-Dié gefunden hatte. Im dort abgedruckten Brief Vespuccis über seine letzte Reise heißt es: „Und als wir 260 Leucken gefahren waren, kamen wir an einen anderen Port und beabsichtigten, daselbst ein Kastell zu errichten, was wir auch taten. Wir ließen dort 24 Christen zurück." (Vespucci 2014: 182)

---

42 Die Darstellung von Atlantis bei Platon schwank allerdings, wie gezeigt, zwischen Dystopie und Utopie (vgl. Kap. 6.3.2). Vor allem nach der Ausweitung der bekannten Welt bis nach Indien durch Alexander fanden geographische Utopien eine Verbreitung (vgl. Bloch 1959a: 567) In der Schrift *Der Sonnenstaat* von Jambulos, deren Inhalt von Diodor in Teilen überliefert wurde, wird eine ideale egalitäre Gesellschaft auf Inseln am Äquator angesiedelt (Diodorus 1995: 2, 55-60). An diese utopische Vorgeschichte wurde in der Moderne angeknüpft. Campanellas Utopie *Der Sonnenstaat* (1900, zuerst 1623) sollte im Titel und inhaltlich dieser antiken Vision folgen.

Abbildung 25: Titelbild zur Erstausgabe der Schrift Utopia von Thomas Morus (Morus 1516).

Quelle: https://upload.wikimedia.org/ wikipedia/commons/2/28/Insel_ Utopia.png.

Morus knüpft an diese kurze Bemerkung an und lässt Hythlodeus zusammen mit fünf Begleitern zu einer weiteren Forschungsreise aufbrechen, die zur Insel Utopia und schließlich über Südostasien wieder nach Europa führt. Die genaue Verortung der Insel lässt Morus bewusst offen, so dass Utopia nicht in einem geographischen Sinne mit Amerikas gleichgesetzt werden kann (Morus 1990: 11). Der Ausgangspunkt der imaginierten Reise sowie die Bemerkung von Hythlodeus, er sei nur zurückgekehrt, um „diese neue Welt hierzulande bekannt zu machen" (ebd.: 55), verdeutlichen jedoch, dass Morus gezielt mit den durch die Entdeckung und Bezeichnung der Neuen Welt geweckten Erwartungen spielt. Er erfindet so ein imaginäres, utopisches Amerika, indem er an die Reiseberichte Vespuccis anschließt, jedoch über die darin enthaltenen Schilderungen hinausgeht und im Geiste der humanistischen Hoffnungen transzendiert. Die reale Seefahrt der frühneuzeitlichen Entdecker wird in die utopische Seefahrt der Humanisten transformiert, wie auch das Titelblatt von *Utopia* verdeutlicht (vgl. Abbildung 25). Morus verbindet dabei die von antiken Schriften beeinflussten humanistischen Gesellschaftsideale mit den Schilderungen des Vespucci. Zwar lässt er die sexuelle Freizügigkeit und die Anarchie in seinem utopischen Staat nicht einziehen, aber andere zentrale Elemente des Berichts Vespuccis tauchen bei ihm in abgewandelter Form auf. Das „Leben nach der Natur

[Vivunt secundum naturam]" (Vespucci 2014: 117) der von Vespucci geschilderten Tupis findet sich auch bei Morus wieder, wobei aber dem epikureischen Hedonismus noch ein platonische Tugend- und Sozialethos beigefügt wird:

„Die Tugend definieren sie nämlich so: naturgemäß leben [secundum naturam vivere], sofern wir dazu von Gott geschaffen sind; und zwar Folge der dem Zuge der Natur, der in allem, was er begehrt und was er meidet, der Vernunft gehorcht. [...] Deshalb meinen auch die Utopier, die Natur selbst habe uns vielmehr ein angenehmes Leben, das heisst eben das Vergnügen, als Ziel aller unserer Handlungen vorgezeichnet [natura praescribit], und nach ihrer Vorschrift leben, nennen sie Tugend. Aber zugleich lädt die Natur die Menschen ein zu gegenseitiger Hilfe bei dem Versuch, das Leben fröhlich zu gestalten." (Morus 1990: 90; lat. Erg. nach Morus 1995)

Vor allem ein zentrales Element des Berichts Vespuccis sollte für die Schrift *Utopia* entscheidend sein: Dass alles gemein (omnia communia sunt) sei, galt für den anarchistischen Stammeskommunismus der Tupis – und es war zugleich ein zentraler Bestandteil von Platons Politeia gewesen: „Und Streitigkeiten und Vorwürfe werden aus ihrem Kreise sozusagen verschwunden sein, da *sie alles außer ihrem Leib gemeinsam haben*! Sie werden also alle die Zwistigkeiten nicht kennen, die die Menschen um den Besitz von Geld oder Kindern und Verwandten haben [Herv. d. Ver.]." (Platon 2000: 464b)

Morus vereint in seiner Schrift die außerweltlichen utopischen Hoffnungen des antiken Philosophen mit den realen Berichten von der neu entdeckten Welt und erschafft so die erste kommunistische Vision der Neuzeit: „Von Platon, der in seiner ‚Politeia' einen ständisch-reaktionären Idealstaat entworfen hatte, stammt die Losung des ‚omnia sunt communia' [...]. Amerigo Vespucci hatte durch seine die reine, unverfälschte Natur der Wilden preisende Erzählungen zumindest anregend auf Morus gewirkt." (Teller 1990: 161)

In *Utopia* wird diese doppelte Herleitung des kommunistischen Ideals auch explizit benannt. Der Erzähler Hythlodeus setzt in seinem Bericht die *Politeia* und die transatlantische ideale Gesellschaft zueinander in Beziehung:

„Wenn ich nun entweder das anführte, was Plato in seinem Staate fingiert, oder das, was die Utopier in ihrem Staate tun, so könnte das, obgleich es an sich das Bessere wäre – und das ist es auch wirklich – doch unpassend erscheinen, weil es hier [in der alten Welt] Privatbesitz der einzelnen gibt [singulorum privatae sunt possessions], dort [in Utopia] aber alles gemeinsamer Besitz aller ist [omnia sunt communia]." (Morus 1990: 44, lat. Erg. nach Morus 1995)

Das Fehlen von Privateigentum im primitiven Urkommunismus der brasilianischen Indianer, von dem Vespucci berichtet, wird so von Morus zu einem utopischen, zivilisatorisch fortgeschrittenen Idealstaat ausgebaut, wie ihn Platon für die führenden Wächter im Philosophenstaat gefordert hatte. An anderer zentraler Stelle heißt es in ähnlichem Sinne:

„Ich habe euch so wahrheitsgemäß wie möglich die Form dieses Staates beschrieben, den ich bestimmt nicht nur für den besten, sondern auch für den einzigen halte, der mit vollem Recht die Bezeichnung ‚Gemeinwesen' für sich beanspruchen darf. Wenn man nämlich anderswo von

Gemeinwesen spricht, hat man überall nur sein persönliches Wohl [privatum curant] im Auge; hier, in Utopien dagegen, wo es kein Privateigentum gibt, kümmert man sich ernstlich nur um das Interesse der Allgemeinheit. [...] Hier, in Utopien wo alles allen gehört [ubi omnia omnium sunt], ist jeder ohne Zweifel fest davon überzeugt, dass niemand etwas für seinen Privatbedarf vermissen wird, wofern nur dafür gesorgt wird, dass die staatlichen Speicher gefüllt sind." (Morus 1990: 126, lat. Erg. nach Morus 1995)

Diese kommunistische Visionen, die Morus der Realität des Partikularismus und Egoismus im sich herausbildenden Frühkapitalismus in England entgegenstellt, sollte auch der wirkungsgeschichtlich bedeutsamste Aspekt von *Utopia* werden.

Morus vollzieht so eine Hybridisierung aus alter und neuer Welt, indem er humanistische Sehnsüchte der Alten Welt mit der (scheinbaren) Realität der Neuen Welt verbindet. Dabei knüpft er, wie aufgezeigt, an die *Cosmographiae Introductio* der Kosmographen von Saint Dié an, welche auch die Briefe Vespuccis enthielt. Es ist davon auszugehen, dass Morus die vorangehenden kosmographischen Ausführungen in diesem Werk ebenfalls kannte. Die hierin vollzogene geographische Erweiterung der Welt wird von Morus in einer Erweiterung des Möglichkeitshorizonts der Gesellschaft der Alten Welt transformiert – sein Ziel war letztlich die Verbesserung der Verhältnisse in Europa, deren Praktikabilität durch die Imaginierung einer idealen Gesellschaft in der Neuen Welt plausibel gemacht werden sollte.

Dieses Spannungsverhältnis zwischen altem Europa und der utopischen Vision wird in der Zweiteilung von *Utopia* klar erkennbar. Gerichtet ist die Schrift zunächst gegen die sozialen Verwerfungen in der alten Welt, die insbesondere in England mit der Ausweitung des Geldverkehrs einhergingen. Ihnen stellt Morus die idealeren Zustände auf der Insel Utopie entgegen. Damit wird der achsenzeitliche Dualismus zwischen immanenter und transzendenter Welt in eine Spannung zwischen Alter Welt und Neuer Welt überführt.

Diese Neubestimmung des Verhältnisses von Immanenz und Transzendenz wird auch an der von Morus gewählten Bezeichnung für seine Insel deutlich. Das Wort ist eine Bildung zu den griechischen Vokabeln „*ou*" »nicht« und „*topos*" »Ort, Stelle, Land«. Damit brachte Morus zum einen dessen imaginären Charakter zum Ausdruck: „Der Name der Insel widerlegt ihre Existenz. Morus hat [...] ein neues Wort, ein aus griechischen Vokabeln geklittertes Wortungetüm geschaffen: ‚U-topia' heißt soviel wie ‚Nicht-Ort', ‚Nirgendwo', ‚Land, das nicht ist'." (Teller 1990: 12)

Angeregt zur Wahl seines Begriffs wurde Morus durch Platons *Politeia*. Dort führt der antike Philosoph aus, dass der wahrhaft Weise auf dieser Welt nicht politisch tätig sein wird, um seinen Seelenfrieden zu erhalten, sondern vielmehr einem imaginären Staate, der „im Himmel aufgestellt" (Platon 2000: 431; 592 a) sei, diene. Nicht an einem realen Ort, „auf Erden [...] nirgendwo" (ebd.) und damit nicht topisch verortbar, sondern nur im Himmel, transzendent, die gegenwärtigen Grenzen von irdischem Raum und Zeit überschreitend, ist der ideale Staat, für den sich der Philosoph einsetzt.

Die Anspielung auf die zitierte Stelle aus der *Politeia* verdeutlicht nun die Assoziation, welche Morus bei dem gebildeten Leser erwecken wollte. Jener himmlische Staat im Geiste, dem Sokrates bzw. Platon sich verpflichtet fühlten, wird nun in Utopia zur fingierten Realität. Das Utopische ist zwar bei Morus ebenfalls das Unwirkliche, weil es in Kontrast zur Wirklichkeit der alten Welt steht. Es ist jedoch nicht völlig außerweltlich, jenseitig, wie der christliche Himmel und wie tendenziell auch der platonische Idealstaat. Der entscheidende Akt, den Morus vollzieht, ist die Verlagerung der Vision von einer besseren Welt vom Himmel in die Neue Welt und somit von der Transzendenz in die utopische Transatlantizität. Diese Verlagerung der Utopie in den transatlantischen Raum sollte eine nicht zu überschätzende Bedeutung für die Konstitution des Projekts der Moderne gewinnen. Die Utopie wurde zu einem wesentlichen Stimulus für den Übergang von den außerweltlichen Erlösungsvisionen der Kulturen der Achsenzeit zum innerweltlichen Fortschrittsprojekt der Moderne.

Denn der durch die Entdecker erbrachte Beweis, dass eine Neue Welt als Resultat eines innerweltlichen Wagemuts hervorgebracht werden kann, führt zu einer grundlegend neuen Wahrnehmung des humanen Möglichkeitshorizonts: Die Herstellung einer besseren, neueren Welt erscheint nicht mehr abhängig vom Gnadenakt göttlicher Erlösung, sondern wird zur aktiv vom Menschen selbst hervorgebrachten Welt, wie Nipperdey deutlich macht: „Das Land Nirgendwo ist in diesem strukturellen Sinne auch das Land, das einmal Irgendwo sein soll. [...] Damit bezeugt die Utopia ein neues Weltverständnis. Die Welt [...] ist dem Menschen aufgegeben, dass er sie in die Hand nehme und sie neu und vernünftig formiere." (Nipperdey 1975: 124)

Die Erfindung Amerikas und die damit verbundene Genese der innerweltlichen Utopie kann damit als das von Weber und seinen Nachfolgern übersehene zentrale Paradigma für die Verweltlichung der außerweltlichen Visionen der Achsenzeit angesehen werden. Im Mittelalter war noch das Denken auf eine außerweltliche Transzendenz ausgerichtet. Sowohl in der Vorstellung der augustinischen Orthodoxie, welche in einer nicht datierbaren fernen Zukunft den endgültigen Triumph des Gottesstaates erwartete, als auch in den heterodoxen Konzepten, in welche dessen Verwirklichung in naher Zukunft erhofft wurde, war klar, dass dem Menschen in der Heilsgeschichte nur eine sekundäre Rolle zukommt. Letztlich war die Erlösung von den sozialen und natürlichen Übeln der irdischen Existenz von dem Willen Gottes abhängig: „Das Maß, an dem die Wirklichkeit gemessen und gerichtet wird, liegt nicht in einem säkularen Utopia, sondern in der überweltlichen Transzendenz, im Reich Gottes." (Ebd.: 125)

Die Schrift *Utopia* erklärte hingegen die Umgestaltung der Gesellschaft und damit die Überwindung der Missstände der alten Welt primär zur Aufgabe des Menschen: „Es gibt eine neue innerweltliche Transzendenz, an der die Wirklichkeit gemessen wird und der man nachstrebt." (Ebd.: 128) Der Traum von einer vollkommenen jenseitigen Welt geht nun in den Entwurf konkreter, irdischer Utopien über, welche durch den Menschen realisiert werden können. Indem eine innerweltliche Transzendenz erscheint, kippt gleichsam die achsenzeitliche vertikale Transzendenz in die transatlantische Horizontale, wie auch Sloterdijk deutlich macht: „Diese Verlegung der Transzendenz in die Horizontale hat die Utopie möglich gemacht, als Denkform, als Schreibweise und als Gussform für Wunschplasmen und immanentisierte Religionen." (Sloterdijk 1999: 876)

Die in den Himmel projizierten achsenzeitlichen Visionen von einer vollkommeneren Wirklichkeit wurden somit von den innerweltlichen, zumeist in die westlichen, transatlantischen Regionen projizierten politischen und technischen Utopien wie *Utopia* von Thomas Morus und später das *Neue Atlantis* Francis Bacons ersetzt. Diese Entwürfe einer besseren Welt sollten fortan im Bewusstsein des modernen okzidentalen Menschen jene Rolle übernehmen, die einst die eschatologische Heilserwartung besaß.

Die mit dem Plus Ultra verbundene Grenzüberschreitung impliziert damit nicht nur einen Übergang von der geschlossenen Welt des Mittelalters zur offenen Welt der Moderne. Die Konstitution des neuen Mythos der Moderne impliziert darüber hinaus die Umdeutung und Neuerfindung des jenseits der herakleischen Grenze liegenden Raums und die Schaffung einer innerweltlichen Transzendenz, die an die Stelle der außerweltlichen Transzendenz der christlichen Religion und der unterweltlichen Latenz des Mythos tritt. Indem im Zeichen des Plus Ultras eine einst als undurchdringbare innerweltliche Grenze geöffnet wird, gewinnt auch die Idee einer innerweltlichen Erlösung an Plausibilität und es vollzieht sich eine *für die Moderne konstitutive spirituell-utopische Entgrenzung*.

Dabei war es zweifelsohne von Bedeutung, dass diese Grenzöffnung und die damit verbundene Entdeckung Amerikas nicht, wie andere Entdeckungen dieser Zeit, als sukzessive Ausweitung des Erfahrungshorizonts gedeutet, sondern gleichsam als überraschender Durchbruch in eine andere Welt wahrgenommen wurden: „Die entscheidende geistesgeschichtliche Wirkung dieser Entdeckung liegt in der Entgrenzung der bekannten Welt, und zwar so, dass nicht eine vorhandene Grenze langsam vorgeschoben wurde, [...] sondern so, dass hier in einem Sprung eine durchaus neue Welt [...] entdeckt wurde." (Nipperdey 1975: 129) Damit wies die nautische Öffnung der Welt Ähnlichkeiten zu dem „achsenzeitlichen Durchbruch" (Jaspers 1949: 33) vom Mythos in die „Klarheit der Transzendenz" (ebd.: 20) auf. Doch ist die Grenzüberschreitung nicht mehr eine rein geistige, die auf ein himmlisches Jenseits abzielt, sondern vielmehr innerweltlich orientiert.

Damit konnte der Mensch auch seine „transzendentale Heimatlosigkeit" (Lukács 1971: 52) und seinen „utopische(n) Standort" (Plessner 1965: 346), welche der Mensch der Vormoderne noch durch die Schließung seiner Welt zu verdrängen bzw. durch die Setzung einer jenseitigen Heimat zu bewältigen suchte, nun positiv umdeuten: Das utopische Wesen des Menschen wurde nun als die Möglichkeit erfahren, der Wirklichkeit eine andere Möglichkeit entgegenzusetzen und sie entsprechend seiner Vorstellungen umzuwandeln. Hierdurch wurde nicht nur der utopische Raum geöffnet, sondern auch eine utopische Zeitauffassung denkbar. Ganz im Gegensatz zu Kosellecks Argumentation, dass es einen „Einbruch der Zukunft in die Utopie [...] erst seit der zweiten Hälfte des 18. Jahrhunderts gibt" (Koselleck 1982: 1) und dies an der Veröffentlichung von Louis-Sébastien Merciers Science-Fiction Romans *L'an 2440* (Merciers 1771) festzumachen sei, ist bereits bei Morus ein verändertes Zeitbewusstsein feststellbar. Die Verlagerung der Utopie in den Raum ist nur ein Stilmittel, das bereits implizit die Öffnung der Zeit mit beinhaltet: „Grundsätzlich [...] ist schon das Zeit- und Weltverständnis der Utopia das der Neuzeit." (Nipperdey 1975: 128) Für die Ersetzung der religiösen Heilsgeschichte des Mittelalters durch die moderne Fortschrittsgeschichte war damit die Erfindung der utopischen Neuen Welt ein notwendiger Zwischenschritt, der sodann im Verlauf der Moderne immer stärker ins Zeitliche umgedeutet wurde.

Die zentrale Bedeutung der *Utopia* bestand zweifelsohne darin, dass sie das innerweltlich orientierte sozialutopische Denken anregte. In der Moderne erfolgte, wie Eisenstadt argumentiert, die Realisierung des utopischen Potentials der Achsenzeit durch die Durchsetzung von „neuen ‚modernen' Themen, wie dem Glauben an den

Fortschritt [...] [und] die Kombination all dieser Themen mit einer allgemeinen utopischen Vision der Erneuerung der Gesellschaft und der politischen Ordnung." (Eisenstadt 1998: 46) Eisenstadt vernachlässigt in seiner Analyse allerdings die Bedeutung der Entdeckung der neuen Welt und von *Utopia*. Wie hier deutlich wurde, kann man jedoch der namensgebenden Utopie des Morus eine zentrale Bedeutung für den Übergang in die innerweltliche Programmatik der Moderne zuschreiben.

Konkrete politische und technische Utopien, die zumeist auf Amerika projiziert und dort auch teilweise erprobt wurden, sollten fortan im Bewusstsein des modernen okzidentalen Menschen jene Rolle übernehmen, die einst die eschatologische Heilserwartung besaß. Wenn wir unterstellen, dass Amerika aus dem Geist der antiken und der christlichen Utopien geboren wurde, weil diese zur Ausfahrt anregten, so kann ebenso umgekehrt davon gesprochen werden, dass die modernen Utopien erst mit der Erfindung Amerikas zur Welt kommen, weil sie nun ihren Ort gefunden haben. Der ideelle Gehalt des Okzidentalismus der Moderne ist ohne diese Verlagerung der Erlösungshoffnungen von der himmlischen Transzendenz in den transatlantischen Westen nicht verstehbar.

Zwar sollte diese Utopie im Laufe der Zeit ihre Kraft einbüßen. Jedoch blieb auch später Amerika immer mit utopischen Hoffnungen verbunden. In den USA bildete sich die Idee einer Welt unbegrenzter Möglichkeiten heraus. Und in Lateinamerika wurde ebenfalls immer wieder an die verschiedenen, nach der Entdeckung der Neuen Welt entstandenen Wunschbilder angeknüpft (Fuentes 1992: 129). Diese Rückübertragung der utopisch imaginierten Neuen Welt in das reale Amerika erfolgte bereits bald nach der Veröffentlichung von *Utopia*, wie im Folgenden am Beispiel der Gründungen von Vasco de Quiroga (1470-1565) deutlich wird.

Vasco de Quiroga: Die verwirklichte Utopie
Die Neue Welt wurde infolge der Schriften von Vespucci und Morus mit der Verheißung einer Welt assoziiert, in welcher die Leiden, die Mängel und die Unvollkommenheit der Alten Welt überwunden sind. Diese Visionen wirkten wiederum auf die reale Aneignung Amerikas zurück. Exemplarisch hierfür war das Werk des dem franziskanischen Orden nahestehenden Juristen und Bischofs Vasco de Quiroga, der die Ideen von Morus mit den millenaristischen Bestrebungen der franziskanischen Spiritualen verband. In diesem Geiste gründete er unter den mexikanischen Tarasken im heutigen Bundesstaat Michoacán Schutzsiedlungen, die sogenannten *Pueblos hospitales*, welche die Indianer vor der Hab- und Herrschsucht der Konquistadoren schützen sollten. Inspiriert von *Utopia* versuchte er, den Tarasken die darin niedergeschriebenen Regeln nahezubringen.[43] Man hat diese Gründungen daher auch „mit gutem Recht ‚die verwirklichte Utopie' genannt" (Delgado 1996: 220).

---

43 Kollektives Eigentum, ein sechsstündiger Arbeitstag, ein Verbot von Luxus, die Wahl von Familienmagistraten und die gleichmäßige Verteilung der Güter wurden der utopischen Schrift entsprechend eingeführt (vgl. Fuentes 1992: 140). Den Mittelpunkt seiner Dörfer bildete eine Krankenstation - daher der Name *Pueblos hospitales* - sowie ein Gemeinschafts- und Speisehaus. Die Häuser der von einem *pater familias* geleiteten Großfamilien waren hierum gruppiert (Prien 1978: 231).

Auch wenn er immer wieder Kompromisse mit den Konquistadoren eingehen und teilweise Rückschläge erfahren musste, war doch sein Projekt teilweise von Erfolg gekrönt. An seiner Vision des Gemeinschaftseigentums in den indianischen Dörfern wurde der gesamten Kolonialzeit über festgehalten (Fuentes 1992: 140). Von den Tarasken wird er heute noch als Tata Vasco (Vater Vasco) verehrt (ebd.).

Dieses utopische Projekt Quirogas ist dabei nicht isoliert zu sehen, sondern im Kontext der allgemeinen Bemühungen der Kirche und der Orden in der ersten Zeit der Konquista zu verorten, christliche Visionen in der Neuen Welt zu verwirklichen (vgl. Kap. 7.6.). Es verbindet sich so bei ihm philosophisch-humanistischer Utopismus mit christlicher Eschatologie. Die Bewohner der Neuen Welt sah Quiroga als Menschen an, die sich von den Völkern der Alten Welt unterschieden und die ursprünglichen Tugenden der Menschen der *Aetas aureas* bewahrt hätten:

„Diese Welt [wurde] hier die Neue Welt genannt […] nicht, weil sie neu entdeckt wurde, sondern weil sie in ihren Menschen und fast allem sonst dem ersten Goldenen Zeitalter verwandt ist, aus dem dank unserer bösartigen und gierigen Handlungen ein Zeitalter aus Eisen wurde und noch viel Schlimmeres." (Vasco de Quiroga zit. n. Fuentes 1992: 140)

Die Indios waren seiner Meinung nach damit noch frei von den Lastern der Zivilisation und leicht formbar, weshalb er sie für die Verwirklichung der christlichen Ideale als besonders geeignet erachtete: „Wie die Franziskaner sieht er in den einfachen Indios Neuspaniens […] ein von den dekadenten und habsüchtigen Spaniern völlig verschiedenes Genus angelicum." (Delgado 1996: 220) So schrieb Quiroga in einem Brief:

„Ihnen ist auf natürliche Weise angeboren die Demut, der Gehorsam und die Armut, die Geringschätzung der Welt und die Nacktheit, sie gehen barfuß, tragen das Haar lang, ohne irgend eine Sache auf dem Kopf, nach Art der Apostel; und schließlich sind sie wie tabula rasa und weich wie Wachs. [...] Ich biete mich an, mit Gottes Hilfe eine rechte Generation von Christen aufzuziehen, als ursprüngliche Kirche, denn Gott ist allmächtig." (Quiroga und Serrano Gassent 1992: 91) [44]

Zweifelsohne war auch diese Wahrnehmung stark paternalistisch und es wurden die Indianer nicht in ihrer Eigenheit respektiert, sondern auf sie nur die Imaginationen und Sehnsüchte der Alten Welt projiziert.[45] Todorov verweist auf das Paradoxon, dass Quiroga die Indianer Michoacáns nach dem Modell wahrnimmt und behandelt, das Morus in seiner von den Berichten über die Neue Welt inspirierten Schrift entwirft. Er verwechselt gleichsam die realen Menschen der Neuen Welt mit den

---

44 Diese verklärende Sicht auf den indianischen Ureinwohner kann als eine Variation des Mythos vom edlen Wilden angesehen werden. Da dabei allerdings franziskanisch-christliche Vorstellungen vom guten Menschen eine stärkere Bedeutung haben, hält Delgado die Bezeichnung „Franziskanisierung der Indios" für geeigneter (Delgado 1996: 210).

45 Quiroga schreibt: „Mir scheint gerechtfertigt, in dieser primitiven, neuen und wiedergeborenen Kirche in der Neuen Welt einen Schatten und ein Abbild jener ursprünglichen Kirche der uns bekannten Welt aus den Zeiten der Heiligen Apostel zu sehen." (Quiroga zit. nach Cayota 1993: 76)

imaginierten: „Hier liegt ein faszinierendes Wechselspiel vor, bei dem Fehlinterpretationen als Anlass zur Transformation der Gesellschaft dienen." (Todorov 1998: 232) Dabei ging es nicht wie, in anderen Zivilisierungsprojekten, um eine Angleichung an das bestehende Kulturmodell der Europäer, vielmehr schien ein in der alten Welt nicht existenter idealer Zustand nun verwirklichbar zu sein: „Wenn die Indios auch ‚tabula rasa' waren, so doch nicht, um ihnen die Lebensweise Europas aufzuerlegen, sondern ganz im Gegenteil, denn in ihrer Kultur und in ihrem Sein gibt es etwas ‚Apostolisches' , das sie in Natürlichkeit die Werte der frühen Kirche leben lässt." (Cayota 1993: 91) Damit vollzog sich ein Prozess, der in ähnlicher Weise auch in anderen Regionen der Neuen Welt stattfand. So beschreibt Pinheiro die Konstruktion der Indios in Brasilien durch die Missionare mit folgenden Worten:

„Elemente, die eine religiöse Konquista bekräftigen, konnten ihrerseits die Missionare in ihre Repräsentation Brasiliens und der Indianer einbetten. Die Vorstellung einer Welt, in der [...] Menschen im Zustand einer religiösen tabula rasa [leben], bereitet der [...] katholischen Kirche neuen Ansporn für ihre universelle Verbreitung." (Pinheiro 2004: 167)

Damit kann das paternalistische Projekt der Missionare als eine Form der religiösen Kolonisierung der Indianer interpretiert werden. Die Indios wurden für Quiroga und viele andere Missionare letztlich zum Objekt eines utopischen Missionierungsprojekts. Auch Delgado setzt hier seine Kritik an, da eine Form einer spirituellen Konquista zu erkennen sei: „Vorherrschend blieb auch bei dem um das Wohl der einfachen Indios so verdienten Quiroga letztlich die Ansicht, dass der ‚erobernde Gott' der siegreichen Christen der beste Katechet sei." (Delgado 1996: 221) Im Kern wäre damit zwischen der materiell orientierten gewaltsamen Eroberung der Güter und Körper der Eingeborenen durch die Konquistadoren und der Eroberung der Seelen kein wesentlicher Unterschied festzustellen: „Die irdische Habsucht nach Gold und Silber genauso wie die fromme Habsucht nach bekehrten Seelen opferten die Gegenwart der Zukunft, die konkreten Anderen ihren Sehnsüchten." (Delgado 1996: 221) Todorov spricht daher bezüglich de Quiroga zu Recht von einem „zwar recht originellen, aber dennoch bedingungslosen Assimilationismus" (Todorov 1985: 232).

Allerdings muss hinzugefügt werden, dass Assimilierung zumindest zur prinzipiellen Anerkennung des Anderen und seiner – wenn auch paternalistischen – Integration führt. Es sollte nicht vergessen werden, was die Konsequenz der gegensätzlichen Betrachtung des Indios war: Mit dem Bild von der wilden Bestie wurde auch die Eliminierung des Anderen begründet und die Kontinuität dieser Linie lässt sich von den spanischen Apologeten der blutigen Konquista – wie z.B. dem Humanisten Sepúlveda (vgl. Kap. 7.8.) – bis zur Auslöschung der Indianer in den USA verfolgen (vgl. Kap. 8.8). Gegenüber dieser totalen Exklusion des Anderen durch Versklavung oder Eliminierung als bestialisierte „Untermenschen" ist die utopischen Verklärung zu „edlen Wilden" als weniger problematisch anzusehen.

7.5.4 Zusammenfassung: Die Bedeutung der Neuen Welt für den Prozess der Säkularisierung

Durch die Entdeckung der Neuen Welt wurde die Verweltlichung des Geistes des Westens entscheidend beeinflusst. Es kommt, wie gezeigt, der Kolumbusfahrt im neuzeitlichen Prozess der Säkularisierung der Eschatologie, der zentral für die Überschreitung der Epochenschwelle in die Neuzeit ist, eine bisher unterschätzte Bedeutung zu: Er bringt seinen eigenen Vorstellungen zufolge jene „neuen Himmel" innerweltlich zur Erscheinung, der in den eschatologischen Visionen angekündigt worden war. Mit der allmählichen Bewusstwerdung einer sogenannten Neuen Welt bekamen die heilsgeschichtlichen Erwartungen von einer Erneuerung der Welt einen konkreten Ort. In gleicher Weise konnten die platonischen Hoffnungen auf den Idealstaat von Morus in *Utopia* in eine imaginierte neue Welt verlagert werden. Die dualistischen Trennungen der Kulturen der Achsenzeit wurde damit zwar nicht aufgehoben, jedoch in einen innerweltlichen Dualismus zwischen einer unvollkommenen Alten Welt und einer besseren Neuen Welt transformiert.

Damit erfolgte mit der Überschreitung der ozeanischen Grenzen auch im religiös-spirituellen Sinne eine fundamentale Entgrenzung. In den Kulturen der Achsenzeit beruhte der „Kampf um die Transzendenz" (Jaspers 1949: 20), d.h. das Streben, aus der begrenzten Welt des Mythos auszubrechen, in der Regel auf außerweltlich orientierten Heilswegen und es wurde auf spirituellen Wege die Grenze zwischen irdischer Immanenz und himmlischer Transzendenz überschritten. Die endgültige Erlösung wurde in der Regel mit der Befreiung der Seele aus dem Gefängnis der irdisch-leiblichen Welt verbunden. Die im Zeichen des Plus Ultras erfolgte *Entgrenzung des Horizonts* führte hingegen dazu, dass auch der Akt des Transzendierens, d.h. der Grenzübersteigung (vgl. Coreth 1960: 629), neu bestimmt und verweltlicht werden konnte. *Die Grenze zwischen Diesseits und Jenseits war nicht mehr nur auf geistigem Wege überschreitbar. Es eröffnete sich die Transzendenz der Neuen Welt als utopischer Horizont eines innerweltlichen Erlösungsweges.*

Wie die außerweltlichen Asketen mussten auch die neuzeitlichen Welterkunder Entsagungen auf sich nehmen, doch ihr Heilsgut war nun nicht mehr völlig jenseitig angesiedelt, sondern auf einen neuen westlichen Ort des Heils ausgerichtet.[46] Die transzendentale Heilserwartung wurde zum transatlantischen Sehnen, welches das Jenseits nicht mehr nach dem Tode im Himmels, sondern in diesem Leben an der jenseitigen Küste zur erreichen sucht, wie auch Sloterdijk hervorhebt: „Dem Begehren der aufhorchenden Europäer schwebt künftig eine wunderliche transatlantische Transzendenz vor. [...]. Das Drüben ist nicht mehr der Rand einer kosmischen Schale, sondern eine andere Küste, die Überfahrt beginnt die Ausfahrt zu ersetzen." (Sloterdijk 1999: 876) Der Traum von einem vollkommenen Leben und einer vollkommenen Welt, der im orthodoxen, augustinischen Weltbild letztlich nur am Ende der Zeiten Wirklichkeit werden konnte, wurde nun in die Neue Welt verlagert.

---

46 Dies macht auch Sloterdijk deutlich: „Nach ihrer subjektiven Seite hin lässt sich die frühe transatlantische Seefahrt als eine informelle Ekstasetechnik beschreiben. [...] Wie alle Transzendenzen oder Quasi-Transzendenzen [...] war das moderne Risikojenseits nicht umsonst zu haben. In der Regel mussten sich die Übersee-Reisenden den Zugang zu fernen Ufern durch bittere Askesen erkaufen." (Sloterdijk 1999: 873)

Dies wird anhand der Verweltlichung der christlichen Eschatologie wie auch an der Verlagerung der platonischen Staatsutopie in den transatlantischen Raum erkennbar.

Damit wird deutlich, dass die von Weber analysierte „Entzauberung der Welt und Verlegung des Weges von der kontemplativen ‚Weltflucht' hinweg in die aktiv asketische ‚Weltbearbeitung'" (Weber 1920: 263) durch den „asketischen Protestantismus im Okzident" (ebd.) und die anderen in der Literatur genannten, innereuropäischen Faktoren nur unzureichend erklärt werden können (vgl. Kap. 3.1). Es sind die im Gefolge von Kolumbus auf dem „camino de Occidente" (Columbus 1992: 9) ausfahrenden utopisch-eschatologischen Schiffe der okzidentalen Imagination, welche entscheidend zum Umbruch des Weltbildes beitragen. Von nun an wird die Hervorbringung neuer Welten zu einer innerweltlichen Aufgabe.

Erst hierdurch konnte das Potential, das in der Verschiedenheit asiatischer und okzidentaler Erlösungsreligiosität angelegt war, auch tatsächlich in Richtung einer innerweltlichen Umgestaltung der Wirklichkeit gewendet werden. Das „Schiff der Kirche", das seine Fahrt durch das „Meer der Welt" dem mittelalterlichen Verständnis nach am Ende der Zeiten im neuen Himmels und dem neuen Jerusalems beendet (vgl. Kap. 6.2.), verändert nun seine Gestalt und sein Ziel. Das Schiff des Heils sollte seinen Kurs verändern und das Neue Jerusalem nun auch in der Neuen Welt suchen. Und ebenso schlug das utopische Schiff einen innerweltlichen Kurs in Richtung Neue Welt auf, wo es mit der Veröffentlichung von *Utopia* 1516 anlandete. Infolge dieser Neuorientierung richtete der okzidentale Mensch seinen geistigen Kompass nicht mehr auf außerweltliche Ziele aus, sondern suchte neue Heilswege in einer transozeanischen utopischen Immanenz.

Damit erscheint Eisenstadts Erklärung der Moderne durch die Verweltlichung der Ideen der Kulturen der Achsenzeit in neuem Licht. Wie Eisenstadt argumentiert, waren bereits innerhalb der Kulturen der Achsenzeit utopische Traditionen entstanden (Eisenstadt 1998: 20). Diese heterodoxen Bewegungen konnten jedoch im Mittelalter noch zurückgedrängt werden (ebd.: 31). Erst in der Moderne entstand mit den „Großen Revolutionen [...] der Glaube an die Möglichkeit, durch politisches Handeln die Kluft zwischen der transzendenten und der weltlichen Ordnung zu überbrücken, in den weltlichen Ordnungen, im sozialen Leben, utopische, eschatologische Visionen zu verwirklichen" (Eisenstadt 2000: 15). In Eisenstadts Analyse bleibt allerdings unbeantwortet, weshalb es zu diesem Übergang kam und er setzt diesen Übergang erst im nordwesteuropäischen Raum mit den verschiedenen politischen Revolutionen des 17. und 18. Jahrhunderts an. Wie nun hier deutlich wurde, ist jedoch der entscheidende Übergang bereits innerhalb der Renaissance infolge der Entdeckung Amerikas und der damit verbundenen Verweltlichung der außerweltlichen Hoffnungen eingeleitet worden. Am Beispiel von Kolumbus und den franziskanischen Spirituellen konnte die Ver(neu)weltlichung der Eschatologie, sowie anhand von Morus die Verweltlichung der platonischen Utopie dargelegt werden. Es wird an späterer Stelle auch die Verweltlichung der Gnosis in Bacons transatlantischer Utopie *Nova Atlantis* aufgezeigt (vgl. Kap. 8.5). Für den Prozess der „Genealogie der Utopie aus dem Geist der Eschatologie" (Stoellger 2007) war somit die Entdeckung Amerikas von zentraler Bedeutung. Hierdurch wurde eine *Transformation der außerweltlich orientierten Heilswege der Kulturen der Achsenzeit in den innerweltlichen Sonderweg der modernen okzidentalen Kultur* eingeleitet.

Infolge dieser utopischen Aufladung der neuen Welt erhielt auch der Begriff des Westens eine völlig neue Bedeutung und der Geist des Okzidentalismus eine veränderte Bestimmung. War zuvor der Geist des Westens, wie gezeigt, auf eine Erlösung in einer himmlischen Transzendenz hin ausgerichtet, um der unvollkommenen, begrenzten, mit Leid und Tod erfüllten Welt zu entkommen – und Signum für diese Begrenztheit war nicht zuletzt der atlantische Westen als Sinnbild des Raums des Todes (vgl. Kap. 5.1) – so verkehrt sich nun diese Wahrnehmung grundlegend. Der atlantische Westen wird zum verheißungsvollen Raum der utopischen Visionen und der Verwirklichung der biblischen Verheißungen. Es ist diese utopisch-eschatologische Aufladung, welche seither den implizit heilsgeschichtlichen Gehalt der Begriffe Westen und Verwestlichung prägen. Auch wenn dieser „Geist der Utopie" (Bloch 1923) später in die Ideen der Entwicklung, der Modernisierung und des wirtschaftlichen Wachstums transformiert wurde, so ist dennoch dieses untergründige Erlösungsversprechen immer noch erkennbar. Dies wird, wie später noch deutlich wird, an den aktuellen Heilsversprechen der „Cybergnosis" (Wertheim 2002: 309, Böhme 1996a: 259) und der „Californian Ideology" (Barbrook und Cameron 1996) als neuester Form der West-Utopien erkennbar (vgl. Kap. 9.4). Der Geist des Okzidentalismus ist daher bis heute durch eine utopisch-eschatologische Komponente geprägt.

7.6 DIE IMPERIALE ENTGRENZUNG: KAISER KARL V. UND DIE SÄULEN DES HERAKLES

Die für die Herausbildung eines neuen okzidentalen Selbstverständnisses paradigmatische Transformation der Bedeutung der Säulen der Herakles wurde, wie gezeigt, durch die Entdeckungsfahrten der iberischen Seefahrer eingeleitet. Die entscheidende Umkehrung der Bedeutung der Säulen des Herakles wurde allerdings erst von Kaiser Karl V. mit der Wahl von *Plus Oultre* bzw. *Noch Weytter* zu seiner Leitdevise vollzogen. Mit dieser Programmatik war eine explizit imperiale Botschaft verbunden und von vielen Interpreten sollte die Devise auch als Ankündigung der Herrschaft über die Neue Welt verstanden werden. Markierten die Säulen des Herakles einst die Ausdehnung des römischen Imperiums bis zum Maximum des Möglichen, so werden sie nun zum Signum der neuzeitlichen Entgrenzung der okzidentalen Imperialität. Die Säulen des Herakles stellen das erste und paradigmatische Sinnbild der Kolonialität der Moderne dar.

Damit wird zugleich die Ambivalenz der Plus-Ultra-Devise deutlich. Diese bringt nicht allein den Geist des neuzeitlichen Menschen als entgrenzendes und weltöffnendes Subjekt zum Ausdruck. Vielmehr war Überschreitung der ozeanischen Grenze untrennbar mit der gewaltsamen Eroberung und Aneignung der Neuen Welt und deren Bewohner verbunden. Insbesondere bei den beiden bekanntesten Konquistadoren des amerikanischen Festlandes, Cortés und Pizarro, ist der Bezug zum Plus Ultra unmittelbar gegeben, da ihre Eroberungen in die Herrschaftszeit von Karls V. fallen. Auch die fast zwanzig Jahre andauernden Eroberungszüge der deutschen Welser in Venezuela und Kolumbien wären ohne die Herrschaft des Kaisers nicht möglich gewesen (vgl. Pumm 1992; Denzer 2005).

Im Folgenden soll daher anhand der Auseinandersetzung mit Karl V. und seinem Imperium auch die Dialektik des Plus Ultras deutlich gemacht werden. Zum einen wird die Bedeutung des Plus-Ultra-Devise im Rahmen der imperialen Programmatik des Kaisers diskutiert. Zum anderen werden in den nachfolgenden Kapiteln anhand einer Auseinandersetzung mit der Konquista und den damit verbundenen Kontroversen ebenso die Probleme und Schattenseiten dieses Prozesses dargelegt (vgl. Kap. 7.7 und Kap. 7.8).

7.6.1 Die Umkehr der Bedeutung der Säulen des Herakles

Die mit der ozeanischen Entgrenzung und der Entdeckung neuer Welten verbundenen Revolutionen und Umbrüche bündelten sich in einem zentralen Symbol: Den Säulen des Herakles, die von Kaiser Karl V. 1516 mit einem heroischen Plus Oultre bzw. Plus Ultra als Devise in seinem Wappen versehen wurden. Inspiriert wurde der Herrscher aus dem Hause Habsburg zu dieser Wahl durch seinen Berater und Leibarzt, den Mailänder Humanist Luigi Marliano: „Als Motto, das nach der Satzung in französischer Sprache gefasst sein musste, schlug er [Marliano] vor: Plus oultre ‚Noch weiter'. Damit war die überlieferte Bedeutung der Säulen in ihr Gegenteil verkehrt, und eben das sollte die Botschaft der Imprese sein." (Walter 1999: 129)

Der entscheidende Bezugspunkt für Marliano dürfte dabei Dantes Odysseuserzählung und die darin enthaltene, mit den Säulen des Herakles verbundene, Mahnung „più oltre non si metta" (Dante 1966: Inf. 26 Vers 118 f.), dass der Mensch sich „nicht weiter hinaus begebe" (Dante 1979: Inf. 26), gewesen sein (vgl. Kap. 7.4). Die in der französischen Übersetzung als *plus en oultre non se mecte* wiedergegebene Warnung war Rosenthal zufolge die Quelle für die Transformation zur Devise *Plus Oultre* (Rosenthal 1973: 227).[47]

Eine wichtige Inspirationsquelle könnte auch der 1483 erstmals gedruckte Roman *Morgante* von Luigi Pulci dargestellt haben. Dem Helden Rinaldo wird dort auf seine Frage nach der Relevanz des herakleischen Grenztabus vom Teufel Astarott folgende Antwort gegeben: „Wisse, dass diese Meinung grundlos ist, weil man darüber hinausfahren kann [più oltre navicar si puote] [...] so dass Herkules noch rot werden könnte darüber, dass er diese Zeichen aufgestellt hat, weil die Schiffe doch darüber hinausfahren werden [più oltre passerano]." (Pulci 1984: 364; Übers. nach Stierle 2007: 388) Dieser in höfischen Kreisen breit rezipierte Roman dürfte Marliano gekannt haben und hierdurch wurde er möglicherweise ebenfalls zur Umkehr des begrenzenden *più oltre non* Dantes zum entgrenzenden *più oltre* angeregt.

Welche Botschaft Marlianos mit dieser Neuinterpretation verband, verdeutlichten die Worte des Erfinders der Devise in seiner einleitenden Rede auf dem achtzehnten Treffen des Ordens zum Goldenen Vlies 1516 in Brüssel. Marliano geht hier zwar nicht unmittelbar auf seine Gründe für die Wahl des Mottos ein, erläutert dieses aber implizit, indem er auf die Möglichkeit einer weltumspannenden Herrschaft durch

---

47 Kohler verweist auch auf den möglichen Einfluss der Erzählung *Roman du fort Hercules* von Raoul Lefèfre aus dem Jahre 1464, in dem es über die Straße von Gibraltar heißt: „Suche dahinter nicht Land zu erobern [Ne passe oultre pur quérrir terre]. Je weiter man nach Westen geht [Plus en occident tényras], desto weniger findet man davon." (Lefèfre zit. nach Kohler 1999: 76).

Karl V. verweist, die diesem angesichts seiner zu erwartenden Machtfülle zukommen könnte. Demnach solle „Unum Principium sit omnium" (Marliano 1717: 146), d.h. nur einer der Herr über alle Anderen sein. Die Bestimmung der Herrschaft Karls sei die Verbreitung des Glaubens und die Rückeroberung von Gebieten in Asien und Afrika (ebd.). Damit erweist sich Marliano als früher Vertreter und Protagonist der Universalmonarchie, die später vor allem vom Reichskanzler Gattinara propagiert wurde.

Die mit den Säulen des Herakles und der Devise Plus Ultra verbundenen Botschaften waren somit nicht allein die Preisung der atlantischen Grenzüberschreitung und eine Propagierung der weiteren Eroberung Amerikas. Damit waren auch Hoffnungen auf eine Ausdehnung der Grenzen der Macht und die Entstehung eines globalen Weltreichs unter dem Habsburger Herrscher verbunden. Das weltumspannende Imperium, das einst im Selbstverständnis der römischen Imperatoren die gesamte Ökumene umspannte, weil es bis an die Säulen des Herakles reichte (vgl. Kap. 5.2.6), sollte – so die implizite Botschaft – nun nach der neuzeitlichen Entgrenzung der Welt den gesamten Globus umfassen: „Thus, Marliano [...] envisioned a global empire, larger and more powerful than any previously known, under a single Christian ruler." (Rosenthal 1973: 223)

Marliano setzte sich dabei mit in seiner Rede keineswegs nur vom antiken Herakles ab, sondern stellt Karl zugleich explizit in dessen Tradition, indem er auf die Rückführung der Stammlinie der Habsburger auf Herakles verweist (Marliano 1717: 148). Die Säulen des Herakles und die Devise werden damit bereits bei Marliano in metaphorischer Weise verwendet: Die konkrete Grenzüberschreitung an den Säulen des Herakles durch die iberischen Seefahrer und die Entdeckung sowie Eroberung neuer Gebiete wird nun zum Paradigma für die Möglichkeit einer allgemeinen Grenzüberschreitung- und Ausdehnung. Der intellektuelle und zugleich propagandistische Geniestreich von Marliano war es zu erkennen, dass das Faktum der Widerlegung des ozeanischen Grenztabus eine über die unmittelbare Tatsache hinausgehende Bedeutung besaß, und damit als verallgemeinerbares Paradigma der Entgrenzung und Expansion fungieren konnte. Walter schreibt bezüglich dieser Neuinterpretation: „Der Gedanke freilich, die überkommene Deutung der Säulen in ihr Gegenteil zu verkehren [...] [und] aus einem Symbol der Begrenzung ein Symbol der Öffnung und der Entgrenzung zu gewinnen, diese Idee trat erst zwei Jahrzehnte nach der Entdeckung Amerikas [durch Marliano, G.J] ans Licht." (Walter 1999: 128)

Mit der Transformation des Grenztabus Non Plus Ultra zur Entgrenzungsdevise Plus Ultra erfand Marliano für Karl V. und die Neuzeit insgesamt ein Sinnbild, welches das Projekt der Entgrenzung der Welt und der europäischen Expansion in signifikanter Weise zum Ausdruck brachte. Die Devise verwies nicht nur auf die bereits erreichte Ausweitung der imperialen Macht und des Wissens, sondern verhieß auch weitere Grenzüberschreitungen. Die Säulen verwandelten sich so vom Ende der alten Welt zum Tor in eine neue, noch zu erschließende Welt, in welche der Okzident unter seinem neuen Herrscher auszufahren schien, wie Pagden hervorhebt:

„When in 1516 Charles V added Hercules' pillars [...] to his coat of arms but transformed the line by rendering it as ‚Plus Ultra' he was not only celebrating the fact that his 'imperium' had passed beyond the limits of that Augustus, whose name he frequently assumed: He was also making a statement about the further possibilities that now remained. The pillars now stood not on the boundaries of the known, but at the entrance to the still-to-be-known." (Pagden 2002: 269)

Zwar wurde mit der Symbolik primär die Ausdehnung der Macht Karls V. assoziiert. Darüber hinaus verbanden aber auch viele Angehörige der geistigen Elite mit der Devise das Versprechen einer Erweiterung des Wissens über die Welt. Es war daher das „motto Plus Oultre [...] not simply a chiding reversal of a restrictive Herculean proverb but, rather, a new slogan that expressed, quite literally, a new vision of the world" (ebd.: 228).

Die Symbolik wandelte sich dabei im Laufe der Herrschaftszeit von Karl V. Die Wahl der Devise erfolgte ursprünglich aus Anlass seiner Ernennung zum Großmeister des burgundischen Ordens vom Goldenen Vlies. Von der Bindung an die Funktion Karls als Ordensmeister lösten sich Motto und Symbolik allerdings bald. Der zwischen den Säulen dargestellte Gegenstand der imperialen Macht sollte variieren: „Marlianos' Idee erwies sich in der Folge als vielseitig verwendbar. Es funktionierte wie ein Passepartout. Die Säulen und das Spruchband mit dem Motto bildeten den Rahmen, die wechselnden Herrschaftszeichen Karls den Bildinhalt" (Walter 1999: 129). Dieser Wechsel der Inhalte bringt die verschiedenen Aspekte und den Wandel des Plus-Ultra-Projekts des Kaisers zum Ausdruck und wird im Folgenden im Detail dargestellt.

Im Januar 1515 hatte Karl V. seine Volljährigkeit erreicht und es war die Zeit gekommen den Orden, dessen Meister er als Herzog von Burgund bereits seit dem Tod seines Vaters Philipp dem Schönen 1506 war, wieder einzuberufen, um seine Position als *Chef et Souverain* des Ordens offiziell einzunehmen (vgl. Rosenthal 1973: 201). Im Sommer 1516 kam das 18. Ordenskapitel in die Kathedrale Sainte-Gudule in Brüssel zusammen. Die Statuten des Ordens schrieben nun vor, dass der neue Ordensmeister auf der Rückseite seines Chorsitzes nicht nur ein Wappen, sondern auch eine neue persönliche Devise anzubringen hatte. Dieses Treffen war der Anlass für die Erfindung jener Imprese durch Marliano (ebd.: 202).

Die Säulen des Herakles rahmten dabei in der ursprünglichen Emblematik die Symbole des Ordens, d.h. Feuerstein, Feuerstahl und Andreas-Kreuz ein. Die Tafel mit dieser ersten Darstellung ist nicht erhalten. Jedoch ist uns von Jan Smeken eine dichterische Beschreibung des Treffens und des Emblems überliefert: „[Die Anwesenden] haben die neue Devise gepriesen [...], zwei Säulen in der See und auf einen Felsen gesetzt. Man hat bisher nicht gelesen von solch einer Sache. Miteinander verbunden durch eine Krone." (Smeken zit. nach Rosenthal 1973: 202 FN 23) Um eine nähere Vorstellung von dieser Darstellung zu gewinnen, müssen wir auf Abbildungen zurückgreifen, die in den Jahren nach der Erfindung der Devise verfertigt wurden.

Eine große Nähe zum ursprünglichen Motiv dürfte eine Darstellung besitzen, die sich bis heute an der 1520 unter Karl V. renovierten Burg Steen in Antwerpen findet. Hier sind ein Feuerstahl sowie das Kreuz des heiligen Andreas, des Schutzpatrons von Burgund, inmitten der Säulen platziert. Andreaskreuz, Feuerstahl und Feuerstein waren bereits zuvor verbreitete Symbole des Ordens und des Hauses Burgunds gewesen und Karl V. knüpfte an diese Tradition an (vgl. Abbildung 26).[48]

Der Enkel der katholischen Könige Ferdinand und Isabella ließ vermutlich den Wahlspruch *plus oultre* auch auf den Segeln seines Schiffes anbringen, mit dem er 1516 vom flämischen Vlissingen an die nordspanischen Küste fuhr, um dort als Carlos I. zum König von Spanien gekrönt zu werden (Kohler 1999: 76). Aufgrund der Kritik, auf welche die französische Variante in Spanien stieß, wurde 1517 aber schließlich die latinisierte Form *Plus Ultra* gewählt (Rosenthal 1973: 221). Jedoch finden sich auch in Spanien in den folgenden Jahren weiterhin häufig Feuerstein und Feuerstahl im Zentrum.

Abbildung 26: Emblem Kaiser Karls V. an dem Steen, der Stadtburg von Antwerpen.

Quelle: Fotographie des Verfassers.

Diese Motive lassen erkennen, dass die ursprüngliche Botschaft der Verwendung des Bildes und des Mottos war, dass „under Charles the banner of the Order of the Golden Fleece would be carried literally or figuratively beyond the Columns of Hercules." (Rosenthal 1973: 206). Damit stand eine in der Tradition der mittelalterlichen Kreuzzugsidee zu verortende religiöse Zielsetzung im Mittelpunkt und es „verbildlichte die Imprese [...] das politische Programm des Ordens vom Goldenen Vlies: Verbreitung des christlichen Glaubens in alle Welt und Wiedergewinnung des Heiligen Landes." (Walter 1999: 129). Damit war das Plus Ultra auch als Aufruf zum Zurückdrängen des Islams zu verstehen. Dementsprechend findet sich in der 1492 als letzter Akt der Reconquista eroberten Alhambra in Granada das Emblem häufig

---

48 Vermutlich standen diese Symbole auch in der allerersten Darstellung der Heraklessäulen im Chor von St. Sainte Gudule im Mittelpunkt und wurden in oben zitiertem Gedicht nur nicht erwähnt, da ihre Präsenz als selbstverständlich angesehen wurde, dahingegen die Devise das Novum war (Rosenthal 1973: 211).

dargestellt. Ihre Verwendung sowohl innerhalb der arabischen Nasridenpaläste wie auch in dem Palast von Karl V. dürfte auch den Triumph der Spanier über die Araber auf der iberischen Halbinsel symbolisieren. Dabei wurde Karl V. zugleich als die Welt vereinender Friedensfürst stilisiert, wie die Setzung der Säulen und der Erdkugel zwischen zwei weiblichen Gestalten mit Ölzweig und Lorbeerkranz, den Attributen des Friedens, verdeutlicht (vgl. Abbildung 27; vgl. zur Symbolik Wohlfeil 1997).

Abbildung 27: Säulen des Herakles mit Erdkugel und Friedenssymbolen am Palast Karls V. in der Alhambra.

Quelle: Fotographie des Verfassers.

Die Devise führte somit von Beginn an auch eine theologische und universalistische Bedeutung mit sich. Ihre Botschaft war der Glaube an die Möglichkeit der Expansion der Grenzen theologischer und politischer Macht sowohl in der alten als auch der neuen Welt (vgl. Rosenthal 1973: 224 f.).

Im Zuge der Ausdehnung der Herrschaftsgebiete Karls V. durch das Antreten seines Erbes und zusätzlicher Eroberungen vollzog sich ein Bedeutungszuwachs der Emblematik. Im politischen Sinne brachten das Motiv und die damit verbundene Devise vor allem auch den Anspruch Karl V. auf eine dominierende Stellung innerhalb Europas zum Ausdruck (Rosenthal 1971: 225). Und nach der Wahl Karls V. zum Kaiser rückten die Insignien, die seine Herrschaft über das Heilige Römische Reich symbolisierten, in den Mittelpunkt. So wurde der Reichsadler nun häufig zwischen den Säulen platziert.Noch heute finden sich dieses Symbol seiner Macht in den zentralen Orten seines Imperiums an vielen Bauwerken, wie z.B. am Maximilanmuseum in Augsburg (vgl. Abbildung 28).

Abbildung 28: Säulen der Herakles an der Fassade des Maximilansmuseum in Augsburg (Bau um 1545).

Quelle: Fotographie des Verfassers.

Häufig wurde der Kaiser zwischen oder unter die Säulen gesetzt. Das *plus oultre* wurde dabei im Deutschen als *Noch Weiter* wiedergegeben (vgl. Abbildung 29).

Abbildung 29: ‚Werbedruck' zur Wahl von Karl V. mit der Inschrift ‚Noch Weiter' (Hans Weiditz 1519)

Quelle: Grafische Sammlung Albertina in Wien. http://images.zeno.org/Kunstwerke/I/big/HL31491a.jpg.

In dem Maße, in dem nach der Eroberung Mexikos und Perus die Größe, der Reichtum und die Eigenständigkeit der Neuen Welt erkennbar wurden, sollte zu-nehmend auch die Einbeziehung der neuen westlichen Hemisphäre in das Imperium mit der Emblematik verbunden werden. In der Retrospektive erschien die Wahl des Plus-Ultra-Mottos durch Karl V. geradezu als programmatische Vorankündigung dieser Expansion, wie es insbesondere 1552 der Chronist Francisco López de Gómara mit seiner Deutung in der Karl V. gewidmeten Historia General de las Indias (1554) suggerierte:

„Gott wollte, dass die Indien zu Eurer Regierungszeit und von Euren Untertanen entdeckt wurden, damit Ihr sie zum heiligen Glauben bekehrtet, wie viele weise und christliche Personen meinen. Es begannen die Eroberungen der Indios, nachdem jene der Mauren abgeschlossen waren, denn schon immer kämpfen die Spanier gegen Ungläubige. Der Papst übertrug die Eroberung und Bekehrung. Ihr habt euch als Devise Plus Ultra gesetzt und damit zu verstehen gegeben, dass Ihr die Herrschaft über die Neue Welt anstrebt [tomaste por letra Plus ultra, dando a entender el señorío de Nuevo Mundo]." (López de Gómara 1554: 6; Übers. n. König 2002: 221)

Über die Programmatik der Reconquista der vom Islam eroberten Gebiete und der Renaissance des antiken römischen Imperiums hinaus wurde nun das Motto als Ankündigung einer erweiterten Konquista und der Geburt eines neuen globalen Reiches verstanden.

Entsprechend findet sich die Emblematik in den Wappen vieler Städte, die während der Herrschaftszeit des Imperators von den Konquistatoren in Amerika gegründet wurden. Bis heute sind in den Stadtwappen von Potosí und Veracruz die Säulen enthalten. In der Neuen Welt waren die Insignien des Kaisers insgesamt weit verbreitet und wurden an Kirchenportalen und öffentlichen Gebäuden angebracht (Schmidt 2002: 568). Auch von den eroberten indianischen Völkern wurde die Emblematik adaptiert und noch auf dem *Codex Techialoyan* (ca. 1700) findet sich die Symbolik des Kaisers und es sollte hiermit vermutlich „die besondere Treue zur spanischen Krone unterstrichen werden" (Schmidt 2002: 570).

Wie somit erkennbar wird, kann die Umkehr der Bedeutung der Säulen der Herakles nicht allein als ein Sinnbild der Offenheit des neuzeitlichen Menschen gedeutet werden. Vielmehr sind die Säulen klar aus dem imperialen Kontext zu interpretieren. War das Erreichen der Säulen des Herakles in der Antike auch als Sinnbild für das Maximum der imperialen Macht des römischen Reiches interpretiert worden (vgl. Kap. 5.3) so wird nun ihr Überschreiten zum Symbol für die Entgrenzung imperialer Macht.

Die Säulen sind damit als Symbole der okzidentalen Kolonialität zu interpretieren. Der imperiale Geist des neuzeitlichen Okzidentalismus findet hierin seinen ersten und paradigmatischen Ausdruck. Auf die damit verbunden dunklen Seiten des Plus-Ultra-Programms wird später noch näher eingegangen (vgl. Kap.7.7 und 7.8). Allerdings wäre es verkürzt, diese Weltreichsidee nur unter herrschaftskritischer Perspektive zu analysieren. Wie im Folgenden deutlich wird, ist die Weltreichsvision des Kaisers zwischen den Zielen von Weltbeherrschung und Weltbefriedung zu verorten. Damit wurden in der frühen Neuzeit Fragen aufgeworfen, die heute angesichts der Ambivalenzen der aktuellen Globalisierung und der Suche nach einer *Global Governance* durchaus wieder von Bedeutung sind.

7.6.2 Die Säulen der Herakles und die Monarchia Universalis

Die mit der Devise Plus Ultra versehenen Säulen des Herakles sind, wie gezeigt, als Symbol des universalen und globalen Herrschaftsanspruchs von Karl V. zu interpretieren. Die Bürger von Messina würdigten ihn 1535 in diesem Sinne mit der Devise, er regiere ein „Reich, in dem die Sonne niemals untergeht", welche einst der römischen Dichter Vergil Kaiser Augustus gewidmet hatte (vgl. Parker 2003: 113). Während der Slogan in der Antike letztlich unzutreffend war, da die Herrschaft der antiken Imperatoren auf den westlichen Teil der Ökumene beschränkt war, schien bei Karl V. nach der Fahrt Magellans die Verwirklichung dieser Idee zumindest praktikabel zu sein. Noch vor der Kaiserkrönung hatte Karl V. 1518 Magellan eine Audienz gewährt und ihn in seinem Vorhaben der Weltumsegelung unterstützt. Als die Überlebenden der Expedition 1521 zurückkehrten und damit erstmals die Globalität der Erde auch empirisch aufgezeigt hatten, war Karl V. bereits zum Herrscher des *Sacrum Imperium Romanum* gewählt worden (Fernández Álvarez 1977: 84). Mit der Ausweitung des Herrschaftsbereichs Karls V. durch seine Erbschaften und die spanischen Entdeckungen sowie der gleichzeitigen Übernahme der Kaiserwürde schien es möglich, das die Welt umspannende römische Imperium auf neuer, ausgeweiteter Stufe wiederherzustellen. Ein globales Imperium unter einem neuen *Imperator Mundi* war am entstehen (ebd.: 1977).[49]

Wie König in *Plus Ultra – Ein Weltreichs- und Eroberungsprogramm?* (König 2002) deutlich macht, „führten der Umfang der Herrschaftsgebiete in der Hand Karls V. [...] zu zahlreichen [...] Äußerungen über das Imperium Romanum und damit verbunden über monarchia universali, monarchia mundi [...], so dass man geradezu von einer Renaissance der Idee des Kaisertums in und durch Karl V. sprechen kann." (König 2002: 198) Dabei konkurrierten verschiedene Konzeptionen des Begriffs *Imperium Romanum* miteinander. Zum einen wurde darunter der Raum verstanden, der in der Antike der unmittelbaren Herrschaft der römischen Kaiser unterstellt war. Zum anderen aber wurde hiermit die infolge der Christianisierung und spirituellen Überhöhung der Ökumene (vgl. Kap. 5.2.6) entwickelte „römisch-christliche Universalidee" verbunden (ebd.: 200). Der Kaiser wurde so als weltliches Oberhaupt der Christenheit und *defensor ecclesiae*, als Schützer der Christenheit, angesehen, jedoch war damit keine Zubilligung einer politischen Herrschaft über die ganze Welt verbunden.[50]

---

49 Karl V. war Herzog von Burgund, Erzherzog von Österreich und nach seiner Wahl zum römischen König und späteren Kaiser auch der Gebieter des Heiligen Römischen Reiches deutscher Nationen einschließlich der Gebiete in Reichsitalien. Zugleich wurde er als Enkel von Ferdinand II. von Aragon und Isabellas I. von Kastilien König von Kastilien und damit zugleich der Herr der Reiche der Neuen Indien in Amerika, König von Aragon, sowie König von Sizilien und Neapel (vgl. König 2002: 198).

50 Insbesondere die französischen und spanischen Könige nahmen gleiche Rechte für sich in Anspruch, verstanden sich ebenfalls als „Kaiser in ihrem Königreich" (König 2002: 201). Das sich seit der Kaiserkrönung von Karl dem Großen auf das antike Imperium berufende *Sacrum Imperium Romanum* beschränkte sich im ausgehenden Mittelalter weitgehend auf Mitteleuropa. Auch wenn das Heilige Reich nie ein deutsch-nationales Reich war, so standen doch die deutschen Länder im Zentrum. Die Kluft zwischen politischer und spiritueller

Eine abweichende und weiterreichende Vorstellung vertrat jedoch eine römisch-legistische Richtung. Während der Amtszeit des Großkanzler Gattinaras (1518-1530) war im Umkreis von Karl V. die Idee von der *Monarchia Universalis* bei Teilen der führenden Eliten des Habsburger Reiches bestimmend (Bosbach 1988: 35 f.; Kohler 1999: 96). Ziel war die Wiederbelebung und räumliche Expansion der antiken Tradition des römischen Kaisers als oberster Gesetzgeber und Herrscher der gesamten Welt: „[Es] führte der Weg zur Formulierung einer monarchia mundi, zu einer monarchia imperatoria, deren Grenzen über das Abendland, ja, über die Christenheit hinausgingen und das gesamte Menschengeschlecht [...] umfassen sollte." (König 2002: 202) Das römische Imperium sollte damit wieder vereint und zugleich von der antiken Ökumene auf den gesamten Globus ausgedehnt werden: „Gattinara hatte die Erneuerung des Zustandes vor Augen, in dem sich Imperium Romanum – wenn auch jetzt geographisch verändert – Christenheit und Welt decken." (ebd.: 205)

Abbildung 30: Religiöse Überhöhung des Plus Ultras-Programm Karls V.
(Ausgburger Prachtcodice; sog. Escorial-Codice; um 1541).

Quelle: Bildnachweis: Entnommen aus Christoph Emmendörffer (Hg.) (2011): Abbildung S. 108.

Diese religiöse Interpretation der Weltreichsidee wird auch anhand einer Darstellung im Augsburger Prachtcodice erkennbar, in der das Kreuz Christi mit dem Reichadler gleichsam eine Einheit bildet (vgl. Abbildung 30). Man kann dies als Hinweis auf eine über rein materielle Bestrebungen hinausgehende religiöse Dimension des Weltherrschaftsanspruches interpretieren.

Der Reichskanzler sah in Karl V. den Universalmonarch, der dazu bestimmt war, die Weltmonarchie zu verwirklichen um schließlich den allgemeinen Frieden zu ermöglichen: „Der Stellung des Kaisers als Friedenswahrer innerhalb der Weltmonarchie entsprach dann seine Stellung als oberster Schirmherr der Gerechtigkeit [...]. Die Monarchia orbis war als eine universale Ordnungsfunktion gedacht." (König

Reichweite des Imperiums, zwischen „deutscher Ausrichtung" und universalem Verständnis, wurde im Mittelalter auch weitgehend akzeptiert (ebd.: 202).

2002: 203) Diese Ideen sind in der Tradition des ökumenisch-kosmopolitischen Gedankenguts der Antike zu verorten, wie es sich im Hellenismus bzw. später auch im römischen Reich herausgebildet hatte.

Wie gezeigt, war nach der imperialen Eroberung der Ökumene eine Phase der befriedenden Integration durch die Philosophie der Stoa und die Religion des Christentums erfolgt. Diese Lehren vertraten den Gedanken der Einheit des Menschengeschlechts in der Ökumene und dies trug zu einer Sakralisierung des ökumenischen Raums bei. Karl V. stand als Herrscher des *Sacrum Imperium Romanum* damit nicht nur in der Tradition der Herrschaftsgewalt der römischen Kaiser, sondern fühlte sich ebenso dem ökumenisch-christlichen Erbe verpflichtet. Er ist somit in einer spätantik-mittelalterlichen Tradition zu verorten, die erst in der Folgezeit an Bedeutung verlor: „Die letzte universal-sakrale Imperiumsidee bezog sich auf das Reich Karls V." (Der neue Pauly 2003: 1037) Die habsburgische Propaganda stilisierte dementsprechend Karl V., in Anlehnung an das späte römische Kaiserreich, zum neuen Weltenherrscher, als „dominus totius orbis [Herr des gesamten Erdkreises]" und „caput totius christianitatis [Haupt der gesamten Christenheit]" (König 2002: 200).

Abbildung 31: Triumph von Karl V, über seine Gegner. Kupferstich von Dirck V. Coornhert nach Maarten van Heemskerk.

Quelle: Entnommen Becker (2004): S.360.

Auch in den Reichskleinodien, d.h. des Schwertes als Symbol der militärischen Gewalt und dem mit dem T-O-Schema verzierten Reichsapfel als Symbol der unter einer Herrschaft vereinten Welt, mit denen Karl V. sich in den späten Jahren seiner Herrschaft in einer Darstellung seines Triumphes über seine Feinde abbilden ließ, fand diese Dualität der Imperiumsidee ihren Ausdruck (vgl. Abbildung 31).

Letztlich sollte Karl V. mit dieser Vision einer *Monarchia Universalis* scheitern, wie er selbst in seiner Brüsseler Rücktrittsrede von 1555 zum Ausdruck bringt:

„Ich habe die Kaiserkrone gesucht, nicht um über noch mehr Reiche zu gebieten, sondern um für das Wohl Deutschlands und der anderen Reiche zu sorgen, der gesamten Christenheit Frieden und Eintracht zu erhalten und zu schaffen. [...] Ich habe [...] viele beschwerliche Kriege führen müssen [...], aber niemals mutwillig. [...] Große Hoffnung hatte ich – nur wenige haben sich erfüllt." (Karl V. zit nach Geißler 1939: 85)

Karl V. blieb in der Geschichte eher durch seine vielen Schlachten in zwiespältiger Erinnerung. Seine Herrschaftszeit war vor allem durch die Auseinandersetzung mit dem Protestantismus, Kriege gegen die Osmanen, die Konkurrenz zum französischen König Franz I. und viele weitere Konflikte geprägt. Verbreitet ist das Bild eines Herrschers, der von antiquiertem imperialem Gedankengut geleitet wird und sich mit Gewalt gegen die Emanzipationsbewegungen der frühen Neuzeit wehrt. Neuere Arbeiten, wie sie insbesondere anlässlich seines 500. Geburtstags entstanden sind, zeichnen ein differenzierteres Bild und verweisen auch auf die letztlich unlösbaren Herausforderungen, vor denen der Kaiser stand (vgl. Kohler, Haider und Ottner 2002; vgl. auch Kapitel 7.8.5). Auf diese Debatte kann hier nicht im Detail eingegangen werden und es soll nur ein Aspekt hervorgehoben werden:

Eine zentrale Paradoxie der Herrschaft von Karl V. bestand darin, dass die Entgrenzung der Welt, die in der von ihm gewählten Devise Plus Ultra ihren signifikanten Ausdruck gefunden hatte, die alte Ökumene nicht nur geographisch sprengte, sondern auch zur Erodierung der damit verbundenen spirituellen Einheitsvorstellungen beitrug. Der Kaiser versuchte letztlich, neben das Plus Ultra der Macht auch ein Plus Ultra des Gedankens der ökumenischen Einheit zu setzen und seinen Herrschaftsanspruch damit zu legitimieren. Dieses Projekt war aber aufgrund der zentrifugalen Kräfte, welche die europäische Expansion der frühen Neuzeit in Gang gesetzt hatte, zum Scheitern verurteilt.

7.6.3 Translatio Imperii und die Westwanderung der imperialen Macht

Die Wahl der Devise Plus Ultra durch Karl V. war, wie gezeigt, zunächst keineswegs primär mit einem Anspruch auf die Eroberung der Gebiete jenseits der Säulen des Herakles verbunden, sondern war auch und vor allem auf die Herrschaft in der Alten Welt bezogen. Der Neuen Welt kam in den Debatten um die *Monarchia Universalis* erst in dem Moment eine zentrale Rolle zu, als infolge der Eroberung Mexikos erstmals erkennbar wurde, dass mit Amerika tatsächlich eine erhebliche Ausdehnung des Herrschaftsraums und der Zahl von Untertanen verbunden war. Langfrist betrachtet sollte allerdings das Plus Ultra tatsächlich primär eine Ausdehnung und Wanderung der imperialen Macht des Okzidents nach Westen zum Ausdruck bringen.

Es war Hernán Cortés, der in seinen an Karl V. gerichteten Briefen über die Eroberung Mexikos diesem erstmals eine neue Imperiumsvision antrug: „Eure Majestät kann also den Titel eines Kaisers dieser unermeßlichen Provinzen mit demselben Rechte führen wie den eines Kaisers von Deutschland, den Eure Majestät durch die Gnade Gottes bereits besitzt." (Cortés 1980: 9) Und von einer Rede des Aztekenherrschers Montezuma während der ersten Begegnung mit den Spaniern überliefert er folgende Worte: „Nach allem, was Ihr mir von dem großen König, der

Euch entsandt hat, er zählt, sind wir davon überzeugt, dass er [Karl V.] unser wirklicher Herr ist. [...] Zweifelt also nicht daran, dass wir Euch gehorchen und Euch als Vertreter des großen Königs, von dem Ihr sprecht, als Herrn anerkennen werden." (ebd.: 59) König interpretiert diese Äußerungen als den „Beginn eines Neuen, räumlich fundierten Universalismus" (König 2002: 216) und den „Entwurf einer neuen Imperiumsvorstellung" (ebd.: 217).

Dabei sind die Briefe Cortés in starkem Maße auch durch strategische Überlegungen motiviert gewesen und dürften nicht tatsächlich zur Gänze den wirklichen Wortlaut der Rede wiedergeben. Sie stellten auch einen Versuch dar, die durch kein offizielles Mandat legitimierte Stellung als Machthaber in den neu eroberten Gebieten zu festigen. Hierzu nutzt er geschickt eine indianische Legende, der zufolge einst der Toltekenkönig und Gott Quetzalcoatl vertrieben wurde, aber seine Wiederkehr versprochen hatte. Als die spanischen Eroberer mit ihren Schiffen an der Küste Mexikos landeten, wurde dies von den Azteken als die prophezeite Rückkehr der Götter interpretiert, und diese Identifikation scheint auch ein Grund für den anfänglich geringen Widerstand gegen die spanischen Eroberer gewesen zu sein. Cortés berichtet von folgenden Worten Montezumas:

„So verließ er [Quetzalcoatl; Anm. von G. J.] denn das Land. Wir aber haben seither immer geglaubt, dass eines Tages seine Nachkömmlinge wieder erscheinen würden, um uns zu unterjochen; und nach dem Teil der Welt zu urteilen, von dem Ihr gekommen sein wollt, dort wo die Sonne aufgeht [...] sind wir davon überzeugt, dass er unser wirklicher Herr ist." (Cortés 1980: 59)[51]

Cortés verwendet diese Rede des aztekischen Herrschers sowohl gegenüber Karl V. wie auch Montezumas strategisch, indem er sich ersterem als treuer Diener präsentiert, letzteren, in dem Glauben bestärkt, Cortés und die Spanier seien tatsächlich die Nachkommen Quetzalcoatls. So wird eine Übertragung des imperialen Mandats unterstellt: „Cortés bewertet diese Rede als politische Übergabe – gleichsam eine Art neuer translatio imperii, wie auch spätere Chronisten es taten." (König 2002: 217) Unabhängig davon, ob diese Worte authentisch wiedergegeben wurden, so wird hier zweifelsohne erkennbar, dass Cortés für Karl V. „eine Universalmonarchie auf der Basis von faktischer Macht und räumlicher Ausdehnung anvisiert." (König 2002: 218) Die mittelalterliche Idee der Wiederherstellung des antiken römischen Reiches ging in die neuzeitliche Programmatik der Erweiterung der Grenzen der Macht über.

Die Ausdehnung der imperialen Macht nach Westen wurde dabei von vielen Zeitgenossen heilsgeschichtlich gedeutet und überhöht. Auf die Hintergründe dieser eschatologischen Deutung der Verschiebung der imperialen Macht wird im Folgenden näher eingegangen werden, da sie später auch bei der Legitimierung von Bacons *Human Empire* und in der US-amerikanischen Interpretation der eigenen Mission eine Rolle spielen sollte und damit als Kernbestandteil des okzidentalistischen Denkens angesehen werden kann.

---

51 Inwieweit allerdings die überlieferte Rede Montezumas über Quetzalcoatl tatsächlich gehalten wurde, ist umstritten. Allerdings wurden die Berichte von den anderen Konquistadoren, die teils Cortés durchaus kritisch gegenüberstanden, nie als Lüge beschrieben wurden (Thomas 1998: 393).

Rekurriert wird hierbei auf eine Synthese von jüdisch-christlichen Glaubensvorstellungen mit antiken Weltreichslehren. Wie weiter oben aufgezeigt, wurde vom Propheten Daniel eine eschatologische Konzeption von der Geschichte und der Abfolge von vier Reichen in der Geschichte entwickelt. Am eschatologischen Ende der Zeit würde sodann das fünfte, göttliche Königreich erscheinen (vgl. Kap. 6.2.1). Von dem Kirchenvater Hieronymos (347-420 n. Chr.) wurde diese Konzeption mit der Vorstellung von der Wanderung und Übertragung des imperialen Herrschaftsmandats, der *translatio imperii* bzw. der *imperium transferre* verknüpft und als Ausdruck des göttlichen Willens gedeutet (vgl. Goez 2003: 176 f.). Ihre besondere Bedeutung erhielt diese Idee, als die Macht Roms gefährdet war bzw. bereits vergangen war. War bisher die Begrifflichkeit *translatio imperii* vor allem verwendet worden, um die Ereignisse vor dem Entstehen des römischen Reiches zu schildern, so stellte sich nun die Frage, wer das Erbe Roms innerhalb der vierten Weltmonarchie für sich beanspruchen konnte (ebd.).[52] Hierdurch vollzog sich eine Verschiebung in der Wahrnehmung des römischen Imperiums: Während ursprünglich in der jüdisch-christlichen Wahrnehmung das Ende des vierten Reiches und das Kommen des Gottesreiches ersehnt wurde, wurde nun im Zusammenhang mit der Aussöhnung zwischen Christentum und Rom der Fortbestand des römischen Reiches ersehnt, da hierdurch die mit Schrecken erwartete Apokalypse aufgeschoben wurde (Delgado et al. 2003: 7).

Eine zentrale Bedeutung in der Legitimierung des *Sacrum Imperium* gewann dabei die These der translatio imperii im Werk *Chronik oder Die Geschichte der zwei Staaten* (Otto Frisingensis 1961) von Otto von Freising (ca.1112-1158), einem der bedeutendsten Geschichtsschreiber des Mittelalters. Die Kaiserkrönung Karls des Großen wurde als dauerhafte Übertragung der Kaiserwürde an die fränkischen Könige interpretiert. Die besondere Relevanz des Werkes Ottos lag in der *Idee einer Westwanderung der Imperien*, die insbesondere nach der Entdeckung der Neuen Welt eine von ihm selbst nicht intendierte Eigendynamik entfalten sollte. Otto postulierte eine dreifache Ost-West-Wanderung, die sowohl die Macht, die Wissenschaft, als auch die Religion betrifft. An zentraler Stelle heißt es:

„[Es] hat alle menschliche Macht und Weisheit im Orient ihren Anfang genommen, und im Okzident erleben wir nun den Anfang ihres Endes. Was die menschliche Macht betrifft, so glaube ich hinlänglich geschildert zu haben, wie sie von den Babyloniern auf die Meder und Perser, dann auf die Makedonier, nachher auf die Römer und dann unter dem Namen des römischen Reiches auf die Griechen gekommen ist. Wie sie aber von diesen auf die Franken

---

52 Neben dem westlichen *Sacrum Imperium Romanum* beanspruchten auch Byzanz und später Moskau das Erbe Roms für sich. Das „ewige Rom" lebte aus dieser Perspektive in den Herrschern der östlichen Imperien und der sie legitimierenden orthodoxen Kirche fort. Die Anknüpfung an den Romgedanken war zentral für das „russische Sendungsbewusstsein" (Koch 2003: 35). Der Beginn einer eigenständigen westlichen Tradition der translatio Imperii wird insbesondere mit der Kaiserkrönung Karls des Großen in Rom in Verbindung gebracht. Der eigentliche rechtschaffende Akt, durch den Karl zum Kaiser wurde, war die Akklamation durch das römische Volk (Goez 1958: 63 f.). Ihre sakrale Legitimierung bekam die Krönung durch Papst Leo III. (ebd.: 64).

übertragen [translatum] worden ist, die im Abendland wohnen, das bleibt nun in diesem Buche zu berichten." (Otto Frisingensis 1961: Buch V. Vorwort 373 f.)

Damit folgt die Geschichte der Imperien einer Verlaufslogik, die quasi naturgesetzlich ‚dem Gang der Sonne folgend, sich vom Morgenland zum Abendland hin vollzog. Damit war das fränkische Reich gleichsam heilsgeschichtlich legitimiert. Die gleiche Logik sei auch in den Wissenschaften erkennbar, wie Otto im Anschluss ausführt:

„Dass aber die Wissenschaft zuerst im Orient, und zwar in Babylon, gefunden und von da nach Ägypten übertragen worden ist [...] berichtet Jesphus. [...] Dass sie zur Zeit der Philosophen von dort zu den Griechen gekommen seien, sagt der derselbe Autor. [...] Dann sind sie [...] zu den Römern und schließlich in jüngster Zeit [...] in den äußersten Okzident, das heißt Gallien und Spanien übertragen worden." (Otto Frisingensis 1961a: Buch V.; 373 f.)

Und eine ähnliche Entwicklung wurde schließlich ebenso hinsichtlich der Religion postuliert.[53] Damit schien der *Weltgeschichte eine Tendenz zur Verwestlichung* inhärent zu sein, die zu einer *Höherwertigkeit des Westens gegenüber dem Osten* führte. Bei Hegel findet sich in nahezu identischen Worten diese Vorstellung wieder: „Die Weltgeschichte geht von Osten nach Westen, denn Europa ist schlechthin das Ende der Weltgeschichte, Asien der Anfang." (Hegel 1986: 134) Und auch die Webersche Überhöhung der Besonderheit der okzidentalen Rationalität dürfte untergründig noch von diesem Denken beeinflusst worden sein. Allerdings existiert ein zentraler Unterschied zwischen der mittelalterlichen und der modernen Konzeption von der Stellung des Westens in der Geschichte:

Für Otto von Freising markiert die Phase der Konzentration der geistigen und politischen Macht im Okzident nicht, wie bei den modernen Autoren, den Beginn der Neuzeit, sondern kündigt vielmehr die Endzeit an. Dieses raumzeitliche Geschichtsmodell war bereits an der Ebstorfer Weltkarte erkennbar geworden. Es wird das Erreichen des räumlichen Non Plus Ultra der Orbis terrarums auch als Vorzeichen des zeitlichen Endes gedeutet: „Im Okzident erleben wir nun den Anfang ihres Endes" (Otto Frisingensis 1961a: 373). Otto meint, dass „wir in einem fortgeschrittenen Zeitalter der Erde leben" (ebd.: 273) und ihm deshalb Zusammenhänge offenbart würden, die den früheren Generationen verborgen geblieben waren. Diese Annahme sieht er bestätigt durch die Prophezeiung Daniels (vgl. Kap. 6.2.1), in der dieser die Entschlüsselung seiner Prophezeiungen am Ende der Geschichte vorhersagt:

„Dass sich deshalb in der Spätzeit der Welt das Wissen vervielfältigen werde, hat schon der Prophet vorausgesehen: ‚Viele werden bis in die Endzeit kommen, und vielfältig wird das

---

53 Die Stärkung des Mönchstums und der Religion war für Otto ein Beleg dafür, dass auch Macht und Wissen nach demselben Schema transferiert würden: „Sie [die Mönche, Anm. G.J.] wohnen aber am zahlreichsten, wie einst in Ägypten, so jetzt in Frankreich und Deutschland, so dass man sich über die Übertragung der Macht und des Wissens vom Orient auf das Abendland [potentiae seu sapientiae ab oriente ad occidentem translationem] nicht zu wundern braucht, wo ja offensichtlich auf dem Gebiete der Religion dasselbe geschehen ist." (Otto Frisingensis 1961: 567)

Wissen sein'. So kommt es, dass unseren Vorgängern, außerordentlich kenntnisreichen und hochbegabten Männern, doch viele Sinnzusammenhänge verborgen geblieben sind, die uns durch den Zeitverlauf und die Ereignisse klar geworden sind." (Ebd.: 373)

Otto interpretiert damit seine Historien als Entschlüsselung der Weissagungen Daniels, die ihm nun nach deren Offenbarung, d.h. durch ihre Realisierung in der Geschichte, möglich ist. Nun näherte sich ohne Zweifel das von Daniel prophezeite Weltenende. Als eindeutiges Zeichen hierfür erscheint Otto der Inventurstreit, in dem sich die Einheit von irdischer und religiöser Macht auflöste (Otto Frisingensis 1961: 491 f.). Die Befürchtungen Ottos sollten sich nicht bewahrheiten – das Ende der Zeiten war noch nicht gekommen. Aber die Stimmung im Abendlande war weiterhin erfüllt von apokalyptischen Erwartungen und auch eschatologisch genährten Hoffnung. Der kantabrische Mönch Joachim de Fiore setzte an die Stelle der außerweltlichen Heilserwartung eine innerweltliche Vision und bereitete damit den Weg von der transzendenten zur immanenten Utopie (vgl. Kap. 7.5.2).

In der Neuzeit verloren die apokalyptisch-eschatologischen Implikationen des Modells einer Ost-Westwanderungen von Otto teilweise an Bedeutung. Die Theorie wurde weitertradiert, erfuhr allerdings infolge der Entdeckung Amerikas grundlegende Modifikationen. So wurde die Idee des fünften Reichs verweltlicht und in die Neue Welt verlegt. Bischof George Berkeley (1685-1755) knüpfte mit der Formulierung „Westward the course of empire takes its way" (Berkeley zit. n. Bernbaum 1918: 96) an dieses Denken an (vgl. Kap. 8.8.1). Hiermit sollte später sowohl die Westexpansion innerhalb der USA als auch deren Dominanz über die Welt legitimiert werden. Es kann konstatiert werden, dass bis heute die Idee der Westwanderung der politischen, wissenschaftlichen und religiösen Macht das Selbstverständnis des Westens und seinen Glauben an die eigene besondere weltgeschichtliche Bedeutung prägt sowie als ein wesentliches Element der okzidentalistischen Ideologien angesehen werden kann. Die oben skizzierten soziologischen Konzepte über den okzidentalen Sonderweg (vgl. Kap. 3.1) speisen sich untergründig vermutlich auch aus diesen heilsgeschichtlichen Vorstellungen von einer Bewegung der Macht von Osten nach Westen.

Eine derartige Überhöhung des erweiterten, neuzeitlichen Westens unter Bezug auf die Idee der Westwanderung der Imperien erfolgte nun erstmals mit der Expansion der iberischen Mächte in die Neue Welt. Auf der iberischen Halbinsel war bereits im Mittelalter eine zur mitteleuropäischen Deutung der Ost-West-Richtung der Weltgeschichte konkurrierende Interpretationslinie verbreitet, welche in den iberischen Ländern den Abschluss der Geschichte verortete, und die These einer *translatio imperii* nach Spanien verlagerte (Delgado 1996: 196). Diese Konzeption wurde durch die Erfolge der Seefahrer bestärkt: „Da sie die ‚westlichsten' Völker Kontinentaleuropas sind, das ‚finis terrae' der Römer, lag es also nahe, dass die iberischen Länder das Zeitalter ihrer Expansion und Hegemonie mit Danielschen Kategorien deuteten und darin das Ende [...] der Ost-West-Wanderung sahen." (Delgado 2003: 253)

Abbildung 32: Übergabe der imperialen Macht vom Propheten Daniel an Karl V. (Ausgburger Prachtcodice; sog. Escorial- Codice).

Quelle: Entnommen aus Christoph Emmendörffer (Hg.) (2011). Abbildung S. 114.

Mit der Entdeckung der Neuen Welt wich dabei die alte pessimistische Deutung der Weltreichslehre einem neuen Optimismus. Insbesondere in der Deutung der chiliastisch inspirierten franziskanischen Spirituellen verwies Daniels Prophezeiung auf das Imperium Karls V. und sie deuteten das spanische Weltreich als das eschatologische fünfte Reich, das vor dem Ende der Welt bestehen sollte (Delgado 1996: 196). Auch innerhalb des deutschen Reiches wurden ähnliche Deutungen der Herrschaft von Karl V. vorgenommen, wie eine Darstellung aus einem Augsburger Prachtcodice verdeutlicht (vgl. Abbildung 32), ohne dass allerdings ein klarer Bezug auf Amerika erkennbar wird.

Von den hispanischen Chronisten wurde hingegen das Reich von Karl V. und seine Symbolik auf das eigene Land bezogen. In Spanien erfolgte dabei auch eine Verschiebung des Bedeutungsgehalts. Der mit dem burgundischen Orden verknüpfte Kreuzzugsgedanke verband sich, wie gezeigt, zunächst mit der Idee des *Sacrum Imperium Romanum*, d.h. des germanisierten Heiligen Römischen Reichs. Dieser Imperiumsgedanke wurde in Spanien aufgrund der neuen Entdeckungen transformiert und es trat „neben die alte römische Kaiser- und Reichsidee, die in Karl V. lebendig war, eine neue Weltreichsvorstellung [...] die aus nationalem Selbstbewusstsein resultierte" (König 2002: 221). Durch die Entdeckung Amerikas wurden traditionelle imperiale Konzepte umgedeutet und zugleich die Emblematik Karls V. als Signum eines neuen hispanischen Imperiums verstanden: „In diesem Kontext konnte für die Spanier ‚Plus Ultra' tatsächlich ein Weltreichsprogramm bedeutet, das mit Hispanisierung zugleich Zivilisation, Christianisierung, Ordnung und Frieden zu erreichen und zu bringen versprach." (ebd.: 221) Dementsprechend wurde die in

Flandern entstandene Emblematik hispanisiert und ist so auch heute noch – nun mit dem Wappen Spaniens im Mittelpunkt – auf der spanischen Flagge zu finden.

In euphorischen Worten preist der Humanist Pérez de Oliva (1494-1531) in diesem Sinne die Neupositionierung Spaniens, die durch das Durchbrechen der Säulen des Herakles erfolgt sei. Spanien, das hierdurch von der Peripherie in das Zentrum der Welt gerückt ist, erscheint ihm, der Ost-West-Sukzession folgend, als der legitime Erbe der imperialen Macht:

„Herakles setzte, als er die Welt durchwanderte, in Gibraltar ein Ende, und dies war das Ende für all unsere Vorfahren aufgrund der Angst, die sie vor dem Ozean hatten. [...] Heute aber machen seine Säulen die Macht unsere Fürsten [Karl V.] deutlich und verweisen auf zahllose Völker und Länder ohne Ende [...]. Am Anfang der Welt lag die Herrschaft im Osten [fue el señorío en oriente] [...] Danach lag sie in den Händen der Perser und Chaldäer; von dort kam sie nach Ägypten, nach Griechenland und nach Italien, zuletzt auch nach Frankreich. Nun aber wandert sie Grad für Grad nach Westen und ist nach Spanien gekommen." (Oliva 1787: 9; Übers. d. Verf.)

Mariano Delgado folgert aufgrund dieser und anderer Zeugnisse, „dass spätestens mit der Entdeckung der Neuen Welt für die Spanier eine faktische translatio imperii stattgefunden hatte." (Delgado 2003: 255) Bereits in der frühen Neuzeit wird damit eine von Otto von Freising noch ausgeschlossene Weiterwanderung des Imperiums über die Franken bzw. Deutschen hinaus nach Westen postuliert. Dabei wird bei Oliva das Zentrum des Imperiums weiterhin in der Alten Welt verortet. Doch anders als im pessimistischen Geschichtsbild Ottos wird die Ankunft im äußersten westlichen Ende der Ökumene nicht mehr als Vorzeichen des endgültigen Endes der alten Welt und als Kommen des transzendenten Reichs gedeutet, sondern als Beginn eines innerweltlichen Reichs des Heils. Auch von dem Franziskanermönch Toribio de Benavente Motolinia (1482-1568) wird die Entdeckung und Eroberung Amerikas mit der Hoffnung verknüpft, dass Karl V. das Reich Jesu Christi verwirklichen werde:

„Was ich nun von Eurer Majestät erbitte, ist das fünfte Reich Jesu Christi zu vollenden, welches der Stein, der ohne Hände aus dem Berg herausgerissen wurde, symbolisiert. Dieses muss sich ausdehnen, um die ganze Erde zu umspannen. Und von diesem Reich ist Eure Majestät der Anführer und der Hauptmann." (Motolinia zit. n. Delgado 2003: 259)[54]

Hier findet ein besonderes Sendungsbewusstsein seinen signifikanten Ausdruck: „Das spanische Weltreich hat die eschatologische Aufgabe zu erfüllen, durch die Bekehrung der neuentdeckten Völker das fünfte Reich, das Reich Christi, zu vollenden." (Delgado 2003: 259) Sowohl bei den iberischen Autoren als auch später bei angelsächsischen Denkern wird damit in Verbindung mit der Entdeckung der Neuen Welt eine Neuinterpretation der Heilsgeschichte erkennbar, welche sich von den Deutungen der Danielschen Geschichtsprophetie im christlichen Mittelalter

---

54 Bei Daniel hieß es: „Der Stein aber, der das Bild schlug, ward ein großer Berg, dass er die ganze Welt füllte." (2, 31- 35: 839) Diese Prophezeiung wird nun mit dem weltumspannenden Reich Karls V. gleichgesetzt und dieser gleichsam zum Stellvertreter des Menschensohns.

grundlegend unterscheidet: Die neuen, amerikanischen Imperien sind nicht mehr, wie das Heilige Römische Reich des Mittelalters, Vorläufer des noch kommenden Gottesreiches – sie sind selbst bereits Repräsentanten des ersehnten fünften, erlösenden Reichs.[55] Die Eroberung der Neuen Welt wird damit im Kontext einer neuzeitlichen Umdeutung der christlichen Eschatologie und der antik-mittelalterlichen Weltreichslehren interpretiert – wodurch die Unterwerfung und Bekehrung der Indios zugleich religiös legitimiert werden konnte.

Der europäische Westen als Ausgangspunkt der Expansion wie auch der neue amerikanische Westen als zentraler Raum der Aneignung erhalten so eine neue heilsgeschichtliche Dignität, welche weitreichender ist als die Sakralisierung des *Sacrum Imperium* im Mittelalter. Die Wanderung der Macht nach Westen wird nun umgedeutet zu einer innerweltlichen Heilsgeschichte, in der der Westen zur Verwirklichung des Gottesreiches auf Erden bestimmt erscheint. Die antik-mittelalterliche Imperiumsidee verliert damit letztlich in der Moderne nicht etwa zunehmend an Bedeutung, sondern lebt in transformierter Weise fort. Das sakral begrenzte Imperium wird hierdurch abgelöst durch den expansiven Imperialismus der neuzeitlichen okzidentalen Kultur. Es wird noch aufgezeigt, dass diese Umdeutung später vor allem in den USA radikalisiert wurde und bis heute das Selbstverständnis des Westens bestimmt (vgl. Kap. 8.8).

7.6.4 Zusammenfassung: Das imperiale Plus Ultra

Die Umkehr der Bedeutung der Säulen des Herakles von einem Symbol der Begrenzung zu einem Sinnbild der Entgrenzung erfolgte unter Kaiser Karl V., der sich Plus Ultra zur Devise seiner Herrschaft erwählte. War die Symbolik anfänglich mit seiner Funktion als Großmeister des Ordens vom Goldenen Vlies verbunden, so erfolgte mit der Ausweitung der Macht des Kaisers ein Bedeutungswandel. Mit dem Motto wurde auch der Kampf gegen den Islam assoziiert und am Ende seiner Regentschaft die Devise insbesondere zur Gewinnung der Herrschaft über die Neue Welt in Verbindung gesetzt. Damit wird erkennbar, dass dieses Sinnbild nicht allein als eine allgemeine Metapher für die neuzeitliche Weltoffenheit zu interpretieren ist. Vielmehr war damit die Idee imperialer Expansion verbunden und somit können die neu gedeuteten Säulen auch als *Symbol der Kolonialität der Moderne* in der ersten Phase des Okzidentalismus gedeutet werden.

Mit den Säulen verknüpft wurde auch die Idee einer *Monarchia Universalis,* der Karl V. lange Zeit gefolgt war. Ziel war die Wiederbelebung und globale Expansion der antiken Konzeption des römischen Kaisers als einem Herrscher der gesamten Welt, der auch ein Garant des Friedens zwischen den Menschen ist – am Ende seiner Herrschaftszeit stellte Karl V. resigniert fest, dass er mit dieser Idee gescheitert war.

Schließlich wurde auch der Gedanke einer Übertragung und Westwanderung der imperialen Macht – die sog. *translatio imperii* – mit dem Reich des Kaisers assoziiert

---

55 Ähnliches lässt sich in Portugal verzeichnen. Der in Brasilien wirkende Missionar Antonio de Vieira (1608-1697) verkündete in *Historia do Futuro, Esperance de Portugal, Quinto Imperio do mundo* (Vieira 1718), dass in „Wirklichkeit Portugal und nicht etwa Spanien dazu ausersehen sei, das fünfte Reich zu leiten, von dem Daniel spricht" (Vieira; zit. nach Delgado 2003: 281).

und auf die Neue Welt ausgedehnt. Diese Vorstellung kann als wesentlicher Bestandteil der Idee einer Superiorität des Okzidents und seiner Bestimmung zur Herrschaft über Amerika und die gesamte Welt angesehen werden.

7.7 DIE ENTGRENZUNG DER MENSCHHEITSÖKUMENE

Mit der Ausdehnung des Herrschaftsraums durch die Aneignung der Neuen Welt stellte sich das Problem der kognitiven Einordnung wie auch der realen Integration und kolonialen Assimilierung der Bewohner der neu entdeckten Gebiete. Hiermit waren grundlegende Fragen hinsichtlich des Status der neue entdeckten Menschheit verbunden, die mit den klassischen Ordnungsschemata nicht beantwortet werden konnten. Denn die Erfindung Amerikas hatte nicht allein eine Transformation der okzidentalen Subjektform (vgl. Kap. 7.4) zur Folge, sondern trug auch in einem weiteren Sinne zu einem Wandel des humanen Selbstverständnisses bei: Sie war mit einer Entgrenzung und Transformation des ökumenischen Raums verbunden. Wie oben ausgeführt, hatte in der Antike der Begriff der Ökumene den von der Menschheit besiedelten Raum bezeichnet und insbesondere im Christentum erfolgte eine spirituelle Überhöhung des Ökumenebegriffs als Synonym für die unter Christus vereinte Menschheit (vgl. Kap. 5.2.6). Ein neuer und bisher unbekannter Teil und von der traditionellen Konzeption der Welt nicht antizipierter Zweig des Menschengeschlechts war nach der Sprengung der alten Ökumene in der Neuen Welt erschienen. Der im Zeichen des Plus Ultra erfolgte Übergang von der Ökumene der Antike zur ausgeweiteten globalen Welt kann daher auch als *ökumenische Revolution* bezeichnet werden. Denn die Frage von Einheit und Differenz des Menschengeschlechts in der Ökumene, die in der Antike von der Stoa und dem Christentum mit ihren kosmopolitisch-ökumenischen Lehren von Einheit und Gleichheit der Menschen beantwortet worden war, wurde erneut aufgeworfen.

Die Repräsentationsmodi, durch die das okzidentale Subjekt seine Beziehung zum indianischen Anderen herstellte, können als konstitutiv für die Begründung des Okzidentalismus angesehen werden (vgl. Coronil 2002). Es erfolgte eine vielfältige Form der Aneignung, die von der vollständigen Abwertung als tierähnliche Barbaren bis zur Verklärung als engelsgleiche Wesen bzw. als Menschen im paradiesischen Urzustand reichte. Mit der Repräsentation von Andersheit war die Herstellung einer bestimmten Vorstellung vom westlichen Selbst verbunden und es wurden zugleich auf dessen Grundlage auch die kolonialen Beziehungen organisiert. Dabei sollte die Wahrnehmung des Anderen auch die Konstruktion des westlichen Selbst und die Vorstellung einer Überlegenheit des Westens beeinflussen. Wie Hall in *Der Westen und der Rest* (1994) argumentiert, war die Beziehung zu den außereuropäischen Kulturen zentral für die Genese der „Idee des Westens" (ebd.: 139) und damit der Herausbildung einer neuzeitlichen okzidentalen Identität: „Der Westen und der Rest wurden zu zwei Seiten einer Medaille. [...] Die sogenannte Einzigartigkeit des Westens war zum Teil durch Europas Kontakt und seinen Selbstvergleich mit anderen, nichteuropäischen Gesellschaften – dem Rest – hergestellt worden." (Hall 1994: 140) Vor allem die Diskurse über die indianischen Anderen haben demnach in hohem Maße die Herausbildung der neuzeitlichen Anthropologie des Okzidents beeinflusst (ebd.: 155 f.). Häufig war die Setzung von Differenz mit der Postulierung einer Hierarchie im Sinne einer Superiorität des okzidentalen Subjekts verknüpft. Dabei lässt sich allerdings keine eindeutige Position des Westens gegenüber den Bewohnern der Neuen Welt identifizieren. Vielmehr sollten die unterschiedlichen kulturellen Traditionen des Westens, die weiter oben skizziert wurden (vgl. Kap 6), zur Herausbildung einer Vielzahl von unterschiedlichen Repräsentationsformen beitragen, die von der Verklärung der Indios als Erben des Goldenes Zeitaltes bis zur Herabwürdigung als wilde Barbaren reichte. Im Folgenden soll zunächst auf die grundsätzliche Problematik eingegangen werden, welche das unerwartete Erscheinen eines bisher unbekannten Teils der Menschheit für das traditionelle Weltbild bedeutete. Am Beispiel der berühmten Kontroverse von Valladolid wird im Anschluss daran diskutiert, auf welche unterschiedliche und gegensätzliche Weise der Okzident Antworten auf dieses „Problem" der Entgrenzung der Menschheitsökumene gegeben hat.

7.7.1 Die Entdeckung der Antipoden

Mit der Entstehung des modernen Erdwasserglobus und der Erfindung einer Neuen Welt war auch die Entdeckung der sogenannten *Antipoden* verbunden. Deren Existenz war, wie ausgeführt, in der Antike von einigen Autoren wie dem spätrömischen Schriftstellers Macrobius postuliert worden (vgl. Kap. 7.3). Im Mittelalter wurde aber unter dem Einfluss von Augustinus die These von der Existenz dieser „Gegenfüßler" von den meisten Gelehrten verworfen. Die drei Kontinente waren einer weit verbreiteten Auffassung zufolge von den drei Söhnen Noahs besiedelt worden und eine vierte Menschheit nicht denkbar. Diese Position war auch noch im ausgehenden Mittelalter dominierend (vgl. Vogel 1995: 454). Die Theorie von den exzentrischen Sphären schloss sogar die Existenz weiterer Ökumenen und damit auch ein dort siedelndes unbekanntes Menschengeschlecht a-priori aus.

Die Fahrten des Kolumbus brachten diese Position ins Wanken. Doch auch der Genuese benannte noch die Bewohner der entdeckten Regionen als *Indios* und identifiziert sie damit als Bewohner Indiens. Damit wurde zwar ein neuer Weg, aber es wurde keine Neue Welt und somit auch keine Antipoden gefunden. Der italienische Geschichtsschreiber Peter Martyr Anghiera, der am spanischen Hof ein wichtige Stellung einnahm, spricht zwar bereits in einem Brief aus dem Jahre 1493, in dem er die Berichte des Kolumbus kommentiert, von „occiduos Antipodes novo terrarum hemisperio", d.h. von westlichen Antipoden und einer neuen Erdsphäre (Anghiera zit. nach Moretti 1994: 276). Er zweifelte auch die These einer asiatischen Zugehörigkeit der neuen Regionen und Menschen an, stellte aber die alte Position noch nicht prinzipiell in Frage (vgl. Vogel 1995: 399). Auch wurden die Briefe erst 1504 teilweise in einer frühen italienischen Ausgabe und schließlich 1516 vollständig in den *De Orbe Novo Decades* (Acht Dekaden über die Neue Welt) veröffentlicht (Anghiera 1972).

Somit blieb zunächst auch nach der Entdeckung Amerikas die Antipodenproblematik offen. So schreibt noch 1496 Zacharias Lilius in seiner Schrift *Gegen die Antipoden*, die wider die, infolge der neuen Entdeckungen keimenden, Vermutungen über die Existenz eines unbekannten Menschengeschlechts gerichtet war, es sei "völlig klar, dass es Antipoden niemals gegeben hat" (Lilius 1496: fol. f5v; Übers. nach Vogel 1995: 415). Auch andere Gelehrte sollten ähnliche Positionen vertreten, und so blieb die Kontroverse zunächst noch ungeklärt. Es waren schließlich vor allem die Berichte Vespuccis, welche die Existenz der Antipoden nun nahezu zweifelsfrei belegten. In diesen ist allerdings nicht explizit von Antipoden die Rede, sondern es werden die Bewohner der Neuen Welt ohne Rekurs auf die alte Debatte um die Existenz der Antipoden beschrieben.

In der lateinischen Schrift *Globus Mundi* wurde hingegen von Waldseemüller auf dem Titelblatt, mit Bezug auf die Antipodendiskussion, klar deutlich gemacht, welche revolutionäre Neuerung mit der Darstellung der Erde als Erdglobus und der Einbeziehung von Amerika und dessen Menschen verbunden war:

„Darstellung und Beschreibung der Welt und des ganzen Erdkreises. [...] Wo jeder Mensch, auch wenn er wenig gebildet ist, mit eigenen Augen sehen kann, dass es Antipoden gibt [antipodes esse], deren Füße zu unseren in Opposition sind. Und dass in jeglichem Teil des Erdkreises die Menschen ein gesundes Leben führen können." (Waldseemüller 1509b; Übers. d. Verf.)

Der Erdkreis wurde hiermit nicht nur im geographischen Sinn ausgedehnt, sondern zugleich die Ökumene, d.h. die von Menschen bewohnte Erde, nun endgültig über die traditionellen Erdteile hinaus ausgeweitet. Zwar wäre es aufgrund der letztlich geringen Verbreitung des *Globus Mundi* falsch, davon zu sprechen, dass hiermit die Kontroverse um die Existenz endgültig abgeschlossen war. Deutlich wird jedoch, dass sich die neue Position zumindest in Gelehrtenkreisen durchsetzte. Damit waren auch anthropologische und theologische Probleme verknüpft, da nun die der alten biblischen Lehrmeinung nach von den drei Söhnen des Noah abstammende Menschheit um einen vierten, bisher unbekannten Zweig ergänzt wurde. Die Entgrenzung der Welt führte damit nicht nur zu einer kosmographischen Revolution, sondern war auch mit einer *ökumenischen Revolution* verknüpft, weil eine die Neue Welt besiedelnde Menschheit erschienen war.

Damit stellte sich die Frage, wie diese neue Menschheit einzuordnen sei, ob sie als gleich, als inferior oder vielleicht gar als superior anzusehen sei. Während Kolumbus in seinem Brief über die erste Reise und Vespucci in seinem *Mundus Novus* noch eher das Bild der Indianer als edle, dem Paradieszustand nahestehende Wilde gezeichnet hatten, begannen sich später zwei gegensätzliche, widersprüchliche Erzählungen herauszubilden. Diese wurden bereits in den der *Cosmographiae Introductio* beigefügten vier Briefen des Vespuccis erkennbar, wie Gewecke hervorhebt: „Auf der einen Seite steht der freundliche und liebenswerte [...] ‚gute' Wilde. [...] Auf der anderen Seite aber steht der hinterhältige und grausame, einer Bestie vergleichbare Wilde." (Gewecke 1992: 112) Damit nimmt hier eine zwiespältige Wahrnehmung der „Antipoden" Gestalt an, welche die Beziehung des Okzidents zur indigenen Bevölkerung und ihrer Kultur bis heute begleiten sollte: „In dieser Gestalt formierte sich der Komplementärmythos des Bösen und des Edlen Wilden zu einer kontinuierlichen Unterströmung der gesamten europäischen Geistesgeschichte seit dem 16. Jahrhundert." (Fink-Eitel 1994: 10) Diese widersprüchliche Wahrnehmung wurde zur Grundlage unterschiedlicher Diskurse, welche die Aneignung der Neuen Welt und den Umgang mit ihren Einwohnern strukturieren sollte.

7.7.2 Die Frage der Einbindung der Indianer in die Ökumene

Im christlichen Denken war die Ökumene nicht allein als der von den Menschen besiedelte geographische Raum konzipiert worden, der Begriff beschrieb zugleich die unter Christi spirituell vereinte Menschheit. Die Erfindung Amerikas und der dort lebenden „Antipoden" warf nun, wie Pinheiro deutlich macht, die Frage der Integration dieser Menschen in die Ökumene auf: „Die Spezifität der Entdeckung Amerikas liegt also nicht in der Diversität an sich, sondern eher in den Implikationen, welche die Existenz von Menschen jenseits der bekannten *oikoumene* für die europäische Menschheitsauffassung mit sich brachte." (Pinheiro 2004: 197)

Eine Ausweitung der antik-christlichen Ökumene auf den globalen Raum war keineswegs einfach zu vollziehen, sondern stellte eine Herausforderung für die tradierte Konzeption dar, da an sich die Ökumene sowohl räumlich klar umrissen war und zugleich der gängigen Interpretation zufolge durch den Missionsraum der Apostel und die Nachkommen Noahs klar definiert war:

„Das Land, in dem er auf die Indianer trifft, lag für die christliche Tradition jenseits der oikoumene. Die in der christlichen Welt postulierte Einheit der Menschen beschränkte sich auf die christlich-jüdisch-arabische Welt der *oikoumene*, die bereits das Evangelium durch die Apostel Thomas, Bartholomäus, Simon, Matthäus und Paulus kannte. Die Entdeckung eines neuen Kontinents stellte dieses Konzept der *oikoumene* auf den Prüfstein." (Pinheiro 2004: 200)

In den verschiedenen von den Europäern eroberten Gebieten der Neuen Welt wurde so immer wieder die Frage aufgeworfen, inwieweit man die Indianer zu dem Kreis der Menschen zu zählen habe, die unter die Obhut der Kirche fallen und damit auch fähig und würdig waren zum Christentum bekehrt zu werden – oder ob ihnen ein inferiorer, quasi animalischer Status zukäme und ihnen damit Freiheits- und Schutzrechte verwehrt werden könnten.

So zeigt Pinheiro am Beispiel Brasiliens auf, dass es für die Missionierung von zentraler Bedeutung war, die Ökumene zu erweitern, wie z.B. an den Schriften des Jesuiten Nóbrega deutlich wurde: „Indem der Jesuit den Indianern den Status von Heiden zuschreibt, integriert er sie in die Welt der *oikoumene*. [...] Indem Nóbrege die Indianer in die *oikoumene* integriert, dehnt er den geographischen Bereich der mit diesem Begriff bezeichneten Menschengemeinde aus." (Pinheiro 2004: 200)

Ähnliche Debatten wurden auch in von den Spaniern eroberten Regionen geführt. Aus christlicher Sicht musste die Existenz der Indios mit der Idee der Nachkommenschaft aller Menschen von Noah in Einklang gebracht werden. Die klassische Zuordnung der drei Kontinente Europa, Asien und Afrika zu den drei Söhnen Noahs verlor mit der Entdeckung Amerikas ihre Sinnhaftigkeit. Einige sahen in den Bewohnern der Neuen Welt Nachkommen von Ham, dem verstoßenen Sohn, was zu einer stark negativen Bewertung führte. Diese Ansicht vertraten später auch die angelsächsischen Puritaner (Milhou 1994: 271 f.). Andere stellten selbst diesen Status in Frage und verglichen die Indios mit wilden Tieren. Die Bewohner der Neuen Welt wurden nicht der ökumenischen Gemeinschaft zugerechnet oder ihnen eine inferiore Position hierin zugeschrieben.

Positivere Implikationen ergaben sich aus der Annahme, die Herkunft der Indianer läge in Asien oder diese seien Abkömmlinge der verlorenen Stämme Israels (Milhou 1994: 280). Im Rahmen einer eschatologisch-utopischen Aufladung der Neuen Welt wurden deren Bewohner im christlichen Diskurs auch als *genus angelicum*, als engelgleiches Geschlecht verklärt (vgl. Delgado 1996: 203) bzw. als vorbildhafte Menschen im Zustand des goldenen Zeitalters imaginiert (vgl. Kap. 7.5.3). Diesen Annahmen folgend waren die Indios eindeutig Teil der Menschheitsökumene. Allerdings spielten in den Debatten um den Status der Ureinwohner Amerikas nicht nur unterschiedliche Ausdeutungen der Bibel eine Rolle. Auch war das Christentum nicht die einzige die Konquista legitimierende Lehre. Vielmehr waren, wie im Folgenden deutlich wird, auch die durch die griechische Philosophie beeinflussten humanistischen Konzepte, die teilweise im Gegensatz zum christliche Menschenbild standen, bedeutsam.

Zwar ist es zutreffend, dass in der ersten Phase des Okzidentalismus die christliche Missionierung und die Trennung zwischen Christen und Nicht-Christen eine zentrale Bedeutung im kolonialen Diskurs besaß (vgl. Boatcă 2009: 239 f.). Insbesondere spielte das berühmte *requerimento* eine zentrale Rolle bei der Legitimierung der kolonialen Landnahme der Spanier. Das 1513 von König Ferdinand von Aragon in Auftrag gegebene Edikt wurde den sogenannten Indios vorgetragen, um die Rechtmäßigkeit der spanischen Herrschaftsbestrebungen zu begründen (Hölz 1998:46). Das anfänglich zumeist nur auf Spanisch verlesene Dokument basierte auf dem Gedanken des *orbis christianus* und der ökumenischen Einheit des Menschengeschlechts, die hier in einer die kriegerische Gewalt der Konquistatoren wie auch die Missionierung legitimierenden Weise ausgedeutet wurde. Der Herrschaftsanspruch der Spanier beruhte dabei auf die Schenkungsbulle des Papstes Alexander VI. von 1493, in der den katholischen Königen die Autorität über die neue Welt zugesprochen worden war. Die Indios waren demnach zur Unterordnung unter den Papst und die Spanier verpflichtet (ebd.: 46).[56]

Damit wurde die ökumenische Idee zur Grundlage für das koloniale Herrschaftsprojekt. Allerdings teilten viele spanische Gelehrte und Kleriker nicht die Meinung, dass die Schenkung und das Dokument die Konquista rechtfertigen würde. Insbesondere der Dominikanermönch Bartolomé de Las Casas (1474-1566) sollte auf der

---

56 In dem Dokument heißt es: „Unter all diesen Menschen beauftrage Gott unser Herr einen, den heiligen Petrus, dass er über alle Menschen auf Erde Herr und Meister sei [...] Einer der letzten Päpste, die an seiner Stelle zu dieser Würde und auf diesen Thron gekommen sind, hat kraft seiner Herrschaft über die Welt diese Inseln und dieses ozeanische Festland den Katholischen Königen von Spanien [...] zum Geschenk gegeben [...] Deswegen bitten und ersuchen wir euch, [...] dass ihr die Kirche als Oberherrn der ganzen Welt und in ihrem Namen den Hohenpriester, Papst genannt, sowie an seiner Statt Seine Majestät als Herrn und König dieser Inseln und dieses Festlandes kraft der erwähnten Schenkung anerkennt. [...] Wenn ihr das aber nicht tut und böswillig zögert, dann werde ich, das versichern wir euch, mit Gottes Hilfe gewaltsam gegen euch vorgehen, euch überall und auf alle nur mögliche Art mit Krieg überziehen, euch unter das Joch und unter den Gehorsam der Kirche und Seiner Majestät beugen, eure Frauen und Kinder zu Sklaven machen, sie verkaufen und über sie nach dem Befehl Seiner Majestät verfügen." (Meyn 1987: 472)

Grundlage des Gedankens der Einheit des Menschengeschlechts jegliche Gewaltanwendung ablehnen und so zum wichtigsten Kritiker der Konquista werden.

Zugleich basierte die Argumentation derer, die die Anwendung von kriegerischer Gewalt befürworteten, nicht nur auf dieser Begründung. Eine gleich bedeutsame argumentative Basis für die Apologie des gerechten Krieges gegen die Indios bildete ein aristotelisch geprägter Humanismus, auf dessen Grundlage eine rassische und kulturelle Überlegenheit der Spanier postuliert wurde (Gillner 1997: 138 f.).

So deutete zwar der Humanist Juan Ginés de Sepúlveda (1490 – 1573), der Jurist und Geschichtsschreiber am Hof von Karl V. war, die Schenkung in dem Sinne, dass das Ziel der Christianisierung auch Kriege legitimieren würde (Hölz 1998: 53). Zentral für ihn war aber die aristotelische hierarchische Anthropologie, die auf einer Entgegensetzung zwischen dem einfachen, tierähnlichen Menschen und dem vollendeten Menschen, der die echte Humanität erreicht habe, basiert. Sepúlvedas Position steht damit paradigmatisch für eine bestimmte Geistestradition innerhalb des kolonialen Diskurses: Die okzidentale Kultur nimmt hier für sich in Anspruch, die Fähigkeit des Menschen in besonderem Maße im Sinne der *Humanitas* entfaltet zu haben, und legitimierte auf dieser Grundlage auch die Kolonisierung bzw. Zivilisierung der außereuropäischen, barbarischen Kulturen: „Die Selbst- Begründung der Idee der Humanitas bedurfte einer Exteriorität im Anthropos und im Barbaren." (Mignolo 2011: 117)

In der Frage der Inklusion bzw. Exklusion der Indianer findet so die Problematik der Ambivalenz des Humanismus als einem Kernelement des Okzidentalismus seinen exemplarischen Ausdruck. Wie bereits ausgeführt wies der abendländische Humanismus seit der Antike eine spezifische Ambivalenz auf, da er sowohl in einer exklusiven als auch in einer inklusiven Form erschien (vgl. Kap. 6.3.3). Auch am Beispiel der Beziehung des Westens zu den Ureinwohner Amerikas wird deutlich, dass ein christlich motivierter, paternalistischer und assimilierender „egalitärer Humanismus" (vgl. Jochum 2004) und ein in der philosophischen Tradition stehender „hierarchischer Humanismus" (ebd.) aufeinanderstießen.

Damit wird eine für die imperiale Bedeutung der Plus-Ultra-Devise zentrale Thematik diskutiert. Für Karl V. stellte sich immer wieder die Frage, mit welchen Argumenten die Eroberung der Neuen Welt legitimiert werden könnte bzw. welche Formen des Plus Ultra als illegitim erschienen. Während die Konquistadoren und ihre Apologeten letztlich alle Mittel als gerechtfertigt ansahen, wurde insbesondere von vielen Mitgliedern der christlichen Orden nur eine friedliche Form der Verbreitung des Glaubens befürwortet. Sie plädierten damit nicht per se gegen das Eindringen in die Neue Welt, waren aber „auf der Suche nach einer alternativen Konquista" (Mires 1991: 61). Diese Kontroverse um die Frage der Rechtmäßigkeit der Konquista und damit „die ethische Rechtfertigung der Eroberung der Amerikas" (Delgado 1991) soll im Folgenden näher dargestellt werden.

Entscheidend für die Debatten um den Status des Indios und damit auch die Legitimität der Konquista waren die Kontroversen um die Vernunftbegabung und Humanität der Indios. Der Schotte John Major, Professor in Paris, war der erste gewesen, der die Aristotelische Doktrin, dass viele Menschen „von Natur Sklaven" (Aristoteles 1991: 1254b) seien, welche dieser zur Legitimierung der Unterwerfung der Perser im Vorfeld der Eroberungsfeldzüge Alexanders des Großen entwickelt hatte, auf die Indianer anwandte und diese Überzeugung 1510 in einem Buch veröffentlichte. Weil die Indianer Tieren gleich seien und keine echten politische Gemeinwesen entwickelt hätten, könnten diese von Spaniern legitimierweise unterworfen werden „um als Sklaven von der europäischen Zivilisation humanisiert zu werden" (Gillner 1997: 138).

Die Spanier folgen in den ersten Jahren der Eroberung in blutigster Weise diesem Grundsatz, ohne dass sie der Kenntnis der Begründung bedürft hätten. Nur wenige traten dem Wüten entgegen. Einer der ersten, der vehement seiner Stimme zur Verteidigung der Indios erhob, war der Dominikanermönch Anton Montesino, dessen 1511 gehaltene Predigt uns Las Casas übermittelt hat:

„Sagt, mit welcher Berechtigung und mit welchem Recht haltet ihr diese Indios in so grausamer und schrecklicher Sklaverei? Was ermächtigt euch, so verabscheuungswürdige Kriege gegen diese Menschen zu führen, die friedlich und ruhig in ihrem Lande lebten, Kriege, in denen ihr unendlich viele von ihnen mit nie gehörtem Mord und Zerstörung vernichtet habt? [...] Sind diese keine Menschen? Haben sie keine vernunftbegabten Seelen? Seid ihr nicht verpflichtet, sie zu lieben wie euch selbst?" (Montesino zit. n. Las Casas 1997: 226)

Indem der Mönch Montesino die Problematik der Rechte der Indianer diskutierte, wurde erstmals klar die Frage nach der Legitimität der Konquista aufgeworfen: „[Es] säten die Dominikaner den Zweifel an der Rechtmäßigkeit der Eroberung. Sie sind die ersten, die der Idee der Konquista den Prozess machen." (Delgado 1991: 73) Im Namen der Dominikaner fuhr Montesino schließlich nach Spanien, um „Mitleid und Erbarmen" vom König für die Indios zu erflehen, was zu den ersten Gesetzen zur Regelung der Eroberung führte (vgl. Gillner 1997: 15). Eine lange und erbitterte Auseinandersetzung zwischen den Verfechtern einer gewaltsamen Unterwerfung der Ureinwohner der Neuen Welt und den Verteidigern der Indios sollte in den nächsten Jahrzehnten entbrennen.

Theoretisch wurde die Kontroverse um den Status der Indianer durch die Bulle *Sublimis Deus* (1537) von Papst Paul III. entschieden. Dabei wurde die Darstellung der Indios als Barbaren klar abgelehnt und diese Sicht sogar als Werk des Teufels beschrieben.[57] Dem wird das pastorale Bild der Indios als einer Herde sanfter Schafe entgegengestellt, die den Schutz und die Unterweisung durch den christlichen Hirten erwarten:

„Die wir mit allen Mitteln dafür kämpfen, dass die verlorene Herde, die uns anvertraut ist, in den Schafstall geführt wird, sind der Ansicht, dass die Indios wahre Menschen sind. Als solche sind sie nicht nur fähig, den katholischen Glauben zu verstehen, sondern nach unseren Informationen trachten sie auch sehr danach, ihn zu empfangen." (Ebd.: 106)

Zwar kann diese Position auch im Kontext einer Konkurrenz zwischen unterschiedlichen Formen der Konquista gedeutet werden, da hier der weltlichen Konquista,

---

57 In der Bulle heißt es: „Der Feind der Menschheit widersetzt sich allem Guten, um die Zerstörung der Menschen zu erlangen. Er hat seine Anhänger angestachelt, und diese haben, um ihm zu gefallen, nicht gezögert, weit und breit zu verkünden, dass die Indios des Westens und des Südens sowie die anderen Völker, die wir kaum kennen, Wilde sind und unfähig, den katholischen Glauben zu empfangen." (Sublimis Deus zit. n. Mires 1991: 106)

welche die Kolonisierung von Land und Körpern zum Ziel hatte, das Projekt einer spirituellen Konquista und damit einer „Kolonisierung der Seelen" (Mires 1991) beiseitegestellt wurde. In ihren Implikationen war die päpstliche Bulle für die Indianer aber eindeutig vorteilhafter, da sie im Gegensatz zur ihrer Abwertung zu *Bruta animalia*, zu wilden Tieren, wie es einige Apologeten der Versklavung behaupteten (vgl. Mires 1991: 108), als gleichwertige Menschen angesehen und respektiert wurden. Hierdurch wurde der Gedanke der Einheit und Gleichheit des Menschengeschlechts, der sich in der Antike im Zuge der Pazifierung der Ökumene durchgesetzt hatte, nun auch auf die Menschen der Neuen Welt angewandt. In diesem Sinne heißt es in dem päpstlichen Dokument:

„1. Alle Völker der Erde sind ihrer Natur nach wahre Menschen; 2. als solche genießen sie ihre Freiheit und ihren Besitz und können erlaubterweise nicht dessen beraubt und zu Sklaven gemacht werden; 3. alle sind durch Predigt und gutes Beispiel zum christlichen Glauben einzuladen." (Sublimis Deus zit. n. Gründer und Post 2004: 42)

Allerdings musste der Papst diese Bulle auf Druck des Kaisers etwas abmildern (Gründer und Post 2004: 42). In den folgenden Jahren änderte Karl V. jedoch seine Meinung und er erließ 1542 zum Schutz der indianischen Urbevölkerung die *Leyes Nuevas*, die „Neuen Gesetze", mit denen die Krone versuchte, „die Verfügungsgewalt der Eroberer über die Unterworfenen drastisch einzuschränken" (Pietschmann 2002: 538). Hierin wurde klar dargelegt, dass kein Grund die Versklavung der Indios rechtfertigt (vgl. Mires 1991: 110).

Ein zentrales Problem waren die sogenannten *Encomienda*s, ein lehensartiges System, durch das den Konquistadoren Landgüter einschließlich der dort lebenden Bevölkerung übertragen wurde. Diese zentrale Institution des spanischen Kolonialsystems war offiziell mit dem Ziel eingeführt wurde, die Eingeboren unter der Obhut eines Spaniers zum christlichem Glauben und Leben zu bekehren. Faktisch war aber dieses „Anvertrauen" (*encomendar*) mit sklavereiähnlicher Leibeigenschaft und Zwangsarbeit verbunden (Delgado 2001: 31). In ökonomischer Hinsicht war mit den *Leyes Nuevas* der Versuch verbunden, an die Stelle dieses auf die Encomienda gestützten privaten Produktionssystems eine kirchlich-staatliche Ökonomie zu setzen (Mires 1991: 111).

Auch das für seinen Sohn Philipp II. bestimmte *Große politische Testament* (Karl V. 2005), das er während des Reichstags in Augsburg[58] verfasste, macht das Bemühen des Kaisers um die Begrenzung der Exzesse der Konquista deutlich. Darin heißt es:

„Was nun besonders die Regierung in Indien angeht, so ist es von allergrößter Wichtigkeit [...], dass Ihr sie festigt aus Pflichtbewußtsein gegenüber Gott und Ihr den gebührenden Gehorsam findet, damit das genannte Indien gerecht regiert, aufgerichtet und bevölkert werde. Dafür müsst Ihr die Unterdrückung durch die Eroberer und durch andere, die dort Ämter haben und

---

58 Einen Einfluss auf die Verfassung des Testaments hatten vermutlich auch die Berichte über das Scheitern der Eroberungszüge des Augsburger Handelshaus der Welser im heutigen Venezuela und Kolumbien und den damit verbundenen Grausamkeiten (vgl. Pumm 1992; Denzer 2005).

Macht ausüben, die sie zum Vorwand für ihre bösen Absichten nahmen und nehmen, abstellen, um den Indianern Schutz und die nötige Erleichterung zu verschaffen." (Ebd.: 92)

Karl V. hatte mit dieser Botschaft an seinen Sohn zweifelsohne keine Beendigung des imperialen Projekts im Sinn. Sehr wohl aber ist das Ziel eines Übergangs von einer Phase der kriegerischen Expansion in eine Phase der pazifierenden Integration zu erkennen. Wie Pietschmann argumentiert, lässt sich so bei Karl V. ein „weite[r] Bogen vom unreflektierten ‚Bezähmer der Barbaren' bis zum einseitig die spanischen Eroberer und Siedler verurteilenden und die amerikanischen Ureinwohner als Opfer ansehenden Herrscher" erkennen (Pietschmann 2002: 540). Seinem jugendlichen Plus Ultra stellt Karl V. mit seinem Testament in gewisser Weise die Forderung nach einem partiellen Non Plus Ultra, d.h. nach einer Begrenzung der mit der Konquista verbundenen Gewalt entgegen.

Die Konquistadoren setzten sich jedoch gegen diese Versuche einer Limitierung ihrer Macht und Autonomie zu Wehr. Trotz des Erlasses der „Neuen Gesetze" konnte faktisch das Encomiendawesen nicht abgeschafft werden, da die Encomenderos heftigen Widerstand zeigten und auch die Krone die daraus erzielten Gewinne nicht verlieren wollte (vgl. Delgado 2001: 44 f.). Damit unterschied sich auch nach der Verkündung der päpstlichen Bulle *Sublimis Deus* und dem Erlass der *Leyes Nuevas* durch Karl V. die reale Praxis in der Neuen Welt stark von den Vorgaben und Gesetzen und auch die Kontroverse um den Status der Indios wurde fortgesetzt.

7.7.3 Die Kontroverse von Valladolid

Besonders markant war das Aufeinanderprallen der gegensätzlichen Positionen in der von Kaiser Karl V. einberufenen Kontroverse von Valladolid (1550-51) zwischen dem Dominikanermönch Bartolomé de Las Casas, dem Anwalt der Indios, und dem Humanisten und Aristotelesübersetzer Juan Ginés de Sepúlveda, in der die Rechtmäßigkeit einer weiteren bewaffneten Konquista in Amerika und die Legitimität der Versklavung der Indios verhandelt wurde. Zur Disposition stand sowohl die konkrete Form der Eroberung, als auch die Frage des grundsätzlichen anthropologischen Status der Indianer:

„Die Kontroverse geriet aber […] zu einem Streit über die Einheit des Menschengeschlechts, also über die Frage, ob dieses aus gleichermaßen würdigen, wenn auch unterschiedlich begabten, doch immer zivilisations- und glaubensfähigen Geschöpfen besteht oder ob es vielmehr eine hohe und eine niedere, eine herrschende und eine dienende Menschheit gibt." (Delgado 2001: 54)

Der Humanist Sepúlveda vertrat die Position, dass die Indianer rassisch wie auch kulturell minderwertig seien und daher mit Gewalt evangelisiert und okzidentalisiert werden müssten. Er berief sich hierbei vor allem auf den aristotelischen Ethnozentrismus (vgl. Kap. 6.3.3), den er von den Griechen auf die angenommene Überlegenheit der gesamten europäischen Kultur und Rasse – allen voran die spanische – übertrug. Sepúlvedas Argumentation stütze dabei die Position jener, die für eine Rücknahme der *Leyes Nuevas* plädierten.

Las Casas bestritt in seiner Entgegnung die Gültigkeit der aristotelischen Kategorie für die Bewohner Amerikas, indem er zu belegen versuchte, dass diese ebenfalls die Fähigkeit zur politischen Führung von Leben, Haushalt und Staat besitzen würden. Darüber hinaus stellte er die aristotelische Zweiteilung der Menschheit in Herren und Knechte infrage, und setzte eine christliche Konzeption entgegen, der zufolge das gesamte Menschengeschlecht Gottesebenbildlichkeit besitze, daher alle Menschen als potenziell zu einer heilvollen Entwicklung befähigt anzusehen seien. De las Casas befürwortete die Verbreitung der christlichen Religion und der Errungenschaften abendländischer Zivilisation, plädierte aber gegen den Einsatz von Waffengewalt. Er erachtete die Kultur der Indios als gleichwertig und forderte letztlich einen Dialog der Kulturen ein.

Die Beschäftigung mit dieser Debatte und den vorausgehenden Diskussionen lässt in paradigmatischer Weise die unterschiedlichen Positionen des Verhältnisses der okzidentalen Kultur zur außereuropäischen Welt sichtbar werden, wie auch Beck hervorhebt: „Wer die Diskussionen [...] über die Frage, wie die westliche Welt mit der Andersheit der Anderen umgeht [...] betrachtet, bemerkt mit Erstaunen, wie sehr die Debatten auf der legendären Konferenz von Valladolid [...] den gegenwärtigen Kontroversen ähneln." (Beck 2004: 78) Man kann berechtigterweise davon sprechen, „dass Las Casas und Sepúlveda typologisch die zwei Seelen in der abendländischen Brust gegenüber dem Fremden verkörpern." (Delgado 2001: 54). Der Kontroverse von Valladolid kommt damit eine weit über die unmittelbare Frage der Eroberung der Neuen Welt hinausgehende Bedeutung zu. Sie macht exemplarisch die Ambivalenzen und Dialektiken des Projekts der Moderne erkennbar und wird daher im Folgenden ausführlich diskutiert.

Ginés de Sepúlveda
und der neuzeitliche hierarchische Humanismus

Sepúlveda begründete seine Verteidigung des Einsatzes von Gewalt gegen die indianischen Völker mit den Zielen der Beseitigung heidnischer Lehren und der Verbreitung des Christentums sowie der Pflicht zum Vorgehen gegen Menschenopfer und Kannibalismus. Vor allem aber verlieh der aristotelisch geschulte Gelehrte der Konquista durch den Rückgriff auf die Philosophie des Aristoteles und dessen Begründung des „gerechten Krieges" eine höhere, auf humanistischen Idealen gründende Legitimation.[59] Dieser antike Ahnvater des okzidentalistischen Kolonisie-

---

59 Domingo de Soto, der bei der Kontroverse von Valladolid anwesend war, skizziert die Argumentation Sepúlvedas in seiner Zusammenfassung folgendermaßen: „Herr Doktor Sepúlveda basierte sein Urteil kurz gesagt, auf vier Gründe: Erstens auf die Schwere der Vergehen jener Menschen, namentlich des Götzendienstes und anderer Sünden, die sie wider die Natur begehen. Zweitens auf die Ungebildetheit ihres Geistes, da sie als von Natur sklavische und barbarische Menschen schließlich gegenüber den Menschen vornehmer Geisteshaltung, wie es die Spanier sind, zum Dienst verpflichtet sind. Drittens auf den Zweck des Glaubens, denn jene Unterwerfung ist füglich und zweckmäßig im Hinblick auf ihre Missionierung und Überzeugung. Viertens auf das Unrecht, das sie untereinander begehen, indem sie Menschen töten, um sie zu opfern, und einige gar, um sie zu verspeisen." (Soto 1997: 351)

rungsprojekts hatte den Krieg der Griechen gegen die „barbarischen" asiatischen Perser durch einen Rekurs auf einen anthropo-, logo-, ethno- und poliszentristische Humanismus legitimiert (vgl. Kap. 6.3.3). Da „die Natur [...] alles um der Menschen willen geschaffen hat" (Aristoteles 1991: §1256) und zugleich die Perser als nur in unzureichendem Maße zur Vernunft (Logos) und zur Polis-Sozialität befähigte Untermenschen angesehen wurden, schien es für Aristoteles begründet, dass die Hellenen „die *Kriegskunst* [...] sowohl gegen Tiere einsetzen muss als auch *gegen die Menschen, die zwar von Natur dazu bestimmt sind, beherrscht* zu werden, aber sich dazu nicht bereit finden wollen; denn in diesem Fall *ist ein Krieg von Natur gerechtfertigt*" (ebd.; Herv. d. Verf.). Damit war eine naturalistische Begründung der Kolonisierung von Natur und „Barbaren" geliefert worden.

Die Grundstruktur dieser kolonialen Matrix des Okzidentalismus wird damit bereits bei Aristoteles erkennbar. Coronil versteht unter Okzidentalismus Praktiken der Repräsentation, welche die Welt aus eurozentrischer Perspektive unterteilen und dabei „Differenz in Hierarchie verwandeln (und) [...] diese Repräsentationen naturalisieren" (Coronil 2002: 186). Eine wesentliche Grundlage hier war der naturrechtlich begründete Grecozentrismus des Aristoteles, der später auch zur Basis des Eurozentrismus wurde und sich zunächst insbesondere über die Abgrenzung zu den asiatischen Orientalen definierte.

Diese Logik gewann sodann auch bei der Eroberung Lateinamerikas eine zentrale Bedeutung für die spanische „Kolonialität der Macht" (Quijano 2000b). Analog zur Reklamation einer Superiorität der Griechen über die persisch-orientalischen Barbaren wurden von dem aristotelischen Humanisten Sepúlveda die indianischen Ureinwohner zu den neuen Barbaren erklärt, die zu unterwerfen die Spanier aufgrund ihrer rassisch-zivilisatorischen Überlegenheit legitimiert seien (vgl. Sepúlveda 1984). Damit begann eine lange Geschichte der Konstruktion einer „kolonialen Differenz" (Mignolo 2000: ix; Garbe 2013: 42), in der Verschiedenheiten zwischen den Kulturen hypostasiert sowie essentialisiert wurden und so zur Grundlage eines hierarchischen Verhältnisses wurden. Die als zivilisierter, humaner, moderner, entwickelter und globaler angesehene okzidentale Kultur schien dazu berufen, über die anderen Kulturen und Regionen zu dominieren (Quijano 2000b: 541 f.).

In der Neuzeit stellte damit die aristotelische Konzeption eine entscheidende Legitimationsquelle für die europäische koloniale Expansion dar. Die direkte oder indirekte Übernahme der aristotelischen Herrschaftslogik – und nicht etwa, wie häufig angenommen, primär das Christentum – diente allen Kolonialmächten zur Begründung der Rechtmäßigkeit der Unterwerfung der außereuropäischen Völker, wie Gillner am Beispiel der kolonialen Ideologie der Spanier deutlich macht: „Den wissenschaftlichen Referenzrahmen sowohl für die Einordnung der fremden Völker in das bekannte ethnographische Weltbild als auch die Begründung der spanischen Herrschaft über diese Menschen bildete die aristotelische Bestimmung des Menschen als zoon logikos kai politikos [vernunftbegabte und politische Wesen]." (Gillner 1997: 136; Einf. i. Orig.)

Ersichtlich wird dies insbesondere bei Sepúlveda, der die aristotelische Argumentation in seinen Schriften nahezu wörtlich wiedergibt und dessen Rechtfertigung des gerechten Krieges gegen die persischen Barbaren auf die amerikanischen Ureinwohner überträgt:

„Es gibt außerdem weitere Gründe, die die Kriege rechtfertigen, die zwar nicht so häufig Anwendung finden; aber ohne Zweifel werden sie mit Recht angeführt und sie fundieren im Naturrecht und im göttlichen Recht. Einer dieser, der am meisten auf jene Barbaren, die volkstümlich Indios genannt werden, angewandt wird [...], ist der folgende: Dass deren natürliche Beschaffenheit ist derart, dass es Ihnen gegeben ist anderen zu gehorchen, und wenn sie diese Herrschaft verweigern, und es bleibt kein anderer Ausweg, dann sind sie zu beherrschen durch die Waffen; denn so ein Krieg ist gerecht nach der Meinung der bedeutsamsten Philosophen." (Sepúlveda 1984: 20; Übers. d. Verf.)

Gemeint mit den „bedeutsamsten Philosophen" ist zweifelsohne primär Aristoteles, auf dessen naturrechtlicher Herleitung einer „universalen Natur"[60] (Aristoteles 1991: 1254a) jeglicher Herrschaftsordnung Sepúlveda zurückgreift.[61] Im Grundaufbau der Natur ist demnach die Untergliederung in inferiore und superiore Entitäten und damit ein Machtverhältnis a priori angelegt, wie bereits am Stoff-Form-Dualismus erkennbar sei: „Und so ist in allen unbelebten Dingen, die zusammengesetzt sind aus Materie und Form, die letztere die Perfektere, ist herausragend und erscheint wie die Herrin; Die Materie im Gegensatz hierzu ist beherrscht durch diese und ist wie die Sklavin." (Sepúlveda 1984: 20; Übers. d. Verf.) Über die Ebene des Physikalischen hinaus setzt sich dieses Prinzip auch im Bereich des Biologischen fort und bestimmt schließlich auch die gesellschaftlichen Verhältnisse:

„Und es wird gelehrt, dass die gleiche Logik gültig ist für alle übrigen Menschen in ihren gegenseitigen Beziehungen [...] Die, welche überlegen sind an Weisheit und Talent [...] diese sind Herren von Natur aus; Auf der anderen Seite sind die, die schwerfällig und ungeschickt sind in ihrer Auffassungsgabe [...] Sklaven von Natur aus." (Ebd.: 22)

Er kommt daher auch zum Schluss, dass die Herrschaft der aufgrund ihrer „Humanität" und „Zivilisiertheit" überlegenen Völker von Natur aus gerecht und zum Wohle aller sei:

---

60 In der *Politik* (Aristoteles 1991) wird die von einigen Sophisten vertretene Annahme, wonach die „Sklaverei wider die Natur" sei, mit dem Argument widerlegt, dass in allen aus differenten Teilen zusammengesetzten Gebilden „ein herrschender und ein beherrschter Teil sichtbar" werde, und dieser Logik eine „universale Natur" zugrunde liege (ebd.: 1254 a). Aristoteles benennt nun eine vom Leblosen bis zum Staat aufsteigende Reihe dualistischer Hierarchien, in der die Form über den Stoff, der Menschen über die Kreatur, der Logos über den Leib, der Mann über die Frau und die Griechen über den Barbaren stehen. Herrschaft über Menschen wird so naturrechtlich legitimiert. Wie Todorov richtig bemerkt, ist dabei auch die Parallelisierung von sozialen Herrschaftsbeziehungen und dem Verhältnis zum als ‚Anderem' erfahrenen Leib zentral (Todorov 1985: 186). Das Projekt der Kolonisierung der äußeren Natur und der außereuropäischen Welt konstituiert sich im Zusammenhang mit der Kolonisierung der inneren Natur.

61 In Anlehnung an die aristotelische Vorstellung schreibt Sepulveda: „Übereinstimmend mit der Natur ist dies, dass in allen Dingen welche aus mehreren anderen bestehen, seien es zusammenhängende, seien es getrennte, wir feststellen, dass eine dieser, nämlich die wichtigere, hat die Herrschaft über die übrigen, wie die Philosophen lehren, und die andere ist ihr Unterworfen." (Sepúlveda 1984: 20; Übers. G. J:)

„Derjenige, der dumm ist, diene dem Weisen; und es wird geglaubt, dass solcherart die barbarischen und inhumanen Völker sind, die getrennt sind vom zivilisierten Leben, dem moralischen Benehmen und den Praktiken der Tugend. Für diese ist es vorteilhaft und mehr übereinstimmend mit dem Naturrecht, dass sie sich unterwerfen unter die Herrschaft der humaneren und tugendhafteren Nationen und Könige, damit sie […] ein humaneres Leben und eine moralischere Lebensweise und tugendhaftere Praktiken annehmen." (Ebd.: 23)

Damit wird der Prozess der Zivilisierung und Humanisierung der vorgeblich inhumanen Völker durch die angeblich überlegenen Rassen und Kulturen zu einem naturrechtlich legitimierten Ziel. Für Sepúlveda bestand dabei kein Zweifel, dass die Bewohner der Neuen Welt ebenfalls als inhumane, animalische Wesen anzusehen seien, und daher zurecht von den Spaniern unterworfen würden:

„An Klugheit und Scharfsinn, Tugendhaftigkeit und Menschlichkeit sind die Spanier diesen Barbaren so weitaus überlegen wie die Erwachsenen den Kindern und die Männer den Frauen; zwischen ihnen besteht ein ebenso großer Unterschied wie zwischen wilden, grausamen Menschen und solchen von großer Sanftmut, […] fast möchte ich sagen, wie zwischen Affen und Menschen." (Sepúlveda zit. n.. Todorov 1985: 185)

Er animalisiert die Indianer, so wie einst Aristoteles die Perser, um den Kontrast zur Humanität der Spanier umso deutlicher zeichnen zu können. Damit erscheint auch die Unterwerfung der indianischen Völker für ihn zweifelsohne als gerechtfertigt: „Dass die Indio, ähnlich den aristotelischen Barbaren, als Knecht und Sklaven von Natur zu betrachten seien, ist nur die logische Schlussfolgerung aus dieser chauvinistischen Überhöhung des eigenen Volkes zur Legitimierung des geschichtlichen Führungsanspruch in der Welt des 16. Jh." (Delgado 2001: 57) Der abendländische Humanismus und Logozentrismus wird zur Grundlage seiner okzidentalistischen und eurozentristischen Lehre.

Wie Mignolo argumentiert, hat im Diskurs der Moderne das Ideal der *Humanitas* immer wieder dazu gedient, die westlichen, modernen Menschen von angeblich einfachen, traditionsgebundenen und daher inferioren Menschen der außereuropäischen Welt abzugrenzen (Mignolo 2011: 81 f.). Es kann von einer spezifischen okzidentalistischen Ideologie gesprochen werden, in der verschiedene Zentrismen miteinander verknüpft sind. Der Okzidentalismus ist durch die Verbindung von Euro-, Anthropo-, Polis, Logozentrismus gekennzeichnet, der in der abendländischen Ausdeutung von Humanität seinen Kern besitzt (vgl. auch Braidotti 2014: 197). In der Neuzeit wurde dabei das antike Erbe noch, wie später deutlich wird, mit der Durchsetzung eines technischen Humanismus durch den Fortschrittsgedanken und einen Technozentrismus ergänzt und so die Idee der Besonderheit des Westens übersteigert (vgl. Kap. 8.8.1). Es ist so, wie auch Osterhammel argumentiert, von einer „historische(n) Eigenart des neuzeitlichen – modernen – Kolonialismus" auszugehen (Osterhammel 1995: 18), der von einem besonderen Überlegenheitsgefühl gekennzeichnet und von „ideologische[n] Programme[n]" (ebd.: 19) begleitet war, durch welche „die europäische Expansion grandios zur Erfüllung eines universellen Auftrags stilisiert" werde konnte: „Im modernen Kolonialismus nahm ein solcher ethnozentrischer Hochmut eine aggressiv-expansionistische Wendung. […]

Daher sind die kolonialistischen Abhängigkeitsstrukturen ohne den Geist des Kolonialismus, der sie beseelt, nur unvollständig charakterisiert." (ebd.: 20)

Es wurde nun deutlich, dass sich dieser *Geist der Kolonialität*, wie er hier genannt werden soll, vor allem durch den aristotelische Humanismus geprägt wurde, der infolge der Entdeckung und Kolonisierung neuer Welten transformiert wurde und so zur Herausbildung des kolonialen Geists der Moderne führte. Diese Begründungslogik wird bereits exemplarisch anhand der Schriften des aristotelischen Humanisten Sepúlveda erkennbar. Die Grundmatrix der kolonialen Epistemologie während der ersten Welle des Okzidentalismus liegt damit nicht, wie z.B. Boatcă unterstellt, primär in der christlichen Unterscheidung zwischen Christen und Heiden begründet (vgl. Boatcă 2009: 239 f.). Vielmehr basiert sie auf der naturrechtlich begründeten Herrschaftslehre des aristotelischen Humanismus. Damit sind bei Sepúlveda schon alle Ambivalenzen des späteren Modernisierungsdiskures erkennbar, wie auch Dussel hervorhebt: „Bei Ginés de Sepúlveda findet der ‚Mythos der Moderne' bereits seine definitive und klassische Ausdrücklichkeit." (Dussel 1993: 7) Unter der eurozentristischen Annahme einer Überlegenheit der westlichen Kultur wird Zivilisierung der anderen Völker zum humanitären Akt, der auch die Gewaltanwendung der Konquistatoren legitimiert. In dieser Widersprüchlichkeit des modernen Humanismus lässt sich Dussel zufolge bereits die dunkle Dialektik der Moderne erkennen: „Tatsächlich ist der ‚Mythos der Moderne' eine gigantische Verkehrung: Das unschuldige Opfer wird in ein Schuldhaftes verkehrt, der schuldige Mörder als unschuldig betrachtet." (Dussel 1993: 81)

Die Ambivalenzen des emanzipatorischen „humanistischen" Programms der Moderne werden am Ende dieser Arbeit noch näher diskutiert werden. An dieser Stelle ist von besonderer Bedeutung, dass sich bereits in der ersten Phase des Okzidentalismus die eindeutigste Begründung der okzidentalen Überlegenheit aus dem philosophisch geprägten humanistischen Geist des Westens speist. Man kann somit auch von einem *Mythos der Humanisierung* als *Kernelement der neuzeitlichen Ideologie des Okzidentalismus* sprechen. Dieser Mythos verklärt die Menschen und die Kultur des Okzidents als in besonderem Maße „menschlich" und legitimiert damit die Kolonisierung der außereuropäischen Welt und die Gewalt gegen die angeblich „inhumanen" Anderen.

Die christliche Lehre nimmt in diesem Kontext innerhalb dieses kolonialen Diskurses eine widersprüchliche Rolle ein. Zwar wird unter Bezug auf christlich-humanistische Werte und den Auftrag zur Missionierung die Konquista auch immer wieder legitimiert (vgl. Mires 1989). Zugleich wurde aber auch aus dem ökumenischen Geist des Christentums und dem damit verbundenen Gedanken der Einheit des Menschengeschlechts die Konquista kritisiert, wie insbesondere das Beispiel von Bartolomé de Las Casas deutlich macht.

Las Casas und die Wahrheit der Anderen

Las Casas, der 1522 dem Dominikanerorden beitrat und 1543 entsprechend dem Vorschlag von Karl V. zum Bischof von Chiapas berufen wurde, führte den von Montesino begonnenen Kampf um die Rechte der amerikanischen Ureinwohner Werk fort. Las Casas wandte sich seit 1515 in seiner Funktion als „Beschützer und Fürsprecher der Indios" und in seinen Schriften vehement gegen die Gewaltexzesse der Konquistadoren. Er trug hierdurch wesentlich zum Erlass der *Leyes Nuevas* bei, die ein Verbot der Indiosklaverei und eine Neuordnung der *Encomiendas* beinhalteten (vgl. Delgado 2001: 42). Las Casas sah dabei das Encomiendasystem als das zentrale Problem an und forderte dessen Abschaffung. Anstelle dessen sollten die Indios der direkten Herrschaft des Kaisers unterstellt werden, wie er in einem Schreiben an Karl V. forderte:

„Seine Majestät möge kraft Seiner eigenen Machtvollkommenheit anordnen, verfügen und einsetzen, dass alle Indios Westindiens als die freien Untertanen und Vasallen, diese sind, der Königlichen Krone von Kastilien und Leon, dem direkten Schutz S.M. unterstellt, unterworfen und angeschlossen werden sollen; und kein einziger soll den spanischen Christen als Encomienda übertragen bleiben." (Las Casas zit. n. Gillner 1997: 44)

Diese Gesetze konnten allerdings nur bedingt zur einer Veränderung der ausbeuterischen Praktiken in der Neuen Welt beitragen. Die weiter anhaltenden Kontroversen führten so zur Debatte von Valladolid. Las Casas versuchte im Gegensatz zur Argumenation von Sepúlveda aufzuzeigen, dass die Anwendung der aristotelischen Kategorie des „Sklaven von Natur" auf die Indianer nicht legitim sei. Seiner Ansicht nach erfüllten die Einwohner der Neuen Welt die Kriterien der Zivilisiertheit mehr als viele Völker der Antike. In seiner Rede in Valladolid und in zwei apologetischen Werke versucht er „die Wahrheit der Anderen" (Delgado 1997: 443) zu verteidigen, da die Indianer verleumdet worden wären von jenen, die behauptet hatten „diesen Menschen fehle es an gesunder Vernunft, um sich selbst zu regieren, sie hätten keine menschengemäße Regierungsform und keine geordneten Gemeinwesen" (Las Casas 1997: 443). So versucht er zu belegen, dass die Indios „ebenfalls klug und von Natur mit den drei Arten der Klugheit begabt sind, die Aristoteles anführt, nämlich der monastischen, der ökonomischen und der politischen" (Casas 1998: 59).

Er verteidigt damit die indianischen Kulturen, ohne die aristotelische Anthropologie prinzipiell infrage zu stellen. Dies muss allerdings primär als Zugeständnis an den aristotelischen Humanismus seiner Zeit angesehen werden und weniger als seine innere Überzeugung. Die aristotelische Logik hatte für ihn nur Gültigkeit ihm Rahmen des christlichen Glaubens.[62] Todorov sieht den Gegensatz zwischen Sepúlveda und Las Casas daher als Widerstreit zwischen aristotelischer und christlicher Tradition an: „Während bei der hierarchischen Konzeption Sepúlvedas eindeutig Aristoteles Pate gestanden hatte, kann man Las Casas egalitaristische Konzeption – wie es im Übrigen bereits damals getan wurde – als aus der Lehre Christi erwachsen darstellen." (Todorov 1985: 194)

Die zentrale Thematik von Las Casas war die Verteidigung des christlichen Gedankens der Einheit des Menschengeschlechts und die Verwerfung des aristotelischen Gedankens einer naturhaften Hierarchie. Zwar glaubt auch der Dominikanermönch an eine Superiorität der christlichen Religion und teilweise auch der griechisch-okzidentaler Zivilisation, doch ging dies – im Gegensatz zu Sepúlveda – nicht

---

62 Die aristotelische Lehre ist für Las Casas dem Christentum unter- und nachgeordnet und wird verworfen, wenn sie im Widerspruch zu diesem steht. In seiner Apologia schreibt Las Casas in aller Deutlichkeit: „Lebe wohl, Aristoteles! Von Christus, der die ewige Wahrheit ist, haben wir die Weisung erhalten: Du sollst deinen Nächsten lieben wie dich selbst." (Las Casas zit. nach Delgado 1997: 312)

mit dem Glauben an eine grundlegende Differenz zwischen „humanen" und „inhumanen" Naturen einher, die der Differenz der Kulturen zugrunde liegen würden. Vielmehr gibt es für ihn ein „einziges Menschengeschlecht" mit ähnlichen Eigenschaften und daher würden alle Menschen der Erziehung bedürfen, um sich zu entwickeln:

„Für alle Menschen und jeden einzelnen gibt es nur eine Definition, und diese ist, dass sie vernunftbegabte Lebewesen sind; alle haben eigenen Verstand und Willen und Entscheidungsfreiheit, weil sie nach dem Ebenbild Gottes geschaffen sind. [...] So gibt es denn ein einziges Menschengeschlecht, und alle Menschen sind, was ihre Schöpfung und die natürlichen Bedingungen betrifft, einander ähnlich." (Las Casas 1997: 376)

Alle Menschen bilden eine Einheit, die sich aus der Abstammung von Adam und Eva ableitet, und hierauf gründet auch der Gedanke der Gleichheit, welcher einer hierarchische Logik der Inferiorität und Superiorität entgegensteht. Auf der Grundlage dieser alternativen Anthropologie eines „egalitären Humanismus" (vgl. Jochum 2004) plädierte Las Casas für eine Beendigung der gewaltsamen Konquista und eine bessere Behandlung der Indios.

Dabei schildert er in seiner Apologie der Indianer diese häufig als sanfte, den christlichen Idealen näherstehende Menschen, denen er die gewalttätigen Spanier entgegenstellt. So heißt es auch in seinen *Brevísima relación de la destrucción de las Indias* (1552)[63] (Deutsch: *Kurzgefaßter Bericht von der Verwüstung der Westindischen Länder*), in einer Darstellung des Massakers der Spanier in Cholula:

„Alle Herren des Landes und der benachbarten Gegenden und an ihrer Spitze alle Priester, [...] gingen nämlich den Christen sehr hochachtungsvoll entgegen, um sie zu empfangen, und [...] zu beherbergen; da beschlossen die Spanier dort ein Blutbad anzurichten [...] um Furcht in allen Winkeln zu verbreiten [...] Denn die Spanier waren [...] stets gewillt, in allen Ländern, die sie überfielen, ein grausames und aufsehenerregendes Blutbad anzurichten, damit jene sanften Schafe vor ihnen zittern sollten." (Casas 1998: 56)

Der integrative Humanismus führte bei Las Casas somit nicht allein dazu, dass er im Gegensatz Sepúlveda die Indios in den Kreis der Menschheit einbezog. Vielmehr wurden aufgrund der mehr an christlichen Demutsvorstellungen ausgerichteten Humanitätsvorstellungen die Ureinwohner Amerikas zu höherwertigeren Menschen stilisiert. Umgekehrt werden nun bei Las Casas die Spanier zu „Hauptfeinden des Menschengeschlechts" (Casas 1998: 55), die Verbrechen gegen die humanistischen Ideale begehen würden. In einer seiner Schriften geht Las Casas dabei sogar so weit, die christliche Doktrin des gerechten Krieges als Mittel zur Selbstverteidigung auch den Indios zuzubilligen, d.h. er hält den Widerstand gegen den aristotelisch begründeten ‚gerechten' Eroberungskrieg der Spanier für legitim: „Alle Ureinwohner und ein jedes Volk, in das wir in Westindien eingefallen sind, sind im vollen Recht, einen

---

63 Die Berichte von Las Casas wurden später nicht zuletzt von der protestantischen Propaganda zur Grundlage für eine Anklage der Spanier und damit der Begründung der sogenannten „Leyenda Negra", d.h. der antihispanischen „Schwarzen Legende" (vgl. Pollmann 1992), verwendet.

gerechten Krieg gegen uns zu führen und uns von dem Angesicht der Erde zu vertreiben." (Las Casas zit. n. Delgado 2001a: 80) Damit stellt sich Las Casas eindeutig auf die Seite der Indios. In seiner Apologie der amerikanischen Ureinwohner und deren Kultur zögert er dabei auch nicht, die von seinen Gegnern als Hauptargument vorgebrachte Frage der Menschopfer und des Kannibalismus zu verteidigen.

Damit wird eine Umkehr der Funktion des Humanismusarguments im Diskurs um die Legitimität der Konquista erkennbar: Bei Sepúlveda dient die humanistische Anthropodizee dazu, eine Hierarchie zwischen den zur Selbstregierung befähigten und vernünftigen Spaniern als Elite der Menschheit und den scheinbar inferioren, bestialischen und irrationalen Indios zu postulieren, auf deren Grundlage ein Unterwerfungskrieg gerecht erscheint. Die Ausweitung des Humanismus infolge der Entdeckung der neuen Welt führte hier also zur Expansion des Herrschaftsanspruchs der „humanen" Europäer. Im Gegensatz dazu führt der humanistische Gedanke der Einheit des Menschengeschlechts bei Las Casas zur Forderung nach einer Respektierung der Rechte der Indios und zu einer Anklage gegen die inhumanen Spanier. Bei Las Casas impliziert dahingegen auf der Grundlage der egalitären Werte des Christentums die Ausweitung der Ökumene die Expansion des Kreises der Humanität. Es lassen sich somit zwei radikal gegensätzliche Formen der im Zeichen des Plus Ultra stehenden Universalisierung und Ausdehnung des okzidentalen Humanismus erkennen. Seit dieser Kontroverse schwankt „Europa zwischen egalitärem und hierarchischem Humanismus" (Jochum 2004) und ist der Umgang mit den außereuropäischen Völkern von einer impliziten Doppelmoral und Widersprüchlichkeiten geprägt.

Dabei kann allerdings auch die Position von Las Casas problematisiert werden. Wie Fink-Eitel deutlich macht, ist in Las Casas Apologie zweifelsohne auch eine „idealisierende Tendenz" (Fink-Eitel 1994: 106 f.) in der Wahrnehmung der Indianer zu erkennen, die nur partiell der indigenen Kultur gerecht wird: „Die idealisierende Gestalt des Edlen Wilden hat als Projektion des europäischen Christen mit den Indianern selbst offenbar so wenig zu tun wie der komplementäre Mythos des Bösen Wilden." (ebd.: 110) Während Sepúlveda die Anderen negiert, in dem er Differenz als Inferiorität darstellt, wird bei Las Casas Gleichwertigkeit hergestellt, indem der Indio entsprechend der christlichen Anthropologie wahrgenommen und teilweise verklärt wird. Las Casas hinterfragt so zwar die Differenzlogik und postuliert universale Gleichheit, nimmt aber dennoch seine eigenen Vorstellungen von Menschlichkeit zum Maßstab und kann daher Differenzen auch nicht anerkennen – jene Differenzen, die Sepúlveda in seiner Argumentation durchaus wahrnimmt, aber negativ bewertet. Las Casas Repräsentation beinhaltet daher, wenn auch in anderen Form als bei Sepúlveda, eine bestimmte Form des Okzidentalismus, insofern sie zu einer kognitiven „Assimilierung" führt, wie auch Ulrich Beck bezüglich des Dominikaners betont: „Nicht die Andersartigkeit, sondern die Gleichartigkeit der Anderen bestimmt das Verhältnis von Wir und den Anderen [...]. Insofern handelt es sich um ein hegemoniales Projekt, das die Stimme der Anderen nur als Stimme des Gleichen zulässt." (Beck 2004: 81) Eine Anerkennung des Anderen in seiner Differenz erfolgt daher bei beiden nicht. Dies wird insbesondere an einem zentralen Streitpunkt der Kontroverse von Valladolid erkennbar: Die Frage der Legitimität der Menschenopfer.

Die Frage der Menschenopfer

Seit den ersten Kontakten mit den amerikanischen Ureinwohnern hatten die in manchen Regionen verbreiteten Praktiken der Menschenopfer und des Kannibalismus zu tiefen Irritationen selbst bei jenen Kommentatoren geführt, die insgesamt den Indios wohlmeinend gegenüberstanden.

Dies sollte sich nach der Eroberung Mexikos verstärken, da hier zum einen eine hochstehende Kultur entdeckt wurde, deren Städte von manchen Autoren als gleichrangig, wenn nicht sogar prachtvoller als die europäischen Metropolen geschildet wurden – und auf der anderen Seite die unverständlichen Praktiken des Menschenopfers und des Kannibalismus einen scheinbaren Beleg für die Inhumanität der Indianer boten. Diese Ambivalenz wird exemplarisch an der bereits ein Jahr nach der Eroberung von Tenochtitlan (1521) in Augsburg gedruckten „Newe zeittung von dem lande das die Sponier funden haben ym 1521 yare genannt Jucatan" (Newe zeittung 1922) erkennbar. Zum einen wird die Hauptstadt des Aztekenreichs mit Venedig verglichen und in Wort und Bild als eine prachtvolle Stadt mit vielen Künstlern sowie reichem Handel dargestellt und beschrieben (ebd.: 6). Zum anderen wird aber bereits auf der Titelseite die Opferung von Kinder gezeigt und im Text von „Kinderopfern in der Massen" (ebd.: 3) berichtet. Hierdurch schwankte die Berichterstattung „zwischen Faszination und Abstoßung" (Briesemeister 1991). Eben diese zwiespältige Sichtweise war in Europa verbreitet und konnte damit die Grundlage sowohl für eine Legitimation wie auch eine Delegitimierung der Konquista liefern.

Aus Sicht Sepúlvedas schien nun die Inhumanität und Animalität der Indianer durch diese Praktiken klar erkennbar zu sein: „Dies sind die Beweise für ihr wildes, dem der Tiere ähnliches Leben: die abscheulichen, ungeheuren Menschopfer, die sie den Dämonen darbringen." (Sepúlveda zit. n. Todorov 1985: 189) Damit erschien es ihm als erwiesen, dass die Indios als inferiore Wesen anzusehen sind, die der Leitung der mit einer höheren Vernunft versehenen Spanier benötigen. Zugleich wird die Pflicht zum Schutz der geopferten Indianer als Argument für eine gewaltsame Unterwerfung angeführt.

Dahingegen deutete Las Casas das Menschopfer als Ausdruck einer echten religiösen Hingabe an Gott. Die Azteken hätten nur noch nicht den Reifzustand der unblutigen christlichen Religion erreicht. Las Casas versucht somit die Opfer als Interaktion mit dem Göttlichen zu deuten und interpretiert sie im christlichen Sinne als altruistisches Opfer: „Er ergänzt, dass niemand eine größere Liebe hat, als diese, dass er sein Leben für seine Freunde hingibt. So waren sie in gewissem Sinne entschuldigt, wenn sie Gott, dem man so große Liebe schuldet, in dieser Weise der Menschenopfer das Leben darbrachten." (Las Casas zit. n. Soto 1997: 371) Schließlich zweifelt Las Casas auch das Ausmaß der Menschenopfer an, das Sepúlveda unterstellte, und sieht darin nur einen Vorwand um die Verbrechen der Spanier selbst zu rechtfertigen: „Die Behauptung des Herrn Doktor ist nicht wahr, dass die Indios dort in Neuspanien jährlich 20000 Menschen opfern, es sind auch keine 100 und keine 50. [...] [Die] Behauptung ist doch nur die Stimme von Tyrannen, die ihre Gewalttaten entschuldigen wollen." (Casas 1992: 103) Hier ist anzumerken, dass nach aktuellen historischen und archäologischen Kenntnissen Las Casas wohl das Ausmaß der

Praktiken unterschätzte.[64] Auch waren die Opfer in den seltensten Fällen altruistische Selbstopfer.[65]

Insgesamt kann beiden Positionen eine bestimmte Richtigkeit zugesprochen werden. Die Opferpraktiken stehen in einer langen Tradition der Menschenopfer bei den mittelamerikanischen Völkern, die Teil eines ackerbäuerlichen Fruchtbarkeitskultes waren. Die Opfer wurden als unabdingbare Notwendigkeit angesehen, um gute Bedingungen für Ackerbau und militärische Aktionen zu gewährleisten.[66] Das Ausmaß, welches jedoch die Opfer bei den Azteken annahm, kann jedoch wohl nicht mehr mit der Logik des altruistisch-religiösen Opfers erklärt werden. Hier dient vermutlich die religiöse Begründung nur mehr der Legitimation der Opferung des „Anderen".

Durch den Einbezug der Frage der Menschenopfer gewinnt die Diskussion um die Legitimität der Konquista zweifelsohne an Komplexität – denn gerade die Frage der Legitimität des humanitären Eingriffs zum Schutze unschuldiger Opfer wird auch heute noch weitgehend akzeptiert. Damit rückt auch die Position eines Sepúlvedas in ein anderes Licht.[67]

In gewisser Weise kommen in der Debatte zwischen Sepúlveda und Las Casas auch die Paradoxien des okzidentalen Humanismus zum Ausdruck. Es zeigt sich zum einen klar die Problematik, dass ein Humanismus aristotelischer Prägung zur

---

64 Die Zahl der Menschenopfer und die Bedeutung des Kannibalismus sind immer noch umstritten. Hassler zufolge würden „institutionalisierte Menschenopfer bzw. sakrale rituelle Tötungen im Kult der Azteken und auch anderer Völker Mesoamerikas aus den Quellen nicht beweiskräftig hervorgehen" (Hassler 1992: 249). Gegen diese Position spricht allerdings eine Vielzahl von Augenzeugenberichten und von archäologischen Funden (vgl. López Luján und Olivier 2010). Insbesondere in der Zeit kurz vor der Eroberung durch die Spanier scheinen die Opferpraktiken ein ungeheures Ausmaß mit bis zwanzigtausend Opfern pro Jahr angenommen zu haben (Girard 1988: 94).

65 Wie Torres deutlich macht, waren die Opfer primär Schwache, Kranke, Sklaven und Kriegsgefangene, die gegen ihren Willen geopfert wurden. Das von Las Casas verklärte freiwillige Selbstopfer war hingegen die Ausnahme. Es gibt wenige Belege über das Opfer von freien Personen und im speziellen von Adeligen. (González Torres 1988: 252 f.)

66 Die von Bernal Diaz del Castillo in der 1568 abgeschlossenen *Historia verdadera de la conquista de la Nueva España* überlieferten Worte Montezumas verdeutlichen, dass im Weltbild der Azteken die Darbringung von Menschenopfern als Pflicht gegenüber den Göttern verstanden und die spanische Forderung nach deren Beendigung als Sakrileg angesehen wurde: „,Wenn ich gewusst hätte, dass ihr solche Beleidigungen aussprechen würdet, dann hätte ich Euch meine Götter nicht gezeigt. Wir halten sie für gute Wesen; sie geben uns Gesundheit, Wasser und reiche Ernten, Regen und Siege im Krieg; aus diesem Grund müssen wir ihnen Opfer darbringen. Ich bitte Euch, keine weiteren schändlichen Dinge über sie zu sagen." (Diaz del Castillo zit. nach Thomas 1998: 416)

67 Pietschmann hat dementsprechend in seinem Beitrag *Aristotelischer Humanismus und Inhumanität?* (1987) entgegen der gängigen Verurteilung Sepúlvedas „als Propagandist von Kolonialismus, Imperialismus und Völkermord" (ebd.: 144) auch einen Versuch der Ehrenrettung des spanischen Humanisten unternommen. Zwar war dieser von der Überlegenheit der europäischen Kultur überzeugt, aber kein „Verfechter von Inhumanität, Kolonialismus und Ausbeutung" (ebd.: 166).

Grundlage kolonialer Diskurse wurde, der die Unterwerfung der außereuropäischen Völker legitimiert. Diese Argumentation besaß eine durchaus zentrale Bedeutung in der ersten Welle des Okzidentalismus. Wie Dussel argumentiert, waren mit der Position Sepúlvedas bereits die wesentlichen Elemente des „Mythos der Moderne" gesetzt, in dem unter Rekurs auf das okzidentale Zivilisationsprojekt der „Prozess der Beherrschung [...] gegen andere Kulturen betrieben wird" (Dussel 1993: 79). Der christliche, egalitäre Humanismus konnte in seiner radikalen, von Las Casas und einigen anderen Mönchen vertretenen Spielart dahingegen zum Antipoden dieser Position werden. Der Dominikanermönch hinterfragt radikal die eurozentrische Rechtfertigung der Konquista und „hebt den Mythos der Moderne vorwegnehmend auf, insofern er beweist, dass die Gewalt durch keinerlei ‚Schuld' [...] des Indigenen gerechtfertigt ist. [...] So wird der Kern des Mythos der Moderne zerstört" (ebd.: 90). Damit werden zwei durchaus widersprüchliche Spielarten des okzidentalen Humanismus erkennbar, die beide zwar nicht erst mit der Entdeckung der Neuen Welt entstanden sind, sondern auf antikem Erbe beruhten, aber durch die Eroberung der neuen Welt eine Aktualisierung und Veränderung erfuhren.

Es zeigte sich am Beispiel der Menschenopfer auch die Problematik, dass ein inkludierender Humanismus, der die anderen Menschen und Kulturen in ihrer Andersheit vollkommen anerkennt, auch die damit verbundene scheinbare Inhumanität respektieren müsste – und damit potentiell die aus dem Humanismus abgeleitete Idee der Unantastbarkeit der Menschenwürde relativieren müsste. So stand und steht der okzidentale Humanismus bei der Legitimation von aus angeblich humanitären Gründen geführten Kriegen in einem wohl unlösbaren Spannungsfeld.

Der Ausgang der Kontroverse von Valladolid

Auf den ersten Blick errang Las Casas den Sieg in der Kontroverse von Valladolid. Erstaunlicherweise fand Las Casas Position bei Karl V. mehr Gehör als sein Kontrahent. Auch die Karl V. nachfolgenden Könige hoben die von ihm erlassenen Gesetze gegen die Versklavung der Indios nie auf. Die Indios wurden nicht als tierähnlich Barbaren angesehen, sondern zu einem Teil der Menschheit erklärt: „Im Allgemeinen kann gesagt werden, dass sich Las Casas anthropologische Hauptthese von der Zivilisations- und Glaubensfähigkeit aller Völker durchsetzen konnte." (Delgado 2001: 67) Auch wurde der Abdruck von Sepúlvedas Schrift *Democrates Secundus* in Spanien verboten.

Allerdings wurden die bereits unterworfenen Völker keineswegs wieder in die Unabhängigkeit entlassen bzw. die Indios den Spaniern gleichgestellt. Zudem schwankte Karl V. zwischen ethischem Anspruch und einem durch seine Finanznöte forcierten Interesse an der Ausbeutung der neuen Welt. Faktisch wurden die Indios weiterhin in einem sklavenähnlichen Zustand gehalten und auch die Konquista wurde fortgesetzt: „Karl hat zwar nach der Kontroverse von Valladolid 1550-1551 für einige Jahre die Konquista suspendiert, aber danach ginge es wie gewohnt weiter." (Ebd.: 47) Der Traum Karls V. von einer Konquista, die seine Idee einer Ausweitung des Imperiums mit seiner Vision vom universalen Friedenskaiser verband, sollte damit letztlich scheitern.[68]

---

68 Erst sein Sohn Philipp II sollte innerhalb des nun reduzierten Weltreichs zumindest programmatisch die Konquista beendigten und unter der Devise der „pacificación" eine

Nach dem Ableben von Las Casas waren die Anhänger Sepúlvedas wieder im Vormarsch und die indigene Bewegung verlor an Bedeutung (vgl. Wurm 1996: 59). Insgesamt konnte weder die eine noch die andere Seite den endgültigen Sieg in der Debatte erringen, weil die Position von Las Casas mit ihrer Aufwertung der Indios zu sehr der realen Praxis widersprach und anderseits Sepúlvedas protofaschistische Ideologie den offiziellen Bekundungen einer christlich geleiteten Herrschaft über die Ureinwohner der Neuen Welt widersprach (Mires 1991: 288). Was sich langfristig durchsetzen sollte waren gemäßigtere Positionen.

Hinsichtlich der Frage des gerechten Krieges waren es vor allem die Ausführungen von Francisco de Vitoria (1483-1546), die Einfluss gewinnen sollten. Er sah einen Krieg unter bestimmten Bedingungen als legitim an. Dabei knüpfte er aber weniger an die Ausführungen von Aristoteles an, sondern an die Schriften von Augustinus und Thomas von Aquin (vgl. Valdés 1991: 76). Zentral waren für ihn die auf der Pflicht zur menschlichen Solidarität beruhenden Gründe. Anders als Las Casas betrachtete er die Menschopfer als eine Verletzung der Menschenwürde. Sie seien daher als gerechter Grund für einen zum Schutz der unschuldigen Opfer geführten Krieg anzusehen (ebd.: 80 f.). Als Begründer der sogenannten „Schule von Salamanca" sollte er eine Wirksamkeit vor allem über seine Schüler entfalten und hierdurch auch die Herausbildung des neuzeitlichen Völkerrechts beeinflussen (vgl. Vitoria 1957).

Großen Einfluss gewannen auch die Schriften des Jesuiten José de Acosta (1539-1599). Seine Ausführungen in *De procuranda in dorum salute* (Acosta 1984, zuerst 1588) wurden „zu einer Art ethischen Norm in den politischen Grundsätzen der Kolonialmächte" (Mires 1991: 288). Anders als bei Las Casas, der in seiner Verklärung der Indianer zu keiner differenzierten Sicht der amerikanischen Ureinwohner gelangte, begann Acosta auf Basis empirischer Grundlagen und theoretischer Überlegungen eine Klassifikation der sogenannten Barbaren zu entwickeln. Hierbei machte Acosta die Art der Kommunikation und den gesellschaftlichen Organisationsgrad zum Kriterium der – letztlich allerdings auch euro- und logozentrisch geprägten – Differenzierung.[69] Acostas Position vermittelt somit zwischen dem hierarchischen Humanismus Sepúlvedas und dem egalitären Humanismus Las Casa. Sie trug dazu bei, dass zumindest die absolute Abwertung der Eingeborenen, wie sie bei Sepúlveda erfolge, vermieden wurde: „Die wirkliche Situation in den Kolonien ließ die Utopie eines Las Casas wirkungslos werden, aber Acostas Theorie stellte den

---

Phase der Befriedung einleiten (Delgado 2001: 47). An der Praxis der Ausbeutung der Indios innerhalb der bereits unterworfenen Gebiete sollte dies allerdings wenig ändern.

69 Der ersten, als entwickelt angesehenen Kategorie wurden die Chinesen und Japaner zugerechnet, der zweiten die aus seiner Sicht schriftlosen Inkas und Mexicas und zur dritten Kategorie wurden die nomadischen *salvajes* (Wilden) gezählt. Bei ersteren wurde die Missionierung nur mit argumentativen Mitteln als legitim angesehen, und auch der zweiten Gruppe wurde ein weitgehendes Recht auf Selbstbestimmung zugestanden. Die Letzteren, die als vixhomini (Halb-Menschen) angesehen wurden, müßte man lehren „richtige Menschen" zu werden" (vgl. Mires 1991: 289). Hierzu sei gegebenenfalls auch sanfte Gewalt akzeptabel. Trotz der an Sepúlveda erinnernden Abwertung der Barbaren bleibt dabei allerdings die „Vorstellung von der Einheit des Menschengeschlechts [...] dominant" (Sievernich 1991: 110).

für Europäer möglichen und für die Indianer günstigsten Plan dar." (Mires 1991: 289)

Das Design der kolonialen Diskurse in der ersten Welle des Okzidentalismus sollte damit letztlich auf einem Kompromiss bzw. auch auf eine Synthese der auf den ersten Blick gegensätzlichen Humanismusmythen der Moderne beruhen. Die christliche Differenzierung zwischen Christen und Heiden sollte zwar keine naturrechtliche Begründung der Kolonisierung liefern. Vielmehr stand hier gerade der Gedanken der Einheit des Menschengeschlechts im Vordergrund. Jedoch konnte der Missionierungsauftrag der Ausbreitung dieser Lehre und das Argument der Bekämpfung von unchristlichen Praktiken durchaus auch zur Rechtfertigung der kolonialen Aneignung und auch von Gewalt dienen. Die Verklärung der Indianer zu perfekten Christen stand dabei keineswegs in einem eindeutigen Gegensatz zu ihrer Verdammung als Wilde. Auch die Idealisierung der Indios diente häufig der kolonialen Assimilierung, wie Pinheiro hinsichtlich des Indianerdiskurses in Brasilien aufzeigen konnte: „Wenn Indianer als unschuldige, gute Menschen dargestellt werden, so dient dies der Formulierung eines religiösen Aneignungsprogramms."(Pinheiro 2004: 263)[70]

Die Argumentation, wonach der Gegensatz zwischen Christen und Heiden eine wesentliche Bedeutung im kolonialen Diskurs besaß, ist somit durchaus als zutreffend anzusehen (Boatcă 2009: 239 f.). Dieser Diskurs überlagerte sich allerdings mit dem aristotelischen Differenzierungsdiskurs. Begründet wurde so der die koloniale Aneignung legitimierende Mythos der Humanisierung und Zivilisierung der außereuropäischen Welt, der in gewandelter Form unter den Begriffen der Entwicklung und der Modernisierung bis heute ein zentrales Element des Okzidentalismus darstellt.

7.7.4 Zusammenfassung: Das Problem der Integration des „Anderen"

Die Erfindung der Neuen Welt ging mit der unerwarteten Erfindung der Antipoden einher, deren Existenz im mittelalterlichen Weltbild weitgehend ausgeschlossen worden war. Die Wahrnehmung und Bewertung schwankte dabei zwischen dem Mythos vom edlen Wilden und dem Mythos von dem unedlen, bösen Wilden. Eine besondere Herausforderung stellt das Erscheinen einer vierten Menschheit für das Christentum dar, weil die alte Konzeption von der Ökumene auch die Idee einer unter Christus vereinten Menschheit einschloss. Die geographische Ausweitung der Ökumene sprengte damit diese Konzeption und machte auch eine Anpassung des

---

70 Pinheiro zufolge ist die Verklärung der Indianer weder als Gegendiskurs zur Bestialisierung der Indios noch als Ausdruck einer ambivalenten Einstellung zu deuten. Vielmehr sind beide Darstellungsformen Teil eines zusammenhängenden Kolonisierungsprojekts: „Die Darstellung der Indianer als gute oder potentielle Christen einerseits und als böse und wilde Kannibalen anderseits ist in portugiesischen Brasiliana des 16. Jahrhunderts weder Ausdruck einer bestimmten analytischen Einstellung der Portugiesen gegenüber dem Fremden, noch Ausdruck[...] [einer] Ambivalenz […].Vielmehr handelt [es] sich um eine rhetorische Strategie, die die Vollendung der kolonialen – wirtschaftlich wie religiösen – Aneignung Brasiliens verfolgt." (Pinheiro 2004: 264)

religiösen Ökumeneverständnisses notwendig. Während einige die Indios in den Kreis der Menschheit inkludierten – wenn auch zumeist auf paternalistische Weise – verweigerten andere den amerikanischen Ureinwohnern den Status des Menschlichen und reduzierten sie zu Bestien.

Die Konquista der neuen Welt war aufgrund dieser unterschiedlichen Positionen bereits sehr früh von Kontroversen über die Legitimität der Landnahme begleitet. Dabei zeigte sich eine widersprüchliche Rolle des okzidentalen Humanismus in diesem Diskurs über die Rechtmäßigkeit des imperialen Plus-Ultra-Programms. Eine in der Tradition eines hierarchischen Humanismus aristotelischer Prägung stehende Gruppierung animalisierte die amerikanischen Indianer und leitete hieraus die Legitimität der Herrschaft der scheinbar humaneren Europäer ab. Auch der Einsatz von Gewalt in einem gerechten Krieg wurde, wie anhand der Schriften des Humanisten Juan Ginés de Sepúlveda deutlich wurde, durch diesen *Mythos der Humanisierung und Zivilisierung* gerechtfertigt. Im Gegensatz hierzu postulierte eine durch einen christlichen Humanismus geprägte Fraktion innerhalb der Mönchsorden die Einheit des Menschengeschlechts und stellte die Legitimität der Konquista in Frage bzw. plädierte für eine paternalistische Assimilierung der Indianer. Insbesondere Bartolomé de Las Casas formulierte eine frühe Form der Modernisierungskritik. Dabei macht die Frage der Menschenopfer allerdings auch die Komplexität der Debatte deutlich, an der exemplarisch die Ambivalenzen, Widersprüche und Mehrdeutigkeiten des okzidentalen Humanismus erkennbar werden. Auch Las Casas verkennt die „Anderen", da er sie nur auf der Grundlage der Annahme der Gleichheit anerkennt und Differenzen teilweise negiert.

Allerdings ist dennoch zu würdigen, dass Las Casas dem aristotelischen Universalismus Sepúlvedas, der die Idee einer naturgegebenen Dominanz des okzidentalen Menschen postulierte, eine andere, gleichberechtigter Form der Ausdehnung der westlichen Kultur entgegensetzt. Und bei Las Casas führt letztlich der Gedanke prinzipieller Verwandtschaft der Naturen und der Gottesebenbildlichkeit der Menschen doch auch tendenziell dazu, die Verschiedenartigkeit der Kulturen anzuerkennen: "[Es] stellt Las Casas der christlichen-abendländischen Zivilisation eine andere Art von gleichberechtigter Zivilisation gegenüber: Zwangsfreie interkulturelle Begegnung mit gegenseitiger Lernbereitschaft und nicht der Aufbau kolonialer Herrschaftsstrukturen ist sein Anliegen." (Delgado 2001: 62) Trotz der Problematik einer verklärenden Aneignung des Anderen, welche auf einer Projektion beruht, ist Las Casas damit zu würdigen, dass hier ein modernen (Gegen-) Diskurs entsteht, der die koloniale Aneignung der Welt kritisch reflektiert: „Las Casas […] ist der erste Zeuge des spezifisch neuzeitlichen Vorgangs, dass sich da eine Kultur herauszubilden begann, die die Fähigkeit entwickelte, sich selbst als Ganzes zu relativieren und zu kritisieren" (Fink-Eitel 1994: 111, 117).

Langfristig sollte sich im lateinamerikanischen Raum in den Diskursen über den Status der Indios ein Kompromiss herausbilden, der die Idee einer Superiorität der okzidentalen Kultur aufrechterhielt, aber die indigene Urbevölkerung zumindest in den ökuenischen Kreis der Menschheit inkludierte. In der Realität war allerdings – wie im Folgenden deutlich wird – die koloniale Herrschaft durch die Etablierung einer hierarchischen, auf rassischen Differenzerungen beruhenden sozialen Ordnung gekennzeichnet.

7.8 DIE KOLONIALITÄT DER MODERNE

Die realen Folgen der Konquista waren für die amerikanischen Ureinwohner verheerend. Die Entdeckung einer neuen Welt, welche für den okzidentalen Menschen eine Öffnung seines Horizonts bedeutete und das Versprechen einer besseren Welt beinhaltet, sollte für die Entdeckten eine Zerstörung ihrer eigenen Welt und ihrer Kulturen bedeuten, weshalb sie zugleich als eine „gigantische Verdeckung" (Zea 1989b: 196) bezeichnet werden kann (vgl. Kap. 10.3). Nach dem aktuellen Stand der Forschung reduzierte sich die Zahl der indigenen Einwohner Amerikas in den hundert Jahren nach der sog Entdeckung von etwa 70 Millionen auf 10 Millionen. In den karibischen Gebieten wurde die Bevölkerung fast vollkommene ausgerottet und in Mexiko und Peru war ein Rückgang um 90% zu verzeichnen. Selbst vorsichtige Schätzungen gehen von einer Reduktion auf zwei Drittel der ursprünglichen Zahl aus (vgl. Gründer 1998: 136). Inwieweit nun allerdings die Rede vom Genozid bzw. vom Völkermord berechtigt ist, ist umstritten. Ein explizites Programm der Vernichtung wurde zumindest von der spanischen Krone nicht formuliert. Der Bevölkerungsrückgang war in starkem Maße auf die Auswirkungen der eingeschleppten Infektionskrankheiten zurückzuführen (ebd.: 137).

Zweifelsohne aber war die Konquista durch ein hohes Maß an Brutalität gekennzeichnet. Las Casas berichtet davon, dass „die Spanier wie ungeheuer blutgierige, seit vielen Jahren ausgehungerte Wölfe, Tiger und Löwen eingefallen [sind] [...] und [...] nicht anderes getan [...] als sie [die Indianer] zu zerfleischen, zu töten, zu peinigen, zu kränken, zu martern und zu vernichten" (Casas 1998: 17). Auch wenn seine Angaben über das Ausmaß der Vernichtung umstritten sind, so haben sie dennoch einen Wahrheitsgehalt. Ebenso waren die anfängliche Versklavung der Indios, sowie die spätere sklavenähnliche Einbindung in das Encomienda- bzw. Mita-System, von erheblicher Gewalt begleitet (vgl. Gründer 1998: 136).

Die Folgen der hierdurch entstandenen, auf ethnischen Kriterien beruhenden Gliederung der Gesellschaft prägten die lateinamerikanischen Geschichte (vgl. Janik 1994a). Die auf der Unterteilung der Menschen nach rassischen Prinzipien aufbauende Sozial- und Arbeitsordnung wurde schließlich, wie die Autoren der *Grupo modernidad/colonialidad* argumentieren, auch paradigmatisch für die Herrschaftsstrukturen des sich etablierenden kapitalistischen Weltsystem (vgl. Kap. 3.2). Es ist daher die „Kolonialität [als] die finstere Seite der Moderne" (Mignolo 2012a: 97) anzusehen.

Mit dem Begriff der „Kolonialität" wird hierbei an Überlegungen des peruanischen Soziologen Anibal Quijano angeknüpft, der in der paradigmatischen Schrift *Colonialidad y modernidad/racionalidad* (Quijano 1992) die konstitutive Bedeutung des Kolonialismus für die Genese der Moderne herausgearbeitet hat. In der Konstitution einer spezifisch okzidentalen Rationalität, welche auf der einen Seite die Ermächtigung des europäischen Zentrums und die Aktivierung seiner Subjekte beinhaltete, und auf der anderen Seite auf der Subordination der kolonisierten Welten und Menschen beruhte, liegt demnach die „Kolonialität der Macht" (Colonialidad del poder/Coloniality of power; vgl. Quijano 1997, 2000a, 2000b) begründet.Von zentraler Bedeutung ist die Annahme, dass die sozialen Ungleichheiten im Weltsystem eng verbunden mit einer rassischen Stratifizierung der Weltbevölkerung waren und sind: „Die neuen, auf Basis des Konzeptes der *raza* etablierten historischen

Identitäten wurden mit der Art und Weise assoziiert, die die gesellschaftlichen Rollen und Orte in der neuen globalen Kontrollstruktur über den Faktor Arbeit annahmen. [...] Auf diese Weise wurde eine systematische rassialisierte Arbeitsteilung errichtet." (Quijano 2016: 31) Die ökonomischen Gegensätze können daher nicht auf den Klassengegensatz zwischen Kapital und Lohnarbeit reduziert werden. Lohnarbeit ist in diesem System nur eine Form der kapitalistisch organisierten Arbeit, die lange Zeit im Wesentlichen auf die weiße Bevölkerung beschränkt gewesen ist. Sie ist verbunden mit der unfreien Arbeit der Gruppen, denen nicht-weiße Identitäten zugeschrieben wurden.[71] In der mit der spanischen Kolonisierung der Neuen Welt entstehenden „kolonialen Matrix der Macht" (Mignolo 2012a: 49) waren die Kontrolle von Ökonomie, Politik, Natur, Geschlecht und Erkenntnis eng miteinander verwoben (vgl. Mignolo 2012a: 50 f, 142 f.). Es werden im Folgenden einige zentrale Elemente dieser Kolonialität der Moderne und insbesondere des modernen okzidentalen Kapitalismus diskutiert.

Eingegangen wird zunächst auf die Herausbildung der hierarchischen, auf ethnischen Differenzierungen beruhenden Sozialordnung in Hispanoamerika. Es wird deutlich werden, dass sich bereits hier die Grundstrukturen der kapitalistischen Ungleichheitsordnung herausbilden. Mit der auf der Ausbeutung von schwarzen Sklaven beruhenden Plantagenwirtschaft, an der auch andere europäische Mächte beteiligt sind, erfährt dieses Prinzip eine Ausweitung und man kann hierin eine Keimzelle des Kapitalismus sehen: „Die ‚ursprüngliche Akkumulation' des Kolonialismus war ein unverzichtbarer Bestandteil der anhaltenden Dynamik des Kapitalismus." (Boatcă 2009: 63)

Dies wird, wie im nachfolgenden Kapitel dargelegt wird, auch an der Bedeutung der Reichtümer der Neuen Welt, und hier vor allem das amerikanische Silber für die Erstarkung des Kapitalismus in der frühen Neuzeit deutlich. Mit dem Abbau des Silbers war nicht nur eine grausame Ausbeutung der Indios in den Bergwerken verbunden. Das Silbergeld wurde auch die monetäre Grundlage für das sich herausbildende kapitalistische Weltsystem. Hier wird die Dialektik des Plus-Ultra-Imperiums von Karl V., dessen Aufstieg eng mit dem frühen Kapitalismus verbunden war, und dessen Scheitern schließlich zu einer Emanzipation der kapitalistischen Triebkräfte führte.

Zu ergänzen ist, dass nicht nur die unmittelbaren Herrschaftszusammenhänge im transatlantischen Raum eine konstitutive Bedeutung für die Moderne besaßen. Auch die zur kolonialen Verwaltung der überseeischen Gebiete notwendige Bürokratie war paradigmatisch. Dussel verweist auf die unzähligen Akten der *Archivo de las Indias* und kommt zum Schluss: „Spanien war der erste moderne bürokratisierte Staat."

---

71 Die auf rassischer Differenzierung beruhende Teilung der Arbeit war daher ein wesentlicher Bestandteil des kapitalistischen Weltsystems: „The racial classification of the population and the early association of the new racial identities of the colonized with the forms of control of unpaid, unwaged labor developed among the Europeans the singular perception that paid labor was the whites' privilege. The racial inferiority of the colonized implied that they were not worthy of wages. [...] The lower wages 'inferior races' receive in the present capitalist centers for the same work as done by whites cannot be explained as detached from the racist social classification of the world's population – in other words, as detached from the global capitalist coloniality of power." (Quijano 2000b: 539)

(Dussel 1993: S. 56, Fn. 41) Die Arbeiten der *Casa de Contratación* in Sevilla können als das erste wissenschaftliche Großprojekt der Neuzeit angesehen werden (Lamb 1995: 683). Die Sammlung von Wissen stand dort, wie bereits gezeigt (vgl. Kap.7.1), klar im Dienste kolonialer Macht und es ist davon auszugehen, dass „der Vorgang der europäischen Expansion die Entstehung der modernen empirischen Wissenskultur Europas prägte" (Brendecke 2009: 12).[72]

Die Herausbildung der Besonderheit der okzidentalen Rationalität und des okzidentalen Kapitalismus ist daher eng mit der kolonialen Expansion Europas und insbesondere der „europäische[n] Land- und Seenahme der Neuen Welt" (Schmitt 1950: 60) verbunden und kann weniger aus einer inneren Dynamik der europäischen Kultur oder gar allein einer bestimmten Ethik erklärt werden kann.

7.8.1 Die kolonialen Strukturen in Hispanoamerika

Die spanische Kolonialpolitik war durch widersprüchliche Tendenzen gekennzeichnet. Auf der einen Seite stehen die Bemühungen der Krone und mancher Mönchsorden, die Gewalt der Konquistadoren einzugrenzen und den Indios bestimmte Rechte zukommen zulassen, wie an dem Erlass der *Leyes Nuevas* deutlich wird. Die nahezu vollständige Auslöschung der Urbevölkerung, wie sie auf den westindischen Inseln vollzogen worden war, sollte sich auf dem Festland nicht wiederholen.

Auf der anderen Seite wurden die meisten Beschlüsse zum Schutz der Indios kaum durchgesetzt und es etablierte sich faktisch eine auf rassischer Differenzierung beruhende Gesellschaft. Bezugspunkt war neben dem aristotelischen hierarchischen Humanismus auch das Prinzip der *Limpieza de sangre, d.h.* der Wahrung von „reinem Geblüt", das vor allem von den Adeligen betont wurde, und bereits bei der spanischen Reconquista von Bedeutung war (Böttcher 2013: 19). Bei der Besiedlung Amerikas wurden die Prinzipien übertragen und transformiert. Reinheit bedeutete ursprünglich frei von jüdischer, moslemischer und andersgläubiger Abstammung zu sein, implizierte aber in der neuen Welt auch die Freiheit von indianischem bzw. später auch schwarzem Blut. Auch im spanischen Kolonialreich wurden nun Reinheitsnachweise für die Träger öffentlicher Ämter verlangt (ebd.: 30). Auch hatten die *blancos*, d.h. die aus Spanien stammende Herrschaftselite, sowie die in Amerika geborenen, aber „reinen" *criollos* keine Tribute zu entrichten.

In Hispanoamerika wurde zwar die Sklaverei für die Indios offiziell verboten. In den indianischen Gemeinden hielt sich eine Form der Reproduktion der Arbeitskraft jenseits des Marktes auf der Grundlage von Subsistenzwirtschaft. Den *Encomenderos* gegenüber standen sie in einem Verhältnis der Leibeigenschaft. Nur einige indianischen Adelige waren hiervon ausgenommen und konnten auch anderen Tätigkeiten ausüben, die ansonsten den nicht adeligen Spaniern vorbehalten waren. Diese konnten als Händler, Handwerker und freie Landwirte tätig sein und eine marktorientierte Tätigkeit und damit auch freie Lohnarbeit ausüben. Eine weitere Differenzie-

---

72 Eine umfassende Diskussion der bis heute fortdauernden Folgen der Eroberung der neuen Welt kann im Rahmen dieser Arbeit jedoch nicht erfolgen. Es sei hier neben den erwähnten Arbeiten der Gruppe Modernität/Kolonialität auf die umfassende, insbesondere um 1992 erschiene Literatur zu dieser Thematik verwiesen. (vgl. u.a. Janik 1994a, Mires 1989, Stannard 1992; Wolf und Galeano 1992).

rung erfolgte mit der Zwangsverschleppung der Afrikaner. Die *negros* und *mulatos*, die aus den illegitimen Verbindungen zwischen Schwarzen und Weißen hervorgingen, standen an der unteren Stelle der Hierarchie und waren in der Regel als Sklaven in die ökonomische Ordnung eingebunden (Quijano 2016: 33; Böttcher 2013: 31).

Der ethnisch-rassischen Differenzierung wirkte teilweise die zunehmende ethnische und kulturelle Vermischung entgegen. Dieses Phänomen der *Mestizaje*, das sich nicht in den von den protestantischen Engländern kolonisierten Gebieten findet, kann auch als Resultat der zur Differenzierungslogik entgegengesetzten ökumenischen Lehre von der Einheit des Menschengeschlechts angesehen werden. Entscheidend war aber das Fehlen von spanischstämmigen Frauen. Die Konquistadoren gingen daher häufig Verbindungen mit autochthonen Frauen ein. Der Einsatz von Gewalt war dabei an der Tagesordnung. Nur selten waren die Verbindungen freiwillig und dauerhaft (vgl. Janik 1994b: 54 f.).

Als exemplarischer Beginn der Mestizaje zwischen alter und neuer Welt kann die Verbindung zwischen dem Konquistador Hernán Cortés und seiner Geliebten und Übersetzerin Malinche, der indianischen „Mutter der Mestizaje" (Wurm 1996: 34) angesehen werden. Insbesondere an der Figur der Malinche werden auch die Schattenseiten und die widersprüchlichen Folgen der Konquista deutlich. Octavio Paz thematisierte die ambivalente Haltung, welche die Mexikaner Malinche und damit auch sich selbst gegenüber einnehmen. In der Figur der sogenannten Chingada, der „mit Gewalt geöffnete[n], geschändete[n], getäuschte[n] Mutter" (Paz 1998: 83), kommt demnach die Erfahrung der Konquista und insbesondere von Malinche zum Ausdruck: „Diese Dona Marina ist zu einer Gestalt geworden, die für alle Indiofrauen steht, die von Spaniern verzaubert, verführt, vergewaltigt worden sind." (Ebd.) Dabei wurde häufig in dem mexikanischen Diskurs Malinche aufgrund ihrer Rolle als Geliebte und Übersetzerin von Cortez, die wesentlich zum Erfolg der Spanier beitrug, auch als Verräterin verurteilt.[73] Auch Malinche wurde letztlich Opfer der kolonialen Strukturen und verlor nach der vollendeten Eroberung ihre zeitweise zentrale Bedeutung.

Die „Begegnung zweier Welten" (León Portilla 1992) führte zwar zu einer Hybridisierung der Menschen und Kulturen der Alten und der Neuen Welt. Doch

---

73 In den letzten Jahrzehnten ist in kulturwissenschaftlichen und feministischen Schriften das Bemühen erkennbar, der negativen Sicht auf Malinche entgegenzuwirken und ihre Rolle differenzierter zu betrachten (vgl. Dröscher und Carlos 2001). Glantz zeichnet ein positives Bild Malinches, indem sie ihre Fähigkeiten als eine Übersetzerin/Stimme (Lengua) würdigt (Glantz 2001: 72). Von Autorinnen des Chicana-Feminismus und der Women of Colour-Literatur wurden unter Bezug auf Malinche Prozesse der geschlechtlichen und ethnischen Grenzüberschreitungen diskutiert (vgl. u.a. Moraga 1983). Als paradigmatische Gestalt der Hybridisierung stilisierte in Anlehnung hieran Haraway Malinche zum Vorbild der Cyborg-Hybridisierung: „Der Identität beraubt, belehrt uns die Bastard-Rasse der Cyborgs über die Macht der Grenzen und die große Bedeutung einer Mutter wie Malinche." (Haraway 1995: 66) Allerdings wurde auch starke Kritik an dieser Parallelisierung von kolonialer Mestizaje und der Hybridisierung von Technik und Natur geübt und als „theoretical misaprotiation of woman of color" (Moya 2000: 70) kritisiert. Sie blendet die mit den Vermischungsprozessen verbundene Gewalt aus.

erfolgte keineswegs eine gleichberechtigte Hybridisierung sondern damit verbunden war eine Subordiation der indianischen Kulturen und Menschen.

In der Regel nahmen auch die *Mestizen* eine inferiore Stellung ein. Nur wenigen von ihnen, die von ihren Vätern anerkannt wurden bzw. aus einer Ehe hervorgingen, konnten in die oberen Schichten der Kolonialgesellschaft aufgenommen werden und auch viele Tätigkeiten der Criollos ausüben. So wurde Martín Cortés, der Sohn von Cortés und Malinche, legitimiert und diente sogar am spanischen Hof als Page. Der Mehrzahl der unehelichen Mestizen, blieb diese Anerkennung hingegen verwehrt. Sie erfuhren teilweise eine „doppelte Zurückweisung" (ebd.: 57), da sie weder von der autochthonen Bevölkerung noch von der weißen Oberschicht geachtet wurden. Für sie wurden teilweise Verordnungen erlassen, die sie, ähnlich wie die Indios, tributpflichtig machten. Die *Mestizaje* führte also nicht zu einer Erodierung der ethnischen Ordnung, sondern zu ihrer Ausdifferenzierung.

Es bildete sich infolge dieser Entwicklung das *sistema de castas colonial*, das System der kolonialen Kasten, bzw. die *sociedad de castas*, die Gesellschaft der Kasten, heraus (Navarro García 1989: 246 f.; Böttcher 2013: 31 f.). Der soziale Status und insbesondere auch die Stellung in der Arbeitswelt waren stark von der Einordnung in die Kastenordnung abhängig, so dass sich eine „systematische rassialisierte Arbeitsteilung" etablierte (Quijano 2016: 32). Mit dieser Einordnung war auch häufig die Zuweisung von spezifischen Lebensweisen, Kleidungen und Wohnorten verbunden. Diese Ordnung hatte, mit gewissen Veränderungen, die gesamte Kolonialzeit hindurch Bestand. Zwar erfuhren die Mestizen eine allmähliche Aufwertung und konnten nach der – häufig von den *criollos* vorangetriebenen – Unabhängigkeit von Spanien eine starke gesellschaftliche Beteiligung erfahren. Dennoch blieben die alten rassisch-ethnischen Differenzierungsmechanismen latent weiter wirkmächtig und prägen bis heute die Sozial- und Arbeitsordnung in Lateinamerika.

7.8.2 Die ökonomische Globalisierung und die Genese des okzidentalen Kapitalismus

Die sich während der frühen Kolonialisierung Amerikas herausgebildeten, auf ethischer Differenzierung beruhenden Sozialstrukturen wurden auch paradigmatisch für die nachfolgende Konstitution der globalen Ordnung im modernen Kapitalismus: „Im Verlauf der weltweiten Expansion kolonialer Herrschaft durch dieselbe herrschende raza – die Weißen – […] wurde das gleiche Kriterium gesellschaftlicher Klassifizierung der gesamten Weltbevölkerung aufgezwungen." (Quijano 2016: 33) Die Differenzierung zwischen Weißen, Indios, Schwarzen und Mestizen wurde nun durch die „gelben" Asiaten und andere kolonisierte Rassen ergänzt. Dabei wurde die freie Lohnarbeit in der Regel zu einem Privileg der Weißen, während die anderen Rassen in abhängiger, unfreier Form in das Weltsystem eingebunden wurden, und so „jede Form der Kontrolle des Faktors Arbeit mit einer bestimmten raza verbunden [war]" (ebd.).

Die koloniale Aneignung der amerikanischen Welt und die sich hier herausbildenden ökonomischen Strukturen und Abhängigkeitsverhältnisse waren daher konstitutiv für die Genese des modernen kapitalistischen Weltsystems, wie Wallerstein und Quijano in *Americanity as a concept, or the Americas in the modern world-system.* (Quijano und Wallerstein 1992) deutlich machen:

„The Americas as a geosocial construct were born in the long sixteenth century. The creation of this geosocial entity, the Americas, was the constitutive act of the modern world-system. The Americas were not incorporated into an already existing capitalist world-economy. There could not have been a capitalist world-economy without the Americas." (Ebd.: 549 f.)

Damit weichen die beiden Autoren von den traditionellen Erklärungen für die Herausbildung des Kapitalismus und der Moderne insgesamt ab. Deren Genese kann demnach nicht allein aus ökonomischen und kulturellen Dynamiken innerhalb Europas erklärt werden, sondern ist nur im Zusammenhang mit der Herausbildung kolonialer Beziehungen im globalen Weltsystem zu verstehen.

Zu relativieren ist aus dieser Perspektive insbesondere auch die im Zentrum der Weberschen Protestantismusthese stehende Annahme einer Genese des Geistes des okzidentalen Kapitalismus aus dem „Geist der christlichen Askese" (vgl. auch Weber 1920: 201). Weber konnte Quijano zufolge „nicht begreifen, dass die führende Rolle des Kapitals auf der ‚Rassialisierung' der Arbeitsteilung und der darauf aufbauenden Ausbeutung von unbezahlter Arbeit beruhte, zunächst in Amerika, sodann im Rest der Welt" (Quijano 2010: 37). Der Geist der Kapitalismus wurde nicht aus dem Geist der protestantischen Ethik, sondern aus dem *Geist der Kolonialität und Amerikanität* geboren, könnte man so diese Sichtweise auch zusammenfassen.

Wie Quijano und Wallerstein argumentieren, liegt die „Americanity" des modernen Kapitalismus vor allem darin begründet, dass dort die Voraussetzungen für die Erprobung unterschiedlicher Formen der kapitalistischen Organisation von Arbeit gegeben waren: „The Americas [...] offered space, and they became the locus and prime testing-ground of ‚variegated methods of labor control'." (Quijano und Wallerstein 1992: 550) Der transatlantische Raum war ein Experimentierfeld für neue Formen der kapitalistischen Ökonomie. Vor allem der Einsatz von Sklavenarbeit ist nicht als präkapitalistische Form der Organisation von Arbeit anzusehen, die dann von der effizienteren Lohnarbeit freier Arbeitskräfte abgelöst wurde. Vielmehr ist sie Teil der Etablierung einer auf rassischer und relationaler Differenzierung beruhenden Weltökonomie. Auch der Sklavenhandel stellt keine Randnotiz der Geschichte der Moderne dar, sondern war Teil ihrer Konstitution, da dieser Handel in hohem Maße kapitalistisch organisiert war. Bereits das Handelshaus der Welser hatte Lizenzen für den Sklavenhandel und besaß zu dessen Beginn geradezu ein Monopol (Zeuske 2013: 504). Später avancierte Florenz zum Zentrum der Finanzierung des Sklavenhandels (ebd.).

Der intensivierte Einsatz der Sklaven, wie er sich vor allem in Brasilien, in der Karibik und in Nordamerika verbreitete, fand dabei zweifelsohne im Rahmen der sich entwickelnden globalen Ökonomie statt und hatte wenig gemein mit traditionellen Sklavenhaltergesellschaften, wie auch Osterhammel in *Sklaverei und die Zivilisation des Westens* (Osterhammel 2009b) hervorhebt:

„Die drei vollkommen neuartigen, im 16. und 17. Jahrhundert geradezu künstlich kreierten Sklavengesellschaften in der Neuen Welt beruhten auf keinerlei vorgefundenen Strukturen. Sie waren Produkte eines gigantischen social engineering [...] bei dem Amerika den Produktionsfaktor Boden, Europa Startkapital und Organisationsmacht und Afrika die Arbeitskräfte bereitstellte." (Ebd.: 29)

Der berühmte atlantische Dreieckshandel, in dem Waren aus Europa dem Kauf von Sklaven in Afrika dienten, die in Amerikas verkauft wurden und dort in der Produktion von Zuckerrohr und Baumwolle eingesetzt wurden, die wiederum nach Europa importiert wurden, konstituierte eine der ersten transnationalen Ökonomien des globalen Kapitalismus (Thomas 1997).

Zwar begann der Einsatz afrikanischer Sklaven nicht erst im Rahmen der endgültigen Emanzipation des kapitalistischen Weltsystems, sondern vollzog sich bereits innerhalb des Imperiums Karls V. und zwar auf Anraten von Las Casas, der damit die Unterdrückung und Vernichtung der Indios verhindern wollte – ein Rat, den er später schwer bereute und dies auch mit seiner *Brevísima relación de la destrucción de Africa* (Casas 1989), einer Anklageschrift über die Gewalt gegenüber den Afrikanern, wieder gutzumachen suchte. Etwa 11 Millionen Personen wurden von Afrika nach Amerika verschleppt und versklavt (Frank 1999: 22). Es ist dies eine weitere grausame Seite der Kolonialität der Moderne, die ebenfalls untrennbar mit der europäischen Entdeckung und Erfindung verbunden ist.

Die auf Sklaverei beruhende „Plantagenrevolution" (Osterhammel 2009b: 30) entfaltete sich neben Brasilien vor allem in den Besitzungen der Niederländer, Franzosen und Briten in der Karibik und später in den britischen Kolonien Nordamerikas. Gerade bei den die frühen Handelskompanien, wie der englischen Royal African Company, der niederländischen Westindischen Compagnie, aber auch der deutschen Brandenburgisch-Afrikanische Compagnie als frühe „Global Player" stand der Sklavenhandel im Zentrum (Reinhard 1985: 141 f.). Die Sklavenökonomie blühte also auch in jenen Ländern, in denen zeitgleich die humanistisch-aufklärerischen Freiheitsideen des Westens Verbreitung fanden. Darum ist Sklavenwirtschaft nicht als Relikt vormoderner Gesellschaftsformen anzusehen, sondern sie ist die dunkle Seite des modernen Emanzipationsprojekts. So entsteht innerhalb „der atlantischen Welt des 16. bis 19. Jahrhunderts [...] in einem [...] widersprüchlichen Prozess die westliche Moderne" (Osterhammel 2009b: 24). In deren Zentrum steht die Sklaverei, weshalb Osterhammel betont, dass bei der Frage nach der „Besonderheit des Okzidents" (ebd.: 25) dieser Aspekt eine Berücksichtigung erfahren muss.[74]

Für die frühe Phase des kapitalistischen Weltsystems ist zweifelsohne festzuhalten, dass die auf rassischen Kategorien beruhenden Untergliederungen der Menschheit zentral für die Sklaverei und andere Formen der Ausbeutung war. Sie ist als ein konstitutiver Bestandteil der eurozentrischen kolonialen Moderne anzusehen ist, wie auch Quijano insbesondere bezüglich Amerika hervorhebt:

---

74 Osterhammel weist allerdings richtigerweise auch darauf hin, dass es gerade der westlichen Kultur später gelang, durch eine Universalisierung der Gleichheitsvorstellungen und damit der Ausweitung der westlichen Freiheitsidee auch zur Überwindung der Sklaverei beizutragen (Osterhammel 2009b: 63). Inwieweit dies allein die Folge einer idealistisch motivierten Bewegung oder nicht auch die Widerspiegelung der Möglichkeit des zunehmenden Einsatzes von Maschinen war, sei dahingestellt.

„In Amerika war die Vorstellung von raza ein Modus, um den mit der Eroberung durchgesetzten Herrschaftsverhältnissen Legitimität zu verleihen. [...] Die Expansion des europäischen Kolonialismus in den Rest der Welt führte zur Entwicklung einer eurozentrischen Wissensperspektive und damit zu einer theoretischen Ausformulierung der Vorstellung von raza als Naturalisierung dieser kolonialen Herrschaftsverhältnisse zwischen Europäern und Nicht-Europäern." (Quijano 2016: 29)

Diese kolonialen Herrschaftsbeziehungen mit ihren nach rassischen Prinzipen ausdifferenzierten Formen der Arbeitsorganisation waren auch ein zentrales Element der neuen Muster globaler Macht im entstehenden Kapitalismus. Weber ging in der protestantischen Ethik bekanntermaßen von der Annahme aus, dass „der Okzident [...] in der Neuzeit [...] eine ganz andere und nirgends sonst auf der Erde entwickelte Art des Kapitalismus: die rational-kapitalistische Organisation von – formell – freier Arbeit" (ebd.: 7) entwickelt habe und beantwortete deren Genese mit inneren Dynamiken der europäischen Kultur. Die nicht marktförmig organisierten Formen der Arbeit erscheinen hier gegenüber als nichtmodern und außerhalb des Systems stehend.

Die auf die Geschichte der Kolonialität der Moderne ausgeweitete Perspektive lässt hingegen eine andere Beziehung erkennen. Quijano zufolge führte die „Kolonialität der Kontrolle über den Faktor" zu einer „Zuschreibung aller unbezahlter Formen von Arbeit zu den kolonisierten razas" auf der einen, und einer „Zuschreibung von bezahlter, entlohnter Arbeit zur kolonisierenden raza, den Weißen" (Quijano 2016: 39) auf der anderen Seite. Die mit dem Kapitalismus einhergehende Konstruktion der inferioren Rassen, die in der Arbeitswelt die nachgeordneten, unfreien Tätigkeiten ausüben und das Konzept der freien Arbeit des okzidentalen Subjekts bedingten sich so gegenseitig. Es ist daher der „Kolonialismus [...] [als] die dunkle Seite des europäischen Kapitalismus" (Boatcă 2009: 63) anzusehen.

Dies impliziert auch, das sich die Transformation von der vormodernen Wirtschaftsordnung zur modernen, kapitalistischen Wirtschaftsordnung nicht allein und primär aus den Transformationen in den europäischen Städten des späten Mittelalters und dem damit verbundenen, auch religiös beeinflussten Wandel der ökonomischen Mentalitäten erklären lässt, wie es in der Tradition Webers folgend üblich ist. Sie ist auch nicht primär durch den wachsenden Einsatz fossiler Energie seit dem 17. Jh. bedingt, wie u.a. Sieferle betont (Sieferle 2003).Vielmehr ist die große Transformation, welche in die kapitalistische Moderne führt, untrennbar mit der kolonialen Aneignung Amerikas verbunden. Sie führte aufgrund der „Kolonialität der globalen kapitalistischen Macht" (Quijano 2016: 38) zu einer Transformation der Beziehung zwischen den Ethnien und Kulturen der Welt, infolge derer sich Europa bzw. der Westen als Zentrum und das okzidentale Subjekt als freies Individuum konstituierten, während die „Anderen" zu inferioren, an der Peripherie verorteten unfreien Menschen und Arbeitskräften wurden.

In gewandelter Form besteht diese Struktur bis heute fort. Die aktuellen Bemühungen um eine Neuordnung der globalen Beziehungen und Minderung der Ungleichheisverhältnisse im globalen System, wie sie nicht zuletzt auch mit der aktuellen Forderung der UNO nach einer „Transformation unserer Welt" (UNO 2015) ihren Ausdruck finden, sind vor diesem Hintergrund zu sehen. Diese Transformation kann aber nur gelingen, wenn auch reflektiert wird, dass der Einstieg in die moderne kapitalistische Welt lange vor dem vieldiskutierten Übergang zum fossilen Zeitalter erfolgt ist. Die neue große Transformation erfordert daher auch eine Überwindung der Strukturen und des Geistes der Kolonialität.

Dabei ist die diskutierte Herausbildung einer kolonial-kapitalistischen Ordnung in der neuen Welt nur eine Seite der Medaille. Auf der anderen Seite vollzogen sich durchaus auch in Europa Veränderungen, die zu einer Emanzipation des Kapitalismus beitrugen. Diese sind allerdings, wie im Folgenden deutlich wird, nicht losgelöst von der europäischen Expansion zu betrachten, sondern der Kapitalismus konnte seine Dynamik nur in Verbindung mit dem Kolonialismus und dem frühneuzeitlichen Welthandel entfalten.

7.8.3 Zwischen Weltreich und Weltwirtschaft

Das moderne Weltsystem und damit die basalen Strukturen der modernen Weltökonomie konstituierten sich im „langen 16. Jahrhundert" (Wallerstein 2004: 374). Einher mit der frühneuzeitlichen Entgrenzung der Welt geht eine wachsende Bedeutung des Handelskapitals, die am Beginn der Herausbildung des Kapitalismus steht. Die erste Hochphase (1501-1521) der neuzeitlichen Weltwirtschaft war dabei noch durch die Verbindung zwischen dem portugiesischen König, dem „Herrn über die Gewürze" (Braudel 1986: 158), und den vor allem in Augsburg angesiedelten oberdeutschen Handelshäusern, den „Herrn über das Silber" (ebd.), geprägt. Hervorzuheben ist hierbei die Rolle der oberdeutschen Kaufleute und insbesondere der Augsburger Bankhäuser der Fugger und Welser.[75] Die schwäbischen Kaufleute nahmen eine zentrale Position in dieser frühkapitalistischen Weltwirtschaft ein. Zum einen waren sie Erstabnehmer des Silbers und zunehmend auch an den Bergwerken selbst beteiligt, weshalb das Handelshaus der Fugger auch als „Silberkonzern" (Ludwig 1988: 112) bezeichnet wurde. Zum anderen leiteten sie über Antwerpen das Silber bzw., das Geld selbst weiter und fungierten schließlich auch selbst als Investoren im Asienhandel. Da Europa zu dieser Zeit noch keine eigenen hochwertigen Produkte im Austausch gegen die Schätze des Orients anbieten konnte, war es im Wesentlichen auf die Metalle Mitteleuropas angewiesen. Ohne das Kupfer und Silber, das die oberdeutschen Kaufleute aus Minen in Tirol und dem Erzgebirge gewannen, hätten die Portugiesen keinen Handel mit Afrika und Asien betreiben können und damit wären ihnen die begehrten Gewürze verwehrt gewesen (Walter 2003: 243). Die Erschließung des Seeweges nach Asien durch die Portugiesen und die in der Folgezeit auch zusammen mit den oberdeutschen Kaufleuten aufgebauten Handelsbeziehungen hatten einen wesentlichen Einfluss auf die Herausbildung des frühneuzeitlichen Kapitalismus.[76] Die in dieser Arbeit vorgenommene Fokussierung

---

75 Wie Boris in seinem Beitrag *Plus Ultra – bis ans Ende der Welt* (Boris 1992) argumentiert, sind vor allem die Aktivitäten des norditalienischen Handelskapitals auf der iberischen Halbinsel zu berücksichtigen. Den oberdeutschen Handelshäusern schreibt er eine geringere Bedeutung zu. Wie im Folgenden dargelegt wird, spielen aber die deutschen Frühkapitalisten ‚insbesondere während der Herrschaftszeit von Karl V., eine zentrale Rolle.

76 So rüsteten z.B. Augsburger Kaufleute bereits 1506 die erste rein ökonomisch motivierte Handelsfahrt nach Indien aus. Silber und Kupfer aus den deutschen Bergwerken waren die zentralen Zahlungsmittel für den Kauf der begehrten Gewürze (Knabe 2005: 29).

auf die Kolonisierung Amerika als zentrales Element für die Herausbildung des modernen Kapitalismus ist damit zweifelsohne als verkürzt anzusehen, jedoch würde eine zusätzliche Auseinandersetzung mit dem portugiesischen Asienhandel den Rahmen sprengen. Zugleich ist anzumerken, dass sich die portugiesischen Aktivitäten im Wesentlichen auf ausgewählte Küstenregionen beschränkte, während in Amerika der kolonial-kapitalistische Zugriff auch das Inland einbezog (vgl. Hurtienne 1992: 61 f.).

Die neue globale Weltwirtschaft erfuhr sodann eine Ausweitung und Intensivierung während der Herrschaftszeit von Karl V., dessen Aufstieg durch die Unterstützung durch die Herren des Silbers ermöglicht wurde. Das wichtigste Darlehen, das die Habsburger bei den Fuggern und auch den Welsern aufnahmen, diente 1519 der Finanzierung der Wahl von Karl V. zum deutschen Kaiser.[77] Diese weltgeschichtlich bedeutsame Entscheidung ist bereits eng mit der wachsenden Macht des Finanzkapitals verbunden: „Die Kaiserwahl vom Juni 1519, bei der Karl gewinnt, ist in gewisser Weise ein Triumph des internationalen Finanzkapitals, angeführt von den Fuggern und Welsern […]. Sie ist der Beweis, dass der internationale Kapitalismus, von Italien abgesehen, nun seine Zentren in Augsburg und Antwerpen hat." (Braudel 1992: 21)

Es werden so die Augsburger Kaufleute und insbesondere die Fugger zu heimlichen Mitherrschern des Imperiums. Diese Verbindung kommt auch darin zum Ausdruck, dass Karl während seinen Aufenthalten in Augsburg im Palast der Fugger untergebracht ist. Wenn zuvor argumentiert wurde, dass das Weltreich Karls V. noch der mittelalterlichen Tradition einer sakral-universalen Imperiumsidee verpflichtet war, so muss zugleich ergänzt werden, dass während seiner Regierungszeit durch die Bedeutung insbesondere des oberdeutschen Finanzkapitals zugleich der Kapitalismus als neue Form der Organisation der ökomischen Beziehungen erstarken konnte und zu einer neuen, gleichsam imperialen Macht wird: „Der ganze Kapitalismus […] hat sich zu Beginn seiner Herrschaft auf die Bergwerke in den Alpen und in Ungarn gestützt sowie auf Augsburg mit seiner Schlüsselfunktion – eine Stadt, wo die ‚imperiale' Rolle der Fugger evident ist." (Ebd.: 70)

Auch an der ersten von Ferdinand Magellan begonnen Umrundung der Erde waren die oberdeutschen Kaufleute beteiligt. Die am Beginn der Herrschaftszeit im Zeichen des Plus Ultra unternommene Expedition wurde vermutlich indirekt durch die Fugger mitfinanziert. Und die Welser ließen über einen Mittelsmann einen großen Teil der Gewürze an Bord der Victoria, dem einzigen Schiff das nach Spanien zurückkehrte, aufkaufen (Walter 2003: 30; Denzer 2005: 47). Man kann diese erste Weltumsegelung als Symbol für den Beginn der ökonomischen Globalisierung ansehen.

---

77 Der Kauf der Kurfürstenstimmen kostete 851.918 Goldgulden. Bei den Welsern nahm Karls Großvater Maximilian 143.000 Goldgulden und bei italienischen Bankern in Mailand 165.000 auf. Den Löwenanteil trugen mit 543.585 Gulden jedoch die Fugger bei (Morsak 2003: 164).

7.8.4 Die Macht des Silbers

Infolge der Entdeckung der Silbervorkommen in der Neuen Welt verloren die mitteleuropäischen Bergwerke allmählich an Bedeutung und es wurde eine nächste Stufe in der Herausbildung des Kapitalismus eingeleitet. Die Edelmetalle, die aus Amerika in die Alte Welt flossen und zumeist in Münzen verwandelt wurden, stellten die Basis der ersten kapitalistischen Expansion. Gold und Silber wurden zum wichtigsten Handelsgut im transatlantischen Handel. Braudel kommt auf Basis der Analyse der aus Spanisch-Amerika transferierten Edelmetalle zum Schluss, dass dieses „den Ehrentitel Schatz der Schätze der Welt sehr wohl verdiente" (Braudel 1986: 471). Zwar ist es umstritten, inwieweit die kapitalistische Expansion von diesen Schätzen abhängig war. Die unabhängig hiervon in Europa einsetzende technische und ökonomische Entwicklung trug ebenso dazu bei, und so „war es der allgemeine Anstieg der kapitalistischen Aktivitäten, der für die besondere Verwendung des Münzmetalls verantwortlich war" (Wallerstein 1986: 105). Das von den Konquistadoren erbeutete Gold sowie das in den Bergwerken von Mexiko und Peru geförderte Silber führten aber zweifelsohne zu einem scheinbar unerschöpflichen Strom an Edelmetallen in die Alte Welt. Nach der Entdeckung der Silberminen wurde das im heutigen Bolivien gelegene Potosí rasch zu einer der größten und reichsten Städte der Welt, auf die sich das Hauptinteresse der Spanier richtete: „Amerika war damals ein gewaltiger Schachteingang, der hauptsächlich auf Potosí konzentriert war." (Galeano 1980: 33) Der Reichtum Potosís unterstützte die kapitalistische Dynamik in Europa. Es „speisten die Eingeweide des ‚Cerro Rico' des ‚Reichen Berges' in entscheidendem Maße die Entwicklung Europas" (ebd.: 30). Es gelangten zwischen 1503 und 1660 185 Tonnen Gold und 16.000 Tonnen Silber in den bei Sevilla gelegenen Hafen von San Lúcar de Barrameda, was die in Europa vorhandenen Reserven um das Dreifache übertraf (ebd.: 33).

Die grausamen Folgen dieser Gier nach Metallen für die Ureinwohner sind bekannt. Galeano beschrieb in eindringlicher – in manchen Punkten allerdings nicht unumstrittener – Weise in *Die offenen Adern Lateinamerikas* (1980) den Prozess der Ausbeutung der Ressourcen und der Bevölkerung Amerikas:

„Lateinamerika ist die Region der offenen Adern. Von der Entdeckung bis in unsere Tage hat sich alles zuerst in europäisches, nachher in nordamerikanisches Kapital verwandelt [...]. Alles: die Schätze der Natur und die Fähigkeiten der Bevölkerung, die Produktionsmethoden und die Klassenstrukturen jedes Ortes sind von auswärts durch seine Eingliederung in das weltumfassende Getriebe des Kapitalismus bestimmt worden." (Galeano 1980: 11)[78]

Die Spanier wurden vor allem durch die Gier nach Gold in die Neue Welt getrieben. Neben der Erfindung Amerikas als Ort der Utopie ist es diese ganz konkrete Ausbeutung der amerikanischen Welt und ihrer Bewohner, welche bestimmend für deren Aneignung der Neuen Welt wurde. In einem Nahuatl-Text wird die Reaktion der Truppen des Cortés auf Goldgeschenke folgendermaßen beschrieben: „Affen gleich

---

78 Im Deutschen wie auch im Spanischen verweist die Doppeldeutigkeit des Begriff der Adern (vena: Ader, Vene; Erzader) im Titels sowohl auf das "Ausbluten" der Menschen aufgrund des "Aussaugens" durch den Kapitalismus, wie auch die Freilegung der Erzadern.

wiegten sie das Gold in ihren Händen. [...] In der Tat ersehnten sie das mit großem Durst, Ihr Leib weitete sich dessentwegen, sie haben Heißhunger danach. Wie hungrige Schweine lechzen sie nach Gold." (zitiert nach Galeano 1980: 28) Auf der Suche nach dem Eldorado eroberten die Konquistadoren Amerika. Einige, wie Cortés und Pizarro, sollten durch die Vernichtung des Aztekenreiches bzw. des Inkastaates tatsächlich erhebliche Goldschätze erbeuten. Insgesamt gesehen enttäuschte aber Amerika zunächst die Hoffnungen auf unermessliche Goldvorräte – anstelle dessen wurden riesige Silbervorkommen entdeckt. Nicht das Eldorado, sondern mehrere „Silberados" (Ludwig 1988: 285) wurden gefunden.

Der Reichtum Europas durch die Edelmetalle ging mit einem unermesslichen Leiden der amerikanischen Urbevölkerung einher, die zur Arbeit in den Minen gezwungen wurde. Der Cerro Rico in Potosí verschlang in drei Jahrhunderten acht Millionen Menschenleben (vgl. Galeano 1980: 51). Ähnliches geschah in den Bergwerken Mexikos. „Das Blut der Indios war die Muttermilch für den aufstrebenden Kapitalismus in Europa, und das Silber, das die feudalabsolutistischen Herrscher [...] für ihren Prunk ankauften, trug unsichtbar das Kainszeichen von Potosí und Mexiko." (Ludwig 1988: 11) Die Krone legte diesen Verhältnissen gegenüber eine schizophrene Haltung an den Tag. Zum einen wurden mit den Indien-Gesetzen und späteren Verordnungen versucht, der unbegrenzten Ausbeutung Grenzen zu setzen und den Indios eine gerechte Behandlung zukommen zu lassen. Zum anderen aber führte der ungeheure Finanzbedarf der Krone dazu, dass die Gesetze permanent missachtet wurde, um die Produktion nicht zu behindern (ebd.: 51 f.). Nicht nur für Kaiser Karl V. sondern auch für die Etablierung des neuzeitlichen Kapitalismus war dieser Geldstrom von zentraler Bedeutung.

Durch das amerikanische Silber wurde die kapitalistische Dynamik vorangetrieben: „Das Edelmetall Amerikas stand Pate bei der Taufe des Kapitalismus, eines ungeheuer gefräßigen Monsters, das Europa aus feudal-klerikaler Stagnation brutal herausriss." (Ludwig 1988: 159) Es war zunächst vor allem der europäische Bergbau, der wesentlich zur Entstehung des kapitalistischen Motors und der Bereitstellung des primären Treibstoffs beitrug, aber erst die amerikanischen Bergwerke ermöglichten es, dass diese Maschinerie weiterwuchs und das System expandierte.[79]

Ein Großteil des Silbers wurde zu Münzen verarbeitet. Am bedeutsamsten war dabei der *Real de ocho*, der spanische Piaster im Wert von acht Reales. Diese erste globale Handelsmünze wurde in Spanien und auch in Peru und Mexiko aus dem amerikanischen Silber geprägt, und als „mexikanischer Dollar" zum Vorbild für den US-amerikanischen Dollar (Heß und Klose 1986: 187). Namensgebend war der weitverbreitete *Joachimstaler*, der aus dem Silber der Minen von Joachimsthal im Erzgebirge geprägt wurde.[80] Karl schuf hieraus die zentrale Währung seines neuen

---

79 Kennzeichnend für diese Verlagerung war, dass auch die oberdeutschen Herren über das Silber versuchten, von den Silberfunden in der Neuen Welt zu profitieren. Deutsche Bergmänner, die als führend im Montangewerbe galten, wurden in den erste Jahrem nach Amerika gesendet (Pferdekamp 1938: 24). Einige Minen in Sultepec, einem der ersten Grubengebiete auf dem Festland, waren in der Hand von Deutschen (Walter 2003: 245).

80 Aus dem Silber aus den Bergwerken von Schwaz in Tirol wurde 1486 erstmals eine silberne Talermünze, der sogenannten „Guldiner" mit 31,93 Gramm bei 29,92 Feingewicht Silber geprägt, dessen Vorderseite den stehenden Erzherzog Sigismund zeigte. Um 1500

globalen Reiches. Ein Teil des Silbers wurde erst in Spanien gemünzt und dabei in der Regel mit dem Wappenschild Spaniens und dem Herrschaftszeichen von Kastilien, Leon und Aragon versehen. In zunehmendem Maße wurden allerdings auch Münzstätten in Amerika eingerichtet. Hierbei fand nun auf der Münze das bekannte Symbol Karls V. Verwendung. Über 300 Jahre wurden – mit einigen Unterbrechungen – die Säulen des Herakles und der Slogan Plus Ultra auf spanischen Silbermünzen geprägt und hierdurch fand die Symbolik eine weltweite Verbreitun.

Abbildung 33: Der Säulenpiaster: Mexikanischer Real de Ocho aus dem Jahr 1737 mit den Säulen des Herakles und der Umschrift Utraque unum (Beide sind eins).

Quelle: http://www.fuenterrebollo.com/faqs-numismatica/ima70/1737-8reales-mexico.jpg

In einer mexikanischen Prägungsvariante, die von 1732 an häufig verwendet wurde, erhielten die Münzen ein besonders eindrucksvolles Bild. Die beiden Halbkugeln der Alten und der Neuen Welt, die von den mit der Devise Plus Ultra versehenen Säulen des Herkules flankiert waren und über dem Ozean schwebten, prangten dort (vgl. Abbildung 33). Die Münze war am Rande mit der Devise *Utraque Unum* (Beide sind eins) versehen und dies „weist auf das sich über beide Welthalbkugeln erstreckende spanische Weltreich hin." (Heß und Klose 1986: 93) Aufgrund dieser Darstellung wurden die weltweit zirkulierenden Münzen *Real fuerte columnario*, *Mundos y mares* (Welten und Meere), Columnas y mundos (Säulen und Welten), oder verkürzt

---

setzte nach diesem Vorbild die Produktion der sächsischen Guldengroschen ein, der dann auch in Joachimsthal übernommen wurde (Heß und Klose 1986: 24 f.). Zwischen 1520 und 1528 wurden über zwei Millionen Guldengroschen in Joachimsthal geprägt. Die weite Verbreitung dieser Münze führte dazu, dass schließlich der silberne Guldiner unter Abwandlungen und Verkürzungen des Ortsnamens von Joachimsthal in der ganzen Welt bekannt wurde. Als Daler oder Jochimdaler Guldengroschen verbreitet sich die Münze zunächst im deutschen Raum. Im Ausland fanden die Namen Daalder, Dollar, Tallero und Jocandale Verwendung. und auch nationale Nachahmungen werden später mit diesen Bezeichnungen versehen (ebd.: 29 f.).

auch nur *Columnario* genannt. Im englischen Sprachraum wurde diese Münze als *Pillar Dollar*, im Deutschen auch als *Säulenpiaster* bekannt (ebd.: 93).

Nur wenig Geld zirkulierte in Lateinamerika selbst, es wurde vielmehr nach Spanien verschifft.[81] Zweimal pro Jahr erreichte die berühmte Silberflotte Sevilla.[82] Die unversiegbaren Reichtümer, die auf diese Art Spanien erreichten, waren der „Beitrag der Neuen Welt zur grundlegenden Änderung der europäischen Wirtschaft." (Elvira 1978 163) Um die Kolonialisierung der Neuen Welt zu organisieren und den Waren- und Personenverkehr zu verwalten, wurde bereits 1503 die *Casa de Contratación* in Sevilla angesiedelt. Die Stadt erhielt mit seinem Vorhafen Sanlúcar de Barrameda quasi das Monopol für den Amerikahandel und wurde so zur *puerta y puerto de las Indias* [Pforte und Hafen für Westindien]" (Cipolla 1998: 33). In Sevilla wurde der größte Teil der Edelmetalllieferungen in dem *torre de la oro y de la plata* (Dem Turm des Goldes und des Silbers) aufbewahrt (Cipolla 1998: 57).[83] Von Spanien aus floss das Silber weiter über die ganze Welt und wurde die zentrale Währung: „Silber pesos became the most widely circulating currency in the world." (Bulmer-Thomas 2006: 428)

Hierdurch fand die Symbolik der Säulen des Herakles auch lange nach dem Tod von Karl V. noch eine weltweite Verbreitung.[84] Durch die jahrhundertelange Dominanz wurde der *Real de Ocho* „zu einer der wichtigsten Welthandelsmünzen" (Heß und Klose 1986: 187) und so auch zum Vorbild anderer Währungen. Diese wurde in der Türkei, China, den USA und vielen anderen Ländern nachgeahmt. Aus Sicht einiger Autoren ist aus dieser Münze durch eine Vereinfachung auch das Dollarzeichen abgeleitet worden: „Vom mexikanischen Peso [...] auf dessen Rücksei-

---

81 Die Reichtümer wurden teilweise auch in Barrenform über der Atlantik transportiert. Jedoch verändert sich die Zusammensetzung im Laufe der Zeit, da die nach Spanien gesandten Edelmetalle zu immer größeren Teilen aus Münzen, und hierbei wiederum primär aus *real de ocho* bestand (Cipolla 1998: 81).

82 Die aus Amerika nach Spanien gebrachten Schätze erweckten den Neid und das Begehren anderer europäischer Mächte. Englische, französische und niederländische Piraten, die mit offiziellen Kaperbriefen ausgestattet waren, überfielen die schwerfälligen Galeonen (Ludwig 1988: 132). Um sich vor den Überfällen zu schützen fuhren die spanischen Schiffe begleitet von Galeonen im Konvoi und 1561 wurde dieses System der sogenannten *Carrera de las Indias* institutionalisiert (Cipolla 1998: 37).

83 Zwischen 1503 und 1660 werden nach offiziellen Berechnungen 17000 Tonnen Silber und 181 Tonnen Gold in Sanlucar und in Cadiz entladen (Ludwig 1988: 165). Hinzu kommt ein vermutlich nicht unerheblicher Teil an geschmuggelten Edelmetallen (Cipolla 1998: 54 f.). Auch wenn diese Mengen gegenüber der Förderung der späteren Jahrhunderte als gering anzusehen sind, führten sie angesichts der zuvor herrschenden Edelmetallknappheit zu einer „große[n], mehr als revolutionäre[n] Neuerung, die das gesamte Geldwesen der Zeit von Grund auf veränderte" (ebd.: 57).

84 Allerdings scheint damit nicht immer eine Kenntnis der Symbolik verbunden gewesen zu sein: Der Säulenpiaster, der im ganzen östlichen Mittelmeerraum und Nordafrika zur Leitwährung wurde, wurde bei den Arabern auch als „Vater der Kanonen", wofür die Beduinen die Säulen des Herakles hielten, bezeichnet (Heß und Klose 1986: 187).

te die Säulen des Herkules abgebildet waren, übernahm der US-Dollar auch die Abkürzung $, die wir als Dollar-Symbol benutzen." (Walter 1990: 142)[85]

Dass diese erste globale Leitwährung zumeist mit den Säulen des Herakles versehen wurde, mag ein Zufall der Geschichte sein, der aber dennoch als symbolträchtiges Sinnbild für die *Entgrenzung der Macht des Kapitals* angesehen werden kann. Karl V. wählte sich die Emblematik, um damit seinen eigenen imperialen Anspruch zum Ausdruck zu bringen. Auch die späteren Prägungen des Säulenpiasters mit den Erdhälften standen noch im Zeichen der Vision eines spanischen Weltreichs. Faktisch war aber der Traum vom globalen spanischen Imperium längst zerbrochen und andere Länder übernahmen die Führungsrolle. Zwar übte Spanien durch seinen Gold- und Silberreichtum zweifelsohne eine Art von Herrschaft über die Welt aus, doch war diese nicht mehr verbunden mit politischer Macht. Vielmehr wurde der Piaster zur Grundlage der ökonomischen Globalisierung: „[Die] monetäre Herrschaft war größer und dauerhafter als die politische. [...] Auf diese Weise trug das iberoamerikanische Silber zur Schaffung einer Art einheitlichen Wirtschaftsraumes rund um den Globus bei." (Wallerstein 1986: 113) Der spanische Piaster geriet dabei zunehmend außer Kontrolle der spanischen Herrscher und es bildete sich das moderne Weltsystem als kapitalistische Weltwirtschaft heraus.

7.8.5 Das Scheitern des Imperiums

Spanien konnte von den Reichtümern des Neuen Welt nicht dauerhaft profitieren. Die Geldströme flossen weiter, um die Schulden des Kaisers bei Bankiers wie den Fuggern zu bezahlen, um Kriege gegen Frankreich, die Türken und die Protestanten in Deutschland zu finanzieren und um Konsumgüter vor allem aus Nordeuropa zu importieren (Ludwig 1988: 134). Karl V. entkam so trotz des scheinbaren Reichtums nie der Abhängigkeit von Krediten der Fugger und Welser – aber ebenso waren die Fugger auf Karl V. angewiesen, so dass Ausdehnung und Zerfall des politischen und des ökonomischen Imperiums untrennbar miteinander verbunden waren: „Gemeinsam stiegen die Sterne Karl V. und der Fugger, gemeinsam sanken sie wieder." (Wallerstein 2003: 371)

Die Euphorie der Weltbemächtigung, welche Karl V. zu Beginn seiner Herrschaftszeit erfasst hatte und welche in der Devise Plus Ultra ihren Ausdruck fand, wurde im Laufe der Zeit getrübt. In Deutschland spalteten die Religionskonflikte das Reich. In Spanien kam es zum Aufstand der *Communeros*. Die Türken stellten eine wachsende Gefahr dar. Das expandierende Reich zerbrach von innen und wurde von außen bedroht. Letztlich sollte die neu entstehende globale Welt nicht in jener Weise organisiert werden, wie es Kaiser Karl V. und seine Berater geplant hatten: „Im 16. Jahrhundert lässt sich also nicht nur der Aufstieg der Weltreiche verzeichnen, sondern gleichfalls ihr definitives Scheitern als Organisationsprinzip eines modernen Weltsystems. Ersetzt wurden sie fortan durch die kapitalistische Weltwirtschaft." (Ebd.: 365)

---

85 Allerdings gibt es auch alternative Herleitungen. So gehen manche davon aus, dass das Dollarzeichen eine Abkürzung der Buchstaben S (Sankt) und I (Joachim) darstellt und damit auf das böhmische Sankt Joachimsthal verweist, dem namensgebenden Prägeort des ersten Taler, aus dem sich der Begriff Dollar ableitet (vgl. Walter 1999: 142).

Diese Entwicklung war Folge der Eigendynamik der Finanzströme. Das amerikanische Silber führte zu einer kapitalistischen Expansionsphase, jedoch nicht in Spanien, sondern vor allem in den nordwesteuropäischen Regionen, die mit ihren Produkten den spanischen Markt erobern wollten, um an dem Strom der Edelmetalle teilzuhaben (Galeano 1980: 34).[86] Wie Wallerstein argumentiert, sind auch die Gestalt und der Aufstieg des Calvinismus und seines Arbeitsethos in diesem Kontext zu sehen. Es waren die mit dem Silberfluss und den erweiterten Handelsbeziehungen im Imperium verbundenen ökonomischen Umwälzungen, welche das Erstarken des calvinistischen Protestantismus begünstigten. Gerade in Flandern entstand in diesem Kontext eine frühindustrielle und frühkapitalistische Gesellschaft, die sich mit wachsender ökonomischer Macht vom spanischen imperialen Zentrum, von dem sie sich in ihren Aktivitäten eingeschränkt fühlte, emanzipieren wollte.[87] Mit der Wahl des Calvinismus als Religion konnten die frühkapitalistischen Gruppen in den Niederlanden ihre Abspaltungsbemühungen auch religiös begründen. Die Genese einer neuen Wirtschafts- und Arbeitsethik ging damit dem Protestantismus voraus, und war nicht dessen Folge: „[Es] war [...] nicht so, dass Calvinisten Kapitalisten, sondern dass Kapitalisten Calvinisten wurden." (Ebd.: 320)

An die Stelle des Imperiums trat so die moderne nationalstaatlich-kapitalistische Ordnung der Moderne, was zuerst in der Befreiung Hollands aus dem Imperium und ihrer Konstitution als kapitalistischer Nationalstaat ihren Ausdruck fand. Man kann diese Entwicklung letztlich als Konsequenz der Eigendynamik des Kapitals ansehen: „Die Kapitalisten brauchten die Unterstützung und den Schutz von Staaten, aber ein einziger, übermächtiger Staat, dem sie ihr Kapital nicht entziehen konnten, zerstörte ihre Grundlagen." (Ebd.: 391) Der Kampf zwischen Weltreich und kapitalistischem Weltsystem ist als Auseinandersetzung darum zu sehen, in welcher Weise Europa seine koloniale Landnahme der Welt organisieren sollte. Die mit Karl V. verbundene Vision einer *Monarchia Universalis* nach dem Vorbild des späten römischen Imperiums scheiterte: „Im langen 16. Jahrhundert etabliert sich die kapitalistische Weltwirtschaft, basierend auf der Arbeitsteilung zwischen Zentrum und Peripherie [...]. Karl V. kämpfte gegen den Strom." (Ebd.: 391) Die religiös wie auch nationalistisch begründete Rebellion der protestantischen Niederlande gegen Philipp II., den Sohn Karls V., brachte den Sieg des kapitalistischen Geistes zum Ausdruck. Der kapitalistische Imperialismus und das „Empire of capital" (Meiksins Wood 2003) trat

---

86 Der Handel und die das Geldwesen waren weitgehend in der Hand von Flamen, Franzosen, Genuesen, Engländern und Deutschen (Galeano 1980: 35). In Spanien wurden die Reichtümer in Land oder in Bauwerke, aber nicht in industrielle Unternehmungen investiert. Grund hierfür war auch die mangelnde Bereitschaft Karls V. eine eigenständige merkantile Politik in Spanien zu verfolgen und protektionistische Schutzmaßnahmen zu ergreifen (Braudel 1986: 266 f.). So kam es gerade in Spanien – im nach der Kolonisierung des Amerikanischen Festlandes eigentlichen Zentrum des Weltreiches Karls V. – zu einer zunehmenden Untergrabung der ökomischen Basis.

87 Wie Wallerstein anmerkt, war der ursprüngliche Ideengehalt des Protestantismus irrelevant. Auch der Katholizismus hätte die gleiche Funktion einnehmen können. Daher „gibt es wenig Gründe, warum man nicht auch ein plausibles Buch mit dem Titel ‚Die katholische Ethik und der Geist des Kapitalismus' hätte schreiben können." (ebd.: 213) Der Katholizismus stand jedoch als Symbol für das spanische Herrscherhaus.

an die Stelle des gescheiterten Weltreichs und in dieser Form wurde fortan die okzidentale Aneignung der außereuropäischen Welt vorangetrieben und die globalen Wirtschaftsbeziehungen organisiert. Die nationalstaatlich organisierte kapitalistische Moderne konstituierte sich.

Nicht die Herrschaft Spaniens über den Globus, sondern die Entgrenzung des Marktes und die Ausweitung der Macht des okzidentalen Kapitalismus über die Welt fanden somit letztlich im Säulenpiaster ihr Symbol. War die Devise Plus Ultra bei Karl V. noch mit der Vision der Ausdehnung des Weltreichs verbunden gewesen, so kann sie nun mit der Wachstums- und Landnahmelogik des Kapitalismus assoziiert werden. Es ist diese Emanzipation von der Macht des Imperiums und die Transformation der Entgrenzungsdynamik der europäischen Expansion in den kapitalistischen Wachstumszwang als entscheidender Faktor bei der Herausbildung des modernen Kapitalismus anzusehen.[88] Der imperiale *Geist des Plus Ultras* ging in den *Geist des Kapitalismus* über. Nicht die Herrschaft Spaniens über den Globus, sondern die Expansion des Marktprinzips und die Ausweitung der Macht des okzidentalen Kapitalismus über die Welt fanden somit letztlich im Säulenpiaster ihr Symbol.

7.8.6 Zusammenfassung: Die „Amerikanität" des Geistes des Kapitalismus

Die Frage nach der Genese des okzidentalen Kapitalismus muss letztlich unter der Berücksichtigung der Bedeutung der Kolonisierung der neuen Welt anders beantwortet werden als bei Weber und den an ihn anknüpfenden Autoren. Der Expansionismus des okzidentalen Kapitalismus wurde weniger durch ein besondere Ethik des Protestantismus geprägt und kann auch nicht allein aus der inneren Wirtschaftsdynamik Europas erklärt werden. Der Geist des Kapitalismus entwickelt sich vielmehr im Rahmen der ersten Weltwirtschaft und insbesondere infolge der Erschließung des transatlantisch-amerikanischen Raums.

Im Kontext der europäischen Expansion entfaltete sich der Handelskapitalismus. Zu berücksichtigen ist hierbei nicht nur der Handel mit Amerika, sondern ebenso bedeutsam ist der portugiesisch-oberdeutsche und später der niederländische Handel mit Asien. Die Neue Welt trägt aber zusätzlich durch weitere Faktoren zur Genese des spezifisch neuzeitlichen Kapitalismus bei: Amerika ist die Quelle des Silbers, welche die dominierende Rolle der mitteleuropäischen Silbervorkommen ablöst und das in der Form der Silbermünze, des *Real de Ochos*, zum monetären Treibstoff der ersten globalen Weltwirtschaft wird. Das Streben nach Teilhabe an diesen Reichtümern führt zum Erstarken einer frühkapitalistischen Bürgerschaft in Nordwesteuropa, die ihre Eigenständigkeit in der Wahl des Calvinismus als Religion zum Ausdruck bringt.

---

88 Zwar haben zweifelsohne auch andere Faktoren wie die Lockerung des Zinsverbots zu dieser Dynamik beigetragen (vgl. Jochum 2006: 297 f.). Aber auch diese Entwicklungen sind nicht von der nautischen Entgrenzung der Welt zu trennen: „The modern monetary age thus began with the geographic discoveries, with the full fruition of the Renaissance. […] A vast increase in money, minted and printed, occurred in parallel with an unprecedented expansion in physical and mental resources." (Davies 1994: 194: 174)

In der Neuen Welt bildet sich in den spanischen Gebieten – und ähnlich im portugiesischen Brasilien – eine auf rassischen Differenzierungen beruhende Sozial- und Arbeitsordnung heraus. Hierin ist eine zentrales Moment der „Kolonialität der Arbeit" (Jochum 2016) in der Moderne begründet. Infolge des Sklavenhandels und der Plantagenwirtschaft kommt es im transatlantischen Raum zur Herausbildung einer kapitalistischen Ökonomie. Und schließlich vollzieht sich mit dem Scheitern des Imperiums eine Emanzipation der Weltwirtschaft von der Umklammerung des Imperiums, wodurch auch die Entstehung von Nationalstaaten im Rahmen einer transnationalen Weltökonomie eingeleitet wird. Die Plus-Ultra-Logik der frühen europäischen Expansion in die Neue Welt wird hierbei durch die Expansions- und Wachstumsdynamik des modernen okzidentalen Kapitalismus abgelöst. Dussel schreibt daher ganz zu Recht:

„Im Okzident besteht die ‚Moderne', die mit der Invasion Amerikas durch die Spanier beginnt [...], in der geopolitischen Öffnung Europas auf den Atlantik. Dies ist die Entfaltung und Kontrolle des ‚Welt-Systems' in strengem Sinne. [...] All dies geschieht zeitgleich zum Ursprung und der Entwicklung des Kapitalismus, der anfangs merkantil ist: reine ursprüngliche Geldakkumulation. Das heißt die Moderne, der Kolonialismus, das Welt-System und der Kapitalismus sind Aspekte einer selben, zeitgleichen und sich wechselseitig konstituierenden Realität." (Dussel 2013: 15)

Es erscheint damit die protestantische Ethik letztlich als ideelle Überhöhung der Neuordnung der Ökonomie in der kolonialen Welt der Moderne, die nicht zuletzt durch die Silberflüsse aus der Neuen Welt ihre expansive Kraft entfalten konnte. Es ist kennzeichnend, dass die Niederländer nach ihrer Befreiung aus der Macht des Imperiums bald selbst zur kolonialen Macht im Rahmen eines kapitalistischen Imperialismus wurden. Damit wurde der Aufstieg einer neuen Form des ‚Empires' eingeleitet, das sich von den klassischen Imperien unterschied: Es erfolgte nun eine Übergabe der Macht vom Kaiser an die kapitalistischen Zentren der Akkumulation des Kapitals. Folgt man der Argumentation von Braudel, so lösen sich nun Genua, Amsterdam, London und New York als Mittelpunkte des kapitalistischen Weltsystems ab (vgl. Braudel 1986: 78). Diese moderne Form der Weltherrschaft gründet nicht mehr in einer politisch-militärischen Dominanz über die Welt. Bestimmend wurde nun die Herausbildung ökonomischer Abhängigkeitsverhältnisse, in denen es den kapitalistischen Zentren gelang, eine industriell-ökonomische Dominanz über die peripheren Regionen der Welt zu gewinnen. Das „Empire of capital" (Meiksins Wood 2003) ist eher ein „Empire of production" (Maier 2007: 191 f.) und seine Truppen sind nicht mehr die Heerführer und Soldaten der Legionen, wie im römischen Reich, sondern die Manager und Mitarbeiter der transnationalen Konzerne. In dem „Empire" (Hardt und Negri 2002) als zentrumslosem ökonomischem Weltreich findet diese neue Form des kapitalistischen Imperiums seine aktuellste Ausprägung.

Die Ausdehnung des Imperiums Karls V., welche im Plus Ultra ihren Ausdruck fand, wurde im kapitalistischen Imperialismus zu einem dem Kapitalismus inhärenten Zwang zur Erweiterung des kapitalistischen Weltsystems transformiert. Plus Ultra bedeutet fortan immerwährendes Wachstum und Fortschritt, und verbindet sich mit der Ausdehnung des von Francis Bacon propagierten „Human Empire", d.h. der Ausdehnung der menschlichen Macht über die Natur durch Wissenschaft und

Technik. Der damit eng verknüpfte technoszientifische Humanismus stellt, wie noch gezeigt wird, den ideologischen Kern der zweiten langen Welle des Okzidentalismus dar.

So mag es legitim sein, die auf der weltweit verbreiteten Silbermünze des *Real de Ocho zu* findende Emblematik der Säulen und die Devisen *Plus Ultra* und *Utraque Unum* nicht mehr auf das spanische Imperium, sondern auf das sich verselbstständigende Imperium des Kapitalismus zu beziehen. Es ist die Ausfahrt des global zirkulierenden und mit Mehrwert heimkehrenden Kapitals, das nun gleichsam durch die geöffneten Säulen symbolisiert wird. Die mit dem Plus Ultra verbundene Programmatik der Expansion des Imperiums ging in den Wachstums- und Expansionszwang über, dem der Kapitalismus seither unterliegt. Das Motto Plus Ultra verweist auf die Entbettung und Entgrenzung der Macht des Marktes und seine zunehmende Emanzipation aus begrenzenden gesellschaftlichen-politischen Regulierungen und die zunehmende Globalisierung der kapitalistischen Ökonomie und nicht mehr, wie bei Karl V., auf die Idee eines sakral überhöhten globalen Weltreichs.

Es war so bereits innerhalb des Imperiums Karl V. der Keim für eine Entwicklung angelegt, welche die Imperiumsidee des Kaisers letztlich obsolet werden ließ und zur Herausbildung einer anderen Form der okzidentalen Kolonisierung des Globus auf Grundlage einer nationalstaatlich-kapitalistischen Ordnung führte. Der *Geist des Plus Ultra* verwandelte sich hierdurch in den *Geist des Kapitalismus*.

7.9 ZUSAMMENFASSUNG: DIE KONSTITUTION DES PROJEKTS DER MODERNE

Die Öffnung der ozeanischen Grenzen und die unterwartete Entdeckung einer Neuen Welt haben eine grundlegende Transformation des okzidentalen Selbstverständnisses und das Beschreiten des okzidentalen Sonderwegs des Westens eingeleitet. Die Grundprinzipien des Projekts der Moderne, die als Rationalisierung, Entgrenzung, Individualisierung, Verwestlichung, Säkularisierung, Kolonisierung von außereuropäischer Welt, Humanisierung und (kapitalistische) Ökonomisierung bestimmt werden können, haben sich infolge dieses Wandels herausgebildet. Das Motto Plus Ultra war die leitende Devise dieses Umbruchs, dessen zentrale Momente im Folgenden nochmals zusammenfassend dargestellt werden.

Infolge der Entdeckungsreisen der iberischen Seefahrer konstituierte sich eine neue wissenschaftliche Rationalität. Der bisher verschlossene atlantische Ozean wurde nun durch die Berechnung der Position befahrbar. Diese durch die Zentralinstitutionen in den Heimatländer – die spanischen *Casa de Contratación* und in ähnlicher Weise die portugiesischen *Casa da Mina e da India* – koordinierte Sammlung von Daten ist als erstes wissenschaftliches Großprojekt der Moderne anzusehen. Weber zufolge kann man als Wesenszug der *okzidentalen Rationalität* den Glauben bestimmen, „dass man [...] alle Dinge – im Prinzip – durch Berechnen beherrschen kann" (Weber 1994: 9) und hierdurch eine „Entzauberung der Welt" (ebd.) ermöglicht wird. Eingeleitet wurde dieser Prozess – dies haben die Ausführungen gezeigt – durch die Entzauberung des mythisch-theologisch verschlossenen atlantischen Ozeans und seine Öffnung mittels der Vermessungs- und Rechenkünste der iberischen Pilotos. Damit wurde zugleich die Verdammung der wissenschaftlichen Neugier aufgegeben und die Grundlage für die Genese der großen modernen Erzählung vom technoszientifischen Fortschritt bereitet. Die Verallgemeinerung dieses Programms im Werk von Francis Bacon wird später in dieser Arbeit noch ausführlicher zum Thema gemacht (vgl. Kap. 8).

Diese nautische Revolution war auch eine Voraussetzung für das Wagnis des Kolumbus, einen okzidentalen Weg nach Asien zu suchen. Die Grundlage für dieses riskante Unternehmen war auch die Annahme einer *Einheit von Erd- und Wassersphäre*, die der gängigen Vorstellung von einer Trennung zwischen „Erdapfel" und der größeren Wassersphäre entgegenstand. Mit der alten Vorstellung war auch eine klare Abgrenzung zwischen der Ökumene, d.h. der aus den drei Kontinenten Asien, Europa und Afrika gebildeten Welt, und dem umgebenden Ozean verbunden. Zwar gab es keine Vorstellung von einer Erdscheibe, aber dennoch ein klares Bewusstsein der Limitierung der humanen Welt, das insbesondere in der Gültigkeit des begrenzenden Charakters der Säulen des Herakles seinen Ausdruck fand.

Mit der Westfahrt des Kolumbus wurde endgültig der alte Begrenzungsmythos durchbrochen und ein *räumlicher Entgrenzungsmythos* konstituierte sich, der später in der Umkehr des Non Plus Ultra in das Plus Ultra seinen Ausdruck fand. Man kann seither *Entgrenzung als ein Basisprinzip von Modernität* bestimmen. Infolge des Gelingens der Reise des Kolumbus wurde auch dessen Annahme eines einheitlichen Erd-Wasser-Globus bestätigt. In dem Werk der Kosmographen von St. Dié wurde diese *neuzeitliche Vorstellung von Globalität* auch zur wissenschaftlichen Diskussion in Bezug gesetzt und fand in Wort und Bild erstmals eine größere Verbreitung.

Die von Kolumbus nicht intendierte Entdeckung einer neuen Welt leitete einen weiteren fundamentalen Wandel des okzidentalen Selbstverständnisses ein. Es wurde nicht nur ein okzidentaler Sonderweg eröffnet, sondern darüber hinaus ein neuer, ausgeweiteter Westen erschlossen. Die Erfindung Amerikas in der „Cosmographiae Introductio" spiegelt somit einen grundlegenden Wandel des Weltbildes wieder. Hierdurch wurde zum einen die spirituelle Überhöhung der alten Ökumene durchbrochen. Zum anderen rückte Europa vom Zentrum der alten Welt in das Zentrum einer neuen globalen Welt. Indem Amerika als neue, westliche Welt erfunden wurde, vollzog sich gleichsam eine *Verwestlichung des Westens*. Hierdurch bekam der Begriff des Westens eine neue, ausgeweitete Bedeutung.

Schließlich wurde durch den Einbezug des Neuen in die Welt ein prinzipieller Wandel des Verhältnisses zum Neuen eingeleitet. Die Entdeckung Amerikas machte die Lückenhaftigkeit des Wissens der Antike erkennbar und dieser Erkenntniszuwachs wurde zum Sinnbild für die Möglichkeit und Notwendigkeit der Erweiterung des Wissenshorizonts. Diese *paradigmatische Querelle des Anciens et des Modernes* ist auch aus soziologischer Perspektive von herausragender Bedeutung. Erstmals vollzieht sich hier eine explizite Bejahung des „Modernen", so dass es legitim erscheint, den Beginn der Moderne bereits in der frühen Neuzeit anzusetzen. Zugleich wird hierbei die Erfindung Amerikas zum verallgemeinerbaren Paradigma, weshalb man von der *Genese eines Mythos des Neuen* sprechen kann, der den archaischen Mythos der ewigen Wiederkehr ablöst. Dabei werden untergründig auch Ähnlichkeiten deutlich: So wie der archaische Mythos die ewige Wiederkehr des Alten postuliert, so schreibt der entstehende Amerika-Mythos des Neuen ebenso sehr *die ewige Wiederkehr der Erneuerung fest*.

Die Öffnung der Welt für das Neue hat auch einen hierzu korrespondierenden Wandel der okzidentalen Anthropologie zur Folge. War die paradigmatische Grenze der Säulen des Herakles in der Antike und im Mittelalter noch Sinnbild für die Begrenztheit der humanen Möglichkeiten und eine Warnung vor dem frevelhaften Drang zum Neuen, so kehrt sich nun das Verständnis um. Dies wird an der Veränderung des Bildes vom Heros deutlich: war einst die Westfahrt Sinnbild der Begegnung mit dem Tod und damit den Grenzen der humanen Existenz, so fahren die neuzeitlichen Heroen in den offenen Horizont der unbegrenzten Möglichkeiten aus. In der Umdeutung des Danteschen Non Plus Ultra, das noch die Mahnung vor der Entgrenzung in sich barg, zum Plus Ultra, findet diese Umkehr ihren Ausdruck. Insbesondere die Kapitäne und Navigatoren der iberischen Schiffe werden zu Vorbildern einer Piloten-Subjektivität. Das alte Begrenzungswissen weicht einem Entgrenzungs- und Selbstverwirklichungsdrang und die moderne Anthropodizee als Rechtfertigung der humanen Selbstbehauptung setzt sich durch. Im Spannungsfeld von Umweltgebundenheit und Weltoffenheit verortete sich das okzidentale Subjekt klar auf Seiten der Emanzipation von Bindungen. Eine *moderne Subjektivität*, die durch den Willen zur Selbstentfaltung und zur riskanten Grenzüberschreitung gekennzeichnet ist, bildet sich so heraus.

Die Entdeckung einer neuen Welt stimulierte zugleich einen Prozess der Verweltlichung eschatologischer und utopischer Hoffnungen. Die *Säkularisierung* der außerweltlichen Heilswege der Erlösungsreligionen zum westlichen Sonderweg wurde hierdurch wesentlich beeinflusst. Es war somit nicht die „Verlegung des Weges zum Heil von der kontemplativen ‚Weltflucht' hinweg in die aktiv asketische ‚Weltbearbeitung'" (Weber 1920: 263), welche die okzidentale Sonderentwicklung einleitete. Vielmehr waren es die im Gefolge von Kolumbus auf dem „camino de Occident" ausfahrenden utopisch-eschatologischen Schiffe der okzidentalen Imagination, welche zu einem Umbruch des Weltbildes beitragen. Hierdurch erfolgte eine Verwandlung und Verlagerung des durch die verschiedenen westlichen Kulturen der Achsenzeit geprägten ‚Geist des Westens'. Am Beispiel von Kolumbus und den franziskanischen Spiritualen konnte dargelegt werden, wie eschatologische Hoffnungen auf das Kommen eines ‚neuen Himmels' in die Neue Welt projiziert wurden. Die Schrift *Utopia* des Thomas Morus machte deutlich, wie durch die Verlagerung in die innerweltliche Transzendenz die utopischen Hoffnungen der antiken Philosophie verweltlicht wurden. Dabei bildete sich zwischen der imaginierten utopischen neuen Welt und der realen amerikanischen Welt eine spannungsreiche Wechselwirkung heraus. Der *utopische Mythos der Moderne* sollte zwar nicht an die Neue Welt gebunden bleiben. Stets blieb aber Amerika ein prädestinierter Ort der Heilserwartungen.

Jedoch wäre es verfehlt, bei der Thematisierung der Aneignung der Neuen Welt nur diese spirituelle Dimension zu berücksichtigen. Der Erfindung Amerikas folgte die Konquista der neuen Welt. Die Entgrenzung der westlichen Welt ging vor allem mit einer Entgrenzung des okzidentalen Herrschaftsanspruchs einher. Ihren exemplarischen Ausdruck fand diese in der Wahl des Plus Ultras zum imperialen Symbol durch Karl V. Der *Übergang vom Non Plus Ultra zum Plus Ultra* ist damit nicht allein als Symbol einer räumlichen Entgrenzung und einer neuen Anthropologie der Weltoffenheit zu interpretieren. Vielmehr findet hierin die *die Imperialität des Westens* ihren paradigmatischen Ausdruck. Bei Karl V. ist die Programmatik mehrdeutig und sowohl mit einem christlichen Auftrag zur ‚Wiedergewinnung' der religiös-imperialen Einheit der alten Ökumene als auch mit der Erringung einer neuen globalen Herrschaft im Zeichen der *Monarchia Universalis* verbunden. Dabei gewinnt infolge der Ausdehnung der imperialen Macht über die neue, amerikanische Welt auch der Gedanke einer heilsgeschichtlich zu interpretierenden Westwanderung des Imperiums an Bedeutung. *Die Idee einer Bestimmung des transatlantisch erweiterten Westens zu einer imperialen Dominanz über die Welt* bildet sich hier heraus.

Mit der Öffnung der Welt war auch eine ökumenische Revolution verbunden. Mit den amerikanischen „Antipoden" wird eine neue, in der bisherigen Konzeption von der Ökumene nicht existierende, Menschheit entdeckt.. In den neben dem Christentum auch vom Humanismus geprägten Diskursen reichten die Repräsentationen von Verklärungen der amerikanischen Ureinwohner als edle Wilde und engelsgleiche Geschöpfe bis hin zur Abwertung als animalische Bestien. Dabei wurde eine durch den aristotelischen Humanismus beeinflusste hierarchische Differenzierung zwischen den zur *Humanitas* befähigten europäischen Menschen und den animalisierten Indios zu einem wesentlichen Bestandteil des kolonialen Diskurses in der ersten Welt des Okzidentalismus, wie das Beispiel des Humanisten Sepúlveda deutlich machte. Die Konquista und die Subordination der scheinbar inverioren Indios wurde hierdurch legitimiert. Dem stand die mehr oder weniger ausgeprägte Relativierung dieser Differenzlogik durch einige Vertreter eines egalitären christlichen Humanismus gegenüber. Insbesondere Bartolomé de Las Casas stellt die Frage nach der „Wahrheit der Anderen" und formulierte eine erste Kritik des Mythos der Moderne. An diesen Diskursen werden *die Ambivalenzen und Widersprüche des okzidentalen Humanismus* klar erkennbar.

Diese Diskurse hatten auch Auswirkungen auf die Herausbildung der kolonialen Gesellschaftsstruktur, in der das Prinzip der *raza* eine zentrale Bedeutung gewinnen sollte. Die Stellung in der Arbeitswelt und in der Gesamtgesellschaft war in hohem Maße von der ethnischen Zugehörigkeit abhängig. Zwar war aufgrund der Prozesse der Mestizaje eine klare Zuordnung zunehmend erschwert. Dies führte aber auch nicht zu einer Überwindung sondern nur zu einer Ausdifferenzierung der auf rassischen Prinzipien beruhenden hierarchischen Ordnung. Auch die Zuordnung der Positionen im sich herausbildendem kapitalistischen Weltsystem wurde nach diesen Prinzipien strukturiert. Die so geschaffenen Strukturen sind bis heute latent prägend, weshalb man von einer *Kolonialität der Moderne* sprechen kann.

Die Genese des okzidentalen Kapitalismus wurde stark durch die Öffnung der amerikanischen Welt beeinflusst weshalb man von einer „Amerikanität" des neuzeitlichen Kapitalismus sprechen kann. Der Fernhandelskapitalismus war eine Keimzelle des entstehenden kapitalistischen Weltsystems. Das Silber der neuen Welt war eine Grundlage für die Ausweitung der kapitalistischen Aktivitäten. In der Silbermünze des *Real de Ocho* und den darauf abgebildeten Säulen des Herakles findet gleichsam der Übergang von der imperialen Macht des Kaisers zur Herrschaft des Kapitals seinen symbolischen Ausdruck. Auch waren die Aktivitäten des Sklavenhandels und der Plantagenwirtschaft durch kapitalistische Strukturen geprägt und sind keineswegs als Randerscheinungen des Weltsystems anzusehen. Insgesamt wird deutlich, dass *der Geist des Kapitalismus im Kontext der Okzidentalisierung der Welt entsteht* und die Genese des Geists der protestantischen Ethik hier nur eine

Folge des allgemeinen Umbruchs des okzidentalen Weltbildes infolge der Öffnung der westlichen Welt war.

Die Frage nach der Genese des okzidentalen Sonderweges kann damit – zusammenfassend betrachtet – nach dieser Analyse neu beantwortet werden. Die Genealogie der Moderne ist mit dem Beschreiten des *camino de Occidente* durch Kolumbus und seinem unerwarteten Resultat des Erscheinens einer neuen westlichen Welt untrennbar verbunden. Infolge der Öffnung des Westens verwandelte sich die okzidentale Welt grundlegend und es wurde auf verschiedensten Ebenen eine Transformation der Welt- und Menschenbilder, und auch der Praktiken der Weltaneignung eingeleitet. Es wird deutlich, dass jene Aspekte, welche von Weber mit der Besonderheit des Okzidents assoziiert wurden, eng mit der Aneignung eines neuen, erweiterten Westens verbunden waren. Die Herausbildung einer wissenschaftlichen Rationalität, die Genese einer neuen Konzeption des Subjekts und die Verweltlichung außerweltlicher Heilsgehalte sind ebenso stark durch die Westöffnung beeinflusst worden wie die Genese des Geistes und der Praktiken des modernen Kapitalismus. Insgesamt lässt sich so eine mit der Eröffnung des atlantischen Ozeans sowie der Erfindung Amerikas verbundene grundlegende Umkehr des Selbstverständnisses des Okzidents konstatieren. Dies führte zur Herausbildung eines neuen *Mythos des Westens* und eines damit verbundenen mehrdimensionalen *Entgrenzungsmythos* (vgl. Tabelle 1). Diese Neubestimmung der westlichen Identität fand in den mit der Devise Plus Ultra versehenen Säulen des Herakles ihren signifikanten Ausdruck. Sloterdijk spricht daher zu Recht davon, dass dieses Motto „das maßgebliche Europäerwort der Neuzeit" sei (Sloterdijk 2010: 7).

Abweichend von der in den letzten Jahren von vielen Autoren vollzogenen Relativierung der Bedeutung der Entdeckung Amerikas (vgl. Kap. 2.1) lassen sich somit durchaus Argumente und Belege für die These anführen, dass der Zeitraum um 1500 als eine Epochenschwelle anzusehen ist, welche den Beginn der Neuzeit markiert. Mitder Verwandlung der herakleischen Grenze zur Schwelle und der darauf folgenden Entdeckung einer Neuen Welt wurde eine für die Genese des Projekts bzw. des Mythos der Moderne konstitutive Überschreitung einer Epochengrenze vollzogen.

In den nachfolgenden Kapiteln wird nun aufgezeigt, dass in der durch Francis Bacon eingeleiteten zweiten Stufe des Okzidentalismus eine Transformation dieses Mythos in den bis heute die Moderne prägenden technoszientifischen Fortschrittsmythos erfolgte.

Tabelle 1: Historischer Wandel der Bedeutung der Säulen des Herakles –vom Non Plus Ultra zum Plus Ultra

	Non Plus Ultra – die begrenzte Welt der Antike	**Plus Ultra – die entgrenzte Welt der Moderne**
Räumliche Bedeutung	Grenze zwischen Ökumene und ozeanischem Chaos	Tor zu neuen Welten und dem Erd-Wasser-Globus
Zeitliche Bedeutung	Ewige Wiederkehr; zyklische Zeit	Mythos des Neuen; „Querelle des Anciens et des Modernes"
Anthropologische Bedeutung	Begrenzte leibliche und technische Potentiale	Weltoffenheit des Menschen
Imperiale Bedeutung	Maximale Ausdehnung des Imperiums	Signum des expandierenden Imperiums/Kolonialität
Spirituelle Bedeutung	raumzeitliches Ende der Heilsgeschichte	Übergang zu innerweltlicher Transzendenz: Sozialutopie

8. Die technoszientifische Moderne
Der Triumph des Human Empire

Infolge der Öffnung des ozeanischen Westens und der Erfindung Amerikas verwandelte sich das Selbstverständnis der westlichen Welt grundlegend. Die Umkehrung des Non Plus Ultra zum Plus Ultra brachte in paradigmatischer Weise diesen Übergang von einer begrenzten zu einer entgrenzten Welt zum Ausdruck. Dieser Bedeutungswandel ist nicht nur ein Symbol für die Herausbildung einer neuen weltöffnenden Subjektivität. Damit verbunden war auch ein imperialer Anspruch des okzidentalen Menschen auf die Vorherrschaft in der neuen globalen Welt. Dieser Anspruch wurde teilweise durch die Vorstellung legitimiert, dass die westliche Kultur durch eine im Vergleich zu den außereuropäischen Kulturen superiore Humanität gekennzeichnet sei. Wie im Folgenden dargelegt wird, vollzog sich sodann ein Übergang vom klassischen Humanismus zu einem technischen Humanismus, der die Eroberung und Umgestaltung der als inhuman erachteten Natur durch Arbeit und Technik legitimierte. Von Francis Bacon wurde das erste umfassende Programm einer technisch-wissenschaftlichen Beherrschung der Welt formuliert, das als *Beginn der technoszientifischen Moderne* angesehen werden kann. Dabei diente ihm die Plus-Ultra-Symbolik einschließlich ihres imperialen Gehalts als Paradigma für das Projekt einer Ausweitung des „Human Empires" (Bacon 1862: 389). Die Ausfahrt der iberischen Schiffe durch die Säulen des Herakles wurde zum Grundexempel für die technowissenschaftliche Erkundung und Beherrschung der Natur. Hierdurch leitete Bacon eine Verschiebung des utopischen Denkens von der Sozialutopie zur Technikutopie ein. Damit war auch eine neue Form der Verweltlichung gnostisch-eschatologischer Erlösungshoffnungen und Heilswege verbunden. Der europäische Sonderweg einer durch technoszientifischen Fortschritt ermöglichten Verbesserung der Situation des Menschen auf Erden bildete sich heraus. Diese Transformation der außerweltlich orientierten Heilswege in ein innerweltliches Erlösungsprogramm sollte konstitutiv für die industriegesellschaftliche Moderne werden.

Ähnlich wie bei der Konquista der Neuen Welt durch die Spanier war die von Bacon propagierte Erkundung und Eroberung der Natur allerdings auch mit Schattenseiten verbunden, die im Folgenden ebenfalls diskutiert werden. Zum einen trug Bacon in starkem Maße zur Durchsetzung eines verobjektivierenden Naturverständnisses bei und sein Projekt der infiniten Naturbeherrschung kann als zentraler Ursprung für die industriegesellschaftliche Ausbeutung der natürlichen Umwelt angesehen heute, deren ökologisch bedenklichen Folgen heute zunehmend erkennbar werden. Der Gedanke des wissenschaftlich-technischen Fortschritts sollte zum anderen zunehmend in der zweiten Phase des Okzidentalismus die Grundlage für die Legitimierung der Landnahme der außereuropäischen Welt liefern. Mit der Darlegung des Zusammenhangs zwischen der okzidentalen Kolonisierung der Welt und der Eroberung der Natur werden in dieser Arbeit auch Fragestellungen der de- und postkolonialen Debatte auf das Problem der Kolonisierung der Natur übertragen.

Bacons Utopie beeinflusste die Herausbildung der industriegesellschaftlichen Moderne in erheblichen Maße und trug stark zur US-amerikanischen Erfindung Amerikas als Land des technischen Fortschritts bei. Es wird später im zeitdiagnostischen Teil C dieser Arbeit deutlich gemacht, dass das Baconsche Projekt der innerweltlichen Erlösung durch technowissenschaftlichen Fortschritt auch heute noch als eine zentrale große Erzählung der radikalisierten Moderne anzusehen ist.

8.1 Vom klassischen Humanismus zum technoszientifischen Humanismus

Der Renaissancehumanismus war in seinen Anfängen in Italien durch eine Rückbesinnung auf die Antike gekennzeichnet. Angestrebt wurde eine Wiedergeburt des antiken Wissens und insbesondere der humanistischen Bildung. Von den führenden Humanisten wurde zunächst auch die bei den Griechen und Römern verbreitete Missachtung der *artes sordidi* (schmutzige Künste), d.h. der mit der irdischen Welt und dem Leib verbundenen handwerklich-technischen Tätigkeiten, weitgehend übernommen. Die Ausbildung der praktisch-technischen Fähigkeiten des Menschen wurde, trotz der partiellen Aufwertung als *artes mechanicae* im Mittelalter, nicht wertgeschätzt. Im Zentrum stand die Humanisierung der inneren Natur durch eine Ausbildung in den *artes liberales*: „[Es] wurden […] Literatur und Bildung, die sogenannten ‚freien Künste' für wichtiger erachtet als die ‚mechanischen Künste." (Burke 1990: 25)

Infolge des Wandels des Menschen- und Weltbildes in der frühen Neuzeit, der stark durch die nautische Öffnung induziert wurde, setzte sich aber allmählich eine neue Sicht auf die Stellung des Menschen in der Welt durch (vgl. Kap. 7.4). Die ausserweltliche Orientierung wurde durch eine Ausrichtung auf eine innerweltlichen Transzendenz ersetzt. Mit dieser Transformation der Anthropologie verbunden war nun auch die Verbreitung eines neuen „technischen Humanismus" (Klages 1964)[1] verbunden, der nicht mehr nur in der humanistisch-geistigen Bildung der Persönlichkeit durch die freien Künste, sondern ebenso in der Ausbildung der technisch-produktiven Potentiale des Menschen, wie sie in den einst verachteten handwerklichen Künsten praktiziert wurden, einen Weg zur humanen Selbstentfaltung und Vervollkommnung sah.

---

1 Klages verwendet den Begriff des „technischen Humanismus" (Klages 1964) zur Beschreibung der Philosophie von Karl Marx. In der hier vertretenen Perspektive kulminiert im Denken von Marx allerdings nur ein Umbruch in der philosophischen Anthropologie, der bereits in der frühen Neuzeit in den Schriften und Werken vieler Wissenschaftler, Ingenieure und Künstler erkennbar wird.

In vielen Bereichen wie z.B. dem Bergbau und in der Nutzung der Wasserkraft erfolgt ein zunehmender, wenn auch noch zögerlicher, Austausch zwischen Handwerkern und den Gelehrten, der auch zu einer Abkehr von der traditionellen Trennung zwischen den freien und den mechanischen Künsten beiträgt: „Der Humanismus ist zwar nicht in der Lage, die beiden getrennten Lager – die ‚praktische' Technik und die ‚theoretische' Wissenschaft – einander näherzubringen, aber die Humanisten schaffen doch eine wesentliche Voraussetzung dafür." (Schönbeck 1995: 23) Ein wichtiger Faktor für diese Entwicklung war der Fall von Konstantinopel 1453. Neben literarischen, philosophischen und historischen Texten gelangte auch eine Vielzahl an naturwissenschaftlichen Schriften, die lange Zeit verschollen waren, nach Europa (ebd.). Von zentraler Bedeutung war die Rezeption der durch die Araber vermittelten antiken Schriften sowie die eigenständigen Entwicklungen innerhalb der arabischen Wissenschaften (vgl. u.a Huff 2003; Honson 2004; Al-Khalili 2011).

Auch Vertreter eines „humanistischen Ingenieursverständnisses" (Irrgang 2010) wie Leonardo da Vinci (1452-1519), Juan Luis Vives (1492-1540) und Georgius Agricola (1494-1555), bereiteten hierfür den Weg. Neue Erfindungen wie der Buchdruck werteten das praktische Wissen auf und ermöglichten nicht nur die Ausbreitung von religiösem Wissen, sondern auch von praktischen Kenntnissen: „Die Begegnung zwischen Wissenschaft und Technik am Ende des 15. Jh. ist sicherlich eine der interessantesten Konsequenzen des Humanismus [...]. Aus der verachteten Technik war nunmehr am Ende der Renaissance einer der beherrschenden Tätigkeiten der modernen Gesellschaft geworden." (Ebd.: 49)

In Weiterführung der Weberschen These eines Übergangs von der außerweltlichen Askese zur innerweltlichen Askese im Protestantismus kann man davon sprechen, dass sich in der Renaissance eine Transformation des letztlich noch außerweltlich orientierten Humanismus des späten Mittelalters zu einem innerweltlichen, wissenschaftlich-technischen Humanismus vollzogen hat. Dies führte zur Aufwertung der Fähigkeiten des Menschen zur technischen Weltbearbeitung und leitete damit die Herausbildung eines ‚modernen' Welt- und Selbstverständnisses ein. Hierdurch verwandelte sich der klassische Anthropozentrismus des okzidentalen Humanismus, der noch in der Anschauung der umgebenden Wirklichkeit seine Erfüllung fand, in einen neuen Anthropozentrismus, der die Verwandlung der als inhuman erachteten Welt durch die Entfaltung der produktiven Potentiale des Menschen und die „Humanisierung der Natur" (Bloch 1959a: 235) zum Ziel hatte.

In Verbindung mit der zunehmenden Dominanz des technischen Humanismus erfolgt eine Transformation der den Okzident kennzeichnenden anthropozentrischen Vorstellung vom Menschen als „das Maß aller Dinge" (Protagoras zit. n. Diels und Kranz 1975: 80 B1). Der Mensch sieht sich nicht mehr als Mittelpunkt eines teilweise harmonistisch verklärten, von den Göttern für den Menschen geschaffenen Kosmos, wie es im antiken Denken der Fall war. Vielmehr erfährt im Zeichen der neuzeitlichen „Anthropodizee" (Blumenberg 1966: 96), d.h. der Behauptung der Legitimität der Rebellion des Menschen gegen die „inhumane Unordnung" (ebd.) der Welt, der humanistische Anthropozentrismus eine spezifische Umwandlung. Der Mensch macht die aktive Transformation einer als unvollkommen angesehenen Wirklichkeit zum geschichtlichen Programm und will durch Weltbearbeitung die Natur an den Menschen mit seinen Bedürfnissen anpassen. Der Mensch wird nun zum Maß all jener Dinge und Waren, die von ihm durch Arbeit und Technik hervorgebracht werden.

Verstärkt und vorangetrieben wurden diese Tendenzen durch die Entdeckung der Neuen Welt, deren Erreichen selbst wiederum auch ein Resultat einer wissenschaftlich-technischen Revolution im Bereich der Seefahrt war. Durch die Eröffnung einer neuen westlichen Welt bekam die von Mirandola gepriesene Weltoffenheit des Menschen, der „ohne jede Einschränkung und Enge [...] in die Mitte der Welt gestellt" (Pico della Mirandola 1990: 5f.) sei, einen neuen Sinn. Während bei Mirandola letztlich noch eine transzendentale Orientierung erkennbar ist, eröffnet sich nun in der gewandelten okzidentalen Anthropologie dem Menschen ein neuer Heilsweg, der nicht in die himmlische Transzendenz führt. Mit der Entdeckung der Neuen Welt konstituiert sich eine innerweltlich orientierte, weltöffnende Subjektivität und es fanden Hoffnungen auf eine bessere Welt einen neuen Ort. Insbesondere in den Schriften des nördlichen Humanismus ging es nicht mehr nur um die Rückbesinnung auf die antike Geschichte, wie es im italienischen Humanismus zunächst weitgehend der Fall war, sondern um die Öffnung für neue Erfahrungen. Dem humanistischen Streben erschlossen sich neue Möglichkeitshorizonte, wie an der Schrift *Utopia* (1516) erkennbar wird (vgl. Kap. 7.5.3).

Allerdings greift diese Utopie nur in Ansätzen die Hinwendung der humanistischen Ingenieure zur Technik auf. Erst in der transozeanischen Utopie *Nova Atlantis* (1627) von Francis Bacon bündeln sich diese Entwicklungen. Man kann hier bereits von der Konstitution eines „technoscientific humanism" (Haraway 1997: 12)[2] sprechen, der den älteren, gesellschaftspolitisch und philosophisch orientierten Humanismus ablöst. Mit dem „Bacon Projekt" (Schäfer 1993) erfährt das *Projekt der technoszientifischen Moderne* seine programmatische Begründung. Die durch die Entgrenzung der Welt in der Renaissance eingeleitete und für die Moderne konstitutive große Transformation des Welt- und Menschenbildes erfährt nun eine weitere Transformation, welche als eine zentrale Voraussetzung für den Übergang zur industriegesellschaftlichen Moderne angesehen werden kann.

Mit den Begriffen des *technoszientifischen Humanismus* und der *technoszientischen Moderne* wird hier an Debatten über die Technosciences angeknüpft, die in den letzten Jahrzehnten vor allem im Bereich der Science & Technology Studies geführt wurden. Dabei wird in der Regel von einer grundlegend gewandelten Form der Beziehung zwischen Wissenschaft, Technologie und Gesellschaft ausgegangen, die eine neue Stufe in der Moderne markiere. So schreibt Weber: „Den Begriff der Technoscience benutze ich [...] im Sinne eines Epochenbegriffs, insofern [...] die neue Form der Produktion von Wissen innerhalb [...] industrieller Praktiken der Technowissenschaften [...] das Bild der heutigen postindustriellen Gesellschaften geprägt hat und weiterhin prägt." (Weber 2001: 88) Zentral ist für viele Autoren, dass die Grenzen zwischen Wissenschaft und Praxis verschwimmen. So heißt es bei

---

2 Haraway sieht den technoszientifischen Humanismus zusammen mit dem christlichen Heilsdenken als Ursprung des sich im 19. Jh. durchsetzenden Entwicklungsdenkens an: „Developmental time is a legitimate descendant of the temporality of salvation history proper to the figures of Christian realism and technoscientific humanism." (Haraway 1997: 12) Eine nähere Datierung der Herausbildung dieses Humanismus erfolgt bei ihr – im Gegensatz zur der hier vorgenommenen Verbindung mit Bacon - allerdings nicht.

Latour: „I will use the word technoscience from now on, to describe all the elements tied to the scientific contents no matter how dirty, unexpected or foreign they seem. "(Latour 1987: 174) Postuliert wird ein grundlegender epistemologischer Bruch zwischen dem traditionellen Wissenschaftsverständnis, das noch klar zwischen der reinen Wissensproduktion und dem Bereich der Anwendung unterschieden habe, und den Technosciences, in denen sich diese Bereiche mischen (Nordmann 2012).[3]

Von der Debatte um die Technosciences wird für die vorliegende Arbeit der Gedanke übernommen, dass sich Technik und Wissenschaft auf neuer Stufe miteinander verbinden und damit sowohl die Praktiken im Bereich der Produktion als auch in der Wissenschaft verändert werden. Es erscheint durchaus zutreffend, von einem „Zeitalter der Technoscience" (Weber 2001) zu sprechen, das durch eine zuvor nicht gekannte Transformation der äußeren und der menschlichen Natur gekennzeichnet ist. In einigen zentralen Punkten weicht die hier zugrunde gelegte Perspektive auf die Technosciences allerdings auch von der in den Science & Technology Studies verbreiteten Lesart ab. So wird hier die Ansicht vertreten, dass die aktuellen Technosciences keineswegs einen Bruch mit dem traditionellen abendländischen Rationalitäts- und Wissenschaftsbegriff markieren, sondern vielmehr dessen Radikalisierung beinhalten.

Denn bereits in der Antike war, wie gezeigt, die Herausbildung des prometheischen Geistes mit einer frühen Form des technoszientifischen Denkens verbunden gewesen. Das Verständnis von *Techne* als „Herstellungswissen" (Aristoteles 2006: 1140 a) verweist bereits auf diesen engen Zusammenhang. Man kann hierin eine zentrale Grundlage einer spezifisch abendländischen Rationalität sehen, die sich von organisch-mythischen Naturvorstellungen löst und nach dem „Techne-Modell" (Wolfgang Kullmann 1988: 258, 288 f.) die Wirklichkeit deutet. Man kann, wie auch Schäfer darlegt, davon sprechen, dass der „fatal technoscientific will to power was set in motion long before actual techno-science, in ancient Greece, by occidental metaphysics creative mishape." (Schäfer 1993: 169) Allerdings wurde dieser Verbindung von Wissen und Technik zugleich ein stärker kontemplativ-theoretisches Wissenschaftsverständnis entgegengestellt, dem eine Trennung zwischen höherem Wissen und anwendungsorientierten Kenntnissen zugrunde lag (vgl. Kap. 5.2.5).

Schließlich wurde aber diese Trennung, wie im Folgenden näher aufgezeigt wird, in der frühen Neuzeit durch die skizzierte Hinwendung der Humanisten zu den mechanischen Künsten allmählich relativiert. Diese Abkehr vom traditionellen Wissenschaftsverständnis kulminierte in der Forderung von Francis Bacon, eine neue Wissenschaft zu erschaffen, in der das Wissen über die Welt und technische Macht miteinander koinzidieren. Mit der Devise „Scientia et Potentiae [...] coincidunt" (Bacon 1990a: 63), haben so die Technosciences bereits am Beginn der Moderne ihre programmatische Begründung erfahren. Wissenschaftliche Erkenntnis sollte demnach in stärkerem Maße auf experimentell-technischen Methoden beruhen und

---

3   Welche Ebenen der Forschung und der Produktion im Kern zu den Technosciences zu zählen sind, ist keineswegs eindeutig. Die sogenannten Life Science, die Robotik und viele Bereich der Kommunikations- und Informationstechnologie können aber zu den Kernbereichen der Technosciences gerechnet werden. Bei den meisten dieser neuen Technologien spielt die Anwendung des kybernetischen Informationsbegriffs eine zentrale Rolle (vgl. Weber 2001).

zugleich war die Verbesserung der technischen Fähigkeiten des Menschen und die Entwicklung neuer Artefakte das Ziel. Schmidt schreibt zu Recht:

„Alles, was wir für eine ontologisch wohlinformierte Erkenntnistheorie der ‚technosciences' benötigen, [findet] sich im Kern in den Arbeiten Bacons im frühen 17. Jahrhundert. [...] Das heute so scheinbar aktuelle Programm ist damit alles andere als neu es ist jenes Programm, das zu Beginn der Moderne von Bacon aufs Gleis gesetzt wurde." (Schmidt 2011: 104)

Es wird diese frühneuzeitliche Konstitution der Technosciences im Folgenden ausführlich diskutiert. Dabei wird deutlich gemacht, dass die Baconsche Transformation des Wissenschaftsverständnisses im Zeichen des Plus Ultras erfolgte. Die Fahrt durch die Säulen wird von ihm als Überwindung der begrenzenden Säulen des alten Wissenschaftsverständnisses gedeutet und nach dem Vorbild der Kolonisierung der außereuropäischen Welt ein Projekt der Kolonisierung und Unterwerfung der Natur entworfen. Man kann davon sprechen, dass in dieser Neudeutung der Grenzüberschreitung die technoszientifische Moderne ihre paradigmatische Begründung erfuhr. Hier sind die wissenschafts- und geistesgeschichtlichen Grundlagen für die industriell-kapitalistische Moderne zu sehen. Das „Baconsche Zeitalters" (Böhme 1993) ist er als identisch mit dem „Zeitalter der Technoscience" (Weber 2001) anzusehen. Im Folgenden wird die Genealogie dieser technoszientifischen Moderne näher dargelegt.

8.2 Die Legitimität des Bergbaus und die Legitimität der Neuzeit

Am Beginn des Übergangs in die technoszientifische Welt steht neben der paradigmatischen Eröffnung der Weltmeere und neuer Welten eine weitere zentrale Entgrenzung: Durch neue Technologien wurde ein Vorstoß in neue, bisher nicht zugängliche Bereiche im Inneren der Erde ermöglicht und damit eine Intensivierung der Metallgewinnung eingeleitet. Dies hatte auch einen wesentlichen Einfluss auf die Prosperität der frühkapitalistischen Gesellschaft durch die Bereitstellung vom Edelmetallen für die Münzproduktion. Dabei waren vor der Entdeckung der Schätze der Neuen Welt vor allem die Silbervorkommen in Mitteleuropa von herausragender Bedeutung. Die hiermit verbundenen technologischen Innovationen trugen wesentlich zu einem Wandel des Verhältnisses zur Technik bei und gingen mit einer Transformation der Naturvorstellungen einher.

Wie bereits bei der Darstellung der Bedeutung des Silbers für den frühneuzeitlichen Kapitalismus deutlich wurde, waren mitteleuropäische Bergwerke kurze Zeit wichtig für die Versorgung mit Silber. Insbesondere im Erzgebirge erfuhr der bereits im Mittelalter dort begonnene Bergbau am Ende des 15 Jh. eine erhebliche Ausweitung (Ludwig 1988: 67f.). In Schneeberg wurde 1471 Silber entdeckt und bereits 1474 waren 150 Zechen im Betrieb (ebd.: 78). Ein weiterer wichtiger Fund wird 1492 am Schreckenberg gemacht. Im Jahre 1498 wird die schnell wachsende Siedlung unter dem Namen Annaberg zur Stadt erhoben (ebd.: 86). Diese ökonomische Dynamik führt zu einem neuen Selbstbewusstsein der Stadtbürger, was in Annaberg insbesondere in dem berühmten Bergaltar zum Ausdruck kommt, auf dessen Rückseite sich eine Präsentation der Arbeitswelt von Bergknappen findet (vgl. Abbildung 34).

Abbildung 34: Ausschnitt aus dem Annaberger Bergaltar (Hans Hesse 1522). Rückseite des Altars der St. Annenkirche in Annaberg-Buchholz. Oben links ist der Prophet Daniel dargestellt.

Quelle: https://commons.wikimedia.org/wiki/File:Annaberger-Bergaltar2.jpg

Der Vorstoß in die Tiefen der Erde bedurfte nun ähnlich wie die Ausfahrt in die Weite des atlantischen Ozeans einer Rechtfertigung gegenüber mittelalterlichen Vorbehalten. Die Auseinandersetzung mit den „Legitimationsprobleme[n] des frühneuzeitlichen Bergbaus" (Böhme 1988: 73) wird im Folgenden vor allem anhand zweier im Erzgebirge entstandener Schriften deutlich gemacht: Zum einen an der am Ende des 14. Jh. in Chemnitz verfassten Allegorie *Iudicium Iovis – Oder das Gericht der Götter über den Bergbau* von Paulus Niavis (1953). Zum anderen die Schrift *De re metallica libri XII* (Agricola 1556) von Georg Bauer (bzw. Georgius Agricola), dem in Glauchau geborenen Stadtarzt von Joachimsthal und späteren Bürgermeister von Chemnitz.

Diese Werke lassen erkennen, dass durch den Bergbau nicht nur eine technische Revolution angeregt, sondern durch das Eindringen in die Tiefe auch eine grundlegende Neubestimmung der Stellung des Menschen im Kosmos induziert wurde, die mit den Folgen der Öffnung des ozeanischen Horizonts und der Erfindung Amerikas verglichen werden kann. So wie die Säulen des Herakles als das Tor zu Neuen Welten zu einem Sinnbild für die neuzeitlichen Grenzüberschreitungen wurden, so können auch Stolleneingänge in die montane Unterwelt des Erzgebirges als Symbole für den Eintritt in die Welt der kapitalistisch-industriellen Moderne angesehen werden. Dieser Übergang bedurfte nun einer Legitimation gegenüber verbreiteten religiösen und ethischen Vorbehalten.

8.2.1 Der Prozess gegen die Mutter Natur

Silberfunde am Schneeberg im Erzgebirge und damit aufkommende Debatten um die Risiken des Bergbaus veranlassten den Humanisten Paul Schneevogel (bzw. Paulus Niavis, wie er sich latinisiert nannte) mit seinem *Iudicium Iovis* eine Schrift über die Frage der Rechtmäßigkeit des Bergbaus zu verfassen, die als der erste Text der deutschen Bergbauliteratur gilt.[4] Niavis beschreibt in seiner allegorischen Schrift eine Gerichtsverhandlung, in welcher der Mensch von der personifizierten Erde und ihren Begleitern wegen der Schädigungen durch den Bergbau „des Muttermordes angeklagt wird" (Niavis1953). In Niavis Schrift kommt noch eine ambivalente Haltung gegenüber der Erschließung der unterirdischen Welten durch den arbeitenden Menschen zum Ausdruck und „reflektiert eine Legitimationskrise" (Böhme 1988: 74). Er verleiht in seinem Gerichtsverfahren sowohl der klagenden Natur, als auch dem auf die Rechtmäßigkeit seines Tuns pochenden Menschen eine Stimme. Insbesondere diese Zwiegespaltenheit der Allegorie macht sie so interessant, da hier der Gegensatz zwischen einem mythisch-biozentrischen Weltbild, wie es auch im Mittelalter noch verbreitet war, und dem technizistisch-anthropozentrischen Weltbild der Neuzeit deutlich wird: „Gerade das genus iudicale kann aufgrund seiner Form als antagonistisch aufgebauter Gerichtsrhetorik eine historische Lage widerspiegeln, in der traditionelle und moderne Naturinterpretationen miteinander im Kampf liegen (ebd.: 75).

Der Prozess beginnt mit der Klage der Mutter Erde. Es tritt „eine Frau vor, mit Namen Erde, züchtig und freimütig mit blassem Gesicht; sie trug ein grünes Gewand, aus ihren Augen strömten Tränen. Ihr Haupt wies Verletzungen auf, das Kleid hing zerrissen herab, und man konnte sehen, wie ihr Leib vielfach durchbohrt war." (Niavis 1953: 16) Die Assoziation, die Niavis damit erwecken will, ist die Vorstellung von einer mit der grünen Hülle der belebten Natur bedeckten Erde, deren Kleid vom menschlichen Bergbau zerrissen und zerstört ist. Dies verdeutlicht auch das Titelbild der Schrift (vgl. Abbildung 35). Das Anliegen der Mutter Erde vertritt Merkur, der den Menschen anklagt, seine eigene Mutter zu verletzen:

„Du Mörder. [...] In dir ist keine Spur von Liebe zu der, die dich gebar. Sieh die Risse, die du verursacht hast, sieh das Blut, das aus dem Körper deiner Mutter rinnt, schau ihr blasses Gesicht, du Pflegesohn. [...] Das müsste dich doch sanfter stimmen, dass sie trotz der schmachvollen Behandlung dir die gleichen Früchte wie vorher und alles zum Leben reicht. [...] Du dagegen verwundest deine Mutter und, was ganz abscheulich ist, versuchst ihre Eingeweide zu zerreißen." (Ebd.: 18)

---

4 Die Niederschrift erfolgte vermutlich zwischen 1485-1490 in der Zeit seiner Tätigkeit als Lehrer am „Lyceum", der lateinischen Knabenschule der Stadt Chemnitz (Krenkel 1953).

Abbildung 35 : Titelbild von „Iudicium Iovis – Oder das Gericht der Götter über den Bergbau" von Paulus Niavis (zuerst ca. 1495). Auf der linken Seite erscheint Mutter Erde mit einem durch den Bergbau durchlöcherten Gewand.

Quelle: Abbildung aus Niavis (1953); S. 5.

Niavis knüpft in der Rede des Merkur an alte Vorstellungen von der Erde als belebtem Organismus und als der großen nährenden Mutter an, wie sie im mythischen Denken vorbreitet waren und wie sie noch von antiken Autoren wie Lukrez vertreten wurden. Diese Sicht entsprach auch noch der Erfahrung des primär in einer ackerbäuerlichen Welt beheimateten spätmittelalterlichen Menschen: „Indem Niavis die Erde als magna mater aufführt, operiert er mit einem durchaus geläufigen Bild, das bereits in der Antike ausgebildet worden war." (Bredekamp 1984: 264) Der Griff des Menschen in die Tiefe erschien in diesem organizistischen Weltbild als verbotener Eingriff in das Innere des mütterlichen Körpers und damit als gefährliche, lebensbedrohende Verletzung.

Den Vorwürfen stellt der Mensch in Niaves Erzählung zu seiner Verteidigung ein gänzlich unterschiedliches Welt- und Menschenbild entgegen. Die Erde würde nicht alle notwendigen Güter am richtigen Ort bereitstellen. Daher sei ein Austausch von Gütern notwendig und hierzu sei wiederum das aus Edelmetall hergestellte Geld vonnöten. Weil die Erde die Metalle aber in der Tiefe verberge, sei sie als schlechte Stiefmutter anzusehen:

„Für diesen wechselseitigen Austausch gibt es nun kein bequemeres Mittel als das zu Geld ausgeprägte edelste Metall. Die Erde jedoch, die den Namen einer Mutter des Menschen für sich in Anspruch nimmt und immer ihre Mutterliebe im Munde führt, versteckt und verbirgt es zutiefst in ihrem Inneren, so dass sie ersichtlich eher den Namen einer Stiefmutter als den einer wirklichen Mutter verdient. Weder Jupiter selbst noch sonst irgendeiner der Götter ist darüber im Zweifel, dass alles Erz zum Nutzen der Menschen wächst, weshalb es denn nötig ist, zu suchen." (Niavis 1953: 20)

In der hier vertretenen anthropozentrischen Sicht erscheinen die Metalle für den Menschen geschaffen. Dieser eignet sich mit dem Bergbau jene Güter der Erde an, welche die inhumane Mutter Erde ihm gegen den Plan des Schöpfers verwehrt. Der Griff des Menschen nach den Erzen erscheint so als legitim und die Mutter Erde wird zur schuldigen Stiefmutter. Wie Carolyn Meschant in *Der Tod der Natur* (1987) ausführt, deutet sich hier ein durch die ökonomisch-technische Entwicklung vorangetriebener Wandel des Naturverständnisses an: „Die ältere Auffassung von der Natur als einer liebenden Mutter muss den Interessen der Bergbauindustrie [...] weichen. Der Bergmann [...] verkehrt das Bild von der nahrungsspendenden Mutter Erde in das einer Stiefmutter." (Ebd.: 45)

Niavis stellt die beiden Positionen einander noch weitgehend gleichberechtigt gegenüber, lässt aber am Ende Fortuna das Urteil eher zugunsten des Menschen fällen:

„Du schreibst von dem Tun der Menschen – ich wundere mich gar nicht, denn sie sind nun einmal von Natur so veranlagt, und wenn sie wüssten, dass sie am Abend sterben müssten, so würdest du sie doch am Morgen noch hochgemuten Sinnes sehen. [...] Es ist die Bestimmung der Menschen, dass sie Berge durchwühlen; sie müssen Erzgruben anlegen, sie müssen die Felder bebauen und Handel treiben. Dabei müssen sie bei der Erde Anstoß erregen, [...] den Pluton beunruhigen und auch in den Wasserläufen nach Erzen suchen." (Niavis 1953: 38)

Damit mündet die Allegorie des Niavis in einer Anthropodizee, welche den Vorstoß des Menschen in die Tiefe und damit die Umgestaltung der Natur durch Arbeit insgesamt legitimiert: „Bergwerk wird derart zum Gleichnis der globalen Auseinandersetzung des Menschen mit der Natur." (Bredekamp 1984: 268) Allerdings endet die Erzählung mit einem Satz der Göttin Fortuna, der auch zum Ausdruck bringt, dass Naturbeherrschung nicht vollkommen sein wird: „Ihr Leib aber wird von der Erde verschlungen, durch böse Wetter erstickt; er wird trunken vom Weine, er leidet unter Hunger – aber was gut ist; keiner kennt die vielen Gefahren sonstiger Art, die nun einmal vom Menschen untrennbar sind." (Niavis 1953: 38)

8.2.2 Agricola und der technische Humanismus

Während so im Werk von Niaves auch noch die Ambivalenzen der mit dem Bergbau verbundenen Naturbeherrschung diskutiert werden, macht die ca. 60 Jahre später niedergeschriebene Schrift des Chemnitzer Bürgermeisters Georgius Agricola *De re metallica – Vom Berg- und Hüttenwesen* (1557/1977) erkennbar, dass sich nun das neuzeitliche, technizistische Weltbild durchgesetzt hatte: „Gegenüber der um die Legitimation des Bergbaus noch ringenden Gerichtsrede des Niavis [...] herrscht der Ton durchgesetzter technologischer Einstellung [...]. [Die] kopernikanische Wende des Montanwesens ist von Agricola entschieden vollzogen." (Böhme 1988: 79)

Der 1594 in Glauchau geborene Georg Bauer – so sein ursprünglicher Name – trat durch sein Studium an den Universitäten Leipzig, Bologna, Venedig und vermutlich auch Padua in diese Welt des humanistischen Geistes ein und wurde in philologischen, naturwissenschaftlichen und medizinischen Disziplinen ausgebildet. Der italienische Renaissancehumanismus hatte Agricola zutiefst geprägt: „Seine später verfassten Werke [...] widerspiegeln stets aufs neue die außergewöhnliche Begeisterung für dieses Land und seine großartige Kultur, vielleicht auch für den ‚i'homo universale' als das Ideal dieser Zeit." (Naumann 1995: 41) 1526 kehrt er nach Sachsen zurück und von 1527 bis 1530 amtiert er als Stadtarzt und Stadtapotheker in St. Joachimsthal, einem der wichtigsten Hauptorte des erzgebirgischen Silberbergbaus, und sammelte damit Erfahrungen in der Praxis des Bergbaus und des Hüttenwesens (ebd.). Deutschland hatte zu dieser Zeit im Bergbau in technischer Hinsicht eine Vorreiterrolle inne. Diese technischen Fertigkeiten hatten sich allerdings weitgehend unabhängig von den in Universitäten gelehrten Wissenschaften herausgebildet. Agricolas besondere Leistung war es, diese Innovationen aus der humanistischen Perspektive zu interpretieren und in eine Wissenschaft überzuführen. Bei ihm vereint sich der Geist des italienischen Renaissancehumanismus mit dem ‚Materialismus' der Praktiker des deutschen Bergbaus: „[Es] verbindet Georgius Agricola in einer Person humanistische Geisteshaltung mit der Fähigkeit, ein umfangreiches naturwissenschaftlich-technisches Wissensgebiet erstmalig zu erschließen, zu ordnen und systematisch zu beschreiben." (Schönbeck 1995: 33)

Vor allem im ersten Kapitel von *De re metallica* macht Agricola deutlich, welche Gründe für die Rechtmäßigkeit des Bergbaus sprechen, und trägt hierdurch zu einer „universalistischen Legitimation der Technik" (Böhme 1988: 81) bei. Agricola sammelte dort zunächst die Argumente, die antike Autoren wie Euripides, Pindar, Plinius, Ovid gegen den Bergbau vorgetragen hatten: „Die Metalle gewähren dem Menschen keinen fruchtbringenden Nutzen, darum dürfen wir nicht nach ihnen forschen." (Agricola 1977: 4) Denn die Seele habe in der Erkenntnis der Welt und dem tugendhaften Handeln die ihr entsprechende Befriedigung. Der Leib würde mit den von den Pflanzen und Tieren bereitgestellten Gütern das ihm nötig erlangen: „Und darum hat der Leib ganz und gar nicht die Metalle nötig, die tief in der Erde verborgen." (Ebd.: 5) Im Weltbild der Gegner des Bergbaus wurde somit der Vorstoß in die Tiefe als der Natur des Menschen widersprechend betrachtet und er verfehlte sowohl die spirituellen als auch die leiblichen Aspekte des menschlichen Daseins. Diese bergbaukritische Sichtweise speiste sich auch aus der bereits skizzierten antiken Anthropologie, die vor der Hybris des Menschen warnt und eine begrenzten Möglichkeitshorizont postuliert. Diese Sicht auf die *Conditio humana* hatte, wie gezeigt, nicht zuletzt in den limitierenden Säulen des Herakles ihr paradigmatisches Symbol gefunden.

Dem setzt Agricola eine Anthropologie des Menschen als Mängelwesen entgehen, der nicht nur der Technik, sondern insbesondere auch der Metalle bedarf, um zu überleben: „Allein der Mensch vermag ohne die Metalle nicht die Dinge zu beschaffen, die zur Lebensführung und zur Kleidung dienen." (Ebd.: 10) Würde der Mensch auf die Metalle verzichten, so könne er nur eine inferiore Existenzform erreichen, die ihn noch unter den Daseinszustand der Tiere sinken ließe: „Wenn die Metalle aus dem Gebrauche der Menschen verschwinden, so wird damit jede Möglichkeit genommen, sowohl die Gesundheit zu schützen und zu erhalten als auch ein unserer Kultur entsprechendes Leben zu führen. Denn wenn die Metalle nicht wären, so würden die Menschen das abscheulichste und elendeste Leben unter den wilden Tieren führen." (Agricola 1977: 11) Eine derartige Selbstbegrenzung würde jedoch

„der Vernunft des Menschen, der schönsten und besten Mitgift der Natur, gänzlich unwürdig" sein (ebd.). Während im klassischen Humanismus der tugendhafte Gebrauch der Vernunft noch den Menschen über das Tier und die irdische Wirklichkeit erhob, wird bei Agricola nun der Gebrauch der Metalle in den Prozess der Vervollkommnung des Menschen einbezogen. Agricola deutet sich bereits der Übergang zu dem auf materiell-technische Entwicklung fokussierenden Projekt eines technischen Humanismus an. Für ihn sind daher Kritiker des Bergbaus als einen Fortschrittsgegner anzusehen: „Wer nicht für den Bergbau ist, fällt hinter den Gang der Geschichte und der Selbstentfaltung der Gattung." (Böhme 1988: 83) Die neuzeitliche Anthropodizee, d.h. die Postulierung des Rechts des Menschen auf Selbstbehauptung, wird so unmittelbar mit der Frage der Legitimität der Metalle verknüpft. Die Anthropologie Agricolas lässt den Menschen als ein der Metalle sich bemächtigendes Wesen erscheinen.

Es kann diese Widerlegung der Vorbehalte gegen den Bergbau als paradigmatisch für den Übergang zum instrumentellen Naturverständnis und der Legitimierung der technowissenschaftlichen Praktiken der Moderne angesehen werden: „Agricola hat damit die Ideologie der Technologen vorformuliert. Technik und Wissenschaft sind jeder normativen Argumentation gegenüber immun. [...] Er hat den Schritt in die Moderne vollzogen." (Böhme 1988: 88) Der Wirkungsraum der humanen Arbeitskraft, welche im antiken und mittelalterlichen Denken noch als begrenzt angesehen worden war, wird nun entgrenzt.

Damit einher geht zugleich eine Delegitimierung der alten Bildes von der Natur als Mutter Erde. Diese erscheint nicht mehr als nährender Organismus, sondern wird zum bloßen Stoff reduziert, der rechtmäßiger Weise durch den Menschen erschlossen und genutzt wird. Die Umwälzung der Erde durch den Bergbau führt so auch zu einem Wandel der Naturvorstellungen (Merchant 1987: 53). Agricola weist mit seiner Legitimierung der Metalle den Weg in die moderne Industriegesellschaft. Die letzten Zweifel am mit den Metallen verbundenen Fortschrittsobjekt werden beseitigt und eine Apologie der Eroberung der Tiefe geliefert: „Mitten in dem umwälzenden Modernisierungsprozess des Bergbaus, den Agricola beschreibt und vorantreibt, muß die Unsicherheit stillgestellt werden, die über diesem liegt [...]. Er stilisiert Einwände als rückschrittliche, klärt Zivilisationsangst als irrational auf und legitimiert den technischen Fortschritt [...]." (Böhme 1988: 85) Damit trägt er wesentlich mit dazu bei, den Eintritt in die Welt der Technik und der Naturwissenschaften zu forcieren.

Die Arbeit Agricolas ist, ähnlich wie das Werk der Kosmographen von St. Dié, als Beleg für einen bereits in der Renaissance erfolgten Übergang in die Moderne anzusehen. Lange Zeit galt die Renaissance als eine für die Naturwissenschaft noch weitgehend unfruchtbare Epoche. Eine nähere Betrachtung zeigt aber, dass hier bereits die „Vorbereitung für die Geburt der neuzeitlichen Naturwissenschaften" erfolgt ist (Schönbeck 1995: 15) Schönbeck skizziert dabei einen Bogen, der sich von der Geographie bis zur Mineralogie und von Waldseemüller bis zu Agricola sich erstreckt:

> „In den ersten Jahrzehnten des 16. Jahrhunderts werden durch die großen Entdeckungen die Grenzen des vertrauten geographischen Länderbildes einfach weggewischt. 1507 erscheint erstmals auf einer Weltkarte von Martin Waldseemüller die Bezeichnung ‚Amerika' für neu entdeckte Landstriche [...]. Durch den wieder aufblühenden Bergbau in Deutschland wird die

Neugier an allen Dingen, die mit dem Erdinneren zusammenhängen, geweckt. Georgius Agricola ist hier der Wegbereiter der neu entstehenden beschreibenden Naturwissenschaft der Minerale." (Ebd.: 15 f.)

Diese Verbindung verweist auf einen Zusammenhang zwischen den verschiedenen Ebenen der Entgrenzung und Erkundung der Welt: So wie die Ausfahrt über die Grenzen der alten Ökumene, welche die Seefahrer des 15. Jh. noch legitimieren mussten, im 16. Jh. zur Selbstverständlichkeit geworden waren, so bedurfte auch die Einfahrt in die Unterwelt im 14. Jh. noch einer Rechtfertigung, war aber im 15. Jh. weitgehend akzeptiert. Die Expansion der Grenzen der Ökumene war in beide Richtungen erfolgt. Die Legitimität der Neuzeit und des Menschen, die in den Säulen des Herakles und dem neuen Signum Plus Ultra ihr Symbol gefunden hatte, fand in den Erfolgen des Bergbaus eine weitere Bestätigung. Durch Vespucci, Waldseemüller und Morus war der humanistische Geist in die transatlantische Weite gelenkt worden. In ähnlicher Weise vermittelt Agricola den humanistischen Idealismus mit der unterirdische Welt. Es wird nun auch die Tiefe der Erde in den Prozess der Entfaltung des humanen Möglichkeitshorizonts einbezogen. *Agricola* ist so nicht nur *einer der Pioniere* der Naturwissenschaften, sondern ebenso als Vorreiter eines *technischen Humanismus* anzusehen.

In dieser Tradition ist auch die technoszientifische Utopie des Francis Bacon zu verorten, die durch das Werk Agricolas inspiriert wurde (Merchant 2008: 235). Bacon selbst macht klar den Einfluss des Chemnitzer Bürgermeisters deutlich: „But the mechanic of which I now treat is that which has been handled [...] by Georgius Agricola, a modern writer, very diligently in minerals." (Bacon 1624: 366) Im Werk Bacons erfährt allerdings der technische Humanismus eine Transformation: Durch die Adaption des Plus-Ultra-Paradigmas mündet er in das Projekt einer umfassenden technoszientifischen Kolonisierung der Natur und der Ausweitung der Grenzen des Human Empire ein.

8.3 Das Bacon-Projekt

Die europäische Expansion und damit die Entdeckung und Eroberung der außereuropäischen Welt hatte, wie gezeigt, mit der Umdeutung der Säulen des Herakles als Sinnbild der Entgrenzung und der Globalisierung der imperialen Macht von Karl V. ihr zentrales Symbol erhalten. Hundert Jahre später griff der englische Philosoph und Staatsmann Francis Bacon diese Motiv auf und deutete es in neuer Weise: In dem 1620 veröffentlichten *Novum Organum Scientarium* verkündete Francis Bacon unter Bezug auf die Plus-Ultra-Symbolik sein Projekt, durch Wissenschaft und Technik „die Macht und die Herrschaft des Menschengeschlechts [humani generis ipsius potentiam et imperium] selbst über die Gesamtheit der Natur [in rerum universitatem] zu erneuern und zu erweitern" (Bacon 1990a: Aph. 129).

Francis Bacon transformierte mit dieser Programmatik den Okzidentalismus und sein Kernsymbol, die Säulen des Herakles, und weitete das eurozentrische Projekt der Kolonisierung der Welt zum anthropozentrischen und technoszientifischen Programm der expansiven Kolonisierung von Natur aus. Damit wurde der endgültige Bruch der Moderne mit der Antike und deren Wissensverständnis eingeleitet. „Wenn man auf irgendein einzelnes Werk weisen wollte, das zum Symbol des Ausbruchs in die Neuzeit geworden ist und in dieser säkularen Funktion die Schriften des Aristoteles ablöste – man hätte kaum eine andere Wahl als das Novum Organum." (Krohn 1990: 10) Bacon entwirft mit seiner „Philosophie der Forschung und des Fortschritts" (Krohn 1999) das wissenschaftlich-technische Projekt der Neuzeit und bestimmte im Positiven wie im Negativen den Kurs des Schiffs der Moderne: „Die ganze Entwicklung der modernen Gesellschaft ist in der Philosophie Bacons präsent." (Krohn 1999: 23 f.) Auch Whitney macht in *Francis Bacon – Die Begründung der Moderne* (1989) deutlich, dass der englische Philosoph mit der Entwicklung einer "Philosophie der Erfindung" (ebd.: 21) den Prozess der Erfindung des Neuen erstmals systematisch reflektiert und so als Wegbereiter der Moderne angesehen werden kann. Bacon wird häufig als der Begründer der modernen positivistischen Naturwissenschaften gepriesen und auch Marx und Engels schreiben in diesem Sinne: „Der wahre Stammvater des englischen Materialismus und aller modernen experimentierenden Wissenschaften ist Bacon." (Marx und Engels 1957: 135) Zwar wurde seine Bedeutung angesichts seiner geringen konkreten wissenschaftlichen Erkenntnisse und der geringen Bedeutung der Mathematik immer wieder auch relativiert. Mit seinem empirischen Programm war er aber visionär und seine Utopie *Nova Atlantis* und der darin entworfenen „Technologietempel" (Krohn 1999: 24), das "Haus Salomon" wurde mit dem Projekt der Moderne realisiert. Die neuzeitlichen Wissenschaften konstituierten sich als kooperatives, anwendungsorientiertes Unternehmen im Geiste der Utopie Bacons. Sowohl die Londoner *Royal Society* (1645/1660), die *Academie des Sciences* (1666) in Paris wie ebenso die *Preußische Akademie der Wissenschaften* (1700) in Berlin "sind in ihren Grundchartas und in ihrem institutionellen Aufbau [...] dem ‚Haus Salomon' verpflichtet" (Krohn 1987: 181).

Viele Autoren haben aber auch immer wieder auf die Schattenseiten und Gefahren hingewiesen, welche *Das Bacon-Projekt* (Schäfer 1993) in sich birgt. Zuallererst ist hier die *Dialektik der Aufklärung* (Horkheimer und Adorno 2001) zu nennen, worin im Kapitel „Begriff der Aufklärung" vor allem Bacons Lehre thematisiert wird und vom „Herold Bacon" als Verkünder des „erbarmungslosen Fortschritts" die Rede ist (ebd.: 9 f., 48). Die Auseinandersetzung mit Bacon steht im Zentrum der Überlegungen Horkheimers und Adornos. Man kann die Analyse der Ausfahrt des Odysseus als Vorgeschichte des Bacon-Projekts interpretieren und die Einmündung der Aufklärung in den Faschismus als deren unheilvolle Konsequenz. Hans Jonas verwies in *Das Prinzip Verantwortung* (Jonas 1989) ebenfalls auf „die Unheilsdrohung des Baconschen Ideals" (ebd.: 251). Böhme schließlich diagnostiziert angesichts der aktuellen Krise des neuzeitlichen Naturverhältnisses sogar, dass wir nun *Am Ende des Baconschen Zeitalters (Böhme 1993)* angelangt seien.

Dies genannten Autoren machen die Bedeutung Bacons für die Konstitution der modernen Welt deutlich – eine kritische Reflexion des Projekts der Moderne muss daher das Bacon-Projekt in die Betrachtung mit einbeziehen. Dies gilt umso mehr, als die von den letztgenannten Autoren erhoffte Revision und Beendigung des Baconschen Projekts keineswegs vollzogen wurde. In der letzten Zeit kann man angesichts der immer wirkmächtiger werdenden technoszientifischen Projekte und Utopien geradezu von einer Renaissance Bacons sprechen: „Today's technoscience can be considered as a new tip of the iceberg of the Baconian project of modern science and the modern age in general." (Schmidt 2011: 105) Das Baconsche Projekt steht somit am Beginn des „Zeitalter der Technoscience" (Weber 2001/2003). Es erfährt heute, wie auch Schäfer betont, im Zuge der „globalization of technoscience" (Schäfer 2001: 301) seine Radikalisierung: „Das Baconsche Zeitalter hat, wenn überhaupt, seine Augen gerade erst aufgeschlagen […]. Wir erleben die Geburt einer globalen Zivilisation, die ohne Rücksicht auf das vorgebliche Ende des Baconschen Zeitalters die weltweite Durchsetzung der industriellen Wissenschaft betreibt." (Schäfer 1998: 84)

Ohne Kenntnis dieses Projekts und seiner Ursprünge ist somit ein Verständnis auch der gegenwärtigen gesellschaftlichen Entwicklungen nicht möglich. Im Folgenden wird daher aufgezeigt, wie von Bacon unter Bezug auf das paradigmatische Plus Ultra der frühen Moderne und der darauffolgenden Konquista der amerikanischen Welt das Projekt der industriell-technischen Landnahme bzw. der „conquest of nature" (Forbes 1968) konzipiert wurde. Diese Parallelisierung dient nicht allein dazu, ein tieferes Verständnis der historischen Genese der Moderne zu ermöglichen. Vielmehr wird hier davon ausgegangen, dass angesichts des systematischen Zusammenhangs zwischen beiden Formen der Weltaneignung sich aktuell ähnliche Probleme erkennen lassen: So wie die mit der Kolonisierung der außereuropäischen Welt verbundene Gewalt als „the darker side of the Renaissance" (Mignolo 1995) und des hierarchischen Humanismus angesehen werden kann, so sind auch die mit der ausgeweiteten Kolonisierung der Natur verbundenen ökologischen Nebenfolgen die dunkle Seite des technischen Humanismus. Diese Ambivalenzen sind heute noch in der aktuellen Phase der Okzidentalisierung erkennbar und sie überlagern und verstärken sich sogar in einer neuen Stufe des technoszientifisch-kapitalistischen Globalisierung. Der Übergang in eine reflexive, andere Moderne, welche die Krisen und Schattenseiten der klassischen Moderne vermeidet und die daraus resultierenden Krisen bewältigt, kann daher ohne eine grundlegende Reflexion und Modifikation des Baconschen Programms und seiner Zielsetzung der Errichtung des *Human Empire* nicht gelingen.

Abbildung 36: Frontispiz des „Novum Organon" von Francis Bacon (1620).

Quelle: Deutsches Museum Bibliothek.

8.3.1 Plus Ultra und die Ausdehnung des Human Empires

Zu den bekanntesten Bildern, mit denen in gängigen wissenschafts- und technikgeschichtlichen Darstellungen die Genese des neuzeitlichen Verständnisses von Wissenschaft und Technik sowie das damit verbundene Naturverhältnis illustriert werden, gehört zweifelsohne das Frontispiz von Francis Bacons *Novum Organum* (Bacon 1620) (vgl. Abbildung 36). Diese Abbildung, welche als eine der „bedeutendsten Illustrationen der frühneuzeitlichen Grenzüberschreitungen" (Goldstein 2002: 659) angesehen wird, stellt dabei eine unverkennbare Nachahmung des Titelblatts des Navigationshandbuchs *Regimiento de navegación* (1606) von Garcia de Céspedes dar (vgl. Abbildung 12 in Kap. 7.1 und Titelbild dieses Buchs).

Dieses im Auftrag der *Casa de Contratación* verfertigte Handbuch, in dem u.a. auch die Berichte über die neu entdeckten Salomonischen Inseln kartographisch verarbeitet sind, ziert ein Schiff das durch die Säulen des Herakles hinaus in den Ozean fährt. Die unten angebrachte Devise „Oceanum referans navis Victoria totum – Hispanum imperium clausit utroque polo [Den Ocean entriegelt des Schiffes umfassender Sieg – Das Spanische Imperium reicht von Pol zu Pol]" macht deutlich, dass mit dem nautischen Wissen auch die Hoffnung auf eine globale Expansion des spanischen Imperiums verbunden war. Das Titelbild symbolisiert somit die kosmographisch- wissenschaftliche wie auch die imperiale Revolution, welche mit der Durchbrechung der Säulen des Herakles verbunden war. Die Durchfahrt eines Schiffes durch die Säulen hatte bereits früher in der imperialen Ikonographie Verwendung gefunden. So wurde nach dem Tode von Karl V. ein die Säulen des Herakles durchfahrendes Schiff als Höhepunkt des Trauerzuges auf einem Prachtwagen durch die Straßen Brüssels gezogen (Blockmans 2004: 50). Ein gedruckter Bericht dieses Begräbnisumzugs (*Pompa Funebris*) trug zur Verbreitung der Symbolik bei und auch Céspedes knüpft höchstwahrscheinlich bewusst an dieses Motiv an.

In Bacons Werk und dessen Titelbild wird diese Symbolik reproduziert. Während jedoch im spanischen Navigationshandbuch die Ausfahrt der Schiffe noch dem Ziel der Mehrung der Macht des *Hispanum imperium* dient, vollzieht Bacon eine entscheidende Übertragung des Navigationsparadigmas: Die neue naturwissenschaftlich-technische Navigationskunst, die er entwickelt, dringt nicht mehr in den realen Ozean vor. Vielmehr erkunden die Schiffe der Wissenschaft erkunden das Plus Ultra einer noch unbekannten und unbeherrschten Natur.

Die unverkennbare Ähnlichkeit zwischen den beiden Abbildungen ist kein Zufall. Vielmehr ist zu vermuten – so Cañizares-Esguerra – dass Bacon Céspedes imitierte, weil englische Autoren zu dieser Zeit die Entwicklung des militärischen und technischen Wissens der Iberer insgesamt mit Interesse verfolgten und zu übernehmen suchten (Cañizares-Esguerra 2006: 18). Infolge der nautischen Revolution hatten die iberischen Mächte eine klare Führerschaft in Fragen der Navigation gewonnen. Diese Überlegenheit der Portugiesen und Spanier wurde auch in England klar anerkannt und darum die Schriften zur Bestimmung des Breitengrades übersetzt. Die Engländer bewunderten die iberischen Seefahrer und Navigatoren und versuchten die portugiesische und spanische Pilotenausbildung nachzuahmen (ebd.: 18). Insbesondere Aktivitäten der Casa de Contratación wurden zum Vorbild für die Herausbildung der naturwissenschaftlichen Forschung in England (vgl. Barrera-Osorio 2006: 35 f.)

Bacon übernimmt somit zweifelsohne das Motiv der Säulen des Herakles von Céspedes. Allerdings wird eine zentrale Bedeutungsverschiebung der Bildsymbolik erkennbar: „A splendid coincidence: the image is used in the Anglo-Saxon tradition to represent increase of knowledge (the Baconian peaceful empire of man over nature), while in the Iberian tradition it represents knowledge gained through discovery and conquest of the New World." (Pimentel 2001) Bacon adaptiert somit den Entgrenzungsmythos der Moderne, wie er sich in der ersten Stufe des Okzidentalismus infolge der ozeanischen Entgrenzung und der Erfindung Amerikas herausgebildet hat und deutet ihn in einen technoszientifischen Fortschrittsmythos um. Diese paradigmatische Bedeutung der spanischen Navigationskunst und des spanischen Imperiums wurde aber bisher in den meisten Arbeiten zur Wissenschaftsgeschichte nur am Rande berücksichtigt. So illustriert Wußing seine Arbeit zur Geschichte der wissenschaftlichen Revolution mit Bacons Frontispiz, ohne die nautische Revolution und Céspedes zu erwähnen (Wußing 2002).

Ganz zu Recht fordert Cañizares-Esguerra, dass ein Buch über die wissenschaftliche Revolution letztlich mit dem Titelbild des spanischen Navigationshandbuches und weniger mit Bacons ‚Kopie' illustriert werden sollte: „It is just a matter of time before books in English on the Scientific Revolution beginn adorning their dust jackets with the frontispiece of Garcia de Céspedes's Regimiento de navegación, rather then that of Bacon`Instauration magna." (Cañizares-Esguerra 2006: 45) Die Verwendung von Elementen des Frontispiz von Céspedes im Titelbild des vorliegenden Buches soll auch dazu beitragen, diese verdrängten Ursprünge des wissenschaftlich-technischen Projekts der Moderne wieder bewusst zu machen.

Kennzeichnenderweise findet nicht nur das Titelbild von Céspedes, sondern auch der Aufbau des nautischen Buches seine Entsprechung in dem *Novum Organum*. Céspedes hebt in seiner Einleitung die Bedeutung der Instrumente und des nautischen Wissens für die Piloten hervor (Garcia de Céspedes 1606: i). Bacons Programm eines auf empirischer Forschung basierenden kumulativen wissenschaftlichen Fortschritts kann als Übertragung der Vorgehensweise der Piloten auf die allgemeine Erkundung der Natur interpretiert werden. In seinen Schriften wird dementsprechend eine Vielzahl nautischer Metaphern verwendet, welche dem Leser die neue empirische Methodologie plausibel machen soll. So heißt es in der Einleitung:

„In früheren Jahrhunderten, als man sich zu Wasser bloß nach der Beobachtung der Sterne richtete, konnte man zwar die Küsten der Alten Welt entlangsegeln [...]. Indes zur Fahrt über das Weltmeer und zur Entdeckung der Länder der Neuen Welt musste zunächst der Gebrauch der Magnetnadel als eines sicheren und zuverlässigen Führers bekannt sein. So ist in ganz ähnlicher Weise das, was bisher in den Künsten und Wissenschaften erfunden worden ist, von der Art, dass es durch Übung, Nachdenken, Beobachten und Schlüsse gefunden werden konnte. [...]. Ehe wir aber zu dem Entlegenen und Verborgenen der Natur gelangen können, ist es erforderlich, eine bessere und vollkommenere Handhabe und Anwendung des menschlichen Geistes und Verstandes einzuführen." (Bacon 1990a: 27)

Das Projekt der geographischen Erkundung der Welt durch die Schifffahrt wird hier unmittelbar mit der wissenschaftlichen Erforschung der Natur gleichgesetzt. Die Erschließung der Weltmeere wurde in der Schifffahrt mit Hilfe neuer Instrumente ermöglicht. In gleicher Weise sollen nun neue Methoden des Geistes eingeführt werden, welche auch in den Naturwissenschaften ein Durchbrechen der alten Begrenzungen und die Ausfahrt auf die hohe See der bisher unerforschten Natur ermögliche:

„Nachdem ich so an den alten Küsten vorbeigesegelt bin, werde ich den menschlichen Geist zur Fahrt ins offene Meer vorbereiten. Dem zweiten Teil ist deshalb die Lehre über den besseren Gebrauch der Vernunft bei der Untersuchung der Dinge und über die wahren Hilfsmittel des Verstandes vorbehalten. So soll [...] der Verstand gehoben und mit der Fähigkeit ausgestattet werden, das Schwierige und Dunkle an der Natur zu durchdringen. Die Kunst die ich einführe, gehört zur Logik, und ich pflege sie ‚Interpretation der Natur' zu nennen." (Bacon 1990a: 41)

So wie die Seefahrer mit Hilfe der neuen Navigationskünste Neue Welten erschlossen, soll nun durch neue Techniken des Erfindens, die *Ars Inveniendi*, die Natur umfassender erforscht werden:

„Und wie Westindien nie entdeckt worden wäre, wenn man nicht zuerst den Gebrauch des Kompasses entdeckt hätte, [...] so kann man es nicht seltsam finden, wenn kein weiterer Fortschritt in der Entdeckung und Förderung der Künste gemacht worden ist, solange die Kunst der Entdeckung und Erfindung [Ars ipsa Inveniendi et Perlustrandi Scienticas] selbst übergangen wird." (Bacon 2006: 267)

Es ist nicht allein die konkrete Navigationskunst, die Bacon zum Vorbild wird, sondern die gesamte Forschungspraxis der iberischen Piloten. Für das im Zentrum der Baconschen Utopie Nova Atlantis stehende Haus Salomon – jenem Urbild aller naturwissenschaftlichen Akademien der Neuzeit, auf das sich insbesondere die Gründer der Royal Society beriefen – standen wohl die spanischen Wissenschaftsgemeinschaften und hier zuallererst die Casa de Contratación in Sevilla Pate (vgl. Cañizares-Esguerra 2006: 19). Berücksichtigt man die Vorbildfunktion des im Auftrag der Casa de Contratación geschaffenen Handbuches von Céspedes, dann wird deutlich, dass damit das Bacon-Projekt im Kontext der frühneuzeitlichen europäischen Expansion zu deuten ist. Das Werk Céspedes enstand, wie auch Brendecke hervorhebt, im Zusammenhang mit dem imperialen Projekt der Spanier und war "Teil jener für Kolonialherrschaft notwendigen Organisation und Bündelung von empirischem Wissen." (Brendecke 2009: 11). Angesicht der paradigmatischen Bedeutung des Textes von Céspedes für Bacon kann man zweifelsohne konstatieren, „dass signifikante Elemente der modernen empirischen Wissenskultur nur dann zu verstehen sind, wenn man sie in Bezug zu den Herrschafts- und Verwaltungspraktiken stellt, die sich in der Expansions- und Kolonialzeit herausbildeten." (Brendecke 2009: 11)

Entsprechend wurde auch das Projekt Bacons als imperiales Projekt konzipiert und der Prozess der Entdeckung und Eroberung der Welt diente als Vorbild für die Konquista der Natur. Die Adaption des imperialen Paradigmas wird nicht nur im *Novum Organum* und dessen Titelbild erkennbar. Ebenso fungierte bei der Entwicklung der Utopie *Nova Atlantis* das spanische Imperium als Vorbild. Das Ziel der hierin nach dem Vorbild der Casa de Contratación entworfenen wissenschaftlichen Gesellschaft des Hauses Salomon macht Bacon klar deutlich: „Der Zweck unserer Gründung ist es, die Ursachen und Bewegungen sowie die verborgenen Kräfte in der Natur zu ergründen und die Grenzen der menschlichen Macht soweit wie möglich zu erweitern." (Bacon 1959: 89)

Die Ausfahrt des Schiffes der Wissenschaft über die Grenzen der alten Welt in das Neue Atlantis hinüber soll zu einer Entgrenzung und Expansion des Machtbereichs des Menschen führen. In den englischen und lateinischen Ausgaben wird dabei der gleichsam imperialistische Impetus dieser Programmatik noch deutlicher. In der englischen Ausgabe heißt es: „The end of our Foundation is the knowledge of Causes, and secret motions of things; and the enlarging of the bounds of Human Empire, to the effecting of all things possible." (Bacon 1862: 398) Und in der lateinischen Ausgabe ist von einem Eindringen in das „interiorum in natura [Innerste der Natur]" die Rede), wodurch der Mensch die „terminorum imperii humani prolati [Grenzen des Imperium Humanum ausdehnt]" (Bacon 1661: 58). Auch Bacons Rede vom „menschlichen Königreich des Wissens [human kingdom of knowledge]" (Bacon 1984: 47) verweist auf die herrschaftliche Komponente seiner Konzeption.

Es ist zu vermuten, „that Bacon might have had the Spanish empire in mind when he wrote his New Atlantis" (Cañizares-Esguerra 2006: 19). Das Projekt der Erweiterung des *Hispanum Imperium* wurde durch die Vision der Expansion des *Human Empire* abgelöst. In diesem Sinne verwendet auch Williams in *The Triumph of Human Empire* (Williams 2013) unter explizitem Bezug auf Bacons *New Atlantis* den Terminus und verweist dabei auf die Besonderheit dieses utopischen Inselimperiums: „This make-believe island was not an empire in the usual sense of territorial control. Instead, Bacon described it as the center of a vast, general expansion of human knowledge and power." (Ebd.: ix)[5]

Bacon konnte mit seinem Rekurs auf die Säulen und die imperiale Symbolik an eine angelsächsische Tradition der Verwendung der Säulen anknüpfen. Insbesondere Königin Eliabeth I (1533-1603) hatte den Weltherrschaftsspruch der Habsburger infrage gestellt und nach dem Sieg über die spanische Armada zunehmend einen eigenen globalen Machtanspruch formuliert. Auffällig sind dabei, wie Yates aufzeigt, die häufigen Anleihen an die Symbolik von Karl V.: „Elizabethan imperial symbolism is influenced in many ways by imitation […] of the dazzling figure of Charles V, in whom the imperial theme, in all its aspects, had shone forth with renewed splendour." (Yates 1975a: 51)

---

5   Williams macht deutlich, dass die zentralen Dimensionen, mit denen die Moderne häufig beschrieben wird, als Verwirklichung dieses imperialen Projekts zu interpretieren sind: „Today we routinely draw upon a familiar cluster of abstract terms to describe this profound alteration in the fabric, at once material and social, of human existence: Globalization, Mobility, Progress, Change, Development, Modernity, Technology, Innovation. They are all dimensions of the larger, longer event of the rise and triumph of human empire." (Williams 2013: ix)

Abbildung 37: Königin Elisabeth I zwischen den imperialen Säulen. Darstellung von Crispin van de Passe (1596)

Quelle: http:// www.elizabethan-portraits.com/elizabeth_4.htm.

Demensprechend wurden in Darstellungen von Elisabeth I. auch die Säulen des Herakles adaptiert, wie u.a. an einem bekannten Stich von Crispin de Passe erkennbar wird (vgl. Abbildung 37). Die Königin ist zwischen den beiden Säulen platziert und hält den Erdglobus und das Zepter als Sinnbilder der globalen Herrschaft in Händen. Die im Hintergrund brennenden Schiffe verweisen auf den Untergang der spanischen Armada und damit den Sieg über die Spanier und den Papst. Zum Ausdruck gebracht werden soll, dass infolge dieses Triumphes „transfers to her the imperial destiny at which the two columns hint." (Yates 1975a: 58) In der Folgezeit sollte auch tatsächlich die Vorherrschaft der iberischen Mächte auf den Weltmeeren und damit die führende Rolle im Prozess der europäischen Expansion schwinden und es gleichsam zu einer erneuten *translato imperii* kommen, in der das British Empire zunehmend eine Dominanz über die Meere und viele neue Welten jenseits der Säulen gewinnen konnte. Der allmähliche Aufstieg Englands zu einer neuen Seemacht hatte bereits vor der Thronbesteigung der Königin mit der Gründung der Kaufmannsgilde *The Merchant Adventurers of England* begonnen. Diese in Form einer Handelsgesellschaft organisierte Vereinigung hatte sich „die Entdeckung neuer, unbekannter Länder, Territorien, Inseln und Herrschaftsgebiete" zum Ziel gesetzt und war bestrebt, die Monopole der iberischen Mächte zu brechen (Padfield 1988:25). Die Unternehmungen, die sich sowohl auf Piraterie, Sklavenhandel und Schmuggel als auch normale Handelsreisen erstreckten, brachten große Gewinne und auch der Staat sollte sich zunehmend beteiligen (ebd.: 26 f.). Anders als bei der iberischen Expansion, bei der die staatliche Macht weitgehend die Kontrolle über die Unternehmungen behielt, war also die englische Expansion von Beginn an durch eine gewisse Eigenständigkeit der freien Unternehmer und Freibeuter gekennzeichnet. Man kann hierin durchaus einen wichtigen Ursprung für die Durchsetzung des angelsächsischen Wirtschaftsliberalismus sehen.

Eine Symbolfigur für den Aufstieg Englands zu einer neuen maritimen Macht wurde der Seefahrer Francis Drake. Mit seinen Angriffen auf die spanischen und portugiesischen Flotten und Häfen und der von 1577 bis 1580 durchgeführten Weltumsegelung bekam die Vorherrschaft der iberischen Mächte auf den Meeren erste Risse. Seine Fahrten und ähnliche Beutezüge von anderen Freibeutern wurden von der Krone gebilligt und gefördert (ebd.: 31 f.). Der Totenkopf mit den beiden Querknochen, der den Eingang der Seefahrerkirche St. Nicholas im Londoner Hafenviertel Deptford zierte, wurde so nicht nur zum Symbol für die Piraterie an sich (vgl. Jochum 2012b: 111). Er kann auch als Sinnbild für den Versuch Englands angesehen werden, die maritime Dominanz der Portugiesen und Spanier zu stören und einen eigenen Anspruch auf die Meere und die überseeischen Gebiete durchzusetzen.

Im Kontext dieses gesteigerten englischen Machtanspruches, den nicht nur Elisabeth, sondern ebenso ihr Nachfolger Jakob I. erhob, stehen auch die Schriften Bacons. Die Übernahme der imperialen Symbolik der Säulen des Herakles ist damit nicht als eine Übertragung eines verbreiteten Motivs in einen völlig anderen, politikfreien Zusammenhang zu deuten. Vielmehr ist seine Verkündung eines technowissenschaftlichen Imperiums in der Inselutopie Nova Atlantis auch als Programm zur Ausweitung der Macht der Großbritannischen Insel zu interpretieren. Das Titelbild des Novums Organon kann ebenso als Anspielung auf die erfolgreichen Handels- und Beutefahrten der englischen Seefahrer gedeutet werden. Die zwölf „Merchants of Light", die in Bacons Utopie New Atlantis „sail into foreign countries" und in die Heimat zurückkehrten mit „books, and abstracts, and patterns of experiments of all other parts" (Bacon 1862: 410 f.) dürften neben den iberischen *Pilotos* ebenso in den Schiffen und Seefahrern der *Merchant Adventurers of England* ihre Vorbilder gehabt haben. Und schließlich ist seine Utopie auch als Entwurf für die Kolonisierung der nordamerikanischen Gebiete zu interpretieren. Die Sozialutopie von Morus, dem Lordkanzler von Heinrich VIII, der ihn schließlich hinrichten ließ, war noch als Kritik an den sozialen Folgen der frühkapitalistischen Einhegungen und Enteignungen konzipiert gewesen. Die Technikutopie von Bacon, der 1618 vom englischen König Jakob I. zum Lordkanzler ernannt wurde, atmet hingegen den Geist der imperial-kapitalistischen Expansion Englands und sollte den weiteren, durch den technowissenschaftlichen Fortschritt vorangetriebenen Aufstieg des British Empires befördern.

Allerdings entfaltet sein Programm jenseits dieses machtpolitischen Kontexts auch eine Eigendynamik: Die Verwendung der Plus-Ultra-Devise bei Karl V. kann, wie dargelegt, als Sinnbild der Kolonialität der frühen Moderne interpretieren werden, in der sich die okzidentale Herrschaft über die außereuropäische Welt konstituiert. Bei Bacon erfolgt nun eine Ausweitung zu einem Projekt der *Kolonisierung von Natur*, das nicht nur dem Ziel der Mehrung der Macht Englands verpflichtet war, sondern das Ziel der Ausweitung der Macht der gesamten Menschheit über die außermenschliche Welt verfolgte. Sein Werk steht so am Beginn der Begründung der technowissenschaftlichen Moderne, wie auch an der Neudeutung der Säulen des Herakles erkennbar wird.

8.3.2 Die Säulen des Herakles im Werk Bacons

Die Symbolik der Säulen des Herakles findet sich bereits in der frühen Schrift *Die Weisheit der Alten* (Bacon 1990c; zuerst 1609), in der Bacon die Gestalten der antiken Mythologie im Sinne seiner technologischen Heilslehre interpretiert. Wie dargelegt, waren in der Antike die begrenzenden Säulen des Herakles als Schwelle in das Reich des Todes und als Mahnung vor hybriden nautischen Grenzüberschreitungen gedeutet sowie als ein Sinnbild für die Limitiertheit der prometheischen Potenzen des Menschen angesehen worden (vgl. Kap. 5). Bei Bacon wird nun in konträrer Weise an die antiken Mythen angeknüpft und Herakles als Befreier des gefesselten Prometheus und damit als Heros dargestellt, welcher die Emanzipation der technischen und wissenschaftlichen Potentiale einleitet (ebd.: 62). Er verbindet in Anlehnung an antike Mythen diese Befreiung mit der Westfahrt des Herakles in seinem Sonnenbecher: „Es wird jedoch berichtet, dass seine Strafe schließlich ein Ende nahm, als Herkules, der in einem Kelch, den der Sonnengott ihm geschenkt hatte, über den Ozean segelte, zum Kaukasus gelangte, den Adler mit seinen Pfeilen erschoß und Prometheus befreite." (Bacon 1990c: 62) In seiner Interpretation des Mythos deutet Bacon die Fesselung des Prometheus als Bindung der Menschen an die „Säule der Notwendigkeiten" (ebd.: 68) und der Unterschätzung der eigenen Möglichkeiten, von der sie durch das Wirken der herakleischen Kräfte befreit werden können.

Damit wurde Bacon zur Wahl des Motivs der Säulen des Herakles im *Novum Organum* möglicherweise nicht allein durch das Navigationshandbuch von Céspedes, sondern auch durch die Auseinandersetzung mit dem antiken Herakles-Prometheusmythos motiviert, wie Merchant vermutet: „The image invokes Hercules's voyage to free Prometheus and, with him, liberate mankind to pursue knowledge of the arts and sciences." (Merchant 2008: 747) Die antike Fahrt des mythischen Helden im Sonnenbecher wird hierdurch in die Ausfahrt des Schiffes der Wissenschaften transformiert und zum Sinnbild einer neuen Stufe der Emanzipation humaner Potentiale. Zwar erwähnt Bacon in seinen späteren Schriften bei seinen Erläuterungen des Bildes der Durchfahrt der Säulen des Herakles den Prometheusmythos nicht mehr. Jedoch bleiben die Säulen weiterhin Symbole einer Fesselung der Fähigkeiten des Menschen und die Entfesselung dieser prometheischen Potentiale das zentrale Ziel Bacons.

Diese Symbolik wird an vielen Details des Titelbildes des *Novum Organum* (1620) erkennbar (vgl. Abb. 36). Mit der Durchfahrt des Schiffs der Wissenschaften durch die Säulen des Herkules ist die Verheißung verbunden, dass es durch einen zu den Expeditionen der Entdecker verwandten Prozess der Erforschung der Natur zu einem Zuwachs des Wissens kommen würde. In der Unterzeile des Bildes wird explizit ein *augebitur sciencia*, eine Vermehrung des Wissens, verkündet. Goldstein kommentiert das Titelblatt folgendermaßen: „Mit der Überschreitung des traditionell Gebotenen eröffnete sich der Neuzeit das Plus Ultra, der offene Spielraum des Möglichen. Das neue Wissen wurde zu einem Machtfaktor, die Entdeckung des noch Unbekannten zum Ziel." (Goldstein 2002: 659) Kolumbus hatte durch das Auffinden eines neuen Weges und die Entdeckung Amerikas aufgezeigt, dass eine Überwindung der Beschränkungen einer alten Welt und die Eröffnung neuer, bisher verborgener Welten möglich sind. Dieser Erfolg wird bei Bacon vom Konkreten ins Allgemeine übertragen, in ein allgemeines Programm der Öffnung von Grenzen, der Erschließung und Entdeckung noch unbekannter Potentiale im Menschen und in der Natur transformiert. Es kommt bei Bacon so zur „Inszenierung der Grenzüberschreitung als Begründung der Fortschrittsgeschichte" (Mieth 2002: 647).

In dem Frontispiz nutzt Bacon die bei den Zeitgenossen bekannte Plus-Ultra-Symbolik und ihre Umdeutung zu einem Symbol der Entgrenzung, löst diese aber von der konkreten Überschreitung des geographischen Raums und der imperialen Bedeutung bei Karl V. und überträgt sie auf einen allgemeineren Kontext: „Bacon relies on this new transformed meaning, but he transfers it from the terrestrial to the intellectual realm." (McKnight 2006: 49) Der moderne Entgrenzungsmythos wird von ihm nun explizit auf die wissenschaftliche Erkundung der Natur übertragen.

Bereits in der Vorrede macht Bacon deutlich, dass es ihm mit seiner Adaption der Symbolik um eine Überwindung der Vorbehalte gegen eine Ausdehnung der Grenzen des Wissens geht. Da der „Stand der Wissenschaften" unzulänglich sei, müsse „dem menschlichen Verstande [...] ein ganz neuer, bisher nicht gekannter Weg eröffnet werden, [...] damit der Geist von seinem Recht auf die Natur der Dinge Gebrauch machen kann (mens suo jure in rerum naturam uti possit)." (Bacon 1990a: 13) Dieser neue Weg der Wissenschaft führt nun gleichsam durch die Schicksalssäulen des Herakles:

„Mir scheint, die Menschen kennen weder ihre Mittel [opes] noch ihre Kräfte [vires] richtig, von jenen halten sie in der Tat mehr, von diesen weniger als richtig ist. So kommt es, dass sie entweder die vorhandenen Künste [artes] unvernünftig überschätzen und nichts über sie hinaus erstreben, oder dass sie sich selbst mehr als berechtigt erachten, ihre Kräfte [vires] an unbedeutenden Dingen verzehren, anstatt sie an dem zu erproben, was zum Wichtigsten führt. Daher haben auch die Wissenschaften [scientiis] gleichsam ihre Schicksalssäulen [columnae fatales], über die hinauszukommen [ad ulterius penetrandum], werden die Menschen weder durch Verlangen [desiderio] noch Hoffnung [spe] beflügelt." (Ebd.; lat. Erg. d. Verf.)

So wie in der Schifffahrt die Furcht vor dem Non Plus Ultra der Säulen des Herakles die Ausfahrt in den offenen Ozean verhindert hat so besitzt auch das Denken und die Praxis des Menschen ein Non Plus Ultra, das sie innerhalb bestimmter Grenzen gefangen hält: Die eine der beiden Säulen des fatalistischen Schicksalsglaubens, der *columnae fatales*, welche die Wissenschaft einengen, ist die Überschätzung der bisher gewonnenen Erkenntnisse und der entwickelten technischen Hilfsmittel, welche ein Verlangen nach einem *ad ulterius* und damit von Innovationen verhindert. Die zweite Säule ist die Unterschätzung der eigenen Kräfte (vires), welche die Hoffnung auf eine Eröffnung neuer Möglichkeiten unterbindet. Durch diese beiden Säulen wird dem Menschen die Ausfahrt in den Möglichkeitshorizont der humanen Potentiale und der noch zu erfindenden Techniken verwehrt. Die Unterwerfung unter das von den antiken Autoritäten gesetzte Non Plus Ultra der Naturerkenntnis, so Bacons Botschaft, würde zum Verhängnis führen. Wie Blumenberg hervorhebt, werden so die Säulen von einer Mahnung zur Selbstbegrenzung zu Hindernissen der Selbstentfaltung des Menschen:

„Die Säulen des Herakles, die das Titelblatt der Instauration Magna mit einem schon transzendierenden Schiffsverkehr vor Augen führen, sind zwar eine schicksalshafte Grenze [columnae fatales], aber nicht im Sinne einer göttlichen Mahnung gegen die Hybris, sondern der mythischen Entmutigung des Begehrens und der Hoffnung." (Blumenberg 1966: 384)

Die alte Welt, die innerhalb der durch die Säulen des Herakles gesetzten Grenzen existiert, ist hier nicht mehr die konkrete geographische Welt, sondern der Wissenshorizont der Antike und des Mittelalters. Bacon setzt sich mit seinem *Novum Organum Scientarium* von dem alten *Organon* des Aristoteles (2008) ab, eine Sammlung von Schriften des antiken Philosophen zur wissenschaftlichen Methode, die in der Antike und im Mittelalter paradigmatisch war. Während die aristotelische Methode sich durch ihre Fokussierung auf die Logik zu einem erstarrten und unfruchtbaren System der Kategorien entwickelt habe, würde die eigene Methode den Schwerpunkt auf die Überprüfung an der Empirie legen.

Dass die Durchfahrt des Schiffes durch die Säulen des Herakles als Sinnbild für die Überwindung alter Lehrmeinungen zu deuten ist, macht Bacon auch unmissverständlich in *Über die Würde und die Förderung der Wissenschaften* deutlich, wenn er an König James I gerichtet schreibt:

„Denn wie lange sollen wir ein paar anerkannte Autoren wie die Säulen des Herakles dastehen lassen, über die hinaus [ne Plus Ultra] es keine Erkundungsfahrt und keine Entdeckung in der Wissenschaft gibt, wenn wir doch solch einen hellen und gütigen Stern wie Eure Majestät haben, um uns zu führen und voranzubringen?" (Bacon 2006: 88)

Mit den anerkannten Autoren sind von Bacon die klassischen Philosophen gemeint, deren abstrakter Wissensbegriff mit der Fokussierung auf die Theorien die Eröffnung eines neuen Horizonts des Wissens verhindert. Die hierdurch vollzogene Begrenzung der Wissenschaften ist für Bacon durch die neuen Entdeckungen obsolet geworden. Die Unsicherheit der riskanten Ausfahrt ist dabei bereits der Sicherheit über die Möglichkeiten des wissenschaftlichen Fortschritts gewichen, die nun das Verharren im Umkreis des Alten als irrig erscheinen lässt: „Die Fahrt über die Säulen des Herkules hinaus hat ihre Abenteuerlichkeit verloren [...]: die Gewissheit, jenseits des Meeres die terra incognita zu finden, rechtfertigt die Ausfahrt, ja macht das Verweilen im Binnenmeer des Bekannten sträflich." (Blumenberg 1966: 390)

Diese antiquierte reine Theorie will Bacon mit seinen neuen wissenschaftlichen Methoden überwinden und damit den Weg in bisher unbekannte Welten eröffnen. Die nautischen Techniken wie auch die Visionen, welche die reale Öffnung des Atlantiks ermöglicht hatten, werden dabei für ihn zum Paradigma der Erschließung der Natur durch praktisch angewendete Wissenschaft. Damit wird explizit ein technischer Humanismus legitimiert, der das Ziel der Wissenschaft nicht mehr in der Erlangung einer philosophischen oder theologischen Wahrheit, sondern in praktischen Fertigkeiten sieht. Wie Hannah Arendt argumentiert, hatte „die neuzeitliche Umkehrung des Verhältnisses von Vita contemplativa und Vita activa" (Arendt 1960: 287) zur Folge, dass der Homo faber an die Stelle des theoretischen Menschen trat und die Wissenschaft in den Dienst der Produktion gestellt wurde: „Das Primat fiel vielmehr vorerst den Tätigkeiten zu, die charakteristisch sind für Homo faber, dem Machen, Fabrizieren und Herstellen." (ebd.) Diese Neubestimmung des

Verhältnisses von Arbeit und Wissen wird insbesondere im Werk von Francis Bacon vollzogen. In dem „Novum Organon" heißt es, gegen das kontemplative Wissen gerichtet:

„Es handelt sich nämlich nicht bloß um das Glück der Betrachtung [foelicitas contemplativa], sondern in Wahrheit um die Sache und das Glück der Menschheit und um die Macht zu allen Werken [omnis operum potentia]. [...] Die Natur wird nur besiegt, indem man ihr gehorcht. Daher fallen jene Zwillingsziele, die menschliche Wissenschaft und Macht zusammen [Scientia et Potentiae, vere in idem coincidunt]." (Bacon 1990a: 63)

Ziel ist die Macht zu den Werken, d.h. rationale Arbeit, die durch die Erkenntnisse der anwendungsorientierten Wissenschaft befördert wird. Von Aristoteles war als „das vollkommene Glück eine Art von betrachtender [theoretike] Tätigkeit" (Aristoteles 1995: 1178b; S 333) bestimmt worden, die als Selbstzweck und die höchste Form humaner Existenz angesehen wurde. In Anlehnung an Aristoteles war in der scholastischen Philosophie die *vita contemplativa* über die *vita activa,* die *artes liberales* über die *artes mechanicae* gestellt worden. Das Wissen diente letztlich dazu, dem Menschen die Nichtigkeit der irdischen Welt bewusst zu machen und auf die höhere, jenseitige Welt vorzubereiten.

An die Stelle dieser Priorisierung des kontemplativen Wissens setzt nun Bacon die Beförderung des Glücks der Menschheit durch wissenschaftlich angeleitete Naturbeherrschung. Wissen wird vom Selbstzweck zum Mittel, das dem höchsten Zweck des Sieges der Menschheit über die Natur unterstellt wird. Wissen und Macht koinzidieren, indem Wissenschaft in den Dienst des aktiven Lebens, der Arbeitsmacht des homo faber tritt. Mit dem Leitspruch der „Scientia et Potentiae [...] coincidunt" (Bacon 1990a: 63), der oft vereinfacht als „Wissen ist Macht" wiedergegeben wird, konnte sich eine neue, von der antiken und mittelalterlichen Rechtfertigungsformen grundlegend unterschiedliche Form der Legitimation der Wissenschaft durchsetzen. Ganz zu Recht haben Kastenhofer und Schmidt in ihrem Aufsatz mit dem anspielungsreichen Titel *Technoscientia est Potentia?* (Kastenhofer und Schmidt 2011) darauf hingewiesen, dass die gegenwärtigen Technowissenschaften in Francis Bacon ihre eigentlichen Vorläufer besitzen:

„The association of science with power is not so new. The philosopher, scientist and statesman Francis Bacon stated already in 1620 that ‚Scientia et potentia humana in idem coincidunt'. [...] He thereby established a programme of science as both, a quest for true facts about nature and a gain of control of nature; in line with current efforts to envision science and technology as two sides of the same – technoscience – coin." (Ebd.: 134)

Das technische Herstellungswissen, das in der Antike und im Mittelalter noch als *artes sordidi* bzw. *artes mechanicae* abgewertet worden war, wurde nun zu dem Wissen mit der höchsten Dignität. Umgekehrt wurde das antike Ideal von der Wissenschaft als Selbstzweck abgewertet.

Mit seiner Umdeutung der Fahrt durch die Säulen des Herakles als Ausfahrt der Schiffe der Technosciences vollzieht Bacon gleichsam auch eine Transformation des Motivs der Herosfahrt. Wie aufgezeigt, war im mythischen Denken die Fahrt in das Westmeer mit dem Gang in das Totenreich und mit der biologischen Regeneration des Sonnen- und Fruchtbarkeitsheros in der Unterwelt verbunden gewesen. In der Neuzeit hingegen wurde die Durchfahrt der modernen Heroen durch die Säulen zum Signum der Weltoffenheit des Menschen und der okzidentalen Weltbeherrschung. Bei Bacon wird nun eine weitere Bedeutungsverschiebung vorgenommen: Es konstituiert sich eine der große Erzählungen der Moderne, in der „Heros der Wissenschaft" (Lyotard 1986: 14) im Westen durch die Erforschung der Natur und ihre technische Umgestaltung ein neues, irdisches Paradies erschafft. Hierdurch erhält die Westfahrt eine neue Bedeutung: Sie wird zum Sinnbild des wissenschaftlich-technischen Fortschritts.

8.3.3 Die Erfindung einer Neuen Welt und die Utopie Nova Atlantis

Bacon konzipiert somit seine Ausfahrt in die technoszientifische Moderne nach dem Vorbild der Westfahrt in eine Neue Welt. Damit wird letztlich bereits jene Bedeutungsverschiebung des Begriffs der westlichen Welt vorweggenommen, durch welche schließlich die Begriffe Modernisierung, Verwestlichung und Fortschritt zu Synonymen werden.

Wie bereits am Vergleich des *Regimento de navegación* von Céspedes mit Bacons *Novum Organum* und der Nachahmung der Illustration des Titelblatts deutlich wurde, war die nautische Öffnung des Ozeans durch die Navigationskunst ein zentrales Paradigma in Bacons Konzipierung seiner neuen empirischen Wissenschaft. Dem entspricht nun auch die Symbolik der Neuen Welt in seinem Werk. Bacon stilisiert sich zum Nachfolger der Entdecker und insbesondere von Kolumbus.

„Daher muß ich meine Auffassungen, welche die Hoffnung [spe] in dieser Sache anregen, offen darlegen und unterbreiten. So machte es Kolumbus, bevor er seine berühmte Seereise durch den Atlantischen Ozean antrat. Er legte die Gründe dar, warum er überzeugt war, neue Länder und Erdteile außer den schon bekannten aufzufinden. Wenn diese Gründe zunächst auch verworfen wurden, so sind sie später doch durch die Erfahrung [experimento] bestätigt worden." (Bacon 1990a: Aph. 92)

Die Fahrt des Kolumbus wird zu einem Paradigma der erfolgreichen Wechselwirkung von Theorie und experimenteller Erfahrung. Es bläst seither ein „Wind der Hoffnung" von der Neuen Welt herüber, dem zu folgen Bacon seine Zeitgenossen ermuntert:

„Schließlich aber müsste man, auch wenn der Wind der Hoffnung [Aura spei] von jenem neuen Erdteil [Nova Continente] weit schwächer und weniger spürbar herüberweht, sich dennoch zum Versuch entschließen, wenn wir nicht ganz verzagten Sinnes dastehen wollen." (Bacon 1990a: Aph. 114)

Wie Whitney argumentiert, soll dieses Beispiel dem Leser plausibel machen, „dass Bacons eigene Forschungsmethode eine neuartige Grundlage für Hoffnung wie Fortschritt bietet; eine Chance, aus den geschichtlichen Zyklen auszubrechen" (Whitney 1989: 59). Das Wissen über neue Länder und insbesondere die Neue Welt wird zum Hauptargument dafür, dass das Wissen der Alten insgesamt als veraltet anzusehen sei:

„In jener Epoche waren nämlich die Kenntnisse der Zeit und des Erdkreises beschränkt [...]. Man besaß nämlich keine Geschichte, die diesen Namen verdient hätte. [...] Von den Gebieten und Landstrichen der Welt kannte man nur einen kleinen Teil [...], um wie viel weniger kannte man die Länder der Neuen Welt [...]. In unserer Zeit sind indes die meisten Teile des neuen Kontinents und die Grenzen der alten Welt allseitig bekannt. Der Schatz der Erfahrung ist ins Unermeßliche gewachsen." (Bacon 1990a: Aph. 72)

Der Zuwachs an kosmographischem Wissen delegitimiert das begrenzte Wissen der Antike. Mieth kommentiert obiges Zitat zutreffend mit folgenden Worten: „Bacons Umkehrung der Autorität von Altem und Neuem setzt im Unterschied zum zyklischen Geschichtsbild der Antike ein lineares Geschichtsbild voraus. Die empirische, experimentelle Bedingung für diese Veränderung ist die Erfahrung der geographischen Überschreitung der Grenzen der Alten Welt durch Kolumbus." (Mieth 2002: 650)

Oben wurde dargelegt, dass die Aufwertung des neuen Wissens bereits mit der Entdeckung der Neuen Welt im 16. Jh. erfolgt ist. Dieses Ereignis und die hiermit verbundenen Debatten können als die für Konstitution der Moderne paradigmatische *Querelle des Anciens et des Modernes* angesehen werden (vgl. Kap. 7.3). Dies wird auch noch an Bacons Schriften deutlich, der aus der erfolgreichen Fahrt des Genuesen die Hoffnung ableitet, dass eine weitere neue Welt durch die Wissenschaften entdeckt werden könne: „Aber seien wir [...] überzeugt [...], dass die neuentdeckte Welt dem alten Kontinent keine größere Hinzufügung bedeutet, als die Welt der unbekannten Entdeckungen und Wissenschaften, die zu entdecken verbleiben [world of inventions and sciences unknown], für das Bekannte bedeutet." (Bacon 1984: 44 f.)

Angesichts dieser Gewissheit erscheint nun nicht mehr das Überschreiten der alten Grenzen als wagemutige Kühnheit, sondern vielmehr wird der Verbleib innerhalb des alten Rahmens zur Torheit. Die Hoffnungen Bacons beziehen sich dabei auf eine neue Welt, die nicht mehr als geographischer Topos, sondern als eine technoszientifisch hergestellte neue Wirklichkeit entworfen wird. Hier wird deutlich, dass die Westfahrt des Kolumbus das Paradigma liefert, mit dem Bacon den von ihm propagierten Sonderweg eines technisch-wissenschaftlichen Ausbruchs aus den Grenzen der alten Welt zu legitimieren sucht. Bei Bacon geht damit die räumliche Bewegung nach Westen in den Gedanken eines zeitlichen Fortschrittsgedankens über. Der *camino de Occidente*, der Kolumbus zufällig nach Amerikas führte, wird bei Bacon nun in den *okzidentalen Sonderweg eines technoszientifischen Entwicklungsprojekts* umgedeutet. Und der Mythos der Moderne wird so in die große Erzählung von der Erschaffung einer Neuen Welt durch Wissenschaft und Technik transformiert.

Diese imaginierte Neue Welt wurde von Francis Bacon in seiner erst ein Jahr nach seinem Tode erschienenen utopischen Schrift *Nova Atlantis* (1627) konkretisiert. Dabei waren es vermutlich neue Entdeckungen, welche Bacon zu dieser Utopie anregten. Kurz zuvor waren die Salomonischen Inseln von dem Spanier Alvaro de Mendana de Neyra im Pazifik entdeckt und benannt worden. Pedro Fernandes de

Quirós, ein Teilnehmer der Expedition beschrieb die Inseln als neues Paradies und ein neues Plus Ultra schien möglich zu sein.[6] Dass Bacon sein Neues Atlantis jenseits des amerikanischen Kontinents im pazifischen Ozean ansiedelte, dürfte auch in dieser utopischen Aufladung des pazifischen Ozeans seine Ursache haben. Hier verband sich die, seine Schriften durchziehende Beschäftigung mit dem salomonischen Tempel mit der realen Entdeckung der salomonischen Inseln. Die Öffnung des realen Westens trug damit erneut zum Entwurf eines imaginären utopischen Westens bei.

Das utopische Fragment *Neu-Atlantis* war Teil der Schrift *Sylvia Sylvarum*, einer „Stoffsammlung aller Stoffsammlungen" (Winter 1978: 52). Auf dem Frontispitz von Sylvia Sylvarum findet sich eine Abbildung, die an die Durchfahrt des Schiffes der Wissenschaft durch die Säulen der Herakles erinnert (vgl. Abbildung 38).

---

6 In Céspedes Regimiento de navegación (1606) waren die salomonischen Inseln bereits in einer kleinen Karte vermerkt. In dem 1608/09 veröffentlichten und vielfach übersetzten Bericht von Pedro Fernandes de Quirós, der als Teilnehmer und Pilot Mayor der Expedition von de Mendana auf seinen Reisen die Neuen Hebriden erreichte und sie für einen Teil des legendären Südkontinents „terra australis incognita" hielt, wird auch von den Salomonischen Inseln erzählt (Queirós und Pinochet 1991). Deren Bewohner seien „buena gente" und man könnte dort gut leben („donde poder vivir con buena comodidad") (Queirós und Pinochet 1991: 38). Er stilisiert sich zum neuen Kolumbus und erweckt mit seinen Berichten ähnliche Erwartungen wie einst sein Vorbild: Die Eingeborenen seien einfach und wenig kriegerisch, es gäbe, in Form von Früchten, Naturschätze in Hülle und Fülle und auch Anzeichen von reichen Vorkommen an Bodenschätzen. Schließlich sei ein neues Plus Ultra mit der Erschließung des pazifischen Raums zu erwarten: „Puedo decir con razon [...]: aqui se acabó Plus Ultra" (Queirós und Pinochet 1991: 201).

Abbildung 38: „Sylvia Sylvarum" von Francis Bacon (1651, zuerst 1627) mit dem zu entdeckenden „Mundus Intellectualis".

Quelle: http://www.library.usyd.edu.au/libraries/ rare/medicine/BaconSylva1651tp.jpg.

An Stelle des Schiffes ist nun allerdings ein Globus zwischen den Säulen des Herakles platziert. Die Aufschrift „Mundus Intellectualis" auf dem Globus macht deutlich, dass auch die Erweiterung des geistigen Horizonts antizipiert wird. Dieses Wissen steht aber zweifelsohne im Dienste der technowissenschaftlichen Eroberung des Natur. In der spanischen Propaganda war der zwischen die Säulen gesetzte Globus noch ein Sinnbild für die globale Ausdehnung des *Hispanum Imperium* und damit einer frühen imperial-politischen Globalisierung. Bei Bacon symbolisiert hingegen der Globus den Anspruch einer Unterwerfung des Planeten unter die Macht des Human Empire und es wird so die aktuell sich vollziehende „globalization of technoscience" (Schäfer 2001: 301) bereits antizipiert.[7]

Auf dem Titelblatt erfolgt zugleich eine Umdeutung der Säulen, die nun auf den salomonischen Tempel der Weisheit hindeuten (vgl. Whitney 1989: 44). McKnight hebt hervor, dass die Säulen nicht mehr unmittelbar mit den Säulen des Herakles gleichzusetzen sind, sondern auch auf einen anderen religiösen Kontext verweisen: „In the frontispiece of Bacon's Sylva Sylvarum [...] the columns are not the Pillars of

---

7 Im *Novum Organum* hatte Bacon bereits die Bedeutung dieses intellektuellen Globus erläutert. Die tierra incognito auf Erden wird dabei mit den noch zu erschließenden Wissensfeldern gleichgesetzt: „Die Einteilung der Wissenschaften nehme ich so vor, dass sie nicht nur das schon Entdeckte und Bekannte, sondern auch das bisher Übergangene und noch Notwendige umfasst. Denn man findet auf der Geisteskugel [globo intellectuali] wie auch der Erdkugel sowohl bearbeitete als wüste Gebiete." (Bacon 1990a: 39)

Hercules; they are the columns of Solomons' Temple." (McKnight 2006: 51) Es wird mit diesem Titelbild die zur Ausfahrt durch die Säulen des Herakles komplementäre Einfahrt in die utopische Neue Welt des Neuen Atlantis und deren sakralem Zentrum, dem Haus Salomon als Tempel des Reichs der Technosciences, dargestellt. In der Schrift *Neu-Atlantis* kulminiert das Baconsche Projekt. Die Schrift greift Motive der vorhergehenden Werke auf und verleiht ihnen utopische Plastizität.

Dabei knüpft Bacon mit seinem Neu-Atlantis an Platons Erzählung von dem jenseits der Säulen gelegenen Atlantis und an Thomas Morus Insel-Utopia an, verschiebt jedoch deren Heilsversprechungen vom sozialen Bereich auf die Ebene der wissenschaftlich geleiteten Naturbeherrschung. Riskante Aus- und Durchfahrt durch die herakleischen Säulen im „Novum Organon" und utopisches Ziel sind dabei im Zusammenhang zu sehen: „Die Entdeckungsreise übers offene Meer, deren Risiko durch gute Ausrüstung („Novum Organon") kalkulierbar sein soll – diese Metapher bildet die Rahmenhandlung von Neu-Atlantis." (Krohn 1987: 158) Im Neuen Atlantis werden die neuen Techniken utopisch entworfen, welche die praktische Emanzipation aus der Macht der Natur aufzeigen. Bloch bemerkt daher zurecht, dass „Nova Atlantis in jedem Betracht hinter den Säulen des Herkules liegen will, das ist: über die Einbindung durch gegebene Natur hinaus" (Bloch 1959a: 765).

Im Zentrum der Utopie des neuen Atlantis steht jener salomonische Tempel, den zu errichten Bacon im Novum Organon angekündigt hatte. Ein König Salamon, der in Verbindung zum alttestamentarischen weisen König gesetzt wurde, fungiert nun als mythischer Gründer des neuen Atlantis (Bacon 1959: 71 f.). Dieser habe einst eine wissenschaftliche Gesellschaft gegründet:

„Ihr müsst wissen, meine teueren Freunde, dass unter den ausgezeichneten Schöpfungen jenes Königes besonders eine herausragt: das ist die Errichtung und Gründung eines Ordens oder einer Gesellschaft, die wir Haus Salomon nennen. Die ist nach unserem Ermessen die edelste Gründung, die es je auf Erden gegeben hat. Es ist der Leuchtturm unseres Königreiches. Dieses Haus ist der Betrachtung und Erforschung der Werke und Geschöpfe Gottes gewidmet." (Bacon 1959: 73)

Die Betrachtung der Natur in dem „Technologietempel in Neu-Atlantis" (Krohn 1999: 24) unterscheidet sich aber grundlegend von der antiken Naturphilosophie und der religiösen Verehrung der göttlichen Schöpfung. Hier wird eine Umdeutung älterer Symboliken und religiöser Lehren erkennbar, die für das Werk Bacons insgesamt kennzeichnend ist, das den Obertitel *Instauratio Magna*, d.h. die „Große Erneuerung" trägt. Wie Whitney argumentiert, ist damit eine doppelte Programmatik verbunden: Zum einen wird damit eine Absetzung von der traditionellen Wissenschaft vollzogen und somit das Projekt einer grundlegenden Erneuerung der Wissenschaften angekündigt. Zum anderen aber wird hier auch die Idee einer Wiedererrichtung des als Hort der Weisheit verstandenen biblischen Tempel Salomons propagiert (Whitney 1989: 33). Der Aufruf zur „Instauratio" ist damit sowohl Forderung nach einer intellektuellen Reform als auch im übertragenen Sinn ‚architektonisch' als Errichtung eines Gebäudes der Wissenschaften zu verstehen. Oder wie Bacon es formuliert: „Ich lege im menschlichen Geist [intellectu humano] den Grundstein für einen heiligen Tempel nach dem Modell der Welt [exemplar mundi]." (Bacon 1990a: Aph. 120)

Bacon vollzieht so eine Säkularisierung und Umbesetzung der biblischen Botschaft. Die religiösen Lehren, Symbole und Hoffnungen werden verweltlicht und von einer außerweltlichen in eine innerweltliche Ebene verschoben. Der untergegangene Tempel soll wiederhergestellt werden, verwandelt sich aber dabei zugleich, indem er seine theozentrische Orientierung verliert, und eine techno-zentrische Ausrichtung erhält: „Bacons Tempel der Künste und Wissenschaften [...] imitiert die [...] wirkliche Welt; nur andeutungsweise ist er ein Tempel des Glaubens und der Offenbarung, der eine göttliche Ordnung prophezeit." (Whitney 1989: 41)

Bacon konzipiert dementsprechend ein Forschungsprogramm, das auf der systematischen Sammlung von Wissen und der empirischen Erkundung der Natur basiert. So werden mit Schiffen die bereits erwähnten „Händler des Lichts" (Merchants of Light), die Räuber (Depredators), die „Jäger" (im Original: Mystery-man) und weitere Forscher ausgesendet, um Wissen zu sammeln. Diese Schilderung der ausfahrenden und mit Wissen heimkehrenden Schiffe weckt beim Leser zum einen Assoziationen zu den erfolgreichen Handels- und Beutefahrten der englischen Seefahrer. Sie erinnert zum anderen an die Forschungspraxis der iberischen Pilotos und die Bündelung des gesamten Wissens durch die Casa de Contratación in Sevilla: Bacon hatte vermutlich auch diese zentrale Institution des spanischen Imperiums bei seinem Entwurf des Hauses Salomon als Vorbild im Kopf (Cañizares-Esguerra 2006: 19).

Bei Bacon verbindet sich so ein innerweltlich gewendeter theologisch-philosophischer Wissensdurst mit praxisorientiertem Wissensdrang. Das Haus Salomon stellt dabei eine Mischung aus Technischer Universität, Technikmuseum, Forschungslabor und Produktionsstätte dar. So wird von unterirdischen Höhlen berichtet, die „der künstlichen Herstellung natürlicher Mineralien sowie bei der Erzeugung neuer künstlicher Metalle" dienen (Bacon 1959: 89). Ebenso wird von Gehegen berichtet, „in denen wir alle möglichen vielfüßigen Tiere und Vögel halten [...] nicht nur, um sie anzuschauen oder weil sie selten sind, sondern auch, um sie zu sezieren und anatomisch zu untersuchen, damit wir dadurch soweit wie möglich eine Aufklärung über den menschlichen Körper erhalten." (Ebd.: 92) Nicht die kontemplative Naturbetrachtung ist das Ziel. Vielmehr wird die Natur durch Verfahren, die sowohl der Produktion als auch der Forschung dienen, experimentell erkundet und beherrscht, wie Bloch hervorhebt: „Bacons Abzielung auf ein regnum hominis [...] war als Naturbeherrschung gedacht, nicht als Naturverklärung [...]. Das Register der verwirklichten, besonders der unverwirklichten Pläne geben auch nützliche Winke zu Erfindungsideen, die bisher ‚jenseits der Säulen des Herkules' lagen." (Bloch 1959a: 759)

Auch die Welt des Lebens wird zum Objekt des wissenschaftlichen Forscherdrangs und der Umgestaltung: „Wir finden Mittel, um verschiedene Tierarten zu kreuzen und zu paaren, die neue Arten erzeugen und nicht unfruchtbar sind." (Bacon 1959: 92) Visionär nimmt Bacon im „Nova Atlantis [...] als das utopische Laboratorium" (Bloch 1959a: 763) die zu seiner Zeit noch kaum absehbaren Erfolge der technoszientifischen Moderne vorweg. Das Ziel dieser Forschung ist nicht mehr der Erwerb von abstraktem Wissen, sondern die Wissenschaft dient der Mehrung der Macht über die Natur. Bacons Konzeption des Hauses Salomon stellt den ersten klaren Entwurf der modernen Technosciences dar. Das Projekt der *Instauratio Magna* und seine utopische Skizzierung in *Nova Atlantis* ist dabei nicht nur als

Entwurf einer neuen Wissenschaft zu verstehen, sondern als Errichtung eines Gebäudes, das Wissenschaft und industrielle Praxis vereint. Die Instauratio kann daher auch als „Instauration der Moderne" (Krohn 1999: 25) verstanden werden.

8.3.4 Von der sozialen zur technischen Utopie

Bacon vollzog mit seinem utopischen Entwurf eine zentrale Verschiebung von der durch den Geist des klassischen Humanismus geprägten Sozialutopie zu einer vom technischen Humanismus inspirierten technoszientifischen Utopie. Bei Morus waren zwar auch Vorstellungen von einer Perfektionierung der Produktion enthalten, doch war dies dem Ziel eines Wandels der sozialen Beziehungen nachgeordnet. Bacons Utopie hingegen zielte auf eine grundlegende technisch-industrielle Transformation der Natur als Bedingung für die Schaffung eines künstlichen Paradieses ab: „So ist ‚Nova Atlantis' nicht bloß die erste technisch-reflektierte Utopie […]. Bacons Schrift ist auch in der Folge die einzige Utopie klassischen Rangs, welche den technischen Produktivkräften des besseren Lebens entscheidenden Rang gibt." (Bloch 1959a: 765) Damit wird ein neuer Typus des Utopischen geschaffen. Man kann in *Utopia* von Morus und dem *Nova Atlantis* von Bacon geradezu die beiden paradigmatischen Entwürfe für die unterschiedlichen Projekte der Moderne sehen.

Bacon greift mit dem Titel seiner Utopie zwar auf die Atlantissaga Platons und das Motiv einer imaginierten Insel jenseits der Säulen des Herakles zurück, jedoch fehlt der gesellschaftspolitische Gehalt von Platons Staatsutopie, auf den sich Morus noch bezogen hatte. Auch erfolgt keine Kritik am Materialismus, wie sie in Platons Schilderung von Atlantis noch enthalten war. Der Blickwinkel hat sich weg von der Vervollkommnung der Gesellschaft durch Sozialtechnologie hin zur Mehrung des Nutzens für die Menschheit durch Technologien der Naturbeherrschung verschoben. Hinsichtlich der sozialen Dimension ist bei Bacon gerade das Fehlen jeglicher utopischen Visionen kennzeichnend (Krohn 1999: 43).

Am Vergleich zwischen Bacon und Morus werden dabei zwei fundamental verschiedene Ausdeutungen des Paradigmas der „Neuen Welt" deutlich: Morus geht von den von Vespucci geschilderten Menschen der Neuen Welt aus und überhöht deren Kultur zu einer humanistischen Utopie der Vervollkommnung der Gesellschaft. Bei Bacon hingegen nimmt das reale Amerika eine andere Stellung in der Utopie ein. Amerika wird bei ihm als das ursprüngliche Atlantis geschildert, das zwar nach seiner Vernichtung nicht zur Gänze unterging, aber einen dauerhaften kulturellen Verfall erlebte.[8] Für das Verständnis der Transformation des utopischen Denkens in der Moderne ist der Übergang von der Sozial- zur Technikutopie von besonderem Interesse. Dieser wird an den Schriften *Civitas solis* (Campanella 1900, zuerst 1623) des italienischen Dominikaners Tommaso Campanella (1568-1639) und *Christianopolis* (Andreae 1972, zuerst 1619) des deutschen Theologen Johann Valentin

---

8   Ursprünglich hätten in dem mit Amerika identischen „Groß-Atlantis" „mächtige und stolze Reiche" bestanden (Bacon 1959: 68). Nach der atlantischen Sintflut seien diese jedoch vernichtet worden und nur barbarische Bergvölker hätten überlebt und dies würde bis heute die Primitivität der amerikanischen Kulturen erklären: „Da sie primitive und wilde Menschen waren […] konnten sie ihren Nachkommen keine Wissenschaft, Kunst und Kultur überliefern." (Bacon 1959: 70)

Andreae (1586-1654) erkennbar. Diese liegen sowohl inhaltlich als auch zeitlich zwischen den beiden Polen Utopia und Nova Atlantis und auch bei ihnen findet sas durch die Entdeckung der Neuen Welt inspirierte Schiffsmotiv eine Verwendung. Dieses ist zentral für alle frühneuzeitlichen Utopien, wie Bloch betonte: „Jede [...] utopische Intention [ist] der geographischen Entdeckung verpflichtet. [...] Jede erlaubt es [...] ein Expedition nach Eutopia, ein Experiment der neuen Welt genannt zu werden; ganz geographisch, ganz nach dem Willen des Kolumbus-Schiff." (Bloch 1959b: 875)

In der bereits 1602 verfassten Utopie Civitas solis von Campanella ist ebenfalls eine Schiffsreise der Ausgangspunkt. Der von dem Sonnenstaat berichtende genuesische Schiffskommandant war angeblich auf einer Weltumsegelung zum Sonnenstaat verschlagen worden und kehrt mit Berichten von einer idealen Gesellschaft heim, die an die kommunistischen Visionen von Platon und Morus anknüpft (Campanella 1900: 3 ff.). Johann Valentin Andreae knüpft ebenfalls an das Motiv der transozeanischen Reise sowie des Schiffsbruches, der unverhofft nach Utopia führt, an. Andreae veröffentlichte 1619 seine christliche Inselutopie Christianopolis (1972) und wurde dabei sowohl von Utopia als auch von der Civitas Solis, in die er bereits vor der Veröffentlichung Einblicke hatte, beeinflusst (Dülmen 1972: 12). Seine Schrift markiert den Übergang von der sozialen Utopie von Morus zur technischen Utopie Bacons. Auf der Insel Chaphar Salama, auf die ihn das Schicksal verschlagen hat, findet er die perfekte christliche Gemeinschaft vor. Seine Vision ist dabei weniger von platonischen Ideen oder katholischen Mönchsidealen geprägt, als vielmehr von den protestantischen Reformbewegungen und deren Versuchen einer Gründung „idealer Religionsgemeinschaften" (Dülmen 1972: 13). Im Zentrum der idealen Stadt findet sich dementsprechend das Kollegium, wo „Religion, Gerechtigkeit und Gelehrsamkeit ihre Wohnung" haben, sowie im Mittelpunkt eine prachtvolle Kirche (Andreae 1972: 37).

Neben der Religion kommen dabei auch der guten politischen Verwaltung und vor allem der praxisorientierten Bildung eine hohe Bedeutung zu. Insbesondere im Kapitel „Von den Metallen und Mineralien" wertet er das klassische theologisch-philosophische Wissens ab und die Erforschung der Natur auf. Er berichtet von einer „echte[n] Probierschule der Natur, worin auch der großen Mutter Eingeweide unter die Musterung genommen werden" und von Forschern, welche „der Natur unter den Schleier gesehen und in Untersuchung deren innerster Geheimnisse ihre größte Ergötzlichkeit finden" (Andreae 1972: 53). Hier sind bereits viele der Motive einer Einheit von Naturerkenntnis und technologischer Entwicklung versammelt, die einige Jahre später in Bacons Utopie Nova Atlantis ihre klare Ausformulierung finden sollten. So schildet Andreae ein „Laboratorium", in welchem eine systematische, über das bisherige Wissen hinausgehende Untersuchung der Potentiale der irdischen Welt erfolgt: „Hier werden zum menschlichen Gebrauch und zur Beförderung der Gesundheit alle Kräfte der Metalle und Mineralien oder Gewächse, auch der Tiere, untersucht, gereinigt, vermehrt, vereinigt. Hier lernt man das Feuer regieren, die Luft gebrauchen, das Wasser zu schätzen und die Erde erkennen." (Andreae 1972: 113)

Dieses technoszientifische Forschungsprogramm findet sich bei Bacon in *Nova Atlantis* wieder, wenn er von den Laboratorien und Höhlen berichtet, in denen die anorganische und organische Natur erforscht und umgestaltet wird (Bacon 1959: 89

f.). Es kann davon ausgegangen werden, dass Bacon Christianopolis kannte und seine Utopie Nova Atlantis hiervon in wesentlichen Punkten beeinflusst wurde (Held 2007: 54 f.). Die Transformation der Sozialutopie in die Technikutopie wird nun vollendet und radikalisiert. Dies wird auch anhand einer unter dem Titel *Magnalia Naturae* der Utopie beigefügten Liste von 33 Zielsetzungen erkennbar, welche „als eine Sammlung von [...] geheimnisvollen Erfindungen des Hauses Salomons" (Winter 1978: 62) und damit auch als Konkretisierung des allgemeinen Baconschen Projekts einer Expansion des Human Empire angesehen werden können. Bereits die ersten Punkte der *Magnalia Naturae* machen deren Kerngehalt erkennbar: Sie sind eine Antwort auf die Frage der „Theodizee des Leidens [...] und [...] des Sterbens" (Weber 1920: 247), die Bacon mit der *radikalisierten Anthropodizee* und dem prometheisch-faustischen Projekt der Zurückdrängung der Naturschranken beantwortet. Er listet auf:

„Die Verlängerung des Lebens. Die Wiederherstellung der Jugend bis zu einem gewissen Grad. Die Verzögerung des Alterungsprozesses. Die Heilung von unheilbaren Krankheiten. Die Verringerung des Leidens.[...]. Die Erhöhung von Kraft und Aktivität. Die Erhöhung der Fähigkeit Folter oder Schmerzen zu ertragen." (Bacon 1862: 415; Übers. d. Verf.)[9]

Die Welt des Todes, des Leidens, der Vergänglichkeit, welche im mythischen Weltbild als notwendiges Opfer im ewigen Kreislauf des biologischen Lebens fatalistisch hingenommen wurde und welcher die Kulturen der Achsenzeit durch den Ausbruch aus dem Kreislauf des Lebens in eine außerweltliche Transzendenz zu entkommen suchten, wird nun aktiv durch Naturwissenschaft, Technik und Arbeit bekämpft.

Bacons Utopie kann dabei wie die Utopia von Morus als eine verweltlichte Variante der okzidentalen Heilswege angesehen werden. *Der utopische Mythos der Moderne* verwandelt jedoch nun seine Gestalt und verändert seine Zielsetzung. Die innerweltliche Transzendenz, welche Bacon mit seinem utopischen Schiff ansteuert, ist nicht mehr durch das Ziel einer Perfektionierung des Menschen und der Gesellschaft gekennzeichnet, sondern hat die *technische Perfektionierung von menschlicher und äußerer Natur* zum Inhalt. Damit wird hier eine veränderte Form der Säkularisierung bisher außerweltlich orientierter Heilsvorstellungen erkennbar. Nicht mehr die Transformation der gesellschaftlichen Verhältnisse, sondern die Transformation der gesellschaftlichen Naturverhältnisse rückt hierdurch ins Zentrum des Heilsprojekts der Moderne.

---

9   Im Original heißt es: „The prolongation of life. The restitution of youth in some degree. The retardation of age. The curing of diseases counted incurable. The mitigation of pain. [...] The increasing of strength and activity. The increasing of ability to suffer torture or pain." (Bacon 1862: 415)

8.4 Vom gnostischen Erlösungsmythos zum Fortschrittsmythos

Die Entdeckung der Neuen Welt beeinflusste, wie gezeigt, in starkem Maße den Prozess der Verweltlichung des geistigen Erbes des Okzidents (vgl. Kap. 7.5). Sowohl das eschatologische Denken des Christentums als auch die politischen Utopien der Antike wurden erst mit der Entdeckung der Neuen Welt von der außerweltlichen Transzendenz in die Immanenz verlagert. Indem ein neuer Westen sich eröffnete fand so der Geist des Westens eine Welt, in der die Verwirklichung der transzendentalen Hoffnung möglich schien. Allerdings waren diese Verweltlichungsprojekte primär sozialutopisch ausgerichtet.

Im Folgenden wird nun dargelegt, dass auch das Baconsche Projekt als zentral für die Säkularisierungsbewegung der Moderne anzusehen ist. Bacon verspricht in seinem Werk ein neues Reich des innerweltlichen Glücks, das durch Wissenschaft und Technik hergestellt werden kann, und leitet hierdurch eine Transformation und Verweltlichung von gnostisch-millenaristischen Heilslehren ein. Bereits bei Kolumbus und den franziskanischen Spiritualen war eine religiöse Interpretation der Durchfahrt durch die Säulen des Herakles und die heilsgeschichtliche Einordnung der neu entdeckten Welten erkennbar geworden (vgl. Kap. 7.5) Dies gilt ebenso für Bacon, jedoch wird von diesem eine grundlegend unterschiedliche, nun technoszientifisch ausgerichtete Eschatologie entworfen.

Dessen religiöse Botschaft wird bereits auf dem Frontispiz durch die unten eingetragene Inschrift verdeutlicht: *„Multi pertransibunt & augebitur sciencia"* – *„Viele werden hinausfahren, und das Wissen wird wachsen"* (Übersetzung nach Goldstein 2002: 659). Die Ausfahrt der Schiffe durch die Säulen des Herakles führt zu einer Erweiterung des Wissens – dies ist die unmittelbarste Bedeutung dieser Zeilen. Doch verweist sie hintergründig auf eine weit komplexere Vision, wie Bacon an verschiedenen Stellen seines Werkes deutlich macht. Denn der Spruch referiert auf eine eschatologische Prophezeiung des alttestamentarischen Propheten Daniel (vgl. Kap. 6.2) auf den Bacon explizit Bezug nimmt:

„Auch die Prophezeiung Daniels über die letzten Zeiten der Welt ist nicht zu überhören: ‚Viele werden vorübergehen, und von vielerlei Art wird die Wissenschaft sein' [Multi pertransibunt et multiplex est scientia]. Sie deutet klar an und weist darauf hin, es sei von der Vorsehung beschlossen, dass die Durchwanderung der Welt, die nach so vielen lange Seereisen so gut wie erreicht oder wenigstens schon nahe bevorzustehen scheint, und die Vertiefung der Wissenschaften in dasselbe Zeitalter fallen." (Bacon 1990a: Aph. 93)

Die geographische Erkundung der Welt leitet demnach eine umfassende Mehrung des Wissens durch die wissenschaftliche Erforschung der Natur ein. Daniels Prophezeihung wird dabei nicht mehr, wie es noch im Mittelalter bei Otto von Freising, als Sammlung des historischen Wissens in der „Spätzeit der Welt" (Otto Frisingensis 1961: 373) gedeutet (vgl. Kap. 7.6). Vielmehr wird sie als Verheißung der Sammlung von neuem Wissen interpretiert. Bacon öffnet den Blick für ein vom Menschen selbst gestaltetes zukünftiges Zeitalter der Selbsterlösung. Die Endzeit geht in die Neuzeit über.

Bacon rechtfertigt in obigem Zitat seine eigene Ausfahrt in die Welt der unerforschten Natur mit dem Gelingen der Entdeckungsfahrten, welche unbekannte Regionen der Welt erschlossen, und deutet beide Bewegungen als Erfüllung der biblischen Prophezeiungen. Hier wird erkennbar, dass Bacons Antizipation der neuzeitlichen Wissenschaften mit einem expliziten Bezug auf eschatologisches Gedankengut verbunden ist. Er rekurriert auf die millenaristische Erwartung der Endzeit und vollzieht zugleich eine für die Neuzeit kennzeichnende Neudeutung, in der nun das wissenschaftliche Projekt der Erkundung der Natur zu einem Bestandteil des eschatologischen Heilsprozesses wird. Das Versprechen eines neuen Himmels und einer neuen Erde am Ende der Tage wird in die Verheißung der wissenschaftlich-technischen Herrschaft über die Natur im „Regno Hominis" (Bacon 1990a: 81) überführt.

Die Utopie des Francis Bacon weist somit eine explizit religiös-eschatologische Komponente auf, weshalb man auch von einer „Religion der Technologie" (Noble 1997) sprechen kann, die nicht zuletzt durch seine Utopie in der Moderne wirkmächtig wurde. Trotz der scheinbar klar innerweltlichen Orientierung seines Projekts bleibt der religiöse Bezug stets erkennbar. Man kann daher sein Werk als einen wesentlichen, in der Soziologie bisher nur unzureichend thematisierten Schritt auf dem für die Moderne konstitutiven Wege der Säkularisierung außerweltlicher Heilshoffnungen in innerweltliche Heils- und Erlösungswege ansehen. Diese These soll im Folgenden noch näher begründet und in die sozialwissenschaftliche Debatte über den Prozess der Säkularisierung eingebettet werden.

Die Anfänge für diesen Glauben an eine Selbsterlösung des Menschen durch Arbeit und Technik sind bereits im Mittelalter zu finden (Noble 1998: 12f.). Mönche und Gelehrte wie Hugo von St Viktor, Michael Scotus und Bonaventura trugen in Europa zu einer Aufwertung der mechanischen Künste und der maschinellen Techniken bei und dies führte dazu, „dass man anerkannte, das Sich-Befassen mit mechanischen Techniken sei eine Hilfe für das spirituelle Leben" (White 1978: 30). Diese geistige Neuorientierung verband sich nun zunehmend mit der spirituellen Strömung des Millenarismus bzw. Chiliasmus, d.h. der Erwartung des Kommens des tausendjährigen Reichs. Wie angeführt, waren es insbesondere die Schriften Joachims de Fiores, die zu der Hoffnung auf eine innerweltliche Verwirklichung dieses letzten Reiches beigetragen hatten. Dabei beeinflusste dieses Denken auch Kolumbus und wurde von den joachimitischen Franziskanern in die neue Welt getragen und zur später auch zur Grundlage von politischen Utopien (vgl. Kap. 7.5).

Nun kann auf einen zweiten Strang der Rezeption der Schriften von Fiores verwiesen werden: Das joachimitischen Denken verband sich auch mit dem Glauben an die Gestaltungskraft der Technik. Weniger die Transformation der Gesellschaft als vielmehr die Umgestaltung der Natur erschien hierin als Mittel eines „weltimmanenten historischen Unternehmens" (Noble 1998: 22). Arbeit und Technik wurden so Noble zufolge zum heilsgeschichtlichen Instrument der Überwindung der Unvollkommenheit der Welt: „Diese neue Vorstellung vom Tausendjährigen Reich [...] ermutigte in einmaliger Weise dazu, Technologie und Transzendenz miteinander zu vermählen. Und so wurde Technologie jetzt zugleich zur Eschatologie." (Ebd.: 32) In Bacons Werk fand dieser Transformation ihren Abschluss.

Bacons Projekt hat klar die Wiederherstellung des paradiesischen Zustandes zum Ziel. Durch „Bacons Uminterpretation christlicher Motive auf eine Selbsterlösung des Menschen hin" (Stöcklein 1969: 50) erscheinen Wissenschaft und Arbeit, Kopf und Hand nicht mehr als Potentiale, deren Ergreifung zur Vertreibung aus dem Paradies geführt haben, sondern werden zu Mitteln, mit denen der Mensch das Paradies wiedererlangt:

„Das wahre Ziel des Wissens ist vielmehr, die Hoheit und die Macht des Menschen [...] die er im Urzustande der Schöpfung hatte, wiederherzustellen und ihm größtenteils wiederzugeben. Um es ganz klar und deutlich zu sagen, es geht um die Entdeckung aller Tätigkeiten und Möglichkeiten von Tätigkeiten, von der Unsterblichkeit – so sie möglich wäre – bis zum unbedeutendsten mechanischen Handgriff." (Bacon 1984: 43)

Der Sturmwind der Fortschrittsgeschichte treibt den Menschen nicht mehr vom Paradiese weg, sondern zum neuen, durch Wissen und Arbeit hergestellten künstlichen Paradiese hin. Erst mit Francis Bacon werden Wissenschaft und Arbeit explizit zu Mitteln einer innerweltlichen Erlösung. Francis Bacon überschreitet damit in mehrfacher Weise die alten Grenzen. Als Grenzwächter erscheinen ihm die Denker des alten kontemplativen Wissens, d.h. die Philosophen Platon und Aristoteles. Indem er deren kontemplatives Wissen hinter sich lässt und zum anwendungsorientierten Wissen, das der praktischen Eroberung neuer Gebiete in der Natur dient, übergeht, bereitet er zugleich die Überfahrt in eine innerweltliche Transzendenz vor, wie sie bereits bei Kolumbus und Morus erkennbar war. Während jedoch Kolumbus glaubte, bereits mit dem realen Amerika das irdische Paradies erreicht zu haben und Morus in der Umänderung der sozialen Verhältnisse das Heil sah, wird für Bacon eine gänzlich andere Methode zum Erlösungsweg: Durch die Einheit von Theorie und Praxis und somit von Wissen und technologischer Macht soll das *Imperium Humanum* errichtet, der biblische Auftrag zur Erlangung des *Dominum Terrae* erfüllt und damit die ursprüngliche paradiesische Herrschaft des Menschen wiedererlangt werden:

„Denn der Mensch hat durch seinen Fall den Stand der Unschuld und die Herrschaft über die Geschöpfe verloren. Beides aber kann bereits in diesem Leben einigermaßen wiedergewonnen werden, die Unschuld durch Religion und Glauben, die Herrschaft durch Künste und Wissenschaften." (Bacon 1990b: Aph. 52)

Das verlorene Paradies, das durch den sündigen Griff nach dem Wissen – so die pessimistische Botschaft der Bibel im alten Testament – verloren wurde und zum Zwang zur Arbeit führte, soll nun eben durch Wissenschaft, Technik und Arbeit wiedergewonnen werden. Diese Mittel werden so Teil eines innerweltlichen Heilsprojekts. Die Antwort auf das Problem der Theodizee des Leidens, die Bacon gibt, ist die Erlösung vom Leiden durch die wissenschaftliche Erkenntnis der Natur und ihre praktische technoszientifische Transformation. Bacon setzt so der mythischen Kosmodizee und der metaphysischen Theodizee nicht allein die neuzeitliche Anthropodizee im Sinne eines Rechts des Menschen auf Selbstbehauptung und die aktive Verbesserung seines Schicksals durch Arbeit entgegen. Man kann daher davon sprechen, dass sich bei Bacon die Anthropodizee mit einer „Technodizee" (Lanceros 2005: 168) als einer durch „Technologie ermöglichten [...] Geschichte der Erlösung" (ebd.) verbindet. An die Stelle der christlich-eschatologischen Hoffnung auf das

Kommen des Gottesreichs und die Befreiung von der Welt des Leidens durch den göttlichen Erlöser, tritt das Projekt der durch Technologien ermöglichten Selbsterlösung des Menschen. Die Moderne ist durch diese Transformation der Eschatologie in ein technowissenschaftliches Fortschrittsprojekt zutiefst geprägt.

Wie bereits bei der Diskussion über die Bedeutung des Tempels Salomon aufgezeigt wurde, verbinden sich so bei Bacon Motive, welche als Befreiung von religiösen und metaphysischen Weltbildern zu deuten sind, mit Elementen, welche eine klare Kontinuität zu christlich-gnostischen Motiven aufweisen. Die moderne Rationalität ist so untergründig weiterhin mit eschatologischen Erlösungserwartungen verbunden, wie auch Rapp in Bezug auf *Nova Atlantis* deutlich macht: „Das ursprünglich einer außerweltlichen, symbolisch, mythisch-sakralen Sphäre zurechenbare Heilsgeschehen liefert die Zielrichtung, während die Mittelfindung auf der vernunftorientierten, aufklärerischen Konzeption der gezielten, planvollen Umgestaltung der materiellen Welt beruht." (Rapp 1979: 123)

Damit wird eine für den neuzeitlichen Säkularisierungsprozess zentrale, technoszientifisch ausgerichtete Traditionslinie der Verweltlichung des eschatologisch-gnostischen Denkens erkennbar, die bisher nur unzureichend Berücksichtigung fand. Die Debatte über die Verweltlichung des Erbes der Kulturen der Achsenzeit blieb bisher weitgehend auf die Auswirkungen auf das sozialutopische Denken der Moderne beschränkt (vgl. Kap. 6). Demnach erfolgte eine Transformation der „revolutionären Apokalyptik" (Taubes 1991: 15) in die verschiedenen revolutionären politischen Bewegungen der Moderne (vgl. u.a. Eisenstadt 1982, Eisenstadt 1998, Voegelin 1959). Es seien „die großen Revolutionen der Moderne – der große Aufstand [...] in England und die amerikanischen und französischen Revolutionen – [gewesen], durch die sich der Bereich der Politik mit starken religiösen, oft sehr utopischen, eschatologischen und millenaristischen [...] Orientierungen füllte." (Eisenstadt 1998: 31) Dabei habe dieses „moderne politische Programm tiefe Wurzeln in den heterodoxen gnostischen Traditionen des mittelalterlichen Europas" (Eisenstadt 2000: 22) gehabt, welche von den außerweltlich orientierten Orthodoxien abgewichen seien. Von Voegelin wurde dabei insbesondere die Idee der „immanenten Erlösung im Gnostizimus Comtes" (Voegelin 1965: 183) und deren Fortwirken im Marxismus problematisiert und vor der Gefahr eines „Totalitarismus als existentielle Herrschaft gnostischer Aktivisten" (ebd.: 185) gewarnt.

Gleiches gilt nun auch für die von Bacon propagierte wissenschaftlich-technische Revolution und die damit verbundene Revolution des gesellschaftlichen Naturverhältnisses in der okzidentalen Kultur. McKnight hat deutlich gemacht, dass die mit der Säkularisierung einhergehende Tendenz zu Sakralisierung des menschlichen Handelns zum Erlösungsprojekt nicht nur bei Denkern wie Comte und Marx, sondern ebenso weitaus früher bei Bacon zu finden ist (vgl. McKnight 1989: 91f.). Es ist festzustellen, dass „Bacons's contributions to the advancement of science and technology [...] develop hand in hand with a dream of innerwordly perfection that deeply rooted in the sacralizing tradition" (ebd.: 93). Auch Yates argumentiert, „dass Bacon aus der Magie und Kabbala der Renaissance hervorging" (Yates 1975b: 130) und macht insbesondere die Nähe des Werks Bacons zu den Schriften der sogenannten „Rosenkreuzer" deutlich (ebd.: 139). Und in diesem Sinne hat auch Rossbach auf die „mutual affinity of Gnosticism and the rationale of modern science" (1996: 241) hingewiesen: „The equation of salvation with knowledge, the belief that knowledge will enable man to triumph over the material world and over his own physical limitations, and finally the belief that saving knowledge must remain esoteric, accessible only to a spiritual elite, is common to both." (Ebd.: 241) Er verweist dabei auf die Traditionslinien, die von der Hermetik als heidnische Version der Gnosis über die Renaissance zu Bewegungen wie den Rosenkreuzern und schließlich zur Konstitution der wissenschaftlich-technischen Moderne durch Descartes und Bacon führten (ebd.: 242 f.).

Bacons Werk ist damit zweifelsohne als ein wesentlicher Beitrag zur *Verweltlichung des gnostisch-eschatologischen Erbes des Westens* anzusehen. Die eschatologische Endzeit geht bei ihm in eine zukunftsoffene Neuzeit des wissenschaftlich-technischen Fortschritts und der Befreiung von der unvollkommenen Natur über. Die nachfolgende kapitalistisch-industrielle Revolution mit ihrer säkularen Fortschrittsgeschichte und dem damit verbundenen Versprechen der Erlösung von den Übeln der Welt durch wirtschaftliches Wachstum erfolgte im Geiste Bacons. Zu Recht verweist Haraway auf die heilsgeschichtlichen Ursprünge der gegenwärtigen Technowissenschaften und spricht von „secular technoscientific salvation stories full of promise" (Haraway 1997: 8).

Der „Geist der Gnosis" (Rudolph 1990: 101) kehrte so in der Moderne als *Geist der Technowissenschaften* wieder und trug zur permanenten *Revolutionierung der gesellschaftlichen Naturverhältnisse* bei. In Paraphrasierung von Eisenstadt kann man daher davon sprechen, dass es die stark durch Bacons Schriften beeinflussten *großen wissenschaftlich-technischen Revolutionen der Moderne waren,* infolge derer sich die Bereiche der Wissenschaft und Ökonomie mit stark religiösen, oft sehr *utopischen, eschatologischen, gnostischen und millenaristischen Orientierungen* füllten.

Für diese These spricht auch, dass sich bei Bacon erstmals die Verwendung des Revolutionsbegriffs im neuzeitlichen Sinne andeutet, wie Krohn darlegt: „Bacon war der erste Philosoph, der für sein Unternehmen den Begriff der Revolution verwandt hat, nicht ganz in der modernen Bedeutung der politischen Umwälzung, aber auch nicht mehr in der alten der Umwälzung des Immergleichen." (Krohn 1990: 29) Krohn bezieht sich dabei auf eine aussagekräftige Passage aus *De dignitate et augmentis scientiarum*, worin die Durchfahrt durch die Säulen des Herakles und die darauffolgende Umfahrung des Globus durch die Schiffe gleichsam als Revolution beschrieben wird.

„So verhält sich auch der Vorzug unseres Zeitalters: also dass unsere *gegenwärtige Zeiten mit Recht als ihr Symbol* nicht nur *jenes Plus Ultra* – noch weiter – besitzen; *statt wie die Antiken das Non Ultra* – nicht weiter – zu gebrauchen [Plus Ultra, ubi antiqui usurpabant Non ultra]. [...] Sondern wir können auch noch, was alle Bewunderung übersteigt, wirklich sagen, der nachahmliche Himmel [Imitabile coelum]; wegen unseren Seefahrten, durch welche es vergönnt ist, den ganzen Umfang des Erdballs gleich den himmlischen Körpern zu umlaufen und umschiffen?" (Bacon 1826: 123, Bacon 2006: 126; Herv. und lat. Erg. d. Verf.) [10]

---

10 Bei der Wiedergabe der Textstelle erfolgte eine leichte Abwandlung der deutschen Übersetzung unter Rückgriff auf die englische Ausgabe (Bacon 1987: 101), sowie insbesondere der lateinischen Wiedergabe in „De dignitate et augmentis scientiarum" (Bacon 1826).

Die Durchfahrt durch die Säulen des Herakles und die damit verbundene Botschaft eines Plus Ultras sind für Bacon das Symbol eines neuen Zeitalters, das sich durch die Negierung des Non Plus Ultra von der Antike unterscheidet. Doch ist dies nicht der einzige Vorzug der Neuzeit: Mit den durch das herakleische Tor nach Westen ausfahrenden und die Welt umkreisenden Schiffen ahmen die Menschen auch die Revolutionen der Himmelskörper nach. Dies legt nun nahe, wie Bacon fortführt, dass es ebenso zu der bereits in Daniels Eschatologie verkündeten wissenschaftlichen Revolution kommen würde:

„Und diese vorzügliche Glückseligkeit in der Schiffahrt und Kenntnis des Weltkreises kann auch von den weiteren Fortschritten [progressibus] und Wachstum der Wissenschaften große Hoffnungen machen; da besonders nach göttlichem Rathschluß beschloßen zu sein scheint, dass diese beide in ein Zeitalter fallen: denn also sagt der Prophet Daniel, wenn er von den neuesten Zeiten redet: *Viele werden hin und her gehen über die Erde, und das Wissen wird verehrt werden [Plurimi pertransibunt et augebitur sciencia]*; als wenn das Umherwandern oder Beschauen der Welt, und das vielfache Zunehmen der Wissenschaften für das gleiche Zeitalter bestimmt seien. Wie wir größtentheils schon erfüllt sehen; da die Wissenschaften dieser unserer Zeit den beiden früheren *Perioden oder Umwälzungen [revolutionibus] der Wissenschaften* – die eine bei den Griechen, die andere bei den Römern – nicht viel nachsteht, sondern sie in mancher Hinsicht weit übertrifft." (Ebd.)

Die nautische Revolution, welche die Umfahrung des Globus ermöglichte, und die mit einer kosmographischen Revolution einherging (Kap. 7.2), wurde so für Bacon zu einem Paradigma, das einen allgemeinen und revolutionären (*revolutionibus*) wissenschaftlichen Fortschritt (*progressibus*) erwarten lässt.

Diese Revolution war weitaus mehr als die kopernikanische Revolution und die politischen Revolutionen entscheidend für die Konstitution des Projekts der Moderne. Indem der okzidentale Mensch den Bahnen der Revolutionen der Gestirne um den Globus nachfolgt, beschreitet er einen neuen Weg der Weltaneignung. Dieser Übergang wird von Bacon heilsgeschichtlich ausgedeutet und legitimiert das Projekt einer technoszientifischen Revolution, welche die Unvollkommenheit der Natur durch Wissenschaft, Technik und Arbeit überwindet. Hierdurch wird die gnostisch-christliche Eschatologie in eine technoszientifische Eschatologie überführt. Mieth schreibt treffend hierzu: „Damit wird bei Bacon die Prophezeiung des Weltendes ins Diesseits verlagert. Die Grenze zwischen den Weltreichen geht von der Vertikale in die Horizontale über. Bei Bacon bezieht sich das Wissen nicht mehr auf die im Buch Daniel versiegelte göttliche Offenbarung, sondern auf die Ergründung und Beherrschung der Natur in dieser Welt." (Mieth 2002: 654)

Im Zeichen des Plus Ultra und der Umfahrung der Globus erfolgt so der entscheidenden Übergang zum innerweltlichen wissenschaftlich-technischen Fortschritts- und Entwicklungsdenken der Moderne. Bereits bei den franziskanischen Mönchen und Morus war, wie dargelegt, mit der Entdeckung Amerikas eine Verweltlichung der Eschatologie verbunden gewesen. Der okzidentale Sonderweg des Kolumbus in eine Neue Welt war aber dort als Paradigma für eine innerweltliche Verbesserung der gesellschaftlichen Verhältnisse ausgedeutet worden. Erst in Bacons Ausdeutung der Öffnung des westlichen Horizonts rückt die *Revolution der gesellschaftlichen Naturverhältnisse* ins Zentrum. Damit wird der okzidentale Sonderweg, der über die Säulen des Herakles hinausführt, gleichsam identisch mit dem wissenschaftlich-technischen Fortschritt, der aus der Welt der alten Natur hinausführt und in die Neue Welt einer vom Menschen technoszientifisch optimierten Natur hinüberführt. Voegelins Warnung vor einer totalitären Herrschaft der gnostischen Aktivisten läßt sich daher auch auf das mit der technischen Utopie verbundene Projekt der Naturbeherrschung beziehen. Im Folgenden sollen diese problematischen Seiten des Baconschen Projekts näher beleuchtet werden.

8.5 DIE DIALEKTIK DER TECHNOSZIENTIFISCHEN KOLONIALITÄT

Bacon steht am Beginn der industriegesellschaftlichen Moderne und hat in vielerlei Weise die Emanzipation des Menschen aus der Macht einer häufig als grausam empfundenen Natur mit vorbereitet. Doch war der Triumph des Human Empire auch mit Schattenseiten und Nebenfolgen verbunden. Bacon vollzog, wie gezeigt, unter Bezug auf die Plus-Ultra-Symbolik eine Übertragung des mit der frühneuzeitlichen Expansion verbundenen kolonialen Projekts der Moderne auf die Erforschung und Beherrschung der Natur.

Hierdurch erfuhr nun auch die negative Dialektik der Moderne eine Steigerung. Die Autoren der Gruppe Modernität/Kolonialität haben die Folgen der Kolonisierung der außereuropäischen Welt als die „darker side of Western modernity" (Mignolo 2011) beschrieben. An der Behandlung und diskursiven Einordnung indigener Völker war dabei bereits die Ambivalenz des modernen Humanismus deutlich geworden (vgl. Kap 7.7). Man kann nun davon sprechen, dass mit dem Übergang zum technischen Humanismus Bacons und seiner Forderung nach einem „enlarging of the bounds of Human Empire" (Bacon 1862: 398) und damit der ausgeweiteten „Kolonisierung von Natur" (Fischer-Kowalski et al. 1997)[11] auch weitere dunkle Seiten der Moderne zu thematisieren sind.

Die Schattenseiten des Bacon-Projekts werden heute insbesondere an der ökologischen Krise deutlich. Der okzidentale Sonderweg, der mit Bacon in die Idee des wissenschaftlich-technischen Fortschritts einmündete, wird aktuell angesichts der Einsicht in die Gefährdung der Nachhaltigkeit dieses Entwicklungspfades fragwürdig. Gerade aus diesem Grunde ist eine Reflexion des Bacon-Projekts heute wieder notwendig und auch die vorliegende Arbeit verfolgt diese Absicht. In Anlehnung an

---

11 Mit dieser Begrifflichkeit wird auf Konzepte des „Instituts für Soziale Ökologie" Bezug genommen, in denen mit dem Begriff der „Kolonisierung von Natur" (Fischer-Kowalski et al. 1997) vor allem der „Übergang von rein metabolisch wirksamen Wirtschaftsweisen in Jäger und Sammlergesellschaften hin zur Anwendung von Kolonisierungsstrategien – wie etwa die Landwirtschaft in Agrargesellschaften" (ebd.: 161) beschrieben wird. Die Kolonisierung von Natur zielt darauf ab, deren Prozesse so zu beeinflussen, dass sie dauerhaft eine vom humanen Gestalter intendierte Leistung erbringen: „Kolonisierende Eingriffe verwandeln natürliche Systeme in gesellschaftliche Kolonien." (ebd.: 129) Mit der Übertragung des Begriffs der Kolonisierung der Natur auf die Gesamtheit der modernen, technoszientifischen Naturbeherrschung erfolgt in dieser Arbeit eine Bedeutungsausweitung (vgl. hierzu auch Jochum 2016).

die postkoloniale Reflexion und Kritik des eurozentrischen Projekts der Verwestlichung der Welt erscheint es daher sinnvoll, wie im Folgenden ausgeführt wird, auch eine postkoloniale Reflexion des gesellschaftlichen Naturverhältnisses der Moderne vorzunehmen und die Schattenseiten dieser *technoszientifischen Kolonialität* zu reflektieren.

Mit der Verknüpfung der Begrifflichkeit „Technosciences" und „Kolonialität" wird hier auf die Ähnlichkeiten und Verbindungen zwischen der Kolonisierung der außereuropäischen Welt und der technowissenschaftlichen Aneignung der Natur in der Moderne verwiesen. Auch viele aktuellen Entwicklungen der Technowissenschaften können aus dieser Perspektive als neue Stufe des Projekts der Ausweitung der okzidentalen Herrschaft über äußere und innere Natur, wie es sich mit der Umkehr des Non Plus Ultras zum Plus Ultra konstituierte, interpretiert werden. Zugleich ist damit aber auch die Annahme verbunden, dass nicht nur die koloniale Dominanz des Westens derzeit fragwürdig wird. Auch das Baconsche Projekt stößt derzeit an Grenzen.

8.5.1 Am Ende des Baconschen Zeitalters?

Bereits vor mehr als 20 Jahren hatte Gernot Böhme eine grundlegende Krise des Bacon-Projekts diagnostiziert. Demnach sei „die bisherige Lebenszeit der neuzeitlichen Wissenschaft als die Epoche Bacons zu bezeichnen" die durch „die Grundüberzeugung, dass wissenschaftlicher und technischer Fortschritt zugleich humaner Fortschritt sei" gekennzeichnet war (ebd.: 9) Heute sei das Programm zwar verwirklicht, es hätten aber zugleich auch die damit verbundenen Verheißungen an Bedeutung verloren: „Am Ende des Baconschen Zeitalters ist das Baconsche Programm erfüllt. Seine Hoffnungen haben sich aber nicht erfüllt." (Böhme 1993: 31) Inwieweit diese These zutrifft, oder ob wir heute angesichts der Rede von einem „Zeitalter der Technosciences" (Weber 2002) nicht eher von einer neuen Stufe des Baconschen Projekts sprechen können, ist allerdings fraglich, wie im Folgenden noch deutlich wird.

Zweifelsohne ist aber festzustellen, dass dieses Projekt von einer tiefen Ambivalenz und einer potentiell destruktiven Dialektik geprägt ist, wie es bereits Horkheimer und Adorno in ihrer *Dialektik der Aufklärung* (Horkheimer und Adorno 2001) dargelegt hatten:

„[Es] hat Bacon die Gesinnung der Wissenschaft, die auf ihn folgte, gut getroffen. Die glückliche Ehe zwischen dem menschlichen Verstand und der Natur der Dinge, die er im Sinne hat, ist patriarchal: der Verstand, der den Aberglauben besiegt, soll über die entzauberte Natur gebieten. Das Wissen, das Macht ist, kennt keine Schranken, weder in der Versklavung der Kreatur noch in der Willfährigkeit gegen die Herren der Welt." (Ebd.: 11)

In Anknüpfung an die kritische Theorie hat auch Leiss in *Domination of Nature* (1972) die Probleme dieses Projekts herausgearbeitet (ebd.: 45 f.). Ähnlich argumentiert Jonas, wonach die „apokalyptische Situation", in der wir heute angesichts einer „Überdimensionierung der naturwissenschaftlich-technisch-industriellen Zivilisation" leben würden, zurückgehe auf das, was man „das Baconische Programm nennen könne, nämlich das Wissen auf Herrschaft über die Natur abzustellen" (Jonas

1989: 25). Schäfer folgt in *Das Bacon Projekt* (1993), der Argumentation von Jonas, dass Bacon eine Leitfunktion für die Konstitution der neuzeitlichen Naturwissenschaft einnehme, und damit auch für die gegenwärtige Krise des gesellschaftlichen Naturverhältnisses mit verantwortlich sei. Im Gegensatz zu Jonas ist er allerdings der Ansicht „dass uns die ökologische Krise nicht zwingt, das Baconsche Ideal preiszugeben, wohl aber das Baconsche Programm einer drastischen Revision zu unterziehen." (Schäfer 1993: 96)

Zum Verständnis der derzeit erkennbar werdenden Ambivalenzen und Nebenfolgen der Moderne und einer Kritik der ihr innewohnenden Herrschaftsverhältnisse ist ein Verständnis der Baconschen Utopie unabdingbar. Hier zeigt sich, wie dargelegt, eine Ähnlichkeit zur Problematik der Entdeckung und Eroberung Amerikas, die heute einer post- und dekolonialen Kritik unterzogen wird. Denn Bacons Plus Ultra Projekt ahmt nicht nur die Entdeckung der Neuen Welt im Sinne der Erfindung des Neuen nach. Vielmehr erfolgt mit der Ausweitung und Transformation des Mythos der Moderne, der sich mit der Entdeckung und Eroberung der neuen Welt herausbildete, zum wissenschaftlich technischen Fortschrittsmythos auch die Ausweitung der Kolonialität dieses Projekts. Das imperiale Projekt der Unterwerfung der außereuropäischen Welt durch das *Hispanum Imperium* wurde zum Vorbild für das Programm eines „enlarging of the bounds of Human Empire" (Bacon 1862: 398). Heute werden jedoch zunehmend die ökologischen „planetary boundaries" (Rockström u.a. 2009a,b) dieses Expansionsprojekts erkennbar.

Es zeigen sich somit, ähnlich wie bei der Konquista Amerikas, zunehmend Schattenseiten und Nebenfolgen der technoszientifischen Kolonialität, die es heute zu reflektieren und bewältigen gilt. Die Aneignung Amerikas war aus Sicht der erobernden Europäer ein heroischer Akt der Selbstentfaltung und Emanzipation von alten Bindungen, aber aus der Perspektive der Indianer ein Akt der gewaltsamen Zerstörung des Eigenen. Ebenso weist das neuzeitliche Projekt der „Conquest of Nature" (Forbes 1968) eine tiefe Zweideutigkeit auf, welche den problematischen Konsequenzen der europäischen Expansion durchaus vergleichbar ist. So wie die Entdeckung Amerikas zugleich mit einer großen Verdeckung und Zerstörung der prähispanischen Kulturen verbunden war, so hatte in ähnlicher Weise das Projekt der technoszientifischen Entdeckung der Natur zugleich eine große Verdeckung und Zerstörung der Natur zur Folge.

Die Autoren der Gruppe Modernität/Kolonialität argumentieren, dass für die Reflexion der Kolonialität der Moderne eine Hinterfragung der mit der Kolonisierung der außereuropäischen Welt verknüpften Epistemologien und eine darauf gründende „epistemische Dekolonialisierung [descolonización epistemológica]" (Quijano 1992: 447) und ein „epistemischer Ungehorsam" (Mignolo 2012a) notwendig sei. Nun kann man hier hinzufügen, dass auch die Kolonisierung der Natur in der Moderne mit einer *technoszientifischen Epistemologie* verbunden war und ist. Die Durchsetzung dieser Epistemologie, die stark durch den experimentellen Empirismus Bacons geprägt wurde, diente nicht nur der Ausweitung der Herrschaft über die äußere Natur, sondern war zugleich, wie im Folgenden aufgezeigt wird, mit einer Unterdrückung und Abwertung der inneren, sinnlichen Natur des Menschen verbunden. Diese Epistemologie gilt es heute aus einer dekolonialen Perspektive heraus kritisch zu reflektieren.

8.5.2 Die Entsubjektivierung des Spiegels der Wahrnehmung

Bacons Einfluss auf die Herausbildung des neuzeitlichen Naturverhältnisses bestand neben der Wirkmächtigkeit seiner Utopie der ausgeweiteten Naturbeherrschung insbesondere in der Einforderung einer neuen experimentellen Epistemologie und er gilt als Ahnvater der empirischen Naturwissenschaften. Konkret waren die empirischen Experimente Bacons nicht von Bedeutung und die in seinen Schriften vorgeschlagenen Methoden nicht prinzipiell wegweisend. Dennoch sollten seine empiristische Programmatik und die damit verbundene wissenschaftlich-technische Utopie die Naturwissenschaften grundlegend prägen: Die Royal Society in England berufen sich ebenso wie die wissenschaftlichen Akademien in Frankreich und Preußen auf Bacon als ihren geistigen Vater (vgl. Krohn 1987: 181). Von Bacon wird die neuzeitliche Wissenschaft als kooperatives Netzwerk entworfen, das durch empirische Forschung zu einem Zuwachs an Wissen über die Natur beiträgt. Daher ist es heute angesichts eine Krise des Naturverhältnisses auch notwendig, die von ihm begründete Naturerfahrung kritisch zu reflektieren.

Mit der Forderung nach einer empirischen Wissenschaft im Gegensatz zur reinen Theorie zielt Bacon nicht auf eine Begründung des Wissens durch die einfache sinnliche Erfahrung des Menschen ab. Angestrebt wird vielmehr deren Ersetzung durch das systematische Experiment, „denn die Feinheit der Experimente ist weit größer als die der Sinne" (Bacon 1990a: 47). Seine technoszientifische Epistemologie gründet daher auf der Fesselung und Ausgrenzung der menschlichen Sinnlichkeit im Akt der Erkenntnis. Mit dieser Epistemologie und dem damit verbundenen Naturverständnis trug Bacon wesentlich zur Konstituierung der neuzeitlichen Naturwissenschaften als objektivistischer und – wie Fox Keller in ihrer Analyse der geschlechtsspezifischen Dimension aufgezeigt hat – „männlicher Wissenschaft" bei (Fox Keller 1986). Bacon kritisiert in seiner „vorklassische[n] Wissenssoziologie" (Maasen 2009: 12) nicht nur die alten Philosophien, sondern auch die Grenzen, welche die Konstitution des Menschen der Erkenntnisfähigkeit setzt: „Francis Bacon geht es gleichermaßen um den Entwurf einer empirischen Wissenschaft wie um eine systematische Analyse derjenigen Faktoren, die die Sinnes- und Verstandesfunktionen des erfahrenden Subjekts hemmen." (ebd.)

In der frühen Schrift *Valerius Terminus or the Interpetation of Natur* (Bacon 1984) vergleicht Bacon das menschliche Bewusstsein mit einem Spiegel, der die Wirklichkeit realitätsgetreu wiedergeben könne, da „Gott das Gemüt des Menschen wie einen Spiegel geformt hat, der in der Lage ist, die Welt im Allgemeinen abzubilden." (ebd.: 39) Doch sei diese ursprüngliche Fähigkeit zur Erkenntnis durch den biblischen Sündenfall verloren gegangen: „[Es] vergaßen die Menschen bei der Untersuchung der Natur die Weissagungen der göttlichen Werke und verehrten die täuschenden und verformten Bilder, die die unangemessenen Spiegel [unequal mirrors] ihrer eigenen Gemüter ihnen vorstellten." (Ebd.: 47)

Die menschliche Sinnlichkeit wirkt sich daher gleich einem unebenen Spiegel verzerrend auf die Wiedergabe der Wirklichkeit aus. Das Ziel Bacons ist es zum einen, die verfälschenden Elemente des der Wirklichkeit inadäquaten Spiegels der menschlichen Subjektivität zu identifizieren und zu beseitigen, zum anderen neue Verfahren zu entwickeln, die ein klares, wirklichkeitsgetreues Bild der Welt liefern. Im Anschluss an obiges Zitat fährt Bacon fort:

„In diesem Zauberspiegel [enchanted glass] finde ich folglich vier Idole oder falsche Erscheinungen von besonderen und unterschiedlichen Arten, wovon jede Art viele Unterteilungen in sich enthält; die erste Art nenne ich Idole des Volkes oder des Stammes; die zweite Idole des Palastes; die dritte Idole der Höhle; und die vierte Idole des Theaters." (Ebd.: 81)

Durch die Entzauberung des verzauberten Spiegels und damit eine Entsubjektivierung der Weltanschauung soll die Klarheit des ursprünglichen von Gott verliehenen klaren Spiegels der Erkenntnis wiederhergestellt werden. Diese theologische Zielsetzung hebt auch Park in *Bacon's Enchanted Glass* (1984) hervor: „For Bacon, the smooth mirror of the human mind has had been distorted by Adam`s Fall. [...] The task Bacon set for himself was to restore man to his original state of power and knowledge. [...] Bacon's tool in this enterprise was his new 'art of discovery'". (Ebd.: 290)

Man kann diese *Entzauberung des Spiegels der Sinnlichkeit* des erkennenden Subjektes durch eine technisch und methodisch kontrollierte Empirie als zentrales Element des für die okzidentale Rationalität kennzeichnenden Prozesses der *Entzauberung der Welt* ansehen. Durch die Identifikation der Wirkungsweise der die Wahrnehmung verfremdenden Idole will Bacon die Gewinnung einer objektiven wissenschaftlichen Wahrnehmung ermöglichen. Die ersten Idole sind die *Idola Tribus*, die a-priori der Erkenntnis aller Menschen zugrunde liegen würden. Über deren Einfluss schreibt er im *Novum Organum*:

„Die Idole des Stammes [Idola Tribus] sind in der menschlichen Natur selbst, im Stamm selbst oder in der Gattung der Menschen begründet. Es ist nämlich ein Irrtum zu behaupten, der menschliche Sinn [sensum humanum] sei das Maß aller Dinge [esse mensuram rerum]; ja, das Gegenteil ist der Fall; alle Wahrnehmungen der Sinne wie des Geistes geschehen nach dem Maß der Natur des Menschen, nicht nach dem des Universums. Der menschliche Verstand gleicht ja einem Spiegel, der die strahlenden Dinge nicht aus ebener Fläche zurückwirft [speculum ininaequalis), sondern seine Natur mit der der Dinge vermischt, sie entstellt und schändet." (Bacon 1990a: Aph. 41)

Bacon verwirft den Optimismus des klassischen Humanismus, der eine harmonistische Korrespondenz zwischen menschlicher Sinnlichkeit und Welt unterstellte. Bacon wendet sich hier gegen den „homo-mensura-Satz" des Protagoras, wonach der „Mensch [...] das Maß aller Dinge" sei (Diels und Kranz 1975: 80 B1). Das Maß, das die menschliche Natur vorgibt, entspricht nicht den realen Maßen der äußeren Natur. In Bacons technischem Humanismus muss daher die „Ars Inveniendi" (Bacon 2006: 267), d.h. die wissenschaftliche, systematisierte Kunst des Entdeckens der wahren Natur durch das Experiment an die Stelle der bloßen Erfahrung treten.

Auch bei der Kritik der anderen Idole vollzieht Bacon eine Hinterfragung der anthropologischen Voraussetzungen von Erkenntnis. Nicht nur die allgemeine Natur des Menschen, sondern auch die *naturam individualem,* d.h. die individuelle Natur und damit die subjektiven Besonderheiten, trägt zu Verfälschungen bei: „Die Idole der Höhle sind die Idole des einzelnen Menschen; Denn ein jeder hat [...]eine Höhle oder eine ihm eigene Grotte, welche das Licht der Natur bricht und verdirbt." (Bacon 1990a: Aph. 42) So werden alle subjektiven Elemente der menschlichen Welterfahrung problematisiert. Bacon als einer der Stammvater des Empirismus setzt keineswegs die einfache Sinnlichkeit und die unmittelbare Erfahrung gegen die abstrakte Theorie der Metaphysik. Vielmehr misstraut er der Sinnlichkeit und fordert deren Ergänzung und Ersetzung durch das Experiment, um eine objektive Naturerkenntnis zu ermöglichen:

„Es ist gewiß, dass die Sinne täuschen [sensus fallunt] [...]. [Es) gibt es vieles, was den Sinnen, selbst wenn sie völlig gesund und nicht beschädigt sind, entgeht [...] Um das zu vermeiden, habe ich mit vieler und getreulicher Mühe auf allen Seiten Hilfe für die Sinne gesucht, und herbeigeholt[...]. Das versuche ich durch Experimente [...] Denn die Feinheit der Experimente ist weit größer als die der Sinne." (Bacon 1990a: 47)

Bacon bezieht daher in stärkerem Masse als die metaphysische Wissenschaft die Erfahrung in die Wissenschaft mit ein – aber zugleich kann man davon sprechen, dass mit Bacon durch die Fokussierung auf die experimentelle Erfahrung und seine Kritik der Idole eine Ausgrenzung einer Vielzahl von alternativen subjektiven und sinnlichen Erfahrungsformen geschieht, die zuvor noch als legitime Inspirationsquelle galten: „Bacon's argumentation is clearly anti-sensualistic. [...] Only the experiment can, according to Bacon, provide the answer." (Schmidt 2011: 116)

Durch diesen Prozess der Reinigung und Rationalisierung der Sinnlichkeit wird nicht nur die humane Erfahrung, sondern auch die Natur entsubjektiviert. Denn auch die Projektion der Subjektivität in die Welt wird als Idolatrie verworfen.

„Der Mensch ist gleichsam der allgemeine Maßstab und Spiegel der Natur. Denn es ist unglaublich [...] was für einen Haufen von Fiktionen und Idolen die Reduktion der Prozesse der Natur auf die Ähnlichkeit zu menschlichen Handlungen in die Naturphilosophie gebracht hat; ich meine die Vorstellung, dass die Natur wie ein Mensch handelt." (Bacon 2006: 303)

Bacon bedient sich hier einer zentralen Argumentationsfigur, durch welche sich bis heute die okzidentale Vernunft von der mythischen (Un-)Wahrheit der Anderen abgrenzt. Adorno und Horkheimer schreiben in der *Dialektik der Aufklärung*: „Als Grund des Mythos hat sie [die Aufklärung] seit je den Anthropomorphismus, die Projektion von Subjektivem auf die Natur aufgefasst. Das Übernatürliche, Geister und Dämonen, seien Spiegelbilder der Menschen, die von Natürlichem sich schrecken lassen." (Horkheimer und Adorno 2001: 12) Dies gilt gerade auch für Bacon, der die Projektion des wahrnehmenden und handelnden menschlichen Subjekts in die äußere Natur als einen grundlegenden Fehler des verzauberten Spiegels benennt. Die mythische Subjektivierung der Natur schlägt in Bacons technoszientifischer Aufklärung in die totale Verobjektivierung der außermenschlichen Welt um.

Die dialektische Ambivalenz von Bacons Reklamierung einer empirisch-experimentellen Fundierung des Wissens ist somit, dass sie empirische Erfahrung einfordert und zugleich ausschließt. Sie beschränkt das Spektrum der als rational erachteten Formen der Welterfahrung auf die technoszientifisch-experimentelle Naturerkenntnis und grenzt andere Formen der Naturerfahrung aus. Bacon diskreditiert damit implizites Wissen, lebensweltliches Wissen, sinnliche Erfahrung und subjektives Wissens als illegitime Form der Wissensproduktion. Die Entzauberung der Welt, die Weber zufolge die moderne okzidentale Rationalität kennzeichnet, hat in dieser Entzauberung, Reinigung und Fesselung der Sinnlichkeit eine wesentliche

Grundlage. Hierzu korrespondiert nun auch die Fesselung der äußeren Natur im Akt der Erkenntnis.

8.5.3 Die Genese der technoszientifischen Epistemologie

Um die Welt zu entzaubern, wird von Bacon ein Zugang zur Wirklichkeit propagiert, durch den die Natur nicht als aktives Subjekt, sondern als kontrolliertes Objekt durch Experimente wahrgenommen wird. Denn Bacon zufolge gibt die Natur nicht freiwillig ihre Geheimnisse preis. Der Vorstoß in das Plus Ultra der in der Natur verborgenen Wahrheiten ist nur möglich, wenn die Natur mittels der Techniken des Experiments zur Preisgabe ihrer bisher verborgenen Wahrheiten gedrängt wird.

„Im Hinblick auf den Stoff meine ich, dass ich nicht bloß eine Geschichte der freien und ungebundenen Natur [naturae liberae ac solutae] – wenn sie ihrem eigenen Lauf überlassen ist und ihr Werk vollbringt – , [...] darlege, sondern weit mehr noch eine Geschichte der gebundenen und bezwungenen Natur [naturae constrictae et vexatae], d.h., wenn sie durch die Kunst und die Tätigkeit des Menschen aus ihrem Zustand gedrängt, gepresst und geformt wird. Deshalb beschreibe ich alle Experimente der mechanischen Künste [...]. Denn die Natur der Dinge offenbart sich mehr, wenn sie von der Kunst bedrängt wird, als wenn sie sich selbst frei überlassen bleibt." (Bacon 1990a: 55 f.)

Bacon entwirft nach dem Vorbild der artefaktischen Produktion in den frühneuzeitlichen Handwerksbetrieben eine artifizielle Produktion von Naturerkenntnis. Den *mechanischen Künsten*, d.h. den von den antiken Philosophen noch als *banausoi technai* bzw. als *artes sordidi* abgewerteten schmutzigen handwerklichen Künsten (vgl. Kap. 5.2.5), wird nun auch die Dignität einer Erkenntnismethode zugestanden und sie werden zum Vorbild einer „Ars inveniendi" (Bacon 2006: 26). Bacons Epistemologie antizipiert den von Knorr-Cetina in *Die Fabrikation von Erkenntnis* (1991) bezeichneten Prozess der Erzeugung von Wissen in den Laboren. Mit Bacon vollzog sich so eine entscheidende Wende im okzidentalen Erfahrungsbegriff, der zur Fruchtbarkeit der abendländischen Wissenschaften, zugleich aber, infolge der Kritik der menschlichen Sinnesorgane, zu einer Verkümmerung und Verengung der Welterfahrung führte. Die technoszientifische Fabrikation der Natur stand somit von Beginn an im Zentrum des Bacon-Projekts und hat hierdurch die modernen Wissenschaften und die industrielle Praxis der Moderne grundlegend geprägt: „An epistemology of technoscience is, indeed, very old — it is an epistemology put forward by Bacon." (Schmidt 2011: 106)

Damit wird deutlich, dass die in der aktuellen wissenschafts- und techniksoziologischen Debatte verbreitete Annahme, dass die Verbreitung von neuen Wissenschaftsdisziplinen wie „Bionik und Nanoforschung als ‚TechnoWissenschaften' womöglich für einen grundsätzlichen Wandel der Wissenschaftskultur" (Nordmann 2004: 209) stehen würden, weil an die Stelle der „Formulierung und Prüfung von Theorien und Hypothesen" sich die „TechnoWissenschaften durch ihr qualitatives Vorgehen bei der Aneignung neuer Handlungs- und Eingriffsmöglichkeiten" auszeichnen würden (ebd.), als historisch falsch anzusehen ist.

Vielmehr ist der Übergang von einer klassischen Wissenschaft zur anwendungsorientierten TechnoWissenschaft bereits von Bacon, den Hacking als „first philosopher of experimental sciences" (Hacking 1983: 246) bezeichnet, vollzogen worden. Bezeichnenderweise hatte Hacking mit seinem Aufruf zu einem neuen Experimentalismus zum Ziel, „[to] initiate a Back-to-Bacon movement" (Hacking 1983: 150). Auch die vermeintlich im aktuellen Zeitalter der Technoscience sich herausbildende Idee der artefaktischen Natur und die Ablehnung der Vorstellung von einer Differenz zwischen Natur und Technik verweist letztlich zurück auf Bacon. Dieser verwirft die aristotelische Trennung zwischen autopoietischer *physis* und allopoietischer *technē* (Aristoteles 1967: 192 a). Die von dem antiken Philosophen vollzogene Abgrenzung zwischen der *technē* als minderwertigem, auf Herstellung ausgerichteten Herstellungswissen und den höherwertigen Wissensformen der wissenschaftlichen *episteme* und der philosophischen *sophia* (ebd.: 1140b17-1141a) stellt Bacon ebenfalls in Frage.

Bacon rebelliert gegen diese Vorstellung von Wissenschaft und setzt, wie gezeigt, die alten Philosophen mit den Säulen des Herakles gleich, deren Grenztabus es zu überwinden gilt. Klar wendet er sich gegen die „eingefleischte Vorstellung, wonach Kunst etwas anderes ist als Natur und die künstlichen Dinge sich von den natürlichen unterscheiden." (Bacon zitiert nach Moscovici 1990: 51), sowie auch gegen diejenigen Autoren, welche „über die natürlichen Dinge schreiben [...] [und] die Erfahrungen der mechanischen Künste unberücksichtigt lassen" (ebd.). Bacon setzt gegen diese Vorstellung von einer Trennung zwischen Natur und Technik ein explizites Programm der experimentellen, technoszientifischen Naturerfahrung. Die Besonderheit der gegenwärtigen Technowissenschaften, dass „die vorgefundene Natur bereits technowissenschaftlich durchwirkt" (Nordmann 2004: 210) sei, ist bereits bei Bacon angelegt. Seither setzte sich im modernen Denken zunehmend der technozentrische Glaube durch, dass zwischen der vom Menschen gemachten Natur und der autopoietischen Natur keine Differenz besteht.

Ebenso fordert Bacon klar, dass das Wissen keinen Selbstzweck darstellt sondern der Mehrung des *usus humanos*, des menschlichen Nutzens, durch technische Anwendung zu dienen habe (Bacon 1864: 415). Wenn somit Nordmann postuliert, dass der Übergang von der klassischen Wissenschaft zur Technowissenschaft u.a. dadurch gekennzeichnet sei, dass an die Stelle der „Orientierung auf die Lösung theoretischer Probleme" in der klassischen Wissenschaft nun die „Eroberung eines neuen Terrains für technisches Handeln" (Nordmann 2004: 216) trete, beschreibt er letztlich das von Bacon verkündete Programm. Mit seiner Forderung nach einem Plus Ultra der wissenschaftlichen und praktischen Naturbeherrschung begründete Bacon bereits das Reich der Techno-Wissenschaften.

Die Verbreitung von Nanoforschung, Bionik und anderer heute als Techno-Wissenschaften bezeichnete Forschungspraktiken weisen somit auf keinen grundlegenden Wandel der modernen Wissenschaftskultur hin, sondern vielmehr stehen diese ganz in der Tradition der Naturbeherrschungs- und Entgrenzungsprogrammatik der Moderne. Der von Bacon eingeleitete Übergang von der antiken zur neuzeitlichen Wissenschaftskultur wird aktuell allerdings auf neuer Stufe weitergeführt. Denn in der Moderne wurde immer auch noch auf antike Wissenschaftstraditionen rekurriert, wie z.B. das Humboldtsche Wissenschaftsideal verdeutlicht. Zugleich wurden mythische, subjektivierende Naturvorstellungen in gegenmodern-romantischen Weltbildern weitertradiert und Kontakte mit außereuropäischen Kulturen nährten ebenfalls diese alternativen Vorstellungen. Heute ist dahingegen eine weitgehende

Eliminierung dieser scheinbar antiquierten Wissenschaftsvorstellungen durch den „Sieg der kapitalistischen Techno-Wissenschaft" (Lyotard 1987: 33) zu konstatieren. Dieser Prozess stellt keinen Bruch mit der Moderne dar, sondern ist als Radikalisierung des modernen Baconschen Wissenschaftsideals zu interpretieren. Alle Restbestände einer nichtmodernen Rationalität werden mit dem gegenwärtigen Triumph des Human Empire ausgegrenzt.

Allerdings deuten sich auch Grenzen der technowissenschaftlichen Vernunft an. Insbesondere die ökologische Krise verweist darauf, dass es jenseits der im Labor experimentell erzeugten Natur noch eine andere Natur gibt, die als eigensinnig und widerständig anzusehen ist. Dies führt nicht nur zur einer partiellen Rehabilitierung vormoderner und außereuropäischer Epistemologien und Rationalitäten. Vor allem gewinnt neben der Laborwissenschaft der Technosciences mit der Ökosystemforschung eine *Eco-Science* eine wachsende Bedeutung, welche die Vernetztheit der Natur herausarbeitet. Deren Erkenntnisse machen Grenzen einer weiteren Expansion des Human Empire erkennbar.

8.5.4 Zur Kritik der technoszientifischen Vernunft

Vor dem Hintergrund der ökologischen Krise und damit der Gefährdung der Reproduktionsfähigkeit der autopoietischen, lebendigen Natur werden die Beschränkungen einer technoszientifischen Epistemologie erkennbar, welche die „Geschichte der freien und ungebundenen Natur" als unwesentlich ansieht und nur eine „Geschichte der gebundenen und bezwungenen Natur [naturae constrictae et vexatae]" (Bacon 1990a: 5) als rational und nützlich ansieht. Angesichts dieser Schattenseiten haben viele Autoren darauf verwiesen, dass die Naturerkenntnis bei Bacon mit der Bezwingung einer als feindlich angesehenen Natur verbunden war. Bereits durch Horkheimer und Adorno wurde auf die Dialektik der technoszientifischen Aufklärung hingewiesen: „Heute, da Bacons Utopie, dass wir ‚der Natur in der Praxis gebieten' in tellurischem Maßstab sich erfüllt hat, wird das Wesen des Zwanges offenbar, den er der Beherrschten zuschrieb. Es war Herrschaft selbst." (Horkheimer/Adorno 1969: 49) Im Folgenden wird an diese kritische Tradition anknüpfend eine dekoloniale Auseinandersetzung mit der technoszientifischen Epistemologie erfolgen.

Wie Merchant in ihrem einflussreichen Werk *Der Tod der Natur* (1987) argumentiert, liegt der Baconschen Programmatik ein herrschaftliches und patriarchales Naturverständnis zugrunde. In einer zur oben zitierten Passage ähnlichen Stelle bei Bacon heißt es: „[Es] zeigt sich die durch Kunst – mechanische Hilfsmittel – gereizte und gefangene Natur [Natura arte irritata et vexata] offenbarer, als wenn sie sich frei überlassen bleibt." (Bacon 1826 Lib. II, 3, Übersetzung nach Merchant 1987: 179) Merchant zufolge wird hier eine Analogie zwischen der experimentellen Methode und den inquisitorischen Praktiken bei der Ausforschung der Hexen, bzw. der zunehmenden Kontrolle des weiblichen Körpers, erkennbar.

„Die Vernehmung von Zeugen vor Gericht vergleicht Bacon mit der Inquisition der Natur; ja, er scheut nicht die Analogie zur Folterkammer [...] Die Natur muss durch die ‚Mechanik' ‚bezwungen' und ‚bearbeitet' werden. [...] . So wie der Schoß der Frau sich symbolisch der

Zange geöffnet hat, so hegt der Schoß der Natur Geheimnisse die man ihm zum Besten der Menschen durch Technik entreißen kann." (Merchant 1987: 179)

Das Experiment als wissenschaftliche Methode der Naturerkenntnis verweist so implizit auf das Geschlechterverhältnis. Die Unterwerfung der Natur ist von der Unterdrückung des weiblichen Geschlechts nicht zu trennen. Für Merchant findet damit die Entwertung der als weiblich verstandenen Natur, deren Umdeutung von der nährenden Mutter zur bösen Stiefmutter durch die Diskurse über die Legitimität des Bergbaues vorbereitet wurden (vgl. Kap. 8.2), bei Bacon ihre Fortsetzung und Radikalisierung. Nicht nur zur Entbergung ihrer stofflichen Schätze wird das Eindringen in die Natur zur Notwendigkeit, sondern auch zur Erschließung ihrer Geheimnisse sind Bacon zufolge gewaltsame Methoden erlaubt.

Nun hat sich um diese Deutung des Baconschen Projekts der empirischen Naturerfahrung als eine gewaltsame, mit Zwang verbundene und implizit frauenfeindliche Programmatik in den letzten Jahren eine heftige Kontroverse entfacht. Die Verteidiger Bacons unterstellen Merchant eine prinzipielle Missdeutung der Aussagen und Intentionen Bacons (Pesic 1999; Vickers 2008). Vickers wirft Merchant und anderen Autorinnen vor, dass diese „feminists set out to discredit Bacon and the Scientific Revolution to which he contribute, by alleging that he had advocated 'the rape and torture' of nature.", während sich bei Bacon in Wahrheit keine derartige Programmatik der ‚Vergewaltigung' der Natur finden lasse (Vickers 2008: 117). Aufgrund dieses „feminist ressentiment" (ebd.: 119) würden das Bacon-Projekt und die naturwissenschaftliche Revolution insgesamt in ein falsches Licht gerückt.[12]

Merchant reagierte auf diese Vorwürfe wiederum mit einer intensiven Rezeption der Übersetzungen des Baconschen Werkes durch die Jahrhunderte hindurch und legte in dem jüngst erschienen Artikel *Francis Bacon and the 'vexations of art'* (2013) dar, dass sowohl von den Apologeten wie auch den Kritikern Bacons „vexare" mehrheitliche als Folter und Qual wiedergegeben wurde (ebd.: 582). Und die Anhänger Bacons hätten durchaus die Praxis der Naturforschung daran ausgerichtet. Insbesondere die qualvollen Tierexperimente der frühen wissenschaftlichen Revolution seien in der Baconschen Tradition zu verorten (ebd.: 559). Sie verweist auch auf die Übersetzungen im deutschen Sprachraum, in denen ebenfalls mehrheitlich eine Gleichsetzung mit einer Folterung vollzogen wurde und damit häufig eine Kritik des Baconschen Programm verbunden war. So spricht Leibniz bezüglich Bacon von der „Kunst die Natur selbst auszufragen und gleichsam auf die Folterbank zu bringen" (Leibniz zit. n. Merchant 2013: 588).

Dies verdeutlicht, dass die feministische Kritik des Baconschen Projekts nicht neu ist, sondern vielmehr an eine die Moderne begleitende kritische Gegenströmung anknüpft, die stets auch die Gewaltsamkeit neuzeitlicher Naturbeherrschung hervorhob. Zwar wurde hierin nicht in gleicher Weise wie im Feminismus der Bezug zur Folterung der Frauen deutlich gemacht, sehr wohl aber der Aspekt der inquisitori-

---

12 Ein zentrales Argument aller Verteidiger Bacons ist, dass die Gleichsetzung des lateinischen *vexare* mit *torture* (Folter, Qual) falsch sei. Hier würde eine einseitige Übersetzung erfolgen, welche die ‚weicheren' Alternativen wie *annoy* (ärgern), *irritate* (reizen), *harass* (beunruhigen) oder auch *restrain* (bezähmen) und *contract* (einengen) ausblendet (vgl. Pesic 1999; Vickers 2008: 133).

schen Praktiken in der wissenschaftlichen Revolution der Neuzeit hervorgehoben. Damit wird zugleich erkennbar, dass hinter der aktuellen Debatte um die Begrifflichkeiten des Baconschen Projekts weit mehr steckt als nur eine müßige Auseinandersetzung um Begriffe zwischen Experten in einem randständigen Diskurs von Wissenschaftshistorikern. Dem Streit zugrunde liegt vielmehr die bis heute nicht aufgearbeitete Problematik der gewaltsamen und kolonialen Ursprünge und Konsequenzen der wissenschaftlichen Revolution und des darauf beruhenden modernen Projekts der technischen Umgestaltung der Natur:

„A deep divide exists between Bacons' supporters and detractors. The deeper roots of this divide lie in perceptions of the Scientific Revolution as a grand narrative of progress and hope versus one of decline and disaster. How one views that Scientific Revolution itself is a marker of how one might assess the import of Bacon's contributions. Whether the control of nature leads to human wealth and well-being for the few or to social and ecological decline for them many depends on the underlying assumption of the narratives told by various scholars." (Merchant 2008: 148)

Hier sind deutliche Ähnlichkeiten zur Debatte um die Bewertung der Entdeckung und Eroberung Amerikas erkennbar. Bacon ist gleichsam der Sepúlveda des Projekts der neuzeitlichen Naturbeherrschung. Seine Abwertung der Natur und seine Erhebung des Menschen weisen Ähnlichkeiten zur Legitimierung der Konquista in der anthro- und eurozentrischen Tradition des aristotelischen Humanismus auf. Sein Ziel ist dementsprechend nicht allein eine neue Form der Naturerkenntnis, sondern auch die Ausweitung der praktischen Herrschaft über die Natur.

Die modernen Verteidiger Bacons rechtfertigen damit zugleich die neuzeitlichen Naturwissenschaften und das darauf beruhende Projekt der technischen Aneignung der Natur. Ihre *leyenda blanca* der „conquest of nature" (Forbes 1968) soll das Bacon-Projekt von dem Vorwurf entlasten, dass hier im Namen des Humanismus und des wissenschaftlichen Fortschritts eine gewaltsames Entdeckungs- und Eroberungsprojekt gestartet wurde. Dahingegen betonen die Kritiker des Projekts mit ihrer *leyenda negra* der Naturbeherrschung, dass hiermit von Beginn an ein grausames Programm der Unterwerfung und Verdeckung der Natur verbunden war. Was hier zur Disposition steht ist der zentrale Mythos der Moderne, nämlich die große Erzählung vom wissenschaftlich-technischen Fortschritt.[13]

Welchen Ausgang diese Kontoverse nehmen wird, ist derzeit noch offen. Zum einen mehren sich angesichts der ökologischen Krise Zweifel an diesem Projekt. Zum anderen kann aber auch von einer Radikalisierung der technoszientifischen Vernunft gesprochen werden. Denn wenn auch, wie oben argumentiert, der Beginn des Zeitalters der Techosciences bei Bacon angesetzt werden kann, so ist doch auf Besonderheiten der gegenwärtigen Technowissenschaften hinzuweisen. Auch im Baconschen Empirismus und den ihm nachfolgenden Naturwissenschaften war trotz der Anwendungsorientierung und der Ausrichtung auf eine artifizielle Erkenntnis der

---

13 Insofern ist es von Interesse, dass aktuell sich ein zumindest partielles Revival der Merchant'schen Position andeutet. Verwiesen sei hier insbesondere auf zwei Beiträge mit programmatischen Titeln *Reclaiming the Death of Nature* (Mitman 2006) und *Back to nature?* (Thompson 2006).

Natur noch eine Trennbarkeit zwischen den gewonnenen Erkenntnissen über die Natur, die in Theorien überführt und dargestellt werden können, und den konkreten Eingriffen unterstellt worden. Diese Differenz verschwindet heute, wie Nordmann argumentiert:

„Der Begriff der TechnoWissenschaft wurde eingeführt, um einer Forschungspraxis gerecht zu werden, für die die Trennung von Darstellung und Eingriff nicht mehr gilt. Wissenschaft und Technik seien eben darum ununterscheidbar geworden, weil die Darstellung der Natur immer schon mit einer technischen Naturveränderung einhergeht – was dargestellt wird, ist nicht das Bleibende der Natur an sich, sondern bereits ein Erzeugnis technowissenschaftlicher Praxis." (Nordmann 2004: 213)

Die Natur verschwindet letztlich in der technoszientifischen Epistemologie als eigenständige, von der Technik unabhängige Entität. Dieser Technokonstruktivismus, der stark durch die Verbreitung der kybernetischen Epistemologie seit dem Ende des 2. Weltkrieges beeinflusst wurde (vgl. Kap. 9.3), birgt grundlegende Ambivalenzen in sich. Zum einen lässt sich positiv hervorheben, dass mit der Verwerfung der Annahme, es gebe eine essentielle Natur außer uns, auch der naturalistische Fehlschluss einer Ableitung von einem Sollen aus einem natürlichen Sein obsolet wird. Das technoszientifisch aufgeklärte Bewusstsein verwehrt sich gegen diese Natürlichkeitsfiktionen.

Zum anderen kann diese Negierung der Eigensinnigkeit des Natürlichen aber ebenso als eine Radikalisierung der „gnostischen Naturverachtung" (Jonas 2008: 397) angesehen werden. War in der Neuzeit diese Naturfeindlichkeit in die Verdammung der „freien und ungebundenen Natur" und die Priorisierung der durch Technik „gebundenen und bezwungenen Natur" (Bacon 1990a: 55) übergegangen, so wird in den Technowissenschaften der Gegenwart nun das Sein einer vom Menschen unabhängigen Natur per se negiert. Man kann dies, wie im Folgenden dargestellt wird, als eine neue Stufe der technoszientifischen Kolonialität interpretieren und dementsprechend eine de- und postkoloniale Kritik der technoszientifischen Vernunft vornehmen.

Wie angeführt, können die von der Gruppe Moderne/Kolonialität vorgenommenen Überlegungen zu Kolonialität auf die Problematik der Naturbeherrschung übertragen werden: Das mit der anthropozentrischen kolonialen Moderne sich herausbildende gesellschaftliche Naturverhältnis war und ist durch eine spezifische expansive Kolonisierungsdynamik geprägt. Der „Geist der Kolonialität" als Basisprinzip der Moderne konstituierte hierbei eine alle Bereiche der modernen Gesellschaft durchziehende Matrix der Macht. Der Übergang von der Agrargesellschaft zu der im Zeichen der technischen Utopie Francis Bacons stehenden Industriegesellschaft lässt sich nun als Prozess der Herausbildung einer technoszientifischen Kolonialität beschreiben.

Diese Kolonialität war mit einer spezifischen technoszientifischen Epistemologie verbunden. Bacons Ziel war es, den getrübten Spiegel der Wahrnehmung von allen anthropomorphen Trübungen zu reinigen, indem er an die Stelle der Wahrnehmung der ungebundenen Natur die Untersuchung der gefesselten Natur im Labor setzt. Aus dekolonialer Perspektive ist dieser Überhöhung der technoszientifischen Rationalität entgegenzuhalten, dass der Spiegel nicht etwas klarer wurde, sondern eine technomorph gedeutete Natur erzeugte. Die wissenschaftssoziologische Kritik muss auch diese Verzerrung hinterfragen und dem eine Pluralität der Perspektiven entgegenstellen, welche auch wieder jene vormodernen und außereuropäischen Wahrnehmungsformen und Epistemologien zulässt, die durch das Baconsche Reinigungsprogramm ausgegrenzt wurde. Insbesondere gilt es, die Künstlichkeitsfiktion der Technosciences der Gegenwart zu hinterfragen, die der artifiziell vermittelten Naturerfahrung eine höhere Dignität zusprechen und jeden Rekurs auf Natürlichkeit für illegitim, irrational und essentialistisch erklärt. Der „kulturalistische Fehlschluss der Technowissenschaften" (Weber 2003: 220), der davon ausgeht, dass aufgrund der kulturelltechnischen Vermittlung des Natürlichen die Annahme einer Eigensinnigkeit von Natur zu negieren sei, ist aus dieser Perspektive anzulehnen. Welche alternativen Epistemologien dem entgegen zu setzen sind, wird am Ende dieser Arbeit diskutiert, wenn dargelegt wird, welche Möglichkeiten zur Beendigung und Begrenzung jenes Projekt bestehen, das Bacon in Gang gesetzt hat: Dem Triumph des Human Empire in der technoszientifischen Moderne.

8.6 DER TRIUMPH DES HUMAN EMPIRE IN DER TECHNOSZIENTIFISCHEN MODERNE

8.6.1 Plus Ultra und der technische Fortschritt

Bacons Vision von einem Plus Ultra der Wissenschaft und Technik und seine Utopie Nova Atlantis sollten in England und schließlich in der gesamten westlichen Welt eine starke Wirkmächtigkeit gewinnen. Von den Mitgliedern der 1660 gegründeten Londoner *Royal Society* wurde Bacon klar als Ahnvater und Prophet verehrt. Dies macht auch das Titelbild der *History of the Royal Society* (Sprat 1667) deutlich, auf dem neben einer Büste von Charles II. rechts Francis Bacon abgebildet ist und als „Artium Instaurator", d.h. gleichsam als Begründer der technowissenschaftlichen Künste, gewürdigt wird.

Der Einfluss der Royal Society auf die Herausbildung des neuzeitlichen, anwendungsorientierten Wissenschaftsverständnisses kann kaum überschätzt werden. Die Gesellschaft trug wesentlich zur Durchsetzung eines technoszientifischen Wissenschaftsverständnisses bei. Das Bacon-Projekt fand bezeichnenderweise in einer Schrift von Joseph Glanvill (1636-1680), einem Mitglied der Royal Society, mit dem Titel *Plus Ultra – or the Progress and advancement of knowledge since the days of Aristotle* (Glanvill 1668) eine leidenschaftliche Apologie. Die Schrift war gegen Kritiker gerichtet, die argumentierten, „that Aristotle had more Advantages for Knowledge than the Royal Society or all the present Age." (ebd.: 5) Dieser Verteidigung des alten Wissens setzte Glanvill eine Würdigung der Erfolge, welche insbesondere durch das Wirken der Royal Society erreicht worden seien, entgegen. Der Titel des Werks von Glanvill wie auch seine historische Betrachtungsweise macht deutlich, dass die *Plus-Ultra-Devise als Leitdevise des technoszientifischen Fortschritts* verstanden wird. In gewisser Weise markiert der Titel den endgültigen Übergang vom Plus Ultra als geographischer Metapher zu einem Synonym zum Modernisierungs- und Entwicklungsbegriff.

In seiner Darlegung des seit der Antike bereits vollzogenen Fortschritts bezieht sich Glanvill klar auf Bacon und dessen Ideal einer anwendungsorientierten Wissenschaft: „As my Lord Bacon observed well, Philosophy, as well as Faith, must be shown by its works." (Glanvill 1668: 8) An dem Baconschen Ideal einer Wissenschaft, welche in die Entwicklung neuer Techniken einmündet, misst er auch die Royal Society. Zu den „great Advantages to these later Ages" (ebd.: 10), zu denen die Society beigetragen habe, zählt er Fortschritte in Chemie, Anatomie und Mathematik, sowie die Weiterentwicklung oder gar Erfindung von Mikroskop, Thermometer, Barometer und Luftpumpe: „Some of which were first invented, all of them exceedingly improved by the Royal Society." (ebd.: 10)

Die Legitimität der Moderne gegenüber der Antike wird, wie bereits bei Bacon, an der Entdeckung neuer Welten und insbesondere Amerikas aufgezeigt.[14] Und im Geiste Bacons werden jene als Feinde des wissenschaftlich-technischen Fortschritts bezeichnet, die an die Säulen des alten Wissens gebunden bleiben: „But it is much worse when they foundly fix these as the Pillars of Science, and would have no body else go further than their lazineß or their cares will permit them to travel. [...] These are the great Enemies of the useful, experimental Methods of Philosophy." (Ebd.: 119)

Glanvills Apologie des wissenschaftlich-technischen Fortschritts blieb nicht unwidersprochen und veranlasste Henry Stubbe (1632-1676) zur Gegenschrift mit dem programmatischen Titel *The Plus Ultra reduced to a Non Plus Ultra?* (Stubbe 1670), in der das aristotelische Wissenschaftsverständnis verteidigt wurde. Stubbe zufolge denunziert die Royal Society „the Ancient Methods of Science" als „vain and useles" (ebd.: 2) und propagiere eine disharmonische Sicht auf die Welt: „There being nothing of Harmony in such Discourses, nothing but discord and jarring, in comparison where of the screeching of Owls, the creaking of doors, and whatever noise else is offensive, seemed Musical and Melidious." (ebd.: 4) In dieser im Zeichen des Non Plus Ultras stehenden Apologie des alten metaphysisch-theologischen Wissenschaftsbegriffs wird eine fundamentale Kritik m neuen mechanistischen Weltbild geäußert. Stubbe befürchtet, dass „the Christian Religion must inevitably fall without the aid of a Miracle" (ebd.: 1) und „that the Mechanical Education [...] dispose mens mind afterwards to Atheism, or an indifference in Religion" (ebd.: 17).

Das Entgrenzungs-und Fortschrittsprojekt, das Glanvill in Anknüpfung an Bacon mit seinen Schriften propagiert, wird jedoch nicht nur aus ethischen, sondern auch aus pragmatischen Gründen als verfehlt angesehen. Der Hoffnung Glanvills „it may be some Ages hence, a Voyage to [...] the Moon [...] not be more strange then one to America" (Glanvill zit. n. Stubbe 1670: 44) hält Stubbe physikalische Gründe für die Unmöglichkeit einer Mondreise entgegen (ebd.). Anders als Glanvill erachtet er damit das Plus-Ultra-Entgrenzungsprogramm nicht als ad infinitum fortsetzbar – die Geschichte sollte zumindest hinsichtlich der Mondfahrt Glanvill recht geben. Stubbes Widerstand erwies sich als rückwärtsgewandte Verteidigung eines metaphysisch-

---

14 Die neuen geographischen Entdeckungen werden als Signum eines grundlegenden wissenschaftlichen Fortschritts gewürdigt: „The latter Ages have a much larger World than Aristotle's Asia; We have the America, and the many New Lands that are dicovered by Modern Navigators; [...] We have a greater World of Arts, Instruments, and Observations. And what are Aristotle's peregrations of Asia, to all these?" (Glanvill 1668: 112)

theologischen Wissenschaftsverständnisses, das durch die Erfolge des Bacon-Projekts in der Moderne zunehmend an den Rand gedrängt wurde: Das Plus Ultra obsiegte über das Non Plus Ultra

Nicht zuletzt durch den Einfluss Bacons löste sich so die abendländische Vernunft vom metaphysischen Denken und entwickelte das neue, mechanistische, objektivistische und entsubjektivierte Weltbild der Naturwissenschaften. Die Aufwertung der *artes mechanicae* und der Maschinentechnik ging mit der „Mechanisierung des Weltbildes" (Dijksterhuis 1956) einher. Die Maschine, der Automat wurde zum Paradigma der Weltdeutung und die dualistische Spaltung zwischen verobjektivierter Natur und subjektiviertem Menschen wird konstitutiv. Am Beginn dieses Prozesses stand neben Francis Bacon als zweite zentrale Gestalt René Descartes als Begründer des Rationalismus. Wie Morris Bermans deutlich macht, stellen der Empirismus Bacons mit der Betonung der experimentellen Erfahrung und der Rationalismus Descartes und die damit verbundene Mathematisierung der Weltdeutung zwei sich ergänzende Säulen der modernen Wissenschaften dar: „Descartes zeigte, dass die Mathematik die prägnanteste Form der reinen Vernunft war, das verlässlichste Wissen, das vorhanden war. Bacon wies daraufhin, dass man die Natur unmittelbar befragen musste, indem man sie in eine Lage brachte, in der sie gezwungen war, ihre Antworten preiszugeben." (Berman 1984: 26)

Während mit der „Geometrisierung der Welt" (Holz 1994: 130) durch Descartes eine dem Menschen neue Form der Ordnung der Welt zur Verfügung gestellt wurde, sollte Bacons *Experimentalisierung der Erfahrung* eine die natürliche Sinnlichkeit überschreitende Form der Wahrnehmung ermöglichen. Beide unterscheiden sich in der Methode, doch eint sie das grundlegende Ziel: Durch Wissenschaft und Arbeit die Erde der menschlichen Herrschaft zu unterwerfen und das Human Empire auszudehnen.

Auch Descartes wendet sich gegen die abstrakte alte Philosophie und will eine anwendungs- und nutzenorientiere Wissenschaft. In *Von der Methode* (1978) verkündet er „dass es möglich ist, zu Kenntnissen zu kommen, die von großem Nutzen für das Leben sind, und statt jener spekulativen Philosophie, die in den Schulen gelehrt wird, eine praktische zu finden" (ebd.: VI, 2,21 f.). Ziel ist die Erforschung der Naturgesetze um die Menschen „so zu Herren und Eigentümern der Natur" (ebd.) zu machen. Damit wird bei ihm ebenfalls die Wissenschaft auf technowissenschaftliche Bearbeitung und Kontrolle der Natur ausgerichtet.

Die wissenschaftliche Revolution sollte schließlich zur späteren industriellen Revolution führen. Auch wenn zweifelsohne politische und insbesondere ökonomische Veränderungen ebenfalls zur Entstehung der Industriegesellschaft beitrugen, so kann doch konstatiert werden, dass ohne die Durchsetzung des neuen anwendungsorientierten Wissenschaftsverständnisses die Dynamik der modernen Gesellschaft nicht möglich gewesen wäre. Die Entwicklung der Produktivkräfte sowie auch die wissenschaftliche Entwicklung können u.a. als Erfolg und Verwirklichung der Baconschen Programmatik und damit als *The Triumph of Human Empire* (Williams 2013) gedeutet werden.

8.6.2 Die moderne Oikodizee und die industriell-kapitalistische Landnahme

Der Aufstieg der wissenschaftlich-technischen Moderne und des mechanistischen Weltbildes gingen einher mit dem Aufstieg des Kapitalismus. Im letzten Kapitel wurde argumentiert, dass die industriegesellschaftliche Moderne primär als Verwirklichung des *Human Empire* Bacons gedeutet werden kann. Hier ist zu ergänzen, dass der Triumph dieses Imperiums im Rahmen der Expansion des kapitalistischen Weltsystems erfolgte (vgl. Kap. 7.8.5) und insofern das „Empire of capital" (Meiksins Wood 2003) und das *Human Empire* miteinander verschmolzen und zugleich enge Verbindungen zwischen diesen beiden „Imperien" erkennbar werden. Die Mechanisierung des Weltbildes ging mit einer Mechanisierung der Ökonomie einher. Und zugleich ist eine heilsgeschichtliche Deutung der Technologie entsprechende religiöse Überhöhung der Ökonomie feststellbar, die als letzte Stufe der *Transformation des Geistes der Gnosis in den Geist des Kapitalismus* angesehen werden kann.

Denn an die Stelle der mythischen Kosmodizee und der religiösen Theodizee trat nicht allein die moderne Anthropodizee und die Baconsche Technodizee, sondern auch eine „kapitalistische Oikodizee" (Vogl 2010: 29). Diese Oikodizee ist, Vogl zufolge, als „eine der elementaren Gründungsfiguren politischer Ökonomie [...] mit der Annahme verbunden, dass einzig der Markt und seine Akteure als Garanten spontaner Ordnung, innerweltlicher Vorsehung und Systemhaftigkeit überhaupt funktionieren" (ebd.). Die kapitalistische Ökonomie wird nun zur „Hoffnungsfigur" (ebd.: 31), welche eine Überwindung der Übel der Welt möglich erscheinen lässt. Die Unvollkommenheit und der Egoismus des Menschen sind dabei anders als in der klassischen Theodizee kein Problem, vielmehr ist „in der neuen Oikodizee [...] der neue, interessengeleitete Mensch" (ebd.: 38) Teil der Lösung. Voraussetzung für die Herstellung von Ordnung ist nicht mehr das Handeln eines außerweltlichen Gottes, sondern eine in der Natur des Menschen angelegte Möglichkeit zur Umwandlung von Eigennutz in Gemeinnutz. Grundlage dieser Überlegungen ist das neue mechanistische Naturverständnis, welches das Wirken einer regulierenden Kraft negiert. Bereits bei Joseph Glanvill, hieß es: „Die Natur wirkt nämlich mit einer unsichtbaren Hand in allen Dingen." (Glanvill zit. n. Vogl 2010: 41) Vogl kommentiert hierzu: „Die minus gubernatoris der Scholastik, Gottes wirkende Hand, die unsichtbar alles Geschaffene lenkt, kehrt als wirksame theologische Metapher für die Vorsehung der Naturordnung, der oeconomiae naturae wieder." (Vogl 2010: 41) Adam Smith knüpfte hieran an und lieferte mit seiner Idee einer zum Nutzen aller wirkenden unsichtbaren Hand der Marktmechanismen eine für die Oikodizee zentrale Apologie des kapitalistischen Marktes. Dabei lassen sich enge Verbindungen zwischen Smiths Oikodizee und Bacons Technodizee und dem damit assoziierten Glauben an die erlösende Kraft der Technik konstatieren.

Die Grundlage der Oikodizee war die Idee vom „Markt [...] als paradigmatischer Ort von Ausgleich und Gleichgewicht" (ebd.: 48). Ein zentrales Paradigma für diesen Gedanken der selbstregulierenden Wirkung des Geldes war die Verbreitung der mechanischen Technologien war. Wie der Technikhistoriker Mayr in *Uhrwerk und Waage* (1987) dargelegt hat, korrespondierte im angelsächsischen Raum die zunehmende Verbreitung von einfachen Selbstregulierungstechniken mit dem Aufkommen des Glaubens an die Regulierbarkeit der Gesellschaft durch die unsichtbare Hand des

Marktmechanismus. Es lässt sich „eine enge zeitliche Nachbarschaft zwischen der Aufnahme der Selbstregulierung in die Technik und ihrer Einführung in das soziale, politische und wirtschaftliche Denken." (ebd.: 233) feststellen. Diese neuen Mechanismen bestärkten den Glauben an die Möglichkeiten einer Technisierung der Steuerung von Staat und Gesellschaft, da sie scheinbar automatisch zu einer sozialen und politischen Ordnung führten:

„Parallel zum Aufstieg des Liberalismus in der praktischen Politik gewann die Metapher des Gleichgewichts [...] eine Bedeutung [...] Die schlichte Metapher entwickelte sich [...] schließlich zu dem Handlungsschema, das dem fundamentalen Mechanismus des Liberalismus zugrunde liegt – den ‚wechselseitigen Kontrollen' der konstitutionellen Regierungsform und dem Angebot-und-Nachfrage-Mechanismus des freien Marktes." (Ebd.: 14)

Diese Parallelen werden Mayr zufolge auch im Werk von Adam Smith deutlich (ebd.: 247). Damit trug die Mechanisierung und Technisierung der Welt, wie sie in der Baconschen Utopie propagiert worden war, zugleich zur Durchsetzung der für die kapitalistischen Oikodizee zentralen Vorstellung vom freien Markt als einer die Übel der Welt überwindenden Kraft bei.

Noch in einer weiteren Hinsicht kann eine interessante Verbindung zwischen Bacon und Smith konstatiert werden. Wie dargelegt, ist die technoszientifische Utopie Bacons stark von eschatologisch-religiösem Gedankengut geprägt. Durchaus Ähnliches lässt sich auch hinsichtlich der kapitalistischen Oikodizee feststellen. Smith zufolge wird das Übel des Egoismus des Menschen durch das Wirken des Marktes transformiert und zur Voraussetzung für die Entstehung des Guten, d.h. die Mehrung der Güter. Hierin werden, wenn auch in stark gewandelter Form, Ähnlichkeiten zu älteren Theodizeen wie der des Augustinus erkennbar: „I wish to suggest that there are parallels between this aspect of St- Augustine's theodicy and the account we may read in Wealth of Nations of [...] the wisdom of natur." (Waterman 2002: 916) Man kann die Oikodizee von Smith als eine säkularisierte Form der Theodizee ansehen.[15]

Im Kontext der Theodizeeproblematik nimmt so die kapitalistische Oikodizee eine eigenartige Position ein. Im Gegensatz zu der klassischen Theodizee verneint sie die Sinnhaftigkeit der Welt bzw. die Existenz einer göttlichen Kraft, wie sie gerade von den klassischen Theodizeen behauptet wurde. Gleichsam gnostisch sieht sie die Welt als eine von starren Gesetzmäßigkeiten beherrschte unvollkommene Welt an. Ihr Weg der Erlösung ist nun aber ein anderer als in der antiken Gnosis; durch die geschickte Umwendung der Macht des scheinbar Bösen können Kräfte geweckt werden, die insgesamt zum Wohle aller wirken. Hierzu sind aber der Mechanismus des Marktes und damit die Technologie des Geldes die Voraussetzung. Ähnlich wie bei Bacon wird damit Technologie – in diesem Falle die Steuerungstechnologie von Geld und Markt – zum Mittel der Erlösung. In der zweiten Welle des Okzidentalismus verband sich so der Erlösungswille der westlichen Kultur eng mit der Religion

---

15 Dies hebt auch Robertson hervor: "The whole tradition in the modern age that connects private vices to public good [...] having its most articulate endorsement in Adam Smith can be seen as a secularized form of theodicy. Its roots lie, at leat in part, in the Augustian distinction of the two cities." (Robertson 2007: 435; Fn. 29)

der Technologie und dem Geist des Kapitalismus. Hierdurch vereinte sich die Expansionslogik des Baconschen Human Empire mit der Wachstumsdynamik des kapitalistischen Weltmarktes und es konstituierte sich das Human Empire der industriegesellschaftlich-kapitalistischen Moderne, dessen Aufstieg in den folgenden Jahrhunderten erfolgte.

Die hiermit verknüpfte Durchsetzung des selbstregulierenden Systems der Märkte führte zu einer zunehmenden Entbettung der Ökonomie aus der Gesellschaft und eine Umkehr der Dominanzverhältnisse wie Polanyi in *The Great Transformation* (zuerst 1944) argumentiert: „Die Beherrschung des Wirtschaftssystems durch den Markt […] bedeutet nichts weniger als die Behandlung der Gesellschaft als Anhängsel des Marktes. Die Wirtschaft ist nicht mehr in die sozialen Beziehungen eingebettet, sondern die sozialen Beziehungen sind in das Wirtschaftssystem eingebettet." (Polanyi 1978: 88) Diese Veränderung hatte einen fundamentalen Wandel der gesellschaftlichen Strukturen und auch der Naturverhältnisse zur Folge:

„Die Transformation der vorangegangenen Wirtschaftsform in das neue System ist so total, dass sie […] der Verwandlung der Raupe in einen Schmetterling gleicht […]. Die maschinelle Produktion in einer kommerziellen Gesellschaft bedeutet letztlich nichts geringeres als die Transformation der natürlichen und menschlichen Substanz der Gesellschaft in Waren." (Polanyi 1978: 70)

Diese umfassende Kommodifizierung von Mensch und Natur – bei Polanyi stand dabei die Aneignung von Land im Zentrum – kann neben der technoszientifischen Neudeutung der Natur, welche mit dem Bacon-Projekt verbunden war, als eine entscheidende Grundlage für die Herausbildung der modernen kapitalistischen Industriegesellschaft angesehen werden.

Dabei ergänzten sich beide Prozesse: Bacon „entbettet" gleichsam die Natur, in dem er nicht mehr die ungebundene, in ihren ursprünglichen Zusammenhängen stehende Natur betrachte, sondern die durch das Experiment und die mechanischen Künste „gebundene und bezwungene Natur" (Bacon 1990a: 55). Diese technoszientifische Transformation des Natur war zugleich auch die Voraussetzung für die zunehmende Vermarktlichung der Natur. Verstärkt und dynamisiert wurde die hierdurch eingeleitete Transformation schließlich durch den verstärkten Einsatz der fossilen Energien, die von einigen Autoren als die zentrale Ursache für das Beschreiten eines okzidentalen Sonderweges hin zur industriegesellschaftliche Moderne angesehen wird, weil – so z.B. Sieferle – „die Nutzung fossiler Energieträger eine notwendige physische Vorbedingung für den Transformationsprozess war" (Sieferle 2003: 30)

Diese energetische Voraussetzung ist aber nur einer von vielen Faktoren, welche zur großen Transformation beigetragen haben. Auf die Bedeutung der mit der Entgrenzung der Welt einhergehenden vielfältigen Transformationen, welche sowohl die Herausbildung der kolonialen Strukturen als Grundmatrix des globalen Kapitalismus, den Wandel der Subjektformen, wie auch die Verweltlichung okzidentaler Heilswege umfasst, wurde bereits eingegangen (vgl. Kap. 7). Wie nun deutlich wurde, kann als weiterer Faktor die Neudeutung der Natur bei Bacon angesehen werden, die endgültig von der aktiven Physis zur passiven, gebändigten Natur der mechanistischen Technosciences transformiert wurde. Damit verbunden war ein neuer Anthropozentrismus und eine spezifisch neuzeitliche Anthropodizee, welche den Menschen nicht mehr in den Mittelpunkt eines harmonistisch gedeuteten Kosmos stellten, sondern die Transformation der als unvollkommen angesehenen Wirklichkeit heilsgeschichtlich legitimierten. Die Verkündung der Expansion des Human Empire kann als der ideengeschichtliche Beginn des sogenannten „Anthropocene" (Steffen, Crutzen und McNeill 2010) angesetzt werden. Damit verbunden war infolge der Entbettung der Märkte eine neue Stufe der Transformation von Menschen und Natur in Waren, weshalb Moore und andere Autoren zurecht anstelle des Anthropozäns auch den Begriff des „Capitalocene" (Moore 2016) verwendet. Es geht damit die „europäische Land- und Seenahme der Neuen Welt" (Schmitt 1950: 60), welche paradigmatisch für die frühe koloniale Moderne war, in die „Industrienahme des industriell-technischen Zeitalters" (Schmitt 1995: 583) bzw. „industriell-kapitalistischen Landnahme" (Lutz 1984: 61) der technoszientifischen Moderne über.

Zugleich kam es infolge dieser Entfesselung des Marktprinzips zu einer zunehmenden Verbindung des imperialen Expansionsdrangs, wie er seit der frühen Neuzeit für die europäische Expansion kennzeichnend war, mit der Expansionslogik des kapitalistischen Marktes. Wie bereits dargelegt wurde, begann nach dem Scheitern des Imperiums von Karl V. der triumphale Siegeszug des „Empire of capital" (Meiksins Wood 2003) (vgl. Kap. 7.8.5). Fortan bildeten die imperiale Expansion Europas, die Ausweitung der Herrschaft über die Natur und die Expansion des Marktprinzips eine untrennbare Einheit. Man kann davon sprechen, dass das Plus Ultra von Karl V., welches zunächst die Leitdevise der frühen kolonialen Moderne war, sich mit dem Plus-Ultra-Programm Bacons verknüpfte und beide Expansionsprojekte fortan in die Wachstumslogik des kapitalistischen Weltmarkts überführt wurden. In dem mit den Säulen des Herakles gezierten *Real de Ocho*, der ersten Welthandelsmünze, fand diese Verwandlung der imperialen Expansionslogik ihre zentrales Symbol (vgl. Kap. 7.8.4).

Dieser Übergang erfolgte zunächst in England und vollzog sich später auch in anderen westlichen Ländern. Vor allem die USA etablierten sich schließlich als Führungsmacht der technoszientifisch-kolonialen Moderne

8.7 DAS BACON-PROJEKT UND AMERIKA

Bacon hatte in seiner *Instauratio Magna* und in *Nova Atlantis* in Analogie zur Entdeckung der neuen amerikanischen Welt eine imaginäre neue Welt der unbegrenzten technisch-wissenschaftlichen Möglichkeiten entworfen. Dabei sollte ähnlich wie bei Morus die transatlantische Utopie auf die reale Aneignung des amerikanischen Kontinents zurückwirken. Sein Entwurf ist damit als ein wesentlicher Beitrag zu dem Prozess der Erfindung Amerikas anzusehen. Insbesondere in Nordamerika verband sich die Baconsche technische Eschatologie mit anderen religiös-utopischen Traditionen. Hieraus entstand, wie im Folgenden aufgezeigt wird, die für die USA kennzeichnende religiös aufgeladenen Technologiebegeisterung und ein technoszientifischer Entgrenzungsmythos, die aktuell in den Lehren Cybergnosis und des Posthumanismus eine Renaissance erleben.

8.7.1 Das puritanische Amerika

Die iberische Kolonisierung Amerikas war auch mit einer religiös-eschatologisch motivierten spirituellen Aneignung der Neuen Welt verbunden gewesen, wie insbesondere an den Diskursen und Aktivitäten der verschiedenen Mönchsorden deutlich wurde. Hier zeigen sich nun durchaus Ähnlichkeiten zur angelsächsischen Kolonisierung der nordamerikanischen Gebiete durch die Puritaner. Beide Gruppen wurden von einer Unzufriedenheit mit der alten Welt motiviert. Von den amerikanischen Puritanern wurde die Dekadenz des Adels und Unzulänglichkeit der reformierten Kirche problematisiert, von den katholischen Mönchen die sozialen und ethischen Missstände des frühen Kapitalismus (Nettel 1993: 160). Für beide schien sich ein ähnlicher Heilsweg in der Neuen Welt zu eröffnen: „Die angelsächsischen Siedler Nordamerikas strebten wie die franziskanischen Brüder in Neu-Spanien nach dem Paradies auf Erden, das sie durch die Rückbesinnung der Kirche auf ihre Ursprünge erreichen wollten." (Ebd.) Und sowohl der Protestantismus als auch der Katholizismus dieser Zeit waren gerade in der frühen Neuzeit von einem „apokalyptischen Bewußtsein" (Delgado 1996: 200) und damit einer eschatologischen Erwartung geprägt.

Allerdings wurden im Konkreten geradezu gegensätzliche Wege der Verwirklichung und Verweltlichung der Heilserwartungen eingeschlagen, die auch mit grundlegend unterschiedlichen Konsequenzen für die indigene Urbevölkerung verbunden waren. Die Franziskaner wollten mit den Indianern die idealen, einfachen kommunitären Bauernsiedlungen aufbauen, die ihrem utopischen Ideal entsprachen. Entsprechend ihren ökumenisch-katholischen Ideen von der Einheit des Menschengeschlechts war die Einbeziehung des Indios eine unabdingbare Voraussetzung für die Vollendung der Heilsgeschichte (siehe Kap. 7.5.2). Dahingegen findet sich in der protestantischen Welt, abgesehen von wenigen Ausnahmen, kein Versuch, durch die Inklusion der indigenen Urbevölkerung den idealen Zustand zu verwirklichen. In der stärker individualistischen protestantischen Tradition stellte sich die Frage der Einbeziehung der Urbevölkerung in das heilsgeschichtliche Projekt nicht: „Die Neue Welt war ebenfalls das Land der Vorsehung, aber aus der puritanischen Sichtweise war sie dies nur für die Auserwählten des Herrn. Der gutherzige Indio, welcher die spanischen Utopisten faszinierte, wurde nicht als ein Wesen angesehen, das für die göttliche Liebe prädestiniert war." (Serrano Gassent 2001: 2; Übers. d. Verf.) Der Weg des Heils bestand für die puritanischen Protestanten vielmehr in der Umwandlung der wilden Natur: „Die Arbeit sollte Neu-England in das auf den Möglichkeiten der neuen Welt gründende ‚Paradies' verwandeln." (Nettel 1993: 161)

Die neue Welt wurde von den englischen Siedlern so im Sinne christlich-eschatologischen Gedankenguts gedeutete. Die Idee eines Neuen Jerusalem und eines tausendjährigen Reichs hatte das christliche Denken über Jahrhunderte geprägt (vgl. Kap. 6.2). Während die Orthodoxie allerdings einer innerweltlichen Naherwartung des Kommens des Reiches Gottes eine Absage erteilte, glaubten heterodoxe Gruppen, dass die Prophezeiungen bald Wirklichkeit würden. Zu letzteren gehörten auch die angelsächsischen Puritaner und diese projizierten ihre Erlösungshoffnungen zunehmend auf die Neue Welt: „Die englischen Puritaner [...] wussten [...], wo das Neue Jerusalem seinen Sitz haben werde: nämlich in den amerikanischen Kolonien. [...] Die Hoffnung, gegenwärtig zu sein, wenn die ‚Stadt auf dem Hügel' errichtet werde, bewegte manchen Gläubigen, sich den Expeditionen nach Übersee anzuschließen." (Boerner 1982: 360)

So war der puritanische Geistliche Cotton Mather (1663-1728) überzeugt, dass nur die amerikanische Hemisphäre der Vernichtung in der Zeit des Jüngsten Gerichts entgehen und in Amerika das tausendjährige Reich anbrechen würde (vgl. Raeithel 2002: 6). Auch nach dem Verblassen der Hoffnungen auf das baldige Errichten des Neuen Jerusalems wirkte eine eschatologische Deutung der Neuen Welt fort und legitimierte die gewaltsame Aneignung des Landes: „Die schrittweise Eroberung des Profanen an einem geheiligten Ort und zu einer geheiligten Zeit – nur in Amerika können Eschatologie und Chauvinismus als Verbündete auftreten." (Ebd.: 145) Der Pfarrer Samuel Lee versprach in diesem Sinn in seiner Schrift *The Joy of Faith* (Lee 1687): „Es wird ein Plus Ultra geben am Ende der Welt." (Lee zit. n. Raeithel 2002: 146) Die puritanische Erlösungshoffnung verband sich so mit der sukzessiven Erschließung des Raums, die sich auch in der Idee der Westwanderung der imperialen Macht in den nordamerikanischen Kontinent wiederspiegelt und in der Formel *Westward the course of empire takes its way* ihren signifikanten Ausdruck fand. Im Mittelalter war noch die eschatologische Vorstellung verbreitet, dass die Westwanderung der imperialen Macht, die sogenannte *translatio imperii*, im Westen der alten Welt enden würde. Mit der Entdeckung der Neuen Welt etablierte sich hingegen der Gedanken ihrer Weiterwanderung in den neuen, transatlantischen Westen. Diese Verlagerung zeigte sich bereits in iberischen Schriften und wiederholte sich in ähnlicher Weise im angelsächsischen Raum. Sowohl das Imperium Karls V. wurde damit assoziiert und Bacon rekurrierte mit seiner Referenz auf die Prophezeiungen Daniels ebenfalls auf diese Ideen (vgl. Kap. 7.6.3 und 8.5).

Die einflussreichste Adaption der These von der Westwanderung der imperialen Macht wurde durch den englischen Philosophen und Bischof George Berkeley (1685-1755) vollzogen. In seinem Gedicht *On the Prospect of Planting Arts and Learning in America* (1726) finden sich folgende Worte:

„Westward the course of empire takes its way;
The first four Acts already past,
A fifth shall close the Drama with the day;
Time's noblest offspring is the last." (Berkeley zit. n. Bernbaum 1918: 96 f.)

Während für Otto von Freising noch mit der Wanderung der Macht an die westlichen Grenzen der alten Welt die Erwartung der Endzeit und das Kommen des Gottesstaats verbunden war (vgl. Kap. 7.6.3), eröffnet sich für Berkeley eine neue Zeit im neuen Westen. Es wird ein innerweltliches fünftes Weltreich verkündet, das an die Stelle des Gottesreichs tritt.[16] Mit dem Gedicht von Berkeley sollte der nordamerikanische

---

16 Berkeley folgt hier ganz der Logik des Danielbuchs von der Abfolge der vier Reiche, die in der Geschichte bisher sich ereignet haben. Doch ganz im Unterschied zur traditionellen Lesart wird nun nicht der Stein Gottes die alten Reiche zermalmen und der Menschensohn nach der Apokalypse das fünfte, das ewige Gottesreich begründen. An die Stelle der Hoffnung auf das jenseitige Heil und den Hafen des himmlischen Jerusalems tritt nun US-Amerika als das fünfte Reich, als das verheißene neue Imperium und ewige Reich der Glückseligkeit. Die translatio imperii ist für Berkeley ein weiteres Mal erfolgt.

Westen mit einer heilsgeschichtlichen Bedeutung aufgeladen werden. Die Idee der Westwanderung des Imperiums etablierte sich nach der Unabhängigkeit als zentraler Bestandteil des US-amerikanischen Selbstmythologisierung und erfüllte später auch legitimatorische Funktionen für imperiale Bestrebungen. Damit wurde zugleich die Landnahme der amerikanischen Welt durch die kolonisierenden Weißen und damit die Eroberung der Wildnis und die Vernichtung der scheinbar wilden Ureinwohner legitimiert. Das Vordringen nach Westen konnte so als Erfüllung eines göttlichen Auftrags gedeutet werden, weshalb Berkeley ein Denkmal gesetzt wurde, als das neue Ende der westlichen Welt erreicht war: „Amerika als die Krönung der vom Orient herkommenden und durch Griechen, Römer und abendländische Christen weiterentwickelten Kultur – dieser Gedanke hatte es den Amerikaner so angetan, dass sie, als sie die Westküste erreichten, den Sitz der Universität von Kalifornien Berkeley nannten." (Gelfert 2002: 163)

Abbildung 39: Das Wandgemälde "Westward the Course of Empire Takes Its Way" (Emanuel Leutze 1861) im Washingtoner Kapitol illustriert die US-amerikanische Landnahme des Westens.

Quelle: https://upload.wikimedia.org/wikipedia/commons/2/26/Emanuel_Leutze_West ward_ the_Course_of_Empire_Takes _Its_Way_-_Capitol.jpg.

Die Paraphrase *Westwards the course of empire takes* wurde zu einem geflügelten Wort in US-Amerika und durch ein bekanntes Gemälde von Leutze, das sich im Washingtoner Kapitol befindet, in eindrucksvolle Weise bebildert (vgl. Abbildung 39 63). Die vordringenden Siedler überschreiten die Rocky Mountains und blicken auf Kalifornien und die Bucht von San Francisco. Mit diesem Blick auf die Pazifikküste fand ein Prozess der permanenten Grenzüberschreitung und Horizonterweiterung seinen vorläufigen Abschluss, der zunächst mit der Ankunft der ersten angelsächsischen Siedlern an der Westküste begonnen und mit der Überschreitung der Apallachen fortgesetzt worden war. Jackson Turner hatte diese permanente Expansion der Grenze nach Westen in *Frontier in American History* (1962) mit folgenden Worten beschrieben:

„Die amerikanische soziale Entwicklung hat an der Grenze [frontier] fortlaufend neu begonnen. Diese dauernde Wiedergeburt, dieser fließende Zustand amerikanischen Lebens, diese Ausbreitung westwärts [expansion westward] mit ihren neuen Gelegenheiten, ihre fortwährende Berührung mit der Einfachheit primitiver Gesellschaft liefern die den amerikanischen Charakter beherrschenden Kräfte." (Turner 1947: 12 ; englische Ergänzungen aus Turner 1962: 3)

Durch die permanente Konfrontation mit der Wildnis konstituierte sich demnach eine spezifische „frontiers experience" (Turner 1962: 205), welche auch bewahrt blieb als der Prozess der Landnahme abgeschlossen war. Hierdurch sei eine spezifisch US-amerikanische Identität entstanden, welche sich von dem an starre, unverrückbare Grenzen gewöhnte alteuropäischen Denken grundlegend unterscheidet:

„Bei diesem Vordringen bildet die Grenze den äußeren Rand der Ausdehnungswelle, den Punkt, wo Wildnis [savagery] und Zivilisation [civilization] aufeinanderstoßen [...]. Die amerikanische Grenze [frontier] unterscheidet sich klar von der europäischen Grenze – einer befestigten Grenzlinie [boundary], die durch dichte Bevölkerungen läuft. Das Bedeutsame an der amerikanischen Grenze ist, dass sie am diesseitigen Rande des freien Landes [free land] liegt." (Ebd.)

Diese Ausdehnung der vordersten Front der okzidentalen Zivilisation nach Westen durch Aneignung der Wildnis und Vernichtung der Urbevölkerung kann dabei als spezifisch US-amerikanische Form des Plus-Ultra-Projekts der Moderne gedeutet werden. Der für die Herausbildung der okzidentalen Identität konstitutive Übergang von einer Non-Plus-Ultra-Mentalität, welche von einer klaren Limitiertheit der humanen Existenz ausging, zu einem Plus-Ultra-Denken, das jeder Grenze als Aufforderung zur Horizonterweiterung versteht, wurde auf neuer Stufe reproduziert und im für die US-amerikanische Identität zentralen „Frontier-Mythos" (Wachter 1998) radikalisiert. Dem entspricht auch das Selbstverständnis der Siedler, welche ihren Vorstoß in die westlichen Gebiete als Erschließung neuer unbekannter Meere beschrieben: „In the Revolutionary days, the settlers crossed the Alleghanies and put a barrier between them and the coast. They became, to use their phrases, 'the men of the Western waters,' the heirs of the 'Western world'." (Turner 1962: 206) Die Amerikanischen „Frontiersmen" (Turner 1962: 206) sahen sich gleichsam als Nachfolger jener Seefahrer, welche das Tabu des Non Plus Ultra durchbrachen und in die westlichen Meere und Länder ausfuhren.

Wie einleitend ausgeführt wurde, kann die Entgrenzung der westlichen, ozeanischen Grenze der alten Welt nicht nur als Horizonterweiterung, sondern auch als Eröffnung einer Westfront interpretiert werden, die zur Eliminierung oder Unterwerfung des jenseits der Grenze angesiedelten Anderen führte. Diese dunkle Seite des okzidentalen Fortschrittsprojekts macht Cacciari unter explizitem Bezug auf Turners Ausführungen zum Vorrücken der Frontiersmen deutlich:

„Die amerikanischen Ackerbauern [...] sind selbst Seeleute: ‚Diesseits der Alleghanygebirge walzen sich jährlich Wellen auf Wellen neuer Ackerbauern und besetzen neue Stellen'. Diese Formulierung enthüllt [...] eine Gewalttätigkeit [...], die rechtmäßige Erbe jener europäischen Kultur ist, die ‚Plus Oultre' auf ihre Unternehmungen schrieb." (Cacciari 1995: 64)

Zu Recht verweist Cacciari hier auf die Kontinuität des Plus-Ultra-Programms von Kolumbus bis zur Besiedlung des amerikanischen Westens und zum Entgrenzungsmythos der Moderne: Der Westen wurde zum Sinnbild einer grenzüberschreitenden weltöffnenden Kultur der Freiheit – einer Freiheit allerdings, welche die Vernichtung all jener zur Folge hatte, das dem Projekt einer okzidentalistischen Zivilisierung, Kultivierung und Bearbeitung der Welt im Wege standen.

Diese Frontier-Mentalität der US-amerikanischen Kultur, die im 20. Jh. zum Sinnbild des freien Westens avancierte, wandelte sich auch nicht, nachdem eine neue ozeanische Grenze der westlichen Welt an der Pazifikküste erreicht worden war. Denn diese wurde dabei nicht mehr im limitierenden Sinne gedeutet wie einst die Säulen des Herakles als exemplarische Grenzmarken der alten westlichen Welt. Vielmehr hatte der Begriff des Westens durch die paradigmatische Entgrenzung des atlantischen Ozeans eine grundlegend neue Bedeutung erhalten. Infolgedessen wurde US-Amerika als das Land der unbegrenzten Möglichkeiten erfunden, wobei insbesondere Kalifornien als das Land der Verheißung galt, das auch für die Möglichkeit von weiteren Entgrenzungen stand.

8.7.2 „So war anfangs [...] die ganze Welt ein Amerika"

Bedeutsam für die Legitimierung der gewaltsamen Landnahme des amerikanischen Westens war der englische Philosoph John Locke (1632-1704), der in seinen Schriften unter Bezug auf Amerika seinen Arbeitsbegriff entwickelte. Als Gegenbild zum Kulturzustand fungierten die „Einöden Amerikas" (Locke 1992: 223) und die „Völker Amerikas", welche den „fruchtbaren Boden [...] nicht durch Arbeit veredeln" würden (ebd.: 225). Daher „war anfangs [...] die ganze Welt ein Amerika" (ebd.: 230). Die Umwandlung dieses wilden Amerikas durch Arbeit war nun das Recht und die Pflicht des Menschen. Denn die ursprünglich von Gott den Menschen als Gemeineigentum gegebene Wildnis werde durch die Arbeit des Einzelnen an der Natur in Privateigentum überführt:

„Obwohl die Erde und alle niederen Lebewesen allen Menschen gemeinsam gehören, so hat doch jeder Mensch ein Eigentum an seiner eigenen Person. Auf diese hat niemand ein Recht als nur er allein. Die Arbeit seines Körpers [labour of his body] und das Werk seiner Hände [work of his hands] sind, so könnten wir sagen, im eigentlichen Sinn sein Eigentum." (Locke 1992: 216; Locke 1952: 17)

Mit dieser Argumentation rechtfertigte Locke sowohl das Privateigentum als auch die Unterwerfung der Natur. Dabei trugen die Ausführungen John Lockes nicht nur zur Herausbildung des modernen Verständnisses von Arbeit bei (vgl. Jochum 2010: 107), sondern er lieferte zugleich eine Apologie der Landnahme der amerikanischen Wildnis durch die angelsächsischen Siedler: „Mit dieser Argumentation war die Besetzung des Landes durch die englischen Kolonialisten legitimiert. [...] [Es] ist in der so einflussreichen liberalen Theorie von Locke kein Platz für die indianischen Vorstellungen von Eigentum und Regierung." (Martin van Gelderen 2003: 73) Die Herausbildung des neuen Verständnisses von Arbeit als eigentumsbildende Aneignung der Natur und die koloniale Aneignung der außereuropäischen Welt waren hier eng miteinander verbunden (vgl. Tully 1993: 162).

Die Landnahme des „jungfräulichen" Westens erhielt im nationalen Diskurs einen gleichsam mythischen Charakter, wie Smith in *Virgin Land: The American West As Symbol and Myth* (1950) dargelegt hat, und trug zur US-amerikanischen Ausdeutung des Mythos des Westens bei. Damit war auch eine neue Anthropologie vom westlichen Menschen verbunden. Wie gezeigt, war bereits in der frühen Neuzeit aufgrund der Entgrenzung der alten Welt eine anthropologische Revolution erfolgt, welche an die Stelle eines Gefühls begrenzter Möglichkeiten die Idee einer Welt- und Handlungsoffenheit des (westlichen) Menschen aufkeimen ließ. In US-Amerika wurde diese Öffnung noch radikalisiert und später von James Adams mit dem Begriff des *„American Dream"* als Verheißung eines durch die eigenen Leistungen zu erbringenden innerweltlichen Glücks verbunden, als „dream of a land in which life should be better and richer and fuller for everyone." (Adams 1931: 214)

8.7.3 Das Baconsche Amerika

Die Idee einer heilsgeschichtlichen Bedeutung der Neuen Welt und der Glaube an die Pflicht zu Verwandlung von Wildnis in Zivilisation vereinigte sich im Laufe der Geschichte zunehmend mit dem Baconschen Programm der technoszientifischen Naturbeherrschung, das nicht nur in England, sondern ebenso in den Vereinigten Staaten einflussreich wurde.

Bacon war in den Prozess der angelsächsischen Kolonisierung der Neuen Welt von Beginn an eingebunden. An der Konstituierung der *Virginia Company of London*, welche 1607 die erste Siedlung Jamestown gründete und damit die englische Landnahme begann, war er beteiligt (Craven 1957: 18). In dem Essay *Of plantation* setzte er sich explizit mit Fragen der Gründung von Kolonien auseinander (Bacon 1818: 131-135). In seine Amtszeit als Lordkanzler (1618-1621) fällt die Ausfahrt der Mayflower (1620) – bezeichnenderweise dem gleichen Jahr, in dem auch das *Novum Organon* mit dem berühmten Titelbild erscheint.

Jowitt zufolge verfasste Bacon sein *Nova Atlantis* auch, um in der kontroversen Debatte zur Zukunft der englischen Kolonien eine Vision zu entwickeln: „Some commentators argued that America was an ideal world, other represented it as dissolute. […] What was needed was a strategy to manage this dangerous ambivalence. The formulation of such a strategy was [...] Francis Bacons's chief goal in the New Atlantis." (Jowitt 2002: 131) Es ist zu vermuten, dass Bacon mit seiner Utopie auch ein Programm der Kolonisierung und Entwicklung der neuen Kolonien Englands entwickeln wollte. Er hatte seine Utopie in den transozeanischen Raum projiziert und zugleich den amerikanischen Kontinent als ehemaliges Groß-Atlantis dargestellt, dessen gegenwärtigen indigenen Bewohner allerdings durch „Roheit und Ignoranz" gekennzeichnet seien (Bacon 1959: 70). Mit der Gegenüberstellung von barbarischem Großatlantis und utopischem Neuatlantis konnte Amerika zum prädestinierten Ort der technoszientifischen Utopie werden.

Von der Fähigkeit der europäischen Zivilisation zur technoszientifischen Aneignung der Natur leitet Bacon zugleich eine Superiorität des scheinbar gottgleichen okzidentalen Menschen über die inferioren Ureinwohner Amerikas ab:

„Man erwäge doch auch einmal den großen Unterschied zwischen der Lebensweise der Menschen in einem sehr kultivierten Teil von Europa und der in einer sehr wilden und barbarischen Gegend Neu-Indiens. Man wird diesen Unterschied so groß finden, dass man mit Recht sagt: ‚Der Mensch ist dem Menschen ein Gott' [...]. Und diese Verschiedenheit bewirken nicht der Himmel, nicht die Körper, sondern die Künste." (Bacon 1990a: Aph. 129).

Mit dem Entwicklungsstand der Künste wurde so eine neue Form der „koloniale Differenz" (Mignolo 2000: ix) begründet und damit die koloniale Landnahme legitimiert. Wie Mignolo argumentiert, wurden in der zweiten Phase des Okzidentalismus die Barbaren des humanistischen Differenzdiskurses in sogenannte Primitive verwandelt: „The colonial difference was redefined, ‚barbarians' were translated into ‚primitives' and located in time rather in space. ‚Primitives' were in the lower scale of a chronical order driving towards ‚cicilization'." (Mignolo 2011: 153) Bacons Ideen trugen zweifelsohne mit zu dieser Verschiebung des okzidentalistischen Herrschaftsdiskurses bei.

Die Schriften Bacons gewannen dementsprechend in den englischen Kolonien einen starken Einfluss, wie auch bei den Gründervätern der USA erkennbar wird. Thomas Jefferson, der die *Declaration of Independence* weitgehend verfasste, würdigte ihn mit folgenden Worten: „Bacon, Locke and Newton [...]. I consider them as the three greatest men that have ever lived, without any exception, and as having laid the foundation of those superstructures which have been raised in the Physical & Moral sciences." (Jefferson 1984: 1236) Auch Benjamin Franklin, der ebenfalls an der Unabhängigkeitserklärung mitwirkte, bewunderte Francis Bacon und wurde in seinen Vorstellungen von der amerikanischen Zukunft von dem englischen Denker inspiriert, wie Weinberger hervorhebt: „Franklin was keenly aware of the much broader horizon of modernity within which he depicted his American experience. In particular, he was aware of that horizon as defined by its architect, Bacon: the scientific and technological conquest of nature." (Weinberger 2005: 255) Franklin regte die Konstituierung einer amerikanischen Gelehrtengesellschaft an, die nach dem Vorbild von Bacons imaginärem Haus Salomon wie auch der Londoner *Royal Society* konzipiert wurde. In diese 1743 gegründete *American Philosophical Society* wurden später ebenfalls George Washington, John Adams und Thomas Jefferson aufgenommen. Das Wissenschaftsideal in Amerika ist bis heute stark vom Baconschen Empirismus und Pragmatismus geprägt (Miliopoulos 2007: 160).

Zwar wäre es verkürzt, die US-amerikanische Gesellschaft als Realisierung der Utopie *Nova Atlantis* zu interpretieren. Viele andere kulturelle Einflussfaktoren und auch Einwanderergruppen flossen hier zusammen. Dennoch ist mit Cacciari festzuhalten, dass die Baconsche Vision vor allem in den USA als gleichsam heilsgeschichtliches Projekt verwirklicht wurde und dieses Land sich „seiner eschatologischen Bedeutung, seiner universellen Mission und der Bedeutung des technisch-wissenschaftlichen Fortschritts als Zeichen der göttlichen Gnade sicher ist." (Cacciari 1998: 90) In den USA bestand daher die für Bacon kennzeichnende Verbindung von christlicher Eschatologie und Wissenschaften fort und es erfolgte nicht, wie in Europa infolge der Aufklärung, eine Trennung der Traditionslinien: „Die moderne Fortschrittsidee fungierte zumindest in Amerika nicht als generelle Ablösung oder als säkularisierter Ersatz der christlichen Heilsgeschichte, sondern als Ergänzung des Glaubens." (Krüger 2004a: 310)

Die Erfindung Amerikas als Land der unbegrenzten Möglichkeiten und einer innerweltlichen technoszientifischen Erlösung des Menschen sollte in der zweiten Stufe des Okzidentalismus die Vorstellung vom amerikanischen Westen zunehmend prägen. Es bildete sich so ein spezifisch US-amerikanischer „Myth of the West" (Bruce 1990, Schulte Nordholt 1995) heraus, der an zentrale Momente des in der frühen Neuzeit herausgebildeten Entgrenzungsmythos anknüpft. Allerdings gab es infolge der spezifischen Kolonisierungserfahrung und durch den Einfluss des Baconschen Ideen auch inhaltliche Verschiebungen. So entstand eine neue Form des Okzidentalismus, in dem sich der Glaube an eine heilsgeschichtliche Mission Amerikas sowie die Pflicht zu der Verwandlung von Wildnis in Zivilisation mit Bacons technoszientifischen Fortschrittsprojekt verbanden und eine Legitimierung der kolonialen Landnahme des Westens lieferten.

8.7.4 Manifest Destiny und der technoszientifische Okzidentalismus

Diese Vorstellungen bündelten sich schließlich in der Idee einer *Manifest Destiny* US-Amerikas. Die von dem New Yorker Journalisten John O'Sullivan in seinem Artikel *Annexation* (1845) geprägte Redewendung brachte die Idee zum Ausdruck, dass es die Bestimmung der USA sei, sich auszubreiten: „Manifest Destiny reflects the belief of many Anglo-Americans in the historical inevitability of their expansion troughout North America." (Stacy 2003: 487) Legitimiert wurde hierdurch auch die gewaltsame und rücksichtslose Eroberung des Westens und Eliminierung von allem, was dem Fortschritt entgegenstand: „The negative side of Manifest Destiny was ist justification for white Americans to overcome anything and anyone that got in their way; particulary Native Americans." (Ebd.) Nach dem „Indian Removal Act" von 1830 wurden 10.0000 Indianer nach Westen vertrieben und 25.000 starben auf dem Weg (ebd.). Auch die Okkupierung der im Besitz Mexikos stehenden ausgedehnten Gebiete im Westen in den mexikanisch-amerikanischen Kriegen 1846 bis 1848 wurde hierdurch gerechtfertigt (ebd.). Ab Ende des 19 Jh. erstreckte sich der Anspruch auf eine vorherbestimmte Herrschaft der USA letztlich auf die gesamte westliche Hemisphäre.

Abbildung 40: Das Gemälde „American Progress" (John Gast ca. 1872) illustriert in allergorischer Weise die Idee der „Manifest Destiny", d. h. der Bestimmung der USA zur Expansion insbesondere nach Westen.

Quelle: https://commons.wikimedia.org/wiki/File:American_Progress_(1872)_by_John_Gas .jpg#/media/File:American_Progress_(1872)_by_John_Gast.jpg.

Als eine der bekanntesten Darstellung der Idee der Manifest Destiny gilt die Darstellung *American Progress* von John Gast (vgl. Abbildung 40; vgl. Stacy 2003: 486). Gast porträtiert hier Amerika als blonde, weiße Frau, welche die amerikanische Zivilisation und Technik mit Siedlern, Eisenbahnen und Telegraphen nach Westen führt. Im dem dunkel gehaltenen Westrand werden Büffel und Indianer vertrieben. Die Abbildung „represent the triumph of progress over the fleeing native Americans" (ebd.: 486). Hier wird die enge Verbindung zwischen der klassischen Kolonialität, d.h. der eurozentrischen Landnahme der außereuropäischen Welt, mit einer in der Tradition der Baconschen Utopie stehenden technoszientifischen Kolonialität, d.h. der anthropozentrischen Landnahme der außermenschlichen Natur, klar erkennbar.

In der Idee der Manifest Destiny verknüpften sich religiöse Traditionen des Puritanismus mit geschichtsphilosophisch-utopischem Denken auf neue Weise: „When ‚manifest destiny' was coined in the 1840s, apocalyptic Protestantism and utopian mobilization had actually reached a level unmatched since early colonial time." (Stephanson 1995: 5) Eschatologisches Denken, wie es bereits bei den frühen Puritanern verbreitet war, wurde mit dem liberalen säkularen Gedankengut der Moderne und dem Glauben an die Errungenschaften der Technik verbunden und hierdurch dem innerweltlichen Expansionsstreben und der Idee der Ausbreitung der amerikanischen Zivilisation eine höhere Weihe verliehen: „It was a whole matrix, a manner of interpreting the time and space of 'America'. [...] Visions of the United States as a sacred space providentially selected for divine purpose found a counterpart in the secular idea of the new nation of liberty as a privileged 'stage' [...] for the exhibition of a new world order." (Ebd.)

8.7.5 Der technoszientifische Okzidentalismus

Man kann die Ideologie der Manifest Destiny als US-amerikanische Variante der okzidentalistischen Begründung der kolonialen Herrschaft des Westens über die außereuropäische Welt unter Rekurs auf den „Zivilisationsauftrag" (Boatcă 2009: 242) interpretieren. Gegenüber der ersten Welle des Okzidentalismus vollzog sich hierbei eine Verschiebung weg von der Idee einer räumlichen Differenzierung zwischen Christen und zu missionierenden Barbaren hin zu einer zeitlichen Unterscheidung zwischen der modernen europäischen Zivilisation und der unzivilisierten Kolonialwelt (ebd.). Die Fortschritts- und Rationalitätsmythen der kapitalistischen Moderne etablierten sich als zentrale Elemente der Legitimierung kolonialer Herrschaft: „Die hegemoniale mentale Landkarte des Systems wurde daher entlang kategorialer Unterscheidungen organisiert, die für den neuen ideologischen Grundsatz der kapitalistischen Weltwirtschaft relevant waren – den ‚Fortschritt'." (Boatcă 2009: 242) Rassische und ethnische Differenzierung waren dabei neben der Unterscheidung zwischen Primitiven und Modernen weiterhin von Bedeutung, wurden nun aber explizit in den Fortschrittsdiskurs eingebunden. Die Konstruktion kolonialer Differenz war daher häufig mit der Unterstellung eines technologischen Gefälles und damit auch der Abwertung anderer Arbeitskulturen und Naturverhältnisse verbunden.

Hiermit war, wie in dieser Arbeit aufgezeigt wurde, eine Ablösung des klassischen Humanismus und eine stärkere Bedeutung eines technoszientifischen Humanismus verknüpft, der auch eine zentrale Bedeutung für Legitimierung der okzidentalen Landnahme gewann. Es verband sich in dieser zweiten Welle des Okzidentalismus das Projekt der naturwissenschaftlich-technischen Kolonisierung von Natur eng mit der Eroberung der außereuropäischen Welt. Die Ego-, Logo-, Anthro- und Technozentrik der okzidentalen Rationalität wurde zur Grundlage für die eurozentrische Unterwerfung der Welt. Insbesondere der im 19. Jahrhundert sich herausbildende wissenschaftlich-technologische Vorsprung des Westens wurde als eindeutige zivilisatorische Überlegenheit gedeutet. Auch für die kolonialen Unternehmungen der europäischen Mächte im sogenannten „Zeitalter des Imperialismus" (Mommsen 1974) besaß diese Begründungslogik eine wesentliche Bedeutung zur Legitimierung der europäischen Expansion bei der kolonialen Aufteilung von Afrika und Teilen Asiens.

Die gleiche Rolle spielte dieser technoszientifisch-zivilisatorische Okzidentalismus nun bei der US-amerikanischen Landnahme des Westens, die nach der Unabhängigkeit von Großbritannien forciert wurde und zu einer Entfesselung der Gewalt beitrug. War in der Politik der Briten noch das Bemühen einer Akzeptanz der Rechte der Urbevölkerung erkennbar, führte der Freiheitsdrang der Kolonisten auch zur Emanzipation von derartigen Beschränkungen. Die Unabhängigkeitserklärung war nicht zuletzt auch gegen die Setzung der Appalachen als Grenzlinie zwischen indianischem Gebiet und englischen Siedlungen durch die englische Krone gerichtet (vgl. Gerber 1986: 104). Diese neue Form der Konstruktion kolonialer Differenz in der zweiten Welle des Okzidentalismus bündelte sich in den USA in der Idee der *Manifest Destiny*. Es entstand so eine neuer „myth of the West" (Schulte Nordholt 1995) der die klassischen Überlegenheitsvorstellungen der okzidentalen Kultur mit den spezifischen Erfahrungen und Ideen der nordamerikanischen Kolonisten verband. Durch diesen Mythos wurde die Landnahme des amerikanischen Westens legitimiert. Hier enthüllt sich die Ambivalenz der modernen Okzidentalisierung, welche für den europäischen Menschen eine Öffnung von Raum und Zeit implizierte, aber für die Eroberten die Vernichtung ihrer Welt und häufig auch ihrer physischen Existenz bedeutete.

Die Konsequenzen dieses Sieges der fortschreitenden westlichen Zivilisation über die scheinbare Wildnis waren für die indianische Urbevölkerung verheerend. Durch die Waffen der Siedler und der Militärs, die teilweise gezielt verbreiteten Krankheiten, den Alkohol, die Vernichtung der Nahrungsgrundlagen und anderes mehr wurde die Urbevölkerung weitgehend vernichtet. Lebten zu Beginn der Invasion der Europäer in Nordamerika ca. acht Millionen Menschen, so waren es am Ende der Landnahme noch 350.000 Ureinwohner (Deschner 1995: 50). Zwar wurde ähnlich wie bei der spanischen Eroberung Amerikas ein Großteil der indianischen Bevölkerung durch Krankheiten vernichtet und kein explizites Programm der Vernichtung formuliert, jedoch duldeten und förderten die Behörden die Ausrottung. Ein Programm der Integration der Ureinwohner wurde nie formuliert: „In der Tat räumten die Engländer, anders als ihre hauptsächlichen Rivalen in der Neuen Welt, Spanier und Franzosen, den Indianern in ihrer Kolonialpolitik nie einen Platz oder eine Zukunft ein." (Gründer 1998: 143) Der Völkermord in den USA sollte zu einem Basisparadigma für die aufkeimenden protofaschistischen Ideologien werden, wie Gobineaus Bewunderung für die US-amerikanische Vernichtung der Indianer verdeutlicht. Dieser geistige Ahnvater des Rassismus und Faschismus stilisierte in seinem *Versuch über die Ungleichheit der Menschenrassen* (1907; zuerst 1853) voller Bewunderung die Landnahme in den USA zum Vorbild einer auf die Reinheit der arischen Rasse bedachten expansiven Zivilisation: „Unsere [US-amerikanische] Zivilisation ist die einzige, welche diesen Instinkt, und zugleich diese Gewalt, des Mordens besessen hat; sie ist die einzige, die [...] unaufhörlich daran arbeitet, sich mit einem Horizonte von Gräbern zu umgeben." (Ebd.: 280) Dadurch seien die US-Amerikaner prädestiniert für die Vorherrschaft in der Welt.[17]

Im Gegensatz zur spanischen Eroberung der Neuen Welt, wo von Beginn an ein vor allem von den Mönchen getragener kritischer Gegendiskurs zur gewaltsamen Konquista entstand, der auch Erfolg hatte, waren in den USA Stimmen gegen die Vernichtung selten. Und anders als in den spanischen Kolonien, wo die von Karl V. erlassenen *Leyes Nuevas* zumindest in Ansätzen zu einem Schutz der Indios führten, wurden in den USA letztlich die meisten Gesetze missachtet und von den 370 geschlossenen Verträgen fast alle gebrochen (Deschner 1995: 65) – ein Versuch, dem zerstörerischen Plus Ultra ein limitierendes Non Plus Ultra entgegenzusetzen, erfolgte nicht. Diskurse um die Frage der Legitimität der Eroberung, wie sie in der Debatte zwischen Las Casas und Sepúlveda erkennbar waren, fehlten somit weitgehend. Die Frage der Legitimität der Landnahme wurde einfach beantwortet: Das Bild

---

17 Gobineau schreibt: „Sei es durch unmittelbare Eroberung, sei es durch soziale Beeinflussung, die Nordamerikaner scheinen bestimmt zu sein, sich über die gesamte Oberfläche der neuen Welt als Herren auszubreiten." (Gobineau 1907: 285) Im Gegensatz hierzu verhieß er den iberisch beeinflussten Regionen der Neuen Welt den Untergang, da sie sich mit den Ureinwohner vermischt hätten: „Südamerika, in seinem Creolenblut verkommen, besitzt hinfort kein Mittel mehr, seine Mestizen aller Varietäten und aller Klassen in ihrem Falle aufzuhalten. Ihr Zerfall ist rettungslos." (ebd.: 273)

des unzivilisierten Wilden, der dem Fortschritt entgegensteht, und deshalb unbarmherzig zu vernichten ist, war dominierend und die Ureinwohner wurden dabei animalisiert. Die Meinung, „der Indianer hat nicht mehr Seele als ein Büffel" (Deschner 1995: 52), war weit verbreitet und legitimierte auch die Vernichtung, um den Weg für die okzidentale Kultur zu ebnen. Ein weit verbreiteter Spruch lautete: „Die Knochen der Indianer müssen den Boden düngen, ehe der Pflug der Weißen ihn öffnen kann." (Deschner 1995: 52)[18]

Dass US-Amerika auf der einen Seite zum Land der Freiheit wurde, zum anderen aber sich die Ausrottung der Indianer zu Schulden kommen ließ, ist dabei nicht als ein innerer Widerspruch in der Konstitution des Landes der unbegrenzten Möglichkeiten zu sehen, sondern vielmehr als die zwei Seiten einer Medaille des US-amerikanischen Okzidentalismus zu deuten, die unabdingbar aufeinander bezogen sind. Wie dargelegt, verband sich in den USA der Glaube an eine heilsgeschichtliche Bestimmung des Landes mit einer technoszientifischen Eschatologie Baconscher Prägung. Der Glaube an die Möglichkeit der Überwindung der Unvollkommenheit der irdischen Welt mit den Mitteln von Arbeit und Technik sollte hier noch weitaus wirkmächtiger werden als in der alten Welt. Die vermeintlich wilde Natur konnte daher nicht mehr sein als der Rohstoff für das okzidentale Erlösungsprojekt und die sogenannten Wilden standen diesem Entwicklungsprogramm nur im Wege.[19]

Das eschatologische Gedankengut, der Frontier-Mythos, die Baconsche technische Utopie und die Idee von der Manifest Destiny wurden in den USA so zu zentralen Leitbildern des Okzidentalismus. Sie trugen zur Herausbildung eines Sendungsbewusstseins der US-Amerikaner als Speerspitze der fortschrittlichen Kultur des Westens bei. Seit etwa 1870 vollzog sich in den USA, wie Hughes in *American Genesis* (1989) argumentiert, infolge eines Technisierungsschubs, der durch Erfinder und Unternehmer wie Edison vorangetrieben wurde, eine zweite „Erfindung Amerikas" (Hughes 1991) – so der treffende Titel der deutschen Ausgabe – die heute häufig die Vorstellung von Amerika bestimmt. Hughes beschreibt diesen Prozess mit folgenden Worten: „In den hundert Jahren nach 1870 haben die Amerikaner die moderne technologische Nation hervorgebracht: das war die Erschaffung Amerikas." (Ebd.: 123) US-Amerika wurde so zu einem Paradigma des technischen Fortschritts, welches der Alten Welt erneut als utopische Vision erschien:

"In den ersten Jahrzehnten dieses Jahrhunderts haben die Europäer und mit ihnen auch die Russen angefangen, Amerika zum zweiten Mal zu entdecken. Die erste Entdeckung war die

---

18 Auch Thomas Jefferson, der vom Liberalismus Lockes beeinflusste Hauptautor der US-amerikanischen Unabhängigkeitserklärung, äußerte sich ganz in diesem Sinne: „Wir werden gezwungen sein, sie wie die Tiere aus den Wäldern in die Felsengebirge zu treiben." (Jefferson; zit. nach Deschner 1995: 66) Mit der Modernisierung der USA geht zugleich die weitgehende Ausrottung der vermeintlich primitiven Ureinwohner im „Indian War" einher (ebd.: 69).

19 Noch Roosevelt hielt das Töten von Indianern für „nur ein paar Grad weniger bedeutungslos als das von wilden Tieren" und legitimierte die Vernichtung der Indianer mit klaren Worten: „Ich gehe nicht so weit zu denken, dass nur tote Indianer gute Indianer sind, aber ich glaube, dass das für neun von zehn Indianern gilt, und was den zehnten angeht, so will ich den Fall nicht näher untersuchen." (Roosevelt; zit. nach Deschner 1995: 75)

eines jungfräulichen, mit der Natur verbundenen Landes gewesen; die zweite war die einer von Technologie bestimmten Nation, die Entdeckung Amerikas als einer Schöpfung des Menschen." (Hughes 1991: 298)

Hughes lässt seine Darstellung der zweiten Erfindung Amerikas als Ort der technischen Zivilisation 1870 beginnen und bei der Entwicklung der Atombombe in Los Alamos zu Ende des zweiten Weltkrieges enden. In der Folgezeit seien auch die Stimmen der Gegenkultur lauter geworden und der technologische Enthusiasmus gedämpft worden (Hughes 1991: 444 f.) Nach 1945 sollten tatsächlich teilweise die Konsequenzen der US-amerikanischen Landnahme für die Umwelt und die Ureinwohner auch stärker problematisiert und damit der Fortschritts- und Verwestlichungsmythos hinterfragt werden (vgl. u.a. Limerick 1987; White 1991). Diese Gegenstimmen sollten in den letzten Jahren aber wieder verstummen bzw. weniger wahrgenommen werden. Aktuell ist im Kontext der „Californian Ideologie" (Barbrook und Cameron 1996) und den Visionen des Posthumanismus eine erneute Adaption des Frontiermythos festzustellen, die insbesondere in den Hoffnungen auf eine Ausdehnung der „electronic frontier" (Ludlow 1996) im Cyberspace ihren Ausdruck findet.

Bereits im zweiten Weltkrieg wurde der Keim für diese technoszientifische Entwicklung gelegt, die in den letzten Jahren zu einer weiteren technologischen Neuerfindung Amerikas beitrug. Die im Kontext des Kampfes gegen Nazideutschland entwickelten kybernetischen Wissenschaften und die damit eng verbundenen Informationstechnologien gewannen eine wachsende Bedeutung und beeinflussten die Genese der modernen Technosciences in erheblichem Maße. Betrachtet man die neuen Heilslehren der Cybergnosis, so ist festzustellen, dass das „Jahrhundert des technologischen Enthusiasmus" (Hughes 1991: 470) anscheinend noch nicht zu Ende ist. Auch wenn die politische Vormachtstellung US-Amerikas ins Wanken geriet, so ist doch weiterhin eine Macht des Amerika-Mythos im Sinne eines Glaubens an eine Überschreitung von weiteren Grenzen im Zeichen eines neuen Plus Ultra und eines infiniten Fortschritts und Wachstums festzustellen. Die in den 1970er und 1980er Jahren angesichts der ökologischen Krise aufkeimenden Zweifel an den technischen Utopien wurden durch einen neuen Optimismus abgelöst.

Gerade auch die posthumanen Utopien der Gegenwart machen deutlich, dass mit dem klassischen modernen Fortschrittsprojekt keineswegs gebrochen wurde, sondern dieses radikalisiert wird: „Der Posthumanismus ist eine Fortschrittsideologie. Gemeinsam ist allen posthumanistischen Autoren, dass sie die vergangene und künftige Geschichte der Menschheit als fortwährenden Aufstieg interpretieren." (Krüger 2004a: 282) Die technischen Utopie Bacons erfährt damit aktuell in cybergnostischen Gestalt eine Renaissance (vgl. Kap. 9.4)

8.8 ZUSAMMENFASSUNG: DIE KOLONIALITÄT DER TECHNOSZIENTIFISCHEN MODERNE

In der frühen Neuzeit erfolgte ein allmählicher Übergang von einem an den antiken Bildungsidealen orientierten Humanismus zu einem *technischen Humanismus*.

Wegweisend hierfür war unter anderem der Bergbau, der sowohl zu einem technologischen Entwicklungsschub als auch zu einem Abbau von Vorbehalten gegenüber den ‚mechanischen Künsten' beitrug. Diese Entwicklungen kulminierten schließlich im Werk von Francis Bacon, der die Vision einer Ausweitung der Grenzen des Human Empire formulierte. Bacon griff hierbei explizit die Symbolik der Säulen des Herakles sowie die Entdeckung einer Neuen Welt als Metapher auf, veränderte jedoch deren Bedeutungsgehalt, indem er sie mit dem Vorstoß in bisher unbeherrschte Regionen der Natur assoziierte. Hierdurch wurde der Mythos des Westens, wie er sich in der ersten Stufe der sich etablierenden okzidentalen Weltbeherrschung herausgebildet hatte, in den *technisch-wissenschaftlichen Fortschrittsmythos* transformiert.

So wurde die *Navigationskunst* der iberischen Piloten und die darauf aufbauende Erkundung des Globus zum Paradigma für ein weit umfassenderes Projekt: Durch die Weiterentwicklung der Navigationstechnologien war eine für die *neuzeitliche okzidentale Rationalität kennzeichnende Verbindung von Theorie mit Praxis und Empirie* vollzogen worden. Bacon formulierte nach diesem Vorbild eine *Kunst des Entdeckens (Ars Inveniendi) der Geheimnisse der Natur*. Die Übernahme des Titelbildes des *Regimiento de navegación* von Garcia de Céspedes (1606) mit seiner Plus-Ultra-Symbolik als Vorbild der Illustration seines „Novum Organum" (Bacon 1620) verdeutlicht dies eindrucksvoll. Ebenso verwendet er in seinem Werk eine Vielzahl nautischer Metaphern, so dass man davon sprechen kann, dass die *Rationalität der Navigationskunst zu einem zentralen Vorbild für die neuzeitliche Rationalität der Naturerkenntnis wurde*.

Jedoch übernimmt Bacon nicht allein die Navigationssymbolik, sondern auch die *imperiale Programmatik*. Denn der von der portugiesischen Casa da Índia und der spanischen Casa de Contratación regulierte und kontrollierte Prozess der Vermessung der Welt stand im Zusammenhang kolonialer Weltbeherrschung. Diente die Navigationskunst bei Céspedes der Ausweitung des *Imperium Hispanum*, strebt Bacon nun eine Ausweitung der „Bounds of Human Empire" (Bacon 1862: 389) an. Mit der Devise „Scientia et Potentiae [...] coincidunt" (Bacon 1990a: 63) formuliert er ein technoszientifisches Programm der Mehrung menschlicher Macht durch die Aufhebung der klassischen Trennung zwischen Wissenschaft und technischer Anwendung. Wissen soll die Macht über die Natur erweitern. Francis Bacon *transformiert damit den Okzidentalismus* indem er *das eurozentrische Projekt der Kolonisierung der außereuropäischen Welt in das anthropozentrische Projekt der Humanisierung und Kolonisierung der Natur* verwandelt. Die Kolonialität der frühen Moderne geht hierdurch in die *technoszientifische Kolonialität* der industriegesellschaftlichen Moderne über.

Die Säulen des Herakles gewinnen im Rahmen dieses Projekts eine neue Bedeutung. Wie dargelegt, waren die Säulen in der Antike nicht nur Sinnbild für die Grenzen des geographischen Raums, sondern markierten auch die Grenzen des durch Technik und Kultur erschlossenen Raums. Und sie waren darüber hinaus Symbole für die Begrenztheit humaner Potentialität insgesamt – jedes ‚Darüber hinaus' wurde als verwerfliche Hybris gewertet. Bei Bacon werden nun in Umkehrung zu dieser alten Bedeutung die Säulen zum Symbol dafür, dass es keine Grenzen der durch Wissenschaft erfahrbaren und der durch Technik herstellbaren Welten gibt. Auf anthropologischer Ebene bedeutet dies, dass im *technoszientifischen Humanismus*

Bacons die *Weltoffenheit des Menschen nun vor allem als Fähigkeit zur Weltöffnung durch Technik, Wissenschaft und Arbeit* interpretiert wird. Die Säulen und die Devise Plus Ultra lösen sich von ihrem unmittelbaren räumlichen Bezug, den sie noch in Karl V. imperialer Programmatik besaßen, und entwickeln sich zu einem *Paradigma zeitlicher Entgrenzung* und der Vision einer *neuen technoszientifischen Weltherrschaft des Menschen über die Natur*.

Hierdurch erhält auch der Mythos des Neuen, der mit der Entdeckung der Neuen Welt entstanden war, eine gewandelte Bedeutung. Antizipiert wird nun eine durch die Verbindung von Wissenschaft und Technik hergestellte Welt. Bacon projiziert diese Vision in Anlehnung an die paradigmatische Utopie des Morus auf eine transatlantische Insel. Doch während Morus eine durch die Lebensweise der indigenen Urbevölkerung angeregte Sozialutopie entwirft, erschafft Bacon die technische Utopie Neu Atlantis. Damit erfolgte aber ein *grundlegender Wandel der Ausrichtung des* mit der Entdeckung der Neuen Welt entstandenen *utopischen Mythos der Moderne*. Zwar übernimmt er durchaus mit der Adaption der Kolumbus- und Amerikametapher das Bild eines *okzidentalen Sonderweges in eine Neue Welt*. Doch wird nun seinem technischen Humanismus entsprechend ein gänzlich anderer Entwicklungsweg als bei Morus entworfen. Ziel ist nicht mehr die Perfektionierung der gesellschaftlichen Verhältnisse, sondern die technische Perfektionierung und ‚Humanisierung' der Natur. Die Übertragung des *camino de Occidente* von Kolumbus in die Ausfahrt der Schiffe der Technosciences und die Ankunft im Neuen Atlantis der beherrschten Natur antizipieren so den *Sonderweg, den die okzidentale Kultur in der Industriegesellschaft einschlug*. Hierdurch erfolgt eine Transformation der räumlichen Westfahrt in eine zeitliche Überfahrt in immer bessere Welten. Verwestlichung, Entwicklung und Modernisierung werden hierdurch gleichsam zu Synonymen.

Es wird so auch eine veränderte Form der *Säkularisierung* bisher außerweltlich orientierter Heilsvorstellungen erkennbar. Wie gezeigt werden konnte, ist Bacon keineswegs nur ein Heros der modernen Wissenschaften, der mit den älteren religiösen Weltbildern bricht. Vielmehr überführt er insbesondere mit seiner Interpretation der Prophezeiungen Daniels die christlich-gnostische Eschatologie in eine technologische Eschatologie mit dem Ziel der Transformation der unvollkommenen Natur. Damit wird deutlich, dass in den soziologischen Debatten um die Verweltlichung der außerweltlich religiösen Heilswege der Kulturen der Achsenzeit, die sich vor allem auf die politischen Revolutionen der Neuzeit beziehen, eine zentrale Dimension dieses Prozesses übersehen wird: Bacons Projekt der Eröffnung eines innerweltlichen Erlösungswegs durch eine *Revolution des gesellschaftlichen Naturverhältnisses* ist ebenfalls als ein wesentlicher Beitrag zur *Säkularisierung des heterodoxen Potentiales der Kulturen der Achsenzeit* anzusehen. Das *Problem der Theodizee*, d.h. die Existenz einer unvollkommenen Welt, beantwortet Bacon mit einer Anthropodizee, die untrennbar mit einer *Technodizee, d.h. dem Glauben an eine Erlösung vom Leiden durch Technik*, verbunden ist. Waren in dem archaischen Mythos die technischen Möglichkeiten des Menschen noch als begrenzt angesehen worden, so wird nun der Gedanke eines Übergangs zu einer sukzessiven Entfaltung der wissenschaftlichen und technischen Potentiale des Menschen formuliert. Es gab Ansätze zu diesem Denken schon in der Antike und bereits in der Renaissance erfolgte mit den frühen *Querelle des anciens et des modernes* eine Bejahung des

Neuen. Bei Bacon wird nun aber erstmals eindeutig in der *Technik das zentrale Instrument der Überwindung der Unvollkommenheit der Welt gesehen*. Hierdurch wurde gleichsam *der gnostische Erlösungsmythos in den technoszientistischen Fortschrittsmythos verwandelt*, der sich damit als zentraler Mythos der Moderne herausbildet. Der okzidentale Sonderweg wird nun klar als technisch-wissenschaftliche Entwicklung bzw. Evolution ausgedeutet.

Dabei werden nun allerdings auch die Probleme des gnostischen Totalitarismus und der Kolonialität der Moderne im Baconschen Projekts erkennbar. Hinsichtlich der ersten Phase des Okzidentalismus wurde bei Reflexion des Mythos der Moderne auch dessen Ambivalenz reflektiert. Die Entgrenzung des Horizonts infolge der Entdeckung neuer Welten war zugleich mit einer Entgrenzung der Gewalt gegen die außereuropäischen „Anderen" im Kontext der kolonialen Landnahme verbunden. Wie nun deutlich wird, gilt dies ebenso für die zweite technowissenschaftliche Phase des Okzidentalismus, wobei hier die Kolonisierung der Natur ins Zentrum rückt. Es wird so bei Bacon auch die Kolonialität als die dunkle Seite der Moderne adaptiert und zur *technoszientifischen Kolonialität* umgewandelt.

Die imperial-koloniale Dimension seines Projekts der Ausweitung der Grenzen des Human Empire wurde bereits angesprochen. Hierzu korrespondiert seine Epistemologie der Naturerkenntnis. Bacon fordert ein neues Verständnis von Empirie als kontrollierter, methodischer und experimenteller Erfahrung von Wirklichkeit. An die Stelle des kontemplativen-theoretischen Denkens der klassischen Philosophie soll eine neue Hinwendung zur Welt treten. Der Geist der neuzeitlichen Wissenschaft kehrt aus der achsenzeitlichen Transzendenz in die Immanenz der Welt zurück. Doch wird nicht mehr die ursprüngliche sinnliche Beziehung zur Welt aufgebaut, welche der subjektivierenden Welterfahrung des Mythos zugrunde lag. Vielmehr wird die leibliche Erfahrung durch das Experiment ersetzt und zugleich die äußere Natur gefesselt. Die Welt wird objektiv als Objekt erfahren, indem das Subjektive im Menschen und außer ihm, die innere und äußere Lebendigkeit, negiert und ausgegrenzt werden. Mit Hilfe dieser Distanz gewinnt der Mensch die Herrschaft über die Welt, der er vorher hilflos ausgeliefert war. Die Kritik des „verzauberten Spiegels" und seiner „Entzauberung" mittels einer *Ersetzung der sinnlichen Erfahrung durch das Experiment* ist untrennbar verbunden mit der *Entsubjektivierung und Entzauberung der Welt*, welche Weber als zentral für die okzidentale Rationalität beschrieben hat. Dabei geht die Ablehnung der Beobachtung der ‚freien Natur' mit der Forderung nach ihrer Fesselung und ‚Folterung' als adäquate Form der Naturerkenntnis einher. Auf dieser Grundlage soll die technische Macht über die Natur gesteigert werden.

Insgesamt betrachtet war es somit die wesentliche Leistung Bacons, die Plus Ultra Symbolik und die Amerika-Metapher in ein universalisiertes Paradigma für die wissenschaftlich-technischen Revolutionen zu verwandeln. Die Symbolik der Durchbrechung der Grenzen der Alten Welt und der Erfindung einer neuen Welt wurde damit durch eine entscheidende Komponente erweitert: Die theoretische und praktische Durchdringung der Natur, um sie durch Industrie und Technik zu beherrschen. Hierdurch wurde eine grundlegende Transformation der gesellschaftlichen Naturverhältnisse eingeleitet. In epistemologischer Hinsicht wurde nun endgültig das subjektivierende, biomorphe Naturverständnis durch ein verobjektivierendes, technomorphes und mechanistisches Weltbild abgelöst. Damit verbunden war der Übergang von einem Weltbild, das die Macht des Menschen über die Natur limitierte zu einem neuen Weltverständnis, das eine infinite Ausweitung der Herrschaft über die Natur für möglich erachtete und befürwortete.

Das Bacon-Projekt etablierte sich als ein zentrales gesellschaftliches Leitbild und trug mit zur Herausbildung wissenschaftlicher Forschungsgemeinschaften wie der Royal Society bei. Bacons Vision einer technoszientifischen Umgestaltung der Welt wurde schließlich in der Industriegesellschaft verwirklicht. Bacon bereite durch sein wissenschaftliches Programm und seine Visionen so die Grundlage für die durch die zunehmende Nutzung der fossilen Energien vorangetriebene Dynamik der klassischen Moderne. Man kann davon sprechen, dass in *der technoszientifischen Moderne das* von Bacon entworfene *Human Empire triumphierte*.

Dabei waren es nach England vor allem die nordamerikanischen Kolonien bzw. später die USA, in denen die Baconsche Utopie eine starke Leitbildfunktion gewinnen sollte. Dort verband sich die technoszientifische Utopie mit puritanisch christlichen Vorstellungen und Ideen einer gleichsam naturgesetzlichen Westwärtsbewegung des Imperiums. Es bildete sich so die Vorstellung einer Manifest Destiny der USA heraus und es entstand ein spezifisch US-amerikanischer „Myth of the West" (Bruce 1990, Schulte Nordholt 1995) bzw. eines „Frontier-Mythos" (Waechter 1998), welcher eine paradigmatische Bedeutung für die Vorstellungen vom freien Westen gewann.[20] Dabei besaß dieser Mythen nicht allein eine Leitbildfunktion für die Entwicklung einer freien, von den Bindungen der alten Welt emanzipierten Gesellschaft und einer Emanzipation von der Macht der Natur durch technischen Fortschritt. Vielmehr war dieser Mythos auch *mit der dunklen Seite der Legitimierung von Gewalt* gegen außereuropäische Kulturen verbunden und trug damit zur Vernichtung der amerindischen Urbevölkerung bei. Man kann davon sprechen, dass sich in dieser zweiten Phase des Okzidentalismus das Projekt der Kolonisierung der außermenschlichen Natur mit dem Projekt der Kolonisierung der außereuropäischen Welt im Mythos des Westens zu einer integrierten Idee verband. Es wurde nun die Idee der überlegenen technischen Zivilisation des Westens und ihrer Fähigkeit zur „Humanisierung" der wilden Natur zentral, welche die Verdrängung der nichtwestlichen Kulturen rechtfertigte. Der *technische Humanismus wird zur neuen Ideologie des Okzidentalismus, die sowohl die Unterwerfung der Natur als auch die Unterwerfung der außereuropäischen Kulturen legitimiert*. Durch Bacons technoszientifische Umdeutung des okzidentalen Entgrenzungsmythos wie auch die Aneignung des Westens in den USA wurde somit der Impetus, der mit dem Übergang zum Plus Ultra in der westlichen Welt verbunden war, aufgegriffen, aber mit neuen Inhalten gefüllt (vgl. Tabelle 2).

Bis heute sind der „Myth of the West" und der „Frontier-Mythos" zentrale Leitbilder in den USA. Zwar wurde in den letzten Jahrzehnten aufgrund der 68er-Gegenbewegungen und der daran anschließenden ökologischen, feministischen und postkolonialen Kritik eine Revision dieser Mythen eingeleitet. In der Wahl Barack Obamas zum Präsidenten kulminierte in gewisser Weise diese Abkehr. Mit der Wahl

---

20 Schulte Nordholt analysiert in *The myth of the West* (1995) zwar durchaus auch die bereits mit Kolumbus beginnende Neubestimmung der Identität des Westens, konzentriert sich dann aber vor allem auf die USA: „America, the United States, became the great reservoir where Westward-directed dreams flowed together and from which they flowed onward toward new worlds." (Schulte Nordholt 1995: 209).

von Donald Trump und seinen Devisen „Make America great Again" und „America First" wurde nun aber aktuell eine Restauration der US-amerikanischen Variante des Plus-Ultra-Projekts eingeleitet, wie in dem folgenden Teil dieses Buches noch näher diskutiert wird. Mit der Rücknahme von Begrenzungen der Finanzmärkte, der Genehmigung einer erneuten Landnahme von indianischen Gebieten, der Leugnung der limitierenden Mahnungen der Klimaforschung und schließlich der Kündigung des Pariser Klimaschutzabkommens wird das koloniale Entgrenzungsprojekt der Moderne weitergeführt und jeglicher reflexiven Selbstbeschränkung eine Absage erteilt.

Dies verdeutlich, dass der in der vorliegenden Arbeit vorgenommene Rückblick auf die Ursprünge der Konstitution des Plus-Ultra-Projekts der Moderne infolge der Erfindung Amerikas nicht nur in historischer Hinsicht von Interesse ist. Vielmehr trägt dieser auch zum tieferen Verständnis vieler gegenwärtiger Entwicklungen bei, die zugleich den tendenziell totalitären Charakter des okzidentalen Entgrenzungsmythos sichtbar werden lassen. Im Folgenden werden daher aus einer zeitdiagnostischen Perspektive die Implikationen der bisherigen Ergebnisse diskutiert.

Tabelle 2: Historischer Wandel der Bedeutung der Säulen des Herakles: der Übergang zur technoszientifischen Moderne

	Die Alte Welt (Non Plus Ultra): Der begrenzte Westen	**Koloniale Moderne: Entgrenzte Weltbeherrschung**	**Technoszientifische Moderne: Entgrenzte Naturbeherrschung**
Räumliche Bedeutung	Grenze Ökumene-Ozean	Eröffnung des Ozeans und Amerikas	Erschließung neuer Bereiche der Natur
Zeitliche Bedeutung	Ewige Wiederkehr; Zyklische Zeit	Mythos des Neuen; Querelle des Anciens et des Modernes	Fortschrittsmythos, Lineare Zeit
Anthropologische Bedeutung	Begrenzte Möglichkeiten	Weltoffenheit des Menschen	technische Weltoffenheit
Imperiale Bedeutung	Maximale Ausdehnung des Imperiums	Signum des expandierenden Imperiums	Ausweitung der Grenzen des Human Empire
Spirituelle Bedeutung	raumzeitliches Ende der Heilsgeschichte	Sozialutopie als innerweltliche Transzendenz	Technikutopie als innerweltliche Transzendenz

C. Die kybernetische Moderne zwischen Entgrenzung und Begrenzung

Abbildung 41: Erste Aufnahme der über dem Mond „aufgehenden" Erde durch die Mitglieder der Apollo 8-Mission (1968). Der Blick zurück veränderte das Bild von der Erde.

Quelle: https://commons.wikimedia.org/wiki/File:AS8-13-2329.jpg.

9. Ambivalenzen der kybernetischen Moderne

Die Moderne hat ihren Ursprung in einer paradigmatischen Grenzüberschreitung. Mit der Fahrt des Kolumbus durchbrach der abendländische Mensch die Geschlossenheit der antik-mittelalterlichen Welt und machte den ganzen Planeten zu seinem Wirkungs- und Herrschaftsraum. Die Moderne war seither, wie in dieser Arbeit dargelegt wurde, durch einen von der Devise Plus Ultra geleiteten Prozess der immer weitergehenden Entgrenzung gekennzeichnet. Auch wenn den Phasen der Entgrenzung, Expansion und Dynamisierung ebenso Phasen der Begrenzung, Integration und Stabilisierung folgten, so wurden diese Limitierungen doch immer wieder durchbrochen und das moderne Expansionsprojekt auf neuer Stufe fortgesetzt. Es stellt sich aktuell allerdings die Frage, inwieweit diese Dynamik ad Infinitum fortgesetzt werden kann. Denn es gerät die Entgrenzung der Herrschaft über die äußere und innere Natur, wie sie die technoszientifische Moderne kennzeichnete, angesichts ökologischer Krisen und zunehmender Belastungen des Subjekts in eine Krise. Zugleich wird erkennbar, dass die Expansion der Macht des Okzidents über die Welt, wie sie seit der frühen kolonialen Moderne die Globalisierung bestimmte, nicht fortgeführt werden kann.

Im Folgenden werden die Ergebnisse dieser Arbeit nochmals zusammengefasst und unter Bezug auf diesen historischen Rückblick die aktuell sich abzeichnenden Neubestimmungen des Verhältnisses von Entgrenzung und Begrenzung aus zeitdiagnostischer Perspektive diskutiert. Dabei wird argumentiert, dass die in vielen soziologischen Analysen aufgestellte These von einem sich aktuell vollziehenden Übergang von einer grenzziehenden klassischen Moderne zu einer entgrenzten, globalen Moderne zu relativieren ist. Die hier vorgenommene Ausweitung der Perspektive auf die europäischen Expansionen und Entgrenzungen in der frühen Neuzeit lässt eine andere Bewertung und Einordnung der aktuellen Dynamiken plausibel erscheinen:

Die Gegenwart ist durch einen Antagonismus zwischen einer *Radikalisierung* der die Moderne immer schon kennzeichnenden *Entgrenzungsdynamik* und der *Suche nach Begrenzungen der Entgrenzungen* gekennzeichnet ist. Auf der einen Seite wird die Fortschrittslogik der Moderne gegenwärtig infolge einer durch die Verbreitung kybernetischer Technologien forcierten technologischen Revolution und einer ausgeweiteten ökonomischen Globalisierung auf neuer Stufe weitergeführt. Auf der andere Seite werden auf Grundlage biokybernetischer und ökosystemarer Erkenntnisse wie auch eines neuen integrativen Weltethos neue Grenzen gesetzt. Es deutet sich an, dass dem Plus-Ultra-Programm der Moderne ein *neues globales Non Plus*

Ultra entgegengesetzt werden könnte. Eine große Transformation zeichnet sich ab, infolge derer die expansive Moderne durch eine von der Devise Re-Intra geleiteten integrativen Moderne abgelöst wird,

9.1 DIE MODERNE ZWISCHEN BEGRENZUNG UND ENTGRENZUNG

Mit der Frage nach den Dynamiken von Entgrenzung und Begrenzung wird eine Thematik aufgegriffen, die in den letzten Jahren in der Soziologie breit diskutiert wurde. Auf dem Soziologentag 1998 wurden verschiedenste Aspekte der „grenzenlose[n] Gesellschaft" (Honegger, Hradil und Traxler 1999) der Gegenwart erörtert und 2010 waren die infolge von Entgrenzungsprozessen auf vielen Ebenen beobachtbaren „Transnationale[n] Vergesellschaftungen" (Soeffner 2013) Inhalt der Debatten. Doch nicht nur die Aufhebung nationaler und kultureller Abgrenzungen war und ist dabei Gegenstand der soziologischen Reflexion. Auf allen Ebenen werden gegenwärtig Phänomene einer vielschichtigen Entgrenzung diagnostiziert:

In der subjektivierten und flexibilisierten Arbeitswelt sind Prozesse der zunehmenden „Entgrenzung von Arbeit und Leben" (Gottschall und Voß 2005a) beobachtbar. Auch die einst klaren Abgrenzungen zwischen Geschlechts- und Rollenidentitäten, zwischen den Generationen, sowie ebenso zwischen Schichten und Milieus werden uneindeutiger und fließender (ebd.). Ebenso beginnen die Unterscheidungen zwischen Natur und Kultur und damit zugleich die darauf aufbauende Unterscheidung zwischen der westlich-modernen Kultur und den außereuropäischen Kulturen zu erodieren (Latour 1998: 133). Diese Entwicklungen gingen in der Soziologie und den Kulturwissenschaften einher mit der Reflexion von Prozessen der Hybridisierung zwischen den Kulturen (vgl. García Canclini 1995; Bhabha 1997; Bronfen 1997) sowie den Hybridbildungen zwischen Natur und Kultur (Haraway 1995; Latour 1998).

Hinsichtlich der prinzipiellen Zunahme von Phänomenen der Entgrenzung und der Hybridisierung besteht innerhalb der Soziologie ein weitgehender Konsens. Offen ist allerdings, inwiefern die diskutierten Entgrenzungen als ein fundamental neues Phänomen zu deuten sind, welche einen Bruch mit der klassischen Moderne markieren, oder deren Thematisierung eher als Folge einer neuen Aufmerksamkeit für bereits zuvor bestehende, aber nicht wahrgenommene Tendenzen zu interpretieren sind. Wie Gottschall und Voß deutlich machen, ist letztlich das „Thema Begrenzung – Entgrenzung [...] nicht neu, sondern ein klassischer Topos des Fachs, vielleicht sogar eine der Grundfragen der Soziologie" (Gottschall und Voß 2005b: 12). Aus Sicht einiger Autoren erscheinen die aktuellen Entgrenzungen eher als neue Stufe einer der Moderne innewohnenden Tendenz, die heute allerdings eine neue Qualität erreicht. Insbesondere Giddens deutet die gegenwärtige Entwicklungen in diesem Sinne als Weiterführung der sich im 19. Jh. konstituierenden industriegesellschaftlichen Moderne und widerspricht damit Theorien, welche eine grundlegende Diskontinuität diagnostizieren: „Wir treten nicht in eine Periode der Postmoderne ein, sondern wir bewegen uns auf eine Zeit zu, in der sich die Konsequenzen der Moderne radikaler und allgemeiner auswirken als bisher." (Giddens 1996: 11)

Dahingegen lässt sich aus der Sicht von Beck und seinen geistigen Wegbegleitern aufgrund aktueller Entgrenzungsphänomene die „Behauptung eines Bruchs zwischen der Ersten Moderne und der Zweiten oder reflexiven Moderne" (Beck und Lau 2005: 109) aufstellen. Es sei „die institutionelle Ordnung der Ersten Moderne [...] durch ein komplexes Muster von Grenzziehungen, Standardformen und Unterscheidungen [...] [und] durch ein System von Dichotomien und Dualismen" (Beck, Bonß und Lau 2004: 23) gekennzeichnet gewesen. Hiervon unterscheide sich die Ordnung der zweiten Moderne, in der es zu einer „Entgrenzung von Handlungs- und Wissensspären" (ebd.: 19) kommt. Zu konstatieren sei ebenso eine „Entgrenzung von Natur und Gesellschaft" und eine „Pluralisierung der Natur-Gesellschaft-Abgrenzungen" (Viehöfer et al. 2004: 83).[1] Auch wenn diese Sichtweise sicherlich nicht von allen SoziologInnen geteilt wird, so kann man doch davon sprechen, dass die These von einer durch die Setzung von Dualismen und Ziehung von Grenzen gekennzeichneten ersten Moderne zunehmend zur „orthodoxen" Erzählung über die Gestalt der klassischen Moderne gerinnt. Im Kontrast hierzu erscheint die gegenwärtige (Post-)Moderne mit ihrer Aufhebung von Dualismen und Grenzziehungen als Bruch.

Diese Kontroversen um Entgrenzung sind eng mit der Debatte über den Beginn der Globalisierung verbunden, den viele Historiker auf das frühe 16. Jh. datieren (vgl. Conrad 2013: 151ff). Dahingegen wird in vielen soziologischen Analysen entweder die Globalisierung mit der Veränderung der „Raummatrix der Welt" (Giddens 1997: 23) infolge der Herausbildung der industriegesellschaftlichen Moderne im 18. Jahrhundert verknüpft oder aber primär mit der aktuellen Erodierung der nationalen Abgrenzungen in Verbindung gesetzt. So heißt es bei Beck: „Globalisierung meint [...] die Prozesse, in deren Folge die Nationalstaaten und ihre Souveränität durch transnationale Akteure [...] unterlaufen und querverbunden werden." (Beck 1997: 29) Auch Leggewie bezieht seine Analysen zur Globalisierung und der „Entgrenzung der Welt" (Leggewie 2003: 16) primär auf Phänomene der Gegenwart und diagnostiziert, „eine Konsequenz der Entgrenzung" bestehe darin, dass „nationale Kulturen nicht (mehr) den Ausgangspunkt [...] bilden und dass folglich kulturelle Misch- und Zwittergebilde oder Hybride im globalen Raum bedeutsamer werden" (ebd.: 16).

Dieser These eines Bruches steht eine Fülle an Literatur entgegen, welche die Neuartigkeit der Globalisierung und der Entgrenzungsphänomene relativiert. Vor allem Arbeiten aus den Kultur- und Geschichtswissenschaften haben auf der Grundlage eines globalhistorisch geöffneten Blicks deutlich gemacht, dass die in der Soziologie verbreitete These von einer gegenwärtig mit der Globalisierung einhergehenden Abkehr von den Grundprinzipien einer nationalstaatlichen Moderne zu hinterfragen ist (vgl. u.a. Pinheiro und Ueckmann 2005: 8f.). So konstatiert Schwentker: „Die Globalisierung ist – das zeigt die Mehrzahl der einschlägigen historischen Untersuchungen – kein Phänomen der Zeitgeschichte allein, sondern lässt sich bis ins Zeitalter der Entdeckungen zurückverfolgen." (Schwentker 2005: 41)

---

1 In ähnlicher Weise hat Latour in „Wir sind nie modern gewesen" (Latour 1998) postuliert, dass die Moderne durch die Setzung von „Großen Trennungen" (ebd.: 133) bzw. eines „modernen Dualismus" (Latour 2009: 178) gekennzeichnet gewesen sei. Diese Trennungen würden heute aufgrund der Wahrnehmung der Existenz von „Hybriden, Mischwesen zwischen Natur und Kultur" (Latour 1998: 20) fragwürdig werden.

Die vorliegende Arbeit konnte nun einen Beitrag zur Klärung dieser Kontroversen um das Verhältnis der Moderne zu Entgrenzungs- und Globalisierungsphänomenen leisten. Wie deutlich gemacht wurde, ist die Überwindung von Abgrenzungen und Dualismen durch Globalisierungs-, Entgrenzungs- und Hybridisierungstendenzen nicht neu, sondern kennzeichnet die Moderne von Beginn an.

Zwar erfolgte in der Moderne auch eine zunehmende Ausdifferenzierung und es wurden viele Binnengrenzen gezogen. Zugleich aber vollzog sich seit der frühen Neuzeit eine „Entgrenzung des Möglichkeitshorizonts" (Makropoulos 1999: 393) und infolge der europäischen Expansion ein erster Globalisierungsschub und damit eine Ausdehnung der Grenzen nach außen. Auch die aktuellen Entgrenzungsprozesse knüpfen an diese Grundlogik der Moderne an, die durch Entgrenzungen, die Öffnung für das Neue und die koloniale Aneignung des Anderen bestimmt wurde. Analysen, welche einen Übergang von einer begrenzenden ersten Moderne und einer entgrenzten zweiten Moderne postulieren, projizieren damit einen Übergang in die späte Moderne hinein, der realiter schon in der frühen Neuzeit vollzogen wurde.

Ein tiefer gehendes Verständnis der Moderne ist daher nur möglich, wenn man diese grundlegende Bedeutung der Öffnung der Grenzen der Alten Welt reflektiert. Die Mythen der ewigen Wiederkehr begrenzten einst den Handlungshorizont des Menschen in Raum und Zeit. In der okzidentalen Welt hatte diese Begrenzungslogik in den Säulen des Herakles ihr paradigmatisches Sinnbild eines ultimativen Non Plus Ultra gefunden. Der Übergang vom limitierenden „Non Plus Ultra" zum modernen, weltöffnenden „Plus Ultra" und die darauffolgende Entdeckung einer Neuen Welt, wodurch die okzidentale Welt „aus einem Symbol der Begrenzung ein Symbol der Öffnung und der Entgrenzung" (Walter 1999: 129) gewann, war konstitutiv für einen grundlegenden Mentalitätswandel in der westlichen Welt. Der Umbruch kann als der paradigmatische Beginn des Expansions- und Fortschrittsprojekts der Moderne und der damit verbundenen Legitimierung der Grenzüberschreitung und der Erschließung des Neuen angesehen werden. Dieser Übergang wurde zwar am Rande durchaus von einigen Autoren thematisiert (vgl. Bloch 1959a und 1959b; Blumenberg 1966), aber noch nicht systematisch zur Grundlage der Analyse des Projekts der Moderne gemacht. Der revolutionäre Wandel des Weltbildes und die damit verbundene Symbolik wurden in dieser Arbeit im Detail rekonstruiert. Erst die hier zugrunde gelegte alternative Erzählung vom Plus-Ultra-Projekt der Moderne ermöglicht eine adäquate Einordnung aktueller Entwicklungen in den geschichtlichen Zusammenhang:

Mit dem Ausbruch aus der alten Ökumene in eine neue Welt war ein grundlegender Wandel des Weltbildes verbunden, weil sich die neuzeitliche Vorstellung vom Erd-Wasser-Globus durchsetzte. Zwar entspricht die Vorstellung von einem in Furcht vor dem Sturz über den Rand der Erdscheibe erstarrten Mittelalter, dem Kolumbus die Idee von der Erdkugel entgegensetzt, zweifelsohne nicht der historischen Realität. Russell hatte in seiner einflussreichen Arbeit *Inventing the Flat Earth. Kolumbus and modern historians* (1991) augezeigt, dass es sich hierbei um einen neuzeitlichen Mythos handelt, der erst im 19. Jahrhundert mit der Absicht entstand, das katholisch-christliche Mittelalter als primitiv und wissenschaftsfeindlich darzustellen. Allerdings ist, wie aufgezeigt wurde (vgl. Kap. 7.2.), die Dekonstruktion des „Mythos von der mittelalterlichen Erdscheibentheorie" (Krüger 2007: 49) zwar richtig, mindert aber nicht die Relevanz der mit der Entdeckung Amerikas einhergehenden „kosmographische Revolution" (Vogel 1995). Diese bestand nicht etwa in der Überwindung einer Erdscheibenvorstellung. Ersetzt wurde vielmehr ein Weltbild, das von einer partiellen Trennung von Erdglobus und Wasserglobus ausging, durch die Vorstellung von einer „einfachen Erd-Wasser-Sphäre" (Vogel 1995: 7) bzw. eines einheitlichen „terraqueous globe" (Randles 1994: 64). Dabei konnte in der vorliegenden Arbeit die bisher nur unzureichend gewürdigte Relevanz des Werks *Cosmographiae Introductio* (1507) der Kosmographen Waldseemüller und Ringmann rekonstruiert sowie die damit verbundenen Implikationen für den Wandel des okzidentalen Selbst- und Weltverständnisses herausgearbeitet werden. Diese *kosmographische Revolution* führte zumindest in den Kreisen der Gelehrten zu einem grundlegenden Wandel des Weltbildes. *Diese frühneuzeitliche Globalisierung ist* damit nicht als erste Vorstufe der späteren Globalisierungswellen zu sehen, sondern vielmehr *als eine überraschende, die Moderne konstituierende Raumrevolution* zu deuten. Die mit der Devise des Plus Ultras versehenen *Säulen des Herkules* können dabei auch als *Sinnbild der Begründung der globalen Moderne* angesehen werden. Denn die von Kaiser Karl V. gewählte Devise wurde häufig mit der globalen Ausdehnung des okzidentalen Herrschaftsraums infolge der „Iberian globalization" (Gruzinski 2010: 71) assoziiert (vgl. Kap. 7.6).

Insofern ist die These von einer nationalstaatlichen ersten Moderne als historisch verkürzt anzusehen. Es wird insgesamt deutlich, dass die Herausbildung der Moderne nicht als ein innereuropäisches und nationalstaatliches Phänomen zu deuten ist, sondern dass sich die Moderne seit dem 16. Jh. infolge der Entgrenzung des Westens und seine Expansion in den transatlantischen und globalen Raum hinein konstituierte. Dabei lässt sich nicht nur hinsichtlich des geographischen Raums eine paradigmatische Entgrenzung konstatieren. Vielmehr vollzog sich, wie im Folgenden resümierend dargelegt wird, eine multiple Entgrenzung, die es legitim erscheinen lässt, den Ursprung der Moderne bereits an diesem frühen Zeitpunkt anzusetzen.

9.2 ZUR GENEALOGIE DER MODERNE

Die Überschreitung der Epochenschwelle, die den Beginn der Moderne markiert, kann somit in der Wendezeit um 1500 verortet werden. Mit dieser Datierung weicht die vorliegende Arbeit von den gängigen Periodisierungen der Moderne im soziologischen Diskurs ab. Denn den Mainstream der soziologischen Reflexion über die Moderne eint die Fokussierung auf jene industriegesellschaftliche Moderne, die sich in den mittel- und nordwesteuropäischen Staaten bzw. in den USA herausgebildet hat. So spricht Jürgen Habermas von „dem Projekt der Moderne, das im 18. Jahrhundert von den Philosophen der Aufklärung formuliert worden ist" (Habermas 1990: 41), und verknüpft damit die über eine Entfaltung technisch-wissenschaftlicher Potentiale hinausgehende Utopie einer „vernünftigen Gestaltung der Lebensverhältnisse" (ebd.), an der er Gelingen und Scheitern der gegenwärtigen Moderne bemisst. Beck und Lau definieren in Anlehnung an Rene König die traditionelle Moderne folgendermaßen: „Die Offenlegung jenes umfassenden sozialen Wandels [...] der die Wende vom 19. zum 20. Jahrhundert bezeichnet und um 1960 herum abgeschlossen war, nennen wir einfache oder Erste Modernisierung." (Beck und Lau 2005: 108)

Andere Bestimmungen sind im angelsächsischen und französischen Diskurs vorherrschend. Dort ist ein Verständnis der Moderne dominierend, das primär den wissenschaftlichen Aufbruch im 17. Jahrhundert als Beginn einer rationalistischen Deutung und Gestaltung der Welt ansetzt, weshalb als „Gründungsväter der Moderne Denker wie Galilei und Descartes" angesehen werden (Toulmin 1991: 272 f.). Trotz dieser leichten Differenzen ist allen Ansätzen gemein, dass die Gesellschaft der Moderne mit der durch Wissenschaft, Technik und Aufklärung geprägten, nationalstaatlich strukturierten Industriegesellschaft gleichgesetzt wird.

Im Gegensatz hierzu wurde hier von der These ausgegangen, dass die Moderne in jener Schwellenzeit begonnen hat, die mit der Überschreitung der herakleischen Schwelle verbunden ist, und deren Klimax durch die Kolumbusfahrt 1492 und die Publikation des Werks der Kosmographen von St. Dié 1507 – und damit dem endgültigen Erscheinen der Neuen Welt und der Idee des Erd-Wasser-Globus im okzidentalen Bewusstsein – gerahmt wird. Mit dieser paradigmatischen Grenzüberschreitung war eine vielfältige Entgrenzung auf anthropologischer, technologischer, religiöser und politischer Ebene verbunden.

Damit wurde an Autoren angeknüpft, welche entscheidende Übergänge in die Moderne in der Renaissance verorten. So argumentiert Toulmin in *Kosmopolis – Die unerkannten Aufgaben der Moderne* (1991), dass sich die moderne Welt bereits im 16. Jh. in einer frühen, humanistisch geprägten Phase konstituiert habe, weshalb von einer „Modernität der Renaissance" (Toulmin 1991: 48) gesprochen werden kann. Allerdings habe sich in einer zweiten, naturwissenschaftlich geprägten Phase, die im 17. Jh. begann, ein Bruch und eine Abwendung von den „menschlichen Fragen" (ebd.) vollzogen.

In der vorliegenden Arbeit konnte diese Annahme bestätig werden und es wurde ergänzend aufgezeigt, dass insbesondere in Folge der Entdeckung der neuen Welt sich eine innerweltliche Wende hin zu einer humanistischen Bejahung der Weltoffenheit vollzog. Dies impliziert, dass diese frühe humanistische Moderne nur im Kontext der Entdeckung und Eroberung der außereuropäischen Welt zu verstehen ist, womit zugleich auch die von den Vertretern der Gruppe Modernität/Kolonialität thematisierte „darker side of the Renaissance" (Mignolo 1995) ins Blickfeld rückt. Die frühe Moderne erscheint aus dieser Perspektive als „koloniale Moderne" (Quijano 2010: 34). Dussel unterscheidet in diesem Sinn zwischen mehreren Stufen der Moderne und betont hierbei aus dekolonialer Perspektive andere Aspekte als Toulmin, indem er die ökonomisch-imperialen Strukturprinzipien in den Vordergrund rückt. Für Dussel stellt dabei „Spanien die erste moderne Nation dar" (Dussel 2013: 158) und er datiert die „erste – iberische – Moderne" in den Zeitraum von 1492 bis ca. 1630. Philosophie, Theologie und Wissenschaften hätten in dieser Epoche ebenso wie die Ökonomie bereits deutlich moderne Züge aufgewiesen: „Mit der europäischen Expansion beginnt die merkantile, vorbürgerliche und humanistische Moderne." (Ebd.: 160) Vor allem die Entdeckung Amerikas und die Konstitution eines neuen kolonialen Systems steht für ihn am Beginn der Moderne: „So gesehen sind die Moderne und das ‚Welt-System' fünf Jahrhunderte alt, und beide waren koextensiv zur europäischen Beherrschung des Planeten, dessen ‚Zentrum' Europa ab 1492 bildete." (Ebd.)² Die koloniale Aneignung Amerikas besaß auch eine zentrale Bedeutung für die Genese des modernen okzidentalen Kapitalismus, weshalb man von einer „Americanity" (Quijano und Wallerstein 1992) der Moderne sprechen kann (vgl. Kap. 7.8.2).

An diese Perspektiven wurde hier in zeitlicher und inhaltlicher Hinsicht angeknüpft und daher davon ausgegangen, dass eine *humanistisch-koloniale Moderne der technoszientifischen Moderne vorrausging*. War allerdings bei den genannten Autoren in Hinblick auf die Darstellung der ersten Moderne eine verklärende Fokussierung auf den Humanismus auf der einen Seite und eine kritische Perspektive auf die Kolonialität auf der anderen Seite feststellbar, wurde hier das komplexe Spannungsverhältnis zwischen dem Humanismus und der Entdeckung Amerikas in der Renaissancemoderne deutlich gemacht. Einige der zentralen Ergebnisse sollen im Folgenden in Hinblick auf ihre modernisierungstheoretische Bedeutung nochmals skizziert werden:

a) Mit der Erfindung Amerikas ging eine entscheidende *Bejahung des Neuen* einher, die als *konstitutiv für die Moderne* angesehen werden kann.³ Hier wird erstmals die für die Moderne kennzeichnende Ablehnung des Älteren und Aufwertung des Neuen vollzogen, die in der Literatur als ein zentrales Merkmal von Modernität bestimmt wird.⁴ In den letzten Jahren setzte sich zwar zunehmend die hierzu im Widerspruch stehende Position durch, dass die Schwelle hin zur Modernität nicht um das Jahr 1500 verortet werden könne, sondern – so Koselleck – sich „der gestreckte Anfang der Moderne ins 18. und 19. Jahrhundert [verlagert]" (Koselleck

---

2   Es war daher Dussel zufolge „Lateinamerika [...] ein konstitutives Moment der Moderne." (Dussel 2013: 160) Erst mit der Abspaltung der Niederlande von Spanien und ihrem ökonomisch-politischen Aufstieg wurden die „Zweite Moderne" (ebd.) und damit „eine neue, jetzt eigentlich bürgerliche Entwicklung der Moderne" (ebd.) eingeleitet. Diese Entwicklung mündete schließlich in die englisch und französisch geprägte „dritte Moderne" mit ihren neuen naturwissenschaftlichen Konzepten und schließlich in die industrielle Revolution (ebd.).

3   Zwar ist jede zeitliche Datierung eines Beginns „der Moderne" mit Schwierigkeiten verknüpft. Denn mit der Bestimmung einer Epoche als ‚modern' ist zunächst nur die Konstatierung einer zeitlichen Differenz zu einer vorausgehenden Gesellschaft verbunden, ohne dass hiermit eine Aussage über die qualitative Differenz getroffen wird. Modern ist das Gegenwärtige, das eben erst in Erscheinung getretene Neue (zu lat. „*modo*": »eben, eben erst«; vgl. Dudenverlag 2001: 535). Insofern kann jede gegenwärtige Zeit als „modern" bezeichnet werden. Dementsprechend schreibt Luhmann: „Wenn die moderne Gesellschaft sich selbst als ‚modern' tituliert, identifiziert sie also sich selbst mit Hilfe eines Differenzverhältnisses zur Vergangenheit. Sie identifiziert sich in der Zeitdimension." (Luhmann 1992: 14) Jedoch genügt diese temporäre Bestimmung von Modernität als das Neue in der Geschichte nicht. Für die Moderne als eigenständige Epoche ist entscheidend, dass dem Neuen eine von dem Vergangenen klar unterscheidbare Besonderheit und eine höhere Wertigkeit zugeschrieben wird.

4   So schreibt Münch: „Die Moderne hat sich in der Neuzeit als eine permanente Zurückweisung aller Tradition, aller Verfestigung von Strukturen des Denkens und Handelns durchgesetzt. [...] Die Dynamik der Entwicklung ist also das grundlegende Merkmal der modernen Kultur [...]. Die Moderne ist immer das Neue" (Münch 1986: 12 f.).

1987: 271). Als entscheidend für die Ansetzung des Beginns der Neuzeit im 18 Jh. sieht er die Herausbildung eines klaren Bewusstseins für den Bruch mit den vorrausgehenden Epochen, wie er nicht zuletzt im Begriff der „Neuzeit" und der Verbreitung von Vokabeln wie „Fortschritt" und „Entwicklung" einen Ausdruck fand (ebd.: 278). Im Gegensatz hierzu konnte jedoch in dieser Arbeit aufgezeigt werden, dass die Absetzung der Moderne von der Antike und dem Mittelalter mit der Entdeckung der Neuen Welt und der Verarbeitung dieses Ereignisses durch die Renaissancehumanisten verbunden war. Insbesondere mit der Repräsentation Amerikas im Werk der Kartographen Waldseemüller und Ringmann im Jahr 1507 und dem damit verbundenen Übergang von der Vorstellung getrennter Erd-und Wassersphären zu dem Konzept eines einheitlichen Erd-Wasser-Globus ging ein grundlegender Wandel des Weltbildes einher. Bereits zu dieser Zeit ist eine paradigmatische *Querelle des Anciens et des Modernes* anzusetzen (vgl. Kap. 7.3). Hier bildete sich in Verbindung mit der Vorstellung, gegenüber der Antike einen Erkenntniszuwachs über eine Neue Welt gewonnen zu haben, auch die Idee eines linearen Zeitbewusstseins und damit erste Ansätze der Vorstellung von einer Fortschrittsgeschichte heraus.[5]

b) Das Durchbrechen des herakleischen Grenztabus und die Entdeckung Amerikas markierte für die Gelehrtenwelt des 16. Jh. einen Bruch und wurde als Überschreiten einer Epochenschwelle wahrgenommen. In den nun mit der Devise *Plus Ultra* versehenen Säulen des *Herakles* erhielt diese Übergang sein eindrucksvolles und über die humanistischen Kreise hinaus wahrgenommenes Symbol. Dieses Sinnbild war auch in den folgenden Jahrhunderten ein *Basisparadigma der Moderne* (vgl. Kap. 7.4.2 und 7.6.1).

c) Dieser Umbruch hat nicht nur das Raumverständnis der okzidentalen Menschen verändert, sondern darüber hinaus zur *Herausbildung einer neuen Anthropologie* geführt. Mit der Öffnung des atlantischen Ozeans war ein Ausbruch aus schließenden mythischen Welt- und Menschenbildern verbunden war. Das *Bewusstsein eines offenen Möglichkeitshorizonts* löste den Glauben an einen limitierten Handlungshorizont des Menschen ab. Hier beginnt die Transformationsgeschichte der modernen Subjektivität (vgl. Kap. 7.4).

d) Schließlich wurde auch deutlich, dass mit der Entdeckung Amerikas eine *Verweltlichung außerweltlicher Heilswege* verbunden war. Während in den theologischen und philosophischen Weltbildern des Mittelalters eine Trennung zwischen immanenter und transzendenter Welt vorherrschend war, erodierte diese Trennung durch eine Transformation des Gegensatzes in das Spannungsfeld zwischen Alter und Neuer Welt. Vor allem durch das utopische Denken wurde eine innerweltliche transatlantische Transzendenz geschaffen. Der neuzeitliche Prozess der Verweltlichung des Außerweltlichen und damit der Hybridisierung von Immanenz und

---

5 Koselleck macht diesen Zusammenhang zwischen Modernität und der Entdeckung der Neuen Welt implizit durchaus auch deutlich, wenn er Beispiele für die Begründung des Begriffs der Neuzeit im 18. Jh. benennt. So verweist er auf Johann Gatterer (1727-1799), für den „die neue Zeit von der Entdeckung Amerikas 1492 bis auf unsere Zeiten" reichte (Gatterer zit. nach Koselleck 1977: 277). Doch bleibt, wie Berns kritisch anmerkt, dieser Zusammenhang bei Koselleck nur angesprochen, ohne systematisch ausgeführt zu werden (Berns 1982: 227, Fn. 10). Berns weist hingegen klar darauf hin, „dass mit der Entdeckung der ‚Neuen Welt' sich eine ‚neue Zeit' qua Neuzeit konstituiert" (ebd.).

Transzendenz fand in der realen wie auch in den imaginierten Neuen Welten seinen Ort. Das eschatologisch-utopische Erbe der Kulturen wurde durch die Projektion in die Neue Welt verweltlicht. Der für die Moderne kennzeichnende Prozess der Säkularisierung ist damit untrennbar mit diesem Ereignis verknüpft (vgl. Kap. 7.6 und zusammenfassend Kap. 13.4).

e) Schließlich ist auch die Herausbildung des modernen Kapitalismus und damit auch die Entgrenzung des Marktprinzips untrennbar mit der Kolonisierung der neuen Welt verbunden. Hier bildeten sich frühe Formen jener Abhängigkeits- und Ungleichheitsverhältnisse, die bis heute das Weltsystem kennzeichen, heraus. Insbesondere nach dem Scheitern des Imperiums von Karl V. emanzipiere sich das „Empire of capital" (Meiksins Wood 2003) aus der Einbindung in umfassendere politisch-gesellschaftliche Systeme. Die imperiale Expansion Europas war fortan eng mit der Ausweitung des Weltmarktes und damit der Kommodifizierung der Welt verknüpft (vgl. Kap. 7.8).

Mit der *Erfindung Amerikas waren* somit im Gesamten betrachtet die für *die Moderne entscheidenden Übergänge zu den Prozessen der Entgrenzung, Säkularisierung, Rationalisierung, Individualisierung, Globalisierung, Humanisierung, Kolonisierung, Kommodifizierung sowie der Legitimierung des Neuen verbunden.* Damit veränderte die westliche Welt die Praktiken der Welt- und Selbstaneignung und hierdurch wurde das Beschreiten eines westlichen Sonderweges und damit die okzidentale Sonderentwicklung eingeleitet. Die damit verknüpften Ideen bündelten sich schließlich zu einem Mythos der Moderne bzw. Mythos des Westens als große legitimierende Erzählung der Moderne. Die Entgrenzung der Alten Welt und die Eröffnung einer Neuen Welt hat damit für die Genealogie der Moderne eine paradigmatische Bedeutung und ist auch für die soziologische Modernisierungstheorie von zentraler Relevanz. Insofern erscheint es als legitim, die durch Humanismus und die Entdeckung und Eroberung Amerikas geprägte humanistisch-koloniale Moderne der Renaissance als erste Moderne zu bezeichnen und zum Ausgangspunkt für modernisierungstheoretische Überlegungen zu machen.

Aus dieser Perspektive erscheint damit die industriegesellschaftliche Moderne erst als zweite, technoszientifische Moderne. Als ein entscheidender Nukleus für die Herausbildung dieser zweiten Moderne wurden in dieser Arbeit das Werk Francis Bacons und der darin enthaltene Entwurf der technischen Utopie Nova Atlantis analysiert. Bacon greift den in der ersten Moderne entstandenen Mythos des Westens auf, transformiert in aber in entscheidenden Punkten. In der Ausfahrt des Schiffes der Wissenschaft und Technik über die Säulen des Herakles hinaus in den Ozean der unerforschten und noch unbeherrschten Natur fand dieser Übergang sein Symbol. Insbesondere in seinem Projekt eines „Enlarging of the bounds of Human Empire" (Bacon 1862: 398) bündelte sich diese Vorstellung, in der er die Kolonialität der ersten Moderne zum Projekt der Kolonisierung der Natur ausweitete. Dabei wurde Bacon in starkem Maße von eschatologischen Traditionen einer „Techgnosis" (Davis 1998) beeinflusst. Erst durch Bacon wurde so der okzidentale Sonderweg eindeutig im Sinne eines wissenschaftlich-technischen Fortschritts ausgedeutet.

Diese Neubestimmung des Projekts der Moderne war auch mit einem Übergang von der ersten zur zweiten Welle des Okzidentalismus und damit einem Wandel der

Begründungslogik der angeblichen Superiorität der okzidentalen Superiorität verbunden. Im Zuge eines Übergangs vom klassischen, logozentrischen Humanismus zum technoszientifischen Humanismus erfolgte auch zunehmend eine Legitimierung der kolonialen Landnahme durch die Überlegenheit der technischen Rationalität des Westens und seiner Fähigkeit zur ausgeweiteten Naturbeherrschung. Im „Empire of capital" vereinte sich fortan die koloniale Expansionsdynamik mit der Entgrenzungsprogrammatik des Human Empire und wurde gleichsam in den dem Kapitalismus inhärenten Expansions- und Wachstumszwang transformiert.

Damit werden viele für die Konstitution des Projekts der Moderne entscheidende historische Entgrenzungs- und Transformationsprozesse erkennbar, die in der Mehrzahl der aktuellen soziologischen Zeitdiagnosen kaum eine Berücksichtigung finden. Dahingegen wird im Folgenden deutlich werden, dass viele aktuelle Transformationsprozesse nur vor dem Hintergrund dieser frühneuzeitlichen Entgrenzungsdynamiken zu verstehen sind und häufig deren Radikalisierung darstellen. Insbesondere die aktuell wirkmächtigen technoszientifischen Utopien stehen klar in der Tradition des Baconschen Fortschrittsprojekts (vgl. Kap. 9.4). Ebenso können viele mit der Globalisierung der Gegenwart verbundene Entgrenzungsprozesse als eine Weiterführung der Landnahmelogik der frühen kolonialen Moderne interpretiert werden (vgl. Kap. 10.1). Schließlich wird dargelegt, dass auch auf der Subjektebene eine neue Stufe der Entgrenzung konstatiert werden kann, die in der Tradition der frühneuzeitlichen Mobilisierung des Subjekts steht (Kap. 11.2). Neben dieser Fortsetzung der Entgrenzungs- und Expansionsprojekts der Plus-Ultra-Moderne lassen sich aber ebenso hierzu gegensätzlich Bestrebungen konstatieren, die eine Wiederbegrenzung und eine Integration zum Ziel haben. Im nachfolgenden zeitdiagnostischen Teil wird somit im Detail ausgeführt werden, wie aktuelle Entwicklungen und Transformationsprozesse vor dem Hintergrund der hier skizzierten historischen Transformationsdynamik neu interpretiert werden können. An dieser Stelle soll nur eine kurze Einordnung der aktuellen Dynamiken in das hier zugrunde gelegte modernisierungstheoretische Konzept erfolgen:

Wie im Anschluss zunächst ausgeführt wird, sind die technoszientifischen Epistemologien, Technologien und Praktiken der Gegenwart aus einer „kybernetischen Wende" (Faßler 1999, Weber 2012) hervorgegangen. Insbesondere die Informations- und Kommunikationstechnologien ermöglichen eine neue Stufe der Herrschaft über die Natur wie auch die Gesellschaft. Man kann von einem *Übergang* von der klassischen, durch die verstärkte Nutzung fossiler Energien sowie die industrielle Aneignung der materiellen Welt geprägten, frühen *technoszientifischen Moderne,* zu einer *kybernetischen Moderne* sprechen. Die aktuell unter dem Begriff der digitalen Transformation diskutierten Prozesse sind daher im Kontext einer umfassenden kybernetischen Transformation von Gesellschaft und Natur zu verorten. In Verbindung hiermit lässt sich der Wechsel vom fordistisch-industriegesellschaftlichen Kapitalismus zum postfordistischen Kapitalismus im Kern als ein Übergang zu einem „kybernetischen Kapitalismus" (Tiqqun 2007: 41) beschreiben. Diese Idee ging mit einer Vielzahl neuer Praktiken der Naturbeherrschung in Industrie und Wissenschaft einher. Anderst als die Technowissenschaftendes Baconschen Zeitalters, die auf mechanistischen Weltbildern und Technologien beruhten, steht im gegenwärtigen „Zeitalter der Technoscience" (Weber 2001) die Fähigkeit zur umfassenden Steuerung von Natur und Menschen durch die Kontrolle von Information im Zentrum. Damit ist auch ein erneuter Wandel der Begründungs- und Herrschaftslogik des Okzidentalismus verbunden.[6]

Vor allem die Trans- und Posthumanisten (Moravec 1990; Tipler 1994; Kurzweil 2005) tragen mit ihren Schriften zur Etablierung der sogenannten „Californian Ideology" (Barbrook und Cameron 1996) bzw. einer „Cybergnosis" (Wertheim 2002: 309 f., Böhme 1996a: 259) bei, die insbesondere im *Silicon Valley* zu einer quasi religiösen Legitimierung und Stimulierung neuer Praktiken der technoszientifischen Kolonisierung von Natur und Gesellschaft führen. Die Mythen der Verwestlichung und des Fortschritts, die in der zweiten Welle des Okzidentalismus insbesondere in den USA wirkmächtig wurden, werden hier auf neuer Stufe reproduziert. Der okzidentale Sonderweg geht in die Verheißungen eines „ewigen Fortschritt" (Tipler 1994: 271 f.) und damit einer Radikalisierung des Plus-Ultra-Projekts der Moderne über.

Gleichzeitig deuten sich mit der zunehmenden Einsicht in die Gefährdung der Biokybernetik des Ökosystems durch das technoszientifische Fortschrittsprojekt auch Grenzen des Plus-Ultra-Programms und neue Gegenbewegungen an. Dabei liegt vielen ökosystemaren Konzepten ebenfalls ein kybernetisches Denken zugrunde. Allerdings führen die hieraus gewonnenen Erkenntnisse zu Schlussfolgerungen, die konträr zu den Visionen der technischen Posthumanisten sind. Die sichtbar werdenden Grenzen des Wachstums induzieren eine kritische Reflexion des okzidentalen Sonderweges und des Plus-Ultra-Programms der Moderne. Ausgehend von einem biokybernetischen Denken wird daher eine „große Transformation" (WBGU 2011) der Gesellschaft eingefordert, die auf reflexive Begrenzungen abzielt. Die zunehmende Wahrnehmung von *Planetary Boundaries* (Rockström 2009a) und die damit verbundene Warnung vor dem „risk of crossing thresholds" (ebd.: 32) deren Missachtung zu tiefgreifenden, katastrophalen Veränderungen des Ökosystems führen könnten, läßt das Erreichen einer neuen Epochenschwelle erkennen. Es werden heute neue Grenzen und Schwellen gezogen, die zu überschreiten als ähnlich riskant angesehen wird wie einst die Überschreitung der herakleischen Schwelle. Diese Debatten um die Gefährdung des Ökosystems verknüpfen sich teilweise mit dekolonialen und postanthropozentristischen Diskursen um die Rechte der Mutter Erde bzw. von Pachamama, in denen auf vormoderne und außereuropäische Weltbilder Bezug genommen wird.

Es lassen sich so zwei gegensätzliche Szenarien skizzieren lassen, die beide in unterschiedlicher Weise an das Projekt der Moderne anknüpfen und es kybernetisch

---

6 Mignolo verweist auf die nach dem Zweiten Weltkrieg beginnende Durchsetzung der „Kybernetik [...] als angewandte(r) Epistemologie" und die damit verbundene „Organologie" (Mignolo 2012a: 84, Fn. 39) als neue Stufe des okzidentalistischen Denkens. Die Durchsetzung der kybernetischen Epistemologie habe zu grundlegend neuen Formen der Organisation und Steuerung der Gesellschaft geführt: „Die von der Kybernetik gebotenen Möglichkeiten wurden in ‚instrumenteller' Weise sowohl zu Programmen [Software und Hardware] als auch zu interpersonellen sozialen sowie verwaltenden Systemen geformt und in Verbindung mit globalen bzw. imperialen Entwürfen zur Anwendung gebracht. [...] Korporative Werte und die Ausrichtung der Universität [machen] aus der wachsenden Herrschaft der Organologie eine allgemeine imperiale Metapher." (ebd.: 84, Fn. 39)

transformieren (vgl. Tabelle 3). Das hier skizzierte modernisierungstheoretische Modell gibt daher keinen eindeutigen Aufschluss über die Zukunft der kybernetischen Moderne gibt. Am Ende dieser Arbeit wird allerdings vor dem Hintergrund der aktuellen sozial-ökologische Krisen für eine Befreiung vom Plus-Ultra-Mythos der Moderne und eine Transformation hin zu einer Gesellschaft plädiert, die von einem reflexiven Non Plus Ultra geleitet wird.

Tabelle 3: Modernisierungstheoretische Einordnung der Ergebnisse

	Koloniale Moderne (16.-17. Jd.)	Technoszientifische Moderne (18.-20. Jd.)	Kybernetische Moderne (Szenario 1)	Kybernetische Moderne (Szenario 2)
Fortschrittsbegriff	zivilisatorischer Fortschritt	technoszientifische Entwicklung	Autonomisierte technische Evolution	Nachhaltige Entwicklung
Humanismus	Klassischer Humanismus	Technischer Humanismus	Technischer Posthumanimus	Ökologischer Transhumanimus
Empire	Europäische Kolonisierung der Welt/ Imperium	Ausweitung der Naturbeherrschung/ Human Empire	Kolonialität der Technosciences/ Posthuman Empire	Dekolonialität Globalität
Utopie	Sozialutopie	Technikutopie	Posthumane Technikutopie	Utopie der Nachhaltigkeit
Leitdevise und Sinnbild	Plus Ultra: Nautische Ausfahrt	Plus Ultra: Schiff der Wissenschaft	Infinites Plus Ultra: Cyborg	Non Plus Ultra/ Re Intra: Gaia

9.3 DAS ZEITALTER DER KYBERNETIK

Am Beginn der kybernetischen Moderne stehen die Forschungen britischer und US-amerikanischer Wissenschaftler – zu nennen sind insbesondere Norbert Wiener, John von Neumann, Alan Turing und Claude Shannon – zur künstlichen Intelligenz und zu selbststeuernden Maschinen, die im Kontext des Zweiten Weltkrieges begonnen und nach dessen Ende fortgesetzt wurden. Der Begriff *Kybernetik* wurde von Norbert Wiener in seinem 1948 erstmals veröffentlichten namensgebenden Werk *Cybernetics: or the Control and Communication in the Animal and the Machine* gewählt :
„We have decided to call the entire field of control and communication theory, weather in the machine or in the animal, by the name Cybernetics, which we form from the Greek kybernetes or steersman." (Wiener 1965: S. 11)

Die Benennung der neuen wissenschaftlichen Lehre wurde somit in expliziter Anlehnung an die antike Steuermannskunst, die *kybernetike techne*, vorgenommen.

Bereits in der Antike lässt sich dabei häufig eine metaphorische Übertragung und paradigmatische Verwendung der Figur des Steuermannes (*kybernetes*) und der Tätigkeit des Steuerns (*kybernein*) feststellen. Insbesondere Platon vollzog eine metaphorische Parallelisierung des Steuerns mit der Fähigkeit zum Regieren (archein) des Selbst und des Staates: „Wer die Seele nicht zu gebrauchen versteht, [...] für einen solchen [ist es] besser, [...] die Steuerruder seiner Seele einem andern [zu] übergeben, der nämlich die Steuerkunst [kybernetike techne] der Menschen gelernt hat, welche du, o Sokrates, immer die Staatskunst [politike techne] nennst." (Platon 2000: 408a)

Insbesondere durch die Rezeption der griechischen Philosophie bei Cicero sollte diese Verbindung des Steuermannstopos mit Regierungstechniken unter dem – auch ethymologisch vermutlich aus *kybernan* abgeleiteten – Begriff *gubernare* ins Lateinische eingehen (Cicero 1987: 1,2; 1,117; 2,51).[7]

Wiener knüpfte an diese metaphorische Verwendung der Steuermannskunst an, vollzieht aber zugleich eine fundamentale Transformation: In der Antike standen das lebendige Subjekt und seine „Kunst" des Steuerns des Schiffes, des Selbst und des Staates im Zentrum der Betrachtung. Bei Wiener und seinen Mitstreitern wurde hingegen die Technologie der „toten" programmierbaren kybernetischen Maschine zum Paradigma der Deutung. Aus der Funktionsweise selbststeuernder Maschinen wie etwa Torpedos und Flugabwehrraketen wurde ein technizistisches, entsubjektiviertes Modell der Steuerung abgeleitet.

Zwar besitzt der ursprüngliche kybernetische Ansatz heute auf den ersten Blick nur noch eine geringe Bedeutung, weshalb manche Autoren die Kybernetik auch als „Moderscheinung" (Aumann 2009) ansehen, die seit den 1970er Jahren an Relevanz verloren hat.[8] Untergründig hat die Kybernetik jedoch die letzten 60 Jahre

---

7   Kaiser schreibt hierzu: „Entsprechend der Verbindung der Verben archein und kybernan in der griechischen Literatur, besonders bei Platon und Aristoteles, bringt er [Cicero] regere und gubernare [...] rector und gubernator in einen Zusammenhang." (Kaiser 1953: 202) Nicht nur unsere heutigen Begriffe des Gouverneurs, des Gouvernements, sondern auch der durch Foucault für die sozialwissenschaftliche Diskussion fruchtbar gemachte Begriff der *Gouvernementalität* (Foucault 2004) ist aus dieser schließlich synonymen Verwendung von Steuerung und Regierung abgeleitet. Foucault erwähnt den Zusammenhang zwar (Foucault 2004: 310), macht ihn aber nicht für die Analyse der neuzeitlichen Gouvernementalität fruchtbar macht. Ebenso wenig wird von ihm die Beziehung zwischen der modernen Kybernetik und der Gouvernementalität der Gegenwart diskutiert. Die hier im Folgenden diskutierte Kybernetik der modernen Gesellschaft und des modernen Subjekts unterscheidet sich aufgrund der Berücksichtigung der kybernetischen Techniken und Paradigmatas daher grundlegend von den Foucautschen Gouvernementalitätsanalysen.

8   Aumann beschreibt durchaus zutreffend, dass die weitreichenden gesellschaftlichen Erwartungen an die Kybernetik enttäuscht wurden und daher diese in der öffentlichen Wahrnehmung an Bedeutung einbüßte: „Sobald die Kybernetik ihren Neuigkeitswert verloren hatte, nichts Ungewohntes oder Sensationelles mehr war, wurde sie auf der massenmedialen Ebene generell wertlos." (Aumann 2009 : 456). Allerdings konstatiert auch er durchaus ein partielles Fortwirken des Ansatzes: „Dagegen blieben die ihr zugeschriebenen Probleme und das von ihr produzierte Wissen prinzipiell bestehen. In diesem Sinne ist die Kybernetik, v.a. als Methodik, heute immer noch lebendig – wenn auch oft nicht mehr

zutiefst geprägt und ist bis heute nicht nur als Vokabel im „Cyberspace" (dessen technologische Grundlagen auf die frühe Kybernetik zurückzuführen sind) zu finden, sondern prägt nach wie vor unser Zeitalter, wie auch Pias hervorhebt: „Unschwer lässt sich in den kybernetischen Entwürfen das Entstehen jener Diagnosen ausmachen, die unsere Gegenwart als eine der ‚Wissens-', ‚Informations-' oder ‚Kontrollgesellschaften' zu bestimmen suchen." (Pias 2004: 30) Die Kybernetik wurde in vielfältiger Weise durch eine „Kybernetisierung der Humanwissenschaft" (Hörl 2004: 215), die „Kybernetisierung von Arbeit" (Jochum 2013) und der Herausbildung eines „kybernetischen Naturbegriff[s]" (Weber 2001: 21) bzw. einer „kybernetischen Natur" (Moscovici 1990: 102 f.) wirkmächtig.

Deleuze und Guattari verbinden die Ablösung der Disziplinargesellschaft durch die Kontrollgesellschaft mit der Heraufkunft eines neuen, durch die „Maschinen der Kybernetik und Informatik" gekennzeichneten Zeitalters (Deleuze und Guattari 1992: 635) Auch Baudrillard spricht vom Übergang „von einer kapitalistisch-produktivistischen Gesellschaft zu einer neo-kapitalistischen, kybernetischen Ordnung, die eine absolute Kontrolle anstrebt" (Baudrillard 1982: 94). Das Autorenkollektiv Tiqqun diagnostiziert gar eine „Kybernetisierung des Kapitalismus" (Tiqqun 2007: 43). Demnach ist seit den siebziger Jahren an die Stelle des fordistischen Kapitalismus ein „kybernetischer Kapitalismus" getreten, der „aus der Anwendung der kybernetischen Hypothese auf die politische Ökonomie hervorgeht" (ebd.: 41). Damit einher ging die Genese einer Vielzahl neuer Technologien. Damit einher ging die Genese einer Vielzahl neuer Technologien. Insbesondere die Informations- und Kommunikationstechnologien sind aus der „kybernetischen Wende" (Faßler 1999, Weber 2012) hervorgegangen. Es ist der „kybernetische Mythos" (Rid 2016: 414) als eine der zentralen großen Erzählungen der Gegenwart anzusehen. Wie im Anschluss an diese Autoren argumentiert wird, kann der Übergang von der klassischen industriegesellschaftlichen Moderne zur Informationsgesellschaft, bzw. der postfordistischen Gesellschaft, im Kern als die Heraufkunft einer *kybernetischen Moderne* beschrieben werden.

Dabei beziehen sich die genannten Analysen teilweise auf unterschiedliche Interpretationslinien des kybernetischen Paradigmas. Denn die Kybernetik ist keineswegs als ein monolithisches Lehrgebäude anzusehen, vielmehr hat die kybernetische Wende zur Genese eines heterogenen Diskurses geführt. In der *Declaration of the American Society for Cybernetics* (von Glasersfeld 1992) wird deutlich gemacht, dass „two major orientations have lived side by side in cybernetics from the beginning" (ebd.: 2).

Eine Richtung war vor allem auf die Entwicklung von Industrierobotern, Autopiloten, Computer und anderen Automaten fokusiert. Das Ziel der Entwicklung künstlicher Intelligenz besaß eine zentrale Bedeutung (ebd.). Man kann diese Zielsetzungen und Programmatiken als Weiterführung des Projekts der Natur- und Weltbeherrschung der technoszientifischen Moderne interpretieren.

Im Gegensatz dazu war eine heterodoxe Strömung primär an einem kybernetischen Verständnis von Prozessen der Selbstorganisation des Lebens und des Denkens

---

unter diesem Titel." (Ebd.) Wenn hier von einer kybernetischen Moderne gesprochen wird, so ist dieses fortbestehende Relevanz der kybernetischen Methoden, Fragestellungen und Paradigma gemeint, und nicht die Persistenz der Kybernetik-Mode der 1960er Jahre.

interessiert (ebd.). Auch diese Richtung war von Beginn an innerhalb der kybernetischen Debatten vertreten, erfuhr aber erst später unter dem Begriff der „Kybernetik zweiter Ordnung" eine breitere Rezeption, die eng mit dem Namen von Heinz von Foerster verbunden ist (Foerster 1993). Mit dem Wechsel von der Analyse einfacher Regelkreisen „zur Beobachtung des Beobachtens" (ebd.) rückten kognitive Prozesse ins Zentrum der Reflexionen. Zu den alternativen Ausdeutungen können auch die biologischen und ökosystemaren Anwendungen des kybernetischen Denkens gezählt werden. Zu nennen sind hier sowohl Neudeutungen des Lebens auf der Grundlage des Konzepts der Autopoiesis (Maturana und Varela 1980) wie auch Arbeiten zu Funktionsweisen von Ökosystemen (Odum 1953, Forrester 1971, Holling 1973).

Zwar argumentiert Weber, dass die biologisch-ökosystemare und die technoszientifische Ausdeutung der Kybernetik als Ausdruck einer zusammenhängenden und letztlich in die gleiche Richtung weisenden „biokybernetische[n] Konfiguration der Technowissenschaftskultur" (Weber 2012) gedeutet werden können und zweifelsohne lassen sich Überschneidungen zwischen diesen Interpretationslinien konstatieren. In Anknüpfung an die durch von Glaserfeld genannte Differenzierung zwischen zwei Grundrichtungen der Kybernetik erscheint es aber dennoch möglich, idealtypisch zwischen einer technoszientifischen Kybernetik und einer eher ökologisch und/oder humanistisch orientierten Kybernetik zu differenzieren.

Das kybernetische Paradigma verändert, wie im Folgenden dargelegt wird, die Diskurse und die Praktiken der Moderne grundlegend, doch wird hierdurch keine eindeutige Entwicklungslinie vorgegeben. Die Antinomien der Moderne werden zwar transformiert, aber nicht aufgehoben, sondern vielmehr auf einer neuen Stufe reproduziert und radikalisiert. Kreisten die Kontroversen der traditionellen Moderne eher um materialistische Fragen der industriellen Aneignung der Natur und die Verteilung der Güter, so rücken mit dem Übergang in die kybernetische Moderne Auseinandersetzungen um Fragen der Steuerung ins Zentrum der Debatte. Von den Vertretern der technoszientifischen Kybernetik wird eine weitgehende Ersetzbarkeit und Kontrollierbarkeit genetischer und kognitiver Steuerungsprozesse durch künstliche Informationstechnologien postuliert und damit eine neue Stufe der Entgrenzung der technoszientifischen Macht und eine Radikalisierung des Bacon Projekts propagiert.

Dahingegen betonen die Anhänger der alternativen Deutung eher die Eigensinnigkeit der biologischen und kognitiven Prozesse und weisen auf die Gefährdung der Selbstorganisationsfähigkeit der Systeme hin. Anstelle einer Logik der weiteren Entgrenzung wird hier aus dem kybernetischen Paradigma tendenziell die Notwendigkeit einer reflexiven (Selbst-)Begrenzung und eine Infragestellung der Fortschrittsmythen der Moderne abgeleitet.

Es bündeln sich die Kontroversen um die Implikationen der kybernetischen Wende daher in der Auseinandersetzung, ob eine Radikalisierung der Entgrenzungslogik der Moderne möglich und wünschenswert ist, oder ob eine Begrenzung der Expansionsdynamik notwendig wird. Dies wird insbesondere an den aus dem kybernetischen Paradigma abgeleiteten Utopien und Zukunftsentwürfen erkennbar, die von der Hoffnung auf einen „ewigen Fortschritt" (Tipler 1994: 271) bis hin zur ökologisch begründeten Selbstbegrenzung und damit der Setzung eines neuen Non Plus Ultra reichen. Um diese Kontroversen zu verstehen, werden im Folgenden diese verschiedenen Varianten der Kybernetik und die Entwicklung der Debatten kurz skizziert.

Den Nukleus der kybernetischen Revolution bildeten die rasanten Fortschritte bei der Entwicklung von selbststeuernden und informationsverarbeitenden Technologien. Infolge des zunehmenden technischen Fortschritts wurde der Computer als „universelle kybernetische Maschine" (Becker 2012) zum zentralen Paradigma. Als „Urschrift der kybernetischen Bewegung" (Bröckling 2008) gilt dabei der 1943 erstmals veröffentlichte Aufsatz *Behavior, Purpose and Teleology* (Rosenbleuth, Wiener und Bigelow 1967). Die Besonderheit der hierin analysierten sogenannten servomechanischen Maschinen war, dass sie zur Informationsverarbeitung und damit zu einer durch Feedback gesteuerten Selbstregulierung befähigt waren.

Das Grundmodell der Kybernetik ist der Regelkreis. Kybernetische Maschinen nehmen Informationen auf, die ihnen eine Rückkoppelung über die Folgen der vorrausgehenden Aktivitäten gibt. Bei positiven Rückkoppelungen kommt es zu einer Verstärkung bestimmter Prozesse, bei einer negativen Rückkoppelung zu einer Reduktion und Selbstbegrenzung. Die kybernetischen Maschinen können damit bei einer Abweichung von einem gesetzten Ziel gegenzusteuern. Infolge dieser Fähigkeit werden Phänomene in Maschinen erzeugt, die dem intentionalen Handeln von Lebewesen und sogar von Menschen ähneln. In der genannten Schrift wird dementsprechend „der Begriff teleologisches Verhalten [...] zu einem Synonym für den Begriff des Verhaltens, das durch negative Rückkoppelung kontrolliert [wird]" (ebd.: 24).[9] Die Neudeutung von teleologischem Handeln hatte zur Folge, dass sich quasi der „Geist plötzlich auf dem Arbeitstisch des Ingenieurs wiederfindet" (Pias 2004: 13).

Dies implizierte nicht allein, dass sich kognitive Phänomene scheinbar auch in Maschinen reproduzieren ließen. Eine Konsequenz der epistemologischen Revolution war zugleich, dass kybernetische Maschinen zum Vorbild für das Verständnis von kognitiven Prozessen in Lebewesen und auch bei Menschen werden konnten, wie Wiener klar deutlich macht:

„Ich behaupte nun, dass die Arbeitsweise des lebenden Individuums und die einiger neuerer Kommunikationsmaschinen völlig parallel verlaufen. Bei beiden sind sensorische Empfänger eine Stufe ihres Arbeitskreislaufs [...]. In beiden Fällen werden diese äußeren Nachrichten [...] durch die inneren umformenden Kräfte des lebendigen oder toten Apparats aufgenommen [...] Bei beiden, dem Lebewesen und der Maschine, dient dieser Vorgang dazu, auf die Außenwelt zu wirken." (Wiener 1963: 26)

Damit wurde die bis dato noch in vielen Epistemologien zentrale Differenz zwischen Belebtem und Unbelebtem in einem kybernetischen Mechanizismus und Monismus aufgelöst (vgl. Kay 2002, Weber 2012: 410). Wie Jutta Weber argumentiert, hat der

---

9 Der Versuch einer fundamentalen Reformulierung der bisherigen Denkmodelle und Weltbilder durch die Kybernetik blieb nicht unwidersprochen. So argumentierte Jonas: „Rein semantisch betrachtet kann man sagen, dass die ganze kybernetische Lehre teleologischen Verhaltens auf die Verwechslung von ‚einem Zweck dienen' mit ‚einen Zweck haben' reduzierbar ist." (Jonas 2011: 181) Allerdings konnten derartige Gegenstimmen nicht verhindern, dass in den letzten Jahrzehnten die vom kybernetischen Dispositiv inspirierte Nivellierungen der Differenzen zwischen der verschiedenen Formen der Zielsetzung- und verfolgung bei Lebewesen, Menschen und Maschinen sich immer mehr durchsetzte.

„in den Technoscience dominante kybernetischen Naturbegriff" (Weber 2001: 27) zu einem grundlegenden Wandel der Wahrnehmung der natürliche Prozesse geführt. Die „Epistemologie der Technowissenschaften" (Weber 2001: 139) trägt zunehmend dazu bei, dass „gar nicht mehr von lebendigen Organismen ausgegangen wird, sondern künstliches Leben bzw. lebendige Systeme selbst erzeugt werden" (ebd.: 140). Hierdurch wird eine neue Stufe der Naturbeherrschung eingeleitet. Die „Radikalisierung des mechanistischen Naturbegriffs im kybernetischen [...] verursacht [...] eine qualitativ veränderte Aneignung bzw. Produktion von Natur" (ebd.: 141).

Nicht nur die Naturvorstellung, sondern auch die anthropologischen Konzepte veränderten sich durch die neue Wissensordnung grundlegend. Noch weit mehr als von Wiener selbst – der die universale Gültigkeit des Modells in späteren Jahren relativierte – wurde durch Alain Turing mit dem nach ihm benannten Turing-Test (Turing 2009, zuerst 1950) und durch Alfred von Neumann (1970) die These einer *Identität von humanem Geist und kybernetischen Maschinen* propagiert. Mit der hier zugrundeliegenden Annahme, „dass die geistigen Prozesse des Menschen mit denen eines Computerprogrammes identisch seien [...], war der cybernetic turn, die kybernetische Wende eingeleitet" worden (Faßler 1999: 19). In der „kybernetischen Anthropologie" (Rieger 2003) wurde „der Mensch zum besonderen Fall der Informationsmaschine" (Pias 2004: 14) und die noch von der philosophischen Anthropologie betonte Sonderrolle des Menschen als geistiges Wesen geriet nun endgültig ins Wanken. Die Interaktion des menschlichen Subjekts mit den Objekten seiner Umwelt schien mit technischen Abläufen vergleichbar und als ein – wenn auch komplexer – kybernetischer Regelkreis darstellbar zu sein. Wie Hagner und Hörl in *Die Transformation des Humanen* (2008) darlegen, trug die kybernetische Wende nicht nur zu einem epistemologischen Wandel in den Natur- und Technikwissenschaften bei, sondern führte zugleich zu einer „Kybernetisierung des Menschen" (Hagner und Hörl 2008: 10) und veränderte so die Axiomatik der Humanwissenschaften grundlegend. Auch die postmoderne Kritik der klassischen Vorstellungen vom humanen Subjekt ist demnach als Folge des Triumphs der kybernetischen Hypothese zu interpretieren (ebd.). Im kybernetischen Verständnis von Steuerung werden alle humanistischen und vitalistischen Vorstellungen von einer Besonderheit des Menschen bzw. des Lebens aufgelöst.

Mit der Kybernetik verbunden war nicht allein ein wissenschaftstheoretisches Programm, sondern zugleich die Vorstellung einer umfassenden praktischen Programmierbarkeit, Kontrollierbarkeit und Steuerbarkeit aller Prozesse: „Die kybernetische Hypothese [...] schlägt [...] vor, die biologischen, physischen und sozialen Verhaltensweise als voll und ganz programmierbar und neu programmierbar zu betrachten." (Tiqqun 2007: 13) Diese Annahme der Identität von Leben, Mensch und Maschine stellt auch die zentrale Axiomatik der postbiologischen sowie der trans- und posthumanistischen Utopien der Gegenwart dar, da nur auf Basis dieser Annahme eine Substituierbarkeit und Perfektionierbarkeit von Leben und Mensch durch Cybertechnik plausibel erscheint.

Nach dem Bedeutungsverlust der frühen Kybernetik erster Ordnung erfolgte eine Wiedergeburt in der auf den ersten Blick stark verwandelten Gestalt der Kybernetik zweiter Ordnung, wie sie insbesondere durch Heinz von Foerster (1993) geprägt wurde. Diese kann als heterodoxe Ausdeutung des kybernetischen Paradigmas interpretiert werden. Zwar behielten Begrifflichkeiten wie die der „Information" und des „Feedback" ihre zentrale Bedeutung, doch kam es zu einer Erweiterung durch Konzepte wie Rauschen, Selbstorganisation, Spontanität und dynamische, offene Systeme. Dem Ordnungsanspruch der frühen Kybernetik wurde ein Denken entgegengestellt, das auch das Unvorhersehbare und Unkontrollierbare der Natur akzeptierte (Weber 2012: 414). Damit wurde ein neuer Blick auf die selbstorganisierenden Prozesse des Lebendigen eröffnet. In Abweichung zur ursprünglichen Kybernetik reproduzierten Varela und Maturana – trotz des Rekurses auf die Maschinenmetapher – mit ihrer klaren Unterscheidung zwischen Autopoiese und Allopoiese den alten Dualismus zwischen Organismus und Mechanismus in kybernetischer Sprache (Maturana 1985: 158 f.; vgl. hierzu auch Bühl 1987).

Auch ökosystemare Ausdeutungen des kybernetischen Paradigmas können zu dieser, zur technoszientifischen Kybernetik alternativen, Richtung gezählt werden, da sie weniger auf Beherrschbarkeit der Natur abzielen, sondern die Wahrung der ökologischen Funktionsfähigkeit im Zentrum steht. Bereits 1946 hatte der Ökologe Georg Evelyn Hutchinsons eine ökologische Interpretation des kybernetischen Regelkreismodell vollzogen (vgl. Elichirigoity 1999: 35). Von hier aus läßt sich eine Linie über den Ökologen Odum 1953, die *Grenzen des Wachstums* (Meadows 1972) und die Gaia-Hypothese (Lovelock 1979) bis hin zu den „planetary boundaries" (Röckström et al. 2009; Steffen et al. 2015) ziehen. Auf diesen Strang des kybernetischen Denkens, der aktuell wieder an Bedeutung gewinnt, wird später noch näher eingegangen.

Die hiermit verbundene Einforderung nach der Berücksichtigung von Grenzen der Nutzbarkeit und Verfügbarkeit von Natur steht in einem spannungsreichen Verhältnis zu der Wiedergeburt der technoszientifischen Kybernetik in den letzten Jahrzehnten, wie sie insbesondere durch die Weiterentwicklung und Verbreitung der kybernetischen Kommunikations- und Informationstechnologien in den letzten Jahrzehnten eingeleitet wurde. Die Fortschritte der Mikroelektronik ermöglichten eine Ubiquität des Computers und die Vernetzung dieser Maschinen zum Cyber-Space. Auch die Gentechnologie, die in den letzten Jahrzehnten in verstärktem Maße auf neue Weise in das Innerste des Lebens vordringt, ist eng mit dem kybernetischen Informationsbegriff verbunden (Kay 2002: 491). Biologische, kognitive und maschinelle Informationen wurden ähnlich interpretiert und daher auch Produktionsprozesse, Lebensprozesse sowie auch soziale Beziehungen als in ähnlicher Weise veränderbar und steuerbar angesehen. Die zunehmende Verbindung von Organismus und kybernetischen Artefakten wurde hierdurch ermöglicht bzw. als praktikabel erachtet. Donna Haraway reflektiert in ihrem „Cyborg-Manifesto" diese Entwicklung in der Figur der „Cyborgs [...] kybernetischer Organismen, Hybride aus Maschine und Organismus" (Haraway 1995: 33). Es sind heute in der „Cyber-Moderne" (Faßler 1999) bzw. der „CyberSociety" (Bühl 1996) eine Allgegenwärtigkeit der Cyber-Technologien, Prozesse einer „Cyborgisierung des Menschen" (Jongen 2012) sowie eine umfassende „Cyborgisierung der Gesellschaft" (Cappuro 2005) festzustellen.

Auch der Siegeszug der neoliberalen ökonomischen Theorien ist nur vor dem Hintergrund einer Kybernetisierung der Ökonomie zu verstehen. Einflussreich war hier insbesondere die Spieltheorie von John von Neumann, eines der Gründerväter der kybernetischen Wissenschaften. Diese trug wesentlich zur Verbreitung des

Modells des „homo oeconomicus", d.h. des Menschen als nutzenmaximierenden Wesen, bei (Schirrmacher 2013: S. 57 f.). In der spieltheoretischen Ausdeutung der Kybernetik wurden Modelle einer berechnenden Interaktion rational-egoistischer Menschmaschinen entwickelt. Mirowski zufolge fanden diese Konzepte zunächst vor allem im Kontext des kalten Krieges Verwendung, diffundierten aber dann von hier aus insgesamt in die sozialwissenschaftlichen Theorien und transformierten vor allem die ökonomischen Lehren grundlegend, so dass "economics at the end of the second millenum has become a cyborg science" (Mirowski 2002: 6). Die Herausbildung des „kybernetischen Kapitalismus" (Tiqqun 2007: 4) wurde auch durch diese neue Epistemologie vorangetrieben und sie legitimierte auch die seit den 1970er Jahren forcierte neoliberale Universalisierung des Marktprinzips.

Diese verschiedenen Prozesse der Kybernetisierung und Cyborgisierung überlagerten sich und führten in den letzten Jahrzehnten zu den als Prozesse der Digitalisierung und Informatisierung bezeichneten Umbrüchen in der Arbeits- und Lebenswelt. Auch die aktuell unter den Begriffen der „Industrie 4.0", dem „Internet der Dinge" und der „digitalen Transformation" diskutierten Veränderungen können als neueste Stufe dieses durch die kybernetischen Technologien ermöglichten Wandels angesehen werden. Zutreffend schreibt Schaupp: „Der Diskurs um eine ‚Industrie 4.0' ist […] hauptsächlich ein Diskurs um kybernetische Steuerung." (Schaupp 2017: 53)

An dieser Stelle soll nicht näher im Detail auf diese Dynamiken eingegangen werden, sondern primär deren geistes- und technikgeschichtlicher Hintergrund beleuchtet werden. Denn auch die gegenwärtige Entwicklungen wurden teilweise durch die posthumanistischen Utopien der 1990er Jahre antizipiert und auch vorangetrieben (vgl. Krüger 2004a: 171) Dabei knüpfte der Posthumanismus wiederum an die technischen Visionen und die Epistemologie der frühen Kybernetik an. Es ist nicht allein eine thematische und epistemologische Kontinuität zwischen bestimmten Richtungen der frühen Kybernetik und dem Posthumanismus festzustellen, wichtig wurde auch die direkte Vermittlung des kybernetischen Paradigmas durch Personen wie Marvin Minsky (vgl. Krüger 2004a: 212). Wie Hayles in *How we became posthuman* (1999) dargelegt hat, adaptiert und radikalisiert der Posthumanismus die kybernetische Vereinheitlichung der Wirklichkeit: „The posthuman view configures human being so that it can be seamlessly articulated with intelligent machines." (Ebd.: 2) Die Idee einer Identität von kybernetischer Maschine und Mensch wurde zur Vision einer Superiorität der Maschine und der Antiquiertheit des alten leiblichen Menschen im Zeichen eines neuen Plus Ultra übersteigert. Man kann so davon sprechen, dass das „Zeitalter der Kybernetik", das Heidegger in den 1950 Jahren heraufziehen sah (Heidegger 1986: 25), im „Zeitalter des Posthumanismus" (Flessner 2000: 13) seine Wiederkehr und seinen endgültigen Durchbruch findet. Die Ideen der Posthumanisten avancierten in den letzten Jahren zu wirkmächtigen Visionen, welche insbesondere in den USA trotz ihres utopischen Charakters zu Leitbildern der Technikentwicklung wurden.

Dabei können die cybertechnologischen und posthumanistischen Utopien zugleich klar in der Tradition des Baconschen Projekts einer Ausdehung der Grenzen des Human Empire verortet. Sie knüpfen an dessen in den USA vollzogen Verbindung mit dem Frontier-Mythos in der Idee der „Manifest Destiny" an und radikalisieren so, wie im Folgenden deutlich wird, die Entgrenzungslogik der Moderne.

9.4 TECHNOSZIENTIFISCHE KYBERNETIK UND DIE CYBERGNOSTISCHE UTOPIE

Die Möglichkeiten der kybernetischen Maschinen und des hierdurch geschaffenen Cyberspace wurden von vielen Protagonisten der neuen Technologien als revolutionäre Horizonterweiterung und in Analogie zur Entdeckung der Neuen Welt und der Landnahme des amerikanischen Westens interpretiert. Es erfolgte eine Übertragung des amerikanische Frontier-Mythos auf den Cyberspace (Ludlow 1996). In dem Manifest *Cyberspace and the American Dream: A Magna Carta for the Knowledge Age* (Dyson et al. 1994) wurde das Vorantreiben einer „new electronic frontier of knowledge" (ebd.) explizit in die Tradition der Landnahme im 19. Jh. gestellt: „As America continued to explore new frontiers – from the Northwest Territory to the Oklahoma land-rush – it consistently returned to this fundamental principle of rights, reaffirming, time after time, that power resides with the people." (ebd.) Die Schrift war durchdrungen vom Geist des Anbruchs einer Neuen Epoche des amerikanischen Traums: „Next, of course, must come the [...] creation of a new civilization, founded in the eternal truths of the American Idea. [...] We will indeed renew the American Dream and enhance the promise of American life" (Ebd.) In ähnlicher Weise nahm auch John Barlow in seinem Manifest *A Cyberspace Independence Declaration* (1996a) auf die Amerikanische Unabhängigkeitserklärung und die damit verbundene Idee einer Emanzipation von den Mächten der Alten Welt Bezug. Den „Regierungen der industriellen Welt", den „müden Giganten aus Fleisch und Stahl", wird die Botschaft eines neuen Reichs der Freiheit entgegengesetzt und damit der Amerika-Mythos auf neue Weise reproduziert: „Wir werden im Cyberspace eine Zivilisation des Geistes erschaffen." (Barlow 1996b)

In den genannten Dokumenten war das Versprechen einer erneuten Expansion der Frontier noch auf den durch das Internet konstituierten Cyberspace bezogen. Von den hier unter dem Begriff des technoszientifischen Posthumanismus subsumierten Autoren Minsky, Moravec, Tipler und Kurzweil[10] wird dahingegen eine darüber hinausgehende Entgrenzungsutopie entworfen, welche das Verlassen der irdisch-leiblichen Welt und die Eroberung des Universums beinhaltet. Antizipiert wurde diese technische Grenzüberschreitung bereits früh mit der Idee des *Cyborgs*. Die Schöpfer des Begriffs, die amerikanischen Wissenschaftler Clynes und Kline, schlugen in einem gemeinsamen Artikel aus dem Jahre 1960 eine neue Strategie zur Eroberung des Weltraums durch die Entwicklung kybernetisch erweiterter Menschen

---

10 Die Bezeichnung Posthumanismus ist keineswegs unumstritten. Während der sogenannten Transhumanismus teilweise von Protagonisten einer technologischen Optimierung des Menschen selbst benutzt wird, ist der Begriff des Posthumanismus weitaus uneindeutiger (vgl. Ranisch und Sorgner 2014: 7 f.). Auch einige der postmodernen Humanismuskritik verpflichteten Autoren wie Herbrechter (2009) und Braidotti (2014) bezeichnen sich als Posthumanisten. Dahingegen werden Minsky, Moravec und andere Protagonisten einer cybertechnologischen Überwindung des Menschen in der Literatur mit dem Posthumanismus assoziiert, ohne sich selbst derart zu bezeichnen (Krüger 2004). In der vorliegenden Arbeit wird im Folgenden vereinfachend der Begriff des (technoszientifischen) Posthumanismus als Bezeichnung für die verschiedenen Varianten des technologisch ausgerichteten Post- und Transhumanismus verwendet.

vor (Clynes und Kline 2007: 469). Die „Cyborgs [...] kybernetische Organismen, Hybride aus Maschine und Organismus" (Haraway 1995: 33) avancierten in der kybernetischen Moderne zum paradigmatischen Sinnbild für das Versprechen einer technischen Optimierbarkeit des Menschen und einer Erlösung von der weltlichen Gebundenheit.

So skizziert Moravec in *Körper, Roboter, Geist* (1996) eine Entwicklung hin zu einem „mechanisierte[n] Paradies" (ebd.: 176), in dem die Begrenzungen der irdischen und leiblichen Welt überwunden sind. Vollzogen wird diese Emanzipation von Cyborg-Wesen, die als „Exe" (ebd.: 183), d.h. als ehemalige Menschen bezeichnet werden, da bei ihnen der humane Geist in kybernetische Maschinen inkorporiert ist. In Moravecs Vision bricht infolge einer zunehmenden Dematerialisierung der neuen Wesen schließlich „das Zeitalter des Geistes" (Moravec 1996: 185) an. Der Prozess der Expansion der Grenzen des Human Empire eines Francis Bacons wird nun quasi von den Ex-Menschen auf neuer Stufe als immerwährende Ausdehnung eines ‚Posthuman Empire' fortgesetzt: „An der vordersten Front dieses Vorgangs werden sich Exe mit stetig anwachsenden geistigen und körperlichen Fähigkeiten in einem Wettbewerb grenzenloser Landnahme befinden." (Ebd.: 185) Der „Myth of the West" (Bruce1990; Schulte Nordholt 1995), der in den USA eng mit dem Frontier-Mythos der Landnahme verbunden war, wird hier nun auf die Eroberung des Universums übertragen.[11]

Es lassen sich die Utopien der Trans- und Posthumanisten zweifelsohne in der Tradition des gnostisch-eschatologischen Denkens des Westens verorten (vgl. Kap. 6.2). Mit dieser These wird hier an die Arbeiten von Davis zur „Techgnosis" (1998), sowie von Wertheim und Böhme zur „Cybergnosis" (Wertheim 2002, Böhme 1996a) angeknüpft. Wie bereits anhand der Auseinandersetzung mit dem Werk Bacons deutlich wurde, kann das innerweltliche technoszientifische Fortschrittsdenken der Moderne als Säkularisierung von gnostischen Heilshoffnungen interpretiert werden. Dieses Denken findet seine Fortsetzung in der kybernetisch inspirierten Technikbegeisterung der Gegenwart. Auch wenn sich die Begriffe gewandelt haben, so ist doch Davis zufolge die alte gnostische Hoffnung auf das Erreichen der Transzendenz klar erkennbar: „Techgnosis find themselves, consciously or not, surrounded by a complex set of ideas and images: transcendence trough technology. Techgnosis is the esoteric side of postwar world's new 'information self'." (Davis 1998: 101) In ähnlicher Weise argumentiert Wertheim, dass „viele Cyber-Religiöse [...] nach einer wesentlich pythagoreischen Gnosis" streben würden und „in den heutigen Träumen der Cyber-Gnosis" eine Verwandtschaft zu neuplatonisch-chistlichen Strömungen der Antike zu erkennen sei (Wertheim 2002: 305 f.).[12] Uwe Jochum verweist ebenso

---

11 Dieser Prozess mündet schließlich ein in die vollständige „Vergeistigung", in der gleichsam ein kybernetischer Weltgeist das ganze Universum zunehmend durchdringt: „Die Exe-Wellenfront grober physischer Verwandlung wird durch eine rasche Welle von Cyber-Transformation abgelöst werden – bis das Ganze schließlich zu einer Geistblase geworden ist, die nahezu mit Lichtgeschwindigkeit expandiert." (Ebd.: 187) Durch die Expansion des Posthumanen Reiches des Geistes durchdringt in der Cybermystik von Moravec die „Cybergottheit" (ebd.: 190) schließlich das unendliche All.

12 Diese Parallelen zu der traditionellen Gnosis zeigen sich insbesondere in der weltflüchtigen Sehnsucht nach einer Überwindung der Beschränkungen des Leibes: „Die Visionen von

auf die religiösen Dimensionen, die untergründig vielen Szenarien der Cyberspace-Apologeten zugrunde liegen. Das Ziel einer „Immanentisierung des Eschaton" (Jochum 2003: 13) und damit der innerweltlichen Verwirklichung eschatologischen Gedankenguts, das Weber, Eisenstadt, Löwith und Voegelin als treibende Kraft der Moderne beschrieben haben, findet sich auch in den neuen cybertechnologischen Phantasien wieder. In den Visionen der „Propheten des Cyberspace" (ebd.: 13) sind demnach „Leitmotive des abendländischen Chiliasmus in seiner gnostischen Spielart zu erkennen" (ebd.: 47). Es wird somit deutlich, dass ein altes, traditionsreiches Thema der Soziologie, nämlich das von Max Weber thematisierte Spannungsverhältnis von Außerweltlichkeit und Innerweltlichkeit, wieder an Bedeutung gewinnt. Die Umkehr der weltflüchtigen Heilswege in den innerweltlichen Heilsweg der Weltbearbeitung geht nun in den cybergnostischen Weg der Welt- und Leibüberwindung durch technische Transformationen über.[13]

Es lassen sich daher die aktuellen Utopien der Posthumanisten als weitere Stufe der Verweltlichung der außerweltlichen eschatologisch-gnostischen Hoffnungen der Kulturen der Achsenzeit interpretieren. Wie im Laufe dieser Arbeit deutlich gemacht wurde, ist in der Neuzeit der eher außerweltlich orientierte antike „revolutionäre Geist der Gnosis" (Rudolph 1990: 101) infolge des Übergangs zum Plus Ultra und der Entdeckung der Neuen Welt in verschiedenen Phasen und mit unterschiedlichen Gehalten innerweltlich ausgedeutet worden und hat so den Geist des Okzidentalismus entscheidend geprägt. Es konnten sich die Ideen der Entgrenzung, der Erneuerung sowie der Säkularisierung der Transzendenz in utopischen Projekten als zentrale Inhalte des Projekts der Moderne durchsetzen. Im Folgenden wird aufgezeigt, wie dieser Prozess in den Lehren der Cybergnosis bzw. des Posthumanismus erneut fortgesetzt wird. Zentrale Motive der christlichen Eschatologie und der antiken Gnosis, wie die Hoffnungen auf eine Befreiung des Geistes vom Leib, die Unsterblichkeit der Seele und der Überwindung der irdischen Welt, kehren wieder. Dabei werden allerdings spirituelle Heilswege durch technologische Fortschrittswege ersetzt.

---

einer Cyber-Gnosis und einer Cyber-Unsterblichkeit sind oft im Kern manichäisch, denn wir sehen hier wieder die starke Neigung, das körperliche Leben nicht zu achten." (Ebd.: 311) Auch Böhme postuliert eine Wiedergeburt der weltflüchtigen Gnosis auf technologischer Basis: „Die Propheten des neuen Cyber-Paradieses [...] sind Gnostiker in dem Sinn, dass sie programmatisch die Welt der Materie und der Leiblichkeit hinter sich zu lassen beabsichtigen, um eine ‚reine' von keiner Stofflichkeit kontaminierte Sphäre des reinen Geistes zu kreieren." (Böhme 1996b: 243; vgl. auch Böhme 1996a: 259)

13 Die Unterstellung einer Verbindung des Posthumanismus mit der Gnosis nicht unumstritten. So verweist Krüger darauf, dass die klare Feindschaft der antiken Gnostiker gegen die sexuelle Lust in den aktuellen Theorien nicht erkennbar sei. Er kommt zum Schluss, „dass die Rede von Cybergnosis oder Cyberplatonismus im Kontext des Posthumanismus mehr als problematisch ist" (2004b: 146). Dem ist jedoch entgegenzuhalten, dass die antiken Gnostikern die Sexualität nicht etwa aus reiner Lustfeindlichkeit diskreditierten, sondern weil sie den Menschen an die leiblich-genetische Existenz bindet und damit die geistige Unsterblichkeit verhindere. Dieses Ziel verfolgen auch die posthumanistischen Cybergnostiker der Gegenwart.

In der antiken Gnosis war das Ziel der Erlösung des als unsterblich angesehen geistigen Anteils des Menschen aus seiner Gefangenschaft im sterblichen und dem Kreislauf der Wiedergeburten unterworfenen Leib zentral. Die irdische Welt sollte überwunden und eine geistige Welt erreicht werden. Die Genese des neuen virtuellen Kommunikationsraums des Cyberspaces evozierte bereits früh Heils- und Erlösungshoffnungen, die starke Ähnlichkeiten zu den gnostischen Sehnsüchten aufwiesen. Bereits vom Schöpfer des Begriffs „Cyberspace" William Gibson wurde dieser in seinem Roman *Neuromancer* (1987; Englisch zuerst 1984) mit cybergnostischen Konnotationen aufgeladen und es ist von den „körperlosen Freuden des Kyberspace [sic!]" (Gibson 1987) die Rede. Als der Held des Romans aus diesem Raum verstoßen wird und in die materiell-leibliche Welt zurückkehrt, wird er wieder ein „Gefangener seines Fleisches" (ebd.: 15). Heim interpretierte diese Passage als Ausdruck eines platonisch-gnostischen Gedankenguts: „The surrogate life in cyberspace makes flesh feel like prison. [...] Gibson evokes the Gnostic-Platonic-Manichean contempts for earthy, earthly existence." (Heim 1991: 75) Die mit dem Cyberspace assoziierten Bilder erinnern zugleich häufig deutlich an die Erlösungsfantasien, die im jüdisch-christlichen Denken mit dem Himmelreich verbunden waren: „The image of the Heavenly City (is) a religious vision of cyberspace." (Benedikt 1991: 116)

In einem noch umfassenderen Sinn streben die Posthumanisten eine Transformation der Welt und des Körpers mittels Cyber-Techniken an. Ihre Ideen basieren auf dem kybernetischen Paradigma der Identität von Leben, Geist und informationsverarbeitender Maschine. Hierauf gründen auch die Vorstellungen von der Übertragbarkeit geistiger Information in den Cyberspace und einer Ersetzung von Leben durch Technik. Die Ziele dieser postbiologischen und posthumanen Visionen sind letztlich mit denen der klassischen Gnosis identisch – die Überwindung der Gefangenschaft der Seele in einem Körper und in der irdischen Existenz sowie die Ermöglichung einer Unsterblichkeit des Geistes.

In der antiken Gnosis wurde allerdings eine Loslösung von der Leib- und Weltgebundenheit mittels asketischer Erlösungstechniken angestrebt. In der neuzeitlichen Gnosis werden hingegen andere Erlösungswege gewählt. Entsprechend der neuzeitlichen Umkehr des gnostischen Erlösungswissens in das der Weltbeherrschung dienenden technoszientifische Wissen werden nun die Cyber-Techniken zu Instrumenten der Befreiung von der organischen Welt. Eine gnostische Verachtung der leiblichen Existenz wird bei allen posthumanistischen Wissenschaftlern erkennbar. Wichtig ist allein der Geist, d.h. die reine strukturbildende Information (vgl. Noble 1998: 202). So postuliert Kurzweil ein absolutes Primat der Information nicht nur für den Menschen, sondern die gesamte Welt: „Information is [...] the ultimate reality. What we pereceive as matter and energy are simply abstractions, i.e. properties of patterns." (Kurzweil 2002)[14] Graham macht deutlich, dass gerade in dieser Fokussie-

---

14 Damit reproduzieren diese Denker letzten Endes die antike Metaphysik mit ihrer Vorstellung von einem Primat der Form über den Stoff. Bereits Wiener hatte in seiner Kybernetik als „Wissenschaft von Kontrolle und Information" (Wiener 1985: 212) eine Abkehr vom mechanistischen Materialismus vollzogen und die Information als Grundprinzip „rehabilitiert". Bei seinen cybergnostischen bzw. cybermystischen Erben wird dieses Denken radikalisiert: „Das Hauptmerkmal des Weltbildes, das von den Cybermystikern propagiert

rung auf Information die zentrale Verbindung zwischen antiker Gnosis und den aktuellen Technosciences gesehen werden kann. Es werden „the quasi-Gnostic themes inherent within Western technoscience" (Graham 2002: 169) erkennbar. Da nach der kybernetischen Grundhypothese die Information in Lebewesen, Menschen und Maschinen in gleicher Weise wirksam ist, kann – so die Annahme – genetische und kognitive Information auch problemlos auf Maschinen übertragen werden: „Sind Computer und Lebewesen als Form der Information identisch, so sind ihre Materialisierungen unwesentlich, denn ihre Muster können sich in unterschiedlichen Substraten verwirklichen." (Nesswald 2006: 33)

Auf dieser Annahme basierte nun zum einen die These einer völligen technologischen Rekonstruierbarkeit von Menschen und Lebewesen in Form von Robotern und anderen informationsverarbeitenden Maschinen. Damit ist zum anderen eine weitere Heilsbotschaft der Cybergnostiker verbunden: Wenn Information das eigentliche Zentrum der Subjektivität ist, und zugleich diese beliebig „upgeloaded", kopiert und im Computer simuliert werden kann, erscheint eine neue Form der Unsterblichkeit auf technologischem Wege möglich. Für die antiken Gnostiker war die Befreiung aus leiblich-materiellen Welt und der „Aufstieg nach dem Tode" (Jonas 1964: 205) das zentrale Ziel, um jenseits des Bannkreis des irdischen Kosmos das „unsterbliche Sein" (Apokalypse des Petrus zit. n. Lüdemann 1997: 237) zu erlangen. Diese Unsterblichkeitshoffnungen kehren nun bei den posthumanistischen Denker wieder. Allerdings ist es nun nicht mehr der spirituelle Weg der Einsicht in die Wahrheit der gnostischen Schriften, vielmehr bereiten die kybernetischen Techniken den Weg zu Heil. So verheißt Tipler in *Die Physik der Unsterblichkeit* (1994) ein Fortleben des individuellen Geistes in der kybernetischen Maschine: „Alles, was wir als Individuum beigetragen haben, wird unseren individuellen Tod überleben. Angesichts des raschen Fortschritts der Computer heutzutage nehme ich an, dass die nächste Stufe intelligenten Lebens – durchaus wörtlich – informationsverarbeitende Maschinen sein werden." (Tipler 1994: 272)

Eine noch größere Breitenwirkung als Tipler hatte Hans Moravec, der als „Hauptprophet einer [...] ‚postbiologischen' computergestützten Unsterblichkeit" (Noble 1998: 209) angesehen werden kann. In *Mind Children* (1990) beschreibt er die Menschen als „unglückliche Zwitterwesen, halb Biologie, halb Kultur" (ebd.: 13), weil ihr biologisch-genetisches Wesen hinter der geistigen Entwicklung zurückbleibe. Die Entwicklung und Weitergabe von Ideen werde konterkariert durch die Vergänglichkeit des an den Leib gebundenen Geistes, und es würde daher „der mühsam aufrechterhaltene Waffenstillstand zwischen Geist und Körper [...] völlig aufgehoben, wenn das Leben endet" (ebd.: 13). Damit wird von ihm eine Frage aufgeworfen, die in allen Weltreligionen im Zentrum stand: Die Problematik der Theodizee des Todes. Wie dargelegt, hat „das rationale Bedürfnis nach der Theodizee des Leidens – und: des Sterbens" (Weber 1920: 247) die achsenzeitlichen Religionen geprägt, die verschiedene Heilswege entwickelten, die eine Befreiung aus der irdischen Welt der Vergänglichkeit und des Todes versprachen (vgl. Kap. 6.1). Die *Idee der Cyber-Unsterblichkeit der Posthumanisten stellt eine modernisierte*

---

wird, ist die Annahme, dass das Universum und alles, was sich darin befindet, letztlich auf Information reduziert werden kann." (Nesswald 2006: 30)

Form dieser Erlösungsreligionen dar. Für den „Geist, der nach Unsterblichkeit strebt" (Moravec 1990: 14) ist nun der Tod auf technischem Wege überwindbar.[15]

Bei Moravec und in ähnlicher Weise bei Tipler stellt der Kampf gegen den Tod das zentrale Ziel dar und hierin ist zweifelsohne der Kern der posthumanistischen Heilslehre zu sehen: „Das Thema der Unsterblichkeit steht damit im Zentrum der posthumanen Philosophie." (Krüger 2004a: 112) Damit sind die posthumanistischen Denker mit ihrer Verkündung einer *kybernetischen Unsterblichkeit* ganz in der Tradition Bacons, der die Unsterblichkeit zum höchsten Ziel seines Projekts erklärt hatte (Bacon 1984: 43), zu verorten. *Auf das Problem der Theodizee des Todes wird bei den Posthumanisten mit einer radikalisierten Technodizee geantwortet.*

Das Ziel der Überwindung der Abhängigkeit von der biologisch-materiellen Natur des Menschen durch die Erlangung einer kybernetischen, informationsbasierten Unsterblichkeit ist eine Wiederspiegelung der Ablehnung der irdischen-biologisch Welt. Als ein weiteres wesentliches Motiv der Gnosis, das im Posthumanismus wiederkehrt, ist damit die Weltablehnung und insbesondere die Feindschaft gegenüber der Welt des Lebens zu nennen. Jonas hat in seiner Arbeit zur antiken Gnosis insbesondere auf die „gnostische Naturverachtung" (Jonas 2008: 397) verwiesen. Im Gegensatz zu dem harmonisierenden Natur- und Kosmosbegriff der antiken Philosophie war dort eine akosmische Grundhaltung vorherrschend und die Gesetzmäßigkeit der Natur wurde nur als Beschränkung der Freiheit des Menschen angesehen (ebd.: 301). Hierdurch wurden „Geist und Natur [...] voneinander getrennt, einander fremd, ja sogar Widersacher" (ebd.: 298). Das Kommen eines von den Beschränkungen der irdisch-biologischen Welt befreites Reich des Geistes wurde ersehnt. In der Moderne ist Jonas zufolge diese Haltung in der „Entfremdung zwischen Mensch und Welt mit dem Verlust der Idee eines verwandten Kosmos, kurz: ein anthropologischer Akosmismus" (Jonas 2008: 397) wiedergekehrt. Es wurde im Lauf der Arbeit bereits deutlich gemacht, dass insbesondere bei Bacon dieses untergründig gnostische Motiv erkennbar wird.

Bei den posthumanistischen Gnostikern wird diese Haltung nun radikalisiert. Weltablehnende und weltflüchtige Tendenzen sind insbesondere bei Tipler und Moravec, sowie eine starke Ablehnung der Ordnung und Evolutionslogik der biologischen Natur bei Kurzweil zu erkennen. Dabei verbinden sich weltflüchtige Tendenzen mit einer an das moderne Projekt der Weltbeherrschung anknüpfende Programmatik. Denn die Überwindung der irdischen Welt wird nun nicht mehr auf spirituellem, sondern auf technologischem Wege angestrebt.

So postuliert Tipler die Möglichkeit einer technologischen Weiterentwicklung der Menschheit, die in einer Eroberung des gesamten Universums durch eine posthumane Raumfahrerspezies und schließlich als Resultat eines „ewigen Fortschritt" (Tipler

---

15 Indem der Mensch seinen Geist in „eine postbiologische Welt, die sich von sich selbst vervollkommnenden, denkenden Maschinen beherrscht würde", überträgt, schafft er eine „von unserer Welt der Lebewesen" grundlegend verschiedene Welt mit einer „Bevölkerung von [...] Kindern des Geistes, die durch keinerlei materielle Zwänge mehr eingeengt sind" (ebd.: 14). Durch diese geistig-maschinelle Nachkommenschaft wird auf technischem Wege eine neue Form der spirituellen Immortalität und der „Seelenwanderung" (ebd.: 191) ermöglicht und damit erscheint der Eingang in das „Reich der Unsterblichkeit" (Moravec 1996: 184) realisierbar.

1994: 271) in eine umfassende Durchdringung des Kosmos durch die neue technologische Hyperintelligenz einmündet. In „Tiplers technologisch-eschatologischer Vision" (Neswald 2006: 20) geht das Universum einem Endpunkt entgegen, an dem sich die gesamte Information in dem sogenannten Omegapunkt, der mit Gott identisch ist, verdichtet.[16] Ausgangspunkt für Tiplers Überlegungen ist die pessimistische physikalische Prognose einer in ferner Zukunft zu erwartenden Zerstörung der Erde durch die expandierende Sonne. Um den Fortbestand des menschlichen Lebens zu sichern, sei langfristig das Verlassen der Erde der einzige Ausweg: „Wenn die Spezies Mensch – oder überhaupt irgendein Teil der Biosphäre – auf Dauer überleben will, muss sie schließlich die Erde verlassen und den Raum kolonisieren. Denn die Tatsache ist, die Erde ist zum Untergang verdammt." (Tipler 2004: 43) Damit begründet Tipler die Notwendigkeit einer Weltflucht auf physikalisch-astronomische Weise. Es lassen sich hier die gnostischen Motive des Ziels einer Überwindung des irdischen Kosmos und der Rückkehr der Geistseelen in das Reich des himmlischen Geistes erkennen. Diese Weltflucht steht allerdings nicht im Gegensatz zum innerweltlichen Weltbeherrschungsprogramm der Neuzeit, Tipler schreibt vielmehr den Ausfahrts- und Kolonisierungsmythos der Moderne fort, indem er die Erlösung von der Erde mit der Vision einer Eroberung des Alls verbindet: „Eine Raumfahrerspezies wird schließlich das gesamte Universum erobern und beherrschen." (Tipler 1994: 86)

In ähnlicher Weise ist in den Visionen von Moravec *Das Zeitalter des Geistes* (Moravec 1996: 185) mit einer zunehmenden Überwindung der irdischen Welt verbunden. Auffällig sind insbesondere die Ähnlichkeiten zu Joachim de Fiores Beschwörung des „Zeitalter des Heiligen Geistes" (vgl. Bey 1993: 22).[17] Verwandte

---

16 Tipler knüpft mit seiner Philosophie an Ideen des französischen Theologen Pierre Teilhard de Chardin (1881-1955) an, der eine mit dem Auftreten des Menschen „außer und über der Biosphäre" evolutionär sich entwickelnde „neue Schicht, die ‚denkende Schicht'" beschrieben und als „Noosphäre" (Chardin 1955: 169) bezeichnet hatte. Auch wenn sich Chardin nicht unmittelbar auf Joachim de Fiore bezieht, so kann man doch davon ausgehen, dass die „Tradition des Joachimismus [...] auch für Teilhard de Chardins trinitarisches Konzept eine Voraussetzung bildete." (Maillard 2006: 184) Für Teilhard war mit dem Gedanken der Sphäre des Geistes auch die eschatologische Vorstellung verbunden, dass mit der Erreichung des Omegapunkts am „Ende der Welt [...] die Noosphäre [...] das äußerste Maß ihrer Komplexität und zugleich ihrer Zentrierung erreicht hat" (Chardin 1955: 298). Tipler übernimmt diese Konzeption der Noosphäre und des Omegapunkts, modifiziert sie aber in entscheidender Weise, indem er die Entwicklung einer Technosphäre als entscheidende Voraussetzung für die Genese der Noosphäre postuliert.

17 Müller konstatiert richtigerweise: „Die Cyberphilosophy ist ein einziges glühendes Versprechen der unmittelbar bevorstehenden Heraufkunft eines Reiches des Geistes und nimmt folgerichtig auch intensiv Bezug auf den [...] mittelalterliche[n] Abt Joachim de Fiore." (Müller 2005: 85) Anhand der Entwürfe Moravecs kann deutlich gemacht werden, dass die scheinbar antiquierten geistigen Vorläufer der modernen „Religion der Technologie" (Noble 1998) immer noch untergründig wirkmächtig sind. Es lassen sich nicht allein Kontinuitäten zwischen Bacons Human Empire und Moravecs Visionen von einer technischen Unsterblichkeit und permanenten Entgrenzung aufzeigen. Erkennbar werden auch viele religiöse Motive, die letztlich auf jüdisch-christliches Erlösungsdenken und gnosti-

Motive lassen sich auch bei Raymond Kurzweil, dem derzeit prominentesten und einflussreichsten Vertreter des Post- und Transhumanismus, erkennen. Seine Verheißungen in *The singularity is near* (2005) erinnern an die Verkündung des nahen Gottesreichs durch die biblischen Propheten, welche für die frühe jüdisch-christliche Eschatologie kennzeichnend war. Singularität wird dabei in vielfältiger Form beschrieben und ist als Chiffre für unterschiedliche technologisch ermöglichte Verschmelzungen von Mensch und Maschine zu verstehen, welche Kurzweil mit der Heilsbotschaft der Singularität verbindet. Diese würde nach der materiellen, biologischen, kognitiven und technischen Evolution die nächste, höhere Stufe der Evolution darstellen:

„In einigen Jahrzehnten wird [...] die Singularität einsetzen. Sie ergibt sich aus der Verschmelzung des umfangreichen Wissens in unseren Köpfen mit der überragenden Kapazität, Geschwindigkeit und Vernetzung unserer Technik. […] Die Singularität wird […] die menschliche Schaffenskraft ins Unermessliche steigern. Wir werden grundlegende Schranken der biologischen Evolution übersteigen und dabei die Intelligenz, die uns diese Evolution bescherte, bewahren und vermehren." (Kurzweil 2013: 14)

Der Konzeption Kurzweils liegt ein lineares Zeit- und Evolutionsverständnis zugrunde, das die humane und technologische Entwicklung, wie sie in den letzten Jahrhunderten infolge des Beschreitens des okzidentalen Sonderweges vorangetrieben wurde, in die Zukunft extrapoliert und radikalisiert. Die alte Welt der biologischen Evolution, welcher der leibgebundene Mensch bisher noch angehörte, wird gänzlich verlassen und es wird eine neue Welt der autonomen Technik erschaffen: „Die Singularität wird nicht ein weiterer Schritt der biologischen Evolution, sondern ihr endgültiger Umsturz sein." (Kurzweil 2013: 384) Der Übergang zur Singularität befreit den Menschen von der biologischen Welt und führt den Menschen hinüber in das Reich des cybertechnologischen Heils: „Unsere Zivilisation bleibt menschlich (….), der Menschheitsbegriff wird sich jedoch von seinen biologischen Wurzeln lösen." (Ebd.: 31)

Damit findet ein langandauernder Transformationsprozess der okzidentalen Kultur seinen Abschluss. Wie dargelegt, war in den Kulturen der Achsenzeit der „Kampf um die Transzendenz" (Jaspers 1949: 20 f.) ein entscheidendes Moment im „Kampf gegen den Mythos" (ebd.) gewesen. Ziel war der Ausbruch aus der biologischen Welt mit ihrem ewigen Wechsels von Leben und Tod. Dieser Zyklus wurde im biozentrischen Mythos als unüberwindbar angesehen (vgl. Kap. 6.1). Dem setzten die Religionen und Philosophie die Vision einer außerweltlichen Erlösung entgegen. Es kam sodann im Übergang vom Non Plus Ultra zum Plus Ultra und der Erfindung Amerikas zu einer Verlagerung des spirituellen Koordinatensystems. An die Stelle einer vertikalen Orientierung, welche dem unvollkommenen irdischen Diesseits das transzendente himmlische Jenseits gegenüberstellte, trat mit der Entdeckung der Neuen Welt eine „transatlantische Transzendenz" (Sloterdijk 1999: 876), welche zu Projektionen von eschatologischen Heilserwartungen in die realen wie auch imaginä-

---

sches Gedankengut zurückgeführt werden können oder zumindest eine Verwandtschaft aufweisen. So geht „Moravec [...] bei seinem Szenario sog. Geist Übertragung offensichtlich von einer Neuauflage vom Körper als Kerker der Seele aus." (Fröhlich 1998: 35)

ren Neuen Welten führt. Insbesondere mit der Veröffentlichung der Schrift *Utopia* von Thomas Morus (1516) sollte eine „neue innerweltliche Transzendenz" (Nipperdey 1975: 128) entstehen (vgl. Kap. 7.5). Bacon vollzog eine technoszientifische Umdeutung dieser utopischen Verweltlichung der Transzendenz. Sein millenaristisch-gnostisch geprägtes Plus-Ultra-Programm der Errichtung des „Königreich(s) des Menschen" (Bacon 1990: Aph. 68), durch Fortschritte in Wissenschaft und Technik prägte die Moderne grundlegend: „Weithin infolge des enormen und nachhaltigen Einflusses von Francis Bacon floss die mittelalterliche Identifikation von Technologie und Transzendenz in die sich herausbildende Mentalität der Moderne ein." (Noble 1998: 71) Mit Kurzweils Idee der „Singularität als Transzendenz" (Kurzweil 2013: 398) wird nun eine Weiterführung des technoszientischen Projekts der Moderne vollzogen.[18] In seiner Utopie führt die Entwicklung langfristig zu einer Überwindung der Materie und der unvollkommenen irdischen Welt und schließlich wird „die Singularität das Universum mit Geist erfüllen" (Kurzweil 2013: 401). Seine Vision erinnert an das Reich des Geistes von Joachim von Fiore und zugleich an die imperiale Logik des Baconschen Human Empire: „Intelligenz [...] wird in den Nachwehen der Singularität beginnen, Materie und Energie zu durchdringen. [...] Je nachdem, wie nachgiebig das Universum sich in diesem Punkt zeigt, wird es von unserer Zivilisation langsamer oder schneller erobert werden." (Ebd.: 22) Das Entgrenzungsprojekt der Moderne wird damit auf eine neue Stufe gehoben und gleichsam die Ausdehnung der Grenzen eines Posthuman-Empire bis an das Ende des Universums verkündet. Es erfolgt eine Radikalisierung des imperial-koloniale Programms der Moderne.

Die posthumanistischen Visionen sollten nun keineswegs als weltfremde, für die gesellschaftliche Realität irrelevante Variante des Genres der Science Fiction angesehen werden. Diese Utopien stimulieren und legitimieren vielmehr in zunehmendem Maße die Praktiken der Technosciences und vieler hiermit eng verbundener ökonomischer, wirtschaftlicher und politischer Programme. Die utopische Aufladung der Cybertechnologien und das Versprechen einer infiniten Horizonterweiterung verband sich seit den 1990er Jahren mit neoliberalen Hoffnungen auf weiteres ökonomisches Wachstum. Diese Synthese lässt sich im Kontext der Herausbildung der „Californian Ideology" (Barbrook und Cameron 1996) verorten. Barbrook und Cameron bezeichneten hiermit die spezifische Mischung aus dem gegenkulturellem Gedankengut der 68er Generation von San Francisco und einem neuen Unternehmergeist: „This new faith has emerged from a bizarre fusion of the cultural bohemianism of San Francisco with the hi-tech industries of Silicon Valley. [...] The Californian Ideology promiscuously combines the free-wheeling spirit of the hippies and the entrepreneurial zeal of the yuppies." (ebd.: 44) Man kann hierin eine kalifornische Variante des „Neue[n] Geist[s] des Kapitalismus" (Boltanski und Chiapello 2003) erkennen. Durch Publikationen des Magazins *Wired* fand dieses

---

18 Kurzweil legt einen Begriff von Transzendenz zugrunde, der sich allgemein auf die in der Evolution immer schon erkennbare Fähigkeit zur dauerhaften Musterbildung bezieht. Diese würden nun auf eine neue Stufe gehoben: „Evolution dreht sich um Muster, und insbesondere die Tiefe und Ordnung dieser Muster nehmen im Verlauf eines Evolutionsprozesses zu. Die Singularität – die Vollendung unserer Evolution – wird eine Vertiefung all dieser Formen von Transzendenz bewirken." (Kurzweil 2013: 399)

Gedankengut eine weite Verbreitung und wurde in vielen Unternehmen der IT-Industrie wirkmächtig (Turner 2006). Dabei ist – worauf Barbrook und Cameron nur am Rande eingehen – diese Ideologie auch stark durch die in den USA stets wirkmächtige „Religion der Technologie" (Noble 1997) beeinflusst.

Dieses Denken wurde nun in den letzten Jahren in einer Vielzahl von staatlichen und privaten Projekten wirksam. Dies gilt für das *Human Genom Project* (2000), die einflussreiche *National Nanotechnoloy Initiative* (2000) Clintons, die *Converging technologies for improving human performance* (Roco und Bainbridge 2002), das umstrittene *Human Brain Project* (2013) der EU und eine Vielzahl anderer Initiativen weltweit. Man kann durchaus konstatieren, dass das apokalyptisch-eschatologische Gedankengut von Moravec und anderen Cybergnostikern „zugleich den ungeheuren – auch finanziellen – Aufwand entsprechender technischer Projekte legitimiert" (Müller 2005: 85).

In den letzten Jahren hat der Einfluss der trans- und posthumanistischen Utopien auf die ökonomischen und wissenschaftlichen Praktiken sogar noch zugenommen. Dies verdeutlicht auch die Ernennung von Kurzweil zum Technikdirektor von Google. Die posthumanistischen Hoffnungen auf einer Überwindungen des Todes münden nun in konkrete Projekte ein. „Can Google Solve Death?" – mit dieser verheißungsvollen Frage war 2013 die September-Ausgabe des *Time Magazin* betitelt, in der die Gründung der „California Life Company" (Calico) durch Google vorgestellt wurde. Der Sieg über das Altern und den Tod ist letztlich das Ziel.

Die von Kurzweil gegründete *Singularity Universität* in Silicon Valley avancierte in den letzten Jahren zu einem „spirituellen" Zentrum der neuen Techno-Religion der Singularität. Die Universität kann als Kaderschmiede für das Führungspersonal in den IT-Unternehmen und damit der neuen Eliten der kybernetischen Moderne angesehen werden. Die Bedeutung der posthumanistischen Heilslehre als gleichsam ideologischem Überbau der neuen unternehmerischen Aktivitäten schildert Schulz mit folgenden Worten:

„Radikale Fortschrittsgläubigkeit ist schon immer der prägende Wesenszug des Silicon Valley gewesen. [...] Kurzweil hat diesen Tech-Optimismus vor gut einem Jahrzehnt zementiert und konzentriert in einem Begriff: Singularität. [...] Davon handelt der unsichtbare Gesellschaftsvertrag, den jeder hier unterschreibt: Der Glaube an die grenzenlosen Möglichkeiten der Technologie [...]. Die Singularity-Idee liefert den nötigen Überbau, die Überhöhung." (Ebd.: 23)

Utopie und Praxis stehen hier, wie bereits in Bacons Utopie, in einer dialektischen Beziehung zueinander: Die Utopie antizipiert Möglichkeiten eines Plus Ultra der Technik. Sie verleiht zugleich den technoszientifischen Praktiken einen höheren Sinn, indem sie diese in einen gleichsam heilsgeschichtlichen Kontext stellt. Hierdurch wird eine neue Stufe des wissenschaftlich-technischen Fortschritts nicht nur als möglich angesehen, sondern quasi zur Notwendigkeit erklärt.

Aktuell avanciert der *Posthumanismus* so zu einer *tragenden Ideologie in der dritten Welle des Okzidentalismus* – so wie einst der klassische Humanismus eine wesentliche Bedeutung in der ersten Phase des Okzidentalismus besaß und in der zweiten Welle des Okzidentalismus diese Rolle vom technischen Humanismus übernommen wurde. Sie verleihen den neuen Praktiken der Beherrschung der inneren und äußeren Natur eine Dignität. Damit wird eine weitere Stufe der Entgrenzung des Human Empire gerechtfertigt. Diese Utopien werden somit derzeit zu zentralen Legitimierungsdiskursen im „Zeitalter der Technoscience" (Weber 2001). Ganz im Gegensatz zu Lyotards wirkmächtiger These vom Ende der großen Erzählungen (Lyotard 1986) läßt sich konstatieren, dass „die Frage nach der ‚Posthumanisierung' des Menschen auf dem besten Wege [ist], selbst zu einer neuen ‚großen Erzählung' im Sinne Lyotards zu werden." (Herbrechter 2009: 46)

Es wird so erkennbar, dass auch die Technosciences der Gegenwart neuer großer Erzählungen und Mythen bedürfen und diese hervorbringen.[19] Man kann geradezu von einer Selbstmythologisierung der Technowissenschaften sprechen, wie Nordmann argumentiert: „The age of technoscience is just as mythical as was the one that preceded it. [...] The organising myth of technoscientific innovation orients the expectations and priorities of scientists and other social actors just as much or as little as did the powerful myth of science as a legacy of the Enlightenment." (Nordmann 2010: 6) In ähnlicher Weise argumentiert Jutta Weber, dass der „Mythos der Technoscience" (Weber 2001: 97) gegenwärtig durch seine Heilsversprechungen den Praktiken der Technowissenschaften eine höhere Legitimation verleiht: „Durch diese enorme und wachsende Definitionsmacht der Technoscience [...] gewinnen die Diskurse und Praktiken der Technowissenschaften eine mythische Aura." (Ebd.: 98) Die These von einem postmodernen Zeitalter jenseits der großen Erzählungen erweist sich damit als obsolet. Wir erleben vielmehr eine Neuauflage des Mythos der Moderne.

Gespeist wird dieser Mythos wesentlich von den übersteigerten Hoffnungen und teils auch Befürchtungen, welche die kybernetischen Maschinen und die damit verbundene epistemologische Wende erweckt hatten, wie Rid hervorhebt: „Nicht die Maschinen standen im Begriff, die Macht zu übernehmen; der Mythos übernahm die Macht [...]. Diese verführerische Macht des kybernetischen Mythos hat über die Jahre nicht an Brisanz verloren, sondern gewonnen." (Rid 2016: 425) Die kybernetischen Mythen und technoszientifischen Utopien der Trans- und Posthumanisten fungieren so als große legitimierende Erzählungen für die Praktiken von Wissenschaft und Industrie im Zeitalter der Technoscience. Dies bedeutet auch, dass die in vielen postmodernen Ansätzen vertretene These vom „Ende des utopischen Zeitalters" (Fest 1991) sich als falsch erweist. Man kann heute diagnostizieren, dass keineswegs das utopische Denken am Ende ist, sondern dass sich vielmehr eine Verlagerung vollzogen hat: „Das Ende aller Utopien – außer der technischen?" (Matschke 2007) ist die Frage, die sich heute stellt. Die „TechnoScientific Utopias of

---

19 Lyotard hat die Bedeutung der Technosciences durchaus gesehen, aber unzulänglich interpretiert. Demnach ist das Ende der großen modernen Erzählungen im Kontext eines „Sieg der kapitalistischen Techno-Wissenschaft über die übrigen Anwärter auf die allgemeine Zweckmäßigkeit der menschlichen Geschichte" (Lyotard 1987: 33) zu sehen. Die neue Form des Wissens untergräbt demnach die bisher gültigen Grundlagen der Legitimierung des Wissens, indem sie nur ökonomisch verwertbares Wissen als Wert anerkennt (ebd.: 34). Lyotard übersah, dass die Technosciences selbst neue große Erzählungen hervorbringen, die in der Tradition des Baconschen Utopie als der – von Lyotard nicht thematisierten - großen Erzählung der technoszientifischen Moderne stehen.

Modernity" (Yar 2014: 12) haben über die alternativen Projekte und Utopien der Moderne weitgehend triumphiert.

Man kann in diesen Heilslehren und den Versuchen ihrer Umsetzung durch viele Unternehmen in Silicon Valley und anderen Zentren der digitalen Revolution die letzte Stufe der Verweltlichung der außerweltlich orientierten Erlösungswege des Okzidents in innerweltliche Fortschrittswege sehen. Der Geist der Gnosis wird nun durch den Posthumanismus erneut transformiert und in den neuen Geist des „kybernetischen Kapitalismus" (Tiqqun 2007: 41) der Gegenwart verwandelt.

9.5 DIE DUNKLE SEITE DER KYBERNETISCHEN MODERNE

Mit dem Übergang zur kybernetischen Moderne werden auch die Ambivalenzen und der Moderne in transformierter Weise reproduziert. Wie bereits anhand der Auseinandersetzung mit der ersten Stufe des Okzidentalismus deutlich wurde, war mit der Konstitution des Mythos der Moderne im Zeichen des Plus Ultra zum einen die Emanzipation des Menschen aus alten Bindungen und die humanistische Bejahung der Weltoffenheit verbunden. Zum anderen war aber die dunkle Seite der Unterdrückung und Eliminierung der außereuropäischen Menschheit hiermit verknüpft. Der abendländische Humanismus besaß dabei eine zentrale Bedeutung bei der Legitimierung des kolonialen Projekts. In der zweiten Phase der Okzidentalismus rückte mit dem Übergang zum technoszientifischen Humanismus die Kolonisierung der Natur ins Zentrum und die Unterdrückung und Beherrschung der äußeren und inneren Natur kann als die dunkle Seite der technoszientifischen Moderne angesehen werden. Diese Schattenseiten kehren nun wieder. Die kybernetischen Technologien ermöglichen eine neue Stufe der Herrschaft über die Natur, wie anhand der gentechnischen Manipulation des Lebens, der Nanotechnik und anderer neuer technoszientifischer Eingriffe deutlich wird. Auch wenn Nutzen und Risiken dieser erneuten Ausdehnung des Human Empire über die Natur umstritten sind, so kann doch vermutet werden, dass diese mit ähnlichen Nebenfolgen einhergehen wird wie die intensivierte Aneignung der Natur in der industriegesellschaftlichen Moderne.

Dem nun umfassend und damit gleichsam totalitär gewordenen Anspruch auf Naturbeherrschung durch die Techno- und Lifesciences entsprechen Gefahren einer neuen totalitären Herrschaft über die Menschen durch die kybernetischen Steuerungstechnologien. In diesem Sinne warnt Lanier vor den Gefahren der Macht der Internetkonzerne und macht den engen Zusammenhang mit den Heilsbotschaften der Posthumanisten deutlich. Demnach hat sich in Verbindung mit dem Triumph der neuen Informations- und Kommunikationstechnologien eine „siegreiche Subkultur" (Lanier 2012: 30) etabliert, die sich aus Mitgliedern der Open Culture und der Creative Commons wie auch Vertretern des Künstlichen-Intelligenz-Ansatzes rekrutiert, und deren Idee man als „kybernetischen Totalitarismus" bezeichnen könne (ebd.). Die unter Begriffen wie Singularität und Noosphäre diskutierten Visionen von der Entstehung eines kollektiven Bewusstseins im Netz beinhalten „eine eigene Eschatologie und eigene Offenbarung" (ebd.: 32), weshalb einem „die totalitäre kybernetische Kultur manchmal wie eine neue Religion vorkommt" (ebd.: 50). Die Dystopie *The Circle* (Eggers 2013) von David Eggers macht in belletristischer Form ebenfalls die Gefahren dieser Verweltlichung der Cybergnosis deutlich.

Ebenso verweist Fröhlich mit Bezug auf Tipler vor den totalitären Gefahren, die mit dieser neuen Form der technologischen Eschatologie verbunden sind: „Tiplers Entwicklungsmodell könnte als eine aggressive Fortschritts- und Expansions-, Eroberungsphilosophie (miß-?)verstanden werden, die letztlich jede noch so einschneidende Maßnahme rechtfertigen könnte." (Fröhlich 1998: 48) Angesichts dieser Diagnosen stellt sich die Frage nach dem ‚totalitären' Potential des gnostischen Denkens neu. Voegelin hatte einst vor der Gefahr eines „Totalitarismus als existentielle Herrschaft gnostischer Aktivisten [als] die Endform der progressiven Zivilisation" (Voegelin 1959: 185) und damit vor dem revolutionären Eifer der Sozialutopisten und insbesondere Marxisten gewarnt. Heute kann man angesichts der Zukunftsvisionen der Posthumanisten hinzufügen, dass deren cyber-gnostische Entwürfe eine radikalisierte Form eines neognostischen Totalitarismus darstellen und damit eine neue Gruppierung der gnostisch-eschatologischen Aktivisten Macht gewonnen hat.

Die Ambivalenzen, welche schon für die bisherigen Wellen der Okzidentalisierung kennzeichnend waren, kehren so potentiell auf neuer Stufe wieder. Zum einen werden durch diese Utopien neue Wege der Befreiung aus der Macht der Natur und eine vollkommenere, bessere Welt versprochen. Zum anderen werden aber auch neue, intensivierte Formen der kolonialen Aneignung von Menschen und Natur eingeleitet und dabei erneut die Schattenseiten, welche die Heilsbotschaften des Westens stets begleitet haben, absehbar.

Wie deutlich wurde, war das Versprechen des infiniten Fortschritts der westlichen Zivilisation vor allem in den USA mit der Idee einer gnadenlosen Eliminierung der als wild und unvollkommen erachteten vormodernen indianischen Welt einhergegangen (vgl. Kap. 8.8.1). Dieses Motiv wird nun auch in den Cyberutopien erneut reproduziert, wie u.a. bei Tipler erkennbar wird:

„Natürlich folgt aus der Physik, dass unsere Kultur zwar vielleicht für immer fortbesteht, unsere Spezies Homo Sapiens aber unweigerlich aussterben muss. Der Tod des Homo sapiens [...] ist freilich nur in beschränkten Wertesystemen ein Übel. [...] Unsere Spezies ist nur ein Schritt, eine Zwischenstufe in der unendlich langen zeitlichen Kette der Wesen, die das gesamte Leben in der Raumzeit umfasst. [...] Tatsächlich ist das Aussterben der Menschheit eine logisch notwendige Konsequenz des ewigen Fortschritts." (Tipler 1994: 271 f.)

Es ist nun aber nicht mehr der amerikanische Wilde, der aufgrund seiner vermeintlichen Rückschrittlichkeit dem Untergang geweiht ist, sondern der leibhaftige Mensch als solcher, der in den posthumanistischen Erneuerungen des amerikanischen Traumes aufgrund der Unvollkommenheit und damit scheinbaren Antiquiertheit des mit Geschlechtlichkeit und Sterblichkeit verbundenen Körpers zum Verschwinden verdammt ist. Es lassen sich dabei deutliche Kontinuitäten zwischen dem Geist der Kolonialität der technoszientifischen Moderne und den gegenwärtigen Fortschrittsideologien erkennen, wie auch Krüger betont:

„Der fortschrittsbejahende Indianerdiskurs gerade des 19. Jahrhunderts bietet dem Posthumanismus ein unvergleichbar konkretes Muster an. [...] Die fundamentale Alternative zwischen einer propagierten Anpassung – also heute der Cyborgisierung – [...] oder dem [...] Aussterben [...] ist in der 200 Jahre alten Diskussion über das Schicksal der Indianer bereits angelegt.

Ebenso tritt hier die Verknüpfung zwischen Rasse und der Unfähigkeit zum Fortschritt und zum Überleben in Erscheinung." (Krüger 2004a: 281)

Hier zeichnet sich die Gefahr einer neuen negativen Dialektik der Moderne in aller Klarheit ab. Sie war immer schon mit dem Projekt der Moderne und seiner verdrängten dunklen Seite, der Kolonialität, verbunden. Der Mythos des Neuen führte zur unbarmherzigen Unterwerfung und Destruktion all dessen, was als veraltet erscheint. Dies galt sowohl für die angeblich zurückgebliebenen außereuropäischen Völker als auch, infolge der Ausweitung des Plus Ultras durch Bacon, für die unbearbeitete außermenschliche Natur. Indem die Plus-Ultra-Programmatik nun über den Menschen hinaus schreitet und die Erfindung Amerikas in die Vision einer posthumanen Welt einmündet, wendet sich das Projekt gegen seinen Schöpfer. Auch der okzidentale Mensch, der sich in der klassischen Moderne noch als Protagonist des Fortschritts über die Natur und die außereuropäischen Menschen erheben konnte, fällt nun als antiquiertes Wesen dem Fortschritt zum Opfer. Jedoch werden ebenso Gegenbewegungen gegen diese Entwicklungsdynamik erkennbar.

9.6 DIE BIOLOGISCHE KYBERNETIK UND DIE GRENZEN DER ENTGRENZUNG

Das kybernetische Paradigma stellt die Grundlage für die cybergnostischen Zukunftsszenarien eines infiniten Fortschritts und der Überwindung der irdisch-biologischen Natur dar. Allerdings bildete sich insbesondere bei einigen Vertretern der sogenannten Kybernetik zweiter Ordnung auch eine alternative Ausdeutung des kybernetischen Paradigmas heraus, die mit abweichenden Deutungen von der Organisationsweise der Natur und des menschlichen Bewusstseins verbunden war. Konsequenz dieser heterodoxen Interpretation war, dass statt einer Radikalisierung des okzidentalistischen Entgrenzungsprojektswestleine eine reflexive Selbstbegrenzung eingefordert wurde, um die Funktionsfähigkeit der natürlichen und gesellschaftlichen Systeme aufrecht zu erhalten. Die Eigenlogik der Natur rückte ins Zentrum der Betrachtung.

So setzen Maturana und Varela die Autopoiesis des Lebens explizit von der technischen „Allopoiesis" ab.[20] Kybernetisches Denken liegt ebenso den ökologischen Systemtheorien zugrunde und diese Modelle gehen tendenziell mit der Forderung einer Eingrenzung des humanen Kolonisierungsprojekts und einer partiellen Aufwer-

---

20 Sie schreiben: „Wir nennen die Klasse der Systeme, die autopoietische Organisation aufweisen, autopoietische Systeme." (Maturana 1985: 158) Hiervon klar zu unterscheiden – und dies ist für die Frage nach der Einheit und Differenz von lebendiger Natur und Technik/Kultur entscheidend – sind jene Systeme, die von einer äußeren Wirkmacht hervorgebracht werden: „Allopoetische Systeme [sind] [...] jene mechanistischen Systeme, deren Organisation die Bestandteile und Prozesse, die sie als Einheiten verwirklichen, nicht erzeugt." (ebd.: 159) Damit wird deutlich, dass die von den Vertretern einer monistischen Kybernetik vollzogene Nivellierung der Differenz zwischen lebendiger Natur, Menschen und Maschinen auch heute noch fragwürdig ist.

tung älterer vormoderner Naturverständnisse einher. Grundlage war hierfür eine Anwendung des kybernetischen Regelkreisdenkens auf das Verständnis ökosystemarer Prozesse. Die bereits 1866 von Ernst Haeckel begründete Wissenschaft von der Ökologie als Lehre vom Haushalt (der Natur und der Lebewesen) erhielt hierdurch eine wichtige theoretische Erweiterung. Bereits auf den für die Begründung des kybernetischen Paradigmas zentralen *Macy-Conferences* (1946) hatte der Ökologe Georg Hutchinsons mit dem Vortrag *Circular Causal Systems* diese Verbindung hergestellt (vgl. Elichirigoity 1999: 35). Dieser Ansatz wurde von Eugen Odum, der ebenfalls stark von kybernetischem Denken beeinflusst war, aufgegriffen (Odum 1953) und schließlich durch Forrester weiterentwickelt, dessen Werk *World Dynamics* (1971) zur Grundlage für die Berechnungen von *Grenzen des Wachstums* (Meadows 1972) wurde. Das kybernetische Paradigma wurde hier also nicht zur Grundlage eines technoszientifischen Naturbegriffs, sondern ökologisch ausgedeutet.

Einen wesentlichen Einfluss auf den Wandel des Naturverständnisses hatte auch eine neue Wahrnehmung der Erde, wie sie sich infolge der Erkundung des Weltraums vollzog (vgl. Abbildung 41). Die Raumfahrtprojekte der 1960er Jahre waren nicht nur der Beginn einer neuen Ausweitung des Herrschaftsbereichs des Menschen und damit eines neuen Plus Ultra – sie hatten zugleich die paradoxe Konsequenz, dass die Verletzlichkeit und Einzigartigkeit des Planeten Erde bewusst wurde. Der amerikanischen Astronauten Alfred Worden, der 1971 auf dem Mond landeten, schilderte diese Erfahrung mit folgenden Worten: „Jetzt weiss ich, warum ich hier bin. […] Nicht um den Mond aus größerer Nähe zu sehen, sondern um zurückzuschauen auf unser Heil, die Erde." (zit. nach Schmid 2000: 400) Und der Raumfahrer Edgar Mitchell berichtete, dass die Erde „wie eine kleine Perle aus einem tiefen Meer empor[steigt]" (ebd.). Diese Darstellungen zeugen Schmid zufolge von „der Gründung einer affektiven Beziehung zum gesamten Planeten, die auf historisch neue Weise mit einer Erfahrung des Planeten als Heimat einhergeht" (ebd.).

Dieser Blick zurück auf die Erde bringt eine entscheidende Wende im modernen Erdbewusstsein mit sich, das seit der frühneuzeitlichen Entgrenzung im Zeichen der Expansion stand. Nicht mehr die gnostische Überwindung der irdischen Welt und die imperiale Entgrenzung der Macht, wie sie die Moderne prägte, sondern die Bewahrung der Erde rückt nun ins Zentrum der Bestrebungen.

Verstärkt wurde dies durch einen weiteren paradoxen Nebeneffekt der Raumfahrt. Mit den Hoffnungen auf eine Besiedlung des Weltraums wurde die Frage nach den Bedingungen für die Aufrechterhaltung des Lebens unter den extremen Bedingungen, wie sie im All und auf anderen Planeten herrschten, aufgeworfen. Infolge dieser Reflexionen trat ins Bewusstsein, dass die Aufrechterhaltung der Bedingungen für Leben auf der Erde einen erstaunlichen Sonderfall im Weltraum darstellt. Es wurde deutlich, dass die Erde selbst gleichsam ein Raumschiff ist, das mit limitierten Ressourcen versehen ist, wie der Ökonom Boulding in seinem einflussreichen Artikel *The Economics of the Coming Spaceship Earth (1966)* argumentiert. Demnach hätten bisher die Vorstellung einer offenen, umlimitierten Erde vorgeherrscht, die durch eine immer weiter wachsende Ökonomie genutzt würde. Die neuen Einsichten in die Funktionsweise der partiell geschlossenen Erde würden nun aber einen Übergang zu einer limitierten Ökonomie erforderlich machen:

„The closed earth of the future requires economic principles which are somewhat different from those of the open earth of the past. For the sake of picturesqueness, I am tempted to call the open economy the ‚cowboy economy' [...]. The closed economy of the future might similarly be called the "spaceman" economy, in which the earth has become a single spaceship, without unlimited reservoirs of anything, either for extraction or for pollution, and in which, therefore, man must find his place in a cyclical ecological system." (Ebd.: 9)

Zu noch weitergehenden Folgerungen führten die Arbeiten von John Lovelock im Kontext des *Jet Propulsion Laboratory* der NASA, das ursprünglich die Suche nach Leben auf anderen Planeten zum Ziel hatte (Lovelock 1991: 17). Untersuchungen und Reflexionen zu den Bedingungen von Leben führten Lovelock zur Vermutung, dass die Erde nur deshalb ein dauerhaft belebter Ort sei, weil sie ein sich selbst regulierendes System darstellt. Diese umstrittene, im ökologischen Diskurs aber einflussreiche Gaia-Hypothese wurde auf der Grundlage kybernetischen Denkens formuliert. Demnach wäre die Entdeckung eines Systems, dem es „durch den kybernetischen Prozess von Versuch und Irrtum" gelingt, seinen Zustand zu erhalten, und das „im Weltmaßstab arbeitet und [...] zum Ziel hat, optimale physikalische und chemische Bedingungen für das Leben zu schaffen und zu erhalten [...] ein überzeugender Beleg für Gaias Existenz." (Ebd.: 77)

Hier werden interessante Parallelen und zugleich zentrale Unterschiede zu den Cyborgs von Clynes und Kline erkennbar: Der Cyborg wie auch Gaia entstehen in Verbindungen mit den Raumfahrtprojekten der 1960 Jahren und damit auch der Erfüllung jener Hoffnung, die Glanvill, der Verfasser von *Plus Ultra* (Glanvill 1668), einst formuliert hatte: „It may be some Ages hence, a Voyage to [...] the Moon [...] not be more strange then one to America" (Glanvill zit. n. Stubbe 1670: 44). Ziel von Clynes und Kline war die Anpassung des Menschen an die lebensfeindlichen Bedingungen des Alls durch eine cybertechnologische Ergänzungen des menschlichen Organismus: „Für den exogen erweiterten organisatorischen Komplex, der unbewußt als integriertes homöostatisches System funktioniert, schlagen wir den Begriff ‚Cyborg' vor – ‚Cyborg' schließt bewußt exogene Komponenten ein, die die sich selbst-regulierenden Steuerungsfunktionen der Organismen erweitern, um ihn so an neue Umgebungen anzupassen." (Clynes und Kline 2007: 469)

Während mit dem Cyborg so eine Gestalt entworfen wurde, welche zum Sinnbild für zunehmende Ersetzung und Überlagerung des Organischem durch das Artefaktische avancierte und eine weitere Eroberung des Alls verheißt, erschuf Lovelock mit Gaia einen biokybernetischen Megaorganismus, der einen neuen Blick zurück auf die gefährdete Erde beinhaltete und eine Begrenzung der Herrschafts- und Expansionsdynamik der Moderne implizierte. Die Vorstellung von einer Autokybernetik des Lebens führte bei ihm zur Mahnung vor „kybernetische[n] Katastrophen" (Lovelock 1997: 187) und der Verabschiedung von der Anthropozentrik und der Kolonialität des modernen Naturverhältnisses: „Vom Standpunkt Gaias aus sind alle Versuche, eine unterworfene Biosphäre unter der Vorherrschaft des Menschen zu rechtfertigen ebenso zum Scheitern verurteilt wie das ähnliche Konzept eines wohlwollenden Kolonialismus." (Ebd.: 207) Eingefordert wird eine gleichberechtigte Partnerschaft zwischen Mensch und Natur und damit gleichsam ein postkoloniales Naturverhältnis. Mit der Verleihung des Namens der griechischen Erdgöttin Gaia für dieses System wurde zugleich eine tendenzielle Aufwertung vormoderner und mythischer Naturbilder vollzogen, auch wenn Lovelook seine Namenswahl in metaphorischer Hinsicht verstanden wissen wollte.

Einflussreich war ebenso die Arbeit von Holling zur *Resilience and Stabiliy of Ecological Systems* (1973), in der unter Bezug auf das kybernetische Feedback-Modell Modelle der Belastbarkeit von Ökosystemen entwickelt wurden und die am Beginn der aktuell breit geführten Debatte um Resilienz steht. Das am *Stockholm Resilience Centre* unter Leitung von Johan Röckstrom entwickelte Konzept der planetarischen Grenzen bzw. planetarischen Leitplanken, das in dem Artikel *Planetary Boundaries: Exploring the Safe Operating Space for Humanity* (Rockström u.a. 2009a) erstmals vorgestellt wurde, steht in dieser Tradition. Dieses Konzept trug zur Wiederbelebung der Diskussion um Grenzen des Wachstums bei und hatte einen wesentlichen Einfluss auf die Verabschiedung von Klimaschutz- und anderen Nachhaltigkeitszielen durch die UNO. Nicht nur bezüglich des Klimawandel, sondern auch in Hinblick auf die biologische Vielfalt und den Stickstoffeintrag sind demnach die biophysikalischen Grenzen bereits in gefährlicher Weise überschritten. Als weitere problematische Bereiche benennen die Forscher die stratosphärische Ozonschicht, Landnutzungsänderungen, Wassernutzung, die Versauerung der Ozeane, den Eintrag von Phosphor in die Biosphäre und die Meere sowie die Aerosolbelastung und Verschmutzung durch Chemikalien. Der neue biokybernetische Blick auf die Natur lässt hier einen Erdplaneten erscheinen, der nicht mehr, wie einst der neue Erd-Wasser Globus der Neuzeit, ein Objekt der imperialen Eroberung ist. Die Erde wird nun vielmehr als gefährdete Biosphäre wahrgenommen (vgl. Abbildung 42).

Abbildung 42: Darstellung der „Planetary boundaries". Die inneren beiden grünen Ringe markieren den „sicheren Bereich". Hinsichtlich von Biodiversität, dem Stickstoffkreislaufs und des Klimawandels wird ein Überschreiten des „Non Plus Ultra" der kritischen Schwellenwerte erkennbar gemacht.

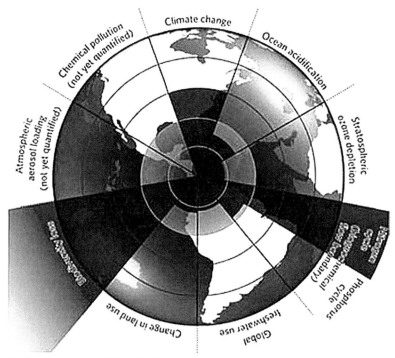

Quelle: Rockström u a. (2009b), S. 472.

Damit deutet sich eine neue Wahrnehmung des Globus an, die – wenn auch auf neuer Stufe – eine Wiederkehr von limitierenden vormodernen Vorstellungen impliziert. Wie dargelegt, war im Mittelalter das 2-Sphären-Modell, d.h. die Vorstellung von einer partiellen Trennung von Erdkugel und Wasserkugel, vorherrschend, welche zu einer Begrenzung des Wirkungsraums des Menschen auf den *Orbis Terrarum*, dem aus dem Wasser erscheinenden trockenen Teil der Erdsphäre, beitrug (vgl. Kap. 7.2). Der Ozean umrandete diesen Raum und die Säulen des Herakles waren die paradigmatischen Symbole für dessen Limitiertheit der antiken Ökumene. Mit der Entgrenzung dieses Raums begann die Moderne als Projekt der Eroberung des Globus, d.h. der Ausweitung der okzidentalen Herrschaft über die außereuropäische Welt und die Natur. Heute werden wieder Grenzen erkennbar, die in ihrer Darstellungsweise wie auch ihrer Bedeutung wieder an die antik-mittelalterliche Umrandung der Ökumene erinnern (vgl. Abbildungen 6-8; Kap. 5.2.7). In dem Artikel *Planetary Boundaries* (Rockström u.a. 2009a) heißt es:

„We propose a new approach to global sustainability in which we define planetary boundaries within which we expect that humanity can operate safely. Transgressing one or more planetary boundaries may be deleterious or even catastrophic due to the risk of crossing thresholds that will trigger non-linear, abrupt environmental change within continental- to planetary-scale systems." (Ebd.: 32)

Das Wissen um die Funktionsweise der Biosphäre ist – so auch der *Wissenschaftliche Beirat der Bundesregierung Globale Umweltveränderungen* – mit der Einsicht verbunden, dass „die Menschheit [...] Wege finden [muss], um innerhalb der planetarischen Leitplanken menschlichen Fortschritt zu erreichen." (WBGU 2014: 3) Hier werden Schwellen identifiziert, die zu überschreiten als ähnlich riskant angesehen wird wie einst die herakleische Schwelle. Das Gebot des Non Plus Ultra kehrt heute gleichsam in Form der ökologischen Schwellenwerte wieder, womit möglicherweise eine neue Epochenschwelle überschritten wird, die das Zeitalter der expansiven Moderne beendet.

In dieser Weise interpretiert auch Latour in seinen Vorlesungen *Facing Gaia* (2013), die in überarbeiteter Form unter dem Titel *Kampf um Gaia* (2017) auf Deutsch erschienen sind, die Bedeutung der planetarischen Leitplanken.[21] Deren Implikationen stehen demnach dem Plus-Ultra-Motto der Moderne entgegen und werden deshalb noch häufig ignoriert:

„The same scientists who devised the notion of the Anthropocene, have also proposed that of ‚planetary boundaries' [...]. Humans of the modernist breed might have ignored the questions by defining themselves as those who were always escaping from the bonds of the past, always attempting to pass beyond the impassable columns of Hercules. ‚Plus ultra' has always been their proud motto." (Ebd.: 132; vgl. auch Latour 2017: 488)

Im Gegensatz hierzu würden die „erdgebundenen" Menschen der sich nun neuen Gesellschaft dieses Motto verwerfen, reflexiv sich Grenzen setzen und hieraus das rückbindende *Plus intra* als neue Leitdevise ableiten: „By contrast Earthbound have to explore the question of their limits. Not because they are forbidden by some outside power to do so, but because their maxim is 'Plus intra.'" (Ebd.) Damit wird die moderne Entgrenzungsgesellschaft durch eine Gesellschaftsform mit grundlegend unterschiedlichen Basisprinzipien abgelöst.

Mit dem Übergang vom Plus-Ultra-Motto der Moderne zur neuen Leitdevise Plus Intra könnte, wie Latour argumentiert, auch ein Wandel des Wissenschaftsverständnisses und der Epistemologien einhergehen. Nicht mehr die im Labor technoszientifisch beherrschte und konstruierte Natur der Moderne, sondern Gaia und damit eine aktive, nicht vollständig beherrschbare Physis wird zum Gegenstand der Forschung:

„Experiments are not safely confined inside the laboratory where scientists are used to learning slowly from their mistakes. The Earth is the laboratory inside which experimenters are imprisoned with no time to scale things up, step by step. Whereas [...] the Atlas of the scientific revolution could hold the globe in his hand, scientists of the Gaian counter-revolution [...] look more like ticks on the mane of a roaring beast." (Latour 2013: 134)

---

21 Die Vorlesungen von Latour erschienen kurz vor Beendigung dieses Buches auch auf Deutsch. Zwischen dem Originaltext und der deutschen Ausgabe gibt es inhaltlich leichte Abweichungen. Im Folgenden wird daher teilweise weiterhin auf die englische Version zurückgegriffen, aber ergänzend auch auf die deutsche Übersetzung verwiesen.

Auch wenn Latour das Baconsche Wissenschaftsprogramm nicht erwähnt, so kann man doch davon sprechen, dass mit der Plus Intra-Science und den Ökosystemmodellen eine Abkehr vom technoszientifischen Plus-Ultra-Projekt Bacons und dessen Naturbegriff einhergeht. Die Ausfahrt der Baconschen Schiffe der Wissenschaft hatte die technologische Unterwerfung des Globus zum Ziel, wie auch die Abbildungen in seinem Werk verdeutlichen. Die Epistemologien und Zielsetzungen der *Earth science* und der *Ecoscience* unterscheiden sich von dieser traditionellen wie ebenso der gegenwärtigen Technoscience grundlegend. Der Blick richtet sich auf eine ungebundene Natur, deren Eigenlogik anerkannt wird, und nicht mehr auf eine im Labor gebändigte Natur. Zwar werden aktuell zugleich durch die Herausbildung einer „Ecotechnology" (Schwarz 2014: 141) zunehmend Verbindungen und Hybridisierungen zwischen diesen beiden Polen erkennbar. Dennoch ist festzuhalten, dass die Einsichten und Mahnungen der Earth- und Ecosciences einen Bruch mit der Expansionslogik der Moderne implizieren. Während die Technosciences primär auf die Produktion von Herrschaftswissen ausgerichtet sind, streben die Earthsciences die Produktion eines Integrationswissens an. Es wird hier der Beginn einer Revision des okzidentalen Sonderweges erkennbar. Damit ist offen, inwiefern das Zeitalter der Kybernetik tatsächlich in ein „Zeitalter der Technoscience" (Weber 2001) oder nicht eher in ein *Zeitalter der Earthscience* einmündet.[22]

Aktuell deutet sich an, dass diese Auseinandersetzung um die Grundausrichtung der modernen Wissenschaften nicht nur eine wissenschaftsinterne Kontroverse darstellt, sondern auch auf politischer Ebene geführt wird. Die in der Plus-Ultra-Tradition der Moderne stehenden Bestrebungen, die Erde zu verlassen und das Weltall zu erkunden, hatten, wie gezeigt, zu einer überraschenden Dialektik beigetragen: Die Ausfahrt der Raumschiffe ermöglichte eine veränderte Sicht der Erde, die den Globus als die gefährdete Heimat des Menschen erscheinen ließ. Ebenso hatten die Forschungen der NASA über die Möglichkeit von Leben auf Planeten die Besonderheiten der Erde deutlich ins Blickfeld gerückt. Der Blick zurück führte zu einem Innehalten im Projekt der Moderne und eine reflexive Wende wurde eingeleitet – die *Mission to Our Home Planet* wurde nun im *NASA's Earth Science Program* zum Ziel (vgl. Dick 2010: 502). Die hiermit verbundenen Forschungen zur Erdatmosphäre und zum Klimawandel hatten und haben einen wesentlichen Einfluss auf die Wahrnehmung von möglichen Grenzen des technisch-wissenschaftlichen Zivilisation. Damit wird eine Umkehr eingeleitet und die Setzung eines neuen, globalen Non Plus Ultra zeichnet sich ab.

Die gegenwärtigen Bestrebungen der US-Regierung, das *Earth Science Program* zu eliminieren oder zu reduzieren, die Leugnung der Relevanz des Klimawandels und der Ausstieg aus dem Pariser Klimaschutzabkommen verdeutlichen dahingegen den Willen, unbeirrt das Plus-Ultra-Projekt fortzusetzen. Die von Trump im März 2017 unterzeichnete „NASA bill" hat, wie der Präsident bei der Unterzeichnung deutlich machte, eine weitere „deep space exploration" zum Ziel.[23] Die Erforschung der Erde

---

22 So machen die aktuellen Bemühungen um die Etablierung eines globalen Forschungsnetzwerks für „Future Earth" deutlich, dass sich ein grundlegender Bruch mit der Epistemologie der Technosciences vollziehen könnte (Vgl. http://www.futureearth.org/).

23 In Anknüpfung an die Ausfahrten der okzidentalen Schiffe in den offenen Raum soll nun der Mars erreicht werden. Weitergehendes Ziel ist die Erkundung des Sonnensystems und

und der Gefahren ihrer Zerstörung durch den Menschen wird hingegen als unnötig angesehen.[24] Inwieweit sich also eine Übergang von einem Zeitalter der Technosciences zu einer Ära der Earthsciences vollziehen wird, ist in hohem Maße auch eine wissenschaftspolitische Frage. Trotz der Versuche, die Forschungen der Earthsciences zu bekämpfen und ihre Ergebnisse zu leugnen, wie insbesondere bezüglich der Klimaforschung erkennbar wird, ist aber dennoch zu konstatieren, dass in den letzten Jahrzehnten ein epistemologischer Umbruch erfolgt ist. Dieser hatte auch Auswirkungen auf die Entwicklung von Zukunftszenarien.

Ein Meilenstein war die Formulierung des Leitbildes der „Sustainable Development" im Bericht *Unsere gemeinsame Zukunft* der Brundtland-Kommission (Hauff 1987). Hiermit konnte eine Kompromissformel gefunden werden, welche auf der einen Seite mit dem Ziel der „Entwicklung" an dem Fortschrittsprogramm der Moderne festhielt, zum anderen mit dem Begriff der „Nachhaltigkeit" aber ebenso eine neue Begrenzung einforderte. Entsprechend dieser Offenheit und Widersprüchlichkeit des Leitbildes waren und sind die Handlungsstrategien zu nachhaltiger Entwicklung von Beginn an heterogen.

In den von der Wirtschaft und großen Teilen der Politik favorisierten Handlungskonzepten wird mit der Forderung nach einem mit einer „Green Economy" verbundenen „Green Growth" bzw. „Sustainable Growth" weitgehend an klassischen Entwicklungs- und Wachstumsmodellen festgehalten.[25] In anderen Beiträgen zur Debatte werden hingegen die Entgrenzungs- und Wachstumsmythen der Moderne zunehmend infrage gestellt. Konzepte zu einer „Postwachstumsgesellschaft" (Seidl und Zahrnt 2010; Paech 2012, 2013a, 2014) haben geradezu Konjunktur und damit gewinnt gleichsam die Idee eines neuen Non Plus Ultra an Bedeutung. Und im Gegensatz zu den früheren Debatten ist die Kritik der Wachstumsgesellschaft nun in der gesellschaftlichen Mitte angekommen.

Auch die Verabschiedung der Resolution *Transforming Our World. The 2030 Agenda for Sustainable Development* (UN 2015a) durch die Generalversammlung der Vereinten Nationen macht deutlich, dass sich derzeit eine Neubestimmung des

---

schließlich des Universums (Vgl. The Washington Times vom 21.3.2017; http://www.washingtontimes.com/news/2017/ mar/21/donald-trump-renews-nasa-mission-human-space-trave/).

24 Zwar wurden die Gelder für *NASA's Earth Science Program* vorläufig nicht gekürzt, sondern zumindest für ein Jahr weiter zur Verfügung gestellt. Zugleich wird aber klar deutlich gemacht, dass diese Forschungen gegenüber der weiteren Erkundung des Alls von zweitrangiger Bedeutung sind. Trumps Berater Bo Walker zufolge wäre das auf der Grundlage dieser Forschungen erfolgte „politically correct environmental monitoring" unnötig und würde von den Hauptaufgaben der NASA, den Weltraum zu erkunden, ablenken (Vgl. *The Guardian* vom 23.11.2017; https://www. theguardian.com/environment/2016/nov/22/nasa-dieearth-donald-trump-eliminate-climate-change-research).

25 So heißt es in einer Publikation der Bundesregierung und des BDI: „Das ‚Greening' der Wirtschaft bietet große ökonomische Chancen und Potenziale. Es sichert Wettbewerbsfähigkeit, erschließt Felder neuen, nachhaltigen Wachstums und kalkuliert frühzeitig mit ökonomischen Knappheiten und Kosten. [...] Gemeinsam wollen wir den Weg bereiten, um die ökonomischen Chancen und Potenziale der Green Economy auszuschöpfen." (BMU/BDI 2012: 10)

modernen Entwicklungsprojekts vollzieht. Und die ebenfalls 2015 erfolgte Einigung auf das Pariser Klimaschutzabkommen mit seinen Zielen der Begrenzung des Temperaturanstiegs und der Reduktion von Treibhausgasen kann ebenfalls einen Bruch mit der Entgrenzungslogik der Moderne interpretiert werden.

Auf Drängen der bolivianischen Regierung fand in diesem Dokument auch die Forderung nach Sicherung der „integrity of all ecosystems [...] recognized by some cultures as Mother Earth" (UN 2015b: 21) eine Aufnahme. Diese Formulierung lässt eine particlle Relativierung der Dominanz der technoszientifischen Rationalität der Moderne erkennen. Mit dem Rekurs auf die „Mutter Erde" gewinnen die Naturverständnisse der seit der frühen kolonialen Moderne zunehmend verdrängten und unterdrückten außereuropäischen Kulturen wieder eine wachsende Bedeutung. Dies kann als paradigmatisch für eine Transformation des Verhältnisses zwischen dem Westen und den „Anderen" angesehen werden. Im Folgenden wird am Beispiel Lateinamerikas deutlich gemacht, dass aktuell zwar auf der einen Seite eine Fortsetzung der Kolonialität der Moderne konstatiert werden kann, welche klare Kontinuitäten zu der frühneuzeitlichen Konquista der Neuen Welt aufweist. Anderseits formiert sich aber auch ein Widerstand gegen neue Landnahmen und es erfolgt eine Wiederaufwertung des präkolumbianischen Erbes.

10. Jenseits des Okzidentalismus?

Die Entdeckung Amerikas leitete einen Prozess der kolonialen Landnahme und der Unterwerfung und Zerstörung der außereuropäischen Kulturen ein. Mit der Kolonisierung Amerikas bildeten sich die Grundstrukturen des modernen Weltsystems heraus. Allerdings konnte infolge der Unabhängigkeitskämpfe im 18. und 19. Jh. eine Befreiung von der direkten kolonialen Abhängigkeit errungen werden. Mit dem Übergang zu einer neuen globalen Ordnung mit unabhängigen Nationalstaaten und einer stärker marktbasierten Struktur der globalen Ökonomie schien das Zeitalter des Kolonialismus sein Ende gefunden zu haben und auch die frühen okzidentalistische Legitimierungsformen für die Vorherrschaft des Westens verloren an Bedeutung.

Allerdings blieben, wie die Autoren der Gruppe Modernität/Kolonialität argumentieren, die kolonialen Strukturen der frühen Moderne in gewandelter Form bis heute erhalten. Daher liegt die „koloniale Matrix der Macht" (Mignolo 2012a: 49) keineswegs nur den Gesellschaftsstrukturen längst vergangener Phasen der europäischen Kolonialherrschaft zugrunde. Vielmehr ist von einer bis heute fortdauernden Kontinuität der kolonialen Herrschaftsverhältnisse auszugehen, wie Quijano hervorhebt: „Wir leben in einer kolonialen Moderne, wir sind mit einer Kolonialmodernität konfrontiert." (Quijano 2010: 34 f.) Aktuell kann im Zuge von neuen Landnahmen sogar eine Wiederkehr gleichsam kolonialer Praktiken konstatiert werden.

Jedoch werden auch neue Formen des Wiederstandes gegen diese koloniale Logik erkennbar und seit 1992 beginnen die Erben der prähispanischen mythischen Kulturen wieder verstärkt ihre Stimme zu erheben. Die Wahl von Evo Morales, der seine indigenen Wurzeln betont, zum Präsidenten Boliviens, kann als Umkehr einer 500-jährigen Tradition der Dominanz der okzidentalen Kultur interpretiert werden. Es wird im Folgenden dargelegt, dass nicht nur in Hinblick auf das Fortschrittsprojekt der technoszientifischen Moderne von einem zunehmenden Gegensatz zwischen einer Radikalisierung des Entgrenzungsprojekts und einem hierzu gegensätzlichen Bestreben nach neuen Begrenzungen gesprochen werden. Auch hinsichtlich der mit der europäischen Expansion in der frühen Neuzeit eingeleiteten kolonialen Moderne lassen sich aktuell widersprüchliche Tendenzen erkennen, die sowohl auf eine neue Stufe des Plus-Ultra-Projekts wie ebenso auf dessen grundlegende Infragestellung hindeuten.

10.1 DIE DRITTE WELLE DES OKZIDENTALISMUS UND DIE NEUEN LANDNAHMEN

Die Strukturen der kolonialen Moderne bestehen in transformierter Form im modernen Weltsystem fort und werden durch entsprechende okzidentalistische Epistemologien und Ideologien gestützt. Dabei lässt sich allerdings ein Wandel des okzidentalistischen Begründungslogik konstatieren. Die im frühen Okzidentalismus zentrale Differenz zwischen den christlichen, humanen Europäern und den heidnischen, inhumanen Barbaren ging in der zweiten Welle des Okzidentalismus in die „zeitliche Differenz zwischen der modernen Zivilisation und der primitiven Kolonialwelt" (Boatcă 2009: 241) über, wobei häufig von rassischen Unterschieden als Ursache für die Differenz ausgegangen wurde. Boatcă zufolge wurde nach dem zweiten Weltkrieg eine weitere Transformation eingeleitet. Die Essentialisierung kultureller Unterschiede löste nun die alten rassischen Hierarchisierungen ab und diese „Verschiebung vom biologischen zum kulturellen Rassismus [...] markiert den Übergang zum dritten und letzten okzidentalistischen Muster" (ebd.: 244). Dabei unterscheidet Boatcă zwei Phasen dieses neuen Musters: Nach dem Zweiten Weltkrieg war vor allem der von der US-amerikanischen Truman-Regierung initiierte Entwicklungsdiskurs dominierend, in dem eine nachholende Entwicklung der sogenannten dritten Welt propagiert wurde: „Aus einer okzidentalistischen Perspektive wurde die Weltkarte diesmal in ‚entwickelte' und ‚unterentwickelte' Völker aufgeteilt." (Ebd.: 245) In den letzten Jahren sei schließlich im Zuge der Globalisierung und der Durchsetzung einer neoliberalen ökonomischen Ordnung der Zwang zur Anpassung der nationalen Ökonomien an den globalen Markt in den Vordergrund getreten (ebd.: 245).

Die Ausführungen Boatcās zur gegenwärtigen Neuformierung des Okzidentalismus unter den Bedingungen der Globalisierung lassen sich durch Überlegungen von Coronil ergänzen. Demnach habe der Übergang zur globalen Welt keineswegs den Gegensatz zwischen dem Okzident und den „Anderen" aufgelöst, sondern nur neu arrangiert. Es würden daher „dominante Globalisierungsdiskurse eine Art von Okzidentalismus auf Umwegen darstellen, der nicht über die Bekräftigung einer radikalen Differenz zwischen dem Westen und seinen Anderen funktioniert, sondern vielmehr gerade über deren Einhegung" (Coronil 2009: 58). Dies impliziert auch, dass der Eurozentrismus der kolonialen Moderne durch einen „Globalzentrismus" (ebd.) nun auf eine neue Stufe gehoben wird, dabei aber die „fortwährende Dominanz des Westens" (ebd.) nicht hinterfragt wird. Vielmehr führe die „Auflösung des ‚Westens' im Markt" (ebd.) dazu, dass die Vielfalt der Kulturen nun unter eine universal gewordene ökonomische Kultur subsumiert werde. Zwar rekurriert man nun nicht mehr wie im Eurozentrismus unmittelbar auf die Werte einer überlegenen okzidentalen Kultur, implizit verfestige sich aber die Dominanz des Okzidentalismus. Die neuen Formen der Subordination beziehen sich damit nicht mehr auf der Setzung kolonialer Differenzen, sondern basieren vielmehr auf der Postulierung von Gleichheit, die aber letztlich nur die Basis für eine Standarisierung und Angleichung an die Erfordernisse des globalen Marktes darstellt (ebd.: 74).

Man kann davon sprechen, dass koloniale Differenz im Zuge der neoliberalen Globalisierung nun in den einfachen Code „unterkommodifiziert" versus „kommodifiziert" umgewandelt wird. Die kapitalistische Kybernetik, d.h. die Steuerung des ökonomischen Austausches durch den sich selbst regulierenden Markt, dominierte die Globalisierungsdynamik der letzten Jahre. Im Zuge dieser Entwicklungen ist nun auch weltweit eine neue Stufe marktförmig organisierter Landnahmen und damit einer Neuformierung der eurozentrischen Kolonisierung der Welt im Zeichen eines „neue(n) Imperialismus" (Harvey 2003) und einer damit verbundenen „Akkumulation durch Enteignung" und einer „Einhegung der Commons" (Massimo De Angelis 2001) zu diagnostizieren.

Ein Beispiel für diesen neuen Kolonialismus ist das sogenannte „Land Grabbing" (Kress 2012, Pearce 2012) von Böden sowie auch die hierzu korrespondierende Zunahme von Ocean Grabbing (Bennett, Govan und Satterfield 2015) d.h. die Vergabe von Fischgründen, die bisher von traditionellen Fischereibetrieben genutzt wurden, an industriell operierende Fangflotten. Mit diesen „neuen Landnahmen" (Papacek 2009) wird ein Prozess fortgesetzt, der bereits in der frühen kolonialen Moderne mit der europäischen Expansion und insbesondere der „europäischen Land- und Seenahme der Neuen Welt" (Schmitt 1950: 60) begonnen hatte. Wie gezeigt, ging dieser Prozess in der technoszientfischen Moderne über in die „Industrienahme des industriell-technischen Zeitalters und seine Unterscheidung von entwickelten und unterentwickelten Gebieten" (Schmitt 1995: 583) bzw. die „industriell-kapitalistischen Landnahme" (Lutz 1984: 61). Die Plus-Ultra-Expansionslogik wird dabei nicht mehr allein durch imperiale Bestrebungen vorangetrieben, sondern mit dem Übergang zum modernen kapitalistischen Weltsystem auch durch den Expansionszwang des Kapitals (vgl. Kap. 7.8.5).

Luxemburg zufolge, auf die sich Lutz mit seinem Landnahmekonzept bezieht, ist die Aneignung von bisher nicht vermarktlichte Ökonomien für den Kapitalismus unabdingbar, da nur hierdurch ein dauerhafter Prozess der produktiven Verwertung des Kapitals ermöglicht würde. Die Grundtendenz des Kapitals sei damit per se expansiv und auf die Eroberung des Globus ausgerichtet: „Zur produktiven Verwendung des realisierten Mehrwerts ist erforderlich, dass das Kapital fortschreitend immer mehr den gesamten Erdball zur Verfügung hat, um in seinen Produktionsmitteln quantitativ und qualitativ unumschränkte Auswahl zu haben." (Luxemburg 1975: 280) Wie Dörre im Anschluss daran argumentiert, ist durch die mit dem Kapitalismus einhergehenden Ausweitung des Kredits „ein Treiber von Landnahmen, die den Zwang zur erweiterten Reproduktion des Kapitals exekutieren und damit zugleich ein expansives Verhältnis zu sozialen und Naturressourcen konstituieren" (Dörre 2013: 117). Diese Landnahmeprozesse vollziehen sich in vielfältiger Form in Industrieländern wie auch in den sogenannten Entwicklungsländern und schließen nicht nur in einem unmittelbaren Sinn die Aneignung von Land, sondern ebenso von Arbeitskräften, Subjektivitäten und Natur mit ein.

Trotz dieser Modernisierung und Ausweitung der Landnahmelogik ist aber dennoch festzustellen, dass viele gegenwärtige Formen der Enteignung durchaus eine unmittelbare Ähnlichkeit zu den frühen Phasen der kolonialen Landnahme aufweisen. Zwar bestehen hinsichtlich der Rolle der nationalen Regierungen als Vermittler und Protagonisten der Vermarktlichung auch Unterschiede zum klassischen Kolonialismus (vgl. Kress 2012: 25 f.). Es sind jedoch wieder vor allem die traditionell wirtschaftenden indigenen Gemeinschaften, die ihres Landes beraubt werden. Erneut wird – wie bereits bei der nordamerikanischen Landnahme – argumentiert, dass die

Böden nicht effizient genutzt würden und deshalb einer „rationalen" Verwertung zugänglich gemacht werden müssten (vgl. Kress 2012: 28 f.). Gerade in Lateinamerika vollzieht sich eine Vertreibung von indigenen Völkern und Kleinbauern von ihren angestammten Gebieten durch die „Neuen Konquistadoren" (Pearce 2012: 181).

Auch die aktuell zunehmenden Konflikte um den Bergbau in ganz Lateinamerika sind hier zu nennen. Viele Regierungen Lateinamerikas setzten im Zuge des Ressourcen-Booms des letzten Jahrzehnts erneut auf die „extraktivistische Option" (Svampa 2015: 154) und damit insbesondere auf den Abbau von Kupfer, Gold, Lithium und anderen Metallen sowie die Förderung von Kohle und Erdöl als Entwicklungsstrategie. War bereits die gesamte Geschichte der Neuen Welt durch die offenen Adern Lateinamerikas (Galeano 1980) geprägt gewesen, so setzte sich dieser Prozess nun fort und es wird durch den ausgeweiteten Tagebergbau sogar eine neue Stufe der vollständigen „Enthäutung" eingeleitet. Länder wie Chile, Peru, Mexiko und Kolumbien vergaben und vergeben die Nutzungsrechte an den Ressourcen weitgehend an ausländische Investoren, die massiven Raubbau an der Natur betreiben und einen Großteil der Gewinne in die Zentralen in den Industriestaaten abführen (Roth 2015: 12 f.). Die globale Arbeitsteilung und die damit verknüpften Abhängigkeitsverhältnisse im Weltsystem, wie sie sich im 16. und 17. Jh. herausgebildet hatten, bleiben erhalten, wie auch Roth betont: „Lateinamerika öffnet weiterhin seine Adern." (Ebd.: 12 f.) Zunehmend kommt es zu Auseinandersetzungen zwischen den Bergbaukonzernen und den lokalen, häufig indigen geprägten Gemeinden, die um die Nutzung von Landrechten und zumeist auch die gefährdeten Wasserressourcen kämpfen.

In den von linkspopulistischen Regierungen geführten Ländern wie Bolivien, Ecuador, Venezuela sowie teilweise in Argentinien und Brasilien konnte hingegen in stärkerem Maße die Souveränität über die Ressourcen bewahrt bzw. wiederlangt werden. Die Rohstoffeinnahmen fließen in geringerem Maße an die Zentren im Weltsystem ab und es werden Entwicklungs- und Sozialprogramme finanziert, die zu einer Verringerung der Ungleichheit beitragen. Allerdings wird auch in diesem „Neo-Extraktivismus" (Gudynas 2011) bzw. „neue[n] Entwicklungsextraktivismus" (Svampa 2015) die politisch-ökonomische Weltordnung nicht prinzipiell hinterfragt, die „im Verlauf der Geschichte für Lateinamerika die Rolle des Exporteurs von Natur vorgesehen hat" (ebd.: 154). Insbesondere bei den Regierungen in Bolivien und Ecuador kann dabei ein Widerspruch zwischen einer Rhetorik der Rückbesinnung auf ökologisch-indigenistisches Denken und der Förderung des Neoextraktivismus festgestellt werden (vgl. Gudynas 2011). Entgegen der emanzipatorischen Rhetorik kann konstatiert werden, dass auch diese Politik „die Installierung eines neokolonialen Modells befördert und bestätigt, das auf der Aneignung und der Zerstörung der Naturressourcen beruht" (Svampa 2015: 3). Damit überlagern sich aktuell die in dieser Arbeit aus einer historischen Perspektive diskutierten Prozesse der kolonialen Landnahme und der Kolonisierung von Natur erneut und in intensivierter Weise.

Dies steht dem offiziell auch von vielen lateinamerikanischen Regierungen propagierten Übergang zu einer nachhaltigen Entwicklung diametral entgegen. Global betrachtet kann darüber hinaus festgestellt werden, dass das Bemühen einiger Industriestaaten, nachhaltige Konsum- und Produktionsmuster im eigenen Land zu fördern, zu einer Verlagerung der Probleme geführt hat. Auch viele neokoloniale

Landnahmen und die Verstärkung extraktivistischer Praktiken in Lateinamerika sind aus diesem Kontext heraus zu verstehen.

Ebenso ist die Entkarbonisierung der Industriegesellschaft durch die Steigerung des Anteils an erneuerbarer Energien ist keineswegs unbedenklich. Die in den Industriestaaten teilweise vollzogene Reduktion von energie- und materieintensiver Produktion gelang häufig nur durch den Export umweltintensiver Arbeitsplätze in Schwellen-und Entwicklungsländern. Inwieweit die vielbeschworene Bioökonomie als „Neuer Raubbau oder Wirtschaftsform der Zukunft" (Grefe 2016) anzusehen ist, ist gerade hinsichtlich der Auswirkungen für den Süden umstritten. Die im Namen von Nachhaltigkeit propagierten Strategien einer verstärkten Nutzung nachwachsender Rohstoffe und des Schutzes der Natur erweisen sich als zunehmend problematisches „Green Grabbing" d.h. als „the appropriation of land and resources for environmental ends" (Fairhead 2012: 238). So gehen z.B. die infolge der UN-Klimaverhandlungen entwickelten Instrumente zur Reduzierung der Abholzung der Wälder und ihrer Bewahrung als Kohlenstoffspeicher – die sogenannten REDD+ Projekte – häufig mit einer „neue[n] grüne[n] Landnahme" (Lateinamerika Nachrichten 2015: 18) einher. Auch nehmen Konflikte um Großprojekte zur Gewinnung von erneuerbaren Energien aus Wind und Wasser zu. Exemplarisch hierfür sind die Auseinandersetzungen um das Wasserkraftwerk Agua Zarca in Honduras, die mit den Morden an den UmweltaktivistInnen Berta Cáceres und Nelson García ihren tragischen Höhepunkt fanden (vgl. Lateinamerika Nachrichten 2016/502). Der hier erkennbare „grüne Kolonialismus" (Heuwieser 2015) unterscheidet sich nicht grundlegend von anderen Praktiken des Land Grabbings. Gleiches gilt für die zunehmende „Inwertsetzung von Natur" (Görg 2004) in Nachhaltigkeitsstrategien, in denen durch eine Vermarktlichung von Ressourcen deren nachhaltige Nutzung erreicht werden soll, in ihrer Konsequenz aber neue Formen der Ausbeutung und Enteignung insbesondere im globalen Süden vorangetrieben werden. Die auf einer marktorientierten Green Economy basierenden Konzepte zu nachhaltiger Entwicklung brechen so nicht mit der „Kolonialität der Arbeit" (Jochum 2016) der Moderne, die wesentlich zur ökologischen Krise und einem globalen Entwicklungsgefälle beigetragen hat, sondern führt diese weiter. Die „imperiale Lebensweise" (Brand und Wissen 2017) des Westens und die damit verbundene imperiale Arbeitsweise[1] werden nicht überwunden, sondern nur modernisiert.

Es lässt sich zusammenfassend festhalten, dass die Kolonialität der Moderne, die sich in der frühen Neuzeit konstituierte, heute ihre Fortsetzung findet, wie auch Lessenich betont: „[Es] ist die ‚gute alte' Kolonialisierung von damals keineswegs von gestern, denn ihre Folgen sind immer noch zu spüren, sie prägen maßgeblich auch die Externalisierungsgesellschaft von heute." (Lessenich 2017: 55) In gewisser Weise kann sogar davon gesprochen werden, dass die Kolonialität gegenwärtig ihre Vollendung erreicht, da nun die letzten, bisher noch nicht angeeigneten, Völker und Naturressourcen auf ausbeuterische Weise in die globale Marktökonomie einverleibt

---

1 Mit dem Begriff der „imperialen Arbeitsweise" dehnt Ulrich Brand aktuell seine Überlegungen zu den sozialen und ökologische Konsequenzen der imperialen Lebensweise des Westens auf die Arbeitswelt aus. Reflexionen hierzu wurden 2017 in dem Vortrag „Wie kann die imperiale Lebens- und Arbeitsweise überwunden werden?" präsentiert (vgl. http://www.ev-akademie-tutzing.de/veranstaltung/gute-arbeit-ohne-wachstum/).

werden. Hier wird eine Parallelität zur Radikalisierung der Programmatik der technoszientifischen Moderne in den Visionen der Posthumanisten und der darauf beruhenden Praktiken einer erweiterten Kontrolle der Natur durch neue Technologien erkennbar.

Zugleich lassen sich aber, wie im Folgenden dargelegt wird, auch hier Gegenbewegungen zur weiteren Entgrenzung der Kolonialität erkennen, in denen sich interessanterweise die vorher skizzierte biokybernetisch-ökologische Infragestellung des Fortschrittsprojekts mit dem Protest gegen die neuen Landnahmen verknüpft.

10.2 Neue Widerständigkeiten

In Lateinamerika formiert sich in Verbindung mit einer „öko-territoriale[n]Wende der Kämpfe" (Svampa 2015: 166) zunehmend ein Widerstand gegen die neuen Formen der Kolonialität. Ein Fanal hierfür war der Aufstand der Zapatisten in Chiapas im Jahre 1994, der sich gegen das Inkrafttreten der NAFTA richtete, darüber hinaus aber auch gegen 500 Jahre koloniale Unterdrückung gerichtet war. Der dort vollzogene Schulterschluss zwischen indigenen Gemeinden und links-alternativen Intellektuellen war paradigmatisch. Hatten sich die Gegenbewegungen in Lateinamerika bis dahin in ihrer theoretischen Ausrichtung und ihren Organisationsformen in stärkerem Maße an den sozialistischen Bewegungen der Industriestaaten orientiert, so kam es nun zu einer Neuausrichtung. Es rückte in stärkeren Maße das Bemühen um die Wahrung der Rechte indigener und kleinbäuerlicher Gruppen an ihren angestammten Territorien gegen die neokolonialen Zugriffe in den Mittelpunkt der Kämpfe. Da insbesondere die Bergbauprojekte, die Aneignung von Land und Gewässern zur Gewinnung von Wasserkraft und die Agrarindustriemodelle in der Regel mit erheblichen Umweltbelastungen einhergehen, vollzog sich eine „innovative Kreuzung zwischen der indigen-gemeinschaftlichen Matrix und dem Umweltschutzdiskurs" (Svampa 1995: 164). In ganz Lateinamerika intensivierten indigene und kleinbäuerliche Organisationen ihre Arbeit bzw. es bildeten sich viele neue heraus, dazu vollzog sich eine nationale und transnationale Vernetzung (ebd.: 166 f.) Trotz der Heterogenität der Bewegungen sind Svampa zufolge einige gemeinsame Punkte zu nennen (ebd.: 167 f.):

- Die Vorstellung von Naturressourcen als Gemeingüter, die als natürliches, soziales und kulturelles Erbe nicht der Marktlogik unterworfen werden dürfen. Damit verbindet sich in den indigenen Gemeinden die Einforderung des Rechts auf Selbstbestimmung in den angestammten Territorien.
- Der Rekurs auf die Idee der Umweltgerechtigkeit als Recht auf die Wahrung der Integrität der eigenen Umwelt und die Problematisierung der ungleichen Verteilung von Umweltkosten.
- Der Einforderung von Rechten für die Natur infolge einer „biozentrischen Wende" (Gudynas 2009) und damit der Abkehr von der anthropozentrischen, okzidentalen Sicht auf die Natur.
- Der Rekurs auf das indigene Lebensmodell des *Bien Vivir*, bzw. *Suma Kawsay* oder *Suma Qamaña*, als einem auf Reziprozität und Kooperation ausgerichteten Konzepts des Zusammenlebens mit Mensch und Natur

Hinsichtlich der beiden letztgenannten Punkte ist es interessant festzustellen, dass diese nicht nur in den Programmen und Forderungen der sozialen Bewegungen eine zentrale Bedeutung spielen, sondern – mit leichten Unterschieden – auch in die neuen Verfassungen von Ecuador und Bolivien und in viele Gesetzestexte dieser Länder aufgenommen wurden. Die Verfassung Ecuadors beginnt mit folgenden Worten:

„In Anerkennung unserer jahrtausendealten (…) Wurzeln, feiern wir die Natur, die Mutter Erde [Pachamama] (…) und beschließen (…) eine neue Form des Zusammenlebens der Bürger und Bürgerinnen in Vielfalt und Harmonie mit der Natur aufzubauen, um das Gute Leben, das Sumak Kawsay, zu erreichen." (Asamblea Constituyente 2008: 1; zit. nach Acosta 2015: 16)

Damit vollzieht sich eine Abkehr von der bisher vorherrschenden Orientierung an westlichen Entwicklungs- und Rechtsmodellen. In Analogie zur den Menschenrechten werden auch explizt Rechte der Natur niedergeschrieben: „Die Natur oder Pacha Mama, in der sich das Leben reproduziert und realisiert, hat das Recht, dass die Existenz, der Erhalt und die Regenerierung ihrer Lebenszyklen, Struktur, Funktionen und Evolutionsprozesse respektiert werden." (Asamblea Constituyente 2008: Art 72)[2]

In ähnlicher Weise wurde in dem bolivianischen *Ley Marco de la Madre Tierra y Desarrollo Integral para Vivir Bien* (Rahmengesetz für die Mutter Erde und die integrierte Entwicklung für ein gutes Leben) im ersten Artikel folgende Zielsetzung formuliert:

„Das vorliegende Gesetz hat zum Ziel eine Vision und das Fundament für eine integrierte Entwicklung in Harmonie und in Gleichgewicht mit der Mutter Erde zu erschaffen, um gut zu leben [Viviv Bien], die Kontinuität und der Regenerationskapazität der Komponenten und System des Lebens von Mutter Erde zu garantieren und wiederzugewinnen und das lokale Wissen und das Wissen der Vorfahren zu stärken." (Bolivia 2012: Art. 1).

Durch diesen Rekurs auf indigene Weltbilder wird ein Bruch mit der über 500jährigen kolonialen Dominanz der okzidentalen Kultur vollzogen. Die Relevanz des epistemologische Umbruchs darf zwar auch nicht überbewertet werden. Die neoextraktivistischen Praktiken der Regierungen von Ecuador und Bolivien stehen im Gegensatz zu diesen Ideen (vgl. Gudynas 2011). Allerdings nehmen die sozialen Bewegungen in den beiden Länder in Landkonflikten durchaus auf diese Rechte Bezug und haben damit – anders als in Chile und Peru – eine stärkere Legitimation für ihren Widerstand.

Relativierend ist anzumerken, dass das Konzept „Buen Vivir" (Gutes Leben) keineswegs nur an indigene Lebensmodelle anknüpft. Vielmehr kann von einer „erfundenen Tradition" gesprochen werden, deren Genese auch durch eine Idealisierung der andinen Kultur durch Intellektuelle beeinflusst wurde (vgl. Recasens 2014: 64; vgl. auch Altmann 2013). Ebenso ist der Bezug auf eine ökologisch ausgedeutete

---

2   Im Original heißt es: „La naturaleza o Pacha Mama, donde se reproduce y realiza la vida, tiene derecho a que se respete integralmente su existencia y el mantenimiento y regeneración de sus ciclos vitales, estructura, funciones y procesos evolutivos." (Asamblea Constituyente 2008: Art 72)

Pacha Mama teilweise als eine eher strategisch motivierte Verbindung von indigenem Erbe und ökologischem Denken anzusehen. Sie wird von den genannten Regierungen auch vollzogen, um mit Hilfe von Diskursen des „pachamamismo" (Sánchez Parga 2011) eine nationale Identität zu konstruieren. Nichtsdestotrotz ist, wie Folgenden deutlich wird, tatsächlich eine starke Nähe zwischen ökosystemaren Vorstellungen und dem subjektivierenden, biozentrischen indigenen Weltbild zu konstatieren. So wird eine Wiederkehr verdrängter präkolumbianischer Weltbilder erkennbar, die als Befreiung sowohl von der mit der Entdeckung und Eroberung Amerikas beginnenden eurozentrischen Kolonialität wie auch der technoszientifischen Kolonialität gedeutet werden kann.

10.3 DIE ENTOKZIDENTALISIERUNG AMERIKAS

Das Wiedererstarken indigener Bewegungen deutet an, dass die von Coronil in Jenseits des Okzidentalismus (2002) reklamierte Emanzipation von okzidentalistischen Ideologien und Epistemologien allmählich realisiert wird. Coronil zufolge werden die Forderungen dieser Bewegungen „häufig von unterschiedlichen epistemologischen und kosmologischen Positionen aus angestoßen und binden nicht nur eine Kritik des westlichen Liberalismus, sondern auch der westlichen Modernität selbst ein." (Coronil 2015: 60)

Damit stellt sich die Frage nach der Besonderheit der indigenen Kosmovisionen. Bisher wurde in der vorliegenden Arbeit aus weitgehend eurozentristischer Perspektive die Konstitution des Mythos der Moderne rekonstruiert und dabei deutlich gemacht, wie die Entgrenzung der Alten Welt und die Erfindung einer Neuen Welt zu einem die Moderne prägenden Grundparadigma wurde. Die dunklen Seiten der damit verbundenen Kolonialität der Moderne wurden zwar diskutiert. Jedoch blieb unthematisiert, inwiefern die durch den Prozess der Okzidentalisierung verdeckten und unterdrückten Epistemologien und Praktiken zu einer Überwindung der Fehlentwicklungen und Nebenfolgen der Moderne beitragen und so eine Bedeutung für ein Zukunftsprojekt gewinnen könnte.

Hierzu wird nachfolgend eine von dem bisherigen Vorgehen grundlegend unterschiedene Perspektive eingenommen und nicht mehr die Bedeutung Amerikas als neuer, erweiterter Westen diskutiert werden. Vielmehr wird das bisher in seiner Eigensinnigkeit und kulturellen Eigenart nicht thematisierte indigene Amerika mit in die Betrachtung einbezogen. Dabei gilt es auch, wie Dussel argumentiert, zu erkennen, dass Kolumbus Missdeutung der von ihm entdeckten Gebiete als Teil Asiens insofern eine Wahrheit in sich barg, als siedlungs- und kulturgeschichtlich ursprünglich „Amerindia der Ferne Osten Asiens war" und damit „das asiatische Sein Amerikas [...] sein authentisches Wesen" (ebd.: 103) darstellt. Eine Wiederentdeckung des indigenen Amerikas setzt daher voraus, „Abya Yalas" – wie aktuell indigenistische Gruppen Amerindia bezeichnen (Ceinos 1992, Juncosa 1994) – auch als fernsten Orient zu begreifen. Damit sind die aktuellen Auseinandersetzungen in gewisser Weise als Widerstreit zwischen einer Re-Orientalisierung der Neuen Welt versus ihrer weiteren Okzidentalisierung zu begreifen.

Einen zentralen Ursprung hatte die zunehmende Kritik der okzidentalistischen Erfindung Amerikas in der Debatte um den 500. Jahrestag der Westfahrt des Kolumbus und auf diese Überlegungen wird im Folgenden rekurriert. Im Vorfeld dieses Ereignisses wurde von der spanischen Regierung eine „Nationale Kommission zur Feier des 500. Jahrestags der Entdeckung Amerikas" ins Leben gerufen (Comisión Nacional 1984). Dies löste vor allem bei lateinamerikanischen Intellektuellen wie auch bei der indigenen Urbevölkerung eine Reflexion über die eurozentrische Darstellung dieses Ereignisses aus. Der mexikanische Historiker Leon Portilla präsentierte auf einem Treffen zur Vorbereitung der 500-Jahrfeier der Fahrt des Kolumbus eine alternative Formulierung. An die Stelle der Begrifflichkeit einer „Entdeckung Amerikas", unter der im 19. Jh. die Jahrhundertfeier begangen wurde, setzte er die Formel „encuentro de dos mundos" (León Portilla 1992), einer „Begegnung zweier Welten" bzw. eines „Zusammentreffens zweier Welten".[3]

Nun verdeckte diese harmonisierende Formel aber aus Sicht von Kritikern die mit dem „Zusammentreffen" verbundene Gewalt und beschönigte die letztliche Dominanz der okzidentalen Kultur. Eine derartige kritischere Wendung gab der Debatte insbesondere der Philosoph Leopoldo Zea, der in seinem Artikel *Der 12 Oktober 1492 – Entdeckung oder Verdeckung* (Zea 1989a) die Dialektik der sogenannten Entdeckung thematisierte. Durch die eurozentristische Erfindung Amerikas sei das präkolumbianische Amerika verdeckt und verdrängt worden: „Die wahre authentische Realität dieser Region und ihrer Menschen blieb verdeckt [encubierta] durch die Vorurteile, welche die Entdecker mit sich brachten." (Ebd.: 196; Übers. d. Verf.) Aus Sicht von Zea konnte es daher aus Anlass der 500-Jahrfeier nicht darum gehen, die Vergangenheit zu feiern, sondern mit Blick auf einen zukünftigen neuen Weg das bisher Verdrängte und Verdeckte wieder einzubeziehen. In der von ihm wesentlich beeinflussten Deklaration des Symposiums *Las Ideas del Descubrimiento de America* heißt es: „Die Idee der Entdeckung liegt nicht in der Vergangenheit sondern in der Zukunft: das Problem ist es zu wissen was wir ‚entdecken', ‚verdecken', ‚integrieren', ‚befreien' wollen. Die Idee der ‚Wiederentdeckung' [redescubrimiento] mag vielleicht die fruchtbarste sein" (Zea 1989b: 9; Übers. d. Verf.) Diese Wiederentdeckung setzt auch die Aufarbeitung der durch die okzidentale Kolonisierung vollzogenen Verdeckungen und Unterdrückungen voraus.

In noch radikalerer Weise postulierten die Mitglieder des Forums *Emanzipation und lateinamerikanische Identität 1492-1992* in der *Erklärung von Mexiko*, dass der „12. Oktober 1492, der in seiner eurozentristischen Version als ‚Entdeckung' oder ‚Begegnung zweier Welten' bezeichnet wird, den Beginn eines der größten Völkermorde, Plünderungs- und Ausbeutungsprozesse der menschlichen Geschichte darstellt." (zit. nach Armborst, Dieterich und Zickgraf 1991: 5) Edmundo Dussel, ein Unterzeichner der Deklaration, forderte schließlich in seinem Buch mit dem programmatischen Titel *Von der Erfindung Amerikas zur Entdeckung des Anderen* (Dussel 1993) eine Abkehr von der okzidentalistischen Erfindung Amerikas und die Wiederentdeckung der indigenen Kulturen. Das bisherige Projekt der „eurozentrischen Moderne" (ebd.: 196) sei zu verwerfen und durch eine neue Moderne abzulö-

---

3 Leon-Portillas Vorschlag wurde von der mexikanischen Regierung übernommen und wurde zum offiziellen Slogan, unter dem in Mexiko (und in anderen Staaten) die 500-Jahrfeiern begangen wurden. Auf mexikanischen Antrag hin beschloss 1988 schließlich auch die UNESCO die Übernahme der Paraphrase einer „Begegnung zweier Welten" die zur „gegenseitigen Entdeckung aller Völker" geführt habe (vgl. Bernecker 1992: 54).

sen: „Es geht dabei um eine Trans-Moderne als weltweitem Entwurf der Befreiung [...], in dem die Alterität, die der Moderne mit-wesentlich war, sich gleichermaßen verwirklicht." (Ebd.: 195)

10.4 SEMINALES DENKEN UND OKZIDENTALE RATIONALITÄT

Diese kritischen Debatten trugen mit zur Gründung der Gruppe Modernität/Kolonialität bei, die eine Befreiung von den bis heute untergründig fortbestehenden kolonialen Gesellschaftsstrukturen zum Ziel hat. Hierfür wird auch eine „epistemische Dekolonisierung [descolonización epistemológica]" (Quijano 1992: 447) bzw. ein „dekoloniale[r] epistemische[r] Umsturz" (Mignolo 2012a) für notwendig erachtet, um eine Emanzipation von der Vorherrschaft der okzidentalen Rationalität zu ermöglichen. Im Zentrum stehen dabei die Auseinandersetzungen mit der okzidentalen Begründungslogik der kolonialen Differenz, doch wird darüber hinaus auch die Frage nach der Besonderheit der indigenen Weltbilder aufgeworfen.

Mignolo, ein zentraler Vertreter dieser Gruppe, bezieht sich in seiner Suche nach Ansätze einer „post-okzidentalen Vernunft [postoccidental reason]" (Mignolo 2000: 91) u.a. auf die Arbeiten des argentinischen Anthropologen Rudolfo Kusch, den er als Vorläufer eines dekolonialen Denkens würdigt: „Kusch' reflections [...] have greatly contributed to a form of de-colonial consciousness." (Mignolo 2010: xvii) Kusch hatte in seinem Werk „América Profunda" (Kusch 1962), das Spannungsverhältnis zwischen dem okzidentalistischen und europäisierten Amerika und dem verdeckten, untergründigen, indigenen Amerika beschrieben.[4] Im Folgende soll in Anknüpfung hieran die Differenz zwischen dem okzidentalen Denken und der Rationalität der prähispanischen Kulturen näher beleuchtet werden.

Kusch zufolge lässt sich die westliche Kultur durch eine Befindlichkeit einer festen Identität charakterisieren, die im spanischen Verb „sein" (ser) zum Ausdruck kommt, und womit eine aktivistische Positionierung des Menschen in der Welt

---

4   Ich danke an dieser Stelle auch Fedor Pellmann für die Hinweise zu den Arbeiten von Kusch. Erwähnt sei hier auch ein Beitrag von Pellmann zum Einfluss des nach Argentinien exilierten expressionistischen Autors Paul Zech auf Kusch (Pellmann 2012). Zech imaginierte demnach in seinen Arbeiten des Exils ein verklärtes Bild der indianischen Ureinwohner. Es ist zu vermuten, dass er die Forschungsreisen, die er als Quelle seiner Erzählungen und Sammlung von Märchen benannte, nie unternommen hat und vor allem auf die Berichte deutsch-argentinischer Ethnologen zurückgriff: „Letztendlich ist Zechs kreativer Endpunkt, sein indigenes Amerika, aber weitgehend ein intertextuelles Konstrukt." (ebd.: 63) Zech wurde nicht nur von Amerika-Sehnsüchten, sondern auch von Verkaufsargumenten angetrieben. Dabei stand seine kritische Auseinandersetzung mit der modernen Großstadt Buenos Aires im Mittelpunkt. Durch seine imaginierten Reisen sollte er den jungen Kusch, bei dessen Mutter er in Untermiete wohnte, nachhaltig inspirieren. Man kann hierin eine interessante Neuauflage jener für die europäische Wahrnehmung des indianischen „Anderen" kennzeichnenden Beeinflussung der kognitiven Aneignung durch Projektionen und Imaginationen sehen.

verbunden sei. Dahingegen sei das indigene Amerika, das tiefe, ‚profunde' Amerika, durch die Existenzweise des „sich befinden" (estar) geprägt, die eher als ‚Anwesend sein' zu deuten ist (Kusch 1962: 89 f.; Übers. d. Verf.). Hiermit ist ein grundlegend anderes Welt- und Naturverhältnis verknüpft. Während sich der Mensch der präkolumbianischen Kultur, wie Kusch an den Quechuas erläutert, in einen Kosmos einordnet, in dem der Zorn Gottes (ira divina), d.h. die vergöttlichte Natur dominiert, ist „die okzidentale Kultur, im Gegensatz hierzu, dadurch gekennzeichnet, dass das Subjekt die Welt beeinflusst" (ebd.: 91). So überwindet „der okzidentale Mensch [...] den Zorn Gottes und glaubt an eine materielle Welt wie die Stadt, welche die Natur imitiert" (ebd.: 93).

Kusch kontrastiert in seinem Werk insbesondere das „seminale Denken" (seminal thinking) (Kusch 2010: 124 f.) der ackerbäuerlichen indianischen Kulturen, dessen Grundparadigma das Wachsen der Samenpflanzen ist, mit dem kausalen Denken (causal thinking) (ebd.: 135) der okzidentalen Stadtkulturen.[5] Mignolo weist dabei zu Recht darauf hin, dass das seminale Denken nicht allein auf die indigenen Kulturen beschränkt ist, sondern auch in anderen vorkapitalistischen und vorindustriellen Kulturen Europas verbreitet gewesen ist (Mignolo 2010: 38). Der von Kusch auch als Spannungsverhältnis zwischen „Mito y Racionalidad" (Kusch 1978: 41) diskutierte Gegensatz zwischen indigenem und okzidentalem Denken stellt ein Grundthema der abendländischen Kulturentwicklung dar, das entweder als Gang vom „Mythos zum Logos" (Nestle 1966) verklärt oder ebenso als Verlust einer älteren, den Kräften des Leben angeblich näheren mythischen Weltsicht dargestellt wurde (vgl. u.a. Klages 1954: 121).

Seminale Vorstellungen lagen, wie in dieser Arbeit bei der Darstellung der antiken Bedeutung der Säulen des Herakles deutlich wurde, insbesondere den archaischen Mythen der alten Welt zugrunde (vgl. Kap. 5.1). Das Leben mit seinem Wechsel von Zeugung, Wachstum und Tod war die Grundlage von „biomorphen Modellvorstellungen" (Topitsch 1958: 9). Diese Vorstellungen wurden in der alten Welt allerdings durch die griechische Aufklärung, die Monotheismen und die verschiedenen Erlösungsreligionen der Kulturen der Achsenzeit weitgehend verdrängt. Mit der Umkehr der Bedeutung der Säulen der Herakles in der frühen Neuzeit erfolgte sodann ein endgültiger Ausbruch aus dem Mythos. Im Zeichen der Übertragung der Plus-Ultra-Devise auf das technoszientifische Fortschrittsprojekt wurde schließlich eine vollständige Lösung von allen biomorphen, subjektivierenden Weltvorstellungen vollzogen und von Bacon eine hierzu radikal entgegengesetzte, veroobjektivierende technoszientifische Epistemologie entworfen, welche die okzidentale Rationalität prägte (vgl. 8.8.1).

Dahingegen ist bei den indigenen Völkern Amerikas bis heute ein seminales, mythisches Denken erhalten geblieben, das auf ein prähispanisches Erbe zurückgeht. So stellte z.B. in der mexikanischen Mythologie der Kreislauf des Maiskorns – sein

---

[5] Das seminale Denkens und die damit verbundene „seminal economy" (ebd.: 135 f.) wird von Kusch nicht als minderwertig angesehen, sondern in ihrer Eigenwertigkeit gewürdigt. Dieses würde einer – sich von der westlichen Rationalität unterscheidenden – Logik des Austausches und der Bedeutung der Arbeit folgen (Kusch 2010: 135). Diese seminale Logik macht Kusch insbesondere am Beispiel der andinen Völker deutlich. Seine Aussagen beziehen sich aber auf den gesamten amerindischen Raum.

Gang in die „Unterwelt" und seine „Wiedergeburt" mit dem Durchbrechen der Erde durch die junge Maispflanze – das Grundparadigma dar (vgl. Florescano 1995: 289 f.). Der Mais wurde als göttliches Wesen betrachtet, mit dem der Bauer durch seine kultivierende Arbeit interagiert. Gleiches gilt für die mütterlich gedachte Erde, in der sich der Kreislauf des Werdens und Vergehens der Maispflanze vollzieht.

Eine hohe Relevanz hat das seminale Denken noch bis heute in der Mayakultur, der „Kultur des Maises" wie sie genannt wird (Ruz 2000: 101). Das Getreide wurde in der prähispanischen Zeit in einen göttlichen Rang erhoben. Im heiligen Buch der Maya, dem *Popol Vuh* bzw. *Buch des Rates* (Cordan 1993), steht im Mittelpunkt die in mythische Bilder umgewandelte Geschichte des Lebens, Sterbens und Wiederauferstehens des Maiskorns als Maisgott (Florescano 1993: 228) Bis heute besitzt der Mais eine zentrale Bedeutung als Nahrungsmittel und darüber hinaus als Bezugspunkt für die kulturelle Identität.

Hieraus resultiert auch der Widerstand gegen die Verdrängung des traditionell angebauten Mais durch Importen aus den USA. Dabei wurde von vielen Aktivisten wieder auf prähispanische Kosmologien Bezug genommen. Ein interessantes Beispiel hierfür stellt die Bewegung „Sin maíz, no hay país" (Ohne Mais gibt es kein Land) (Esteva und Marielle 2003; Caire 2010; Schüren 2010) in Mexiko dar. Bereits 2003 hatten prominente Wissenschaftler und Kunstschaffende unter diesem Titel einen Sammelband publiziert, in dem auf die grundlegende kulturelle Bedeutung der Maispflanze für die Geschichte, Gegenwart und Zukunft Mexikos verwiesen wurde. Hierin wird der Anthropologe Guillermo Bonfil mit folgenden Worten zitiert: „Der Mais ist eine menschliche Pflanze, die im tiefsten Sinne kulturell ist, weil sie nicht ohne den Eingriff der Hand existiert [...]. Indem er den Mais kultivierten, kultivierte sich der Mensch selbst." (Bonfil zit. n. Esteva und Marielle 2003: 11; Übers- d. Verf.) Damit rekurriert Bonfil auf den basalen Sinn des dem Bereich der Agrikultur entlehnten Kulturbegriffs. Kultur umfasst diesem Verständnis nach, wie insbesondere bei den sich als „Menschen des Mais" verstehenden Mayas deutlich wird, stets auch die Kultivierung der eigenen und äußeren Natur.

2007 formierte sich unter dem Motto „Sin maíz, no hay país" ein Aktionsbündnis, dem sich 500 Frauen-, Campesino- und lndigena-Organisationen, Gewerkschaften sowie Nichtregierungsorganisationen und viele prominente Einzelpersonen anschlossen (Schüren 2010: 82). Diese Bewegung kann als weiteres Beispiel für die oben diskutierte „öko-territoriale Wende der Kämpfe" (Svampa 2015: 166) angesehen werden. Die Kampagne zur Verteidigung des Mais richtet sich gegen die Verdrängung traditioneller Anbauformen und selbstgezogener lokaler Sorten sowie die Vernichtung der ökonomischen Basis der Kleinbauern (Schüren 2010: 83). Insbesondere auch das Verbot von gentechnischer Veränderung von Mais stellt dabei eine zentrale Forderung dar (ebd.: 94). Damit wird der Gegensatz zwischen der technoszientifischen Rationalität des Okzidents mit ihrem technomorphen Naturbegriff einerseits und dem „seminalen Denken" (Kusch 2010: 124) und den damit verbundenen biomorphen mythischen Weltbildern anderseitsseits auf neuer Stufe virulent.

Hiermit sind grundlegend unterschiedliche Konzeptionen von dem durch Arbeit vermittelten gesellschaftlichen Naturverhältnis verbunden. Denn im altamerikanischen Weltbild wurde die Arbeit des Menschen als von der Produktivität dieser vergöttlichten Natur abhängig angesehen, wie Estermann bezüglich der andinen

Kosmologie mit ihrer Verehrung der Mutter- und Erdgöttin Pacha Mama deutlich macht:

„Die andine Ökosophie betont den ‚seminalen' [samenhaften] Charakter der Natur; die Elemente von kay pacha werden geboren, wachsen, vermehren sich und sterben gemäß einer zugrunde liegenden organischen Ordnung und ihrer eigenen Dynamik. Der Mensch ist vor allem ‚Agri-kultor' und nicht ‚Pro-duktor', das heißt, er ist Hüter [arariwa] der Erde, natürlicher ‚Partner' der Pachamama, integraler Mit-Schöpfer im kosmischen ‚Haus' [wasi], das allen Seienden gemeinsam ist [Ergänzungen i. Original]." (Estermann 1999: 198)

Ähnliche Ideen von einem allumfassenden aktiven und produktiven, weiblich konnotierten Natursubjekt, mit dem der Mensch interagiert, fanden sich in nahezu allen ackerbäuerlichen Kulturen wieder. Unter Namen wie Demeter, Gäa, Inanna und Coatlicue wurde diese „Mutter Erde" in der ganzen Welt verehrt (vgl. Florescano 1995: 291-292; Göttner-Abendroth 1984).

Gerade hier lässt sich der Sonderweg der okzidentalen Denkens in aller Deutlichkeit erkennen: Bereits im antiken Griechenland setzte sich infolge der Verbreitung des Techne-Modells eine zum subjektivierenden mythischen Weltbild gegensätzliche Vorstellung von einer passiven Natur durch (vgl. Kap. 5.2.5). Auch im christlichen Denken konnte sich die alte Kosmovision nur in reduzierter Form in Gestalt der Marienverehrung erhalten und zugleich wurde aufgrund der außerweltlichen Orientierung die irdische Natur eher negativ bewertet. Mit der Durchsetzung des technoszientifischen Weltbildes setzte sich schließlich in der abendländischen Kultur das Bild einer toten, mechanistisch erklärbaren Natur durch. Die vorliegende Arbeit machte dies u.a. an einer frühneuzeitlichen Allegorie über den Bergbau, in welcher der Mensch „des Muttermordes angeklagt wird" (Niavis 1953), deutlich. Der Mensch verteidigt seinen Vorstoß in die Tiefe damit, dass „die Erde [...] eher den Namen einer Stiefmutter als den einer wirklichen Mutter verdient" (ebd.: 20), weil sie die Metalle verbirgt. Hier wird ein grundlegender Wandel des Weltbildes erkennbar, der zu einem „Tod der Natur" (Merchant 1987) im neuzeitlichen Denken führte. Dies implizierte auch, dass mit der Entdeckung der Neuen Welt und ihrer kolonialen Aneignung durch die okzidentale Kultur zugleich die Verdeckung der prähispanischen Weltbilder mit ihren subjektivierenden Vorstellungen von der Mutter Erde einherging. Der Gegensatz zwischen der okzidentalen, kausalen Rationalität und der indigenen, seminalen Rationalität kommt daher insbesondere in diesen unterschiedlichen Naturverständnissen zum Ausdruck.

Abbildung 43: Zentralbibliothek der Universidad Nacional Autonoma de Mexico in Mexiko-Stadt (UNAM). Auf der Südseite ist das koloniale Mexiko dargestellt. Im Zentrum findet sich die Plus-Ultra-Emblematik mit dem Habsburger Reichsadler.

Quelle: *http:// es.wikipedia.org/wiki/Archivo: CU-Mexico-biblioteca-2.jpg*.Manuelaguado.

Dieses Spannungsverhältnis findet seine eindrucksvolle Visualisierung in der von dem mexikanischen Maler und Architekten Juan O'Gorman geschaffenen monumentalen Fassade der Zentralbibliothek der UNAM, einer der größten Universitäten Amerikas, in Mexiko Stadt. Auf der Südseite werden die Errungenschaften der okzidentalen Kultur abgebildet. Inmitten der Darstellung finden sich die paradigmatischen Symbole der Moderne, die Säulen des Herakles mit der Devise Plus Ultra, die hier noch den Habsburger Reichsadler, das Symbol der Herrschaft Karls V., einrahmen. Zu sehen sind Szenen der geistigen und militärischen Konquista der Neuen Welt und es wird mit Kopernikus das neue wissenschaftliche Weltbild der Moderne gewürdigt (vgl. Abbildung 43).

Auf der Nordseite ist im Gegensatz hierzu die Glaubenswelt und Kultur des prähispanischen Mexikos abgebildet. Im Zentrum findet sich gleichsam in Opposition zu der Plus-Ultra-Symbolik eine Darstellung der Erdgöttin Tlazolteotl. Diese ist eine der vielen Repräsentationen der Göttin von Leben und Tod, wie sie auch in verwandter Gestalt im Monumentalstein der Tlatecuhtli (vgl. Abbildung 45) dargestellt sind. Sie sind Sinnbild für den Mythos von der ewigen Wiederkehr, gegen den der Okzident im Zeichen des Plus Ultras rebelliert hatte.

Diese in den meisten Kulturen der alten Welt durch andere Weltbilder verdrängte Vorstellung von einer aktiven Mutter Natur und die damit verbundenen Kosmologien und Lebensmodelle erfahren aktuell nun in Lateinamerika eine überraschende Renaissance. In den letzten Jahren vollzog sich infolge der dekolonialen Kritik an der okzidentalen Rationalität und im Zuge der Wiederaufwertung des traditionellen indigenen Denkens eine Rückbesinnung auf diese mythischen Konzepte von Leben, Arbeit und Natur. In die Verfassungen Bolivien und Ecuador wurden, wie angeführt,

Rechte für Pacha Mama bzw. Mutter Natur festgeschrieben. Die Verfassung Boliviens beginnt mit folgender eindrucksvollen Präambel:

„In weit zurückliegenden Zeiten erhoben sich Berge, änderten Flüsse ihren Lauf, entstanden Seen. [...] Wir bevölkerten diese heilige Mutter Erde mit verschiedenartigen Gesichtern [...]. So formten wir unsere Völker, und der Rassismus war uns immer fremd, bis wir seit den unheilbringenden Kolonialzeiten selbst unter ihm litten. Wir, das bolivianische Volk in seiner Vielfalt, errichten aus der Tiefe der Geschichte heraus einen neuen Staat, inspiriert von den Kämpfen der Vergangenheit, der indigenen antikolonialen Auflehnung, der Unabhängigkeit, den Befreiungskämpfen des Volkes [...] In Erfüllung des Mandats unserer Völker, mit der Kraft unserer Pachamama und Gott dankend, begründen wir Bolivien neu." (Verfassung von Bolivien 2013: 10)

Der Rekurs auf die Mutter Erde bzw. Pacha Mama verdeutlicht, dass das subjektivierende, biozentrische mythische Naturverständnis aktuell unter ökologischem und dekolonialem Vorzeichen wieder einer Renaissance erfährt und zur Grundlage für die Herausbildung nichtokzidentaler Identitäten und Entwicklungskonzepte wird. Es wird erkennbar, dass gegenwärtig nicht allein eine lineare Fortschreibung der imperialen Landnahmelogik der frühen Moderne wie auch der technoszientifischen Kolonialität der industriegesellschaftlichen Moderne zu konstatieren ist, sondern zugleich die hierzu entgegengesetzte Wiederkehr des historisch Verdrängten und daher Verschütteten erfolgt. Die neuzeitliche Verobjektivierung der irdischen Natur wird durch die Einsichten in die ökosystemaren Zusammenhänge und die Gefährdung ihrer Funktionslogik zumindest relativiert und lässt wieder alternative Kosmologien und Epistemologien zu.

Allerdings ist kritisch anzumerken, dass die wirtschaftlichen Praktiken in Ecuador und Bolivien trotz der reklamierten Rückbesinnung weiterhin im Spannungsfeld zwischen einer Fortsetzung und eine Abkehr vom okzidentalen Entwicklungsprojekt stehen, wie die Lithium-Projekte in Bolivien und die umstrittene Wiederaufnahme der Erdölförderung in den Amazonasgebieten Ecuadors verdeutlichen. Man kann dies als einen Widerspruch zwischen Theorie und Praxis interpretieren, der das faktische Fortbestehen der kolonialen Strukturen zum Ausdruck bringt. Zugleich ist festzustellen, dass die Darstellung einer gütigen Mutter Erde, wie sie im aktuellen Pacha-Mama-Diskurs vorherrscht, eine romantisierendes Bild vom Spannungsfeld zwischen Mensch und Natur zeichnet. Diese Darstellung wird auch den mythischen Naturverständnissen nicht gerecht, in denen keineswegs nur das esoterisch-romantisch aufgeladene Bild einer nährenden Mutter Natur verbreitet war.

Vielmehr waren im mythischen Weltbild die Muttergottheiten in der Regel durch eine grundlegende Ambivalenz gekennzeichnet und es wurde von einer Einheit von produktiven und destruktiven Aspekten ausgegangen. Die verbreitete Vorstellung einer „Madre terrible" (Solares 2007), einer auch „schrecklichen Mutter" wird z.B. an der mexikanischen Göttin Coatlicue deutlich: „Coatlicue ist zugleich Göttin der Erde und Göttin des Todes. Sie ist nicht (nur) die Gebärerin, aus deren Schoss alles, was Leben, was Existenz hat, hervorgeht, sie ist auch die Allesvernichterin, die am Ende alles wieder verschlingt." (Westheim 1986: 27). Ihm mythischen Denken war der Fortbestand des Leben unabdingbar mit dem Leiden und dem Tod verbunden – und gegen diesen Fatalismus rebellierte der Okzident mit seinen Erlösungsreligionen und in der Moderne mit seinem Versuch der technologischen Zurückdrängung des Todes.

Im Folgenden soll dieses Spannungsfeld zwischen Ursprungsmythos und Fortschrittsmythos unter besonderer Berücksichtigung der unterschiedlichen Einstellungen zum Tod näher beleuchtet werden. Wie argumentiert wird, haben sind beide Mythen in ihrer Vereinseitigung als problematisch anzusehen: Während der Ursprungsmythos das Opfer des Menschen an die Natur fatalistisch akzeptiert, nimmt der Fortschrittsmythos das Opfer der Natur an den Menschen in Kauf. Als notwendig erscheint eine dialektische Aufhebung des Gegensatzes zwischen Ursprungs- und Fortschrittsmythos, welche die Wahrheiten der beiden großen Erzählungen bewahrt, zugleich aber ihre Einseitigkeiten überwindet.

10.5 VOM URSPRUNGSMYTHOS ZUM FORTSCHRITTSMYTHOS

Eine der frühesten Formen der Weltdeutung stellt der „Mythos der ewigen Wiederkehr" (Eliade 1966) mit seiner Rekurrierung auf Ursprünge und einem zyklischen Zeitverständnis dar (vgl. Kap. 5.1.). Die von der Wahrnehmung sowohl der ackerbäuerlichen Zyklen der Kulturpflanzen als auch des Auf- und Untergangs der Sonne geprägte Idee von der Erneuerung des Lebens durch den Tod stand im Zentrum. Verbreitet war die Vorstellung von einer belebten Erde, die als große Muttergöttin verehrt wurde und welcher männliche Helden zugeordnet waren.[6] Die Heroen mussten sich in Kämpfen bewähren und schließlich den Opfertod erleiden, um durch die Göttin wiedergeboren zu werden. Dies spiegelt sich in dem weltweit allgegenwärtigen Motiv des Untergangs eines männlichen Gottes oder Kulturheros in die Unterwelt, seinem Tod und der nachfolgenden Regeneration und Wiederauferstehung wider. Dionysos wird von Titanen zerrissen, um von Demeter wieder zusammengefügt zu werden, der Flachsgott Linus muss ebenso wie Osiris sterben, um wiedergeboren zu werden, und das Christentum schließlich knüpft mit dem österlichen Tod und der Wiederauferstehung Jesus an das alte Motiv an (Göttner-Abendroth 1993: 76 f.). In all diesen Bildern des ursprünglichen tellurgischen Mythos war die Vorstellung von der Fruchtbarkeit des Todes vorherrschend: „Der Tod ist also nicht der Gegensatz, sondern der Gehilfe des Lebens." (Bachofen 1941: 42)

Ähnliche Weltbilder waren auch bei den präkolumbianischen Kulturen verbreitet. Wie bereits diskutiert, findet sich dort eine biomorphe Konzeption vom Kosmos, deren Grundlage das von den ackerbäuerlichen Kreisläufen abgeleitete „seminale Denken" (Kusch 2010: 124) war. So stellte Florescano zufolge der Zyklus des Todes und der Wiederauferstehung der Maispflanze für alle Völker Mittelamerikas das Paradigma dar, nach dem der Prozess des Werdens erklärt wird. Entsprechend dem Untergang der Maispflanze und ihrer Regeneration aus einem Maissamen, wird

---

6   Dieses Weltbild war auch im Abendland während der neolithischen Zeit weit verbreitet: „In der Religion des alten Europas erscheinen Tod und Wiedergeburt als zwei sich gegenseitig bedingende, zusammengehörige und begrenzende Aspekte derselben Gottheit. [...] [Es] symbolisiert die große Göttin der Steinzeit, indem sie beides zugleich verkörperte, die ungebrochene Kontinuität des einen, immer wiederkehrenden Zyklus, der allem Leben zugrunde liegt" (Gimbutas 1994: 16).

davon ausgegangen, dass jede Erneuerung den Untergang und das Opfer des Alten erfordert (Florescano 1993: 23). Im *Popol Vuh*, dem heiligen Buch der Mayas, wird in einer zentralen Szene, in der sich menschliche Fortzeugung und Wiederauferstehung des Maises in einem Bild vereinen, der Maisgott enthauptet. Sein Kopf, der gleichsam ein Samenkorn darstellt, befruchtet in der Unterwelt mit seinem Speichel Ixquic, eine chthonische Erscheinungsform der Fruchtbarkeits- und Mondgöttin Ixchel, und spricht zu ihr folgende Worte:

„Mit diesem Wasser, diesem Speichel habe ich dir mein Liebespfand gegeben. Nun hat mein Haupt keinen Wert mehr, nichts als Knochen ohne Fleisch bleibt es. So sind die Schädel der Großen Herrn: nur das schöne Fleisch gibt ihnen Ansehen. [...] Aber ihr Wesen verliert sich nicht, wenn sie hingehen: es vererbt sich. Es verlöscht nicht, es vergeht nicht das Bild des Fürsten, Weisen oder Redners. Es bleibt vielmehr in den Töchtern und Söhnen, die sie erzeugen. Eben dies habe ich mit dir getan." (Cordan 1993: 63)

Durch die Wiederkehr in den Nachkommen wird der Tod selbst aufgehoben. Nicht die Unsterblichkeit des Körpers und des Geistes, sondern die des biologischen Erbes ist zentral. Dessen Weiterleben rechtfertigt auch das Leiden, das mit dem Tod einhergeht. Wie der alteuropäische tragische Mythos hat ebenso der altamerikanische Mythos eine biologisch-genetische Konzeption von Leben und Tod, die dem Sterben einen Sinn verleiht und so eine „Thanatodizee" (Höhn 2004), d.h. eine Legitimation des Todes, liefert.

Es ist diese Logik der „ewigen Wiederkehr des Lebens" (Nietzsche 1954: 1031), die den Kern des mytischen Denkens darstellt und so auch die gesamte Kosmosvision prägt.[7] Der biozentrische Mythos ist durch ein zyklisches Zeitverständnis gekennzeichnet und kennt keine eindeutige Trennung zwischen Vergangenheit, Gegenwart und Zukunft. Durch die Wiederkehr zum samenhaften Ursprung erfährt das Leben wie auch der gesamte Kosmos seine Erneuerung: „Ursprungsmythen erzählen, was sich ab initio ereignet haben soll. Gefasst wird darin ein Geschehnis, das eine umwälzende Entwicklung einleitete und sich auf die Schöpfung der Welt bezieht." (Gutjahr 2005: 94) Hieraus resultiert der Konservativismus des Mythos. Das Älteste ist die Heimat und das Neue wird als Bedrohung erfahren: "[Es] kämpfte die archaischen Menschheit und verteidigte sich mit allen Mitteln gegen alles Neue und Unumstößliche, das die Geschichte mit sich brachte." (Eliade 1966: 44 f.) Damit ist zugleich der Glaube an eine Geschlossenheit des Raums verbunden, der häufig in der Vorstellung einer klaren Begrenzung der Welt durch den Ozean ihren Ausdruck fand.

---

7   In seinem berühmtesten Werk, dem *Also sprach Zarathustra* (Nietzsche 1919), stellt für Nietzsche die Einsicht in die ewige Wiederkehr bzw. Wiederkunft die höchste Wahrheit dar, die der Übermensch gewinnt. Die Tiere verkünden ihm die Logik des organischen Kosmos und seine eigene Bestimmung und Weisheit: „Denn deine Tiere wissen es wohl, o Zarathustra, wer du bist und werden mußt, du bist der Lehrer der ewigen Wiederkunft. [...] Und wenn du jetzt sterben wolltest, o Zarathustra; siehe, wir wissen auch, wie du da zu dir sprechen wolltest: [...]. Ich komme [...]ewig wieder zu diesem gleichen und selbigen Leben." (ebd.: 198)

In der vorliegenden Arbeit wurde nun aufgezeigt, dass diese räumliche wie auch zeitliche Limitiertheit des archaischen mythischen Weltbildes in der antiken abendländischen Welt ein exemplarisches Symbol besaß: Es setzte Herakles mit den Säulen des Herakles „der Erde die Grenze" (Pindar 1923: 144). Diese am Ende der westlichen Welt verorteten Mahnmale waren nicht nur die räumlichen Grenzen der alten Welt. Darüber hinaus waren im solarmythologische Denken die westlichen Regionen der Erde und der westliche Ozean auch mit der Unterwelt und dem Tode assoziiert worden. Und es wurden deshalb die Säulen der Herakles ursprünglich auch als Eingangstore des Heros in die Unterwelt gedeutet (vgl. Kap. 5.1).

Die Säulen verwiesen so auf die zeitliche Begrenztheit der humanen Existenz. Auch nach dem Übergang zu theologischen und philosophischen Weltbildern blieb diese Vorstellung weitgehend bestehen. Die Säulen versinnbildlichten im heilsgeschichtlichen Denken das raumzeitliche Ende der Welt. Darüber hinaus wurden die Säulen in vielfältiger Weise als Symbole anthropologischer, imperialer und technischer Grenzen gedeutet. Sie waren damit Ausdruck eines *antiken Begrenzungsmythos*.

Mit dieser Setzung von raumzeitlichen Begrenzungen unterscheidet sich das mythische Denken fundamental vom räumlich wie ebenso zeitlich geöffneten Weltverständnis der Moderne. Lévi-Strauss hat in *Das wilde Denken* (1979) mit der Unterscheidung zwischen „kalten" und „warmen" Gesellschaften" (ebd.: 270) auf diese Polarität hingewiesen. Während die archaischen kalten Kulturen das geschichtlich Neue negieren und annullieren, interiorisieren die modernen warmen Gesellschaften „das historische Werden, um es zum Motor ihrer Entwicklung zu machen" (ebd.). Assmann differenzierte im Anschluss hieran zwischen einer konservativen „fundierenden" und einer „revolutionären", auf Veränderung gerichteten „Mythomotorik" (Assmann 2007b: 79).

Ein erster Ausbruch aus dem tragischen Mythos in diese Richtung erfolgte bereits in den „Kulturen der Achsenzeit" (Eisenstadt 1987) mit ihrem „Kampf gegen den Mythos" (Jaspers 1949: 21) und dem „Kampf um die Transzendenz" (ebd.: 21). Mit den jüdischen Propheten, aber auch der griechischen Philosophie, beginnt ein Ausbruch in ein geschichtliches Denken (vgl. Kap. 6). Assmann nennt das altestamentarische Buch Daniel als erstes Beispiel einer die Gegenwart verneinenden, revolutionären „kontrapräsentischen Mythomotorik" (Assmann 2007b: 80). Diese Absetzungsbewegung kulminierte dabei in der Antike in der Gnosis, die dem Mythos von der ewigen Wiederkehr den hierzu konträren Mythos von der ewigen Erlösung entgegensetzte: „Die gnostische Wahrheit basiert auf einem Erlösungsmythos, in dem der göttliche Funke als außerweltlich und die *Conditio humana* als ein Gefangen-Sein in einer gefallenen Seinsordnung betrachtet werden, wo Unwissenheit und Finsternis herrschen." (Navigante 2012: 390) Der gnostische Erlösungsmythos beruht auf dem Versprechen einer individuellen Befreiung von der irdischen Welt wie auch auf der Vorstellung einer universalen heilsgeschichtlichen Überwindung des Kosmos am Ende der Zeit: "Der gnostische Mythos ist [...] eschatologisch" (Jonas 1964: 261)

Die Kulturen der Achsenzeit rebellierten vor allem auch gegen die fatalistische Akzeptanz des Kreislaufes von Leben und Tod im mythischen Denken. Wie dargelegt, war für Weber das „Problem der Theodizee" (Weber 1925: 296) eng mit der Sterblichkeit verbunden und die Herausbildung der Erlösungsreligionen nicht zuletzt vom Willen eines Ausbruchs aus dem Kreislauf von Leben und Tod motiviert. An diese Überlegungen knüpft Eisenstadt in seinem Werk *Kulturen der Achsenzeit* (1987) an: „Die Wurzeln der Erlösungssehnsucht liegen im Bewusstsein des Todes und in der Zufälligkeit menschlichen Handelns und der sozialen Einrichtungen." (Ebd.: 12)

Im ursprünglichen Mythos wurde selbst dann, wenn die Vorstellung eines Reichs des Todes existierte, das Leben nach dem Tod im Großen und Ganzen als leibliche Fortexistenz in einer dem Diesseits relativ ähnlichen jenseitigen Welt konzipiert (ebd.: 13). Zugleich war, wie gezeigt, die Idee der Wiedergeburt in den Nachkommen bestimmend. Dagegen wird in den Kulturen der Achsenzeit der Gedanke der Wiedergeburt umgeformt und die Fortdauer in einem vollkommeneren Jenseits mit dem moralischen Verhalten im Diesseits in Verbindung gebracht. Dadurch erhält die „Eschatologie der Wiedergeburt" (ebd.) eine besondere ethische Ausprägung, weil als Verheißung für ein gutes Leben der Eingang in eine transzendente Welt ohne die Mängel des Diesseits und ohne den Tod versprochen wird. So wurde im gnostischen Denken die gesamte irdische Existenz des Menschen als Folge eines Falls des göttlichen Funkens in die „Welt des Schicksals, der Geburt und des Todes" (Rudolph 1990: 65) gedeutet. Die Erlangung der Unsterblichkeit im akosmischen Reich des reinen Geistes war das letztliche Ziel des Gnostikers. Dieser Weg der Erlösung stand allerdings nur wenigen Auserwählten offen: „Gnade wird allein in denen sein, die auserwählt wurden aufgrund eines unsterblichen Seins, das offenbar geworden ist." (Apokalypse des Petrus; zit. nach Lüdemann 1997: 237)

Doch waren die Gnosis wie auch die meisten anderen achsenzeitlichen Religionen und Philosophien noch außerweltlich orientiert, und die Beschränkungen der irdischen Welt sollten durch eine spirituelle Grenzüberschreitung in die Transzendenz und nicht durch eine innerweltliche Horizonterweiterung überwunden werden. Es erfolgte keine endgültige Durchbrechung der alten mythischen Limitierungen des diesseitigen Kosmos. Dies wird auch daran deutlich, dass im spätantiken und mittelalterlichen Denken die Säulen des Herakles eine vielfältige Bedeutung als Sinnbilder der räumlichen, zeitlichen, technischen, imperialen und ökumenischen Begrenzung des menschlichen Wirkungsraums besaßen. Sie wurden weiterhin als paradigmatische Schranken der irdischen Welt gedeutet (vgl. Kap. 5.2.7).

Es konnte nun in dieser Arbeit dargelegt werden, dass die reale Durchbrechung des herakleischen Überschreitungsverbots wie auch die Umdeutung der Säulen zu Symbolen der Entgrenzung zum endgültigen Ausbruch des Okzidents aus der mythisch begrenzten Welt beitrugen – Der Übergang zum innerweltlichen Fortschrittsdenken der Moderne wurde eingeleitet.

Diesen Prozess hat auch Aleida Assmann exemplarisch den modernen Interpretationen der Gestalt des Odysseus dargestellt. Während Dante seinen Odysseus aufgrund seiner frevlerischen Fahrt durch die Säulen des Herakles noch in der Hölle büßen lässt, wird dieser in der Neuzeit zur heroischen Gestalt der Entgrenzung. Damit geht eine grundlegende Verschiebung des Koordinatensystems und der Werte an denen sich der abendländische Mensch orientiert, einher: „Der moderne Ulysses Mythos [...] feiert einen Helden, dessen zentrale Bestimmung darin besteht, die Grenzen des Wissens ins Unbekannte hinaus zu verschieben." (Assmann 1994: 111) Die durch die Überschreitung der ozeanischen Schwelle eingeleitete Ablösung eines „weisheitliche(n) Selbstbegrenzungs-Wissen[s]" und die Herausbildung eines

„heroische(n) Selbstbehauptungs-Wissen" (ebd.) habe damit zur Konstitution des „Mythos der Moderne" (Assmann 1994: 103) beigetragen. Die nautische Entgrenzung war so ein Katalysator für eine anthropologische Revolution und es entstand der *moderne Mythos der Weltoffenheit des Menschen* (vgl. Kap. 7.4). Auch Dussel hat die Entdeckung und gewaltsamen Eroberung Amerikas zur Genese eines „Mythos der Moderne" (1993: 76) in Beziehung gesetzt, der neben seiner „emanzipatorische[n] Bedeutung" ebenso einen „irrationalen ‚Mythos' der Rechtfertigung von Gewalt" (ebd.) beinhaltet.

Im Anschluss hieran, aber unter Erweiterung der Perspektive und einer ausführlichen historischen Rekonstruktion des Bedeutungswandels der Säulen der Herakles, wurde nun in dieser Arbeit dargelegt, *dass der Mythos der Moderne in Folge der Durchbrechung des Gebots des Non Plus Ultra und der Erfindung einer Neuen Welt konstituiert wurde*. Die horizonterweiternde Ausfahrt in das Offene ist gleichsam der *Ursprungsmythos der Moderne*. Hiermit wurde eine vielfältige Befreiung von alten begrenzenden Mythen und die Begründung von modernen Gegenmythen eingeleitet. Mit Überschreitung der herakleischen Schwelle wurde so auch ein mit vielfältigen Auswirkungen verbundener Übertritt über eine Epochenschwelle vollzogen:

- Mit der Westfahrt von Kolumbus konnte *die Konzeption* des *Westmeers als Reich des Todes überwunden* und in die neue Konzeption vom freien, offenen Westen übergehen. Daher bezeichnet Campell in *Lebendiger Mythos* (1985) zu Recht „das Jahr 1492 [...] als einen Wendepunkt, der das Ende – oder wenigstens den Anfang vom Ende – der Herrschaft der alten mythologischen Systeme markiert, von denen das Leben der Menschen seit undenklichen Zeiten getragen und beflügelt worden war" (ebd.: 14). Es ist genauer gesagt die *Geburt eines Mythos der Entgrenzung* und der unendlichen Ausfahrt. Dieser tritt an die Stelle des auch im Mittelalter noch untergründig wirksamen Mythos von der ewigen Wiederkehr.
- Hiermit wurde ebenso eine Veränderung der Einstellungen zu Leben und Tod eingeleitet, die zu einem Bedeutungsverlust der achsenzeitlichen Erlösungshoffnungen beitrug. Wie dargelegt, wurde noch im *Narrenschiff (1494)* von Sebastian Brant eine Kritik der Entdeckung und Vermessung neuer Welten mit der Mahnung an die Vergänglichkeit des Lebens verknüpft. In der kurz nach der Reise des Kolumbus verfassten Schrift heißt es: „Welche Not wohnt einem Menschen bei, dass er Größres suche, als er sei? Er weiß nicht, was ihm Guts entspringe, wenn er erfährt so hohe Dinge und seines Todes Zeit nicht kennt. [...] Er sucht nur Erdenruhm und Ehre und denkt nicht an das ewige Reich." (Brant 1964: Kap. 64) Es ist der frühneuzeitliche Drang nach einer innerweltlichen Entdeckung der Welt und des Menschen, der noch harsch kritisiert wird. Und auch die Säulen des Herakles waren noch mit der Einsicht in die Endlichkeit der menschlichen Existenz und der Sinnlosigkeit des diesseitigen Strebens verbunden (vgl. Kap.7.1.2). Es kann angenommen werden, dass die Umdeutung der alten westlichen Todesgrenze, als welche die Säulen des Herakles einst angesehen wurden, zu einem verheißungsvollen Tor der Öffnung, nicht nur zur Herausbildung einer weltöffnenden Subjektivität beitrug, sondern zugleich mit einer sukzessiven Überwindung sowohl der mythischen Todesbejahung wie auch der religiösen Sehnsucht nach einer außerweltlichen Unsterblichkeit verbunden war. Zu konstatieren ist zweifelsohne eine Veränderung der Einstellung zum Tode in der Renaissance. Bei

vielen Autoren lässt sich „der unbedingte Wille, das Leben als autonomen Wert aufzufassen" (Ariès 1980: 167) erkennen. Im Gegensatz zur Jenseitsorientierung des mittelalterlichen Menschen „entwickelte sich also das Ideal eines erfüllten oder vollen Lebens, das sich von der Angst ums Jenseits nicht mehr bedrohen ließ" (ebd.: 167).

- Mit der Entgrenzung der Alten Welt und der Entdeckung der neuen Welt war eine prinzipielle Öffnung für das Neue verknüpft, wie am Werk der Kartographen von St. Dié, welche in ihrer *Cosmographiae Introductio* (Ringmann und Waldseemüller 1507/2010) Amerika benannten und erstmals kartographisch darstellen, deutlich gemacht wurde. Man kann hier eine erste und exemplarische Form der *Querelle des Anciens et des Modernes* erkennen und damit die Genese eines *Mythos der Neuen*. Marquard spricht von einer „Mythologie des Neuen" (Marquard 2000: 231), welche die alten Mythen des Ursprungs und der ewigen Wiederkehr ablöst. Diese Umkehr fand man, wie gezeigt, mit dem Erscheinen der neuen amerikanischen Welt ihr Basisparadigma.

- Die Entgrenzung der Alten Welt sollte zugleich zu einer Überwindung der Trennung zwischen Transzendenz und Immanenz beitragen, damit den neuzeitlichen Prozess der Säkularisierung einleiten und so den heterodoxen utopischen Geist der Gnosis innerweltlich wirksam werden lassen. Es erfolgte eine Reformulierung des Gegensatzes zwischen der irdischen Welt und der transzendenten Welt in ein Spannungsverhältnis zwischen Alter und Neuer Welt. Das Koordinatensystem kippt von der mittelalterlichen Vertikale in die neuzeitliche, innerweltliche Horizontale und es konstituiert sich eine „transatlantische Transzendenz" (Sloterdijk 1999: 876). Utopien wie die namensgebende *Utopia* von Morus oder das *Neue Atlantis* von Francis Bacon werden in die Neue Welt projiziert. Erst hierdurch konnte der Übergang vom weltverneinenden, außerweltlich orientierten eschatologisch-gnostischen Erlösungsmythos hin zu einem *innerweltlichen utopischen Mythos* erfolgen.

- Hiermit ging eine Neudeutung des Westens einher. Im mythischen Weltbild, das in leicht gewandelter Form auch noch in der Antike und im Mittelalter gültig war, besaß der Westen gegenüber dem Zentrum und dem lichten Osten eine minderwertige, periphere Bedeutung. Der ozeanische Westen war tabuisiert und wurde weitgehend als Raum des Todes, des Untergangs und des Chaos angesehen. Dieser mythische Westen verwandelt sich mit dem Übergang zum Plus Ultra und infolge der Erfindung Amerikas grundlegend. Er wurde zum Raum der Verheißung. Hierdurch konnte ein völlig neues Verständnis vom Westen entstehen, das zur Genese *eines neuzeitlichen Mythos des Westens* beitrug. Damit verbunden war die Genese eines Geistes des Okzidentalismus, der mit der Idee einer Superiorität des Westens einherging.

Die Durchfahrt durch die Säulen entgrenzte also die begrenzenden Mythen der Vormoderne und das geschlossene Weltbild des Mittelalters, das im Non Plus Ultra sein Symbol fand. Die Transformation des Bedeutungsgehalts der Säulen bringt eine große Transformation des okzidentalen Weltbildes zum Ausdruck. Der Horizont wird geöffnet und das Zeitalter des Plus Ultra eingeleitet. Diese vielfachen Entgrenzungen waren konstitutiv für die Moderne und ihre Verschränkung führte zur *Konstitution des Mythos der Moderne*.

Dabei konnte zugleich auch die *dunkle Seite dieses Mythos* beleuchtet werden. Denn die Entgrenzung der Welt und die damit verbundene europäische Expansion waren, wie bereits am Beispiel Karl V. deutlich wurde, untrennbar mit der *Kolonialität der Moderne* verbunden. Mit diesem Mythos gehen also ebenso die Ideen einer Überlegenheit des Westens und die Rechtfertigung von Gewalt einher, wie auch Dussel betont: „Darin besteht der ‚Mythos der Moderne', dass er den Unschuldigen – den Anderen – opfert [...]. Zuletzt wird das Leiden des Eroberten [...] als Opfer oder unvermeidlicher Preis der Modernisierung interpretiert werden." (Dussel 1993: 76) In der ersten Phase des Okzidentalismus dient dabei neben dem Christentum insbesondere der hierarchische Humanismus der Legitimierung okzidentaler Herrschaft (vgl. Kap. 7.7).

In der zweiten Welle des Okzidentalismus wurde der *Mythos der Moderne umgedeutet* und erweitert. Mit dem Übergang zu einem technischen Humanismus vollzieht sich auch ein Wandel des Wissensbegriffs. Wissen soll vor allem dazu dienen, durch technische Transformation der Welt den Menschen von einer inhumanen Natur zu erlösen. Insbesondere durch die Schriften Bacons erhielt diese frühe „Techgnosis" (Davis 1998) der Moderne ihre paradigmatische Ausformulierung – und in dem Bild des Schiffs der Wissenschaften, das durch die Säulen des Herakles in eine Welt der durch Technik beherrschten Natur hinausfährt eine ihrer berühmtesten ikonographischen Darstellungen. Bacon griff damit den imperialen Impetus des Plus-Ultra-Projekts der frühen Moderne auf und formulierte das Programm, durch wissenschaftliche-technische Naturbeherrschung „die Grenzen der menschlichen Macht soweit wie möglich zu erweitern" (Bacon 1959: 89). Dabei löste sich bei Bacon der Bezug der Entgrenzungssymbolik von der räumlichen Ebene. Das Plus Ultra wurde zum Sinnbild des *technoszientifischen Mythos vom wissenschaftlich-technischen Fortschritt*.

Hiermit verbunden war zugleich eine Verweltlichung der bis dahin außerweltlich orientierten Hoffnung auf Unsterblichkeit So sollte bei Bacon als Lohn der Ausfahrt der Schiffe der Technosciences durch die Säulen des Herakles die „Verlängerung des Lebens [...] (und) Verzögerung des Alterungsprozesses" (Bacon 1862: 415) versprochen werden. Und „das wahre Ziel des Wissens" war für ihn letztlich die Gewinnung der „Unsterblichkeit" (Bacon 1984: 43). Mit der Verlagerung der außerweltlichen Transzendenz in die Horizontale durch die Eröffnung einer transatlantischen Transzendenz wird so auch der Kerngehalt aller Jenseits- und Heilserwartungen säkularisiert: Die Zurückdrängung und *Überwindung des Todes* steht im *Zentrum des Humanisierungsprojekts der Moderne*. Indem der Mensch der Moderne in das Plus Ultra des bisher verborgenen und verbotenen Westens vorstößt, rebelliert er zugleich gegen die Todesdrohung, die im mythischen Denken mit dem Westen verbunden war.

Auch Bacon projiziert seine Utopie Nova Atlantis in den transatlantischen Raum und es ist kein Zufall, dass seine Vision vor allem in den USA wirkmächtig wird. In Verbindung mit der spezifischen Kolonisierungserfahrung im nordamerikanischen Raum sollte sich hier ein erneuerter „Myth of the West" (Bruce 1990, Nordholt 1995) herausbilden, der insbesondere am Ende der zweiten Welle des Okzidentalismus und ebenfalls noch in der dritten Phase das Verständnis vom freien Westen stark prägen sollte. Der „Entwicklungs- oder Fortschrittsmythos" (Graf 1993: 307), in welchem die „Technik als Mythos" (Rapp 1979) fungiert, verband sich dabei mit dem *kapitalistischen Wachstumsmythos*.

Es entsteht so insgesamt der *Mythos der „ewigen Wiederkehr des Neuen"* (Benjamin 1980: 677), dem der Zwang zur Innovation und Expansion ebenso inhärent ist wie dem antiken Mythos die zwanghafte Rückkehr zum Ursprung. Demnach liegt im Impetus der Moderne, alles Bestehende und Tradierte immer wieder überwinden zu wollen und Neues hervorbringen zu müssen, ein quasi mythischer Charakter begründet, wie auch Adorno argumentiert:

„Das abstrakt Neue vermag zu stagnieren, in Immergleichheit umzuschlagen. [...] Die Male der Zerrüttung sind das Echtheitssiegel von Moderne; das, wodurch sie die Geschlossenheit des Immergleichen verzweifelt negiert; Explosion ist eine ihrer Invarianten. Antitraditionalistische Energie wird zum verschlingenden Wirbel. Insofern ist Moderne Mythos." (Adorno 2003: 41)

So wie der archaische Mythos der ewigen Wiederkehr einen Zwangscharakter beinhaltete, da die Reproduktion des Immergleichen nicht nur als Möglichkeit gesetzt wird, sondern zur naturgesetzlichen Notwendigkeit erklärt wurde, deren Missachtung von den Götter sanktioniert wird, so ist die Moderne durch einen inversen Mythos gekennzeichnet: Die Öffnung für das Neue erscheint nicht nur als legitim, vielmehr wird die Durchbrechung des Alten und die Erschließung des Neuen im Fortschrittsmythos zum unabänderlichen, gleichsam naturalisierten Zwang.

Bis heute sind diese Mythen die großen Erzählungen der modernen okzidentalen Gesellschaften. Dies gilt insbesondere für den kapitalistischen Wachstumsmythos, der zum einen mit dem Heilversprechen des immer weiterwachsenden Wohlstandes einhergeht und zum anderen als unhinterfragbar gilt, da seine Protagonisten Wachstum als unabdingbare Voraussetzung für die dauerhafte Inklusion der Menschen in den Arbeitsmarkt ansehen. Der Infragestellung dieses Mythos durch die Wahrnehmung ökologischer Grenzen des Wachstums wurde in den letzten Jahren durch seine Modernisierung im „Mythos vom grünen Wachstum" (Sommer und Welzer 2014: 86) entgegnet.

Auch der eng hiermit verknüpfte technische Fortschrittsmythos findet im „Mythos der Technoscience" (Weber 2001: 97) sowie dem „kybernetischen Mythos" (Rid 2016: 425) aktuell eine wirkmächtige und vielfältige Neuauflage. Er kehrt in den verschiedenen Ausprägungen der „TechnoScientific Utopias of Modernity" (Yar 2014: 12) wieder und wird in den als „Cybergnosis" (Wertheim 2002: 309 f., Böhme 1996a: 259) beschriebenen Schriften der Post- und Transhumanisten radikalisiert. So propagiert der Posthumanist Tipler in Opposition zur „Philosophie der ewigen Wiederkehr" die Lehre vom „ewigen Fortschritt". (Tipler 1994: 140)

Im Mittelpunkt steht auch hier, wie im gnostischen Erlösungsmythos, die Überwindung der irdischen, sterblichen Existenz: „Diese letzte aller menschlichen Utopien, die technisch bewirkte Beherrschbarkeit und Überwindung des Todes, stellt das Zentrum des sogenannten Posthumanismus und Transhumanismus dar." (Krüger 2011: 249) Die modernen Techgnostiker mit ihren innerweltlichen Erlösungsreligionen versprechen allerdings das ewige Leben im Diesseits und nicht mehr, wie einst die antiken und mittelalterlichen Eschatologien, im Jenseits.

So versuchen die Transhumanisten durch technisches Enhancement die Leistungsfähigkeit des Körpers zu steigern und damit auch das Leben so weit wie möglich auszudehnen. Dickel und Frewer sehen darin die neueste Stufe der Idee der "Eroberung" des Todes: „The transhumanist quest for life extension, with a particular focus on the extension of the healthspan, is only the latest incarnation of the idea that technology will someday allow us to conquer death." (Dickel und Frewer 2014: 123) Das utopische Versprechen des neuzeitlichen Okzidentalismus kulminiert hier in der Verheißung einer neuen Welt ohne Tod. Mit den „Techno-Utopien der Unsterblichkeit" (Fröhlich 1998) gelangt der utopische Mythos der Moderne gleichsam zu seinem Ziel und zur Erfüllung der Baconschen Vision.

Diese neuen Lehren gewinnen insbesondere in der US-amerikanischen Gesellschaft derzeit eine wachsende Bedeutung, in dem sie die Praktiken der Technosciences legitimieren. Somit sind die Mythen bzw. großen Erzählungen der Moderne keineswegs von einer Postmoderne abgelöst worden. Vielmehr ist die Moderne in den letzten Jahren in die Phase der „radikalisierten Moderne" (Giddens 1996) eingetreten, in welcher die den Okzidentalismus prägenden Mythen erneuert werden. Die großen Erzählungen von den unsterblichen posthumanen Heroen und Cyborgs schreiben in der kybernetischen Moderne den mit dem Übergang von Non Plus Ultra zum Plus Ultra begründeten Fortschrittmythos auf neuer Stufe fort.

Zugleich deutet sich aber gerade in Lateinamerika auch eine *Wiederkehr des ursprünglichen Mythos der ewigen Wiederkehr* an, wie bereits am Beispiel der Bezüge auf die Erdgöttin Pacha Mama deutlich gemacht wurde. Neben diesen in politischen, intellektuellen und indigenistischen Debatten vorgenommenen Bezügen auf das alte prähispanische Erbe ist ebenso in der Volkskultur eine Fortbestehen bzw. eine Erneuerung des veschütteten Erbes festzustellen. Insbesonder im mexikanischen Raum steht dabei jene Thematik im Zentrum, gegen welche die Kulturen der Achsenzeit und schließlich auch die Moderne rebellierten: Die Einheit von Leben und Tod.

Diese Vorstellung war ein alles beherrschender Grundzug des altamerikanischen Denkens, der in Variationen in allen Mythen auftaucht: „Der Tod war ein verlängertes Leben und umgekehrt. Somit war er nicht das eigentliche Ende des Lebens, sondern nur eine Phase im unendlichen Kreislauf. Leben, Tod, Wiederauferstehung waren Stadien eines kosmischen Vorgangs, der sich unaufhörlich wiederholte." (Paz 1998: 60)

Zwar haben die alten mythischen und christlichen Kontextualisierungen an Bedeutung verloren, doch machen z.B. die Feierlichkeiten zu den Dias de las Muertos, den Tagen der Toten, deutlich, dass der alte Glaube nicht zur Gänze zugrunde gegangen ist. Zumindest im Volk ist der Glaube an eine Interaktion mit dem Tod nicht gänzlich verschwunden. Auf den Friedhöfen wird ein gemeinsames Mahl zwischen den Lebenden und den Toten veranstaltet. Zugrunde liegt der Glaube, „dass der Tote im Jenseits Urlaub bekommt, um in der Mitternachtsstunde einen auf Erden zurückgebliebenen Angehörigen zu besuchen" (Westheim 1986: 127). Für kurze Zeit wird die Grenze zwischen Leben und Tod aufgehoben. Bis heute wird in der mexikanischen Alltagskultur die Feier des Todes an den Totentagen im November vollzogen.

Abbildung 44: Altar mit einer Figur von „Santa Muerte" (Mercado de la Merced; Mexiko Stadt 2012).

Quelle: Fotographie des Verfassers.

In den letzten Jahren verbreitete sich in Mexiko auch der – durchaus zwiespältig zu bewertende[8] – Kult von *Santa Muerte*, dem heiligen Tod. Hier mischen sich die alten indigenen Traditionen mit Praktiken und Glaubensvorstellungen der kriminellen Unterwelt (Guttman 2006). In den in der Nähe der alten Pyramiden gelegenen Stadtteilen *El Merced* und *Tepito* ist *Santa Muerte* allgegenwärtig und auch im Straßenbild präsent (vgl. Abbildung 44).

Diese Wiederbelebung des Kults des Todes korrespondiert mit einer interessanten Wiederentdeckung. Eine der eindrucksvollsten archäologischen Funde der letzten Jahre in Mexiko war die Ausgrabung eines etwa zwölf Tonnen schweren Monolithen mit der Darstellung der Göttin Tlatecuhtli, der Göttin der Erde (Abbildung 45).

Der 2006 in der Nähe des Templo Major, dem Haupttempel im Mittelpunkt der aztekischen Hauptstadt Tenochtitlán – und somit zugleich im Zentrum der heutigen Hauptstadt Mexiko City – aufgefundene Reliefstein verweist auf die zentrale Basis des prähispanischen Denkens: Die Vorstellung von einer schöpferischen und zugleich zerstörerischen chthonischen Erdgöttin als Ursprung des Seins.

Tlaltecuhtli besitzt auf der einen Seite generative Funktionen sowohl für den Beginn des Zyklus der Vegetation als auch in der Erschaffung der menschlichen Wesen. Auf der anderen Seite ist sie eine unersättliche Verschlingerin von Blut und Körpern (López Luján 2010: 107).[9] Damit wird auch hier ein grundlegend ambiva-

---

8 *Santa Muerte* wird insbesondere von den Mitgliedern der Drogenkartelle und Prostituierten verehrt. Die Wiederkehr des Kultes kann auch als Ausdruck der sozialen Probleme und Unsicherheiten in Mexiko angesehen werden (vgl. Lara Mireles 2008).

9 Die Göttin bringt so auch die für die Menschen zum Leben notwendigen Güter hervor, fordert aber zugleich als Ausgleich das Opfer: „Zuweilen schrie die Erdgöttin in der Nacht

lenter Charakter der Erdgöttin erkennbar, da sie „zugleich der mütterliche Schoß wie auch das Grab jeglichen Lebens war" (ebd.: 108).[10]

Abbildung 45: Monolith der Tlatecuhtli, der aztekischen Göttin der Erde (aztekische Plastik ca. 1450; Tenochtitlan/Mexiko Stadt, Museo Templo Mayor).

Quelle: Fotographie des Verfassers.

---

und verlangte nach Menschenherzen. Dann wollte sie sich nicht eher beruhigen, als bis man sie ihr gab, und wollte nicht eher wieder Frucht tragen, als bis sie mit Menschenblut getränkt wurde." (Krickeberg und Leyen 1928: 5) Hier sind Ähnlichkeiten zu La Llorona, einer Gestalt der mexikanischen Populärkultur erkennbar. Sie erscheint Nachts klagend in einem weißen Kleid und lockt dabei mit ihrer Schönheit einsame Männer und tötet sie (vgl. Wurm 1996: 168).

10 Alle regenerativen und reproduktiven Prozesse, welche mit der Erdgöttin verbunden waren, sind zugleich mit dem Bereich des Todes assoziiert, weshalb im Aztekischen ein Ausdruck für das Sterben auch „ytechnaci in Tlaltecuhtli [Beziehungen haben mit Tlaltecuhtli]" war (ebd.: 109). Dieser grundlegend ambivalente Charakter findet auch in dem Monolithen der Tlaltecuhtli, der als Opferstein fungierte, seinen Ausdruck. Inmitten der Darstellung befand sich ein großer Kreis, an dem das Opfer vollzogen wurde: „Das Monument zeigt uns eine Göttin Tlaltecuhtli als Verkörperung des schöpferischen Opfers." (López Luján 2010: 110; Übers. d. Verf.)

Dieser Fund füllt die abstrakte Formel von der Wiederentdeckung des Verdeckten, wie sie um 1992 im kritischen Diskurs zur 500-Jahrfeier der Entdeckung Amerikas formuliert worden war, gleichsam mit Inhalt. Stellt man sich die Frage nach der Wiederentdeckung des „Mexico profundo" (Bonfil Batalla 1990), des untergründigen Mexikos bzw. des „América profunda" (Kusch 1962), des untergründigen Amerikas, so kann man auch formulieren: Insbesondere die in der Erdgöttin symbolisierte mythische Vorstellung von der Einheit von Leben und Tod gilt es wiederzuentdecken, wenn man den Weltbildern jenseits des Okzidentalismus wieder eine Bedeutung zukommen lassen will.

Dabei ist anzumerken, dass heute aus biokybernetisch-evolutionärer Perspektive der mythischen Rechtfertigung des Todes durchaus eine gewisse Wahrheit zugesprochen werden kann. So legt Höhn in seinen Ausführungen zur „Thanatodizee" (Höhn 2004) dar, dass sich aus biologischer Perspektive eine Legitimität des Todes als Motor der Erneuerung begründen lässt: „Der Tod ist Implikat bzw. Folge, dass die Natur Lebensmöglichkeiten durchprobiert. [...] Die Evolution braucht den Tod der von ihr hervorgebrachten Lebewesen. Wie anders soll sie noch besser angepasste, lebensfähige Arten hervorbringen, als dass sie testet, filtert und aus Schaden klug wird!?" (ebd.: 14) Wie Margulis und Vogel darlegen war es die evolutionäre „Erfindung" der Sexualität, die zugleich den Tod mit sich brachte. Einfache Lebewesen können zwar durch ungünstige Umwelteinflüsse sterben, sind aber nicht zwingend einem Tod durch Alterung unterworfen.[11] Tod und Sexualität erzwingen eine vermehrte Variabilität der genetischen Information, und damit eine erhöhte Anpassungsfähigkeit an sich verändernde Umweltbedingungen.[12] Die evolutionäre Thanatodizee lässt so in gewissem Sinne die Wahrheit der mythischen Thanatodizee erkennbar werden, gegen welche die Kulturen der Achsenzeit und die Moderne ihre Heilsversprechen vom Sieg über den Tod setzten – das Versprechen der Cybergnostiker, den Tod endgültig zu besiegen, ist der letzte Akt dieser Rebellion gegen die Logik des Todes.

Der Fund der *Tlaltecuhtli* macht auch deutlich, dass die Beschwörung einer gütigen Mutter Natur, wie sie teils im ökologischen Gaia-Diskurs bzw. im indigenistischen Pacha Mama-Diskurs zu finden ist, eine romantisierende Verklärung der Erdgöttin darstellt. Das mythische Naturverhältnis- und verständnis war keineswegs

---

11 Erst komplexere, mehrzellige Lebewesen, die bei ihrer Fortzeugung nicht nur ihre eigene Information reproduzieren, sondern auf den sexuellen Austausch von Information bei der Hervorbringung von Nachkommen angewiesen sind, kennen den systematisch eingeplanten Tod: „Eine Folge der sexuellen Lebensweise, die sich nicht wegdiskutieren lässt, ist der programmierte Tod." (Margulis und Vogel 1999: 113)

12 In ähnlichem Sinne argumentiert auch Mohr in seinen Überlegungen zum „Leiden und Sterben als Faktoren der Evolution" (Mohr 1983) und deren Beziehung zum Problem der Theodizee des Sterbens. Demnach ist der Tod des Individuums ein Mittel um die Weiterentwicklung der Art, die Phylogenie, und die evolutionäre Dynamik zu ermöglichen: „Die Phylogenie beruht im Prinzip auf dem Wechselspiel von Mutation, Rekombination und adaptiver Selektion. Diese Faktoren können nur dann wirksam werden, wenn das Individualleben begrenzt ist, wenn immer wieder neue Genkombinationen den Platz der alten übernehmen. Gäbe es keinen Tod, so gäbe es kein Leben." (ebd.: 12)

nur durch eine zu verklärende Einheit mit der Natur gekennzeichnet, hiermit war ebenso die Akzeptanz der „Grauen" der Natur verbunden – und eben aus dem Widerstand hiergegen ist auch der Versuch des Ausbruchs aus dem Mythos zu erklären. Anstatt dem Totalitarismus des Fortschrittsmythos lediglich die Forderung nach einer Rückbesinnung auf den Ursprungsmythos entgegenzustellen erscheint es daher notwendig, den Gegensatzes zwischen dem Ursprungsmythos und dem Mythos der Moderne neu zu reflektieren.

10.6 Die Dialektiken der Aufklärung

Wenn in der vorliegenden Arbeit von Mythen die Rede ist, so soll damit keineswegs unterstellt werden, dass den damit verbundenen Ideen keine entsprechende Realität zukommt und sie nur als Ideologien anzusehen sind. Hier wird vielmehr die Position vertreten, dass ein Mythos wichtige Funktion in der Strukturierung der Welt und Legitimierung von Handlungen besitzt. Wie Berger und Luckmann darlegen, ist die „Mythologie die archaischste Form einer Stützkonzeption und Legitimation von Sinnwelten." (Berger und Luckmann 1987: 118). Anliegen dieser Arbeit ist durchaus auch das Aufzeigen einer „Wahrheit des Mythos" (Hübner 1984), wie am Beispiel der altamerikanischen Mythen und ihrer ökologischen Interpretation deutlich gemacht wurde. Dies impliziert zugleich, dass mit der Rede von einem Mythos der Moderne nicht dessen Unwahrheit unterstellt wird, sondern diesem eine wichtige, das Handeln leitende Funktion zugesprochen wird. Indem die archaischen Mythen und die modernen Mythen als inhaltlich gegensätzlich, in ihrer orientierungsstiftenden Funktion als gleichwertig beschrieben werden, soll aber durchaus in einem aufklärerischen Sinne ein großer Mythos der Moderne hinterfragt werden, nämlich die große okzidentalistische Erzählung, dass es die westliche Kultur als einzige geschafft habe, sich aus dem mythischen Denken zu befreien und eine höheren Rationalität zu entwickeln. Diese von Nestle als Gang *Vom Mythos zum Logos* (1975; zuerst 1940) beschriebene Bewegung ist fragwürdig und die Vorstellung von einer in der Neuzeit erfolgten Befreiung vom mythischen Denken kann, wie Marquard betont, angezweifelt werden kann : „Die Geschichte des Prozesses der Entmythologisierung ist [...] selber eine Mythos; und dass so der Tod des Mythos selbst zum Mythos wird, beweist ein wenig des Mythos relative Unsterblichkeit. Es ist zumindest ein Indiz dafür, dass wir ohne Mythen nicht auskommen." (Marquard 1981: 93)

Dies bedeutet nicht, dass hier eine vollkommene Identität zwischen archaischen und modernen Mythen postuliert werden soll. In gewisser Weise können die modernen Erzählungen – ähnlich wie der gnostische Erlösungsmythos – als Gegenmythen zum Ursprungsmythos angesehen werden. In diesem Sinne schreibt Cesana: „Die Überzeugung eines kontinuierlichen Fortschreitens der Menschheitsgeschichte [...] stellt ihrerseits das Ergebnis eines Mythos dar, sie ist das Resultat des großen Geschichtsmythos der abendländischen Neuzeit: Der Entwicklungs- oder Fortschrittsmythos." (Cesana 1993: 307) Gerade in dieser radikalen Absetzung ist Horkheimer und Adorno zufolge auch die „Dialektik der Aufklärung" (2002) angelegt: „Aufklärung schlägt in Mythologie zurück." (Ebd.: 6) Diese Einheit und gleichzeitige Differenz zwischen archaischem und modernem Mythos wurde in der Literatur durchaus vielfach thematisiert.

Lyotard zufolge wurde der alte Mythos, der auf einen „ursprünglichen, begründenden Akt" referiert, in der Neuzeit durch eine andere Form von großen Erzählungen abgelöst, deren Referenzpunkt in einer „einzulösenden Zukunft [...], in einer noch zu verwirklichenden Idee" liegt (Lyotard 1987: 71). Damit wendet sich der Blick von der Vergangenheit ab und auf ein projiziertes Ziel hin. Dieses Ziel kann stark variieren. Die Metaerzählungen der Moderne reichen von der aufklärerischen Idee einer „Emanzipation von Vernunft und Freiheit" (ebd.: 32) über die sozialistische Utopie einer „Emanzipation der Arbeit" (ebd.) bis hin zur Vision der „Bereicherung der gesamten Menschheit durch den Fortschritts der kapitalistischen Techno-Wissenschaft" (ebd.). Für Lyotard sind „diese Erzählungen [...] keine Mythen" (ebd.), weil ihnen die Begründung über den Ursprung fehle, aber sie haben durchaus einen mythischen Charakter, indem sie die Wahrnehmung und Aneignung der Wirklichkeit strukturieren. In Anlehnung an eine in der Mythendiskussion verbreitete Unterscheidung kann man von einer Ablösung von Ursprungsmythen durch Mythen und Ideologien des Fortschritts sprechen. Es bildet sich der moderne „Monomythos der Fortschrittsgeschichte" (Marquard 1981: 232) heraus.

Wie nun in der vorliegenden Arbeit aufgezeigte wurde, besaßen die nautische Entgrenzung der Welt und die Entdeckung Amerikas eine zentrale Bedeutung für diesen Übergang vom Ursprungsmythos zum innerweltlichen Fortschrittsmythos der Moderne. Die Öffnung des Westens und die Erfindung einer Neuen Welt legitimierte die Idee eines okzidentalen Sonderweges, der aus den mythischen Bahnen der Wiederkehr des Gleichen ausbricht. Dieser Weg wurde zunehmend im Sinne eines gesellschaftlichen und technischen Fortschritts ausgedeutet. Es ist daher auch kein Zufall, dass die Begriffe Modernisierung, Entwicklung und Verwestlichung häufig als Synonyme Verwendung finden.

Mit den Bezeichnungen *Mythos der Moderne* bzw. dem hierzu weitgehend identischen *Mythos des Westens* können damit die Gesamtheit der mit der frühneuzeitlichen Entgrenzung entstehenden Mytheme der Rationalisierung, der Entgrenzung, der Weltöffnung, der Legitimierung des Neuen und der Säkularisierung zusammengefasst werden. Wenn hierbei eine zunächst wertneutrale Bedeutung des Begriffs des Mythos zugrunde gelegt wird, so impliziert dies jedoch nicht, dass damit nicht zugleich auch eine kritische Perspektive verbunden ist. Dabei soll auf zwei Aspekte verwiesen werden, welche heute eine Entmythologisierung der Mythen der Moderne notwendig erscheinen lassen:

a) Wie gezeigt, konstituierte sich infolge der paradigmatischen Entgrenzung des Ozeans und der darauffolgenden Eroberung des Globus der moderne Entgrenzungsmythos im Gegensatz zum antik-mittelalterlichen Begrenzungsmythos. Die damit verbundene Emanzipation von traditionellen Bindungen und Zwängen wurde in das Gebot und den Zwang zur Grenzüberschreitung und Innovation in der Moderne transformiert.

Angesichts der ökologischen Krise werden nun Limitierungen dieser Entgrenzungslogik erkennbar, die seit über 30 Jahren u.a. unter dem Leitbild der nachhaltigen Entwicklung zu Bemühungen um eine Begrenzung der nichtintendierten Nebenfolgen des Projekts der Moderne führten. Allerdings konnte trotz einiger Teilerfolge keine grundlegende Trendwende erreicht werden. Es stellt sich die Frage, worin die Ursachen für die Schwierigkeiten liegen, eine Kurskorrektur für das Schiff der Moderne einzuleiten.

Vor dem Hintergrund der Ergebnisse dieser Arbeit kann vermutet werden, dass die aktuelle Persistenz der Nicht-Nachhaltigkeit der Entwicklung nicht allein im Widerstand bestimmter Interessensgruppen, der Starrheit der institutionellen Strukturen und der Unzulänglichkeit der bisher genutzten Technologien begründet liegt. Vielmehr soll hier die These formuliert werden, dass ein Umsteuern und die Einleitung einer echten, großen Transformation durch das Fortwirken der tieferliegenden Fortschrittsmythen der Modernen verhindert wird. Die Grundmatrix der Moderne, die im Zeichen des Plus Ultra sich konstituiert hat, führte auf vielfältiger Weise zur Institutionalisierung einer Logik der Entgrenzung. Der Wachstumszwang der kapitalistischen Ökonomie und der Innovationsdrang der Technosciences sind auf Öffnung und Expansion ausgerichtet. Der moderne Entgrenzungsmythos, der in der der Verkündung einer Ausdehnung der Grenzen des Human Empire kulminierte, ist untergründig weiterhin wirksam und verhindert das Entwerfen von gesellschaftlichen Alternativen, die mit der expansiven Plus-Ultra-Logik der Moderne brechen. In diesem Sinne schreibt auch Latour: „Wie sollten Moderne, deren ganzer Stolz und ganzes Ideal darin besteht, die Säulen des Herakles hinter sich zu lassen, ihren Geschmack, ihren Stolz, ihr Ideal und ihre Politik darin finden, sich Grenzen vorzugeben?" (Latour 2017: 333; Fn. 35)

Die hiermit verbundene Postulierung einer Alternativlosigkeit der Entgrenzungslogik verleiht dem Mythos der Moderne seinen wahrhaft mythischen Charakter: Denn es tendieren alle Mythen dazu, einen Absolutheitsanspruch zu reklamieren und den gesetzten Weg als alternativlos darzustellen. Dies gilt für den archaischen Mythos, der durch die Postulierung der ewigen Wiederkehr die Entstehung des Neuen ausschließt, und es gilt in inverser Weise für den Mythos des Neuen, der die Erneuerung zum Zwang erklärt, wie bereits Benjamin betonte: „Die Sensation des Neuesten, Modernsten ist nämlich ebenso sehr Traumform des Geschehens wie die ewige Wiederkehr alles Gleichen." (Benjamin 1982: 81) Mit diesem Zwang zur Innovation wird der archaische Mythos in verwandelter Form reproduziert.

Es ist das Paradox der Moderne, dass sie alles für veränderlich erklärt und zugleich die eigene Entgrenzungsdynamik zu einer nicht hinterfragbaren und unausweichlichen Gesetzmäßigkeit erklärt und mythologisiert. Wie jeder andere Mythos auch verweigert sie sich der Einsicht, dass die eigenen Gesetzlichkeiten historisch geworden und damit auch vergänglich sind. Somit naturalisiert sie die spezifische kulturell-technische Evolution der modernen Gesellschaften zu einem durch keine menschliche oder außermenschliche Macht aufhaltbaren infiniten Entwicklungsprozess. Der neuzeitliche Mythos des offenen Westens ist insofern ebenso mythologisch wie der „altzeitliche" Mythos des geschlossenen Westens. Hatte letzteres die ewige Wiederkehr des Immergleichen postuliert, so wird nun die Entgrenzung und Erneuerung bis in die Ewigkeit fortgeschrieben. Im *Mythos des Westens* wird der Begriff des Westens nicht nur zum Symbol einer einmaligen Öffnung des westlichen Raumes, sondern zur *Idee einer prinzipiellen Offenheit von Raum und Zeit* hypostasiert. Dieser Mythos wird heute angesichts der Einsicht in ökologische Grenzen der Expansions- und Wachstumsdynamik zumindest fragwürdig – und eben aus diesem Grund ist für die Einleitung eines Wandels eine Entmythologisierung des Fortschrittsmythos notwendig. Dies impliziert nicht, in eine Haltung der radikalen Fortschrittskritik zu verfallen, es gilt aber, sich vom Zwang zur permanenten Erneuerung zu befreien.

Der Idee der endlosen Ausfahrt des Schiffs der Moderne, das in Utopien des Posthumanismus mittlerweile auch den Menschen als antiquiertes Wesen hinter sich lässt, wäre hier die Vision der Beendigung der Fahrt der Moderne durch eine Ankunft im „utopischen Hafen" entgegenzusetzen. Eine reflexive Moderne würde so zwar die Errungenschaften der Moderne, wie sie durch die Beschreitung des okzidentalen Sonderweges ermöglicht wurden, bewahren, aber den gleichsam mythischen Zwang zur Perpetuierung der Grenzüberschreitung überwinden. Es würde der Gedanke entgegengesetzt, dass jeder Prozess des Wachstums und der Entwicklung auch einen Abschluss im Zustand des Erwachsen-Seins und Entwickelt-Seins finden kann, und dass sich sodann die Aufgabe der Bewahrung der Grundlagen für die Dauerhaftigkeit der Entwicklung stellt. In welcher Weise es der Weltgesellschaft gelingen kann, eine derartige Phase einzuleiten, wird am Ende der Arbeit noch in Bezug auf das Leitbild der Nachhaltigen Entwicklung näher diskutiert.

b) Der zweite Grund, für eine Entmythologisierung zu plädieren, ist mit den wachsenden Auseinandersetzungen zwischen der Kultur des Westens und den außereuropäischen Kulturen verbunden. Wie gezeigt, waren mit den Mythen des Westens zumeist auch die Legitimierung von Gewalt und Ausgrenzungen verknüpft, sie dienten zur Erhöhung des Selbst und der Abwertung des Anderen. Es konnte deutlich gemacht werden, dass der Bezug auf den angeblich überlegenen Logos der abendländischen Kultur immer wieder zur Rechtfertigung der Unterwerfung der außereuropäischen Welt gedient hatte (vgl. Kap. 7.7). Wie am Beispiel des Humanisten Sepúlveda sichtbar gemacht, war die Legitimierung der Kolonialität der Moderne untrennbar hiermit verknüpft. Auch Dussel beschreibt bezüglich dessen Schriften: „Wir erkennen, der ‚Mythos der Moderne' ist schon vollständig gebildet: einerseits definiert die eigene Kultur sich als höhere, ‚entwickeltere', [...] andererseits wird die andere Kultur als niedere, ungebildete, barbarische bestimmt und mit der schuldhaften ‚Unmündigkeit' besetzt." (Dussel 1993: 76) Im Laufe der weiteren Aneignung der außereuropäischen Welt wurde diese okzidentalistische Ideologie immer wieder reproduziert.[13]

In der durch Francis Bacon eingeleiteten zweiten Stufe des Okzidentalismus erfolgte eine Transformation dieses Mythos in einen technoszientifischen Fortschrittsmythos. Im US-amerikanischen „Myth of the West" (Bruce 1990; Nordholt 1995) wurden schließlich räumliche Entgrenzung und technischer Fortschrittsmythos eng miteinander verwoben und auch hier legitimierte der Mythos die Vertreibung und Vernichtung der indianischen Urbevölkerung. In gewandelter Form dient dieser auch heute noch in Form einer Entgegensetzung von entwickelt-unterentwickelt, bzw. „kommodifiziert" versus „unterkommodifiziert", der Rechtfertigung von Landnahmen.

---

13 Mit dem Mythos der Befreiung vom archaischen Mythos begründete der okzidentale Mensch seine vermeintliche Überlegenheit über die außereuropäischen Kulturen und Ethnien. Noch in den faschistischen Ideologien des 20. Jahrhunderts findet sich diese Argumentationsfigur. So schreibt Nestle im Jahre 1940: „Diesen Weg vom Mythos zum Logos zu gehen, aus der Unmündigkeit zur Mündigkeit des Geistes [...] emporzuwachsen, scheint den arischen Völkern als denen der höchstbegabten Rasse vorbehalten geblieben zu sein." (Nestle 1975; zuerst 1940)

Diese dunkle, destruktive Seite des Mythos des Westens wurde lange Zeit verdeckt und verdrängt, weil die positiven, emanzipativen Aspekte zu überwiegen schienen. Viele aktuelle Entwicklungen machen aber die Notwendigkeit deutlich, diese Schattenseiten zu reflektieren und aufzuarbeiten. Die Politik der Regierung Trump lässt derzeit wieder den kolonialen Kern des Mythos des Westens erkennen. Der *American Dream* mit seinem Versprechen unbegrenzter Möglichkeiten ging stets auch mit der Ausgrenzung und Vernichtung der „Anderen", für welche die Erfüllung des Traums ein *American Nightmare* wurde, einher. So beruhte die Eroberung des Wilden Westens einerseits auf der Landnahme von „freiem" Land der indigenen Urbevölkerung, anderseits auf der Einverleibung von Gebieten, die teilweise von Mexiko kontrolliert waren, und der Vertreibung und Vernichtung von dessen Bewohnern (vgl. Kap. 8.8.1).

Aktuell wird diese „Tradition" wiederbelebt, was u.a. an den aktuellen Auseinandersetzungen um den durch US-Präsident Donald Trump unterstützen Bau einer Ölpipeline durch Gebiete der Cheyenne River Sioux und anderer Stämme im Bundesstaat South Dakota deutlich sichtbar wird.[14] Die Landnahme des „Westens" wird damit fortgeführt und es wird die Grundlogik des *Myth of the West* reproduziert, in der die Freiheit des westlichen Menschen bei gleichzeitiger Negation der Freiheit der „Anderen" die zwei Seiten einer Medaillen waren.

Insbesondere im „Frontier-Mythos" (Waechter 1998) bündeln sich, wie bereits gezeigt (vgl. Kap. 8.8), die beiden kolonialen „Projekte" der Moderne und die damit verbundenen problematischen Seiten, d.h. die Herrschaft über die Natur samt der damit verbundenen Nebenfolgen sowie die gewaltsame Unterwerfung der außereuropäischen Kulturen. Dabei ist hervorzuheben, dass der Frontier-Mythos von Beginn an auch eine ökologische Komponente aufgewiesen hatte und dieser aktuell eine wachsende Relevanz zukommt, wie Osterhammel betont:

„Die interessanteste neue Bedeutung, die der Frontier-Begriff in der letzten Zeit gewonnen hat, ist die ökologische. Bereits Turner hatte neben der Siedler-Frontier als die vielleicht wichtigste zweite – und anders beschaffene – Art von Grenze die mining frontier, die Bergwerksgrenze, unterschieden. [...] Man kann allgemeiner von Frontiers extraktiver Ressourcenausbeutung sprechen. Hier geht es um ökonomische, aber zur gleichen Zeit auch um ökologische Zusammenhänge. [...] Man kann nicht über Frontiers sprechen und dabei von Ökologie schweigen." (Osterhammel 2009a: 447)

Die Programmatik und Politik der gegenwärtigen US-Regierung lässt auch in ökologischer Hinsicht das Anknüpfen an den Frontier-Mythos erkennen, wie die Infragestellung des Klimawandels, die Infragestellung des Pariser Klimaschutzabkommens und die unter der Devise „putting an end to the war on coal" im März 2017 erfolgte Entscheidung, mehrere von der Obama-Regierung erlassene Klimaschutzre-

---

14 Die Sioux fordern den Stopp des Baus der Pipeline, da sie die Gefährdung der als heilig betrachteten Gewässer befürchten. Am Ende der Regierungszeit von Präsident Obama war dieses Projekt noch auf Eis gelegt worden, um Alternativen zu prüfen. US-Präsident Donald Trump ordnete nun eine Weiterführung des Projekts ggf. unter Einsatz des Militärs an (vgl. http://www.zeit.de/politik/ausland/2017-02/dakota-access-pipeline-bau-wiederauf genommen-sioux-gericht).

gelungen rückgängig zu machen, verdeutlichen. Der Schutz der Kohleindustrie ist das Ziel und die *mining frontier* rückt weiter.[15] Man kann diese Maßnahmen und die Zielsetzung „Make America Great Again" als Versuch ansehen, die Ideen der *Manifest Destiny,* des *Myth of the West,* des *Frontier-Mythos* sowie der Expansion des *Human Empire* zu revitalisieren. Alle Zweifel an diesen Leitbildern, die in den letzten Jahrzehnten von postkolonialer und ökologischer Seite vorgebracht wurden, werden beiseite geschoben. Trump und seine Gefolgschaft rekurrieren auf jene Mythen, die untrennbar mit der okzidentalistischen Erfindung Amerikas verbunden gewesen waren und in den USA eine Radikalisierung erfahren hatten. Die gegenwärtigen Entwicklungen lassen erkennen, dass die „Geschichte des euro-amerikanischen Plus-Ultra" (Sloterdijk 2010: 9) weiter fortgeschrieben wird und sich weiterhin „keine Anzeichen für einen wirklichen Epochenbruch" (ebd.) erkennen lassen.

Durch diese Weiterführung und Radikalisierung des „Myth of the West", und damit des Okzidentalismus, könnte eine Spirale der Gewalt weiter vorangetrieben werden, die bereits in den letzten Jahren mit dem wachsenden Gegensatz zwischen dem „Westen" und der „orientalischen" Kultur des Islams begonnen hatte. Insbesondere die bedrohlichen Bewegungen im islamischen Raum sind durch eine fundamentalistische und radikale Okzidentalismuskritik gekennzeichnet. Der okzidentale Sonderweg wird dort zur Gänze verdammt und es wird letztlich die Rückkehr zur geschlossenen, vorglobalisierten Welt, wie sie vor dem okzidentalen Ausbruch existierte, beschworen. Die alte Ökumene mit ihrem Non Plus Ultra, welche der Islam in seiner Blütezeit vom fernen Osten (Philippinen) bis zu den Säulen des Herakles vereinte, soll gleichsam wiederhergestellt werden. Und damit ist zugleich der Rekurs auf ein schließendes mythisch-religiöses Weltbild verbunden.[16] Dem steht auf der anderen Seite der Westen, und insbesondere die USA mit ihrer Beschwörung einer infiniten Fortsetzung des Plus Ultras, gegenüber. Hier sind zwei in ihrer Gegensätzlichkeit ähnlich fundamentalistische Bewegungen erkennbar, in denen sich gleichsam der begrenzende Mythos der Wiederkehr und der entgrenzende Mythos der Moderne scheinbar unvereinbar und unversöhnlich gegenüberstehen. Es deutet sich eine negative, destruktive Dialektik an. Angesichts der durch den Klimawandel und andere ökologische Nebenfolgen herbeigeführten Katastrophen, deren Auswirkungen vor allem die sog. unterentwickelten Länder und die Armen treffen werden, könnten sich diese Gegensätze noch verschärfen.[17]

---

15 Die Kohlenutzung, die durch den „Clean Power Plan" Obamas zumindest gebremst wurde, wird wieder intensiviert (Vgl. http://www.zeit.de/politik/ausland/2017-03/donald-trump-weicht-zentrale-klimaschutzregelungen-auf).

16 Dabei sei hier angemerkt, dass der Islam nur wenig gemein hat mit den klassischen Mythen Vorderasiens. Es fehlen die Vorstellungen vom Fruchtbarkeits- und Kulturheros, wie sie einst im Nahen Osten verbreitet waren. Den Islam verbindet jedoch mit dem mythischen Denken die räumliche und zeitliche Geschlossenheit der Welt.

17 Eine ökologisch reformulierte Okzidentalismuskritik dürfte noch weit radikalere Gegenbewegungen hervorrufen als die sich letztlich auf alten Gegensätze der mittelalterlichen Welt beziehende Opposition des Islams zum Westen. Der erwähnte Rekurs auf Pacha Mama kann als begrüßenswerte Rückbesinnung auf das präkolumbianische Erbe gedeutet werden, aus dem sich langfristig ein neuer Synkretismus aus okzidentaler wissenschaftlich-ökologischer Rationalität und mythischem Denken ergeben könnte. Zugleich ist aber vor

Eine Lösung dieser Gegensätze und Konflikte kann nun, dies legt die Analyse dieser Arbeit nahe, nicht durch einen Triumph der einen Seite über die andere erfolgen. Es geht nicht darum, sich blind auf die Seite der Verteidigung der westlichen Werte zu schlagen und deren Schattenseiten zu verleugnen, oder einer radikalen Okzidentalismuskritik zu verfallen und die Errungenschaften der Moderne zu verleugnen. Um eine gewaltsame und möglicherweise zerstörerische Eskalation der Konflikte zu verhindern, sowie eine „evolutionäre" friedvolle Transformation hin zu einer Post-Plus-Ultra-Welt zu ermöglichen, ist es vielmehr notwendig, sich von der Einseitigkeit der alten Mythen ewiger Wiederkehr, wie auch von den neuen Mythen infiniten Fortschritts, zu befreien.

Die Wege der Vermittlung und Versöhnung müssen erst noch ausgelotet werden und am Schluss dieser Arbeit werden noch Überlegungen in diese Richtung ausgeführt werden. An dieser Stelle sei nur an die Vision erinnert, welche Horkheimer und Adorno trotz ihres Pessimismus am Ende ihrer Dialektik der Aufklärung und der damit verbundenen Analyse der Verschränkung von Mythos und Aufklärung skizzieren. Bezüglich der Überwindung des Bacon-Projekts, in dessen Tradition, wie gezeigt, auch der Frontier-Mythos steht, schreiben sie: „Heute, da Bacons Utopie, dass wir ‚der Natur in der Praxis gebieten' in tellurischem Maßstab sich erfüllt hat, wird das Wesen des Zwanges offenbar, den er der unbeherrschten zuschrieb. Es war Herrschaft selbst. In ihre Auflösung vermag das Wissen, […] nun überzugehen." (Horkheimer und Adorno 2001: 49) Diese Auflösung, die auch eine Aufhebung des Gegensatzes zwischen naturalistischem Mythos und technoszientifischer Aufklärung impliziert, erscheint aber nur möglich, wenn der Prozess der Ausdehnung des Human Empire beendet wird.

---

dem Hintergrund der möglichen Verschärfung der ökologischen Problematik nicht auszuschließen, dass sich „Glaubenskriege" ganz neuer Art entwickeln, wenn an dem „Myth oft the West" weiter unbeirrt festgehalten wird – die Dystopie eines Konflikts zwischen ökologisch erneuertem Ursprungsmythos und einer radikalisierten technoszientifischen Vernunft ist nicht auszuschließen.

11. Transformationen der Subjektivität

Die frühneuzeitliche Umdeutung der Säulen des Herakles war, wie dargelegt, auch mit einer tiefgreifenden anthropologischen Revolution verbunden, da sich, im Gegensatz zur vorher dominierenden Vorstellung eines limitierten Möglichkeitshorizonts des Menschen, die Idee eines weltoffenen Subjekts etablierte (vgl. Kap. 7.4). Diese Transformation der okzidentalen Subjektivität konnte an der Thematisierung von paradigmatischen mythischen Heroen wie Herkules und Odysseus sowie deren modernen Nachfolgern, den Seefahrern, aufgezeigt werden. Im Folgenden wird dieser Wandels der Herosgestalt zusammenfassend nachgezeichnet und vor diesem Hintergrund sodann die Herausforderungen, vor denen das moderne Subjekt heute steht, diskutiert. Leitende These ist, dass die aktuellen Tendenzen einer entgrenzten Mobilisierung des Subjekts, die als Radikalisierung der frühneuzeitliche Öffnung der Subjektivität zu interpretieren sind, heute häufig zu einer problematischen und riskanten Überforderung führen. Notwendig erscheint eine reflexive Begrenzung der modernen Entgrenzungs- und Mobilisierungsdynamik.

11.1 Vom tragischen Heros zum Cyberheros

Im mythischen Denken war eine Anthropologie dominierend gewesen, welche eine Leib- und Umweltgebundenheit des Menschen postulierte. In den limitierenden Säulen des Herakles fand dieses Weltbild seine paradigmatische Widerspiegelung. Sie waren vor allem ein Sinnbild für die raumzeitliche Begrenztheit des Existenz. Denn der „tragische Held" (Nietzsche 1993: 65) erfuhr mit dem Gang in die häufig mit dem Westmeer assoziierte Unterwelt den Tod, um sodann erneuert wiedergeboren zu werden. Auch die Fahrt des Herakles, dem „prototypischen Heros par excellence" (Jepesen 1992: 98), in die ozeanische Welt jenseits der Säulen stellte in der ursprünglichen Form eine Unterweltsfahrt dar. Die Erzählungen von den mythischen Helden dienten nicht zuletzt dazu, dem Menschen ein „Begrenzungswissen" (Assmann 2001: 3) zu vermitteln.

Auch der Erzählung von der maritimen Irrfahrt des antiken Helden Odysseus liegt dieses Motiv zugrunde. Zugleich steht aber diese Gestalt am Beginn der Befreiung des okzidentalen Menschen aus den archaischen Todes- und Begrenzungsmythen. Es kann bereits die homerische Odyssee, Horkheimer und Adorno zufolge, als „Urgeschichte der Subjektivität" (2001: 62) gedeutet werden und „der Held der Abenteuer erweist sich als Urbild [...] des bürgerlichen Individuums" (ebd.: 61). Der Verlust der Bindungen an die Heimat sowie an die äußere und innere Natur, der später mit dem Entbindungs- und Emanzipationsprojekt der Moderne radikalisiert wurde, wird hier bereits erkennbar. Daher „legt die Odyssee insgesamt Zeugnis ab von der Dialektik der Aufklärung" (ebd.: 4). In der homerischen Erzählung war Odysseus allerdings trotz aller Irrfahrt noch von der Sehnsucht nach Heim- und Wiederkehr geleitet und ähnelte damit den alten mythischen Heroen. Die Emanzipation des Subjekts deutet sich zwar an, aber erst im Übergang zur Neuzeit erfolgte eine endgültige Befreiung aus dem begrenzenden und bindenden mythischen Denken.

Dieser Wandel konnte nun exemplarisch anhand der Odysseuserzählung Dantes in der *Divina Commedia* aufgezeigt werden. Die Fahrt des Odysseus ins Westmeer wurde als sündige Mißachtung der Warnung des „più oltre non si metta" (Dante 1966: Inf. 26 Vers 118 f.), mit der die Säulen des Herakles von dem Dichter versehen wurde, beschrieben (vgl. Kap. 7.4.1). In dieser Botschaft fand das Menschen- und Weltbild des christlichen Mittelalters seine Widerspiegelung. Der Mensch habe sich demnach in die Grenzen der diesseitigen Existenz zu fügen und er könne nur im Jenseits in ein Reich der Freiheit gelangen. Jedoch ist bei Dante mit seiner Darstellung der Grenzüberschreitung dennoch eine Umdeutung der zuvor scheinbar festgefügten Grenze der Welt zu einer Schwelle, die überschritten werden kann, angelegt. Hier deutet sich der Beginn des Übergangs über eine Epochenschwelle an:

„Es ist Dantes Commedia, die genau jenen ereignishaften Moment an der Schwelle zwischen antiker und neuzeitlicher Welterfahrung ins Werk setzt, wo die Grenze zur Schwelle wird und erstmals die Imagination des Dichters es wagt, den Bann eines stummen nec plus ultra der Phantasie zu brechen und im imaginären Vorgriff der neuzeitlichen Weltentdeckung voranzugehen." (Stierle 2007: 392)

Allerdings verdammt Dante seinen (Anti-)helden Odysseus zur Strafe für seine Hybris noch in die Unterwelt. Die Legitimitierung der Umdeutung der limitierenden herakleischen Grenze zur Schwelle eines Übertritts in neue Welten sollte erst durch die Erfolge der frühneuzeitlichen Seefahrer vollzogen werden. Die Pilotos und Kapitäne der iberischen Entdeckerschiffe können als exemplarische Vorbilder für die Herausbildung einer neuen nautischen Subjektivität gelten (vgl. Kap. 7.7.1). Sie wiederholen die Fahrten der alten Helden des archaischen Mythos, fahren aber nicht in die Unterwelt aus, um wie diese die Mysterien des Todes und der Wiedergeburt zu erleben. Vielmehr segeln sie hinüber in neue Welten und werden so zu Protagonisten einer neuen Innerweltlichkeit. Die erfolgreiche Erschließung des Ozeans wurde zum Paradigma eines veränderten Selbst- und Weltbezugs, was sich auch in der Ablösung der Begrenzungsdevise Non Plus Ultra durch das entgrenzende Plus Ultra wiederspiegelt. Eine „Navigationskunst des mobilen Subjekts" (Jochum und Voß 2013) etablierte sich, die am Beginn der Transformationsgeschichte moderner Subjektivität steht (vgl. Kap. 7.4).

Dieser Umbruch spiegelt sich auch in modernen literarischen Darstellungen des homerischen Helden Odysseus wieder. Er wird nun zum Sinnbild des „Mythos der Moderne" (Assmann 1994) und er muss geradezu die Grenzen überschreiten, die ihm einst gesetzt wurden. An den neuzeitlichen Odysseusgestalten wird der „absolutistische Drang zur Expansion, der den modernen mythischen Helden auszeichnet" (ebd.: 112 f.), exemplarisch deutlich.

In Bacons technischem Humanismus nimmt der Heros erneut eine andere Gestalt an. Es ist das Schiff der Wissenschaften, das nun mit anonymen Helden die Säulen der Herakles durchfährt. Der „Heros der Wissenschaft" (Lyotard 1986: 14) bricht nun mit den Helden der Arbeit und der Technik, geleitet durch die Utopie Nova Atlantis, in eine technisch perfektionierte Welt auf. Der Mensch wird zum Subjekt der Fortschrittsgeschichte.

Im ausgehenden 20. Jahrhundert konnte eine schwindende Relevanz dieser Erzählungen diagnostiziert werden. So verloren die verklärenden Darstellungen des Kolumbus und seiner Entdeckung Amerikas an Bedeutung. Ganz anders als zur 400-Jahrfeier 1892 fehlten 1992 nicht nur entsprechende affirmative Stimmen, an die Stelle der „Heldenverehrung" trat eine regelrechte „Heldendemontage" (Wawor 1995). Und auch insgesamt wurden im philosophischen Diskurs die Heroen der Mythen bzw. großen Erzählungen der Moderne scheinbar entzaubert und ein Übergang in eine Postmoderne diagnostiziert: „Die narrative Funktion verliert [...] den großen Heros, die großen Gefahren, die großen Irrfahrten und das große Ziel." (Lyotard 1986: 14)

Doch zeigt sich, dass die vor über 30 Jahren formulierte These vom Ende des Helden und der großen Erzählungen heute als obsolet angesehen werden kann. Der Mythos der Moderne feiert in den posthumanistischen Utopien eine Wiederauferstehung. Es sind aktuell die posthumanen „Cyborgs [...] kybernetische Organismen, Hybride aus Maschine und Organismus" (Haraway 1995: 33), die mittlerweile die Ausfahrt in neue Welten fortsetzen. In der von den Posthumanisten beschworenen technologischen Himmelfahrt (vgl. Kap. 9.4) findet die Transformation und Umkehr des klassischen Heros-Mythos gleichsam eine Weiterführung. Der Cyber-Heros wird zur neuen Heldengestalt des technoszientifischen Fortschrittsmythos. Offen bleibt angesichts dieser Entwicklung allerdings das Schicksal des leibhaftigen, weiter an seine biologische Natur gebundenen menschlichen Subjekts. Es droht ihm das Schicksal, als antiquiertes Wesen der Fortschrittsgeschichte zum Opfer zu fallen.

Auch in einer weiteren Beziehung deutet sich eine problematische Dialektik der modernen Weltöffnung an. Zunehmend scheinen die Anforderungen an das Subjekt, sich selbst steuern und seine Potentiale in entgrenzter Weise entfalten zu müssen, heute an Grenzen zu stoßen und den Menschen zu überfordern. Im Folgenden werden exemplarisch, am Beispiel der Veränderungen in der Arbeitswelt, diese sich andeutenden Dialektiken der modernen Subjektivierungsdynamik diskutiert.

11.2 Dialektiken der Mobilisierung des Subjekts

In den letzten Jahren wird im Zusammenhang mit dem Übergang zur postfordistischen Arbeitswelt unter dem Begriff der „Subjektivierung von Arbeit" (Moldaschl und Voß 2003) ein intensivierter Zugriff auf die subjektiven Potentiale des Menschen diagnostiziert, der als neue Stufe in der modernen Transformationsgeschichte von Subjektivität interpretiert werden kann. Ursache für diese Entwicklung sind teilweise die von den Subjekten selbst an die Betriebe herangetragenen Ansprüche, um individuelle Zielsetzungen und subjektive Referenzen in stärkerem Maße realisieren zu können. Zugleich sind sie aber auch die Folge von Prozessen der „Entgrenzung von Arbeit und Arbeitskraft" (Voß 1998), welche mit neuen Anforderungen an das

Subjekt einhergehen. Zu nennen sind u.a. eine massive „zeitliche Entgrenzung" mit einer damit verbundenen Flexibilisierung von Arbeits- und Beschäftigungsverhältnissen, eine zunehmende „räumliche Entgrenzung" durch neue Arbeitsformen wie Telearbeit und häufige Wechsel der Arbeitsorte sowie eine „technische Entgrenzung" infolge des technischen Wandels (vgl. Gottschall und Voß 2003b: 17). Die Bewältigung der hiermit verbundenen vielfältigen Aufgaben des Grenzmanagements geht mit neuen Anforderungen an die Subjekte einher: „Entgrenzung von Arbeit setzt Subjektivität in und für Arbeit frei – in all der damit verbundenen Ambivalenz und mit all den daraus entstehenden […] neuen Anforderungen und Belastungen, Chancen und Gefahren." (Ebd.: 19)

Diese Entwicklungen sind ein weiteres Beispiel für die vielfältigen Entgrenzungstendenzen der Gegenwart. Wie bereits ausgeführt wurde, sind diese nicht als Bruch mit der Moderne zu deuten, sondern als Weiterführung einer seit dem Übergang zum Plus Ultra die Moderne kennzeichnenden Dynamik. Sehr wohl ist aber eine Radikalisierung dieser Entgrenzungslogik zu konstatieren, die mit durchaus problematischen Folgen verbunden ist. Dies gilt auch für die Arbeitswelt. Denn die Aktivierung der subjektiven Potentiale der Arbeitenden erweist sich zunehmend weniger als Emanzipation des Individuums, sondern immer stärker als neue Stufe der „Verwertung der ‚Subjektivität' von Arbeitenden für betriebliche Zwecke" (Moldaschl und Voß 2003: 16). Subjektivierung der Arbeit impliziert sowohl den Zwang zu einer verstärkten eigenständigen Strukturierung des Arbeitshandelns, wie auch die Einforderung und Vernutzung von Potentialen wie Innovativität, Kreativität, Solidarität usw. und ist als „nahezu ‚totaler' Zugriff auf die gesamte Person" (Kleemann, Matuschek und Voß 2003: 72) zu interpretieren. Zwar ist ein Bedeutungsverlust von traditionellen Formen der direkten Steuerung der Arbeitskraft und die wachsende Einforderung zur aktiven Selbstkontrolle und Selbststeuerung zu konstatieren. Diese ist aber verschränkt mit der Etablierung neuer Formen der indirekten Steuerung und damit neuen Herrschaftsformen (Peters und Sauer 2005). Dieser Wandel der Steuerungsformen ist auch im Zusammenhang mit dem Prozess einer umfassenden „Kybernetisierung von Arbeit" (Jochum 2013) zu verstehen, in der sich der Einsatz von kybernetischen Maschinen mit neuen, kybernetisch inspirierten Modellen der Selbst- und Fremdsteuerung der Arbeitssubjekte verbindet. So verschränken sich partielle Autonomiegewinne mit gleichzeitigen Tendenzen eines letztlichen Kontrollverlusts.

Voß hat nun in dem Artikel *Subjektivierung und Mobilisierung. Und: Was könnte Odysseus zum Thema ‚Mobilität' beitragen?* (2012) die Prozesse der zunehmenden Subjektivierung und Entgrenzung von Arbeit auch als „Mobilisierung von Menschen für die entgrenzte Arbeit und Arbeitsgesellschaft" (ebd.: 112) beschrieben. Es sei der gegenwärtige „Mobilitätshype nur ein anderer Ausdruck für die neuen Anforderungen an Menschen im Übergang zu einer weitgehend entgrenzten sozioökonomischen Epoche" (ebd.: 109). Hierbei rekurriert er auf den „alten Mobilitätsmythos der Homer'schen Odyssee" (ebd.: 111), um die aktuellen Enwicklungstendenzen zu analysieren. Im Anschluss an diese weitere Neudeutung der Odysseusmotivs sollen im Folgenden einige Überlegungen zu den Dialektiken der Ausfahrt des weltöffnenden und entgrenzenden Heros der Moderne angestellt werden.[1]

In der Gestalt des antiken Helden findet Voß zufolge die „Dialektik der Mobilität" (Voß 2012: 113) und damit die tiefe Zwiespältigkeit der *Conditio humana* zwischen Mobilität und Weltoffenheit auf der einen, und der Sehnsucht und Notwendigkeit nach Gebundenheit auf der anderen Seite immer wieder ihren signifikanten Ausdruck:

„Das Schiff wie der heimatliche – aber auch fremde – Hafen und die Insel sind wie Odysseus selbst, Urbilder einer tiefliegenden Ambivalenz und Widersprüchlichkeit der Mobilität des Menschen in einem anthropologischen Sinn [...]. Der Mensch ist in Bewegung und braucht Behausung, er sucht die Reise und sehnt sich nach der Heimat. Das ist die Lektion der Odyssee." (Ebd.: 112)

Die Irrfahrt des trojanischen Helden nimmt dabei in gewisser Weise bereits die Probleme, vor welchen das modernen Subjekt angesichts wachsender Mobilisierungsanforderungen steht, vorweg:

„[Es] ist die Odyssee auch eine Mobilitätsgeschichte [...]. Die Tragik des ‚Listenreichen' [...]ist bis in die Details ein Vorgriff auf die Tragik der Moderne und ihres Mobilitätshypes. Emanzipation, Individualität, heldenhafter Sieg [...] werden mit psycho-physischen Grenzerfahrungen [...] grenzenloser Gewalt, mit dem Verlust von Heimat, Freundschaften und familiären Beziehungen bezahlt." (Ebd.: 97)

Wie Voß in seiner Weiterführung des Odysseusthemas in die Gegenwart argumentiert, ist beim modernen „Odysseus des 21. Jahrhunderts" (ebd.: 124) eine in problematischer Weise übersteigerte Flexibilität und Bindungslosigkeit erkennbar. Die derzeit zu beobachtende Zunahme von Burn-Out-Symptomen, Angsterkrankungen und Depressionen sind als Anzeichen des kollektiven Empfindens verlorener Sicherheit und Geborgenheit in der modernen Arbeitswelt zu deuten – der Odysseus des Hyperkapitalismus kehrt (wenn überhaupt) nur erschöpft und ausgebrannt und keineswegs als strahlender Held von seiner Irrfahrt nach Hause zurück (Voß 2010a: 123f.).

Unter Bezug auf den hier skizzierten Wandel des Herosmotivs und der sich hierin wiederspiegelnden Transformationsgeschichte der Subjektivität zeichnet sich so eine spezifische Dialektik der modernen Entgrenzungs- und Mobilisierungsdynamik ab. Mit dem Übergang zum Plus-Ultra-Projekt der Moderne war, wie gezeigt, der Mythos der Weltoffenheit des Subjekts entstanden. Damit verbunden war eine zunehmende Abwertung und Negierung aller natürlichen und kulturellen Bindungen. Dies wird nicht zuletzt am Übergang vom Danteschen Odysseus, dessen Überschreitung des Non Plus Ultras noch bestraft wurde, zu seinen modernen Nachfolgern und ihrem positiv bewerteten Drang in das Offene deutlich. Hierin hat die Produktivität der westlichen Kultur und die Innovationsbereitschaft des okzidentalen Subjekts

---

[1] Die folgenden Überlegungen wurden in ausführlicherer Form in dem Artikel *Piloten und andere Steuerleute - Zur Navigationskunst des mobilen Subjekts im entgrenzten Kapitalismus* (Jochum und Voß 2013) veröffentlicht.

einen wesentlichen Ursprung – ebenso aber auch seine Unrast. Kennzeichnenderweise hat Schumpeter den modernen Unternehmer mit der Plus Ultra-Devise assoziiert: „Der typische Unternehmer frägt nicht, ob jede Anstrengung, der er sich unterzieht, auch einen ausreichenden ‚Genußüberschuss' verspricht. […] Er schafft rastlos, weil er nicht anders kann. […] Unter unserem Bild vom Unternehmertypus steht das Motto: plus ultra." (Schumpeter 1995: 137) Dies gilt ebenso – und möglicherweise in gesteigerter Weise – für den auf neuer Stufe mobilisierten „Arbeitskraftunternehmer" (Voß und Pongratz 1998) der Gegenwart.

Einher gehen hiermit grundlegende Risiken und die Gefahr der Dialektik der Mobilität, die man auch als „Dialektik der Weltoffenheit" beschreiben kann. Der Umschlag der heroischen Ausfahrt des modernen Subjekts in eine ziellose Irrfahrt, die „unendliche Fahrt" (Frank 1979), wie sie häufig im Bild des fliegenden Holländers dargestellt wurde, war immer mit dem modernen Aufbruch gegeben. Die Thematisierung dieser Dialektik stellte häufig die pessimistische Begleitmusik zum dominierenden euphorischen Fortschrittsgesang der Moderne dar. Angesichts der Mobilisierungsschübe der letzten Jahre scheint die Entgrenzungs- und Mobilisierungsdynamik nun eine neue, die Orientierungs- und Steuerungsfähigkeit des Subjekts potentiell überlastende Stufe erreicht zu haben.

Entsprechende Beschreibungen der späten Moderne wurden unter Verwendung von nautisch-maritimen Metaphern auch von Sennett und Bauman gestellt. So warnt Sennett vor einer zunehmenden „Drift" (Senett 2000: 15) und argumentiert, dass das moderne Subjekt befürchten müsse, „jede innere Sicherheit zu verlieren (und) in einen Zustand des Dahintreibens zu geraten" (ebd.: 22). In ähnlicher Weise entwickelt Bauman unter den Begriffen einer *Liquid Modernity* (2000) eine Kritik der Verflüssigungstendenzen der späten Moderne. So würde sich ein „liquid life", d.h. ein verflüssigtes Leben, als ein „precarious life, lived under conditions of constant uncertainty" (Bauman 2005: 2) immer mehr ausbreiten. Von den Menschen in der Arbeitswelt würde gefordert, dass sie sich „lieber im Wasser als auf festem Boden aufhalten" (Bauman 2007: 43). Letztlich sei festzustellen, dass die Utopie einer Ankunft „im gelobten Land der Autonomie und Selbstbestimmung" (ebd.: 112) gescheitert sei: „Die Menschheit hat den sicheren Hafen nicht erreicht." (Ebd.: 114)

Zwar mögen hierbei die positiven, emanzipativen Aspekte der gegenwärtigen Entgrenzungs- und Subjektivierungstendenzen übersehen werden. Dennoch erfasst diese Darstellung eines zunehmenden Orientierungsverlusts zweifelsohne einen wichtigen Aspekt der Krise des modernen „Helden". Der okzidentalen Mensch, der in der frühen Neuzeit euphorisch in das Plus Ultra einer offenen Zukunft ausfuhr, droht nun angesicht einer ewigen Irrfahrt zu Scheitern. Dies wird – um von der Metaphorik zu Realität der Arbeitswelt zurückzukehren – auch an der kontinuierlichen Zunahme von Arbeitsunfähigkeiten aufgrund von psychischen Erkrankungen deutlich, die nicht zuletzt als Folge steigender Arbeitsbelastungen interpretiert werden (vgl. Deutsche Angestellten Krankenkasse 2014 und 2016).

Damit stößt die entgrenzte Nutzung der Arbeitskraft auf Grenzen der Belastungsfähigkeit der „inneren Natur" und es scheint durchaus plausibel das „Thema der Subjektivierung und darüber vermittelt die Zunahme von ‚Burnout' und ‚Depression' […] [als] eine ökologische Frage" diskutieren (Voß und Weiß 2013: 53). Die gegenwärtige Arbeit ist häufig bezüglich des Erhalts der Arbeitskraft nicht nachhaltig. Damit wird parallel zum Ziel der nachhaltigen Nutzung der äußeren Naturressourcen zur Aufgabe, in der Arbeitswelt einen „nachhaltige(n) Umgang mit den Menschen und ihrer Lebendigkeit" (ebd.: 53) zu entwickeln. Analog zum Problem der „Planetary Boundaries" (Rockström et al. 2009) und das damit verbundene „risk of crossing thresholds" (ebd.: 32) stellt sich so in Hinblick auf die Mobilisierung des Subjekts die Frage nach „Grenzen der Mobilität" (Voß 2010a: 123) und „Grenzen der Entgrenzung" (Mayer-Ahuja und Wolf 2005) und damit auch nach Möglichkeiten einer „Gegenbewegung gegen den Mobilitätshype" (Voß 2010a: 123). Die wachsende öffentliche Aufmerksamkeit für Debatten über „Entschleunigung" (Rosa 2005) und die Problematisierung der modernen „Unruhe der Welt" (Konersmann 2017) deuten darauf hin, dass eine weitere Steigerung der Entgrenzungsdynamik des Plus-Ultra-Projekts auf wachsenden Widerstand stößt.

Gegen ein solches Szenario ließe sich vorbringen, dass dabei letztlich eine romantisierende, rückwärtsgewandte Sehnsucht nach der Sicherheit bietenden fordistischen Moderne oder gar vormodernen Verhältnissen zum Ausdruck kommt. Die Chancen, welche insbesondere moderne Informationstechnologien für die Herausbildung einer modernisierten Navigationskunst des Subjekts bieten, werden möglicherweise unterschätzt. Im Gegensatz zur Annahme eines Versagens der Steuerungskunst des modernen Menschen im Meer der *fluiden Moderne* könnte auch die These formuliert werden, dass sich aktuell eine durch neue Cyber-Technologien unterstützte *Neuformation der Kybernetik des Subjekts* herausbildet. Zu nennen sind hier nicht nur neue Technologien wie das GPS und andere Navigationsgeräte, welche die Orientierung im Raum erleichtern. Vielmehr ist eine wachsende Ausbreitung von Navigationshilfen im Alltag (vom Job- oder Berufsnavigator bis zum Liebesnavigator) zu konstatieren. Schließlich zeichnet sich ein umfassendes Enhancement des Subjekts ab, das die Unzulänglichkeit der menschlichen Sinnlichkeit verringert.

Auch dieses Szenario der Optimierung des Subjekts durch seine Cyborgisierung ist allerdings mit der Risiken verbunden. Die Verwendung der Cyber-Technologien birgt nicht nur die Möglichkeit der Erweiterung der Kommunikations- und Navigationsmöglichkeiten der mobilen Subjekte in sich – sie droht mit einer Zwangsverortung und ständiger Kontrolle der Orte und Bewegungen der Subjekte einher zu gehen. Die Befürchtung von Gilles Deleuze und Félix Guattari, dass mit dem Übergang von der Disziplinar- zur Kontrollgesellschaft durch „die Maschinen der Kybernetik und Informatik" ein „Regime allgemeiner Unterjochung" hergestellt wird" (Deleuze und Guattari 1992: 635), erscheint durchaus plausibel.

Insbesondere könnte die „Cyborgisierung des Menschen" (Jongen 2012) mit einer neuen Stufe der Unterwerfung und Verdrängung der leiblichen Natur des Menschen einhergehen. Die von Horkheimer und Adorno am Beispiel des Odysseus dargelegte *Dialektik der Aufklärung* (2001) scheint sich auf neuer Stufe zu reproduzieren. Odysseus konnte der Macht der Sirenen nur entkommen, indem er sich „bewußt von Natur distanziert" und „technisch aufgeklärt, sich fesseln lässt" (ebd.: 6). Ähnliches gilt für den modernen Heros, der sich entweder mit den kybernetischen Technologien verbindet und sich so zum leistungsfähigeren Cyborg transformiert, dabei aber seine biologische Natur zunehmend verleugnet – oder aber als antiquiertes Wesen den Konkurrenzkampf mit den kybernetischen Maschinen zu verlieren droht. Damit stellt sich die Frage nach der „Technodizee, die uns gegen unseren Willen in diese unheilvolle ‚Techno-Odyssee' des Raums einer Zukunft ohne Zukunft fortreißt." (Virilio 2008: 148) Es ist also mit anderen Worten die Problematik der Legitimität einer sich verselbstständigenden Technik zu diskutieren. Dies Reflexion soll im Folgenden vor dem Hintergrund der Dizeefrage, wie sie in dieser Arbeit immer wieder Thema wurde, erfolgen.

11.3 Von der Kosmodizee zur Technodizee

Wie am Beginn dieser Arbeit dargelegt wurde, stellte sich das Problem der Theodizee in der Geschichte immer wieder neu und wurde unterschiedlich beantwortet (vgl. Kap. 6). Im Folgenden wird dieser Entwicklung zusammenfassend nochmals dargestellt und argumentiert, dass heute die Technodizee zur zentralen Dizeeproblematik avanciert.

Im mythische Denken war noch eine Kosmodizee dominierend. Der Mensch war in klare raumzeitliche Grenzen eingebunden. Ein Entkommen aus dem Kreislauf von Leben und Tod gab es nicht und der Mythos der ewigen Wiederkehr legitimiert die Welt trotz der Existenz des Leidens in ihr (vgl. Kap. 6.1). Die Erlösungsreligionen verweigern, wie Weber in seinen Schriften zur „Theodizee des Leidens" (Weber 1920: 244 f.) und dem „Problem der Theodizee" (Weber 1925: 296) argumentiert, diese Bejahung der leidvollen Wirklichkeit. Sie suchen Auswege aus dem Kreislauf des Leidens und entwickeln verschiedene Erlösungswerke. So war für den Gnostiker der Kosmos „ein Gefängnis geworden, dem er zu entfliehen sucht" (Voegelin 1959: 16). Dabei blieben die Heilsziele in der Regel außerweltlich orientiert und die Theodizeen stellen nicht nur die Frage der Gerechtigkeit Gottes, sondern konzipieren in der Regel auch die Erlösung in einem religiösen Kontext. Hierdurch war der Geist des Westens insbesondere im Mittelalter stark geprägt.

Erst in der Neuzeit kommt es zu einer Hinwendung zur „Anthropodizee" (Blumenberg 1966: 96; Schluchter 1979: 77). Sie geht einher mit einer Ablösung von der mittelalterlichen Orientierung an Gott und macht den Menschen zum Mittelpunkt und aktiven Gestalter der Welt, wie Schluchter in Anlehnung an Weber und Blumenberg betont: „An die Stelle des Theozentrismus tritt der Anthropozentrismus, an die Stelle der Theodizee die Anthropodizee." (Schluchter 1976: 277) Wie nun in der vorliegenden Arbeit deutlich wurde, haben insbesondere auch die Entgrenzung der Säulen des Herakles und die Entdeckung einer neuen Welt stark zu diesem Umbruch beigetragen. Die „kosmographische Revolution" (Vogel 1995), welche mit der Öffnung der Grenzen der Alten Welt und der Erfindung einer Neuen Welt sowie der Konzeption eines Erd-Wasser-Globus verbunden war, implizierte zugleich eine anthropologische Revolution. Es bildete sich eine moderne Anthropodizee herausbilden, welche die humane Existenz in der Welt bejahte und den Menschen als weltoffenes Wesen verstand, das zum Subjekt seiner Geschichte wurde (vgl. Kap. 7.4).[2]

---

2 Der Übergang vollzog sich allerdings erst allmählich. So lieferte noch Leibniz in seiner berühmten und den Begriff Theodizee erst erschaffenden Schrift *Essais de theéodicée* (1710) noch eine Rechtfertigung Gottes und seiner Welt. Es hätte demnach „wenn es keine beste (optimum) unter allen möglichen Welten gäbe, Gott gar keine geschaffen." (Leibniz 1986: 219). Nachdem es Leibniz zunächst noch gelungen war, theologisches Ordnungsdenken mit der neuzeitlichen Rationalität zu versöhnen, sollte 45 Jahre nach dem Erschei-

Hierdurch wurden auch der Prozess der Erfindung utopischer Welten und das Streben nach der innerweltlichen Realisierung bisher außerweltlich orientierter Erlösungshoffnungen eingeleitet. Sozialutopien wie die namensgebende *Utopia* von Morus wurden in die Neue Welt projiziert. Und durch die ebenfalls in den transozeanische Raum projizierte utopische Insel *Nova Atlantis* wurde schließlich die Sozialutopie durch die technoszientifische Utopie ersetzten. Wie in der vorliegenden Arbeit dargelegt, lassen sich bei Bacon deutlich gnostisch-eschatologische Wurzeln erkennen. War allerdings das antike gnostische Erlösungswissen darauf ausgerichtet, die Welt zu erkennen, um ihr zu entkommen, so dient das technowissenschaftliche Erlösungswissen dazu, die Natur zu beherrschen. Die neuzeitliche Anthropodizee mündet im Zuge der Durchsetzung eines technischen Humanismus in das Projekt der Überwindung des „malum phyiscum" mit Hilfe von Wissenschaft, Technik und Arbeit ein. Das „menschliche Königreich des Wissens [human kingdom of knowledge]" (Bacon 1984: 47) tritt zum „Gottes Königreich des Himmels [God´s kingdom of heaven]" (ebd.) hinzu. Damit wurde der okzidentale Sonderweg im Sinne eines technisch-wissenschaftlichen Fortschrittswegs ausdeutet. Es verbindet sich die Anthropodizee mit einer Legitimierung der Technik, welche dem Zweck der Ausdehnung der humanen Herrschaft durch die Kolonisierung der Natur dient. Man kann daher den von Schluchter skizzierten Übergang von der Theodizee zur Anthropodizee (vgl. Schluchter 1979: 203) weiterführen und durch die Herausbildung einer Technodizee in der technoszientifischen Moderne ergänzen.

Diese Technodizee, d.h. die Behauptung einer Legitimtität und eines Heilscharakters der Technik, war mit einem imperialen Impetus und einer Destruktion alter Weltbilder verknüpft, wie Patxi Lanceros hervorhebt:

„Die Moderne zerstörte von Anfang an viele Begrenzungen, sowohl horizontale wie auch vertikale. Sie vollendete nicht allein einen Prozess der planetarischen Konquista [conquista planetaria im Original, G.J.] sondern veränderte auch die traditionellen Hierarchien [...]. Der fortschreitende Übergang von der Theo-logie zur Techno-logie ermöglichte eine andere Geschichte der Erlösung. Es ist nicht mehr eine Theodizee, sondern eine Technodizee: der gegenüber wir gewissermaßen als Anbeter erschienen." (Lanceros 2005: 168, Übers. d. Verf.)

Die Technodizee wurde zu einem zentralen und unhinterfragbaren Element des Forschrittsmythos der Moderne. Die Erfolge der Technik als Mittel, den Menschen von den Übeln einer inhumanen Natur zu erlösen, ließen jeden Zweifel an der Legitimität der Technik obsolet erscheinen. In der Moderne erschienen Anthropodizee und Technodizee als untrennbare Einheit. Heute wird diese Verbindung allerdings in mehrfacher Hinsicht brüchig.

---

nen der *Théodicée* das gewaltige Erdbeben in Lissabon im Jahre 1755 das Vertrauen in die Ordnung der Welt grundlegend erschüttern. Dieses Medienereignis erschütterte ganz Europa emotional und intellektuell. Voltaire verwirft infolge dieses Ereignisses in seiner berühmte Schrift „Candide" (1782), die Theodizee von Leibniz klar. Dieses Ereignis trug so wesentlich zum endgültigen Bedeutungsverlust der klassischen Theodizeen bei und bereitete die Bahn für die endgültige Durchsetzung der modernen Anthropodizee (Janssen 1993: 45 f.).

Zum einen stellt sich angesichts der Wahrnehmung wachsender, durch den Einsatz von Technik hervorgerufener, Risiken das Problem der Technodizee wieder auf neue Weise, wie auch Virilo betont:

„Egal ob man das hinnimmt oder nicht, die brutale Enthüllung eines Metarisikos der Konvergenz der Unfälle, der Klima- und anderer Katastrophen führt uns zurück zur Problematik, die Leibniz im 18. Jahrhundert in seiner Theodizee erwähnte. Heute indessen geht es nicht mehr so sehr um eine Anthropodizee, [...] sondern eben um eine Technodizee." (Virilio 2008: 148)

Angesichts der zunehmenden Gefährdung und Zerstörung der natürlichen Umwelt wird die Frage der Legitimität des modernen Projekts der technischen Erlösung des Menschen durch Naturbeherrschung wieder aufgeworfen. Es wird zunehmend deutlich, dass „wir als die Schöpfer die mit der Technik verbundenen Übel in einer Technodizee zu verantworten [haben]" (Poser 2011: 16).[3] Dabei wird zum einen erkennbar, dass die Verbindung zwischen Anthropodizee und Technodizee angesichts der bereits diskutierten Krise der Aneignung der äußeren Natur und damit der drohenden Untergrabung der natürlichen Lebensgrundlagen zukünftiger Generationen erodiert. Die humane Selbstbehauptung droht angesichts der Nicht-Nachhaltigkeit der gegenwärtigen technischen Zivilisation langfristig eine Selbstzerstörung zur Folge zu haben.

Zum anderen lässt sich auch bezüglich des humanen Subjekts eine Auflösung der modernen Einheit von Anthropodizee und Technodizee erkennen. Wie gezeigt, wird von einigen Vertretern der Posthumanisten das Aussterben der Menschheit oder zumindest die weitgehende technische Transformation des Menschen als eine notwendige Konsequenz des technowissenschaftlichen Fortschritts angesehen (vgl. Kap. 9.5). Die Frage einer möglichen „Antiquiertheit des Menschen" (Anders 1956) gewinnt angesichts der posthumanistischen Szenarien eine neue Aktualität. Als Relikt einer primär biologisch getragenen Evolution müsse langfristig der Mensch durch eine beschleunigte technische Evolution überwunden werden. Das Problem der Anthropodizee wird damit von den Posthumanisten mit einer Delegitimierung des biologischen Menschen angesichts seiner Unzulänglichkeit beantwortet. Dem wird eine radikalisierte Technodizee entgegengestellt, welche die Technik nicht nur als Mittel der Erlösung legitimiert, sondern darüber hinaus die kybernetischen Technologien zum Subjekt der zukünftigen Evolution werden lässt. Die posthumane Verheißung der Unsterblichkeit droht so in den Tod des leibhaftigen Menschen umzuschlagen und hat damit „das Opfer der Menschheit zugunsten einer posthumanen Fortentwicklung der Evolution" (Krüger 2004a: 406) zur Folge.

Wie dargelegt, sind diese Lehren nicht als weltfremde Zukunftsmusik anzusehen, sie stellen vielmehr wirkmächte große Erzählungen der Gegenwart dar. Nicht zuletzt der aktuell unter dem Begriff der Industrie 4.0 diskutierte Wandel der Arbeitswelt durch den zunehmenden Einsatz von digitalen Technologien macht erkennbar, dass die scheinbar abstrakten Szenarien einer Posthumanisierung der Gesellschaft durchaus eine Aktualität besitzen. Den Prognosen von Frey und Osborne (2013)

---

3   Ebenso kann die von Vogl aufgeworfene Frage nach einer Reflexion der „kapitalistischen Oikodizee" (Vogl 2010: 29) angesichts der ökomischen Krisen der letzten Jahre als Problematisierung einer Technisierung der gesellschaftlichen Steuerung gedeutet werden.

zufolge arbeiten derzeit fast die Hälfte aller Beschäftigten in Berufen, die mit einer hohen Wahrscheinlichkeit in den nächsten Jahrzehnten automatisiert werden. Diese Prognose ist zwar nicht unumstritten und es ist auch nicht auszuschließen, dass der Verlust alter durch die Entstehung neuer Arbeitsplätze substituiert wird.[4] Heute werden allerdings im Gegensatz zu den früheren Automatisierungswellen durch die kybernetischen Maschinen auch komplexe, mit „kognitiven" Prozessen verbundene Tätigkeiten ausgeführt. Die Frage, ob „Roboter den Menschen die Arbeit weg [nehmen]" (Plickert 2016) gewinnt daher eine wachsende Bedeutung. Auch wenn die posthumanistischen Utopien insgesamt noch als Science Fiction anzusehen sind, so kann doch ein Übergang zu einer zunehmend trans- und posthuman werdenden Arbeitswelt konstatiert werden.

Hier wird eine Dialektik der Moderne erkennbar, in der die Emanzipation des Menschen aus der Macht der alten Natur durch Technik in die Emanzipation der Technik vom Menschen umschlägt. Damit deutet sich eine interessante Wende des Anthropodizeeproblems an. Die moderne Anthropodizee war mit einer Verwerfung der mythischen „Biodizee" (Lütkehaus 2008: 32) aufgrund der Unzulänglichkeit der mit Leid und Tod verbundenen Natur einhergegangen. Die kognitiv-technischen Anteile des menschlichen Subjekts wurden hierdurch aufgewertet, sein biologisches Erbe tendenziell abgewertet. Die posthumanistische Technodizee radikalisiert diese Bewegung indem der biologisch-instinktive Erbe des Menschen als antiquiert angesehen wird.

Der Mensch muss vor dem Hintergrund dieser Entwicklungen seine sinnlich-leibliche Existenz und seine, im Vergleich zu kybernetischen Maschinen, scheinbar begrenzten kognitiven Fähigkeiten in einer Anthropodizee neuer Art verteidigen. Es geht nicht mehr, wie in der frühen Neuzeit, um die Frage der Selbstbehauptung des Menschen gegenüber einer inhumanen Natur, sondern vielmehr um das Problem der Selbstbehauptung gegenüber der Technik. Hier zeichnet sich nun die Möglichkeit einer neuen Anthropodizee ab, die die Legitimität jener Anteile des Menschen reklamiert, welche das Subjekt mit der lebendigen Natur verbinden, und die so mit einer Biodizee einhergeht.

Ähnlich wie im Falle der äußeren Natur lassen sich somit zwei Szenarien der weiterführung der Dizeeproblematik in der kybernetischen Moderne skizzieren: Zum einen deutet sich infolge der Durchsetzung der kybernetischen Technologien ein Bedeutungsverlust sowohl der biologisch-emotionalen wie auch der kognitiven Steuerungskompetenzen des Subjekts an. Zum anderen ist aber ebenso auf der Grundlage einer neuen Anthropodizee eine stärkere Rückbesinnung auf eben diese Fähigkeiten nicht auszuschließen (vgl. Tabelle 4).

Es wird insgesamt erkennbar, dass nicht nur wegen der zunehmenden Gefährdung der äußeren Natur, sondern auch aufgrund der Bedrohung der Reproduktionsfä-

---

4 Der Substitutionsthese, die von dem weitgehenden Verschwinden einfacher und niedriger Tätigkeiten durch Automatisierung ausgeht und nur durch eine besondere Flexibilität, Kreativität und soziale Intelligenz gekennzeichneten Arbeitsplätzen eine Zukunft verheißt, steht die Polarisierungsthese entgegen. Demnach werden zwar mittlere Tätigkeiten mit einem hohen Routinisierungsgrad zunehmend automatisiert. Es bleiben jedoch einige einfache Tätigkeiten erhalten und im hoch qualifizierten Bereich entstehen sogar neue Arbeitsplätze (vgl. Matuschek 2016: 72f.).

higkeit und der scheinbaren Antiquiertheit der „inneren" Natur des Menschen die moderne Technodizee zum Problem wird. Angesichts dieser sich andeutenden Dialektiken des technoszientifischen Fortschrittsprojekts erscheint es erforderlich, den okzidentalen Humanismus und das damit verbundene Projekt der Emanzipation des Menschen aus der Macht der Natur neu zu reflektieren.

Tabelle 4: Der historische Wandel der Dizeeproblematik.

	Dizee	Zentrierung	Deutungsmuster
Vorhochkulturell	Mythische Kosmodizee	Biozentrismus	Biomorphe Weltbilder
Hochkulturell	Theodizee	Theozentrismus	Logo- und Soziomorphismen
Technoszientfische Moderne	Anthropodizee	Anthropozentrismus	Mechanomorphe Weltdeutung
Kybernetische Moderne 1	Technodizee	Technozentrismus	Kybernetische Maschine
Kybernetische Moderne 2	Anthropo- und Biodizee	Reflexiver Ökozentrismus	Biokybernetisches Weltbild

11.4 DIE TRANSFORMATIONEN DES HUMANISMUS

Der abendländische Humanismus weist seit der Antike eine grundlegende Ambivalenz auf. Auf der einen Seite stand ein hierarchischer Humanismus aristotelischer Prägung, der die Superiorität der westlichen Vorstellung von Humanität postuliert und die ‚Anderen' ausgrenzt. Auf der anderen Seite war mit dem Humanismus auch die egalitäre Vorstellung von der Einheit des Menschengeschlechts verbunden (vgl. Kap. 6.3.3). Die Moderne übernahm diese Zweideutigkeit und radikalisierte sie sogar in vielen Punkten.

Am Beispiel der Legitimierung des „gerechten Krieges" der spanischen Konquistadoren gegen die amerikanischen Ureinwohner durch den aristotelischen Humanisten Sepúlveda wurde deutlich gemacht, dass der Humanismus eine zentrale Funktion für die Rechtfertigung des Kolonialismus in der ersten Phase des Okzidentalismus erfüllte (vgl. Kap. 7.7). Die Idee der besonderen Befähigung des europäischen Menschen zur „Humanitas" wurde zum Argument für die Unterwerfung der außereuropäischen Menschen, die angeblich zur Ausbildung dieser höchsten Stufe des Menschentums nicht geeignet seien. Allerdings sollte im Falle der Eroberung Amerikas zugleich auch die andere, inklusive Ausdeutung des Humanismusbegriffs eine Bedeutung gewinnen. Unter Berufung auf die Gottesebenbildlichkeit des Menschen verteidigte der Dominikanermönch Bartolomé de Las Casas die Wahrheit der Anderen und forderte den Schutz der Indianer vor kolonialem Zugriff ein (Delgado 2001).

Im Übergang zur zweiten Stufe des Okzidentalismus bildet sich ein technischer Humanismus heraus. Das Projekt der ausgeweiteten innerweltlichen Kolonisierung der Natur setzt sich durch. Es ist vor allem Francis Bacon, der mit seiner Idee eines expandierenden ‚Human Empire' diese Vision prägt. Dabei wird auch die Exklusionslogik des klassischen Humanismus reproduziert. Die Natur wird zum „Anderen" des Menschen, das durch Wissenschaft und Technik unterworfen und beherrscht werden soll. Auch die innere Natur des Menschen wurde abgewertet und die menschliche Sinnlichkeit als unzulänglich für eine „objektive" Erfassung der Wirklichkeit angesehen (vgl. Kap. 8.6). Dieser technisch orientierte Anthropozentrismus stellt zugleich die Grundlage für einen neuen Eurozentrismus dar: Infolge der Verbreitung eines technischen Humanismus wird die technoszientifische Entwicklungsstufe von Kulturen zur Basis für die unterschiedliche Zuweisung von inferioren und superioren Stellungen im Weltsystem. In den USA wurde, wie gezeigt, diese Idee zur legitimierenden Grundlage für die Landnahme des Westens. Allerdings ist anzumerken, dass es auch – wie am Beispiel der Sklavenbefreiung deutlich wird – zu einer Gegenbewegung in der zweiten Stufe des Okzidentalismus kommt. Dieser eher egalitäre Humanismus und die damit verbundene Idee der Universalität der Menschenrechte sollten den westlichen Diskurs lange prägen – die Exklusion der Natur wurde allerdings fortgesetzt.

Am Ende der dritten Welle des Okzidentalismus ist eine Wiederkehr eines hierarchischen Humanismus in gewandelter Form erkennbar. Die kybernetische Wende führt zu einer *Transformation des Humanen* (Hagner und Hörl 2008) und damit einer Neudeutung des Menschen, der nach dem Vorbild der kybernetischen Maschine interpretiert wird. Im Posthumanismus wird hieraus der Schluss gezogen, dass der Mensch infolge des technischen Fortschritts optimiert werden kann und schließlich durch die überlegenen Maschinen abgelöst wird. Der Posthumanismus avanciert aktuell zur einer tragenden Ideologie des Okzidentalismus – so wie einst der klassische Humanismus eine wesentliche Bedeutung in der ersten Phase des Okzidentalismus besaß und dessen Rolle in der zweiten Welle des Okzidentalismus vom technischen Humanismus übernommen wurde. Der Posthumanismus überwindet den Impetus des hierarchischen Humanismus nicht, sondern nimmt ihn auf. Er kann daher als eine radikalisierte Form des Okzidentalismus angesehen werden (vgl. Kap. 9.5). Es ist nun die Überlegenheit der Technik bzw. des cybertechnologisch optimierten Menschen, die postuliert wird. Der Posthumanismus wird dabei zur legitimierenden Erzählung einer technoszientifischen Kolonialität, welche eine neue Stufe der Herrschaft über die äußere und innere Natur rechtfertigt.

Damit kehren gerade auch in der Gegenwart die alten Fragen und Kontroversen auf neuer Stufe wieder. Es lässt sich erneut die Janusköpfigkeit des abendländischen Humanismus erkennen. Es erfährt heute im Zeichen eines technischen Posthumanismus der leibhaftige Mensch selbst jenes Schicksal, das einst die okzidentale Kultur den inferioren Anderen und der animalischen Natur zuteil werden ließ: Er wird im Vergleich zu den in höherem Maße zur Verarbeitung von Informationen befähigten kybernetischen Maschinen zum antiquierten und inferioren Wesen. In der Stufenleiter des Seins wird er vom Thron gestoßen und durch seine eigenen Artefakte ersetzt (vgl. u.a. Moravec 1996).

Aufgrund seiner zwiespältigen Bedeutung wurde der Humanismus auch von vielen postkolonialen Denkern problematisiert und ein anderer, nicht eurozentristischer Humanismus eingefordert – oder sogar der Humanismus als solches verworfen. Daher sind postkoloniales Denken und Humanismuskritik häufig eng miteinander verbunden und es wird „der historische Sturz des andro- und eurozentrischen Humanismus" begrüßt (Braidotti 2014: 197). Es wurde im Verlaufe dieser Arbeit allerdings ebenso deutlich, dass der abendländische Humanismus vielfältig und seine Funktion im Kolonisierungsdiskurs entsprechend widersprüchlich war. Der Okzidentalismus war immer durch ein Spannungsfeld „zwischen egalitärem und hierarchischem Humanismus" (Jochum 2004) gekennzeichnet. Auch heute ist daher ein Übergang von einem hierarchischen (Post-)Humanismus, der die Inferiorität des leibhaftigen Menschen und des Lebens gegenüber der vollkommenen Technik postuliert, zu einem inklusiven Humanismus denkbar.

Es gilt einen „Transhumanismus" zu entwickeln, der sich vom cybergnostischen Transhumanismus (vgl. Kap. 9.2) grundlegend unterscheidet. Nicht die technologische Perfektionierung des Menschen ist dessen Ziel, sondern vielmehr die Rückbindung des Menschen an die vom klassischen Humanismus abgewertete lebendige Natur. Dieser Transhumanismus impliziert zum einen, dass die menschliche Natur, welche infolge logo- und anthropozentrischer Überhöhung der rationalen und technische Potentiale im klassischen Humanismus der Moderne als das Nicht-Menschliche ausgegrenzt wurde, wieder als Teil der *Humanitas* anerkannt und einbezogen wird. Das von Horkheimer und Adorno eingeforderte „Eingedenken der Natur im Subjekt" (2001: 47) gewinnt hierbei eine neue Aktualität. Der Mensch definiert sich als Doppelwesen, das die „Verschränkung zwischen Umweltgebundenheit und Weltoffenheit beim Menschen" (Plessner et al. 1983: 81) als unaufhebbare Bedingung der *Conditio humana* akzeptiert, anstatt das Plus-Ultra-Projekt der Moderne einer immer weitergehenden Weltöffnung und Emanzipation des Menschen von der Natur- Leib- und Umweltgebundenheit fortzusetzten.

Diese Einbeziehung der leiblich-kreatürlichen Natur des Subjekts in den Begriff der Humanitas kann die Basis eines Transhumanismus sein, der auch die äußere lebendige Natur umfasst. Eine derartige Ausweitung läßt sich aktuell bereits in vielen Tier- und Naturrechtsbewegungen erkennen. Ein inklusiver Humanismus nimmt Gestalt an, indem u.a. durch die *animal rights movement* der Kreis des Humanen ausgeweitet wird und nun „Menschenrechte" auch für die lebendige Natur eingefordert werden (Singer 1981). Der Kampf um die Rechte für die Natur, bzw. von Pachamama und deren Aufnahme in die Verfassungen von Ecuador und Bolivien, läßt ebenfalls eine derartige Neuorientierung erkennen (vgl. Kap. 10.2). Der bisher exklusive Gedanke der Menschenrechte erfährt eine Ausdehnung auf die Welt des außermenschlichen Lebens. Die in Nova Atlantis formulierte Utopie eines *Human Empires*, die auf der Herrschaft des Menschen über die innere und äußere Natur beruht, erfährt hierdurch eine Revision und geht über in ein egalitäres *Transhuman Empire*. Das Projekt, das Karl Marx in seinen frühen Schriften emphatisch als der „durchgeführte Naturalismus der Menschen und der durchgeführte Humanismus der Natur" (Marx 1971: 237) beschrieb, und das Bloch in Anlehnung hieran als „Naturalisierung des Menschen, Humanisierung der Natur" (Bloch 1959a: 235) bezeichnete, könnte so seine Realisierung finden.

12. Transformationen der okzidentalen Utopien

12.1 DIE UTOPISCH-GNOSTISCHEN URSPRÜNGE DER MODERNE

Die Entdeckung und Erfindung einer Neuen Welt besaß eine zentrale Bedeutung für den Prozess der Verweltlichung der zuvor außerweltlich orientierten Heilswege in der Neuzeit (vgl. Kap. 7.5). Die klassische religions- und kultursoziologischen Diskussion über den Prozess der Säkularisierung muss daher durch einen bisher nur unzureichend berücksichtigten Aspekt ergänzt werden. Die Relevanz dieser These für ein tieferes Verständnis der Moderne soll nun näher diskutiert werden.

Eisenstadt zufolge sind die großen politischen Revolutionen der Moderne als der Versuch zu deuten, „utopische Visionen mit gnostischen Elementen in gesellschaftlichem Maßstab zu verwirklichen" (Eisenstadt: 2000: 22). Er bezieht sich dabei auch auf Voegelin, der in *Die Neue Wissenschaft der Politik* (Voegelin 1965) insbesondere im programmatischen Kapitel „Der Gnostizismus – das Wesen der Modernität" (ebd.: 153 f.) ausführte, das Christentum habe durch seine außerweltliche Orientierung zu einer „De-Divination" (ebd.: 153) der Welt beigetragen. Die Moderne stelle den Versuch dar, diesen Prozess wieder rückgängig zu machen; sie speise sich dabei aber nicht aus außerchristlichen Wurzeln, sondern aus den gnostischen, ketzerischen Bewegungen im Christentum. Damit sei die als Säkularisierung bezeichnete „Immanentisierung" (ebd.: 169) der Heilsgeschichte mit dem Ziel der humanen „Selbsterlösung" (ebd.: 182) eingeleitet worden. Insbesondere die radikalen, tendenziell totalitären politischen Bewegungen der Moderne können dabei als verweltlichte Formen der Gnosis beschrieben werden: „Gnosis kann vornehmlich intellektuell sein (Hegel, Schelling) [...] [oder] die Form aktivistischer Erlösung von Mensch und Gesellschaft annehmen, wie im Falle der revolutionären Aktivisten Comte, Marx oder Hitler." (Ebd.: 176) Aus der antimodernistischen Perspektive Voegelins erscheint dabei die gnostische Heterodoxie der Moderne nur als Verfallsgeschichte: „Die Unterhöhlung der westlichen Zivilisation durch den Gnostizismus ist ein langsamer, sich über ein Jahrtausend erstreckender Prozess." (Ebd.: 258) Voegelin und auch Eisenstadt vertreten damit die These einer Geburt der Moderne aus dem Geist der gnostischen Heterodoxie (vgl. Kap. 7.5.1).

Die Annahmen Voegelins stießen durchaus auch auf Widerspruch. Der radikalste Gegenentwurf hierzu wurde von Hans Blumenberg mit *Die Legitimität der Neuzeit* (1966) vorgelegt. Voegelins Diktum, „dass die Neuzeit wohl besser als das Gnostische Zeitalter genannt würde" (Voegelin zit. n. Blumenberg 1966: 78), wird hierin verworfen und eine entgegengesetzte Position entwickelt: „Die These, die hier vertreten werden soll, nimmt den behaupteten Zusammenhang von Neuzeit und Gnosis auf, aber sie kehrt ihn um: die Neuzeit ist die zweite Überwindung der Gnosis." (Blumenberg 1966: 78) Wie Blumenberg argumentiert, war das ungelöste Grundproblem, das zur Gnosis führte „die Frage nach dem Ursprung des Übels in der Welt", d.h. das Problem der Theodizee im weiteren Sinn (ebd.: 79). Demnach sei der Versuch der Wiederlegung der Gnosis im augustinischen Christentum gescheitert, weil sie zur Anklage des durch die biblische Erbsünde belasteten Menschen geführt habe. Erst die Moderne überwindet Blumenberg zufolge das Problem, indem sie durch eine „zweite Überwindung der Gnosis" (ebd.: 90) auf das Leiden in der Welt weder mit dem gnostischen Dualismus noch mit einer augustinischen Selbstanklage antwortet, sondern den Versuch der Selbstbehauptung des Menschen in einer ihm feindlichen Welt entgegensetzt. Der Mensch bejaht sich selbst als ein Wesen mit Möglichkeiten, das aktiv die ihm widerständige Welt umgestalten kann. Die Legitimität der Neuzeit speist sich aus der Rechtfertigung des Menschen und seinem Kampf um weltimmanente Selbstbehauptung. Indem die Neuzeit sowohl die gnostische Weltflucht als auch die augustinisch-mittelalterliche Anklage des Menschen überwindet, legitimiert sie ihre „Anthropodizee" (ebd.: 96) und damit die innerweltliche Umwandlung der Welt durch den Menschen.

Inwieweit die Neuzeit nun als endgültige Überwindung der Gnosis, wie Blumenberg unterstellte, oder als Wiedergeburt der Gnosis zu beschreiben ist, wie Voegelin und Eisenstadt argumentierten, blieb bis heute in der Diskussion ungeklärt. Die aufkeimende Debatte um die „Cybergnosis" (Wertheim 2002: 309, Böhme 1996a: 259), d.h. um die gnostischen Elemente in den posthumanistischen Utopien, verdeutlicht jedoch, dass die alte Kontroverse eine neue Bedeutung gewinnt (vgl. Kap. 9.4). Es konnte nun in der vorliegenden Arbeit ein Beitrag zur Klärung dieser Kontroverse geleistet werden, der auch ein tieferes Verständnis der aktuellen Entwicklung ermöglicht. Dargelegt wurde, dass die Entdeckung der Neuen Welt wesentlich zur Umwandlung des außerweltlich orientierten gnostisch-eschatologischen Denkens und seiner Umwandlung in die neuzeitliche innerweltliche Utopie beigetragen hat. Vor diesem Hintergrund ist auch die Auseinandersetzung um die Transformation der Gnosis in der Moderne neu zu interpretieren:

Richtig an Blumenbergs Argumentation ist zweifelsohne, dass das neuzeitliche Denken und die Gnosis sich grundlegend hinsichtlich der Positionierung des Menschen zur Welt unterscheiden. Die aktive, um Selbstbehauptung kämpfende Zuwendung des Menschen zur Welt kann als Gegenentwurf zur gnostischen Weltflucht angesehen werden. Die Überwindung der Stillstellung des Menschen durch den christlichen Erbsündegedanken war die Bedingung hierfür. Anderseits zeigen sich aber doch Ähnlichkeiten zwischen Gnosis und Moderne: Beide verurteilen die Welt in ihrem inhumanen Dasein. Wie Blumenberg selbst deutlich macht, war auch für die Moderne – wie einst für die antike Gnosis – die Verwerfung der Kosmodizee und der damit verbundene Verlust des Glaubens an die Sinnhaftigkeit der Welt die Voraussetzung für die Selbstermächtigung des Menschen in der Neuzeit: „Die Zerstörung des Weltvertrauens hat ihn erst zum schöpferisch handelnden Wesen gemacht, hat ihn von einer verhängnisvollen Beruhigung seiner Aktivität befreit." (Blumenberg 1974: 161) Allerdings sind die Methoden der Befreiung aus der Welt des Leidens grundsätzlich verschieden: Der Mensch der antiken Gnosis wollte den inneren göttlichen Funken erkennen, um sich durch Askese aus der Welt zu befreien und den spirituellen Weg in die göttliche Transzendenz zu finden. Der Mensch der Moderne will hingegen die innere aktive Potenz erwecken, um mit einem neuen faustischen Geist innerweltlich die Welt umzugestalten und in einer von ihm selbst neu geschaffenen Welt Erlösung zu finden. Auch Voegelin hat diesen grundlegenden Unterschied gekennzeichnet:

„Auf dem Höhepunkt der Revolte im Bewußtsein werden ‚Realität' und das ‚Jenseits' zu zwei getrennten Entitäten, zu zwei ‚Dingen', die durch den leidenden Menschen auf magische Weise zu manipulieren sind – mit dem Ziel, entweder die ‚Realität' insgesamt aufzuheben und in das Jenseits zu entfliehen, oder die Ordnung des ‚Jenseits' in die ‚Realität' zu zwingen. Der erste dieser beiden magischen Auswege wird von den Gnostikern der Antike bevorzugt, der zweite durch die gnostischen Denker der Moderne." (Voegelin 2004c: 47)

Damit unterscheidet Voegelin mit anderen Worten zwischen einer außerweltlichen Gnosis, die auf die jenseitige Transzendenz orientiert ist und einer innerweltlichen Gnosis der Neuzeit, welche die diesseitige Welt nach den Vorgaben der transzendentalen Vision umgestalten will. Es „bewegt sich der Gnostizismus von der unvollständigen Immanentisierung des Hohen Mittelalters zur radikalen Immanentisierung der Gegenwart" (Voegelin 1965: 242). Bei genauerer Betrachtung wird deutlich, dass beide Autoren den innerweltlichen Aktivismus des neuzeitlichen Menschen zu erklären suchen, aber unterschiedlich herleiten, wie auch Hollweck hervorhebt:

„Blumenbergs ‚Alternative der immanenten Selbstbehauptung der Vernunft durch Beherrschung und Veränderung der Wirklichkeit', die von diesem als eigentliche Überwindung der Gnosis interpretiert wurde, wäre nach Voegelin gerade der Ansatzpunkt zu einer These vom immanenten Wissen, das sich anmaßt, Heilswissen zu sein und den Menschen sub specie dieses falschen Heilswissens zu verändern sucht, bis hin zu den Selbsterlösungsprogrammen eines Marx und Nietzsche." (Hollweck 2003: 12)

Bei beiden ist, wenn auch in verschiedener Weise, die Gnosis der Ausgangspunkt der Überlegungen und sie beschreiben Prozesse der Säkularisierung bzw. der Immanentisierung, so dass sich fragen lässt, ob nicht doch eine Vermittlung zwischen beiden Positionen möglich wäre. Zu einer echten Auseinandersetzung zur Klärung der Kontroverse ist es zwischen den beiden Denkern nicht gekommen (vgl. Hollweck 2003: 8 f.). In der folgenden wissenschaftlichen Debatte wurde der Zwiespalt ebenfalls nicht aufgelöst. Wie Hollweck betont, ist auch heute noch die Einsicht beider Philosophen, „dass die Moderne ohne den Komplex des Gnostizismus nicht zu verstehen ist" (ebd.: 33), wegweisend. Dies gilt umso mehr, als heute im Zeichen technoszientifischer Erlösungsutopien eine Wiederkehr der Gnosis auf neuer Stufe zu erkennen ist und dies einer Erklärung bedarf.

In der vorliegenden Arbeit wurde daher diese offengebliebene Frage des Verhältnisses der Gnosis zur Moderne wieder aufgenommen und auf neue Weise beantwortet: Während Voegelin postulierte, dass jede Betrachtung von Epochenschwellen, welche „von dem äußeren Ereignis der Entdeckung Amerikas ausgeht, [...] für das Verständnis geistiger und intellektueller Geschichte unbrauchbar [ist]" (Voegelin

1997: 107, zit. nach Hollweck 2003: 21), wurde hier davon ausgegangen, dass diese Entdeckung wesentlich zu einem geistigen Wandel beigetragen hat, der die Verweltlichung des eschatologischen, gnostischen und utopischen Denkens eingeleitet hat. Hier konnte durchaus an Blumenberg angeknüpft werden. Dieser hatte in der Öffnung der Grenzen der alten Welt ein wesentliches Element der Begründung der Moderne gesehen und postuliert, dass „das Selbstbewusstsein der Neuzeit [...] im Bild der Säulen des Herkules [...] das Symbol ihres neuen Anfangs [fand]" (ebd.: 335). Allerdings war auch seine Analyse defizitär, da von ihm die hierdurch eingeleitete Verweltlichung des außerweltlich orientierten gnostisch-eschatologischen Gedankenguts ausgeblendet wurde. Demgegenüber konnte in dieser Arbeit dargelegt werden, dass gerade durch diese Öffnung der weltflüchtige Geist der Gnosis sich in der Moderne in den „Geist der Utopie" (Bloch 1923) verwandelte.

Kolumbus öffnete nach eigener Überzeugung im göttlichen Auftrag „die Bande des Ozeanischen Meeres, die mit so festen Ketten geschlossen waren" (Kolumbus 1943: 214). Er durchbrach damit auch die Geschlossenheit des Kosmos, in welcher der antike und mittelalterliche Mensch geborgen oder – so die gnostische Sicht – wie in einem Kerker gefangen war. Es war nun erstmals innerhalb der Welt in horizontaler Richtung eine Öffnung hin zu einer anderen Welt erkennbar – während zuvor das Durchschreiten des Tores zur besseren Welt nur auf vertikalem und transzendierendem Wege möglich erschien. Für den antiken Gnostiker war das Überwinden des „Zauns der Bosheit" (Jonas 1964: 208) und das Durchschreiten des „Tor[es] des Kosmos" (ebd.: 208) in die himmlischen Sphären erst nach dem Tode möglich – mit der Entdeckung der Neuen Welt wurde eine „innerweltliche Transzendenz" (Nipperdey 1975: 128) erkennbar, die schließlich zur Umwandlung des eschatologischen Denkens in utopisches Hoffen führen sollte.

Die eschatologische Hoffnung auf eine Überwindung der alten irdischen Welt und das Kommen eines „neuen Himmel(s) und einer neuen Erde" (Jesaja 65; 17-19; Offenbarung 21,1) wurde in den Gegensatz zwischen Alter und Neuer Welt überführt. Die reale und imaginäre transatlantische Bewegung ersetzte die außerweltlich orientierten Erlösungswege. Die Erfindung Amerikas markiert damit auch das Ende bzw. die Transformation des außerweltlich orientierten gnostisch-eschatologischen Mythos durch seine Säkularisierung und Umwandlung in den utopischen Mythos der Moderne. In der paradigmatischen Schrift *Utopia* (1516) von Morus wurde dabei die sozialrevolutionäre Variante des utopischen Denkens vorgezeichnet. Dem folgte 1627 die technoszientifische Utopie *Nova Atlantis* von Francis Bacon, welche für den Beginn der wissenschaftlich-technischen Revolution steht. Die große Erzählung von der Emanzipation der Menschheit aus der Macht der Natur konstituierte sich.

Mit der Öffnung des Westhorizonts war so weitaus mehr verbunden als eine räumliche Entgrenzung. Vielmehr wurde hierdurch dem außerweltlich orientieren Denken des alten Westens eine innerweltliche Transzendenz eröffnet und es bildete sich eine neue Vorstellung von einem utopisch geöffneten Westen heraus. Morus ließ sich durch die Schilderungen über die Bewohner der Neuen Welt inspirieren und deutete die transatlantische Überfahrt zu einer Metapher der Eröffnung einer utopischen Transzendenz um. Bei Bacon hatte die Metaphorik der Ausfahrt durch die Säulen des Herakles eine zentrale Bedeutung bei der Versinnbildlichung seiner technoszientifischen Utopie. Die utopische Bedeutung der Säulen ist durchaus bekannt und es ist kein Zufall, dass auch in dem Standardwerk *Utopieforschung*

(Voßkamp 1982) alle drei Bände von dem aus dem *Novum Organon* (1620) Bacons übernommenen Titelbild geziert werden. Dabei fällt allerdings auf, dass in der Vielzahl von Beiträgen, trotz dieser Verwendung der Baconschen Illustration, dessen Umdeutung der Ausfahrts- und Säulenmetaphorik nur an wenigen Stellen reflektiert wird und – wohl dem Geist der 80er Jahre entsprechend – eher auf spätere politische Utopien Bezug genommen wurde. Ebenso wenig wurde auf die in vielfältiger Weise bei Bloch diskutierte Verbindung der Plus-Ultra-Symbolik mit dem utopischen Denken Bezug genommen (vgl. u.a. Bloch 1971: 132).

In der vorliegenden Arbeit hingegen konnte durch einen historischen Rückblick auf die mythischen und antiken Bedeutungen des atlantischen Ozeans und der Säulen des Herakles ein tieferes Verständnis des kultur- und zeithistorischen Hintergrundes der Säulensymbolik und der Plus-Ultra-Devise gewonnen werden. Es wurde deutlich, dass der sich hier herausbildende utopische Mythos vom offenen Westen eine klare Absetzung zu den raumzeitlich geschlossenen Mythen der Vormoderne war und für die Moderne konstitutiv wurde. Die Herausbildung des Sonderwegs des Okzidents wurde durch die geographische Öffnung des Westens und die hierdurch inspirierte Erschließung eines utopischen Raums stark geprägt. Hiermit war auch die Genese des Okzidentalismus als abendländischer Ideologie verbunden, welche die Kolonisierung der außereuropäischen Welt und der außermenschlichen Natur vorantrieb und legitimierte.

Man kann daher in diesem durch die Eröffnung des Weges in eine Neue Welt induzierten Prozess den entscheidenden, von der Soziologie bisher missachteten, Beginn der neuzeitlichen Verweltlichung der außerweltlichen Heilswege sehen. Indem eine innerweltliche Transzendenz erscheint, kippt die achsenzeitliche vertikale Transzendenz in die transatlantische Horizontale. Die verschiedenen Traditionen des Geistes des Westens, das eschatologisch-gnostische Erbe wie auch die Visionen der griechischen Philosophie, wurden hierdurch verweltlicht.

Die unterschiedliche Konzeption dieser Ausfahrt in den Utopien von Morus und Bacon macht zugleich erkennbar, dass sich hier unterschiedliche Projekte der Moderne herausbildeten. Diese Utopien hatten in verschiedenen Zeiten ihre Konjunkturen und wurden auch in unterschiedlichen Kulturen dominant. Die Verschiebung von der humanistischen Moderne zur technoszientifischen Moderne, welche zwischen dem Erscheinen der Schriften von Morus und Bacon erfolgte, markiert zugleich einen Übergang der ökonomischen und politischen Machtverhältnisse vom Weltreich als Organisationsprinzip eines modernen Weltsystems hin zur kapitalistischen Weltwirtschaft (vgl. Wallerstein 1986: 365).

Deutlich wird auch, dass die Rekonstruktion der religiösen Wurzeln der Kultur der Moderne, wie sie Eisenstadt in Anlehnung an Max Weber mit seiner Theorie der Kulturen der Achsenzeiten und der multiplen Modernen vollzogen hat, zwar richtig, aber verkürzt ist. Denn Eisenstadt konzentrierte sich bei seiner Analyse der „utopischen Visionen mit gnostischen Elementen" (Eisenstadt 2000: 22) im Wesentlichen auf die politischen Implikationen der achsenzeitlichen Traditionen. Wie aufgezeigt, ist jedoch die Gesamtbewegung des achsenzeitlichen Ausbruchs aus dem archaischen Mythos in die Transzendenz sowie die darauffolgende Verweltlichung der Transzendenz in der Moderne in einem breiteren Rahmen zu diskutieren. Dieser Prozess schließt nicht nur die Vervollkommnung des Sozialen, sondern ebenso die Erlösung von den Begrenzungen der inneren und äußeren Natur mit ein (vgl. Kap. 6.2).

Eisenstadt zufolge wurden „in den Großen Revolutionen [...] die Träger der ‚gnostischen' Vision besonders bedeutsam, die das Gottesreich – oder eine säkulare Version davon – auf die Erde bringen wollten" (Eisenstadt 2000: 23). Dem ist hinzuzufügen, dass dies nicht nur für die Sozialutopien, sondern ebenso für die technologischen Utopien zutrifft, die eine technologische Vervollkommnung des Leibes und der äußeren Natur zum Ziel hatten. Auch die „technoszientifische Revolution [revolución tecnocientífica]" (Echevarría 2003) wurde und wird durch gnostisch-utopisches Denken vorangetrieben.

Die Baconsche Utopie *Nova Atlantis* und die hierin enthaltene Forderung nach einem „enlarging of the bounds of Human Empire" (Bacon 1862: 398) steht am Beginn diese Revolution. Die zentralen Leitbilder der Gegenwart haben hier ihren Ursprung, wie Williams mit Referenz auf Bacon deutlich macht: „Globalization, Mobility, Progress, Change, Development, Modernity, Technology, Innovation. They are all dimensions of the larger, longer event of the rise and triumph of human empire." (Williams 2013: ix) Auch die aktuellen „TechnoScientific Utopias of Modernity" (Yar 2014: 12) knüpfen klar an das Bacon-Projekt an. Der die Moderne kennzeichnende Prozess der Transformation und Verweltlichung außerweltlicher Heilswege in innerweltliche Fortschrittsprojekte wird hiermit fortgesetzt.

12.2 Ende oder Neuerfindung der Utopie?

Die Konjunktur der neuen technoszientifischen Utopien und cybergnostischen Visionen macht deutlich, dass die in Verbindung mit der postmodernen These eines „Ende[s] der großen Erzählungen" (Lyotard 1986) häufg gestellte Diagnose vom „Ende des utopischen Zeitalters" (Fest 1991) relativiert werden muss. In den letzten Jahren ist vielmehr eine überraschende „Renaissance der Utopie" (Maresch und Rötzer 2004) beobachtbar. Zu konstatieren ist innerhalb der gegenwärtigen Zukunftsdiskurse „keine Krise des Utopischen an sich, sondern die Krise der Sozialutopien" (Dickel 2009: 193). Es vollzog sich in den letzten Jahren eine Verschiebung weg von Visionen einer politischen Vervollkommnung der Gesellschaft hin zu Utopien einer technischen Perfektionierung des Menschen, wie z.B. den „Enhancement-Utopien" (Dickel 2011: 11) mit ihrer Vision einer „Konstruktion des Neuen Menschen" (ebd.), der „Utopie des virtuellen Menschen" (Freyermuth 2004) oder den posthumanistischen „Techno-Utopien der Unsterblichkeit" (Fröhlich 1998) und der hierzu verwandten „Unsterblichkeitsutopie der Kryonik" (Krüger 2011). Der technoszientifische „Entwicklungs- oder Fortschrittsmythos" (Cesana 1993: 307) erfährt so in den neuen posthumanistischen Erlösungsmythen eine Wiederauferstehung, wie auch Flessner deutlich macht: „Zumindest zwei groß zu nennende Entwürfe [...] haben alle Sinnkrisen und Utopieverluste unbeschadet überstanden, [...] [nämlich] die Idee der Unsterblichkeit und jene einer zweiten Erschaffung des Menschen." (Flessner 2000: 9)

Diese wirkmächtig verbreiteten Hoffnungen auf eine technologische Erlösung des Menschen von einer Welt des Leidens stellen die neuen Leitdiskurse der Gegenwart dar, welche zunehmend die Praktiken der Transformation der menschlichen und der äußeren Natur legitimieren. So ist z.B. auch das aktuell von der EU mit über einer Milliarde Euro geförderte „Human Brain Projekt" letztlich vom utopischen Geist des

Posthumanismus inspiriert. Und insbesondere in Silicon Valley werden die Aktivitäten von Google, Apple und anderen Unternehmen von der „Californian Ideology" (Barbrook und Cameron 1996) und den Verheißungen einer technologischen Vervollkommnung der Welt geleitet (vgl. Kap. 9.4).

Zu ergänzen ist, dass die Durchsetzung der neuen technischen Utopien zugleich mit einer Renaissance der Marktutopie in den letzten Jahrzehnten verbunden war. Wie gezeigt, lag auch der Vision von einer durch die unsichtbare ordnungsstiftende Hand des Marktes gelenkten Ökonomie untergründig ein heilsgeschichtliches Denken zugrunde. Hierdurch wurde die traditionelle Theodizee in die kapitalistische Oikodizee und die damit verbundene Utopie der Erlösung vom Leid durch die produktiven Kräfte der kapitalistischen Ökonomie verwandelt (vgl. Kap. 8.7). Harlow spricht zu Recht von „[Adam] Smith's future utopian capitalism" (Harlow 2013: 274) und Polanyi argumentiert, dass das „utopische Bemühen des Wirtschaftsliberalismus zur Errichtung eines selbstregulierenden Marktsystems" (Polanyi 1978: 54) einen wesentlichen Einfluss auf die „große Transformation" hatte, welche die Industriegesellschaft einleitete.

In England vollzog sich eine Vereinigung des Bacon Projekts mit den Konzepten von Smith und anderen klassischen Ökonomen. Diese Synthese wurde sodann insbesondere in den USA zu einem zentralen Element des „Myth of the West" (Bruce 1990, Schulte Nordholt 1995) und des *American Dream* und prägte die dort vollzogene Aneignung des amerikanischen Raums.

Polanyi zufolge führten die entfesselten Kräfte des Marktes langfristig zu einer Erosion des gesellschaftlichen Zusammenhalts und schließlich in die faschistische Katastrophe (Polanyi 1978: 54; 229). Die in der Nachkriegszeit sich etablierenden unterschiedlichen Modelle eines regulierten Kapitalismus führten aber sodann zu einer partiellen Wiedereinbettung des Marktes in die Gesellschaft.

Inspiriert insbesondere durch die Ideen der Chicagoer Ökonomen August von Hayek und Milton Friedmann sollte jedoch die radikale Marktutopie – oder auch Marktideologie – eine Erneuerung erfahren und zur Durchsetzung des Neoliberalismus in den letzten Jahrzehnten beitragen (Willgerodt 2006). Es ist hier anzumerken, dass zwischen dem Neoliberalismus der Chicago-School und der Cyborgisierung der Ökonomie Verbindungen konstatiert werden können.[1] Und bereits die Durchsetzung der Marktidee im 17. Jh. steht im Zusammenhang mit der Verbreitung einfacher präkybernetischer Mechanismen, die als Vorbild für den selbstregulierenden Markt gedeutet wurden (Mayr 1987; vgl. auch Kap 8.6.2). Auch die neoliberale Marktutopie kann daher als eine Spielart der kybernetischen Utopie angesehen werden. Die sogenannten Chicago Boys – d.h. an der Chicagoer Universität ausgebildete bzw. von dort beeinflusste chilenische Ökonomen – erprobten diese neoliberalen Ideen in

---

1 Zwar gibt es keine direkte Beeinflussung, aber zumindest eine Verwandtschaft zwischen den Ideen des Kybernetikers Neumann und Hayeks Konzepten, die dann langfristig auch zu Wechselwirkungen führten, wie Mirowski deutlich macht: „Hayek [...] never really attained membership in good standing of the Cyborg Club, although his prognostications did become increasingly Teleological as time went on. Perhaps it is better to think of Hayek as someone who filtered various cyborg themes into economics at second- and third-hand, motivated to search them out by his prior commitment to the metaphor of the market as a powerful information processor." (Mirowski 2002: 238)

Chile. Dieses während der Regierungszeit von Diktator Pinochet durchgeführte „Experiment" ließ dabei bereits die tendenziell totalitären Züge der „schwarze[n] Utopie der Chicago Boys" (Müller-Plantenberg 2013) erkennen. Nach diesem Vorbild sollte die neoliberale Marktutopie auch in vielen anderen Gesellschaften an Einfluss gewinnen und zur ökonomischen Globalisierung beitragen.

Man kann so davon sprechen, dass die Verbindung eines kybernetisch erneuerten Bacon-Projekts mit einer neoliberalen Marktutopie zur zentralen, die gesellschaftlichen Transformationen der letzten Jahrzehnte prägenden, Vision wurde. Der von Lyotard bereits früh diagnostizierte „Sieg der kapitalistischen Techno-Wissenschaft über die übrigen Anwärter auf die allgemeine Zweckmäßigkeit der menschlichen Geschichte" (Lyotard 1987: 33) wurde hierdurch vorangetrieben – und alle anderen gesellschaftlichen Leitbilder verloren zunehmend an Relevanz. Die These von einem „Ende der großen Erzählungen" (Lyotard 1986) spiegelt letztlich diesen Bedeutungsverlust alternativer großer Erzählungen der Moderne wider.

Diese Renaissance der technisch-kapitalistischen Utopie in ihrer kybernetisch und neoliberal erneuerten Ausprägung wurde in den letzten Jahrzehnten insbesondere in den USA vollzogen und hat bis heute eine große Wirkmächtigkeit. Aktuell werden allerdings, wie gezeigt, zunehmend auch die tendenziell totalitären Züge dieser Visionen erkennbar. Voegelin hatte in seinen Schriften vor den totalitären Gefahren des gnostisch-utopischen Denkens gewarnt (Voegelin 1965: 185). Dabei hatte er in seiner Analyse vor allem den sozialutopischen Aktivismus im Blick und vernachlässigte weitgehend die gnostischen Motive in den technischen und ökonomischen Utopien der Moderne (vgl. Kap. 8.5 und Kap. 9.5). Er sah daher insbesondere in den USA einen Garanten für den Widerstand gegen die Gefahren des Gnostizismus. Die gegenwärtigen Entwicklungen legen eine andere Bewertung nahe.

So macht die Politik der Trump-Regierung deutlich, dass an den Heilsversprechen und Utopien der fossilistischen, technowissenschaftlichen und kapitalistisch-industriegesellschaftlichen Moderne weiter festgehalten wird. Alle Zweifel, welche die ökologische und postkoloniale Kritik an diesem Projekt geweckt hatte, werden negiert und der Widerstand gegen diese Infragestellung der traditionellen technisch-kapitalistischen Utopie nimmt tendenziell totalitäre Züge an. Auf den Versuch einer reflexiven Selbstbegrenzung wird mit einer Radikalisierung des Plus-Ultra-Entgrenzungsprojekts der Moderne geantwortet. Alle unter Präsident Obama eingeleiteten Maßnahmen zu einer reflexiven Begrenzung werden zurückgenommen, wie die Aufhebung der Regulierung der Finanzmärkte, die Reduzierung von Maßnahmen zum Umweltschutz, die Kündigung des Pariser Klimaschutzabkommens, die Fortsetzung der Landnahme von indianischen Gebieten, das Vorantreiben der Erkundung des Alls und die Negierung des reflexiven Rückblicks auf die Erde verdeutlichen (vgl. auch Kap. 9.6 und Kap. 10.6). Der in den USA weiter wirkmächtige Frontier-Mythos verhindert die Akzeptanz von Grenzen. Der Wille zum Bau einer Mauer zwischen den USA und Mexiko widerspricht nur auf den ersten Blick dieser Deutung der Trumpschen Programmatik als Fortsetzung des Entgrenzungsprojekts. Denn aus Sicht konservativer US-Amerikaner wird der wachsende Anteil der Mexikaner insbesondere in den Bundesstaaten des Grenzgebiets als Reconquista der einst von den USA angeeigneten Gebieten gedeutet. So schreibt Huntington: „Mexican immigration is leading toward the demographic reconquista of areas Americans took from Mexico by force in the 1830s and 1840s." (Huntington 2004:

221) Die aktuellen Bestrebungen der US-Regierungen zum Mauerbau und der Ausweisung von illegalen Latinos stellen damit den Versuch dar, die in den letzten Jahren partiell an die Mexikaner „verlorengegangen" Gebiete wieder zurückzugewinnen und die Frontier erneut vorzuschieben.

Auf den ersten Blick unterscheiden sich die cybergnostischen Utopien der Posthumanisten von diesen Strategien grundlegend. Ihre Heilswege gründen nicht mehr auf dem von den Visionen der fordistischen Moderne geleiteten Projekt der Beherrschung der Materie und der unbegrenzten Verfügbarkeit von fossiler Energie, sondern auf der kybernetischen Kontrolle von Information. Die Konflikte zwischen den Protagonisten der digitalen Revolution im Silicon Valley und der Trump-Regierung verdeutlichen diese ideologische Differenz. Beide Gruppierungen eint allerdings das Festhalten an dem Heilsversprechen einer zunehmenden Beherrschung der Natur durch technischen Fortschritt und einer dadurch ermöglichten sukzessiven „Erlösung" des Menschen von den Abhängigkeiten der irdischen und biologischen Welt – in den posthumanistischen Visionen wird diese Hoffnung sogar noch radikalisiert und die Überwindung des Todes angestrebt. Auch mit diesen Visionen sind, wie dargelegt, tendenziell totalitäre Tendenzen verbunden (vgl. Kap. 9.5).

Infolge des wachsenden Einflusses der technoszientifischen Utopien und der Möglichkeiten und Gefahren der kybernetischen Technologien muss die Frage nach den dystopischen Risiken des Utopischen neu formuliert werden. Wie Francis Fukuyama argumentiert, wurde die totalitäre Gefahr des Sozialutopismus, wie sie in Orwells „1984" (Orwell 1949) aufgezeigt wurde, mit dem Fall der Sowjetunion weitgehend gebannt (Fukuyama 2002: 4). Nun wird die Aktualität einer anderen Dystopie erkennbar: Schon in den 1930er Jahren hatte Aldous Huxley in *Brave New World* (1930) die dunkle Seite der technoszientifischen Utopien aufgezeigt. Dieses Negativszenario wird zunehmend Realität: „The political prescience of the other great dystopia, Brave New World, remains to be seen. Many of the technologies that Huxley envisioned [...] are already here or just over the horizon." (Fukuyama 2002: 5) Zu Recht warnt auch Lanier angesichts der cybergnostischen Visionen der Trans- und Posthumanisten und ihrer Adaption in den Kreisen der neuen digitalen und ökonomischen Eliten vor einem „kybernetischen Totalitarismus" (Lanier 2012: 30).

Vor dem Hintergrund der Analysen der vorliegenden Arbeit wird erkennbar, dass diese verschiedenen Varianten der technoszientifisch-kapitalistischen Utopie in einem inneren Zusammenhang zu sehen sind – sie sind geleitet durch das Fortwirken des mit der „Erfindung Amerikas" entstandenen Plus-Ultra-Mythos der Moderne, der in den USA in den *American Dream* und den damit verbunden *Myth of the West* verwandelt und dadurch radikalisiert wurde.

Erst die Aufarbeitung und Bewusstwerdung dieser „mythischen" Wurzeln der Moderne ermöglicht es, so die These dieser Arbeit, die Wende hin zu einer anderen Gesellschaft einzuleiten, welche sich der Schattenseiten des Projekts bewusst wird und eine Wiederbegrenzung anstrebt. Notwendig erscheint es, die Erfindung Amerika neu zu reflektieren und auf dieser Grundlage auch die Moderne neu zu erfinden. Es soll daher im Folgenden nochmals zurückgekehrt werden zu dem historischen Beginn der Erfindung Amerikas, der zugleich der Ursprung der Erfindung der Utopien und Mythen der Moderne ist.

Wie dargelegt, sind O'Gorman zufolge die Grundzüge der okzidentalen „Invention of America" bereits in der kartographischen Repräsentation Amerikas im Werk der Kosmographen von St. Dié angelegt. Mit der Wahrnehmung der Neuen Welt als erweitertertem Westen wurde die Basis für die Aneignung Amerikas als Raum für die Verwirklichung der Hoffnungen und Visionen der europäischen Kultur geschaffen. Der historische Weg Amerikas erschien für ihn klar vorgezeichnet: „The spiritual being with which America was endowed […] consists in the possibility of becoming another Europe" (O'Gorman 1972: 141). Wie O'Gorman weiter ausführt, werden dabei zwei Formen der Erfindung und Aneignung Amerikas erkennbar. Demnach kopierten die Spanier in der Neuen Welt nur das europäische Kulturmodell. Dahingegen vollzogen die Angelsachsen eine Transformation der europäischen Vorbilder: „The second new Europe was created, not as a copy, but an extension of the old Europe." (ebd.: 144). Hier erfolgte eine Neuerfindung Amerikas, die zu einer Transformation der von Europa übernommenen Muster führte: „ The old European forms of cultural and social life were slowly transformed or discarded altogether as they gave way to new habits that were to be the foundation of a new society." (Ebd.: 143) Damit entstand im Norden ein eigenständiges Amerika mit von der Frontier-Erfahrung geprägten Leitideen, die sich von den Vorstellungen der Alten Welt grundlegend unterscheiden. O'Gorman weist dabei durchaus darauf hin, dass dieser Prozess – anders als in Lateinamerika – mit einer Vernichtung der Urbevölkerung einherging (ebd: 143).[2] Diese Schattenseiten werden allerdings von O'Gorman nicht weiter problematisiert, entscheidend für ihn ist, dass hierdurch erst der Akt der Erfindung Amerikas als Land der Freiheit, das sich auch von den Anhängigkeiten von Europa befreit, seinen Abschluss findet:

„It was the Spanish part of the invention of America that liberated Western man from the fetters of a prison-like conception of his physical world, and it was the English part that liberated him from subordination to a Europe-centered conception of his historical world. In these two great liberations lies the hidden and true significance of American history." (Ebd.: 145)

Die 1958 erstmals veröffentlichte Schrift des mexikanischen Historikers ist noch ganz geprägt von der Bewunderung der „history of the English-speaking America and for its phenomenal success" (ebd.: 134). US-Amerika war zu dieser Zeit die unangefochtene Führungsmacht der westlichen Welt und der *American Dream* wurde zu einem globalen Leitbild – es ist jenes Amerika, dessen Wiederherstellung heute der Slogan „Make Amerika great again" verspricht. Auch O'Gorman stellte diese Vorstellung nicht infrage, sondern bestätigte sie letztendlich.

Allerdings bereitete er mit seiner konstruktivistischen Perspektive zugleich den Weg für eine kritische, postkoloniale Reflexion des Prozesses der Erfindung Amerikas und der damit verbundenen Ausgrenzungen anderer, nichtokzidentaler Vorstellungen (vgl. Kap. 4.1). Angesichts der aktuell deutlich werdenden Schattenseiten der US-amerikanischen Projekts soll an diese Reflexionen angeknüpft werden

---

2 Wie O'Gorman darlegt, liegt diese Exklusion der amerikanischen Ureinwohner in den religiösen Ideen der Puritaner begründet: „In this process the American native was left on one side. […] In general he was abandoned to his own fate and even systematically destroyed, as a man with no hope of redemption, since his indolence and lack of initiative, thrift, and foresight were judged by Puritan standards as a sign that God had justly forgotten him." (O'Gorman 1972: 143)

und zum einen die weit verbreitete Beschränkung des amerikanischen Traums, und damit auch der Leitbilder von Modernität, auf die USA problematisiert werden. Zum anderen wird nach der möglichen Bedeutung des lateinamerikanischen Traums wie auch nach der, durch die okzidentalistische Erfindung Amerikas verdeckten, altamerikanischen Welt gefragt. Auf dieser Grundlage wird die Vision einer anderen Erfindung Amerikas und damit eine andere Utopie des zukünftigen Weges der Moderne entwickelt.

Hierzu müssen die Engführungen des hegemonialen Amerikaverständnisses überwunden werden. Denn die „Erfolgsgeschichte" des US-amerikanischen Modernisierungsweges hatte dazu geführt, dass die Vielfalt der durch die Entdeckung und Erfindung Amerikas induzierten Visionen und Utopien in Vergessenheit geriet. Auch im europäischen Diskurs über Amerika wurde der Amerika-Mythos zunehmend mit den USA und dem dort entwickelten American Dream assoziiert. Dieses Monopol wird von einigen US-amerikanischen Autoren explizit verteidigt. So widersprach Huntington der von Sosa in *The Americano Dream* (1999) formulierten Vision einer – letztlich am angelsächsischen Modell orientierten – Latino-Variante des amerikanischen Traums mit folgenden Worten: „There is no Americano dream. There is only the American dream created by an Anglo-Protestant society. Mexican Americans will share in that dream and in that society only if they dream in English." (Huntington 2004: 256)

Wie allerdings im Gegensatz zu dieser Position in der vorliegenden Arbeit deutlich gemacht wurde, hat die Erfindung Amerikas lange vor der Gründung der USA zu einer Verlagerung der Träume und Visionen der okzidentalen Kultur in den transatlantischen Raum geführt (vgl. Kap. 7.5). Die Geburt des Genres der innerweltlichen Utopie in der namensgebenden Schrift von Morus wurde hierdurch eingeleitet und untergründig wirkt diese Tradition in Lateinamerika bis heute fort. Damit lässt sich auch die Aneignung der Neuen Welt durch die Spanier nicht auf eine Übertragung europäischer Herrschafts- und Wirtschaftsmodelle reduzieren, wie es O`Gorman behauptet, sondern es erfolgt die Entwicklung einer eigenständigen Form der ideellen Erfindung Amerikas. Hierdurch bildete sich ein spezifisches Spannungsverhältnis zwischen utopischem Traum und Wirklichkeit heraus, wie Fuentes betont: „Die ganze Geschichte Spanisch-Amerikas hindurch hat der Traum vom Paradies und vom edlen Wilden der Wirklichkeit von Kolonisierung und Zwangsarbeit gegenübergestanden […] und wurde eine Konstante im spanisch-amerikanischen Denken und Sehnen. Als Utopia wurden wir gegründet, und Utopia ist unsere Bestimmung." (Fuentes 1992: 129) Anders als in den USA waren dabei die amerikanischen Ureinwohner der neuen Welt in der Regel Teil der utopischen Projekte und sie inspirierten auch mit ihren Sozialstrukturen die Entwicklung von utopischen Sozial- und Lebensmodellen (vgl. Kap. 7.5.3). Diese waren weniger von der Vision des technischen Fortschritts, als vielmehr von dem Streben nach einer Rückbindung in die Natur geprägt: „Amerika […] wurde nicht entdeckt, es wurde erfunden. Von europäischer Phantasie und Sehnsucht wurde es erfunden, weil es gebraucht wurde. Es muß einen glücklichen Ort geben, ein wiedererstandenes Goldenes Zeitalter, wo der Mensch im Einklang mit den Gesetzen der Natur lebt." (Fuentes 1992: 127)

Es wird so erkennbar, dass durchaus ein alternativer, lateinamerikanischer *sueño americano* existiert, der mehr ist als nur eine Kopie des *American Dream*. Angesicht der aufgezeigten Ambivalenzen der US-amerikanischen Erfindung Amerikas ist es heute möglicherweise an der Zeit, sich wieder auf diese anderen Traditionen zurückzubesinnen. Dies impliziert – gerade auch für die Europäer – die Vielfalt der Erfindungen Amerikas wieder bewusst wahrzunehmen, und die Engführung auf das eine Amerika als das „Land der unbegrenzten Möglichkeiten" (Goldberger 1903) und des *American Dream* zu überwinden. Diese Rückbesinnung könnte auch eine Wiederentdeckung des utopischen imaginären Amerika eines Thomas Morus beinhalten. Dessen Utopie beinhaltete auch eine Kritik an den sozialen Folgen des frühneuzeitlichen Kapitalismus und war zugleich von den Berichten über die „kommunistischen" Sozialmodelle der amerikanischen Ureinwohner beeinflusst. Insofern inspiriert diese utopische Tradition zu einer Berücksichtigung der verdrängten und verdeckten kulturellen Traditionen des präkolumbianischen Amerikas.

Interessanterweise wurde ein derartiger Rekurs auf die lateinamerikanische Utopietradition und das altamerikanische Erbe in den letzten Jahren durchaus bereits eingeleitet. Die linkspopulistischen Regierungen, welche in verschiedenen lateinamerikanischen Ländern nach 2000 an die Macht gelangten, können in die Tradition der Sozialutopie von Morus verortet werden. Damit ist teilweise auch eine Wiederaufwertung des präkolumbianischen Erbes verbunden. Infolge der kritischen Reflexion der Entdeckung Amerikas im Jahre 1992 erstarkten indigenistische Bewegungen. In den letzten Jahren vollzog sich insbesondere im andinen Raum infolge eines Rekurs auf das indigene Lebensmodell des „Sumak Kawsay" die Verbreitung des Konzepts „Buen Vivir [als] Schaffung einer Utopie" (Acosta 2009). Die Debatten um eine Postwachstumsgesellschaft wird teilweise ebenfalls durch dieses neue lateinamerikanisches Gedankengut beeinflusst.[3] Mit dieser Renaissance der „indigenistischen Utopie" (Delgado 2010: 21) verknüpft ist eine Rückbesinnung auf die andine Erdgöttin Pacha Mama und die Einforderung von Rechten für „Mutter Natur". Wie dargelegt, wurden diese Ideen und Leitbilder in den letzten Jahren in den Verfassungen von Bolivien und Ecuador verankert. Hier deutet sich eine partielle Abkehr von der Orientierung an okzidentalen Entwicklungsmodellen an (vgl. Kap. 10.5).

Auch die „franziskanische Utopie" (Bey 1993) einer Kirche der Armen, die von den franziskanischen Mönchen nach Amerika getragen wurde und dort bis heute in der Befreiungstheologie fortlebt (vgl. Kap. 7.6.2), wird durch die Wahl von Papst Franziskus, dem ersten amerikanischen Oberhaupt der katholischen Kirche, wiederbelebt. Der Papst vollzieht in seiner „Umwelt-Enzyklika" (Papst Franziskus 2015), bezugnehmend auf die ökologischen Aspekte der Lehre des historischen Franziskus, der von „unsere Schwester, Mutter Erde, die uns erhält und lenkt und vielfältige Früchte hervorbringt" spricht (Franziskus von Assisi 2009: 41), sogar eine ökologische Ausweitung des Christentums. Demnach ist diese Mutter Erde gefährdet: „Diese Schwester schreit auf wegen des Schadens, den wir ihr aufgrund des unverantwortlichen Gebrauchs und des Missbrauchs der Güter zufügen." (Papst Franziskus 2015: § 1) Deshalb sei zu den „am meisten verwahrlosten und misshandelten Armen diese unsere unterdrückte und verwüstete Erde" (ebd.: I § 2) zu zählen. Franziskus ruft daher dazu auf, „die gesamte Menschheitsfamilie in der Suche nach einer nachhaltigen und ganzheitlichen Entwicklung zu vereinen" (ebd.: § 13). Man kann diese

---

3 Zu nennen sind hierbei insbesondere die im Postwachstumsdiskurs rezipierten deutsche Veröffentlichungen von Acosta (2009; 2015) und Gudynas (2012) sowie verschiedene Konferenzen (vgl. u.a „Internationale Buen Vivir Konferenz; München 26/27.6.2017).

Vision durchaus als Alternativprojekt zum *American Dream* interpretieren, da die „Kritik an den auf der instrumentellen Vernunft beruhenden ‚Mythen' der Moderne – Individualismus, undefinierter Fortschritt, Konkurrenz, Konsumismus, regelloser Markt" geteilt wird (Papst Franziskus 2015: § 210).

Diese Beispiele verdeutlichen, dass nicht nur der American Dream und die technoszientifische Utopie, sondern ebenso die lateinamerikanische Utopie und damit der *sueño americano* erneut wirkmächtig sind. Aktuell ist ganz Amerika gleichsam ein Laboratorium verschiedener utopischer Entwürfe. Und auch die lateinamerikanischen Utopien haben – ähnlich wie die posthumanistisch-cybergnostischen Utopien – eine über den amerikanischen Kontinent hinausreichende Ausstrahlung.

So haben die indigenistischen Debatten um „Mutter Erde" auch in Beschlüssen der UNO eine Aufnahme gefunden. In der von der UNO im Herbst 2015 verabschiedeten „2030 Agenda for sustainable development" wurde dieser subjektivierenden Sicht auf die Erde zumindest eine Legitimität eingeräumt. Das Dokument endet mit folgenden Worten:

„Wir sind uns dessen bewusst, dass jedes Land je nach seinen nationalen Gegebenheiten und Prioritäten über verschiedene Ansätze, Visionen, Modelle und Instrumente verfügt, um eine nachhaltige Entwicklung herbeizuführen, und wir erklären erneut, dass der Planet Erde und seine Ökosysteme unsere gemeinsame Heimat sind und dass ‚Mutter Erde' in einer Reihe von Ländern und Regionen ein gängiger Ausdruck ist." (Vereinte Nationen 2015: 14/37)

Die bei den lateinamerikanischen Utopien erkennbar werdende Nähe zur Debatte um „sustainable development" verweist dabei auf eine weitere Variante der Wiederkehr und Neuerfindung der Utopie: Die Utopie der Nachhaltigkeit.

Bereits 1972 setzte der *Club of Rome* mit seiner Studie *Die Grenzen des Wachstums* (Meadows 1972) der Baconschen Utopie einer Ausdehnung der Grenzen des Human Empire gleichsam den Gedanken eines neuen Non Plus Ultra entgegen. In Verbindung mit Gegenentwürfen der 1968er Bewegung leitete diese Schrift in den 1970er Jahren eine „ökologische Modernisierung der Utopie" (D'Idler 2007: 236) ein. In den 1980er Jahren führte dies u.a. zur Entwicklung des Konzepts „sustainable development", das die Vereinigung von Entwicklungszielen und Umweltbelangen zum Ziel hat. Zumindest einige Zielsetzungen in diesem Zukunftsdiskurs weisen dabei „weit über vergangene und gegenwärtige Zustände hinaus und kommen damit einer fernen Utopie nahe" (Giesel 2007: 114). Das Leitbild der nachhaltigen Entwicklung kann zugleich, wie auch Harlow, Golup und Alleny in ihrem *Review of Utopian Themes in Sustainable Development Discourse* (Harlow et al. 2013) deutlich machen, in die verschiedenen utopischen Traditionen der Moderne eingeordnet werden:

„Sustainable development [...] origins wind their way back through earlier UN conferences, 18th and 19th century political economic thought, Rousseauian ideals, the modernism founded on Bacon and Descartes, early Christian utopianism, and classical utopias such as Republic and New Atlantis, which expressed themes of social justice, environmental stewardship and economic growth." (Ebd.: 270)

Der Diskurs vereint in widersprüchlicher Weise die ökonomischen, technologischen und sozialen Heilsversprechen der Moderne und zugleich gegenmoderne Traditionslinien. Die Marktutopie wird mit den Konzepten des *Sustainable Growth* und des *Green Growth* ökologisch erneuert. Viele Autoren knüpfen an die technoszientifische Utopien der Moderne an und verheißen die Lösung der ökologischen Probleme durch technischen Fortschritt. In anderen Beiträgen zur Debatte werden hingegen die Entgrenzungs- und Wachstumsmythen der Moderne zunehmend infrage gestellt. Es gewinnt in vielen Ländern die „Vision einer Postwachstumsgesellschaft als Utopie" (Muraca 2014: 14) und damit gleichsam die Idee eines neuen Non Plus Ultra an Bedeutung. Eine Neuerfindung der Moderne deutet sich an.

13. Die zweite Große Transformation

13.1 Von der okzidentalen Sonderentwicklung zur nachhaltigen Entwicklung?

Die frühneuzeitliche Entgrenzung der Welt hat auf entscheidende Weise zur Herausbildung des westlichen Sonderweges beigetragen. Zum einen wurde hierdurch das Verhältnis des okzidentalen Menschen zur außereuropäischen Welt in kultureller, ökonomischer und politischer Hinsicht neu bestimmt, was den Westen unter der Devise eines imperialen Plus Ultra für 500 Jahre zum Zentrum der globalen Welt werden ließ. Zum anderen emanzipierte sich der okzidentale Mensch im Zeichen eines technoszientifisch ausgedeuteten Plus Ultra von alten Beschränkungen, welche der Wissenschaft und der menschlichen Produktivität gesetzt waren, wodurch die Grenzen der Herrschaft über die Natur ausgedehnt werden konnten.

Heute zeigen sich allerdings zunehmend Schattenseiten und Probleme der hierdurch eingeleiteten „okzidentalen Sonderentwicklung" (Schluchter 1988). Einerseits wird deutlich, dass der westliche Sonderweg trotz der im „Entwicklungszeitalter" (Sachs 1997: 95) verkündeten Universalisierbarkeit des westlichen Entwicklungs- und Modernisierungsmodells bisher nicht auf alle Länder übertragen werden konnte. Vielmehr bestehen Ungleichgewichte zwischen sogenannten entwickelten und unterwickelten Ländern weiter fort. Die These der Dependenztheorie, dass die Entwicklung der Einen auf der Unterentwicklung der Anderen beruht, hat nicht ganz an Plausibilität verloren.

Zum anderen lassen die wachsenden ökologischen Probleme erkennen, dass die technoszientifische Emanzipation der okzidentalen Kultur aus der Macht der Natur als zweischneidiger Triumph des Human Empire zu deuten ist, da langfristig die natürlichen Grundlagen der modernen Sonderentwicklung untergraben werden könnten. Diese Dynamiken trugen mit zu einer prinzipiellen Infragestellung des okzidentalen Entwicklungsmodells seitens ökologischer Kritiker im Norden und Vertretern der Post-Development-Bewegung im Süden bei.

Bereits vor 30 Jahren reagierte die internationale Staatengemeinschaft auf diese Problemen mit der Formulierung des Leitbildes *Sustainable Development*. Die Forderung nach einer nachhaltigen Entwicklung kann somit auf der einen Seite als Antwort auf eine „Krise der Gerechtigkeit" (Sachs 1997: 94) infolge der seit der frühen kolonialen Moderne fortbestehenden Ungleichheitsverhältnisse im Weltsystem und der uneingelösten Entwicklungsversprechen angesehen werden.[1] Auf der anderen Seite ist sie eine Reaktion auf eine „Krise der Natur" (ebd.: 96) und damit der wachsenden Risiken und Nebenfolgen der technoszientifischen Moderne. Die mit Bezug auf den „Formelkompromiß" (ebd.: 99) der nachhaltigen Entwicklung diskutierten Zielsetzungen waren und sind dabei keineswegs eindeutig, sondern bergen die Antinomien der Moderne in sich. Wie Sachs zu Recht anmerkt, wird kein prinzipieller Bruch mit der Moderne und ihrem Entwicklungsprojekt eingeleitet, sondern vielmehr eine Transformation des Problems des Umwelt- und Naturschutzes in die Zielsetzung des „Entwicklungsschutz[es]" (ebd.: 101) vollzogen.

Deutlich wird dies bereits in dem für die Einleitung der Debatte um nachhaltige Entwicklung zentralen Bericht *Unsere gemeinsame Zukunft* (Hauff 1987: 46) der Brundtland-Kommission, in dem *Sustainable Development* folgendermaßen definiert wird: „Dauerhafte Entwicklung ist Entwicklung, die die Bedürfnisse der Gegenwart befriedigt, ohne zu riskieren, dass künftige Generationen ihre eigenen Bedürfnisse nicht befriedigen können." (Ebd.: 46) In dem Report wird zum einen an den Fortschrittsversprechen der Moderne festgehalten und entsprechend „dauerhafter Fortschritt" (ebd.: 2) auch als Synonym für „dauerhafte Entwicklung" verwendet. Neu ist auf der anderen Seite allerdings, dass die Entwicklung durch das Adjektiv „sustainable" unter Berücksichtigung eines längerfristigen Zeithorizonts betrachtet wird. Wurde im bisherigen Entwicklungsdenken der Fortschritt als linearer, unaufhaltsamer Prozess verstanden, so erfolgt nun eine Reflexion des Risikos der langfristigen Untergrabung der natürlichen Entwicklungsbedingungen durch den Entwicklungsprozess selbst.[2] Zugleich wird mit der Betonung der „Grundbedürfnisse der Ärmsten der Welt" (ebd.: 46) auch der Fokus auf intragenerative Gerechtigkeit gerichtet und eine Minimierung der sozialen Ungleichgewichte durch eine weitergehende Entwicklung gerade in den Ländern des Südens zum Ziel gesetzt.

Gesamt gesehen lässt sich eine Paradoxie der Forderung nach einem Übergang zur nachhaltigen Entwicklung erkennen: Zum einen wird eine Fortsetzung des durch die okzidentale Sonderentwicklung eröffneten Modernisierungsweges eingefordert, zum anderen aber auch eine prinzipielle Revision als Ziel gesetzt. Das Leitbild mit seiner widersprüchlichen Forderung nach „Entwicklung und Nicht-Entwicklung" birgt damit einen „institutionalisierten Widerspruch" (Beck, Giddens, Lash 1996: 8)

---

1 Ähnlich wie in der vorliegenden Arbeit wird auch von Sachs der Ursprung der Moderne und damit auch ihrer heute zunehmend erkennbar werden Schattenseiten mit der Ausfahrt des Kolumbus angesetzt: „Es scheint, als ob sich heute zum Ende des Jahrhunderts jener Kreis schlösse, der sich einst mit der Ausfahrt des Kolumbus über die Wasser des Atlantik geöffnet hatte. [...] Der Ausgriff Europas bis zu den Grenzen der Erde, begonnen im 16. Jahrhundert und vollendet am Ende des 20. Jahrhunderts, hat die Geschichte zu neuen Höhen getrieben, aber gleichzeitig Krisenlagen aufgebaut, die das Gesicht des 21. Jahrhunderts prägen werden: eine gespaltene Welt und eine geschundene Natur" (Sachs 1997: 93, 97).

2 Welche Form der Berücksichtigung der Natur dies impliziert, ist offen. Die Bandbreite reicht von „sustainabilty" als Postulat der nachhaltigen Sicherung des Naturkapitals - in der Literatur auch als „strong sustainability" bezeichnet – bis hin zur Ersetzung von Naturkapital durch technische Innovationen und ökonomisches Kapital, was als „weak sustainabilty" gilt (vgl. Pearce 1988).

in sich. Entsprechend vielfältig und umkämpft waren und sind die Strategien zur Realisierung einer nachhaltigen Entwicklung.³

Dies ist allerdings nicht nur als ein Problem anzusehen, sondern kann auch als Ausdruck eines Übergangs zu einer neuen, reflexiven Stufe der Moderne interpretiert werden. Es zeichnet sich ein Bruch mit der klassischen Moderne ab, die durch ein lineares Fortschrittsdenken gekennzeichnet war. Ein Prozess der permanenten Umgestaltung der Gesellschaft und der Natur ohne Berücksichtigung der Nebenfolgen wurde vorangetrieben. Mit dem Leitbild der dauerhaften Entwicklung rückt hingegen das Problem der Bewahrung des Erreichten stärker ins Zentrum der Aufmerksamkeit. Und auch die nationalstaatliche Ordnung der Moderne wird angesichts globaler Gerechtigkeitsforderungen und dem Ziel der Bewältigung globaler Umweltproblem fragwürdig. Es ist deshalb „sustainable development" einer der „Schlüsselbegriffe", welcher „die alten Sprachwelten und Basisselbstverständlichkeiten nationalstaatlicher Industriegesellschaften überlagern, zersetzen und politisch öffnen". (Beck, Giddens und Lash 1996: 7)

Insofern kann auch man davon sprechen, dass mit dem *Leitbild der nachhaltigen Entwicklung* eine *große Transformation der okzidentalen Sonderentwicklung* angestrebt wird. War diese infolge der Entgrenzung der Welt, die unter der Leitdevise Plus Ultra erfolgte, durch eine Dynamik der Expansion und des permanenten Wandels gekennzeichnet gewesen, so wird nun versucht, das Verhältnis von Dauerhaftigkeit und Wandel, Expansion und Integration sowie von Entgrenzung und Begrenzung neu zu bestimmen. Der westliche Sonderweg hatte eine fortschreitende Absonderung der westlichen Welt sowohl von den Kulturen der Anderen wie auch von der belebten Natur, aus deren ökologischen Zusammenhängen sich die technoszientifische Kultur entbettete, zur Folge. Heute stellt sich die Frage, wie eine reflexive Wiedereinbindung erreicht werden kann. Die für die Moderne kennzeichnenden Prozesse der zunehmenden Ausdifferenzierung und Abtrennung werden zum Problem und Integration zu einem neuen Leitmotiv, weshalb auch von der „Nachhaltigkeit als Integrationsformel" (Hellmann 2004: 195) bzw. „Nachhaltigkeit als Integrationsidee" (Bornemann 2014: 202) gesprochen wird. In den nachfolgenden Kapiteln sollen daher Überlegungen angestellt werden, welche Implikationen sich aus dem in dieser Arbeit vorgenommenen historischen Rückblick auf die Herausbildung des westlichen Sonderwegs hinsichtlich einer Transformation hin zu einer nachhaltigen, stärker integrierten Weltgesellschaft ergeben.

Ziel dieser Reflexionen ist auch, zur Beseitung von Hindernissen beim Übergang zu einer nachhaltigen Entwicklung beizutragen. Denn trotz der nun seit über 30 Jahren geführten Debatte und der Einleitung entsprechender Maßnahmen kann weiterhin konstatiert werden, dass diese Transformation bisher noch nicht vollzogen wurde. Die im September 2015 von 193 Mitgliedstaaten der Vereinten Nationen in der Resolution *Transforming Our World. The 2030 Agenda for Sustainable De-*

---

3 Ende der 1990er Jahre konnten die in Deutschland an der Debatte beteiligten Akteure in einem Diskursfeld verorten werden, das durch eine Achse unterschiedlicher Natur- und Technikbilder mit den Gegenpolen „Technozentrismus" vs. „Ökozentrismus" sowie einer Achse unterschiedlicher Entwicklungs- und Wirtschaftsmodelle mit den beiden Gegenpolen „marktliberales Gesellschaftsmodell" und „egalitäres Gesellschaftsmodell" aufgespannt war (Brand und Jochum 2000: 190).

velopment beschlossenen *Sustainable Development Goals* (UN 2015a) verdeutlichen, dass der Übergang nach wie vor eine Zukunftsaufgabe darstellt. Und auch die Verabschiedung des Pariser Klimaschutzabkommens stellt zwar eine Wendepunkt dar, steht aber erst am Beginn des angestrebten Wandlungsprozesses und die Kündigung des Abkommens durch US-Präsident Trump macht deutlich, dass die Kräfte des Widerstandes gegen Veränderungen weiterhin stark sind.

Offen ist, wie tiefgreifend die angestrebten Transformationen sein müssen und welche strategischen Schwerpunkte zu setzen sind. Der „Wissenschaftliche Beirat globale Umweltveränderungen" postuliert angesichts von „planetarische[n] Leitplanken" (WBGU 2011: 34), deren Überschreiten die Gefährdung der natürlichen Grundlagen der Entwicklung zur Folge hätte, dass die „Transformation zur Nachhaltigkeit eine Große Transformation werden muss [...], [deren] Eingriffstiefe [...] vergleichbar mit den beiden fundamentalen Transformationen der Weltgeschichte: der Neolithischen Revolution [...] sowie der Industriellen Revolution [ist]" (ebd.: 66). An diese Perspektive wird im Folgenden angeknüpft, zugleich aber versucht, bestimmte Engführungen zu überwinden. Im Gutachten des WBGU ist eine Fokussierung auf die Problematik des Klimawandels dominierend und es erscheint „die Energietransformation im 19. Jahrhundert als Grundlage der Industriellen Revolution" (ebd.: 9). Entsprechend wird die „Transformation zur klimaverträglichen Gesellschaft" (ebd.: 5) zum zentralen Ziel. Zwar wird ein umfassenderer Wandel der gesellschaftlich-ökonomischen Strukturen durchaus für notwendig erachtet, allerdings nicht explizit ausdiskutiert. In der öffentlich-politischen Rezeption ist eine Reduktion der Problematik der großen Transformation auf Fragen der Implementierung neuer Energieformen dominierend.

Andere Autor/innen der gegenwärtig breit geführten Transformationsdebatte betonen hingegen eher die Notwendigkeit einer ausgeweiteten Problemanalyse und einer noch tiefgreifenderen sozial-ökologischen Transformation (vgl. u.a. Brand 2011, Sachs 2013). Sachs verweist diesbezüglich zu Recht darauf, dass im Werk von Polanyi, auf das auch der WBGU mit der Begrifflichkeit der „großen Transformation" (Polanyi 1978) rekurriert, keineswegs nur der Übergang zur verstärkten Nutzung fossiler Energieträger, sondern vielmehr die Herausbildung der kapitalistischen Ökonomie und die damit verbundenen Entbettung der Märkte aus der Gesellschaft zum Thema gemacht und problematisiert wurde. Er beschreibt die hierzu entgegengesetzten Versuche eines gesellschaftlichen „Re-embedding" der Märkte als zweite große Transformation. Daran anknüpfend kann argumentiert werden, dass für eine große Transformation hin zu Nachhaltigkeit vor allem auch eine Wiedereinbettung der Märkte erforderlich ist (vgl. auch Sachs 2013; Fraser 2015).

Allerdings ist auch die Fokussierung auf die Märkte bei der Analyse des Einstiegs in die Industriegesellschaft noch als zu verengt angesehen werden. Wie Altvater und Mahnkopf argumentieren, ist diese „Teil eines viel umfangreicheren Entbettungsvorgangs" (Altvater/Mahnkopf 1999: 96) und es sind damit vielfältige „Entbettungsmechanismen" (ebd.; vgl. auch Giddens 1995 33 f.) am Werk. Es lassen sich demnach multiple Entbettungstendenzen konstatieren, welche u.a. zu einer Entbettung der Expertensysteme, einer „Entterritorialisierung des Raums" (Altvater und Mahnkopf 1999: 98) und einer „Potenzierung von Energien" (ebd.: 105) führten und schließlich in ein „Globales Disembedding" (ebd.: 96) einmündeten.

Wie in der vorliegenden Arbeit deutlich wurde, sind diese Dynamiken wiederum in den Kontext eines in der frühen Neuzeit durch die Entgrenzung der Welt eingeleiteten umfassenden Entbettungsprozesses zu stellen. Es erfolgte eine die Moderne konstituierende vielfältige Transformation der Weltbilder, der Subjektivierungsformen, der kulturellen und ethischen Leitbilder, des Wissenschaftsverständnisses und der politischen Ordnung. Mit dem Übergang vom Modus der Begrenzung zum Modus der Entgrenzung begann sich die abendländische Welt neu zu definieren. Hierin sind die zentralen Ursprünge für die zunehmende Dominanz der okzidentalen Kultur über die außereuropäische Welt und die Natur in den letzten 500 Jahren zu sehen. Zugleich wurde hier der Keim für die Destruktivität und die Nebenfolgen der Moderne gelegt, die heute zunehmend ins Bewusstsein rücken. Für eine große Transformation hin zur einer nachhaltigen Entwicklung ist dementsprechend eine all die genannten Ebenen einbeziehende Reflexion der Schattenseiten und eine Korrektur von Fehlentwicklungen vonnöten.

Der Rückblick auf die mit dem *Übergang vom Non Plus Ultra zum Plus Ultra verbundenen großen Transformationen*, welche die Moderne einleiteten, kann damit auch dazu beitragen, die mit der aktuell anstehenden großen Transformation verbundenen Herausforderungen besser zu verstehen und zu bewältigen. Im Folgenden wird daher diskutiert werden, welche Implikationen sich aus der in dieser Arbeit vorgenommene historischen Analyse der Genese der Moderne für die anstehenden Zukunftsaufgaben ergeben. Erforderlich wird – so die abschließende These – eine Abkehr vom Plus-Ultra-Motto der Moderne und die Setzung eines *neuen reflexiven Non Plus Ultra*. Ziel ist eine „Metamorphose der Welt" (Beck 2017), die von der *neuen Devise Re Intra* geleitet wird. Damit wiederholt sich ein Übergang über eine Epochenschwelle, der in ähnlicher Form bereits in der Antike erfolgt war, und der daher auch einen Vorbildcharakter für die Gegenwart haben könnte.

13.2 Transformationen des Imperiums

Mit der Entgrenzung der Alten Welt, der Eröffnung der Neuen Welt und dem damit verbundenen Übergang von der antiken Ökumene zum modernen Erd-Wasser-Globus war eine Entgrenzung der imperialen und kolonialen Macht verbunden. Die Devise Plus Ultra von Kaiser Karl V. war auch ein Symbol für die Expansion des *Hispanum Imperium* und die Unterwerfung der außereuropäischen Welt durch die Europäer insgesamt. Bacon hatte mit der Forderung nach einer Expansion des *Human Empire* die koloniale Logik der frühen Moderne auf das anthropozentrische Projekt der Kolonisierung der Natur ausgedehnt. Eine „imperiale Lebensweise" (Brand und Wissen 2017) bildete sich in der okzidentalen Kultur heraus. Der Wohlstand der Menschen des globalen Nordens beruhte und basiert bis heute in erheblichem Maße auf einer Ausbeutung der außereuropäischen Welt und der Natur. Vor dem Hintergrund der sozial-ökologischen Krise und des Ziels eines Übergangs zur Nachhaltigkeit stellt sich heute die Frage, wie diese Kolonialität bzw. Imperialität des westlichen Entwicklungsmodells überwunden bzw. transformiert werden kann.

Wie im Folgenden argumentiert wird, ermöglicht ein Rückblick auf die Geschichte des „Ökumenischen Zeitalters" (Voegelin 2004a, 2004b) auch ein besseres Verständnis der Entwicklungsdynamik des modernen, globalen Zeitalters und weist

Wege hin zur Nachhaltigkeit auf. Phasen der imperialen Expansion und der Etablierung hierarchischer, häufig rassisch begründeter Herrschaftsstrukturen lösten dort Epochen der – zumindest partiellen – Integration ab, die mit der Herausbildung kosmopolitisch-ökumenischer Lehren verbunden war.

Diese Dynamik ließ sich bereits während des durch die Eroberungsfeldzüge Alexanders des Großen eingeleiteten Zeitalters des Hellenismus erkennen. Die „kosmopolitische Utopie" (Bloch 1959a: 571) der Stoa trug in dieser Epoche zur Vermittlung zwischen Orient und Okzident und der Integration der Menschen bei (vgl. Kap. 6.3.4). Dieser Prozess wiederholte sich auch im römischen Reich, dessen Herrschaftsgebiet seit ca. dem 3. Jh. v. Chr. sukzessive ausgeweitet worden war. Diese kriegerisch-imperialistische Phase der Expansion wurde Doyle zufolge nach dem Überschreiten der sogenannten augusteischen Schwelle bzw. des „Augustan Treshold" (Doyle 1986: 93) unter Kaiser Augustus von einer durch Konsolidierung und Befriedung im Inneren gekennzeichneten integrativen Phase abgelöst, der *Pax Augusta* bzw. langfristig betrachtet der *Pax Romana*.[4] Durch verschiedene Reformen gelang eine politische Integration des Imperium: "Transnational forces support bureaucratic structure by integrating the political, social, economic, and cultural systems of the periphery and the metropole. [...] Thus the empire was politically integrates" (ebd.: 96).[5] Münkler sieht in diesem Übergang ein Paradigma, das auf Imperien insgesamt übertragen werden kann: „Die augusteische Schwelle bezeichnet also ein Ensemble einschneidender Reformen, durch die ein Imperium seine Expansionsphase beendet und in die Phase der geordneten Dauer, des lange währenden Bestandes überführt wird." (Münkler 2005: 115) Es zeigen sich hier, so meinen These, Ähnlichkeiten zu den Herausforderungen, vor denen die gegenwärtige Gesellschaft steht, wenn sie den Übergang von der „expansiven Moderne" (Sommer und Welzer 2014: 49), die durch nicht-nachhaltige Expansions- und Wachstumsdynamiken gekennzeichnet war und ist, zu einer dauerhaften, nachhaltigen Entwicklung vollziehen will.

In der antiken Welt ging mit der Befriedung und Limitierung auch die Verbreitung von „ökumenische[n] Religionen" (Voegelin 2004a: 178) einher. Es vollzogen sich Prozesse einer zunächst durch imperiale Expansion forcierten Auflösung traditioneller Lokalkulturen und einer daraufhin zunehmenden politischen,

---

4 Faktisch war allerdings auch die Herrschaftszeit von Kaiser Augustus noch durch viele Kämpfe am Rande des Reiches gekennzeichnet und die Expansion nicht vollständig abgeschlossen. So wurde die im heutigen Süddeutschland gelegene Provinz Rätien erst während seiner Regentschaft erobert (Schön 1986). Im Inneren setzte allerdings eine Phase der Befriedung ein. Die Verwandlung der Front der Expansion zu festen Grenzen, wie sie inbesondere durch den Bau eines *Limes* (lat: Grenzweg; Grenze) ihren Ausdruck fand, erfolgte erst später. So wurde mit dem Verfestigen des obergermanisch-rätischen Limes erst ca. 160 n. Chr. begonnen.

5 Die Integration erfolgte in einem langandauernden Prozess. Sie kulminierte Doyle zufolge in der Verleihung der römischen Bürgerrechte an alle freie Menschen des Reiches im Jahre 212 n. Chr. (Doyle 1986: 97). Die Sklaverei wurde allerdings nie gänzlich abgeschafft, was auf die Unvollständigkeit der Integration verweist und auch verdeutlicht, dass man den augusteischen Übergang auch nicht verklären sollte – er diente auch der Stabilisierung von Herrschaftsverhältnissen.

kulturellen und religiösen Integration der Welt, die zur Herausbildung einer „Pax Oecumenica" (Toynbee 1979: 560) führte – dies gilt nicht allein für die *Pax Romana*, sondern in ähnlicher Form auch für die anderen ökumenischen Gebilde, wie z.B. das chinesische Reich. Die ökumenischen Religionen dienten auch der Rechtfertigung von Herrschaft und waren mit dem Versuch verbunden, Macht in legitime Herrschaft zu transformieren. Es wäre verkürzt, hierin nur ein ideologisches Konstrukt mit dem Ziel des Machterhalts zu sehen. Hiermit war auch eine Bindung der Herrscher an ethische Normen verknüpft.

Im römischen Reich gewann in der Spätzeit insbesondere die egalitäre Religion des Christentums eine zentrale Bedeutung für diesen Prozess der „Ökumenisierung". Im Zuge dieser Entwicklung erhielt die Ökumene einen weit über die geographische Ebene hinausgehenden Bedeutungsgehalt. Das römische Reich nahm für sich in Anspruch, nahezu den gesamten ökumenischen Raum zu beherrschen und infolge der zunehmenden Verbindung zwischen Staat und Kirche wurde die Ökumene auch religiös überhöht. Sie galt als der Raum des durch Christus vereinten Menschengeschlechts (vgl. Kap. 5.2.6). Dabei hatten, wie gezeigt, die Säulen des Herakles auch eine paradigmatische Bedeutung für diesen imperialen und religiösen Sinngehalt der Ökumene. Sie waren nicht nur Ausdruck einer als Beschränkung wahrgenommenen Limitierung des humanen Möglichkeitshorizonts. Mit ihnen konnte auch im positiven Sinne eine Abgrenzung zwischen der geordneten, als heilvoll angesehenen ökumenischen Welt und dem außerhalb der Umgrenzungen gelegenen inhumanen Chaos gedeutet werden.

Diese ökumenische Ordnung wurde mit der frühneuzeitlichen Entgrenzung der Welt um 1500 und dem Übergang zum Plus-Ultra-Projekt der Moderne durchbrochen. Es begann *Die Unterwerfung der Welt* (Reinhard 2016) und die okzidentale Kultur ging wieder in eine Phase der Expansion über. Die integrative Phase der ökumenischen Welt, welche in der Antike durch die Überschreitung der augusteischen Schwelle eingeleitet worden war, wurde somit durch das Überschreiten der herakleischen Schwelle und die Sprengung des ökumenischen Raums in der frühen Neuzeit wieder beendet. Das Zeitalter der Globalisierung löste das ökumenische Zeitalter ab. Zwar war die Moderne auch durch einen Versuch geprägt, mit der Expansion der okzidentalen Kultur die integrativen Werte zu universalisieren. Wie insbesondere bei Karl V. deutlich wurde, stand sein Plus-Ultra-Programm im Spannungsfeld zwischen einer Expansion der Herrschaft mit dem Ziel der Unterwerfung und Ausbeutung der außereuropäischen Welt und einer Expansion der „ökumenischen" Ideale einer Einheit des Menschengeschlechts (vgl. Kap. 7.6). Nichtsdestoweniger sollte nicht übersehen werden, dass die Universalisierung der humanitären Werte des Okzidents häufig nur eine beschönigende Begleitmusik zur Praxis der okzidentalen Unterjochung des Globus war, weshalb man von der „Kolonialität" (Quijano 1992) als dem die Moderne prägenden und bis heute fortwirkenden Basisprinzip sprechen kann (vgl. Kap. 7.8).

Dabei schloss das im Zeichen des Plus Ultra stehende imperiale Programm der Moderne nicht nur das Ziel der Eroberung der außereuropäischen Welt ein. Mit dem Übergang zur technoszientifischen Moderne erfuhr das Projekt der anthropozentrischen Kolonisierung der Natur eine Ausweitung, wie insbesondere die Baconschen Programmatik des „Enlarging of the bounds of Human Empire" (Bacon 1862: 398) erkennbar macht. Parallel hierzu wurde die Plus-Ultra-Dynamik der Moderne mit dem Scheitern des Imperiums von Karl V. und der Durchsetzung des kapitalistischen Weltsystems gleichsam monetarisiert und mechanisiert und ging im „Empire of capital" (Meiksins Wood 2003) in den kapitalistischen Wachstumszwang und eine Entgrenzung der Marktkräfte über. Es etablierte sich die „Industrienahme des industriell-technischen Zeitalters" (Schmitt 1995: 583) bzw. die „industriell-kapitalistische Landnahme" (Lutz 1984: 61) als Modus der imperialen Unterwerfung des Globus und der menschlichen Arbeitskräfte. Die Ausbreitung des selbstregulierenden Systems der Märkte führte zu einer zunehmenden Entbettung der Ökonomie aus der Gesellschaft und einer „Transformation der natürlichen und menschlichen Substanz der Gesellschaft in Waren" (Polanyi 1978: 70). Die Globalisierungsdynamik des modernen Kapitalismus war fortan durch verschiedene Stufen der Landnahme von Natur und Subjektivitäten gekennzeichnet (Lutz 1984, Dörre 2009). Die infolge der neoliberalen Globalisierung in den letzten Jahren weltweit forcierten Prozesse der Landnahmen und der damit verbundenen „Einhegung der Commons" (Massimo De Angelis 2001) stellen dabei die aktuellste Stufe des bereits im 16. Jh. begonnenen kapitalistischen Expansionsprozesses dar. Ebenso können die neuen Formen der technoszientifischen Aneignung der Natur, die mit den neuen kybernetischen Technologien verbunden sind, als weitere Stufe im Prozesses der Ausdehnung des Human Empire interpretiert werden. Aktuell lässt sich so bezüglich der kybernetischen Moderne eine Radikalisierung der modernen Expansionsdynamik diagnostizieren.

Zugleich gerät aber dieses okzidentale Expansionsprojekt in mehrfacher Hinsicht in die Krise. Zum einen trifft das Projekt einer Okzidentalisierung der Welt zunehmend auf Widerstände und es fordern auch die „Anderen" verstärkt ein Recht auf Selbstbestimmung und die Respektierung ihrer spezifischen kulturellen Werte ein. Zum anderen stößt das Projekt der Expansion der menschlichen Herrschaft über die Natur angesichts der sich abzeichnenden ökologischen Krise an seine Grenzen. Wenn die Geschichte der Moderne bisher als „Globalgeschichte der europäischen Expansion" (Reinhard 2016) beschrieben werden konnte, so erscheint daher heute ein „Übergang von der Expansivität zur Globalität" (ebd.: 1253) notwendig, der auch eine Abkehr von dem modernen Basisprinzip der Entgrenzung und den damit verbundenen Wachstumsmythen beinhaltet. Es gilt den schwierigen und zweifelsohne konfliktreichen Prozess der „Transformation der expansiven in eine reduktive Moderne" (Sommer und Welzer 2014: 48) und somit den Übergang in eine Postentgrenzungs- und Postwachstumsgesellschaft einzuleiten.

Ähnlich wie in der Antike im römischen Imperium stellt sich auch heute wieder die Frage, wie ein Übergang über eine augusteische Schwelle vollzogen werden kann. Damit soll hier kein Plädoyer für eine Rückkehr zur begrenzten, vormodernen Welt der antik-mittelalterlichen Ökumene gehalten werden. Sehr wohl können aber aus der Geschichte des „Ökumenischen Zeitalter" (Voegelin 2004a, 2004b) Lehren gezogen werden, wie eine expansive, imperiale Epoche der Welteroberung in eine pazifizierende, integrierende Phase übergehen kann.[6] Ob heute eine mit der Entwick-

---

6 Voegelin beschreibt diesen Prozess mit folgenden Worten: „Die Reichsgründer und Religionsstifter in der von uns als Ökumenische Zeitalter bezeichneten Zeit befaßten sich tatsächlich mit der Gesellschaft der gesamten Menschheit. […] Im Prozeß der Ereignisse

lungsdynamik des Ökumenischen Zeitalters vergleichbare Transformation von einer expansiven Globalisierung zu einem integrativen „globalen Zeitalter" (Albrow 2007) bzw. einem „Age of Globality" (Dierksmeier u.a. 2011) gelingen wird, ist eine entscheidende Frage der Zukunft.

Im Folgenden soll daher diskutiert werde, inwieweit sich Ähnlichkeiten zwischen dem Wandel des antiken Ökumeneverständnisses und der neuzeitlichen Wahrnehmung des Globus erkennen lassen. Dabei wird allerdings davon ausgegangen, dass nicht mehr nur das Problem von Differenz und Einheit des Menschengeschlechts derzeit im Zentrum steht, wie einst in der antiken ökumenischen Welt. Vielmehr wird infolge der Ausweitung des imperialen Projekts des Okzidents auf das Ziel der Expansion des Human Empire auch die Frage der Beziehung zwischen Mensch und Natur relevant.

13.3 Das Zeitalter der Globalität

Die neuzeitliche Globalisierung ist in geographischer Hinsicht durch den Übergang vom mittelalterlichen Sphärenkosmos, der mit der Vorstellung von einer partiellen Trennung des „Erdapfels" von der umgebenden Wassersphäre verbunden war, zum Erd-Wasser-Globus der Moderne eingeleitet worden (vgl. Kap. 7.2). Infolge der europäischen Expansion wurden die Grenzen der bisherigen Partialökumenen durchbrochen und es verschmolzen „die verschiedenen Teile der irdischen Heimat des Menschen zu einer vereinten Ökumene" (Toynbee 1979: 449). Hiermit war aber keine der antiken Ökumenisierung entsprechende spirituell-religiöse Überhöhung des globalen Raums verbunden. Zwar wurden bereits sehr früh Debatten darüber geführt, welche Konsequenzen die Ökumeneerweiterung hatte. Positionen, welche von einer Einheit des Menschengeschlechts in der vereinten Ökumene – und damit einer Expansion des antiken Ökumenegedankens ausgingen – standen allerdings Ansichten entgegen, welche für eine hierarchische, rassisch-ethnisch differenzierte Weltgesellschaft plädierten (vgl. Kap. 7.7). Die Praxis der eurozentrischen und okzidentalistischen Globalisierung wurde durch diesen Widerspruch geprägt. Es blieb bis heute der Globus weitgehend ein Objekt der ökonomisch-politischen Eroberung.

Es kann konstatiert werden, dass die geographisch-imperiale Globalisierung bisher noch nicht zu einer weitergehenden symbolischen Überhöhung des globalen Raums geführt hat und es stellt sich die Frage, ob ein derartiger Prozess der Herausbildung einer globalen „Welt-Ökumene" (Ley 2005) denkbar ist. Sloterdijk zufolge ist bezüglich der Globalisierung keine Wiederholung des antiken Prozesses der Kosmopolitisierung bzw. der religiösen Ökumenisierung zu erwarten: „Auf der

---

gewann der Begriff Ökumene eine Bedeutungsvielfalt die bereits bei verschiedenen Gelegenheiten berührt wurde. Die kulturelle wurde in die pragmatische Ökumene verwandelt, die letztere wurde dann für die universelle Ordnung der gesamten Menschheit transparent […]. Die universelle Ordnung fand ihren symbolischen Ausdruck in der Ordnung einer ökumenischen Kirche, die alle Menschen ihrer Zeit bereitwillig in sich aufnahm.[…] Durch seine ökumenische Ausdehnung stieg das Reich von der Greueltat einer grausamen Eroberung zur Würde einer repräsentativen Organisation der gesamten Menschheit auf" (Voegelin 2004a: 184).

letzten Kugel, dem Standort der Zweiten Ökumene, wird es keine Sphäre aller Sphären geben – weder eine informatische noch eine weltstaatliche, erst recht keine religiöse." (Ebd.: 994) Andere Autoren sind hier optimistischer und knüpfen dabei auch durchaus explizit an das antike Gedankengut an. So assoziiert Toulmin mit der „Kosmopolis [...] die unerkannten Aufgaben der Moderne" (Toulmin 1991) und Beck plädiert für den „kosmopolitische[n] Staat [...] [als] eine realistische Utopie" (2001). In diesem Sinne beschwört auch der *Wissenschaftlicher Beirat Globale Umweltveränderungen* einen „neuen globalen Gesellschaftsvertrag", der auf ein „sich entwickelndes kosmopolitisches Verständnis der Menschen als Erdenbürger [...], das Verantwortungsübernahme im globalen Maßstab ermöglicht", aufbaut (WBGU 2011: 337). Und auch die Aktivitäten der UNO und insbesondere die aktuelle mit der Agenda 2030 erneuerte Vision einer „globale[n] Partnerschaft für nachhaltige Entwicklung [...], die auf einem Geist verstärkter globaler Solidarität gründet" (Vereinte Nationen 2015: 2), steht in dieser kosmopolitischen Tradition.

Insbesondere die ökologische Krise und die damit verbundenen vielfältigen Gefährdungen des Planeten führen dabei zu einer neuen Sicht auf den Globus. Es deutet sich, wie im Folgenden in Anlehnung an Albrow argumentiert wird, im „Globale[n] Zeitalter" (Albrow 2007) eine Herausbildung eines neuen Globlitätsbewusstseins an, das sich grundlegend von der Vorstellung vom Erdglobus in der Moderne unterscheidet. Die Moderne war seit dem 16. Jh. durch eine Expansions-und Fortschrittslogik gekennzeichnet, welche den neu entdeckten Erd-Wasser-Globus als Raum der okzidentalen Eroberung wahrnahm. Dieser Prozess stößt an seine Grenzen und hieraus resultiert eine Perspektivenwechsel: „[Es] wird in dem Augenblick, in dem die Moderne faktisch die gesamte Erdoberfläche durchdringt, ein Teil der mit ihr verbundenen Expansionsfaktoren gestoppt. Dieser Wendepunkt folgt aus der Begrenztheit des Globus und nicht aus einer Prozeßlogik." (Ebd.: 164) Eine veränderte Wahrnehmung des Globus setzt sich durch: „Der Globus der Moderne war ein goldener Ball, eine imperiale Vision. Uns erscheint die Welt nun als gefährdeter Planet." (Ebd.: 340) Albrow zufolge entsteht so ein „Globalismus" der dadurch gekennzeichnet ist, dass „Menschen Verpflichtungen gegenüber der Welt als Gesamtheit eingehen" (ebd.: 141). Zu konstatieren sei die Genese von „Globalität" als einem „Wissen um globale Zusammenhänge" (ebd.: 220), das mit einem neuen Ethos verbunden ist (ebd.: 338).

Albrow unterscheidet in seiner Analyse dabei klar zwischen dem Zeitalter des Moderne und dem aktuellen globalen Zeitalter. Hier soll eine leicht veränderte Bezeichnung vorgeschlagen und klar zwischen moderner Globalisierung und heute neu entstehender Globalität unterschieden werden.[7] Es wird argumentiert, dass bereits infolge der frühneuzeitlichen Entgrenzung der Prozess der Globalisierung eingeleitet wurde. Man kann von einem mit der Moderne identischen „Zeitalter der

---

7 Die Vernachlässigung dieses Unterschiedes führt zu Missdeutungen. So diskutiert Beck in *Was ist Globalisierung* (1987) trotz seiner detaillierten Analyse Globalisierungprozesse historisch und phänomenal noch undifferenziert. Zwar werden die verschieden historischen Phasen der Globalisierung benannt (ebd.: 44), doch bleibt die koloniale Globalisierung letztlich unberücksichtigt. In seinen letzten Schriften weitet Beck allerdings die Perspektive aus und er spricht von einer „imperialistischen Globalisierung vor der Globalisierung" (Bec 2017: 82)

Globalisierung" sprechen, das durch eine von den okzidentalen Zentren ausgehende ökonomische, politische und technoszientifischen Erschließung und Eroberung des Globus durch den Okzident gekennzeichnet war. Diese Phase entspricht der Ausdehnungsphase der antiken Imperien und damit der Herausbildung einer „pragmatische[n] Ökumene" (Voegelin 2004a: 184) bis hin zur Erreichung der sogenannten augusteischen Schwelle. Sie war von der Grunderfahrung der Entgrenzung der alten Ökumene und insbesondere der paradigmatischen Entgrenzung durch die Überschreitung der Säulen des Herakles geprägt und dementsprechend durch eine Plus-Ultra-Expansionslogik gekennzeichnet war. Für den Menschen der Moderne „gilt seit dem europäischen 16. Jahrhundert die noch immer unüberwindliche imperiale Devise" (Sloterdijk 2010: 10).

Dieser Gründungsmythos verhinderte auch bisher eine Wahrnehmung der Erde als limitiertem Raum, die mit der Entdeckung des Globus durchaus hätte auch verbunden sein können. Es blieb unberücksichtigt, dass der neuzeitliche Erdwasser-Globus zwar ausgedehnter als die alte Insel der Erde war, gleichwohl die Oberfläche der Erdkugel einen klar limitierten Umfang besitzt. Zu Recht frägt Ina Paul-Horn, warum „nach den ersten Erdumsegelungen nicht die Wahrnehmung Platz gegriffen [hat], dass unsere Erde nicht nur tatsächlich rund, sondern dementsprechend auch begrenzt ist" (Paul-Horn 2000: 56) Sie kommt zum Schluss, „dass diese Frage nach der Diskrepanz von Entgrenzung und möglicher und notwendiger Begrenzungen erst heute, im Zeitalter der Entkolonialisierung, gestellt werden kann" (ebd.: 56). Die Wahrnehmung eines begrenzten Globus wird erst möglich, nachdem die Nebenfolgen der Kolonisierung der außereuropäischen Welt und der Natur ins Bewusstsein treten und reflektiert werden.

Erst angesichts des sich abzeichnenden „Endes der Globalisierung"[8] kann das *Zeitalter der Globalität* beginnen. Der Globus ist nicht mehr nur das Objekt der Eroberung durch den Westen – diese Bezeichnung verliert vielmehr ihre Bedeutung mit der Einsicht, dass es auf einer Kugel letztlich keinen fixierbaren Westen bzw. Osten gibt. Es entsteht nun allmählich ein neues Bewusstsein vom Globus als einem gefährdeten Planeten. Infolge dieses Krisenbewusstseins wie auch einer neuen Einheitserfahrungen der Menschheit als Schicksalsgemeinschaft beginnt sich die an sich schon von Beginn an mögliche, aber aufgrund der Dominanz des Plus-Ultra-Frames exkludierte Wahrnehmung des Globus als begrenzter Raum durchzusetzen. Das expansive Zeitalter der Globalisierung wird daher heute möglicherweise durch das integrative „Age of Globality" (Dierksmeier u.a. 2011) abgelöst.[9]

---

8   Ein Ende der Globalisierung wird aktuell in Bezug auf die letzte, durch die Ökonomisierung der 1990er Jahre eingeleitete Phase der Globalisierung diagnostiziert (vgl. z.B. Stocker 2016). Es scheint aber berechtigt, angesichts der Grenzen der Expansion auch von Grenzen und einem Ende des gesamten modernen Globalisierungsprozesses zu sprechen (vgl. auch die Serie „Globalisierung am Ende?" der Süddeutschen Zeitung [http://www.sueddeutsche.de/kultur/sz-reihe-ueber-globalisierung-ist-die-globalisierung-am-ende-1.3453869]).

9   Beim Begriff der Globaisierung ist durch die Verwendung des Suffix „-ung" eine Prozesslogik assoziiert. Die Globalisierung ist durch die Dynamik eines „Wachstums" und einer imperialen Expansion gekennzeichnet . Hiervon ist die „Globalität" klar zur unterschieden, bei der durch die Verwendung des Suffix „-tät" auf einen Zustand und damit in

13.4 Vom Plus Ultra zum Re Intra?

Es lässt sich so aktuell eine ähnliche Verlaufslogik wie in der Antike erkennen, in der sich nach der Beendigung der imperialen Expansion und der Überschreitung der augusteischen Schwelle ein Prozess der Befriedung eingesetzt und sich ein kosmopolitisch-religiöses Ökumeneverständnis herausgebildet hatte. Vorangetrieben wird diese Entwicklung heute durch eine paradigmatische neue Schwellenerfahrung: Die Einsicht in die Existenz von „planetary boundaries" und die damit verbundene Setzung von „Earth system thresholds" (Rockström u.a. 2009a), d.h. von Schwellen der Belastbarkeit des Erdsystems. Die Moderne wurde durch eine hierzu gegensätzlichen Schwellenerfahrung begründet. Indem mit der Ausfahrt in den Atlantik die alte herakleische Grenze zur überschreitbaren Schwelle geworden war, wurde auch die frühneuzeitliche Epochenschwelle überschritten und es konstituierte sich unter der Devise Plus Ultra die expansive Moderne. Durch die Wahrnehmung neuer Schwellen, welche wieder als Grenze erfahren werden, wird nun der Übergang über eine neue Epochenschwelle eingeleitet. Dieser impliziert eine neue große Transformation, welche das Plus-Ultra-Zeitalter beendet.

In diesem Sinne argumentiert auch Latour (vgl. auch Kap. 9.6). Demnach sind die „Modernen" von der Überzeugung geleitet worden, „daß ihr einziger Weg nach vorn führt, niemals zurück. Ihre Losung ist die des spanischen Reichs: Plus Ultra." (Latour 2017: 333) Gegenwärtig beginnt aber eine neue Ära, die nicht mehr von dem durch die Entdeckung einer Neuen Welt induzierten Motto geprägt ist. Vielmehr deutet sich ein Bruch mit der Entgrenzungslogik der Moderne an mit dem Ziel der Rückbindung an die Erde, bzw. Gaia: „The direction is not forward, Plus Ultra, but inward, Plus intra, back home. (…) We are forced to turn our gaze back to sub-lunar Gaia." (Latour 2015: 145). Er skizziert dabei verschiedene Wege eines „giving sense to their maxim 'Plus intra', to make those 'planetary boundaries', […] something inside which the Earthbound themselves decide to remain circumscribed." (Latour 2013: 141). Demnach sei ein Wandel des Wissenschaftsverständnisses, des Verhältnisses zur Natur, der Vorstellungen von politischer Souveränität sowie des Geschichtsdenkens notwendig (ebd.: 132 ff.). Hierdurch würde ein neues Zeitalter der Entdeckungen eingeleitet. So wie die Entdeckung des Kolumbus zu einer unerwarteten Revolution des Weltbildes beitrug, so werde sich nun erneut ein fundamentaler Wandel vollziehen, der zugleich zu einer Umkehr der Orientierungen führt, welche seit der frühneuzeitlichen Entgrenzung der Welt für die Moderne kennzeichnend waren:

„Auf die künftigen Umwälzungen des Bilds der Welt sind wir nicht besser vorbereitet als Europa im Jahr 1492. Umso mehr, als wir uns dieses Mal nicht auf eine räumliche Ausdehnung vorzubereiten haben […], auf jene gigantische Landnahme, die […] als europäische Expansion bezeichnet wurde. Heute geht es immer noch um Raum, um Erde, um Entdeckung, aber um die

---

gewisser Weise auf einen abgeschlossen Prozess und das Ende einer Wachtumsphase verwiesen wird. Daher erscheint es sinnvoll, nicht – wie Albrow - den uneindeutigen Begriff des „globalen Zeitalters" bzw. „Global Age" zu verwenden, sondern bezüglich der sich andeutenden Entstehung eines neuen Globusbewusstseins von einem „Age of Globality" (Dierksmeier et al. 2011) bzw. „Zeitalter der Globalität" zu sprechen.

Entdeckung einer neuen, in ihrer Intensität und nicht mehr in ihrer Ausdehnung wahrgenommenen ERDE. Wir erleben nicht mehr verblüfft die Entdeckung einer uns überlassenen NEUEN WELT mit, vielmehr werden wir gezwungen, völlig neu zu erlernen, wie wir die ALTE zu bewohnen haben." (Latour 2017: 487; Herv. i. O.)

Es beginnt eine neue erdgeschichtliche Epoche, die nicht mehr von der Erweiterung des Raums und der Ausfahrt, sondern von der Einsicht der Gebundenheit der Menschheit an die Erde geprägt ist. An der mit der Vokabel Plus assoziierten Fortschrittsprogrammatik wird zwar festgehalten, aber mit veränderter Richtung, da es nun um die Verbindung der menschlichen Fortschrittsgeschichte mit der Naturgeschichte geht:

„In gewisser Weise weist die Devise Plus intra auch einen Weg für Fortschritt und Erfindung, einen Weg, der die Naturgeschichte des Planeten mit der Heilsgeschichte der Inkarnation verbindet und dem Aufstand derer, die lernen, sich niemals mit dem Gebot der Unterwerfung unter die Naturgesetze abfinden zu lassen. Immer noch gilt die alte und stolze Weisung: Vorwärts! Vorwärts! - nicht in Richtung auf eine neue Erde, sondern auf eine Erde, deren Antlitz erneuert werden muß." (Latour 2017: 489)

Nachfolgend wird an diese Überlegungen angeknüpft, allerdings mit einigen Ergänzungen und Ausweitungen. Mit seiner Beschreibung eines Übergangs vom Plus Ultra zum Plus intra skizziert Latour in gewisser Weise einen Übergang von einer Expansionsphase zu einer Integrationsphase und damit einen zum Übergang über die augusteische Schwelle vergleichbaren Prozess. Man kann das Motto Plus intra somit auch als Devise für ein umfassendes Integrationsprojekt ausdeuten, das nun nicht mehr nur die Menschheit umfasst, sondern vor allem auch die Verbindung zwischen Mensch und irdischer Natur.

Indem Latour jedoch weiter die Vokabel Plus verwendet bleibt er allerdings in gewisser Weise noch dem modernen Fortschrittsdenken verhaftet. Zwar geht er in seinen Überlegungen über die Ursprünge der gegenwärtigen Krise richtigerweise zum Zeitalter der Entdeckungen zurück und erwähnt auch die kolonialen Schattenseiten des Plus-Ultra-Projekts. Es fehlt jedoch eine weitergehende Reflexion über den Zusammenhang zwischen okzidentaler Weltbeherrschung und neuzeitlicher Naturbeherrschung. Ebenso wenig wird die Verbindung zwischen der Plus-Ultra-Logik und der neuzeitlichen Entgrenzung des kapitalistischen Marktes thematisiert. Im Gegensatz hierzu konnte in der vorliegenden Arbeit die Vielfalt der mit dem Übergang vom Non-Plus-Ultra-Denken zur Plus-Ultra-Devise verbundenen Folgen und Dialektiken dargelegt werden. Dementsprechend sind mit der Abkehr vom Plus Ultra auch Transformationsprozesse auf den verschiedensten Ebenen zu verbinden.

Wie in Anlehnung an die lateinamerikanische Diskussion um die sog. Entdeckung Amerikas aufgezeigt wurde, geht es heute insbesondere darum, der bisher dominierenden modernen Fortschritts- und Entdeckungsprogrammatik die „Idee der Wiederentdeckung [idea del redescubrimiento]" (Zea 1989: 9) entgegenzusetzen, welche unter anderem eine Rückbesinnung auf die altamerikanischen Kulturen beinhaltet. Die Phase des expansiven Plus Ultras der Moderne wäre durch die Setzung eines neuen globalen Non Plus Ultra zu beenden und durch eine Phase der Wiedereinbindung des Verdrängten abzulösen. Wie hier vorgeschlagen wird gilt es, unter der neuen Leitdevise *Re Intra* Transformationsprozesse einzuleiten, die zu einer integrativen Wieder-entdeckung und Re-inklusion des Ausgegrenzten, Exkludierten und Unterdrückten führen.[10]

Diese Zielsetzung impliziert hier kein Plädoyer für eine restaurative Rückkehr zu vormodernen Weltbildern und Gesellschaftsstrukturen und eine regressive Integration in eine verklärte und romantisierte Natur. Die im Zeichen des Plus Ultra vollzogene Emanzipation der Moderne vom archaischen „Myth of Eternal Return" (Eliade 1971) ist durchaus positiv zu bewerten. Jedoch erscheint es heute angesichts der vielfältigen Krisen sehr wohl notwendig, einen Rückblick auf die Verluste der Fortschrittsgeschichte zu vollziehen.

Die nun anzustrebende große Transformation ist in diesem Sinne auch als eine große Reformation zu verstehen, welche zu einer Wiederherstellung zerstörter Strukturen führt, dabei aber die Errungenschaften der modernen Welt bewahrt. Notwendig erscheint eine große Revolution, welche – im ursprünglichen astronomischen Wortsinne der Umwälzung der Gestirne – auch eine Wiederkehr des Älteren und Vergangenen zum Ziel hat. Sie unterscheidet sich grundlegend von den großen industriellen, politischen und kulturellen Revolutionen der Moderne, die nur dem Gedanken des Fortschritts verpflichtet waren.[11] An die Stelle der Idee des von der Devise Plus Ultra vorangetriebenen Expansions- und Entgrenzungsprozesses tritt nun ein von der Devise Re Intra geleiteter umfassender Prozess der Re-Integration.

Dieser Prozess sollte aber nicht – dies sei hier nochmals betont – zu einer konservativen Restauration der vorglobalen Non-Plus-Utra-Welt der Vormodernen führen. Vielmehr gilt es nun eine Re-Integration auf neuer Stufe zu vollziehen, welche die emanzipativen Prozesse der globalen Ausweitung des Raums und der neuzeitlichen Erschließung des humanen Möglichkeitshorizontes nicht zurücknimmt. Die okzidentale Sonderentwicklung und die damit verbundenen gesellschaftlich-technischen Fortschritte sind durchaus zu bejahen – aber sie müssen zurückgebunden werden an das umfassendere Ganze der ökologischen Systeme und auch der Vielfalt der menschlichen Kulturen. Nur so kann das Ziel einer nachhaltigen Entwicklung verwirklicht werden.

---

10 Es sei hier angemerkt, dass ich erst beim Abschluss dieser Arbeit auf Ähnlichkeiten zwischen den Überlegungen von Latour und meiner Untersuchung aufmerksam wurde. Die Reflexionen zum Plus Ultra finden sich bei Latour primär am Ende seiner Vorlesung, bzw. seines Buches, und werden dort nicht detailliert ausgeführt. Sie bestätigen allerdings die hier zugrunde gelegte These, dass ein Verständnis der Moderne ohne eine Berücksichtigung der Plus-Ultra-Programmatik nicht möglich ist. Aufgrund des eigenständigen Charakters der vorliegenden Arbeit wird hier auf eine bloße Übernahme der von Latour vorgeschlagenen neuen Devise Plus Intra verzichtet. Vielmehr legt die Analyse der Arbeit nahe, angesichts des frühneuzeitlichen Übergangs vom vormodernen Non Plus Ultra zum Plus Ultra – den Latour nicht explizit thematisiert – die Frage nach einem neuen Non Plus Ultra aufzuwerfen. Zum anderen wurde anstelle des Mottos Plus Intra die Devise Re Intra als geeigneter angesehen, weil sie in stärkerem Maße die Notwendigkeit von grundlegenden Re-orientierungen und Re-integrationen zum Ausdruck zu bringt.

11 Erst im 17. Jh. vollzog sich diese Neubestimmung des Revolutionsbegriffs, wie erstmals im Werk Bacons deutlich wird (vgl. Kap. 8.4; vgl. auch Krohn 1990: 29).

Der Wechsel vom Plus Ultra zum Re Intra muss dabei weitaus mehr umfassen als nur die Reduktion der Nutzung fossiler Energien und den Übergang in ein postcarbones Zeitalter. Denn auch die erste industriegesellschaftliche Transformation war nicht allein mit einer Veränderung der energetischen Basis verbunden. Wie in der vorliegenden Arbeit deutlich wurde, konstituierte sich das Projekt der Moderne infolge der europäischen Expansion als koloniales Projekt, das mit der Annahme einer Superiorität der westlichen Zivilisation und einer humanistischen Erhöhung des Menschen einherging. Im 17. Jh. wurde dieses Projekt erneut transformiert, was zur Herausbildung einer zunehmenden Dominanz des kapitalistischen Marktes und einer von nationalstaatlicher Ordnung geprägten technoszientifischen Moderne führte. All diese Prozesse gingen mit einer Ausgrenzung und Subordination anderer Prinzipien, Kulturen und Steuerungsformen einher. Man kann in dieser von der Devise Plus Ultra geleiteten Entgrenzung des Machtanspruchs der okzidentalistischen, anthropozentrischen, technoszientifischen, kapitalistischen und nationalstaatlich organisierten Moderne eine wesentliche Ursache für die aktuellen sozial-ökologischen Krisen sehen. Mit der nun anstehenden zweiten großen Transformation, die von der neuen Devise Re Intra geleitet werden könnte, ist damit die Zielsetzung zu verbinden, diese Dominanzverhältnisse zu relativieren und einen Prozess der Vermittlung mit dem bisher subordinierten und ausgegrenzten „Anderen" einzuleiten. Hinsichtlich der Transformation der modernen Subjektivität wurde bereits skizziert, wie sich eine derartige Neuorientierung vollziehen könnte (vgl. Kap. 11). Im Folgenden werden weitere mögliche Wege der Transformation im ethisch-kulturellen, wissenschaftlich-technischen, ökonomischen sowie dem politischen Bereich aufgezeigt:

- Es wird zunächst dargelegt, dass ein Prozess der Hybridisierung anzustreben ist, der die Dominanz der okzidentalen Kultur überwindet. Dabei wird dafür plädiert, die altamerikanische Kultur als fernöstliche Kultur wiederzuentdecken und eine neue, integrative Kultur jenseits von Orientalismus und Okzidentalismus zu entwickeln. Hierdurch könnte eine Re-integration der okzidentalen Sonderkultur in eine umfassendere Weltkultur erreicht werden.
- Sodann wird aufgezeigt, dass das technoszientifische Projekt der Ausweitung der Grenzen des Human Empire aktuell an Grenzen stößt. Zum Ziel werden nun die Herausbildung eines postkolonialen gesellschaftlichen Naturverhältnisses, sowie eine Re-integration der humanen Produktivität, die in der Moderne stark auf industrielle Erwerbsarbeit ausgerichtet war, in die umfassenderen Prozesse der Reproduktion des Lebendigen.
- Um dies zu erreichen, ist auch eine Limitierung der Expansionsdynamik des Empire of capital und der damit verbundenen zunehmenden Entbettung des Marktes aus der Gesellschaft vonnöten. Ein „Re-embedding", eine Wiedereinbettung des Marktes in die Gesellschaft, ist anzustreben.
- Wie abschließend argumentiert wird, können diese Transformationen nur vollzogen werden, wenn durch die Herausbildung neuer Global-Gover-nance-Strukturen die gegenwärtig zentrale Bedeutung der Nationalstaaten reduziert wird.

13.5 JENSEITS VON ORIENTALISMUS UND OKZIDENTALISMUS

In der Antike war der Übergang von der expansiven imperialen Ökumenisierung zur integrativen Ökumene mit einer allmählichen Transformation der hierarchischen Beziehung zwischen den dominierenden Zentren und den beherrschten Peripherien hin zu einem eher egalitären Verhältnis verbunden gewesen. Zugleich erfolgte eine zunehmende Annäherung und Vermischung der Kulturen und die Herausbildung einer kosmopolitischen Mischkultur, wie sich sowohl hinsichtlich des Hellenismus wie auch im späten römischen Reich konstatieren lässt. Die „kosmopolitische Utopie" (Bloch 1959a: 571) der Stoa trug zur Verbreitung des Gedankens der Einheit der Menschheit bei. Die Genese des Christentums und seine Bedeutung für die Herausbildung eines ökumenischen Ethos gibt ebenfalls Anregungen dafür, welche Gestalt der aus Sicht Albrows mit Globalität verbundene „Ethos, der uns als Bewusstsein einer Bedrohung und einer Schicksalsgemeinschaft durchdringt" (ebd.: 338), annehmen könnte.[12]

Es stellt sich nun die Frage, inwieweit Parallelen zwischen den antiken Prozessen der Kosmopolitisierung und aktuellen Entwicklungsprozessen beobachtet werden können. Gegenwärtig gewinnt, wie gezeigt, die kosmopolitische Utopie wieder an Bedeutung (Toulmin 1991; Beck 2001). Eine Ähnlichkeit zu den in der Antike erfolgten Entwicklungen weisen auch die in den letzten beiden Jahrzehnten unter dem Begriff der „Hybridisierung" diskutierten Prozesse auf. Mit diesen wird häufig ein Übergang von der klassischen Moderne, die durch die Ziehung klarer Grenzen gekennzeichnet gewesen sei, zur der durch Vermischungsprozesse gekennzeichneten Gegenwart assoziiert. So schreibt Pieterse: „Steht die Moderne für einen Ethos der Ordnung, für klare Trennung durch feste Grenzen, so spiegelt die Hybridisierung einen postmodernen Sinn für das cut'n mix, für Überschreitung und Subversion wider." (Pieterse 1999: 178)

Nun kann zweifelsohne aufgrund der gegenwärtigen Entgrenzungsprozesse eine Zunahme von Hybridisierungsprozessen konstatiert werden. Inwieweit damit allerdings per se ein Bruch mit der klassischen Moderne vollzogen wird, der einen Übergang zu einer neuen kosmopolitischen die Kulturen auf egalitäre Weise verbindenden Phase einleitet, ist vor dem Hintergrund des in dieser Arbeit vorgenommenen historischen Rückblicks zu hinterfragen. Denn wie deutlich gemacht

---

12 Zu konstatieren ist zum einen, dass diese integrierende Religion des ökumenischen Zeitalters ihren Ursprung an der Peripherie des Imperiums hatte. Die imperiale epistemische Ordnung, die mit einer Priorisierung der Wissenskulturen und der Weltbilder des römischen Zentrums einherging, wurde hierdurch infrage gestellt. Zum anderen ist festzuhalten, dass das Christentum zumindest nach seiner Loslösung vom Judentum auch als ein Produkt der Synkretisierung verschiedener philosophischer und religiöser Strömungen anzusehen ist (vgl. Danz 2005: 107 ff.). Schließlich trug das Christentum mit der Einforderung einer Nivellierung der Differenz zwischen Herren und Sklaven sowie Römern und Nicht-Römern auch zur Durchsetzung einer Idee der Einheit des Menschengeschlechts bei. Hinsichtlich des letzten Punktes knüpfte auch die Moderne bereits früh an diesen Gedanken an, dem jedoch stets der aristotelisch geprägte Gedanke einer hierarchischen Differenz entgegen stand (vgl. Kap. 7.7) – dieser Widerspruch prägt die Moderne bis heute.

wurde, war Entgrenzung von Beginn an ein Basisprinzip der Moderne und es waren damit stets auch Hybridisierungsprozesse verbunden.

Insbesondere die Entgrenzung der alten Welt und die Entdeckung der Neuen Welt, deren Folgen um 1992 auch unter dem Begriff der „Begegnung zweier Welten" (León Portilla 1992) diskutiert wurden, leiteten eine erste paradigmatische Hybridisierungserfahrung der Moderne ein – eine Hybridisierung allerdings, die keineswegs als herrschaftsfreie Verschmelzung der Kulturen zu interpretieren ist, sondern vielmehr mit der „Verdeckung des Anderen" einherging. Es erfolgten zwar im Verlauf der kolonialen Aneignung Amerikas sowohl kulturelle wie auch ethnische Vermischungsprozesse, die im lateinamerikanischen Raum unter dem Begriff der „Mestizaje" diskutiert werden. Allerdings wurden die auf rassischen Differenzierungen beruhenden Herrschaftsstrukturen und die damit verbundene „Kolonialität" der Moderne hierdurch nicht aufgehoben, sondern nur transformiert (vgl. Kap. 7.8). Zudem sind die durch die Konquista eingeleiteten Prozesse der Mestizaje bzw. Hybridisierung nicht von beiden Seiten freiwillig vorangetrieben worden, sondern waren das Ergebnis einer gewaltsamen Okkupation, wie auch Coronil hervorhebt: „Die ‚Hybridisierung' der Mittelamerikaner bedeutet in Wirklichkeit ihre Europäisierung, die Aufgabe und die Vernichtung ihrer ursprünglichen Kulturen. Die ‚Hybridisierung' der Europäer hingegen bedeutet die Evolution der westlichen Kultur, indem sie andere Kulturen vereinnahmt. Der Westen ist ein Name für die Sieger der Geschichte." (Coronil 2002: 191) Gerade am Beispiel der Konquista der Neuen Welt wird deutlich, dass die Prozesse der Hybridisierung nicht etwa eine Differenz zur klassischen Moderne markieren, sondern die Moderne immer schon mit der Überwindung alter Abgrenzungen und der Entstehung neuer hybrider Verbindungen verknüpft war.

An Stelle einer Verknüpfung des Begriffs der Hybridisierung mit der Postmoderne erscheint es daher sinnvoller, verschiedene Stufen der modernen Hybridisierung zu unterscheiden. Wenn Bronfen postuliert, dass für die „Kulturen des Postkolonialismus [...] Hybridität Lebensbedingung [ist]" (Bronfen 1997: 15), so ist zu ergänzen, dass die Kulturen des modernen Kolonialismus bereits die Grundlage für die Hybridisierung lieferten. Es soll daher hier eine Differenzierung zwischen einer die Moderne kennzeichnenden, herrschaftlich-kolonialen Hybridisierung und einer möglicherweise aktuell erst im Übergang zur „Globalität" entstehenden herrschaftsfreien Hybridisierung vorgeschlagen werden. Ein unkritischer „Hype um Hybridität" (Kien Nghi Ha 2005), der die Frage nach den Herrschaftsverhältnissen in Hybrisierungsprozessen nicht stellt, führt dahingehen zur Legitimierung und dem Fortbestehen alter Machtstrukturen und potentiell auch dem Enstehen neuer kolonialer Hybridisierungen.

Als exemplarisch für die Schwierigkeiten und Ambivalenzen von Hybridisierungsprozessen ist der US-amerikanische-mexikanische Grenzraum anzusehen. Dieser galt vor 30 Jahren als geradezu paradigmatische Zone der Herausbildung hybrider Kulturen, mit dem viele Hoffnungen verbunden waren, wie es auch der Künstler Gómez-Peña formulierte: „Cities like Tijuana and Los Angeles, once socio-urban aberations, are becoming models of a new hybrid culture, full of uncertainty and vitality." (Gómez-Peña 1993: 39) Die in den folgenden Jahren zunehmende Verbreitung und gesellschaftliche Akzeptanz dieser Hybridisierungskunst und der sie begleitenden Diskurse ließ gerade Tijuana zu einem „Labor der Grenzkunst" werden (Schmidt 2009: 198).

Die weiterhin von Gewalt geprägte Realität im Grenzgebiet führte aber allmählich zu einer Enttäuschung der Hoffnungen auf die Herausbildung einer neuen Kultur der Hybridität. Auch kam es zu keinem Abbau von Grenzziehungen, sondern vielmehr zu ihrer erneuten Verfestigungen. Inbesondere die aktuellen Entwicklungen lassen erkennen, dass die Prozesse von Austausch und Verbindung in diesem für die Hybridisierung paradigmatischen *Borderland* keineswegs zwangsläufig zum Übergang in eine kosmopolitische, hybride Moderne führen. Vielmehr deutet die aktuelle Politik der Regierung Trump mit ihrem Bestreben nach einer Verstärkung der Grenzen und Ausweisung von Mexikanern bzw. Latinos im Allgemeinen an, dass an der Idee einer Superiorität der angelsächsisch-amerikanischen Kultur weiterhin festgehalten wird – und allen Versuchen einer Synthese eine Absage erteilt wird. Die Experimente in den Laboratorien der Hybridität scheinen vorläufig gescheitert zu sein bzw. werden unterbunden.

Auch auf theoretische Ebene ist eine Ernüchterung hinsichtlich der mit dem Hybridisierungskonzep verbundenen Erwartungen zu konstatieren. Aus Sicht von Kritikern löste sich die Hybridisierungsformel von ihrem Ursprung im gegenkulturellen und postkolonialen Diskurs und verwandelte sich zu einer Idee, welche die Thematisierung von Herrschaftsverhältnissen eher behinderte. Gerade auch die Pioniere der Debatte äußerten sich daher zunehmend distanzierend zum Diskurs.[13] So problematisiert Gómez-Peña, der ein Begründer des Hybriditätskonzepts ist[14], in seinen neueren Schriften zunehmend die Adaption des Hybridisierungsbegriffs in den westlichen Sozialwissenschaften, weil durch dessen affirmative Verwendung die neokolonialen Effekte der ökonomischen Globalisierung als positive Grenzüberschreitung beschönigt würden (Gómez-Peña 2005: 247). Es sei der herrschaftskritische Impetus der Diskurse um Differenz, Andersheit und Hybridität, der ursprünglich auch mit einer die Kritik der durch Kolumbus eingeleiteten Kolonisierungsprozesse

---

13 Dies wird auch anhand des Werks von Cherrie Moragas deutlich, die von Haraway zur Kronzeugin des Cyborg-Mythos stilisiert worden war. In ihrem Buch „Xicana Codex" hinterfrägt Moraga klar die postmoderne Ausdeutung des Mestizaje und der Hybrisierung. Theorien, die eine Lösung von Ursprüngen beschwören und die Mischungen feiern, warden kritisiert, da sie die Dominanz der westlich-amerikanischen Kultur unterstützen würden: „I find myself viscerally reacting against the academy's use of terms like hybridity and its appropiation of mestizaje, especially when posited as language that can adequately respond to the deadly conditions of a postcololonial world." (Moraga 2011: 87)

14 Barrera zufolge wurde der Begriff der „hybriden Kulturen" von dem erstmals 1987 veröffentlichten Text „Dokumented/undokumented" von Gómez-Peña entnommen (vgl. Barrera 2010: 172; Gómez-Peña 1993: 38 f.). Bhabha wurde stark von diesem Künstler beeinflusst. Seine „Kulturen einer postkolonialen Gegen-Moderne", welche durch eine „kulturelle Hybridität" gekennzeichnet sind, werden unter Bezug auf Gómez-Peña diskutiert (Bhabha 1997: 131). Auch Canclinis Beschreibung des mex-amerikanischen Grenzraums als hybride Zone der „Culturas híbridas" (Canclini 1990) wird von Gómez-Peña bereits vorweggenommen.

der Moderne verbunden war, in einen neuen, neokolonialen Herrschaftsdiskurs umgeschlagen.[15]

Es sollte jedoch aus diesen Problemen des Hybridisierungsdiskurses und dem Scheitern von Hybridisierungsprozessen nicht der Schluss gezogen werden, dass eine Neubestimmung der Beziehung des Westens zu den „Anderen" und eine Herausbildung einer hybriden Weltkultur unmöglich ist. Allerdings müssen nun verstärkt auch die kolonialen Aspekte der bisherigen Hybridisierungsprozesse reflektiert werden. Zugleich gilt es nach dem vorläufigen Scheitern der Hybridisierungen im US-amerikanisch-mexikanische *Borderland* eine Perspektivenerweiterung vorzunehmen: Es existiert von Buenos Aires bis nach Toronto und Teneriffa eine Vielzahl von Grenzgebieten und Schwellenräumen im amerikanischen und transatlantischen Raum, die alle als Laboratorien eine neuen hybriden Kultur jenseits von Okzidentalismus und Orientalismus angesehen werden können.[16]

Gerade auch jenem Europa, von dem vor 500 Jahren die Prozesse der geistigen und materiellen Konquista der Neuen Welt ausgegangen sind, kommt dabei eine besondere Bedeutung und Verantwortung für eine Neubestimmung der Beziehungen zu. Denn bereits mit dem Überschreiten der herakleischen Schwelle wurde der gesamte transatlantische Raum zu einem Transitraum – und zwar einem Raum, der, wie gezeigt, durch koloniale Strukturen geprägt war, welche dem europäischen Westen eine superiore Position zuwiesen. Damit ging nicht nur in der sogenannten Neuen Welt, sondern auch in der Alten Welt die Zeit der präkolumbianischen Kulturen zu Ende. Es bildete die „atlantische Zivilisation" (Miliopoulos 2007) der Moderne heraus. Hier soll nun dafür plädiert werden, diesen Schwellenraum neu zu erfinden und bisher nicht ausgelotete Möglichkeiten zu erschließen.[17]

---

15 Gómez-Peña schreibt: „The new cultural impresarios want sexy images of race and hybridity, but without the political text. Unlike their multicultural or postKolumbusial predecessors, the new impresarios and self proclaimed experts of otherness are no longer interested in the articulation of the tensions and clashes of cultures. They no longer want their neoKolumbusial positionality questioned by angry primitives and strident women." (Gómez-Peña 2005: 251)

16 Buenos Aires wird hier exemplarisch genannt, weil in dieser Stadt sich früh eine Kultur der Vermischung entwickelt hat, zur deren Beschreibung schon lange vor dem postmodernen Hybriditätsdiskurs der Begriff der Hybridität eine Verwendung gefunden hatte. So wendet ihn Ibarguren im Zusammenhang mit Migration und Identitätsfragen an (Ibarguren 1917: 17). Sábato beschreibt insbesondere den Tango als hybrides Phänomen (Sábato 1963: 11 f.). Auf Toronto wird hier Bezug genommen als Beispiel einer weitgehend gelungenen Multikulturalität. Die Stadt ist zugleich stellvertretend für Kanada als eine weiteres „anderes" Amerika, auf das hier in dieser Arbeit nicht eingegangen wurde, das aber ebenfalls eine wichtige Rolle bei der Neubestimmung der Transatlantizität gewinnen könnte. Teneriffa wurde aufgeführt, weil die Insel stets ein wichtiges Bindeglied zwischen Europa, Afrika und Amerika im transatlantischen Raum war.

17 Damit wird hier für ein neues europäisches Projekt plädiert. Die gegenwärtigen Diskussionen um Europa bewegen sich nur im Spannungsfeld zwischen europäischer Einheit und nationaler Abgrenzung. Das Fortbestehen imperialer Beziehungen zur außereuropäischen Welt wird aber von beiden Seiten nicht prinzipiell in Frage gestellt. Dem gilt es eine europäisches Projekt entgegen zu setzen, das die in der Moderne infolge der europäischen

Dabei kann auch die von Zea aufgestellte Forderung nach einer Wiederentdeckung des durch die Entdeckung Amerikas Verdeckten eine neue, auch für Europa relevante Bedeutung erhalten (vgl. Kap. 10.3). Diese Zielsetzung impliziert keine Zurückweisung des gesamten Prozesses der okzidentalen Entdeckung, sondern ist ein Aufruf zur Entdeckung der bislang nicht verwirklichten Potentiale. Er schreibt: „Wenn 1492 der Beginn einer Verdeckung auf der einen wie auf der anderen Seite des Atlantiks war, dann sollte 1992 das Jahr sein, in welchem sich die Völker, die diese große Region bilden, der Besonderheit dieser Entdeckung bewußt werden." (Zea 1989: 204; Übers. d. Verf.) Der mexikanische Philosoph zielt dabei vor allem auf eine Entdeckung neuer Möglichkeiten der Verbindung zwischen den Kulturen auf dem amerikanischen Kontinent ab. Diese Forderung lässt sich aber auch auf den gesamten transatlantischen Raum beziehen.

Bisher wurde dieser Raum, wie gezeigt, nur als westliche Hemisphäre erfunden und in den letzten Jahrzehnten erfolgte eine weitergehende Verengung auf den nordwestlichen Raum. Das transatlantische Bündnis entstand als westliches Bündnis, das im Kontrast zu anderen Regionen stand und in verschiedenste Ost-West-Konflikte (sei es mit der Sowjetunion, dem Islam oder China) und auch Nord-Süd-Konflikte involviert war. Diese Bündnis ist heute infolge der zunehmenden Meinungsverschiedenheiten zwischen Europa und den USA in der Krise. Die Einheit des Westens erodiert. Auseinandersetzungen um Rüstungsfragen beim Treffen der Nato im Mai 2017 ließen „Risse im transatlantischen Bündnis"[18] erkennen und die Differenzen während des kurz darauf stattfindenen Treffen der G 7 kommentierte Kanzlerin Merkel mit der Äußerung, dass die USA „kein verlässlicher Bündnispartner" mehr für Europa sei. Diese Entwicklung kulminierte schließlich in der Aufkündigung des Pariser Klimaabkommen durch Präsident Trump, dessen Festhalten am Mythos von Amerika als Land der unbegrenzten Möglichkeiten die Akzeptanz der in Paris vollzogene Grenzziehungen verhindert. Es deutet sich eine Isolation der USA an und Europa muss neue Wege gehen.

Diese Entwicklungen müssen aber nicht zu einem Ende der transatlantischen Vision führen. Vielmehr kann auf der Grundlage einer Neuerfindung Amerikas auch eine Neuerfindung der transatlantischen Raums vollzogen werden. Für Europa könnte dies insbesondere implizieren, das lange vernachlässigte Lateinamerika als Teil dieser Welt wieder zu entdecken und die Verbindungen in diese Regionen zu intensivieren. Dies gilt sowohl hinsichtlich des Ausbaus von wirtschaftlichen Beziehungen, wie auch des kulturellen Austausches und der politischen Beziehungen. Die im Juni 2017 intensivierten Bemühungen um den Abschluss eines Freihandelsabkommen zwischen der EU und der südamerikanischen Staatengruppe Mercosur deuten bereits in diese Richtung. Allerdings wäre es nicht ausreichend, nur durch eine Liberalisierung der Märkte die ökonomische Integration zu verstärken. Vielmehr müsste mit dieser Intensivierung der Wirtschaftsbeziehungen auch das Bemühen um eine Überwindung jener „Kolonialität" verbunden sein, durch welche die Relationen zwischen Europa und Lateinamerika seit der sogenannten Entdeckung 1492 über die

---

Expansion entstandenen imperial-kolonialen Beziehungen überwindet. Nicht die Einheit der Europa, sondern die Einheit der Welt durch den Übergang zu einer postkolonialen Fairhandelsordnung und einer neuen postkolonialen Weltkultur sollte das Ziel sein.

18 Vgl. http://de.reuters.com/article/eu-usa-nato-idDEKBN18M1HN.

Herausbildung des atlantischen Dreieckshandels bis zu den Abhängigkeitsverhältnissen des 20. Jh. geprägt war, und die auch die neoextraktivistischen Wirtschaftsbeziehungen der Gegenwart bestimmt (vgl. Kap. 7.8 und Kap. 10.1.). Anstelle eines Freihandelsabkommens sollte damit eine Fairhandelsabkommen das Ziel sein.

Mit einer derartigen postkolonialen Neubestimmung der transatlantischen Beziehung zu verknüpfen wäre auch eine stärkere Berücksichtigung der indigenen Kulturen und damit eine Wiederentdeckung des Erbes des präkolumbianische Amerikas.[19] Auf dieser Grundlage kann, wie im Folgenden argumentiert wird, der transatlantische Schwellenraum auch als Region neuer Verbindungen zwischen Orient und Okzident erfunden werden.

Denn es gilt sich von der okzidentalistischen Vorstellung zu befreien, dass Amerikas nur als erweiterter Westen anzusehen sei, wie es die seit der Entdeckung Erfindung Amerikas verbreitete Vorstellung war (vgl. Kap. 7.3). Im Gegensatz hierzu ist zu konstatieren, dass das Verständnis von Amerika als Westen und westlicher Sphäre nur eine von vielen möglichen „hemisphärische[n] Konstruktionen der Amerikas" (Bierle et al. 2006). Sie ist geologisch und geometrisch keineswegs notwendig und angesichts der Kugelform der Erde fragwürdig. Die Begrifflichkeiten Osten und Westen bzw. Orient und Okzident haben an sich seit dem Übergang in die globale Welt letztlich an Sinngehalt verloren haben und bezeichnen nur Himmelsrichtungen, nicht aber klar definierte Regionen. Anders als in der alten ökumenischen Welt gibt es auf einem Globus keine prädestinierte Mitte mehr, von der aus sich westliche und östliche Regionen bestimmen lassen, vielmehr ist jeder Ort je nach Tageszeit entweder Morgenland oder Abendland.[20]

Eine zur Erfindung Amerikas als neue westliche Welt alternative Konstruktion, die Amerika von Asien aus betrachtet als neuen Osten wahrnimmt, hätte daher ebenso eine Berechtigung. Für diese Perspektive spricht auch die Besiedlungsgeschichte, da die Ureinwohner Amerikas von Asien aus eingewandert sind. Befreit man sich von der vereinfachenden Erfindung Amerikas als neuem Westen, wird deutlich, dass das Spannungsfeld von Orient und Okzident mit dem Übergang zur globalen und Amerika einschließenden Welt auf eine neue Stufe gehoben wurde. Mit

---

19 Dies gilt insbesondere für den lateinamerikanischen Raum, in dem das indigene Erbe bis heute noch eine Bedeutung besitzt und aktuell eine Rückbesinnung auf diese Traditionen erfolgt. Aber auch die die „First Nations" in den USA und Kanada könnten eine stärkere Beachtung erfahren.

20 Die sich aus der Wahrnehmung des Sonnenaufgangs und -untergangs ableitenden Termini verloren mit dem Verlassen der alten Insel der Erde ihren Sinn. Allerdings blieb diese einfache Einsicht über 500 Jahre auch im sogenannten Westen lange Zeit verdeckt und in gewisser Weise war die Perzeption des Globus über diesen Zeitraum hinweg von einer Schizophrenie geprägt. Trotz des Übergangs in die globale Welt wurde weiterhin von einem Westen und einem Osten gesprochen. Zwar verschob sich infolge der Expansion nach Westen die bisherige Anordnung der Erdteile und das einstige europäische Abendland rückte ins Zentrum der Welt, dabei wurde aber zugleich der Gegensatz zwischen Ost und West auf neuer Stufe reproduziert. Ein paradigmatisches Sinnbild dieser Wahrnehmung ist die Weltkarte Waldseemüller (vgl. Kap. 7.3). Erst heute verlieren angesichts eines wachsenden Globalitätsbewusstseins möglicherweise auch die Kategorien Ost und West bzw. Orient und Okzident an Bedeutung.

dem amerikanischen Kontinent, von dessen „asiatische[m] Sein" (Dussel 1993: 27) zunächst auch Kolumbus überzeugt war, wurde indirekt eine bisher unbekannte asiatisch-orientalische Kultur entdeckt.

Indem sich Europa jedoch den Kontinent als neue westliche Welt erfand und eroberte, wurde diese fernöstlichste Welt verdeckt. Vermehrt wird in Lateinamerika aber, nach 500 Jahren okzidentalistischer Entdeckung und Erfindung Amerikas, eine Neuerfindung Amerikas durch die Wiederentdeckung des Verdeckten eingefordert (vgl. Kap. 10.3). Es erfolgt eine Rückbesinnung auf das präkolumbianische Erbe, wie unter anderem an dem Rekurs auf *Pacha Mama* und das Konzept des *Buen Vivir* deutlich wird (vgl. Kap. 12.2). Das lange verborgene und unterdrückte „América profunda" (Kusch 1962) tritt allmählich wieder in Erscheinung notwendig.

Und auch in den lateinamerikanischen Sozialwissenschaften wird mit der Kritik des Okzidentalismus ein Emanzipationsprozess von hegemonialen westlichen Epistemologien eingeleitet. So fordert Dussel in *Von der Erfindung Amerikas zur Entdeckung des Anderen* (1993), ausgehend von der „Tatsache, daß Amerindia der Ferne Osten Asiens war" (Dussel 1993: 103), eine Neubestimmung des Verhältnisse zu den amerikanischen Ureinwohner ein. Er plädiert für die Überwindung der durch Kolonialität geprägten Moderne und ihre Ablösung durch eine „Trans-Moderne" (Dussel 1993: 81), welche die „Behauptung der Würde und Identität der anderen Kulturen, des Anderen, der zuvor verdeckt wurde" (ebd.: 81), anerkennt.

Im Anschluss hieran kann argumentiert werden, dass für den Übergang in eine derartige Transmoderne insbesondere auch eine grundlegende Neubestimmung der transatlantischen Beziehungen notwendig ist. Gerade weil die Neue Welt eine paradigmatische Rolle bei der Herausbildung eines Machtgefälles zwischen „entwickelten" okzidentalen Zeentren und den „unterentwickelten" Peripherien besaß, erscheint der amerikanische Kontinent als prädestiniert, den Gegensatz zwischen dem Westen und den „Anderen" auf neuer Weise zu reflektieren. Sowohl einer Veränderung der Beziehungen zwischen Europa und (Latein-)Amerika wie auch ein Wandel des Verhältnisses zwischen okzidentale Kultur und indigener, „fernöstlicher" Kultur auf dem amerikanischen Kontinent könnte zur einer Aufhebung der Gegensätze beitragen. Um diesen Prozess einzuleiten, ist allerdings eine kritischen Reflexion jener Kolonialität, durch die bisher das Verhältnis zwischen Alter und Neuer Welt geprägt war, notwendig.

Eingeleitet wurde die „Begegnung zweier Welten" (León Portilla 1992) durch die Verwandlung des atlantischen Ozeans von einer trennenden Barriere zu einer Brücke zwischen alter und neuer Welt. Für die Völker im transatlantischen Raums waren damit fundamental unterschiedliche Konsequenzen verbunden. Die Entgrenzung des westlichen Horizonts implizierte für den europäischen Menschen einen tiefgreifenden Wandel des Weltbildes (vgl. Kap. 7). Es erfolgte eine „Entgrenzung des Möglichkeitshorizonts aus seinen Bindungen an Wirklichkeitsgrenzen" (Makropoulos 1999: 393). Der alte feste Horizont, mit dem insbesondere die Säulen des Herakles einst verbunden waren, wird in Bewegung gesetzt. Koschorke spricht in seiner *Geschichte des Horizonts* (1990), bezogen auf Bacons Deutung der Säulen, von einer „Entmythologisierung dieser Schwelle" (ebd.: 10), welche die alte Tabuisierung der Schwellenüberschreitung aufhebt: „Der Horizont als wandernde Grenze der jeweils erschlossenen Welt soll […] hinausgeschoben werden." (Koschorke 1990: 10) Dies galt bereits vor Bacon für die infolge der nautischen Entgrenzung des Westhorizonts eingeleiteten Umdeutung der Säulen von einer Grenze zu einer Türschwellen, welche den Eintritt in neue Welten ermöglicht. Die mit der Devise Plus Ultra verbundene Überschreitung der herakleischen Schwelle wird schließlich zum Paradigma der Entmythologisierung aller Schwellen und zum Sinnbild für die Legitimität jeglicher Grenzüberschreitungen. Hierdurch entstehen die zu den alten Mythen konträren Fortschrittsmythen der Moderne. Man kann geradezu von einer inversen Remythologisierung der Schwelle sprechen, da die Möglichkeit gleichsam zum Zwang wird und es nun legitimationspflichtig wird, auf die Entgrenzung zu verzichten. Die Grunderfahrung der Öffnung des Westhorizonts verändert damit das Selbstverständnis der westlichen Kultur, welche die Weltöffnung als positiven Akt der Emanzipation von tradierten Bindungen deutete (vgl. Kap. 7.4).

Für die anderen Völkern im transatlantischen Razum war dahingegen die Entgrezung des Horizonts und die damit verbundene Begegnung mit grundlegend gegensätzlichen Erfahrungen verknüpft. Die schützenden Grenzen des Ozeans wurden durchbrochen und es erfolgte die koloniale Einbindung in das vom Westen dominierte Weltsystem. Die Ureinwohner Amerikas wurden vernichtet oder unterworfen und subordiniert, der Kontinent zum Objekt der Ausbeutung. Auch die Afrikaner, der dritten „Akteursgruppe" im transatlantischen Raum, begann eine 500jährige Leidensgeschichte der Versklavung und Unterjochung.[21]

Es war stets das okzidentale Subjekt, das die Schwellen übertreten und so die Grenzen immer wieder neu vorangetrieben hatte, wie auch der *Myth of the West* und der *Frontier-Mythos* verdeutlichen. Nach der Legitimität dieser Grenzüberschreitung wurde nicht gefragt und die Folgen für die „Anderen" vernachlässigt und externalisiert. Der Okzident kontrolliert die Grenzen und die Grenzöffnungen und die Grenzverschiebungen waren immer einseitig. Mit der Devise Plus Ultra war eine klare Bewegungsrichtung verbunden – es ging hinaus in den Westen. Der Transit war stets durch eine Machtgefälle und eine ökonomisches Ungleichgewicht geprägt. Zurück kamen aus Amerika primär die Waren und einige Kulturpflanzen. Weitgehend ausgeschlossen wurde die Möglichkeit eines Re Intra im Sinne eines Eintritts von fremden Menschen und deren Ideen über die Schwelle in die abendländische Welt.

Für eine Neubestimmung der transatlantischen Beziehungen und den Übergang in eine Transmoderne erscheint daher heute eine weitere Entmythologisierung der herakleischen Schwelle notwendig, die diese von der Dominanz der Plus-Ultra-Leitdevise befreit. Damit erst eröffnet sich eine neue Perspektive und ein neuer Grenzraum der Interaktion und des Spiels mit Grenzen. Im Gegensatz zu den hierarchischen und vom Westen beherrschten Grenzen und Schwellen der Plus-Ultra-Moderne könnten die Grenzziehungen und Grenzüberschreitungen der Post-Plus-Ultra-Welt einen anderen Charakter aufweisen.

Dies würde zum einen für Europa implizieren, dass jenseits der alten Säulen des Herakles nicht nur eine neue westliche Welt wahrgenommen, sondern auch in

---

21 Die Rolle Afrikas im Prozess der europäischen Expansion und der Unterwerfung der Welt wurde in dieser Arbeit bisher weitgehend ausgeblendet. Eine intensivere Beschäftigung mit der Thematik hätten den Rahmen der Arbeit gesprengt. Zweifelsohne ist aber eine vollständige Aufarbeitung der Kolonialität der Moderne ohne Berücksichtigung Afrikas nicht möglich.

stärkerem Maße eine Interaktion mit den „fernstöstlichen" Kulturen des präkolumbianischen Amerikas und deren Erben angestrebt wird. Dies hieße andererseits, dass auch auf dem amerikanischen Kontinent, dessen Geschichte von einem 500jährigen Vorrücken der „Western-Frontier" gekennzeichnet war, eine Neubestimmung des Verhältnisses zwischen westlicher und indianischer Kultur eingeleitet wird – in den letzten 20 Jahren sind zumindest in Lateinamerika erste Schritte in diese Richtung erfolgt (vgl. Kap. 10).

Damit zeichnet sich ein Ende der absoluten Dominanz des Westens ab und es beginnt eine neue Phase der echten Interaktion. Es lässt sich die Vision einer Welt der Globalität skizzieren, in der dem „Anderen" das Recht zugestanden wird, sich dem kolonialen Plus-Ultra-Anspruch des Westens zu widersetzen. Mehr noch: Über die im Sinne des Plus Ultra einseitig nach Westen überschrittenen Türschwellen der Säulen des Herakles kann nun auch in umgekehrter Richtung von Außen etwas eintreten. In der Post-Plus-Ultra-Welt erhalten so die Schwellen eine gewandelte Bedeutung und es entsteht ein neuer Schwellenraum, wie man im Anschluss an Bhabha argumentieren kann. Dieser hatte das Treppenhaus als Transitzone interpretiert, welche die Möglichkeit der Herausbildung von hybriden Mischungen in sich birgt:

„Das Treppenhaus als Schwellenraum zwischen den Identitätsbestimmungen wird zum Prozeß symbolischer Interaktion. […] Das Hin und Her des Treppenhauses, die Bewegung und der Übergang in der Zeit, die es gestattet, […] eröffnet die Möglichkeit einer kulturellen Hybridität, in der es einen Platz für Differenz ohne eine übernommene Hierarchie gibt." (Bhabha 2000: 5)

Es lässt sich aus dieser Vorstellung auch ein Leitbild für die Neubestimmung des Paradigmas der herakleischen Schwelle gewinnen. Wenn in den vorrausgehenden Kapiteln dem Plus Ultra der Moderne die Leitdevise Re Intra gegenübergestellt wurden, so kann man dies auch mit neuen Schwellenräumen der Interaktion, die sich herausbilden könnten, verbinden. Durch das gleichberechtigte Wechselspiel zwischen Plus Ultra und Re Intra wird ein transatlantischer Dialog zwischen den Kulturen eingeleitet, der zu einer egalitären, postkolonialen Hybridisierung führt. Es vollzieht sich eine Neubestimmung der Grenzschwelle, die nun nicht mehr als „Westfront" wahrgenommen wird, wie es im Zeichen des kolonialen Plus Ultra der Fall war, sondern als Ort des wechselseitigen Transits. Es entsteht so in dem transatlantischen Raum eine neuer Schwellenraum als dritter Raum der Imagination und der Hybridisierung. So wird auch der Gegensatz zwischen Alter Welt und Neuer Welt auf neue Weise aufgehoben und die Herausbildung einer „Anderen Welt" jenseits von Okzidentalismus und Orientalismus gerät ins Blickfeld.

Die Neubestimmung des Verhältnisses zwischen Europa und den Anderen sollte dabei nicht allein eine Veränderung der ökonomischen Beziehungen und einer Überwindung der imperialen Lebens- und Arbeitsweisen beinhalten. Um eine echte kulturelle Hybridisierung einzuleiten ist es darüber hinaus notwendig zu erkennen, dass die „Kolonialität der Macht" mit weitergehenden Unterdrückungsverhältnissen verbunden war. Sie ging auch mit einer Kolonialität des Wissens und damit der zunehmenden Dominanz der okzidentalen Epistemologie und der Unterdrückung alternativer, nichteuropäischer Epistemologien und Weltbildern einher. Eingefordert wird daher eine „epistemologische Dekolonisierung" (descolonización epistemológica) (Quijano 1992: 447) welche diesen verdrängten Vorstellungen wieder eine Legitimität zuerkennt.

Wie am Beispiel der Auseinandersetzung um die Kultivierung des Maises wie auch des Verhältnisses zum Tod deutlich wurde, liegen den Differenzen zwischen der okzidentalen Kultur und den indigenen Kulturen Amerikas grundlegend unterschiedliche Vorstellungen bezüglich der Beziehung des Menschen zur äußeren und inneren Natur zugrunde (vgl. Kap. 10). Eine *postkoloniale kulturelle Hybridisierung* und der Übergang zu einer neuen postokzidentalen Globalität müsste daher auch mit einer Verbindung der unterschiedlichen gesellschaftlichen Naturverhältnissse verknüpft sein.

In der Antike war es den ökumenischen Religionen gelungen, zur Integration des zunächst nur durch die imperiale Gewalt verbundenen Menschengeschlechts beizutragen. Aus soziologischer Perspektive bestand die eigentliche Leistung dieser Religionen (von lat. „re-ligare" » zurückbinden«; vgl. Dudenverlag 2001: 667), weniger darin, die Menschen an Gott zurückbinden, als vielmehr die Menschheit zu verbinden. Im Gegensatz zum antiken ökumenischen Zeitalter stellt sich im Zeitalter der Globalität allerdings nicht nur die Aufgabe einer Integration des Menschengeschlechtes, sondern auch diejenige von Mensch und Natur. Insofern muss der neue Globalitätsethos gegenüber dem ökumenischen Ethos eine ökologische Ausweitung erfahren. Entsprechender Versuche durch Papst Franziskus in seiner „Umwelt-Enzyklika" (2015) weisen bereits in diese Richtung. Auch der von Küng beschworene „Weltethos" (1990) beinhaltet eine interkulturelle Öffnung und weist dem Problem der Naturproblematik eine zentrale Bedeutung zu. Allerdings steht auch dieses Modell noch stark in der Tradition der okzidentalen Philosophie und deren anthropozentrischen Rationalität. Zu vermuten ist daher, dass sich der neue Globalitätsethos in unerwarteter Weise entwickeln wird und auch, wie einst in der Antike, durch periphere Kulturen und Traditionen beeinflusst wird. Die zunehmende Rezeption des Diskurses um *Pacha Mama* und des Konzepts des *Buen Vivir*, das auch mit der Idee der Solidarität zwischen Menschen und Natur verbunden ist, weisen darauf hin, dass die alternativen Naturverhältnisse- und verständnisse der prähispanischen Kulturen hierbei eine wichtige Bedeutung gewinnen könnte (vgl. Kap. 12.2). Durch die Respektierung und Einbeziehung der zur okzidentalen Rationalität alternativen Epistemologien und Praktiken der altamerikanischen Kulturen könnten eine ökologisch nachhaltigere Kultur und auch ein neuer Weltethos sich herausbilden.[22] Diese Hybridisierungsprozessen könnte so schließlich, wie im

---

22 Dabei ist allerdings auch vor einer Romantisierung der indigenen Weltbilder zu warnen. Auch wird gerade im Bolivien und Ecuador deutlich, dass zwischen Rhetorik und Praxis deutliche Unterschiede bestehen. Der pachamamismo" (Sánchez Parga 2011) hat häufig nur legitimitarische Funktionen (vgl. Kap. 10.2). Geprägt sind die Länder auch intern von einem Widerstreit zwischen okzidentalem Fortschrittsmodell und indigenistischen Gegenkonzepten. Insgesamt sind bei dem hier skizzierten Hybridisierungsprozess viele, durchaus auch konfliktreiche, synkretische Prozesse mit nicht absehbarem Ausgang zu erwarten. Dabei ist auch von einem starken Einfluss der *Earth Sciences* und der *Ecosciences* auszugehen, die sich mit den indigenistischen Diskursen verbinden (vgl. Kap. 9.7).

Folgenden ausgeführt wird, auch zu einer Beendigung des Prozesses der Ausweitung der Herrschaft des Human Empire über die Natur beitragen.

13.6 VOM HUMAN EMPIRE ZUM POSTANTHROPOZÄN?

Infolge des Übergangs von der frühneuzeitlichen kolonialen Moderne zur technoszientifischen Moderne hatte die Kolonialität der Moderne eine Ausweitung erfahren. Paradigmatisch hierfür war die von Bacon vollzogene Übertragung des Plus-Ultra-Mottos, das nun zum Sinnbild für die technowissenschaftliche Kolonisierung der außermenschlichen Natur wurde. War bei Karl V. und seinen Nachfolgern die Devise noch mit dem Ziel der Ausweitung des *Hispanum Imperium* verbunden gewesen, so wird nun mit der Forderung nach einem „Enlarging of the bounds of Human Empire, to the effecting of all things possible" (Bacon 1862: 398) ein neues imperiales Programm formuliert. Dieses Bacon-Projekt wurde in der industriegesellschaftlichen Moderne verwirklicht. Sowohl die Errungenschaften der technischen Zivilisation wie auch deren Schattenseiten sind wesentlich auf dieses Projekt zurückzuführen (vgl. Kap. 8).

Heute stellt sich die Frage, ob man an die Stelle des Ziels der permanenten Ausdehnung des Human Empire nicht eine reflexive Selbstbegrenzung setzen müsste. Williams schreibt in diesem Sinne: „Since the time of Bacon, enlargement of human empire has routinely been thought of as historical progress: more power, more knowledge, more wealth, and even, possibly, more fulfilling and just ways of life. [...] We are still struggling to come to terms with these contradictory ways of understanding the triumph of human empire." (Williams 2013: xi) Man kann hier hinzufügen, dass wir in mehrfacher Hinsicht mit den Widersprüchen des Human Empire-Programms zu kämpfen haben. Zum einen führte der Triumph zu ökologischen Nebenfolgen, die nach dem Aufstieg des Human Empire auch einen möglichen Abstieg einleiten können – oder zumindest eine Konsolidierung und Begrenzung notwendig machen. Zum anderen erscheint aber auch die Alternative einer Hoffnung auf neue „Triumphe", wie sie die Apologeten eines weiteren technoszientifischen Fortschritts versprechen, zweischneidig: Denn aktuell deutet sich bei einer linearen Fortschreibung des Projekts ein Übergang in ein Posthumanes Empire an, das den Menschen als antiquiertes Element der Technikgeschichte auf die Müllhalde der Evolutionsgeschichte verbannt. Schließlich sind auch die zunehmenden Konflikte zwischen den Kulturen teilweise auf Gegensätze zwischen dem technoszientifischen Weltbild des Westens und den alternativen Kosmovisionen der nichtokzidentalen Kulturen zurückzuführen.

Die Frage nach dem Übergang des expansiven politisch-ökonomischen „Empire" in eine neue integrative Phase stellt sich damit in analoger Weise auch hinsichtlich des Human Empire und dem damit verbundenen gesellschaftlichen Naturverhältnissen. Es geht mit anderen Worten um das Problem des Übergangs von einer aufgrund ihrer Expansivität nicht-nachhaltigen Gesellschaft zu einer nachhaltigen (Welt-)Gesellschaft mit einem nicht-kolonialen und integrativen Naturverhältnis. Während in den vorangegangenen Kapiteln die Diskussion um die zeitdiagnostische Bedeutung des Konzepts der augusteischen Schwelle auf politische und ökonomische

Aspekte bezogen war, wird deshalb im Folgenden diskutiert, wie eine *Transformation des Human Empire* vollzogen werden kann.

Für eine derartige Transformation ist es nicht ausreichend, so die hier vertretene Position, die technoszientifische Moderne nur zu reformieren und durch eine innovative Neuausrichtung der Technik zu modernisieren. Die in der Debatte um die große Transformation verbreitete Fokussierung auf den Übergang zur verstärkten Nutzung nichtfossiler Energieformen ist verkürzt, solange sie sich nur auf technologische Aspekte beschränkt. Für eine echte Transformation hin zur Nachhaltigkeit erscheint eine grundlegende Reflexion und Revision des Naturverständnisses der Moderne notwendig. Es gilt, wieder verstärkt die Eigensinnigkeit der Natur anzuerkennen und anstelle des Festhaltens am modernen Naturverstandnis, das von einer Identität zwischen Natur und technischen Artefakten ausging, wieder vermehrt die Differenz zwischen lebendiger Natur und Technik hervorzuheben und zu reflektieren.

In der Moderne hatte sich infolge der Durchsetzung einer technoszientifischen Epistemologie (vgl. Kap. 8.6.3), welche an die Stelle der Wahrnehmung der ungebundenen Natur die Untersuchung der gefesselten Natur im Labor setzte, ein technoszientifisches Naturverständnis herausgebildet. Zugleich wurden die mechanischen Artefakte zum Vorbild der Deutung des Natürlichen und es vollzog sich eine „Mechanisierung des Weltbildes" (Dijksterhuis 1956). Allerdings gingen weiterhin noch manche Wissenschaftler von einer Differenz zwischen Organischem und Mechanischem aus. Mit dem Übergang zur kybernetischen Moderne wurde diese Annahme eines Unterschieds zwischen Belebtem und Unbelebtem endgültig verworfen, zugunsten eines seither dominierenden kybernetischen Mechanizismus. Die Durchsetzung eines „kybernetische[n] [...] Begriff[s] von Natur" in den Technowissenschaften führte dazu, dass „die Grenzen von Technik und Wissenschaft, (...) von Kultur und Natur, von Organismus und Maschine, von Physischem und Nichtphysischem durchlässiger geworden [sind]" (Weber 2001: 26). Dieser neue Monismus hatte die Angleichung der Vorstellungen von Mensch und biologischer Natur an die kybernetischen Maschinen zur Folge.

Damit ging auf technologischer Ebene eine zunehmende Hybridisierung von Lebendigem, Mensch und Technik einher. Dabei sind diese aktuellen Phänomene als Radikalisierung mit der neuzeitlichen okzidentalen Rationalität zu interpretieren. Denn bereits Bacon hatte mit seinen Forderungen nach einer Ausweitung der Grenzen humaner Herrschaft diese Entgrenzungsdynamik eingeleitet (vgl. Kap. 8.). Vor diesem Hintergrund erscheinen auch Diagnosen, welche die aktuellen Prozesse der Entgrenzung und Hybridisierung im Zeitalter der Technoscience als Bruch mit der Moderne deuten, als historisch blinde Analysen.[23] Es soll hier daher eine abweichende Perspektive auf die moderne Hybridisierungsdynamik vorgeschlagen werden: Analog zur Reflexion der kulturellen Hybridisierung kann auch hinsichtlich

---

23 So argumentierte Haraway in den 1980er Jahren in ihrem einflussreichen „Cyborg-Manifest" (Haraway 1995), dass infolge der Ausbreitung der „Cyborgs, [...] Hybride[n] aus Maschine und Organismus" (ebd.: 33) die „Dualismen, die den ‚westlichen' Diskurs seit Aristoteles regulieren [...] technologisch verdaut" (ebd: 51) würden. Diese Absetzung von Aristoteles wurde aber auf epistemologischer Ebene bereits von Bacon vollzogen (vgl. Kap. 8.3).

der Hybridisierung von Natur und Gesellschaft zwischen einer hierarchischen und einer egalitären Form der Hybridisierung unterschieden werden.[24]

Die Grundlage der technoszientifischen Naturbeherrschung war ein Naturbegriff, der zu einem „Tod der Natur" (Merchant 1987), d.h. der Negation der Eigensinnigkeit der lebendigen Natur, führte – der sich bereits in der Antike andeutende Übergang von der Vorstellung der Natur als aktivem Subjekt zu einem Konzept einer passiven Natur wurde radikalisiert. Auf dieser Epistemologie basiert die erfolgreiche industriegesellschaftliche Aneignung nicht erneuerbarer Ressourcen und fossiler Energien. Grundlage der Ausweitung der Herrschaft über die Natur war die Entzauberung, Mechanisierung und Entsubjektivierung der belebten Natur. Die Hybride der Industriegesellschaft wurden vor allem durch die technoszientifische Aneignung der toten Natur erschaffen. Im Prozess der Hybridisierung von Natur und Gesellschaft war so das Natürliche stets auf hierarchische Weise subordiniert. Damit einher ging auch die Verkennung der Eigenlogik der lebendigen Natur und ihrer Differenz zum Technologischen. Diese Prozesse können als dunkle Seiten der Kolonialität der technoszientifischen Moderne problematisiert werden, die auch eine Ursache für die ökologischen Krisen sind.

Um dieses koloniale Naturverhältnis zu überwinden erscheint es notwendig, wieder verstärkt die Eigensinnigkeit des Lebens anzuerkennen. Auf der Grundlage einer „Kritik der technoszientifischen Vernunft" (vgl. Kap. 8.6.5) wird daher im Folgenden das Szenario eines Übergangs hin zu einem postkolonialen, nachhaltigen Naturverhältnis beschrieben, das mit einer Neubestimmung des Verhältnisses zwischen Technosphäre und Biosphäre verknüpft ist. Der Rekurs auf nichtokzidentale Epistemologien mit alternativen, mehr subjektivierenden und interaktiven Naturverständnissen, kann für einen derartigen Wandel befruchtend sein. Die Öffnung für indigene Weltbilder, die im vorausgehenden Kapitel eingefordert wurde, könnte hierzu einen Beitrag leisten. Allerdings impliziert dies nicht, dass hier für einen Rückkehr zu vormodernen mythischen Weltbildern plädiert wird. Vielmehr lassen sich „hybride Epistemologien" konzipieren, in denen okzidentale Wissenschaft und nichtokzidentale Vernunft verbunden werden.

---

24 Auch Latour unterscheidet in *Wir sind nie modern gewesen* (1998) zwischen verschiedenen Phasen und Perspektiven auf die Hybridisierung. Demnach ist die Moderne durch eine „große Trennung zwischen menschlichen und nicht-menschlichen Wesen" (ebd.: 131) gekennzeichnet gewesen. Zugleich wurde aber eine Vielzahl von Wesen produziert, die im Zwischenraum von Gesellschaft und Natur angesiedelt seien: „[Ein] Ensemble von Praktiken schafft durch ‚Übersetzungen' vollkommen neue Mischungen zwischen Wesen: Hybriden, Mischwesen zwischen Natur und Kultur." (Latour 1998: 20) Aus der Sicht von Latour leitet die Anerkennung und Bewusstwerdung der „Populationen von Hybriden" (ebd.: 66) heute eine Abkehr von dem dualistischen Denken der klassischen Moderne ein. Allerdings wird mit der „monistischen Ontologie der Aktor-Netzwerk-Theorie" (Lau 1999: 296) auch der Gedanke einer Differenz zwischen Leben, Mensch und Maschine negiert. Demgegenüber wird hier argumentiert, dass nicht die Setzung einer Differenz zwischen Natur und Gesellschaft das Problem ist, sondern die daraus abgeleitete Hierarchisierung. In seiner späteren Schriften und insbesondere in *Kampf um Gaia* (Latour 2017) legt er allerdings einen differenzierteren Naturbegriff zugrunde.

Hierzu beitragen kann eine Rekurs auf die von Maturana und Varela vorgenommenen heterodoxen Ausdeutungen des kybernetischen Paradigmas. Diese führt nicht zu einer monistischen Auflösung der Differenz zwischen lebendiger Natur und Technik, wie in den Technosciences, sondern vielmehr zu einer Reformulierung des Dualismus zwischen Organischem und Mechanischem. Die chilenischen Wissenschaftler hatten bekanntermaßen zur Beschreibung der Fähigkeit zur Selbstorganisation den Begriff der „Autopoiesis" (Maturana und Varela 1980) geprägt. Sie betonen unmissverständlich, „dass ein System mit autopoietischer Organisation die Erscheinungsformen eines lebendigen Systems hervorbringt" (Maturana 1985: 159). Hiervon klar zu unterscheiden sind „allopoetische Systeme" (ebd.: 159) bzw. „allopoietische Maschinen [...] [die] durch ihr Funktionieren etwas von sich selbst Verschiedenes [erzeugen]" (ebd.: 186). [25] Zur Kennzeichnung dieser Differenz zwischen der Autopoiesis des Lebens und der Welt der humanen Artefakte wurde von ihnen der weitgehend synonyme Begriff der „Heteropoiesis" gewählt, der den „space of human design" bezeichnet (Maturana und Varela 1980: 90; 136). Damit wird deutlich, dass die von der Kybernetik zweiter Ordnung beeinflussten Autoren die These der Identität von lebendiger Natur, Menschen und Maschinen infrage stellen, welche von den Vertretern einer monistischen Kybernetik postuliert wird.[26] Es wird ein Spannungsfeld zwischen lebendiger, selbstorganisierender, autopoietischer Natur auf der einen, sowie allopoietischer, technisierter, menschlicher Gesellschaft auf der anderen Seite erkennbar.

Auf dieser Grundlage der ursprünglichen Bedeutung des griechischen Begriffs *poiesis* (herstellen, hervorbringen) lässt sich zugleich postulieren, dass nicht nur der Mensch, sondern auch die lebendige, autopoetische Natur „arbeitet". Voß plädiert ganz zu Recht für eine Ausweitung des Arbeitsbegriffs und hinterfragt dabei auch die anthropozentrische Position eines „Exklusivrecht[s] des Menschen auf Arbeit" (Voß 2010b: 50). In diesem Sinne fordert auch Immler unter Rekurs auf Schellings Konzeption von der „Natur als Subjekt" (Schelling 1799/2004: 41) einen Arbeitsbegriff ein, der die „Einheit von produzierender Natur und produzierender Arbeit" (Immler 1985: 425) berücksichtigt.[27] Auf der Grundlage eines ausgeweiteten

---

25 Maturana und Varela knüpfen dabei implizit an Aristoteles an. Dieser unterscheidet zwischen Technik und Natur mit folgenden Worten: „Unter den vorhandenen Dingen sind die einen von Natur [physis] aus. [...] Von diesen hat nämlich ein jedes in sich selbst (auton arche) einen Anfang von Veränderung und Bestand. [...] Ein kunstmäßig (techne) hergestelltes Ding [...] [hat] keinerlei innewohnenden Drang zur Veränderung in sich. [...] Keines von diesen Dingen enthält ja in sich [auton] den Anfangsgrund seiner Herstellung [poiesis] sondern [...] in Anderen [allos]." (Aristoteles 1967: 192 a)

26 Auch Bühl machte in Anknüpfung an Maturana und Varela in seinem Artikel Grenzen der Autopoiesis (Bühl 1987) deutlich, dass insbesondere Luhmanns „autopoetische Metaphysik" (ebd.: 8) mit ihrer simplen Übertragung des Autopoiesiskonzepts auf soziale Systeme auf einer Missdeutung des ursprünglichen Ansatzes beruht und die „Frage von Autonomie und Heteronomie" (ebd.: 3) und den „Dualismus von Autopoiese und Allopoiese" (ebd.: 5) unberücksichtigt lässt.

27 Immler plädiert für eine Rückbesinnung auf Schellings Naturkonzept. Dieser hatte der „Natur als bloßes Produkt (natura naturata)", d.h. der „Natur als Objekt" eine „Natur als Produktivität (natura naturans)", d.h. eine „Natur als Subjekt" gegenüber gestellt (Schelling

Arbeitsbegriffs rückt somit die Eigenwertigkeit der reproduktiven Fähigkeiten der autopoietischen Natur wieder ins Blickfeld und es können problematische Engführungen des modernen Arbeitsverständnis überwunden werden.[28]

Wie Biesecker und Hofmeister argumentierten ist die moderne Ökonomie „durch die Trennung von Produktion und sog. Reproduktion" gekennzeichnet (Biesecker und Hofmeister 2015: 78). Nur die auf den kapitalistischen Markt ausgerichteten Arbeitsprozesse gelten als produktiv, wohingegen die reproduktiven Tätigkeiten des Menschen wie auch der Natur abgewertet werden und als unproduktiv gelten. Diese Ausgrenzung des Reproduktiven in der Marktgesellschaft trage zur „Zerstörung der Produktivitäten der lebendigen Natur und der lebendigen Menschen jenseits des Marktes" (ebd.: 79) bei. Man kann davon sprechen, dass das Plus-Ultra-Motto der Moderne auch mit einer Ausweitung des kapitalistisch-marktförmig organisierten Produktionsbereichs und gleichzeitig der Verdeckung anderer Bereiche einherging. Hierin ist auch eine Ursache für die ökologische Krise zu sehen: „Indem die Produktivität des sog. Reproduktiven – Natur und soziale Lebenswelt – ausgeblendet wird, werden die Ursachen nicht-nachhaltiger Entwicklung systematisch verborgen." (Ebd.: 83) Für eine Transformation hin zu eine nachhaltigen Entwicklung wäre daher unter der Leitdevise Re Intra eine Wiederaufwertung des Reproduktiven anzustreben und der Produktionsbereich in den umfassenderen Bereich der Reproduktion zu integrieren.

Dieser Perspektivenwechsel kann auch zur Grundlage für eine Kritik der technoszientifischen Vernunft und einen Übergang zur einer postkolonialen Form der Hybridisierung zwischen Mensch und Natur werden. Während die Hybridisierung der industriegesellschaftlichen Moderne vor allem auf einer produktivistischen Aneignung der toten Natur basierte, wird nun das gesellschaftliche Naturverhältnis als Koproduktion und Kooperation zwischen Gesellschaft und Natur konzipiert.

Auf globaler Ebene impliziert dies das Ziel der Vermittlung zwischen der Welt der Technik und der Welt des Lebens und damit einer „Wiedereinbettung" der „Technosphäre" (Erlach 2000: 36) in die Biosphäre. Die Moderne war geprägt durch einen Prozess der „globalization of technoscience" (Schäfer 2001: 301) im Sinne einer Ausbreitung der für die okzidentale Kultur kennzeichnenden technoszientifischen Epistemologie und der damit verbundenen Praktiken. Hierdurch bildete sich eine Technosphäre im echten Wortsinn heraus – die Erdkugel und die auf ihr entstandene Biosphäre wurden zunehmend durch die menschlich erzeugte Welt ergänzt und grundlegend umgestaltet. Die aktuelle Diskussion um das Anthropozän, d.h. die tiefgreifende Veränderung der Erde durch den menschlichen Einfluss als gleichsam neue erdgeschichtliche Epoche, spiegelt dies wider. Die mit diesem Begriff ebenso verbundene Diagnose einer drastischen Reduktion der Artenvielfalt

---

1799/2004: 41). Auch bei Bloch, auf den sich Immler beruft (Immler 1985: 11), ist die Rede von einem „Subjektkern in der Natur, seit alters als natura naturans bedeutet und angesprochen" (Bloch 1975: 218).

28 Diese lange Zeit gerade auch in der Soziologie als romantisch-mythischer Irrationalismus verfemte Perspektive (vgl. Habermas 1969: 54; 1995: 516) von der Natur als produktivem, aktivem Subjekt wird aktuell angesichts der ökologischen Problematik wieder rehabilitiert. Die Wahrnehmung und Wertschätzung der „Produktivkraft Natur" (Jessel, Tschimpke, und Walser 2009) erfährt in der umweltpolitischen Debatte eine Renaissance.

macht den gewaltsamen, destruktiven und kolonialen Charakter dieses Prozesses erkennbar. Bedroht ist die Arbeits- und Reproduktionsfähigkeit des Lebens insgesamt – von den einzelnen Lebewesen über komplexe Ökosysteme bis hin zu Gaia, d.h. dem gesamten System Erde als „autokybernetischer" Totalität. Die Forderung nach einer Beachtung von *planetary boundaries* und anderen mahnenden Stimmen der Ökoystemforschung verdeutlicht die Notwendigkeit einer Setzung von Grenzen bezüglich der Expansion der Welt der Technik und des Übergangs zu einer neuen Epoche, in der Technosphäre und Biosphäre in einer postkolonialen, kooperativen Weise aufeinander bezogen sind.

Angesichts der Einsicht in die Gefahren einer Zerstörung der irdischen Welt des Lebens deutet sich so eine Abkehr vom modernen Projekt der Erschließung neuer technischer Welten an und es wird ein „new way to live in the Old World" (Latour 2013: 143) gesucht. Damit ist auch eine grundlegende Neubestimmung des Verhältnisses zur Natur verknüpft. Wie Latour argumentiert, ist mit der Wahrnehmung von Gaia als kybernetischem Wesen die Vorstellung von der Erde als einem gleichsam zur Steuerung befähigtem „Subjekt", dem eine gewisse Souveränität zugeschrieben werden kann, zu verbinden.[29] Dies impliziert zugleich, dass die Entgegensetzung zwischen dem Menschen als einem autonomen und souveränen Subjekt und der heteronomen, kontrollierten Natur aufzugeben ist. Auch die Vorstellung von einer ökologisch geläuterten Herrschaft des Menschen über die Erde erscheint deshalb als obsolet. Der Mensch muss sich auf eine neue Gewaltenteilung einstellen:

„Es verstehen die ERDVERBUNDENEN, daß sie in Gegensatz zu dem, was die MENSCHEN unablässig glaubten- weder die Rolle eines Atlas noch die eines GÄRTNERS der ERDE jemals spielen werden, daß sie niemals die Funktion eines Chefingenieurs des RAUMSCHIFFS ERDE wahrnehmen können, ja noch nicht einmal die eines bescheidenen und getreuen WÄCHTERS des BLAUEN PLANETEN. Es ist einfach so: Sie haben nicht das alleinige Kommando. Eine andere Entität ging ihnen voraus, obwohl sie dessen Präsenz, Vortritt und Vorrang erst sehr spät wahrnehmen. Nichts anderes bedeutet die Formel Teilung der Macht. […] Im Zeitalter des Anthropozäns leben heißt, eine seltsame und schwierige Machtbeschränkung zugunsten GAIAs hinnehmen." (Latour 2017: 474 f.; Herv. i. O.)

Diese Überlegungen weiterführend kann man argumentieren, dass die aktuell auch im Diskurs um das Anthropozän häufig verbreitete Vorstellung von einer neuen Epoche eines ökologisch reformierten Projekts der Naturbeherrschung zu hinterfragen ist. Die Ausrufung des Anthropozän als „Zeitalter des Menschen" (Ehler 2008) ist zwar zweifelsohne verbunden mit einem Bemühen um die Einleitung eines grundlegenden Wandels der Beziehung zwischen Menschheit und Natur (vgl. Crutzen u.a. 2011). Wie Manemann in seiner *Kritik des Anthropozäns* (2014)

---

29 Latour schreibt: „What counts is that such a power has the ability to steer our action, and thus to provide it with limits, loops and constraints, which is, as you know, the etymology of the word 'cybernetic.' In that sense, Gaia is indeed a cybernetic sort of being even though, […], it is not a technical system, a space station. It is cybernetic in an old and frightening sense of the word: such a power exerts a sort of sovereignty." (Latour 2013: 136; vgl. auch Latour 2017: 473)

argumentiert, werden allerdings Fragen der Grenzen des Wissens und der Macht in dem Diskurs häufig ausgeblendet: „Die Anthropozän-These unterstellt, dass der Mensch nicht nur die Erde verändert, sondern dass er auch verstanden hat, wie er sie verändert und nach welchen Gesetzmäßigkeiten sie überhaupt funktioniert." (Ebd.: 36) Es schlägt die mit dem Begriff verbundene Einsicht in die tiefgreifenden, erdgeschichtlich bedeutsamen Auswirkungen der nicht intendierten Nebenfolgen der industriegesellschaftlichen Transformation häufig in den Glauben an den Übergang in eine Epoche einer noch umfassenderen Kontrolle des Menschen über die Natur um. Damit geht die Botschaft einher, dass angesichts der nun erkennbar gewordenen grundlegenden Veränderung der Natur jegliche Idee der Wahrung einer unberührten Natur sich als romantisierend und obsolet erweise. So verkündet Schwägerl in *Menschenzeit* (2012), es käme dem Menschen die Aufgabe zu, „Züchter einer Welt zu werden" (ebd.: 101). Auf die Krise der Naturbeherrschung wird mit der Idee einer Ausweitung der technoszientifischen Naturbeherrschung reagiert (ebd.: 166). Wenn man nun, wie dargelegt, in der Verkündung des Human Empire durch Bacon den geistesgeschichtlichen Beginn des Anthropozäns sehen kann, so ist zu fragen, inwieweit der aktuelle Diskurs nicht letztlich den damit verbundenen Anthropozentrismus reproduziert.

Zwar wird auch in der vorliegenden Arbeit durchaus eine Transformation des Human Empire von einer expansiven imperialen Unternehmung zu einem von Verantwortungsethos bestimmten und pazifierten Zustand, der gleichsam mit einem *Pax Humana* verbunden ist, für erstrebenswert angesehen. Die Überschreitung einer ökologischen augusteischen Schwelle erscheint sehr wohl möglich. Hierfür ist allerdings auch eine Neustrukturierung des Verhältnisses zwischen Zentrum und Peripherien anzustreben und damit auch eine Relativierung des die technoszientifische Moderne kennzeichnenden Anthropo- und Technozentrismus. Wie bezüglich der Dizeefrage bereits diskutiert, wird eine Reformulierung der modernen Anthropodizee notwendig, welche die Koppelung an die Technodizee aufhebt und sich eher mit einer Biodizee verbindet (vgl. Kap. 10.3).

Die Aussagekraft des Begriffs „Anthropozän" zur Kennzeichnung einer neuen geologischen Epoche der Erde soll damit nicht hinterfragt werden. Der Verlust an Biodiversität, und damit die Zerstörung der „Errungenschaften" der biologischen Evolution infolge der „Defaunation in the Anthropocene" (Dirzo u.a. 2014), ist in seiner Dramatik nur vergleichbar mit sechs anderen großen Wellen des Aussterbens, wie etwa das Massensterben vor ca. 66 Millionen Jahren, hervorgerufen durch einen Meteoriteneinschlag (Ehlers 2008: 10). Die Rede von einem durch die katastrophalen Nebenfolgen des menschlichen Wirkens eingeleiteten neuen Erdzeitalter ist durchaus berechtigt. Angezweifelt wird aber, inwiefern die darüber hinausgehende Ausrufung einer „Menschenzeit" (Schwäger 2010), in der der Mensch auf neuer Stufe zum Gestalter der Erde wird, weiterführend ist. Es stellt sich die Frage, ob man derzeit nicht eher den *Übergang in ein Postanthropozän* ins Auge fassen sollte. Diese Forderung ist nicht als posthumanistischer Absage an die Menschheit zu verstehen, sehr wohl aber als Aufruf zur Überwindung des Anthropozentrismus der Moderne. Eine Beendigung des Zeitalters des Menschen, das im Zeichen des Projekts des „enlarging of the bounds of Human Empire" (Bacon 1862: 398) stand, ist anzustreben. Es erscheint aufgrund der engen Verbindung von Anthropozän und Human Empire sinnvoll, alternative Leitbegriffe für die kommende Epoche zu wählen. Wie dargelegt, entsteht infolge der Einsicht über die hierdurch hervorgerufene Gefährdung der autokybernetischen Funktionen von Gaia nun ein neues Bewusstsein von „Globalität" (Albrow 2007). Die anthropozentrische, technoszientifische Globalisierung geht ihrem Ende entgegen und es kann davon gesprochen werden, dass sich aktuell mit dem Wechsel vom Plus Ultra zum Re Intra ein Übergang vom modernen Zeitalter des Menschen zum postanthropozentrischen *Zeitalter der Globalität* vollzieht.

Mit der These eines Übergangs in ein Postanthopozän sind weitergehende Implikationen verbunden, da letztlich das Anthropozän untrennbar mit der Expansion der technozentrischen okzidentalen Kultur verknüpft ist. Zu Recht schreibt Sloterdijk: „In der Tat wäre die Rede von einem ‚Eurozän' oder einem von Europäern initiierten ‚Technozän' eher angebracht." (Sloterdijk 2016: 10) Und in ähnlicher Weise formuliert Lessenich aufgrund der zentralen Rolle der okzidentalen Zivilisationen beim Verbrauch der fossilen Energien und den damit verbundenen Folgen: „Das Anthropozän war im Kern ein ‚Okzidentozän', ein vom ‚Westen' geprägtes Erdzeitalter." (Lessenich 2017: 102) Angesichts der zentralen Rolle der kapitalistischen Ökonomie in diesem Expansionsprozess der technischen Zivilisation des Okzidents erscheint es auch legitim, den Begriff des „Capitalocene" (Moore 2016) zu verwenden.

Aufgrund der dargestellten Zusammenhänge gewinnt die von der postkolonialen Kritik aufgestellte Forderung, Europa zu provinzialisieren (Chakrabarty 2012) und damit gleichsam ein Post-Eurozän bzw. Post-Okzidentozän einzuleiten, auch aus ökologischen Gründen an Plausibilität. Hiermit könnte eine Begrenzung und Relativierung des „kolonialen" technoszientifischen Naturverhältnisses des Westens und somit zugleich der Übergang in ein Post-Technozän verknüpft sein. Damit ist, dies sei nochmals betont, keine Absage an die Errungenschaften der okzidentalen technoszientifischen Vernunft verbunden, sehr wohl aber die Forderung nach ihrer Relativierung und der Anerkennung alternativer gesellschaftlicher Naturverhältnisse. Schließlich wäre damit auch die Einleitung eines Post-Kapitalozäns verbunden, da durch die Expansionsdynamik der Märkte die Transformation von Natur in Waren immer weiter vorangetrieben wird. Dieser Übergang zum Postkapitalismus impliziert dabei nicht das Ende der Märkte, sehr wohl aber, wie im Folgenden argumentiert wird, ihre Wiedereinbettung in Natur und Gesellschaft.

13.7 DIE WIEDEREINBETTUNG DES MARKTES

Die Debatte um eine Transformation der Ökonomie hin zu nachhaltigeren Produktionsweisen wird mittlerweile breit geführt. Große Teile der Wirtschaft und der Politik favorisieren Handlungskonzepte, die sich an dem Leitbild der „Green Economy" orientieren und eine ökologische Modernisierung der Marktwirtschaft zum Ziel haben.[30] Vorherrschend ist eine Fokussierung auf Strategien der technologi-

---

30 So heißt es in einer Publikation des Bundesministeriums für Umwelt: „Green Economy zeigt die Richtung der Transformation auf, in die sich Wirtschaft und Gesellschaft in einer globalisierten Welt bewegen müssen, um eine nachhaltige, zukunftsfähige Entwicklung zu erreichen. Der Ordnungsrahmen für Wirtschaft und Gesellschaft ist so fortzuentwickeln,

schen Innovationen, die eine kohlenstoffarme und ressourcensparende Ökonomie ermöglichen sollen, insbesondere kann eine Verengung auf das Ziel der Energiewende durch die Steigerung des Anteils an erneuerbaren Energien konstatiert werden. Fragen nach der Notwendigkeit einer tiefgreifenden sozial-ökologischen Transformation werden dabei im hegemonialen Diskurs eher ausgeblendet, ökonomische und politische Machtverhältnisse werden nicht thematisiert (vgl. Brand 2016).

Dies ist insofern erstaunlich, als Polanyi in seinem Werk *The Great Transformation* (zuerst 1944), das einen zentralen Bezugspunkt der Transformationsdebatten darstellt, die Herausbildung der marktförmig organisierten kapitalistischen Ökonomie zum primären Thema machte. Von einigen Autoren wird daher eine stärkere Berücksichtigung der kapitalistischen Marktlogik eingefordert, die als zentrale Ursache der gegenwärtigen sozial-ökologischen Krisen angesehen wird. Entsprechend müsse bei der Entwicklung von Szenarien eines Übergangs zu einer nachhaltigeren Gesellschaft auch eine Reduktion der Dominanz des Marktes ins Auge gefasst werden (Sachs 2013; Sommer und Welzer 2014, Fraser 2015, Brand 2017). An diese Perspektive wird hier nachfolgend angeknüpft und die Ergebnisse des vorliegenden Buches hinsichtlich der kolonialen Aneignung von Natur und Arbeitskraft auf Polanyis Transformationstheorie und seine Kritik des entbetteten Marktes bezogen. Vor dem Hintergrund dieses historischen Rückblicks werden sodann die aktuellen Entwicklungen und Herausforderungen analysiert.

Wie aufgezeigt, ging die frühneuzeitliche imperiale Entgrenzungsdynamik auch mit der Herausbildung frühkapitalistischer Strukturen im Welthandel und in der Plantagenwirtschaft einher. Dabei vollzog sich eine allmähliche Verselbständigung der Macht des Kapitals im Weltsystem. Dies wird symbolträchtig an der Eigendynamik des *Real de Ocho* erkennbar, der durch Säulen des Herakles verzierten ersten Welthandelsmünze (vgl. Kap. 7.8.4). Zunehmend verlagerte sich gleichsam die imperiale Macht vom Kaiser auf das „Empire of capital" (Meiksins Wood 2003). Die moderne Plus-Ultra-Dynamik wurde in einen dem Kapital inhärenten Zwang zum immerwährenden Wachstum transformiert und dies führte zur Entgrenzung und Entbettung des Marktprinzips. Zugleich setzte die Realisierung des Bacon-Projekt einen Prozess der Ausweitung der technoszientifischen Herrschaft des Menschen über die Natur in Gang. Auch diese Dynamik wurde durch die Marktkräfte aufgegriffen und ein technischer Innovationsprozess vorangetrieben, der zentral für die Entwicklung der Produktivkräfte im industriegesellschaftlichen Kapitalismus war. Die direkte „europäische Landnahme nicht-europäischer Länder" (Schmitt 1950: 101), welche die frühe koloniale Moderne prägte, wurde durch die „industriell-kapitalistische Landnahme" (Lutz 1984: 61) ergänzt. Die vermehrte Nutzung der fossilen Energien forcierte schließlich diesen Prozess. Jedoch ist zu betonen, dass diese energetische Dimension nur einer von vielen Faktoren ist, welche zur sog. industriellen Revolution beigetragen haben.

---

dass Umweltschäden vermieden werden. In Deutschland ist die soziale Marktwirtschaft ein Erfolgsmodell, das für Innovation, Wertschöpfung und Teilhabe steht. Die Lern- und Anpassungsfähigkeit der sozialen Marktwirtschaft, ihre Sozialpartnerschaft und ihre Erfolge bei der sozialen Sicherung erleichtern den Weg zu einer Green Economy und damit zu einer nachhaltigen Entwicklung von Wirtschaft und Gesellschaft." (BMU 2012: 9)

Polanyi zufolge war die letztlich entscheidende Triebkraft die zunehmende Entbettung des kapitalistischen Marktes aus der Gesellschaft und die damit einhergehende „Transformation der natürlichen und menschlichen Substanz der Gesellschaft in Waren" (Polanyi 1978: 70). Dies implizierte einerseits eine Herauslösung des Subjekts aus traditionellen Einbettungen und die Eingliederung in den Arbeitsmarkt mit ambivalenten Folgen, da die neue Form der Regulierung von Arbeit mit einer Tendenz zur Vereinzelung verknüpft war.[31] Anderseits wurde die Natur zunehmend kommodifiziert, wobei Polanyi primär die Aneignung von Land diskutierte. Man kann hier ergänzend anfügen, dass durch die Ausweitung des Human Empire in der Industriegesellschaft in vielfältiger Weise natürliche Ressourcen vermarktlicht und damit die Entbettungsprozesse der Gesellschaft aus der Natur vorangetrieben wurden. Schließlich wurden von Polanyi auch die Auswirkungen der Kommodifizierung in nichteuropäischen Gebieten thematisiert: „Dieser Effekt der Errichtung eines Arbeitsmarktes ist heute in Kolonialgebieten deutlich sichtbar. Die Eingeborenen sollen gezwungen werden, ihren Lebensunterhalt durch den Verkauf ihrer Arbeitskraft zu bestreiten." (ebd.: 225) Zur großen Transformation gehört damit auch der Wandel der ökonomischen Beziehungen zwischen dem Westen und dem „Rest" durch die Konstitution des kapitalistischen Weltsystems mit der Herausbildung von Zentren und Peripherien.[32]

Von besonderem Interesse ist diese Transformationstheorie deshalb, weil sie ein Verständnis sowohl für den Übergang in die Industriegesellschaft als auch für die Krisen dieses Systems ermöglicht. Polanyi zufolge war „der Kern der großen Transformation das Versagen der Markttutopie […] [wodurch] eine Zivilisation durch das blinde Wirken von seelenlosen Institutionen zerstört wurde, deren einziger Zweck die automatische Mehrung des materiellen Wohlstands war" (ebd.: 229). Die von der Kommodifizierung hervorgerufenen Veränderungen würden immer wieder die „zwischenmenschlichen Beziehungen zerreißen und den natürlichen Lebensraum des Menschen mit Vernichtung bedrohen" (ebd.) und damit gleichsam die soziale und ökologische Nachhaltigkeit gefährden. Diese Krisen hätten allerdings häufig auch eine „Gegenbewegung für den Schutz der Gesellschaft" (ebd.: 182) hervorgerufen, die zu Bemühungen um eine Wiedereinbettung des Marktes in die Gesellschaft beitrugen. Die große Transformation ist damit durch eine „Doppelbewegung" gekennzeichnet, da der zunehmenden Vermarktlichung Kräfte entgegenwirken, die „das Prinzip des Schutzes der Gesellschaft, das auf die Erhaltung des Menschen und der Natur sowie der Produktivkräfte abzielte" (ebd.: 185), priorisierten. Die Schattenseite der ersten großen Tranformation sollten durch eine zweite Transformation

---

31 Polanyi schreibt: „Die Arbeit von anderen Aktivitäten des Lebens zu trennen und sie dem Gesetz des Marktes zu unterwerfen, bedeutet alle organisatorischen Formen des Seins auszulöschen und sie durch eine andere Organisationsform zu ersetzen, eine atomistische und individualistische Form." (Polanyi 1978: 224)

32 Die „Kolonialität der Arbeit" (Jochum 2016) war durch eine Ausdifferenzierung von verschiedenen Arbeitsformen mit je unterschiedlichen Integrationsformen in den Markt geprägt. Neben der Einbindung durch freie Lohnarbeit waren quasi feudale Abhängigkeitsverhältnisse und Sklavenarbeit durchaus auch im frühen Kapitalismus verbreitet, wobei die Zuordnung entlang rassischer Differenzierungen vollzogen wurde. Die Einbindung in den Markt erfolge indirekt über die „Herren" (vgl. Kap. 7.8).

beseitigt oder reduziert werden. Eine Begrenzung der Marktkräfte und ein „Reembedding" mittels einer gesellschaftlich-politische Regulierung des entgrenzten und entbetteten Marktprinzips wurde angestrebt. Wie Polanyi darlegt, waren diese Versuche der Wiedereinbettung vielfältig, seine favorisierte Option einer Begrenzung des Markts durch einen christlichen und demokratischen Sozialismus wurde jedoch nicht verwirklicht. Da eher repressive Formen der Begrenzung umgesetzt wurden, führte dies aus seiner Sicht in die „faschistische Krise" und schließlich zur Katastrophe des 2. Weltkriegs.

In der Phase nach dem 2. Weltkrieg setzte sich dann allerdings in den meisten industrialisierten Ländern ein staatlich regulierter Kapitalismus durch, der auf Massenproduktion und Massenkonsum beruhte. Der Markt wurde so zumindest teilweise durch den Staat „wiedereingebettet". Dabei ist allerdings anzumerken, dass der Wohlstand der fordistischen Arbeitsgesellschaft mit erheblichen ökologischen Nebenfolgen und zum Teil mit einer Vertiefung der Gegensätze zwischen Nord und Süd im Weltsystem einherging. Die breite Zustimmung, welche der organisierte Kapitalismus auch bei weiten Teilen der Arbeiterschaft im globalen Norden erfuhr, gründete somit auch auf der Ausbreitung einer „imperialen Lebensweise" (Brand und Wissen 2017). Die Hebung des Lebensstandards basierte auf sozial-ökologisch destruktiven Produktions- und Konsumformen, deren Folgen externalisiert wurden. Auch setzte bereits in den 1970er Jahren infolge der Verbreitung neoliberaler Konzepte bereits wieder eine neue Stufe der Entbettung der Märkte ein (vgl. Kap. 12.2.).

Die Wahrnehmung der möglichen natürlichen Grenzen des Wachstums und der fortbestehenden Nord-Süd-Konflikte trug allerdings in der gleichen Zeit auch zu einer Debatte über die Notwendigkeit des Wandels des Produktions- und Konsummodells bei, deren Diskussion schließlich zur Formulierung des Leitbildes der nachhaltigen Entwicklung führte. Dabei wurden aus der Sicht der meisten Akteure allerdings keine grundlegenden Veränderungen für notwendig erachtet. Vielmehr schien eine Entkoppelung von ressourcenintensiven Produktionsmodellen der traditionellen Industriegesellschaft und der Übergang zu einem grünen Wachstum durch eine ökologische Modernisierung der Gesellschaft möglich zu sein. Tatsächlich konnten erhebliche Fortschritte bei der Entwicklung ressourcenschonender Technologien erreicht werden. Des Weiteren führte die Globalisierung zu partiellen Umstrukturierungen im Weltsystem infolge des Aufstiegs einiger Schwellenländer. Im Gesamten betrachtet fällt allerdings das Urteil bezüglich der bisherigen Erfolge einer sozial-ökologischen Transformation hin zu einer nachhaltigen Entwicklung zwiespältig aus.

- Die gerade auch im Brundtland-Report geäußerten Hoffnungen auf ein technologisch induziertes Wachstum der Grenzen, welche der Diagnose von Grenzen des Wachstums entgegengestellt wurden, haben sich nicht erfüllt.[33] Die verfolgten

---

33 In dem Bericht heißt es: „Zwar schließt ein solches Konzept eines dauerhaften Wachstums Grenzen ein - doch dies sind keine absoluten Grenzen. Es sind vielmehr lediglich technologische und gesellschaftliche Grenzen, die uns durch die Endlichkeit der Ressourcen und die begrenzte Fähigkeit der Biosphäre zum Verkraften menschlicher Einflussnahme gezogen sind. Technologische und gesellschaftliche Entwicklungen aber sind beherrschbar und

Strategien konnten zwar den Ressourcenverbrauch reduzieren, doch machen die kapitalistische Wachstumsdynamik und Rebound-Effekte die Einsparungen häufig wieder zunichte (Santarius 2015). Auch die „postfordistischen Naturverhältnisse" (Brand und Görg 2003) brechen nicht mit der Logik der fordistischen Naturbeherrschung. Vielmehr wird die Ausbeutung der Natur durch neue Formen der marktorientierten politisch-ökonomischen Regulierung der Naturverhältnisse radikalisiert. Die vielfach als antiquiert angesehene These von den Grenzen des Wachstums wird heute in der Debatte um eine Postwachstumsgesellschaft zu Recht erneut diskutiert (vgl. Kap. 9.6).

- Analoges lässt sich auch hinsichtlich der mit dem Wandel der Arbeitswelt verbundenen Subjektivierung von Arbeit konstatieren, die als innere Landnahme der Subjekte, bzw. als „Entbettung des Subjektes" (Keupp 2016: 29), bezeichnet werden kann. Diese Prozesse der Entgrenzung, Subjektivierung und Prekarisierung von Arbeit führen zunehmend zu einer Gefährdung der psycho-physischen Reproduktionsfähigkeit des Subjekts (vgl. Kap. 11.2). Voß und Weiß deuten sogar „Burnout und Depression [als] Leiterkrankungen des subjektivierten Kapitalismus" (Voß und Weiß 2013).
- Schließlich ist auch im Hinblick auf den Wandel der Beziehungen im Weltsystem das Ergebnis ernüchternd. Zwar war der „Aufstieg des Südens" (DGVN 2013) mit einer Wohlstandssteigerung von weiten Bevölkerungskreisen in vielen einst unterentwickelten Ländern verknüpft, allerdings war hiermit auch eine Verbreitung westlicher Lebensstile verbunden, was aus ökologischen Gründen durchaus problematisch ist. Gleichzeitig wurde – wenn man vom Aufstieg Chinas absieht – durch „Globales Disembedding" (Altvater und Mahnkopf 1999: 96) das Ungleichgewicht im Weltsystem nicht vermindert, sondern eher noch verschärft. In Verbindung mit einem „neuen Imperialismus" (Harvey 2003) kann aktuell eine Fortführung der imperialen Logik der Moderne konstatiert werden, wie auch die sich ausbreitenden Phänomene des „Land Grabbing" (Pearce 2012) und des „Ocean Grabbing" (Bennett, Govan und Satterfield 2015) verdeutlichen.
- Darüber hinaus wird zunehmend deutlich, dass Strategien für eine nachhaltige Entwicklung zu neuen problematischen Nebenfolgen insbesondere im globalen Süden führen. Nicht selten werden die neokolonialen Praktiken auch mit Bezug auf Nachhaltigkeitsziele legitimiert, weshalb man das „Green Grabbing" (Fairhead 2012: 238) als neue Stufe kolonialer Landnahme und der Vermarktlichung von Natur und Menschen interpretieren kann (vgl. Kap. 10.1). Auch gingen viele scheinbare Erfolge in den Industrieländern mit der Verlagerung von umweltintensiver Produktion in Schwellenländer einher (Jorgenson 2016). Ebenso sind bereits erfolgte Versuche, durch „Inwertsetzung" (Görg 2004) den ökonomischen Wert der Natur in die Marktlogik einzuberechnen, bei Berücksichtigung der Auswirkungen auf die Entwicklungsländer eher kritisch zu betrachten. Strategien, welche die Probleme der Übernutzung von Ressourcen und die daraus resultierenden sozio-ökologischen Krisen durch eine ausgeweitete Kommodifizierung zu lösen versuchen, verstärken diese häufig (vgl. Sommer und Welzer 2014: 83 f.). Sie gehen mit erheblichen Nachteilen insbesondere für die Ärmsten der Welt

---

können auf einen Stand gebracht werden, der eine neue Ära wirtschaftlichen Wachstums ermöglicht" (Hauff 1987: 9).

einher, die durch die Kommodizierung der vorher frei zugänglichen Güter von deren Nutzung ausgeschlossen werden.

Dies wird insbesondere an den Versuchen deutlich, eine nachhaltige Bewirtschaftung maritimer Ressourcen durch die Privatisierung von Nutzungsrechten zu erreichen. Als Konsequenz kam es in vielen Ländern zu einer problematischen Form der Enteignung traditioneller Fischer, weshalb von Kritikern von einem „Global Ocean Grab" gesprochen wird (TNI 2014). Die ökologische und soziale Nicht-Nachhaltigkeit wurde durch diese Strategien noch intensiviert. Zu einem Nachhaltigkeitsverständnis, wie es z.B. mit dem Leitbild der „nachhaltigen Arbeit" (UNDP 2015; Barth, Littig und Jochum 2016a) verknüpft ist, das nicht nur den Erhalt der natürlichen Ressourcen, sondern auch die Wahrung der Arbeits- und Entwicklungsmöglichkeiten der einzelnen Personen zum Inhalt hat, steht dies im klaren Widerspruch.[34]

Als problematisch erweisen sich auch viele andere Strategien der *Green Economy*, wie z.B. die Ausweitung des Anbaus von nachwachsenden Rohstoffen, durch welche teilweise die Hungerproblematik und der ökologische Raubbau verstärkt werden. Bemühungen, die sozio-ökologische Krise durch eine marktförmige Internalisierung des bisher Exkludierten zu lösen, führen nicht selten nur zu Problemverschiebungen. Konsequenz dieser Strategien ist häufig einer Verbesserung der Umweltbilanz in den Industrieländern durch die Verlagerung der Schattenseiten der industriellen Produktion in den globalen Süden. Zur Recht schreibt Lessenich: „Der blaue Himmel über den Konsumzentren dieser Welt verdankt sich zu nicht unwesentlichen Teilen der Externalisierung der ökologischen Kosten in die Peripherien derselben." (Lessenich 2017: 98)

Diese zwiespältige Bilanz wirft grundsätzliche Fragen hinsichtlich der Vereinbarkeit von Marktlogik und Nachhaltigkeitszielen auf. Dabei erweist sich nicht nur die Expansionslogik des kapitalistischen Marktes, welche trotz gesteigerter Effizienz zu einem vermehrten Verbrauch führt, als problematisch. Vielmehr kann auch angezweifelt werden, ob die Steuerungsfähigkeit des Marktes den mit dem Übergang zu einer nachhaltigen Gesellschaft verbundenen Steuerungsaufgaben gerecht wird. Von den Apologeten einer *Green Economy* wird zwar argumentiert, dass eine Einbeziehung des Wertes der Natur in die ökonomische Rationalität zu einem effizienteren Umgang mit den ökologischen Gemeingütern führen würde. Zugrunde liegt dabei die These Hardins von einer vermeintlichen „Tragedy of Commons" (Hardins 1968), d.h. der Tendenz zur Übernutzung von öffentlichen Gütern, die aufgrund des Egoismus der Einzelnen unvermeidlich sei. Eine starre Regulierung der

---

34 So wurde 2013 in Chile ein umstrittenes Fischereigesetz (Ley general de Pesca y Acuicultur) verabschiedet, dessen Ziel – so die offizielle Begründung - die „Bewahrung und die nachhaltige Nutzung [uso sustentable] der hydrobiologischen Ressourcen" (Ministerio der Economia 2013) ist. Infolge der Umsetzung des Gesetzes wurden die Fischereirechte für 20 Jahre an sieben Unternehmen mit großen Fangflotten vergeben. Durch die Privatisierung verloren nahezu 90 % der bisher ca. 90.0000 traditionellen Fischer ihre Lebensgrundlage. Auch das Ziel der ökologischen Nachhaltigkeit wurde nicht erreicht, vielmehr wurden die Fischbestände weiter reduziert (Oliva und Caviedes 2017).

Güter oder aber deren Privatisierung daher notwendig, um ein effiziente Bewirtschaftung zu ermöglichen

Wie allerdings Elinor Ostrom in „Governing the Commons" (1990) dargelegt hat, lässt sich eine Vielzahl von Beispielen anführen, in der eine erfolgreiche gemeinschaftsorientiere Regulierung der Nutzung von Commons praktiziert wurde und wird. Die Tragödie der Allmende ist damit nicht in der Natur des Menschen angelegt, sondern abhängig von bestimmten sozioökonomischen und politischen Rahmenbedingungen. Damit ist die Vermarktlichung nicht die einzig mögliche und keineswegs immer die beste Form des Umgangs mit Commons. Vielmehr kann konstatiert werden, dass es gerade die Kommodifizierung von Natur war, die häufig zu einer problematischen Übernutzung von Naturressourcen geführt hat, so dass auch von einer Tragödie der Märkte bzw. auch einer „Tragedy of the Commodity" (Longo, Clausen und Brett 2015) gesprochen werden kann.[35]

Angesichts dieses Scheiterns der bisherigen Strategien, durch eine ökologische Modernisierung der Marktwirtschaft eine echte Transformation hin zu einer nachhaltigen Gesellschaft einzuleiten, gewinnen Analysen an Plausibilität, welche angesichts einer fortbestehenden „ökonomisch-ökologischen Doppelkrise" (Dörre 2013: 132) eine grundlegende „Große Krise des Kapitalismus" (Bischoff und Lieber 2013) diagnostizieren ist (vgl. auch Barth, Jochum und Littig 2016b: 327 ff.). Polanyis 1944 vor dem Hintergrund des Faschismus formulierte These, dass „die Ursprünge der Katastrophe […] in dem utopischen Bemühen des Wirtschaftsliberalismus zur Errichtung eines selbstregulierenden Marktsystems" (Polanyi 1978: 54) lagen, erhält heute vor diesem Hintergrund eine neue, ausgeweitete Bedeutung. Entsprechend scheint für die aktuelle große Transformation, welche diese sozial-ökologischen Krisen zu überwinden trachtet, vor allem auch eine Begrenzung der entfesselten Marktkräfte und eine Wiedereinbettung der Ökonomie in Gesellschaft und Natur notwendig zu werden (vgl. u.a. Altvater und Mahnkopf 1999; Sachs 2013; Fraser 2015). Wie Felber in Anlehnung an Polanyi argumentiert, kann die „zweite große Transformation […] verstanden werden als die Wiedereinbettung der Wirtschaft a) in die Ethik der menschlichen Gemeinschaften und Gesellschaften, b) in die Demokratie […] sowie c) in den ökologischen Schoß des Planeten Erde." (Felber; zit nach Sommer und Welzer 2014: 195).

Es geht, mit anderen Worten, um eine Transformation der Plus-Ultra-Moderne in eine Post-Plus-Ultra-Gesellschaft. Man kann davon sprechen, dass sich für das

---

35 Man kann angesichts dieser Erfahrungen nun vermuten, dass systematisches Defizite der Marktsteuerung die Ursache für dieses Versagen sind. Die Überführung der Komplexität der öko-sozio-technischen Systeme in eine Markt- und Geldlogik führt zu einem entscheidenden Informationsverlust, so dass es zu Fehlsteuerungen kommt. Zwar kann die Vermarktlichung und partielle Internalisierung von Umweltkosten zweifelsohne zur Innovationen in bestimmten Bereichen beitragen. Der Expansionszwang des Marktes besteht jedoch weiter fort und hat zur Konsequenz, dass Begrenzungen nicht akzeptiert werden können. Nebenfolgen von Strategien werden ausgeblendet und Zielkonflikte nicht erkannt. Da Eigennutz weiterhin die zentrale Triebkraft des Handelns ist, kann das Ziel eines Übergangs zu einer integrativen und solidarischen Ökonomie, welche die Interessen der externalisierten zukünftigen Generationen und der peripheren Völker einbezieht, nicht erreicht werden.

globale *Empire of capital* aktuell die Aufgabe der Überschreitung einer augusteischen Schwelle stellt, welche die Phase der Expansion in eine Phase der Stabilisierung und der Integration überführt. Die Leitdevise Re-Intra kann in ökonomischer Hinsicht als Aufruf zur Wiedereinbettung der Wirtschaft in die Gesellschaft und ihre Reintegration in die natürlichen Systeme verstanden werden. Ziel wird gleichsam ein postkapitalistisches Empire, das zwar die Errungenschaften der modernen Ökonomie bewahrt, aber mit der Expansions- und Wachstumslogik bricht und die sozialen und ökologischen Schattenseiten minimiert.

Damit stellt sich letztlich die Problematik der großen Transformation hin zu einer Postwachstumsgesellschaft. Eine Beendigung der Landnahmedynamik und eine Neuorientierung in Richtung einer bewusst sich selbst begrenzenden Postwachstumsökonomie erscheinen angesichts der sozialen und ökologisch verheerenden Folgen des Weiter-so-Modus als unabdingbar. Die durchaus kontroverse Diskussion hierüber hat in den letzten Jahren bereits an Bedeutung gewonnen (vgl. u.a. Seidl und Zahrnt 2010; Paech 2012). Diskutiert werden hierbei alternative Formen der Organisation von Ökonomie. Zu nennen sind hier Konzepte einer nicht marktorientierten „Gemeinwohl-Ökonomie" (Felber 2010) bzw. einer „solidarischen Ökonomie" (Embshoff/Giegold 2008), die mittlerweile auch vielfach erprobt werden. Damit verbunden sind Ideen von einem Übergang der imperialen Lebens- und Arbeitsweisen der Gegenwart zu einer „solidarischen Lebensweise" (Brand und Wissen 2017: 165 f.). Es deutet sich hier eine Neuerfindung des Ökonomischen an.

Fraglich ist allerdings die gesellschaftliche Verallgemeinerungsfähigkeit derartiger Projekte. Bisher handelt es sich weitgehend um alternative Nischenprojekte, die als Ergänzung zur marktgesteuerten Ökonomie zu verstehen sind, aber deren Dominanz nicht grundlegend brechen. Sie können aber durchaus eine Leit- und Orientierungswirkung für die Entwicklung neuer Steuerungsformen entfalten und ihre Bedeutung kann zumindest zunehmen.

Vor einer simplifizierenden Forderung nach einem „Re-embedding" im Sinne einer staatlichen Re-Regulierung der Marktkräfte und neuen Re-Limitierungen als Lösung der Probleme ist allerdings zu warnen. Es ist nicht auszuschließen, dass derartige Gegenbewegungen einen stark regressiven und repressiven Charakter annehmen.[36] Polanyi hat aufgezeigt, dass eine vereinfachte und populistische Opposition zum entfesselten Markt bereits im letzten Jahrhundert zur zivilisatorischen Katastrophe des Faschismus geführt hat (Polanyi 1978: 293 ff.). Diese Analyse gewinnt angesichts zahlreicher populistischer Bewegungen gegen die Entgrenzungs- und Entbettungsdynamiken der Globalisierung wieder eine besondere Aktualität. Hier wird häufig nicht mit der kapitalistischen Marktlogik gebrochen, sondern versucht, durch die Re-Installierung nationaler Abgrenzungen die Folgen der Entgrenzung der Märkte zu bewältigen.[37] Eine regressive Wiedereinbettung von

---

36 Folgende Überlegungen basieren teilweise auf dem Vortrag „Subjektivierung von Arbeit – Ein Beitrag zur Transformation der Naturverhältnisse?", den ich zusammen mit Thomas Barth auf dem Kongress „Geschlossene Gesellschaften" der Deutschen Gesellschaft für Soziologie in Bamberg (2016) gehalten habe. Der Beitrag ist im Erscheinen. Ich danke Thomas Barth für die konstruktiven Debatten.

37 Gerade auch die aktuelle Politik der Regierung Trump ist durch die widersprüchliche Tendenz gekennzeichnet, dass zum einen die Marktkräfte durch eine Liberalisierung der

Rechts, wie sie nicht nur bei den neuen nationalistischen Strömungen, sondern auch in manchen ökologischen Konzepten erkennbar ist, stellt ebenso eine Gefahr dar wie die Fortsetzung der neoliberalen Entbettung.

Auch Fraser (2013) und Brie (2015) weisen in Anlehnung an Polanyi darauf hin, dass die Wiedereinbettung in eine reaktionäre Bewegung umschlagen kann. Fraser zufolge gilt dies nicht nur für den Faschismus, sondern ebenso für viele andere Regulierungsformen der fordistischen Moderne, die zur Herausbildung neuer Herrschaftsformen führten und einen „unterdrückenden Charakter" hatten (Fraser 2015: 112).[38] Sie schlägt deshalb vor, an Stelle der Doppelbewegung Polanyis mit der Entbettung und Wiedereinbettung eine „Dreifachbewegung" ins Auge zu fassen, die neben Vermarktlichung (Entbettung) und sozialem Schutz (Wiedereinbettung) die Kategorie der *Emanzipation* in den Vordergrund stellt. Es ginge darum, die in den letzten Jahren vollzogene Koalition von Emanzipation und Vermarktlichung aufzukündigen und stattdessen eine Verbindung zwischen Emanzipation und sozialem Schutz anzustreben, um damit eine nicht-regressive Variante der Überwindung des entfesselten Marktes zu verwirklichen (Fraser 2015: 113 f.).

Hieran anknüpfend sollen im Folgenden noch weitere emanzipative Szenarien einer Wiedereinbettung der Märkte entwickelt werden. Zum einen wird die Frage diskutiert, inwiefern eine emanzipative Aneignung der Potentiale neuer Technologien zu einer Überwindung der Dominanz marktförmiger Steuerungsmechanismen beitragen kann und so eine neue Form der Kybernetik der Ökonomie möglich wird. Zum anderen wird im nachfolgenden Kapitel erörtert, inwiefern durch die Herausbildung einer globalen Governance eine Wiedereinbettung der Märkte in eine globale Weltgesellschaft erreicht werden kann.

Bisher ist noch offen, welche Wechselwirkungen sich zwischen der sozial-ökologischen Transformation der Arbeitsgesellschaft und der gegenwärtigen digitalen Transformation ergeben werden. Insbesondere in der deutschen Debatte um einen Übergang in eine Postwachstumsgesellschaft werden von einigen Akteuren eher die negativen Auswirkungen dieses Wandels thematisiert, auf den Verlust von Arbeitsplätzen verwiesen und eine Fokussierung auf einfache Technologien, kleine Produktionssysteme, handwerkliche Versorgung und urbane Selbstversorgung als Alternativen eingefordert (vgl. u.a. Paech 2017). Thematisiert werden häufig auch die Gefahren der umfassenden Kontrolle durch die digitalen Technologien.

Diese Befürchtungen sind keineswegs unbegründet, doch sind in diesem Wandel zugleich auch Chancen enthalten, wie auch Buckermann, Koppenburger und Schaupp (2017) betonen: „Digitale Technologien haben einerseits das Potential, Herrschaftsverhältnisse zu verschärfen, anderseits haben sie das Potential, diese zu transformieren." (Ebd.: 13). Anstelle einer rückwärtsgewandten Abwehr der Technologien stellt sich so die „drängende Frage ob und wie die neuen Technologien emanzipatorisch gewendet werden können" (ebd.).

Finanzmärkte entfesselt werden, zum anderen aber versucht wird, die nachteiligen Effekte der freien Märkte für Amerikas zu minimieren und erneut Handelsbarrieren zu erreichen. Das Ziel ist letztlich die Rückkehr zur Handelsordnung der fordistischen Moderne.

38 Dies galt zweifelsohne auch für die staatssozialistischen Modelle im letzten Jahrhundert, aber auch viele neuere „linke" Konzepte bergen diese Gefahren in sich.

Sowohl die neuen digitalen Technologien als auch viele andere technologische Innovationen können durchaus einen Beitrag zu einem Übergang in eine nachhaltigere und gerechtere Gesellschaft leisten. Notwendig wäre einerseits eine Loslösung von Mythen der technoszientifischen Moderne, die eine vollständige Beherrschbarkeit und Substituierbarkeit von Natur durch Technik postulieren. Anderseits gilt es aber auch, sich von den romantisierenden Mythen einer vermeintlich vortechnischen Einheit mit der Natur und von der sich darauf aufbauenden Vision einer „Rückkehr zur Natur" zu befreien. Anstelle einer einfachen Kritik der Technikentwicklung wäre die Suche nach Wegen der Verringerung der aktuell engen Koppelung der Technikentwicklung- und Verwendung an die kapitalistische Verwertungslogik zu setzen.

Auf die Chancen des technologischen Wandels für den Übergang in eine andere, postkapitalistische Gesellschaft haben insbesondere Rifkin und Mason hingewiesen. So verkündet Rifkin in *Die Null-Grenzkosten-Gesellschaft* (2014) eine durch die intelligente Nutzung der neuen Technologien ermöglichte Genese eines neuen Wirtschaftssystems, das durch „collaborative Commons" und eine „Sharing Economy", d.h. eine Ökonomie des Teilens und Tauschens, geprägt sei. In ähnlicher Weise beschwört Mason einen durch die Technikentwicklung quasi zwangsläufig vorangetriebenen Übergang zu einem nicht hierarchischen, durch kollaborative Kontrolle und ökologische Nachhaltigkeit gekennzeichneten „Postkapitalismus" (Mason 2016). Diese Visionen öffnen zweifelsohne den Blick für die emanzipativen Potentiale der neuen Technologien. Fraglich ist allerdings, ob angesichts der Endlichkeit der natürlichen Ressourcen die Verheißung einer „Überflusswirtschaft" (Rifkin 2014: 396) und eines „nachhaltige[n] Füllhorn" (ebd.: 397) bzw. eines „nachhaltigen Wachstums" (Mason 2016: 341) nicht zu optimistisch sind. Die beiden Autoren halten letztlich an den Entgrenzungsmythen der technoszientifischen Moderne fest und lassen in diesem Punkt große Ähnlichkeiten zu den hegemonialen Konzepten einer *Green Economy*, wie sie von den Marktapologeten favorisiert wird, erkennen. Die Problematik dieser Fortschrittsmythen wurde bereits ausführlich diskutiert und es soll hier dafür plädiert werden, bei der Diskussion um die anstehende sozio-ökotechnologische Transformation weder die modernistischen Erlösungsphantasien zu reproduzieren, noch in gegenmoderne Verzichtsszenarien zu verfallen.

Vielmehr gilt es primär zu fragen, welche Bedeutung die digitalen Technologien für die Governance in einer nachhaltigen Gesellschaft haben könnten. Noch weitgehend unausgelotet sind die Chancen einer emanzipativen Aneignung der Steuerungspotentiale der digitalen Technologien. Hier ist hervorzuheben, dass die unter den Begriffen der Industrie 4.0 und Digitalisierung von Arbeit diskutierten Prozesse im Wesentlichen als eine erneute kybernetische Revolution zu interpretieren sind (Schaupp 2017: 53). Ihr Einsatz in der Arbeitswelt führt zu einem grundlegenden Wandel der Arbeitssteuerung. Die epistemologische „Kybernetisierung des Menschen" (Hagner und Hörl 2008: 10) und die Weiterentwicklung der kybernetischen Technologien verbinden sich zu einer neuen Stufe der „Kybernetisierung von Arbeit" (Jochum 2013). Aktuell implizieren diese Entwicklungen, dass „Mensch, Maschinen und intelligente Systeme […] in eine ‚integrated digital-human workforce' transformiert [werden], in der sie zu beliebig einsetzbaren Bestandteilen eines hocheffizienten Produktionsprozesses werden, die ihre Kollaboration selbst steuern." (Pfeiffer 2015: 32) In dieser Hinsicht droht so ein „digitaler Despotismus" (ebd.).

Diese technologischen Entwicklungen könnten aber zugleich den Übergang hin zu nachhaltigeren Arbeitsformen einleiten. Gemeint ist zum einen die Möglichkeit, Produktionsabläufe besser zu kontrollieren und so ökologisch optimierte Wertschöpfungsketten zu gestalten (ebd.: 25). Zugleich sind bei einer emanzipativen Aneignung der Potentiale durch die Beschäftigten auch neue Formen der stärker selbstbestimmten Arbeitssteuerung denkbar. Auch organisatorische Probleme, vor welchen aktuell noch Projekte einer solidarischen Ökonomie stehen, könnten überwunden werden. Schließlich lassen sich auch über die Betriebe hinaus neue Formen des Austausches entwickeln, welche die aktuelle Dominanz des Marktes bei der Steuerung der Ökonomie verringern. An die Stelle der zunehmenden Verbindung von kybernetischen Technologien und Marktlogik, wie sie für den kybernetischen Kapitalismus der Gegenwart kennzeichnend ist, könnte so eine „Kybernetik der Befreiung" (Schaupp 2017: 60) treten.

Anregungen hierfür lassen sich bei einigen Vertretern der frühen Kybernetik finden. Bereits Norbert Wiener, der Begründer der Kybernetik, hatte auch vor den Gefahren der Kybernetik gewarnt und „von einem neuen Faschismus, der in der ‚machine à gouverner' droht" (Wiener 1964: 195) gesprochen. Die aktuelle Debatte um den mit der Industrie 4.0 möglicherweise einhergehenden Arbeitsplatzverlust wurde ebenfalls schon antizipiert und prognostiziert, dass langfristig „die moderne industrielle Revolution [...] das menschliche Gehirn [...] entwerten würde und dann habe [...] das durchschnittliche menschliche Wesen mit mittelmäßigen oder noch geringen Kenntnissen nichts zu verkaufen." (Wiener 1963: 60). Auf die Frage, wie die damit einhergehenden sozialen Probleme gelöst werden können, gab er die Antwort, „dass wir eine Gesellschaft haben müssen, die auf menschliche Werte gegründet ist und nicht auf Kaufen und Verkaufen." (ebd.: 61)

Auch der Managementkybernetiker Stafford Beer stellte sein Wissen und seine Technologien in den Dienst der Entwicklung gesellschaftlicher Alternativen und unterstützte die demokratisch gewählte chilenische Regierung unter Salvador Allende. Dort entwickelte er unter dem Namen *Cybersyn* ein computerbasiertes System der kybernetischen Wirtschaftssteuerung, das den Marktmechanismus ersetzen sollte (vgl. Schaupp 2017: 63). Das System wurde zwar nur teilweise realisiert, begründet lag das letztliche Scheitern aber nicht allein an der Unzulänglichkeit des Konzepts, sondern ebenso an der Beendigung des Projekts durch den Putsch von Diktator Pinochet. Innerhalb dessen totalitären Systems sollte sodann das Projekt einer marktorientierten Kybernetik durchgesetzt werden, das dann zum Vorbild für die neoliberale Globalisierung der folgenden Jahrzehnte wurde (vgl. Kap. 12.2). Vor dem Hintergrund der aktuell erkennbar werdenden Grenzen der Effizienz des Marktprinzips und der dadurch hervorgerufenen sozial-ökologischen Krisen stellt sich die Frage, ob nicht Beers Vision heute wieder mehr Beachtung finden könnte. Ein Aufsatz Beers, in dem er sein chilenisches Projekt darstellt, endet mit folgenden Worten: „This [...] lecture, [...] deals with a very large subject: how the science of effective organisation, which we call cybernetics, joins hands with the pursuit of elective freedom, which we call politics." (Beers 1973: 23) Angesichts der Weiterentwicklung der kybernetischen Technologien könnte sein Projekt einer emanzipatorischen Kybernetik nicht nur realisierbar sein, sondern sogar zur Notwendigkeit werden, um den mit dem Triumph des kybernetischen Kapitalismus drohenden digitalen Despotismus zu verhindern.

Betont sei, dass keine prinzipielle Infragestellung der positiven Leistungen des Marktprinzips das Ziel dieser Überlegungen ist. Zweifelsohne haben Mechanismen der Marktregulierung auch in einer nachhaltigen Arbeitsgesellschaft weiterhin eine Bedeutung und sie können auch zur Entwicklung von Innovationen beitragen. Ebenso wird das Prinzip der Erwerbs- und Lohnarbeit weiterhin eine zentrale Organisationsform von Arbeit darstellen. Die Märkte müssen aber wieder in die Gesellschaft eingebettet sein. Angesichts der dem Kapitalismus innewohnenden Expansionsdynamik und der damit verbundenen ökologischen Schattenseiten ist nicht auszuschließen, dass deshalb der Übergang zu einer postkapitalistischen Marktwirtschaft notwendig wird. Der Markt wird hierin ein Steuerungsmechanismus neben anderen sein – dies gilt sowohl für Organisation der ‚Ware' Arbeitskraft wie auch für den Austausch von Gütern.

Wie Polanyi argumentiert wurde, basierte die erste, industriegesellschaftliche Transformation auf einer Entfesselung des Marktmechanismus, der zum zentralen Prinzip der Steuerung Arbeits- und Warenmärkten wurde: „Marktwirtschaft bedeutet […] eine Wirtschaftsform, die einzig und allein von Marktpreisen gesteuert wird." (Polanyi 1978: 71) Für die zweite große Transformation hin zur nachhaltigen Gesellschaft ist es daher angesichts der erkennbar werdenden Schattenseiten dieses Prinzips erforderlich, die Dominanz dieses Steuerungsprinzips zu begrenzen und alternative Formen der Steuerung zu entwickeln und zu verbreiten.

In der bisherigen Debatte um die große Transformation steht das Ziel der Entwicklung eines Energiemixes sowie die Reduzierung des Verbrauchs der die Industriegesellschaft dominierenden fossilen Energieformen und deren Ersetzung durch alternative, erneuerbare Energieformen im Zentrum. In gleicher Weise wäre auch ein Steuerungsmix anzustreben, bei dem langfristig die in der Industriegesellschaft dominierende Marktsteuerung an Bedeutung verliert und alternative Steuerungsformen an Relevanz gewinnen. In Analogie zum Begriff der Energiewende geht es um eine *Steuerungswende* und damit ein Umsteuern, welches neue Formen der Governance der Arbeitswelt und der Gesellschaft zum Ziel hat. Man kann hier auch von einer „kybernetischen Wende" eigener Art sprechen, die wieder zu einer Ermächtigung der Subjekte und des Politischen führt.

Um diese Wende einzuleiten erscheint es angesichts der globalen Ausweitung der Märkte notwendig, auch eine Ausweitung der politischen Institutionen voranzutreiben, um so eine globale Wiedereinbettung der Märkte in die Weltgesellschaft zu ermöglichen.

13.8 DIE NEUERFINDUNG DES POLITISCHEN IN DER KYBERNETISCHEN MODERNE

Die Herausforderungen, welche mit den globalen Umweltveränderungen, den globalen Ungleichheiten sowie der Globalisierung der Märkte verbunden sind, machen eine Neuerfindung des Politischen erforderlich. Das Plädoyer für eine Transformation des Ökonomischen durch eine emanzipatorische Kybernetik kann daher auch auf das Feld des Politischen übertragen werden – jenen Bereich, auf den die Kybernetik bereits in der Antike Anwendung gefunden hatte, seitdem Sokrates die „Steuerkunst [kybernetike techne] der Menschen" mit der „Staatskunst [politike techne]" (Platon 2000: 408a) gleichgesetzt hatte und woraus sich im Lateinischen auch die Übertragung des nautischen Begriffs *gubernare* (steuern) auf den politischen Bereich ableitete (Cicero 1987: 1,2; 1,117; 2,51; vgl. auch vgl. Kap. 9.3).

Die Aufgabe, die sich aktuell stellt, ist die Etablierung einer globalen Kybernetik. Es deutet sich bereits an, dass aufgrund der „emanzipatorischen Nebenfolgen globaler Risiken" (Beck 2017: 154) der methodologische Nationalismus, dem die Moderne bisher sowohl theoretisch wie auch politisch folgte, durch einen „kosmopolitischen Blick" (Beck 2004) ersetzt wird und sich sowohl ein neues Einheitsbewusstsein als auch neue Formen einer *Global Governance* herausbilden. Insbesondere die Entwicklung des Leitbildes der nachhaltigen Entwicklung im Kontext der UNO und die seither erfolgte Schaffung von Institutionen, welche seine Realisierung vorantreiben sollen, sind als ein Versuch der Etablierung einer derartigen kosmopolitischen Kybernetik anzusehen.

Die Probleme, die hierdurch gelöst werden sollen, sind allerdings nicht neu. Vielmehr sind insbesondere die Ungleichheit im Weltsystem und das Faktum, dass der Reichtum der einen Seite häufig auf der Arbeit und dem Unglück der anderen Seite beruht, Grundzüge des modernen Weltsystems. „Kolonialität" (Quijano 1992) ist die dunkle Seite der Moderne, die jedoch lange Zeit systematisch verdrängt wurde (vgl. Kap. 7.8). In diesem Sinne argumentiert auch Lessenich: „Wir leben in einer Gesellschaft, die sich auf dem Wege der Externalisierung – auf Kosten und zu Lasten anderer, stabilisiert und reproduziert und die sich überhaupt nur auf diese Weise zu stabilisieren und zu reproduzieren vermag. Diese Form sozialer Organisation, dieser Modus gesellschaftlicher Entwicklung ist keineswegs neu […]. Die moderne kapitalistische Gesellschaftsformation ist seit jeher und von Anfang an Externalisierungsgesellschaft." (Lessenich 2017: 25)

Man kann hinzufügen, dass die kapitalistische Gesellschaft der Moderne nicht nur auf der räumlichen Externalisierung der Kosten und Risiken des Wohlstands in den Süden beruhte, sondern zugleich auf einer zeitlichen Externalisierung der Probleme in die Zukunft. Die Mehrzahl der Erfolge der Industriegesellschaft ging mit der Ausbeutung der natürlichen Ressourcen und der langfristigen Gefährdung der Funktionsfähigkeit des Ökosystems einher. Das Glück der Gegenwart basiert daher auch auf einer Externalisierung der Schattenseiten und Risiken auf die nachfolgenden Generationen.

In diesem Sinne schreibt auch Beck in *Die Metamorphose der Welt* (2017): „Indem man sie als Nebenfolgen konstruiert, werden die bads und ihre Auswirkungen und Kosten im Endeffekt als nicht existent dargestellt; Folgen und Kosten an andere Völker, Länder und/oder kommende Generationen externalisiert und damit (scheinbar) annulliert." (Beck 2017: 111) Dieser Externalisierungsmodus basiert - Beck zufolge - auf der Ziehung nationaler Grenzen, durch welche die weltweit ungleiche Verteilung der Güter und zunehmend auch die ungleiche Verteilung der ökologischen Kosten, die „bads" der Industriegesellschaft, verdrängt werden und außerhalb des Horizonts der Wahrnehmung verbleiben. Um diese Engführung zu überwinden, sei ein Perspektivenwechsel notwendig: „Sobald wir auf ein anderes Weltbild ‚umschalten' und den kosmopolitischen Bezugsrahmen als gegeben annehmen, kommt es auf der Landkarte der Ungleichheit zu dramatischen Veränderungen. […] Dieser normative Welthorizont der globalen Ungleichheit impliziert einen Beobachterstandpunkt, der die von den nationalstaatlichen Grenzen exkludierten Opfer ‚inkludiert'." (Ebd.: 111)[39]

Die Formulierung des Leitbildes der nachhaltigen Entwicklung im „Brundtland-Report" (Hauff 1987) kann auch als ein Versuch angesehen werden, die Externalisierungsgesellschaft zu überwinden. Es wurde zum einen deutlich, dass die Externalisierung der Nebenfolgen der Gegenwart auf zukünftige Generationen nicht dauerhaft möglich ist, bzw. ethisch nicht legitimiert werden kann. Zum anderen wurde die Exklusion der Menschen der sog. Entwicklungsländer vom Wohlstand problematisiert. Ziel iat letztlich ein Übergang zu einer globalen „Internalisierungsgesellschaft" bzw. einer „Integrationsgesellschaft".

30 Jahre nach dem Erscheinen des Brundtland-Berichts fällt die Bilanz allerdings mindestens zwiespältig aus. Die Verabschiedung der Resolution *Transforming Our World* und der hierin enthaltenen *Sustainable Development Goals* (UN 2015a) durch die Generalversammlung der Vereinten Nationen kann zwar als erneuter Meilenstein auf dem Weg hin zu einer globalen Nachhaltigkeitspolitik angesehen werden. Sie ist aber zugleich vor dem Hintergrund weiterhin ungelöster ökologischer Probleme, gewaltsamer Konflikte in vielen Regionen der Erde, wachsender sozialer Ungleichheit und zunehmender – nicht zuletzt eben durch die Krisen forcierter – Migration zu verstehen. Auch die Setzung des übergeordneten Ziels „Frieden" und die damit verbundene Diagnose, dass es „ohne Frieden […] keine nachhaltige Entwicklung geben [kann] und ohne nachhaltige Entwicklung keinen Frieden" (ebd.: 2), ist zweifelsohne eine Reaktion auf die zunehmenden Spannungen und Konflikte.

Die Resolution macht so zum einen deutlich, dass in den letzten Jahrzehnten keine grundlegenden Fortschritte erzielt werden konnten, zum anderen ist sie aber auch Ausdruck dafür, dass die Dringlichkeit einer neuen kosmopolitischen Einheit der Weltgemeinschaft erneut ins Bewusstsein rückt. In den letzten Jahrzehnten dominierte der „Externalisierungsmodus" der modernen Gesellschaften noch weitgehend über die Internalisierungsforderung des Leitbildes der Nachhaltigkeit – heute aber gelingt diese Verdrängung nicht mehr und es wird erkennbar, „dass wir in einer Zeit leben, in der die Grenzen des Externalisierungshandelns erreicht sind. Die Externalisierungsgesellschaft wird zunehmend von ihren eigenen Effekten eingeholt und selbst mit ihren negativen Externalitäten konfrontiert" (Lessenich 2017: 116).[40]

---

39 In der vorliegenden Arbeit wird bezüglich der Analyse gegenwärtiger Probleme Becks kosmopolitische Perspektive durchaus geteilt. Wenn hier an mehreren Stellen Kritik an seiner Modernisierungstheorie geübt wurde, so ging es vor allem darum, seine Gegenüberstellung von einfacher, begrenzender Moderne und entgrenzter, reflexiver Moderne zu hinterfragen. Diese Darstellung verstellt den Blick dafür, dass die Moderne von Beginn an auf einer Dialektik von Entgrenzung und Abgrenzung/Externalisierung beruhte. Zu Recht weist Lessenich darauf hin, dass eine auf die Nachkriegsmoderne bezogene Diagnose der Entstehung einer Risikogesellschaft verkürzt ist, und die Externalisierung von Risiken und Nachteilen von Beginn an für die kapitalistisch geprägte Moderne kennzeichnend war (vgl. Lessenich 2017: 26).

40 Beck hatte in dieser Rückkehr des Externalisierten bereits in den 1990er Jahren den Movens für einen Umbruch in der Moderne gesehen: „Während die einfache Modernisierung den Motor sozialen Wandels letztlich in Kategorien der Zweckrationalität (Reflexion) verortet, denkt ‚reflexive' Moderne das Movens der Gesellschaftsveränderung in Katego-

Auch das im Dezember 2015 verabschiedete Pariser Klimaschutzabkommen, in dem sich die Völkergemeinschaft erstmals auf Obergrenzen des Temperaturanstiegs und auf Strategien zur Reduktion von Treibhausgasen einigen konnte, verdeutlicht diesen Umbruch. Becks Hoffnung, dass „die [...] anbahnende Katastrophe des Klimawandels [...] das Potenzial einer emanzipatorischen Katastrophe und damit auch der Verwirklichung kosmopolitischer Institutionen" (Beck 2017: 154) haben könne, findet hier gleichsam eine Erfüllung. Eine Emanzipation aus der alten Welt konkurrierender Nationalstaaten und die Herausbildung einer neuen kosmopolitischen Einheit zeichnet sich ab.

Allerdings hat die Verkündung des Ausstiegs aus dem Pariser Klimaschutzabkommen durch US-Präsident Trump auch deutlich gemacht, dass diesem Transformationsprozess weiterhin erhebliche Widerstände entgegenstehen. Die Mächte der Beharrung, welche die Welt der alten nationalstaatlichen und auf unbegrenzten Umweltverbrauch beruhenden Moderne bewahren wollen, sind stark. Nun sollte dieser Ausstieg aber nicht nur als Tragödie, sondern auch als Chance wahrgenommen werden. Die Kündigung des Vertrags durch die USA könnte dazu führen, dass der Rest der Weltgemeinschaft umso vereinter an der Verwirklichung der Klimaschutzziele arbeiten wird. Darüber hinaus kann sie auch zu einer grundlegenden Reflexion der Ursachen für das Missingen der bisherigen Transformationsbemühungen hin zur Nachhaltigkeit beitragen: In der Gestalt von Donald Trump und seiner Weltsicht bündeln sich viele Elemente, welche repräsentativ für die Leitbilder der traditionellen industriegesellschaftlichen Moderne und des Okzidentalismus sind. Es ist zweifelsohne problematisch, Schattenseiten zu personalisieren, dennoch kann man davon sprechen, dass in Trumps Reden und Handeln gleichsam wie durch eine Lupe die dunklen Seiten der Externalisierungsgesellschaft erkennbar werden. Auf geradezu exemplarische Weise wird die Wahrnehmung von problematischen Nebenfolgen verweigert. Ein zusammenhängendes Muster von Selbstüberhöhung und Externalisierung lässt sich erkennen, das paradigmatisch für die Ambivalenz der okzidentalen Kultur ist: Wie in dieser Arbeit aufgezeigt wurde, vereinen sich im neuzeitlichen Okzidentalismus verschiedene Zentrismen und bilden eine aufeinander aufbauende, sich verstärkende Einheit. Es kann von einer okzidentalen „Ideologie" gesprochen werden, die durch die Verbindung von Euro-, Anthropo-, Polis-, Andro-, Logo- und Technozentrismus gekennzeichnet ist (vgl. Kap. 6.3). Diese diente nicht nur der Postulierung einer Erhabenheit des vernunftbegabten, zivilisierten, europäischen Menschen, sondern legitimierte auch die Projekte der Ausweitung der Herrschaft über andere Menschen und die nicht-menschliche Natur, wie sie für die Plus-Ultra-Moderne kennzeichnend waren.

Das Verhalten und die Reden Trumps reproduzieren nun all diese Muster einer okzidentalistischen Überhöhung des westlichen, männlichen Subjekts und der

---

rien der Nebenfolge (Reflexivität): Was nicht gesehen, nicht reflektiert, aber externalisiert wird, summiert sich zu dem Strukturbruch, der die industrielle von den ‚anderen' Modernen in Gegenwart und Zukunft trennt." (Beck 1993: 97) Die Rede von der reflexiven Moderne implizierte dabei nicht, dass die Nebenfolgen auch bewusst reflektiert würden. Lange Zeit war noch ein Verdrängungsmodus dominierend. Erst aktuell deutet sich mit den Transformationsdebatten an, dass dieser Modus nicht mehr funktioniert und eine reflexive Neubestimmung des Kurses der Moderne vollzogen wird.

Herabwürdigung des Anderen. Die Grundmuster des Okzidentalismus und insbesondere des US-amerikanischen *Myth of the West* finden hier ihren Ausdruck. Eine bloße Hoffnung auf die baldige Abwahl oder Absetzung von Trump wäre daher verkürzt. Vielmehr muss das seinem Denken und Handeln verbundene Weltbild, das von vielen geteilt wird und auch in den bestehenden Institutionen und gesellschaftlichen Strukturen verankert ist, einer kritischen Reflexion unterzogen werden. Es ist die Welt der klassischen Moderne, mit ihren Vorteilen für die Menschen des Westens und ihren verdrängten und externalisierten Nachteilen für die „Anderen", die hier verteidigt wird.

Es stellt sich daher die Frage, wie diese nationalstaatlich, kapitalistisch und technoszientifisch orientierte Moderne, die durch eine Externalisierungslogik gekennzeichnet ist, überwunden und eine Transformation hin zu einer anderen, integrativen und kosmopolitischen Moderne eingeleitet werden kann. Notwendig erscheint eine (Wieder-)Einbettung der Nationalstaaten und der kapitalistischen Ökonomie in den umfassenden Rahmen einer solidarischen Weltgesellschaft, die Entwicklung einer *Global Governance* und möglicherweise auch einer – in ihren Konturen in Gestalt der UNO sich bisher nur andeutenden – Weltregierung.

Bei der Suche nach Wegen der Herausbildung einer die nationalstaatliche Ordnung und die Dominanz des Marktes überwindenden Weltpolitik könnte nun ein Rekurs auf die kosmopolitische Utopie der Stoa sowie der Idee einer mit dem *Pax Romana* unter dem Kaiser vereinten und befriedeten Ökumene, wie sie sich infolge des Überschreitens der augusteischen Schwelle herausgebildet hatte, eine Orientierung geben. Zugleich kann eine Reflexion des Bedeutungsverlusts dieses Modells in der Moderne Aufschluss darüber geben, welche Weichenstellungen notwendig sind, um diese Einheit auf neuer Stufe wiederherzustellen.

Noch Karl V. fühlte sich dieser antik-mittelalterlichen Kaiseridee verpflichtet und verfolgte die Vision einer unter der *Monarchia Universalis* vereinten Welt (vgl. Kap. 7.6.2). Faktisch war aber sein unter der Devise Plus Ultra stehendes Herrschaftsprogramm durch einen permanenten Widerspruch geprägt, da es zwischen integrativem Pazifierungsideal und militärischem Expansionismus schwankte.[41] Letztlich war es für Karl V. unmöglich, das Imperium militärisch auszudehnen und zugleich administrativ sowie normativ-ethisch zu integrieren.[42]

---

41 Es kann die Weltreichsidee des Kaisers auch als ein imperiales Eroberungsprogramm interpretiert werden, auch erfolgte während seiner Regentschaft die Konquista großer Teile der Neuen Welt. Diese koloniale und ökonomische Expansion trug mit zur Sprengung der integrativen ökumenischen Ideen bei. Karl V. war permanent in Kriege involviert, um den Zerfall des Reichs und die Kirchenspaltung zu verhindern, weshalb er in die Geschichte eher als ein Gewaltherrscher einging, dessen Regentschaft mit der Unterdrückung Andersdenkender verbunden war. Der Traum des Kaisers von einer Monarchia Universalis sollte scheitern – wie er auch selbst am Schluss seiner berühmten Rücktrittserklärung resigniert feststellt (vgl. Kap. 7.6.2).

42 Doyle zufolge gelang den spanischen Herrschern zwar durchaus die Überschreitung der augusteischen Schwelle (Doyle 1986: 118). Allerdings galt dies vor allem für die Phase nach der Trennung des spanischen Imperiums vom Deutschen Reich unter Philipp II. und damit der Aufgabe des Anspruchs auf eine globale Herrschaft. Auch war der Grad der Integration geringer (ebd.: 121).

Infolge des Scheiterns des Imperiums etablierte sich das kapitalistische Weltsystem. Europa trieb fortan auf der Grundlage einer nationalstaatlichen Ordnung die imperial-kapitalistische Unterwerfung des Globus voran (vgl. Kap. 7.8.5). Wie dargelegt, war für diese Ordnung eine Dialektik von Entgrenzung und Begrenzung kennzeichnend. Sie basierte auf mehrfachen Entgrenzungsprozessen: Der Expansion der europäischen Macht über die Welt, der Ausdehnung der technoszientifischen Macht über die Natur und schließlich der Expansion des Marktprinzips im Weltsystem, durch welche Menschen und Natur zunehmend kommodifiziert wurden. Zugleich beruhte diese Entgrenzung wiederum auf Grenzen, die zwischen „The West and the rest" (Hall 1996), zwischen den Nationalstaaten sowie zwischen Gesellschaft und Natur gezogen wurden. Die europäischen Nationalstaaten konkurrierten fortan im kapitalistischen wie auch militärischen Wettbewerb um Kolonien und Anteile am Weltmarkt. Auf der Grundlage dieser Grenzziehungen wurde – und wird bis heute – zugleich die soziale Ungleichheit im Weltsystem legitimiert und aufrechterhalten. Gleichzeitig war die anthropozentrische Abgrenzung des Menschen und der Gesellschaft von der Natur auf epistemologischer Ebene die Grundlage für die Ausdehnung der praktischen technoszientifischen Macht über die Natur.

Der entgrenzende Expansionismus der Moderne und die ausgrenzende Externalisierung standen daher nicht im Widerspruch zueinander, sondern waren zwei Seiten einer Medaille. Der Westen gewann immer mehr Zugriff auf die Welt, und verlagerte zugleich die Schattenseiten und Nachteile nach außen. Die Gewinne gelangten primär in die Zentren, während die Verluste sich in den Peripherien summierten, jedoch aufgrund der Grenzziehungen externalisiert werden konnten.

Weder die Ausbeutung der Natur, der keine Subjekteigenschaften und damit auch keine Rechte zugesprochen wurden, noch die Ausbeutung der außereuropäischen Welt, wurde so zum Problem. Peripherisierung und Externalisierung sind zusammengehörende Prinzipien der Kolonialität der Moderne, und ebenso lassen sich ähnliche Muster in anderen Bereichen, wie etwa dem Geschlechterverhältnis und dem Verhältnis von Erwerbsarbeit zu anderen Arbeitsformen, diagnostizieren. Okzidentaler Anthro-, Euro-, Andropo- und Logozentrismus bilden daher eine Einheit, weil auf ihrer Grundlage ein System der epistemologischen und praktischen Peripherisierung des „Anderen" geschaffen werden konnte. Zwar sollten sich die Begründungs- und Organisationsprinzipien in den verschiedenen Stufen des Okzidentalismus wandeln, doch ähnelten sich Grundmuster bis heute (vgl. Kap. 10.1).

Letztlich kehrte die moderne Gesellschaft mit der Herausbildung der nationalstaatlichen Ordnung zurück zu jener Ordnung, welche für das römische Reich vor dem Überschreiten der augusteischen Schwelle kennzeichnend war: Eine republikanische Verfassung, die mit einer demokratisch-politischen Integration der Bürger Roms verbunden war – und deren dunkle Seite war die militärische Expansion nach außen, die zur imperialen Eroberung der Welt sowie häufig auch der Versklavung der nicht-römischen Bevölkerung führte. In ähnlicher Weise haben in der Neuzeit die europäischen Nationen die außereuropäische Welt erobert, womit zugleich das „Empire of capital" (Meiksins Wood 2003) an Macht gewann und auch das Human Empire ausgeweitet wurde. Auch aktuell kann eine Fortführung dieser Logik im „Empire" (Hardt und Negri 2002) konstatiert werden. Die moderne Grunddialektik von entgrenzendem Expansionismus und ausgrenzender Externalisierung gerät nun aber in die Krise, da die negativen Folgen inzwischen auf die Zentren zurückwirken, nicht zuletzt verdeutlich durch die Migrationsbewegungen der letzten Jahre. Und auch die ökologischen Probleme lassen sich nicht mehr völlig externalisieren, wie insbesondere die Klimafrage zeigt.

Wie dargestellt, sind die Bemühungen der Völkergemeinschaft um einen Übergang zu einer nachhaltigen Entwicklung auch als Versuch zu sehen, die modernen Externalisierungen und die Peripherisierung zu überwinden. Es geht mit anderen Worten um eine große Transformation der expansiven und zugleich exkludierenden Plus-Ultra-Moderne in eine inklusive und integrierende Moderne. Zweifelsohne ist der Weg dorthin noch weit und die vielfach in den Dokumenten zu nachhaltiger Entwicklung aufgestellte Forderung nach Integration sollte nicht darüber hinwegtäuschen, dass in der Praxis ökonomische und politische Interessen und Partikularismen diesen Zielen entgegenstehen. Dieser Übergang kann sicherlich nicht allein durch die Herausbildung eines neuen Globalitätsethos erreicht werden. Auf die Probleme und Unzulänglichkeiten von Strategien eines *Sustainable Growth* und einer *Green Economy*, die auch in den Strategien der UNO präferiert werden, und die mit dem Expansionismus des kapitalistischen Marktes nicht brechen, ist bereits hingewiesen worden.

Notwendig ist daher, so die hier vertretene Position, eine grundlegende sozialökologische Transformation der Weltgesellschaft und damit auch ein Wandel der ökonomischen und politischen Verhältnisse. In ökonomischer Hinsicht ist, wie im letzten Kapitel dargelegt, eine Wiedereinbettung der Märkte anzustreben. Alternativkonzepte einer solidarischen Ökonomie und einer Postwachstumsökonomie können Leitbilder für diesen Wandel liefern. Allerdings ist fraglich, inwieweit diese letztlich nur zur Herausbildung von Nischenökonomien führen und die Strukturen der weiter fortbestehenden globalen Ökonomie unangetastet bleiben. Konzepte, die auf Abgrenzungen abzielen, könnten wiederum einen stark regressiven Charakter annehmen.

Um die Nebenfolgen der neoliberalen Globalisierung und des „Globalen Disembedding" (Altvater und Mahnkopf 1999: 96) zu minimieren, sollte daher nicht zwingend eine Rückkehr zu den stärker national ausgerichteten und nationalstaatlich regulierten Märkten der fordistischen Arbeitsgesellschaft, oder gar nur eine vormoderne Regionalisierung, angestrebt werden. Vielmehr gilt es, einerseits die durch den Prozess der ökonomischen Globalisierung hergestellten Beziehungen teilweise zu bewahren, andererseits diese zu transformieren. Gerade vor dem Hintergrund einer zunehmend von rechtspopulistischer Seite formulierten Globalisierungskritik müssen emanzipative Bewegungen Überlegungen um eine Alter-Globalisierung weiter vorantreiben und ein „Globales Re-embedding" anstreben. Es muss, wie Reißig hervorhebt „die zweite, große Transformation [...] ihrem Wesen, ihrem Ort, ihrem Raum und ihrer historischen Dimension sowie ihren Folgewirkungen nach eine typisch globale Transformation [sein]" (Reißig 2009: 180) Notwendig ist hierfür auch die Überwindung der untergründig immer noch fortbestehenden kolonialimperialen Strukturen des Weltsystems, wie sie sich mit der frühneuzeitlichen Entgrenzung der Welt herausgebildet und intensiviert haben. Eine große Transformation hin zur Nachhaltigkeit muss daher auch mit einer Transformation der globalen Freihandelsordnung in die – seit vielen Jahren vergeblich geforderte – faire Welthandelsordnung verbunden sein (vgl. u.a. Stieglitz 2010).

Eine Wiedereinbettung der globalen Märkte in die Gesellschaft macht daher auch eine Neuerfindung des Weltpolitischen erforderlich. Denn heute erweist sich angesichts wachsender ökologischer Probleme und fortbestehender Ungleichheiten im Weltsystem die Matrix der Politik, die sich in der nationalstaatlich-kapitalistisch-technoszientifischen Moderne herausgebildet hat, als antiquiert. Wie dargelegt, war hier die nationalstaatliche Abgrenzung auch die Voraussetzung für den Zugriff auf die Ressourcen der außereuropäischen Welt. Die demokratische Ordnung, die sich herausbildete, wies daher eine Amivalenz auf: Die politische Integration weiter Bevölkerungskreise gelang auch deshalb, weil durch eine „imperiale Lebensweise" (Brand und Wissen 2017) der Wohlstand auf Kosten der Ausbeutung anderer Völker und der Natur anstieg und so eine breite Zustimmung für das Gesellschaftsmodell erreicht wurde.[43] Heute kann aber das Festhalten an dieser Ordnung angesichts der sich verschärfenden Konkurrenz auf dem Weltmarkt und ebenso ökologischer Krisen auch zu einer Intensivierung von – durchaus demokratisch legitimierten – nationalistischen Bewegungen führen, wie nicht zuletzt in den USA deutlich wird. Einer Lösung der ökologischen und sozialen Krisen steht dies entgegen.

Insofern erscheint es durchaus angebracht, sich auch auf jene weiteren Ideen zurückzubesinnen, von denen das Plus-Ultra-Programm von Karl V., neben der Machtexpansion, geleitet war: dem Ideal der Einheit des Menschengeschlechts und dem Ziel der globalen Integration in einer *Monarchia Universalis*. Dies soll hier nicht als Plädoyer für eine Wiederherstellung einer undemokratischen globalen Monarchie, bzw. einer globalen und hierarchisch organisierten Weltregierung, verstanden werden. Sehr wohl aber erscheint es notwendig, die gegenwärtige ökonomisch forcierte Globalisierungsdynamik durch eine Expansion der politischen Strukturen zu ergänzen und so durch die politische Regulierung der Ökonomie eine Einbettung des Weltmarkts in die Weltgesellschaft zu ermöglichen. Zugleich machen die globalen Umweltprobleme deutlich, dass die nationalstaatliche Ordnung der Moderne den Herausforderungen der Zeit nicht mehr entsprechen. Die Bemühungen der UNO um eine neue globale Integration, wie sie in den aktuellen „Sustainable Development Goals" enthalten sind, weisen zumindest in diese Richtung (UNO 2015).

Auch heute ist wieder die Überschreitung einer augusteischen Schwelle, und damit die Herausbildung eines „kosmopolitischen Empire" (Beck 2005), bzw. eines „post-imperialen Empire" (Beck und Grande 2005: 419), zu vollziehen.[44] Allerdings stellt sich die Frage nach einer Befriedung und Integration des Imperiums auf neue

---

43 Mit dem Begriff der „imperialen Lebensweise" beschreiben Brand und Wissen das Phänomen, dass „das alltägliche Leben in den kapitalistischen Zentren wesentlich über die Gestaltung der gesellschaftlichen Verhältnisse und der Naturverhältnisse andernorts ermöglicht wird: über den im Prinzip unbegrenzten Zugriff auf das Arbeitsvermögen, die natürlichen Ressourcen und die Senken […] im globalen Maßstab." (Brand und Wissen 2017: 43)

44 Beck und Grande beziehen diese Begriffe vor allem auf Europa und dessen innere Integration und Rolle in der Welt. Diese eurozentristische Perspektive wird hier nicht geteilt und es wird davon ausgegangen, dass die Idee eines postimperialen Empires auch mit der Vision eines posteurozentrischen, bzw. auch postokzidentalen, Imperiums verbunden werden muss.

Weise: Angesichts der ökonomischen und technoszientifischen Transformation des Empire in der Moderne geht es weniger um die Beendigung der militärischen Expansion. Von Bedeutung ist vor allem, auf welche Weise die weiterhin expansive Dynamik des durch einen „kapitalistischen Imperialismus" (Harvey 2005: 33) gekennzeichnet *Empire of capital* sowie die Ausweitung des Human Empire mit seiner Logik der Naturbeherrschung gestoppt und der Übergang in eine integrative Phase eingeleitet werden kann. Diese Aufgabe der Begrenzung der imperialen Logik der Moderne macht eine gesellschaftliche Regulierung des Ökonomischen und auch der gesellschaftlichen Naturverhältnisse zur Notwendigkeit.

Nun wird bereits seit vielen Jahren unter dem Begriff der *Global Governance* über die Entwicklung neuer Formen der globalen Steuerung diskutiert. Weitgehender Konsens besteht darüber, dass diese zwar zu einer Überwindung der nationalstaatlichen Ordnung beitragen, aber nicht mit einer Herausbildung einer neuen Weltregierung einhergehen sollte. Derartigen Visionen wird aufgrund deren utopischen Charakters wie auch der damit verbundenen Gefahren in der Regel eine Absage erteilt. So machte die einflussreiche *Commission on Global Governance* in ihrem Report *Our Global Neighborhood* (1995) den Unterschied zwischen den beiden Konzepten deutlich: „Global governance is not global government. [...] We are not proposing movement towards world government, for were we to travel in that direction we might find ourselves in an even less democratic world than we have - one more accommodating to power, more hospitable to hegemonic ambition, and more reinforcing of the roles of states and governments rather than of the rights of people." (Ebd.: 16) Im Gegensatz zu diesem zentralistischen Modell ist die *Global Governance* durch den Versuch der subsidiären Vernetzung unterschiedlicher Handlungsebenen und Steuerungsformen vom Lokalen über das Nationale bis hin zum Globalen gekennzeichnet (Hamm 2007: 295). Favorisiert werden damit Konzepte eines Steuerungsmixes.

Die Vorbehalte gegenüber der Etablierung einer Weltregierung aufgrund der Gefahren der Etablierung hierarchischer, zentralistischer und antidemokratischer Strukturen werden hier durchaus geteilt. Für eine Regulierung der Commons ist nicht zwingend eine zentralistische Steuerung notwendig, vielmehr ist eine „polyzentrische Governance" (Ostrom 2011: 113) vorzuziehen. Dennoch soll hier dafür plädiert werden, an der Vision einer kosmopolitischen Weltregierung – als zumindest fernes Ziel – festzuhalten.[45] Denn die globalen Herausforderungen und Probleme, die sich aufgrund des Festhaltens am nationalstaatlichen Partikularismus ergeben, sprechen für das Wagnis eines solchen Übergangs. Will man die Exklusionen und Externali-

---

45 Yunker zeigt in *Beyond Global Governance – Prospects for Global Government* (2014) überzeugend auf, dass es pragmatische Wege hin zur sukkzessiven Herausbildung einer Weltregierung gibt, die nicht durch einen Zentralismus geprägt ist, sondern einen Föderalismus zuläßt (ebd.: 78 f.). Befürchtungen, dass eine Weltregierung durch die USA dominiert würde und letztlich zur Etablierung eines *American Empire* führe, werden durch die Entwicklungen im Jahre 2017 eher entkräftigt. Die Reduktion von Zahlungen der USA an UN-Institutionen und der Ausstieg aus dem Klimaschutzabkommen sind nicht nur als Schwächung der Vereinten Nationen zu deuten. Vielmehr kann hierin auch eine Möglichkeitsfenster gesehen werden, das die Staatengemeinschaft zusammenführt und die Etablierung einer Weltregierung ohne einen Hegemon als realistisch erscheinen lässt.

sierung überwinden, die sich aus der nationalstaatlichen Ordnung der Moderne ergeben, scheint eine zumindest partikulare Übertragung von Souveränität an eine globale Instanz notwendig. Der Expansionismus des *Empire of capital* war, wie gezeigt, eng an die nationalstaatliche Ordnung gebunden. Ein Übergang von der Expansion zur Integration, und damit das Überschreiten einer erneuten augusteischen Schwelle, macht möglicherweise auch eine grundlegende Transformation der politischen Strukturen und der Steuerungsprinzipien erforderlich, die zur Herausbildung einer globalen Kybernetik führt.

Diese Transformation der politischen Steuerung impliziert heute keine Rückkehr zu einer antidemokratischen und totalitären Ordnung, wie sie für das römische Kaiserreich nach dem Überschreiten der augusteischen Schwelle kennzeichnend war. Vielmehr bietet die Weiterentwicklung der kybernetischen Technologien vielfältige Möglichkeiten einer Transformation des Politischen. Die im vorausgehenden Kapitel in Bezug auf die Ökonomie diskutierten Potentiale einer emanzipatorischen Kybernetik sind auch für die Herausbildung eines neuen kosmopolitischen Empire von Bedeutung.

Das Scheitern von Karl V. lag auch in den Schwierigkeiten begründet, mit den verfügbaren kommunikativen und bürokratischen Strukturen ein Weltreich zu integrieren. Die nationalstaatliche Ordnung der klassischen Moderne spiegelt teilweise auch die begrenzten Möglichkeiten der kybernetischen Technologien dieser Zeit wider. Angesichts der heute vielfältig gesteigerten Potentiale der Informations- und Kommunikationstechnologien stellt sich allerdings die Frage, ob nicht vor dem Hintergrund der neuen ökologischen und sozialen Herausforderungen ein Festhalten an dieser Ordnung als Fehler anzusehen ist. Die Weiterentwicklung der Steuerungstechnologien infolge der digitalen Revolution kann, wie dargelegt, zu einem „digitalen Despotismus" (Pfeiffer 2015) führen, wenn sie nicht gesellschaftlich angeeignet werden. Sie könnten aber ebenso zu „emanzipatorischen Politiken" (Buckermann, Koppenburger und Schaupp 2017: 9) und zu einer globalen Ausweitung und Neuerfindung der Demokratie beitragen.

Heute lässt sich ein Weltenherrscher vorstellen, der sich von der antikmittelalterlichen Vorstellung eines Imperators, der alle Macht auf sich vereint, grundlegend unterscheidet. Karl V. stand mit seiner Vision von der *Monarchia Universalis* noch ganz in dieser Tradition. Auch als ihm sein Berater Marliano 1516 die Devise Plus Ultra vorschlug, war die Vorstellung des „Unum Principium sit omnium" (Marliano 1717: 146) – nur einer soll der Herr über alle Anderen sein (vgl. Kap. 7.6.1) – leitend. Die Vorstellung von einem singulären Weltenherrscher wurde im Laufe der Moderne weitgehend aufgegeben. Es erfolgte eine Demokratisierung im Rahmen von Nationalstaaten und zugleich eine Übertragung der Herrschaft auf den kapitalistischen Markt als zentraler Steuerungsinstanz des Weltsystems.

Heute ließe sich aber eine neue demokratische Form der integrierenden Weltpolitik konzipieren. Eine Neuerfindung des Politischen in der kybernetischen Moderne ist denkbar, welche an die alten Modelle anknüpft und zugleich die Potentiale der kybernetischen Techniken der Gegenwart nutzt. Latour weist darauf hin, dass es aufgrund des „höchst schwankenden Gebrauch[s] des Begriffs Kybernetik" im Laufe der Geschichte offen ist, „ob die heutige Verwendung des Begriffs die technische Seite (Vervielfältigung von Fernsteuerungen, Kontrollzentren) oder die politische Seite akzentuiert (Vervielfältigung von Proteststimmen)" (Latour 2017: 473). Man kann ergänzend hinzufügen, dass nur durch eine demokratische Politisierung der kybernetischen Technologien diese zur Herausbildung neuer Formen der globalen Mitbestimmung beitragen können. Ein ausgeweiteter Steuerungsmix wäre anzustreben, in welchem die biokybernetischen Prozesse, Soziokybernetik und technologische Kybernetik miteinander vernetzt werden. Dabei ist Latour zuzustimmen, dass der Mensch hierbei nicht der alleinige Steuermann des Raumschiffs Erde sein wird, sondern auch von einer Eigensinnigkeit der biologischen Systeme auszugehen ist. Die Menschheit muss sich auf „power sharing" (Latour 2013: 136) mit dem nicht vollständig beherrschbaren Ökosystem Erde, bzw. von Gaia als „cybernetic sort of being" (ebd.: 136) einstellen.

Auseinandersetzungen und Aushandlungsprozesse über die Art der Verteilung und der Verbindung der Steuerungsmacht werden zukünftig in der kybernetischen Moderne zentral sein. Sie können aber, wenn der politische Transformationsprozess gelingt, innerhalb des Rahmens einer verbindenden globalen Kybernetik erfolgen, wobei die Dominanz der Nationalstaaten und der Marktsteuerung hierbei abnehmen wird. Es muss und wird kein neuer Imperator sein, der heute das Überschreiten einer augusteischen Schwelle und den Übergang zum globalen Frieden vorantreibt, sondern ein ausgeweitetes Kollektiv von Steuermännern und –frauen. Die aktuellen Bemühungen der UNO um eine Lösung der Probleme der Weltgemeinschaft und eine Transformation der Welt hin zu einer nachhaltigen Entwicklung, in der das Ziel des Friedens eine zentrale Rolle besitzt, gehen zumindest in diese Richtung.

Die Plus-Ultra-Leitdevise der Moderne hatte bisher primär eine Expansion der Macht des Okzidents über das Andere, d.h. über Natur und Menschen, zur Folge. Dem lässt sich heute ein „Plus Ultra, dass utopisches Bewusstsein lebt" (Bloch 1971: 132) entgegensetzen, das auch zu einer Erneuerung der „kosmopolitische[n] Utopie" (Bloch 1959a: 571) beitragen könnte. Ein die nationalstaatlichen und auch anthropozentrischen Grenzen sprengendes Plus Ultra der Solidarität und des Demokratischen, könnte zur Grundlage einer neuen Einheit der globalen Welt werden.

Literatur

Acosta, Alberto (2009): Das „Buen Vivir". Die Schaffung einer Utopie. In: Juridikum, 4/2009, S. 209-213.
Acosta, Alberto (2015): Buen Vivir. Vom Recht auf ein gutes Leben. München: oekom verlag.
Acosta, Jose de (1984): De procuranda Indorum salute. Madrid: Consejo Superior de Investigaciones Científicas (zuerst 1557).
Adams, James Truslow (1931): The epic of America. New York: Blue Ribbon Books.
Adorno, Theodor W. (2003): Ästhetische Theorie. Frankfurt am Main: Suhrkamp.
Afflerbach, Holger (2003): Das entfesselte Meer. Die Geschichte des Atlantik. München u.a.: Piper.
Agricola, Georg (1977): Vom Berg- und Hüttenwesen. De re metallica.Düsseldorf: VDI Verlag (zuerst 1557).
Aischylos (1986): Prometheus, gefesselt. Übertragen von Peter Handke. Frankfurt am Main: Suhrkamp.
Al-Khalili, Jim (2011): Im Haus der Weisheit. Die arabischen Wissenschaften als Fundament unserer Kultur. Frankfurt am Main : S. Fischer
Albrow, Martin (2007): Das globale Zeitalter. Frankfurt am Main: Suhrkamp.
Altmann, Philipp (2013): Die Indigenenbewegung in Ecuador. Diskurs und Dekolonialität, Bielefeld: Transcript.
Altvater, Elmar; Mahnkopf, Birgit (1999): Grenzen der Globalisierung.Münster: Westfälsches Dampfboot.
Anders, Günther (1956): Die Antiquiertheit des Menschen. Über die Seele im Zeitalter der zweiten industriellen Revolution. München: C.H. Beck.
Andreae, Johann Valentin (1972): Christianopolis. Originaltext und Übertragung nach David Samuel Georgi. Stuttgart: Calwer Verlag (zuerst 1619).
Angehrn, Emil (1996): Die Überwindung des Chaos. Zur Philosophie des Mythos. Frankfurt am Main: Suhrkamp.
Anghiera, Peter Martyr von (1972): Acht Dekaden über die Neue Welt. Darmstadt: Wissenschaftliche Buchgesellschaft (Spanische Edition zuerst 1516).
Apollodorus; Moser, Christian Gottlob (1828): Apollodor's Mythologische Bibliothek. Stuttgart, Wien: Metzler.
Arciniegas, Germán (1986): America in Europe. A history of the New World in reverse. San Diego Calif. u.a: Harcourt Brace Jovanovich.
Arendt, Hannah (1960): Vita activa oder Vom tätigen Leben. München: Piper.
Ariès, Philippe (1980): Geschichte des Todes. München, Wien: Hanser.
Aristoteles (1967): Physik. Berlin: Akademie-Verlag.

Aristoteles (1972): Die Nikomachische Ethik. München: DTV.
Aristoteles (1991): Politik. Buch 1: Über die Hausverwaltung und die Herrschaft des Herrn über Sklaven. Berlin: Akademie-Verlag.
Aristoteles (2006). Die Nikomachische Ethik. Reinbek bei Hamburg: Rowohlt.
Aristoteles (2008): Organon. Deutsche Übersetzung von Julius Heinrich von Kirchmann. München: GRIN-Verlag.
Aristoteles (1987): Vom Himmel. Von der Seele. Von der Dichtkunst. München: Dt. Taschenbuch Verlag.
Armborst, Stefan; Dieterich, Heinz; Zickgraf, Hanno (1991): Sieger und Besiegte im Fünfhundertjährigen Reich. Emanzipation und lateinamerikanische Identität 1492-1992. Bonn: Pahl-Rugenstein.
Arnold, Werner (Hg.) (1983): Eroberung der Tiefe. Leipzig: Dt. Verl. f. Grundstoffindustrie.
Arnopoulos, Paris J. (1971): Poliscentrism: the theory and practice of inter-state and international relations of Plato and Aristotle. Masters Essay. Columbia University.
Asamblea Constituyente (2008): Constitutión de la República del Ecuador. http://www.asambleanacional. gov.ec/documentos /constitucion_de_bolsillo.pdf. Abgerufen am 21.5.2015.
Assmann, Aleida (1994): Odysseus und der Mythos der Moderne. Heroisches Selbstbehauptungs-Wissen und weisheitliches Selbstbegrenzungs-Wissen. In: Gotthard Fuchs und Aleida Assmann (Hg.), Lange Irrfahrt - grosse Heimkehr. Odysseus als Archetyp - zur Aktualität des Mythos. Frankfurt am Main: Knecht, S. 103-122.
Assmann, Aleida (2007a): Grenze und Horizont. Mythen des Transzendierens bei Emerson, Tennyson und Turner. In: Inka Mülder-Bach (Hg.), Räume der Romantik. Würzburg: Königshausen & Neumann, S. 65-81.
Assmann, Jan (1992): Frühe Formen politischer Mythomotorik. Fundierende, kontrapräsentische und revolutionäre Mythen. In: Dietrich Harth und Jan Assmann (Hg.), Revolution und Mythos. Frankfurt am Main: Fischer Taschenbuch Verlag, S. 39-61.
Assmann, Jan (2001): Tod und Jenseits im Alten Ägypten. München: C.H. Beck.
Assmann, Jan (2007b): Das kulturelle Gedächtnis. Schrift, Erinnerung und politische Identität in frühen Hochkulturen. München: C.H. Beck.
Augustinus, Aurelius (1914): Über den Gottesstaat. Buch 9-16. Kempten: Kösel.
Avienus, Rufius Festus (1968): Ora maritima. Lateinisch und deutsch. Hg. v. Dietrich Stichtenoth. Darmstadt: Wiss. Buchgesellschaft.
Avraham ben Shemu'el Zakut; Santritter, Johannes Lucilius; Regiomontanus, Johannes (1498): Ephemerides siue Almanach perpetuum. Venetijs: Liechtenstein für Johannes Lucilius Santritter.
Bachofen, Johann Jakob (1941): Mutterrecht und Urreligion. Eine Auswahl. Stuttgart: Kröner.
Bacon, Francis (1620): Summi Angliae Cancellarii Instauratio magna. Pars secunda operis, quae dicitur Novum Organum, sive indicia vera de interpretatione naturae. London: Joannem Billium.
Bacon, Francis (1624): De dignitate et augmentis scientiarum. Libri IX. Paris: typis Petri Mettayer.
Bacon, Francis (1661): Sylva Sylvarum, Sive Historia Naturalis, Et Nova Atlantis. Francisci Baconi Baronis de Verulamio, opera omnia, septem vol. distincta, Vol. 4. Amsterdam: Elzevir.
Bacon, Francis (1818): The Essays of Counsels Moral, Economical and Political. London; Howlett.

Bacon, Francis (1826): De Digitate et Augmentis Scientarium (zuerst 1624). In: Bacon, Works Vol VII. London: Woodfall S. 43-438.
Bacon, Francis (1862): New Atlantis (zuerst 1627). In: James Speeding; Robert L. Ellis; Douglas D. Heath (Hg.), The Works of Francis Bacon Volume 5. London: Longman, S. 347-413.
Bacon, Francis (1959): Neu-Atlantis. Hg. v. Georg Gerber und F. A. Kogan-Bernstein. Berlin: Akad.-Verlag (Erstedition in Neulateinisch zuerst 1627).
Bacon, Francis (1984): Valerius Terminus. Von der Interpretation der Natur. Hg. v. Franz Träger. Würzburg: Königshausen & Neumann (Erstedition in Englisch zuerst 1603).
Bacon, Francis (1987): Of the advancement and proficience of learning. (Nachdr. d. Ausg. Oxford, 1640). Alburgh: Archival Facs. Ltd.
Bacon, Francis (1990a): Neues Organon. Band I. Lateinisch - deutsch. Hamburg: Meiner (Erstedition 1620).
Bacon, Francis (1990b): Neues Organon. Band II. Lateinisch - deutsch. Hamburg: Meiner (Erstedition 1620).
Bacon, Francis (1990c): Weisheit der Alten. Hg. v. Philipp Rippel. Frankfurt am Main: Fischer-Taschenbuch-Verlag (Erstedition in Englisch zuerst 1609).
Bacon, Francis (1996): Collected works of Francis Bacon; Volume 4 (first 1858) J, London.
Bacon, Francis (1996): Collected works of Francis Bacon; Volume 7 (first 1879). James. Hg. v. James Speeding; Robert L. Ellis; Douglas D. Heath Ellis. London: Routledge.
Bacon, Francis (2006): Über die Würde und die Förderung der Wissenschaften. Freiburg, München: Haufe-Mediengruppe (Erstedition in Englisch zuerst 1605, in Latein 1624).
Barbrook, Richard; Cameron, Andy (1996): The Californian Ideology. In: Science as Culture 6.1, S. 44-72.
Barlow, John Perry (1996a): A Cyberspace Independence Declaration. http://w2.eff.org/Censorship/ Internet_censorship_bills/barlow_0296.declaration Abgerufen am 5.2.2015.
Barlow, John Perry (1996): Unabhängigkeitserklärung des Cyberspace. http://www.heise.de/tp/ artikel/1/1028/1.html Abgerufen am 5.2.2015.
Barrera, Eduardo (2010): Aliens in Heterotopia. In: Ilan Stavans (Hg.), Border culture. Santa Barbara. Calif: Greenwood, S. 164-176.
Barrera-Osorio, Antonio (2006): Experiencing Nature: The Spanish American Empire and the Early Scientific Revolution. Austin: University of Texas Press.
Barth, Thomas; Jochum, Georg; Littig Beate (2016a) (Hg.): Nachhaltige Arbeit. Soziologische Beiträge zur Neubestimmung der gesellschaftlichen Naturverhältnisse. Frankfurt/New York: Campus.
Barth, Thomas/Jochum, Georg/Littig, Beate (2016b): Nachhaltige Arbeit und gesellschaftliche Naturverhältnisse: Theoretische Zugänge und Forschungsperspektiven. In: Ders. (Hg.), Nachhaltige Arbeit. Frankfurt/New York: Campus, S. 311-352.
Baudrillard, Jean (1982): Der symbolische Tausch und der Tod. München: Matthes und Seitz.
Bauman, Zygmunt (2000): Liquid modernity. Cambridge: Polity Press.
Bauman, Zygmunt (2005): Liquid life. Cambridge: Polity Press.
Bauman, Zygmunt (2007): Leben in der flüchtigen Moderne. Frankfurt am Main: Suhrkamp.
Beck, Ulrich (1987): Risikogesellschaft. Auf dem Weg in eine andere Moderne. Frankfurt am Main: Suhrkamp.
Beck, Ulrich (1997): Was ist Globalisierung? Irrtümer des Globalismus - Antworten auf Globalisierung. Frankfurt am Main: Suhrkamp.

Beck, Ulrich (1998): Politik der Globalisierung. Frankfurt am Main. Suhrkamp.
Beck, Ulrich (2001): Der kosmopolitische Staat - Staatenbildung neu denken - eine realistische Utopie. In: Eurozine. http://www.eurozine.com/pdf/2001-12-05-beck-de.pdf. Abgerufen am 21.4.2015.
Beck, Ulrich (2004): Der kosmopolitische Blick oder: Krieg ist Frieden. Frankfurt am Main: Suhrkamp.
Beck, Ulrich (2017): Die Metamorphose der Welt. Berlin: Suhrkamp Verlag.
Beck, Ulrich; Bonß Wolfgang; Lau Christoph (Hg.) (2004): Entgrenzung erzwingt Entscheidung: Was ist neu an der Theorie reflexiver Modernisierung. In: Ulrich Beck, Christoph Lau (Hg.), Entgrenzung und Entscheidung. Was ist neu an der Theorie reflexiver Modernisierung? Frankfurt am Main: Suhrkamp, S. 13-64.
Beck, Ulrich; Giddens, Antony; Lash, Scott (1996): Reflexive Modernisierung: Eine Kontroverse. Frankfurt a. Main: Suhrkamp.
Beck, Ulrich; Lau, Christoph (2005): Theorie und Empirie reflexiver Modernisierung: Von der Notwendigkeit und den Schwierigkeiten, einen historischen Gesellschaftswandel innerhalb der Moderne zu beobachten und zu begreifen. In: Soziale Welt, Zeitschrift für sozialwissenschaftliche Forschung und Praxis 56 (2/3), S. 107-135.
Becker, Jochen (2004): Hoch zu Ross mit Grossen Männern: Herrscherlob und Herrscherrivalität im Bild. In: Béhar, Pierre; Schneider, Herbert (Hrsg.): Der Fürst und sein Volk. St. Ingbert Röhrig Universitätsverlag; S. 333-364.
Beckby, Hermann (1957): Anthologia Graeca. Griechisch-Deutsch. München: Heimeran.
Becker, Reiner (2012): Blackbox Computer? Zur Wissensgeschichte einer universellen kybernetischen Maschine. Berlin: Transcript-Verlag.
Bek, Thomas (2011): Helmuth Plessners geläuterte Anthropologie. Natur und Geschichte: zwei Wege einer Grundlegung philosophischer Anthropologie verleiblichter Zweideutigkeit. Würzburg: Königshausen & Neumann.
Benedikt, Michael L. (Hg.) (1991): Cyberspace. First steps. Cambridge: M I T Press.
Bennett, Nathan; Govan, Hugh; Satterfield, Terre (2015): Ocean grabbing. Marine Policy. Volume 57, July 2015, S. 61–68.
Benjamin, Walter (1982): Gesammelte Schriften V 2. Das Passagen-Werk. Frankfurt am Main: Suhrkamp.
Benjamin, Walter (1980): Abhandlungen. Teil 2. Frankfurt am Main: Suhrkamp.
Bensaúde, Joaquim (1914): Regimento do estrolabio e do quadrante. Tractado da spera do mundo. München: Carl Kuhn.
Bensaude-Vincent, Bernadette (2009): Technoscience and Convergence: A Tranmutation of values? Summerschool on Ethics of Converging Technologies, Dormotel Vogelsberg, Omrod / Alsfeld, Germany., Sep 2008, Alsfeld, Germany.
Berg, Dieter; Averkorn Raphaela (1995): Eschatologie und Franziskanertum. In: Winfried Wehle (Hg.), Das Columbus-Projekt. Die Entdeckung Amerikas aus dem Weltbild des Mittelalters. München: Fink, S. 115-152.
Berg, Dieter; Lehmann, Leonhard (Hg.) (2009): Franziskus-Quellen. Die Schriften des heiligen Franziskus, Lebensbeschreibungen, Chroniken und Zeugnisse über ihn und seinen Orden. Kevelaer: Butzon & Bercker.
Berger, Peter L. (1973): Zur Dialektik von Religion und Gesellschaft. Elemente einer soziologischen Theorie. Frankfurt am Main: Fischer.
Berger, Peter L.; Luckmann, Thomas (1987): Die gesellschaftliche Konstruktion der Wirklichkeit. Eine Theorie der Wissenssoziologie. Frankfurt am Main: Fischer.

Berman, Morris (1983): Wiederverzauberung der Welt. Am Ende des Newton'schen Zeitalters. München: Trikont.
Bernbaum, Ernest (Hg.) (1918): English poets of the eighteenth century. New York u.a: Scribner.
Bernecker, Walther L.(1992): Zwischen Jubelfeier und Ablehnung. In: Tranvia 27; S. 52-58.
Bernecker, Walther L.; Carmagnani, Marcello (Hg.) (1994): Handbuch der Geschichte Lateinamerikas. Stuttgart: Klett-Cotta.
Bernhard, Roland (2013): Geschichtsmythen über Hispanoamerika. Göttingen: v&r Unipress.
Berns, Jörg Jochen (1982): Roman und Utopie. In: Wilhelm Voßkamp (Hg.), Utopieforschung. Interdisziplinäre Studien zur neuzeitlichen Utopie. Band 2. Stuttgart: Metzler, S. 210-228.
Bey, Horst von der (1993): 500 Jahre Franziskanische Utopie - Zwischen Traum und Wirklichkeit. In: Anton Rotzetter et al.(Hg.), Von der Conquista zur Theologie der Befreiung. Zürich: Benziger, S. 9-34.
Bhabha, Homi K. (1997): Verortungen der Kultur. In: Elisabeth Bronfen (Hg.), Hybride Kulturen. Beiträge zur anglo-amerikanischen Multikulturalismusdebatte.Tübingen: Stauffenburg-Verlag, S. 123-148.
Bhambra, Gurminder K. (2007): Rethinking modernity. Postcolonialism and the sociological imagination. Basingstoke: Palgrave Macmillan.
Birle, Peter; Braig, Marianne; Ette, Ottmar; Ingenschay, Dieter (Hg.) (2006): Hemisphärische Konstruktionen der Amerikas. Frankfurt am Main: Vervuert.
Biesecker, Adelheid /Hofmeister, Sabine (2015): (Re)Produktivität als ein sozial-ökologisches ‚Brückenkonzept'. In: Christine Hatz, (Hg.), Nachhaltigkeit anders denken, Wiesbaden: VS-Verlag. S. 77-91.
Bitterli, Urs (1992): Die Entdeckung Amerikas. Von Kolumbus bis Alexander von Humboldt. München: C.H. Beck.
Bloch, Ernst (1923): Geist der Utopie. Berlin: Cassirer.
Bloch, Ernst (1959a): Das Prinzip Hoffnung. In fünf Teilen; Kapitel 1 - 37. Frankfurt am Main: Suhrkamp.
Bloch, Ernst (1959b): Das Prinzip Hoffnung. In fünf Teilen; Kapitel 38 - 55. Frankfurt am Main: Suhrkamp.
Bloch, Ernst (1971): Tübinger Einleitung in die Philosophie I. Frankfurt am Main: Suhrkamp Verlag.
Blockmans, Wim (2004): Politische Propaganda und Selbstdarstellung Kaiser Karls V. In: Ulrike Zellmann, Angelika Lehmann-Benz und Urban Küsters (Hg.),»Wider den Müßiggang ...« Niederländisches Mittelalter im Spiegel von Kunst, Kult und Politik. Düsseldorf: Grupello Verlag, 39 – 52.
Bloch, Ernst (1975), Experimentum mundi. Frage, Kategorien des Herausbringens, Praxis. Frankfurt am Main: Suhrkamp ?
Blumenberg, Hans (1965): Die kopernikanische Wende. Frankfurt am Main: Suhrkamp.
Blumenberg, Hans (1966): Die Legitimität der Neuzeit. Frankfurt am Main: Suhrkamp.
Blumenberg, Hans (1973): Der Prozeß der theoretischen Neugierde. Frankfurt am Main: Suhrkamp.
Blumenberg, Hans (1974): Säkularisierung und Selbstbehauptung. Erweiterte Neuausgabe. Frankfurt am Main: Suhrkamp.
Blumenberg, Hans (1975): Die Genesis der kopernikanischen Welt. Frankfurt am Main: Suhrkamp.
Blumenberg, Hans (1976): Aspekte der Epochenschwelle. Frankfurt am Main: Suhrkamp.

Blumenberg, Hans (1979): Schiffbruch mit Zuschauer. Paradigma einer Daseinsmetapher. Frankfurt am Main: Suhrkamp..

BMU/BDI (2012): Memorandum für eine Green Economy. Eine gemeinsame Initiative des BDI und BMU[Bundesministerium für Umwelt, Naturschutz und Reaktorsicherheit; Bundesverband der Deutschen Industrie e.V. Berlin.

Boatcă, Manuela (2009): Lange Wellen des Okzidentalismus. Ver- Fremden von Geschlecht, Rasse und Ethnizität im modernen Weltsystem. In: Gabriele Dietze (Hg.), Kritik des Okzidentalismus. Bielefeld: transcript Verlag, S. 233-249.

Boatcă, Manuela/ Costa, Sérgio (2010): Postkoloniale Soziologie: ein Programm. In: Julia Reuter und Paula-Irene Villa (Hg.), Postkoloniale Soziologie. Bielefeld: transcript Verlag, S. 69-90.

Boerner, Peter (1982): Utopia in der Neuen Welt. Von europäischen Träumen zum American Dream. In: Wilhelm Voßkamp (Hg.), Utopieforschung. Interdisziplinäre Studien zur neuzeitlichen Utopie. Stuttgart: Metzler, S. 358-374.

Böhme, Gernot (1993): Am Ende des Baconschen Zeitalters. Studien zur Wissenschaftsentwicklung. Franfurt am Main: Suhrkamp.

Böhme, Hartmut (1988): Natur und Subjekt. Frankfurt am Main: Suhrkamp.

Böhme, Hartmut (1996a): Die technische Form Gottes. Über die theologischen Implikationen von Cyberspace. In: Praktische Theologie 1996, Nr. 31, S. 257-260.

Böhme, Hartmut (1996b): Zur Theologie der Telepräsenz. In: Frithjof Hager (Hg.), Körper-Denken. Berlin: Reimer, S. 237-248.

Böhme, Hartmut (2001a): Der Affe und die Magie in der 'Historia von D. Johann Fausten'. In: Werner Röcke (Hg.), Thomas Mann, Doktor Faustus. 1947-1997. Bern: P. Lang, S. 109-145.

Böhme, Hartmut (2001b): Im Zwischenreich: Von Monstren, Fabeltieren und Aliens. In: ZDF-Nachtstudio (Hg.), Mensch und Tier. Geschichte einer heiklen Beziehung, S. 233-258.

Böttcher, Nikolaus (2013): Kontinuität und Brüche in Hispanoamerika. Wiesbaden: Springer VS.

Bolivia (2012): Ley Marco de la Madre Tierra y Desarrollo Integral para Vivir Bien, 15 de octubre de 2012.

Boltanski, Luc; Chiapello, Ève (2003): Der neue Geist des Kapitalismus. Konstanz: UVK.

Bonfil Batalla, Guillermo (1990): México profundo. Una civilización negada. México, D.F: Grijalbo.

Bonß, Wolfgang (1995): Vom Risiko. Unsicherheit und Ungewißheit in der Moderne. Hamburg: Hamburger Ed. HIS Verl.-Gesellschaft.

Bornemann, Basil (2014): Nachhaltigkeit und Integration: Nachhaltigkeit als Integrationsidee. Wiesbaden: Springer VS.

Boris, Dieter (1992): Plus Ultra - bis ans Ende der Welt. Zur Rolle des Handelskapitals in der europäischen Expansion im 15. Und 16. Jahrhundert. In: Peripherie 1992, Nr. 43/44, S. 94-114.

Bosbach, Franz (1988): Monarchia universalis: ein politischer Leitbegriff der frühen Neuzeit. Göttingen: Vandenhoeck Ruprecht.

Boulding, Kenneth E. (1966): The Economics of the Coming Spaceship Earth. In Henry Jarrett (Hg.), Environmental Quality in a Growing Economy. Baltimore: Johns Hopkins University Press. S. 3-14.

Braidotti, Rosi (2014): Posthumanismus. Leben jenseits des Menschen. Frankfurt am Main u.a: Campus.

Brand, Karl-Werner (Hg.) (1997): Nachhaltige Entwicklung. Eine Herausforderung an die Soziologie. Opladen: Leske + Budrich.

Brand, Karl-Werner; Fürst, Volker (2002): Sondierungsstudie. Vorraussetzungen und Problem einer Politik der Nachhaltigkeit. In: Karl-Werner Brand (Hg.), Politik der Nachhaltigkeit. Berlin: Sigma, S. 15-109.

Brand, Karl-Werner; Jochum, Georg (2000): Der deutsche Diskurs zu nachhaltiger Entwicklung. Abschlußbericht eines DFG-Projekts zum Thema "Sustainable Development/Nachhaltige Entwicklung - zur sozialen Konstruktion globaler Handlungskonzepte im Umweltdiskurs. München: Münchner Projektgruppe für Sozialforschung.

Brand, Ulrich (2016): "Transformation" as a New Critical Orthodoxy: The Strategic Use of the Term "Transformation" Does Not Prevent Multiple Crises. GAIA-Ecological Perspectives for Science and Society, 25(1): 23-27

Brand, Ulrich; Wissen, Markus (2017): Imperiale Lebensweise: Zur Ausbeutung von Mensch und Natur in Zeiten des globalen Kapitalismus. München: oekom.

Brant, Sebastian (1494/1964): Das Narrenschiff. Hochdeutsch nach der Fassung von 1494. Hg. v. Hans-Joachim Mähl. Stuttgart: Reclam.

Brant, Sebastian (1986): Das Narrenschiff. Nach der Erstausgabe (Basel 1494) mit den Zusätzen der Ausgaben von 1495 und 1499 sowie den Holzschnitten der deutschen Originalausgaben. Lemmer. Tübingen: Niemeyer.

Braudel, Fernand (1986): Sozialgeschichte des 15.-18. Jahrhunderts. München: Kindler.

Braudel, Fernand (1992): Karl V. Die Notwendigkeit des Zufalls. Frankfurt am Main: Insel-Verlag.

Bredekamp, Horst (1984): Der Mensch als Mörder der Natur In: Reinitzer, Heimo (Hg.), All Geschöpf ist Zung' und Mund. Beiträge aus dem Grenzbereich von Naturkunde und Theologie. Hamburg: Vestigia Bibliae, S. 261-283.

Brendecke, Arndt (2009): Imperium und Empirie. Funktionen des Wissens in der spanischen Kolonialherrschaft. Köln: Böhlau.

Brentjes, Burchard (1994): Atlantis. Geschichte einer Utopie. Köln: DuMont.

Brie, Michael (Hg.) (2015): Polanyi neu entdecken. Hamburg: VSA

Briesemeister, Dietrich (1991): Frühe Berichte über die spanischen Eroberungen in deutschen Übersetzungen des 16. Jahrhunderts. In: Karl Kohut (Hg.), Der eroberte Kontinent. Frankfurt am Main: Vervuert, S. 246-271.

Brock, Ditmar (2011): Die klassische Moderne. Moderne Gesellschaften Erster Band. Wiesbaden: VS Verlag für Sozialwissenschaften.

Brockhaus (2006): Band 20. Norde-Parak. Leipzig: F.A. Brockhaus.

Bronfen, Elisabeth (Hg.) (1997): Hybride Kulturen. Beiträge zur anglo-amerikanischen Multikulturalismusdebatte. Tübingen: Stauffenburg-Verlag.

Bruce, Chris (1990): Myth of the West. New York, Seattle: Rizzoli; Henry Art Gallery University of Washington.

Brückmann, Asmut (1997): Die europäische Expansion. Kolonialismus und Imperialismus 1492 - 1918. Leipzig: Klett.

Bstan-'dzin-rgya-mtsho; Spitz, Christof; Stratmann, Birgit (1996): Die Lehre des Buddha vom abhängigen Entstehen. Die Entstehung des Leidens und der Weg zur Befreiung. Hamburg: Dharma Edition.

Buck, August (1968): Die humanistische Tradition in der Romania. Bad Homburg: Gehlen.

Buck, August (1973): Die "Querelle des anciens et des modernes" im italienischen Selbstverständnis der Renaissance und des Barocks. Wiesbaden: Steiner.

Buck, August (1987): Die Auseinandersetzung mit Jacob Burckhardts Renaissancebegriff. In: Chloe - Beihefte zum Daphins Band 6. Amsterdam, S. 7-34.

Buckermann, Paul; Koppenburger, Anne; Schaupp, Simon (2017): Einleitung. In: Ders. (Hg.), Kybernetik, Kapitalismus, Revolutionen. Emanzipatorische Perspektiven im technologischen Wandel. Münster: Unrast, S. 7-22.

Bühl, Achim (1996): Cybersociety. Mythos und Realität der Informationsgesellschaft. Köln: PapyRossa-Verlag.

Bühl, Walter (1987): Grenzen der Autopoiesis. In: Kölner Zeitschrift für Soziologie und Sozialpsychologie Nr. 39, S. 225-254.

Bulmer-Thomas, Victor (Hg.) (2006): The Cambridge economic history of Latin America. Cambridge: Cambridge Univ. Press.

Burckhardt, Jacob (1922): Die Kultur der Renaissance in Italien. Ein Versuch. Stuttgart: Kröner.

Buridan, Johannes (1996): Ioannis Buridani Expositio et quaestiones in Aristotelis De caelo. Louvain-la-Neuve: Éd. de l'Inst. Supérieur de Philosophie.

Buridan, Johannes (1942): Quaestiones super libris quattuor de caelo et mundo. New York: The Mediaval Academy of America.

Burke, Peter (: 1990): Die Renaissance. Berlin: Wagenbach.

Buruma, Ian; Margalit, Avishai (2005): Okzidentalismus. Der Westen in den Augen seiner Feinde. München, Wien: Hanser.

Cacciari, Massimo (1995): Gewalt und Harmonie. Geo-Philosophie Europas. Unter Mitarbeit von Günther Memmert. München, Wien: Hanser.

Cacciari, Massimo (1998): Der Archipel Europa. Köln: DuMont.

Caire, Matthew S. (2010): Sin maíz, no hay país. Corn in Mexico under neoliberalism, 1940-2008. Bowling Green, Ohio: Bowling Green State University.

Campanella, Tommaso (1900): Der Sonnenstaat. München: Ernst (zuerst 1623).

Campbell, Joseph (1953): Der Heros in tausend Gestalten. Frankfurt am Main: Fischer.

Campbell, Joseph (1985): Lebendiger Mythos. München: Dianus-Trikont Buchverlag.

Cancik, Hubert (Hg.) (1997): Der neue Pauly. Enzyklopädie der Antike. Bd. 3. Cl - Epi. Stuttgart, Weimar: Metzler.

Cancik, Hubert (1998): Der Neue Pauly. Enzyklopädie der Antike. Bd. 5. Gru – Iug. Stuttgart, Weimar: Metzler.

Cañizares-Esguerra, Jorge (2006): Nature, empire, and nation. Explorations of the history of science in the Iberian world. Stanford, Calif: Stanford Univ. Press.

Capurro, Rafael (2003): Ethik im Netz. Stuttgart: Steiner.

Carrier, James G. (1992): Occidentalism: the world turned upside-down. in: American Ethnologist, Bd. 19, H.2, Oxford, UK: Blackwell Publishing Ltd, S. 195-212.

Casas, Bartolomé de las; Delgado, Mariano; Pietschmann, Horst; König, Hans-Joachim (1997): Werkauswahl. Paderborn, München u.a.: Schöningh.

Casas, Bartolomé de las (1998): Kurzgefaßter Bericht von der Verwüstung der Westindischen Länder. Frankfurt am Main: Insel-Verlag (zuerst 1552).

Casas, Bartolomé de las; Pérez Fernández, Isacio (1989): Brevísima relación de la destrucción de Africa. Preludio de la destrucción de las Indias primera defensa de los guanches y negros contra su esclavización. Salamanca: Edotral San Esteban.

Cayota, Mario (1993): Die indianische Kirche - Eine Sehnsucht im Werden. In: Anton Rotzetter et al. (Hg.), Von der Conquista zur Theologie der Befreiung. Der franziskanische Traum einer indianischen Kirche. Zürich: Benziger, S. 35-107.

Ceinos, Pedro (1992): Abya-Yala. Escenas de una historia india de América. Madrid: Miraguano Ediciones.
Cesana, Andreas (1993): Zur Mythosdiskussion in der Philosophie. In: Fritz Graf (Hg.), Mythos in mythenloser Gesellschaft : das Paradigma Roms. Berlin, New York: De Gruyter, S. 305-323.
Chakrabarty, Dipesh (2010): Europa als Provinz. Perspektiven postkolonialer Geschichtsschreibung. Aus dem Englischen von Robin Cackett. Frankfurt am Main: Campus Verlag.
Chardin, Pierre Teilhard de (1955): Der Mensch im Kosmos. München: Dt. Taschenbuch-Verlag.
Cicero (1987): Der Staat (De re publica). München/Zürich: Artemis und Winkler
Cicero, Marcus Tullius (1994). Vom Rechten Handeln (De officiis). Zürich u.a: Artemis & Winkler.
Cipolla, Carlo M. (1998): Die Odyssee des spanischen Silbers. Conquistadores, Piraten, Kaufleute. Berlin: Wagenbach.
Cipolla, Carlo M. (1999): Segel und Kanonen. Die europäische Expansion zur See. Berlin: Wagenbach.
Clynes, Manfred E.; Kline, Nathan S. (2007): Der Cyborg und der Weltraum. In: Karin Bruns (Hg.), Reader Neue Medien. Texte zur digitalen Kultur und Kommunikation. Bielefeld: transcript Verlag, S. 467-475.
Colombo, Christoph (1981): Bordbuch. Frankfurt am Main: Insel Verlag
Columbus, Cristopher (1493): Epistola de insulis nuper inventis. Basel: Michael Furter.
Colombo, Cristoforo (1976): Der Kolumbusbrief. Hg. v. Leo Schelbert. Dietikon/Zürich: Stocker.
Colombo, Cristoforo (1992): Christoph Columbus. Dokumente seines Lebens und seiner Reisen. Hg. v. Friedemann Berger. Frankfurt am Main: Büchergilde Gutenberg.
Colombo, Cristoforo (1997): The book of prophecies edited by Christopher Columbus. Berkeley, Calif.: Univ. of California Press.
Columbus, Cristopher (1992): The journal. Account of the first voyage and discovery of the Indies. Roma: Istituto poligrafico e Zecca dello Stato.
Columella (1976): Über Landwirtschaft. Ein Lehr- und Handbuch der gesamten Acker- und Viehwirtschaft aus dem 1. Jahrhundert unserer Zeit. Berlin: Akademie-Verlag.
Comisión Nacional (1984): América 92. Boletín informativo de la Comisión Nacional del V Centenario del Descubrimiento de América. Madrid: Comisión Nacional para la Celebración del V Centenario.
Commission on Global Govemance (1995): Our Global Neighborhood. The Report of the Commission on Global Governance. New York: Oxford University Press.
Conrad, Sebastian (2013): Globalgeschichte. Eine Einführung. München C.H. Beck.
Cordan, Wolfgang (1993): Popol Vuh. Das Buch des Rates; Mythos und Geschichte der Maya. München: Diederichs.
Coreth, Emerich (1960): Immanenz. In: Josef Höfer und Karl Rahner (Hg.), Lexikon für Theologie und Kirche. Band 5. Freiburg: Herder, S. 629-631.
Coronil, Fernando (1996): Beyond Occidentalism: Toward Nonimperial Geohistorical Categories. In: Cultural Anthropology 1996, Nr. 11/1, S. 51-87.
Cooper, Frederick (2010): Die Vervielfältigung von Modernen in der kolonialen Welt – eine skeptische Sicht. In: Manuela Boatca; Willfried Spoh (Hg.) Globale, multiple und postkoloniale Modernen. München/Mering:Hampp; S. 133- 170.

Coronil, Fernando (2002): Jenseits des Okzidentalismus. Unterwegs zu nichtimperialen geohistorischen Kategorien. In: Sebastian Conrad (Hg.), Jenseits des Eurozentrismus. Postkoloniale Perspektiven in den Geschichts- und Kulturwissenschaften. Frankfurt am Main u.a.: Campus-Verlag, S. 177-218.

Cortés, Hernán (1980): Die Eroberung Mexikos. Drei Berichte von Hernán Cortés an Kaiser Karl V. Frankfurt am Main, Leipzig: Insel.

Cortez, David; Wagner, Heike (2013): „El buen vivir" – ein alternatives Entwicklungsparadigma? In: Hans-Jürgen Burchardt, Kristina Dietz, Rainer Öhlschläger (Hg.): Umwelt und Entwicklung im 21. Jahrhundert. Impulse und Analysen aus Lateinamerika. Baden-Baden: Nomos Verlag, S. 61-78.

Costa, Sergio (2005): (Un)möglichkeiten einer postkolonialen Soziologie. In: Hauke Brunkhorst und Sérgio Costa (Hg.), Jenseits von Zentrum und Peripherie. Zur Verfassung der fragmentierten Weltgesellschaft. München und Mering: Rainer Hampp Verlag, S. 221-250..

Craven, Wesley Frank (1957): The Virginia Company of London, 1606-1624. Williamsburg: Virginia 350th Anniversary Celebration Corp.

Crosby, Alfred W. (1972): The Columbian Exchange: Biological and Cultural Consequences of 1492, Westport, Conn.: Greenwood Press.

Crutzen, Paul J.; Mike, Davis; Mastrandrea, Michael D.; Schneier, Stephen H.; Sloterdijk, Peter (2011). Das Raumschiff Erde hat keinen Notausgang. Energie und Politik im Anthropozän. Berlin: Suhrkamp.

Dante Alighieri (1952): Dantes göttliche Komödie. Das hohe Lied von Sünde und Erlösung. Hg. v. Hermann A. Prietze. Heidelberg: Schneider.

Dante, Alighieri (1966): La Divina Commedia. Inferno. Verona: Mondadori.

Dante, Alighieri (1974): Die Göttliche Komödie. Hg. v. Friedrich von Falkenhausen. Frankfurt am Main: Insel Verlag.

Dante, Alighieri (1997): Die divina commedia. Hg. v. Georg Peter Landmann. Würzburg: Königshausen & Neumann.

Dante, Alighieri (1994): Abhandlung über das Wasser und die Erde. Lateinisch –Deutsch. Hamburg: Meiner.

Dante, Alighieri (1998): Monarchia. Studienausgabe lat.-dt., hrsg. von R. Imbach und C. Flüeler, Stuttgart: Hausmann.

Danz, Christian (2005): Einführung in die Theologie der Religionen. Wien.

Davies, Glyn (1994): A history of money. From ancient times to the present day. Cardiff: University of Wales Press.

Davis, Erik (1998): Techgnosis. Myth, magic, mysticism in the age of information. New York: Harmony Books.

De Angelis, Massimo (2001): Marx and Primitive Accumulation. the Continuous Character of Capital's 'Enclosures, in: The Commoner 2, S.1-22.

Denzer, Jörg (2005): Die Konquista der Augsburger Welser-Gesellschaft in Südamerika (1528-1556). München: Beck.

Deleuze, Gilles; Guattari, Félix (1992): Tausend Plateaus. Kapitalismus und Schizophrenie. Berlin: Merve-Verlag.

Delgado, Mariano (1996): Abschied vom erobernden Gott. Studien zur Geschichte und Gegenwart des Christentums in Lateinamerika. Immensee: Neue Zeitschrift für Missionswissenschaft.

Delgado, Mariano (2001): Hunger und Durst nach der Gerechtigkeit. Das Christentum des Bartolomé de Las Casas. Freiburg Schweiz: Kanisius Verlag.

Delgado, Mariano (2003): Der Traum von der Universalmonarchie - Zur Danielrezeption in den iberischen Kulturen nach 1492. In: Mariano Delgado, Klaus Koch, Edgar Marsch und Hartmut Bobzin (Hg.), Europa, Tausendjähriges Reich und Neue Welt. Stuttgart: Kohlhammer, S. 176-196.

Delgado, Mariano (2010): Synkretismus und Utopie in Lateinamerika. In: Zeitschrift für Missionswissenschaft und Religionswissenschaft 94 (2010) 18-30.

Delgado, Paulino Castaneda (1991): Die ethische Rechtfertigung der Eroberung der Amerikas. In: Karl Kohut (Hg.), Der eroberte Kontinent. Frankfurt am Main: Vervuert, S. 71-85.

Der neue Pauly (2003): Enzyklopädie der Antike / 15,3: Rezeptions- und Wissenschaftsgeschichte ; Sco - Z, Nachträge. Stuttgart: Metzler.

Derrida, Jacques (1974): Grammatologie. Frankfurt am Main: Suhrkamp.

Descartes, Rene (1978): Von der Methode. Hamburg: Meiner (zuerst 1637).

Deschner, Karlheinz (1995): Der Moloch. Eine kritische Geschichte der USA. München: Heyne.

Deutsche Angestellten Krankenkasse (2014): Gesundheitsreport 2014. Die Rushhour des Lebens. Gesundheit im Spannungsfeld von Job, Karriere und Familie. Hamburg DAK.

Deutsche Angestellten Krankenkasse (2016): Gesundheitsreport 2016. Analyse der Arbeitsunfähig-keitsdaten. Schwerpunkt: Gender und Gesundheit. Hamburg: DAK.

DGVN (2013): Der Aufstieg des Südens. Menschlicher Fortschritt in einer ungleichen Welt. Bielefeld: UNO-Verlag.

D'Idler. Martin (2007): Die Modernisierung der Utopie: Vom Wandel des Neuen Menschen in der politischen Utopie der Neuzeit. Berlin: Lit-Verlag.

Di Blasi, Luca (2002): Der Geist in der Revolte. Der Gnostizismus und seine Wiederkehr in der Postmoderne. München: Wilhelm Fink Verlag.

Dick, Steven J. (Hg.) (2010): NASA's first 50 years : historical perspectives / Steven J. Dick, editor. NASA.

Dickel, Sascha & Frewer, Andreas (2014): Life extension. In: Robert Ranisch und Stefan Lorenz Sorgner (Hg.), Post- and transhumanism. An introduction, S. 119-131.

Dickel, Sascha (2009): Utopische Positionierungen. In: Rolf Steltemeier (Hg.), Neue Utopien. Zum Wandel eines Genres. Heidelberg: Manutius-Verl, S. 169-200.

Dickel, Sascha (2011): Enhancement-Utopien. Baden-Baden, Bielefeld: Nomos

Diels, Hermann; Kranz, Walther (1975): Die Fragmente der Vorsokratiker. Griechisch und Deutsch. Berlin: Weidmann.

Dierksmeier, Claus; Kimakowitz, Ernst von; Spitzeck, Heiko; Pirson, Michael; Amann Wolfgang (Hg.) (2011): Humanistic Ethics in the Age of Globality, London/New York: Palgrave.

Dietze, Gabriele (Hg.) (2009a): Kritik des Okzidentalismus. Transdisziplinäre Beiträge zu (Neo-)Orientalismus und Geschlecht. Bielefeld: transcript-Verlag.

Dietze, Gabriele (2009b): Okzidentalismuskritik. Möglichkeiten und Grenzen einer Forschungsperspektive. In: Gabriele Dietze (Hg.), Kritik des Okzidentalismus. Bielefeld: transcript-Verlag, S. 23-54.

Dijksterhuis, Eduard Jan (1956): Die Mechanisierung des Weltbildes. Berlin: Springer.

Diodorus (1964): Diodori Bibliotheca historica. Buch 1-4. Stuttgart: Teubner.

Diodorus (1994): Book II, 34 – IV, 58. The Library of History. Cambridge, Massachusetts: Harvard University Press.

Dirzol Rodolofo u.a. (2014): Defaunation in the Anthropocene. Science 25 Jul 2014:nVol. 345, Issue 6195, S. 401-406

Döring, Jörg; Thielmann, Tristan (Hrsg.) (2008): Spatial Turn. Das Raumparadigma in den Kultur- und Sozialwissenschaften. Bielefeld: Transcript.

Dörre, Klaus (2013), Landnahme. Triebkräfte, Wirkungen und Grenzen kapitalistischer Wachstumsdynamik, in: Backhouse, Maria/Kalmring, Stefan/Nowak, Andreas (Hg.) (2013), Die globale Einhegung. Münster: Verlag Westfälisches Dampfboot; S. 112-177.

Dornseiff, Franz (1956): Antike und alter Orient; Interpretationen. Leipzig: Koehler & Amelang.

Doyle, Michel W. (1986): Empires. Ithaca und Londom: Cornell University Press.

Dröscher, Barbara; Rincón Carlos (Hg.) (2001): La Malinche: Übersetzung, Interkulturalität und Geschlecht. Berlin: Frey.

Dudenverlag (2001): Herkunftswörterbuch. Etymologie der deutschen Sprache. Mannheim: Dudenverlag.

Dülmen, Richard van (1972): Christianopolis. Einleitung. In: A Johann Valentin Andreae, Christianopolis. Stuttgart: Calwer-Verlag, S.11-19.

Dussel, Enrique (1993): Von der Erfindung Amerikas zur Entdeckung des Anderen. Ein Projekt der Transmoderne. Düsseldorf: Patmos-Verlag.

Dussel, Enrique (2012): Anti-Cartesianische Meditationen. Über den Ursprung des philosophischen Gegendiskurses der Moderne. In: Hans Schelkshorn (Hg.), Die Moderne im interkulturellen Diskurs. Weilerswist: Velbrück Wissenschaft, S. 127-188.

Dussel, Enrique (2013): Der Gegendiskurs der Moderne. Kölner Vorlesungen. Wien: Turia + Kant.

Dyson, Esther; Gilder, George F.; Keyworth, George; Toffler, Alvin (1994): Cyberspace and the American dream. A Magna Carta for the knowledge age. Washington, D.C.: Progress & Freedom Foundation.http://www.pff.org/issues-pubs/futureinsights/fi1.2magnacarta. html, Abgerufen am 2.3.2015.

Echevarría, Javier (2003): Introducción a la metodología de la ciencia : la filosofía de la ciencia en el siglo XX. Madrid: Fondo de Cultura Económica.

Eckhardt, Holger (1995): Totentanz im Narrenschiff. Die Rezeption ikonographischer Muster als Schlüssel zu Sebastian Brants Hauptwerk. Frankfurt am Main, Wien u.a: Lang.

Eggers, Dave (2013): The circle. A novel. New York u.a: Knopf.

Ehlers, Eckart (2008): Das Anthropozän - die Erde im Zeitalter des Menschen. Darmstadt: Wissenschaftliche Buchgesellschaft.

Eichler, Klaus Dieter (1992): Hellenen und Barbaren. Reflexionen zu einem alten neuen Thema. Deutsche Zeitschrift für Philosophie Nr. 40. Berlin: De Gruyter, S. 859-869.

Eisenstadt, Shmuel Noah (1982): Revolution und die Transformation von Gesellschaften. Opladen: Westdeutscher Verlag.

Eisenstadt, Shmuel Noah (1987): Kulturen der Achsenzeit. Ihre Ursprünge und ihre Viefalt. Frankfurt am Main: Suhrkamp.

Eisenstadt, Shmuel Noah (1998): Die Antinomien der Moderne. Die jakobinischen Grundzüge der Moderne und des Fundamentalismus: Heterodoxien, Utopismus und Jakobinismus in der Konstitution fundamentalistischer Bewegung. Frankfurt am Main: Suhrkamp.

Eisenstadt, Shmuel Noah (2000): Die Vielfalt der Moderne. Weilerwist: Velbrück Wissenschaft.

Eliade, Mircea (1966): Kosmos und Geschichte. Der Mythos der ewigen Wiederkehr. Hg. v. Günther Spaltmann. Reinbek bei Hamburg: Rowohlt.

Eliade, Mircea (1978). Geschichte der religiösen Ideen.Band 1. Von der Steinzeit bis zu den Mysterien von Eleusis. Freiburg, Basel, Wien: Herder.

Elichirigoity, Fernando (1999): Planet management. Limits to growth, computer simulation, and the emergence of global spaces. Evanston: Northwestern Univ. Press.

Emmendörffer, Christoph (Hg.) (2011): Bürgermacht & Bücherpracht. Augsburger Ehren- und Familienbücher der Renaissance. Katalogband zur Ausstellung im Maximilianmuseum. Luzern: Quaternio-Verlag.

Erdheim, Mario (1991): Psychoanalyse und Unbewußtheit in der Kultur. Aufsätze 1980 - 1987. Frankfurt am Main: Suhrkamp.

Erlach, Klaus (2000): Das Technotop. Die technologische Konstruktion der Wirklichkeit. Münster: LIT.

Ernst von Glasersfeld (1992): Declaration of the American Society for Cybernetics. In: Constantin Virgil Negiota (Hg.), Cybernetics and applied systems. New York: M. Dekker, S. 1-5.

Estermann, Josef (1999): Andine Philosophie. Eine interkulturelle Studie zur autochthonen andinen Weisheit, Frankfurt am Main: IKO Verlag.

Esteva, Gustavo; Brunner, Markus (1992): Fiesta - jenseits von Entwicklung, Hilfe und Politik. Frankfurt am Main: Brandes & Apsel.

Esteva, Gustavo; Marielle, Catherine (2003): Sin maíz no hay país. México, D.F: Consejo Nacional para la Cultura y las Artes.

Faber, Gustav (1992): Auf den Spuren von Christoph Kolumbus. München: List.

Fairhead, James; Leach, Melissa & Scoones Ian (2012): Green Grabbing: a new appropriation of nature? Journal of Peasant Studies, 39:2, 237-261

Falkenhausen, Friedrich von (1974): Kommentare zu Dante Alighieri. In: Dante Alighieri: Die Göttliche Komödie. Frankfurt am Main: Insel.

Faßler, Manfred (1999): Cyber-Moderne. Medienrevolution, globale Netzwerke und die Künste der Kommunikation. Wien, New York: Springer Verlag.

Felber, Christian (2010): Die Gemeinwohl-Ökonomie Das Wirtschaftsmodell der Zukunft. Wien: Deuticke.

Ferguson, Niall (2013): Der Niedergang des Westens. Wie Institutionen verfallen und Ökonomien sterben. Berlin: Propyläen-Verlag.

Fernández Álvarez, Manuel (1977): Imperator Mundi. Karl V., Kaiser des Heiligen Römischen Reiches Deutscher Nation. Stuttgart: Belser.

Fernández de Navarrete, Martín (1971): Colección de documentos y manuscritos. Museo Naval Madrid. Nendeln, Lichtenstein: Kraus-Thomson.

Fest, Joachim C. (1991): Der zerstörte Traum. Vom Ende des utopischen Zeitalters. Berlin: Siedler.

Fink-Eitel, Hinrich (1994): Die Philosophie und die Wilden. Über die Bedeutung des Fremden für die europäische Geistesgeschichte. Hamburg: Junius.

Fischer-Kowalski, Marina; Haberl, Helmut; Hüttler, Walter; Payer, Harald; Schandl, Heinz; Winiwarter, Verena; Zangerl-Weisz, Helga (Hg.) (1997): Gesellschaftlicher Stoffwechsel und Kolonisierung von Natur. Ein Versuch in sozialer Ökologie. Amsterdam: G+B Verl. Fakultas.

Flessner, Bernd (Hg.) (2000): Nach dem Menschen. Der Mythos einer zweiten Schöpfung und das Entstehen einer posthumanen Kultur. Freiburg im Breisgau: Rombach.

Florescano, Enrique (1993): Muerte y resurreccion del dios del Maiz. In: Nexos, Jg. 16, H. 184. Mexico. S. 21-31.

Florescano, Enrique (1995): El mito de Quetzalcóatl. México: Fondo de Cultura Económica.
Foerster, Heinz von (1993): Kybernethik. Berlin: Merve Verlag.
Forbes, Robert James (1968): The conquest of nature. Technology and its consequences. London: Pall Mall Press.
Fornet-Betancourt, Raúl (2005): Zur interkulturellen Kritik der neueren lateinamerikanischen Philosophie. Nordhausen: Bautz.
Forrester, Jay W. (1971): Der teuflische Regelkreis. Das Globalmodell der Menschheitskrise. Stuttgart: DVA.
Foucault, Michel (1996): Wahnsinn und Gesellschaft. Eine Geschichte des Wahns im Zeitalter der Vernunft. Frankfurt am Main: Suhrkamp.
Foucault, Michel (1999): In Verteidigung der Gesellschaft. Vorlesungen am Collège de France (1975-76). Frankfurt am Main: Suhrkamp.
Foucault, Michel (2004): Geschichte der Gouvernementalität. Frankfurt am Main: Suhrkamp
Fox Keller, Evelyn (1986): Liebe, Macht und Erkenntnis. Männliche oder weibliche Wissenschaft? München, Wien: Hanser.
Franco, Jean (2001): La Malinche – Vom Geschenk zum Geschlechtervertrag. In: Barbara Dröscher, Carlos Rincón (Hg.): La Malinche: Übersetzung, Interkulturalität und Geschlecht. Berlin: Frey, S. 41-60.
Frank, Andrew K. (1999): The Routledge Historical Atlas of the American South., New York/London. Routledge.
Frank, Manfred (1979): Die unendliche Fahrt. Ein Motiv und sein Text. Frankfurt am Main: Suhrkamp.
Frankl, Viktor E. (1950): Homo patiens. Versuch einer Pathodizee. Wien: Deuticke.
Franziskus von Assisi (2009): Die Schriften des hl- Franziskus von Assisi. In: Berg, Dieter/Lehmann, Leonhard (Hrsg.), Franziskus Quellen. Kevelaer: Butzon & Bercker.
Fraser, Nancy (2015): Dreifachbewegung. Die politische Grammatik der Krise nach Karl Polanyi. In: Michael Brie (Hg.) Polanyi neu entdecken. Hamburg: VSA, S. 100-116.
Frauwallner, Erich (1994): Die Philosophie des Buddhismus. Berlin: Akademie-Verlag.
Freiesleben, Hans-Christian (1978): Geschichte der Navigation.Wiesbaden: Steiner.
Frey, Carl Benedikt; Osborne, Michael(2013): The Future of Employment: How susceptible are jobs to computerisation? Oxford: University of Oxford.
Freyermuth, Gundolf (2004): Designermutanten & Echtzeitmigranten. In: Rudolph Maresch und Florian Rötzer (Hg.), Renaissance der Utopie : Zukunftsfiguren des 21. Jahrhunderts. Frankfurt am Main: Suhrkamp, S. 65-91.
Frobenius, Leo (1904): Das Zeitalter des Sonnengottes. Berlin: Reimer.
Fröhlich (1998): Techno-Utopien der Unsterblichkeit aus Informatik und Physik. In: Ulrich Becker (Hg.), Sterben und Tod in Europa. Neukirchen-Vluyn: Neukirchener Verlag, S. 26-52.
Fuchs, Harald (1960). Enkyklios Paideia. In: Theodor Klauser (Hg.), Reallexikon für Antike und Christentum (Bd. 5). Stuttgart: Hiersemann, S. 366-398.
Fuentes, Carlos (1992): Der vergrabene Spiegel. Die Geschichte der hispanischen Welt. Hamburg: Hoffmann und Campe.
Fukuyama, Francis (2002): Our posthuman future. Consequences of the biotechnology revolution. New York: Farrar Straus and Giroux.
Galateus, Antonii (1558): Liciensis Philosophi et Medici doctissimi qui aetate magni Pontani vixit, Liber de Situ. Basel: P. Pernan.

Galeano, Eduardo (1980): Die offenen Adern Lateinamerikas. Die Geschichte eines Kontinents von der Entdeckung bis zur Gegenwart. Wuppertal: Hammer..

Garbe, Sebastian (2013): Das Projekt Modernität/Kolonialität - Zum theoretischen/akademischen Umfeld des Konzepts der Kolonialität der Macht. In: Pablo Quintero (Hg.), Kolonialität der Macht. De/koloniale Konflikte: zwischen Theorie und Praxis. Münster: Unrast-Verlag, S. 21-52.

García Canclini, Néstor (1990): Culturas híbridas. Estrategias para entrar y salir de la modernidad. México, D.F: Grijalbo; Consejo Nacional para la Cultura y las Artes.

Garcia de Céspedes (1606): Regimiento de navegación que mandó hacer el rei nuestro señor por orden de su Consejo Real de las Indias. Madrid: Casa de Juan de la Cuesta.

García, Sebastián (1992): La Rábida. Pórtico del Nuevo Mundo. La Rabida: Com. Franciscana Convento de Santa María de La Rábida.

Gärtner, Christel (2011): Das Theodizeeproblem unter säkularen Bedingungen – Anschlüsse an Max Webers Religionssoziologie. In: Agathe Bienfait (Hg.): Religionen verstehen. Zur Aktualität von Max Webers Religionssoziologie. Wiesbaden: VS Verlag für Sozialwissenschaften, 271-289.

Gelfert, Hans-Dieter (2002): Typisch amerikanisch. Wie die Amerikaner wurden, was sie sind. München: C.H. Beck.

Geraldini, Alexandri (1631): Itinerarium ad Regiones sub Aequinoctiali Plaga Constitutas. Rom: Typis G. Facciotti.

Gerber, Peter R. (1986): Vom Recht Indianer zu sein. Menschenrechte, Landrechte der Indianer beider Amerika. Zürich: Völkerkundemuseum der Universität.

Gewecke, Frauke (1992): Wie die neue Welt in die alte kam. München: Dt. Taschenbuch-Verlag.

Gibson, William (1987): Neuromancer. Science-Fiction-Roman. München: Heyne.

Giddens, Anthony (1996): Konsequenzen der Moderne. Frankfurt am Main: Suhrkamp.

Giesel, Katharina D. (2007): Leitbilder in den Sozialwissenschaften. Begriffe, Theorien und Forschungskonzepte. Wiesbaden: VS Verlag.

Gill, Robin (2004): Orientalism & Occidentalism. Is mistranslating culture inevitable? Key Biscayne, FL: Paraverse.

Gillner, Matthias (1997): Bartalome de las Casas und die Eroberung des indianischen Kontinents. Berlin, Köln: Kohlhammer.

Gimbutas, Marija (1994): Das Ende Alteuropas. Der Einfall von Steppennomaden aus Südrussland und die Indogermanisierung Mitteleuropas. Innsbruck: Verlag des Instituts für Sprachwissenschaft.

Girard, René (1988): Der Sündenbock. Zürich: Benziger.

Glantz, Margo (2001): Malinche: die entäußerte Stimme. In: Barbara Dröscher, Carlos Rincón (Hg.): La Malinche: Übersetzung, Interkulturalität und Geschlecht. Berlin: Frey, S.61-78.

Glanvill, Joseph; Spratt, Germaine (1668): Plus ultra : or, The progress and advancement of knowledge since the days of Aristotle. London: Printed for James Collins at the Kings-Head in Westminster-Hall.

Glaser, Horst Albert (1996): Utopische Inseln. Beiträge zu ihrer Geschichte und Theorie. Frankfurt am Main, New York: P. Lang.

Gobineau, Joseph Arthur de (1907): Versuch über die Ungleichheit der Menschenrassen. Stuttgart: Frommann.

Görg, Christoph (2004): Inwertsetzung. In: Historisch-Kritisches Wörterbuch des Marxismus, Band 6/II. Hamburg: Argument-Verlag, 1501-1506.

Goez, Werner (1958): Translatio Imperii. Tübingen: Mohr.
Goez, Werner (2003): Die Danielrezeption im Abendland - Spätantike und Mittelalter. In: Mariano Delgado, Klaus Koch, Edgar Marsch und Hartmut Bobzin (Hg.), Europa, Tausendjähriges Reich und Neue Welt. Stuttgart: Kohlhammer, S. 176-196.
Goldstein, Jürgen (2002): Kontingenz und Möglichkeit. Über eine begriffsgeschichtliche Voraussetzung der frühen Neuzeit. In: Wolfram Hogrebe (Hg.), Grenzen und Grenzüberschreitungen. XIX. Deutscher Kongreß für Philosophie, 23. - 27. September 2002 in Bonn ; Sektionsbeiträge. Bonn: Sinclair-Press, S. 659-669.
Gómez-Peña, Guillermo (1993): Warrior for gringostroika. Essays, performance texts, and poetry. Saint Paul, Minneapolis: Graywolf Press.
Gómez-Peña, Guillermo (2005): Ethno-techno. Writings on performance, activism, and pedagogy. New York: Routledge.
González Torres, Yólotl (1988): El sacrificio humano entre los mexicas. México: INAH.
Göttner-Abendroth, Heide (1993): Die Göttin und ihr Heros. München: Verlag Frauenoffensive.
Gottschall, Karin; Voß, G. Günter (2005a): Entgrenzung von Arbeit und Leben. Zum Wandel der Beziehung von Erwerbstätigkeit und Privatsphäre im Alltag (zuerst 2003). München, Mering: Rainer Hampp Verlag.
Gottschall, Karin; Voß, G. Günter (2005b): Entgrenzung von Arbeit und Leben. Zur Einführung. In: Karin Gottschall/G. Günter Voß (Hrsg.), Entgrenzung von Arbeit und Leben. München, Mering: Hampp, S. 11-33.
Grefe, Christiane (2016): Global Gardening - Bioökonomie - Neuer Raubbau oder Wirtschaftsform der Zukunft. München: Kunstmann.
Graf, Fritz (1998): Die Humanismen und die Antike. In: Frank Geerk (Hg.), 2000 Jahre Humanismus. Der Humanismus als historische Bewegung. Basel: Schwabe, S. 11-29.
Graf, Fritz (Hg.) (1993): Mythos in mythenloser Gesellschaft. Das Paradigma Roms. Stuttgart u.a: Teubner.
Grafton, Anthony (1992): New Worlds, ancient texts. The power of tradition and the shock of discovery. Cambridge, Mass. u.a: Belknap Press.
Graham, Elaine L. (2002): Representations of the post/human. Monsters, aliens, and others in popular culture. New Brunswick, NJ: Rutgers University Press.
Grant, Michael; Hazel, John (1976): Lexikon der antiken Mythen und Gestalten. München: List.
Granzow, Uwe (1986): Quadrant, Kompass und Chronometer - technische Implikationen des euro-asiatischen Seehandels von 1500 bis 1800. Stuttgart: Steiner.
Granzow, Uwe (1989): Die maritime Asienfahrt der Europäer und der technisch-wissenschaftliche Fortschritt vom 15. bis 18. Jahrhundert. Bamberg : Forschungsstiftung für Vergleichende Europäische Überseegeschichte.
Graves, Robert von (1960): Griechische Mythologie. Quellen und Deutung. Bd. 1. Reinbek bei Hamburg: Rowohlt.
Graves, Robert von (1989): Griechische Mythologie. Quellen und Deutung. Neuauflage, Bd. 1 und 2 in einem Band. Reinbek bei Hamburg: Rowohlt.
Grimm, Reinhold R. (1995): Das Paradies im Westen. In: Winfried Wehle (Hg.), Das Columbus-Projekt. Die Entdeckung Amerikas aus dem Weltbild des Mittelalters. München: Fink, S. 73-113.

Grothues, Diana (2009): Tijuana, la Tercera Nacion. In: Anja Bandau (Hg.), Pasando Fronteras. Transnationale und transkulturelle Prozesse im Grenzraum Mexiko-USA. Berlin: Verlag Frey, S. 209-227.

Grube, Nikolai; Gaida, Maria (2006): Die Maya. Schrift und Kunst. Hg. v. Claus Pelling. Berlin: DuMont.

Gründer, Horst (1998): Genozid oder Zwangsmodernisierung? - Der moderne Kolonialismus in universalgeschichtlicher Perspektive. In: Mihran Dabag (Hg.), Genozid und Moderne. Opladen: Leske + Budrich, S. 135-151.

Gründer, Horst; Post, Franz-Joseph (2004): Christliche Heilsbotschaft und weltliche Macht. Studien zum Verhältnis von Mission und Kolonialismus. Münster: LIT.

Gruzinski, Serge (2010): What time is it there. America and Islam at the Dawn of Modern Times. Cambridge: Polity Press.

Guattari, Félix (2014): Chaosmose. Unter Mitarbeit von Thomas Wäckerle. Wien: Turia + Kant.

Gudynas, Eduardo (2011): Neo-Extraktivismus und Ausgleichsmechanismen in Südamerika. In: Kurswechsel (2011/3), S. 69-80.

Gudynas, Eduardo (2012). Buen Vivir. Das gute Leben jenseits von Entwicklung und Wachstum. Berlin: Rosa Luxemburg Stiftung.

Günther, Gotthard (2000): Die amerikanische Apokalypse. Hg. v. Kurt Klagenfurt. München, Wien: Profil.

Guthmann, Thomas (2003): Globalität, Rassismus, Hybridität. Interkulturelle Pädagogik im Zeichen von rassistischem Diskurs und hybrider Identität. Stuttgart: Ibidem-Verlag.

Gutjahr, Ortrud (2005): Ursprungsmythen der Kultur. In: Ortrud Gutjahr (Hg.), Kulturtheorie. Würzburg: Königshausen & Neumann, S. 87-118.

Guttman, Arthemis (2006): Práctica del culto a la santa muerte. Mexico: Editores Mexicanos Unidos.

Habermas, Jürgen (1985): Der philosophische Diskurs der Moderne. Zwölf Vorlesungen. Frankfurt am Main: Suhrkamp.

Habermas, Jürgen (1990): Die Moderne, ein unvollendetes Projekt. Philosophisch-politische Aufsätze, 1977 - 1990. Leipzig: Reclam.

Habermas, Jürgen (1995): Theorie des kommunikativen Handelns. Frankfurt am Main: Suhrkamp.

Hafner, Johann (1996): Über Leben. Philosophische Untersuchungen zur ökologischen Ethik und zum Begriff des Lebewesens. Würzburg: Ergon Verlag.

Haga, Tsutomu (1991): Theodizee und Geschichtstheologie. Ein Versuch der Überwindung der Problematik des deutschen Idealismus bei Karl Barth. Göttingen: Vandenhoeck & Ruprecht.

Hägermann, Dieter; Schneider, Helmuth (1991): Landbau und Handwerk 750 v. Chr. bis 1000 n. Chr. Berlin: Propyläen.

Hagner, Michael; Hörl, Erich (2008): Die Transformation des Humanen. Beiträge zur Kulturgeschichte der Kybernetik. Frankfurt am Main: Suhrkamp.

Hall, Stuart (1994): Der Westen und der Rest: Diskurs und Macht. In: Hall, Stuart; Mehlem, Ulrich; Koivisto, Juha (Hg.) (1994): Rassismus und kulturelle Identität. Hamburg: Argument-Verlag, S. 137-179.

Hall, Stuart (1996): The West and the rest: discourse and power. In: Stuart Hall (Hg.), Modernity. An introduction to modern societies. Malden, Mass: Blackwell, S. 185-227.

Hamm, Brigitte (2007): Vereinte Nationen und Global Governance. In: Helmut Volger (HG.), Grundlagen und Strukturen der Vereinten Nationen. München: Oldenburg, 293-308.

Haraway, Donna (1991): Simians, cyborgs, and women. The reinvention of nature. New York: Routledge.

Haraway, Donna (2003): A cyborg manifesto. Science, technology, and socialist-feminism in the late twentieth century. In: Amelia Jones (Hg.) The feminism and visual culture reader. New York: Routledge, S. 475-496.

Haraway, Donna (2005): Ein Manifest für Cyborgs. Feminismus im Streit mit den Technowissenschaften. In: Donna Haraway (Hg.): Die Neuerfindung der Natur. Primaten, Cyborgs und Frauen. Frankfurt u.a.: Campus-Verlag, S. 33 – 72.

Hardin, Garrett (1968): The Tragedy of the Commons. In: Science. 162/1968. S. 1243-1248.

Hardt, Michael; Negri, Antonio (2002): Empire. Die neue Weltordnung. Frankfurt u.a.: Campus-Verlag.

Harnack, Adolph von (1924): Marcion: Das Evangelium vom fremden Gott. Eine Monographie zur Geschichte der Grundlegung der kath. Kirche von Adolf von Harnack. Leipzig: J. C. Hinrichs'sche Buchhandlung.

Harlow, John; Golub, Aaron; Allenby, Braden (2013): A Review of Utopian Themes in Sustainable Development Discourse. In: Sust. Dev. 21 (4), S. 270–280.

Harvey, David (2003): Der ‚neue' Imperialismus: Akkumulation durch Enteignung. Hamburg: VSA.

Harwood, Jeremy (2007): Hundert Karten, die die Welt veränderten. Hamburg: National Geographic.

Hassler, Peter (1992): Menschenopfer bei den Azteken? Dissertation. Univ. Bern, Zürich.

Hauff, Volker (Hg.) (1987): Unsere gemeinsame Zukunft. Der Brundtland-Bericht der Weltkommission für Umwelt und Entwicklung. World Commission on Environment and Development. Greven: Eggenkamp.

Hausemer, Hubert (1994): Das Problem des Übels. Ein Problem nicht nur für Christen. In: Forum für Politik, Gesellschaft und Kultur. Ausgabe 150 Jubiläumsnummer, S. 31-35.

Hayles, N. Katherine (1999): How we became posthuman. Virtual bodies in cybernetics, literature, and informatics. Chicago: Univ. of Chicago Press.

Hegel, Georg Wilhelm Friedrich (1986): Vorlesungen über die Geschichte der Philosophie. In: ders, Werke, Band 12. Frankfurt am Main: Suhrkamp.

Heidegger, Martin (1952): Holzwege. Frankfurt am Main: Vittorio Klostermann.

Heidegger, Martin (1986): Seminare. Gesamtausgabe Band 15. Frankfurt am Main: Suhrkamp.

Held, Felix Emil (2007): Christianopolis. An ideal of the 17th century. New York: Cosimo.

Hellmann, Kai-Uwe (2004): Mediation und Nachhaltigkeit. Zur politischen Integration ökologischer Kommunikation. In: Lange, Stefan; Schimank, Uwe (Hg.); Governance und gesellschaftliche Integration. Wiesbaden: Springer VS; S. 189-204.

Hentig, Hartmut von (1972): Cuernavaca oder: Alternativen zur Schule? Stuttgart: Klett.

Herbrechter, Stefan (2009): Posthumanismus. Eine kritische Einführung. Darmstadt: Wissenschaftliche Buchgesellschaft.

Herlinhaus, Hermann; Walter, Monika (1997): Lateinamerikanische Peripherie - diesits und jenseits der Moderne. Der ‚Spiegeltanz' der Kulturen oder die Erfindung Amerika. In: Robert Weimann (Hg.), Ränder der Moderne. Repräsentation und Alterität im (post)kolonialen Diskurs. Frankfurt am Main: Suhrkamp, S. 242-300.

Hertel, Peter (1990): Das Geheimnis der alten Seefahrer. Aus der Geschichte der Navigation. Gotha: Haack.

Hesiodus (1990): Werke und Tage, Hg. v. Walter Marg und Michael Erler. München: Dt. Taschenbuch-Verlag.
Hesiodus (1999): Theogonie. Griechisch/deutsch. Hg. v. Otto Schönberger. Stuttgart: Reclam.
Heß, Wolfgang; Klose, Dietrich (Hg.) (1986): Vom Taler zum Dollar. 1486 - 1986. München: Staatliche Münzsammlung.
Hessler, John W.; Van Duzer, Chet A. (Hg.) (2012): Seeing the world anew: the radical vision of Martin Waldseemüller's 1507 & 1516 world maps. Washington, D.C.: Library of Congress.
Heuwieser, Magdalena (2015): Grüner Kolonialismus in Honduras: Land Grabbing im Namen des Klimaschutzes und die Verteidigung der Commons. Wien: Promedia-Verlag.
Heydenreich, Titus (1970): Tadel und Lob der Seefahrt. Heidelberg: Carl Winter.
Hobson, John M. (2004). The Eastern Origins of Western Civilisation. Cambridge: Cambridge University Press.
Höhn, Hans-Joachim (2004: Thanatodizee? Über ein philosophisches Verhältnis von Leben und Tod. In: Héctor Wittwer, Hans-Joachim Höhn, Gunnar Hindrichs und Dirk Stederoth (Hg.), Welt ohne Tod. Hoffnung oder Schreckensvision? Göttingen: Wallstein Verlag, S. 9-18.
Holling, Crawford Stanley (1973): Resilience and Stability of Ecological Systems. Annual Review of Ecology and Systematics, Vol. 4. S. 1-23.
Hollweck, Thomas (2003): Wie legitim ist die Moderne? Gedanken zu Eric Voegelins Begriff der Moderne und Hans Blumenbergs Begriff der Neuzeit. München: Eric-Voegelin-Archiv an der Ludwig-Maximilians-Universität.
Hölscher, Uvo (1990): Die Odyssee. Epos zwischen Märchen und Roman. München: C.H. Beck.
Hölz, Karl (1998): Das Fremde, das Eigene, das Andere: Die Inszenierung kultureller und geschlechtlicher Identität in Lateinamerika. Berlin: Erich Schmidt Verlag.
Holz, Hans Heinz (1994): Descartes. Frankfurt am Main u.a.: Campus.
Homerus (1954): Odyssee. Übersetzt von Johann Heinrich Voß. Leipzig: Reclam.
Homerus (1959): Illias/Odyssee. Wien: Buchgemeinschaft Donauland.
Honegger, Claudia; Hradil, Stefan; Traxler, Franz (Hg.) (1999): Grenzenlose Gesellschaft? 29. Kongress der Deutschen Gesellschaft für Soziologie. Opladen: Leske + Budrich.
Horaz (1769): Oden aus dem Horaz. Unter Mitarbeit von Karl Wilhelm Ramler. Berlin: Voss.
Horaz (1893): Epoden. Übersetzt von Johann Heinrich Voß. Lepizig: Reclam.
Horkheimer, Max; Adorno Theodor W. (1947): Dialektik der Aufklärung. Amsterdam: Querido.
Horkheimer, Max; Adorno, Theodor. W. (2001): Dialektik der Aufklärung. Philosophische Fragmente (zuerst 1947). Frankfurt am Main: Fischer Taschenbuch Verlag.
Horn, Klaus Peter (1966): Geschlechtsmotive in der Gnosis. München.
Horstmann, Axel (1976): Kosmopolit, Kosmopolitismus. In: Joachim Ritter et al. (Hrsg.): Historisches Wörterbuch der Philosophie. Band 4, Schwabe, Basel, Sp. 1155–1167.
Hösle, Vittorio (1994): Philosophie der ökologischen Krise. Moskauer Vorträge. München: C.H. Beck.
Hradil (1999): Eröffnung. In: Honegger, Claudia; Hradil, Stefan; Traxler, Franz (Hg.) (1999): Grenzenlose Gesellschaft? 29. Kongress der Deutschen Gesellschaft für Soziologie. Opladen: Leske + Budrich, S. 23-24.
Hübner, Kurt (1985): Die Wahrheit des Mythos. München: C.H. Beck.

Huff, Toby E. (2003): The Rise of Early Modern Science: Islam, China, and the West". Cambridge: Cambridge University Press

Hughes, Thomas Parke (1989): American genesis. A century of invention and technological enthusiasm, 1870-1970. New York: Viking.

Hughes, Thomas Parke (1991): Die Erfindung Amerikas. Der technologische Aufstieg der USA seit 1870. München: C.H. Beck.

Humboldt, Alexander von (1836): Kritische Untersuchungen über die historische Entwickelung der geographische Kenntnisse von der Neuen Welt und die Fortschritte der nautischen Astronomie in dem 15ten und 16ten Jahrhundert. Band II. Berlin: Nicolai'sche Buchhandlung.

Humboldt, Alexander von (2004): Kosmos. Entwurf einer physischen Weltbeschreibung. Hg. v. Ottmar Ette. Frankfurt am Main: Eichborn.

Humboldt, Alexander von (2009): Kritische Untersuchung zur historischen Entwicklung der geographischen Kenntnisse von der Neuen Welt und den Fortschritten der nautischen Astronomie im 15. und 16. Jahrhundert. Frankfurt am Main: Insel-Verlag (zuerst 1836).

Huntington, Samuel P. (1997): Der Kampf der Kulturen. Die Neugestaltung der Weltpolitik im 21. Jahrhundert. Frankfurt am Main: Büchergilde Gutenberg.

Huntington; Samuel Phillips (2004): Who Are We? The Challenges to America's National Identity (2004) New York: Simon & Schuster.

Hurtienne, Thomas (1992): Die europäische Expansion nach Übersee und der innereuropäische Transformationsprozeß. In: Peripherie 43/44, S. 59-93.

Husserl, Edmund (2006): Späte Texte über Zeitkonstitution (1929-1934). Die C-Manuskripte. Dordrecht: Springer.

Huxley, Aldous (1932): Brave new world. A novel. London: Chatto & Windus.

Ibarguren, Carlos (1917): De nuestra tierra. Buenos Aires: Sociedad cooperative.

Illich, Ivan (1973): Tools for conviviality. London: Calder & Boyars.

Illich, Ivan (1975): Selbstbegrenzung. Eine politische Kritik der Technik. Reinbek bei Hamburg: Rowohlt.

Illmer, Detlef (1979): Artes Liberales. In: Gerhard Müller (Hg.), Theologische Realenzyklopädie. Band IV. Berlin, New York: Walter de Gruyter, S. 156-171.

Immler, Hans (1985): Natur in der ökonomischen Theorie. Opladen: Westdeutscher Verlag.

Ingstad, Helge (1983): Die erste Entdeckung Amerikas. Auf den Spuren der Wikinger. Frankfurt am Main: Ullstein.

Irrgang, Bernhard (2010): Von der technischen Konstruktion zum technologischen Design. Philosophische Versuche zur Theorie der Ingenieurspraxis. Berlin: LIT

Irving, Washington (1828): A History of the life and voyages of Christopher Columbus. London: Murray.

Isidorus (1472): Isidori iunioris Hispalensis episcopi ethimologiarum libri numero viginti. Augsburg: Günther Zainer.

Isidorus (1971): Isidori Hispalensis episcopi etymologiarvm sive originvm libri XX. Reprinted. Hg. v. Wallace Martin Lindsay. Oxonii: Clarendon.

Janik, Dieter (Hg.) (1994a): Die langen Folgen der kurzen Conquista. Auswirkungen der spanischen Kolonisierung Amerikas bis heute. Frankfurt am Main: Vervuert.

Janik, Dieter (1994b): Die neuen Menschen der Neuen Welt: Zur gesellschaftlichen und kulturellen Rolle der mestizos. In: Dieter Janik (Hg.), Die langen Folgen der kurzen Conquista. Frankfurt am Main: Vervuert.

Janssen, Hans-Gerd (1993): Gott - Freiheit - Leid. Das Theodizeeproblem in der Philosophie der Neuzeit. Darmstadt: Wissenschaftliche Buchgesellschaft.
Jaspers, Karl (1949): Die geistige Situation der Zeit. Berlin: Walter de Gruyter.
Jaspers, Karl (1956): Philosophie. Berlin, Göttingen, Heidelberg: Springer-Verlag.
Jauß, Hans Robert (2007): Antiqui/moderni. In: Joachim Ritter, Karlfried Gründer und Gottfried Gabriel (Hg.), Historisches Wörterbuch der Philosophie. Bd. 6: Mo - O. Darmstadt: Wissenschaftliche Buchgesellschaft, S. 410-414.
Jefferson, Thomas (1984): Writings. New York: Literary Classics of the U.S.
Jepesen, Kristian (1992): Tot operumgopus. Ergebnisse der dänischen Forschungen zum Maussolleion von Halikarnass seit 1966. In: Jahrbuch des Deutschen Archäologischen Instituts, Bd. 107. Berlin: Walter De Gruyter, S. 59-101.
Jessel, Beate; Tschimpke, Olaf; Walser, Manfred (2009): Produktivkraft Natur. Hamburg: Hoffmann und Campe.
Jessen, Otto (Hg.) (1927): Die Strasse von Gibraltar. Berlin: Reimer.
Jochum, Georg (2004): Europa zwischen egalitärem und hierarchischem Humanismus. In: Widerspruch, Münchner Zeitschrift für Philosophie, Ausgabe 42, S. 128-150.
Jochum, Georg (2006): Geld und Sprache. Ein historischer Blick auf konkurrierende Medien der Kommunikation. In: Stephan Habscheid, G. Günter Voß und Werner Holly (Hg.), Über Geld spricht man…Kommunikationsarbeit und medienvermittelte Arbeitskommunikation im Bankgeschäft. Wiesbaden: VS Verlag für Sozialwissenschaften, S. 263-296.
Jochum, G. (2010).: Zur historischen Entwicklung des Verständnisses von Arbeit. In: Böhle, Fritz, G. Günter Voß, Günther Wachtler (Hrsg.), Handbuch Arbeitssoziologie. Wiesbaden: VS-Verlag. 81 – 125.
Jochum, Georg (2012a): Die Welt als Kugel - Die Globensegmentkarte von Martin Waldseemüller. In: Deutsches Museum München (Hg.): Kultur und Technik 4/2012, München : Verlag C.H. Beck, 54-58.
Jochum, Georg (2012b): Steuermannskunst von den Flößern bis zu den Cybernauten – Metamorphosen eines Paradigmas. In: Sartori, Ralf (Hg.), Die Neue Isar – Band 4, München: buch & media, S. 72-135.
Jochum, Georg (2013): Kybernetisierung von Arbeit – Zur Neuformierung der Arbeitssteuerung. In: Arbeits- und Industriesoziologische Studien. Jahrgang 6, Heft 1, April 2013, S. 25-48.
Jochum, Georg; Voß, G. Günter (2013): Piloten und andere Steuerleute - Zur Navigationskunst des mobilen Subjekts im entgrenzten Kapitalismus. In: Hans-Georg Soeffner (Hg.), Transnationale Vergesellschaftungen. Wiesbaden: VS Verlag für Sozialwissenschaften (Beitrag auf CD-ROM).
Jochum, Uwe (2003): Kritik der neuen Medien. Ein eschatologischer Essay. München: Wilhelm Fink Verlag.
Jonas, Hans (1954): Von der Mythologie zur mystischen Philosophie. Göttingen: Vandenhoeck & Ruprecht.
Jonas, Hans (1964): Die mythologische Gnosis. Ergänzungsheft zur ersten und zweiten Auflage. Göttingen: Vandenhoeck & Ruprecht.
Jonas, Hans (1989): Das Prinzip Verantwortung. Versuch einer Ethik für die technologische Zivilisation. Frankfurt am Main: Suhrkamp.
Jonas, Hans (2008): Gnosis. Die Botschaft des fremden Gottes. Hg. v. Christian Wiese. Frankfurt am Main u.a.: Verlag der Weltreligionen.

Jonas, Hans (2011): Organismus und Freiheit. Ansätze zu einer philosophischen Biologie. Göttingen: Vandenhoeck & Ruprecht.

Jongen, Marc (Hg.) 2012: Was wird Denken heißen? Kognition und Psyche im posthumanen Zeitalter. Paderborn: Fink.

Jorgenson, Andrew (2016): Environment, Development, and Ecologically Unequal Exchange, Sustainability, 8, 227.

Jowitt, Claire (2002): Books will speak palin? Colonialism, Jewishness and politcs in Bacons's New Atlantis. In: Bronwen Price (Hg.), Francis Bacon's "New Atlantis". New interdisciplinary essays. Manchester [u.a.]: Manchester Univ. Press, S. 129-155.

Juncosa, José E. (1994): Pueblos de Abya-Yala. Agenda 1994. Cayambe: Ed. Abya-Yala.

Jung, Carl Gustav (1995): Der Mensch und seine Symbole. Solothurn: Walter.

Käppel, Lutz (2002): Uroboros. In: Der Neue Pauly. Band 12. Stuttgart: Metzler, Sp. 1053.

Karl Heinz Kaiser: Das Bild vom Steuermann in der antiken Literatur, Diss. (masch.) Erlangen.

Kant, Immanuel (1964): Über das Mißlingen aller philosophischen Versuche in der Theodizee (zuerst 1791). In: Immanuel Kant: Schriften zur Anthropologie, Geschichtsphilosophie, Politik und Pädagogik. Frankfurt am Main: Insel-Verlag, S. 105-124.

Kant, Immanuel (1977): Mutmaßlicher Anfang der Menschengeschichte (zuerst 1786). In: Werkausgabe Bd. XI, hg. v. Wilhelm Weischedel. Frankfurt am Main: Suhrkamp, S. 83-102.

Karl V. (2005): Das große politische Testament Kaiser Karls V. vom 18. Januar 1548. In: Armin Kohnle (Hg.): Das Vermächtnis Kaiser Karls V.; Die politischen Testamente. Darmstadt: Wissenschaftliche Buchgesellschaft, S. 69-97.

Kastenhofer, Karen; Schmidt, Jan C. (2011): Technoscientia est Potentia? In: Poiesis Prax 8 (2-3), S. 125-149.

Kay, Lily E. (2002): Das Buch des Lebens. Wer schrieb den genetischen Code? München, Wien: Hanser.

Kerényi, Karl (2014): Die Mythologie der Griechen. Götter, Menschen und Heroen. Teil I: Die Götter- und Menschheitsgeschichten. Teil II: Die Heroengeschichten. Stuttgart: Klett-Cotta.

Keupp, Heiner (2016): Das erschöpfte Selbst der Psychologie. In: Journal für Psychologie, Jg. 24(2016), Ausgabe 2, S. 7-36.

Kien Nghi Ha (2005): Hype um Hybridität. Kultureller Differenzkonsum und postmoderne Verwertungstechniken im Spätkapitalismus. Bielefeld: transcript-Verlag.

Klages, Helmut (1964): Technischer Humanismus. Stuttgart: Enke.

Klages, Ludwig (1954): Der Geist als Widersacher der Seele. Leipzig: Barth.

Kleemann, Frank/Matuschek, Ingo/Voß, G. Günter (2003): Subjektivierung von Arbeit. Ein Überblick zum Stand der soziologischen Diskussion. In: Moldaschl, Manfred; Voß, G Günter (Hg.) (2003): Subjektivierung von Arbeit. München/Mering: Hampp; S. 57-114.

Knabe, Wolfgang (2005): 500 Jahre Handel Bayern-Indien. Königsbrunn: W. Knabe.

Knorr-Cetina, Karin (1991): Die Fabrikation von Erkenntnis. Zur Anthropologie der Naturwissenschaft. Frankfurt am Main: Suhrkamp.

Köberer, Wolfgang (Hg.) (1982): Das rechte Fundament der Seefahrt. Deutsche Beiträge zur Geschichte der Navigation. Hamburg: Hoffmann u. Campe.

Koch, Klaus (2003): Universalgeschichte, auserwähltes Volk und Reich der Ewigkeit. Das Geschichtsverständnis des Danielbuches. In: Mariano Delgado, Klaus Koch, Edgar Marsch und Hartmut Bobzin (Hg.), Europa, Tausendjähriges Reich und Neue Welt. Stuttgart: Kohlhammer, S. 12-36.

Kohler, Alfred (1999): Karl V. 1500 - 1558. Eine Biographie. München: C.H. Beck.
Kohler, Alfred; Haider, Barbara; Ottner, Christine (Hg.) (2002): Karl V.: 1500 - 1558. Neue Perspektiven seiner Herrschaft in Europa und Übersee. Wien: VÖAW
Köhler, Ulrich (2009): Vasallen des linkshändigen Kriegers im Kolibrigewand. Über Weltbild, Religion und Staat der Azteken. Münster: LIT.
Kohut, Karl (1987): Humanismus und Neue Welt im Werk von Gonzalo Fernández de Oviedo. In: Wolfgang Reinhard (Hg.), Humanismus und Neue Welt. Weinheim: Acta Humaniora VCH , S. 65-88.
Kohut, Karl (Hg.) (1991): Der eroberte Kontinent. Historische Realität, Rechtfertigung und literarische Darstellung der Kolonisation Amerikas. Frankfurt a. M: Vervuert.
Kolumbus, Christoph (1943): Entdeckungsfahrten. Reiseberichte und Briefe von der zweiten, dritten und vierten Entdeckungsfahrt nach Amerika 1493 - 1506. Zürich: Rascher.
König, Hans-Joachim (2002): Plus ultra - ein Weltreichs- und Eroberungsprogramm? Amerika und Europa in politischen Vorstellungen im Spanien Karls V. In: Alfred Kohler, Barbara Haider, Christine Ottner (Hg.), Karl V.: 1500 - 1558. Neue Perspektiven seiner Herrschaft in Europa und Übersee. Wien: VÖAW, S. 197-222.
Konersman, Ralf (2017): Die Unruhe der Welt. Frankfurt am Main: Fischer.
Kopernikus, Nikolaus (2006): Das neue Weltbild. 3 Texte. Lateinisch-Deutsch. Hg. v. Hans Günter Zekl. Hamburg: Meiner.
Koschorke, Alfred (1990): Geschichte des Horizonts. Grenze und Grenzüberschreitung in literarischen Landschaftsbildern.Frankfurt am Main: Suhrkamp.
Koselleck, Reinhart (Hg.) (1977): Studien zum Beginn der modernen Welt. Stuttgart: Klett-Cotta.
Koselleck, Reinhart (1982): Die Verzeitlichung der Utopie. In: Wilhelm Vosskamp (Hg.), Utopieforschung. Interdisziplinare Studien zur neuzeitlichen Utopie. Band 3. Stuttgart: Suhrkamp, S. 1-14.
Koselleck, Reinhart (1987): Das achtzehnte Jahrhundert als Beginn der Neuzeit, in: Ders., Reinhart Herzog (Hg.), Epochenschwelle und Epochenbewußtsein. München: Fink.
Kozlarek, Oliver (2000): Universalien, Eurozentrismus, Logozentrismus. Kritik am disjunktiven Denken der Moderne. Frankfurt am Main: IKO - Verlag.
Krause, Gerhard; Müller, Gerhard (2002): Theologische Realenzyklopädie, Band 33. Berlin: De Gruyter.
Krauss, Werner (Hg.) (1966): Antike und Moderne in der Literaturdiskussion des 18. Jahrhunderts. Berlin: Akademie Verlag.
Kress, Daniela (2012): Investitionen in den Hunger? Land Grabbing und Ernährungssicherheit in Subsahara-Afrika, Wiesbaden: Spinger VS.
Krickeberg, Walter; Leyen, Friedrich von der (1928): Märchen der Azteken und Inkaperuaner, Maya und Muisca;. Jena: E. Diederichs.
Kristeller, Paul Oskar (1974): Medieval aspects of Renaissance learning. Three essays. Durham, N.C: Duke University Press.
Krohn, Wolfgang (1987): Francis Bacon. München: C.H. Beck.
Krohn, Wolfgang (1990): Einleitung. In: Francis Bacon - Neues Organon, S. IX-XLV. Hamburg: Meiner.
Krohn, Wolfgang (1999): Francis Bacon - Philosophie der Forschung und des Fortschritts. In: Lothar Kreimendahl (Hg.), Philosophen des 17. Jahrhunderts. Eine Einführung. Darmstadt: Wissenschaftliche Buchgesellschaft, S. 23-45.

Krohn, Wolfgang; Küppers, Günter (1997): Die natürlichen Ursachen der Zwecke. Kants Ansätze zu einer Theorie der Selbstorganisation. In: Günter Küppers (Hg.), Chaos und Ordnung. Formen der Selbstorganisation in Natur und Gesellschaft. Stuttgart: Reclam, S. 31-50.

Krüger, Oliver (2004a): Virtualität und Unsterblichkeit. Die Visionen des Posthumanismus. Freiburg im Breisgau: Rombach Verlag

Krüger, Oliver (2004b): Gnosis im Cyberspace? Die Körperutopien des Posthumanismus. In: Kristiane Hasselmann (Hg.), Utopische Körper. Visionen künftiger Körper in Geschichte, Kunst und Gesellschaft. München: Fink, S. 131-146.

Krüger, Oliver (2006): Wie die Noosphäre ins globale Dorf gelangte. Teilhard de Chardin, McLuhan und die Utopien des Cyberspace. In: Luca Di Blasi (Hg.), Cybermystik. München: Fink, S. 63- 79.

Krüger, Oliver (2011): Die Unsterblichkeitsutopie der Kryonik. In: Dominik Groß (Hg.), Who wants to live forever? Postmoderne Formen des Weiterwirkens nach dem Tod. Frankfurt am Main: Campus-Verlag, S. 249-273.

Krüger, Reinhard (2000): Das lateinische Mittelalter und die Tradition des antiken Erdkugelmodells (ca. 550 - ca. 1080). Berlin: Weidler.

Krüger, Reinhard (2007): Ein Versuch über die Archäologie der Globalisierung. Die Kugelgestalt der Erde und die globale Konzeption des Erdraumes im Mittelalter. In: Wechselwirkungen (Jahrbuch aus Lehre und Forschung der Universität Stuttgart). Stuttgart: Universitätsbibliothek der Universität Stuttgart, S. 28-53.

Kugler, Hartmut (2004): Symbolische Weltkarten - Der Kosmos im Menschen Symbolstrukturen in der Universalkartographie bis Kolumbus. In: Horst Wenzel (Hg.), Gutenberg und die Neue Welt., S. 40 - 59.

Kugler, Hartmut; Glauch, Sonja; Willing, Antje; Zapf, Thomas (Hg.) (2007): Die Ebstorfer Weltkarte. Berlin: Akademie-Verlag.

Kuhn, Thomas S. (1981): Die kopernikanische Revolution. Braunschweig u.a: Vieweg.

Kuhn, Thomas S.; Krüger, Lorenz (1977): Die Entstehung des Neuen. Studien zur Struktur der Wissenschaftsgeschichte. Frankfurt am Main: Suhrkamp.

Kühnhardt, Ludger (1987): Die Universalität der Menschenrechte. Bonn: Bundeszentrale für politische Bildung.

Küng, Hans (1990): Projekt Weltethos. München: Piper Verlag

Kullmann, Wolfgang (1998): Aristoteles und die moderne Wissenschaft. Stuttgart: Steiner.

Küppers, Günter (Hg.) (1997): Chaos und Ordnung. Formen der Selbstorganisation in Natur und Gesellschaft. Stuttgart: Reclam.

Kurzweil, Ray (2002): Reflections on Stephen Wolfram's A New Kind of Science. http://www.kurzweilai.net/reflections-on-stephen-wolfram-s-a-new-kind-of-science. Abgerufen am 10.2.2015.

Kurzweil, Ray (2005): The singularity is near. When humans transcend biology. New York: Viking.

Kurzweil, Ray (2013): Menschheit 2.0. Die Singularität naht. Berlin: Lola Books.

Kusch, Rodolfo (1962): América profunda. Buenos Aires: Librería Hachette.

Kusch, Rodolfo (1978): Esbozo de una antropología filosófica americana. San Antonio de Padua: Ed. Castañeda.

Kusch, Rodolfo (Hg.) (2010): Indigenous and popular thinking in América. Durham NC u.a: Duke University Press.

Kutzer, Hans (2007): Der Bergaltar in der Kirche St. Annen zu Annaberg. In: Bergknappe, H.2, S. 21-31..
Lahe, Jaan (2012): Gnosis und Judentum. Alttestamentliche und jüdische Motive in der gnostischen Literatur und das Ursprungsproblem der Gnosis. Leiden u.a.: Brill.
Lamb, Ursula (1995): Cosmographers and pilots of the Spanish maritime empire. Aldershot, Hampshire: Variorum.
Lanceros, Patxi (2005): Política mente. De la revolución a la globalización. Rubí, Barcelona: Anthropos.
Lander, Edgardo; Castro-Gómez, Santiago (Hg.) (2000): La colonialidad del saber. Eurocentrismo y ciencias sociales ; perspectivas latinoamericanas. Buenos Aires: CLACSO.
Lane, Frederic Chapin (1973): Venice, a maritime republic. Baltimore: Johns Hopkins Univ. Press.
Lanfer, Peter Thacher (2012): Remembering Eden. The reception history of Genesis 3: 22-24. New York: Oxford Univ. Press.
Lanier, Jaron (2012): Gadget. Warum die Zukunft uns noch braucht. Berlin: Suhrkamp.
Lanier, Jaron; Mallett, Dagmar; Schlatterer, Heike (2014): Wem gehört die Zukunft? Du bist nicht der Kunde der Internetkonzerne, du bist ihr Produkt. Hamburg: Hoffmann und Campe.
Lara Mireles, María Concepción (2008): El culto a la Santa Muerteen el entramado simbólico de la sociedad del riesgo. San Luis Potosí: Universidad Autónoma de San Luis Potosí.
Lateinamerika Nachrichten (2015): Green Grabbing und Bioökonomie in Lateinamerika. Lateinamerika Nachrichten. Nr. 498.
Lateinamerika Nachrichten (2016): Gegen das Vergessen. Lateinamerika Nachrichten. Nr. 502.
Latouche, Serge (2011): Décroissance als Projekt der politischen Linken. In: Werner Rätz und Tanja von Egan-Krieger (Hg.), Ausgewachsen! : ökologische Gerechtigkeit, soziale Rechte, gutes Leben. Hamburg: VSA-Verlag, S. 66-74.
Latour, Bruno (1987): Science in action. How to follow scientists and engineers through society. Milton Keynes: Open University Press.
Latour, Bruno (1998): Wir sind nie modern gewesen. Versuch einer symmetrischen Anthropologie. Frankfurt am Main: Fischer-Taschenbuch-Verlag.
Latour, Bruno (2013): Facing Gaia. Six lectures on the political theology of nature. Being the Gifford Lectures on Natural Religion. Edinburg; (Nicht identisch mit Printversionen von Facing Gaia). https://macaulay.cuny.edu/eportfolios/wakefield15/files/2015/01/LATOUR-GIFFORD-SIX-LECTURES_1.pdf.
Latour, Bruno (2014): Existenzweisen. Eine Anthropologie der Modernen. Unter Mitarbeit von Gustav Roßler. Berlin: Suhrkamp.
Latour, Bruno (2015): Telling Friends from Foes in the Time of the Anthropocene. In: Clive Hamilton, Christophe Bonneuil & François Gemenne (Hg.): The Anthropocene and the Global Environment Crisis – Rethinking Modernity in a New Epoch. London: Routledge. S. 145-155.
Latour, Bruno (2017): Kampf um Gaia. Acht Vorträge über das Neue Klimaregime. Berlin: Suhrkamp.
Lau, Christoph (1999): Vergesellschaftung oder Naturalisierung : Grenzkonflikte zwischen Natur und Gesellschaft. In: Claudia Honegger, Stefan Hradil und Franz Traxler (Hg.), Grenzenlose Gesellschaft? Opladen: Leske + Budrich, S. 288-304.
Laubenberger, Franz (1959): Ringmann oder Waldseemüller? Eine kritische Untersuchung über den Urheber des Namens Amerika. In: Erdkunde. Band XIII, Heft 3, S. 163-179.

Lee, Samuel (1687): Chara tēs pisteōs. The joy of faith. Boston, Mass: Green.
Leggewie, Claus (2003): Die Globalisierung und ihre Gegner. München: C.H. Beck.
Lehmann, Martin (2010): Die "Cosmographiae Introductio". Matthias Ringmanns und die Weltkarte Martin Waldseemüllers aus dem Jahre 1507. Ein Meilenstein frühneuzeitlicher Kartographie. München: Meidenbauer.
Leibniz, Gottfried Wilhelm (1710): Essais De Théodicée Sur La Bonté De Dieu, La Liberté De L'Homme Et L'Origine Du Mal. Amsterdam: Troyel.
Leibniz, Gottfried Wilhelm (1985): Die Theodizee von der Güte Gottes, der Freiheit des Menschen und dem Ursprung des Übels. Darmstadt: Wissenschaftliche Buchgesellschaft.
Leiss, William (1972): The domination of nature. New York: Braziller.
León Portilla, Miguel (1992): Encuentro de dos mundos. Madrid: Cultural de Ediciones.
Les Convivialistes (2014): Das konvivialistische Manifest für eine neue Kunst des Zusammenlebens. Bielefeld: transcript Verlag.
Lessenich, Stephan (2017): Neben uns die Sintflut. Die Externalisierungsgesellschaft und ihr Preis. Berlin: Hanser.
Lévi-Strauss, Claude (1979): Das wilde Denken. Frankfurt am Main: Suhrkamp.
Ley, Michael (2005): Zivilisationspolitik: zur Theorie einer Welt-Ökumene. Würzburg: könighaus & Neumann.
Lilius, Zacharias (1496): In hoc volumine continentur hi libri. Primus liber. De origine et laudibus scientiarum. Florenz: Franciscum Bonaccursium.
Limerick, Patricia Nelson (1987): The legacy of conquest. The unbroken past of the American West. New York u.a.: Norton.
Livius, Titus (1991): Die Anfänge Roms. Römische Geschichte I - V. Unter Mitarbeit von Hans J. Hillen. München: Dt. Taschenbuch-Verlag.
Löbl, Rudolf (2003). Techne. Untersuchung zur Bedeutung dieses Wortes in der Zeit von Homer bis Aristoteles. (Vol. 2. Von den Sophisten bis Aristoteles). Würzburg: Könighaus & Neumann.
Locke, John (1952): The second treatise of government. New York: The Liberal Arts Press (zuerst 1690).
Locke, John (1992): Zwei Abhandlungen über die Regierung. Frankfurt am Main: Suhrkamp.
López de Gómara, Francisco (1554): La historia general de las Indias. Anvers: Steelsio.
López Luján, Leonardo (2010): Tlaltecuhtli. México, D.F: Fundación Conmemoración.
López Luján, Leonardo; Olivier, Guilhem (2010): El sacrificio humano en la tradición religiosameso americana. México, D.F: Universidad Nacional Autónoma de México.
Lovelock, James E. (1979): Unsere Erde wird überleben. Gaia, eine optimistische Ökologie. München u.a: Piper.
Lovelock, James (1988) The Ages of Gaia: A Biography of Our Living Earth. New York W. W. Norton.
Lovelock, James E. (1991): Das Gaia-Prinzip. Die Biogaphie unseres Planeten. Zürich und München: Artemis Verlag.
Löwith, Karl (1967): Weltgeschichte und Heilsgeschehen. Die theologischen Voraussetzungen der Geschichtsphilosophie. Stuttgart: Kohlhammer.
Lucianus Samosatensis (1990): Der Lügenfreund und andere phantastische Erzählungen. Hg. v. Christoph Martin Wieland und Bernhard Kytzler. München: Dt. Taschenbuch-Verlag.
Lüdemann, Gerd (Hg.) (1997): Bibel der Häretiker. Die gnostischen Schriften aus Nag Hammadi. Stuttgart: Radius.

Ludlow, Peter (Hg.) (1996): High noon on the electronic frontier. Conceptual issues in cyberspace. Cambridge, Mass. u.a.: MIT Press.
Ludwig, Guenter (1988): Silber. Aus der Geschichte eines Edelmetalls. Berlin: Verlag Die Wirtschaft.
Luhmann, Niklas (1992): Beobachtungen der Moderne. Opladen: Westdt. Verlag.
Lukács, Georg (1971): Die Theorie des Romans. Ein geschichtsphilosophischer Versuch über die Formen der grossen Epik. Neuwied, Berlin: Luchterhand (zuerst 1916).
Luther, Martin (1912): Die Bibel oder die ganze Heilige Schrift des Alten und Neuen Testaments. Nach der deutschen Übersetzung Martin Luthers. Taschenausg. Stuttgart: Privileg. Württemberg. Bibelanstalt.
Lütkehaus, Ludger (2008): Vom Anfang und vom Ende. Zwei Essays. Frankfurt am Main u.a.: Insel-Verlag.
Lutz, Burkart (1982): Der kurze Traum immerwährender Prosperität. Frankfurt/New York: Campus.
Luxemburg, Rosa (1975): Die Akkumulation des Kapitals, Gesammelte Werke, Band 5, [zuerst 1913] Berlin: Institut für Marxismus-Leninismus.
Lyotard, Jean-François (1986): Das postmoderne Wissen. Ein Bericht. Graz: Böhlau.
Lyotard, Jean-François (1987): Postmoderne für Kinder. Briefe aus d. Jahren 1982 - 1985. Wien: Passagen-Verlag.
Maasen, Sabine (1998): Genealogie der Unmoral. Zur Therapeutisierung sexueller Selbste. Frankfurt am Main: Suhrkamp.
Maasen, Sabine (2009): Wissenssoziologie. Bielefeld: Transcript-Verlag.
Magnus, Albertus (2006): Über die Natur und den Ursprung der Seele (Liber de natura et origine anirnae) Freiburg, Basel, Wien: Herder.
Maier, Charles S. (2007): Among empires. American ascendancy and its predecessors. Cambridge, Mass. u.a.: Harvard Univ. Press.
Maillard, Christine (Hg.) (2006): Der Grenzgänger Alfred Döblin. 1940 - 1957. Biographie und Werk. Bern u.a.: Lang.
Makropoulos, Michael (1997): Modernität und Kontingenz. München: Wilhelm Fink Verlag.
Makropoulos, Michael (1999): Grenze und Horizont. Zwei soziale Abschlußparadigmen. In: Claudia Honegger, Stefan Hradil und Franz Traxler (Hg.), Grenzenlose Gesellschaft? Opladen: Leske + Budrich, S. 387-396.
Makropoulos, Michael (2007): Meer. Aspekte einer Daseins- und Lebensführungsmetapher. In: Ralf Konersmann (Hg.), Wörterbuch der philosophischen Metaphern. Darmstadt: Wiss. Buchges, S. 236-248.
Manilius, Marcus (1990): Astronomica. Lateinisch/Deutsch. Hg. v. Wolfgang Fels. Stuttgart: Reclam
Mansfeld, Jaap (1987): Die Vorsokratiker. Griechisch - Deutsch. Stuttgart: Reclam.
Maravall, José Antonio (1986): Antiguos y modernos. Visión de la historia e idea del progreso hasta el Renacimiento. Madrid: Alianza.
Marboe, Alexander (2009): Zur Einführung. Schiffsbau und Nautik im vorzeuzeitlichen Europa, In: Marboe, René Alexander; Obenaus Andreas (Hg.) (2009): Seefahrt und die frühe europäische Expansion. Wien: Mandelbaum-Verlag, S. 11-36.
Maresch, Rudolph; Rötzer, Florian (Hg.) (2004): Renaissance der Utopie: Zukunftsfiguren des 21. Jahrhunderts. Frankfurt am Main: Suhrkamp.
Margulis, Lynn; Vogel, Sebastian (1999): Die andere Evolution. Heidelberg: Spektrum Akad. Verlag.

Markschies, Christoph (2001): Die Gnosis. München: C.H.Beck.
Marliano, Luigi (1717): De Ordine Velleris Aurei. In: rerum Germanicarum Scriptores varii/ 3. Argentorati : Dulssecker, S. 146 – 149.
Marquard, Odo (1981): Abschied vom Prinzipiellen. Philosophische Studien. Stuttgart: Reclam
Marquard, Odo (1986): Apologie des Zufälligen. Philosophische Studien. Stuttgart: Reclam.
Marquard, Odo (2000): Abschied vom Prinzipiellen. Philosophische Studien. Stuttgart: Reclam.
Marx, Karl (1962): Das Kapital: Kritik der politischen Ökonomie (Erster Band. Buch I: Der Produktionsprozeß des Kapitals) (Marx Engels Werke, Bd. 23). Berlin: Dietz (zuerst 1884).
Marx, Karl (1971): Nationalökonomie und Philosophie [zuerst 1844], in: Die Frühschriften, hrsg. v. Siegfried Landshut. Stuttgart: Kröner; 225-316
Marx, Karl; Engels, Friedrich (1957): Die heilige Familie oder Kritik der kritischen Kritik (zuerst 1845). In: Marx Engels Werke (MEW), Bd. 2. Berlin: Dietz , S. 131-142.
Marx, Karl; Engels, Friedrich (1964): Manifest der Kommunistischen Partei (zuerst 1848). In: Marx Engels Werke (MEW), Bd. 4. Berlin: Dietz, S. 459-493.
Matschke, Wolfgang (Hg.) (2007): Das Ende aller Utopien - außer der technischen? Frankfurt am Main: Knecht.
Maturana, Humberto R./Varela, Francisco J. (1980), Autopoiesis and cognition. The realization of the living (zuerst 1974). Dordrecht.Reidel Publishing Company.
Maturana, Humberto R. (1985): Erkennen - die Organisation und Verkörperung von Wirklichkeit. Ausgewählte Arbeiten zur biologischen Epistemologie. Braunschweig: Vieweg & Sohn.
Maturana, Humberto; Varela, Francisco (1987): Der Baum der Erkenntnis. Die biologischen Wurzeln des menschlichen Erkennens. Bern: Scherz.
Mauro, Frédéric (1984): Die europäische Expansion. Wiesbaden: Steiner.
Mayer-Ahuja, Nicole; Wold Harald (2005): Entfesselte Arbeit, neue Bindungen: Grenzen der Entgrenzung in der Medien- und Kulturindustrie. Berlin : Sigma.
Mayr, Otto (1987): Uhrwerk und Waage. Autorität, Freiheit und technische Systeme in der frühen Neuzeit. München: C.H. Beck.
McKnight, Stephen A. (1989): Sacralizing the secular. The Renaissance origins of modernity. Baton Rouge u.a: Louisiana State Univ. Press.
McKnight, Stephen A. (1992): Science, pseudo-science, and utopianism in early modern thought. Columbia: University of Missouri Press.
McKnight, Stephen A. (2006): The religious foundations of Francis Bacon's thought. Columbia: University of Missouri Press.
Meadows, Dennis L. (Hg.) (1972): Die Grenzen des Wachstums. Bericht des Club of Rome zur Lage der Menschheit. Stuttgart: Dt. Verl.-Anstalt.
Meine, Karl-Heinz (Hg.) (1982): Die Ulmer Geographia des Ptolemäus von 1482. Zur 500 Wiederkehr der ersten Atlasdrucklegung nördlich der Alpen. Weissenhorn: Anton H. Konrad.
Meiksins Wood, Ellen (2003): Empire of capital. London, New York: Verso.
Mela, Pomponius (1912): Geographie des Erdkreises. Leipzig: Voigtländer.
Mela, Pomponius (1969) De chorographia libri tres. Hg. v. Gustav Parthey. Graz: Akademische Druck- und Verlagsanstalt.
Merchant, Carolyn (1980): The death of nature. Women, ecology, and the scientific revolution. San Francisco u.a.: Harper & Row.

Merchant, Carolyn (1987): Der Tod der Natur. Ökologie, Frauen und neuzeitliche Naturwissenschaft. München: C.H. Beck.
Merchant, Carolyn (2008): The Violence of Impediments. Francis Bacon and the Origins of Experimentation. In: Isis 2008/99, S. 731-760.
Merchant, Carolyn (2013): Francis Bacon and the ‚vexations of art'. Experimentation as intervention. In: The British journal for the history of science. BJHS 46 (4), S. 551-599.
Mercier, Louis-Sébastien (1771): L'an deux mille quatre cent quarante. Rêve s'il en sût jamalt. Londres.
Mertens, Sabine (1987): Seesturm und Schiffbruch. Eine motivgeschichtliche Studie. Rostock: Hinstorff Verlag.
Mesenhöller, Peter (Hg.) (1992): Mundus novus, Amerika oder Die Entdeckung des Bekannten. Das Bild der Neuen Welt im Spiegel der Druckmedien vom 16. bis zum frühen 20. Jahrhundert. Essen: Klartext-Verlag.
Mett, Rudolf (1996): Regiomontanus. Wegbereiter des neuen Weltbildes. Stuttgart u.a.: Teubner.
Michalsky, Tanja (2011): Projektion und Imagination. Die niederländische Landschaft der Frühen Neuzeit im Diskurs von Geographie und Malerei. Paderborn: Wilhelm Fink Verlag.
Mieth, Corrina (2002): Multi pertransibunt et augebitur scientià: Die Inszenierung der Grenzüberschreitung als Begründung der Fortschrittsgeschichte in Francis Bacons Instauration Magna. In: Wolfram Hogrebe (Hg.), Grenzen und Grenzüberschreitungen. XIX. Deutscher Kongreß für Philosophie. Bonn: Sinclair-Press, S. 647-657.
Middell, Matthias (2005): Universalgeschichte, Weltgeschichte, Globalgeschichte. In: Grandner, Margarete/Rothermund, Dietmar/Schwentker, Wolfgang (Hrsg.): .Globalisierung und Globalgeschichte; S. 60-82.
Mignolo, Walter D. (1995): The darker side of the Renaissance. Literacy, territoriality, and colonization. Ann Arbor Mich: Univ. of Michigan Press.
Mignolo, Walter D. (2000): Local histories/global designs. Coloniality, subaltern knowledges, and border thinking.Princeton, NJ: Princeton Univ. Press.
Mignolo, Walter D. (2005): The idea of Latin America. Malden, MA, Oxford: Blackwell Pub.
Mignolo, Walter (2010): Introduction - Immigrant Consciousness. In: Rodolfo Kusch; Walter Mignolo (Hg.): Indigenous and popular thinking in América. Durham: Duke University Press, S.. xii-liv.
Mignolo, Walter D. (2011): The darker side of Western modernity. Global futures, decolonial options. Durham u.a.: Duke Univ. Press.
Mignolo, Walter D. (2012a): Epistemischer Ungehorsam Rhetorik der Moderne, Logik der Kolonialität und Grammatik der Dekolonialität. Wien: Turia + Kant.
Mignolo, Walter D. (2012b): Die Erfindung Amerikas. Das koloniale Erbe der europäischen Diaspora. In: Isolde Charim (Hg.), Lebensmodell Diaspora. Über moderne Nomaden. Bielefeld: transcript-Verl, S. 75-82.
Milhou, Alain (1983): Colón y su mentalidad mesiánica. En el ambiente franciscanista español. Valladolid: Casa-Museo de Colón.
Milhou, Alain (1994): Die Neue Welt als geistiges und moralisches Problem. In: Walther L. Bernecker und Marcello Carmagnani (Hg.), Handbuch der Geschichte Lateinamerikas. Stuttgart: Klett-Cotta, S. 274-298.
Miliopoulos, Lazaros (2007): Atlantische Zivilisation und transatlantisches Verhältnis. Politische Idee und Wirklichkeit. Wiesbaden: VS Verlag für Sozialwissenschaften.

Miller, Stephen; Linden, Peter (2016): Lediglich Gemüse auf dem Kopf. In: Süddeutsche Zeitung, Nr. 181, S. 41.
Müller, Klaus E. (1970): Geschichte der antiken Ethnographie und ethnologischen Theoriebildung, Bd. 1. Stuttgart: Steiner.
Ministerio de Economia (2013): Modifica en el ámbito de la sustentabilidar de recursos hidrobiologicos. Santiago de Chile: Ministerio de Economia.
Mires, Fernando (1989): Im Namen des Kreuzes. Der Genozid an den Indianern während der spanischen Eroberung ; theologische und politische Diskussionen. Unter Mitarbeit von Karel Hermans. Fribourg: Edition Exodus.
Mires, Fernando (1991): Die Kolonisierung der Seelen. Mission und Konquista in Spanisch-Amerika. Fribourg: Edition Exodus.
Mirowski, Philip (2002): Machine Dreams: Economics Becomes a Cyborg Science. Cambridge: Cambridge University Press.
Mitman, Gregg (2006): Where Ecology, Nature, and Politics Meet: Reclaiming The Death of Nature. In: Isis, 2006, 97, S. 496–504.
Mitterauer, Michael (2004): Warum Europa? Mittelalterliche Grundlagen eines Sonderwegs. München: C.H. Beck.
Mohr, Hans (1983): Leiden und Sterben als Faktoren der Evolution. In: Wolfgang Böhme (Hg.), Das Übel in der Evolution und die Güte Gottes. Karlsruhe: Evang. Akad. Baden, S. 9-25.
Mommsen, Wolfgang J. (1974): Das Zeitalter des Imperialismus. Frankfurt am Main.: Fischer.
Montiel, Edgar (2005): América en las utopías políticas de la modernidad. In: Cuadernos hispanoamericanos: CH 658, S. 49-63.
Moldaschl, Manfred; Voß, G Günter (Hg.) (2003): Subjektivierung von Arbeit, 2., überarb. u. erw. Auflage. München/Mering: Hampp.
Moore, Jason W. (2016) (Hg.): Anthropocene or Capitalocene?: Nature, History, and the Crisis of Capitalism. Oakland: PM Press.
Moraga, Cherríe L. (2011) . A Xicana Codex of Changing Consciousness: Writings, 2000–2010. Main: Duke University Press.
Moravec, Hans (1990): Mind children. Der Wettlauf zwischen menschlicher und künstlicher Intelligenz. Hamburg: Hoffmann u. Campe.
Moravec, Hans (1996): Körper, Roboter, Geist. In: Christa Maar (Hg.): Die Technik auf dem Weg zur Seele, S. 163 -195.
More, Thomas (1516): Libellus vere aureus nec minus salutaris quam festivus de optimo reipublicae statu, deque nova insula Utopia. Löwen: Martinus.
More, Thomas (1995). De Optimo Reipublicae Statu, Deque Nova Insula Utopia. Cambridge: Cambridge University Press.
Moretti, Gabriellas (1994): The Other World and the 'Antipodes'. The Myth of Unknown Countries between Antiquity and the Renaissance. In: Wolfgang Haase, Reinhold, Meyer (Hg.): The Classical Tradition and the Americas. Volume I. Berlin/New York: De Gruyter, S. 241-284.
Morsak, Louis C. (2003): Die Bedeutung des Schwazer Silbers für die Habsburger an der Wende des Spätmittelalters. In: Wolfgang Ingenhaeff (Hg.), Schwazer Silber - vergeudeter Reichtum? Innsbruck: Berenkamp, S. 157-167.
Morus, Thomas (1990): Utopia. Stuttgart: Reclam.
Moscovici, Serge (1990): Versuch über die menschliche Geschichte der Natur. Frankfurt am Main: Suhrkamp.

Moya, Paula (2000): 'Realism' and the Politics of Identity: Cherrie Moraga and Chicana Feminism: In Paula M. L. Moya,Michael Roy Hames-Garcia (Hrsg.): Reclaiming Identity: Realist Theory and the Predicament of Postmodernism. University of California Press, S. 67-101

Müller, Klaus (2005): Technospiritualität. Philosophisch-Theologisches in der Selbstbeschreibung der Cyberszene. In: Hans-Martin Gutmann, Cathrin Gutwald (Hg.), Religiöse Wellness: Seelenheil heute. München: Wilhelm Fink Verlag, S. 81-102.

Müller, Reimar (2003): Die Entdeckung der Kultur. Antike Theorien über Ursprung und Entwicklung der Kultur von Homer bis Seneca. Zürich u.a: Artemis & Winkler.

Müller-Plantenberg, Urs (2013): Die schwarze Utopie der Chicago Boys. In: Karl-Heinz Dellwo (Hg.): Diktatur und Widerstand in Chile. Hamburg: Laika-Verlag. S. 329-342

Münch, Richard (1986): Die Kultur der Moderne. Frankfurt am Main: Suhrkamp.

Münkler, Herfried (2005): Imperien. Die Logik der Weltherrschaft - vom Alten Rom bis zu den Vereinigten Staaten. Berlin: Rowohlt.

Muraca, B. (2014): Gut leben. Eine Gesellschaft jenseits des Wachstums. Berlin: Wagenbach

Naumann, Friedrich (1995) Georgius Agricola und das Zeitalter der Renaissance. In: Kroker, W. (Hg.) Agricola-Vorträge Chemnitz 1994, Bochum: Georg-Agricola-Gesellschaft, S. 35-44.

Navarro García, Luis (1989). El sistema de castas. Historia general de España y América: los primeros Borbones. Madrid: Ediciones Rialp.

Navigante, Adrian (2012): Gnostische Wahrheit und christliche Offenbarung. In: Johann Reikerstorfer, Kurt Appel und Johannes Baptist Metz (Hg.), Dem Leiden ein Gedächtnis geben. Thesen zu einer anamnetischen Christologie. Göttingen: V & R Unipress, S. 379-402.

Nesselrath, Heinz-Günther (2002): Platon und die Erfindung von Atlantis. München u.a.: Saur.

Nestle, Eberhard (1979): Novum Testamentum Graece. Hg. v. Kurt Aland. Stuttgart: Dt. Bibelstiftung.

Nestle, Wilhelm (Hrsg.) (1923): Die Nachsokratiker.Bd. 2. Jena: Eugen Diederichs.

Nestle, Wilhelm (1966): Vom Mythos zum Logos. Die Selbstentfaltung des griechischen Denkens von Homer bis auf die Sophistik und Sokrates. Aalen: Scientia Verlag (zuerst 1940).

Neswald, Elisabeth (2006): All computation is one. In: Luca Di Blasi (Hg.), Cybermystik. München: Wilhelm Fink Verlag, S. 19-40.

Nettel, Patricia (1993): Utopische Religiosität und gesellschaftliche Wirklichkeit. In: Anton Rotzetter et al. (Hg.), Von der Conquista zur Theologie der Befreiung, S. 145-161.

Newe zeittung (1522): Newe zeittung. von dem lande. das die Sponier funden haben ym 1521. iare genant Jucatan. Erfurt: Maler Matthes.

Niavis, Paulus (1953): Iudicium Iovis - Oder das Gericht der Götter über den Bergbau. (Freiberger Forschungshefte). Berlin: Akademie Verlag (zuerst ca. 1495).

Nicolaus de Lyra (1481): Postilla super totam Bibliam (cum expositionibus Guillelmi Britonis et additionibus Pauli Burgensis et correctoriis editis a Matthia Doering). Nürnberg: Anton Koberger.

Nietzsche, Friedrich (1919): Also sprach Zarathustra. Aus dem Nachlaß 1882 – 1885. Leipzig: Kröner.

Nietzsche, Friedrich (1954): Götterdämmerung (zuerst 1889). In: Friedrich Nietzsche (Hg.), Werke in drei Bänden. Band 2. München: Hanser, S. 941-1031.

Nietzsche, Friedrich (1993): Die Geburt der Tragödie. Oder: Griechenthum und Pessimismus. Stuttgart: Reclam (zuerst 1872).
Nietzsche, Friedrich; Colli, Giorgio; Montinari, Mazzino (1973): Kritische Gesamtausgabe. Gesamtausgabe II 2. Berlin, New York: Walter de Gruyter.
Ning, Wang (1997): Orientalism versus Occidentalism? In: New Literary History 28 (1), S. 57.
Nipperdey, Thomas (1975): Reformation, Revolution, Utopie. Studien zum 16. Jahrhundert. Göttingen: Vandenhoeck & Ruprecht.
Noble, David F. (1997): The religion of technology. The divinity of man and the spirit of invention. New York: Knopf.
Noble, David F. (1998): Eiskalte Träume. Die Erlösungsphantasien der Technologen. Freiburg u.a.: Herder.
Nordmann, Alfred (2004): Was ist TechnoWissenschaft? Zum Wandel der Wissenschaftskultur am Beispiel von Nanoforschung und Bionik. In: Torsten Rossmann and Camerron Tropea (Hg.), Bionik: Aktuelle Forschungsergebnisse in Natur-, Ingenieur- und Geisteswissenschaften, Berlin: Springer.
Nordmann, Alfred (2010): A forensics of wishing: technology assessment in the age of technoscience. In: Poiesis Prax 7 (1-2), S. 5-15.
Nordmann, Alfred; Schwarz, Astrid (2012): Alte Objekte, neue Dinge. Von Wissenschaft zu Technoscience. In: Sabine Maasen (Hg.), Handbuch Wissenschaftssoziologie. Wiesbaden: Springer VS, S. 291-302.
Obhof, Ute (2006): Die Überlieferung der Globensegmente von Martin Waldseemüller aus dem Jahre 1507: der Erdglobus, der Amerika benannte. In: Susanne Asche und Wolfgang M. Gall (Hg.), Neue Welt & altes Wissen. Wie Amerika zu seinem Namen kam. Offenburg: Fachbereich Kultur der Stadt Offenburg, S. 45-54.
Ochs, Martin (1999): Der Mythos von Christoph Kolumbus in der italienischen Literatur. Dissertation. Univ, Freiburg im Breisgau.
Odum, Eugene Pleasants (1953): Fundamentals of ecology. Philadelphia u.a: Saunders.
O'Gorman, Edmundo (1958): La invención de América. El universalismo de la cultura de occidente. México, Buenos Aires: Fondo de Cultura Económica.
O'Gorman, Edmundo (1972): The invention of America. Westport, Conn: Greenwood Press.
O'Gorman, Edmundo (1993): La invención de América. Investigación acerca de la estructura histórica del nuevo mundo y del sentido de su devenir (3. reimpr.). México: Fondo de Cultura Económica.
Oliva, Fernán Pérez de (1787): Las obras del maestro Fernan Perez de Oliva. Tomo Segundo. Madrid: imprenta de Benito Cano.
Oliva, Rodrigo; Caviedes, Sebastian (2017): Sector pesquero chileno: Concentración, Desarticulation social y crisis ecológica. Cuadernos e coyunuta, Nr. 15, ano 5, S. 26- 36.
Orwell, George (1949): Nineteen eighty-four. A novel. New York: Harcourt, Brace.
Osterhammel, Jürgen (1995): Kolonialismus. Geschichte - Formen - Folgen. München: C.H. Beck.
Osterhammel, Jürgen (2001): Geschichtswissenschaft jenseits des Nationalstaats Studien zu Beziehungsgeschichte und Zivilisationsvergleich. Göttingen: Vandenhoeck & Ruprecht.
Osterhammel, J. (2009a): Die Verwandlung der Welt. Eine Geschichte des 19. Jahrhunderts. München: Beck.
Osterhammel, Jürgen (2014): The Transformation of the World: A Global History of the Nineteenth Century. Princeton: Princeton University Press.

Osterhammel, Jürgen (2009b): Sklaverei und die Zivilisation des Westens. München: Carl-Friedrich-von-Siemens-Stiftung.

Osterhammel, Jürgen; Petersson, Niels P. (2003): Geschichte der Globalisierung. Dimensionen, Prozesse, Epochen. München: C.H. Beck.

Ostrom, Elinor (1990): Governing the Commons: The Evolution of Institutions for Collective Action. Cambridge: Cambridge University Press.

Ostrom, Elinor (2011): Was mehr wird, wenn wir teilen. Vom gesellschaftlichen Wert der Gemeingüter. München: oecom.

O'Sullivan, John L. (1845): Annexation: United States Magazine and Democratic Review 17 (1), S. 5-11.

Otto Frisingensis (1961): Chronik oder Die Geschichte der zwei Staaten. Hg. v. Adolf Schmidt und Walther Lammers. Darmstadt: Wissenschaftliche Buchgesellschaft.

Ovidius Naso, Publius (1960): Fasti. Lateinisch-deutsch. München: Heimeran.

Ovidius Naso, Publius (1980): Metamorphosen. Epos in 15 Büchern. Hg. v. Hermann Breitenbach. Stuttgart: Reclam.

Ovidius Naso, Publius (1999): Liebesgedichte. Hg. v. Niklas Holzberg. Zürich u.a: Artemis & Winkler.

Oviedo, Gonzalo Fernández de (1992): Historia general y natural de las indias. Reimpression. Madrid: Ed. Atlas.

Paech, Niko (2012): Befreiung vom Überfluss auf dem Weg in die Postwachstumsökonomie. München: Oekom-Verl.

Paech, Niko (2013a): Alte und neue Grenzen des Wachstums. In: CSR-Magazin : Unternehmen, Verantwortung, Gesellschaft ; Fachmagazin für Unternehmensverantwortung von CSR News und Vogel Business Media (4), S. 6-8.

Paech, Niko (2013b): Wege aus der Wachstumsdiktatur. In: Harald Welzer und Klaus Wiegandt (Hg.), Wege aus der Wachstumsgesellschaft. Frankfurt am Main: Fischer Taschenbuch, S. 200-220.

Paech, Niko (2014): Suffizienz und Subsistenz: Therapievorschläge zur Überwindung der Wachstumsdiktatur. In: Konzeptwerk Neue Ökonomie (Hg.), Zeitwohlstand wie wir anders arbeiten, nachhaltig wirtschaften und besser leben. München: Oekom-Verl, S. 40-61.

Paech, Niko (2017): Wirtschaftswachstum: Der zerstörerische Traum vom Fortschritt. Die Zeit vom 3.1.2017. http://www.zeit.de/wirtschaft/2017-01/europa-fortschritt-wachstum-industrie-digitalisierung-oekologie-klimawandel

Pagden, Anthony (2002): Plus Ultra: America and the Changing European Notions of Time and Space. In: John A. Marino (Hg.), Early modern history and the social sciences. Testing the limits of Braudel's Mediterranean. Kirksville, Mo: Truman State University Press, S. 255-273.

Papacek, Thilo F. (2009): Die neue Landnahme. Amazonien im Visier des Agrobusiness. Berlin: FDCL-Verlag.

Papst Franziskus (2015): Laudato si : die Umwelt-Enzyklika des Papstes. Freiburg i.Br.: Herder.

Parker, Geoffrey (2003): Die politische Welt Karls V. In: Hugo Soly und Wim Blockmans (Hg.), Karl V. und seine Zeit. 1500 - 1558. Köln: DuMont Literatur- und Kunst-Verl, S. 113-226.

Parsons, Talcott (1975): Gesellschaften. Evolutionäre und komparative Perspektiven. Frankfurt am Main: Suhrkamp.

Paul-Horn, Ina (2000): Meer und mehr. Das Meer als Medium von Entgrenzung. In: Ina Paul-Horn meer und mehr. Das Meer als Medium von Entgrenzung. In: Ders. Entgrenzung und Beschleunigung. Wien: Turia + Kant; 48-62.

Pauly, August von; Wissowa, Georg (1913): Paulys Real-encyclopèadie der classischen Altertumswissenschaft. Helikon - Hyagnis. Stuttgart: Metzler.

Paz, Octavio (1998): Das Labyrinth der Einsamkeit. Essay. Frankfurt am Main: Suhrkamp.

Pearce, Fred (2012), Land Grabbing. Der globale Kampf um Grund und Boden. München: Kunstmann.

Pellegrino, Francesca (2007): Geografie und imaginäre Welten. Unter Mitarbeit von Barbara Travaglini. Berlin: Parthas-Verlag.

Pellmann, Fedor (2012): Paul Zech in Buenos Aires: Kulturkrise und Neuschöpfung der Welt. In: Hispanorama. Zeitschrift des Deutschen Spanischlehrerverbandes. Nr. 138, Nov. 2012, S. 55-68.

Perler, Dominik (Hg.) (1994): Einleitung. In: Alighieri Dante, Abhandlung über das Wasser und die Erde. Hamburg: Philosophische Bibliothek. S. I-LXXIV.

Perrault (1693): Paralelle Des Anciens Et Des Modernes, En Ce Qui Regarde Les Arts Et Les Sciences. Unter Mitarbeit von Aveele, Johannes van den. Nouvelle Edition augmentée de quelques Dialogues. Amsterdam: Gallet.

Pesic, Peter (1999): Wrestling with Proteus: Francis Bacon and the ,torture' of Nature. In: Isis 90 (1999), S. 81-94.

Peters, Klaus; Sauer, Dieter (2005): Indirekte Steuerung – eine neue Herrschaftsform. In: Hilde Wagner (Hg.), Rentier' ich mich noch? Hamburg: VSA; S. 23-58.

Pfeiffer, Sabine (2015): Warum reden wir eigentlich über Industrie 4.0?. Auf dem Weg zum digitalen Despotismus. In: Mittelweg 36, 24. Jg., 2015, Heft 6, S. 14-36

Pferdekamp, Wilhelm. (1938): Deutsche im frühen Mexiko. Stuttgart, Berlin: Deutsche Verlags-Anstalt.

Pias, Claus (2004): Cybernetics - Kybernetic. The Macy-Conferences 1946 – 1953 (Band 1). Zürich: Diaphanes.

Pico della Mirandola, Giovanni (1990): De hominis dignitate. Lateinisch-deutsch. Hg. v. August Buck. Hamburg: Meiner.

Pieterse, Jan (1999): Globale/lokale Melange. In: Brigitte Kossek (Hg.), Gegen-Rassismen. Konstruktionen - Interaktionen - Interventionen. Hamburg u.a: Argument-Verlag, S. 167-185.

Pietschmann, Horst (1987): Aristotelischer Humanismus und Inhumanität? Sepúlveda und die amerikanischen Ureinwohner. In: Wolfgang Reinhard (Hg.), Humanismus und Neue Welt. Weinheim: Acta Humaniora, S. 143-166.

Pietschmann, Horst (1994): Die iberische Expansion im Atlantik und die kastilisch-spanische Entdeckung und Eroberung Amerikas. In: Walther L. Bernecker und Marcello Carmagnani (Hg.), Handbuch der Geschichte Lateinamerikas. Stuttgart: Klett-Cotta, S. 207-273.

Pietschmann, Horst (2002): Karl V. und Amerika: Der Herrscher, der Hof und die Politik. In: Alfred Kohler, Barbara Haider, Christine Ottner (Hg.), Karl V.: 1500-1558. Neue Perspektiven seiner Herrschaft in Europa und Übersee. Wien: VÖAW, S. 533-548.

Pimentel, Juan (2001): The Iberian vision. Science and empire in the framework of a universal monarchy, 1500-1800. In: Roy MacLeod (Hg.), Osiris Vol. 15. Nature and empire: science and the colonial enterprise. University of Chicago Press, S. 17-30.

Pindarus (1923): Siegesgesänge. Berlin: Propyläen-Verlag.

Pindarus (1992): Siegeslieder. Griechisch-deutsch. Darmstadt: Wiss. Buchges.

Pinheiro, Teresa (2004): Aneignung und Erstarrung. Die Konstruktion Brasiliens und seiner Bewohner in portugiesischen Augenzeugenberichten ; 1500 - 1595. Stuttgart: Steiner.

Pinheiro, Teresa; Ueckmann, Natascha (2005): Globalisierung avant la lettre. Reiseliteratur vom 16. bis zum 21. Jahrhundert ; (Beiträge einer im Herbst 2003 auf dem Romanistentag in Kiel abgehaltenen Sektion mit dem Titel "Reiseliteratur und Globalisierung"). Münster: LIT.

Platon (1856): Timaios. Unter Mitarbeit von Franz Susemihl. Stuttgart: Metzler.

Platon (1857): Kritias. Unter Mitarbeit von Franz Susemihl. Stuttgart: Metzler.

Platon (1974): Die Werke des Aufstiegs. Euthyphron, Apologie, Kriton, Gorgias, Menon. Unter Mitarbeit von Rudolf Rufener. Zürich u.a: Artemis & Winkler.

Platon (2000): Der Staat. (Politeia). Unter Mitarbeit von Karl Vretska. Stuttgart: Reclam.

Plessner, Helmuth (1965): Die Stufen des Organischen und der Mensch. Einleitung in die philosophische Anthropologie. Berlin: Walter de Gruyter (zuerst 1928).

Plessner, Helmuth; Dux, Günter; Schmidt, Richard W. (1983): Conditio humana. Frankfurt am Main: Suhrkamp (zuerst 1961).

Plickert, Philipp (2015): Nehmen Roboter den Menschen die Arbeit weg?. In Frankfurter Allgemeine vom 28.12.2015. http://www.faz.net/ aktuell/wirtschaft/ automatisierung-nehmen-roboter-den-menschen-die-arbeit-weg-13986337.html

Plinius Secundus, Gaius (1973): Naturkunde. Buch 2. Lateinisch - deutsch. Zürich u.a: Artemis & Winkler.

Plotinus; Porphyrius (1878): Die Enneaden des Plotin. Unter Mitarbeit von Hermann Friedrich Müller. Berlin: Weidmann.

Plutarchus (1860): Plutarch's Werke. Band 46. Unter Mitarbeit von Karl Friedrich Schnitzer. Stuttgart: Metzler.

Plutarchus (1980): Grosse Griechen und Römer. Zürich u.a: Artemis & Winkler.

Polanyi, Karl (1978 [1944]): The Great Transformation: Politische und ökonomische Ursprünge von Gesellschaften und Wirtschaftssystemen. Frankfurt/M.: Suhrkamp.

Pollmann, Judith (1992): Eine natürliche Feindschaft. Ursprung und Funktion der schwarzen Legende über Spanien in den Niederlanden, 1560–1581. In: Franz Bosbach (Hg.), Feindbilder. Die Darstellung des Gegners in der politischen Publizistik des Mittelalters und der Neuzeit. Köln: Böhlau, S. 73 – 93.

Pomponius Mela; Philipp, Hans (1912a): Geographie des Erdkreises. Leipzig: Voigtländer.

Pomponius Mela; Philipp, Hans (1912b): Mittelmeerländer. Leipzig: Voigtländer.

Popitz, Heinrich (1989): Epochen der Technikgeschichte. Tübingen: Mohr.

Popitz, Heinrich (2000): Wege der Kreativität. Tübingen: Mohr.

Popper, Karl Raimund (1980): Die offene Gesellschaft und ihre Feinde. Tübingen: Francke (zuerst 1945).

Poser, Hans (2011): Von der Theodizee zur Technodizee. Ein altes Problem in neuer Gestalt. Hannover: Wehrhahn.

Prien, Hans-Jürgen (1978): Die Geschichte des Christentums in Lateinamerika. Göttingen: Vandenhoeck & Ruprecht.

Puigi. Luigi (1984): Morgante e opere minori. Turin: UTET.

Pumm, Günter (Hg.) (1992): Die Welser in Venezuela 1528 bis 1546 - süddeutsche Konquistadoren zur Zeit der spanischen Eroberungen. Hamburg: Amt für Schule.

Queirós, Pedro de; Pinochet, Oscar (1991): Memoriales de las indias australes. Madrid: Historia 16.

Quijano, Anibal (1992): Colonialidad y modernidad/racionalidad. In: Heraclio Bonilla (Hg,): Los conquistados. 1492 y la población indígena de las Américas. Santafé de Bogotá: Ed. Tercer Mundo, S. 439-447.
Quijano, Aníbal (1997): Colonialidad del poder, cultura y conocimiento en América Latina. In: Anuario Mariateguiano. ix/9, S. 113-121.
Quijano, Aníbal (2000a): Colonialidad del poder, eurocentrismo y América Latina. In: Edgardo Lander und Santiago Castro-Gómez (Hg.), La colonialidad del saber. Eurocentrismo y ciencias sociales ; perspectivas latinoamericanas. Buenos Aires: CLACSO, S. 122-151.
Quijano, Aníbal (2000b): Coloniality of power, eurocentrism, and Latin America. In: Nepantla: views from south. Vol. 1, Nr. 3, S. 533-580.
Quijano, Anibal (2010): Die Paradoxien der eurozentrierten kolonialen Moderne: In: PROKLA 158, Zeitschrift für kritische Sozialwissenschaft, S. 29-48.
Quijano, Anibal (2016): Kolonialität der Macht, Eurozentrismus und Lateinamerika.Wien; Berlin: Turia + Kant.
Quijano, Anibal; Wallerstein, Immanuel (1992): Americanity as a concept, or the Americas in the modern world-system. (The Americas: 1492-1992): International Journal Of Social Sciences, No. 134, Nov. 1992, UNESCO, Paris, S. 549-558
Quiroga, Vasco de; Serrano Gassent, Paz (1992): La utopía en América. Madrid: Historia 16.
Raeithel, Gert (2002): Geschichte der nordamerikanischen Kultur. Frankfurt am Main: Zweitausendeins.
Rahner, Hugo (1964): Symbole der Kirche. Die Ekklesiologie der Väter. Salzburg: Müller.
Raith, Werner (1985): Humanismus und Unterdrückung. Streitschrift gegen die Wiederkehr einer Gefahr. Frankfurt: Extrabuch.
Randles, William G. (1990): The Evaluation of Columbus' ‚India' Project by Portuguese and Spanish Cosmographers in the Light of the Geographical Science of the Period, in: Imago Mundi 42 (1990). S. 50-64.
Randles, William G. (1994): Classical Models of World Geography and Their Transformation Following the Discovery of America. In: Wolfgang Haase und Reinhold Meyer (Hg.): The Classical Tradition and the Americas: European images of the Americas. Volume I, Part 1. Berlin, New York: Walter de Gruyter, S. 5-76.
Randles, William G. (2000): Geography, cartography and nautical science in the renaissance. The impact of the great discoveries. Aldershot u.a.: Ashgate Variorum.
Ranisch, Robert; Sorgner, Stefan Lorenz (2014): Introducing Post- and Transhumanism. In: Robert Ranisch, Stefan Lorenz Sorgner (Hg.), Post- and transhumanism. An introduction. Frankfurt am Main, Berlin, Bern u.a.: Peter Lang, S. 7-27.
Rapp, Friedrich (Hg.) (1979): Technik als Mythos. Unter Mitarbeit von Hans Poser. Berlin u.a.: Walter de Gruyter.
Ratzinger, Joseph (1987): Ökumene und Politik. Neue Versuche zur Ekklesiologie. Einsiedel: Johannes-Verlag.
Ratzinger, Joseph (1990): Eschatologie. Tod und ewiges Leben. Regensburg: Pustet.
Ratzinger, Joseph (2011): Jesus von Nazareth. Freiburg im Breisgau: Herder.
Recasens, Andreu Viola (2014): Discursos „pachamamistas" versus políticas desarrollistas. In.: Íconos – Revista de ciencias sociales, No. 48, S. 55-72.
Regiomontanus, Johannes (1474): Ephemerides astronomicae. Nürnberg.
Regiomontanus, Johannes; Hamman, Johannes; Grosch, Caspar; Roemer, Stephanus (1496): Epitoma in Almagestum Ptolomaei. Venetiis: Casparis Grosch et Stephani Roemer.

Reinhard, Wolfgang (1983): Geschichte der europäischen Expansion. Die Alte Welt bis 1818 (Band 1). Stuttgart: Kohlhammer.
Reinhard, Wolfgang (1985): Geschichte der europäischen Expansion. Die Neue Welt (Band 2). Stuttgart: Kohlhammer.
Reinhard, Wolfgang (1988): Geschichte der europäischen Expansion. Die Alte Welt seit 1818 (Band 3). Stuttgart: Kohlhammer.
Reinhard, Wolfgang (1990): Geschichte der europäischen Expansion. Geschichte der europäischen Expansion. Dritte Welt. Afrika (Band 4). Stuttgart: Kohlhammer.
Reis, Oliver (2012): Gott denken. Eine mehrperspektivische Gotteslehre. Münster: LIT.
Reißig, Rolf (2009): Gesellschafts-Transformation im 21. Jahrhundert: Ein neues Konzept sozialen Wandels. Wiesbaden: VS-Verlag.
Reuter, Julia (2012): Postkoloniale Soziologie. Andere Modernitäten, verortetes Wissen, kulturelle Identifizierungen. In: Julia Reuter (Hg.), Schlüsselwerke der Postcolonial Studies. Wiesbaden: Springer VS, S. 297-313.
Reuter, Julia; Villa, Paula-Irene (Hg.) (2010): Postkoloniale Soziologie. Empirische Befunde, theoretische Anschlüsse, politische Intervention. Bielefeld: transcript.
Rifkin, Jeremy (2014): Die Null-Grenzkosten-Gesellschaft. Das Internet der Dinge, kollaboratives Gemeingut und der Rückzug des Kapitalismus. Frankfurt M. u.a: Campus-Verl.
Ricard, Robert (1966): The spiritual conquest of Mexico. An essay on the apostolate and the evangelizing methods of the mendicant orders in New Spain, 1523-1572. Berkeley.
Riccioli, Giovanni (1651): Almagestum novum astronomiam veterem novamque complectens observationibus aliorum et propriis novisque theorematibus. Bd. I-III. Bologna.
Rid, Thomas (2016): Maschinendämmerung. Eine kurze Geschichte der Kybernetik. Berlin: Propyläen.
Riedl, Matthias (2004): Joachim von Fiore. Denker der vollendeten Menschheit. Zugl.: Erlangen-Nürnberg, Univ., Diss., 2002/2003. Würzburg: Königshausen & Neumann.
Rieger, Stefan (2003): Kybernetische Anthropologie. Eine Geschichte der Virtualität. Frankfurt am Main: Suhrkamp.
Ringmann, Matthias; Waldseemüller, Martin (1507): Cosmographiae introductio cum quibusdam geometriae ac astronomiae principiis ad eam rem necessariis. Insuper quattuor Americi Vespucij nauigationes. Deodate: G. Lud.
Ringmann, Matthias; Waldseemüller, Martin (2010): Cosmographiae introductio cum quibus dam geometriae ac astronomiae principiis ad eam rem necessariis. Insuper quatuor Americi Vespucii navigationes. In: Martin Lehmann (Hg.): Die Cosmographiae Introductio. München: Meidenbauer, S. 262-327; Reproduktion der Originalaushabe, S. 329-370).
Ritter, Joachim (Hg.) (1998): Historisches Wörterbuch der Philosophie; St - T. Darmstadt: Wiss. Buchgesellschaft.
Ritzer, George (1995): Die McDonaldisierung der Gesellschaft. Frankfurt am Main: Fischer.
Robertson, John M. (1910): Die Evangelienmythen. Jena: Diederichs.
Robertson, Neil G. (2007): The Doctrin of Creation and the Enlightment. In: Michael Treschow, Willemien Otten, Walter Hannam und Robert D. Crouse (Hg.), Divine creation in ancient, medieval, and early modern thought. Essays presented to the rev'd dr. Robert D. Crouse. Leiden, Boston: Brill, S. 425-440.
Rockström, Johan u.a. (2009a): Planetary Boundaries: Exploring the Safe Operating Space for Humanity" , Ecology and Society 14 (2), 32.
Rockström, Johan u.a. Nature (2009b): A safe operating space for humanity. In Nature: 461, 2009, S. 472–475.

Roco, Mihail C.; Bainbridge, William Sims (2002): Converging technologies for improving human performance. Nanotechnology, biotechnology, information technology and cognitive science. Dordrecht: Kluwer Academic Publishers.

Rohark Bartusch, Jens S. (2007): Poopol Wuuj. Das heilige Buch der K'icheé - Maya von Guatemala. Magdeburg: docupoint.

Roloff, Volker (Hg.) (1989): Tradition und Modernität. Aspekte der Auseinandersetzung zwischen Anciens und Modernes. Essen: Hobbing.

Romein, Jan (1987): Aera van Europa de Europese geschiedenis als afwijking van het algemeen menselijk patroon. Leiden: Brill.

Römpp, Georg (2009): Der Geist des Westens. Eine Geschichte vom Guten und Bösen. Darmstadt: Wissenschaftliche Buchgesellschaft.

Rosa, Hartmut (2005): Beschleunigung: die Veränderung der Zeitstrukturen in der Moderne. Frankfurt am Main: Suhrkamp.

Rosa, Hartmut (2014): Resonanz statt Entfremdung, Zehn Thesen wider die Steigerungslogik der Moderne. In: Konzeptwerk Neue Ökonomie (Hg.), Zeitwohlstand wie wir anders arbeiten, nachhaltig wirtschaften und besser leben. München: Oekom-Verl, S. 62-73.

Rosenblueth, Arturo; Wiener, Norbert; Bigelow, Julian (1967): Behavior, purpose and teleology. Quickborn: Schnelle (zuerst 1943).

Rosenthal, Earl E. (1971): Plus ultra, non plus ultra, and the columnar device of Emperor Charles V. In: Journal of the Warburg and Courtauld Institutes 34, S. 204-228:

Rosenthal, Earl E. (1973): The Invention of the Columnar Devise of Emperor Charles V at the Court of Burgundy in Flanders in 1516. In: Journal of the Warburg and Courtauld Institutes 36 (1973), S. 198-230.

Rossbach, Stefan (1996): Gnosis, science, and mysticism: A history of self-referential theory designs. In: Social Science Information, Sage (35), S. 233-255.

Roth, Julia (2015): Vorwort: Lateinamerikas koloniales Gedächtnis. In: in Julia Roth [Hrsg.] Lateinamerikas koloniales Gedächtnis - Vom Ende der Ressourcen, so wie wir sie kennen. Baden-Baden.Nomos.

Roth, Julia (Hg.) (2015): Lateinamerikas koloniales Gedächtnis - Vom Ende der Res-sourcen, so wie wir sie kennen. Baden-Baden.Nomos,

Rotzetter, Anton; Morschel, Roque; Bey, Horst von der (Hg.) (1993): Von der Conquista zur Theologie der Befreiung. Der franziskanische Traum einer indianischen Kirche. Zürich: Benziger.

Rudolph, Kurt (1990): Die Gnosis. Wesen und Geschichte einer spätantiken Religion. Göttingen: Vandenhoeck & Ruprecht.

Ruoff, Michael (2002): Schnee von morgen. Das Neue in der Technik. Würzburg: Königshausen & Neumann.

Rupp, Michael (2002): "Narrenschiff" und "Stultifera navis". Münster: Waxmann.

Russell, Jeffrey Burton (1991): Inventing the flat earth. Columbus and modern historians. New York: Praeger.

Ruyer, Raymond (1977): Jenseits der Erkenntnis. Die Gnostiker von Princeton. Wien u.a.: Zsolnay.

Sábato, Ernesto (1963): Tango. Discusión y clave. Buenos Aires: Losada.

Sachs, Wolfgang (1997): Sustainable Development. Zur politischen Anatomie eines Leidbilds. In: Karl-Werner Brand (Hg.), Nachhaltige Entwicklung. Eine Herausforderung an die Soziologie. Opladen: Leske + Budrich, S. 93-110.

Sachs, Wolfgang (Hg.) (1995): The development dictionary. A guide to knowledge as power. Johannesburg u.a: Witwatersrand Univ. Press.

Sachs, W. 2013: Missdeuteter Vordenker. Karl Polanyi und seine „Great Transformation". In: Politische Ökologie 133, 18–23.

Sacrobosco, Johannes de (1490): De sphaera mundi. Venetis: Scotus.

Said, Edward W. (1978): Orientalism. New York: Pantheon.

Said, Edward W. (2010): Orientalismus. Frankfurt am Main: Fischer.

Sánchez Parga, José (2011): Discursos retrorevolucionarios: sumak kawsay, derechos de la naturaleza y otros pachamamismos", Ecuador Debate, Nr. 84; 31-50.

Schabert, Tilo (1989): Die Atlantische Zivilisation. Über die Entstehung der einen Welt des Westens. In: Peter Haungs (Hg.), Europäisierung Europas?. Baden-Baden: Nomos, S. 41-54.

Schäfer, Lothar (1993): Das Bacon-Projekt. Von der Erkenntnis, Nutzung und Schonung der Natur. Frankfurt am Main: Suhrkamp.

Schäfer, Wolf (1998): Zweifel am Ende des Baconschen Zeitalters. In: Michael Hauskeller, Christop Rehmann-Sutter und Gregor Schiemann Huakelle: Naturerkenntnis und Natursein. Für Gernot Böhme. Frankfurt am Main: Suhrkamp, 76-85.

Schäfer, Wolf (2001): Global Civilization and Local Cultures: A Crude Look at the Whole, International Sociology, vol. 16 (3): 301-319.

Schäfer, Wolf (2003a): The New Global History: Toward a Narrative for Pangaea Two, Erwägen Wissen Ethik 14 (April): 75-88.

Schäfer, Wolf (2003b): Making Progress with Global History. In: Erwägen Wissen Ethik 14 (April): 128-135.

Schaupp, Simon (2017): Vergessene Horizonte. Der kybernetische Kapitalismus und seine Alternativen. In: Paul Buckermann, Anne Koppenburger, Simon Schaupp (Hg.), Kybernetik, Kapitalismus, Revolutionen. Münster: Unrast, S. 51-74.

Schedel, Hartmann (1493): Register des Buchs der Croniken und geschichten mit figuren und pildnussen von anbeginn der welt bis auf dise unnsere Zeit. Nürnberg: Koberger.

Scheler, Max (1928): Die Stellung des Menschen im Kosmos. Darmstadt: Reichl.

Schelhowe, Heide (2002): Von der Oberfläche des Computers und vom Internet als Medium. Cyberfeminismus als Kritik oder als (subversive) Nutzung? In: Gabriele Jähnert (Hg.), Cyberfeminismus. Feministische Visionen mit Netz und ohne Boden? Berlin: Humboldt-Univ. zu Berlin, S. 1-11.

Schelkshorn, Hans (2009): Entgrenzungen. Ein europäischer Beitrag zum Diskurs über die Moderne. Weilerswist: Velbrück.

Schelkshorn, Hans (2012): Entgrenzungen als Signatur der Moderne. In: Hans Schelkshorn (Hg.), Die Moderne im interkulturellen Diskurs. Perspektiven aus dem arabischen, lateinamerikanischen und europäischen Denken. Weilerswist: Velbrück Wissenschaft, S. 218-248.

Schelling, Friedrich Wilhelm Joseph (2004): Einleitung zu seinem Entwurf eines Systems der Naturphilosophie (zuerst 1799), Werke 8. Stuttgart: Frommann-Holzboog.

Schirrmacher, Frank (2013): Ego – Das Spiel des Lebens. München: Blessing.

Schluchter, Wolfgang (1976): Die Paradoxie der Rationalisierung. Zum Verhältnis von "Ethik" und "Welt" bei Max Weber. In: Zeitschrift für Soziologie : ZfS 5 (3), S. 256-284.

Schluchter, Wolfgang (1979): Die Entwicklung des okzidentalen Rationalismus. Eine Analyse von Max Webers Gesellschaftsgeschichte. Tübingen: Mohr.

Schluchter, Wolfgang (1988): Religion, Wirtschaft, politische Herrschaft und bürgerliche Lebensführung: Die okzidentale Sonderentwicklung. In: Wolfgang Schluchter (Hg.), Max Webers Sicht des okzidentalen Christentums. Interpretation und Kritik. Frankfurt am Main: Suhrkamp, S. 11-128.

Schmid, Wilhelm (2000): Philosophie der Lebenskunst. Eine Grundlegung. Frankfurt am Main. Suhrkamp.

Schmidt, Jan C. (2011): Toward an epistemology of nano-technosciences. In: Poiesis Prax 8 (2-3), S. 103-124.

Schmidt, Sonja (2009): Tijuana als Ort der kulturellen Brechung. In: Anja Bandau (Hg.), Pasando Fronteras. Transnationale und transkulturelle Prozesse im Grenzraum Mexiko-USA. Berlin: Frey, S. 197-208.

Schmidt, Peer Karl V. als Herrscher der 'Indianischen Inseln und der Terrae firmae des Oceanischen Meers'. In: Alfred Kohler et al. (Hg.), Karl V.: 1500-1558. Wien: VÖAW, S. 549-574.

Schmitt, Carl (1950): Der Nomos der Erde im Völkerrecht des Jus Publicum Europaeum. Berlin: Duncker & Humblot.

Schmitt, Carl (1995): Staat, Grossraum, Nomos: Arbeiten aus den Jahren 1916-1969. Berlin: Duncker & Humblot.

Schmitt, Eberhard; Meyn, Matthias, Emmer, Mimler, Manfred, Partenheimer-Bein, Anneli (Hg.) (1984): Die grossen Entdeckungen. Dokumente zur Geschichte der europäischen Expansion. München: C.H. Beck.

Schneider, Jürgen (Hg.) (1981): Wirtschaftskräfte und Wirtschaftswege. Festschrift für Hermann Kellenbenz. Unter Mitarbeit von Hermann Kellenbenz. Stuttgart: Klett-Cotta.

Schneider, Ute (2004): Die Macht der Karten. Eine Geschichte der Kartographie vom Mittelalter bis heute. Darmstadt: Wissenschaftliche Buchgesellschaft.

Schön, Franz (1986): Der Beginn der römischen Herrschaft in Rätien. Sigmaringen: Thorbecke.

Schönbeck, Charlotte (1995): Georgius Agricola - ein humanistischer Naturforscher der deutschen Renaissance. In: Werner Kroker (Hg.), Agricola-Vorträge Chemnitz 1994. Bochum: Georg-Agricola-Gesellschaft, S. 13-34.

Schüren, Ute (2010): Sin maiz no hay pais. Der Bedeutungswandel des Mais in Mexiko. In: Karin Gabbert (Hg.), Über Lebensmittel. Münster: Verl. Westfälisches Dampfboot, S. 82-100.

Schulte Nordholt, Jan W. (1995): The myth of the West. America as the last empire. Grand Rapids, Mich: Eerdmans.

Schulten, Adolf (1927): Die Säulen des Herakles. In: Otto Jessen (Hg.), Die Strasse von Gibraltar. Berlin: Reimer, S. 174-206.

Schulten, Adolf; Tovar, Antonio (1974): Iberische Landeskunde. Baden-Baden: V. Koerner.

Schulz, Hans; Basler, Otto; Strauß, Gerhard (1997): Deutsches Fremdwörterbuch. 2. Aufl. Berlin: Walter de Gruyter.

Schulz, Thomas (2015): Das Morgen-Land. In: Der Spiegel (2015/10), S. 20-29.

Schumpeter, Joseph Alois (1987): Theorie der wirtschaftlichen Entwicklung(zuerst 1934). Duncker & Humblot: Berlin.

Schwarz, Astrid (2014): Experiments in Practice. London: Pickering & Chatt.

Schwägerl, Christian (2011): Menschenzeit: Zerstören oder gestalten? Die entscheidende Epoche unseres Planeten. München: Riemann Verlag.

Schwentker, Wolfgang (2005): Globalisierung und Geschichtswissenschaft. In: Grandner, Margarete/Rothermund, Dietmar/Schwentker, Wolfgang (Hg.), Globalisierung und Globalgeschichte; S. 36-59

Scott, David (1999): Refashioning Futures: Criticism after Postcoloniality. Princeton: Princeton University Press.

Seipel, Wilfried (Hrsg.): 2000: Kaiser Karl V. (1500 - 1558) ; Macht und Ohnmacht Europas. Bonn: Bundeskunsthalle.

Seidl, Irmi; Zahrnt, Angelika (Hg.) (2010): Postwachstumsgesellschaft. Konzepte für die Zukunft. Marburg: Metropolis-Verlag.

Seneca, Lucius Annaeus (1961): Sämtliche Tragödien. Lateinisch und deutsch. Zürich u.a: Artemis & Winkler.

Seneca, Lucius Annaeus (1995): Naturwissenschaftliche Untersuchungen. Hg. v. Martin F. A. Brok. Darmstadt: Wissenschaftliche Buchgesellschaft.

Sennett, Richard (2000): Der flexible Mensch. Die Kultur des neuen Kapitalismus. Berlin: Berlin-Verlag.

Sepúlveda, Juan Ginés de (1984): Demócrates segundo, o, De las justas causas de la guerra contra los indios. Madrid: Consejo Superior de Investigaciones Científicas Instituto Francisco de Vitoria.

Serrano Gassent, Paz (2001): Vasco de Quiroga. Utopía y derecho en la conquista de América. Madrid: Fondo de Cultura Económica.

Sieferle, Rolf Peter (2003): Der europäische Sonderweg. Ursachen und Faktoren. Stuttgart: Breuninger-Stiftung.

Sievernich, Michael (1991): Christianorum avaritia indorum vocatio - Eine theologische Sicht der 'Neuen Welt' im späten 16. Jahrhundert. In: Karl Kohut (Hg.), Der eroberte Kontinent. Historische Realität, Rechtfertigung und literarische Darstellung der Kolonisation Amerikas. Frankfurt am Main: Vervuert, S. 103-118.

Silver, Beverly; Arrighi, Giovanni (2011): Das Ende des langen 20. Jahrhunderts. In: Alex Demirović (Hg.), VielfachKrise. Im finanzmarktdominierten Kapitalismus. Hamburg: VSA, S. 211-228.

Simek, Rudolf (1992): Erde und Kosmos im Mittelalter. Das Weltbild vor Kolumbus. München: C.H. Beck.

Singer, Peter (1981): The expanding circle. Ethics and sociobiology. Oxford: Clarendon Press.

Sixel, Friedrich Wilhelm (1966): Die deutsche Vorstellung vom Indianer in der ersten Hälfte des 16. Jahrhunderts. Città del Vaticano: Tipogr. Poliglotta Vaticana.

Slatta, Richard W. (2001): The mythical West. An encyclopedia of legend, lore, and popular culture. Santa Barbara, Calif: ABC-CLIO.

Sloterdijk, Peter (1986): Der Denker auf der Bühne. Nietzsches Materialismus. Frankfurt am Main: Suhrkamp.

Sloterdijk, Peter (1991): Weltrevolution der Seele. Ein Lese- und Arbeitsbuch der Gnosis von der Spätantike bis zur Gegenwart. Erster Band. Zürich u.a: Artemis & Winkler.

Sloterdijk, Peter (1999): Sphären II. Globen, Makrosphärologie. Frankfurt am Main: Suhrkamp.

Sloterdijk, Peter (2001): Nicht gerettet. Versuche nach Heidegger. Frankfurt am Main: Suhrkamp.

Sloterdijk, Peter (2010): Das Zeug zur Macht. In P. Sloterdijk.–S.Voelker (Hg), Der Welt über die Straße helfen, Designstudien im Anschluss an eine philosophi-sche Überegung. München: Wilhelm Fink; S. 7-25.

Smith, Henry Nash (1950): Virgin land. The American West as symbol and myth. Cambridge: Harvard University Press.
Sobel, Dava (2011): Längengrad. Die wahre Geschichte eines einsamen Genies, welches das größte wissenschaftliche Problem seiner Zeit löste. Hamburg: Bucerius.
Soeffner, Hans-Georg (Hg.) (2013): Transnationale Vergesellschaftungen. Verhandlungen des 35. Kongresses der Deutschen Gesellschaft für Soziologie in Frankfurt am Main 2010. Wiesbaden: VS Verl. für Sozialwissenschaften.
Solares, Blanca. (2007): Madre terrible. La diosa en la religion del Mexico Antiguo. Rubi. Barcelona: Anthropos.
Soly, Hugo; Blockmans, Wim (Hg.) (2003): Karl V. und seine Zeit. 1500 - 1558. Köln: DuMont.
Sommer, Bernd; Welzer, Harald (2014): Transformationsdesign. Wege in eine zukunftsfähige Moderne. München: oekom.
Sosa, Lionel (1999): The Americano Dream: How Latinos Can Achieve Success in Business and in LifeCover. Plume:
Soto, Domingo de (1997): Summarium der Disputation von Valladolid. In: Mariano Delgado und Horst Pietschmann (Hg.), Bartolomé las de Casas, Werkauswahl (Band 3.1). Paderborn, München u.a.: Schöningh, S. 350-372.
Spivak, Gayatri Chakravorty (1988): In other worlds. Essays in cultural politics. New York u.a: Routledge.
Spivak, Gayatri Chakravorty (2007): Can the Subaltern speak? Postkolonialität und subal-terne Artikulation. Wien: Turia & Kant.
Sprat, Thomas (1667): The history of the Royal-Society of London for the improving of natural knowledge. London: Printed by T. R. for J. Martyn and J. Allestry.
Stacy, Lee (Hg.) (2003): Mexico and the United States. New York: Marshall Cavendish.
Stannard, David E. (1992): American holocaust. Columbus and the conquest of the New World. New York: Oxford Univ. Press.
Steffen, W., P.J. Crutzen and J.R. McNeill (2007): The Anthropocene: Are Humans Now Overwhelming the Great Forces of Nature?, Ambio 36, S. 614-62.
Stephanson, Anders (1995): Manifest destiny American expansionism and the empire of right. New York: Hill and Wang.
Sternagel, Peter (1966): Die artes mechanicae im Mittelalter. Begriffs- und Bedeutungsgeschichte bis zum Ende des 13. Jahrhunderts. Kallmünz: Lassleben.
Stierle, Karlheinz (2007): Das große Meer des Sinns. Hermenautische Erkundungen in Dantes Commedia. München: Fink.
Stiglitz, Joseph (2010): Die Chancen der Globalisierung. München: Siedler.
Stocker, Franz (2016): Die Ära der Globalisierung steht vor dem Ende. Die Welt vom 24.08.2016. https://www.welt.de/wirtschaft/article157825087/Die-Aera-der-Globalisierung-steht-vor-dem-Ende.html.
Stöcklein, Ansgar (1969). Leitbilder der Technik. Biblische Tradition und technischer Fortschritt. München: Moss.
Stoellger, Philipp (2008): Das Imaginäre zwischen Eschatologie und Utopie. Zur Genealogie der Utopie aus dem Geist der Eschatologie, und das Beispiel der 'Hoffnung auf Ruhe'. In: Beat Sitter-Liver (Hg.), Utopie heute. Fribourg, Stuttgart: Kohlhammer, S. 59-99.
Strabo; Radt, Stefan Lorenz (Hg.) (2002): Strabons Geographika. Göttingen: Vandenhoeck & Ruprecht.
Straet, Jan van der (1580): Nova Reperta. Antwerpen: Galle Philippe.

Stubbe, Henry (1670): The Plus ultra reduced to a non plus: or: A specimen of some animadversions upon the Plvs vltra of Mr. Glanville. London: Printed for the author.
Svampa, Maristella (2015): Neuer Entwicklungsextraktivismus, Regierungen und soziale Bewegungen in Lateinamerika. In: Julia Roth (Hg.), Lateinamerikas koloniales Gedächtnis - Vom Ende der Ressourcen, so wie wir sie kennen. Baden-Baden: Nomos; S. 153-184.
Tasso, Torquato (1963): Das befreite Jerusalem. Mit 12 Kupferstichen aus einem Original des 16. Jahrhunderts. München: Heyne (zuerst 1574).
Taubes, Jacob (1947): Abendländische Eschatologie. Bern: Francke.
Taubes, Jacob (1991): Abendländische Eschatologie. Mit einem Anhang. München: Matthes & Seitz.
Teilhard Chardin, Pierre de (1981): Der Mensch im Kosmos. München: Dt. Taschenbuch-Verlag.
Teller, Jürgen (Hg.) (1990): Kommentare zu Utopia. In: Thomas Morus, Utopia . Leipzig: Reclam.
Thomas, Hugh (1997): The slave trade. The history of the Atlantic slave trade, 1440 - 1870. London: Picador.
Thomas, Hugh (1998): Die Eroberung Mexikos. Cortés und Montezuma. Frankfurt am Main: S. Fischer.
Thompson, Charis (2006): Back to nature? Isis Vol. 97, Nr. 4, S. 831-832.
Thornton, Russel (1987): American Indian holocaust and survival. A population history since 1492. Norman etc: University of Oklahoma Press.
Tibullus, Albius (1968): Gedichte. Berlin: Akademie Verlag.
Tipler, Frank J. (1994): Die Physik der Unsterblichkeit. Moderne Kosmologie, Gott und die Auferstehung der Toten. München: Piper.
Tiqqun (2007): Kybernetic und Revolte. Zürich: Diaphanes.
Todorov, Tzvetan (1985): Die Eroberung Amerikas. Das Problem des Anderen. Frankfurt am Main: Suhrkamp.
Topitsch, Ernst (1958). Vom Ursprung und Ende der Metaphysik. Eine Studie. Wien: Springer.
Topitsch, Ernst (1972): Vom Ursprung und Ende der Metaphysik. Eine Studie zur Weltanschauungskritik. München: Dt. Taschenbuchverlag.
Toulmin, Stephen Edelston (1991): Kosmopolis. Die unerkannten Aufgaben der Moderne. Frankfurt am Main: Suhrkamp.
Toynbee, Arnold (1979): Menschheit und Mutter Erde. Die Geschichte der grossen Zivilisationen. Düsseldorf: Claassen Verlag.
Tully, James (1993): An approach to political philosophy. Locke in contexts. Cambridge: University Press.
Turing, Alain (2009): Computing Machinery and Intelligence. In: Robert Epstein (Hg.), Parsing the turing test. Philosophical and methodological issues in the quest for the thinking computer. Berlin: Springer, S. 23-65.
Turner, Bryan S. (1974): Weber and Islam. A critical study. London: Routledge & Kegan Paul.
Turner, Fred (2006): From counterculture to cyberculture. Stewart Brand, the Whole Earth network, and the rise of digital utopianism. Chicago Ill. u.a: Univ. of Chicago Press.
Turner, Frederick Jackson (1947): Die Grenze. Ihre Bedeutung in der amerikanischen Geschichte. Bremen-Horn: Dorn.
Turner, Frederick Jackson (1962): The frontier in American history. New York u.a: Holt Rinehart & Winston.

Turner, R. Kerry (1988): Sustainable environmental management. Principles and practice. London etc: Belhaven.

Tyrell, Hartmann (2011): Religion und Politik - Max Weber und Émile Durkheim. In: Agathe Bienfait (Hg.), Religionen verstehen. Zur Aktualität von Max Webers Religionssoziologie. Wiesbaden: VS-Verlag, S. 41-91.

Uexküll, Jacob von (1921): Umwelt und Innenwelt der Tiere. Berlin: Springer.

Uexküll, Jacob von (1928): Theoretische Biologie. Berlin: Verlag von Julius Springer.

Uexküll, Jacob von (1973): Theoretische Biologie. Frankfurt am Main: Suhrkamp.

Unger, Eike Eberhard (1967): Die Fugger in Hall in Tirol. Tübingen: Mohr.

UN (United Nations) (2015a): Transforming Our World. The 2030 Agenda for Sustainable Development. New York: United Nations.

UN (United Nations) (2015b): Adoption of the Paris Agreement. FCCC/CP/2015/L.9/Rev.1. United Nations.

UNDP (United Nations Development Programme) (Hg.) (2015): Bericht über die menschliche Entwicklung 2015: Arbeit und menschliche Entwicklung. Berlin: Deutsche Gesellschaft für die Vereinten Nationen.

Urmes, Dietmar (2003): Handbuch der geographischen Namen. Ihre Herkunft, Entwicklung und Bedeutung. Wiesbaden: Fourier-Verlag.

Valdés, Ernesto Garzón (1991): Die Debatte über die ethische Rechtfertigung der Conquista. In: Karl Kohut (Hg.), Der eroberte Kontinent. Historische Realität, Rechtfertigung und literarische Darstellung der Kolonisation Amerikas. Frankfurt am Main: Vervuert, S. 55-70.

Van der Loo, Hans; van Reijen, Willem (1992): Modernisierung. Projekt und Paradox. München: Dt. Taschenbuch-Verlag.

Van Duzer, Chet (2011): Rebasando los pilares de Hércules: el estrecho de Gibraltar y sus ciudades en la cartografía histórica. In: Virgilio Martínez Enamorado (Hg.), I Congreso Internacional Escenarios urbanos de al-Andalus y el Occidente musulmán. Malaga, S. 257 – 292.

Van Gelderen, Martin (2003): Hugo Grotius und die Indianer. Die kulturhistorische Einordnung Amerikas und seiner Bewohner in das Weltbild der Frühen Neuzeit. In: R. Schulz (Hg.), Aufbruch in neue Welten und neue Zeiten. München: Oldenbourg, S. 51-78).

Venn, Couze (2000): Occidentalism modernity and subjectivity. London u.a.: Sage Publ.

Vereinte Nationen (2015): Transformation unserer Welt: die Agenda 2030 für nachhaltige Entwicklung. Resolution der Generalversammlung. A/RES/69/315. United Nations.

Verfassung von Bolivien (2013): Politische Verfassung. Plurinationaler Staat von Bolivien. Berlin. Botschaft von Bolivien.

Vergilius Maro (1857): Die Aeneide. Stuttgart: Metzler.

Verlinden, Charles; Schmitt, Eberhard (Hg.) (1986): Die mittelalterlichen Ursprünge der europäischen Expansion. München: C.H. Beck.

Vespucci, Amerigo (1503): Albericus Vespuccius Laurentio Petri Francisci de Medicissa Iutem plurimam dicit. Paris: Felix & J. Lambert.

Vespucci, Amerigo (2014): Neue Welt/Mundus Novus. Und die vier Seefahrten. Hg. v. Uwe Schwarz. Wiesbaden: Erdmann.

Vickers, Brian (2008): Francis Bacon, feminist historiography, and the dominion of nature. In: Journal of the history of ideas 69 (1), S. 117-141.

Vidal-Naquet, Pierre (2006): Atlantis. Geschichte eines Traums. München: C.H. Beck.

Vierira, Antonio de (1718): Historia do Futuro, Esperances de Portugal, Quinto Imperio do Mundo. Lisbon: A. Pedrozo Galram.
Virilo, Paul (1989): Der negative Horizont. Bewegung/Geschwindigkeit/Beschleu-nigung. München: Carl Hanser Verlag.
Virilio, Paul (2008): Die Universität des Desasters. Hg. v. Peter Engelmann. Wien: Passagen-Verlag.
Virilio, Paul (2010): The university of disaster. Cambridge, UK, Malden, MA: Polity.
Vitoria, Francisco de (1957): Die Grundsätze des Staats- und Völkerrechts. Hg. v. António Truyol y Serra. Zürich: Thomas-Verlag.
Voegelin, Eric (1959): Wissenschaft, Politik und Gnosis. München: Kösel-Verlag.
Voegelin, Eric (1965): Die neue Wissenschaft der Politik. Eine Einführung. München: Pustet.
Voegelin, Eric (1997): History of political ideas. Volume 2. The Middle Ages to Aquinas. Columbia: University of Missouri Press.
Voegelin, Eric (2002): Ordnung und Geschichte, Band VI. Platon. München: Wilhelm Fink Verlag.
Voegelin, Eric (2004a): Ordnung und Geschichte, Band VIII. Das ökumenische Zeitalter. Die Legitimität der Antike. München: Wilhelm Fink Verlag.
Voegelin, Eric (2004b): Ordnung und Geschichte, Band IX. Das ökumenische Zeitalter. Weltherrschaft und Philosophie. München: Wilhelm Fink Verlag.
Voegelin, Eric (2004c): Ordnung und Geschichte/Band X. Auf der Suche nach der Ordnung. München: Wilhelm Fink Verlag.
Vogel, Christian (2000): Anthropologische Spuren. Zur Natur des Menschen. Hg. v. Volker Sommer. Stuttgart u.a: Hirzel.
Vogel, Christian; Voland, Eckart (1986): Was Du ererbst von Deinen Vätern. Evolution und Kultur. Tübingen: DIFF.
Vogel, Klaus Anselm (1995): Sphaera terrae - das mittelalterliche Bild der Erde und die kosmographische Revolution. Dissertation. Univ. Göttingen.
Vogl, Joseph (2010): Das Gespenst des Kapitals. Zürich: Diaphanes.
Volkmann-Schluck, K.H (1969): Mythos und Logos. Interpretationen zu Schellings Philosophie der Mythologie. Berlin: Walter de Gruyter.
Voltaire (1782): Candide. Unter Mitarbeit von Wilhelm Christhelf Siegmund Mylius. Berlin: Himburg.
Voß, G. Günter (1998): Die Entgrenzung von Arbeit und Arbeitskraft. Eine subjektorientierte Interpretation des Wandels der Arbeit. In: Mitteilungen aus der Arbeitsmarkt- und Berufsfor-schung, 31 (3), 1998, S. 473-487.
Voß, G. Günter (2010a): Subjektivierung und Mobilisierung. Und: Was könnte Odysseus zum Thema 'Mobilität' beitragen? In: Irene Götz (Hg.), Mobilität und Mobilisierung. Arbeit im sozioökonomischen, politischen und kulturellen Wandel. Frankfurt u.a: Campus, S. 95-136.
Voß, G. Günter (2010b), Was ist Arbeit? Zum Problem eines allgemeinen Arbeits¬begriffs, in: Böhle, Fritz/Voß, G. Günter/Wachtler, Günther (Hg.), Handbuch Arbeitssoziologie, Wiesba-den: VS Verlag. S. 23–80.
Voß, G.G.; Pongratz, H.J. (1998): Der Arbeitskraftunternehmer. Eine neue Grundform der Ware Arbeitskraft? In: Kölner Zeitschrift für Soziologie und Sozialpsychologie; H. 1, S. 131–158.
Voß, G. Günter; Weiß, Cornelia (2013), Burnout und Depression – Leiterkrankungen des subjektivierten Kapitalismus oder: Woran leidet der Arbeits¬kraftunternehmer?, in: Ne-

ckel, Sighard/Wagner, Greta (Hg.), Leistung und Erschöpfung, Berlin: Suhrkamp, S. 29–57.

Voßkamp, Wilhelm (Hg.) (1982): Utopieforschung. Interdisziplinäre Studien zur neuzeitlichen Utopie (Bände 1-3). Stuttgart: Metzler.

Wachsmuth, Dietrich (1967): Pompimos ho daimon. Untersuchung zu den antiken Sakralhandlungen bei Seereisen. Berlin: Eigenverlag.

Waechter, Matthias (1998): MythenMächte im amerikanischen Geschichtsbewusstsein. Der Frontier-Mythos. In: Anette Völker-Rasor und Wolfgang Schmale (Hg.), MythenMächte - Mythen als Argument. Berlin: Spitz. S. 111-131.

Wake, Christopher (2004): The Myth of Zheng He's Great Treasure Ships. International Journal of Maritime History, vol. 16, 1, S. 59-76.

Waldseemüller, Martin (1509a): Der Welt Kugel. Beschrybung der Welt vnd deß gantzen Ertreichs hie angezögt vnn vergleicht einer rotunden Kuglen. Straßburg: Grüninger.

Waldseemüller, Martin (1509b): Globus mundi. Declaratio sive descriptio mundi et totius orbis terrarum. Straßburg: Grüninger.

Waldseemüller, Martin 1907: Die Cosmographiae Introductio. (im Faksimiledruck nach der Erstausgabe von 1507, Hg. von Fr. R. von Wieser). Straßburg: Verlag J. H. Ed. Heitz.

Waldseemüller, Martin; Fischer, Joseph; Wieser, Franz von (1903): Die älteste Karte mit dem Namen Amerika aus dem Jahre 1507 und die Carta marina aus dem Jahre 1516 des M. Waldseemüller. Innsbruck u.a: Wagner.

Wallerstein, Immanuel (1986): Das moderne Weltsystem. Kapitalistische Landwirtschaft und die Entstehung der europäischen Weltwirtschaft im 16. Jahrhundert. Frankfurt am Main: Syndikat.

Wallerstein, Immanuel (2003): Karl V. und die Entstehung der kapitalistischen Weltwirtschaft. In: Soly, Hugo: Karl V. und seine Zeit 1500-1558. S. 365-392.

Wallerstein, Immanuel (2007): Die Barbarei der anderen. Europäischer Universalismus. Berlin: Wagenbach.

Wallisch, Robert (2002): Der ‚Mundus Novus' des Amerigo Vespucci.Wien: Österreichische Akademie der Wissenschaften.

Walter, Hermann (1999): Die Säulen des Herkules - Biographie eines Symbols. In: Peter Neukam (Hg.): Musen und Medien. München: Bayerischer Schulbuchverlag, S. 119-156.

Walter, Rolf (2003): Das Silbergeschäft der Oberdeutschen in der Zeit Karls V. unter besonderer Berücksichtigung Lateinamerikas. In: Johann Bair, Wolfgang Ingenhaeff (Hg.), Schwazer Silber - vergeudeter Reichtum? Innsbruck: Berenkamp, S. 237-252.

Walther, Rudolf (1990). Arbeit. Ein begriffsgeschichtlicher Überblick von Aristoteles bis Ricardo. In: Helmut König, Bodo von Greiff, Helmut Schauer (Hg.), Sozialphilosophie der industriellen Arbeit (Leviathan, Sonderheft 11). Opladen: Westdeutscher Verlag, S. 1-25.

Waterman, Anthony M. C. (2002): Economics as Theology: Adam Smiths's Wealth of Nations. In: Southern Economic Journal, Vol 68, S. 907-921.

Watson, James L. (Hg.) (1997): Golden arches east. McDonald's in East Asia. Stanford, CA: Stanford Univ. Press.

Wawor, Gerhard (Hg.) (1995): Columbus 1892/1992. Heldenverehrung und Heldendemontage. Frankfurt am Main: Vervuert.

WBGU (2011): Welt im Wandel: Gesellschaftsvertrag für eine Große Transformation. Berlin: Wissenschaftlicher Beirat der Bundesregierung Globale Umweltveränderungen.

WBGU (2014): Zivilisatorischer Fortschritt innerhalb planetarischer Leitplanken. Ein Beitrag zur SDG-Debatte. Berlin: Wissenschaftlicher Beirat der Bundesregierung Globale Umweltveränderungen.
Weber, Jutta (2001): Umkämpfte Bedeutungen. Natur im Zeitalter der Technoscience. Dissertation. Universität. Bremen.
Weber, Jutta (2003): Umkämpfte Bedeutungen. Naturkonzepte im Zeitalter der Technoscience. Frankfurt am Main, New York: Campus.
Weber, Jutta (2012): Neue Episteme: Die biokybernetische Konfiguration der Technowissenschaftskultur. In: Sabine Maasen (Hg.), Handbuch Wissenschaftssoziologie. Wiesbaden: Springer VS, S. 409-416.
Weber, Max (1905): Die protestantische Ethik und der "Geist" des Kapitalismus. In: Archiv für Sozialwissenschaft und Sozialpolitik 21 (1905), S. 1-110.
Weber, Max (1920): Gesammelte Aufsätze zur Religionssoziologie. Tübingen: Mohr.
Weber, Max (1925): Wirtschaft und Gesellschaft. Grundriss der verstehenden Soziologie. III Abteilung, 1. Halbband. Tübingen: Mohr.
Weber, Max (1956): Soziologie, weltgeschichtliche Analysen, Politik. Hg. v. Johannes Winckelmann und Eduard Baumgarten. Stuttgart: Kröner.
Weber, Max (1985): Gesammelte Aufsätze zur Wissenschaftslehre. Hg.. von Johannes Winckelmann. Tübingen: Mohr.
Weber, Max (1994): Wissenschaft als Beruf. 1917/1919. (Studienausgabe der Max-Weber-Gesamtausgabe Schriften und Reden, Bd. 17). Tübingen: Mohr.
Wegener, Franz (2009): Gnosis in High Tech und Science-Fiction. Gladbeck: KFVR.
Wehle, Winfried (1995): Columbus' hermeneutische Abenteuer. In: Winfried Wehle (Hg.), Das Columbus-Projekt. Die Entdeckung Amerikas aus dem Weltbild des Mittelalters. München: Wilhelm Fink Verlag, S. 153-203.
Weinberger, Jerry (2005): Benjamin Franklin unmasked. On the unity of his moral, religious, and political thought. Lawrence: Univ. Press of Kansas.
Welsch, Wolfgang (2004): Was war die Postmoderen - und was könnte aus ihr werden? In: Ingeborg Flagge (Hg.), Die Revision der Postmoderne. Hamburg: Junius-Verl, S. 33-39.
Werlhof, Claudia von (1991): Männliche Natur und künstliches Geschlecht. Texte zur Erkenntniskrise der Moderne. Wien: Wiener Frauenverlag.
Wertheim, Margaret (2002): Die Himmelstür zum Cyberspace. Eine Geschichte des Raumes von Dante zum Internet. München u.a.: Piper.
Westheim, Paul (1986): Der Tod in Mexiko. La calavera. Hanau am Main: Müller u. Kiepenheuer.
White, Lynn Townsend (1978): Medieval religion and technology. Collected essays. Berkeley: University of California Press.
White, Richard (1991): 'It's your misfortune and none of my own'. A new history of the American West. Norman Okla. u.a: Univ. of Oklahoma Press.
Whitney, David Charles (1989): Francis Bacon. Die Begründung der Moderne. Frankfurt am Main: Fischer.
Wiener, Norbert (1963): Kybernetik. Düsseldorf: Econ-Verlag.
Wiener, Norbert (1964): Mensch und Menschmaschine. Kybernetik und Gesellschaft. Frankfurt am Main: Athenäum-Verlag.
Wiener, Norbert (1965): Cybernetics. Or the Control and Communication in the Animal and the Machine. Cambridge: MIT Press (zuerst 1948).

Willgerodt, Hans (2006): Der Neoliberalismus – Entstehung, Kampfbegriff und Meinungsstreit. In: Ordo, Band 57, 2006, S. 47–89
Williams, Rosalind H. (2013): The Triumph of Human Empire. Verne, Morris, and Stevenson at the end of the world. Chicago: Univ. of Chicago Press.
Winchester, Simon (2014): Der Atlantik. Biographie eines Ozeans. München: btb-Verlag.
Winter, Michael (1978): Compendium Utopiarum. Typologie und Bibliographie literarischer Utopien. Stuttgart: Metzler.
Wohlfeil, Rainer (1997): Kriegsheld oder Friedensfürst? Eine Studie zum Bildprogramm des Palastes Karls V. in der Alhambra zu Granada, in: Christine Roll (Hg.): Recht und Reich im Zeitalter der Reformation. Franfurt am Main: Verlag Peter Lang, S. 57-96.
Wolf, Winfried; Galeano, Eduardo (1992): 500 Jahre Conquista. Die Dritte Welt im Würgegriff. Köln: ISP.
Wolff, Hans; Colin, Susi (Hg.) (1992): America. Das frühe Bild der Neuen Welt. München: Prestel.
Wolfschmidt, Gudrun (Hg.) (2008): "Navigare necesse est". Geschichte der Navigation. Norderstedt: Books on Demand.
Wolfzettel, Friedrich (1995): Die Suche nach Cathay. In: Winfried Wehle (Hg.), Das Columbus-Projekt. Die Entdeckung Amerikas aus dem Weltbild des Mittelalters. München: Wilhelm Fink Verlag, S. 43-71.
Wootton, David (2015): The Invention of Science: A New History of the Scientific Revolution. New York, Harper.
Wurm, Carmen (1996): Doña Marina, la Malinche. Eine historische Figur und ihre literarische Rezeption. Frankfurt am Main: Vervuert.
Wußing, Hans (2002): Die große Erneuerung. Zur Geschichte der wissenschaftlichen Revolution. Basel u.a.: Birkhäuser.
Yar, Majid (2014): The Cultural Imaginary of the Internet. Virtual Utopias and Dystopias. Basingstoke: Palgrave Macmillan.
Yates, Frances A. (1975a): Astraea. The Imperial Theme in the Sixteenth Century. London : Routledge & Kegan Paul.
Yates, Frances A. (1975b): Aufklärung im Zeichen des Rosenkreuzes. Stuttgart: Klett.
Yen, Alfred C. (2002): Western Frontier or Feudal Society? Metaphors and Perceptions of Cyberspace. Newton Centre, MA. Berkeley: The Berkeley Electronic Press.
Yunker, James (2014):Beyond Global Governance – Prospects for Global Government. Lanham: University Press of America.
Zea, Leopoldo (1989): 12 de octubre de 1492: Descubrimiento o encubrimiento. In: Ders. (hg.), El descubrimiento de America y su sentido actual. Mexico: Fondo de Cultura; S. 193-204.
Zea, Leopoldo(1989): Localización. In: Ders. (Hg.): El descubrimiento de América y su sentido actual. El descubrimiento de America y su sentido actual. Mexico: Fondo de Cultura; S. 7-14.
Zeuske, Michael (2013): Handbuch Geschichte der Sklaverei. Eine Globalgeschichte von den Anfängen bis zur Gegenwart. Berlin: Walter de Gruyter.
Zindel, Christian (1998): Meeresleben und Jenseitsfahrt. Die Fischteller der Sammlung Florence Gottet. Hg. v. Florence Gottet. Kilchberg: Akanthus.
Zöllner, Frank (1987): Vitruvs Proportionsfigur. Quellenkritische Studien zur Kunstliteratur im 15. und 16 Jahrhundert. Worms: Werner.

Geschichtswissenschaft

Torben Fischer, Matthias N. Lorenz (Hg.)
Lexikon der »Vergangenheitsbewältigung« in Deutschland
Debatten- und Diskursgeschichte des Nationalsozialismus nach 1945

2015, 494 S., kart.
34,99 € (DE), 978-3-8376-2366-6
E-Book
PDF: 34,99 € (DE), ISBN 978-3-8394-2366-0

Debora Gerstenberger, Joël Glasman (Hg.)
Techniken der Globalisierung
Globalgeschichte meets Akteur-Netzwerk-Theorie

2016, 296 S., kart.
29,99 € (DE), 978-3-8376-3021-3
E-Book
PDF: 26,99 € (DE), ISBN 978-3-8394-3021-7

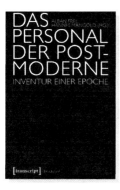

Alban Frei, Hannes Mangold (Hg.)
Das Personal der Postmoderne
Inventur einer Epoche

2015, 272 S., kart.
19,99 € (DE), 978-3-8376-3303-0
E-Book
PDF: 17,99 € (DE), ISBN 978-3-8394-3303-4

**Leseproben, weitere Informationen und Bestellmöglichkeiten
finden Sie unter www.transcript-verlag.de**

Geschichtswissenschaft

Manfred E.A. Schmutzer
Die Wiedergeburt der Wissenschaften im Islam
Konsens und Widerspruch (idschma wa khilaf)

2015, 544 S., Hardcover
49,99 € (DE), 978-3-8376-3196-8
E-Book
PDF: 49,99 € (DE), ISBN 978-3-8394-3196-2

Pascal Eitler, Jens Elberfeld (Hg.)
Zeitgeschichte des Selbst
Therapeutisierung – Politisierung – Emotionalisierung

2015, 394 S., kart.
34,99 € (DE), 978-3-8376-3084-8
E-Book
PDF: 34,99 € (DE), ISBN 978-3-8394-3084-2

Thomas Etzemüller
Auf der Suche nach dem Nordischen Menschen
Die deutsche Rassenanthropologie in der modernen Welt

2015, 294 S., kart., zahlr. z.T. farb. Abb.
29,99 € (DE), 978-3-8376-3183-8
E-Book
PDF: 26,99 € (DE), ISBN 978-3-8394-3183-2

**Leseproben, weitere Informationen und Bestellmöglichkeiten
finden Sie unter www.transcript-verlag.de**

Zeitdiagnosen bei transcript

Peter Mörtenböck,
Helge Mooshammer
Andere Märkte
Zur Architektur der
informellen Ökonomie

Oktober 2016, 196 Seiten, kart., zahlr. z.T. farb. Abb., 27,99 €, ISBN 978-3-8376-3597-3, E-Book: 24,99 €

■ Weltweit gesehen gilt die Hälfte aller ökonomischen Aktivitäten als informell. In Zeiten der globalen Unsicherheit wird heute immer mehr darauf gesetzt, die produktive Energie von Informalität zu integrieren, um wirtschaftliches Wachstum und sozialen Zusammenhalt abzusichern. Informelle Marktplätze und die zahlreichen Konflikte rund um deren Räume und Konventionen bilden sowohl Schauplatz als auch Steuerungsmoment dieser Entwicklung.

Von Märkten der Überlebensökonomie bis zum inszenierten ökonomischen Anderssein spürt dieses Buch den Diskursen und Akteuren, Widersprüchen und Potenzialen nach, die neue Formen von Informalität vorantreiben.

www.transcript-verlag.de